PLOETZ
Lexikon der deutschen Geschichte

Sonderausgabe für
den Archiv Verlag, Braunschweig
Ausgabenummer

338 / 750

PLOETZ FREIBURG

Umschlaggestaltung: Joseph Pölzelbauer, Freiburg

Die Deutsche Bibliothek – CIP-Einheitsaufnahme

Lexikon der deutschen Geschichte /
Bearb. der Ploetz-Red.: Beate Braitling ... –
Freiburg im Breisgau : Ploetz, 1999
ISBN 3-451-40510-5

Gedruckt auf alterungsbeständigem Papier (säurefrei)
Nach ANSI + DIN ISO
Printed on acid-free paper

Texterfassung: PLOETZ-Redaktion
Satzherstellung: SatzWeise, Trier
Druck und Verarbeitung: Freiburger Graphische Betriebe 1999
ISBN 3-451-40510-5

Vorwort

In unserer heutigen Informationsgesellschaft spielt der schnelle und zielgerichtete Zugriff auf die Fakten eine immer größere Rolle. Mit dem PLOETZ Lexikon der deutschen Geschichte wird erstmals ein Nachschlagewerk vorgelegt, das die Personen und Begriffe von Karl dem Großen bis zum Kosovokonflikt in allgemein verständlichem Stil anbietet. Etwa 5000 Stichwortartikel schlüsseln über 1000 Jahre deutscher Geschichte leicht greifbar auf. In zahlreichen Abbildungen, Grafiken und Tabellen werden Schwerpunkte und Zusammenhänge, Daten und Strukturen anschaulich dargestellt. Stammtafeln informieren über dynastische Beziehungen. Ein speziell für dieses Lexikon neu gestaltetes Layout lädt zum Nachschlagen ein.

Die Redaktion legte Wert darauf, insbesondere die Geschichte der neuesten Zeit darzustellen sowie über Personen und Begriffe der Zeitgeschichte bevorzugt zu informieren. Die Bundesrepublik und die DDR nehmen dabei einen großen Raum ein, neben der Politik werden auch die sozialen und gesellschaftlichen Entwicklungen, neben der außerparlamentarischen Opposition zum Beispiel die Ökologiebewegung und die Rechtschreibreform berücksichtigt. Artikel über eine Vielzahl von DDR-Institutionen, zum Beispiel das SED-Zentralkomitee oder die Nationale Volksarmee, sowie Personen von Walter Ulbricht bis Egon Krenz informieren sachgerecht. Der Prozeß der Wiedervereinigung wird mit Stichwörtern wie Montagsdemonstrationen, Maueröffnung, Einigungsvertrag oder Währungs-, Wirtschafts- und Sozialunion veranschaulicht. Um der wachsenden Bedeutung der gesamteuropäischen Entwicklung für Deutschland Rechnung zu tragen, wurden auch übernationale Institutionen, beispielsweise die Europäische Union, und Ereignisse, zum Beispiel der Maastrichter Vertrag, berücksichtigt.

Stichwörter aus dem Bereich der politischen Geschichte nehmen entsprechend ihrer traditionellen Bedeutung innerhalb der historischen Wissenschaften einen breiten Raum ein. Die deutschen Könige, Kaiser und Kanzler, viele Fürsten und Politiker, Länder und Territorien sowie eine Auswahl von Städten wurden aufgenommen; für die Besatzungszeit 1945–49 stehen auch die vier Mitglieder des alliierten Kontrollrats. Selbstverständlich sind auch Personen und Begriffe zur Wirtschafts- und Sozialgeschichte angemessen vertreten, zum Beispiel Unternehmer und Firmen. Die Leserinnen und Leser finden zudem viele wichtige Informationen aus Kunst, Kultur und Wissenschaft, wobei hier ein Schwerpunkt auf biographischen Artikeln liegt.

Räumlich deckt das PLOETZ Lexikon der deutschen Geschichte das Gebiet des ehemaligen Heiligen Römischen Reiches sowie des Deutschen Bundes (1815–1866), des Deutschen Reiches (1871–1945) und der Bundesrepublik Deutschland bzw. der DDR ab. Bei allgemeinen Sachbegriffen konnte somit der Zusatz „deutsch“ weggelassen werden.

Österreich wurde bis 1806 entsprechend der deutschen Geschichte berücksichtigt, danach in eingeschränktem Maße, soweit Personen wie Fürst Metternich und Kaiser Franz Joseph I. oder Ereignisse wie der Deutsche Krieg 1866 und der Anschluß Österreichs 1938 die Entwicklung in Deutschland beeinflußten. Informationen über die Schweiz werden bis zu deren formalem Ausscheiden aus dem Reich 1648 geboten. Kulturell auch für Deutschland bedeutsame Persönlichkeiten der Schweiz und Österreichs sind bis zur Gegenwart aufgenommen worden.

Die Stichwörter sind streng alphabetisch geordnet, die Umlaute ä, ö und ü wie a, o und u. Wortzwischenräume sind bei der Sortierung nicht wirksam, so findet sich beispielsweise „Christlich-Demokratische Union“ vor „christliche Arbeiterbewegung“ und „Deutschritterorden“ vor „deutsch-sowjetischer Nichtangriffspakt“. Bei Namensgleichheit von Herrscherpersönlichkeiten steht die Gruppe der Kaiser und Könige voran, danach ist die alphabetische Ordnung der Herrschaftsgebiete ausschlaggebend, innerhalb dieser gilt die chronologische Reihenfolge.

Im Text wird grundsätzlich auf alle anderen im Lexikon vorkommenden Stichwörter verwiesen. Außerdem wird auf Bildelemente, die bei anderen Stichwortartikeln stehen, mit folgender Kurzangabe der Seitenzahl am Ende des Stichworttextes hingewiesen: (134). Dies ermöglicht nicht nur Vergleiche, sondern auch das Aufsuchen von Bildern und weiteren Angaben, die mit dem betreffenden Thema in Beziehung stehen. Die zahlreichen Informationen bleiben somit nicht isoliert, sondern es werden Querverbindungen hergestellt, die es den Leserinnen und Lesern erleichtern, sich ein Gesamtbild zu verschaffen.

Außerdem bieten Überblicksartikel zu übergreifenden Themen wie zum Beispiel Dreißigjähriger Krieg oder Nationalsozialismus eine übersichtliche Darstellung von Zusammenhängen.

Generell beginnen die Sachstichwörter, beispielsweise „Konservatismus", mit einer präzisen Kurzdefinition. Ereignisse sind, sofern sich nicht eine besondere Bezeichnung eingeprägt hat (Montagsdemonstrationen), in der Regel unter dem Ort zu finden, an dem sie stattgefunden haben: Die Völkerschlacht bei Leipzig unter „Leipzig, Schlacht", der Friede von Versailles unter „Versailles, Friede". Im laufenden Text wird das jeweilige Stichwort abgekürzt wiedergegeben.

Bearbeiter und Redaktion waren um die objektive Darstellung der Informationen bemüht, soweit der Begriff „Objektivität" in der Darstellung historischer Sachverhalte gerechtfertigt werden kann. Ebenso war Aktualität wichtiger Maßstab für die Arbeit am Lexikon. Dennoch sind bei einer solchen Fülle von Fakten und Daten Irrtümer und Widersprüche nicht ausgeschlossen.

Die Redaktion wünscht den Leserinnen und Lesern des Lexikons der deutschen Geschichte viel Erfolg beim Nachschlagen und dankt Ihnen für Ihr Interesse. Kritik und Anregung werden wir gern entgegennehmen.

Juli 1999
Verlagsredaktion PLOETZ

Mitarbeiterinnen und Mitarbeiter der Redaktion

Beate Braitling	br	Johann C. Linck	li
Roland Brolde M.A.	RB	Bernd Lukoschik M.A.	bl
Bernhard Brunner M.A.	bb	Rosaly Magg M.A.	rm
Sybille Buske M.A.	sb	Anja Mallmann	AM
Michael Hansen	MH	Susanne Merkwitz	sm
Rainer Höltschl M.A.	rh	Kirstin Petri M.A.	kp
Dieter Holzer	dh	Ekkehart Pilz	ep
Joachim Hug	JH	Birgit Sawatzki M.A.	sa
Ingrid Jehne M.A.	ij	Annette Schinnerling	as
Walter Justi	wj	Peter Steinkamp M.A.	PS
Nazli Kaner M.A.	nk	Dario Tonoli M.A.	dt
Dr. Uwe Keßler	UK	Katrin Uplegger	up
Harald von Keudell	vK	Petra Völzing M.A.	Vö
Michaela Kinzler	Ki	Renate Weigele M.A.	rw
Ralph-Bodo Klimmeck M.A.	kl	Dore Wilken M.A.	dw
Angelika Kuhlmann M.A.	ku	Christiane Wille-Molitor M.A.	wm
Kim Landgraf M.A.	LA		

Bildlegenden: Nazli Kaner M.A.

Koordination:
Richtlinien, Schlußredaktion und Bildredaktion: Petra Völzing M.A.
Schlußredaktion, Korrektur und Bildbearbeitung: Angelika Kuhlmann M.A.

Abkürzungen

allg.	= allgemein	lat.	= lateinisch	u. a.	= und andere, unter anderem
bes.	= besonders	li.	= links	usw.	= und so weiter
bzw.	= beziehungsweise	Mio.	= Millionen	v. a.	= vor allem
ca.	= circa	Mrd.	= Milliarden	v. Chr.	= vor Christus
d. h.	= das heißt	n. Chr.	= nach Christus	v. li.	= von links
ebd.	= ebenda	re.	= rechts	v. re.	= von rechts
geb.	= geborene(r)	sog.	= sogenannt(es)	z. B.	= zum Beispiel
Jh.(e)(s)	= Jahrhundert(e)(s)	St.	= Sankt, Saint	z. T.	= zum Teil
Jt.(e)(s)	= Jahrtausend(e)(s)	u. ä.	= und ähnliche(s)	zzgl.	= zuzüglich

Bildquellen

Archiv Gerstenberg: Trümmerfrauen – Archiv für Kunst und Geschichte, Berlin: Balkanproblem, Bismarck (Foto), Dada, Erster Weltkrieg, Flucht und Vertreibung, Frankfurter Nationalversammlung, Friedrich I. Barbarossa, Herzog, Kaiserproklamation, Luther, Otto II., Reuter, Torgau, Wilhelm II. – Archiv Gerstenberg, Wietze: Bismarck (Karikatur), Eisenbahnbau, Vorwärts – Bibliothek für Zeitgeschichte, Stuttgart: U-Bootkrieg – Bildarchiv Herder Freiburg i. Br.: Dürer, Hauptmann, Köln, Mann, Reformation – Bildarchiv Herder / Domschatzkammer Aachen: Karl I. der Große – Bildarchiv Preußischer Kulturbesitz, Berlin: Brecht, Deutscher Flottenverein, Ebert, Friedrich II. der Große, Münchner Abkommen, Sezession, Stresemann, Tirpitz, Walther von der Vogelweide, Zille – Bildarchiv Preußischer Kulturbesitz / Henry Ries: Luftbrücke – Der Binnenmarkt (^{2}1996): BSE-Seuche – Bundesbildstelle, Bonn: Brandt, Carstens, Heinemann, Heuss, Kiesinger, Lübke, Scheel, Schmidt, Weizsäcker – Bundesbildstelle, Bonn, Fotograf: Reineke, Nr. 113505/19a: Kohl – Bundesverteidigungsministerium, Bonn: Kosovokonflikt – Büro H.-D. Genscher, Bonn: Genscher – Daimler-Chrysler-Archiv, Stuttgart: Benz – H. J. Darchinger: Bundestag – dpa-Bildarchiv, Frankfurt und Stuttgart: Außerparlamentarische Opposition, Bundeskanzler, Erhard, Europäische Union, Europäische Wirtschaftsgemeinschaft, Friedensbewegung, Gemeinschaftswerk Aufschwung Ost, Greenpeace, Honecker, Montagsdemonstrationen, NATO-Doppelbeschluß, Nürnberger Kriegsverbrecherprozesse, Schengener Abkommen, Schröder, Spiegelaffäre, Strauß, Währungsreform (1948), Wehner, Widerstand – dtv (München 1996) / B. Klemm (FAZ): Demoskopie – Die Europäische Union und die Umwelt, © Europäische Gemeinschaften, 1998: Europäische Atomgemeinschaft – Die Gemeinsame Agrarpolitik im Wandel, © EGKS-EG-EAG (Brüssel, Luxembourg 1996): Landwirtschaft – E. Gritzbach, Göring (München 1938): Göring – Haus der Geschichte, M. Jensch, A. Thünker: Grundgesetz, Ökologiebewegung – Prof. Dr. V. Hentschel, Mainz: Schutzstaffel – I. und W. Henze (Städelsches Kunstinstitut): Brücke – Historia-Photo: Bach, Büchner, Hegel, Humboldt – Jacobsen: Zweiter Weltkrieg (Foto) – K. H. Jürgens, Ost und Europa Photo, Köln: Friedrich Wilhelm I. – C. Katz-Palme, Berlin: Maueröffnung – Keystone Pressedienst, Hamburg: Arbeitslosigkeit, Barzel, Bethmann Hollweg, Bosnieneinsatz, Rau, Zwei-plus-Vier-Vertrag – Kienast: Habsburger, Liudolfinger, Nationale Volksarmee, Ostpolitik, Salier – Landesbildstelle Berlin: Weltbühne – Der Neue Herder, Bd. 5, S. 246: Preußen – Der Neue Herder, Bd. 12, S. 519: Europäische Wirtschaftsgemeinschaft – E. Noelle-Neumann: Noelle-Neumann – Museum der Stadt Regensburg, Reichstagsmuseum: Immerwährender Reichstag – G. Reitlinger, Die Endlösung (Berlin 1956, ^{6}1983): Judenvernichtung – R. Richter: Fremdenfeindlichkeit – Schiller-Nationalmuseum, Marbach: Schiller – C. Bahr, Der neue Bundestag im alten Reichstag (Berlin 1999) / G. Schneider: Reichstag – G. Schoenberner, Der gelbe Stern (München 1960, 1978): Antisemitismus (Foto) – „Simplicissimus" (München [Hrsg. O. Iversen] 1954–1967): Godesberger Programm – Staatsbibliothek Berlin: Kurfürsten, Rat der Volksbeauftragten – Süddt. Verlag, Bilderdienst München: Machtergreifung, Ulbricht, Wehrmacht, Wiedervereinigung – Ullstein Bilderdienst Berlin: Führer, Industrialisierung, Konzentrationslager, Mauerbau, Reichsparteitage, Siebzehnter Juni, – Verlag C. J. Bucher: Schumacher – Verlagsredaktion: Bundestagswahlen, Führer (Grafik), Nobelpreisträger, Reichstagswahlen, Reichsverfassung (1871), Zweiter Weltkrieg (Tabelle)

Trotz größter Sorgfalt konnten die Rechteinhaber des Bildmaterials nicht in allen Fällen ermittelt werden. Bitte wenden Sie sich gegebenenfalls an den Verlag.

A

Aachen Westdeutsche ↗Stadt an der heutigen belgischen Grenze; diente den Römern seit Ende des 1. Jh.s n. Chr. als Militärbad, war ↗Pfalz ↗Karls des Großen und spätere ↗Reichsstadt (bis 1801). Seit Wahl und ↗Krönung ↗Ottos I. zum König (936) Krönungsort bis 1531. Nach Einmarsch der Franzosen 1792/94 von 1797–1814 Sitz des französischen Präfekten; 1815 an ↗Preußen (↗Rheinprovinz). 1802 Gründung des ↗Bistums A., aufgehoben 1821. Seit der Neugründung 1929 zum Erzbistum ↗Köln gehörig. *wm*

Aachen, Dom Um 800 als Pfalzkapelle ↗Karls des Großen im byzantinischen Stil (achtseitiger Zentralbau) errichtete Kirche, die den ihm zugeschriebenen Thron enthält. Grabstätte Karls des Großen (Karlsschrein) und ↗Ottos III.; 936–1531 Krönungsstätte der ↗Könige des ↗Heiligen Römischen Reiches. Im 14. und 15. Jh. wesentlich erweitert; heute Bischofskirche und Weltkulturerbe. *RB*

Aachen, Friede (1748) Beendete am 18.10.1748 den ↗Österreichischen Erbfolgekrieg; Österreich bekam die österreichischen Niederlande zurück, erreichte die allg. Anerkennung der ↗Pragmatischen Sanktion, verlor aber Parma und Piacenza an eine Nebenlinie der spanischen Bourbonen; Preußen wurde der Besitz von ↗Schlesien und Glatz bestätigt. Frankreich und Großbritannien gaben die eroberten Gebiete in den Kolonien wieder zurück. *rh*

Aachen, Kongreß (1818) Kongreß der Siegermächte gegen ↗Napoleon I.: Rußland, ↗Österreich, ↗Preußen, Großbritannien mit Frankreich; Beschluß über den Abzug der Besatzungstruppen aus Frankreich; Wiederaufnahme Frankreichs unter die europäischen Großmächte. *vK*

Abbe, Ernst Physiker, Unternehmer, *23.1.1840 Eisenach, †14.1.1905 Jena. Lernte während seiner Lehrtätigkeit an der Universität Jena 1866 ↗Zeiss kennen; leitete dann dessen optische Werkstätten; Mitbegründer des „Jenaer Glaswerks Schott und Genossen". Seit 1889 Alleininhaber der Zeiss-Werke, die er 1891 in die Carl-Zeiss-Stiftung übergab; schuf allen Beschäftigten der Werke vorbildliche Arbeitsbedingungen. *sa*

Abel, Karl August von Bayrischer Politiker, *17.9.1788 Wetzlar, †3.9.1859 München. Seit 1810 im bayrischen Staatsdienst; seit 1837 Innenminister und Ministerpräsident, seit 1840 Finanzminister; betrieb anfangs liberale, dann reaktionäre Politik; am 17.2.1847 entlassen, nachdem er die Einbürgerung Lola Montez' abgelehnt hatte; 1848–50 Gesandter in Turin; danach Berater König ↗Maximilians II. *rw*

Abendländisches Schisma (1378–1417) Spaltung (= Schisma) der abendländischen Kirche. Papst Urban VI., Nachfolger des kurz vor seinem Tode aus dem Avignoneser Exil zurückgekehrten Gregor XI., wurde von einigen Kardinälen nicht anerkannt, die Clemens VII. zum Gegenpapst wählten. Die folgende Spaltung der abendländischen Kirche stärkte den Einfluß der Laienfürsten auf die Kirche. Erst das durch die Initiative des deutschen Königs ↗Sigismund zustande gekommene ↗Konstanzer Konzil konnte das A.S. durch die Absetzung bzw. Abdankung der inzwischen drei Päpste sowie durch die Wahl Martins V. 1417 beenden. *vK*

Abendroth, Wolfgang Staatsrechtler, Sozialwissenschaftler, *2.5.1906 Elberfeld (bei Wuppertal), †15.9.1985 Frankfurt/Main. Ab 1951 Professor in Marburg; politische und sozialwissenschaftliche Forschung auf der Basis marxistischen Gedankengutes; engagierte sich in der ↗APO; verfaßte u.a.: Arbeiterklasse, Staat und Verfassung (1965); Gewerkschaft und Frieden (1982). *Vö*

Abgeordnetenhaus, Preußen Seit 1855 Bezeichnung für die zweite Kammer des preußischen ↗Landtages (bis 1918); 1850–55 wurde sie nur „zweite Kammer" genannt. Für die Wahl der Mitglieder des A.es galt das ↗Dreiklassenwahlrecht. *wm*

Ablaßstreit Streit zwischen Martin ↗Luther und der ↗katholischen Kirche (ab 1517) um den Mißbrauch der religiösen Institution des Ablasses (Sühne der Sündenstrafen schon zu Lebzeiten durch bes. Leistungen). Seit dem 10. Jh. wurde der Ablaß durch Almosenspenden gängige Praxis und diente in der frühen Neuzeit v.a. zur Finanzierung kirchlicher Projekte. Der von Papst Julius II.

1507 verkündete „Jubelablaß", zur Finanzierung der Peterskirche in Rom, veranlaßte Luther u. a., sich ab 1516 in seinen Predigten gegen den ausufernden Ablaßhandel zu richten sowie gegen die Praxis der päpstlichen Beichtväter (Pönitentiare), v. a. ↗Tetzels, je nach Höhe des Kaufpreises die Absolution schneller zu erteilen; 1517 veröffentlichte Luther die ↗Ablaßthesen. *nk*

Ablaßthesen Die von Martin ↗Luther am 31. 10. 1517 veröffentlichten 95 Thesen gegen die Praxis des Ablaßhandels, die als Auftakt der deutschen ↗Reformation gelten. Die folgenden Dispute mit der ↗katholischen Kirche entfernten Luther zunehmend von der offiziellen Kirchenlehre. *nk*

Abraham a Santa Clara (eigentlich Johann Ulrich Megerle) Prediger, Volksschriftsteller, *2. 7. 1644 Kreenheinstetten (Baden), †1. 12. 1709 Wien. Seit 1662 dem Orden der Augustiner-Barfüßer angehörend; 1668 Weihe zum Priester; predigte v. a. in ↗Wien und Graz und verfaßte in unverblümt derber und satirischer Ausdrucksweise moralisch-pädagogische Schriften für das Volk. Seine Schriften zählen zu den bedeutendsten des deutschen ↗Barock und bieten zudem Quellenmaterial für die Sozialgeschichte des 17. Jh.s. *nk*

Abs, Hermann Josef Bank- und Finanzfachmann, *15. 10. 1901 Bonn, †5. 2. 1994 Bad Soden. Wurde 1935 Teilhaber des Bankhauses Delbrück, Schickler & Co.; erhielt 1937 einen Aufsichtsratssitz der ↗IG Farben; 1938 Vorstandsmitglied und Direktor der Auslandsabteilung der ↗Deutschen Bank; 1951 stellvertretender Aufsichtsratsvorsitzender der ↗Kreditanstalt für Wiederaufbau; war maßgeblich am Zustandekommen des ↗Londoner Schuldenabkommens (1953) beteiligt; 1957–67 Vorstandssprecher und 1967–76 Aufsichtsratsvorsitzender der Deutschen Bank; erlangte als Aufsichtsratsmitglied bzw. -vorsitzender zahlreicher Unternehmen großen finanz- und wirtschaftspolitischen Einfluß. *UK*

Abschreckung Politisches Konzept zur Verhinderung von Kriegen durch gleichgewichtigen Aufbau militärischer Vernichtungspotentiale eventueller Kriegsgegner, während des ↗kalten Krieges v. a. im Bereich der ↗Atomwaffen angewendet; Stationierung von Atomwaffen in der ↗DDR und der ↗Bundesrepublik, hier auch Diskussion um ↗atomare Bewaffnung der Bundeswehr. Hohe Kosten der A. führten ab den sechziger Jahren zu Bemühungen um gleichgewichtige Abrüstung. *kl*

Absolutismus Bezeichnung für eine Herrschaftsform, die theoretisch durch die unumschränkte – von keiner anderen Institution eingeschränkte – Gewalt des Herrschaftsträgers gekennzeichnet ist. Im Heiligen Römischen Reich hatte die absolute Monarchie in der Vielzahl der Territorien unterschiedliche Bedeutung: In der zweiten Hälfte des 17. Jh.s gelang es dem Großen Kurfürsten ↗Friedrich Wilhelm, in ↗Brandenburg-Preußen die absolute Monarchie durchzusetzen. Ermöglicht durch die weitgehende Ausschaltung der Stände und ihres Steuerbewilligungsrechts, stützte er sich auf ein dem Staat verpflichtetes ↗Beamtentum und ein starkes Heer. Vom preußischen Beispiel beeinflußt, führte ↗Österreich Mitte des 18. Jh.s mit einer Heeres- und Verwaltungsreform unter ↗Maria Theresia absolutistische Strukturen ein. Hierbei stand der Versuch, die verschiedenen Länder der ↗Habsburger zu einem Einheitsstaat zu verschmelzen, im Vordergrund. Unter dem Einfluß der ↗Aufklärung setzte im 18. Jh. im Heiligen Römischen Reich der aufgeklärte A. ein: In Brandenburg-Preußen verband ↗Friedrich II., der Große, als „erster Diener des Staates" die Errungenschaften des absoluten Staates mit der Sorge für die Untertanen; die alten Sozialstrukturen blieben dabei unangetastet, doch brachte seine Bauernschutzpolitik und die religiöse Toleranzpolitik (1747 Errichtung der katholischen Hedwigskirche in Berlin) eine Verbesserung. In Österreich erreichte ↗Joseph II. beachtliche Fortschritte (↗Josephinismus): 1781 wurden die ↗Leibeigenschaft aufgehoben und das ↗Toleranzpatent erlassen. In den kleineren Territorien des Reiches wurde z. B. in ↗Hannover unter dem Einfluß der Aufklärung die Wissenschaft gefördert. ↗Baden stand mit ↗Karl Friedrich von Baden ein Regent im Sinne aufgeklärter Reformpolitik voran. Der ↗Febronianismus repräsentierte den Einfluß der Aufklärung auf die Politik in den katholischen Teilen Deutschlands. *dt*

Abstammungsnachweis Im nationalsozialistischen Deutschland eingeführter Nachweis (auch: „Ariernachweis") der „deutschen oder artverwandten Abstammung". Als „nichtarisch" galten gemäß einer Verordnung vom 11. 4. 1933 Familienangehörige mit einem jüdischen Eltern- oder Großelternteil. Seit dem ↗Gesetz zur Wiederherstellung des Berufsbeamtentums (1933) von öffentlich Bediensteten, seit den ↗Nürnberger Gesetzen (1935) von allen Deutschen verlangt. Ein sog. großer A. (zurück bis 1800) wurde von Mitgliedern der ↗NSDAP und ihren Unterorganisationen verlangt. *JH*

Abstimmungsgebiete Deutsche und österreichische Grenzgebiete, über deren nationale Zugehörigkeit aufgrund der Bestimmungen des ↗Versailler Friedens (1919) durch Volksabstimmungen entschieden wurde. Von den betroffenen deutschen Gebieten fielen die südliche Zone Nordschleswigs, das südliche ↗Westpreußen, Westpreußen östlich der Weichsel, Teile Oberschlesiens und das Saargebiet (↗Saarabstimmung) an Deutschland. Abgetreten wurden die nördliche Zone Nordschleswigs (an Dänemark), ↗Eupen-Malmédy (an Belgien) und industriell wertvolle Gebiete (v.a. Kohle) Oberschlesiens (an Polen). *JH*

Abtei Seit dem 11. Jh. Bezeichnung für ein unter der Leitung eines Abtes bzw. einer Äbtissin stehendes ↗Kloster. Reichs-A. waren dem König direkt zugeordnet und genossen ↗Königsschutz und ↗Immunität (↗Reichskirchensystem). *dh*

Abtreibung ↗Schwangerschaftsabbruch

Abwehr Seit 1919 Geheim- und Nachrichtendienst der ↗Reichswehr, ab 1939 unter der Bezeichnung „Amt Ausland/A." Dienststelle beim ↗OKW. Trotz der aktiven Unterstützung der Kriegführung des Regimes durch Nachrichtentätigkeit bildeten sich um den Chef der A., ↗Canaris, und den Abteilungsleiter ↗Oster Zirkel von Regimegegnern. *PS*

Achse Berlin–Rom Auf den italienischen Ministerpräsidenten Benito Mussolini zurückgehende Bezeichnung für die am 25.10.1936 in ↗Berlin getroffene Übereinkunft zu einer politischen Zusammenarbeit zwischen dem faschistischen Italien und dem nationalsozialistischen Deutschland (↗Achsenmächte). *JH*

Achsenmächte Bezeichnung für die in der ↗Achse Berlin-Rom (1936) zusammengeschlossenen Staaten; 1940 durch den ↗Dreimächtepakt um Japan erweitert; im ↗Zweiten Weltkrieg alle mit Deutschland verbündeten Staaten. *JH*

Acht Ausschluß des für ↗vogelfrei erklärten Missetäters aus der Rechtsgemeinschaft; die „Reichs-A." konnte nur vom ↗König bzw. seinem Gericht ausgesprochen werden, höchste Stufe war die unlösbare „Aber-A."; seit 1220 war die Verbindung „A. und (kirchlicher) ↗Bann" reichsrechtlich festgelegt. Die A. verlor mit Ausbildung des individualistischen ↗Rechts (18. Jh.) ihre Bedeutung. *vK*

Achtstundentag Regelung, die den Arbeitstag auf acht Stunden begrenzt. Mit zunehmender industrieller Produktion im 19. Jh. betrug die Arbeitszeit der Industriearbeiter z.T. bis zu 16 Stunden täglich. Die Einführung des A.s war seit 1889 eine der zentralen Forderungen v.a. der ↗Freien Gewerkschaften. Das Arbeiterschutzgesetz von 1890/91 begrenzte die Arbeitszeit für Jugendliche unter 16 Jahren auf höchstens zehn, für Frauen auf elf Stunden am Tag. Der A. wurde in Deutschland erst 1918 eingeführt, im ↗Dritten Reich ausgesetzt, seit 1945 wieder in Geltung. *nk*

Achtundsechziger Bewegung ↗Studentenproteste Bundesrepublik

Ackermann, Anton DDR-Politiker, *25.12.1905 Thalheim, †4.5.1973 Berlin (Ost). Seit 1926 hauptamtlicher Funktionär der ↗KPD; ab 1932 bei der Deutschlandabteilung der Kommunistischen Internationale in Moskau; 1933 Leiter der illegalen KPD in Berlin; 1935 Mitglied des ↗Zentralkomitees und ↗Politbüros; während des ↗Zweiten Weltkrieges als Mitglied des ↗Nationalkomitees „Freies Deutschland" Leitung des Senders „Freies Deutschland" in Moskau; ab 1946 Parteisekretär und Gründungsmitglied des Zentralsekretariats der ↗SED; 1949–53 Staatssekretär im Außenministerium der ↗DDR. *Ki*

Adalbert

Hamburg-Bremen:

Adalbert Erzbischof (seit 1043); *um 1000, †16.3.1072. Vormund und Ratgeber ↗Heinrichs IV. zwischen 1063 und 1066. Große Erfolge bei der nordischen Mission. Sein Plan eines Herzogtums Hamburg-Bremen und eines nordischen Patriarchats scheiterte; stärkster Konkurrent ↗Annos II. von Köln. *vK*

Mainz:

Adalbert I. Erzbischof, Erzkanzler, †23.6.1137. Kanzler und wichtiger Berater ↗Heinrichs V. seit 1106; seit 1109 Erzbischof; 1112 Zerwürfnis mit dem Kaiser; 1115 Führer der antikaiserlichen Opposition und der kirchlichen Reformpartei; von großem Einfluß beim Abschluß des ↗Wormser Konkordats 1122 und bei der Wahl des ↗Gegenkönigs ↗Lothar III. von Supplinburg 1125. *vK*

Preussen:

Adalbert, Prinz Admiral, *29.10.1811 Berlin, †6.6.1873 Karlsbad. Vetter König ↗Friedrich Wilhelms IV.; 1832–54 bei der Artillerie; 1848 Vorsitzender der Reichsmarinekommission; 1849–70

Oberbefehlshaber der preußischen Marine, ab 1870 deren Generalinspekteur; setzte sich für den Ausbau der deutschen Flotte und die Gründung von Wilhelmshaven ein. *rw*

Adam von Bremen Geschichtsschreiber, † 12.10. nach 1081. Vermutlich Ostfranke; verfaßte nach 1072 eine Geschichte des Erzbistums Hamburg-Bremen, die eine Biographie von ↗Adalbert von Hamburg-Bremen sowie eine Beschreibung der Länder und Völker des Nordens beinhaltet. *dh*

Adel Privilegierter Stand mit erblichen Vorrechten und eigener Standesethik. Im ↗Frankenreich wurde der A. in das ↗Lehnswesen integriert, woraus der Hoch-A. (die späteren ↗Reichsfürsten) entstand. Daneben entwickelte sich seit dem 10. Jh. aus königlichen und fürstlichen ↗Ministerialien (Amts-A.) der niedere A., der durch Waffendienst in den ↗Ritterstand überging. Seit dem ↗Mittelalter war der A. in der Institution der ↗Reichsstände und in Form des Ständewesens (↗Stand) staatstragend. Das Nachrücken von Amtsinhabern in den Ritter- oder A.s-Stand endete im späten Mittelalter, dafür traten neben den Ur-A. (alle vor 1350 als adlig nachweisbare Geschlechter) im Heiligen Römischen Reich seit dem 14. Jh. durch kaiserliche (seit 1806 auch landesherrliche) A.s-Verleihung der erbliche Brief-A. und der unvererbbare Personen- oder Verdienst-A. Die Sonderrechte des A.s (u. a. Steuerfreiheit und gutsherrliche Gerichtsbarkeit) wurden in den meisten deutschen Staaten 1848 abgeschafft. Der A. blieb aber bis 1918 durch die ↗Standesherren politisch wirksam. Die ↗Weimarer Verfassung bekräftigte die Aufhebung aller A.s-Vorrechte und verbot die Neuverleihung, sicherte aber den Weiterbestand des A.s-Titels, der heute als Teil des Namens gilt. *dt*

Adelheid Kaiserin, *um 931, † 16.12.999 Kloster Selz (Elsaß). Ehefrau ↗Ottos I. seit 951 und wohl bedeutendste Frau des 10. Jh.s; 962 Kaiserkrönung mit Otto in Rom. A. erscheint auf zahlreichen ↗Urkunden ihres Mannes und begleitete ihn auf seinen Italienzügen. Maßgeblich an der Erziehung ↗Ottos II. beteiligt und dessen Beraterin bis zu ihrem Zerwürfnis 975; sicherte die Kaiserkrone für ↗Otto III. und war Regentin des minderjährigen Kaisers 980–85 und 991–94; zog sich nach 994 in ihre Klostergründung Selz zurück. *vK*

Adenauer, Konrad Bundeskanzler (CDU), * 5.1. 1876 Köln, † 19.4.1967 Rhöndorf (bei Bonn). Seit 1906 Mitglied des ↗Zentrums; 1917–33 und 1945 Kölner Oberbürgermeister; 1920–33 Präsident des preußischen ↗Staatsrats; im ↗Dritten Reich aller Ämter enthoben und zweimal inhaftiert; nach dem Krieg durch die US-amerikanische Militärverwaltung als Kölner Oberbürgermeister wiedereingesetzt; 1945 Mitbegründer der ↗CDU, 1946 deren Vorsitzender in ↗Nordrhein-Westfalen, 1950–66 Bundesvorsitzender; 1948/49 Präsident des ↗Parlamentarischen Rates, 1949 Mitglied des ↗Bundestages; 1949–63 erster ↗Bundeskanzler der ↗Bundesrepublik, 1951–55 auch Außenminister; prägte die ↗Ära Adenauer; trat 1963 aufgrund starken Drucks aus den eigenen Reihen zurück. (79, 143, 446) *Ki*

Konrad Adenauer (re.) mit Charles de Gaulle (1962)

Adickes, Franz Politiker, * 19.2.1846 Harsefeld (bei Stade), † 4.2.1915 Frankfurt/Main. 1883 Bürgermeister von Altona, ab 1890 von Frankfurt/Main; setzte sich für die Förderung von Industrie und Handel u. a. durch den Bau des Hafens ein; Gründer der deutschen Luftschiffahrtgesellschaft; förderte den Ausbau der Frankfurter Universität. *rw*

Adler (edler Aar) Wappentier als Zeichen für Stärke, Macht und Souveränität; war in Fortführung römischer Tradition als ↗Reichs-A. im Wappen des ↗Heiligen Römischen Reiches, seit 1401 als Doppel-A.; seit 1871 wieder einköpfig; seit 1950 als Bundes-A. im ↗Wappen der ↗Bundesrepublik; im Christentum symbolisiert der A. den Evangelisten Johannes. *ku*

ADN ↗Allgemeiner Deutscher Nachrichtendienst

Adolf

Deutscher König:

Adolf von Nassau *um 1255, †2.7.1298 bei Göllheim. Seit 1292 König; Versuche eigener ↗Hausmachtpolitik in ↗Thüringen und wohl auch ↗Meißen, beides durch Kauf erworben; dadurch Gegnerschaft zum Erzbischof von ↗Mainz und zu den ↗Kurfürsten. Seit 1297 stand A.v.N. einer überlegenen Koalition von ↗Böhmen, ↗Österreich und Mainz gegenüber. Er fiel in der Entscheidungsschlacht gegen Albrecht von Österreich (↗Albrecht I.). *vK*

Köln:

Adolf I. Erzbischof, *um 1160, †15.4.1220 Neuss. 1193–1205 Erzbischof von ↗Köln; betrieb 1198 die Wahl von ↗Otto IV. gegen ↗Philipp von Schwaben; wechselte 1204 zu Philipp über; wurde deshalb 1205 von Innozenz III. des Amts enthoben. *dh*

Holstein:

Adolf II. Graf von Schauenburg-Holstein, †6.7. 1164 Demmin. Trat 1130 die Herrschaft an; mußte die Grafschaft ↗Holstein von 1137–42 an Heinrich von Badwide abtreten; 1143 ↗Lübeck; siedelte in den slawischen Teilen Ostholsteins Westfalen, Flamen und Holländer an. *dh*

Adolf-Hitler-Schulen Nationalsozialistische Elite-Schulen zur ↗Auslese und Heranbildung des Führungsnachwuchses der ↗NSDAP; Aufnahmebedingungen waren: Vollendung des 12. Lebensjahres, großer ↗Abstammungsnachweis, Bewährung im Jungvolk der ↗Hitler-Jugend, Empfehlung durch einen Parteifunktionär.

Bundesadler der Bundesrepublik Deutschland

Nach Absolvierung der A.-H.-S., Ableistung des ↗Reichsarbeitsdienstes und der Wehrpflicht war eine Aufnahme in die Ordensburg (Elite-Institution zur Ausbildung von Parteifunktionären) möglich. *JH*

Adorno, Theodor Wiesengrund (früher Theodor Wiesengrund) Philosoph, Soziologe, *11.9. 1903 Frankfurt/Main, †6.8.1969 Visp (Schweiz). 1934–49 im Exil in Großbritannien und den USA; seit 1949 Hochschullehrer in Frankfurt; leitete dort mit ↗Horkheimer das Institut für Sozialforschung. Die von A., Horkheimer und ↗Marcuse (als „Frankfurter Schule") vertretene ↗kritische Theorie wirkte auf die politisch linksgerichtete Opposition v.a. Ende der 60er Jahre. Werke u.a.: Dialektik der Aufklärung (mit Horkheimer, 1947), Minima Moralia (1951). *ij*

Afrikafeldzug Kämpfe italienischer und deutscher Truppen gegen Großbritannien in Nordafrika 1940–43. September 1940 von Libyen aus italienischer Angriff gegen britische Truppen in Ägypten; Februar 1941 Eingreifen des deutschen Afrikakorps unter ↗Rommel. Dessen Erfolge (Vorstoß bis ↗El Alamein [Ägypten] Sommer 1942) wurden im ↗Deutschen Reich propagandistisch ausgenutzt („Panzer rollen in Afrika vor"). Britische Gegenoffensive und alliierte Landung in Marokko und Algerien Ende 1942 zwangen das Afrikakorps zum Rückzug nach Tunesien. Gefangengabe von dessen Resten Mai 1943 beendete den A. zugunsten der ↗Alliierten. *PS*

Agadir, Panther-Sprung ↗Panther-Sprung nach Agadir

Agartz, Victor Gewerkschafter, *15.11.1897 Remscheid, †9.12.1964 Bensberg. Bis zur ↗Machtergreifung 1933 Vorstand der Kölner ↗Konsumgenossenschaft; nach 1945 am Wiederaufbau der ↗SPD und des ↗DGB beteiligt; 1948–55 Geschäftsführer des Wirtschaftswissenschaftlichen Instituts des DGB. *Ki*

Agenda 2000 Von der ↗Europäischen Kommission erarbeitetes, am 16.7.1997 dem ↗Europäischen Parlament vorgelegtes, umfassendes Reformkonzept für die ersten Jahre des 21. Jahrhunderts. Am 26.3.1999 gelangten die Staats- und Regierungschefs der ↗EU am Ende eines Sondergipfels des Europäischen Rats in Berlin zu einer politischen Gesamteinigung über die A. Sie enthält Strategien für die Stärkung von Wachstum, Wettbewerb und Beschäftigung, die Festigung und Anpassung der Politikbereiche der EU, vor allem der Gemeinsamen Agrarpolitik, die Osterweiterung der EU und die wirksame Vorbereitung der Beitrittsländer sowie die Aufstellung eines neuen Finanzrahmens für den Zeitraum 2000–06. Die jährlichen EU-Beiträge der Bundesrepublik, die mit einer Nettolast von 22 Mrd. DM berechnet wurde, sollen bis zum Jahr 2006 um etwa 1,6 bis 2 Mrd. DM sinken und die Rückflüsse aus Brüssel sich um etwa 1 Mrd. DM pro Jahr erhöhen. *nk*

Agententheorie Vom US-amerikanischen Außenminister John Foster Dulles 1958 im Zusammenhang mit der ↗Berlin-Krise entwickelte Theorie, nach der die Staatsorgane der ↗DDR als „Beauftragte" der Sowjetunion betrachtet werden können. *kl*

Agilolfinger Älteste herzogliche Dynastie in ↗Bayern mit unklarer Herkunft, Mitte des 6. Jh.s erstmals erwähnt; erlangte hohes Maß an Unabhängigkeit durch dynastische Verbindungen zum Langobardenreich und dehnte Bayern bis an den Wienerwald und zu den südlichen Kalkalpen (Karawanken) aus. Der letzte ↗Herzog ↗Tassilo III. (748–88) wurde von ↗Karl dem Großen abgesetzt. *wm*

Agnes Kaiserin, *um 1025, †14.12.1077 Rom. Wurde 1043 zweite Ehefrau von ↗Heinrich III.; übte seit 1056 die Regentschaft für ihren Sohn ↗Heinrich IV. aus. 1062 wurde sie durch Anno II. von Köln und ↗Adalbert von Hamburg-Bremen gestürzt. A. zog sich daraufhin nach Italien zurück. *dh*

Agrarier ↗Bund der Landwirte

Agricola, Georg (eigentlich Georg Bauer) Naturwissenschaftler, *24.3.1494 Glauchau, †21.11. 1555 Chemnitz. Ab 1514 Studium der Philosophie, Theologie und Medizin; seit 1527 Arzt, seit 1533 in der Bergwerksstadt Chemnitz; bekannt v.a. durch seine Arbeiten zu ↗Bergbau- und Hüttenkunde. *nk*

Agrippa von Nettesheim Theologe, Arzt, *14.9.1486 Köln, †18.2.1535 Grenoble oder Lyon. Studium der Rechtswissenschaften und der Medizin in Köln und Paris; zeigte großes Interesse an der Magie und okkulten Lehren der Antike und des Mittelalters; kam in Konflikt mit der ↗Inquisition; verfaßte 1527–30 „de incertudine et vanitate scientiarum", 1533 „de occulta philosophia sive de magia". *dh*

Ahlener Programm (1947) Am 3.2.1947 von der ↗CDU beschlossenes Wirtschafts- und Sozialprogramm mit starken antikapitalistischen Zügen; Reaktion auf die Not im Nachkriegsdeutschland und zur Verhinderung von weitergehenden Sozialisierungsplänen der ↗SPD; auf den ↗Kölner Leitsätzen aufbauend, forderte es u.a. die Sozialisierung von Betrieben mit Monopolstellung, die Vergesellschaftung von Bergwerken, Mitbestimmung und Ertragsbeteiligung der Arbeitnehmer sowie in geringem Umfang staatliche Planung und Lenkung der Volkswirtschaft; 1949 von den ↗Düsseldorfer Leitsätzen abgelöst. *kl*

Ahnenerbe e.V. 1937 von ↗Himmler und ↗Darré gegründete Forschungsgemeinschaft, die zunächst u.a. dem Studium der germanischen Vorgeschichte dienen sollte. Während des ↗Zweiten Weltkrieges betrieb das A. eine naturwissenschaftlich ausgerichtete sog. „kriegsbedingte Zweckforschung", die in den ab 1942 vorgenommenen wehrmedizinischen ↗Menschenversuchen gipfelte. *ij*

Aisne, Schlacht (1917/18) Fluß in Nordfrankreich im Bereich der Westfront im ↗Ersten Weltkrieg. 1917 zwei weitgehend erfolglose französisch-britische Offensiven am Chemin-des-Dames (Erhebung bei Laon); Ende Mai 1918 deutsche Gegenangriffe mit Geländegewinn; Juli–Oktober Vorrücken der ↗Alliierten. Mai–August 1918 insgesamt mehr als 600000 Gefallene. *PS*

Akademie Gelehrtenvereinigung mit dem Ziel der Förderung der wissenschaftlichen Forschung. Die deutschen A.n entstanden v.a. ab dem 18. Jh. unter dem Einfluß der ↗Aufklärung. Größte der deutschen A.n war die 1700 vom preußischen König ↗Friedrich I. gegründete Preußische A. der Wissenschaften. 1946 wurde sie nach sowjetischem Leitbild umgestaltet und umbenannt in „Deutsche A. zu Berlin", nach weiteren Umgestaltungen 1970 und 1972 von 1972–90 in „A. der Wissenschaften der ↗DDR". 1992 Neukonstituierung der Berlin-Brandenburgischen A. der Wissenschaften.

Ende des 19. Jh.s verbanden sich die A. von Göttingen, Leipzig, München und Wien zur Realisierung bedeutender wissenschaftlicher Projekte (u.a. ↗Monumenta Germaniae historica). Die Forschungsergebnisse der A. werden in Fachpublikationen regelmäßig veröffentlicht.

Neben den klassischen natur- und gesellschaftswissenschaftlichen A. haben sich in neuerer Zeit berufsspezifisch ausgerichtete A.n etabliert, u.a. Verwaltungs-A., A. der deutschen Wirtschaft, Berufs-A., sowie nach 1945 auch Katholische und Evangelische A. *RB*

akademische Freiheit Von Wilhelm von ↗Humboldt mit der Verfassung der Berliner Universität von 1816 geprägter Begriff für die Selbstverantwortlichkeit der Hochschule im Bereich der Lehre, die seither als eine Bedingung freier Wissenschaft angesehen wird. Die Freiheit von Lehre und Forschung ist heute im ↗Grundgesetz verankert. *ij*

Aktion Reinhardt Tarnname für die massenhafte Ermordung deportierter Juden in den bis Sommer 1942 erbauten ↗Vernichtungslagern ↗Belzec, ↗Sobibór und ↗Treblinka im ↗Generalgouvernement. Vom Beginn der A.R. März 1942 bis zu deren Ende Oktober 1943 wurden ca. 1,75 Mio. Juden, v.a. aus Polen, in ↗Gaskammern ermordet. Für die Durchführung der A.R. war auf Befehl ↗Himmlers ↗Globocnik verantwortlich, der sich dabei auf die Tötungserfahrungen von Tätern der ↗Aktion T4 stützte. *PS*

Aktion T 4 ↗Euthanasie

Aktivistenbewegung ↗Hennecke-Bewegung; ↗Hockauf-Bewegung

Akzise Verbrauchssteuer, seit dem ↗Mittelalter bes. für Güter des täglichen Bedarfs (Getreide, Salz, Fleisch) erhoben. Im 19. Jh. abgebaut, wirkt sie auch heute noch in Form der Umsatzsteuer weiter. *dt*

Alamannen (Alemannen) Westgermanischer Stamm, der sich aus verschiedenen Gruppen, meist aber elbgermanischen Sueben, gegen Ende des 2. Jh.s n. Chr. bildete. Vom Main aus durchbrachen sie 259/60 den ↗Limes, stießen bis Mailand vor und setzten sich im Dekumatenland fest. Ein Vorstoß ins Elsaß und weiter nach Südwesten wurde Ende des 5. Jh.s durch die ↗Burgunder gestoppt. Nach der Niederlage gegen die ↗Franken um 500 geschwächt, stellten sie sich unter den Schutz des Ostgotenreiches in Italien, wurden aber um 536 endgültig fränkischer Herrschaft unterworfen.
In merowingischer Zeit bildete ihr Gebiet ein Herzogtum mit eigenem Recht. Unter den ↗Karolingern wurde dieses Herzogtum 746 (Gerichtstag von ↗Cannstatt) jedoch zerschlagen. *wm*

Albert König von Sachsen, *23.4.1828 Dresden, †19.6.1902 Sybillenort (Schlesien). Führte im ↗Deutschen Krieg (1866) das sächsische Heer gegen ↗Preußen, im ↗Deutsch-Französischen Krieg (1870/71) die Maasarmee gegen Frankreich; übernahm am 29.10.1873 die Regierung; kritisch gegenüber Otto von ↗Bismarck und der ↗Sozialdemokratie; führte 1896 das ↗Dreiklassenwahlrecht ein. *rw*

Albert der Große Heiliger Kirchenlehrer, Dominikaner, *um 1200 Lauingen/Donau, †15.11.1280 Köln. A.d.G. studierte in ↗Köln und Padua, lehrte 1228–44 an deutschen Seminaren, danach in Paris. Ab 1248 an der neuen Ordensschule der ↗Dominikaner in Köln, wo Thomas von Aquin sein Schüler war. 1260–62 Bischof von ↗Regensburg; seit 1270 zurück in Köln; verhalf der ↗Philosophie des Aristoteles zu allg. Anerkennung. *ku*

Albertiner ↗Wettiner

Albertus Magnus ↗Albert der Große

Albrecht

Deutsche Könige, Habsburger:

Albrecht I. *Juli 1255, †1.5.1308 bei Brugg an der Reuß. Sohn von König ↗Rudolf I.; seit 1282 Herzog von ↗Österreich und der Steiermark; Gegner von ↗Adolf von Nassau, nach dessen Tod 1298 deutscher König; verfolgte (vergeblich) das Ziel, die Königswürde dauerhaft für die ↗Habsburger zu erhalten; von seinem Neffen ↗Johann (Parricida) ermordet. *dh*

Albrecht II. *16.8.1397, †27.10.1439 Langendorf (Ungarn). Seit 1404 als Albrecht V. Herzog von ↗Österreich; 1438 Wahl zum König; entfaltete wegen Kämpfen gegen Türken und Polen im Osten des Reiches kaum andere reichspolitische Aktivitäten. *dh*

Bayern:

Albrecht V. der Großmütige Herzog (seit 1550), *29.2.1528 München, †24.10.1579 ebd. Unterdrückte 1564 die Ortenburger Adelsverschwörung; führte als erster weltlicher deutscher Fürst in ↗Bayern die ↗Gegenreformation ein; engagierte sich als Kunstmäzen. *dw*

Brandenburg:

Albrecht I. der Bär Markgraf, *um 1100 wohl Bernburg/Saale, †18.11.1170 Stendal. 1134 mit der Nordmark (Altmark) belehnt; 1138–42 Herzog von ↗Sachsen; erbte 1150 nach dem Tod des Hevellerfürsten Pribislaw die Festung ↗Brandenburg und das Havelland, dessen Besiedlung und Christianisierung er vorantrieb. *dh*

Albrecht III. Achilles Markgraf, Kurfürst, *24.11.1414 Tangermünde, †11.3.1486 Frankfurt/Main. Erbte 1440 das Fürstentum ↗Ansbach, 1464 das Fürstentum Bayreuth; seit 1470 Kurfürst von ↗Brandenburg; legte in der Dispositio Achillea (Achilleisches Hausgesetz) die Erbfolge seines

Hauses fest (↗Primogenitur, Unteilbarkeit Brandenburgs). *dh*

Brandenburg-Kulmbach:

Albrecht Alcibiades Markgraf, *28.3.1522 Ansbach, †8.1.1557 Pforzheim. Erhielt 1541 Kulmbach und Bayreuth; unterstützte 1546 Kaiser ↗Karl V. im ↗Schmalkaldischen Krieg, nahm jedoch 1552 an der Fürstenrebellion gegen Karl V. unter Führung von ↗Moritz von Sachsen teil. Nach der Niederlage im Markgräflerkrieg verlor er 1554 seine Besitzungen. *dw*

Magdeburg:

Albrecht II. Erzbischof, *um 1170, †15.10.1232. 1206 Weihe zum Erzbischof; 1208 erfolgreich um die Anerkennung der Herrschaft ↗Ottos IV. bemüht; setzte sich aber 1212 für die Wahl des ↗Staufers ↗Friedrich II. zum deutschen König ein; ab 1207 wesentlich am Neuaufbau des abgebrannten Magdeburger Doms beteiligt. *dh*

Mainz:

Albrecht Erzbischof, Kurfürst, *28.6.1490 Berlin, †24.9.1545 Mainz. 1513 Erzbischof von ↗Magdeburg und Administrator von Halberstadt, 1514 auch Erzbischof von ↗Mainz, 1518 Kardinal. A. betrieb einen ausufernden Ablaßhandel, wobei er die Hälfte des für die Peterskirche in Rom vorgesehenen Geldes dazu benutzte, die Kosten für seine Ernennung und Ämterhäufung zu decken – einer der Gründe für Martin ↗Luthers ↗Ablaßthesen. Nach anfänglicher Tolerierung Gegner der ↗Reformation. Kunstmäzen, Förderer der ↗Humanisten. *rh*

Österreich:

Albrecht V. ↗Albrecht II., deutscher König

Preussen:

Albrecht Herzog, *17.5.1490 Ansbach, †20.3. 1568 Tapiau (Ostpreußen). 1511 Hochmeister des ↗Deutschen Ordens; wandelte das Ordensland unter dem Einfluß Martin ↗Luthers in ein weltliches, erbliches, evangelisches Territorium um, das er 1525 als erster ↗Herzog in ↗Preußen vom polnischen König zum ↗Lehen nahm; gründete 1544 die Universität Königsberg. *rh*

Sachsen:

Albrecht der Beherzte Herzog, *31.7.1443 Grimma, †12.9.1500 Emden. Gemeinsame Regentschaft mit seinem älteren Bruder Ernst von Sachsen 1464–85. 1485 teilten die Brüder ihr Herrschaftsgebiet. A. wählte ↗Meißen und die umliegenden Gebiete und begründete die Linie der ↗Albertiner. *dh*

Albrecht, Theo(dor) Unternehmer, *28.3.1922. Baute – das mütterliche Lebensmittelgeschäft in Essen-Schonebeck als Ausgangspunkt – mit seinem Bruder Karl (*1920) erfolgreich eine Ladenkette auf; eröffnete 1962 den ersten „Aldi"-Markt (von A.-Discount); wurde 1971 entführt und gegen hohe Lösegeldzahlung freigelassen. *UK*

Albus (lat. = weiß; Weißpfennig) Im 14.–16. Jh. am Niederrhein weitverbreiteter Silbergroschen. *dt*

Alchemie Lehre auf antiker Grundlage, die sich, v. a. im ↗Mittelalter und der Frühen Neuzeit, sowohl auf naturwissenschaftlicher wie auf philosophisch-mystischer Basis, mit den chemischen Stoffen beschäftigte. Die A. ging von der Möglichkeit der Umwandlung und Veredelung von Metallen, v. a. zu Gold, aus. Dem entsprach im philosophischen Bereich die Möglichkeit zur Läuterung und Selbstwerdung der Menschen. Die A. entwickelte chemische Techniken wie die Destillation, wurde seit dem 17. Jh. zunehmend von der empirischen Chemie abgelöst, lebte später noch als „geheime Kunst" weiter. *wj*

Alchimie ↗Alchemie

Alder, Kurt ↗Nobelpreis

Aldringen (Aldringer), Johann von Reichsgraf, Heerführer, *10.12.1588 Diedenhofen (Lothringen), †22.7.1634 Landshut. Trat 1623 ins kaiserliche Heer ein; nach ↗Tillys Tod 1632 zum Oberbefehlshaber der Katholischen ↗Liga und zum Feldmarschall ernannt; war maßgeblich am Sturz ↗Wallensteins beteiligt. A. fand bei der Verteidigung Landshuts gegen schwedische Truppen den Tod. *dw*

Alemannen ↗Alamannen

Alfinger (Dalfinger), Ambrosius Konquistador, *vor 1500 Ulm, †1533 Venezuela. 1526 in Santo Domingo (Haiti) Faktor der ↗Welser, die von ↗Karl V. das Privileg zur Kolonisation Venezuelas bekommen hatten. Beteiligte sich dort als erster spanischer Statthalter (ab 1529) an Erkundungen (Goldsuche) und Kämpfen gegen Indianerstämme; dabei tödlich verwundet. *rh*

Alfons X. der Weise Deutscher König, *26.11. 1221 Toledo, †4.4.1284 Sevilla. Seit 1252 König von Kastilien; wurde bei der Doppelwahl 1257 gegen ↗Richard von Cornwall zum deutschen König gewählt; kam nie ins Heilige Römische Reich, verzichtete aber auch nie auf seinen Herrschaftsanspruch. *li*

Alkuin Angelsächsischer Gelehrter, *um 730

York, † 19. 5. 804 Tours. Seit 781 am Hof ↗Karls des Großen, wichtigster Berater des Königs in Kirchen- u. a. geistigen Fragen; Leiter der Hofschule; 796 Abt von St. Martin in Tours; inhaltlicher Begründer der ↗Karolingischen Renaissance. *wj*

Alldeutscher Verband Am 9. 4. 1891 als Allgemeiner Deutscher Verein gegründete nationalistische und antisemitische Organisation mit völkischer und imperialistischer Zielsetzung (1922: 40 000 Mitglieder); erhob im ↗Ersten Weltkrieg weitreichende Forderungen nach der Annexion „deutschen ↗Lebensraums"; agitierte, eine nationale Diktatur fordernd, nach 1918 gegen die ↗Weimarer Republik; 1939 aufgelöst. *vK*

Alleinvertretungsanspruch Von Bundeskanzler ↗Adenauer am 21. 10. 1949 eingeführte, gegen die ↗DDR gerichtete Vorstellung der ↗Bundesrepublik als einzige legitime Vertreterin des deutschen Volkes. Der A. führte am 6. 3. 1951 zu einer von den Westalliierten mitgetragenen, einseitigen Erklärung der ↗Bundesregierung zur Regelung der Auslandsschuldenfrage (↗Londoner Schuldenabkommen), in der sie als Vorbedingung zur ersten Revision des ↗Besatzungsstatuts alle Rechte und Pflichten des ↗Deutschen Reiches als alleinige Rechtsnachfolgerin übernahm. Der A. wurde 1970 von der Bundesregierung unter ↗Brandt zusammen mit der ↗Hallstein-Doktrin fallengelassen. *kl*

Allensbach ↗Institut für Demoskopie Allensbach

Allgemeine Deutsche Arbeiterverbrüderung Am 23. 8. – 3. 9. 1848 beim ersten Allgemeinen Deutschen Arbeiterkongreß in Berlin unter Leitung von ↗Born gegründeter erster organisierter und umfassender Zusammenschluß von Arbeitern. Die Vereinigung stellte u. a. Forderungen nach sozialer und politischer Gleichberechtigung der Arbeiter sowie der Vertretung ihrer wirtschaftlichen Interessen; ab 1850 im Zuge der ↗Reaktion verboten. *nk*

Allgemeiner Deutscher Arbeiterverein (ADAV) Unter Beteiligung verschiedener Arbeitervereine am 23. 5. 1863 in Leipzig gegründete, erste deutsche sozialistische Arbeiterpartei, deren Programm auf ↗Lassalle, ihren ersten Parteipräsidenten (1863/64), zurückging; ab 1867 im Reichstag vertreten; 14./15. 5. 1875 in Gotha Zusammenschluß mit der ↗Sozialdemokratischen Arbeiterpartei zur ↗Sozialistischen Arbeiterpartei Deutschlands. *nk*

Allgemeiner Deutscher Frauenverein (ADF) 16. – 18. 10. 1865 bei der ersten deutschen Frauenkonferenz in Leipzig von ↗Goldschmidt, ↗Otto-Peters und Auguste ↗Schmidt gegründete erste organisierte deutsche Frauenvereinigung (↗Frauenbewegung). Ziel des ADF, dem ca. 20 weitere Frauenvereine angehörten, war die Durchsetzung von sozialen und politischen Forderungen, wie dem Recht für Frauen auf Bildung und Arbeit sowie die ↗Gleichberechtigung mit dem Mann. *nk*

Allgemeiner Deutscher Gewerkschaftsbund Seit 1919 Dachverband der Gewerkschaften. Nach Einführung des ↗Tages der Arbeit durch das nationalsozialistische Regime mit Besetzung der Gewerkschaftshäuser am 2. 5. 1933 und Einziehung des Vermögens zerschlagen. *PS*

Allgemeiner Deutscher Nachrichtendienst (ADN) Nachrichtenagentur der ↗DDR; 1946 in der ↗SBZ von Zeitungsverlegern und Rundfunkanstalten gegründet; als staatliche Institution 1953 dem Ministerpräsidenten unterstellt; neben dem Hauptsitz in Berlin (Ost) zahlreiche Zweigstellen in Deutschland und im Ausland. *Ki*

Allgemeines Landrecht ↗Preußisches Allgemeines Landrecht

Allgemeine Zeitung 1798 von dem Verleger ↗Cotta in Stuttgart gegründet. Ihr Erscheinungsort wurde 1803 zunächst nach Ulm, dann 1810 nach ↗Augsburg und schließlich 1882 nach München verlegt. Die A.Z. galt als gemäßigt liberal und bis zur Mitte des 19. Jh.s als wichtigste deutsche Tageszeitung. Sie erschien zuletzt nur noch monatlich. 1914 eingestellt. *dw*

Allianz für Deutschland Am 5. 2. 1990 unter Anwesenheit von Bundeskanzler Helmut ↗Kohl im West-Berliner Gästehaus der ↗Bundesregierung gegründetes Wahlbündnis der ↗CDU der DDR, der ↗DSU und der Partei ↗DA für die erste freie Wahl der ↗Volkskammer der DDR am 18. 3. 1990; für eine rasche Herstellung der Deutschen Einheit und die Wiederherstellung der alten Länder in der ↗DDR; deutlicher Sieger der Volkskammerwahlen: die CDU gewann 40,8 %, die DSU 6,3 % und die DA 0,9 % aller Stimmen bei einer Wahlbeteiligung von 93 %. *kl*

Allied Checkpoint Charlie Kontrollpunkt am ehemaligen Grenzübergang Friedrichstraße in ↗Berlin. Der Übergang wurde neben dem US-amerikanischen Personal auch von Mitarbeitern der ↗Ständigen Vertretung in Berlin (Ost), deren Familienangehörigen sowie von nichtdeutschen zivilen Besuchern genutzt. *kl*

Alliierte 1) Bezeichnung in den Friedensverträgen von 1919 für Mächte, die im ↗Ersten Weltkrieg in einem Bündnis gegen die ↗Mittelmächte gekämpft hatten.
2) Im ↗Zweiten Weltkrieg gegen ↗Deutsches Reich und seine Verbündeten zusammengeschlossenen Staaten. *PS*

Alliierte Hohe Kommission (HICOG) Nach dem Scheitern des ↗Alliierten Kontrollrats im April 1949 von den Außenministern Großbritanniens, der USA und Frankreichs begründetes, oberstes gemeinsames Kontrollorgan für die künftige ↗Bundesrepublik mit Sitz auf dem ↗Petersberg bei ↗Bonn. Die um den Rat der drei hohen Kommissare herum aufgebaute Behörde wurde 1955 mit Inkrafttreten der ↗Pariser Verträge aufgelöst. (79) *kl*

Alliierter Kontrollrat Aufgrund der ↗Berliner Deklaration der Vier Mächte von den Siegermächten des ↗Zweiten Weltkrieges errichtetes oberstes Regierungsorgan im besetzten Deutschland, aus den vier Militäroberbefehlshabern bestehend; nahm am 30.7.1945 im Gebäude des ehemaligen Berliner Kammergerichts mit ↗Montgomery, ↗Eisenhower, Georgij Konstantinowitsch ↗Schukow und Pierre Koenig seine Arbeit auf. Der A.K. sollte unter wechselndem Vorsitz alle Deutschland als Ganzes betreffenden Fragen regeln und eine einheitliche Politik der ↗Besatzungsmächte sicherstellen, wurde aber zunehmend durch Interessenkonflikte behindert. Aus Anlaß der Einbeziehung der Westsektoren ↗Berlins in das ↗European Recovery Program verließ der sowjetische Vertreter die Ratssitzung vom 20.3.1948 und machte den A.K. entscheidungsunfähig; in der Folge gründeten die Westmächte die ↗Alliierte Hohe Kommission für Deutschland. *kl*

alliierte und assoziierte Mächte Staaten, die im ↗Ersten Weltkrieg mit (alliierte Mächte) oder ohne (assoziierte Mächte) bes. Verträge gegen die ↗Mittelmächte kämpften. *PS*

Allmende (mittelhochdeutsch für: Allgemeinheit) Gemeinsames Eigentum von Dorfgenossen

Alliierter Kontrollrat: ↗Montgomery, ↗Schukow, ↗Eisenhower, Koenig (v. li.)

an Wald, Feld und Wiesen. Im Früh- und Hochmittelalter existierte Verfügungsrecht des ↗Königs und der Landesherren über Teile der A., v.a. für ↗Rodungen und Jagd; zunehmende Auflösung der A. seit dem 17./18. Jh., heute nur noch in Resten erhalten. *wj*

Allod (althochdeutsch = ganz eigen) Im ↗Mittelalter frei verfügbares Eigentum an Grund und Boden im Gegensatz zum Lehen (↗Lehnswesen), im fränkischen Recht auch speziell Familienerbgut. Der Ausbau des vom ↗König unabhängigen Allodialbesitzes durch die Landesherren war wichtiger Grund für die dualistische deutsche Verfassungsentwicklung. *wj*

Alphabetisierung Organisierte Lehre und Förderung des Lesens und Schreibens.
In Deutschland leben Ende der neunziger Jahre nach UNESCO-Schätzung ca. 3 Mio. Analphabeten (Menschen, die weder schreiben noch lesen können). Die Schätzung bezieht die funktionalen Analphabeten mit ein; diese sind wegen mangelnder Lese- und Schreibfertigkeiten in der deutschen Sprache sozial benachteiligt.
Seit den fünfziger Jahren bemühen sich internationale (UNESCO) und nationale (Volkshochschule) Organisationen um eine A. der Bevölkerung. *ku*

Altenstein, Karl Freiherr vom Stein zum Preußischer Politiker, *1.10.1770 Schalkhausen (bei Ansbach), †14.5.1840 Berlin. Gehörte zu den Reformern um ↗Hardenberg. 1808–10 preußischer Finanzminister, 1817–38 erster preußischer Kultusminister: förderte ↗Universitäten (Neugründung in Bonn, Erweiterung in Breslau, Halle und Berlin) und Schulen; Aufbau eines starken Beamtenstaats (↗Beamtentum); die Betonung der Rolle des Staates führte zu Konflikten mit der katholischen (↗Kölner Kirchenstreit) und evangelischen Kirche. *rh*

Alter Dessauer ↗Leopold I. von Anhalt-Dessau

Alternative Bewegung Sammelbegriff für unterschiedliche Formen der gesellschaftlichen Kritik; seit Ende der 1960er Jahre mit dem gemeinsamen Ziel, die bestehenden sozialen und politischen Verhältnisse zu verändern; prägte unter hohem ideellen und ehrenamtlichen Einsatz u.a. die ↗Ökologiebewegung und die ↗Friedensbewegung; brachte mit den ↗Wohngemeinschaften neue Formen der Wohnkultur hervor. *Ki*

Alte Synagoge Essen ↗Essen, Alte Synagoge

Altfürstliche Häuser Im Heiligen Römischen Reich Bezeichnung, die alle Fürstenhäuser umfaßte, die bereits vor dem Augsburger ↗Reichstag von 1582 Sitz und Stimme im ↗Reichsfürstenrat hatten. Gegensatz: Neufürstliche Häuser. *dw*

Althegelianer ↗Philosophie

Altheim, Franz Althistoriker, *6.10.1898 Frankfurt/Main, †17.10.1976 Münster. 1936–50 Professor in Halle, 1950–65 an der Freien Universität Berlin; verfaßte u.a.: Römische Religionsgeschichte (1931–33), Geschichte der Hunnen (1959–62), Die Araber in der Alten Welt (1964–69). *Vö*

Althochdeutsch Die früheste Entwicklungsstufe der deutschen Sprache vom Beginn schriftlicher Überlieferung um 750 bis zur Mitte des 11. Jh.s. In dieser Zeit bildete sich die deutsche Sprache aus germanischen ↗Mundarten. *li*

Althoff, Friedrich Theodor Preußischer Politiker, *19.2.1839 Dinslaken, †20.10.1908 Berlin. Nahm durch Reformen auf dem Gebiet des Bibliothekswesens und Ausbau bzw. Neugründung von ↗Universität und Technischer Hochschule maßgeblichen Einfluß auf die preußische Kulturpolitik. *ij*

Altkatholiken Angehörige einer christlichen Religionsgemeinschaft, die sich aus Ablehnung des auf dem Ersten Vatikanischen Konzil (1869–70) verkündeten Dogmas von der päpstlichen Unfehlbarkeit (Infallibilität) von der ↗katholischen Kirche trennte; 1889 vereinigt mit entsprechenden Bewegungen in Österreich, der Schweiz und den Niederlanden; Mitglied des Ökumenischen Rates der Kirchen. *ij*

Altmeier, Peter Ministerpräsident (Rheinland-Pfalz; CDU), *12.8.1899 Saarbrücken, †28.8.1977 Koblenz. 1945 Mitbegründer der ↗CDU; bis 1966 Landesvorsitzender, 1947–69 Ministerpräsident von ↗Rheinland-Pfalz. *Vö*

Altonaer Blutsonntag (1932) Als am 17.7.1932 die ↗SA kurz nach ihrer Wiederzulassung anläßlich des Reichstagswahlkampfes provokativ einen Zug durch die „roten Viertel" Altonas veranstaltete, kam es zu blutigen Zusammenstößen mit kommunistischen Gegendemonstranten, bei denen zwei SA-Männer getötet wurden. Im Verlauf des Eingreifens der schwerbewaffneten ↗Polizei starben 16 Zivilisten. Daraufhin erließ Reichsinnenminister Wilhelm von Gayl ein reichsweites Demonstrationsverbot. Ein Sondergericht sprach 1933 auf Grundlage manipulierter Beweise und Aussagen in vier Fällen Todesurteile gegen Kommunisten aus (am 1.8.1933 vollstreckt); in fünf weiteren Prozessen bis 1937 wurden Zuchthausstrafen von insgesamt 315 Jahren verhängt. *JH*

Altpreußen Infolge der Gebietserweiterungen ↗Preußens durch den ↗Wiener Kongreß (1815) aufgekommene Bezeichnung für die Gebiete, die 1806 schon zu Preußen gehörten; insbesondere die ostelbischen Gebiete. *dt*

Altranstädt, Friede (1706) Am 24.9.1706 in ↗Sachsen zwischen Schweden und Sachsen geschlossen: Kurfürst ↗August II., der Starke, beendete seine Teilnahme am Großen ↗Nordischen Krieg und verzichtete auf Polens Krone. *dw*

Alvenslebensche Konvention Am 8.2.1863 zwischen dem preußischen General Gustav von Alvensleben und dem russischen Vizekanzler Fürst Gortschakow geschlossenes Abkommen über gemeinsames militärisches Vorgehen gegen den polnischen Aufstand; sicherte ↗Preußen die wohlwollende Neutralität Rußlands für die Zukunft. *vK*

Amalia (Anna A.) Herzogin von Sachsen-Weimar-Eisenach, *24.10.1739 Wolfenbüttel, †10.4.1807 Weimar. Nach dem Tod ihres Gemahls Herzog Ernst August Konstantin übernahm sie für ihren Sohn ↗Karl August 1758–75 die Regentschaft. 1772 berief sie ↗Wieland (als Erzieher ihrer Söhne) nach Weimar, das sie zu einem geistigen Zentrum machte. *rh*

Amalie

Hessen-Kassel:

Amalie Elisabeth Landgräfin, *29.1.1602 Hanau, †3.8.1651 Kassel. Wurde 1637, als ihr Gatte Landgraf ↗Wilhelm V. starb, Regentin; vergrößerte im ↗Dreißigjährigen Krieg ihren Herrschaftsbereich (Eroberung Marburgs 1645/46). Im ↗Westfälischen Frieden erreichte sie, daß neben den Lutheranern auch die calvinistischen Reformierten reichsrechtlich anerkannt wurden. *rh*

Preussen:

Amalie Prinzessin, *9.11.1723 Berlin, †30.9.1787 ebd. Schwester ↗Friedrichs II. des Großen. Ab 1755 Äbtissin von Quedlinburg; Liebesverhältnis zu Friedrich von der Trenck. *rh*

Amann, Max NSDAP-Politiker, Journalist, *24.11.1891 München, †30.3.1957 ebd. 1921–23 Geschäftsführer der ↗NSDAP, 1922 Geschäftsleiter des ↗Völkischen Beobachters; seit 1925 Direktor des Zentralverlages der NSDAP und für die Leitung der nationalsozialistischen Presse zuständig; 1933–45 Präsident der Reichspressekammer; 1948 zu zehn Jahren Arbeitslager verurteilt. *JH*

Amerika-Haus Weltweit bestehende Einrichtung der USA zur Pflege und Vermittlung US-amerikanischer Sprache und Kultur im Ausland; auf dem Gebiet der späteren ↗Bundesrepublik und in Österreich 1946 als Instrument der ↗Umerziehung eingerichtet; umfangreiche Bibliotheksbestände an Literatur, Film und Musik; zusammen mit mehreren deutsch-amerikanischen Instituten Organisation von Konzerten, Ausstellungen, Vorträgen sowie Sprachkursen. *kl*

Amery, Carl (früher Christian Anton Mayer) Schriftsteller, *9.4.1922 München. Kirchenkritischer Katholik; schrieb „Die Kapitulation – oder: Deutscher Katholizismus heute" (1963); Romane und Hörspiele. *ij*

Amiens, Friede (1802) Beendete den 2. ↗Koalitionskrieg; abgeschlossen am 27.3.1802 zwischen Frankreich, Spanien und der Batavischen Republik einerseits und Großbritannien andererseits; Großbritannien gab bis auf Trinidad und Ceylon alle überseeischen Eroberungen auf. Frankreich verzichtete auf Ägypten. *rh*

Amnestie Gesetzlicher Beschluß, auf Grund dessen ein vollständiger oder teilweiser Straferlaß gewährt oder die Strafverfolgung eingestellt wird. Im Straffreiheitsgesetz von 1949 wurde die A. von sog. Kriegsverurteilten des ↗Zweiten Weltkrieges geregelt. Das Straffreiheitsgesetz von 1954 erweiterte die A. für die Angeklagten bzw. Verurteilten beträchtlich. Die Gesetze hatten eine starke politische Symbolik: Die A. bestätigte die „Schlußstrich-Mentalität" der Nachkriegsgesellschaft, (↗Vergangenheitsbewältigung). Beamte, die im Zuge der ↗Entnazifizierung entlassen worden waren, wurden infolge des „131er-Gesetzes" von 1951 (gemäß Art. 131 GG) rehabilitiert und erhielten ihre Versorgungsansprüche und Arbeitsmöglichkeit im Staatsdienst zurück. *sb*

Amt Blank ↗Dienststelle Blank

Anarchismus Politische Weltanschauung, die an die Stelle rechtlichen Zwangs und staatlicher Ordnung eine Selbstgestaltung des menschlichen Zusammenlebens nach freiem Ermessen des einzelnen setzen will; zielt damit über die Forderungen des ↗Liberalismus nach „Freiheit vom Staat" hinaus auf Aufhebung des Staates überhaupt. Ein wichtiger Vertreter des A. in Deutschland war Johann Most. Max Hödel und Karl Eduard Nobling waren 1878 am Attentat u.a. auf Kaiser ↗Wilhelm I. beteiligt. *vK*

Ancillon, Johann Peter Preußischer Minister, *30.4.1767 Berlin, †19.4.1837 ebd. Entstammte einer Hugenottenfamilie; ab 1790 Pfarrer der französischen Gemeinde in Berlin; ab 1792 Professor für Geschichte an der Kriegsakademie; seit 1810 Erzieher des Kronprinzen ↗Friedrich Wilhelm IV.; politischer Berater ↗Friedrich Wilhelms III.; ab 1832 Außenminister; unterstützte als Monarchist die reaktionäre Politik ↗Metternichs. *rw*

Andersch, Alfred Schriftsteller, *4.2.1914 München, †21.2.1980 Berzona (Tessin). Gab 1946/47 mit Hans Werner ↗Richter die Zeitschrift „Der Ruf" heraus, aus deren Umfeld die ↗Gruppe 47 erwuchs; schrieb Romane (u.a. Sansibar oder der letzte Grund, 1957), Erzählungen und Reportagen. *ij*

Andreä, Jakob Protestantischer Theologe, *25.3.1528 Waiblingen, †7.1.1590 Tübingen. Studierte ab 1541 an der Tübinger Universität, deren Kanzler und Professor er 1561 wurde. A. gehörte zu den Verfassern der ↗Konkordienformel (1577). Mit seinem Wirken und seinen über 150 Schriften verfolgte er konsequent das Ziel, die nach Martin ↗Luthers Tod entstandenen Uneinigkeiten unter dessen Anhängern zu überwinden. *nk*

Andreas-Salomé, Lou Schriftstellerin, Psychologin, *12.2.1861 St. Petersburg, †5.2.1937 Göttingen. Ab 1880 Studium der Philosophie, Philologie und Kunstgeschichte in Zürich; stand seit 1911 in engem Kontakt zu ↗Freud und dem Wiener Kreis der Psychoanalytiker; arbeitete als Analytikerin und Psychotherapeutin; schrieb neben theoretischen und autobiographischen Schriften Romane (u.a. Fenitschka, 1895), Erzählungen und Essays. *nk*

angelsächsische Mission Das Wirken angelsächsischer christlicher Missionare bei den noch heidnischen ↗Germanen in Europa ab etwa 680 bis zum Ende des 8. Jh.s. Ausgangspunkte waren die Benediktinerklöster. Ein wichtiger Vertreter der a.M. war ↗Bonifatius, der Friesen, ↗Thüringer und Hessen missionierte, ↗Klöster gründete und die Kirche reorganisierte. *li*

Angelus Silesius (eigentlich Johann Scheffler) Mystiker, Dichter, getauft 25.12.1624 Breslau, †9.7.1677 ebd. Seit 1643 Studium in Straßburg, Leiden und Padua; 1649–52 Leibarzt des Herzogs von Württemberg-Öls. Der Kontakt zu schlesischen Mystikern führte 1653 zu seinem Übertritt zur katholischen ↗Konfession, 1661 empfing er die Priesterweihe. A.S. verfaßte mystische Schriften (u.a. Cherubinischer Wandersmann, 1674) sowie Polemiken gegen die ↗Reformation. *nk*

Anna Amalia ↗Amalia

Annalen Jahrweise fortlaufende, meist in Latein verfaßte Überlieferung historischer Fakten; in Deutschland seit der karolingischen Frühzeit bis zum ↗Humanismus; oft in ↗Klöstern entstanden, häufig mit mehreren unbekannten Verfassern; herausragend sind die karolingischen Reichs-A., die A. von ↗Fulda, ↗Lorsch, Marbach, Paderborn und Quedlinburg (↗Monumenta Germaniae historica). *vK*

Anneke, Mathilde Franziska Frauenrechtlerin, *3.4.1817 Blankenstein/Ruhr, †25.11.1884 Milwaukee (USA). Publizierte 1847 „Das Weib im Conflict mit den sozialen Verhältnissen", gründete zwei Zeitungen (u.a. „Frauenzeitung"), die wegen ihrer revolutionären Gesinnung verboten wurden und nahm am ↗Badischen Aufstand 1848/49 teil; floh im Anschluß in die Schweiz, dann in die USA, wo sie ihre Aktivitäten fortsetzte und eine der Pionierinnen der ↗Frauenbewegung wurde; gründete die „Deutsche Frauenzeitung" (1852) in Milwaukee und leitete eine Mädchenschule. *nk*

Anno Domini (A.D.) (lat.) im Jahre des Herrn (Christi). *wj*

Anno II. Erzbischof von Köln, *um 1010, †4.12.1075 Siegburg. 1056 Erzbischof von Köln, 1062 durch die Entführung ↗Heinrichs IV. in Kaiserswerth Reichsregent, seit 1063 durch ↗Adalbert von Hamburg-Bremen verdrängt; 1074 Aufstand der Kölner Bürger gegen ihn. *dh*

Ansbach Fränkische Markgrafschaft. Den Zollern (↗Hohenzollern) als Burggrafen von ↗Nürnberg gelang seit dem 13. Jh. der Aufbau eines eigenen Territoriums; 1398 wurde dieses in die Markgraftümer A. und Kulmbach geteilt. Seit 1521 Einführung der ↗Reformation; 1743 gründete Markgraf Friedrich von Bayreuth die Universität Erlangen. 1805 kam A. an ↗Bayern. *dt*

Anschluß Österreichs Bezeichnung für die Vereinigung ↗Österreichs mit dem ↗Deutschen Reich (1938); 1918 von der österreichischen Volksvertretung beschlossen, durch die Pariser Friedensverträge (1919/20) jedoch verboten; nach zweimaligen Verzichtserklärungen Österreichs (1922, 1932) durch den Einmarsch deutscher Truppen (12.3.1938) erzwungen, formal per Gesetz (13.3.)

der österreichischen Regierung unter dem Nationalsozialisten ↗Seyß-Inquart vollzogen. Die anschließende Volksabstimmung ergab eine nahezu hundertprozentige Zustimmung. Durch Österreichs Erklärung seiner Unabhängigkeit (27.4. 1945) wieder aufgehoben. Im Staatsvertrag von 1955 wurde die Trennung von Deutschland nochmals bekräftigt. *JH*

Anselm von Havelberg Erzbischof von Ravenna, † 12.8.1158 bei Mailand. 1129–55 Bischof von Havelberg; unter ↗Lothar III. und ↗Friedrich I. wichtiger Gesandter des Reiches und Mittler zwischen Kaiser und Papst; 1155–58 Erzbischof von Ravenna; verfaßte 1149/50 die „dialogorum libri tres", eine theologische Abhandlung über die Unterschiede zwischen Katholizismus und Orthodoxie. *li*

Ansgar Erzbischof von Hamburg-Bremen, *um 800, † 3.2.865 Bremen. Seit 832 erster Bischof von Hamburg und päpstlicher Legat für den Norden; missionierte in Dänemark und Schweden; seit der Vereinigung der Bistümer Hamburg und Bremen 864 Erzbischof von Hamburg-Bremen. *li*

Anthroposophie Weltanschauungslehre, die 1913 von ↗Steiner begründet wurde. Die A. geht von einer Höherentwicklung der menschlichen Erkenntnisfähigkeit aus, durch die das Nachvollziehen des Wirkens übersinnlich-geistiger Kräfte ermöglicht werde. Sie beruft sich einerseits auf Ideen ↗Goethes, enthält jedoch auch christliche, kabbalistische sowie gnostische Elemente. Im pädagogischen Bereich ist die A. durch die Freien Waldorfschulen bis heute einflußreich. *ij*

Anti-Atomkraft-Bewegung ↗Ökologiebewegung

Antifaschismus 1) Gegnerschaft zum ↗Faschismus, insbesondere zum ↗Nationalsozialismus.
2) Ab Mitte der dreißiger Jahre des 20. Jh.s in kommunistischen Bewegungen gebräuchliches Schlagwort der ↗Volksfront-Politik. In der ↗SBZ/↗DDR als Begründung für Zusammenarbeit kommunistischer mit nichtkommunistischen Kräften herangezogen (↗antifaschistisch-demokratische Umwälzung, 1945–49). *PS*

antifaschistisch-demokratische Umwälzung Im Selbstverständnis der ↗DDR Bezeichnung für die Vorgeschichte der DDR in den Jahren 1945–49; impliziert unter besonderer Betonung des Widerstandes der ↗KPD gegen den ↗Nationalsozialismus den Anspruch, mit den Traditionen des preußisch-deutschen Militarismus gebrochen zu haben, für das ↗Dritte Reich und den ↗Zweiten Weltkrieg nicht verantwortlich zu sein und das moralisch bessere Deutschland nach 1945 zu verkörpern; sie umfaßt neben dem Wirken der ↗Gruppe Ulbricht und der ↗SED die vorrangige Würdigung des sowjetischen Beitrages zur Gründung der DDR als ↗Volksdemokratie. *kl*

Antifaschistischer Block ↗Einheitsfront der antifaschistisch-demokratischen Parteien

antifaschistischer Schutzwall Im offiziellen Sprachgebrauch der ↗DDR Bezeichnung für die ↗Berliner Mauer und die ↗deutsch-deutsche Grenze. *kl*

Anti-Hitler-Koalition Zusammenschluß der Gegner des Deutschen Reiches zwischen 1941 und 1945, v.a. der USA, der Sowjetunion und Großbritanniens. *JH*

Antikominternpakt (1936) Gegen die Sowjetunion gerichtetes, am 25.11.1936 auf fünf Jahre geschlossenes deutsch-japanisches Abkommen, offiziell zur Bekämpfung der Kommunistischen Internationale. Dem A. traten später bei: Italien (1937); Mandschukuo, Ungarn und Spanien (1939); Bulgarien, Dänemark, Finnland, Kroatien, Nanking-China, Rumänien und die Slowakei (1941 unter fünfjähriger Verlängerung). *JH*

Antikommunismus Seit Beginn des 19. Jh.s Grundhaltung gegen den ↗Kommunismus; politisch bedeutsam nach der Oktoberrevolution 1917; eine der Grundlagen der ↗völkischen Bewegung in der ↗Weimarer Republik, tragende Säule des Parteiprogramms der ↗NSDAP und staatstragende Ideologie des ↗Dritten Reiches, während des ↗Zweiten Weltkrieges maßgeblich für den Vernichtungskrieg gegen die Sowjetunion. Nach dem Zweiten Weltkrieg wurde der A., begünstigt durch die Stalinisierung der Sowjetunion u.a. osteuropäischer Staaten, v.a. auf seiten der USA eine der Grundlagen des ↗kalten Krieges. In seiner Hochphase nationaler Grundkonsens der ↗Bundesrepublik, führte der A. zur Diffamierung linksgerichteter Ideen und Politiker, 1956 zum Verbot der ↗KPD, die ↗SPD reagierte mit dem ↗Godesberger Programm. Ab Mitte der sechziger Jahre und während der ↗Studentenproteste wurde der A. in der Bundesrepublik zunehmend in Frage gestellt. *kl*

Antisemitismus In Deutschland Ende der siebziger Jahre des 19. Jh.s entstandener Begriff für die Gegnerschaft zu Juden, nicht gegen Semiten oder Araber allg. Der moderne A. ist, aus einem christlichen Antijudaismus seit der Antike über die Judenverfolgungen im Mittelalter von seinem religiösen Bezug gelöst, als Ergebnis ideologischer und sozialer Entwicklungen seit der ↗Aufklärung in das kulturelle Erbe Europas eingegangen. Sein historischer Ort ist die ↗Gründerkrise des 19. Jh.s, der Zionismus eine Folge.

Judenvertreibungen im Mittelalter

1388	Straßburg
1390/1391	Pfalz
1418	Trier
1420	Mainz
1424	Köln; Freiburg i. Br.
1436	Zürich
1439	Augsburg
1446	Leipzig
1470	Erzstift Mainz
1498	Nürnberg; Salzburg

Parallel zur Emanzipation der ↗Juden in Deutschland entstand eine antijüdische Stimmungen bündelnde Gegenbewegung um eine Publizistik, die sich mit dem 1878 von Wilhelm Marr geprägten Begriff A. bewußt von „Judenfeindschaft" und „Judenhaß" löste. Sie vertrat mit einer wissenschaftlich fundierten Minderwertigkeit der Juden als „Rasse" einen rassistischen A. So war die „Judenfrage" für Eugen Dühring als „Rassen-, Sitten- und Kulturfrage" 1881 nur durch Austreibung der „Parasiten und Schmarotzer" zu lösen, 1887 forderte Paul Lagarde ihre Vernichtung als „Trichinen und Bakterien", und Houston Stewart Chamberlain übertrug den Darwinismus 1899 auf das soziale Leben, indem er den Gegensatz zwischen Juden und Deutschen als einer „arischen Eliterasse" zu einem Kampf ums Überleben stilisierte.

Trotz der Publizistik ↗Treitschkes, ↗Claß' und dem Engagement Adolf ↗Stoeckers war der A. außer mit einer 1880 von 250 000 Menschen unterschriebenen antijüdischen Petition politisch erfolglos; antisemitische Parteien erhielten, bedingt durch den Einzug des A. in die Programme rechtskonservativer Parteien, 1893 bei der Reichstagswahl nur 2,9 % der Stimmen. Er wurde jedoch Grundkonsens der ↗völkischen Bewegung, etablierte sich in Verbänden (↗Deutschnationaler Handlungsgehilfenverband; ↗Alldeutscher Verband; ↗Bund der Landwirte) und in der Studentenschaft, verbreitete sich mit der Industriegesellschaft und der Identifikation der Juden mit Modernismus,

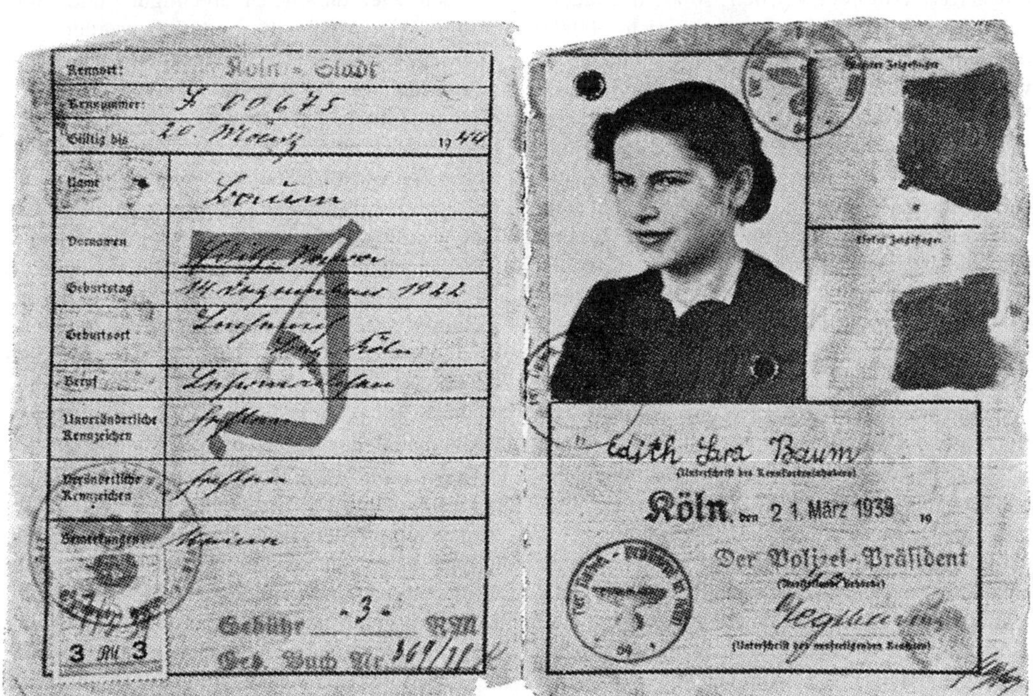

Paß mit diskriminierendem Judenstempel und vorgeschriebenem zweiten Vornamen (1939)

Kapitalismus und Verstädterung als diffuse Stimmung. Erst der ↗Nationalismus formte ihn zu einer Weltanschauung, die die Probleme der Zeit auf einfache Feindbilder reduzierte.

Nach dem ↗Ersten Weltkrieg verband sich der A. über die ↗Dolchstoßlegende mit dem ↗Antikommunismus. Ein offener A. mit Übergriffen der ↗SA, Krawallen im Berliner Scheunenviertel und dem Mord an Walther ↗Rathenau führte zu öffentlicher Empörung. Mitte der zwanziger Jahre aus dem Blick geraten, machte ihn die ↗Weltwirtschaftskrise erneut salonfähig.

Nach der ↗Machtergreifung kam es durch vollständige Unterdrückung des Anti-A. und Bejahung des A. in Teilen der Bevölkerung zu einer von Aktionismus geprägten Rasse- und Volkstumspolitik, die mit Entrechtung und Diskriminierung der deutschen Juden begann; Aufrufen zu Judenboykotten am 1.4.1933 folgten erste ↗Arisierungen, die ↗Nürnberger Gesetze und die ↗Novemberpogrome, mit dem ↗Zweiten Weltkrieg ↗Deportationen und die Bildung von ↗Ghettos. Bis Kriegsende wurden zur „Endlösung der Judenfrage" (↗Judenvernichtung) ca. sechs Mio. Menschen aus ganz Europa meist in ↗Vernichtungslagern ermordet; von den 570 000 als „Juden" bezeichneten Deutschen retteten sich 300 000 durch ↗Emigration, 70 000 überlebten die Judenvernichtung.

Nach dem Krieg diskreditiert, haben 45 Jahre ↗Vergangenheitsbewältigung in der ↗Bundesrepublik und ↗Antifaschismus in der ↗DDR den A. nur vermindert. Mit der ↗Auschwitz-Lüge entstand eine neue Form; verdeckt antisemitische Parteien wie die ↗Sozialistische Reichspartei und die ↗NDPD waren der Nährboden des ↗Rechtsradikalismus. Auch die DDR kannte Übergriffe auf nichtdeutsche Arbeiter und antisemitische Schmierereien.

Seit der ↗Wiedervereinigung ist der A. als Protesthaltung, verstärkt durch soziale und ökonomische Krisenerfahrungen als Chiffre für die ↗Fremdenfeindlichkeit bes. in Ostdeutschland zum Teil populär. *kl*

Anton Ulrich Herzog von Braunschweig-Wolfenbüttel, *4.10.1633 Hitzacker, †27.3.1714 Salzdahlum bei Wolfenbüttel. Sohn von ↗August dem Jüngeren; 1685 Mitregent seines Bruders, seit 1704 Herzog; unterstützte Frankreich im ↗Spanischen Erbfolgekrieg; v.a. bekannt durch seine heroisch-galanten Romane; ließ in Wolfenbüttel einen Neubau der 1604 begründeten Herzog-August-Bibliothek errichten. *dw*

Anzio ↗Nettuno, Landung bei

APO ↗Außerparlamentarische Opposition

Apologie der Augsburgischen Konfession Verteidigung der ↗Augsburger Konfession. ↗Melanchthon verfaßte die A. 1530 als Antwort auf eine katholische Schrift gegen die Augsburger Konfession. In überarbeiteter Form 1537 vom ↗Schmalkaldischen Bund unterzeichnet; ist mit der Konfession das Grundbekenntnis der evangelisch-lutherischen Kirche. *dw*

Appeasement-Politik Polemische Bezeichnung (appeasement: Beschwichtigung) für die außenpolitische Zurückhaltung Großbritanniens gegenüber dem nationalsozialistischen Deutschland in den Jahren 1935–38. Grund für die Zurückhaltung war die innen- und außenpolitische Überbeanspruchung der sich im Niedergang befindenden Weltmacht. Höhepunkt der A.-P. war das ↗Münchner Abkommen (1938), ihre schrittweise Revision erfolgte 1939. *JH*

Ära Adenauer Bezeichnung für die Jahre 1949–63, in denen ↗Adenauer (↗CDU) erster Bundeskanzler der Bundesrepublik war.

Mit dem Ziel, die Gleichberechtigung und ↗Souveränität Deutschlands wiederherzustellen, verfolgte Adenauer nach seiner Wahl zum ↗Bundeskanzler am 15.9.1949 auf der Basis von ↗Grundgesetz und ↗Besatzungsstatut die Integration der Bundesrepublik in die Gemeinschaft der westlichen Industrieländer (↗Westintegration der Bundesrepublik), vollzog diese durch eine Reihe von Verträgen (↗Europarat 1950, ↗Montanunion 1951, ↗Deutschland-Vertrag 1952, ↗WEU 1954, ↗NATO 1955, ↗EWG 1957) und betrieb in diesem Zusammenhang auch die Verständigung mit Frankreich (↗deutsch-französischer Freundschaftsvertrag).

A. erreichte in den ↗Pariser Verträgen 1955 die Souveränität der Bundesrepublik und setzte die ↗Wiederbewaffnung Deutschlands durch, lehnte die mit Neutralitätsverpflichtungen belegten Wiedervereinigungsangebote der Sowjetunion ab (↗Stalin-Note) und betonte den ↗Alleinvertretungsanspruch der Bundesrepublik (↗Hallstein-Doktrin); nahm aber 1955 diplomatische Beziehungen zur Sowjetunion auf, um die Rückkehr der letzten deutschen Kriegsgefangenen zu ermöglichen. Innenpolitisch nutzte er die starke Stellung des Kanzleramtes im hohen Maße aus

(↗Kanzlerdemokratie) und war maßgeblich am Aufbau der neuen deutschen Demokratie beteiligt. Wirtschaftspolitisch vertraute Adenauer auf ↗Erhard und dessen ↗soziale Marktwirtschaft, die den ↗Wiederaufbau ermöglichte und die Demokratisierung (↗Parlamentarisierung) sozial absicherte. *Ki*

Ära Honecker Bezeichnung für die Jahre 1971–89, in denen die ↗DDR von Erich ↗Honekker regiert wurde. *kl*

Ära Kohl Bezeichnung für die Amtszeit Helmut ↗Kohls als Bundeskanzler der ↗Bundesrepublik 1982–98. *kl*

Ära Ulbricht Bezeichnung für die Jahre 1949–71, in denen die ↗DDR von ↗Ulbricht regiert wurde. *kl*

Arbeiterbewegung Organisierter Zusammenschluß der im 19. Jh. als Folge der ↗Industrialisierung entstandenen Klasse der Industriearbeiter (↗Proletariat) für den Kampf um soziale und politische Rechte. Ausgehend von zunehmender Verelendung (↗Pauperismus) sowie dem Fehlen rechtlicher Absicherung und politischer Repräsentation der Arbeiter, setzte die deutsche A. mit der Bewußtwerdung der Arbeiter als geschlossener Klasse und der Ausbildung von Handwerker- und Arbeiterorganisationen zunächst im Ausland (1834 ↗Bund der Geächteten in London) ein. Ihre theoretische Basis lieferten sozialistische Denker, v.a. Karl ↗Marx und ↗Engels, die Konzepte einer radikalen Umgestaltung der ökonomischen (↗Kapitalismus) und politischen Ordnung entwickelten. Mit dem 1848 von Marx und Engels für den ↗Bund der Kommunisten verfaßten ↗„Kommunistischen Manifest" entstand die erste politische Programmschrift der A. Die 1848 u.a. von ↗Born gegründete ↗Allgemeine Deutsche Arbeiterverbrüderung bildete den ersten größeren Zusammenschluß deutscher Arbeiter, der indessen zur Zeit der ↗Reaktion (1850–58), wie alle politisch ausgerichteten Arbeitervereine, verboten wurde. Erst ab den 1860er Jahren konnte sich die A. als politische in Deutschland wieder konstituieren: 1863 gründete ↗Lassalle den ↗Allgemeinen Deutschen Arbeiterverein (ADAV), 1869 Wilhelm ↗Liebknecht und ↗Bebel die ↗Sozialdemokratische Arbeiterpartei (SDAP), die 1875 mit dem ADAV in der ↗Sozialistischen Arbeiterpartei Deutschlands (SAP) aufging. Neben der sozialistischen A. entstanden zeitgleich Arbeitervereine auf konfessioneller Basis. Parallel zu den Parteien entwickelten sich sozialistische (↗Freie Gewerkschaften), liberale (↗Hirsch-Dunckersche Gewerkvereine) und ↗christliche Gewerkschaften. Die gegen Ende des 19. Jh.s erreichte relative Verbesserung der Lebensbedingungen der ↗Arbeiterklasse zeigte sich in deren breitflächiger Hinwendung zur 1890 gegründeten ↗SPD, die dem pragmatischen Durchsetzen realisierbarer Forderungen vor marxistisch-revolutionären Programmen den Vorzug gab. Nach dem ↗Ersten Weltkrieg vollzog sich die endgültige Spaltung der sozialistischen A. in einen sozialdemokratischen und einen kommunistischen Flügel. Der Regierungspartei SPD (seit 1918) gelang die Durchsetzung einer Reihe von sozialpolitischen Verbesserungen (u.a. ↗Achtstundentag, ↗Betriebsrätegesetz). Durch das Verbot von Arbeiterorganisationen im ↗Dritten Reich bzw. deren ↗Gleichschaltung in der ↗DAF 1933 waren erst ab 1945 wieder Bedingungen für eine organisierte A. gegeben: In der ↗SBZ verschmolzen ↗KPD und SPD zur ↗SED, in den westlichen Sektoren bildeten sich neben SPD und KPD wieder christliche und sozialistische Gewerkschaften, die sich mehrheitlich am 13.10.1949 zum ↗DGB zusammenschlossen. *nk*

Arbeiterklasse Die während des 19. Jh.s im Zuge der ↗Industrialisierung und der damit einhergehenden gesellschaftlichen Strukturveränderung entstandene soziale Klasse der Industriearbeiter (↗Proletariat). Nach Karl ↗Marx ein politischer Begriff, der die Gruppe der Arbeiter nach Erkenntnis ihrer realen sozio-ökonomischen Verhältnisse bezeichnet. Für den Arbeiter kennzeichnend ist der Verkauf seiner Arbeitskraft an die Besitzer der Produktionsmittel (Lohnarbeit). Die Ausbeutung der Arbeiter während des 19. Jh.s und ihre zunehmende Verelendung (↗Pauperismus) ließen die ↗Arbeiterbewegung entstehen. *nk*

Arbeiter- und Soldatenräte Ausgehend von meuternden Matrosen nach Vorbild russischer Sowjets im Zuge der ↗Novemberrevolution 1918 in vielen Orten gebildete rätekommunistische Vertretungen der Arbeiter und Soldaten. Der Berliner A.u.S. wählte einen Vollzugsrat des Reiches, der den ↗Rat der Volksbeauftragten als Exekutivorgan benannte, und erklärte die A.u.S. zu Trägern der politischen Gewalt. Im Dezember 1918 setzten die ↗Mehrheitssozialisten um Friedrich ↗Ebert (* 1871) die Wahl zur Nationalversammlung (parlamentarische Demokratie) durch, das ↗Rätesystem verlor seine Bedeutung. *PS*

Arbeiterschutz Ab den dreißiger Jahren des 19. Jh.s einsetzende Bemühungen zum Schutz von Angehörigen der entstehenden ↗Arbeiterklasse. Zunächst Versuche, ↗Kinderarbeit einzuschränken, später u.a. Verbot von Sonntagsarbeit und Versuche zur sozialen Absicherung der Arbeiter, schließlich ↗Sozialgesetzgebung unter Otto von ↗Bismarck als Integrationsversuch. *PS*

Arbeiterwiderstand Im ↗Dritten Reich gegen das Regime und seine Maßnahmen gerichtete Aktivitäten von Mitgliedern der verbotenen Arbeiterorganisationen und von nichtorganisierten Arbeitern. Getragen v.a. von Angehörigen kommunistischer und sozialistischer ↗Parteien und Gruppierungen. Die beiden größten Parteien dieses Lagers, ↗SPD und ↗KPD, organisierten den A. auf unterschiedliche Weise. Während die KPD versuchte, ihre Parteiarbeit in der Illegalität fortzuführen und so mit vielen Opfern bis 1935 weitgehend zerschlagen wurde, versuchten die SPD-Mitglieder v.a., ihre Informationswege und Kontakte untereinander aufrechtzuerhalten. *PS*

Arbeiterwohlfahrt e.V. Politisch unabhängiger und selbstfinanzierter Wohlfahrtsverband; seit Gründung der A. 1919 bis zu ihrer Auflösung 1933 der ↗SPD nahe. 1945 erneut ins Leben gerufen, gliedert sich die A. in Landes-, Bezirks- und Kreisvereine mit Hauptsitz in ↗Bonn; unterhält eine Vielzahl sozialer Einrichtungen wie Krankenhäuser und Altersheime. *nk*

Arbeitsfront ↗Deutsche Arbeitsfront

Arbeitslosigkeit (nach 1945) In der Nachkriegszeit bis 1960 konnte die kriegsbedingte A. abgebaut werden, so daß die ↗Bundesrepublik bis Mitte der 70er Jahre zu den Ländern mit niedriger A. zählte (Arbeitslosenzahl 1970: 140000). Die weitere wirtschaftliche Entwicklung der Bundesrepublik brachte ein Ansteigen der A.: 1975 überstieg ihre Zahl erstmals die Millionengrenze. 1976 beschloß die ↗Bundesregierung ein Sonderprogramm über 430 Mio. DM zur Wiederbeschäftigung von längerfristig Arbeitslosen (↗Arbeits- und Sozialpolitik).

Mit der ↗Wiedervereinigung kam es in den neuen Bundesländern durch die Umstellung der ↗Planwirtschaft zur Marktwirtschaft zu einem Anstieg der A. Im April 1999 wurden in Deutschland über 4,1 Mio. Arbeitslose (10,7 %) registriert (2,8 Mio. im Westen [9 %], 1,34 Mio. im Osten [17,8 %]). *Ki*

Arbeits- und Sozialpolitik, Bundesrepublik Staatliche Aktivitäten zur Regulierung der Arbeitsbedingungen und der sozialen Gegebenheiten; als Teil der ↗sozialen Marktwirtschaft wichtiger Faktor der Innenpolitik.

In der ↗Bundesrepublik ab 1945 zunächst zur Linderung der schlimmsten Kriegsfolgen wie den Versorgungs- und Unterkunftsproblemen der ↗Vertriebenen und ↗Flüchtlinge eingesetzt, wurden ab 1950 durch die Kriegsopferversorgung, den ↗sozialen Wohnungsbau und den ↗Lastenausgleich erste Signale gesetzt. Das ↗Mitbestimmungsgesetz von 1951, das ↗Betriebsverfassungsgesetz von 1952 und das Tarifvertragsgesetz 1953 waren als Instrumente der Arbeitspolitik wichtige Impulsgeber für den sozialen Ausgleich.

Die Neuregelung der Rentenversicherung vom 23.2.1957 zielte auf die Anpassung der Renten an die Entwicklung des Lohn- und Preisniveaus. Ein 1961 verabschiedetes Bundessozialhilfegesetz (BShG) diente der Existenzsicherung für Rentenempfänger. 1969 trat mit dem Arbeitsförderungsgesetz (AFG) eine zentrale Rechtsgrundlage für die Reintegration der Betroffenen von ↗Arbeitslosigkeit in Kraft.

Mitte der 70er Jahre beschloß die ↗Bundesregierung umfassende Sonderprogramme gegen die Arbeitslosigkeit. Gleichzeitig rückte mit dem Steuerrecht ein weiteres Instrument der Wirtschafts- und Sozialpolitik in den Vordergrund (umfassende Reform 1975).

Seit Mitte der 80er Jahre wurden v.a. die Kosten des Sozialwesens diskutiert. Nach erneuten Belastungen durch die ↗Wiedervereinigung fanden Bemühungen um eine Kostensenkung u.a. mit der Gesundheitsreform und der Einführung der Pflegeversicherung 1995/96 einen vorläufigen Abschluß. Der Kampf gegen Arbeitslosigkeit bleibt im Zeitalter der Globalisierung eine vorrangige, bislang ungelöste Aufgabe der A.u.S. *Ki*

Arbeits- und Sozialpolitik, DDR Die A.u.S. der ↗DDR sollte dem Schutz der Arbeitskraft der arbeitenden Bevölkerung dienen und gleichzeitig auch politische Aufgaben erfüllen. Die Arbeiter und Angestellten sollten durch eine gesteigerte Produktion die Voraussetzungen schaffen, um weitere soziale Verbesserungen und Investitionen zu ermöglichen. Träger der marxistisch-leninistischen Sozialpolitik war der „Arbeiter- und Bauern-“Staat, die ↗SED als „Partei der Arbeiterklasse“, die ↗Gewerkschaften u.a. Massenorganisationen. Erreicht wurden u.a. verbesserte Arbeitsbedingungen (Arbeitszeit, Urlaubsdauer), Rentenerhöhungen, Unterstützungen für Familien und berufstätige Mütter. *Ki*

Archipoeta Dichter, *zwischen 1130–40. Wahrscheinlich ritterlicher Abstammung; erwarb Kenntnisse der Theologie und der Antike; von seinem Werk wurden zehn in einfachem Latein abgefaßte Gedichte überliefert. Darunter finden sich eine Lobrede auf ↗Friedrich Barbarossa, aber auch Zech- und Bettellieder. *dh*

Archiv Geordnete Sammlung von ↗Urkunden, Akten und Schriftstücken, die zwar für den laufenden Geschäftsverkehr nicht mehr benötigt werden, jedoch der Aufbewahrung, u. a. aus historischen Gründen würdig erscheinen; für die deutsche Geschichte wichtige A. sind (bis 1806) das Wiener Staats-A., ab 1871 die Zentral-A. von Potsdam und Merseburg sowie das Bundes-A. in Koblenz. *vK*

Ardenne, Manfred Baron von Physiker, *20.1. 1907 Hamburg, †26.5.1997 Dresden. Der Autodidakt A. stellte 1931 als erster das elektronische ↗Fernsehen vor. Beteiligt an der Entwicklung der Radartechnik; nach Kriegsende Mitarbeit an der sowjetischen Atombombe; seit 1955 Professor in Dresden und Leiter des „Manfred-von-Ardenne“ Forschungsinstituts. *Ki*

Ardennenoffensive Im ↗Zweiten Weltkrieg letzte deutsche Offensive an den Grenzen zu Luxemburg und Belgien. Am 16.12.1944 Angriff gegen die von Westen vorrückenden ↗Alliierten, nach rund einer Woche wegen alliierter Lufthoheit weitgehend gescheitert. *PS*

Arendt, Hannah US-amerikanische Politikwissenschaftlerin, Soziologin, * 14.10.1906 Hannover, †4.12.1975 New York. A. emigrierte 1933 zunächst nach Frankreich, 1940 in die USA, wo sie seit 1959 in Princeton lehrte. Bekannt wurde sie durch ihre Totalitarismusstudien (Elemente und Ursprünge totalitärer Herrschaft, 1951; Eichmann in Jerusalem. Ein Bericht von der Banalität des Bösen, 1963). *ij*

Arier 1) Träger des indoiranischen Zweiges der indogermanischen Sprachen.
2) Vom ↗Nationalsozialismus aus ideologischen und propagandistischen Gründen auf alle Indo-

Deutsch-französische Demonstration gegen Jugend- und Langzeitarbeitslosigkeit germanen bezogen und zur Begründung eines Gegensatzes A. – Semiten (= Juden) mißbraucht. *PS*

Arierparagraph Bezeichnung für die erstmals im ↗Gesetz zur Wiederherstellung des Berufsbeamtentums (7.4.1933) enthaltene Bestimmung (§3), wonach Angestellte und Beamte „nichtarischer Abstammung", in der Regel Juden, aus dem öffentlichen Dienst zu entfernen waren. Vorläufer des A. finden sich jedoch bereits zur Weimarer Zeit in den Satzungen und Statuten völkischer Verbände (↗völkische Bewegung). *JH*

Arisierung Nationalsozialistische Bezeichnung für die antisemitisch motivierte Ausgrenzung (↗Antisemitismus) von Juden aus dem Wirtschafts- und Berufsleben durch die Beschränkung der Erwerbsmöglichkeiten und Enteignung von Besitz und Vermögen zugunsten von sog. ↗Ariern. Eingeleitet durch das ↗Gesetz zur Wiederherstellung des Berufsbeamtentums (1933) wurde den im ↗Deutschen Reich lebenden Juden durch rechtliche Maßnahmen im Zuge der A. schrittweise die materielle Existenzgrundlage entzogen, so daß sich viele zu ↗Auswanderung bzw. ↗Emigration entschlossen. Gleichzeitig von der ↗NSDAP forcierte, volkswirtschaftlich eher nachteilige Boykottmaßnahmen trieben die kleinen bis mittleren jüdischen Betriebe teils in den Ruin, teils wurden ihre Besitzer dadurch zu verlustreichem Verkauf gezwungen.

Bis April 1938 waren 60% der jüdischen Unternehmen „arisiert". Im Anschluß an die ↗Novemberpogrome erlassene Berufsverbote ließen Juden kaum noch eine Möglichkeit zu geregelter Erwerbstätigkeit, mit Frist zum 1.1.1939 wurde die „Zwangs-A." aller noch in jüdischem Besitz befindlichen Betriebe verordnet. Mit der 11. Verordnung (November 1941) und der 13. Verordnung (Juli 1943) zum Reichsbürgergesetz (↗Nürnberger Gesetze) vom 25.11.1941 fand die A. ihren Abschluß: Das Vermögen der ausgewanderten, deportierten und (gewaltsam oder natürlich) zu Tode gekommenen Juden wurde dem Deutschen Reich zugeschlagen.

Die Rückerstattung „arisierten" Vermögens nach 1945 wurde in der ↗Restitution geregelt. *JH*

Aristokratie ↗Adel

Armansperg, Joseph Ludwig Graf Bayrischer Politiker, *28.2.1787 Kötzting, †3.4.1853 München. Seit 1808 im Staatsdienst; seit 1825 Innen- und Finanzminister; sanierte den Haushalt durch konsequente Sparpolitik; seit 1828 Außenminister; maßgeblich beteiligt am Zollvertrag mit ↗Württemberg (1828) und am ↗Zollverein; am 31.12.1831 entlassen wegen seiner oppositionellen Haltung gegenüber der Politik ↗Metternichs; 1835–37 Staatskanzler in Griechenland. *rw*

Armbrust Aus dem Bogen entstandene, in Deutschland seit dem 12. Jh. gebräuchliche Waffe. Als Geschosse dienten Bolzen oder Pfeile; in China schon im 12. Jh. v. Chr. erwähnt; militärische Waffe bis ins 17. Jh. *vK*

Armbrust

Armeesportvereinigung „Vorwärts" (ASV) Seit 1956 Vereinigung von Sportclubs und -gemeinschaften unter dem Befehl des Ministeriums für Nationale Verteidigung der ↗DDR, die für Angehörige und Beschäftigte der ↗NVA, der ↗Grenztruppen, der ↗Zivilverteidigung und für deren Familienangehörige zur ↗sozialistischen Wehrerziehung einen regelmäßigen und vielseitigen Sportbetrieb organisierte; nach der ↗Wiedervereinigung entweder entsprechenden Einrichtungen der ↗Bundeswehr zugeordnet oder in zivile Sportvereine umgewandelt. *kl*

Armenanstalten Vereine, die Ende des 18. Jh.s gegründet wurden, um soziale Not (v.a. in den Städten) zu lindern. Die erste A. mit Essensausgabe entstand 1784 in München. 1788 folgte die „Allgemeine Armenanstalt" in Hamburg (neben Essensausgabe stand die soziale Betreuung von ca. 9800 Armen im Zentrum); wachsende Anzahl der A. im ersten Drittel des 19. Jh.s (↗Pauperismus); danach Institutionalisierung durch den Staat. *rm*

Armenbibel (biblia pauperum) Im süddeutschen und österreichischen Raum seit dem 13. Jh. verbreitete bebilderte ↗Handschriften für Arme, damals zumeist Analphabeten; z.T. auch für nichtbegüterte oder nichtstudierte Geistliche.
Visuell stellte die A. Szenen aus dem Neuen Testament solchen aus dem Alten Testament typologisch gegenüber. *ku*

Armenfürsorge Einrichtung, die sich der Linderung der Folgen von Armut annimmt. Bereits im frühen Mittelalter auf der Basis christlicher Nächstenliebe durch die ↗Klöster ausgeübt. Bes. durch die Spitalorden entstand im ↗Mittelalter vielerorts ein System der A., welches v.a. Beherbergung, Speisung und Krankenpflege einschloß. ↗Hospitäler entstanden bes. in den ↗Städten, deren Verantwortung sich seit dem Spätmittelalter in Armenordnungen (z.B. 1522 in ↗Nürnberg) ausdrückte. Unter Einfluß des durch ↗Reformation und ↗Calvinismus geförderten Arbeitsethos gesellschaftliche Abwertung von Armut; Fremde wurden aus der örtlichen A. ausgeschlossen:
Trotz Ansätzen einer A. des absolutistischen Staates offenbarten die Folgen der ↗industriellen Revolution im 19. Jh. eine völlig unzureichende Ausgestaltung. Auch im modernen ↗Sozialstaat existiert gesellschaftliche Armut, die auf A. angewiesen bleibt. *wj*

Armer Konrad Bauernbünde in ↗Württemberg, die sich 1514 v.a. gegen Herzog ↗Ulrich wandten, der zur Tilgung der Landesschulden eine indirekte Steuer erheben wollte. Ihr Aufstand wurde nach wenigen Monaten niedergeschlagen. *rh*

Arminius Fürst der Cherusker, *um 18 v.Chr., †19 oder 21 n.Chr. War lange in römischen Diensten; organisierte einen Aufstand gegen die Römer und verhinderte mit dem Sieg über Varus im Teutoburger Wald 9 n.Chr. die römische Eroberung Germaniens; verlor 16 gegen Germanicus; von Verwandten ermordet. *dh*

Armleder-Erhebung (1336) Judenpogrome im Bistum Würzburg und in der Grafschaft Hohenlohe von Bauern unter der Führung Arnolds von Uissigheim (genannt „Armleder" nach seinem Armschutz), von Truppen der Stadt Würzburg bei Kitzingen geschlagen. Arnold wurde am 14.11. hingerichtet. *vK*

Arndt, Ernst Moritz Politischer Publizist, *26.12.1769 Groß Schoritz (Rügen), †29.1.1860 Bonn. Studierte u.a. Theologie und Geschichte; anti-napoleonische Einstellung, der A. in seinen politischen, ganz vom Geist des erwachenden deutschen Nationalbewußtseins geprägten Schriften Ausdruck verlieh (u.a. Der Rhein, Teutschlands Strom, nicht Teutschlands Gränze; Der Emporgekommene); 1820 bei der ↗Demagogenverfolgung von seiner Professur in ↗Bonn (seit 1818) suspendiert, 1840 wieder eingesetzt. *nk*

Arnim, Achim von (eigentlich Ludwig Joachim von A.) Schriftsteller, Publizist, *26.1.1781 Berlin, †21.1.1831 Wiepersdorf (bei Jüterbog). Vertreter der Romantik; gab mit Clemens ↗Brentano die Volksliedsammlung „Des Knaben Wunderhorn" heraus (1805/08), mit ↗Görres die „Volksbücher" (1808). Seit 1811 mit Bettina ↗Brentano verheiratet. A. begründete das Genre des historischen Romans (Die Kronwächter, 1817); schrieb bedeutende Novellen. *ij*

Arnim, Bettina von (eigentlich Anna Elisabeth von A., geb. Brentano) Schriftstellerin, *4.4.1785 Frankfurt/Main, †20.1.1859 Berlin. Schwester von Clemens ↗Brentano; Freundschaft mit von ↗Günderode; verheiratet seit 1811 mit Achim von ↗A. Berühmt wurde sie durch ihr Buch „Goethe's Briefwechsel mit einem Kinde" (1835). A. engagierte sich sozial und politisch, pflegte Kontakte zu einflußreichen Persönlichkeiten; widmete ↗Friedrich Wilhelm IV. den sozialkritischen Roman „Dies Buch gehört dem König" (1843). *ij*

Arnim, Hans Georg von Feldmarschall, *1581 oder 1583 Boitzenburg (Uckermark), †28.4.1641 Dresden. Trat 1626 ins kaiserliche Heer ein; 1628 zum Feldmarschall ernannt. 1629 besiegte er König Gustav II. Adolf. Nahm nach dem ↗Restitutionsedikt seinen Abschied; seit 1631 Oberkommandierender des sächsischen Heeres, aus dem er 1635 ausschied. *dw*

Arnim, Harry Graf von Diplomat, *3.10.1824 Moitzelfitz (Nordwestpolen), †19.5.1881 Nizza. 1872–74 Botschafter in Paris; nahm dort vertrauliche Dokumente an sich, die er veröffentlichte, um Otto von ↗Bismarcks Regierungsweise anzuprangern; Prozeß und Verurteilung zu neun Monaten ↗Gefängnis; A. setzte daraufhin seine Angriffe aus dem Exil fort; wurde 1876 in Abwesenheit wegen Landesverrats zu fünf Jahren Zuchthaus verurteilt; beide Urteile waren umstritten. *sa*

Arnim, Heinrich Alexander Freiherr von Außenminister, *13.2.1798 Berlin, †15.1.1861

Düsseldorf. Seit 1820 im diplomatischen Dienst; Vertrauter ↗Friedrich Wilhelms IV.; wollte ↗Preußen zur führenden Kraft der deutschen Einheitsbewegung machen; 1848 preußischer Außenminister (März – Juni); bekämpfte 1849–52 als Mitglied des ↗Herrenhauses die ↗Reaktion. *sa*

Arnim-Boitzenburg, Adolf Heinrich Graf von Innenminister, *10.4.1803 Berlin, †8.1.1868 Schloß Boitzenburg. 1842–45 Innenminister in Preußen; versuchte vergeblich, König ↗Friedrich Wilhelm IV. zu einer Verfassungsreform zu bewegen; 1848 kurzzeitig Ministerpräsident, dann in der ↗Frankfurter Nationalversammlung; vertrat 1849–50 im preußischen ↗Abgeordnetenhaus die äußerste Rechte; seit 1854 Mitglied des ↗Herrenhauses. *sa*

Arnold, Karl Ministerpräsident (Nordrhein-Westfalen; CDU), *21.3.1901 Herrlishöfen (bei Biberach), †29.6.1958 Düsseldorf. 1920–33 in der christlichen ↗Arbeiterbewegung; 1925–33 zweiter Vorsitzender der Partei ↗Zentrum; Mitbegründer der ↗CDU; am Aufbau der ↗Gewerkschaften beteiligt; 1946 Oberbürgermeister von Düsseldorf; 1947–56 Ministerpräsident von Nordrhein-Westfalen. *Ki*

Arnold-Prozeß 1780 hob ↗Friedrich II. von Preußen ein zu Recht ergangenes Urteil gegen den Müller Johann Arnold auf, weil er eine Begünstigung von dessen adligem Gegner vermutete. Er ließ die beteiligten Juristen zu Haftstrafen verurteilen, die erst nach seinem Tod aufgehoben wurden. Der A.-P. beschleunigte die Ausarbeitung des ↗Preußischen Allgemeinen Landrechts. *dw*

Arnulf

Kaiser:

Arnulf von Kärnten *um 850, †8.12.899 Regensburg. Sohn ↗Karlmanns, 876 Markgraf in Kärnten, 887 von den ostfränkischen Großen zum König erhoben; besiegte 891 bei Löwen an der Dyle die Normannen; 896 zum Kaiser gekrönt. *Vö*

Bayern:

Arnulf Herzog, †14.7.937 Regensburg. Seit 907 Herzog; kam in Konflikt mit ↗Konrad I., weshalb er ↗Bayern von 913–17 nicht betreten durfte; seit 919 ↗Gegenkönig zu ↗Heinrich I., dessen Oberhoheit er aber 921 anerkannte; bekam dafür Zugeständnisse hinsichtlich der Eigenständigkeit Bayerns. *li*

Arnulfinger ↗Karolinger

Arp, Hans Maler, Dichter, *16.9.1887 Straßburg, †7.6.1966 Basel. Bedeutender Vertreter des ↗Dada und Surrealismus. Ab 1912 Mitglied des Malerbundes ↗Blauer Reiter, ab 1913 Mitarbeiter der Zeitung „Der Sturm“. *kp*

Arras, Schlacht (1917/18) Bei A. (Nordfrankreich, zwischen Lille und Amiens) verlief im ↗Ersten Weltkrieg die Westfront. April/Mai 1917 scheiterte hier eine britisch-französische Durchbruchsoffensive; März/April 1918 scheiterte deutsche Offensive nach Anfangserfolgen. *PS*

Askanier Fürstengeschlecht in Norddeutschland, benannt nach der Stammburg Ascarien (lat., Aschersleben). Die A. herrschten seit ↗Albrecht dem Bären als ↗Markgrafen von der Mitte des 12. Jh.s bis 1317/19 in ↗Brandenburg, als ↗Herzöge seit 1180 im mehrfach geteilten ↗Sachsen (bis 1422 in Kursachsen, bis 1689 in Sachsen-Lauenburg). Im Fürstentum Anhalt regierten die A. von 1806/07 bis 1918 als Herzöge. *wm*

Askari (arabisch für Soldat) Eingeborene, die von den ehemaligen ↗Schutztruppen in ↗Deutsch-Ostafrika als Soldaten eingesetzt wurden. *vK*

Asoziale Abwertende Bezeichnung für unangepaßte Angehörige der Unterschicht, die man deshalb oder wegen ihrer mangelnden Arbeitsbereitschaft als minderwertig betrachtete. Im ↗Nationalsozialismus Kategorisierung von ob ihres Lebenswandels als „gemeinschaftsfremd“ eingestuften Menschen, v.a. Landstreicher, Bettler, Alkoholiker, Prostituierte, auch ↗Sinti und Roma. Häufig zwangssterilisiert, wurden mehrere tausend A. ab 1938 in ↗Konzentrationslager geschafft, als Häftlinge mit schwarzem Stoffwinkel an der Jacke gekennzeichnet. Nur wenige von ihnen überlebten. *PS*

ASV ↗Armeesportvereinigung „Vorwärts“

Asyl Im rechtlichen Sinn die Gewährung staatlichen Schutzes für eine von ihrem Heimatstaat verfolgte, in einen anderen Staat geflüchtete Person. In der ↗Bundesrepublik 1949 Sicherung des A.-Rechts im ↗Grundgesetz (Art. 16).

Gleichzeitig ist es aber auch das Recht der flüchtenden Person, die im Aufnahmestaat vor Verfolgung geschützt werden muß und nicht in den Verfolgerstaat abgeschoben oder ausgeliefert werden darf.

Asylberechtigt in der Bundesrepublik sind alle Nichtdeutschen, die wegen politischer Straftaten oder wegen ihrer politischen oder religiösen Gesinnung verfolgt werden.

Seit 1970 starkes Anwachsen der Flüchtlingszahl,

Probleme durch ↗Arbeitslosigkeit und Wohnungsmangel; in der Folge allmähliche Verschärfung der Aufnahmebedingungen; zunächst Arbeitsverbot für A.-Bewerber während der ersten beiden Jahre in der ↗Bundesrepublik; 1982 Verabschiedung des A.-Verfahrensgesetzes zur Beschleunigung des Gewährungs- bzw. Ablehnungsverfahrens; 1993 ↗Drittstaatenregelung als Zusatzklausel im Grundgesetz, danach Rückgang der Bewerberzahl. *Ki*

Atheismus Geistige Haltung, die 1) als „praktischer A." davon absieht, für die Erklärung eines Phänomens Gott als Ursache heranzuziehen; 2) als „theoretischer A." die Annahme der Existenz Gottes ablehnt; 3) als „dogmatischer A." die Existenz Gottes verneint. Während Formen des A. schon in der antiken sowie der frühen indischen und arabischen Philosophie existierten, entwickelte sich eine A.-Diskussion im deutschen Geistesleben aus einer kirchen- und offenbarungskritischen Haltung im ↗Mittelalter erst im Zusammenhang mit naturwissenschaftlichem Denken in der Neuzeit und der Übertragung ihrer empirischen Methodik auf die Geisteswissenschaften. Bes. die rationalistische ↗Philosophie der ↗Aufklärung führte im 19. Jh. zu einer umfangreicheren A.-Bewegung, die u. a. von Ludwig ↗Feuerbach, Karl ↗Marx, Ludwig Büchner, ↗Haeckel und ↗Nietzsche getragen wurde. *nk*

Atlantikschlacht Im ↗Zweiten Weltkrieg überwiegend im Nordatlantik mit deutschen U-Booten und Überwasserkriegsschiffen zur Unterbindung von Lieferungen v. a. nach Großbritannien geführte Angriffe gegen Handelsschiffe und deren Geleitschutz. Bis Kriegsende wurden von der deutschen Marine über 20 Mrd. Bruttoregistertonnen Handelsschiffsraum versenkt. *PS*

Atlantik-Wall Ab Sommer 1942 von der ↗Organisation Todt erbaute, fast 3000 km lange Befestigung an Ärmelkanal und Atlantikküste. Da nur begrenzt fertiggestellt, konnte der A.-W. nach der ↗Invasion in der Normandie von alliierten Truppen durchbrochen werden. *PS*

atomare Bewaffnung der Bundeswehr In der ↗Bundesrepublik seit dem Frühjahr 1957 diskutiert, erreichte die Debatte um eine a.B.d.B. als Mittel der Politik der ↗Abschreckung 1958 mit dem Beschluß des ↗Bundestages zur a.B.d.B. im Rahmen einer Nuklearisierung der ↗NATO ihren Höhepunkt; aufgrund der US-amerikanischen Ablehnung einer atomaren Mitbestimmung der europäischen Verbündeten nicht umgesetzt; Anlaß für den ↗Rapacki-Plan; heftige innenpolitische Kontroversen, da in der Bevölkerung weit eindeutiger als die ↗Wiederbewaffnung abgelehnt; ausgehend vom ↗Göttinger Manifest über die Aktion ↗Kampf dem Atomtod zum Massenprotest ausgeweitet; Grundlage der ↗Ostermarsch-Bewegung und der erstarkenden ↗Friedensbewegung. *kl*

Atomenergie ↗Kernenergie

Atomgesetz Gesetz über die friedliche Verwendung der ↗Kernenergie und den Schutz gegen ihre Gefahren; Hauptbestandteil des bundesdeutschen Atomenergierechts; vom ↗Bundestag am 23.12. 1959 verabschiedet, wiederholt modifiziert. *kl*

Atomteststoppabkommen (1963) Am 5.8. 1963 in Moskau zwischen den USA, der UdSSR und Großbritannien abgeschlossener Vertrag zur Beendigung von Kernwaffenversuchen über der Erde, im Weltraum und unter Wasser; am selben Tag schlossen sich 103 Staaten, darunter auch die ↗DDR, dem Abkommmen an; die ↗Bundesrepublik trat dem Abkommen noch im August 1963 bei; am 28.5.1976 ergänzt um ein Abkommen zwischen den USA und der UdSSR über das Verbot unterirdischer Atomwaffenversuche. *kl*

Atomwaffen, Bundesrepublik Trotz Herstellungsverbot von A. in den ↗Pariser Verträgen lieferten NATO-Partner bis Mitte der sechziger Jahre Träger- und Abschußmittel, stationiert wurden jedoch US-amerikanische A. Nachdem die ↗Bundesrepublik 1969 den ↗Nonproliferationsvertrag unterzeichnet hatte, war die Stationierung bundesdeutscher A. nicht mehr möglich. Nach dem Beschluß des ↗Bundestages vom 22.11.1983 zur Umsetzung des ↗NATO-Doppelbeschlusses trafen erste Teile von Pershing II-Raketen am 26.11. 1983 ein. Mit dem US-amerikanischen Truppenabzug 1994 wurden auch die A. entfernt. *kl*

Atomwaffen, DDR Als westlichster Partner der ↗Warschauer-Pakt-Truppen wurde die ↗NVA ab dem 12.3.1957 mit Trägersystemen ohne atomare Sprengköpfe ausgerüstet; ab dem 15.7.1982 in Reaktion auf den ↗NATO-Doppelbeschluß Stationierung mobiler SS-21-Kurzstreckenraketen; als Antwort auf die Stationierung US-amerikanischer Mittelstreckenraketen in Westeuropa wurden nach einer Ankündigung des sowjetischen Staats- und Parteichefs Jurij Andropow vom 24.11.1983 in der ↗DDR Mittelstreckenraketen stationiert; mit Abzug der ↗Gruppe Sowjetischer Streitkräfte in Deutschland wurden bis zum 31.8.1994 auch alle Atomraketen vom Gebiet der ehemaligen DDR entfernt. *kl*

atomwaffenfreie Zone Gebiet, in dem ↗Atomwaffen nicht produziert, stationiert oder eingesetzt werden dürfen; für Deutschland und Polen erstmals 1957 im ↗Rapacki-Plan gefordert, durch den ↗kalten Krieg nicht verwirklicht; eine der Forderungen der ↗Friedensbewegung; von einigen deutschen Gemeinden in einseitigen Erklärungen ausgerufen. *kl*

Atomwaffensperrvertrag ↗Nonproliferationsvertrag

Audi Automobilmarke. Namensgeber war August ↗Horch, der nach seinem Ausscheiden aus der Firma August Horch und Cie. Motorwagen statt des urheberrechtlich geschützten Namens „Horch" dessen lat. Übersetzung („Audi") zur Bezeichnung seines neuen Betriebes und der dort seit 1910 hergestellten Fahrzeuge wählte. *UK*

Auer, Ignaz Politiker (SPD), *19.4.1846 Dommelstadl (bei Passau), †10.4.1907 Berlin. Sattler; seit 1869 Mitglied der sozialdemokratischen Bewegung; seit 1877 mit Unterbrechungen Mitglied des Reichstages; gemeinsam mit ↗Bebel und Wilhelm ↗Liebknecht führend in der ↗SPD; schloß sich ab 1891 dem ↗Revisionismus ↗Bernsteins an. *rw*

Auersperg, Johann Weikhart Reichsfürst, *11.3.1615 Seisenberg (Slowenien), †13.11.1677 Laibach (Slowenien). Seit 1650 Erster Minister Kaiser ↗Ferdinands III. und später Kaiser ↗Leopolds I.; 1653 zum ↗Reichsfürsten ernannt; 1669 aufgrund des Verdachts, im ↗Spanischen Erbfolgekrieg Geheimverhandlungen mit Frankreich geführt zu haben, gestürzt. *dw*

Auerstedt, Schlacht ↗Jena und Auerstedt, Doppelschlacht

Auerswald, Alfred von Preußischer Politiker, *16.10.1797 Marienwerder, †3.7.1870 Berlin. Seit 1819 im Staatsdienst; ab 1837 Abgeordneter des ostpreußischen Provinziallandtages, des Erfurter Parlamentes und des preußischen ↗Abgeordnetenhauses; vertrat eine altliberale Politik zugunsten der ständischen Rechten; forderte 1847 die Inkraftsetzung der Verfassung von 1815; führend in der Opposition gegen ↗Manteuffel. *rw*

Auerswald, Hans Jakob von Preußischer Beamter, *25.7.1757 Plauth, †3.4.1833 Königsberg. Nach Militärzeit (1770–83) ab 1787 staatstreuer Beamter; 1808–10 Oberpräsident von ↗Ost- und ↗Westpreußen sowie Litauen; berief ohne Genehmigung des Königs aus patriotischen Motiven im Januar 1813 den ostpreußischen ↗Landtag ein, von dem die Erhebung gegen ↗Napoleon I. ausging. *rh*

Auerswald, Rudolf von Ministerpräsident, *1.9.1795 Marienwerder (Westpolen), †15.1.1866 Berlin. 1848 für drei Monate preußischer Ministerpräsident und Außenminister; seit 1853 führendes Mitglied der liberalen Opposition im preußischen ↗Abgeordnetenhaus; 1858 Stellvertreter des Ministerpräsidenten im Ministerium der ↗Neuen Ära; 1860 Ministerpräsident; wegen Uneinigkeiten über die ↗Heeresreform 1862 entlassen. *sa*

Aufbau des Sozialismus Auf der 2. Parteikonferenz der ↗SED im Juli 1952 ausgegebene Parole, Signal zum Abschluß der Stalinisierung der ↗DDR. Wichtigste Elemente der hierdurch angestoßenen Strukturreformen waren der Umbau des Staatsapparates zur Sicherung des Führungsanspruchs der SED, die Gleichschaltung der Massenorganisationen und die ↗Kollektivierung der Landwirtschaft; der A.d.S. wurde 1953 vom ↗Neuen Kurs abgelöst. *kl*

Aufbauliteratur (Produktionsliteratur) Nach der 2. Parteikonferenz der ↗SED 1952 wurden die Autoren in der ↗DDR mit der Darstellung des sozialistischen Aufbaus in Industrie und Landwirtschaft und der Entwicklung des neuen, sozialistischen Menschen beauftragt. In der Folge wurde die Vorbildfigur des die Norm übererfüllenden Aktivisten verschiedentlich literarisch aufgegriffen (u.a. von Eduard Claudius, ↗Brecht, Heiner ↗Müller). *ij*

aufgeklärter Absolutismus ↗Absolutismus

Aufhäuser, Siegfried Gewerkschaftsführer, *1.1.1884 Augsburg, †6.12.1969 Berlin. Seit 1912 Mitglied der ↗SPD, seit 1917 der ↗USPD; 1921–33 Mitglied des Reichstages und Leiter des Allgemeinen Freien Angestelltenbundes; vor seiner Emigration 1933 mehrmals verhaftet; bis 1935 im Vorstand der Exil-SPD; einer der Wortführer der „Alten Linken"; 1939–51 in New York als Schriftsteller; 1952–59 Vorsitzender der ↗Deutschen Angestelltengewerkschaft. *rw*

Aufklärung Geistesgeschichtliche Epoche (17./18. Jh. in Deutschland) des Abendlandes, in der die menschliche Vernunft anstelle religiöser bzw. metaphysischer Autorität und Determiniertheit zum allg. verbindlichen Prinzip erhoben wurde. Am Anfang dieser Entwicklung, deren Ansätze in die ↗Renaissance und den ↗Humanismus zurückgehen, standen 1) die sich ausbreitende Vorstellung des Naturrechts (↗Pufendorf), der von der schwindenden Autorität der konfessionell gespaltenen Kirche der Boden bereitet wurde; 2) die revolutionären Erkenntnisse der ↗Naturwissenschaften (u. a. jene von ↗Kopernikus und ↗Kepler) seit dem 16. Jh., die die Erforschbarkeit der Natur und die Autonomie des Denkens dokumentierten. Damit wurde ein Prozeß in Gang gesetzt, der auf alle Gebiete ausstrahlte. Ausgehend von England, griff die im wesentlichen vom aufsteigenden und nach Emanzipation drängenden ↗Bürgertum getragene, aber auch durch Geheimgesellschaften (↗Freimaurer, ↗Rosenkreuzer, ↗Illuminaten) verbreitete A. über Frankreich (↗Französische Revolution) nach Deutschland über. Ihre deutschen Hauptvertreter fand sie u. a. in ↗Leibniz, ↗Thomasius, ↗Lessing, Moses ↗Mendelssohn und schließlich in ↗Kant. Der wesentliche Grundgedanke der A. war die Befreiung des Menschen aus seiner „selbstverschuldeten Unmündigkeit" (Kant), eine Vorstellung, der eine neue Auffassung vom Menschen als Individuum und als autonomes Subjekt zugrunde lag. Der Mensch wurde als natürliches und vernunftbegabtes Wesen bestimmt, das sich seiner selbst bewußt ist und über die grundsätzliche Erkenntnismöglichkeit und Entwicklungsfähigkeit seiner Verhältnisse verfügt. Die bes. von der ↗Philosophie getragene A. bewirkte weitreichende theoretische und praktische Konsequenzen v. a. in der ↗Geschichtswissenschaft, Theologie, Pädagogik und Staatsrechtslehre. Das neue Gegenwartsbewußtsein ließ den Geschichtsprozeß als vernünftig fortschreitenden erscheinen und entzog damit der auf Offenbarung angelegten christlichen Religion die Basis. Das Erziehungswesen, von dem die Vermittlung eines nicht durch Tradition, sondern durch Vernunft gesteuerten, sittlichen Verhaltens sowie die Zugänglichkeit für alle Volksschichten gefordert wurde, erfuhr ein gesteigertes Interesse und vielfache Reformen. Der Einfluß des naturrechtlichen Denkens der A. auf die Staatsrechtslehre führte zur Definition der Beziehung von Staat und Gesellschaft als einer vertraglich geregelten sowie zur Betonung der individuellen Rechte, was die Begrenzung der staatlichen Gewalt implizierte. Politische Vorstellungen der deutschen A. beschränkten sich allerdings auf den „guten Monarchen", der nach dem Modell des aufgeklärten ↗Absolutismus (↗Friedrich II., der Große) aufgrund seiner patriarchalischen Verantwortung und vernünftigen Einsicht das Wohl des Staates und seiner Bürger garantieren sollte. Die A. fand, wenn auch nicht unwidersprochen (↗Romantik), als Ausdruck neuen bürgerlichen Selbstvertrauens, in allen geistig-kulturellen Bereichen ihren Niederschlag: Kunst, Musik und Literatur wurden zum Sprachrohr der gesellschaftspolitischen Forderungen des Dritten ↗Standes. Sie verursachte Veränderungen im politischen und gesellschaftlichen Leben und Denken, die sich als grundlegend für die Neuzeit erwiesen. Die Trennung von Kirche und Staat, die Gewaltenteilung, eine Vielzahl rechtlicher und administrativer Reformen, die Entstehung neuer Wissenschaftszweige und nicht zuletzt die aus dem neuen Menschenbild abgeleiteten ↗Menschenrechte entstanden aus dem Geist der A. *nk*

Aufruf „Für unser Land" (1989) Von Stefan ↗Heym am 28.11.1989 in Berlin (Ost) vorgestellter Aufruf prominenter Intellektueller und Bürgerrechtler, der sich gegen eine ↗Wiedervereinigung, für eine eigenständige ↗DDR als „sozialistische Alternative zur ↗Bundesrepublik" aussprach, um „Ausverkauf" und „Vereinnahmung" durch die Bundesrepublik zu verhindern; Spitzenpolitiker der DDR wie Staatschef ↗Krenz und Ministerpräsident ↗Modrow schlossen sich dem A. an. *kl*

Aufschwung Ost ↗Gemeinschaftswerk Aufschwung Ost

Augsburg Stadt im Südwesten ↗Bayerns, entstand aus römischer Besiedlung seit ca. 15 v. Chr.; wohl seit dem 4. Jh. besteht das ↗Bistum A. Kaiser ↗Friedrich I. Barbarossa verlieh A. 1156 ↗Stadtrecht. Durch dieses Privileg wurden die Rechte der Bürger gegenüber dem Bischof erweitert. 1316 wurde A. durch König ↗Ludwig IV. (der Bayer) zur ↗Reichsstadt erhoben, in der 1368 die ↗Zünfte die Herrschaft übernahmen, und war Mitglied des 1376 gegründeten Schwäbischen ↗Städtebundes. Im 14.–16. Jh. zeichnete sich A. durch wirtschaftliche Prosperität und kulturelle Blüte aus. Dazu trugen seit ca. 1480 die Kaufmannsgeschlechter der ↗Fugger und der ↗Welser bei. Stätte mehrerer ↗Reichstage während der Reformationszeit (1530 ↗Augsburger Konfession, 1548 ↗Augsburger Interim), Einführung der ↗Reformation 1534. Nach dem Frieden von ↗Preßburg (1805) fiel A. an Bayern. *wm*

Augsburger Interim (1548) Vorläufige und bedingte Duldung der protestantischen Lehre, die am 30.6.1548 u. a. mit der Auflage, die katholischen Zeremonien auszuüben, von Kaiser ↗Karl V. offiziell zum Reichsgesetz erhoben wurde. Das A.I., das zwar von den ↗Reichsständen akzeptiert wurde, jedoch auf breiten Widerstand der Protestanten wie auch der Katholiken stieß, wurde 1555 durch den ↗Augsburger Religionsfrieden ersetzt. *nk*

Augsburger Konfession (1530) (Confessio Augustana, Augsburgisches Bekenntnis) Wichtigste, von ↗Melanchthon verfaßte, von Martin ↗Luther gebilligte und von den protestantischen ↗Reichsständen unterzeichnete protestantische Bekenntnisschrift; am 25.6.1530 in lat. und deutscher ↗Sprache auf dem ↗Reichstag zu ↗Augsburg Kaiser ↗Karl V. vorgetragen; trotz Betonung der Gemeinsamkeiten wurden die Unterschiede zur Lehre der ↗katholischen Kirche klar zum Ausdruck gebracht; von katholischer Seite mit der sog. „Confutatio" ablehnend beantwortet. *nk*

Augsburger Religions- und Landfriede (1555) Am 25.9.1555 zwischen König ↗Ferdinand I. und den ↗Reichsständen in ↗Augsburg geschlossener Friede, mit dem das Nebeneinander von Katholiken und Anhängern der ↗Augsburger Konfession unter Verlust der Religionshoheit des Reiches reichsrechtlich geregelt wurde. Die ↗Reichsstände erhielten Wahlfreiheit zwischen den beiden ↗Konfessionen, eingeschränkt durch den sog. „Geistlichen Vorbehalt": Verlust von Land und Rechten bei Übertritt eines geistlichen Reichsfürsten. Die Untertanen mußten die Religion ihrer Landesherren annehmen (↗cuius regio) oder besaßen, falls sie keine Leibeigenen (↗Leibeigenschaft) waren, das Recht, auszuwandern. *nk*

Augsburgisches Bekenntnis ↗Augsburger Konfession

Augspurg, Anita Johanna Frauenrechtlerin, *22.9.1857 Verden/Aller, †20.12.1943 Zürich. Lehrerin, 1881–85 Schauspielerin; 1893–97 Jurastudium; als Präsidentin des „Deutschen Verbands für Frauenstimmrecht" (1903) führend im linken Flügel der ↗Frauenbewegung; Mitbegründerin der „Internationalen Frauenliga für Frieden und Freiheit" (1918); edierte 1918–33 die „Zeitschrift für Frauenstimmrecht" und „Die Frau im Staat"; 1933 Emigration. *rw*

Augstein, Rudolf Verleger, *5.11.1923 Hannover. 1942–45 im Kriegsdienst; seit 1947 Geschäftsführer der Rudolf A. GmbH & Co. KG; Herausgeber und Lizenzträger der Zeitschrift „Der ↗Spiegel"; 1955–73 Mitglied der ↗FDP; von November 1972 bis Januar 1973 Mitglied des ↗Bundestages. *Ki*

August

Braunschweig-Wolfenbüttel:

August der Jüngere Herzog, *10.4.1579 Dannenberg, †17.9.1666 Wolfenbüttel. Erhielt 1635 das Herzogtum ↗Wolfenbüttel. Seine Sammlung von 180000 Büchern und Handschriften bildet den Grundbestand der Herzog-August-Bibliothek. War unter dem Pseudonym Gustavus Selenus als Schriftsteller tätig. *dw*

Sachsen:

August I. Kurfürst, *31.7.1526 Freiberg, †12.2. 1586 Dresden. 1553 nach dem Tod des Bruders ↗Moritz Kurfürst; versuchte konfessionelle Streitigkeiten auszugleichen; politisch am Kaiser orientiert; erweiterte durch rücksichtsloses Vorgehen seinen Herrschaftsbereich; Förderung von Handel (v.a. in Leipzig) und Wirtschaft (↗Bergbau). *rh*

August II. der Starke Kurfürst von Sachsen, König von Polen, *12.5.1670 Dresden, †1.2.1733 Warschau. 1694 ↗Kurfürst (als Friedrich A. I.); 1697 nach dem Übertritt zum Katholizismus (↗Sachsen blieb protestantisch) mit Hilfe ↗Österreichs und Rußlands zum polnischen König gewählt; verlor im ↗Nordischen Krieg die polnische Krone (1706 Friede von ↗Altranstädt), die er sich 1709 aber wieder zurückholte. Großer Förderer barocker Kunst, v.a. in Dresden (Musik, Bauwesen) und ↗Meißen (1710 Gründung der ersten Porzellanmanufaktur in Europa). *rh*

August III. Kurfürst von Sachsen, König von Polen, *17.10.1696 Dresden, †5.10.1763 ebd. 1733 ↗Kurfürst (als Friedrich A. II.). Nach Ende des Polnischen Thronfolgekrieges 1735, endgültig 1738 (Friede von Wien), letzter sächsisch-polnischer König; delegierte die Politik an den Grafen ↗Brühl und kümmerte sich v.a. um den Ausbau Dresdens zu einem barocken Kunstzentrum (Gemäldesammlung, Hofkirche). *rh*

Augusta Kaiserin, *30.9.1811 Weimar, †7.1.1890 Berlin. Die Prinzessin des Hauses Sachsen-Weimar wurde 1829 mit ↗Wilhelm I. von Preußen, dem späteren Kaiser vermählt; Gegnerin ↗Bismarcks; übte großen Einfluß auf die kaiserliche Regierung aus. *nk*

Auguste Viktoria Kaiserin, *22.10.1858 Dolzig (Niederlausitz), †11.4.1921 Haus Doorn (Niederlande). Tochter ↗Friedrichs VIII. von Schleswig-Holstein; heiratete 1881 den späteren Kaiser ↗Wilhelm II.; engagierte sich gemeinsam mit Adolf ↗Stoecker und „Vater ↗Bodelschwingh“ für die Armen sowie für die Pflege der Verwundeten im ↗Ersten Weltkrieg; vertrat entgegen ↗Bethmann Hollweg eine harte Kriegführung und lehnte die Demokratisierung der Verfassung ab. *rw*

Augustiner Orden des heiligen Augustinus (4./5. Jh.) – auch weiblicher Zweig:

1) A.-Chorherren, seit dem 11. Jh. in Klöstern und Armut lebende Geistliche, die hauptsächlich in Süddeutschland und ↗Österreich ansässig waren; Gottesdienst leisteten sie v.a. in ihrer Missionsarbeit sowie in der Seelsorge für sich neu bildende städtische Gesellschaftsschichten.

2) A.-Eremiten, 1256 aus Eremitengemeinschaften gebildet, seit 1567 zu den ↗Bettelorden gerechnet; widmeten sich der Seelsorge, Wissenschaft und Mission; im ↗Mittelalter rasch verbreitet; bedeutend in der Reformationszeit; Martin ↗Luther wurde 1505 Mitglied des A.-Eremitenklosters Erfurt und gewann bei den Mönchen während der ↗Reformation viele Anhänger.

1991 gab es in der ↗Bundesrepublik 158 Ordensbrüder. *ku*

Auschwitz Ab Mitte 1940 ↗Konzentrationslager, später auch ↗Vernichtungslager in der Nähe von Oswiecim (Polen). A. bestand aus drei Lagern: Stammlager (A. I), A. II (Birkenau, ab 1942), A. III (Monowitz, ab 1941). Monowitz war eigens für die ↗IG Farben errichtet worden, die hier Häftlinge zwangsarbeitend im Buna-Werk (synthetischer Kautschuk) einsetzte und ein Netz von Außenlagern unterhielt. Kam es im Stammlager bereits im September 1941 (bis Oktober 1942) zu Massentötungen durch ↗Zyklon B, so wurde Birkenau im Januar 1942 eigens zur Vernichtung von Juden eingerichtet. Nach Schätzungen wurden in A. zwischen 1 und 1,5 Mio. Menschen ermordet. Neben Lagerkommandant ↗Höß waren die Ärzte ↗Mengele (Menschenversuche an Zwillingen sowie an ↗Sinti und Roma) und Carl Clauberg (Sterilisationsversuche an weiblichen Häftlingen) berüchtigte Täter in A. Am 27.1.1945 von der Roten Armee befreit, wurde A. nach Kriegsende zum Inbegriff nationalsozialistischer Massenverbrechen. *PS*

Auschwitz-Lüge Leugnung des Massenmordes im deutschen ↗Konzentrations- und ↗Vernichtungslager ↗Auschwitz während des ↗Zweiten Weltkrieges; bes. in Kreisen des ↗Rechtsradikalismus als neue Form des ↗Antisemitismus; seit 1994 nach einem Beschluß des ↗Bundesverfassungsgerichts als „erwiesen unwahre Tatsachenbehauptung“ strafbar. *kl*

Auschwitz-Prozesse Prozesse gegen Leitung und Wachpersonal des Konzentrations- und Vernichtungslagers ↗Auschwitz; erste kleinere Prozesse seit 1958, größere Prozesse 1963–65 und 1971–81 in Frankfurt/Main; neben der juristischen Aufarbeitung erste umfassende historische Dokumentation des Geschehens; langjährige, z.T. lebenslängliche Haftstrafen, vereinzelt Freisprüche und geringe Haftstrafen, über letztere öffentliche Diskussionen; in der ↗DDR 1966 ebenfalls ein

Tor des Konzentrationslagers Auschwitz II (Birkenau)

A.-P., der mit dem Todesurteil gegen einen Lagerarzt endete. *kl*

Ausländer, Rose Lyrikerin, *11.5.1901 Czernowitz (Bukowina), †3.1.1988 Düsseldorf. Mehrere Preise, u.a. 1967 Meersburger Droste-Hülshoff-Preis. Ihr literarisches Werk ist stark durch die Erfahrungen im ↗Ghetto und die Verfolgung durch die Nationalsozialisten geprägt. *kp*

Ausländerfeindlichkeit ↗Fremdenfeindlichkeit

Auslandsschuldenfrage ↗Londoner Schuldenabkommen (1953)

Auslese Wesentliche rassenbiologische Forderung des ↗Nationalsozialismus. Unter Anwendung darwinistischer Grundsätze auf die menschliche Gemeinschaft sollten die rassisch als wertvoll erachteten Teile der Bevölkerung bes. gefördert werden (Unterstützung bei Kinderreichtum), um so die „Aufnordung des Volkes" zu erreichen. *PS*

Ausschuß für Deutsche Einheit Institution zur Verbreitung der Deutschland-Politik der ↗DDR, 1954 im Vorfeld der ↗Genfer Viermächtekonferenz gegründet; unterhielt bis zum Verbot der ↗KPD 1956 mehrere Büros in der ↗Bundesrepublik, lud zu Veranstaltungen in der DDR prominente westdeutsche Oppositionelle ein; richtete u.a. am 5.1.1955 eine „Erklärung an die Deutschen" zum außerparlamentarischen Kampf gegen die Ratifizierung der ↗Pariser Verträge; wurde von der ↗Bundesregierung und den führenden bundesdeutschen Parteien ignoriert, konnte keinen Kontakt zu seinem westdeutschen Pendant ↗Kuratorium Unteilbares Deutschland herstellen; setzte ab 1962 seine Arbeit in der ↗Nationalen Front fort und beendete seine Tätigkeit 1965 mit der Bildung des Staatssekretariats für gesamtdeutsche Fragen. *kl*

Außenministerkonferenzen ↗Genf (1959); ↗London (1947); ↗Moskau (1943) ↗Moskau (1947); ↗New York (1946); ↗New York (1950)

Außenwirtschaftsgesetz (1961) Gesetz zur Regelung des Außenhandels vom 28.4.1961; beendete die staatlichen Kontrollen, bes. die Devisenkontrollen in der ↗Bundesrepublik; mit wenigen Einschränkungen Möglichkeit zu einem freien Waren-, Dienstleistungs-, Kapital-, Zahlungs- und sonstigen Wirtschaftsverkehr mit nicht in der Bundesrepublik ansässigen Personen und Institutionen. *kl*

Außerparlamentarische Opposition (APO) Bezeichnung für eine v.a. von Studenten und Ju-

Demonstration gegen den Vietnam-Krieg: in der Mitte mit erhobener Faust Rudi ↗Dutschke, li. mit Motorradhelm Rechtsanwalt Horst Mahler (1968)

gendlichen gestützte Initiative, die mit Protestaktionen politische und gesellschaftliche Veränderungen durchsetzen wollte. Nach der Bildung der ↗großen Koalition 1966 wurde sie zu einer bedeutenden Kraft. Die zunehmend radikaleren Proteste richteten sich u.a. gegen den Vietnamkrieg und gegen die ↗Notstands- und Hochschulgesetzgebung. Ihre Aktionen gipfelten 1968 in den ↗Osterunruhen. In der Folge in politische Gruppierungen mit ausschließlich regionaler Bedeutung zerfallen. *Ki*

Aussiedler Personen deutscher Abstammung, die aus Polen, Rumänien, Ungarn, der Tschechoslowakei und, hauptsächlich, der Sowjetunion bzw. ihren Nachfolgestaaten nach Deutschland kamen und kommen. 1944–47 kam infolge von ↗Flucht und Vertreibung eine große Zahl von A. nach Deutschland. 1950 bis Mitte der achtziger Jahre kamen ca. 1,3 Mio. A.; 1990 waren es 397 000. Wegen zunehmender Schwierigkeiten bei der Integration der A., wurde der jährliche Zuzug 1993 auf 220 000 pro Jahr begrenzt. Seitdem sinkt die Zahl der ankommenden A. kontinuierlich. Ihre Eingliederung wird durch das ↗Bundesvertriebenengesetz geregelt. *Vö*

Austerlitz, Schlacht (1805) Im Verlauf des 3. ↗Koalitionskrieges besiegte ↗Napoleon I. in der Dreikaiserschlacht bei A. (Südmähren) am 2.12.1805 die Österreicher (Kaiser ↗Franz I.) und Russen (Zar Alexander I.) und zwang ↗Österreich danach zum Frieden von ↗Preßburg. *rh*

Auswanderung Verlegung des Wohnsitzes in einen anderen Staat, im Gegensatz zur ↗Emigration, aus sozialen und wirtschaftlichen Gründen. Schon ab dem 16. Jh. dokumentiert, jedoch erst seit dem 19. Jh. statistisch festgehalten; Deutschland erlebte bes. im 19. Jh. aufgrund wirtschaftlicher Krisen, Armut und Arbeitslosigkeit eine starke A.-Welle mit bevorzugtem Zielland USA. 1893 bewirkte die Mehrbeschäftigung von Arbeitskräften einen schlagartigen Rückgang der A. *nk*

Auswärtiges Amt (AA) Für die Außenpolitik der ↗Bundesrepublik zuständiges Ministerium. Das AA entstand 1870/71 im Zuge der ↗Reichsgründung; geleitet von einem Staatssekretär gehörte es bis 1918/19 zum Geschäftsbereich des ↗Reichskanzlers und wurde erst danach ein eigenständiges Ministerium. Die sich vorwiegend aus nationalkonservativen und aristokratischen Kreisen rekrutierenden Mitarbeiter bezogen während der nationalsozialistischen Herrschaft (↗Nationalsozialismus) teilweise widersprüchliche Positionen: einerseits aktiv am ↗Widerstand beteiligt, andererseits der nationalsozialistischen Außenpolitik passiv gegenüberstehend. Nach seiner Auflösung durch die ↗Alliierten 1945 wurde das AA 1951 aus der „Dienststelle für auswärtige Angelegenheiten" neu gebildet; bis 1955 Personalunion von ↗Bundeskanzler und Außenminister, danach wieder ein eigenständiges Ministerium. *JH*

Autobahnen Meist vierspurige, dem Kraftverkehr vorbehaltene Schnellstraßen mit Mindestgeschwindigkeitsvorschriften. Nach ersten Streckenerstellungen in den zwanziger Jahren des 20. Jh.s. (AVUS [= Automobil-Verkehrs- und Übungsstraße] Berlin) seit 1933 auf Weisung ↗Hitlers durch ↗Todt forciert, wobei v.a. ehemalige Arbeitslose eingesetzt wurden, später verstärkt Zwangsarbeiter. *PS*

autofreier Sonntag Als Reaktion auf den ↗Ölpreisschock 1973 von der ↗Bundesregierung an vier Sonntagen, erstmals zum 25.11.1973 verhängtes Fahrverbot für private Kraftfahrzeuge, um ein Signal für eine ressourcensparende Energiepolitik zu setzen. *kl*

Autonome Sammelbezeichnung für gering organisierte politische Gruppen in der ↗Bundesrepublik; Verbindungen zum ↗Linksradikalismus; Versuch einer Veränderung gesellschaftlicher Machtverhältnisse auch unter Anwendung von Gewalt. *kl*

Aventinus (eigentlich Johannes Turmair) Geschichtsschreiber, * 4.7.1477 Abensberg, † 9.1.1534 Regensburg. Ab 1495 Studium in verschiedenen Städten (u.a. Ingolstadt, ↗Regensburg); seit 1517 Historiograph am bayrischen Hof; verfaßte v.a. Werke zur bayrischen Geschichte (Bairische Chronik, 1533); zählt zu den Begründern der modernen ↗Geschichtsschreibung. *nk*

AWACS-Einsatz (1993) Beteiligung von Aufklärungsflugzeugen (AWACS-Flugzeuge) der ↗Bundeswehr an der Überwachung des UN-Flugverbots über Bosnien-Herzegowina, am 2.4.1993 von der ↗Bundesregierung beschlossen; Innenpolitische Auseinandersetzungen um den ersten Kampfeinsatz deutscher Soldaten seit 1945 führen zum ↗Out-of-Area-Urteil des ↗Bundesverfassungsgerichts von 1994. *kl*

Axen, Hermann DDR-Politiker, * 6.3.1916 Leipzig, † 15.2.1992 Berlin (Ost). 1933–35 inhaftiert; ↗Emigration nach Frankreich 1938; 1942 ausgeliefert und nach ↗Auschwitz und ↗Buchenwald gebracht; 1946 Eintritt in die ↗SED, Mitbegründer der ↗FDJ; seit 1950 im ↗Zentralkomitee; seit 1971 Vorsitzender des Volkskammerausschusses für auswärtige Angelegenheiten; im November 1989 aus der SED ausgeschlossen und im Januar 1990 wegen Amtsmißbrauches und Korruption verhaftet; aus gesundheitlichen Gründen aus der Haft entlassen. *Ki*

Axmann, Arthur Reichsjugendführer, *18.2.1913 Hagen (Westfalen), †24.10.1996 Berlin. A. gründete 1928 die erste ↗Hitler-Jugend-Gruppe Westfalens, wurde 1932 in die Reichsleitung der ↗NSDAP berufen und 1933 Leiter des Sozialamtes, 1940 Reichsjugendführer. Gründete nach Kriegsende eine nationalsozialistische Untergrundorganisation und wurde im Dezember 1945 verhaftet; 1949 zu dreijähriger Haft, 1958 zu einer Geldstrafe verurteilt. *JH*

B

Baader, Andreas RAF-Mitglied, *6.5.1943 München, †18.10.1977 Stuttgart. Am 31.10.1968 Verurteilung zu drei Jahren Zuchthaus wegen Brandstiftung; am 14.5.1970 von ↗RAF-Mitgliedern befreit; 1970–72 an Banküberfällen und Bombenanschlägen beteiligt; am 1.6.1972 in Frankfurt/Main erneut verhaftet; am 28.4.1977 zu lebenslanger Freiheitsstrafe verurteilt (↗Stammheimer Terroristenprozeß); Selbstmord in der Haftanstalt Stuttgart-Stammheim. *Ki*

Baader, Ottilie Sozialistin, Fabrikarbeiterin, *30.5.1847 Frankfurt/Oder, †24.7.1925 Berlin. Beteiligt am Aufbau der sozialistischen ↗Frauenbewegung; 1900–08 „Zentralvertrauensperson der Genossinnen Deutschlands"; als Teilnehmerin an zahlreichen Kongressen forderte sie u.a. das Frauenwahlrecht sowie verbesserten Arbeitsschutz und Bildungsmöglichkeiten für Arbeiterinnen. *nk*

Baader-Meinhof-Gruppe ↗Rote Armee-Fraktion

Babenberger Ostfränkisches Adelsgeschlecht; stammte wahrscheinlich von den Popponen oder älteren B. ab, die in der ↗B. Fehde (902–06) den ↗Konradinern erlagen.
976 wurden die B. ↗Markgrafen, 1156 ↗Herzöge der bayrischen Ostmark (↗Österreich); seit 1192 auch Herzöge der Steiermark; starben 1246 aus. *wm*

Babenberger Fehde (902–06) Machtkampf zwischen den ↗Babenbergern und den siegreichen ↗Konradinern unter dem späteren König ↗Konrad I.; führte zum Einzug der babenbergischen Besitzungen. *vK*

Babi-Yar Schlucht am Stadtrand von Kiew (Ukraine). Nach der deutschen Besetzung von Kiew im September 1941 wurde die jüdische Bevölkerung unter dem Vorwand der Umsiedlung zusammengerufen, an den Stadtrand gebracht und dort vom Sonderkommando 4a der ↗Einsatzgruppe C unter ↗Blobel am 29./30.9.1941 in der Schlucht erschossen. Anschließend sprengten Wehrmachtseinheiten die Ränder der Schlucht, um die Toten zu verbergen. Die Meldung des Sonderkommandos nannte die Zahl von 33771 getöteten Juden. Während des deutschen Rückzuges exhumierte und verbrannte man die Leichen, dennoch fand die Rote Armee später Hinweise auf das Geschehen. *PS*

Johann Sebastian Bach

Bach, Johann Sebastian Komponist, *21.3.1685 Eisenach, †28.7.1750 Leipzig. Musikalische Ausbildung ab 1695; seit 1703 Violinist und Organist in verschiedenen Engagements, 1708 als Organist, Kammermusiker und später Konzertmeister am herzöglichen Hof von Sachsen-Weimar; 1717–23 Kapellmeister am Fürstenhof von Anhalt-Köthen; seit 1723 Thomaskantor in Leipzig. B. schuf ein bedeutendes musikalisches Œuvre aus Orgel-, Klavier-, Orchester- und Vokalwerken. *nk*

Bachem, Carl Politiker, Publizist, *22.9.1858 Köln, †11.12.1945 Burgsteinfurt. Als Abgeordneter des ↗Zentrums im Reichstag 1889–1906 an der Erstellung des ↗BGB beteiligt. Als Redakteur der „Kölnischen Volkszeitung" bestimmte er die nationalistische Tendenz des Blattes in der Zeit des ↗Ersten Weltkriegs mit. 1927–32 verfaßte B. die „Geschichte der Zentrumspartei". *dt*

Bachem, Julius Politiker, Publizist, *12.7.1845 Mülheim/Ruhr, †22.1.1918 Köln. 1876–91 war B. als Mitglied des preußischen Abgeordnetenhauses einer der Anführer der Kölner Richtung des ↗Zentrums, die eine Ausrichtung am Katholizismus ablehnte. 1869–1915 Redakteur der „Kölnischen Volkszeitung", Mitbegründer der Görres-Gesellschaft. *dt*

Bachmann, Ingeborg Österreichische Schriftstellerin, *25.6.1926 Klagenfurt, †17.10.1973 Rom. Mitglied der ↗Gruppe 47; wurde zunächst als Lyrikerin bekannt („Die gestundete Zeit", 1953); schrieb auch Erzählungen, Hörspiele, Libretti, Essays; erhielt 1964 den ↗Georg-Büchner-Preis. Der Roman „Malina" (1971) und weitere Fragmente des „Todesartenzyklus" (u. a. Der Fall Franza, 1978) finden seit den achtziger Jahren als komplexe Darstellungen eines veränderungsbedürftigen Geschlechterverhältnisses Beachtung. *ij*

Bach-Zelewski, Erich von dem SS-Obergruppenführer, seit Juni 1941 ↗Höherer SS- und Polizeiführer Heeresgruppe Mitte, *1.3.1899 Lauenburg (Pommern), †8.3.1972 München. Freikorpsmitglied und bis 1924 Offizier der ↗Reichswehr. Ab 1930 in der ↗NSDAP, 1932–44 Mitglied des Reichstages. Ab Mitte 1943 Chef der „Bandenkampfverbände", war B. für die Bekämpfung der ↗Partisanen an der gesamten Ostfront verantwortlich. 1944 kommandierte er die Niederschlagung des ↗Warschauer Aufstandes. 1949 zu zehn Jahren Arbeitslager verurteilt, 1962 wegen der Ermordung von Kommunisten (1933) zu lebenslanger Haft verurteilt. Seine Beteiligung an der ↗Judenvernichtung blieb unbestraft. *PS*

Baden Nach dem Ort B. (heute B.-B.) benannt, geht B. auf die ↗Zähringer zurück, die seit Hermann II. (†1130) den Titel Markgrafen von B. führten. Bis 1503 wurde das Territorium gefestigt, zerfiel danach in das seit 1556 evangelische ↗B.-Durlach und das seit 1571 katholische B.-B. 1771 wurden nach dem Aussterben der Linie B.-B. die beiden Markgrafschaften unter ↗Karl-Friedrich von B.-Durlach vereinigt. Von 1803–10 konnte das inzwischen zum Großherzogtum (1806) erhobene B. sein Territorium mehr als vervierfachen und erhielt 1818 eine fortschrittliche Verfassung; Eindämmmung des Oberrheins (↗Tulla) und beginnende ↗Industrialisierung. B. war bedeutender Schauplatz der ↗Deutschen Revolution 1848/49 (↗Badischer Aufstand) und leitete ab 1860 eine liberale Ära ein, die bald in einen Kulturkampf mündete. Seit 1871 im ↗Deutschen Reich, konstituierte sich nach 1945 der Südteil als Land B. unter Staatspräsident ↗Wohleb. Ging nach einer Volksabstimmung im April 1952 in ↗B.-Württemberg auf. *dt*

Baden-Durlach 1535 durch Teilung von ↗Baden in Baden-Baden und B.-D. entstandene Markgrafschaft. 1556 evangelisch, wurde unter ↗Karl-Friedrich zum Musterstaat des aufgeklärten ↗Absolutismus. B.-D. konnte 1771 durch das Aussterben der Linie Baden-Baden ganz Baden unter sich vereinigen. 1806 zum Großherzogtum erhoben. *dt*

Baden-Württemberg Bundesland der ↗Bundesrepublik, am 25.4.1952 aus den in der französischen und US-amerikanischen ↗Besatzungszone geschaffenen Ländern Baden, Württemberg-Baden und Württemberg-Hohenzollern entstanden, nachdem sich die Bevölkerung dieser Regionen im Dezember 1951 in einer Abstimmung mehrheitlich für die Gründung ausgesprochen hatte; stärkste Partei ist die seit 1953 den Ministerpräsidenten stellende ↗CDU (1953–58 Gebhard Müller, 1958–66 ↗Kiesinger, 1966–78 ↗Filbinger, 1978–91 ↗Späth, seit 1991 Erwin Teufel). *kl*

Badestuben Einrichtungen zum Zweck der Hygiene und Gesundheitsversorgung in der mittelalterlichen Stadt; betrieben von den Badern, die neben warmen Bädern auch Haarschneiden und medizinische Dienstleistungen wie Aderlaß oder Wundbehandlung anboten. Da B. auch in dem Ruf standen, als Bordelle zu dienen, zählten die Bader zu den ↗unehrlichen Leuten. *wj*

Badische Anilin- & Soda-Fabrik AG ↗BASF AG

Badischer Aufstand 1) ↗Heckerputsch.
2) 21.–25.9.1848 Zweiter Badischer Aufstand mit Ausrufung der Republik durch ↗Struve in Lörrach; bei Freiburg durch badische Truppen niedergeschlagen.
3) 12.–16.5.1849 eingeleitet durch Meuterei der Garnison in der ↗Bundesfestung Rastatt (11.5.), Übernahme der Regierungsgewalt durch Lorenz Brentano (1.6.); der B.A. endete mit der Eroberung der Festung Rastatt am 23.7. durch preußische Truppen, die der am 14.5. geflohene Großherzog zu Hilfe gerufen hatte; Emigration von ca.

80000 Badenern, darunter ↗Schurz und ↗Struve. *vK*

Badisches Landrecht (1809) 1809 eingeführtes, ab 1810 geltendes, direkt auf den Code Napoléon (↗Code civil) zurückgehendes neues Recht zur Vereinheitlichung der unterschiedlichen ↗Landrechte im territorial vergrößerten Großherzogtum ↗Baden; in Kraft bis 1900. *nk*

Baeck, Leo Rabbiner, ab 1933 Präsident der ↗Reichsvertretung der Juden in Deutschland, *23.5.1873 Lissa (Posen), †2.11.1956 London. Seit 1912 Rabbiner in Berlin, blieb im ↗Dritten Reich trotz Ausreisemöglichkeit in Deutschland. 1943 ins ↗Konzentrationslager ↗Theresienstadt gebracht; ging im Juli 1945 nach London. *PS*

Baeyer, Adolf Ritter von ↗Nobelpreis

Bagdadbahn Bahnlinie von Konya (Türkei) nach Bagdad (Irak) mit Endstation Basra; Verlängerung der Anatolischen Eisenbahn; Bau der B. im Osmanischen Reich 1903–13 unter deutscher Leitung, bis Fertigstellung 1940 unter britischer. Ihre Finanzierung erfolgte, nach Vergabe der Baukonzession (1899) durch den Sultan an die (u.a. von ↗Deutscher Bank gegründete) „Anatolische Eisenbahngesellschaft", zu zwei Dritteln durch deutsche Bankiers. Neben wirtschaftlichen Vorteilen erhoffte sich das Deutsche Reich Teilhabe an der kolonialen Erschließung des Nahen Ostens im imperialistischen Wetteifern der europäischen Großmächte (Großbritannien, Rußland, Frankreich). *nk*

Bahr, Egon Politiker (SPD), *18.3.1922 Treffurt. 1960–66 Leiter des Presseamtes des Berliner Bürgermeisters ↗Brandt; Pläne für eine neue ↗Ostpolitik; 1969–72 Staatssekretär im Bundeskanzleramt; 1970 maßgeblich am ↗deutsch-sowjetischen Vertrag beteiligt; 1974–76 Bundesminister für wirtschaftliche Zusammenarbeit; 1976–81 Bundesgeschäftsführer der ↗SPD; seit 1984 Direktor des Hamburger Instituts für Friedens- und Sicherheitspolitik; 1987 Vorsitzender der Sicherheitspolitischen Kommission der SPD; 1990 Berater des Abrüstungs- und Verteidigungsministers der DDR, ↗Eppelmann. *Ki*

Bahro, Rudolf Sozialwissenschaftler, *18.11.1935 Bad Flinsberg (Polen), †5.12.1997 Berlin. 1954–77 Mitglied der ↗SED; 1967–77 Wirtschaftsfunktionär; kritisierte das wirtschaftliche und politische System der ↗DDR; 1978 zu acht Jahren Haft verurteilt; konnte 1979 in die Bundesrepublik ausreisen, dort Mitglied und 1982–84 im Bundesvorstand der ↗Grünen; 1989 Rückkehr nach Berlin (Ost). *Ki*

Bahrprobe ↗Gottesurteil

Baiern ↗Bayern, Stamm

Bajuwaren ↗Bayern, Stamm

Balduin Erzbischof von Trier, Kurfürst, *1285, †21.1.1354 Trier. Seit 1307 Erzbischof und Kurfürst; maßgeblich an der Ausarbeitung der Positionen des ↗Kurvereins von Rhens beteiligt; nach anfänglich guten Beziehungen zu Kaiser ↗Ludwig IV., entzog B. diesem die Unterstützung und führte die Wahl ↗Karls IV. herbei. *dh*

Baldung, Hans, genannt Grien Maler, Holzschnittmeister, *vermutlich 1484/85 Schwäbisch Gmünd, †September 1545 Straßburg. Lehrzeit von 1503–07 wahrscheinlich in ↗Dürers Werkstatt in ↗Nürnberg. Charakteristisch für B.s Schaffen sind sein für die Dürerzeit eigenwilliger, expressiver Stil und eine ausgeprägte Farbgebung, die in ihrer Ausdrucksstärke häufig an ↗Grünewald erinnert. Hauptwerk: Hochaltar im ↗Freiburger Münster (1512–16). *kp*

Ballestrem, Franz Xaver Graf von Politiker, *5.9.1834 Plawniowitz (Oberschlesien), †23.12.1910 ebd. B. war 1872–93 und 1898–1906 als Mitglied des Reichstages bedeutender Repräsentant der Rechten innerhalb des ↗Zentrums. 1898–1906 Präsident des Reichstages. *dt*

Balkanfeldzug Kämpfe deutscher Truppen in Griechenland, Albanien und Jugoslawien im ↗Zweiten Weltkrieg, zunächst zur Unterstützung Italiens. Nach italienischem Angriff auf Griechenland am 28.10.1940 und britischer Landung auf Kreta erfolgte ab 6.4.1941 deutscher Angriff auf Griechenland und Jugoslawien. Noch im April kapitulierte Jugoslawien, im Mai war Griechenland, schließlich auch ↗Kreta (durch ein verlustreiches Luftlandeunternehmen vom 20.5.–1.6.1941) besetzt. Neben der Vertreibung britischer Truppen vom Kontinent brachte der B. das Ende Jugoslawiens (Errichtung des ↗Ustascha-Staates Kroatien) sowie Militärverwaltungen in Serbien und Griechenland. In der Folge bildeten sich Partisanenbewegungen, derer die Besatzer wegen deren Rückzugsmöglichkeiten im Gebirge nie Herr werden konnten. *PS*

Balkanproblem Aus deutscher Sicht die durch die nationalstaatlichen Emanzipationsbestrebungen der Balkanvölker hervorgerufene Spannungen in den Beziehungen der Großmächte, insbesondere die Interessengegensätze zwischen

Österreich-Ungarn und Rußland, die auf dem ↗Berliner Kongreß nur für eine Übergangszeit geschlichtet wurden.
Das Dilemma des Deutschen Reiches lag darin, daß es bei Unterstützung Österreich-Ungarns die Feindschaft von Rußland und einen Krieg riskierte, bei einer neutralen Haltung jedoch Gefahr lief, in Wien den (schließlich letzten) Bündnispartner zu verlieren. Aus dem latenten Konflikt erwuchs in der ↗Julikrise der ↗Erste Weltkrieg. *vK*

Rußland, Großbritannien, Deutschland, Frankreich und Österreich-Ungarn (v. li.) sitzen auf dem Pulverfaß des Balkans (Karikatur aus der britischen Satirezeitschrift „Punch")

Ball, Hugo Dichter, Journalist, *22.2.1886 Pirmasens, †14.9.1927 Gentilino (bei Lugano). Mitbegründer und Programmatiker des ↗Dada in Zürich; wandte sich später dem Katholizismus zu. Werke u. a.: Zur Kritik der deutschen Intelligenz (1919), Hermann Hesse. Sein Leben und sein Werk (1927), Romane und Essays. *ij*

Ballin, Albert Reeder, Unternehmer, *15.8.1857 Hamburg, †9.11.1918 ebd. Seit 1899 Generaldirektor der deutschen Reederei Hamburg-Amerika Linie (↗HAPAG). Der Jude B. pflegte seit Beginn des 20. Jh.s engere Beziehung zum Deutschen Kaiser ↗Wilhelm II. Bemühte sich im ↗Ersten Weltkrieg vergeblich um Frieden; beging Selbstmord. *UK*

Baltikum-Unternehmen Kämpfe deutscher ↗Freikorps unter Führung von General Rüdiger Graf von der ↗Goltz in Lettland und Litauen gegen sowjetische Truppen von Februar bis Dezember 1919. Getrieben von Antibolschewismus und der Hoffnung auf Grunderwerb begingen die „Baltikumkämpfer" Greueltaten auch gegen die Zivilbevölkerung. *PS*

Baltringer Haufe Allianz von Bauern während des ↗Bauernkrieges. Nach Zusammenkünften in der oberschwäbischen Ortschaft Baltringen benannt. 1525 vom ↗Schwäbischen Bund bei Leipheim geschlagen. *dt*

Bamberg, Dom 1185–1237 im romanisch-gotischen Stil (↗Romanik; ↗Gotik) erbaute Bischofskirche. Im Inneren befinden sich u. a. das Hochgrab Kaiser ↗Heinrichs II. und seiner Gemahlin ↗Kunigunde sowie der Flügelaltar von ↗Stoß. Der um 1240 entstandene Bamberger Reiter, das älteste erhaltene Reiterstandbild nach der Antike, repräsentiert das Königtum der ↗Staufer. *RB*

Bambergische Halsgerichtsordnung Durch ↗Humanismus und ↗Reformation beeinflußte Strafrechtsordnung. 1507 für das Bistum Bamberg erlassen, mit Änderungen 1516 durch die Markgrafen von Brandenburg für ihre fränkischen Besitztümer übernommen. 1532 von Kaiser ↗Karl V. in die ↗Constitutio Criminalis Carolina als Reichsgesetz übernommen. *dt*

Banater Schwaben Bezeichnung für die deutschsprachigen Bewohner des Banat (im Grenzgebiet von Rumänien, Ungarn und Jugoslawien). Seit 1718 besiedelten neben Magyaren und Serben v. a. katholische Schwaben das durch die ↗Türkenkriege entvölkerte Gebiet. Heute leben noch ca. 100000 Deutschstämmige im rumänischen Banat. *dt*

Banden 1) Herumziehende, oft auch plündernde Söldnergruppen im späten Mittelalter (v. a. 14./15. Jh.). Vom 19. Jh. bis zum Zweiten Weltkrieg auch Bezeichnung für Partisaneneinheiten bzw. von der Truppe illegal losgelöste Teile.
2) In heutiger Zeit Zusammenschluß, meist von Jugendlichen, oft mit hoher Gewaltbereitschaft und mit Gruppenregeln, die im Widerspruch zu den Normen der Gesellschaft stehen. *wj*

Bank Deutscher Länder Für die drei westlichen ↗Besatzungszonen am 1.3.1948 gegründete, unabhängige Notenbank mit Sitz in Frankfurt/Main; zum 1.8.1957 in der ↗Deutschen Bundesbank aufgegangen. *kl*

Banken Der Aufstieg des Bankwesens in der Neuzeit war im Heiligen Römischen Reich wie im Ursprungsland Italien zunächst an Familien gebunden, v.a. ↗Fugger und ↗Welser. Ihre Kredit- und Wechselgeschäfte für staatliche und kirchliche Institutionen wurden im 18. und 19. Jh. von Privatbankiers wie den ↗Rothschilds fortgeführt. Diese profitierten vom hohen Kreditbedarf durch die einsetzende ↗Industrialisierung. Die nun differenzierteren Bedürfnisse der Wirtschaft und das Entstehen einer breiten Mittelschicht trugen zur Entwicklung des Bankwesens im 19. Jh. bei und ließen eine Vielzahl großer Bankhäuser entstehen. Eine staatliche Währungspolitik wurde 1875 mit der Gründung der ↗Reichsbank verwirklicht. *dt*

Bann 1) Im Mittelalter Macht des ↗Königs, Anordnungen unter Strafandrohung zu erlassen (↗Heer-B., Blut-B., Friedens-B., Verwaltungs-B.).
2) Mittelalterliches Gebot der Meidung von Orten (B.-Meile), Gegenständen oder Personen unter Strafandrohung, in Verbindung mit ↗Acht seit 1220 reichsrechtlich festgelegt.
3) Der mittelalterliche Kirchen-B. führte zur Exkommunikation und wurde vom Papst verhängt. *vK*

Bär Wappentier als Zeichen von Macht und majestätischer Kraft. In der Religion charakteristische Beifügung diverser Heiliger, aber auch Sinnbild des Teufels; war beliebtes Jagdobjekt im Mittelalter. Zähne und Klauen des B. wurden als gefahrenabwendende Glücksbringer verwendet, sein Fett war in der ↗Volksmedizin bedeutsam. *ku*

Barbarossa ↗Friedrich I., Kaiser

Barbarossa, Unternehmen ↗Unternehmen Barbarossa

Barbie, Klaus SS-Hauptsturmführer, *25.10. 1913 Bad Godesberg, †25.9.1991 Lyon (Frankreich). Ab 25.9.1935 beim ↗Sicherheitsdienst (SD), November 1942 nach Lyon zur Abteilung Gegnerbekämpfung des SD, dort nach Feststellung französischer Gerichte Beteiligung an mehr als 4000 Hinrichtungen. Nach dem Krieg bis 1983 als Klaus Altmann in Bolivien. Auslieferung an Frankreich; dort wegen Verbrechen gegen die Menschlichkeit am 5.7.1987 zu lebenslanger Haft verurteilt. *PS*

Barlach, Ernst Bildhauer, Dichter, *2.1.1870 Wedel (Holstein), †24.10.1938 Rostock. B.s expressionistisches, bildhauerisches und graphisches Werk ist von ausdrucksstarken, formale Einfachheit anstrebenden Darstellungen des Menschen geprägt; in seinen Dramen (u.a. Der tote Tag, 1912; Der blaue Boll, 1926) steht die Frage einer Annäherung an Gott im Mittelpunkt. Verfaßte Romane und die Autobiographie Ein selbsterzähltes Leben (1928). *ij*

Barmer Erklärung (1934) Auf der Barmer Bekenntnissynode (30./31.5.1934) verabschiedetes Programm (auch: Barmer Theologische Erklärung); grundlegend für die Konstitution der ↗Bekennenden Kirche; richtete sich gegen die Anschauungen der ↗Deutschen Christen und den Totalitätsanspruch des (nationalsozialistischen) Staates. *JH*

Barock Seit dem 19. Jh. wird die ursprünglich abwertende Stilbezeichnung B. („schiefrund", „schwülstig") für die Baukunst des 17.–18. Jh.s generalisierend auf die gesamte Epoche (ca. 1600–1770) übertragen, die etwa zeitgleich mit der des ↗Absolutismus verlief. Vorbereitet wurden Kunst und Kultur des deutschen B. durch die italienische ↗Renaissance und den Manierismus. Kennzeichnend für den B. war der Doppelcharakter von Repräsentation und Formalismus sowie das Nebeneinander von Weltlichem und Geistlichem, die die Entwicklungen in Kunst und Denken prägten. Die Baukunst konzentrierte sich 1) auf Städte- (Karlsruhe, Mannheim) und Palastbau (↗Mannheimer Schloß), reagierte damit auf den wachsenden Verwaltungsapparat und die zunehmende höfische Repräsentation (Vorbild: Versailles); 2) auf Kirchenbau und -ausstattung, die u.a. mit den Baumeistern ↗Fischer von Erlach und Balthasar ↗Neumann im 18. Jh. ihren Gipfel erreichten. In der Malerei traten neben religiöse Themen Stilleben, Porträt, Landschafts- und Genrebilder, sie entfaltete sich aber v.a. in der sakralen Dekken- und Wandmalerei Süddeutschlands (Cosmas Damian Asam). Die neu entstehenden wissenschaftlichen ↗Akademien beeinflußten auch das zunehmend durch Schriften repräsentierte Kunstleben. Die Musik (↗Bach, ↗Händel, ↗Schütz) erlebte einen umfassenden Standardisierungsprozeß sowie die Festlegung der Stimmung („Wohltemperierung" der Tasteninstrumente durch Andreas Werckmeister 1700) und brachte neue Gattungen (Konzert, Oper, Passion, Oratorium) hervor; daneben gelangte das Lied zu großer Popularität. In der ↗Literatur (↗Abraham a Sancta Clara, ↗Angelus Silesius, ↗Grimmelshausen, ↗Gryphius), die inhaltlich von irdischer Vergänglichkeit, als Ergebnis v.a. der Erfahrungen des ↗Dreißigjährigen Krieges, geprägt war, vollzog sich formal die differenzierte Ausbildung von Lyrik, Dramatik und Prosa (Regelpoetik von Martin Opitz); Gesellschaften zur Sprachpflege bildeten sich (↗Fruchtbringende Gesellschaft). Kirchengeschichtlich fielen in die Zeit des B. die ↗Gegenreformation, die ↗Katholische Reform und die Gründung neuer Orden (↗Jesuiten); in Theologie und ↗Philosophie blühten spekulative Systeme (sog. B.-Scholastik), Ansätze naturrechtlichen Denkens bereiteten den Weg zur ↗Aufklärung. Kunstgeschichtlich mündete der Spät-B. in den ↗Klassizismus bzw. das ↗Rokoko. *nk*

Barschel, Uwe Ministerpräsident (Schleswig-Holstein; CDU), *13.5.1944 Glienicke (Berlin), †11.10.1987 Genf. Seit 1971 Landtagsabgeordneter der ↗CDU in ↗Schleswig-Holstein, seit 1973 Vorsitzender der Landtagsfraktion, ab 1979 Finanz- und Innenminister, seit 1982 Ministerpräsident von Schleswig-Holstein; mußte 1987 wegen der ↗B.-Affäre zurücktreten und verstarb im selben Jahr unter ungeklärten Umständen. Die staatsanwaltlichen Ermittlungen zu B.s Tod wurden 1998 ohne eindeutiges Ergebnis eingestellt. *bb*

Barschel-Affäre 1987 im Vorfeld der Landtagswahlen in Schleswig-Holstein entfachter Skandal um eine von Reiner Pfeiffer, Medienberater des amtierenden Ministerpräsidenten ↗Barschel (CDU), gegen den SPD-Politiker Björn ↗Engholm inszenierte Rufmordkampagne; führte trotz einer von Barschel abgegebenen „Ehrenerklärung" zu dessen Rücktritt. *bb*

Bart Kennzeichen für Alter, Ideologie und Standeszugehörigkeit. Die B.-Mode als Teil der Tracht ist der Zeit unterworfen und richtet sich z.T. nach dem B. bedeutender Personen: Kaiser-Wilhelm-B. In der ↗Kaisersage zeugt der wachsende B. vom ewigen Leben des schlafenden Herrschers. *ku*

Barth, Karl Schweizerischer evangelischer Theologe, Prediger, *10.5.1886 Basel, †10.12.1968 ebd. 1925 Professor in Münster, 1930–35 in Bonn. B. formulierte die Theologische Erklärung von ↗Barmen (1934), auf die sich die ↗Bekennende Kirche berief. Hauptwerk: Kirchliche Dogmatik (1932–67). *ij*

Barth, Theodor Wilhelm Politiker, Publizist, *16.7.1849 Duderstadt, †3.6.1909 Baden-Baden. 1881–1903 Mitglied des Reichstages (Liberale Vereinigung, ↗Deutsche Freisinnige Partei, ↗Freisinnige Vereinigung). 1883–1907 als Herausgeber der Berliner linksliberalen Wochenschrift „Die Nation" entschiedener Gegner der protektionistischen Wirtschaftspolitik Otto von ↗Bismarcks. Trat für eine Verständigung mit der ↗SPD ein. *dt*

Rainer Barzel (re.) während einer Rede im Bundestag; li. im Bild: Willy ↗Brandt

Barzel, Rainer Politiker (CDU), *20.6.1924 Braunsberg. 1957–87 Mitglied des ↗Bundestages; 1960 Bundesvorstand der ↗CDU; 1962/63 Bundesminister für gesamtdeutsche Fragen; 1964–73 Vorsitzender der Bundestagsfraktion der CDU/CSU; 1972 Kanzlerkandidat; 1982 Bundesminister für innerdeutsche Beziehungen; 1983/84 ↗Bundestagspräsident; Rücktritt aufgrund des Verdachts, in die ↗Flick-Spendenaffäre verwickelt zu sein. (81) *Ki*

Basedow, Johannes Bernhard Pädagoge, getauft 11.9.1724 Hamburg, †25.7.1790 Magdeburg. Studierte Philosophie und Theologie in Leipzig; seit 1761 Lehrer in Altona; publizierte zahlreiche Schriften zur Pädagogik und gründete 1774 in Dessau die Erziehungsanstalt „Philantropin"; zählt zu den Hauptvertretern der Pädagogik der ↗Aufklärung. *nk*

Basel, Friede (1795) Durch den Frieden von B. mit Frankreich schied ↗Preußen am 5.4.1795 aus dem 1. ↗Koalitionskrieg aus, um eine militärisch (preußische Truppen auch in Polen, ↗Polnische Teilungen) und finanziell bedrohliche Situation zu entschärfen. Das linke Rheinufer ging vorläufig an Frankreich. Für Nordwestdeutschland wurde freier Handel vereinbart, damit jedoch auch eine Teilung des Reichs in Kauf genommen. *rh*

Baselitz, Georg (eigentlich Hans-Georg Kern) Maler, *23.1.1938 Deutschbaselitz (Kreis Kamenz). Wird dem Neoexpressionismus zugerechnet; begann ab 1969 seine Darstellungsweise zu verändern, indem er in der Folge auf dem Kopf stehende Motive zeigte; Werke u.a.: Die große Nacht im Eimer (1962/63). *kp*

BASF AG Als Abkürzung für Badische Anilin- & Soda-Fabrik AG Bezeichnung für ein Chemieunternehmen in Ludwigshafen. Gegründet 1865 in Mannheim; 1925–45 Teil der ↗IG Farben; 1945–51 unter französischer Kontrolle; 1952 neugegründet; produziert u.a. Dünger, Grundchemikalien, Kunst- und Farbstoffe, Pharmazeutika sowie Magnetträger. *UK*

Bassermann, Ernst Politiker, *26.7.1854 Wolfach, †24.7.1917 Baden-Baden. B. war 1893–1917 Abgeordneter im Reichstag, seit 1905 Vorsitzender der ↗Nationalliberalen Partei. Federführend am Zustandekommen des Bülow-Blocks beteiligt, fungierte er als Mittler in dem liberal-konservativen Bündnis. Wirkte am Sturz ↗Bethmann Hollwegs 1917 mit. *dt*

Bassermann, Friedrich Daniel Politiker, *24.2.1811 Mannheim, †29.7.1855 ebd. (Selbstmord). Zusammen mit ↗Mathy gründete B. 1843 die B.sche Verlagsbuchhandlung, die die kleindeutsch orientierte „Deutsche Zeitung" verlegte. Seit 1841 in der Zweiten Badischen Kammer, forderte B. dort am 12.2.1848 die Einberufung einer deutschen Nationalversammlung. Als Mitglied der ↗Frankfurter Nationalversammlung 1848/49 Vorsitzender des Verfassungsausschusses, 1850 im Erfurter Unionsparlament. Schied nach dem Scheitern der Einigungsbewegung aus dem politischen Leben aus. *dt*

Bästlein, Bernhard Politiker (KPD), *3.12.1894 Hamburg, †18.9.1944 Brandenburg. 1912 ↗SPD-Mitglied, 1920 ↗KPD-Mitglied, 1932 Abgeordneter des preußischen Landtages. Im März 1933 zum Reichstagsabgeordneten gewählt, im Mai verhaftet und bis 1940 Haft. Ende 1942 erneut verhaftet, Anfang 1944 aus ↗Plötzensee geflohen, Kontakte zur ↗Saefkow-Jacob-Gruppe; nach neuerlicher Verhaftung im Mai Todesurteil im August und Hinrichtung. *PS*

Baudissin, Wolf Graf von General, Friedensforscher, *8.5.1907 Trier, †5.6.1993 Hamburg. Entwickelte seit 1952 als Amtsleiter in der ↗Dienststelle Blank und seit 1958 im Bundesverteidigungsministerium das Konzept der ↗Inneren Führung; von 1963–67 im Stab der ↗NATO tätig; 1968–84 an der Universität Hamburg, 1971–84 Direktor des Instituts für Friedensforschung und Sicherheitspolitik (IFHS), seit 1979 Professor. *bb*

Bauer, Gustav Reichskanzler (SPD), *6.1.1870 Darkehmen, †16.9.1944 Hermersdorf (bei Berlin). Führender Gewerkschafter, 1912–28 Mitglied des Reichstages. B. war 1919/20 erster Reichskanzler der ↗Weimarer Republik. Unter seiner Regierung wurde der ↗Versailler Friedensvertrag (1919) unterzeichnet. Rücktritt aus Anlaß des ↗Kapp-Lüttwitz-Putsches. *JH*

Bauer, Wilhelm Sebastian Valentin Ingenieur, *23.12.1822 Dillingen/Donau, †20.6.1875 München. Gehörte zu den ersten Konstrukteuren von Unterseebooten; entwickelte eine Hebevorrichtung für versunkene Schiffe. *nk*

Bauern Personen, die sich und ihre Familie aus den Erträgen eines landwirtschaftlichen Betriebes ernähren. Die ↗Bevölkerung des Mittelalters bestand zu mindestens 80 % aus B., die in unterschiedlicher Form auf Basis der ↗Grundherrschaft abhängig waren: entweder als Unfreie bzw. Leibeigene, die direkt auf dem Land ihres ↗Herrn arbeiteten oder als halbfreie Pacht-B., die Land (↗Hufen) vom Grundherrn leihen und dafür Gegenleistungen erbringen mußten; z.T. konnten diese ↗Frondienste durch Abgabenzahlungen ersetzt werden.

Der Landesausbau des 11.–13. Jh.s, die vermehrte Nutzung von Zugtieren sowie die ↗Dreifelderwirtschaft verbesserten zwar die Arbeitsweise, aber kaum die soziale Situation der B. Spätestens als Auswirkung der ↗Pest im 14. Jh. kam es zu einer anhaltenden Agrarkrise und B.-Protesten gegen die Herrschenden. Sie mündeten im 16. Jh. in den ↗Bauernkrieg, dessen Folgen verheerend waren. Wirkliche Veränderungen setzten sich erst nach dem ↗Dreißigjährigen Krieg durch: Neben der Einführung neuer Produkte (Kartoffel, Tabak) und Techniken (Fruchtwechsel, Möglichkeit der Stallfütterung durch den Anbau von Klee und Hackfrüchten) wurde schrittweise bis zum 19. Jh. die ↗Bauernbefreiung vorangeführt.

Im ↗Nationalsozialismus ideologische Aufwertung der B. mit gleichzeitig rigider Planwirtschaft. Nach 1945 wurden sämtliche ↗Höfe in der ↗DDR zu ↗Landwirtschaftlichen Produktionsgenossenschaften kollektiviert. In der ↗Bundesrepublik Förderung der Einzel-B. durch Subventionen. Aufgrund der zunehmenden Konkurrenz in der

↗EG wurden Unterstützungsmaßnahmen noch weiter ausgedehnt. Wirtschaftlich überleben können v.a. große oder stark spezialisierte bäuerliche Betriebe. *wj*

Bauernbefreiung Aufhebung aller gutsherrlichen Verpflichtungen, die die Bauern persönlich oder wirtschaftlich einschränkten. In ↗Österreich 1781 und ↗Baden 1783 eingeführt, in ↗Preußen im Rahmen der ↗preußischen Reformen 1807 verwirklicht. Die von den Bauern an die Gutsherren zu leistende Entschädigung (meist in Form einer Landabgabe) förderte die Ausweitung des Großgrundbesitzes und die Entstehung eines besitzlosen Landarbeiterstandes. Bis 1848/49 wurde auch in den übrigen Territorien die B. gegen Entschädigung eingeführt. *dt*

Bauer mit Freiheitsfahne (Holzschnitt 1522)

Bauernkrieg (1524–25) Aufstand der Bauern in den süd- und mitteldeutschen Territorien, hervorgerufen durch die rechtliche Unsicherheit und die politische Benachteiligung gegenüber den Landesfürsten. Von Stühlingen im Südschwarzwald ausgehend, breitete sich der Aufstand rasch nach Oberschwaben und in das Bodenseegebiet aus. Bedeutende Führer waren ↗Geyer, ↗Berlichingen, ↗Hipler und ↗Müntzer. In den ↗Zwölf Artikeln (März 1525) stellten die Bauern zentrale Forderungen. Die reformatorische Bewegung intensivierte die Forderungen nach Wiederherstellung des göttlichen Rechts. Ihre Abweisung führte zu einer Radikalisierung des B.s. In einer Reihe von Schlachten, u.a. bei Frankenhausen (15.5.1525) und Königshofen (2.6.1525) wurden die Bauern von den Fürsten und dem ↗Schwäbischen Bund (unter Führung von Georg von ↗Waldburg) entscheidend geschlagen. Damit schieden die Bauern für Jh.e aus dem politischen Leben im Heiligen Römischen Reich aus. *dt*

Bauernkrieg, oberösterreichischer (1625–26) Der B. richtete sich gegen die während des ↗Dreißigjährigen Krieges von ↗Bayern und Kaiser ↗Ferdinand II. betriebene Rekatholisierung Oberösterreichs. Wurde im Herbst 1626 von Truppen der katholischen ↗Liga niedergeschlagen. *dt*

Bauernlegen Bauernland, das von den Gutsherren zur Vergrößerung des Landbesitzes eingezogen wurde. Im Heiligen Römischen Reich v.a. nach dem ↗Dreißigjährigen Krieg praktiziert. *dt*

Bauhaus (Staatliches B.) 1919 von ↗Gropius gegründete Hochschule für Gestaltung in Weimar; 1925 nach Dessau, 1932 nach Berlin verlegt; 1933 von den Nationalsozialisten aufgelöst. Mitarbeiter waren u.a. Lyonel Feininger, ↗Klee und ↗Kandinsky; ↗Mies van der Rohe übernahm von 1930–33 die Leitung. Die vom B. vertretene Gleichsetzung von Funktionalität und Ästhetik setzte sich international durch und beeinflußt bis heute Architektur und Design. *ij*

Baum, Herbert Elektriker, *10.12.1912 Moschin (Posen), †11.6.1942 Berlin. Leitete mit seiner Frau Marianne, geb. Cohn, eine Gruppe junger jüdischer Kommunisten in Berlin, die am 18.5.1942 einen Brandanschlag auf eine antisowjetische Propagandaausstellung verübte. Nach Festnahme und Folterungen angeblich Suizid. Seine Frau wurde zum Tode verurteilt und am 18.8.1942 hingerichtet. *PS*

Baumeister, Willi Maler, *22.1.1889 Stuttgart, †31.8.1955 ebd. Bedeutender Vertreter der abstrakten Malerei in Deutschland; schrieb „Das Unbekannte in der Kunst" (1947). *ij*

Bäumer, Gertrud Schriftstellerin, Frauenrechtlerin, *12.9.1873 Hohenlimburg, †25.3.1954 Bethel. Gab mit Helene ↗Lange die Zeitschrift „Die Frau" (1893–1944) heraus. Mitbegründerin der ↗DDP; Mitglied des Reichstages 1919–33; Ministerialrätin; nach der Machtübernahme der Nationalsozialisten von politischer Betätigung ausgeschlossen. Zahlreiche wissenschaftliche Arbeiten zur Stellung der Frau; kulturgeschichtliche und sozialpolitische Abhandlungen; Biographien und Romanveröffentlichungen. *ij*

Bautzen Kreisstadt bei Dresden; Standort einer Strafvollzugseinrichtung, die bereits im ↗Dritten Reich als Arbeitslager und unter dem ↗Ministerium für Staatssicherheit der ↗DDR v. a. als Strafvollzugsanstalt für politische Häftlinge genutzt wurde. *AM*

Bautzen, Schlacht (1813) Niederlage der verbündeten Preußen und Russen gegen ↗Napoleon in den ↗Befreiungskriegen am 20./21.5.1813. Durch das Zögern des napoleonischen Marschalls Michel Ney entgingen die Besiegten einer vernichtenden Niederlage. *vK*

Bavaud, Maurice Schweizer Theologiestudent, * 16.1.1916 Lausanne, † 14.5.1941 Berlin. Versuchte im Oktober/November 1938 mehrmals vergeblich, ↗Hitler zu erschießen. Zufällig verhaftet, am 18.12.1939 vom ↗Volksgerichtshof zum Tode verurteilt und 1941 hingerichtet. *PS*

Bayer AG Chemieunternehmen. Gründung 1863 in Barmen durch Friedrich Bayer als Friedrich Bayer & Co.; seit 1891 in Wiesdorf (heute zu Leverkusen); 1925–45 Teil der ↗IG Farben; 1951 Neugründung (seit 1972 heutiger Name); produziert u. a. Arzneimittel, Farb- und Kunststoffe, Grundchemikalien, Pharmazeutika und Synthesekautschuk. *UK*

Bayerischer Erbfolgekrieg (1778–79) Krieg zwischen ↗Friedrich II. dem Großen und Kaiser ↗Joseph II., der nach dem Aussterben der wilhelminischen Linie der ↗Wittelsbacher (1777) Teile Ober- und Niederbayerns und der Oberpfalz besetzen ließ. Friedrich fürchtete ein Übergewicht ↗Österreichs im Reich und begann Juli 1778 in Böhmen einen Feldzug, der v. a. aus kleinen Scharmützeln um Lebensmittel („Kartoffelkrieg") bestand und bis Oktober dauerte; beendet durch den Frieden von ↗Teschen (1779). *rh*

Bayerische Volkspartei (BVP) Im November 1918 als Nachfolgerin der mit dem ↗Zentrum vereinigten „Bayerischen Patriotenpartei" gegründet; antisozialistisch, christlich-konservativ und stark föderalistisch; 1922/23 und 1925–32 Regierungspartei im Deutschen Reich und bis zu ihrer Auflösung im Juli 1933 stärkste Partei (Fraktionsvorsitzender 1918–24: Heinrich ↗Held) in Bayern. *JH*

Bayern Seit dem 6. Jh. Stammesherzogtum unter dem Fürstengeschlecht der ↗Agilolfinger, die in der Abhängigkeit des ↗Frankenreichs standen. Mit der Absetzung ↗Tassilos III. durch ↗Karl den Großen 788 endete das Stammesherzogtum. 1070 wurden die ↗Welfen unter Welf IV. mit B. belehnt. Nach der Ächtung ↗Heinrichs des Löwen 1180 fiel das verkleinerte B. an die ↗Wittelsbacher. Diese bauten das Herzogtum B. zu einem zusammenhängenden Territorium aus und gründeten 1472 die Universität in Ingolstadt. Die Wittelsbacher unterstützten die ↗Gegenreformation. 1609 wurde die katholische ↗Liga von ↗Maximilian I. gegründet. Er spielte eine bedeutende Rolle während des ↗Dreißigjährigen Krieges, erwarb 1628/48 die Oberpfalz und mit ihr die Kurwürde, mußte aber große Verwüstungen seines Landes hinnehmen. Das Aussterben der bayrischen Linie der Wittelsbacher 1777 führte zum ↗Bayrischen Erbfolgekrieg 1778/79. Die durch den ↗Reichsdeputationshauptschluß 1803 hinzugekommenen Gebiete wurden unter ↗Montgelas zum modernen B. geformt, zudem wurden Reformen durchgeführt (Abschaffung der Privilegien, ↗Bauernbefreiung). B. erhielt 1818 eine Verfassung und trat 1834 dem ↗Zollverein bei. Dem Bau der ersten deutschen Bahnlinie 1835 (Nürnberg–Fürth) folgte die allmähliche ↗Industrialisierung. Seit 1871 im ↗Deutschen Reich (mit Sonderrechten), führte die Ausrufung der Republik durch ↗Eisner im November 1918 zur Abdankung König ↗Ludwigs III. Nachdem die ↗Räterepublik von Regierungstruppen 1919 niedergeschlagen worden war, konstituierte sich der Freistaat B. 1934 gleichgeschaltet, wurde er 1945 als Bundesland wiederhergestellt. *dt*

Bayern (Freistaat) Flächenmäßig größtes Bundesland; Landeshauptstadt München. Nach dem Ende der ↗Räterepublik wurde B. 1920 zum ersten Mal als Freistaat konstituiert. Im Zuge der nationalsozialistischen ↗Gleichschaltung wurden die Länderrechte 1933–45 auch in B. wieder abgeschafft. 1945 wurde B. von der US-Militärregierung erneut als Freistaat gegründet. Als einziges Bundesland verweigerte es 1949 dem ↗Grundgesetz der ↗Bundesrepublik seine Zustimmung. B. hat seit 1945 über 2 Mio. ↗Vertriebene (überwiegend aus dem ↗Sudetenland) aufgenommen. Seit 1946 ist die ↗CSU stärkste politische Kraft in B. (seit 1966 alleinregierend). 1978–88 war der langjährige CSU-Vorsitzende Franz-Josef ↗Strauß Ministerpräsident; seit 1993 hat ↗Stoiber das Amt inne. *RB*

Bayern, Stamm Volksstamm umstrittener Herkunft; bildete sich vermutlich aus Teilen anderer, überwiegend germanischer Stämme. Erstes Auftreten im 6. Jh. in den vormals römischen Provinzen Noricum und Raetia II als Bajuvarii (= Männer aus dem Lande Baja, vielleicht ↗Böhmen). Schon früh unter Führung des Herzogsgeschlechts der ↗Agilolfinger, gerieten die B. nach dem Rückzug der Ostgoten unter fränkische Herrschaft, bewahrten jedoch ein hohes Maß an Selbständigkeit bis zur Absetzung Herzog ↗Tassilos III. 788. *wm*

Bayernpartei (BP) 1947 gegründete Partei mit starken monarchistischen und föderalistischen Zügen; 1948 bundesweit zugelassen; plädierte u. a. gegen das ↗Grundgesetz und für ein autonomes ↗Bayern („Bayern den Bayern“); 1949 mit 17 Abgeordneten im ↗Bundestag vertreten; Mitgliederverluste gegenüber der ↗CSU; ab 1953 nicht mehr im Bundestag, nach dem Ausscheiden aus dem bayrischen Landtag 1966 politisch bedeutungslos. *kl*

Bayrische Räterepublik ↗Räterepublik, Bayern

BDA ↗Bundesvereinigung der Deutschen Arbeitgeberverbände

BDI ↗Bundesverband der deutschen Industrie

BDM (Bund Deutscher Mädel) ↗Hitler-Jugend

Beamtentum Gruppe jener Personen, die ein Verwaltungsamt im öffentlichen Dienst innehaben. Im Heiligen Römischen Reich fanden erste Ansätze zur Ausbildung des B. als eigener Berufsstand unter den ↗Staufern (Kaiser ↗Friedrich II.) statt. Mit der Zentralisierung der Verwaltung und dem Ausbau des Behördenapparats (↗Absolutismus) seit dem 17. Jh. bildete sich ein allein dem Staatsinteresse dienendes B. heraus, das zur staatstragenden Schicht wurde. In der ↗Weimarer Verfassung wurde das B. als staatliche Institution garantiert. Während des ↗Dritten Reichs (↗Gesetz zur Wiederherstellung des Berufs-B.s) bildete die Staatstreue der Beamten eine wesentliche Voraussetzung für das Funktionieren des totalitären Unterdrückungs- und Vernichtungsapparats; 1945 Abschaffung des B.s in der ↗SBZ, in der ↗Bundesrepublik staatsrechtliche Regelung im ↗Grundgesetz. *nk*

Beatrix Kaiserin, *um 1144, †15.11.1184. Heiratete 1156 Kaiser ↗Friedrich I., der somit unmittelbare Herrschaftsrechte in Hochburgund und in der Provence gewann. B. übte zeitweilig eigenständig die Regierung in Burgund aus. 1167 Kaiserin. *dh*

Beatus Rhenanus (eigentlich Beat Bild) Humanist, Philologe, *22.8.1485 Schlettstadt, †20.7. 1547 Straßburg. 1503–07 Studium in Paris, Buchdruckerlehre. Seit 1511 in engem Kontakt mit ↗Erasmus von Rotterdam (↗Humanismus); edierte Klassiker der Antike und Werke der Kirchenväter. *nk*

August Bebel (1911)

Bebel, August Politiker, Arbeiterführer, *22.2. 1840 Köln, †13.8.1913 Passugg (Schweiz). Schloß sich 1861 in Leipzig dem Arbeiterbildungsverein an (ab 1865 Vorsitzender); ab 1867 Vorsitzender des Vereinstages deutscher Arbeitervereine und Mitglied des Reichstages des ↗Norddeutschen Bundes; 1869 Gründung der ↗Sozialdemokratischen Arbeiterpartei (SDAP) u. a. mit Wilhelm ↗Liebknecht; 1871–1913 Mitglied des Reichstages; maßgeblich an der Ausarbeitung des ↗Erfurter Programms (1891), aus dem die ↗SPD hervorging, beteiligt; grenzte sich vom ↗Revisionismus ↗Bernsteins wie von marxistisch-revolutionären Strömungen ab und verfolgte eine pragmatische soziale Reformpolitik. Unter der Führung von B. entwickelte sich die SPD bis zum Ersten Weltkrieg zur mitglieder- und stimmstärksten deutschen Partei. *nk*

Becher, Johannes Robert Schriftsteller, Kulturpolitiker, *22.5.1891 München, †11.10.1958 Berlin. Nach zehnjährigem Exil in der Sowjetunion ab 1945 in Berlin. Bedeutender Vertreter des ↗Expressionismus und überzeugter Kommunist. Als Künstler und Politiker am Aufbau des DDR-Staates beteiligt, deren Nationalhymne „Auferstanden aus Ruinen" er 1949 zusammen mit ↗Eisler verfaßte. *kp*

Becher, Johann Joachim Wirtschaftstheoretiker, Arzt, *6.5.1635 Speyer, †Oktober 1682 London. 1657–64 Professor für Medizin in Mainz, danach Leibarzt und wirtschaftlicher Berater an den Höfen in München (1664–66) und Wien (1666–76); trat für die staatliche Lenkung der Wirtschaft mit merkantilistischen Instrumenten wie Schutzzöllen und ↗Manufakturen ein. *dt*

Beck, Ludwig Generaloberst, *29.6.1880 Biebrich am Rhein, †20.7.1944 Berlin. Ab 1935 Generalstabschef des Heeres, 1938 aus Protest gegen ↗Hitlers Expansionspolitik zurückgetreten. Von den Beteiligten des ↗20. Juli als Staatschef vorgesehen, wurde er am Abend des gescheiterten Attentats festgenommen und nach zwei Suizidversuchen erschossen. (522) *PS*

Becker, Carl Heinrich Orientalist, Kultusminister, *12.4.1876 Amsterdam, †10.2.1933 Berlin. Ab 1908 Professor für Orientalistik in Hamburg, ab 1913 für orientalische Philologie in Bonn; reformierte als preußischer Kultusminister (1919, 1925–30) das preußische Hochschulwesen; ab 1930 Lehrstuhlinhaber für Islamwissenschaften in Berlin. *nk*

Becker, Johann Philipp Politiker, Publizist, *19.3.1809 Frankenthal (Pfalz), †7.12.1886 Genf. Als Mitstreiter der demokratischen Bewegung im ↗Vormärz nahm B. 1832 am ↗Hambacher Fest teil und kämpfte während der ↗Deutschen Revolution 1848/49 auf badischer Seite. 1864 Gründungsmitglied der 1. Internationale in London, deren „Sektionsgruppe deutscher Sprache" er in Genf leitete. Dort war B. 1866–71 Herausgeber der Zeitschrift „Der Vorbote". Er hatte bedeutenden Einfluß auf die ↗Arbeiterbewegung in Deutschland und war maßgeblich an der Formulierung des ↗Eisenacher Programms beteiligt. *dt*

Beckerath, Hermann von Politiker, *13.12.1801 Krefeld, †12.5.1870 ebd. Der Bankier B. war bedeutender Repräsentant des rheinischen ↗Liberalismus. 1848/49 Abgeordneter der ↗Frankfurter Nationalversammlung und Reichsfinanzminister, 1850 Mitglied des Erfurter Unionsparlamentes. Er bekämpfte vergeblich die verfassungsrechtlichen Revisionen der Reaktionszeit und zog sich nach dem ↗preußischen Verfassungskonflikt 1862 aus der Politik zurück. *dt*

Beckmann, Max Maler, Graphiker, *12.2.1884 Leipzig, †27.12.1950 New York. Expressionist; thematisierte in seinen Bildern Brutalität und moralische Krise der ↗Moderne. 1925–33 Professor an der Städelschule in Frankfurt/Main; Emigration in die Niederlande; seit 1947 in den USA. Viele Selbstbildnisse; Landschaftsbilder; Triptychen mit mythologischer Thematik und Buchillustrationen. *ij*

bedingungslose Kapitulation Auf der Konferenz von ↗Casablanca im Januar 1943 aufgestelltes Kriegsziel der ↗Alliierten. Die ↗Achsenmächte sollten militärisch niedergeworfen werden, ohne Verhandlungen der Verlierer mit den Siegermächten zuzulassen. Politisches Ziel war die Beseitigung des ↗Faschismus und ↗Nationalsozialismus. *PS*

Beethoven, Ludwig van Komponist, getauft 17.12.1770 Bonn, †26.3.1827 Wien. Ab 1781 Klavier-, Orgel- und Kompositionsunterricht bei Christian Gottlob Neefe; ließ sich 1792 in ↗Wien nieder, wo er u.a. Unterricht bei ↗Haydn und Antonio Salieri nahm. B. erlangte schon bald großes Ansehen als Komponist. Mit Ausnahme weniger Konzertreisen (u.a. nach Teplitz [Böhmen], wo er mit ↗Goethe bekannt wurde), blieb B., der sich trotz zunehmenden Gehörverlusts nicht von seinem Schaffen abhalten ließ, sein ganzes Leben in Wien. Sein musikalisches Werk umfaßt Orchesterwerke (u.a. neun Sinfonien), Konzerte, Kammermusik, Klavier- und Vokalwerke. *nk*

Befehlsnotstand Notstand: in der Rechtsprechung generell Bezeichnung für Konfliktsituation, in der berechtigte Interessen nur gegen andere ebenfalls berechtigte Interessen nach Abwägung durchgesetzt werden können.

B., v.a. im Krieg, stellt keinen Notstand an sich dar, wird aber gemeinhin als strafmildernd bzw. strafverhindernd betrachtet, da die Verbindlichkeit eines Befehles trotz dessen Rechtswidrigkeit angesichts der möglichen Sanktionen bei Nichtbefolgen angenommen wird.

V.a. in Prozessen wegen völkerrechtswidriger Kriegshandlungen (z.B. Teilnahme an Massenerschießungen) des ↗Zweiten Weltkrieges von Bedeutung. *PS*

Befreiungsgesetz (1946) Am 5.3.1946 zur Neuordnung der ↗Entnazifizierung in der amerikanischen ↗Besatzungszone erlassenes „Gesetz zur Befreiung von Nationalsozialismus und Militarismus"; in allen Besatzungszonen bis Ende 1946 verbindlich; forderte von jedem Deutschen über 18 Jahren einen Fragebogen zur politischen Überprüfung als Bedingung für eine Arbeitserlaubnis und den Empfang von ↗Lebensmittelkarten; delegierte die Entnazifizierungsverfahren an vorwiegend mit Deutschen besetzte Spruchkammern, die Angeklagte in fünf Kategorien einordneten: Hauptschuldige, Belastete, Minderbelastete, Mitläufer und Entlastete. Der bürokratische Aufwand führte zur totalen Rehabilitierung: nur 0,65 % aller Betroffenen wurden als „Hauptschuldige" oder „Belastete" mit Sühnemaßnahmen wie Vermögenseinzug, Berufsverbot oder Arbeitslager belegt. *kl*

Befreiungskriege (1813–15) Kampf Deutschlands und seiner Verbündeten gegen die Vorherrschaft ↗Napoleons in Europa. Die Konvention von ↗Tauroggen (30.12.1812) gab den Anstoß zur Volkserhebung in ↗Preußen. König ↗Friedrich Wilhelm III. schloß in Kalisz (28.2.1813) ein Bündnis mit Rußland und forderte in dem Aufruf „An mein Volk" (3.3.) zum Kampf gegen Napoleon auf. Im Frühjahrsfeldzug 1813 siegte Napoleon bei Großgörschen (2.5.) und ↗Bautzen (20./21.5.). Nachdem ↗Österreich, Großbritannien und Schweden dem Bündnis beigetreten waren, stellten die Verbündeten für den Herbstfeldzug 1813 drei Armeen auf: die Böhmische (Hauptarmee) unter Karl Philipp zu ↗Schwarzenberg, die Schlesische unter ↗Blücher und die Nordarmee unter Bernadotte. Napoleon siegte bei Dresden (26./27.8.), doch wurden seine Generäle bei Großbeeren (23.8.), an der Katzbach (26.8. von Blücher), bei Kulm und Nollendorf (30.8.) und bei Dennewitz (6.9.) geschlagen. In der Völkerschlacht bei ↗Leipzig (16.–19.10.) erlitt Napoleon die entscheidende Niederlage. Die Verbündeten überschritten um die Jahreswende 1813/14 den Rhein (Blücher in der Neujahrsnacht bei Kaub) und zogen am 31.3.1814 in Paris ein. Napoleon dankte ab (11.4.) und wurde nach Elba verbannt. Der erste ↗Pariser Friede (30.5.) beließ Frankreich in den Grenzen von 1792. Am 1.3.1815 landete Napoleon bei Cannes und siegte am 16.6. bei Ligny über Blücher, wurde aber bei ↗Waterloo (Belle-Alliance) von Wellington und Blücher entscheidend geschlagen (18.6.). Am 7.7. nahmen die Verbündeten Paris zum zweiten Mal ein. Napoleon wurde auf die Insel St. Helena verbannt. Die staatliche Neuordnung Europas erfolgte auf dem ↗Wiener Kongreß. *vK*

Begrüßungsgeld Einmalige Zahlung an Besucher der ↗Bundesrepublik aus der ↗DDR; seit September 1987 in Höhe von DM 100,-; im Dezember 1989 eingestellt. *kl*

Behrens, Peter Architekt, Designer, *14.4.1868 Hamburg, †27.2.1940 Berlin. 1893 an der Gründung der Münchner ↗Sezession beteiligt; baute 1907–11 für die AEG Fabrikanlagen in epochemachenden Konstruktionen aus Glas und Stahl. *ij*

Behring, Emil von ↗Nobelpreis

Beimler, Hans Politiker (KPD), *2.7.1895 München, †1.12.1936 Madrid. Seit 1919 ↗KPD-Mitglied, Verteidiger der ↗Münchner Räterepublik. Ab 1932 Mitglied des Reichstages; 1933 Flucht aus ↗Dachau; 1936 im Spanischen Bürgerkrieg bei der Verteidigung Madrids auf republikanischer Seite gefallen. *PS*

Beinhorn-Rosemeyer, Elly Sportpilotin, *30.5.1907 Hannover. Führte zahlreiche abenteuerliche Langstrecken- und Rekordflüge durch; erhielt 1932 für ihren Weltflug als erste Frau den Hindenburg-Pokal für flugsportliche Leistungen; arbeitete als Journalistin, testete Autos und verfaßte mehrere Bücher (u.a. Ein Mädchen fliegt um die Welt, 1932). Erst mit 75 Jahren gab sie ihren Flugschein ab. *nk*

Beitrittsgebiet Im ↗Einigungsvertrag 1990 verwendete Bezeichnung für das Territorium der ehemaligen ↗DDR, das am 3.10.1990 der ↗Bundesrepublik beitrat. *kl*

Beitz, Berthold Manager, *26.9.1913 Demmin (Pommern). Rettete während des ↗Zweiten Weltkrieges im ↗Generalgouvernement jüdische Arbeiter vor der Deportation ins ↗Vernichtungslager; 1949–53 Generaldirektor der Iduna-Germania-Versicherungsgesellschaften; seither Spitzenpositionen im ↗Krupp-Konzern: 1953–67 Generalbevollmächtigter, seit 1967 Kuratoriumsvorsitzender der Alfried-Krupp-von-Bohlen-und-Halbach-Stiftung, 1970–89 Aufsichtsratsvorsitzender der Friedrich Krupp GmbH. *UK*

BeK ↗Bund evangelischer Kirchen in der DDR

Bekennende Kirche Erneuerungs- und Widerstandsbewegung im Protestantismus während des

↗Dritten Reiches. Entstand u.a. aus Pastor ↗Niemöllers Pfarrernotbund gegen die Gleichschaltung der Landeskirchen durch die regimefreundlichen ↗Deutschen Christen. Auf den Bekenntnissynoden von Barmen (↗Barmer Erklärung) und Dahlem (1934), Augsburg (1935) und Oeynhausen (1936) erklärten reformierte und lutherische Kirchenführer gemeinsam den Anspruch, legitime protestantische Kirche Deutschlands zu sein. *PS*

Belehnung ↗Lehnswesen

Bell, Johannes Politiker, *23.9.1868 Essen, †21.10.1949 Würgassen/Weser. 1912–33 Abgeordneter des ↗Zentrums im Reichstag, 1919 Reichskolonialminister, 1919/20 Reichsverkehrsminister; unterzeichnete mit Hermann ↗Müller den ↗Versailler Vertrag. 1920–26 Vizepräsident des Reichstages; 1926/27 Reichsjustizminister. *dt*

Belle Alliance ↗Waterloo

Belzec Erstes von drei im Rahmen der ↗Aktion Reinhardt errichteten ↗Vernichtungslagern im ↗Generalgouvernement (Verwaltungsbezirk Lublin). Ab November 1941 errichtet, begannen in B. im März 1942 die Massentötungen von polnischen, deutschen und tschechischen Juden, die durch Dieselabgase in als Duschräume getarnten ↗Gaskammern ermordet wurden. Bis Ende 1942 starben in B. ca. 600000 Menschen, ehe das Lager im Frühjahr 1943 aufgelöst wurde. *PS*

Benda, Ernst Bundesverfassungsgerichtspräsident, *15.1.1925 Berlin. 1955–57 Mitglied des Abgeordnetenhauses in ↗Berlin; 1957–71 ↗CDU-Vertreter Berlins im ↗Bundestag; 1967 Staatssekretär im Innenministerium; 1968/69 Innenminister; 1971–83 Präsident des ↗Bundesverfassungsgerichts; Professur an der Universität Freiburg (Breisgau). *Ki*

Benediktiner Orden des heiligen Benedikt von Nursia; um 529 gegründet; umfaßt zum einen Mönche, die die B.-Regel (nach 530) befolgen, zum anderen die Mitglieder der B.-Konföderation von 1893. Seit dem 7. Jh. auch weiblicher Zweig. B. sind seit dem 8. Jh. immer häufiger Kleriker, vorher Laien; Ausbreitung durch die B.-Regel und die Wertschätzung Benedikts durch Papst Gregor I. den Großen; in Deutschland durch ↗Bonifatius. Einem Verfall im 9. Jh. folgte die ↗Cluniazensische Reform, die eine über 200 Jahre währende kulturelle Blüte einleitete (Zentren u.a. Hirsau, St. Blasien). Nach weiterem Verfall im 13./14. Jh. bildeten sich im 15./16. Jh. neue Reformzentren (bes. Bursfeld und Melk). Wissenschaftlich bedeutend u.a. durch die 1622 gegründete B.-Universität Salzburg.

↗Reformation sowie ↗Säkularisation brachten vielen ↗Klöstern die Aufhebung; im 19. Jh. wieder Aufschwung (Beuron, Ettal, Maria Laach). In den USA und Westeuropa leben in den 1990er Jahren ca. 9000 Ordensbrüder, die bes. Jugend- und Missionsarbeit leisten. *ku*

Bengel, Johann Albrecht Protestantischer Theologe, *24.6.1687 Winnenden (Württemberg), †2.11.1752 Stuttgart. Studierte Theologie in Tübingen; ab 1741 Probst von Herbrechtingen (Württemberg), ab 1749 Konsistorialrat in Stuttgart; begründete den sogenannten „schwäbischen ↗Pietismus“ sowie die neutestamentliche Bibelkritik. *nk*

Benjamin, Hilde DDR-Politikerin, *5.2.1902 Bernburg/Saale, †18.4.1989 Berlin (Ost). Seit 1927 Mitglied der ↗KPD; nach der ↗Machtergreifung 1933 Berufsverbot; bis 1939 juristische Beraterin der Sowjetischen Handelsgesellschaft in Berlin; 1945 Staatsanwältin in Berlin-Lichterfelde; 1947 Personalreferentin der „Deutschen Zentralverwaltung für Justiz“; 1949–53 Vizepräsidentin des Obersten Gerichtshofs der ↗DDR; wegen ihrer Urteile die „Rote Hilde“ genannt; 1953–87 Justizministerin; 1954–89 Mitglied des ↗Zentralkomitees der SED; 1967 Lehrstuhl für Geschichte der Rechtspflege in Potsdam-Babelsberg. *Ki*

Benjamin, Walter Literaturtheoretiker, Schriftsteller, *15.7.1892 Berlin, †26.9.1940 Port Bou (Spanien). Emigrierte 1933 nach Paris; nahm sich auf der Flucht vor den Nationalsozialisten das Leben. B., zunächst geprägt von der Kulturkritik ↗Georges, wandte sich zunehmend marxistischen Positionen zu. Werke u.a.: Ursprung des deutschen Trauerspiels (1928), Das Kunstwerk im Zeitalter seiner technischen Reproduzierbarkeit (1936). *ij*

Benn, Gottfried Dichter, Essayist, *2.5.1886 Mansfeld (Westprignitz), †7.7.1956 Berlin. Der Arzt B. wurde mit expressionistischen Gedichten (Morgue, 1912), die durch krasse Sprache und nihilistische Aussage schockierten, schlagartig bekannt; schrieb auch Novellen und Essays. B. nahm 1933 kurzzeitig Stellung für den ↗Nationalsozialismus (Rundfunkrede Mai 1933: „Der neue Staat und die Intellektuellen“); erhielt selbst 1938 Veröffentlichungsverbot. Im Spätwerk nach 1948 berief sich B. gegen den Nihilismus auf die formgebende Kraft der Kunst (Statische Gedichte, 1948; Aprèslude, 1955). *ij*

Bennigsen, Alexander Levin, Graf von Ministerpräsident, *21.7.1809 Zakret (Litauen), †27.2.1893 Banteln. 1841 Königlicher Schatzrat in Hannover; 1848–50 Außenminister und Ministerpräsident im hannoverschen Reformministerium; als überzeugter Parlamentarier 1881–84 welfischer Reichstagsabgeordneter. *sa*

Bennigsen, Karl Wilhelm Rudolf von Politiker, *10.7.1824 Lüneburg, †7.8.1902 Bennigsen (bei Hannover). In der Zweiten Hannoverschen Kammer war B. seit 1856 der Führer der liberalen Opposition. 1859 Gründungsmitglied des ↗Deutschen Nationalvereins; Eintreten für die ↗kleindeutsche Lösung. Als Fraktionsvorsitzender der ↗Nationalliberalen Partei 1873–83 im Reichstag war B. an der Justizgesetzgebung beteiligt. Nachdem Otto von ↗Bismarck sich politisch von den Nationalliberalen (Schutzzollpolitik, ↗Sozialgesetzgebung) abgewandt hatte, trat B. 1883 von seinem Mandat zurück. 1888–98 Oberpräsident der Provinz Hannover. *dt*

Benz Automobilmarke. Namensgeber war Carl Friedrich ↗Benz; Produktion von B.-Fahrzeugen bis 1926 in der Benz & Cie. Gasmotorenfabrik in Mannheim (seit 1899 AG); seit deren Fusion mit der ↗„Mercedes"-Fahrzeuge herstellenden Daimler-Motoren-Gesellschaft zur ↗Daimler-Benz AG (1926) Verwendung des Markennamens „Mercedes-B.". *UK*

Berta Benz beim „Tankstopp" an einer Apotheke (1888) (DaimlerChrysler Konzernarchiv)

Benz, Berta ↗Benz, Carl Friedrich

Benz, Carl Friedrich Automobilpionier, Unternehmer, *25.11.1844 Karlsruhe, †4.4.1929 Ladenburg. Gründete 1883 in Mannheim die Benz & Cie. Gasmotorenfabrik; entwickelte 1884/85 einen dreirädrigen Motorwagen (1886 patentiert). Gattin Berta steuerte 1888 als erste Frau ein Benzinautomobil. B. schied 1893 aus der Firma aus, die 1926 mit der Daimler-Motoren-Gesellschaft zur ↗Daimler-Benz AG vereinigt wurde. *UK*

Bergbau Das Gewinnen und Fördern von Bodenschätzen, v.a. von Erzen, Salzen, Kohle, Erdöl und -gas. Der Abbau erfolgt in Bergwerken durch das Abteufen von Schächten und, von diesen ausgehend, dem Anlegen von Stollen auf unterschiedlicher Höhe. Vom 10.–13. Jh. entwickelte sich der untertägige Erz-, Zinn-, und Silber-B. v.a. im Harz (Rammelsberg), im Erzgebirge und im Schwarzwald. Das Bergrecht gehörte seit dem 12. Jh. zu den ↗Regalien der Landesherren. Seit dem 17. Jh. Rückgang von Erz-, Zunahme von Steinkohle- und, ab dem 19. Jh., auch Braunkohle-B.; hohe Bedeutung im Rahmen der Schwerindustrie; Einsatz von Technik im B. seit dem 18. Jh. (↗Dampfmaschine); fast vollständige Automatisierung im 20. Jh. Seit 1980 größte Strukturkrise des B.s mit Förderungsrückgang, Zechenschließungen und hoher ↗Arbeitslosigkeit in den betroffenen Regionen. *wj*

Bergen-Belsen Lager in der Nähe von Celle. Nach dem ↗Westfeldzug 1940 für französische, später für sowjetische Kriegsgefangene, von der ↗SS ab 1943 als ↗Konzentrationslager betrieben. Ab 1944 verstärkt Durchgangslager. Bei Kriegsende wurde B.-B. häufig zum Ziel der ↗Todesmärsche aus aufgelösten Lagern. Am 15.4.1945 wurde das völlig überfüllte B.-B. von britischen Einheiten befreit. In den folgenden Wochen starben weitere 10000 Häftlinge an den Folgen der Haftbedingungen. In B.-B. starben insgesamt mehr als 30000 meist sowjetische Kriegsgefangene sowie ca. 50000 KZ-Häftlinge (unter ihnen Anne ↗Frank). *PS*

Bergengruen, Werner Schriftsteller, *16.9.1892

Riga, †4.9.1964 Baden-Baden. Schrieb historische Romane und Novellen, die von religiöser Thematik und katholischer Sichtweise geprägt sind. Zu den Zeugnissen der ↗inneren Emigration zählt sein Roman Der Großtyrann und das Gericht (1935). *ij*

Bergfried (Berchfrit) Wehrturm (im Gegensatz zum Wohnturm) einer mittelalterlichen ↗Burg oder Stadtbefestigung. Zentrum der Verteidigung und letzte Zufluchtsstätte. Zu Beginn der Frühen Neuzeit entwickelte sich aus dem B. die Bastion. *wj*

Bergius, Friedrich ↗Nobelpreis

Bergmann-Pohl, Sabine Politikerin (CDU), *20.4.1946 Eisenach. Seit 1985 im Gesundheitsdienst der ↗DDR; 1990 Mitglied der ↗CDU; nach der ersten freien ↗Volkskammerwahl 1990 Präsidentin der ↗Volkskammer; als Ministerin ohne Geschäftsbereich am 3.10.1990 in die ↗Bundesregierung übernommen; 1991–98 Staatssekretärin im Gesundheitsministerium. *Ki*

Berlepsch, Hans Hermann Freiherr von Minister, *30.3.1843 Dresden, †2.6.1926 Seebach (Thüringen). Wurde 1890 zum preußischen Minister für Handel und Gewerbe berufen; unterstützte ↗Caprivis Sozial- und Handelspolitik; erklärte 1896 wegen des Widerstandes von Konservativen und Unternehmern seinen Rücktritt; versuchte danach als Privatmann, Sozialreformen im In- und Ausland zur Durchführung zu bringen. *sa*

Berlichingen, Götz von Fränkischer Reichsritter, *1480 Jagsthausen, †23.7.1562 Burg Hornberg. Verlor im ↗Landshuter Erbfolgekrieg 1504 die rechte Hand und trug seitdem eine eiserne als Ersatz; führte zahlreiche ↗Fehden; kämpfte 1519 für ↗Ulrich von Württemberg gegen den ↗Schwäbischen Bund; im ↗Bauernkrieg 1525 einen Monat lang gegen seinen Willen Anführer der Odenwälder Bauern; dennoch deswegen 1528–30 in Haft; 1542 im Dienst ↗Karls V. gegen die Türken; seine Lebenserinnerungen bildeten die Vorlage zu ↗Goethes Drama. *rh*

Berlin Aus der Siedlung Cölln (1232 Stadtrecht) und dem von den Markgrafen von ↗Brandenburg zwischen 1230 und 1240 gegründeten B. entstanden, führte die günstige Lage an Handelsstraßen zu schnellem Wachstum; seit dem 14. Jh. Mitglied der ↗Hanse. Unter dem Großen Kurfürsten ↗Friedrich Wilhelm von Brandenburg Ausbau zur Hauptstadt Brandenburg-Preußens. 1709 wurden B. und Kölln zur Residenzstadt B. vereinigt (etwa 60000 Einwohner). 1806–08 unter französischer Besatzung, erhielt B. 1808 die Selbstverwaltung. 1809/10 Gründung der Universität. 1871 Hauptstadt des ↗Deutschen Reiches. 1920 wurde mit der Eingemeindung umliegender Dörfer und Städte Groß-B. geschaffen.
Im ↗Zweiten Weltkrieg wurde B. fast völlig zerstört. Nach der Eroberung durch die ↗Rote Armee am 2.5.1945 zogen die alliierten Siegermächte gemäß der ↗Berliner Deklaration der Vier Mächte in ihre vereinbarten Sektoren ein (USA, Frankreich und Großbritannien in den West-, die Sowjetunion in den Ostsektor). Als Sitz des ↗Alliierten Kontrollrats war B. auch das Zentrum der Viermächteherrschaft über Deutschland. Der ↗kalte Krieg führte zur Entstehung des ↗B.-Problems.
Das Scheitern der Viermächteverwaltung über B. nach der ↗Währungsreform 1948 äußerte sich in der ↗B.-Blockade. B. mußte über eine ↗Luftbrücke versorgt werden. Am 21.12.1948 errichteten die Westmächte eine eigene Kommandantur für B. (West), das durch einen Sonderstatus seit 1949 immer stärker an die westlichen ↗Besatzungszonen und die spätere ↗Bundesrepublik gebunden wurde. Im Gegenzug wurde B. (Ost) Hauptstadt der ↗DDR. Mehrere ↗B.-Krisen und der Flüchtlingsstrom von B. (Ost) nach B. (West) veranlaßten die Regierung der DDR zum Bau der ↗Berliner Mauer 1961. – Im Zuge der politischen Veränderungen in der DDR kam es 1989 in B. (Ost) zu Massendemonstrationen, die schließlich am 9.11.1989 zur ↗Maueröffnung führten. Mit der ↗Wiedervereinigung endete auch der Viermächtestatus B.s. Seit dem ↗B.-Beschluß 1991 ist B. Hauptstadt der Bundesrepublik. (317, 331, 351, 377, 409, 449, 454, 490, 524) *dt/AM*

Berlin, Freie Universität (FU) Universität in Berlin (West), die ihr Bestehen dem Auszug einer Mehrheit von Studenten und Dozenten aus der Friedrich-Wilhelm-Universität (seit 1949 Humboldt-Universität) in ↗Berlin (Ost) im März 1948 verdankt (aus Protest gegen den Ausschluß von Studentenvertretern); ihre Gründung erfolgte am 3.12.1948. Die FU ist körperschaftlich verfaßt; die Studenten haben in allen Organen Mitspracherecht, die Hochschullehrer sind Beamte der Körperschaft. *ij*

Berlin, Humboldt-Universität Älteste Berliner Universität, die als Friedrich-Wilhelm-Universität von Wilhelm von ↗Humboldt 1810 gegründet wurde. Mit der Konzeption einer Einheit von Lehre und Forschung erreichte sie bald eine für andere Hochschulen vorbildliche Stellung. 1945 wurde die im sowjetisch besetzten Sektor gelegene ↗Universität geschlossen, am 29.1.1946 wiedereröffnet. 1948 zog eine Mehrheit des Lehrkörpers und der Studentenschaft aus, um die ↗Freie Universität im Westteil der Stadt zu gründen. Den heutigen Namen trägt die H.-U. seit 1949. *ij*

Berlin, Schloß Bellevue 1785–86 von Michael Philipp Boumann nach dem Vorbild des französischen ↗Barock erbaut. Im Tiergarten und in unmittelbarer Nähe des neuen Regierungsviertels gelegen, ist es Amtssitz des ↗Bundespräsidenten. *RB*

Berlin, Schloß Charlottenburg Erbaut 1695–1712 von Arnold Nering und Eosander von Göthe; Erweiterungen im 18. Jh. durch Georg Wenzeslaus von Knobelsdorff und Carl Gotthard Langhans; ehemalige Residenz der preußischen Könige (↗Preußen). Im ↗Zweiten Weltkrieg schwer beschädigt, wurde es bis 1967 restauriert. Zusammen mit weiteren Gebäuden im Schloßpark bildet es heute einen Museumskomplex (u.a. Königliche Porzellanmanufaktur im Schlößchen Belvedere) und wird für repräsentative politische Empfänge genutzt. *RB*

Berlin, Stadtschloß Aus einem spätmittelalterlichen Wasserschloß entstand bis 1540 ein ↗Renaissance-Bau, der 1698–1713 von Andreas Schlüter und Eosander von Göthe zu einem imposanten ↗Barock-Schloß ausgebaut wurde. Auf der Spree-Insel am östlichen Ende der Straße „Unter den Linden" gelegen, war es Amtssitz der preußischen Könige (↗Preußen) und bis 1918 Residenz der deutschen ↗Kaiser (↗Wilhelm I. und ↗Wilhelm II). 1950 wurde die Kriegsruine abgerissen und an ihrer Stelle der ↗Palast der Republik errichtet. *RB*

Berlin, Vertrag (1926) Auf Grundlage des ↗Rapallo-Vertrages am 24.4.1926 getroffene deutsch-sowjetische Übereinkunft: Verpflichtung zu gegenseitiger Neutralität im Falle eines Angriffes von dritter Seite; keine Beteiligung an wirtschaftlichen Boykottmaßnahmen gegen einen der Vertragspartner; 1931 um drei Jahre verlängert. *JH*

Berlin-Beschluß (1991) Beschluß des ↗Bundestages vom 20.6.1991, Berlin zum künftigen Sitz von Regierung und Parlament zu erklären; von öffentlichen Auseinandersetzungen begleitet, in namentlicher Abstimmung mit 338 zu 320 Stimmen getroffen; Bedingung für den ↗Hauptstadt-Vertrag. *kl*

Berlin-Blockade (1948/49) Bezeichnung für die Sperrung des Straßen- und Schienenverkehrs zwischen den Westsektoren ↗Berlins und Westdeutschland durch die Sowjetunion vom 24.6.1948 bis zum 12.5.1949; Reaktion auf die Ausweitung der ↗Währungsreform in den Westzonen auf die Westsektoren Berlins; letzter, nicht langfristig geplanter Versuch, die Gründung eines westdeutschen Staates zu verhindern; löste am 24. Juni eine wirtschaftliche Gegenblockade aus (unterbundene Kohle- und Stahllieferungen in die ↗SBZ); Versorgung der Westsektoren bis zum Ende der Blockade über eine ↗Luftbrücke; wirkte als rechtfertigende Bestätigung für den westdeutschen ↗Antikommunismus. *kl*

Berliner Deklaration der Vier Mächte (1945) Am 5.6.1945 von den Regierungen der USA, Großbritanniens, Frankreichs und der Sowjetunion „in Anbetracht der Niederlage" des Deutschen Reichs herausgegebene Erklärung zur Übernahme der „Obersten Regierungsgewalt in Deutschland"; Gründung eines ↗Alliierten Kontrollrates; Teilung des Territoriums in vier selbständig verwaltete ↗Besatzungszonen und der ehemaligen Reichshauptstadt ↗Berlin in vier Sektoren. *kl*

Berliner Kongreß (1878) Zusammenkunft von Regierungschefs und Ministern der europäischen Großmächte sowie der Türkei unter Otto von ↗Bismarcks Vorsitz in Berlin zur Schlichtung der Interessengegensätze auf dem Balkan (↗Balkanproblem) vom 13.6.–13.7.1878. Ergebnis (Berliner Friede): Rumänien, Serbien und Montenegro wurden unabhängig, Bulgarien ein autonomes Fürstentum, Griechenland, Rußland und Großbritannien erhielten Gebietsabtretungen von der Türkei (letzteres bekam Zypern) und Österreich-Ungarn wurde das Recht zur Besetzung von Bosnien und der Herzegowina zugesprochen. Bismarck stand als „ehrlicher Makler" auf dem Höhepunkt seines internationalen Ansehens, mußte aber angesichts der nunmehr auftretenden deutsch-russischen Spannungen das ↗Dreikaiserabkommen aufgeben und den ↗Zweibund bzw. ↗Dreibund (1882) schließen. *vK*

Berliner Mauer Am 13.8.1961 Sperrung der Sektorengrenze zwischen Berlin (West) und Berlin (Ost) durch Anbringen von Stacheldraht und Bau einer Mauer, bis dahin nur polizeiliche Kontrolle der Grenzabschnitte; Teil der ↗deutsch-deutschen

Grenze; nur wenige offizielle Grenzübergänge wie am ↗Allied Checkpoint Charlie; Reaktion auf die steigende Anzahl von ↗Flüchtlingen aus der ↗DDR; Zustimmung der Staaten des ↗Warschauer Paktes, Hinnahme durch die USA; Symbol der ↗deutschen Teilung und des ↗kalten Krieges; am 9.11.1989 Öffnung der Grenzen zur ↗Bundesrepublik und nach Berlin (West) (↗Maueröffnung); Verkauf der von westdeutscher Seite bunt bemalten B.M. als Souvenirs in alle Welt, Verbringung größerer Teile in verschiedene Museen; Reste als Denkmal erhalten. (330, 331) *kl*

Berliner Sezession ↗Sezession

Berliner Universität ↗Berlin, Freie Universität; ↗Berlin, Humboldt-Universität

Berlin-Krise (1958) In einer Rede am 10.11.1958 Forderung des sowjetischen Ministerpräsidenten Nikita S. Chruschtschow, die Vereinbarungen der ↗Viermächtekonferenz über Berlin aufzulösen; in einer Note vom 27.11.1958 um die Forderung ergänzt, Berlin (West) binnen sechs Monaten zu entmilitarisieren und ganz ↗Berlin zu einer „selbständigen politischen Einheit" zu erklären. Angesichts des Sputnik-Schocks, der Krise der ↗NATO und der Auseinandersetzungen um die ↗atomare Bewaffnung der Bundeswehr hoffte die Sowjetunion, kurzfristig die ↗deutsche Frage lösen zu können, stieß jedoch auf schroffe Ablehnung. Nach ergebnislosen Verhandlungen mit den USA 1959 und 1961 verzichtete sie auf ihre Forderungen; Wendepunkt des ↗kalten Krieges, verstärkte Kontrollen an der ↗deutsch-deutschen Grenze, Bau der ↗Berliner Mauer. *kl*

Berlin-Krise (1961) Am 4.6.1961 Erneuerung der sowjetischen Entmilitarisierungsforderung für ↗Berlin (↗Berlin-Krise 1958); der neue US-amerikanische Präsident John F. Kennedy formulierte in einer Rundfunkrede am 25.7.1961 trotz Gesprächsbereitschaft „three essentials" als Minimalposition: Präsenz US-amerikanischer Truppen in Berlin, freier Zugang von der ↗Bundesrepublik und Sicherung der Lebensfähigkeit der Stadt, verbunden mit der Drohung, Berlin notfalls atomar zu verteidigen; in der Folge Bau der ↗Berliner Mauer. *kl*

Berlin-Krise (1965) Kurzzeitige Sperrung aller Zugänge zu Wasser und zu Lande nach Berlin (West), von der Regierung der ↗DDR wegen einer Plenarsitzung des ↗Bundestages in Berlin (West) am 7.4.1965 veranlaßt. *kl*

Berlin-Problem (1945–90) Bezeichnung für Streitigkeiten zwischen den Siegerstaaten des ↗Zweiten Weltkrieges sowie im späteren Verlauf zwischen der ↗Bundesrepublik und der ↗DDR um die Herrschaft über die Stadt Berlin nach 1945. Als symbolischer Ort für die Niederlage des ↗Dritten Reichs war die Präsenz in der ehemaligen Reichshauptstadt von hoher politischer Bedeutung, die Stadt wurde 1945 aufgrund der ↗Berliner Deklaration der Vier Mächte in vier Sektoren geteilt; mit der Konfrontation entlang der Ost-West-Sektorengrenze und ab 1961 an der ↗Berliner Mauer war sie symbolischer Ort des ↗kalten Krieges und der ↗deutschen Teilung (↗Berlin-Krisen). Zwar hielten die Siegermächte im ↗Viermächteabkommen 1971 formal am Sonderstatus für Berlin fest, akzeptierten jedoch faktisch die Teilung und die Hauptstadtregelung für Berlin (Ost). Durch die ↗Wiedervereinigung wurde das B.-P. gegenstandslos. *kl*

Berlin-Ultimatum ↗Berlin-Krise (1958)

Bernauer, Agnes Baderstochter, *um 1410/11 Augsburg, †12.10.1435 Straubing. In nicht standesgemäßer Ehe mit Herzog Albrecht III. von Bayern liiert; auf Veranlassung dessen Vaters, Herzog Ernst von Bayern, aus dynastischen Gründen der Zauberei bezichtigt und verurteilt; in der Donau ertränkt. B. ist Protagonistin in Ballade und Dichtung. *ku*

Bernhard Herzog von Sachsen-Weimar, *16.8.1604 Weimar, †18.7.1639 Neuenburg (Baden). Kämpfte ab 1631 als bedeutender protestantischer Heerführer im ↗Dreißigjährigen Krieg für den schwedischen König Gustav II. Adolf. Übernahm nach dessen Tod in der Schlacht bei ↗Lützen (1632) den Oberbefehl und verhinderte eine Niederlage; erhielt 1633 das Herzogtum ↗Franken als schwedisches Lehen (1634 wieder verloren); 1635 bekam er von Frankreich das Elsaß als Fürstentum. *rh*

Bernhardi, Friedrich von Preußischer General, Militärschriftsteller, *22.9.1849 St. Petersburg, †10.7.1930 Kunnersdorf (bei Hirschberg im Riesengebirge). Nahm am ↗Deutsch-Französischen Krieg teil; leitete 1898–1901 im Großen Generalstab die kriegsgeschichtliche Abteilung; schrieb 1912 das im Ausland als Kriegshetze kritisierte Buch „Deutschland und der nächste Krieg"; im ↗Ersten Weltkrieg Kommandeur eines Armeekorps. *UK*

Bernstein, Eduard Politiker, *6.1.1850 Berlin, †18.12.1932 ebd. Seit 1872 Mitglied der ↗Sozialdemokratischen Arbeiterpartei; 1875 maßgeblich an der Ausarbeitung des ↗Gothaer Programms beteiligt; 1878 veranlaßte das ↗Sozialistengesetz B. nach Zürich (bis 1887), später London zu fliehen, wo er 1880–90 das Parteiorgan „Der Sozialdemocrat" herausgab und enge Beziehungen zu ↗Engels und ↗Kautsky unterhielt; seit 1901 wieder in Deutschland; zwischen 1902 und 1928 mehrfach Mitglied des Reichstages (1917–20 für die ↗USPD); er schuf die theoretischen Grundlagen des deutschen ↗Revisionismus und bestimmte dadurch die Thesen des ↗Görlitzer Programms 1921 entscheidend mit. *sa*

Bernsteinzimmer Anfang des 18. Jh.s für den preußischen König ↗Friedrich I. von deutschen Künstlern in Berlin geschaffene Wandverkleidung aus Bernstein; 1717 von König ↗Friedrich Wilhelm I. dem russischen Zaren Peter dem Großen geschenkt; 1755–60 in das Schloß von Zarskoje Selo bei St. Petersburg eingebaut; von den Nationalsozialisten 1941 geraubt; 1942 in das Königsberger Schloß (Preußen) gebracht; seit 1945 verschollen. *Ki*

Bernstorff Altes mecklenburgisches Adelsgeschlecht, 1767 dänische Grafen. *rh*

Bernstorff, Albrecht Graf von Preußischer Diplomat, *22.3.1809 Dreilützow (Mecklenburg), †26.3.1873 London. 1861 preußischer Außenminister; 1862–73 Botschafter in London; setzte sich für einen Ausgleich der preußischen und britischen Interessen ein. *MH*

Bernstorff, Albrecht Graf von Diplomat, *6.3.1890 Berlin, †25.4.1945 ebd. Arbeitete nach 1933 in einem ehemals jüdischen Bankhaus, um rassisch und politisch Verfolgten die ↗Emigration unter Beibehaltung ihres Besitzes zu ermöglichen. Mitglied des regimekritischen ↗Solf-Kreises, nach Denunziation verhaftet, zum Tode verurteilt und hingerichtet. *PS*

Bernstorff, Christian Günther von Preußischer und dänischer Minister, *3.4.1769 Kopenhagen, †28.3.1835 Berlin. 1797–1810 dänischer Außenminister, danach Gesandter in Wien; 1814–15 Vertreter Dänemarks auf dem ↗Wiener Kongreß; ab 1816 Gesandter in Berlin; 1818–32 preußischer Außenminister: unterstützte die Entstehung des Deutschen ↗Zollvereins. *rh*

Bernstorff, Johann Heinrich Graf von Diplomat, Politiker, *14.11.1862 London, †6.10.1939 Genf. 1908–17 Botschafter in Washington, 1917/18 in Konstantinopel; 1921–28 Abgeordneter der ↗DDP im Reichstag; setzte sich für den Eintritt des Deutschen Reiches in den ↗Völkerbund ein; ging 1933 nach der ↗Machtergreifung ↗Hitlers ins Schweizer Exil. *UK*

Bernward Bischof von Hildesheim, *um 960, †20.11.1022. Wurde 987 Mitglied der ↗Hofkapelle; Erzieher Kaiser ↗Ottos III.; seit 993 Bischof. Förderer von Kunst und Kultur; Gründer der Abteikirche St. Michael. *dh*

Bertelsmann Verlag mit Sitz in Gütersloh. Von Carl B. 1835 gegründet; gab v. a. theologische Werke, Jugendschriften und pädagogische Lehrbücher heraus; von Carl B.s Sohn Heinrich B. 1849 übernommen; 1887–1920 von dessen Schwiegersohn Johannes Mohn geleitet; an dessen Sohn Heinrich Mohn (Verlagsleiter 1921–47) weitergegeben; von Heinrich Mohns Sohn Reinhard ↗Mohn zum Konzern ausgebaut; 1968 Schaffung der Verlagsgruppe B. (seit 1971 AG); setzt sich aus den Bereichen Buch- und Schallplattengemeinschaften, Druck- und Industriebetriebe, Verlage, Zeitschriften sowie Musik, Film und Fernsehen zusammen. *UK*

Berthold

Mainz:

Berthold von Henneberg Erzbischof, Kurfürst, *1441/42, †21.12.1504. Seit 1484 Erzbischof und Kurfürst; B. festigte durch strenges Regiment die Machtposition von Mainz; setzte 1495 gegen Kaiser ↗Maximilian I. wesentliche Punkte einer ständischen ↗Reichsreform durch. *dh*

Zähringen:

Berthold II. Herzog von Kärnten, Schwaben, Zähringen, *um 1050, †12.4.1111. 1078 Nachfolger seines Vaters Berthold I.; verzichtete 1097 auf das Herzogtum ↗Schwaben, welches ↗Friedrich I. erhielt. B. behielt den herzoglichen Titel jedoch bei (seit etwa 1100 „von Zähringen"). Begründer der herzoglichen Linie der ↗Zähringer. *dh*

Berthold von Regensburg Franziskaner, Prediger, *1200/20 Regensburg, †13./14.12.1272 ebd. Studienzeit in Magdeburg; seit ca. 1226 Mitglied des Ordens der ↗Franziskaner in ↗Regensburg. Der eloquente, im Volk beliebte B. wanderte predigend durch die deutschsprachigen Länder Mitteleuropas.

1850 wurden seine literarisch bedeutenden Predigten veröffentlicht. *ku*

Bertram, Adolf Johannes Katholischer Theologe, Kardinal, *14.3.1859 Hildesheim, †6.7.1945 Schloß Johannesberg (Mähren). 1906 Bischof von

Hildesheim; 1914 Fürstbischof; 1930 Erzbischof von Breslau; bekämpfte den ↗Nationalsozialismus. *ij*

Beryll Durchsichtiger, auch farbiger Halbedelstein, der in der Reliquien- und Schmuckfertigung verwendet wurde; im Volksglauben vermutete magische Wirkung als Spiegel.
Nach 1250 von Mönchen durch speziellen Schliff auch als Sehhilfe bei Schreib- und Lesetätigkeit benutzt; später verschiedene Weiterentwicklungen zur modernen Brille. *ku*

Besançon, Hoftag (1157) Ein Brief des Papstes Hadrian IV. führte im Oktober 1157 zu einer Auseinandersetzung zwischen Kaiser ↗Friedrich I. und dem päpstlichen Legaten, als ↗Rainald von Dassel das Wort „beneficium“ mit „Lehen“ übersetzte, was eine Unterordnung des ↗Kaisers unter den Papst bedeutete. Der deutsche Episkopat trat geschlossen hinter den Kaiser. Der Papst schickte daraufhin ein versöhnliches Schreiben. *vK*

Besatzungsmächte, Deutschland (nach 1945) Bezeichnung für die Siegermächte des ↗Zweiten Weltkrieges, die 1945 mit der ↗Berliner Deklaration der Vier Mächte die oberste Regierungsgewalt über das besiegte Deutschland übernahmen und mit dem ↗Alliierten Kontrollrat eine gemeinsame Besatzungspolitik beabsichtigten. Interessengegensätze der B. führten jedoch rasch zu unterschiedlichen Entwicklungen in den einzelnen ↗Besatzungszonen; mit der Zuspitzung des ↗kalten Krieges entstand aus dem ↗Vereinigten Wirtschaftsgebiet die ↗Bundesrepublik und aus der ↗SBZ die ↗DDR, die bis 1955 schrittweise souverän wurden; nur wenige alliierte Hoheitsrechte, v.a. in bezug auf Berlin, blieben erhalten; Entwicklung beider Staaten als jeweiliger Bündnispartner; Konflikte der B. v.a. um das ↗Berlin-Problem. Nach der ↗Wiedervereinigung formales Ende der Besatzungsherrschaft mit Abschluß des ↗Zwei-plus-Vier-Vertrages; Abzug aller militärischen Einheiten der B. aus Deutschland bis 1994. *kl*

Besatzungsstatut Rechtsgrundlage der Herrschaft der drei westlichen ↗Besatzungsmächte in der ↗Bundesrepublik, vom 6.–8.4.1949 abschließend beraten und am 21.9.1949 in Kraft getreten; übertrug die Verwaltung, Gesetzgebung und Rechtsprechung an Bund und Länder; erhielt den Besatzungsmächten Kontroll- und Vorbehaltsrechte im Bereich der Entmilitarisierung, der Reparationen, der Dekartellisierung und der Außenpolitik der Bundesrepublik; drohte im Falle einer Gefährdung der demokratischen Ordnung oder der Nichterfüllung internationaler Verpflichtungen mit erneuter Übernahme der vollen Gewalt; 1951 im Prozeß der Zuerkennung der ↗Souveränität der Bundesrepublik revidiert, 1952 mit Einschränkungen durch den ↗Deutschland-Vertrag abgelöst, 1955 durch die ↗Pariser Verträge aufgehoben. *kl*

Besatzungszeit, Deutschland (nach 1945) Bezeichnung für die Dauer der Herrschaft der ↗Besatzungsmächte in Deutschland; Beginn mit der ↗Berliner Deklaration der Vier Mächte vom 5.6.1945, formal erst mit dem Abschluß des ↗Zwei-plus-Vier-Vertrages am 12.9.1990 beendet. *kl*

Besatzungszonen, Deutschland (nach 1945) Territorial abgegrenzte Einflußsphären der ↗Besatzungsmächte in Deutschland; Festlegung von drei B. durch die ↗European Advisory Commission im September 1944; auf der Konferenz von ↗Jalta um eine französische B. erweitert, endgültig im Juni 1945 festgelegt; Teilung Berlins in vier Zonen; im Januar 1947 Fusion der amerikanischen und britischen B. zum ↗Vereinigten Wirtschaftsgebiet, am 8.4.1949 durch Beitritt der französischen B. zur ↗Trizone erweitert; Entstehen der ↗Bundesrepublik aus der Trizone und der ↗DDR aus der ↗SBZ. *kl*

Beseler, Hans Hartwig von General, *27.4.1850 Greifswald, †20.12.1921 Neubabelsberg (bei Potsdam). Nahm am ↗Deutsch-Französischen Krieg teil; wurde 1899 Oberquartiermeister im Großen Generalstab; 1903–10 Kommandeur des Ingenieur- und Pionierkorps und Generalinspekteur der Festungen; 1915–18 Generalgouverneur in Warschau. *UK*

Besetzte Gebiete Bezeichnung für die aufgrund des ↗Versailler Friedensvertrages (1919) besetzten linksrheinischen deutschen Gebiete, einschließlich der rechtsrheinisch bei den Städten Kehl, Koblenz, Köln und Mainz gelegenen Brückenköpfe. Die ab dem 20.1.1920 auf 15 Jahre befristete Besatzung durch die Siegermächte des ↗Ersten Weltkrieges wurde aufgrund des ↗Young-Plans 1930 vorzeitig aufgehoben. *JH*

Best, Werner Jurist, SS-Obergruppenführer, *10.7.1903 Darmstadt, †23.6.1989 Mülheim/Ruhr. Seit 1930 Mitglied der ↗NSDAP, 1931 Verfasser der ↗Boxheimer Dokumente. Ab 1935 bei der ↗Gestapo, wurde er Chef des Amtes Verwaltung und Recht im Hauptamt Sicherheitspolizei und damit einer der engsten Mitarbeiter ↗Heydrichs. Ab Ende 1942 Reichsbevollmächtigter in Dänemark, wurde er dort 1948 zum Tode verurteilt, später zu Haft begnadigt und 1951 entlassen. Anwalt und Berater des Stinnes-Konzerns. 1972 Anklage wegen Organisation von Massenmorden durch ↗Einsatzgruppen in Polen, aus gesundheitlichen Gründen nicht verhandelt. *PS*

Bethe, Hans Albrecht ↗Nobelpreis

Bethmann Hollweg, Theobald von Reichskanzler, *29.11.1856 Hohenfinow bei Eberswalde, †2.1.1921 ebd. 1907 Staatssekretär im Reichsamt des Inneren, 1909 Reichskanzler und preußischer Ministerpräsident; brachte 1909 die Reichsfinanzreform zum Abschluß, scheiterte aber 1910 mit dem Versuch einer Reform des preußischen Wahlrechts. B.H. war um Verständigung mit Großbritannien bemüht, konnte sich aber weder in der Außen- noch in der Flottenpolitik (↗Flottenbauprogramm) durchsetzen. In der ↗Julikrise 1914 trug er zur politischen Eskalation bei, die in den ↗Ersten Weltkrieg mündete, hinsichtlich des deutschen Einmarsches in Belgien (1914) zog er seine Bedenken vor den Forderungen des Militärs zurück. Dem uneingeschränkten ↗U-Boot-Krieg stimmte er schließlich gegen seine Überzeugung zu; im Juli 1917 auf Druck der ↗Obersten Heeresleitung entlassen. *JH*

Theobald von Bethmann Hollweg mit Gottlieb von ↗Jagow und Carl ↗Helfferich (v. li., 1916)

Betriebsrätegesetz (1920) Am 4.2.1920 in Kraft getretenes Gesetz, das die Wahl von Betriebsräten (Organ der Arbeitnehmer eines Betriebs), als Vertreter für rechtliche und soziale Fragen, durch alle Betriebszugehörigen festlegte. 1934 mit Abschaffung der Betriebsräte aufgehoben, 1945 wieder eingerichtet; seit 1952 regelt das ↗Betriebsverfassungsgesetz u.a. die Zuständigkeiten der Betriebsräte. *nk*

Betriebsverfassungsgesetz Regelung der betrieblichen Mitbestimmung vom 11.10.1952; erlaubt in Betrieben mit mindestens fünf ständigen wahlberechtigten Arbeitnehmern die Bildung eines dreiköpfigen Betriebsrates mit Mitbestimmungsrechten in sozialen Angelegenheiten (Arbeitszeit, Kündigung).

Eine am 10.11.1971 verabschiedete Nivellierung des Gesetzes regelte die Stellung der ↗Gewerkschaften in den Betrieben. Sie erweiterte die Mitbestimmungs- und Mitwirkungsrechte der Arbeitnehmer und Betriebsvertreter (u.a. Einsicht in die Personalakte, Beschwerderecht) und gestattete die Einrichtung von Konzernbetriebsräten und Jugendvertretungen. *Ki*

Bettelorden Infolge der Armutsbewegung im 13. Jh. gegründete katholische Orden, die im Unterschied zu den älteren Orden auch gemeinsamen Besitz ablehnen, von Arbeitslohn und Betteln leben, beschauliches Leben mit Apostolat verbinden und genossenschaftlich sowie zentralistisch organisiert sind. Die vier B. des Mittelalters sind die ↗Franziskaner, ↗Dominikaner, Karmeliten und ↗Augustiner-Eremiten. Später erhielten auch andere Orden das sog. Bettelprivileg. Die B. lebten einer verweltlichten Kirche die apostolische Armut vor, ohne (wie die ↗Waldenser u.a.) die Kirche zu verlassen. Dadurch und durch neue Formen der Predigt und Seelsorge von tiefgreifender Wirkung; bedeutsam in ihrer missionarischen Tätigkeit sowie für die Entwicklung der mittelalterlichen Wissenschaft. *ku*

Beust, Friedrich Ferdinand Graf von Österreichischer Reichskanzler, *13.1.1809 Dresden, †24.10.1886 Schloß Altenberg (bei Wien). Zunächst sächsischer Außen- und Kultusminister

(1849–52), Außen- und Innenminister (1852–66), zugleich seit1858 Ministerpräsident; Verfechter der ↗Triaspolitik; vertrat eine stark antipreußische Politik; wurde von Kaiser ↗Franz Joseph I. zum österreichischen Außenminister (1866–71), Ministerpräsidenten (1867–71) und Reichskanzler (1868–71) ernannt; 1871–82 österreichisch-ungarischer Botschafter in London bzw. Paris. *sa*

Beutekunst Bezeichnung für während des ↗Zweiten Weltkrieges und in der ↗SBZ durch die ↗Rote Armee entwendete Kunst- u. a. kulturell bedeutsame Objekte; jahrelanges diplomatisches Ringen um die Rückgabe der von sowjetischer Seite als legales Eigentum angesehenen B.; im Oktober 1996 erster Erfolg durch die Rückgabe von ca. 100 000 1945–47 entwendeten Büchern. *kl*

Beuys, Joseph Maler, Bildhauer, * 12. 5. 1921 Rindern (bei Kleve), † 23. 1. 1986 Düsseldorf. Benutzte für seine Objekte und Aktionen vornehmlich unkonventionelle Materialien wie Fett oder Filz. Von 1961–72 Professur an der Düsseldorfer Kunsthochschule. Vielgeladener Gast der ↗Documenta in Kassel, bei der er u. a. seine Multi-Media-Experimente verwirklichte; verstand sich als politischer Künstler. Werke u. a.: Honigpumpe am Arbeitsplatz (1974–77). *kp*

Bevölkerung(sentwicklung) Beobachtung der B.s-Zahlen und deren Erforschung. Obwohl größtenteils nur Schätzwerte vorliegen, ist seit dem 8. Jh. von einem kontinuierlichen Anstieg der B. auszugehen. Zwischen 900 und 1300, v. a. aber im 11./12. Jh. stieg die B. stetig. Begünstigende Faktoren waren ein mildes Klima, der Landesausbau, schließlich die ↗Ostkolonisation. Bereits zu Beginn des 14. Jh.s setzte ein Rückgang ein, der durch die ↗Seuchen, v. a. die ↗Pest, drastisch verschärft wurde: Um 1340 lebten etwa 14–15 Mio. Menschen im Heiligen Römischen Reich, von denen 10 Mio. überlebten, bereits am Ende des Mittelalters aber war der alte Zustand wieder erreicht. Der ↗Dreißigjährige Krieg zog B.s-Verluste von 30–50 % (in zerstörten Regionen bis zu 80 %) nach sich, die durch Einwanderer (z. B. ausgewiesene ↗Hugenotten) nur langsam ausgeglichen wurden. Die explosionsartige Zunahme der B. seit dem 19. Jh. war v. a. auf Sterblichkeitsrückgang durch bessere medizinische Versorgung und Hygiene zurückzuführen. Zwischen 1871 und 1910 wuchs die B. um 58 % auf ca. 65 Mio., die zu 60 % in Großstädten lebten (Verstädterung). Tiefe Einschnitte gab es durch die ↗Weltwirtschaftskrise, v. a. aber durch die ↗Weltkriege, nach denen die B.s-Zahlen zunächst nur langsam anstiegen, seit Anfang der siebziger Jahre gingen die Geburten in der ↗Bundesrepublik zurück, mit den Folgen einer Überalterung, die Gesamt-B. lag 1996 bei 81,9 Mio. Menschen. *wj*

Bevölkerungspolitik Politische Steuerung der Zahl und Zusammensetzung der Bevölkerung. Im nationalsozialistischen Deutschland fielen darunter sämtliche Gesetze und Bestimmungen zur sog. „Reinhaltung der deutschen Rasse“ (↗Nürnberger Gesetze), im weiteren Sinne auch die antisemitisch motivierte, durch bevölkerungswissenschaftliche Konzeptionen untermauerte Ermordung der europäischen Juden (↗Judenvernichtung), sowie der ↗Sinti und Roma; darüber hinaus die lediglich in Ansätzen verwirklichten Pläne (↗Generalplan Ost) zu gewaltsamen Umsiedelungsaktionen in Osteuropa. *JH*

Bewährungsbataillon 999 Im ↗Zweiten Weltkrieg ab Ende 1942 Sondereinheit der ↗Wehrmacht, in die v. a. als „bedingt wehrwürdig“ deklarierte Männer eingezogen wurden (insgesamt ca. 30 000), die als politisch unzuverlässig galten. In Afrika, an der Ostfront und auf dem Balkan eingesetzt, desertierten Angehörige des B. v. a. in Griechenland zu den ↗Partisanen, während es in der überwiegend aus politischen KZ-Häftlingen im Herbst 1944 zusammengestellten und dem B. angegliederten SS-Sonderformation ↗Dirlewanger zum Überlaufen hunderter Soldaten zur ↗Roten Armee kam.

Ab 1940 gab es in der Wehrmacht das „Bewährungsbataillon 500“ als Sondereinheit, in dem straffällig gewordene Wehrmachtssoldaten unter bes. gefährlichen Umständen kämpfen mußten. *PS*

Bewegung 2. Juni Nach dem Todestag des während der ↗Osterunruhen 1968 erschossenen ↗Ohnesorg benanntes Terrorkommando aus Mitgliedern der ↗RAF; entführte am 27. 2. 1975 den Vorsitzenden der ↗CDU Berlin (West) Peter Lorenz; am 5. 3. 1975 Freilassung im Tausch gegen fünf inhaftierte Gesinnungsgenossen, die nach Südjemen ausgeflogen wurden. *Ki*

Beyme, Karl Friedrich von Preußischer Politiker, * 10. 7. 1765 Königsberg (Neumark), † 10. 12. 1838 Steglitz. Beteiligt an der Entstehung des ↗Preußischen Allgemeinen Landrechts (1794) und als bürgerlicher, liberaler Geheimer Kabinettsrat (seit 1798) an der ↗Bauernbefreiung auf staatlichen Domänen; 1806–07 Außenminister; 1808–10 und 1817–19 Justizminister; 1819 aus Protest gegen die antiliberalen ↗Karlsbader Beschlüsse zurückgetreten. *rh*

BfA ↗Bundesanstalt für Arbeit

BGB ↗Bürgerliches Gesetzbuch

BGS ↗Bundesgrenzschutz

Bhagwan-Bewegung (Sanskrit = der Erhabene) Religiöse Bewegung um den ehemaligen Philosophie-Dozenten Rajneesh Chandra Mohan; von seinen rotgekleideten Anhängern als religiöser Führer verehrt; eigene Cafés, Diskotheken und Meditationszentren; in der Bundesrepublik v.a. in den Großstädten während der achtziger Jahre vermehrter Zulauf; offizielle Auflösung der B.-B. 1985. *kl*

BHE ↗Bund der Heimatvertriebenen und Entrechteten

Bibelforscher ↗Zeugen Jehovas

Biedenkopf, Kurt Hans Ministerpräsident (Sachsen; CDU), *28.1.1930 Ludwigshafen/Rhein. Dozent und Professor in Frankfurt/Main, Tübingen bzw. Bochum; 1976–80 wirtschaftspolitischer Sprecher der ↗CDU/↗CSU im Bundestag; 1980–88 Mitglied des Landtages von Nordrhein-Westfalen; seit 1990 Ministerpräsident von ↗Sachsen. *Ki*

Biedermeier Bezeichnung für die Zeit 1815–48, auch ↗Vormärz oder ↗Restauration genannt. Seit der Jahrhundertausstellung 1906 in Berlin Stilbezeichnung für Möbel und Mode; setzte sich als literarische Epochenbezeichnung nicht durch. Den Begriff B. prägten Ludwig Eichrodt und Adolf Kußmaul, die in den „Fliegenden Blättern" 1855–57 parodistische „Gedichte des schwäbischen Schulmeisters Gottlieb Biedermaier und seines Freundes Horatius Treuherz" publizierten. Kennzeichnend für das B. war ein bescheidener, bürgerlicher Lebensstil, der sich v.a. in der Wohnkultur äußerte. Die Möbel waren schlicht und zierlich, häufig mit Blumenmustern dekoriert. Die Zeit war geprägt durch den Rückzug aus der Öffentlichkeit ins Private, durch politische Resignation und Melancholie. Um 1900 verklärte man die B.-Zeit als Idealzustand bürgerlichen Lebens. Die neuere Forschung erkennt in ihr eine Zeit großer Spannungen: Hinter vordergründiger Harmonie kündigten sich bereits alle gesellschaftlichen, wirtschaftlichen und geistigen Konflikte an, die das 19. Jh. bestimmten (↗Pauperismus). In der Literatur des B. dominierte die Schilderung von Impressionen und Stimmungen, v.a. bei ↗Mörike und ↗Droste-Hülshoff, im Gegensatz zur Literatur des ↗Jungen Deutschland blieb sie ohne Bezug zur aktuellen Politik. Bevorzugt wurden kurze literarische Formen wie z.B. Novellen, ↗Märchen, Gedichtzyklen. Daneben gab es Romane (Jeremias Gotthelf) und v.a. in Österreich Dramen (Franz Grillparzer). Die Malerei des B. wurde durch Volkstümlichkeit und Intimität sowie durch einen naturgetreuen Realismus bestimmt. Hauptgattungen waren das Porträt und die Landschaft (u.a. Georg Friedrich Kersting, Felix Waldmüller). Daneben entstand rührselige oder humoristische (bes. ↗Spitzweg) Genremalerei. Eine eigenständige religiöse oder Historien-Malerei entwickelte sich nicht. Unter den Illustratoren ist v.a. Ludwig ↗Richter hervorzuheben. *rw*

Bier alkoholhaltiges Getränk auf der Basis von Getreidemalz, seit dem Frühmittelalter meistens aus Gerste oder Weizen. Seit dem Spätmittelalter durch Zusatz von Hopfen längere Haltbarkeit, hierdurch weitere Verbreitung; 1516 erstes ↗Reinheitsgebot für B., bis heute gültig; parallel zur Entwicklung des ↗Brauereiwesens auch kontinuierlicher Anstieg des B.-Konsums. *wj*

Biermann, Wolf (eigentlich Karl-Wolf B.) Schriftsteller, Liedermacher, *15.11.1936 Hamburg. 1953 Übersiedlung in die DDR, mehrere Preise u.a. Büchner- und Mörike-Preis 1991. 1976 Ausbürgerung, während eines zuvor genehmigten Konzerts in Köln, unter großer Protestwelle ostdeutscher Künstler und Künstlerinnen. Singt und schreibt provokative, volkstümlich angelegte Balladen, zumeist politischen Inhalts; lebt heute in Hamburg. Werke u.a.: Mit Marx- und Engelszungen (1968), Süßes Leben, saures Leben (1996). *kp*

Bild Überregionale Tageszeitung. Erscheint seit 1952 als Boulevardzeitung im ↗Springer-Verlag, bis 1971 unter dem Namen „Bild Zeitung"; wendet sich an ein Massenpublikum; 1956 Gründung der Sonntagsausgabe „Bild am Sonntag"; seit den achtziger Jahren Vertrieb von „Bild"-Wochenzeitschriften (u.a. seit 1983 „Bild der Frau", seit 1986 „Auto-Bild"). *UK*

Bildersturm (ab 1522) Zerstörung religiöser Kunstwerke, v.a. Bilder, während der ↗Reformation als radikale Konsequenz der Kritik Martin ↗Luthers an der Bilderverehrung. Der erste B., der sich während Luthers Abwesenheit in Wittenberg ereignete, wurde durch eine 1522 veröffentlichte Schrift ↗Karlstadts und seine darauffolgenden Predigten ausgelöst, in denen er jegliche Art von Abbildungen in Kirchen als Abgötterei bezeichnete. Auch in weiteren, v.a. calvinistisch geprägten Territorien wurden zahlreiche Kunstwerke vernichtet. *nk*

Bildungsnotstand In der bildungspolitischen Diskussion der ↗Bundesrepublik Bezeichnung für Mißstände im ↗Bildungswesen wie Lehrer- und Abiturientenmangel; nach den Analysen von Georg Picht zur „deutschen Bildungskatastrophe" ab 1964 verwendet, da die Bundesrepublik für das Bildungswesen im Vergleich mit den Industrienationen unterdurchschnittlich wenig Ausgaben tätigte; Sorge um die Konkurrenzfähigkeit der bundesdeutschen Wirtschaft. Große Investitionen in das staatliche Bildungswesen führten zur heutigen Übersättigung des Akademikerbedarfs. *Ki*

Bildungswesen, Bundesrepublik Nach dem Ende des Zweiten Weltkrieges Festschreibung der Kulturhoheit der Bundesländer; Wiederherstellung des dreigliedrigen, allgemeinbildenden Schulwesens nach preußischem Vorbild; ab der Mitte der sechziger Jahre mit der Diskussion um den ↗Bildungsnotstand Reformen; Ausbreitung der weiterführenden Bildungsinstitutionen zu Lasten der Hauptschulen; partielle Vereinheitlichung der Bildungspolitik mit der Gründung der Bund-Länder-Kommission für Bildungsplanung (BLK) und der Ständigen Kultusministerkonferenz (KMK) 1970. Der Versuch, ein verbindliches Programm zu realisieren, scheiterte jedoch am föderalistischen Prinzip. *Ki*

Bildungswesen, DDR 1945 in der ↗SBZ Übertragung des B.s auf die „Deutsche Verwaltung für Volksbildung"; Instrumentalisierung der Bildungspolitik durch die ↗SED; enge Verknüpfung mit der staatlichen Wirtschaftsplanung. 1965–90 gesetzliche Regelung des „einheitlichen sozialistischen Bildungssystems" auf der Basis einer zehnklassigen allgemeinbildenden Oberschule mit einer möglichen zweijährigen Erweiterung mit Abitur. Durch die Wechselbeziehung von Schulbildung und Praxiserfahrung in Einrichtungen der Berufsausbildung konnten die Schüler die Facharbeiterqualifikation erlangen. Nach der zehnten Klasse ging der größte Teil der Schüler in eine zweijährige Lehre. Die Zulassung zum Studium an einer Hochschule wurde vom Staat reglementiert.

Nach der ↗Maueröffnung anfänglich eine gemeinsame Bildungskommission beider Staaten, mit der ↗Wiedervereinigung Angleichung an das ↗B. der Bundesrepublik. *Ki*

Billung ↗Hermann Billung

Bismarck, Herbert Fürst von Diplomat, *28.12. 1849 Berlin, †18.9.1904 Friedrichsruh (Holstein). Sohn Ottos von ↗B.; seit 1874 im Auswärtigen Dienst; wurde vorrangig als Privatsekretär seines Vaters eingesetzt; 1881–84 Botschaftsrat in London und Petersburg; 1884 Gesandter in Den Haag; 1885 zum Unterstaatssekretär, 1886 zum Staatssekretär des Auswärtigen Amtes berufen; 1888–90 zugleich preußischer Staatsminister; an den Verhandlungen mit Großbritannien in den 1880er Jahren maßgeblich beteiligt; ordnete sich privat und politisch stets dem Willen seines Vaters unter und trat Ende März 1890 zusammen mit diesem zurück, obwohl ↗Wilhelm II. ihn im Amt behalten wollte; 1881–89 für die Reichspartei, 1893–1904 als Parteiloser Mitglied des Reichstages. *sa*

Otto von Bismarck (li.) mit Kaiser ↗Wilhelm II.

Bismarck, Otto Fürst von Reichskanzler, *1.4. 1815 Schönhausen (bei Stendal), †30.7.1898 Friedrichsruh (Holstein). Nach Beendigung des Rechtsreferendariats (1836–39) verwaltete B. bis 1845 seine Güter; 1848 Mitgründer der konservativen ↗Kreuzzeitung; seit 1849 Mitglied des preußischen ↗Abgeordnetenhauses; 1851–59 Vertreter Preußens am Bundestag in Frankfurt/Main. Dort demonstrierte er bereits seinen Willen, die österreichische Vorherrschaft im ↗Deutschen Bund durch die preußische zu ersetzen. 1859–62 Gesandter Preußens in St. Petersburg und Paris; wurde 1862 – auf dem Höhepunkt des ↗preußischen Verfassungskonfliktes – zum Ministerpräsidenten (23.9.) und Außenminister (8.10.) berufen.

Mit großem diplomatischen Geschick gelang es B., den innenpolitischen Konflikt durch außenpolitische Erfolge zu überwinden (v.a. ↗Schleswig-Holstein-Frage, ↗Deutscher Krieg). Mit Auflösung des Deutschen Bundes 1866 und Gründung des ↗Norddeutschen Bundes 1867 erreichte er für Preußen die Vormachtstellung in Deutschland.

1867–71 Bundeskanzler, 1871–90 Reichskanzler, wirkte B. maßgeblich an der ↗Reichsverfassung von 1871 mit. Bei dem Versuch, die alten politischen und gesellschaftlichen Strukturen in Preußen und im ↗Deutschen Reich zu konservieren, stieß er auf den Widerstand von politischem Katholizismus und ↗Sozialdemokratie. ↗Kulturkampf und ↗Sozialistengesetz bewirkten eine Verschärfung der innenpolitischen Spannungen, die B. auch durch Milderungsgesetze und seine wegweisende ↗Sozialgesetzgebung nicht auflösen konnte. Außenpolitisch erklärte B. das Deutsche Reich für saturiert. Er schuf ein Bündnissystem, das Frankreich isolieren und gleichzeitig das europäische Gleichgewicht der Mächte sichern sollte (u.a. ↗Dreikaiservertrag, ↗Zweibund, ↗Dreibund, ↗Rückversicherungsvertrag).

B. wurde 1890 nach Meinungsverschiedenheiten mit Kaiser ↗Wilhelm II. entlassen. (261) *sa*

„Der Lotse verläßt das Schiff". Karikatur aus der britischen Satirezeitschrift „Punch" zur Entlassung Otto von Bismarcks

Bismarck, Schiff 1939 vom Stapel gelaufenes Schlachtschiff, versenkte unter dem Kommando Admiral Lütjens' am 24.5.1941 den britischen Schlachtkreuzer „Hood", am 27.5. von britischen Schiffen südwestlich der irländischen Küste versenkt. *PS*

Bismarck-Archipel, Kolonie Inselgruppe in Melanesien und Teil der ehemaligen Kolonie ↗Deutsch-Neuguinea; 1884 erworben; 1914 von Australien erobert; nach dem Ersten Weltkrieg australisches Völkerbundsmandat. *dt*

Bismarcksche Reichsverfassung ↗Reichsverfassung

Bitburg, Soldatenfriedhof Am 5.5.1985 anläßlich des 40jährigen Endes des Zweiten Weltkrieges Besuch des US-amerikanischen Präsidenten Ronald Reagan und des Bundeskanzlers Helmut ↗Kohl in B. Symbolischer Ausdruck der freundschaftlichen Beziehungen beider Staaten, Händedruck der ehemaligen Generäle Johannes Steinhoff und Matthew Ridgeway. Der Besuch löste öffentliche Empörung aus, da in B. auch Angehörige der ↗SS begraben sind. *kl*

Bitterfelder Kulturkonferenzen In der ↗DDR am 24.4.1959 in dieser Art erstmalig stattfindende Konferenz, die zum Ziel hatte, die herkömmliche bürgerliche Literatur zu revolutionieren und den „schreibenden Arbeiter" zu fördern, gleichzeitig sollte eine Verbindung zwischen Kulturschaffenden und Werktätigen begründet werden. Eine zweite Konferenz fand am 24./25.4.1964 ebenfalls in Bitterfeld (Sachsen) statt. *kp*

Bitterfelder Weg Nach der ersten ↗Bitterfelder Kulturkonferenz von 1959 benannte Strategie der ↗SED, industrielle und literarische Produktion in einer dokumentarischen Literatur enger miteinander zu verzahnen: Arbeiter sollten (Aktion

„Greif zur Feder, Kumpel!") verstärkt zum Schreiben angeregt werden, Berufsschriftsteller durch längerfristige Betriebsmitarbeit die Welt der Produktion kennenlernen. Der B.W. beeinflußte auch die ↗Gruppe 61 in der ↗Bundesrepublik. *ij*

Bizone ↗Vereinigtes Wirtschaftsgebiet

Blank, Theodor Politiker (CDU), *19.9.1905 Elz/Lahn, †14.5.1972 Bonn. 1930–33 und nach 1945 christlicher Gewerkschafter; 1949 Mitglied des ↗Bundestages (↗CDU); Leiter der ↗Dienststelle Blank im Bundeskanzleramt; 1955/56 Verteidigungsminister; 1957–65 Bundesminister für Arbeit und Sozialordnung. *Ki*

Blaskowitz, Johannes Generaloberst, *10.7. 1883 Peterswalde (Ostpreußen), †5.2.1948 Nürnberg. Armeebefehlshaber im ↗Polenfeldzug 1939, nach Sieg Oberbefehlshaber Ost (Polen); wandte sich in Denkschriften gegen Übergriffe der ↗SS, fiel zeitweilig in Ungnade (mehrfach seiner Posten enthoben); Zuletzt in Holland eingesetzt; während Haft in Nürnberg Suizid. *PS*

Blaue Reiter, Der Nach einem Bild von ↗Kandinsky benannte Künstlervereinigung; 1911 von Kandinsky und ↗Marc in München gegründet, neben der ↗Brücke der wichtigste Künstlerzusammenschluß des ↗Expressionismus. Zu den Mitgliedern zählten u.a. bedeutende Künstler wie ↗Klee und ↗Macke. *kp*

Bleichröder, Gerson von Bankier, *22.12.1822 Berlin, †19.2.1893 ebd. 1855 übernahm B. die von seinem Vater begründete Privatbank in Berlin; enger Kontakt zu Otto von ↗Bismarck; vermittelte Finanzierung des ↗Deutschen Krieges (1866); 1872 als erster ungetaufter Jude geadelt. *nk*

Blittersdorf, Friedrich Landolin Karl Freiherr von Badischer Diplomat, Politiker, *14.2.1792 Mahlberg (bei Offenburg), †16.4.1861 Frankfurt/Main. Begann 1812 seine diplomatische Laufbahn; 1821–35 und 1843–48 Gesandter des Großherzogtums ↗Baden am Bundestag des ↗Deutschen Bundes in ↗Frankfurt/Main; 1835–43 badischer Außenminister. *UK*

Blitzkrieg Bezeichnung für einen Krieg, der auf Überraschung setzt und rasch siegreich beendet werden soll. Im ↗Zweiten Weltkrieg v.a. 1939 im ↗Polenfeldzug und 1940 im ↗Westfeldzug gegen Frankreich erreicht, mit dem ↗Unternehmen Barbarossa 1941 gegen die Sowjetunion zwar geplant, aber gescheitert. *PS*

Blobel, Paul SS-Standartenführer, *13.8.1894 Potsdam, †7.6.1951 Landsberg/Lech. 1931 Mitglied ↗NSDAP und ↗SS, ab 1935 ↗Sicherheitsdienst. Führte Sonderkommando 4a der ↗Einsatzgruppe C, das September 1941 über 30000 Juden bei Kiew (↗Babi-Yar) erschoß. Am 10.4.1948 zum Tode verurteilt und 1951 hingerichtet. *PS*

Bloch, Ernst Philosoph, *8.7.1885 Ludwigshafen, †4.8.1977 Tübingen. Aus der Emigration kehrte B. 1948 nach Deutschland zurück; lehrte in Leipzig (1957 zwangsemeritiert); seit 1961 in der Bundesrepublik. Gastprofessur in Tübingen; ↗Friedenspreis des Deutschen Buchhandels 1967. B. stand früh dem Lebensgefühl des ↗Expressionismus nahe und befaßte sich zeitlebens mit dem Utopischen als Triebkraft menschlichen Handelns. Werke u.a.: Vom Geist der Utopie (1918), Das Prinzip Hoffnung (1954–59). *ij*

Blockpolitik In ↗Volksdemokratien übliche Politik zur Verhinderung von Meinungspluralität; 1945 in der ↗SBZ mit der ↗Einheitsfront der antifaschistisch-demokratischen Parteien eingeführt; Zusammenschluß aller Parteien und Massenorganisationen in der ↗Nationalen Front des demokratischen Deutschland im Oktober 1949, um den Herrschaftsanspruch der ↗SED nicht zu gefährden; Wahl der Blockparteien nur über eine Einheitsliste, Mandatsverteilung nach fest vorgegebenem Schlüssel; Regierungsbeteiligung aller Parteien, damit faktisch Ausschaltung jeder Opposition. *kl*

Blomberg, Barbara Bürgerin, *um 1527 Regensburg, †18.12.1597 Ambrosero (Spanien). Brachte nach einer Liaison Kaiser ↗Karls V. mit ihr einen Sohn zur Welt, der nach testamentarischer Verfügung des Kaisers von B. entfernt wurde und unter dem Namen Don Juan d'Austria bei seinem Stiefbruder, dem späteren König Philipp II. von Spanien, aufwuchs. *nk*

Blomberg, Werner von Generalfeldmarschall, Reichskriegsminister, *2.9.1878 Stargard (Pommern), †14.3.1946 Nürnberg. 1933 Reichswehrminister in ↗Hitlers Kabinett, 1935 Reichskriegsminister und Oberbefehlshaber der ↗Wehrmacht. Heiratete Anfang 1938 eine Frau, die für Nacktaufnahmen Modell gestanden hatte. Deswegen auf Betreiben ↗Görings und ↗Himmlers am 4.2.1938 zum Rücktritt gebracht und für einige Zeit ins Ausland geschickt. Nach dem Krieg verhaftet, starb er im Nürnberger Gefängnis. *PS*

Blos, Wilhelm Politiker, Publizist, *5.10.1849 Wertheim, †6.7.1927 Stuttgart. Trat 1872 der

↗SPD bei; Redakteur sozialdemokratischer Zeitungen; 1877–1918 Mitglied des Reichstages; wurde während der ↗Novemberrevolution 1918 Vorsitzender der württembergischen Regierung, aus der er 1920 austrat; verfaßte u. a. historische Werke. *UK*

Blücher, Franz Politiker (FDP), *24.3.1896 Essen, †26.3.1959 Bad Godesberg. Mitbegründer und 1949–54 Vorsitzender der ↗FDP; 1949–53 Minister für Angelegenheiten des ↗Marshall-Plans; 1949–57 stellvertretender ↗Bundeskanzler; 1953–57 Minister für wirtschaftliche Zusammenarbeit. *Ki*

Blücher, Gebhard Leberecht Fürst von Wahlstatt Generalfeldmarschall, *16.12.1742 Rostock, †12.9.1819 Krieblowitz (Schlesien). Machte schnell Karriere im preußischen Heer (ab 1760); forderte 1805 die Einführung der allg. Wehrpflicht in Preußen; zeichnete sich in den ↗Koalitionskriegen aus und verlor deshalb 1811 auf Betreiben ↗Napoleons I. sein Kommando. Kehrte 1813 in die Armee zurück und erhielt den Oberbefehl über die Schlesische Armee; trug entscheidend zum Sieg in der Völkerschlacht bei ↗Leipzig bei; überschritt in der Neujahrsnacht 1814 den Rhein bei Kaub; zog 1814 in Paris ein; entschied 1815 zusammen mit dem Herzog von Wellington die Schlacht bei ↗Waterloo; volkstümlichster General der Alliierten, „Marschall Vorwärts" genannt. *sa*

Blüm, Norbert Bundesminister (CDU), *21.7.1935 Rüsselsheim. 1972 Bundestagsabgeordneter; 1977–87 Hauptgeschäftsführer der Sozialausschüsse der ↗CDU; 1981/82 Berliner Senator für Bundesangelegenheiten; 1982–98 Bundesminister für Arbeit und Sozialordnung; setzte Reformen in der Renten- und Sozialversicherung durch. *Ki*

Blum, Robert Politiker, *10.11.1807 Köln, †9.11.1848 Wien. 1848 in der ↗Frankfurter Nationalversammlung Mitglied des Verfassungsausschusses; einer der Führer der Linksliberalen; wollte die Einführung der Republik mit legalen Mitteln erreichen; im Kampf der Demokraten gegen die Regierung bei Wien gefangengenommen und standrechtlich erschossen. *sa*

Blumhardt, Christoph Friedrich Evangelischer Theologe, Politiker, *1.6.1842 Möttlingen (bei Calw), †2.8.1919 Bad Boll (bei Göppingen). Leitete 1880–99 das pietistische Erweckungszentrum von Bad Boll; trat 1899 der ↗SPD bei; 1900–06 Mitglied des württembergischen Landtages. Die Sozialethik B.s begründete den religiösen ↗Sozialismus. *UK*

Bluntschli, Johann Kaspar Staatsrechtslehrer, Politiker, *7.3.1808 Zürich, †21.10.1881 Karlsruhe. Schüler ↗Savignys; von der ↗Historischen Rechtsschule beeinflußt; war einer der führenden Staatstheoretiker seiner Zeit; als liberaler Politiker seit 1861 Mitglied des badischen Parlaments; verfaßte u. a. Werke zum Staatsrecht und zur Rechtsgeschichte sowie ein deutsches Staatswörterbuch. *UK*

Blut und Boden In der nationalsozialistischen Ideologie Schlagwort für die propagierte „rassische Reinheit" einer Bevölkerung auf dem von ihr besiedelten Gebiet. Idealisiert wurde dabei die ländlich-bäuerliche im Gegensatz zur städtischen Lebensweise. Die verbreitete Klage über mangelndes Siedlungsgebiet („Volk ohne Raum") führte zur Forderung nach neuem ↗Lebensraum im Osten, die in der Zielsetzung der expansionistischen Außenpolitik des ↗Nationalsozialismus eine wichtige Rolle spielte. *JH*

Blut und Eisen ↗Eisen und Blut

BMW Automobilmarke. Namensgeber: die Bayerische Motoren Werke AG in München (gegründet 1922; vorher [seit 1916] Bayerische Flugzeugwerke AG); Beginn des Automobilbaus 1928 in den Produktionsstätten des von der BMW AG im selben Jahr übernommenen Eisenacher Automobilproduzenten Dixi (bis 1949 BMW-Zweigniederlassung). *UK*

Bock, Fedor von Generalfeldmarschall, *3.12.1880 Küstrin, †4.5.1945 Oldenburg. 1941 Kommandeur des Heeresgruppe Mitte an der Ostfront, 1942 Heeresgruppe Süd, im Juli 1942 von ↗Hitler wegen militärischer Unstimmigkeiten entlassen, dennoch weiterhin treuer Gefolgsmann. Bei Kriegsende auf dem Weg zur Regierung ↗Dönitz bei Fliegerangriff getötet. *PS*

Bockelson, Jan (auch Beuckelszon, Jan van Leiden) Täufer, *um 1509 bei Leiden, †22.1.1536 Münster. Ab 1534 Leiter der Täufergemeinde in Münster (↗Täuferreich); ernannte sich zum „König von Zion"; übte einen blutigen Glaubensterror aus, bis Truppen der katholischen und evangelischen ↗Reichsstände die Stadt einnahmen (1535); 1536 hingerichtet. *nk*

Böckler, Hans Gewerkschafter, *26.2.1875 Trautskirchen, †16.2.1951 Düsseldorf. 1894 Mitglied des Deutschen Metallarbeiter Verbandes (DMV); 1903–10 Bezirksleiter des DMV im Saargebiet, in Frankfurt/Main und Breslau; 1928–33 Mitglied des Reichstages; nach 1945 Mitbegründer, 1949 Vorsitzender des ↗DGB. *Ki*

Bode, Wilhelm von Jurist, Kunsthistoriker, * 10.12.1845 Calvörde (bei Magdeburg), † 1.3. 1929 Berlin. Leitete 1905–20 die Berliner Museen; verfaßte wissenschaftliche Arbeiten über deutsche, niederländische und italienische Malerei und Plastik. *ij*

Bodelschwingh, Friedrich von („Vater B.") Evangelischer Pastor, * 6.3.1831 Lengerich, † 2.4.1910 Bethel (bei Bielefeld). 1858 Pastor in Paris, 1864 in Dellwig; unter seiner Leitung (seit 1872) wurde die Anstalt für Epileptiker in Bethel (auch Bodelschwingh'sche Anstalten) zum größten evangelischen Hilfswerk in Deutschland. *nk*

Bodelschwingh der Jüngere, Friedrich von Evangelischer Theologe, * 14.8.1877 Bethel (bei Bielefeld), † 4.1.1946 ebd. Folgte seinem Vater Friedrich von ↗B. als Leiter der Krankenanstalten von Bethel nach; wurde 1933 zum Reichsbischof gewählt, jedoch am Amtsantritt gehindert; verhinderte die Durchführung des nationalsozialistischen ↗„Euthanasie"-Programms in Bethel. *ij*

Bodenreform Veränderung der Eigentumsverhältnisse an vorrangig landwirtschaftlich genutzten Flächen zur Neuansiedlung und Integration von ↗Vertriebenen; nach dem ↗Zweiten Weltkrieg durch die ↗Besatzungsmächte mit deutlichen Unterschieden durchgesetzt; gesetzlich verordnete Abgabe von Land gegen Entschädigung in den westlichen ↗Besatzungszonen 1946–48; 1945 in der ↗SBZ entschädigungslose Enteignung von Landbesitz über 100 ha; Ausgangspunkt für die ↗Kollektivierung der Landwirtschaft; Festschreibung der nach Besatzungsrecht erfolgten Enteignungen in der SBZ im ↗Einigungsvertrag 1990; 1991 vom ↗Bundesverfassungsgericht bestätigt. *kl*

Bodenstein, Andreas R. ↗Karlstadt, Andreas von

Boelcke, Oswald Kampfflieger, * 19.5.1891 Giebichenstein (bei Halle), † 28.10.1916 nahe Bapaume. Ab 1914 Flieger; im ↗Ersten Weltkrieg 40 Siege im Luftkampf; schuf 1916 die Jagdstaffel als taktische Formation der Luftwaffe. *MH*

Böhlau, Helene Schriftstellerin, * 22.11.1859 Weimar, † 26.3.1940 Widdersberg (am Ammersee). Vom ↗Naturalismus beeinflußte humorvolle Novellen und sozialkritische Romane (Der Rangierbahnhof, 1895; Das Recht der Mutter, 1896; Halbtier!, 1899). *ij*

Böhme, Franz General, * 15.4.1885 Zeltweg (Österreich), † 29.5.1947 Nürnberg. 1938 Rücktritt als österreichischer Generalstabschef. 1939 Divisionskommandeur der ↗Wehrmacht, 1941 Bevollmächtigter Kommandierender General in Serbien, verantwortlich für dortige Judenmorde der Wehrmacht. Im Mai 1947 Anklage in Nürnberg, Suizid in der Haft. *PS*

Böhme, Jakob Theosoph, Mystiker, * 1575 Altseidenberg (bei Görlitz), † 17.11.1624 Görlitz. Beschäftigte sich intensiv mit den Schriften naturwissenschaftlicher und mystischer Denker (v.a. ↗Paracelsus und ↗Schwenckfeld) sowie der Bibel; entwickelte eine dualistische Theosophie und verfaßte (als erster Philosoph in deutscher Sprache) mystisch-philosophische Schriften (z.B. Aurora oder Mörgenröte im Aufgang, 1612), die zu Beschuldigung der Ketzerei und Schreibverbot führten; sein Denken beeinflußte den ↗Deutschen Idealismus und die ↗Romantik. *nk*

Böhmen Seit dem 6. Jh. durch Slawen besiedelt; um 874 Taufe des Přemysliden-Fürsten Bořivoy; bei inneren Kämpfen wurde 929 Herzog ↗Wenzel ermordet, der bald zum Nationalheiligen wurde; durch Kaiser ↗Otto I. den Großen 950 dem ↗Heiligen Römischen Reich angegliedert; 973/76 Gründung des Bistums Prag; Beginn der deutschen ↗Ostkolonisation im 12. Jh.; unter König ↗Ottokar II. (1253–78) kurzfristig von europäischer Geltung; Beginn des Goldenen Zeitalters unter dem späteren König und Kaiser ↗Karl IV. (1346–78): Prag wurde Hauptstadt des Heiligen Römischen Reiches, Gründung der ↗Prager Universität, Vereinigung mit ↗Schlesien und Erwerb der Mark ↗Brandenburg; 1419–34 Schauplatz der ↗Hussitenkriege. Durch Erbfolge fiel B. 1526 an ↗Österreich. *dw*

Böhmen und Mähren ↗Protektorat Böhmen und Mähren

Böhmische Brüder (auch Mährische Brüder) Mitte des 15. Jh.s in Böhmen entstandene Religionsgemeinschaft, deren Anhänger das Urchristentum wiederbeleben wollten. Zunächst knüpften die B.B. an ↗Hus an, wandten sich dann aber dem ↗Calvinismus zu; Trennung von römischer Kirche (nach 1528). Verfolgungen und v.a. Vertreibung nach der Schlacht am ↗Weißen Berg 1620 führten zur verstärkten Auswanderung nach Osten, wodurch ihnen entscheidender Anteil an der Prägung des osteuropäischen Protestantismus zukam. Ausgewanderte B.B. (auch als Exulanten bezeichnet) bildeten im 18. Jh. die ↗Herrnhuter Brüdergemeine. *nk*

Böhmischer Aufstand (1618/19) Revolte überwiegend protestantischer ↗Stände gegen die katholischen ↗Habsburger in ↗Böhmen, die sich zum ↗Dreißigjährigen Krieg ausweitete. Begann am 23.5.1618 mit dem ↗Prager Fenstersturz aus Protest gegen die Rekatholisierungspolitik König ↗Ferdinands II. Am 31.7.1619 folgte in der Konföderationsakte eine eigene ständische Verfassung, am 22.8.1619 die Absetzung Ferdinands II. und die Wahl ↗Friedrichs V. von der Pfalz zum König von Böhmen. *rh*

Boie (Boje), Heinrich Christian Dichter, Übersetzer, *19.7.1744 Meldorf (Holstein), †3.3.1806 ebd. Mitglied des ↗Göttinger Hains, gab 1771–75 den „Göttinger Musenalmanach" und 1776–88 die Zeitschrift „Deutsches Museum" heraus; bedeutender Literaturvermittler. *ij*

Böll, Heinrich Schriftsteller, *21.12.1917 Köln, †16.7.1985 Kreuzau (bei Düren). Mitbegründer der ↗Gruppe 47; ↗Büchnerpreis 1967; Nobelpreis für Literatur 1972; Präsident des bundesdeutschen ↗PEN-Zentrums (1970–72) und des Internationalen PEN-Clubs (1971–74); in der ↗Friedensbewegung aktiv.

Sein erzählerisches Werk zeichnet sich aus durch eine gesellschaftskritisch-engagierte Haltung („fortlaufender Kommentar zur Geschichte Nachkriegsdeutschlands", Wolfram Schütte). Werke u.a.: Wo warst du, Adam? (1951), Ansichten eines Clowns (1963), Gruppenbild mit Dame (1971), Die verlorene Ehre der Katharina Blum, (1974), Frauen vor Flußlandschaft (1985, postum). *ij*

Bolz, Eugen Zentrumspolitiker, *15.12.1881 Rottenburg, †23.1.1945 Berlin. 1912–33 Mitglied des Reichstages und des württembergischen Landtages. Seit 1928 württembergischer Staatspräsident. Von den Beteiligten des ↗20. Juli als Kultusminister vorgesehen, nach Scheitern des Attentates verhaftet und hingerichtet. *PS*

Bolz, Lothar DDR-Politiker, *3.9.1903 Gleiwitz (Oberschlesien), †29.12.1986 Berlin (Ost). Seit 1929 ↗KPD-Mitglied; emigrierte 1939 in die Sowjetunion; 1943 Mitbegründer des ↗Nationalkomitees „Freies Deutschland"; 1946 Rückkehr nach Deutschland; 1948–72 Mitbegründer und Vorsitzender der ↗NDPD; 1948/49 Mitglied der ↗Deutschen Wirtschaftskommission; 1950–67 stellvertretender Ministerpräsident, 1953–65 Außenminister der ↗DDR; seit 1968 Präsident der ↗Gesellschaft für Deutsch-Sowjetische Freundschaft. *Ki*

Bonhoeffer, Dietrich Evangelischer Theologe, *4.2.1906 Breslau, †9.4.1945 Flossenbürg. Mitglied der ↗Bekennenden Kirche. Ab 1940 Amt Ausland/↗Abwehr des ↗Oberkommandos der Wehrmacht, Kontakt zu ↗Canaris. Im Mai 1942 in Schweden Verhandlungen mit Briten. 5.4.1943 Festnahme, Haft in Berlin-Tegel, schließlich Konzentrationslager Flossenbürg, dort ermordet. (522) *PS*

Bonifatius (gewöhnlich Winfrid/Winfried) Missionar, *672/673 bei Wessex, †5.6.754 bei Dokkum (Friesland). Gilt als bedeutendster angelsächsischer Missionar und „Apostel der Deutschen" (↗Missionierung). Missionierte 716–21 bei den Friesen; bei einem Romaufenthalt 719 erhielt er von Papst Gregor II. den Namen B., verbunden mit dem Auftrag der Germanenmission; seit 722 als Bischof in ↗Hessen, wo er einen heidnischen Kultbaum, die Donar-Eiche bei Geismar, fällte (724); gründete die Klöster Amöneburg, Ohrdruf, Fritzlar, Tauberbischofsheim, Kitzingen und Ochsenfurt; 732 zum Erzbischof erhoben, ordnete er nach seiner dritten Romreise 737/38 zunächst die bayrische Kirche durch Gründung der Bistümer ↗Regensburg, Salzburg, Freising und Passau; nach dem Tod Karl Martells 741 Versuch einer Reform der gesamtfränkischen Kirche; Stiftung der Bistümer Würzburg, Büraburg, Erfurt und Eichstätt; Gründung des Klosters ↗Fulda (744); 746 Erzbischof von ↗Mainz, verlor aber durch Widerstand des fränkischen ↗Adels an Einfluß; bei erneuter Missionsreise in Friesland erschlagen, in Fulda beigesetzt. *wj*

Bonn Kreisfreie Stadt in Nordrhein-Westfalen, 1949–91 provisorische Hauptstadt der ↗Bundesrepublik; Sitz des ↗Bundespräsidenten, des ↗Bundestages, des ↗Bundesrates, der ↗Bundesregierung und der Bundesministerien. 1991 entschied der Bundestag, Parlament und Regierung nach Berlin zu verlegen (↗Berlin-Beschluß); ↗Hauptstadtvertrag (1992), Berlin-B.-Gesetz vom 26.4.1994 und der ↗B.-Vertrag regeln die Einzelheiten. *AM*

Bonner Dokument (1989) Gemeinsame Erklärung zu den zukünftigen deutsch-sowjetischen Beziehungen; von Bundeskanzler Helmut ↗Kohl und dem Generalsekretär der Kommunistischen Partei der Sowjetunion (KPdSU) und Vorsitzenden des Obersten Sowjet Michail Sergejewitsch Gorbatschow anläßlich dessen Besuchs in Bonn am

13.6.1989 unterzeichnet; Abschluß einer Reihe von Verträgen im Zeichen von Glasnost und Perestroika (Gorbatschows Politik der Offenheit); wichtiger Schritt zur ↗Wiedervereinigung. *kl*

Bonner Konvention ↗Deutschland-Vertrag (1952)

Bonn-Vertrag (1994) Vertrag zwischen der Stadt Bonn, dem Rhein-Sieg-Kreis und dem Kreis Ahrweiler mit der ↗Bundesrepublik Deutschland vom 29.6.1994 über finanzielle Entschädigung für den Verlust des Sitzes von Parlament und Regierung über insgesamt 2,8 Mrd. DM bis zum Jahr 2004; zum 1.1.1995 in Kraft getreten. *kl*

Bopp, Franz Sprachwissenschaftler, *14.9.1791 Mainz, †23.10.1867 Berlin. B. begründete die vergleichende Philologie und belegte in seiner „Vergleichenden Grammatik“ (1833–52) die Verwandtschaft der indogermanischen Sprachen. *ij*

Bora, Katharina von Nonne, *29.1.1499 Lippendorf (Sachsen), †20.12.1552 Torgau. 1515–23 Nonne im Kloster Nimbschen; 13.6.1525 Heirat mit Martin ↗Luther in Wittenberg. *nk*

Borchardt, Rudolf Lyriker, Erzähler, *9.6.1877 Königsberg (Preußen), †10.1.1945 Trins (bei Steinach). In Opposition zur literarischen ↗Moderne stehender Verfechter einer auf Antike und Mittelalter basierenden dichterischen Erneuerung; historische und philologische Studien. Werke u.a.: Der Durant (1920), Das hoffnungslose Geschlecht (1929). *ij*

Borchert, Wolfgang Schriftsteller, *20.5.1921 Hamburg, †20.11.1947 Basel. Wichtiger Vertreter der sog. ↗Trümmerliteratur; traf mit seinem literarischen Werk die Orientierungslosigkeit der Heimkehrer und der jungen Kriegsteilnehmer; starb an den Folgen schwerer Kriegsverletzungen. Werke u.a. das Heimkehrerdrama Draußen vor der Tür (postume Uraufführung 1947). *kp*

Bormann, Martin NSDAP-Politiker, *17.6.1900 Halberstadt, †2.5.1945 Berlin. 1922/23 Mitglied eines ↗Freikorps und 1924 aufgrund seiner Beteiligung an einem Fememord zu Haft verurteilt; 1927 Eintritt in die ↗NSDAP und ↗SA; wurde 1941 Leiter der Reichskanzlei und verfügte als „Sekretär des Führers“ (Titel seit 1943) über wachsenden Einfluß auf ↗Hitler, dem er bis zuletzt ergeben war. Galt nach 1945 lange Zeit als verschollen; in Nürnberg (↗Nürnberger Kriegverbrecher-Prozesse) 1946 zum Tode verurteilt. 1972 in ↗Berlin gefundene Skeletteile wurden als B.s sterbliche Überreste identifiziert (letzte Zweifel 1998 durch eine Genanalyse der Knochenfunde beseitigt). *JH*

Born, Max Physiker, *11.12.1882 Breslau, †5.1.1970 Göttingen. Emigrierte 1933; lehrte von 1936–53 in Edinburgh. B., der zu den wichtigsten Begründern der modernen theoretischen Physik zählt, forschte über Festkörperphysik, Relativitätstheorie, Optik und Quantenmechanik. Er erhielt 1954 zusammen mit Walter Bothe den ↗Nobelpreis für Physik. *ij*

Born, Stephan (eigentlich Simon Buttermilch) Arbeiterführer, Sozialist, *28.12.1824 Lissa (Posen), †4.5.1898 Basel. Seit 1847 Mitglied im ↗Bund der Kommunisten; 1848 Mitbegründer der ↗Allgemeinen Deutschen Arbeiterverbrüderung; nach führender Rolle in ↗Mairevolution 1849, ↗Emigration in die Schweiz. *nk*

Börne, Ludwig (eigentlich Juda Löw Baruch) Politischer Publizist, Literaturkritiker, *6.5.1786 Frankfurt/Main, †12.2.1837 Paris. Gehörte der Bewegung des ↗Jungen Deutschland an; setzte sich vehement für Demokratie und Pressefreiheit ein; entwickelte als herausragender Feuilletonist eine satirische Schreibweise, welche die ↗Zensur unterlief. Werke u.a.: Briefe aus Paris (1831–34). *ij*

Borries, Wilhelm Friedrich Otto Graf von Politiker, *30.7.1802 Dorum (bei Bremerhaven), †14.5.1883 Celle. 1851/52 Innenminister im Königreich ↗Hannover; 1855–62 leitender Minister König ↗Georgs V.; betrieb eine Politik der ↗Reaktion; nach der Annexion Hannovers durch ↗Preußen (1866) Abgeordneter im preußischen ↗Herrenhaus (seit 1867). *UK*

Borsig, (Johann Friedrich) August Unternehmer, *23.6.1804 Breslau, †6.7.1854 Berlin. Gründete 1837 in Berlin eine Eisengießerei und Maschinenbaufirma; erweiterte die Produktpalette des Unternehmens um den Fahrzeugbau (1841 Fertigstellung der ersten Lokomotive); Begründer der B.-Werke, die 1935 von der Firma Rheinmetall übernommen wurden. *UK*

Bosch, Carl Chemiker, Unternehmer, *27.8.1874 Köln, †26.4.1940 Heidelberg. Seit 1899 als Chemiker für die ↗BASF tätig; erhielt 1931 den Nobelpreis für Chemie; wurde 1935 Vorsitzender des Aufsichts- und Verwaltungsrats der ↗IG Farben, 1937 Präsident der Kaiser Wilhelm-Gesellschaft. *UK*

Bosch, Robert Unternehmer, *23.9.1861 Albeck bei Ulm, †12.3.1942 Stuttgart. Gründete 1886 in Stuttgart einen Betrieb für Feinmechanik und Elektrotechnik, aus dem 1937 die Robert B.

GmbH wurde (↗B.-Konzern); entwickelte den für Automobil- und Flugzeugbau wichtigen sog. „Bosch-Zünder“ (Magnetzünder für Verbrennungskraftmaschinen). *UK*

Bosch-Konzern Unternehmen der Elektroindustrie. 1886 von Robert ↗Bosch in Stuttgart gegründet; 1916–37 AG; von 1937 an GmbH; dominierende Stellung als Kraftfahrzeugausrüster; Entwicklung vom Unternehmen im Bereich der Elektrotechnik und Feinmechanik zum internationalen Elektronik- und Technologiekonzern. *UK*

Bosnieneinsatz der Bundeswehr Erster B. 1993 mit dem ↗AWACS-Einsatz über Bosnien; nach Genehmigung der Beteiligung deutscher Soldaten an UN-Kampfeinsätzen im ↗Out-of-area-Urteil 1994 am 13.12.1997 Billigung eines auf 18 Monate befristeten Einsatzes im Rahmen der SFOR (Stabilization Force) -Mission der ↗Vereinten Nationen durch den ↗Bundestag; am zweiten B. nahmen 3000 Soldaten teil. *kl*

Botenwesen Organisierte Weiterleitung von Briefen über Boten. Im Mittelalter zunächst von ↗Klöstern u.a. Institutionen entwickelt; erst im 13. Jh. als übergreifendes B. zwischen ↗Städten etabliert; im 16. Jh. größte Ausdehnung des B.s; durch die Post seit dem 17. Jh. mehr und mehr verdrängt (↗Thurn und Taxis); 1899 im ↗Deutschen Reich durch Reichsgesetz verboten. Botendienste konnten sich dennoch bis heute erhalten, v.a. in großen Städten. Übernehmen zunehmend auch wieder Aufgaben der Post. *wj*

Bothe, Walter Wilhelm ↗Nobelpreis

Botschaftsflüchtlinge Bezeichnung für Bürger der ↗DDR, die in der ↗Ständigen Vertretung der Bundesrepublik sowie in verschiedenen Botschaften der ↗Bundesrepublik in Warschauer-Pakt-Staaten ihre Ausreise in die Bundesrepublik erzwingen wollten; 1984 vorübergehende Schließung der Ständigen Vertretung, Massenflucht in die Prager Botschaft; freiwillige Rückkehr in die DDR Anfang 1985 nach Zusage der Prüfung aller Ausreiseanträge bei völliger Straffreiheit; im Juli und August 1989 erneute Massenflucht in die Botschaften in Ungarn, Polen und der ČSSR, Schließung der Ständigen Vertretung am 8.8.1989; nach Öffnung der Westgrenzen Ungarns am 2.5.1989 im Oktober und November 1989 Ausreisewellen der B.; in der Folge Öffnung der ↗deutsch-deutschen Grenze, Beginn des Zusammenbruchs der DDR. *kl*

Bötticher, Hans ↗Ringelnatz, Joachim

Bötticher, Karl Heinrich von Politiker, *6.1.1833 Stettin, †6.3.1907 Naumburg/Saale. Seit 1876 Reichstagsabgeordneter (↗Deutsche Reichspartei); wurde 1880 Staatssekretär im Reichsamt des Innern und preußischer Staatsminister; 1881–95 Generalvertreter des ↗Reichskanzlers; wesentlich an der ↗Sozialgesetzgebung Otto von ↗Bismarcks und der Handelspolitik ↗Caprivis beteiligt. *UK*

Bouhler, Philipp NSDAP-Politiker, *11.9.1899 München, †19.5.1945 bei Dachau. Kriegsfreiwilliger im ↗Ersten Weltkrieg; seit 1921 beim ↗Völki-

Bosnieneinsatz: Pionier kennzeichnet Fahrzeug der ↗Bundeswehr für IFOR-Einsatz schen Beobachter; 1923 am ↗Hitler-Putsch beteiligt; 1925–34 Reichsgeschäftsführer der ↗NSDAP, 1933 ihr Reichsleiter sowie Mitglied des Reichstages; 1934 Chef der Kanzlei ↗Hitlers; verantwortlich für die Durchführung des ↗Euthanasie-Programmes. Nach seiner Verhaftung im Mai 1945 Selbstmord durch Gift. *JH*

Bouvines, Schlacht (1214) Sieg des französischen Königs Philipp II. über den welfischen Kaiser ↗Otto IV. sowie den englischen König Johann Ohneland am 27.7.1214. Der Ausgang der Schlacht festigte die französische Königsmacht und entschied den deutschen Thronstreit für den mit dem französischen König verbündeten Staufer ↗Friedrich II. *vK*

Boxeraufstand (1900/01) Aufstand der in Europa wegen ihres Faustkampfes ironisch als Boxer bezeichneten chinesischen Geheimbünde gegen den Einfluß der europäischen Mächte und die Mandschu-Dynastie, die sich später jedoch mit ihnen verbündete; am 19.6.1900 Ermordung des deutschen Gesandten in Peking; am 21.6. offizielle Kriegserklärung Chinas an die Westmächte; Eroberung Pekings durch Deutschland und Japan am 16.8. Der B. wurde durch internationale Truppen niedergeschlagen. Im Boxerprotokoll vom 7.9.1901 Festlegung der Sühnebedingungen für China, u.a. die Zahlung einer hohen Kriegsentschädigung (↗„Hunnenrede" Kaiser Wilhelms II.). *vK*

Boxheimer Dokumente Von ↗Best im Sommer 1931 zusammengestellte Sammlung von Maßnahmen der ↗NSDAP zur Machtübernahme im Falle eines kommunistischen Aufstandes. Ende 1931 bekannt geworden, führten die B.D. in der Öffentlichkeit zu Aufregungen, zeigten sie doch, daß trotz des von ↗Hitler nach außen hin beschrittenen legalistischen Kurses die Nationalsozialisten auch weiterhin gewaltsamen Umsturz ins Auge faßten. *PS*

Boyen, Hermann von Preußischer Kriegsminister, Heeresreformer, *23.7.1771 Kreuzburg (Ostpreußen), †15.2.1848 Berlin. 1787 Eintritt in die preußische Armee; 1803 von von ↗Scharnhorst als Mitglied in die „Militärische Gesellschaft" aufgenommen; 1810 Direktor der 1. Abteilung des Kriegsdepartements; ab 1814 Kriegsminister (Nachfolger von Scharnhorst); mit dem Wehrgesetz vom 3.9.1814 (Einführung der allg. Wehrpflicht) Weiterführung der ↗preußischen Heeresreform; 1819 Rücktritt vom Ministeramt; 1841–47 nochmals Kriegsminister; 1847 Abschied als Generalfeldmarschall. *wm*

BP ↗Bayernpartei

Bracher, Karl Dietrich Historiker, Politikwissenschaftler, *13.3.1922 Stuttgart. Seit 1953 Professor in Bonn; erforscht schwerpunktmäßig geschichtsphilosophische Fragestellungen; verfaßte u.a.: Die Auflösung der Weimarer Republik (1955), Zeit der Ideologien. Eine Geschichte politischen Denkens im 20. Jh. (1982). *Vö*

Bracht, Franz Reichsminister, Oberbürgermeister, *23.11.1877 Berlin, †26.11.1933 ebd. Jurastudium 1909–11; danach Staatsanwalt in Essen. Dort bekleidete er von 1924–32 das Oberbürgermeisteramt. 1923/24 Staatssekretär in der Reichskanzlei, ab dem 20. Juli 1932 (↗Preußenputsch) wurde B. zum Stellvertreter ↗Papens ernannt. Der konservative Zentrums-Politiker war im Kabinett ↗Schleicher Reichsinnenminister. *rm*

Brack, Victor SS-Oberführer, *9.11.1904 Haaren, †2.6.1948 Landsberg/Lech. Persönlicher Bekannter ↗Himmlers, organisierte er die ↗Euthanasie im Rahmen der Aktion T4 und beteiligte sich an der Planung und Errichtung von ↗Vernichtungslagern. Im Nürnberger Ärzteprozeß am 20.8.1947 zum Tode verurteilt, 1948 hingerichtet. *PS*

Brahms, Johannes Komponist, *7.5.1833 Hamburg, †3.4.1897 Wien. Seit 1853 enge Verbindung zu Clara und Robert ↗Schumann. Ab 1862 Dirigent und freischaffender Künstler in Wien. Bes. bekannt wurde er mit „Ein deutsches Requiem" (op. 45, 1866–68). Kompositorisch knüpfte B. an barocke und klassische Formen an, verband diese jedoch mit romantischem Gefühl. Schuf Werke aller Gattungen (bis auf die Oper); bedeutender Anteil der Kammermusik und der Lieder. *as*

Brandenburg, Friedrich Wilhelm Graf von Preußischer General, Politiker, *24.1.1792 Berlin, †6.11.1850 ebd. Sohn König ↗Friedrich Wilhelms II.; ab 1826 Kommandierender General. B. war vom 2.11.1848–6.11.1850 preußischer Ministerpräsident. Nach Auflösung der preußischen Nationalversammlung am 5.12.1848 und der Oktroyierung einer preußischen Verfassung, festigte B. die Regierungsautorität. Im Konflikt mit Österreich um die preußische Unionspolitik stimmte B. am 2.11.1850 aufgrund militärischer Unterlegenheit der ↗Olmützer Punktation zu. *rm*

Brandenburg (bis 18. Jh.) Die deutsche Landesherrschaft in der späteren Mark B. entwickelte sich durch Eroberung der slawischen Festung B. (B./Havel) im 10. bzw. 12. Jh. sowie durch die deutsche ↗Ostkolonisation. Der 1134 mit B. belehnte ↗Askanier ↗Albrecht der Bär führte den Titel Markgraf von B. seit 1157. Seit dem 13./14. Jh. waren die Markgrafen ↗Kurfürsten. 1323 wurden zunächst die ↗Wittelsbacher, 1415 die ↗Hohenzollern mit B. belehnt. Die Doppelstadt ↗Berlin und Cölln wurde Hauptstadt und Residenz. Die Dispositio Achillex festigte die Herrschaft der Dynastie, die 1539 die Reformation einführte. Mit dem Erwerb des Herzogtums ↗Preußen und den Gebietserweiterungen sowie innenpolitischen Maßnahmen des Großen Kurfürsten ↗Friedrich Wilhelm von B. begann die Entwicklung zum absolutistisch regierten Machtstaat als Grundlage des Königreiches Preußen. B. wurde eine Provinz des preußischen Gesamtstaates. *dt*

Brandenburg (Bundesland) 1945 wurde B. auf der Basis des Kerns der ehemaligen preußischen Provinz B. zunächst als Land konstituiert, 1952 aber zerschlagen durch Bildung der ↗DDR-Bezirke Potsdam, Frankfurt/Oder und Cottbus; seit 1990 Bundesland. Seit diesem Zeitpunkt regiert die ↗SPD unter Ministerpräsident ↗Stolpe, zunächst in einer Koalition mit ↗Bündnis 90/Die Grünen, seit 1994 in Alleinregierung. *RB*

Brandenburger Tor Am westlichen Ende der Straße „Unter den Linden“ 1788–91 von Carl Gotthard Langhans erbaut; gekrönt von der Quadriga mit der Siegesgöttin Viktoria (von Johann Gottfried von Schadow in Kupfer getriebenes Standbild). Schauplatz zahlreicher historischer Ereignisse (u.a. Feier des Sieges über Frankreich 1871); heute symbolträchtiges Wahrzeichen ↗Berlins. 1961–89 im Sperrbezirk der ↗Berliner Mauer gelegen und damit nicht für die Öffentlichkeit zugänglich. Die Quadriga war in dieser Zeit für mehrere Jahre abgebaut. 1989, nach der Maueröffnung, Schauplatz spontaner Freudenfeste. (331, 524) *RB*

Brandler, Heinrich Politiker, *3.7.1881 Warnsdorf (Böhmen), †26.9.1967 Hamburg. Ab 1901 Mitglied der ↗SPD; 1915 Parteiausschluß und Leitung der Spartakusgruppe Chemnitz. 1918/19 Gründungsmitglied der ↗KPD; ab 1922 Vorsitzender; 1924 abgesetzt und wegen ihm vorgeworfener „Rechtstendenzen“ (Einheitskurs mit der SPD) 1929 aus der Partei ausgeschlossen. 1933 Emigration nach Frankreich, 1941 nach Kuba. Rückkehr nach Deutschland 1949. *rm*

Brandt, Willy Bundeskanzler (SPD), *18.12. 1913 Lübeck, †8.10.1992 Unkel (bei Bonn). Seit 1930 Mitglied der ↗SPD; 1933 ↗Emigration nach Norwegen; 1938 ausgebürgert, Annahme der norwegischen Staatsangehörigkeit; 1940–45 im schwedischen ↗Exil; unter dem Pseudonym B. als Journalist tätig; 1945 Rückkehr nach Deutschland, 1947 als B. eingebürgert, Wiedereintritt in die SPD; 1949–57 und 1969–83 Mitglied des Bundestages; 1955–57 Präsident des Abgeordnetenhauses, 1957–66 Regierender Bürgermeister von Berlin (West); gescheiterte Kandidatur als Bundeskanzler 1961 und 1965; 1964–87 Parteivorsitzender der SPD; 1966–69 Außenminister und Vizekanzler in der ↗Großen Koalition; 1969–74 Bundeskanzler der ↗sozial-liberalen Koalition; errang mit einer auf Versöhnung angelegten ↗Ostpolitik, auch international, großes Ansehen; 1971 Verleihung des Friedensnobelpreises; aufgrund der ↗Guillaume-Affäre Rücktritt 1974; 1976–92 Präsident der Sozialistischen Internationale; seit 1977 Vorsitzender der Nord-Süd-Kommission; 1979–83 Mitglied des ↗Europäischen Parlaments. (42, 81, 277, 373) *Ki*

Willy Brandt

Brant, Sebastian Dichter, Humanist, *um 1457 Straßburg, †10.5.1521 ebd. Ab 1475 Jurastudium in Basel, 1496 Professor; kehrte 1500 nach Straßburg zurück, wurde Stadtsyndikus und 1503 Stadtschreiber; verfaßte juristische Arbeiten sowie Gedichte, wurde v.a. mit der 1494 erschienenen Moralsatire „Das Narrenschiff“ bekannt. *nk*

Brauch Bezeichnung für mit festen Regeln überlieferte ritualisierte Abläufe bei verschiedenen Anlässen im Lebens- und Jahreslauf sowie in Beruf, Religion und Alltag. Die Teilnahme am Brauchtum ist abhängig von Sozialisation und Kultur. *ku*

Brauchitsch, Eberhard von Manager, *28.11.

1926 Berlin. 1960–71 und 1973–82 u.a. Prokurist und geschäftsführender Gesellschafter der Friedrich Flick KG; 1971/72 Generalbevollmächtigter ↗Springers; seit 1983 Unternehmensberater; 1987 Verurteilung wegen Steuerhinterziehung im Zusammenhang mit Parteispenden (↗Parteispendenaffäre). *UK*

Brauchitsch, Walther von Generalfeldmarschall, *4.10.1881 Berlin, †18.10.1948 Hamburg. Seit 4.2.1938 Oberbefehlshaber des Heeres. Konnte sich nicht entschließen, den gegen ↗Hitlers Expansionspolitik opponierenden Generalstabschef ↗Beck zu unterstützen. Wegen Scheiterns des ↗Unternehmens Barbarossa am 19.12.1941 entlassen. Tod in britischer Haft. *PS*

Brauer, Johann Nikolaus Friedrich Badischer Politiker, *14.1.1754 Büdingen, †17.11.1813 Karlsruhe. Ab 1774 Regierungsrat im Dienst des Markgrafen ↗Karl Friedrich von Baden. Ab 1808 Mitglied des Staatsrates. Durch die Einführung des „Code Napoléon" (1808) und dessen Weiterentwicklung zum ↗Badischen Landrecht war B. maßgeblich an der Organisation der Verwaltung des neugeschaffenen Großherzogtums Baden beteiligt. *rm*

Brauereiwesen Gewerbe der Bierherstellung. Gebraut wurde schon früh für den Eigenbedarf; zusätzlich gab es bereits im Frühmittelalter ausgebildete Braumeister in den Klosterbrauereien und in den Brauhäusern an den ↗Höfen der Grundherren. Im mittelalterlichen Städteausbau wurde die Brauerei zum anerkannten Gewerbe, städtische Brauordnungen regelten Bierqualität und Preisgestaltung; exportiert wurde v.a. das haltbare Hopfenbier, seit Ende des 13. Jh.s zur See durch die norddeutschen Küstenstädte. Nach dem ↗Dreißigjährigen Krieg gewann ↗Bayern eine Vorrangstellung im deutschen B., das immer stärkeren Kontrollen unterworfen wurde. Im 19. Jh. entwickelte sich das B. zu einem wichtigen Industriezweig. *wj*

Brauksiepe, Aenne Politikerin (CDU), *23.2.1912 Duisburg, †1.1.1997 Oelde (Westfalen). 1949–72 als CDU-Abgeordnete im ↗Bundestag; 1956 Bundesvorstand der ↗CDU; 1958–71 Vorsitzende der CDU-Frauenvereinigung; 1964–68 stellvertretende Vorsitzende der CDU/CSU-Bundestagsfraktion; 1968/69 Bundesfamilienministerin. *Ki*

Braun, Eva *6.12.1912 München, †30.4.1945 Berlin. Geliebte ↗Hitlers, mit dem sie kurz nach ihrer Heirat im „Führerbunker" Selbstmord beging. *JH*

Braun, Karl Ferdinand ↗Nobelpreis

Braun, Lily Amalie Sozialistin, Schriftstellerin, *2.7.1865 Halberstadt, †9.8.1916 Berlin. Seit 1890 literarische Publikationen; aktiv in sozialistischer ↗Frauenbewegung; 1895 beteiligt an der Gründung der Zeitschrift „Frauenbewegung" (Herausgeberin: ↗Cauer); 1896 Beitritt zur ↗SPD; bekannt v.a. durch ihre „Memoiren einer Sozialistin" (1909–11). *nk*

Braun, Otto Preußischer Ministerpräsident (SPD), *28.1.1872 Königsberg, †15.12.1955 Ascona. 1889 Eintritt in die ↗SPD; 1902 Stadtverordneter in Königsberg; ab 1911 im Parteivorstand, 1913 Mitglied des preußischen Abgeordnetenhauses, 1919/20 Abgeordneter der ↗Nationalversammlung und 1920–33 des Reichstages; machte als mehrmaliger Ministerpräsident 1920–32 durch seine entschlossen demokratische Politik den politisch gewichtigen Teilstaat ↗Preußen zu einem wesentlichen Stabilitätsfaktor der ↗Weimarer Republik; staatsstreichartig seines Amtes enthoben (↗Preußenschlag). Im März 1933 ins ↗Exil (Schweiz). *JH*

Braun, Wernher von Ingenieur, *23.12.1912 Wirsitz (Posen), †16.6.1977 Alexandria (Virginia). 1937 technischer Leiter der Raketenversuchsanstalt Peenemünde an der Ostsee. Entwikkelte die ↗V-Waffen, die er teilweise von KZ-Häftlingen bauen ließ. Bei Kriegsende mit seinen engsten Mitarbeitern in US-Gefangenschaft, arbeitete B. ab 1959 für die US-Raumfahrtbehörde NASA. *PS*

Braunmühl, Gerold (Gero) von Diplomat, *15.9.1935 Breslau, †10.10.1986 Bonn. Seit 1966 im auswärtigen Dienst; u.a. Botschafter in Washington (1966–67), Neu-Delhi (1971–74) und Moskau (1974–77); ab 1977 stellvertretender Leiter des Referats Deutschland und Berlin im ↗Auswärtigen Amt; von ↗RAF-Terroristen erschossen. *Ki*

Brauns, Heinrich Politiker, katholischer Priester, *3.1.1868 Köln, †19.10.1939 Lindenberg (Allgäu). 1900–20 Leitung des ↗Volksvereins für das katholische Deutschland; 1919 Mitglied der ↗Nationalversammlung; 1920–23 Zentrums-Abgeordneter im Reichstag; 1920–28 Reichsarbeitsminister. B. setzte sich in seinen Schriften für christliche Gewerkschaften und eine Arbeitslosenversicherung ein: Soziale Reformarbeit

(1912); Wirtschaftskrisis und Sozialpolitik (1924). *rm*

Braunschweiger Löwe Bronzenes Standbild des Wappentiers ↗Heinrichs des Löwen im Hof der Burg von Dankwarderode in Braunschweig; 1166 als Zeichen der Herrschaft Heinrichs des Löwen über Sachsen aufgestellt. *RB*

Bray-Steinburg, Otto Graf von Bayrischer Politiker, *17.5.1807 Berlin, †9.1.1899 München. Jurastudium in Göttingen und München; 1843 Eintritt in den diplomatischen Dienst als Gesandter in St. Petersburg. Außenminister 1846–47 und 1848–49. Endgültige Rückkehr aus St. Petersburg 1859. Ab 1860 Gesandter in Wien, unterbrochen von erneuter Außenministertätigkeit in München 1870/71. 1870 erreichte B. in Verhandlungen mit Otto von ↗Bismarck Sonderrechte für ↗Bayerns Eintritt in das ↗Deutsche Reich. *rm*

BRD ↗Bundesrepublik Deutschland

Brecht, Bertolt (eigentlich Eugen Berthold Friedrich B.) Schriftsteller, *10.2.1898 Augsburg, †14.8.1956 Berlin (Ost). V.a. durch seine Dramen bedeutend für Literatur- und Theatergeschichte. Emigrierte 1933 über mehrere Umwege in die USA, ab 1949 in Berlin (Ost). Seit 1926 Nähe zum Marxismus; mit Helene Weigel Leitung des „Berliner Ensembles". Vertreter und Begründer des epischen Theaters, das u.a. mit Hilfe der Verfremdung (V-Effekt) dem Zuschauer zumeist gesellschaftskritische Themen nahe bringt, ohne ihm dabei die Möglichkeit der persönlichen Distanzwahrung nehmen zu wollen. Werke u.a.: Baal (1922), Dreigroschenoper (1929), Mutter Courage und ihre Kinder (1949), Leben des Galilei (1. Fassung 1938). *kp*

Bredel, Willi Schriftsteller, *2.5.1901 Hamburg, †27.10.1964 Berlin. War als Kommunist im ↗Konzentrationslager; geglückte Flucht nach Moskau; seit 1945 in Berlin (Ost); verfaßte als Vertreter des ↗sozialistischen Realismus Romane und Erzählungen, u.a. die Trilogie Verwandte und Bekannte (1943–53). *ij*

Brehm, Alfred Zoologe, Forschungsreisender, *2.2.1829 Renthendorf (Thüringen), †11.11.1884 ebd. Zoodirektor in Hamburg und Gründer des Berliner Aquariums; sein Hauptwerk, das „Illu-

Bertolt Brecht (2. v.li.) mit Erich Engel, Paul Dessau und Helene Weigel strierte Tierleben" (1864–69) fand internationale Beachtung. *ij*

Breitenfeld, Schlacht (1631) Im Schwedischen Krieg (↗Dreißigjähriger Krieg) besiegte der schwedische König Gustav II. Adolf, unterstützt durch Soldaten des sächsischen Kurfürsten ↗Johann Georg I., die kaiserlichen Truppen unter ↗Tilly am 17.9.1631 in B. (bei Leipzig). Als erste bedeutende Niederlage des Kaisers und der katholischen ↗Liga ein tiefer Einschnitt im Dreißigjährigen Krieg. *rh*

Breitscheid, Rudolf Ernst SPD-Politiker, *2.11.1874 Köln, †24.8.1944 Buchenwald. Seit 1912 ↗SPD-Mitglied, ab 1920 Mitglied des Reichstages. 1933 ↗Emigration. Ende Dezember 1941 von Vichy-Frankreich ausgeliefert, KZ-Haft in ↗Sachsenhausen und ↗Buchenwald, dort bei einem Luftangriff umgekommen. *PS*

Breker, Arno Bildhauer, *19.7.1900 Elberfeld (heute zu Wuppertal), †13.2.1991 Düsseldorf. Von 1938–45 Professor der Staatlichen Hochschule für bildende Künste in Berlin; seine neoklassizistischen Statuen, Reliefs und Büsten repräsentierten die Kunstauffassung des ↗Dritten Reiches. *ij*

Bremen Norddeutsche Stadt an der Weser; Stadtentwicklung seit Gründung des Bistums B. (787). Schnelle Expansion u.a. durch Marktprivilegien (↗Marktrecht) von 888 und 965; Entstehung einer Kaufmannssiedlung; 1186 als ↗Stadt anerkannt. 1358 Mitglied der ↗Hanse, 1541 ↗reichsunmittelbar (1646 bestätigt), 1806 Freie Hansestadt. 1815–66 Mitglied des ↗Deutschen Bundes, 1866–71 des ↗Norddeutschen Bundes, 1871 Bundesstaat des ↗Deutschen Reiches. Im 19. Jh. einer der weltweit wichtigsten Handelsplätze sowie bedeutendster Auswandererhafen Europas. 1919 für wenige Wochen Räterepublik, 1920 parlamentarische Verfassung, im ↗Dritten Reich zusammen mit Oldenburg unter einem ↗Reichsstatthalter. 1945 unter amerikanischer Militärregierung, die 1947 das Land B. (zusammen mit Bremerhaven) errichtete. Meist stärkste Fraktion im Senat ist die ↗SPD. *wm*

Brentano, Bettina ↗Arnim, Bettina von

Brentano, Clemens Lyriker, Erzähler, *8.9.1778 Ehrenbreitstein (bei Koblenz), †28.7.1842 Aschaffenburg. Bruder Bettina von ↗Arnims; mit Achim von ↗Arnim gab er die Volksliedersammlung „Des Knaben Wunderhorn" (1806–08) heraus. Wichtiger Vertreter der Hochromantik; schrieb Novellen und Märchendichtungen; schuf mit „Godwi" (1801) die neuartige Form des romantischen Romans. *ij*

Brentano, Heinrich von Bundesaußenminister, *20.6.1904 Offenbach/Main, †14.11.1964 Darmstadt. 1945 Mitbegründer der ↗CDU in Hessen; 1948/49 Mitglied des ↗Parlamentarischen Rates; 1949–55 und 1961–64 Vorsitzender der Bundestagsfraktion der ↗CDU/↗CSU; führte 1955–61 als Bundesaußenminister im Sinne ↗Adenauers die ↗Westintegration fort und setzte die ↗Hallstein-Doktrin durch; gab das Amt 1961 auf Druck der ↗FDP ab. *Ki*

Brentano, Lorenz Badischer Politiker, *14.11.1813 Mannheim, †17.9.1891 Chicago. Ab 1845 Obergerichtsadvokat; 1846 Mitglied der Zweiten Badischen Kammer; 1848 Mitglied der ↗Frankfurter Nationalversammlung. B. verteidigte 1848 ↗Struve und ↗Hecker in Freiburg. Nach dem republikanischen Aufstand 1849 stellte B. sich an die Spitze der provisorischen Regierung in Baden, floh nach deren Scheitern in die Schweiz und wurde in Abwesenheit zum Tod verurteilt. 1850 emigrierte B. in die USA, gründete dort die deutsche Zeitung „Der Leuchtturm" und war ab 1876 Kongreßabgeordneter. *rm*

Breschnew-Doktrin 1968 vom Generalsekretär der KPdSU Leonid Iljitsch Breschnew vertretene Doktrin, die im Falle einer Bedrohung für das sozialistische Weltsystem allen sozialistischen Staaten, somit auch der ↗DDR, nur eine beschränkte staatliche Souveränität zuerkannte; nachträgliche Rechtfertigung des Einmarsches in die ČSSR; 1987 erstmals Verzicht auf die B.-D. durch den Generalsekretär der KPdSU Michail Sergejewitsch Gorbatschow angedeutet, am 7.7.1989 vom ↗Warschauer Pakt offiziell widerrufen; dies war eine Voraussetzung für die deutsche ↗Wiedervereinigung. *kl*

Breslau, Friede (1742) Am 11.6.1742 zwischen ↗Preußen und ↗Österreich geschlossen. Der Friede von B. beendete den ersten ↗Schlesischen Krieg. Österreich trat ↗Schlesien und die Grafschaft Glatz an Preußen ab. *dw*

Brest-Litowsk, Friede (1918) Stadt an der weißrussischen Grenze, 3.3.1918 Unterzeichnung des Friedensvertrages zwischen Rußland und den ↗Mittelmächten des ↗Ersten Weltkrieges. Rußland verzichtete auf seine Hoheit über Polen und die baltischen Staaten und erkannte die Souveränität Finnlands und der Ukraine an. *PS*

Brief zur deutschen Einheit (1970) Während

der Unterzeichnung des ↗deutsch-sowjetischen Vertrages am 12.8.1970 der Delegation der Sowjetunion übergebenes Schreiben, das die vertraglich vereinbarte, faktische Anerkennung der ↗deutsch-deutschen Grenze um die Feststellung ergänzte, sie stünde nicht im Widerspruch zu dem politischen Ziel der ↗Bundesrepublik, „auf einen Zustand des Friedens in Europa hinzuwirken, in dem das deutsche Volk in freier Selbstbestimmung seine Einheit wiedererlangt". *kl*

Briefadel ↗Adel

Brigade Dem militärischen Sprachgebrauch entlehnte Bezeichnung für eine gemeinsam tätige Gruppe von 5–25 Arbeitern und Arbeiterinnen; verstärkt ab 1947 nach sowjetischem Vorbild in Betrieben der Industrie und der Landwirtschaft der ↗SBZ gebildet, in der ↗DDR zumeist unter der Leitung des ↗FDGB; Einbettung in den ↗Sozialistischen Wettbewerb; Instrument zur „Formung sozialistischer Persönlichkeiten"; 1989/90 mit der ↗Wiedervereinigung verschwunden. *kl*

Brille ↗Beryll

Brockdorff-Rantzau, Ulrich Graf von Außenminister, *29.6.1869 Schleswig, †8.9.1928 Berlin. 1918 Staatssekretär des ↗Auswärtigen Amtes bzw. seit Februar 1919 Reichsaußenminister; lehnte als Leiter der deutschen Delegation die Unterzeichnung des ↗Versailler Friedensvertrages (1919) ab und trat danach zurück; 1922–28 Botschafter in Moskau; maßgeblich am Abschluß des ↗Berliner Vertrages 1926 beteiligt. *JH*

Brockhaus, Friedrich Arnold Verleger, *4.5. 1772 Dortmund, †20.8.1823 Leipzig. Gelernter Kaufmann; gründete 1805 in Amsterdam eine Verlagsbuchhandlung. Mittelpunkt dieses Unternehmens (1817/18 nach Leipzig verlegt) wurde ein Konversationslexikon, das B. 1808 aufkaufte und nach und nach ergänzte; heute „Brockhaus Enzyklopädie". *UK*

Brokdorf Gemeinde in Schleswig-Holstein, Kreis Steinburg (Unterelbe); 1976 Beginn des Baus eines Atomkraftwerks in B. (Fertigstellung 1985), der auf heftigen Widerstand von Kernkraftgegnern stieß. Dabei kam es v.a. 1976 auf dem Baugelände zu schweren Zusammenstößen zwischen Demonstranten und Polizei. *AM*

Bromberger Blutsonntag Stadt in Polen (heute Bydgoszcz). Während des ↗Polenfeldzuges am 3.9.1939 Schauplatz von Übergriffen polnischer Soldaten und Freischärler gegen ↗Volksdeutsche,

Demonstration bei Brokdorf

ca. tausend Todesopfer. Die nationalsozialistische Propaganda nutzte das Geschehen unter Angabe weit überhöhter Opferzahlen zur Rechtfertigung der bereits geplanten blutigen Verfolgung der Intellektuellen und Juden Polens. *PS*

Bronsart von Schellendorf, Walter Preußischer General, *21.12.1833 Danzig, †13.12.1914 Berlin. Beteiligung am ↗Deutsch-Dänischen Krieg (1864), am ↗Deutschen Krieg (1866) und am ↗Deutsch-Französischen Krieg (1870/71). Ab 1888 Kommandierender General; 1893 preußischer Kriegsminister. Da B. die vom ↗Reichstag geforderte Reform der Militärstrafprozeßordnung nicht erwirken konnte, trat er 1896 als Minister zurück. *rm*

Broszat, Martin Historiker, *14.8.1926 Leipzig, †14.10.1989 München. 1972–89 Leiter des Instituts für Zeitgeschichte in München; Engagement im sog. ↗Historikerstreit; verfaßte u.a.: Der Staat Hitlers (1969), Nach Hitler. Der schwierige Umgang mit unserer Geschichte (1986). *Vö*

Brotkorbgesetz ↗Sperrgesetz

Brück (Heintze, Pontanus), Gregor Kursächsischer Kanzler, *1483 Brück bei Magdeburg, †15.2.1557 Jena. 1521–29 Kanzler; Anhänger Martin ↗Luthers; verfaßte die Einführungsrede zur ↗Augsburger Konfession (1530); setzte sich bes. im ↗Schmalkaldischen Bund (ab 1531) für eine Koalition gegen den habsburgischen Kaiser ein; am Aufbau der ↗Lutherischen Landeskirchen und an der Gründung der Universität Jena beteiligt. *rh*

Holzschnitt (1912) von Ernst Ludwig ↗Kirchner

Brücke, Die Neben dem ↗Blauen Reiter bedeutendster Künstlerzusammenschluß des ↗Expressionismus; 1905 in Dresden von ↗Kirchner, ↗Schmidt-Rotluff u.a. gegründet. Mitglieder und die Gruppe begleitende Künstler waren ↗Nolde, ↗Pechstein u.a. *kp*

Bruckner, Anton Österreichischer Komponist, *4.9.1824 Ansfelden (Oberösterreich), †11.10.1896 Wien. Organist, ab 1868 Professor am Wiener Konservatorium für Generalbaß, Kontrapunkt und Orgel. Verarbeitete Einflüsse von Richard ↗Wagner (den er zutiefst verehrte), ↗Beethoven, ↗Schubert und der geistlichen Musik des 16. und 17. Jh.s. Neben Kirchenmusik konzentrierte er sein kompositorisches Schaffen auf die Sinfonie. Allerdings wurde ihm erst seit der Uraufführung seiner siebten Sinfonie größere Anerkennung als Komponist zuteil. *as*

Brühl, Heinrich Graf von Kursächsischer Minister, *13.8.1700 Gangloffsömmern (Thüringen), †28.10.1763 Dresden. Seit 1746 als Premierminister ↗Augusts III. Vertreter einer absolutistischen Innen- und neutralen Außenpolitik; sein Ziel einer Landverbindung und Realunion zwischen ↗Sachsen und Polen wurde von ↗Preußen und ↗Österreich verhindert; unterstützte Wirtschaft, Kultur (Dresdner Oper) und die Errichtung barocker Bauten (Brühlsche Terrasse in Dresden). *rh*

Brun(o) Erzbischof von Köln, *um 925, †11.10.965 Reims. Seit 939 am Hofe seines Bruders ↗Ottos I., des Großen; seit 940 ↗Kanzler und 951 ↗Erzkanzler, seit 953 Erzbischof von Köln und Verwalter des Herzogtums Lothringen; Förderer der ↗Gorzer Reform; 1870 Anerkennung seiner Heiligkeit. *dh*

Brunfels, Otto Botaniker, Theologe, *1488 Mainz, †1534 Bern. Kartäuser, später Anhänger von ↗Huttens; Studium der Medizin, dann Arzt in Bern. B. ist Autor eines in der Botanik bedeutenden Buches über Kräuter (Herbarium vivae eicones, 1530–40) sowie Verfasser und Übersetzer zahlreicher wissenschaftlicher Schriften. *ku*

Brüning, Heinrich Reichskanzler (Zentrum), *26.11.1885 Münster, †30.3.1970 Norwich (Vermont). Geprägt vom Fronterlebnis des ↗Ersten Weltkrieges, katholisch, monarchistisch und stark national orientiert, wurde B. 1920 Geschäftsführer der ↗christlichen Gewerkschaften (bis 1930). Seit 1924 war er Abgeordneter des ↗Zentrums im Reichstag, 1929 Fraktionsvorsitzender. Im März

1930 wurde B. auf Betreiben von Beratern des ↗Reichspräsidenten von ↗Hindenburg zum Reichskanzler ernannt. Da hinter seinem Kabinett der bürgerlichen Mitte keine Reichstagsmehrheit stand, suchte er mittels ↗Notverordnungen der Finanz- und Wirtschaftskrise Herr zu werden, die er allerdings durch seine Deflationspolitik verschärfte.

Außenpolitisch bemühte sich B. um ein Ende der von Deutschland zu leistenden ↗Reparationen und um die Wiederherstellung der deutschen Gleichberechtigung in Rüstungsangelegenheiten. Die Lösung der Reparationsfrage auf der Konferenz von ↗Lausanne (1932) war im wesentlichen B.s Erfolg, den er allerdings innenpolitisch nicht ausnutzen konnte, da ihm Hindenburg unter dem Einfluß großagrarischer Kreise und des Generals von ↗Schleicher das Vertrauen entzog und er am 30.5.1932 entlassen wurde. 1934 emigrierte B. in die USA und wurde Professor an der Harvard University. Nach seiner zwischenzeitlichen Rückkehr nach Deutschland (1951–55, Professur in Köln 1952–54) lebte B. wieder in den USA. In seinen Memoiren offenbarte B. sich als deutlich antiparlamentarisch eingestellter Monarchist. *JH*

BSE-Seuche (Bovine spongiforme Enzophalopathie, auch als „Rinderwahnsinn" bekannt) Tödliche Infektionskrankheit bei Rindern, deren Erreger mit denen der Traberkrankheit bei Schafen und denen des Creutzfeld-Jacob-Syndroms beim Menschen identisch sind (Aufweichung der Hirnstrukturen); 1992 erster Fall von BSE in Deutschland, bis 1994 wurden vier Fälle registriert; mögliche Ansteckung durch den Import erkrankter Tiere oder durch die Verfütterung belasteten Tiermehls. Die Übertragbarkeit auf den Menschen ist nicht abschließend geklärt (Stand Sommer 1998). Um BSE einzudämmen, verhängte die ↗EU gegen Großbritannien ein Ausfuhrverbot für Rinder und Rindfleisch. Von März bis September 1996 bestand in Deutschland ein generelles Importverbot. *Ki*

Buback, Siegfried Generalbundesanwalt, *3.1. 1920 Wilsdruff (Sachsen), †7.4.1977 Karlsruhe. 1959 zum Staatsanwalt beim Bundesgerichtshof befördert; 1963 Oberstaatsanwalt; 1971 Bundesanwalt beim Bundesgerichtshof; 1974 Generalbundesanwalt; von Terroristen der ↗RAF 1977 auf offener Straße ermordet. *Ki*

Buber, Martin Jüdischer Religionsphilosoph, *8.2.1878 Wien, †13.6.1965 Jerusalem. Schüler von ↗Dilthey und ↗Simmel. Lehrte 1923–33 (entlassen) in Frankfurt/Main, ging 1938 nach Palästina. 1938–51 Professor an der Universität Jerusalem. Beschäftigte sich mit dem Chassidismus; Vertreter eines unpolitischen Zionismus. Sein Werk „Ich und Du" (1923) fand weithin Beachtung. *ij*

Bubis, Ignatz Unternehmer, Vorsitzender des ↗Zentralrats der Juden in Deutschland, *12.1.1927 Breslau. Überlebte die Zeit des ↗Nationalsozialismus im ↗Ghetto von Deblin (Polen); ab 1949 Unternehmer im Bereich Edelmetallhandel; später hauptsächlich im Immobiliengeschäft tätig; seit 1992 Vorsitzender des ↗Zentralrats der Juden. *Vö*

Bucer, Martin Reformator, *11.11.1491 Schlettstadt, †27.2.1551 Cambridge. B. studierte ab 1517 Theologie und Altphilologie in Heidelberg und Mainz; wirkte seit 1523 u.a. in Straßburg für die

BSE: Veterinärkontrollen auf EU-Ebene sind der europäischen Generaldirektion für Verbraucherschutz zugeordnet.

↗Reformation; Teilnahme an den ↗Marburger Religionsgesprächen (1529); 1530 Mitverfasser der Bekenntnisschrift „Confessio Tetrapolitana“, die in Straßburg bis zum ↗Augsburger Interim Gültigkeit besaß. Wegen Ablehnung des Interims mußte B. 1549 auf Befehl Kaiser ↗Karls V. Straßburg verlassen und ging nach England; ab 1550 hielt er Vorlesungen in Cambridge. B. zählt zu den wichtigsten deutschen Reformatoren. *nk*

Bucerius, Gerd Verleger, Publizist, *19.5.1906 Hamm (Westfalen), †29.9.1995 Hamburg. War während des ↗Nationalsozialismus Richter in Kiel und Flensburg; verteidigte als Anwalt in Hamburg Verfolgte des Regimes; Bausenator in Hamburg, 1949–62 CDU-Abgeordneter im Bundestag; gründete 1949 die Hamburger Wochenzeitung „Die Zeit“, die er seit 1957 allein verlegte. 1951 übernahm er das Magazin „Stern“; war 1973–91 im Aufsichtsrat von ↗Bertelsmann. *ij*

Buchdruck Die in China entwickelte Technik des B.s kam Ende des 14. Jh.s nach Europa. Gleichzeitig wurde das Pergament als Schreibunterlage durch das billigere Papier ersetzt (erste deutsche Papiermühle in Nürnberg 1390). ↗Gutenberg arbeitete ab 1445 in ↗Mainz mit einer neuartigen Kombination metallener, einzeln beweglicher Typenstempel in einer Druckform und einer verbesserten Druckerpresse. 1455 war die „Gutenbergbibel“ als erstes großes Druckwerk fertig. Druckorte in Deutschland nach Mainz: ↗Nürnberg (1470), Bamberg (1471), ↗Lübeck (1473). Ende des 15. Jh.s Druckerpressen in mehr als 60 deutschen Städten; um 1570 hatte der B. das Manuskript abgelöst.

Die rasche, massenhafte Produktion von Schriften durch den B. war eine Voraussetzung für die Wirkung von ↗Humanismus und ↗Reformation. Der B. als erstes Massenmedium veränderte die Grundlagen des Geschichtsablaufs. Die Bedeutung der Schriftlichkeit und damit des Augensinns sowie die Fähigkeit zur Zerlegung und Distanzierung von Ereignissen nahm zu. Der B. lieferte durch die getrennten, scharf umrissenen, gleich wiederholbaren Lettern und die von ihm geprägten Vorstellungen von Linearität, Kontinuität und Homogenität auch das Modell für die entstehenden modernen Wissenschaften. *rh*

Buchenwald ↗Konzentrationslager auf dem Ettersberg bei Weimar. Ab Sommer 1937 zunächst mit politischen und kriminellen Gefangenen belegt, ab 1938 (verstärkt nach den ↗Novemberpogromen) zunehmend jüdische Häftlinge, während des ↗Zweiten Weltkrieges dann auch Gefangene aus den besetzten Ländern. Die ↗SS versah B. mit einem Netz von Außenlagern, in denen die Häftlinge Zwangsarbeit leisteten. Mit zunehmender Kriegsdauer kam es auch in B. zu organisierter Tötung von Gefangenen (Kranke, sowjetische Kriegsgefangene sowie Tötungen bei Menschenversuchen). Nach Errichtung der ↗Vernichtungslager wurde Ende 1942 die Mehrzahl der jüdischen Häftlinge in B. nach ↗Auschwitz zur Ermordung gebracht. Anfang April 1945 wurden zunehmend Häftlingsgruppen aus dem Lager auf ↗Todesmärsche geschickt. Die politischen Gefangenen, die nach und nach die Selbstverwaltung der Häftlinge übernommen und zum Ausbau eines Widerstandsnetzes (internationales Häftlingskomitee) genutzt hatten, bewaffneten sich am 11.4.1945 bei Abzug der SS-Wachmannschaften und begrüßten die wenig später anrückenden US-Einheiten. In B. starben bis Kriegsende ca. 50000 Häftlinge. 1946 erschien als einer der ersten Berichte über B. „Der SS-Staat“ des ehemaligen Häftlings ↗Kogon. – 1945–50 nutzten die sowjetischen Besatzungsbehörden B. als ↗Internierungslager für tatsächliche und vermeintliche Nationalsozialisten. *PS*

Bucher, Lothar Preußischer Politiker, Publizist, *25.10.1817 Neustettin, †10.10.1892 Glion (bei Montreux). Jurastudium; 1838 Eintritt in den preußischen Justizdienst. 1848 radikaldemokratischer Abgeordneter in der preußischen Nationalversammlung. 1850–61 Exil in London; nach der Rückkehr ab 1864 im Außenministerium tätig und enger Berater Otto von ↗Bismarcks. B. war an der Verfassung des ↗Norddeutschen Bundes und ab 1890 an der Aufzeichnung von Bismarcks „Gedanken und Erinnerungen“ maßgeblich beteiligt. *rm*

Bücherverbrennung (10.5.1933) Von der ↗NSDAP gesteuerte Propaganda-Aktion, bei der in zahlreichen deutschen Universitätsstädten die Werke unliebsamer, v.a. jüdischer Wissenschaftler und Schriftsteller (u.a. ↗Brecht, ↗Einstein, ↗Freud, Heinrich und Thomas ↗Mann, Karl ↗Marx, ↗Remarque, ↗Tucholsky) verbrannt wurden. *JH*

Buchhandel An- und Verkauf von Druckerzeugnissen; verstärkte Entwicklung seit der ↗Reformation, nachdem sich ab 1480 das ↗Verlagswesen durch die Massenproduktion etabliert hatte (nach der Erfindung des Buchdrucks durch ↗Gutenberg mit Auflagen von bis zu 1000 Exemplaren); Hemmnisse im B. u.a. mit dem Ausland durch den bis zur Mitte des 16. Jh.s verbreiteten Büchertausch; erste Institutionalisierung des B.s 1764 mit der Gründung der „Deutschen B.s-Gesellschaft", deren Mitglieder nur gegen Barzahlung verkaufen durften; 1791 Einrichtung der jährlich stattfindenden Buchhändlerbörse in Leipzig.

Zunehmende Neugründungen führten Anfang des 19. Jh.s zu einem Preiskampf im B. Als Zusammenschluß gegen überhöhte Rabatte und unrechtmäßige Nachdrucke wurde 1825 der „Börsenverein der deutschen Buchhändler zu Leipzig" gegründet. 1827–29 Entwicklung einer Gesetzgebung im Bereich der Verlagsrechte; das internationale Urheberrecht gilt seit 1884.

Im ↗Zweiten Weltkrieg wurde die Buchproduktion durch Papiermangel, Vernichtung der Verlagszentren und ↗Zensur weitgehend lahmgelegt. Nach Kriegsende unterlag der B. zunächst der Kontrolle durch die Besatzungsmächte. 1948 wurde der „Börsenverein Deutscher Verleger- und Buchhändler-Verbände" (1955 in den „Börsenverein des Deutschen Buchhandels" umgewandelt) gegründet. *ij*

Buchheim, Lothar Günther Schriftsteller, Kunstsammler, *6.2.1918 Weimar. Wurde bekannt mit seinem Weltkriegsroman „Das Boot" (1973), der 1981 verfilmt wurde. *ij*

Buchmessen Für die Ausstellung von Büchern sowie die Begegnung von Verlegern, Buchhändlern, Autoren und Lesern organisierte Veranstaltungen. Wichtigste deutsche B. sind die (seit 1949 größte internationale) Frankfurter und die Leipziger B., deren Traditionen bis ins 15. Jh. reichen. *nk*

Buchner, Eduard ↗Nobelpreis

Büchner, Georg Dramatiker, Erzähler, *17.10. 1813 Goddelau (bei Darmstadt), †19.2.1837 Zürich. Verfasser des revolutionären Flugblatts „Der hessische Landbote" (1834); mußte 1835 nach Straßburg fliehen; seit 1836 Privatdozent für Medizin in Zürich. B.s Dramen verweisen u.a. durch psychologische Durchdringung der Figuren und neuartige Perspektivik – in „Woyzeck" (1835) steht ein seiner selbst kaum bewußtes Opfer der Gesellschaft im Mittelpunkt – auf die ↗Moderne. Werke u.a.: Dantons Tod (Revolutionstragödie, 1835), Leonce und Lena (Komödie, 1836), Lenz (Novellenfragment aus dem Nachlaß). *ij*

Büchnerpreis ↗Georg-Büchner-Preis

Bückler, Johannes ↗Schinderhannes

Bugenhagen, Johannes Reformator, *24.6. 1485 Wollin (Pommern), †19.4.1558 Wittenberg. Seit 1523 Stadtpfarrer, seit 1533 Professor für Theologie in Wittenberg; Freund und Beichtvater Martin ↗Luthers sowie dessen Mitarbeiter bei der Bibelübersetzung; schuf v.a. Kirchen- und Schulordnungen für verschiedene norddeutsche Städte. *nk*

Bukarest, Friede (1918) Geschlossen am 7.5.1918 zwischen den ↗Mittelmächten und Rumänien, das die Dobrudscha an Bulgarien abtreten mußte und dem Deutschen Reich Rechte bei der Ausbeutung der rumänischen Ölfelder einräumte. *PS*

Bulle ↗Goldene Bulle

Bülow, Bernhard Fürst von Reichskanzler, *3.5.1849 Klein-Flottbek (bei Hamburg), †28.10.1929 Rom. Seit 1874 im diplomatischen Dienst; 1900–09 Reichskanzler und preußischer Ministerpräsident; in der Annahme, daß Deutschland durch den Gegensatz zwischen Großbritannien und Rußland geschützt sei, vertrat B. außenpolitisch eine „Politik der freien Hand"; dies

Georg Büchner

verursachte zusammen mit der von ihm postulierten ↗Nibelungentreue und dem ↗Flottenbauprogramm eine Isolierung Deutschlands. Innenpolitisch gelang ihm die Bildung des sog. B.-Blocks (1907–08), in dem sich liberale und konservative Parteien zu einer regierungsnahen Reichstagsmehrheit zusammenfanden; Rücktritt 1909 aufgrund der ↗Daily-Telegraph-Affäre (1908) und des Scheiterns der Reichsfinanzreform; 1914–15 Sonderbotschafter in Rom. *sa*

Bülow, Hans Graf von Preußischer Politiker, *14.7.1774 Essenrode (bei Gifhorn), †11.8.1825 Bad Landeck (Schlesien). Ab 1801 Kriegs- und Domänenrat beim Generaldirektorium in Berlin; ab 1805 in Magdeburg. B. führte 1808–11 als westfälischer Finanzminister eine erfolgreiche Steuerreform durch. 1813–18 preußischer Finanzminister; ab 1818 Förderer der ↗Industrialisierung Preußens als Minister für Handel und Gewerbe. 1825 Oberpräsident von Schlesien. *rm*

Bund der Geächteten 1834 in Paris unter Einfluß französischer Geheimgesellschaften von deutschen Emigranten, bes. Studenten, Handwerker und Journalisten, gegründete, aus dem Deutschen Volksverein hervorgegangene, sozialistische Gesellschaft; 1836 im ↗Bund der Gerechten aufgegangen. *nk*

Bund der Gerechten 1836 aus der Geheimgesellschaft ↗Bund der Geächteten entstandene, sozialistisch-revolutionär orientierte Organisation mit Stützpunkten in größeren deutschen Städten; ab 1837 unter Einfluß ↗Weitlings; seit 1839/40 v. a. in London stark vertreten, wo sich die Umorientierung nach den Theorien Karl ↗Marx' vollzog; 1846 Beitritt von Marx und ↗Engels. 1847 wurde der B.d.G. in ↗Bund der Kommunisten umbenannt. *nk*

Bund der Heimatvertriebenen und Entrechteten (BHE) 1950 in Bayern und Schleswig-Holstein als Interessenvertretung der durch Krieg und Nachkriegsfolgen Benachteiligten gegründete politische Partei; seit 1951 auf Bundesebene aktiv, benannte sich 1952 in Gesamtdeutscher Block/BHE um und erzielte bei den Bundestagswahlen 1953 6 % der abgegebenen Stimmen; stellte zwei Minister (↗Oberländer und Waldemar Kraft) im zweiten Kabinett ↗Adenauer; verfehlte 1957 die ↗Fünf-Prozent-Klausel und schloß sich mit der ↗DP zur Gesamtdeutschen Partei (GDP) zusammen. Nach erneuter Umbenennung (1965) stellte sich die Gesamtdeutsche Partei Deutschlands (GPD) 1969 zum letztenmal zur Bundestagswahl. *bb*

Bund der Industriellen (BdI) Am 27.11.1895 von Unternehmern und Industriellen gegründeter, neben dem ↗Centralverband Deutscher Industrieller (CDI) stärkster Verband zur Interessenvertretung der Industrie; politisch der ↗Nationalliberalen Partei und der Freisinnigen Volkspartei nahe; setzte sich gegen Bildung von ↗Monopolen und seit 1900 für begrenzte Schutzzölle ein; stand im Gegensatz zum ↗Bund der Landwirte; 1919 Vereinigung mit CDI zum Reichsverband der Deutschen Industrie. *nk*

Bund der Kommunisten Unter maßgeblichem Einfluß von Karl ↗Marx und ↗Engels 1847 in London aus dem ↗Bund der Gerechten hervorgegangene sozialistisch-internationalistische Organisation mit dem Leitspruch „Proletarier aller Länder vereinigt euch" und dem Ziel der klassenlosen Gesellschaft (Klassenkampf); Programm des B.d.K. 1848 im ↗Kommunistischen Manifest festgelegt; versuchte in Deutschland auf die ↗deutsche Revolution von 1848/49 Einfluß zu nehmen; bes. aktiv in ↗Köln, wo die u. a. von Marx redigierte Neue Rheinische Zeitung erschien; 1852 „Kölner Kommunistenprozesse" gegen Mitglieder des B.d.K. und Auflösung. *nk*

Bund der Landwirte (Agrarier) Am 18.12.1893 gegründeter Verband zur Vertretung der Interessen der Landwirte; entstanden als Reaktion auf die durch ↗Industrialisierung und diese begünstigende Handelspolitik geschwächte politische und wirtschaftliche Position der deutschen ↗Landwirtschaft. Der mit der ↗Deutschkonservativen Partei verflochtene, antisemitische und nationalistische Züge tragende B.d.L. wurde zu einer der einflußreichsten Massenorganisationen Deutschlands; 1921 im Reichslandbund aufgegangen. *nk*

Bund der Vertriebenen/Vereinigte Landsmannschaften und Landesverbände (BdV) Aus der 1957 vollzogenen Vereinigung des „Bundes der vertriebenen Deutschen" und des „Verbandes der Landsmannschaften" entstandener Dachverband der ↗Vertriebenen mit Sitz in Bonn. Der BdV vereint 21 Landsmannschaften und (seit 1990) 16 Landesverbände. *bb*

Bund Deutscher Frauenvereine (BDF) Am 28./29.3.1894 in Berlin unter maßgeblicher Beteiligung des ↗Allgemeinen Deutschen Frauenvereins gegründete, politisch und konfessionell unabhängige Dachorganisation von 34 deutschen

Frauenvereinen; Ziel war die Koordinierung der gemeinsamen Interessen der ↗Frauenbewegung; bis zu seiner Auflösung 1933 wurde der BDF u. a. von Auguste ↗Schmidt und ↗Bäumer geleitet. *nk*

Bund Deutscher Mädel (BDM) ↗Hitler-Jugend

Bund Deutscher Offiziere (BDO) Im ↗Zweiten Weltkrieg Zusammenschluß von in der Sowjetunion kriegsgefangenen Offizieren der ↗Wehrmacht, die versuchten, noch kommandierende Kameraden zur Einstellung des Kampfes zu bewegen. Nachdem es bei der Gründung des ↗Nationalkomitees „Freies Deutschland" (NKFD) am 12./13.7.1943 nicht gelungen war, auch hohe Offiziere zu integrieren, wurde am 11./12.9.1943 im Offizierslager Lunjowo (bei Moskau) der B. gegründet, v. a. unter Beteiligung von bei ↗Stalingrad in Gefangenschaft geratenen Offizieren (Vorsitzender: General von ↗Seydlitz-Kurzbach). Nach dem Krieg lösten sich BDO und NKFD am 2.11.1945 auf. *PS*

Bundesakte (1815) Am 8.6.1815 auf dem ↗Wiener Kongreß von 38 „souveränen Fürsten und freien Städten Deutschlands" angenommene Verfassung des ↗Deutschen Bundes, die einen lockeren Staatenbund schuf: ↗Preußen und ↗Österreich waren nur mit ihren früheren Reichsteilen vertreten, der König von Großbritannien als König von Hannover, der König von Dänemark als Herzog von Holstein sowie der König der Niederlande als Großherzog von Luxemburg; Errichtung einer ↗Bundesversammlung in Frankfurt/Main unter österreichischem Vorsitz; Verbot von Bündnissen der Mitglieder gegen den Bund oder Mitglieder des Bundes sowie einseitige Friedensschlüsse. *vK*

Bundesanstalt für Arbeit (BfA) 1952 gegründete Körperschaft des öffentlichen Rechts (bis 1969: „Bundesanstalt für Arbeitsvermittlung und Arbeitslosenversicherung") mit Sitz in Nürnberg. Zu den Aufgaben der BfA zählen gemäß Arbeitsförderungsgesetz vom 25.6.1969 u. a. Arbeitslosenunterstützung, Arbeitsvermittlung und Berufsberatung. Der BfA unterstehen die Landesarbeitsämter. *bb*

Bundesanstalt für gesamtdeutsche Aufgaben (Gesamtdeutsches Institut) Organisation zur wissenschaftlichen Auswertung sowie zur Herausgabe von eigenem Informationsmaterial zur Festigung und Verbreitung des gesamtdeutschen Gedankens, am 25.6.1969 durch den Bundesminister für gesamtdeutsche Fragen ↗Wehner gegründet; nach der ↗Wiedervereinigung aufgelöst; Übergabe der Bibliothek der B.f.g.A. an das ↗Haus der Geschichte der Bundesrepublik Deutschland am 1.1.1994. *kl*

Bundesbank ↗Deutsche Bundesbank

Bundesbehörde des Beauftragten für die Unterlagen des Staatssicherheitsdienstes der ehemaligen DDR (Gauck-Behörde) 1990 gegründete Behörde zur Verwaltung des Aktenbestandes des aufgelösten ↗Ministeriums für Staatssicherheit (MfS) der ↗DDR mit Sitz in Berlin. Gemäß der Bestimmungen des ↗Einigungsvertrages ermöglicht die über 3000 Mitarbeiter starke Behörde mit 14 Außenstellen jedem Bundesbürger auf schriftlichen Antrag beschränkte Einsicht in ihn betreffende MfS-Akten. Anfang 1996 lagen der Behörde bereits mehr als 1 Mio. entsprechende Anträge vor. Leiter der Bundesbehörde ist seit 1990 der ehemalige DDR-Bürgerrechtler Joachim Gauck. *bb*

Bundesexekution Gemäß Artikel 31 der ↗Wiener Schlußakte von 1820 Zwangsmaßnahmen gegen „pflichtwidrige" Glieder des ↗Deutschen Bundes, wie militärische Besetzung oder Absetzung des regierenden Monarchen; angewandt 1830 gegen Braunschweig, 1864 gegen Dänemark (↗Deutsch-Dänischer Krieg) und 1866 gegen ↗Preußen (↗Deutscher Krieg). *vK*

Bundesfestungen (1815–66) Die fünf militärischen Festungen des ↗Deutschen Bundes gemäß ↗Bundesakte: ↗Mainz, Luxemburg, Landau, Rastatt und Ulm; militärisch dem Deutschen Bund direkt unterstellt und aus Bundesmitteln unterhalten. Der Einzelstaat hatte die Truppen zu stellen und den Gouverneur zu ernennen. Mainz, Rastatt und Ulm wurden nach 1871 in das deutsche Festungssystem integriert. *vK*

Bundesgrenzschutz (BGS) 1951 eingerichtete Sondereinheit (ca. 30000 Mann) mit spezieller militärischer Ausbildung, die dem Bundesministerium des Inneren unterstellt ist; zuständig für den Schutz der Landesgrenzen sowie von Bundesorganen; bis 1990 an der innerdeutschen Grenze der ↗Grenzschutztrupppe der DDR gegenübergestellt; Einsatz ebenfalls im Katastrophenschutz und zum Schutz der freiheitlich-demokratischen Grundordnung, u. a. bei der Terroristenbekämpfung (↗Grenzschutztruppe 9) möglich; wegen ↗Wiedervereinigung und Abbau der Grenzen innerhalb der ↗EU tiefgreifender Strukturwandel im BGS; seit 1992 zusätzlich für Bahn- und Flugsicherheit zuständig. *Vö*

Bundeshauptstadt Sitz von Regierung und Parlament der ↗Bundesrepublik, seit 1949 Bonn; 1991 durch den ↗Berlin-Beschluß des ↗Bundestages nach ↗Berlin verlegt, 1992 mit dem ↗Hauptstadtvertrag näher geregelt; am 12.10.1993 Entscheidung der Bundesregierung zum Umzug nach Berlin bis zum Jahre 2000; Entschädigung der Region Bonn durch den ↗Bonn-Vertrag 1994. *kl*

Bundeskanzler Im ↗Norddeutschen Bund 1867–71 der verantwortliche Leiter der Bundespolitik. In der ↗Bundesrepublik bestimmt der B. als Regierungsoberhaupt die Richtlinien der Politik der ↗Bundesregierung.

Der B. wird als einziges Mitglied der Bundesregierung vom ↗Bundestag gewählt. Er kann durch ein Mißtrauensvotum gestürzt werden, dabei verlieren auch seine Minister ihr Amt. Im Gegenzug kann der B. die Vertrauensfrage an den Bundestag stellen. Wird der Antrag abgelehnt, kann er Neuwahlen herbeiführen. Er hat außerdem das Recht, dem ↗Bundespräsidenten Minister zur Ernennung und Entlassung vorzuschlagen. *Ki*

Bundesländer Die ↗Bundesrepublik ist in Bund und 16 B. gegliedert: ↗Baden-Württemberg, ↗Bayern, ↗Berlin, ↗Brandenburg, ↗Bremen, ↗Hamburg, ↗Hessen, ↗Mecklenburg-Vorpommern, ↗Niedersachsen, ↗Nordrhein-Westfalen, ↗Rheinland-Pfalz, ↗Saarland, ↗Sachsen, ↗Sachsen-Anhalt, ↗Schleswig-Holstein und ↗Thüringen. 13 Länder sind Flächenstaaten, Berlin, Hamburg, Bremen Stadtstaaten. Die wichtigste Kompetenz der Länder ist das Recht der Mitwirkung an der Gesetzgebung des Bundes und das Recht einer eigenen Landesgesetzgebung. An der Spitze der Landesregierungen steht der Ministerpräsident. *Ki*

Bundespräsident Staatsoberhaupt der ↗Bundesrepublik; von der ↗Bundesversammlung gewählt; Begrenzung der Amtszeit auf fünf Jahre, einmal Wiederwahl möglich; wählbar ist jede bzw. jeder Deutsche, die das vierzigste Lebensjahr vollendet haben.

Das Aufgabenfeld ist bei nur geringen politischen Kompetenzen primär formal: Repräsentation der Bundesrepublik nach innen und außen, völkerrechtliche Vertretung durch Unterzeichnung von Verträgen mit anderen Staaten und von Gesetzen; Ernennung der Bundesminister, Bundesrichter, Bundesbeamten und der Offiziere; kann auf An-

Bundeskanzler ↗Adenauer (re.) mit den alliierten Hochkommissaren (1949)

trag des ↗Bundeskanzlers den ↗Bundestag auflösen. Außerdem übt er das Begnadigungsrecht aus. *Ki*

Bundesrat 1) Im ↗Norddeutschen Bund und im ↗Deutschen Reich die Vertretung der Regierungen der Einzelstaaten; Organ für die Gesetzgebung und die Durchführung der Bundesbeschlüsse der Gesamtheit der in diesen Bundesstaaten zusammengeschlossenen Gliedstaaten.
2) In der ↗Bundesrepublik gemeinsames Organ der ↗Bundesländer auf Bundesebene, das die Interessen der Länder an der Gesetzgebung und der Verwaltung des Bundes vertritt. Die Länder entsenden je nach Einwohnerzahl drei bis sechs Mitglieder. Gesetzesvorlagen der ↗Bundesregierung gehen zunächst an den B., der diese kommentiert und sie an den ↗Bundestag weiterleitet. *Ki*

Bundesregierung Politische Führung der ↗Bundesrepublik, bestehend aus dem ↗Bundeskanzler und den Bundesministern, die zusammen das Kabinett bilden, dem seit 1998 15 Ressortminister sowie je zwei Staatsminister im Kanzleramt und im ↗Auswärtigen Amt angehören.
Die B. gestaltet in Umsetzung des Willens der parlamentarischen Mehrheit die inneren Verhältnisse und auswärtigen Beziehungen der Bundesrepublik und ist für die Ausführung der Gesetze durch die Bundesbehörden verantwortlich. *Ki*

Bundesrepublik Deutschland (BRD) Die BRD ist ein demokratischer und sozialer Bundesstaat. Hauptstadt 1949–91 ↗Bonn, seither ↗Berlin. Sie gliedert sich in 16 ↗Bundesländer und hat ca. 80 Mio. Einwohner.
Die staatliche Ordnung beruht auf dem vom ↗Parlamentarischen Rat erarbeiteten ↗Grundgesetz (GG), mit dessen Verkündung am 23.5.1949 die BRD in den westlichen ↗Besatzungszonen gegründet wurde. Im GG ist auch die Gewaltenteilung zwischen ↗Bundestag, ↗Bundesrat und Länderparlamenten (Legislative), ↗Bundesregierung unter dem ↗Bundeskanzler und Landesregierungen (Exekutive) sowie der Gerichtsbarkeit verankert. Der ↗Bundespräsident hat in erster Linie repräsentative Funktionen. Über die Verfas-

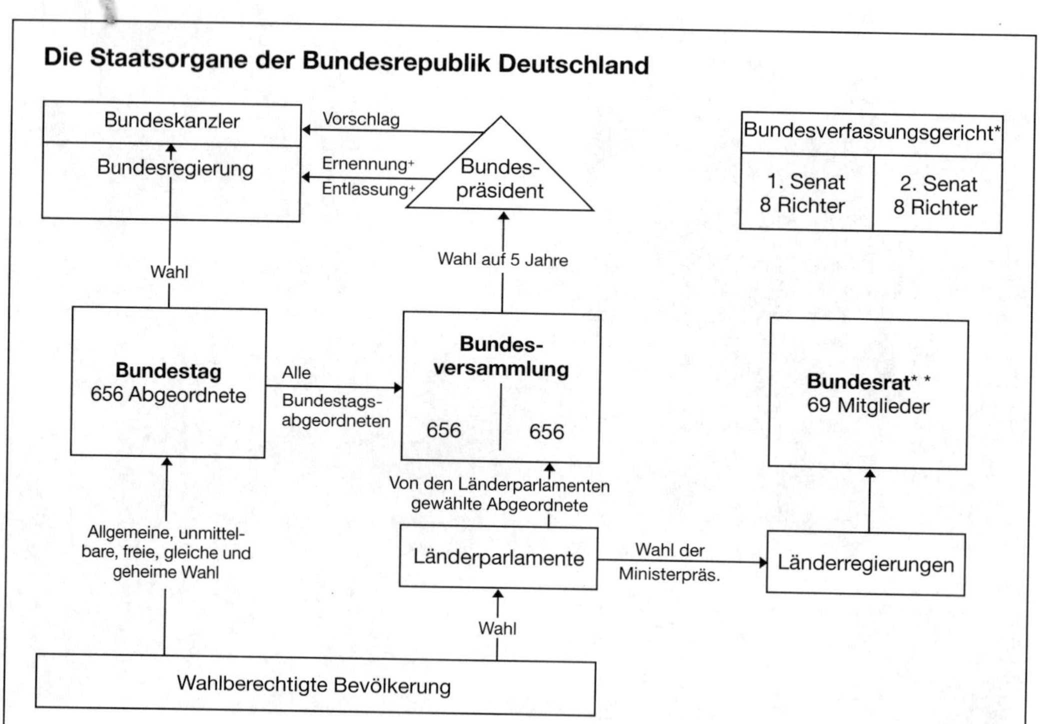

* Hüter des Grundgesetzes　　* * Mitwirkung bei der Bundesgesetzgebung　　+Auf Vorschlag des Bundeskanzlers

sungsmäßigkeit allen staatlichen Handelns wacht das ↗Bundesverfassungsgericht.
1949–69 und 1982–98 regierte die ↗CDU/↗CSU (bis 1957 und 1961–66 sowie 1982–98 in Koalition mit der ↗FDP u.a., 1966–69 mit der ↗SPD), 1969–82 die ↗sozial-liberale Koalition (SPD/FDP), und seit 1998 regiert die ↗rot-grüne Koalition.
Die ersten Bundesregierungen unter ↗Adenauer (CDU) setzten gegen den Widerstand der SPD die Westintegration und die Wiederbewaffnung der BRD durch, führten die ↗soziale Marktwirtschaft ein und verfolgten eine Politik der strikten Abgrenzung zur ↗DDR (↗Hallsteindoktrin). In diese Zeit fielen der Beitritt zur ↗Montanunion (1951/52), die Erlangung der Souveränität unter Vorbehalt (1955) durch ↗Deutschlandvertrag (1952) und ↗Pariser Verträge (1954), die Gründung der ↗Bundeswehr und der Beitritt zur ↗NATO (1955) sowie die Mitgründung der ↗EWG (1958).
Innenpolitische Krisen und eine Verschlechterung der wirtschaftlichen Situation führten 1963 zur Ablösung Adenauers durch ↗Erhard (CDU) und 1966 zur ↗großen Koalition (CDU/SPD). Die sozial-liberale Koalition unter ↗Brandt (SPD, 1969–74) und Helmut ↗Schmidt (SPD, 1974–82) verwirklichte innenpolitische Reformen („Mehr Demokratie wagen") und setzte eine neue Ostpolitik um (1970: ↗deutsch-sowjetischer und ↗deutsch-polnischer Vertrag, 1971: ↗Viermächte-Abkommen über Berlin, 1972: ↗Grundlagenvertrag mit der DDR).
Nach dem Bruch dieser Koalition aufgrund wirtschafts- und sozialpolitischer Differenzen regierte eine christlich-liberale Koalition unter Helmut Kohl (CDU).
Nach den Veränderungen im Ostblock Ende der achtziger Jahre und dem Abschluß des ↗Zwei-plus-Vier-Vertrages mit den ↗Alliierten des ↗Zweiten Weltkrieges traten am 3.10.1990 die Länder der DDR der BRD bei, und das vereinte Deutschland erhielt die volle Souveränität.
Bei den ↗Bundestagswahlen 1998 wurde die SPD stärkste Partei und bildete mit Bündnis 90/Die Grünen die Regierung (↗rot-grüne Koalition). *li*

Bundestag 1) Im ↗Deutschen Bund die ↗Bundesversammlung.
2) Demokratisch legitimiertes Parlament der ↗Bundesrepublik, auf vier Jahre gewählt. Der. B. beschließt Bundesgesetze, wählt den ↗Bundeskanzler, wirkt bei der Wahl des ↗Bundespräsidenten mit, hat Einfluß auf die Besetzung der Bundesgerichte und übt die Kontrolle über die Regierung aus. Jeder Bürger kann sich an den B. mit Bitten und Beschwerden wenden. (368) *Ki*

Bundestagspräsident Leiter der Sitzungen des ↗Bundestages; von der stärksten Fraktion gestellt; vom Bundestag gewählt. Mehrere Vizepräsidenten dürfen den B. bei der Leitung der Bundestagssitzung ablösen. Der B. repräsentiert den Bundestag nach außen. Ihm stehen Polizeigewalt und Hausrecht im Haus des Bundestages zu. *Ki*

Bundestagswahlen Allg., freie, geheime, unmittelbare Wahl der Mitglieder des ↗Bundestages durch wahlberechtigte Staatsangehörige der ↗Bundesrepublik auf vier Jahre; als personalisierte Verhältniswahl eine Mischung aus einer Verhältniswahl mit Elementen der Mehrheitswahl; Einteilung des Wahlgebietes in Wahlkreise. Der Wähler hat zwei Stimmen. Mit der ersten Stimme wählt er direkt den Kandidaten einer Partei in seinem Wahlkreis (Mehrheitswahl), mit der zweiten

Bundestag: Gratulation nach gescheitertem Mißtrauensvotum 1972 (stehend v.li.: Rainer ↗Barzel, Willy ↗Brandt)

Bundestagswahlen 1949 bis 1998 (bis 1987 ohne Berlin (West)

	14.8.1949		6.9.1953		15.9.1957		17.9.1961		19.9.1965	
Wahlbeteiligung	78,5 %		85,8 %		87,8 %		87,7 %		86,8 %	
	Ergebnis		**Ergebnis**		**Ergebnis**		**Ergebnis**		**Ergebnis**	
	%	Sitze	%	Sitze	%	Sitze	%	Sitze	%	Sitze
CDU / CSU	31,0	139	45,2	243	50,2	270	45,3	242	47,6	245
SPD	29,2	131	28,8	151	31,8	169	36,2	190	39,3	202
FDP	11,9	52	9,5	48	7,7	41	12,8	67	9,5	49
DP (ab 1961 GDP)	4,0	17	3,3	15	3,4	17	2,8	–	–	–
GB / BHE	–	–	5,9	27	4,6	–	–	–	–	–
Zentrum	3,1	10	0,8	3	0,3	–	–	–	–	–
BP	4,2	17	1,7	–	0,5	–	–	–	–	–
KPD	5,7	15	2,2	–	–	–	–	–	–	–
DFU	–	–	–	–	–	–	1,9	–	1,3	–
DRP	1,8	5	1,1	–	1,0	–	0,8	–	–	–
NPD	–	–	–	–	–	–	–	–	2,0	–
Sonstige	9,1	16	1,5	–	0,5	–	0,2	–	0,3	–
Gesamt	100	402	100	487	100	497	100	499	100	496

	28.9.1969		19.11.1972		3.10.1976		5.10.1980		6.3.1983	
Wahlbeteiligung	86,7 %		91,1 %		90,7 %		88,6 %		89,1 %	
	Ergebnis		**Ergebnis**		**Ergebnis**		**Ergebnis**		**Ergebnis**	
	%	Sitze	%	Sitze	%	Sitze	%	Sitze	%	Sitze
CDU / CSU	46,1	242	44,9	225	48,6	243	44,5	226	48,8	244
SPD	42,7	224	45,8	230	42,6	214	42,9	218	38,2	193
FDP	5,8	30	8,4	41	7,9	39	10,6	53	7,0	34
Grüne	–	–	–	–	–	–	1,5	–	5,6	27
DP (ab 1961 GDP)	0,1	–	–	–	–	–	–	–	–	–
BP	0,2	–	–	–	–	–	–	–	–	–
DKP	–	–	0,3	–	0,3	–	0,2	–	0,2	–
NPD	4,3	–	0,6	–	0,3	–	0,2	–	0,2	–
Sonstige	0,8	–	–	–	0,3	–	0,1	–	0,1	–
Gesamt	100	496	100	496	100	496	100	497	100	498

	25.1.1987		2.12.1990		16.10.1994		27.9.1998	
Wahlbeteiligung	84,3 %		77,8 %		79,0 %		82,3 %	
	Ergebnis		**Ergebnis**		**Ergebnis**		**Ergebnis**	
	%	Sitze	%	Sitze	%	Sitze	%	Sitze
CDU / CSU	44,3	223	43,8	319	41,5	294	35,2	245
SPD	37,0	186	33,5	239	36,4	252	40,9	298
FDP	9,1	46	11,0	79	6,9	47	6,2	43
Grüne	8,3	42	3,9	–	–	–	–	–
Bündnis 90 / Grüne	–	–	1,2	8	7,3	49	6,7	47
NPD	0,6	–	–	–	–	–	–	–
DVU	–	–	–	–	–	–	1,2	–
Republikaner	–	–	2,1	–	1,9	–	1,8	–
PDS	–	–	2,4	17	4,4	30	5,1	36
Sonstige	0,7	–	2,1	–	1,6	–	3,1	–
Gesamt	100	497	100	662	100	672	100	669

Stimme wählt er die Liste einer Partei (Verhältniswahl). Ausschlaggebend für die Sitzverteilung der Parteien im Bundestag ist die Zweitstimme, da die Sitze entsprechend der für jedes der 16 ↗Bundesländer getrennt aufgestellten Listen abgegebenen Stimmen auf die Bundesparteien verteilt werden. Die Verteilung der Sitze berechnet sich nach dem Hare-Niemeyer Verfahren, bei dem die Gesamtzahl der Sitze (656) mit der Anzahl der Zweitstimmen einer Partei multipliziert und durch die Gesamtzahl der Zweitstimmen aller Parteien geteilt wird. Sog. Überhangmandate entstehen, wenn für eine Partei in einem Bundesland mit Hilfe der Erststimmen mehr Kandidaten in den Bundestag gewählt werden, als ihr nach dem Ergebnis der Zweitstimmen auf der Landesliste zustehen. Die ↗Fünf-Prozent-Klausel verhindert, daß kleinere und Splitterparteien in den Bundestag kommen. *Ki*

Bundesverband der Deutschen Industrie e.V. (BDI) 1949 gegründeter Interessenverband der deutschen Industrie mit Sitz in Köln. Im BDI sind rund 35 Industriefachverbände und Verbandsgruppen mit mehr als 80000 Industrieunternehmen organisiert. *bb*

Bundesvereinigung der Deutschen Arbeitgeberverbände (BDA) 1949 gegründeter Dachverband der privatwirtschaftlichen Arbeitgeber mit Sitz in Köln. Die BDA umfaßt 15 fachübergreifende Landesverbände und 48 fachgebundene Verbände. *bb*

Bundesverfassungsgericht Gerichtshof des Bundes mit Sitz in Karlsruhe; aus zwei Senaten mit je acht Richtern besetzt, die zur Hälfte von ↗Bundestag und ↗Bundesrat gewählt werden; wacht darüber, daß Bundestag, ↗Bundesregierung und Rechtsprechung die von ihm rechtsverbindlich interpretierte Verfassung (↗Grundgesetz) einhalten. *Ki*

Bundesversammlung 1) Im ↗Deutschen Bund die ständige Versammlung der Vertreter (Bundestagsgesandten) der Mitgliedstaaten in Frankfurt/Main unter Vorsitz des österreichischen Präsidialgesandten.

2) In der ↗Bundesrepublik eine aus Mitgliedern des ↗Bundestages und einer gleichen Anzahl von Delegierten aus den Parlamenten der ↗Bundesländer zusammengesetzte Institution, die nur zur Wahl des ↗Bundespräsidenten einberufen wird. *Ki*

Bundesvertriebenengesetz Eigentlich: „Gesetz über die Angelegenheiten der Vertriebenen und Flüchtlinge"; von 1953, zuletzt novelliert 1993; regelte die Eingliederung der nach 1945 aus den ↗Ostgebieten des Deutschen Reichs vertriebenen Deutschen und der Flüchtlinge aus der ↗SBZ bzw. der ↗DDR und gewährte ihnen nach den Bestimmungen des ↗Lastenausgleichsgesetzes bes. Hilfen und Vorzüge. *bb*

Bundeswehr Seit dem 1.4.1956 Bezeichnung für die Streitkräfte der ↗Bundesrepublik, die seit dem 9.5.1955 Mitglied der ↗NATO ist. Gründung nach mehrjähriger Diskussion um die ↗Wiederbewaffnung Westdeutschlands mit der Vereidigung der ersten Freiwilligen am 12.11.1955 durch den Bundesminister der Verteidigung ↗Blank und dem Einrücken der ersten 1000 Freiwilligen zum 2.1. 1956; Einführung der allg. Wehrpflicht am 21.7.1956.

Die B. ist, auch aufgrund des Einflusses des SPD-Politikers ↗Erler, eine „Parlamentsarmee": In Friedenszeiten liegt die oberste Befehls- und Kommandogewalt beim Bundesminister der Verteidigung, im Verteidigungsfall beim ↗Bundeskanzler. Die B. wird durch den Verteidigungsausschuß des ↗Bundestages kontrolliert, ihr Etat durch den Bundestag bewilligt. Als Prinzip der Menschen- und Truppenführung gilt die ↗Innere Führung; Angehörige der B. genießen durch das Soldatengesetz vom 19.3.1956 als „Staatsbürger in Uniform" volle staatsbürgerliche Rechte, über die seit 1959 ein ↗Wehrbeauftragter wacht.

Die B. entwickelte sich, trotz starker personeller Kontinuität zur ↗Wehrmacht, zu einer demokratischen Armee; Ereignisse wie die ↗Nagold-Affäre 1963 waren der Test für den Bruch mit den militaristischen Traditionen der Wehrmacht.

Die B. war stets auf nationale Verteidigung festgelegt und ist heute nicht nur im Verbund der NATO, sondern seit 1993 mit der Aufstellung des deutsch-französisch-belgischen ↗Eurokorps, seit 1995 mit einem deutsch-niederländischen Korps fest im Sicherheitssystem Europas verankert.

Die B. leistete auch während des ↗kalten Krieges weltweit humanitäre Hilfseinsätze, z.B. 1960 in der durch ein Erdbeben zerstörten Stadt Agadir (Marokko) oder 1965 mit der Verbringung von Hilfsgütern nach Algerien; seit dem ↗Out-of-Area-Urteil 1994 sind auch Kampfeinsätze im Rahmen von Friedensmissionen der ↗Vereinten Nationen erlaubt. 1999 Beteiligung am ↗Kosovokonflikt. Innerhalb Deutschlands waren Einhei-

ten der B. im Rahmen des Katastrophenschutzes tätig, etwa 1962 während einer Flutkatastrophe in Hamburg, Schleswig-Holstein und Niedersachsen oder 1997 während des ↗Oder-Hochwassers.
Nach der ↗Wiedervereinigung übernahm die B. über das ↗B.-Kommando Ost die Auflösung der ↗NVA, integrierte ca. 10000 ehemalige Soldaten der NVA, zerstörte das übernommene militärische Material gemäß dem ↗VKSE-Abkommen oder verkaufte es ins Ausland. (66, 288) *kl*

Bundeswehr-Kommando Ost Am 30.8.1990 gegründete zentrale Führungseinrichtung der ↗Bundeswehr mit Sitz in Strausberg bei ↗Berlin zur Auflösung der ↗NVA; zum 1.7.1991 außer Dienst gestellt. Unter der Leitung von Generalleutnant Jörg Schönbohm wurden alle Truppenteile, Stäbe und Einrichtungen der NVA auf dem Gebiet der ehemaligen ↗DDR in die Bundeswehr integriert. *kl*

Bundeszentrale für politische Bildung Als Bundeszentralstelle für Heimatdienst 1952 gegründet, 1963 umbenannt in B.f.p.B.; finanzielle Unterstützung von Fortbildungsmaßnahmen und Veröffentlichungen zur staatsbürgerlichen Erziehung; Herausgeberin der politischen Wochenzeitung „Das Parlament“, der an private Nutzer kostenlos abgegebenen „Informationen zur politischen Bildung“ und von ebenfalls kostenlosen Nachdrucken anerkannter wissenschaftlicher Literatur zu Politik und Zeitgeschichte. *kl*

Bundeszentralstelle für Heimatdienst ↗Bundeszentrale für politische Bildung

Bund evangelischer Kirchen in der DDR (BeK) Zusammenschluß der evangelischen Landeskirchen auf dem Gebiet der ↗DDR nach der 1969 mit der ↗Verfassung der DDR erzwungenen Trennung von der ↗EKD. Obwohl „Kirche im Sozialismus“, war der BeK als einzige legale Vereinigung nicht den Organisationsstrukturen der sozialistischen Gesellschaft unterworfen. Mit Abschaffung des Religionsunterrichts in der DDR entwickelte der BeK eine eigene Lehre in Schulen und Ausbildungsstätten. Angesichts der ↗Jugendweihe und der Unterstützung der ↗Friedensbewegung kam es zu einer systematischen Überwachung durch das ↗Ministerium für Staatssicherheit. Im Zuge der ↗Wiedervereinigung wurden im Juni 1991 die acht Landeskirchen der DDR mit den 25 Gliedkirchen der bundesdeutschen evangelischen Kirche wiedervereinigt. *Ki*

Bund Freiheit der Wissenschaften 1970 in Bonn gegründeter akademischer Verband konservativer Ausrichtung, mit dem Ziel, durch Öffentlichkeitsarbeit die Schul- und Hochschullehre gegen politisch linksgerichtete Einflüsse zu verteidigen. *nk*

Bündnis für Arbeit Im November 1995 vom Vorsitzenden der Industriegewerkschaft Metall Klaus Zwickel vorgeschlagenes Expertengremium zur Bekämpfung der ↗Arbeitslosigkeit nach dem Vorbild der ↗Konzertierten Aktion; erste Beratungen zwischen Arbeitgeberverbänden und den ↗Gewerkschaften im Januar 1996, die mit einer Einigung zum Abbau von Überstunden endeten; am 20.3.1996 von Arbeitgebervertretern für gescheitert erklärt, jedoch vier Tage später Einigung über ein B.f.A. in der Stahlindustrie. Zwar wurde zu Weihnachten 1996 seitens der Bundesregierung, der Arbeitgeber und der Opposition die Bereitschaft zur Neuauflage signalisiert und im Mai 1997 ein B.f.A. für Ostdeutschland angekündigt. Unter der ↗rot-grünen Koalition Wiederaufnahme der Gespräche am 25.2.1999. *kl*

Bündnis 90 1990 für die Volkskammerwahlen der DDR von verschiedenen Bürgerrechtsvereinigungen (z.B. ↗Neues Forum) geschlossenes Wahlbündnis. Zur ersten gesamtdeutschen Bundestagswahl 1990 trat das B. in einer Listenverbindung mit den Grünen (Ost) an und erhielt 1,2 % der Stimmen und zwölf Mandate. Bildet (ohne das Neue Forum) seit 1993 mit der Umweltpartei Die Grünen die Partei ↗Bündnis 90/Die Grünen. *bb*

Bündnis 90/Die Grünen Aus dem 1993 vollzogenen Zusammenschluß der westdeutschen Umweltpartei Die ↗Grünen mit der ostdeutschen Bürgerrechtsvereinigung ↗Bündnis 90 hervorgegangene politische Partei, die bei der Bundestagswahl 1994 mit 7,3 % der Stimmen zur drittstärksten Partei auf Bundesebene wurde; als Koalitionspartner der ↗SPD sind B. 90/D.G. an verschiedenen Landesregierungen beteiligt. Bei der ↗Bundestagswahl 1998 erhielten B. 90/D.G. 6,7 % der Stimmen und sind seitdem auch auf Bundesebene Regierungspartner der ↗SPD. *bb*

Bundschuh Name und Feldzeichen aufständischer Bauernbünde im Heiligen Römischen Reich von der Mitte des 15. Jh.s bis zum ↗Bauernkrieg (v.a. am Oberrhein unter ↗Fritz); benannt nach dem mit Riemen gebundenen Bauernschuh des Mittelalters. *dt*

Bunsen, Karl Freiherr von Preußischer Diplomat, Theologe, *25.8.1791 Korbach, †28.11.1860

Bonn. Ab 1824 Gesandter beim Vatikan; ab 1829 zugleich Generalsekretär des mit seiner Mithilfe gegründeten „Archäologischen Instituts“. B. verhandelte mit der Kurie über die Mischehe und wurde im Zuge des ↗Kölner Kirchenstreits 1838 abberufen. Ab 1842 Botschafter in London; B. unterzeichnete 1852 das ↗Londoner Protokoll zu Schleswig-Holstein. Aufgrund seiner liberalen Position bezüglich der Haltung Preußens im Krimkrieg wurde er 1854 abberufen. *rm*

Bunsen, Robert Wilhelm Chemiker, Physiker, *30.3.1811 Göttingen, †16.8.1899 Heidelberg. Seit 1839 Professor in Marburg, 1851 in Breslau, seit 1852 in Heidelberg; durch seine zahlreichen Entdeckungen (z.B. Synthetisierung von Arsenverbindungen) und Erfindungen (z.B. Gas-B.-Brenner) gehört B. zu den bedeutendsten Naturforschern des 19. Jh.s. *nk*

Burchard I. von Worms Bischof (seit 1000), *um 965, †20.8.1025 Worms. Der Erzieher König ↗Konrads II. ließ den ersten Dom zu Worms erbauen. 1007 begann er mit seiner allg. bekannten und anerkannten Aufzeichnung des zeitgenössischen Kirchenrechts (= Decretum Burchardi). *ku*

Burckhardt, Jacob Schweizerischer Kultur- und Kunsthistoriker, *25.5.1818 Basel, †8.8.1897 ebd. Als Professor zunächst in Zürich, ab 1858 in Basel; Begründer der wissenschaftlich-systematischen Kunstgeschichte; Kritiker des neuzeitlichen Fortschrittsglaubens, an dessen Siegeszug er den Verfall der abendländischen politischen Ordnung und Kultur ablas. B. entwickelte eine Form der ↗Geschichtswissenschaft, die, als bes. Merkmal, in den kulturellen Errungenschaften der Menschen das eigentlich Dauernde sieht und somit in der historischen Betrachtung die Erscheinungsform des Entstandenen über den Prozeß des Werdens stellt. B. verfaßte u.a.: Die Cultur der Renaissance in Italien (1860), Griechische Kulturgeschichte (1898–1902). *Vö*

Burda, Franz Verleger, *24.2.1903 Philippsburg (Baden), †30.9.1986 Offenburg. Übernahm 1929 die väterliche Druckerei in Offenburg; hatte nach 1948 Erfolge auf dem Zeitschriftenmarkt mit Illustrierten wie „BUNTE“, „freundin“ und „focus“; erhebliche Erweiterung seines Unternehmens durch Beteiligungen und Übernahmen in der Druckerei- und Verlagsbranche. *UK*

Burg Befestigter Wohnsitz. Direkte Vorläufer der mittelalterlichen Ritter-B. waren die seit dem 9. Jh. bekannten Turmhügel-B. oder Motten. Vom

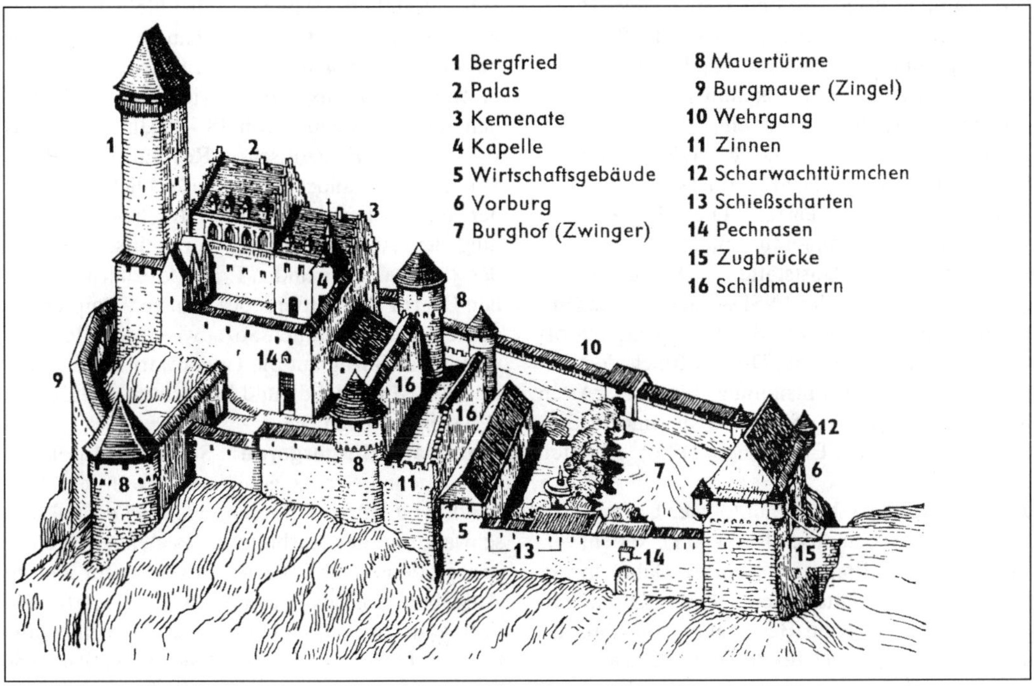

Ritterburg im Mittelalter

11.–16. Jh. lassen sich als Typen v. a. die auf Berggipfeln gelegene Höhen-B. und Niederungs-B. (meist Wasser-B.) unterscheiden. B.-Bezirke waren von Ringmauern umgeben, auf deren Innenseite die Gebäude lagen, insbesondere der Palas (Hauptwohngebäude), der u. a. Kemenate (Frauengemach) und Kapelle beherbergte; Hauptverteidigungspunkt war der ↗Bergfried. Zwischen dem mit Zugbrücke gesicherten Tor und der Vor-B. lag der sog. Zwinger. Mit dem Aufkommen von Feuerwaffen wandelten sich B. seit Ende des 14. Jh.s zu ↗Festungen, Wohnsitze des ↗Adels wurden die Schlösser. *wj*

Bürgerbewegung der DDR Sammelbezeichnung für aus der ↗Friedensbewegung hervorgegangene Reformgruppen, insbesondere nach Beginn des sowjetischen Reformkurses unter Michail Sergejewitsch Gorbatschow 1985 entstanden; Hauptforderung nach mehr Bürgerrechten; Sammelbecken für kritische Oppositionelle, v. a. Intellektuelle, Pfarrer, Künstler und Wissenschaftler. Wichtigste Vertreter der B. waren die ↗Initiative für Frieden und Menschenrechte, das ↗Neue Forum, die Gruppe ↗Demokratie Jetzt sowie der ↗Demokratische Aufbruch; maßgeblicher Anteil am Ende der SED-Herrschaft, u. a. in den Leipziger ↗Montagsdemonstrationen und der Beteiligung am zentralen ↗Runden Tisch 1989/90; Zusammenschluß der B. im ↗Bündnis 90 für die erste freie Wahl der ↗Volkskammer der DDR; wegen ihres Eintretens gegen eine ↗Wiedervereinigung und für eine reformierte DDR zunehmend Verlust des Rückhalts in der Bevölkerung; am 14.5.1993 mit der Partei ↗Die Grünen zum ↗Bündnis 90/Die Grünen fusioniert. *kl*

Bürgerbräukeller Gaststätte in München, bereits in der Frühzeit der ↗NSDAP deren gelegentlicher Versammlungsort. 8.9.1923 Ausgangsort des ↗Hitler-Putsches. Im ↗Dritten Reich dort alljährliche Gedenkveranstaltung für die „Alten Kämpfer" der Partei. 8.11.1939 detonierte dort eine Bombe von ↗Elser, die ↗Hitler gegolten hatte. *PS*

Bürgerinitiativen Meist auf lokaler Ebene überparteiliche Zusammenschlüsse von Personen; verstärkt seit dem Ende der sechziger Jahre in der Bundesrepublik entstanden; durch Öffentlichkeitsarbeit Versuch zur Beseitigung von Mißständen aller Art; z. T. auch überregionale Zusammenschlüsse (z. B. Bundesverband Umweltschutz). *Ki*

bürgerliche Revolution ↗industrielle Revolution

Bürgerliches Gesetzbuch (BGB) Das nach Überarbeitung des im Deutschen Reich geltenden Privatrechts 1896 verabschiedete, am 1.1.1900 in Kraft getretene Gesetzeswerk, das die bürgerlichen Rechte regelt. In der ehemaligen ↗DDR durch das Familien- (1965) und Zivilgesetzbuch (1976) ersetzt; gilt in der ↗Bundesrepublik (mit Änderungen) bis heute. *nk*

bürgerliches Trauerspiel In England und Frankreich während der ↗Aufklärung entstandene dramatische Gattung, in der der vom ↗Adel unterdrückte Bürger als tragischer Held in den Mittelpunkt rückte. Wurde in Deutschland von Gotthold Ephraim ↗Lessing mit „Miss Sara Sampson" (1755) eingeführt. Während im 18. Jh. die Emanzipation des ↗Bürgertums verteidigt wurde (Friedrich von ↗Schiller: Kabale und Liebe, 1784), übte das b.T. des 19. Jh.s Kritik an dessen Werten (↗Hebbel: Maria Magdalene, 1844). *ij*

Bürgertum Von Bürgern gebildeter gesellschaftlicher ↗Stand; bezeichnete seit dem 12. Jh. die freien, mit allen politischen Rechten ausgestatteten Stadtbewohner als Dritten Stand neben ↗Adel und ↗Klerus. Der Aufstieg des B.s zur stärksten politischen Kraft bis Ende des 18. Jh.s, begann im 13. Jh. auf wirtschaftlichem (Früh-↗Kapitalismus) und kulturellem (↗Humanismus) Gebiet. Seit der Zeit des ↗Absolutismus bezeichnete B. nicht nur Stadtbewohner im allg., sondern auch Angehörige bestimmter Berufsgruppen wie Händler, Unternehmer oder Beamte. Im 18.–19. Jh. wurde das B., seit der ↗Französischen Revolution 1789 als Staats-B. verstanden, zum maßgeblichen Träger der technischen und wirtschaftlichen Entwicklung, der ↗Aufklärung sowie der politischen Ideen des ↗Liberalismus und z. T. des ↗Sozialismus, der den Begriff B. als Bourgeoisie klassenkämpferisch deutete. Die modernen Sozialwissenschaften verwenden in Bezug auf die Gegenwart im allg. den Begriff „Mittelstand" und betrachten den Begriff B. als historischen. *nk*

Bürgerwehr, Bürgergarde Seit dem Mittelalter zum eigenen Schutz gebildete, bewaffnete Verbände von Bürgern. Deren eigentliche Funktion schwand mit der Ausbildung des stehenden Heeres seit dem 17. Jh.; B. wurden seither für andere Aufgaben (z. B. als Wachposten) eingesetzt; politisch aktiviert während der ↗Deutschen Revolution 1848/49 und wegen Teilnahme an den Aufständen fast ausnahmslos aufgelöst (1849). *nk*

Burgfrieden 1) Im ↗Mittelalter Beschränkung

oder Verbot der ↗Fehde innerhalb von ↗Burgen oder ↗Städten.
2) 1914–17 Verzicht der Parteien, v. a. der ↗SPD, auf parteipolitische Auseinandersetzungen zur Stärkung der Zentralgewalt für den ↗Ersten Weltkrieg; zerbrach wegen ungelöster Verfassungsprobleme und Konflikte über die Kriegsziele. *vK*

Burgfriedensangebot (1962) Angebot des Bundeskanzlers ↗Adenauer an den Ministerpräsidenten der Sowjetunion Nikita Sergejewitsch Chruschtschow vom 6.6.1962, die ↗DDR auf der Basis einer friedlichen Koexistenz für zehn Jahre faktisch anzuerkennen; erneuter Versuch, die ↗deutsch-deutschen Beziehungen ohne endgültigen Verzicht auf die Option einer ↗Wiedervereinigung zu normalisieren (↗Österreich-Lösung); am 3.10.1963 nach Bekanntwerden heftige Reaktionen der westdeutschen Öffentlichkeit. *kl*

Burgunder Ostgermanischer Stamm (Verbindung zur Insel Bornholm unsicher), der bis zum 2. Jh. im Oder-Weichsel-Raum siedelte. Im 3. Jh. wandten sich die B. nach Mitteleuropa und gründeten in der Gegend von ↗Mainz und Worms ihr erstes Reich, das 436 von den Hunnen vernichtet wurde (Grundlage für die Nibelungensage, ↗Nibelungenlied). 443 wurden Reste der B. von den Römern in der Sapaudia (in etwa Savoyen) angesiedelt; 461 eroberten sie Lyon und Mittelgallien. Dieses zweite Burgunderreich behauptete sich mühsam zwischen den Goten und den ↗Franken, denen es 534 unterlag. *wm*

Burschenschaften Studentenorganisationen, die v. a. in der Zeit der ↗Befreiungskriege entstanden und durch ↗Nationalismus, ↗Patriotismus sowie die Ideen des altdeutschen romantischen Idealismus gekennzeichnet waren. Den ersten Zusammenschluß zu einer B. stellte die 1815 gegründete ↗Jenaische B. dar, die alle deutschen Studenten als Vorbild für die angestrebte liberal-nationale politische Einigung Deutschlands zusammenfassen wollte (1817 ↗Wartburgfest). Nach der Ermordung des Schriftstellers von ↗Kotzebue durch den unter Einfluß des radikalen Privatdozenten Karl ↗Follen stehenden Studenten ↗Sand Verbot der radikalen B. durch die ↗Karlsbader Beschlüsse (1819). Der durch radikale Burschenschaftler ausgelöste ↗Frankfurter Wachensturm 1833 führte zu weiteren Verfolgungen. Nach Gründung des ↗Deutschen Reiches 1871 Zurücktreten der politischen Ziele; die B. entwickelten sich zu einer (konservativen) Studentenverbindung neben anderen.
Im ↗Dritten Reich scheiterte der Versuch, die Gesamtheit der B. im NS-Studentenbund gleichzuschalten. Nach dem ↗Zweiten Weltkrieg wurden zahlreiche B. neu gegründet. Sie bilden heute den Verband der Deutschen B. *vK*

Busch, Wilhelm Dichter, Zeichner, *15.4.1832 Wiedensahl (Niedersachsen), †9.1.1908 Mechtshausen (Landkreis Hildesheim-Marienburg). Schuf satirisch-groteske Bildergeschichten mit knappen Texten und Erzählungen, in denen sein von ↗Schopenhauer geprägtes pessimistisches Welt- und Menschenbild zum Ausdruck kommt. Malte Genrebilder und Landschaften. Werke u. a.: Max und Moritz (Bildergeschichte, 1865), Kritik des Herzens (Gedichte, 1874), Der Schmetterling (Erzählung, 1895). *ij*

Buß, Franz Joseph Ritter von Jurist, Politiker, *23.3.1803 Zell am Harmersbach (Baden), †31.1.1878 Freiburg (Breisgau). Ab 1833 Professur für Staatswissenschaft und Völkerrecht in Freiburg; 1837–40, 1846–48 und 1873 Mitglied des badischen ↗Landtages; 1848 Mitglied der ↗Frankfurter Nationalversammlung und Präsident des ersten deutschen Katholikentages; ab 1874 Zentrums-Abgeordneter im Reichstag. Der Anführer des badischen politischen Katholizismus vertrat liberale Positionen und setzte sich für soziale Reformen (Arbeiterschutzgesetz) ein. *rm*

Butenandt Adolf ↗Nobelpreis

B-Waffen-Vertrag (1972) Vertrag über das Verbot der Entwicklung, Herstellung und Lagerung bakteriologischer (biologischer) Waffen und von Toxinwaffen sowie über die Vernichtung solcher Waffen; am 10.4.1972 von 113 Staaten, unter ihnen die ↗Bundesrepublik und die ↗DDR, unterzeichnet und zum 26.3.1975 in Kraft getreten. *kl*

Byrnes, James F. ↗Stuttgarter Rede (1946)

C

Caesarius von Heisterbach Schriftsteller, Biograph, *um 1180 Köln, † um 1240 Heisterbach (nahe Königswinter). Ab 1198/99 in Heisterbach Ordensmitglied der ↗Zisterzienser; verfaßte exempelhafte Mirakelgeschichten, Predigten und historisch-biographische Schriften, die damalige Glaubensvorstellungen spiegeln. *ku*

Calvinismus Bezeichnung für die auf Johann Calvin zurückgehende Ausprägung des ↗Protestantismus. Wichtigster Bestandteil ist die Lehre von der Vorausbestimmung (Prädestination) des Menschen durch Gott zur ewigen Seligkeit oder Verdammnis, die sich in Form von Erfolg bzw. Erfolglosigkeit bereits im Diesseits zeige; wurde in Deutschland im 16. Jh. von niederländischen Flüchtlingen (Wesel, Frankfurt/Main und Niederrhein) oder Landesherren (Kurpfalz (↗Pfalz), ↗Nassau, ↗Bremen, Lippe, Anhalt, ↗Hessen-Kassel, ↗Brandenburg) eingeführt. *nk*

Camerarius, Ludwig Pfälzisch-schwedischer Politiker, *22.1.1573 Nürnberg, †4.10.1651 Heidelberg. Bestimmte seit 1611 die pfälzische Außenpolitik, die den Ausbruch des ↗Dreißigjährigen Krieges mitverursachte; nach der Niederlage am ↗Weißen Berg 1620 Leiter der Exilpolitik unter ↗Friedrich V. von der Pfalz; strebte ein von Schweden geführtes, protestantisches Bündnis für ganz Europa an; als schwedischer Gesandter 1626–41 in den Niederlanden. *rh*

Campe, Johann Heinrich Pädagoge, Jugendschriftsteller, *29.6.1746 Deensen (bei Holzminden), †22.10.1818 Braunschweig. Mitarbeiter von ↗Basedow; gründete eine eigene Erziehungsanstalt; 1786–1805 Schulrat in Braunschweig. Wurde bekannt durch seine freie Bearbeitung des Robinson-Crusoe-Stoffes für die Jugend (Robinson der Jüngere, 1779); gab zahlreiche pädagogische Schriften und ein „Wörterbuch der deutschen Sprache" (1807–12) heraus. *ij*

Camphausen, Ludolf Unternehmer, Ministerpräsident, *10.1.1803 Hünshoven (bei Aachen), †3.12.1890 Köln. Gründer der Rheinischen Dampfschiffahrtsgesellschaft (1841) und Förderer des ↗Eisenbahnbaus in Deutschland; 1848 Ministerpräsident ↗Preußens und bis 1849 preußischer Vertreter bei der provisorischen Zentralgewalt in Frankfurt/Main; setzte sich für die Selbständigkeit Preußens im ↗Deutschen Bund ein. *sa*

Camphausen, Otto von Preußischer Politiker, *21.10.1812 Hünshoven (bei Aachen), †18.5.1896 Berlin. Bruder Ludolf ↗Camphausens; 1869–78 preußischer Finanzminister und ab 1873 außerdem Vizepräsident des Staatsministeriums. Während seiner Amtszeit konnte C. zwar das Defizit im Staatshaushalt decken, scheiterte jedoch an den währungstechnischen Problemen der ↗Gründerjahre und trat 1878 zurück. *rm*

Campo Formio, Friede (1797) Nach militärischen Erfolgen ↗Napoleons Abschluß des 1. ↗Koalitionskrieges; geschlossen am 17.10.1797 in C.F. (Dorf bei Udine) zwischen Frankreich und ↗Österreich. Kaiser ↗Franz I. mußte Belgien und alle linksrheinischen Besitzungen sowie die Lombardei an Frankreich, den Breisgau an den Herzog von Modena abtreten und erhielt dafür Venetien, Istrien und Dalmatien. *rh*

Canaris, Wilhelm Admiral, *1.1.1887 Aplerbeck (Westfalen), †9.4.1945 Flossenbürg. Im ↗Ersten Weltkrieg U-Boot-Kommandant, Teilnahme am ↗Kapp-Lüttwitz-Putsch. 1.1.1935–12.2.1944 Chef Amt Ausland/↗Abwehr im ↗Oberkommando der Wehrmacht (OKW), des militärischen Geheimdienstes. Pflegte Kontakte zum militärischen ↗Widerstand, lehnte allerdings ein Attentat auf ↗Hitler ab. Nach dem ↗20. Juli 1944 verhaftet; im Konzentrationslager Flossenbürg ermordet. *PS*

Canetti, Elias Schriftsteller, *25.7.1905 Rustschuk (Bulgarien), †14.8.1994 Zürich. Als Sohn einer spanisch-jüdischen Familie wuchs er in verschiedenen europäischen Ländern auf; Deutsch, die Sprache, in der er schrieb, lernte er erst mit acht Jahren. Gilt als bedeutender Schriftsteller des 20. Jh.s; gelangte erst spät zu literarischen Ehren. Erhielt 1981 den Nobelpreis für Literatur. Werke u.a.: Die Blendung (1935), Die gerettete Zunge (1977), Die Fackel im Ohr (1980). *kp*

Canisius, Petrus (eigentlich Kanijs) Jesuit, Theologe, *8.5.1521 Nimwegen (Niederlande), †21.12.1597 Freiburg (Schweiz). Studierte 1536–46 in Köln; seit 1543 den ↗Jesuiten zugehörig; wurde damit erster Vertreter dieses Ordens in Deutschland, für dessen Verbreitung, v. a. in Ingolstadt, ↗Wien, Prag, ↗Augsburg, Innsbruck und München, er maßgeblich wirkte; 1925 von katholischer Kirche heiliggesprochen. *nk*

Cannstatter Gerichtstag (746) Ironische Bezeichnung für die Tötung von angeblich 1000 ↗Alamannen durch die ↗Karolinger. Der Tod des Hausmeiers Karl Martell und dessen königsgleiche Erbteilung des ↗Frankenreiches unter seinen Söhnen Karlmann und Pippin III. löste Aufstände im ganzen fränkischen Reich aus. Der alamannische Widerstand wurde auf dem C.G. gebrochen, auf dem die Rädelsführer getötet wurden. Ende der Selbständigkeit der Alamannen. *vK*

Canossa, Gang nach (1077) Bußgang König ↗Heinrichs IV. Um sich vom ↗Bann Papst Gregors VII. im ↗Investiturstreit zu befreien, zog Heinrich IV. nach Italien. Gregor VII. flüchtete sich in die Burg Canossa, vor der der König drei Tage hintereinander im Büßergewand erschien und den Papst dadurch zwang, ihm die Absolution zu erteilen. Langfristig jedoch wurde dem Königtum durch die Laienbuße seine sakrale Unantastbarkeit entzogen, und es wurde in seinem Ansehen schwer erschüttert. *vK*

Caprivi, Georg Leo Graf von Reichskanzler, * 24. 2. 1831 Berlin, † 6. 2. 1899 Skyren (Sachsen). Löste 1890 als Reichskanzler (bis 1894) und preußischer Ministerpräsident (bis 1892) Otto von ↗Bismarck ab; vertrat eine liberale Politik: Außenpolitisch strebte er Entspannung an, im Innern führte er bedeutende Sozialreformen sowie eine Heeresreform durch. Der Konflikt mit den ↗Agrariern führte 1894 zu seinem Sturz. *sa*

Caprivi-Zipfel Landstreifen in der ehemaligen Kolonie ↗Deutsch-Südwestafrika; benannt nach Reichskanzler ↗Caprivi. 1890 im ↗Helgoland-Sansibar-Vertrag erworben, verschaffte der C.-Z. eine Verbindung zum Sambesi-Fluß und somit zum Landesinneren im Süden Afrikas. *dt*

CARE-Paket Bezeichnung für private Hilfslieferung aus den USA und Kanada zur Linderung der Not in Europa nach dem ↗Zweiten Weltkrieg; Abkürzung der 1945 in New York gegründeten Organisationszentrale „Cooperative for American Remittances to Europe"; bis zum Juni 1960 gelangten in C.-P. Waren im Wert von 346 Mio. DM in die ↗Bundesrepublik. *kl*

Caritas (lat. für: Liebe, Barmherzigkeit) Hilfsorganisation der ↗katholischen Kirche. Der Deutsche C.-Verband (DCV) wurde 1897 in Köln von Lorenz Werthmann gegründet; Hauptgeschäftsstelle in Freiburg (Breisgau); mit ca. 190000 Mitarbeitern und vielen Helfern regional und überregional tätig im sozialen Bereich (Krankenhäuser, Kindergärten, Heime etc.). Der DCV ist mit anderen nationalen C.-Verbänden in C. Internationalis zusammengeschlossen. Evangelisches Gegenstück ist das ↗Diakonische Werk. *rw*

Carmer, Johann Heinrich Casimir von Preußischer Jurist und Politiker, * 29. 12. 1721 Bad Kreuznach, † 23. 5. 1801 Rützen (Schlesien). 1779–95 Justizminister und Großkanzler; reformierte das preußische Justizwesen (Prozeßordnung des Corpus Iuris Fridericianum, 1781); mit ↗Svarez Schöpfer des ↗Preußischen Allgemeinen Landrechts (1794). *rh*

Carmina Burana Sammlung zumeist auf Latein, z. T. auch auf Mittelhochdeutsch abgefaßter Gedichte und Texte des 11.–13. Jh.s, die in einer Handschrift des 13. Jh.s überliefert wurden. Enthält u. a. Liebeslyrik und Trinklieder sowie religiöse Texte; Vorläufer der Studentenlieder; musikalische Umsetzung einiger Texte der C.B. von Carl ↗Orff (Uraufführung 1937). *dh*

Carolina ↗Constitutio Criminalis Carolina

Carstens, Asmus Jakob Maler, Zeichner, * 10. 5. 1754 St. Jürgen (Schleswig), † 25. 5. 1798 Rom. Wichtiger Vertreter des deutschen ↗Klassizismus; allegorisch-mythologische Thematiken; an Michelangelo und Raffael orientiert. *ij*

Karl Carstens

Carstens, Karl Bundespräsident (CDU), * 14. 12. 1914 Bremen, † 30. 5. 1992 Meckenheim.
1960 Professor für Staats- und Völkerrecht in Köln; 1960–69 als Staatssekretär im ↗Auswärtigen Amt in der Europa- und Außenpolitik; 1972–79 Bundestagsabgeordneter, 1973–76 Fraktionsvor-

sitzender der ↗CDU/CSU, 1976–79 ↗Bundestagspräsident, 1979–84 ↗Bundespräsident. *AM*

Casablanca, Konferenz (1943) Konferenz (14.–26.1.1943) der ↗Alliierten in C. (Marokko) zu Fragen der Kriegsstrategie gegen das nationalsozialistische Deutschland.
Im Anschluß an die Konferenz verkündete der US-amerikanische Präsident Franklin D. Roosevelt die Forderung nach der ↗bedingungslosen Kapitulation Deutschlands, Italiens und Japans. *JH*

Caserta, Waffenstillstand (1945) Stadt in der Campania. Hier unterzeichnete die in Italien stehende Heeresgruppe ohne ↗Hitlers Wissen am 29.4.1945 die Kapitulation vor den ↗Alliierten. Bekanntgabe und Inkrafttreten am 2.5.1945. *PS*

Cassirer, Ernst Philosoph, *28.7.1874 Breslau, †13.4.1945 New York. 1919–33 Professor in Hamburg; lehrte im Exil u.a. in Oxford und ab 1945 an der New Yorker Columbia University. C. beruft sich auf Kants Transzendentalphilosophie, die er auf alle Kulturbereiche ausweitet. Hauptwerk: Das Erkenntnisproblem in der Philosophie und Wissenschaft der neueren Zeit (1906–57). *ij*

Castor-Transporte Seit 1995 Transporte radioaktiver Abfälle oder abgebrannter Brennelemente in Spezialbehältern (C.-Behälter) aus deutschen Atomkraftwerken in atomare Wiederaufbereitungsanlagen und Zwischenlager, u.a. nach ↗Gorleben; unter großen Sicherheitsvorkehrungen und starkem Polizeiaufgebot durchgeführt; massive Proteste von Atomkraftgegnern, u.a. mit Blockade-Aktionen und Anschlägen auf die Bahngleise. Die Proteste bekamen 1998 neue Nahrung, als die Verstrahlung der C.-Behälter, jahrelang der Öffentlichkeit verschwiegen, publik wurde. *AM*

Cauchemar des coalitions (franz. für „Schreckgespenst der Koalitionen") Ausspruch Otto von ↗Bismarcks beim ↗Berliner Kongreß 1878, der seine Angst vor einer antideutschen Koalition der europäischen Großmächte zum Ausdruck brachte. Die Erinnerung an die „Kaunitzsche Koalition" (↗Kaunitz) des ↗Siebenjährigen Krieges, in der sich u.a. Frankreich und Rußland gegen ↗Preußen verbündet hatten, bestimmte maßgeblich die Bismarcksche Bündnispolitik. *vK*

Cauer, Minna (Wilhelmine) Frauenrechtlerin, *1.11.1842 Freyenstein (Prignitz), †3.8.1922 Berlin. Absolvierte das Lehrerinnenexamen, engagierte sich ab 1881 für die ↗Frauenbewegung; 1888–1919 Leiterin des von ihr gegründeten Vereins Frauenwohl, seit 1889 im Vorstand des Kaufmännischen Hilfsvereins für weibliche Angestellte, seit 1895 Herausgeberin der Zeitschrift „Frauenbewegung"; setzte sich als Vertreterin der bürgerlichen Frauenbewegung v.a. für die politische Gleichstellung der Frauen ein. C. verfaßte, neben weiteren Schriften, Die Frau im 19. Jh. (1898). *nk*

CDU ↗Christlich-Demokratische Union Deutschlands

Celan, Paul (eigentlich Paul Anczel) Lyriker, Übersetzer, *23.11.1920 Czernowitz (Bukowina), †Ende April 1970 Paris. Wurde als Jude während der deutschen Besetzung Rumäniens im Arbeitslager interniert; lebte seit 1948 in Paris. C. gilt als einer der bedeutendsten Dichter des 20. Jh.s, dessen lyrisches Werk in z.T. schwer zugänglichen, assoziativen Chiffren um die Erfahrung des ↗Holocaust kreist. Das Gedicht „Todesfuge" aus dem Band „Mohn und Gedächtnis" (1952) erlangte Berühmtheit. C., der sich 1970 das Leben nahm, schuf auch bedeutende Übersetzungen. Werke u.a.: Von Schwelle zu Schwelle (1955), Sprachgitter (1959), Die Niemandsrose (1963), Fadensonnen (1968), Lichtzwang (herausgegeben 1970). *ij*

Celtis (Celtes), Conrad Humanist, *1.2.1459 Wipfeld (bei Schweinfurt), †4.2.1508 Wien. Nach Studium und längerem Wanderleben Professor in Ingolstadt und Wien; 1487 von ↗Friedrich III. zum Dichter gekrönt; Entdecker und Herausgeber der Werke ↗Roswithas von Gandersheim; verfaßte Oden, Epigramme und lat. Festspiele nach dem Vorbild antiker Dichter wie Horaz und Ovid. *dh*

Centralverband Deutscher Industrieller (CDI) Am 15.2.1876 gegründete Dachorganisation von Unternehmerverbänden; setzte sich v.a. für die Durchsetzung bzw. nach 1879 für die Erhöhung der Schutzzölle ein sowie für expansive Handels- und Kolonialpolitik; politisch der ↗Freikonservativen Partei und der ↗Nationalliberalen Partei nahe; vereinte sich 1919 mit dem ↗Bund der Industriellen zum Reichsverband der deutschen Industrie. *nk*

Chamisso, Adelbert von Dichter, Naturforscher, *30.1.1781 Schloß Boncourt (Champagne), †21.8.1838 Berlin. Der Abkömmling eines lothringischen Adelsgeschlechts floh vor der ↗Französischen Revolution nach ↗Preußen. Nahm 1815–18 als Wissenschaftler an einer Weltumsegelung teil (sein Reisetagebuch erschien 1836). C. wurde seinerzeit mit der Erzählung „Peter Schlemihls wundersame Geschichte" (1814) bekannt. *ij*

Champagne, Schlacht (1917) Im ↗Ersten Weltkrieg vom 6.4.–27.5.1917 an der Westfront geführte französisch-britische Durchbruchsoffensive gegen die deutschen Stellungen, die aber insgesamt gehalten werden konnten. Teil einer umfassenden Offensive an der gesamten Westfront von Arras über die ↗Aisne bis zur Champagne. *PS*

Chatten Westgermanischer Volksstamm, besiedelte im 1. Jh. v. Chr. den Raum zwischen Eder und Fulda unweit der ↗Cherusker; wohl 39/38 v. Chr. vorübergehend Ansiedlung zwischen Rhein, Main und Lahn. Mehrfache Vorstöße in römisches Territorium; 83–85 Chattenkrieg Kaiser Domitians. Letzte Erwähnung 203; seit dem 7. Jh. traten sie als Hessi, Hessones in Erscheinung, im 8. Jh. als Hessen. *wm*

Chaumont, Vertrag (1814) Am 1.3.1814 geschlossener Vertrag der gegen ↗Napoleon verbündeten Großmächte Rußland, ↗Österreich, ↗Preußen und Großbritannien, der „zur Wahrung des Gleichgewichts in Europa" die Vertragspartner zur Stellung von Truppen verpflichtete. *vK*

Checkpoint Charlie ↗Allied Checkpoint Charlie

Chelmno (Culm) Im November 1941 eingerichtetes ↗Vernichtungslager im ↗Warthegau (vorher Reichsgau Posen). Als Kulmhof bezeichnet, war C. ein ehemaliges Herrenhaus sowie ein etwas entfernt liegendes Lager. Unter Vorwand zum Haus gebrachte Juden fuhr man in umgebauten Lastwagen, sog. ↗Gaswagen, ins Lager. Während der Fahrt wurden die Abgase ins Wageninnere geleitet und die Insassen so ermordet. Im März 1943 aufgelöst, wurde C. ab Mitte 1944 erneut betrieben. Insgesamt wurden mehr als 150000 Menschen in C. ermordet. *PS*

Chemieprogramm der DDR Am 3./4.11.1958 auf einer Tagung des ↗Zentralkomitees der ↗SED und der ↗Staatlichen Plankommission der DDR unter der Losung „Chemie gibt Brot, Wohlstand und Schönheit" beschlossenes, mit dem ↗Rat für gegenseitige Wirtschaftshilfe abgestimmtes Programm zur Verdopplung der chemischen Produktion auf der Basis sowjetischer Erdöllieferungen bis 1965; Grundlage für den Aus- und Aufbau chemischer Großindustriebetriebe (z. B. VEB Leuna-Werke „Walter Ulbricht") nach sowjetischem Vorbild; machte die chemische Industrie zur zweitwichtigsten Säule planwirtschaftlicher Industriepolitik (↗Planwirtschaft) in der DDR nach dem Maschinenbau. *kl*

Cherusker Westgermanischer Volksstamm, besiedelte das Gebiet zwischen Weser und Elbe unweit der ↗Chatten. Zwischen 12 und 9 v. Chr. römischer Vorherrschaft unterworfen, Rückgewinnung der Unabhängigkeit 9 n. Chr. durch den Aufstand des ↗Arminius im ↗Teutoburger Wald. Vermutlich Aufgehen der C. im Stamm der ↗Sachsen. *wm*

Christian

Anhalt-Bernburg:

Christian I. Fürst, *11.5.1568 Bernburg, †17.4.1630 ebd. Trat 1592 zum ↗Calvinismus über; seit 1595 Verwalter der Oberpfalz; Haupt der protestantischen ↗Union (1608); setzte die Wahl von ↗Friedrich V. von der Pfalz zum böhmischen König durch; als Oberbefehlshaber des antihabsburgischen Heeres 1620 am ↗Weißen Berg von den kaiserlichen Truppen besiegt. *rh*

Braunschweig-Wolfenbüttel:

Christian der Jüngere Herzog, *20.9.1599 Gröningen, †16.6.1626 Wolfenbüttel. 1616 Administrator von Halberstadt; im ↗Dreißigjährigen Krieg protestantischer Heerführer (u. a. für ↗Friedrich V. von der Pfalz); aufgrund seiner Plünderungszüge bekannt als „Der tolle Halberstädter". *rh*

Christlich-Demokratische Union Deutschlands (CDU), Bundesrepublik 1945 auf der Ebene der ↗Besatzungszonen gegründete überkonfessionelle politische Partei, die mit der ↗CSU eine Fraktionsgemeinschaft bildet und maßgeblichen Einfluß auf die Ausgestaltung der ↗Bundesrepublik genommen hat. Die CDU/CSU war 1949–72 und 1976–98 die stärkste Fraktion im ↗Bundestag; bis 1969 und von 1982–98 stellte sie den ↗Bundeskanzler (1949–63 ↗Adenauer, 1963–66 ↗Erhard, 1966–69 ↗Kiesinger, 1982–98 Helmut ↗Kohl). Noch bevor die Partei sich 1950 auf Bundesebene etablierte, setzte sich gegen den im ↗Ahlener Programm (1947) vertretenen christlichen Sozialismus mit den ↗Düsseldorfer Leitsätzen (1949) eine marktwirtschaftliche Orientierung durch. Mit Adenauer gelang es der Partei, sich gegen die ↗SPD als bestimmende Kraft zu behaupten. Unter seinem Nachfolger Erhard erlebte die Bundesrepublik mit dem Programm der ↗sozialen Marktwirtschaft das ↗Wirtschaftswunder. Außenpolitisch vertrat die Partei das Konzept der ↗Westintegration, die u. a. auf eine ↗Wiedervereinigung durch eine Politik der Stärke abzielte.
Die CDU regierte bis 1966 meist in einer ↗christlich-liberalen Koalition mit der ↗FDP. 1957 er-

reichte sie mit 50,2 % der Stimmen ihr bestes Wahlergebnis und die absolute Mehrheit. 1966–69 bildete sie eine ↗große Koalition mit der SPD. Nach dem Ende der ↗sozial-liberalen Koalition aus SPD und FDP (1969–82) ging sie erneut ein Bündnis mit der FDP ein, das bis 1998 die Regierung stellte.

1990 schloß sich die CDU mit der ↗CDU der DDR zusammen. 1997 hatte die CDU 651000 Mitglieder; ihre Jugendorganisation ist die ↗Junge Union. *bb*

Christlich-Demokratische Union Deutschlands (CDU), DDR 1945 gegründete Blockpartei der DDR. Sollte nach dem Willen ihrer Gründer (u. a. Jakob ↗Kaiser und ↗Nuschke) für „Gewissensfreiheit und demokratisches Staatswesen" eintreten, gab diese Forderungen aber unter dem Druck der ↗SMAD auf und schloß sich unter der Losung ↗„Christlicher Sozialismus" dem ↗Demokratischen Block an. Entwickelte sich zur größten Blockpartei (1987: 140000 Mitglieder). Nach der ↗Wende erreichte sie bei den ersten freien ↗Volkskammerwahlen 1990 unter de ↗Maizière im Wahlbündnis mit dem ↗DA und der ↗DSU 48,15 % der Stimmen. 1990 schloß sie sich der westdeutschen Schwesterpartei an. *bb*

christliche Arbeiterbewegung ↗christliche Gewerkschaften

christliche Gewerkschaften Vereinigungen evangelischer und katholischer Arbeitnehmer (↗Kolping, ↗Ketteler) seit dem ausgehenden 19. Jh. mit dem Ziel, die rechtliche und politische Emanzipation der ↗Arbeiterklasse in Zusammenarbeit mit den Arbeitnehmern ohne das Mittel des Klassenkampfs zu erreichen. 1901 Gründung des Gesamtverbandes der c.G. Deutschlands; 1918 Zusammenschluß mit anderen Gewerkschaften zum Deutschen Demokratischen Gewerkschaftsbund; 1933 von den Nationalsozialisten gleichgeschaltet (↗DAF). *nk*

christlicher Sozialismus Von Jakob ↗Kaiser 1946 ausgearbeitetes wirtschaftspolitisches Konzept, das sozialethische Forderungen des Christentums mit wirtschaftspolitischen Forderungen des ↗Sozialismus verknüpfte; Versuch eines „dritten Weges" als Alternative zur sich abzeichnenden ↗deutschen Teilung; Resonanz auch in der rheinisch-westfälischen ↗CDU; war prägend für das ↗Ahlener Programm der CDU (1947). *kl*

christlich-liberale Koalition Auch „kleine Koalition". Parteienbündnis aus ↗CDU/CSU und ↗FDP. Nachdem die CDU/CSU bei den Bundestagswahlen von 1961 mit 45,3 % der Stimmen die absolute Mehrheit verloren hatte, war sie gezwungen, eine Koalition mit der FDP einzugehen. Die damit verbundene Kurskorrektur führte 1963 u. a. zur Ablösung ↗Adenauers durch ↗Erhard als Bundeskanzler. Doch die von der c.-l.K. unter dem Leitbild der ↗„Formierten Gesellschaft" versuchte Einigung unterschiedlicher gesellschaftlicher und wirtschaftlicher Gruppen mißlang, so daß die Koalition innenpolitisch unter Druck geriet. Auch die Fortsetzung der von Adenauer begonnenen Annäherung an Frankreich gestaltete sich schwierig. Nach dem Rücktritt der FDP-Minister verzichtete Erhard 1966 zugunsten von ↗Kiesinger auf sein Amt, die c.-l.K. wurde durch die ↗große Koalition ersetzt. 1982 gingen FDP und CDU/CSU unter Bundeskanzler Helmut ↗Kohl erneut eine Koalition ein, die durch die vorgezogenen Bundestagswahlen 1983 bestätigt wurde und bis 1998 regierte. *bb*

christlich-soziale Bewegung Die christlich-sozialen Bestrebungen, die sozialen und wirtschaftlichen Probleme nach christlichen Grundsätzen zu lösen, bes. im 19. Jh. In Deutschland waren ↗Wichern, später ↗Stoecker und ↗Naumann ihre Hauptvertreter. Auf der katholischen Seite wurde sie begründet und getragen von von ↗Ketteler, von ↗Buß und ↗Kolping. Aus der c.-s.B. gingen die ↗christlichen Gewerkschaften und der ↗Volksverein für das katholische Deutschland hervor. *Vö*

Christlich-Soziale Partei 1878 von dem evangelischen Hofprediger Adolf ↗Stoecker gegründet; religiös, national-konservativ, antiliberal; für soziale Reformen, aber gegen die Ziele der ↗Sozialdemokratie. Auf Reichsebene politisch relativ bedeutungslos erzielte die C.-S.P. v. a. in Berlin durch die antisemitischen Hetzreden ihres langjährigen Vorsitzenden (1878–1909) Stoecker Resonanz. Nach ihrem Zerfall gingen Reste der C.-S.P. in der ↗DNVP auf. *JH*

Christlich-Soziale Union (CSU) 1945 in Bayern gegründete regionale überkonfessionelle Partei; bildet mit der ↗CDU seit 1949 eine Fraktionsgemeinschaft; wendete sich 1947 von der Zielvorstellung der „staatlich gelenkten Privatwirtschaft" ab und bekannte sich zum Programm der ↗sozialen Marktwirtschaft. Die CSU vertritt eine föderale, konservative und katholisch geprägte Politik. Seit 1946 stärkste Partei in ↗Bayern, befand sie sich 1954–58 gegen die durch eine Koalition von

↗SPD, ↗FDP, ↗BP und ↗BHE gebildete Regierung in der Opposition, regiert aber seit 1962 mit absoluter Mehrheit.Unter dem Parteivorsitz von Franz Josef ↗Strauß und dem Generalsekretär ↗Zimmermann gewann die CSU erheblichen Einfluß auf die ↗Bundesregierung. Sie stellte in allen CDU/CSU-Kabinetten mehrere Bundesminister (u.a. ↗Waigel). Versuche, die CSU über Bayern hinaus auszudehnen, zuletzt im Zusammenhang mit der ostdeutschen ↗DSU, blieben erfolglos. 1997 hatte die CSU ca. 180000 Mitglieder. *bb*

Christoph Herzog von Württemberg, *12.5.1515 Urach, †28.12.1568 Stuttgart. Sohn des geächteten Herzogs ↗Ulrich; seit 1550 Herzog; vorsichtige Politik gegenüber ↗Karl V., um das Herzogtum zu halten; modernisierte die Verwaltung, vollendete in ↗Württemberg die ↗Reformation (1565 wurde der ↗Protestantismus zur Landesreligion). *rh*

Chronik Zusammenfassende geschichtliche Darstellung von Ereignissen in zeitlicher Aufeinanderfolge; nicht so eng wie die ↗Annalen an die Jahreseinteilung gebunden. Unterschieden wurden Welt-C., regionale oder Geschlechter-C. sowie (seit dem Spätmittelalter) Städte-C. Verfasser berühmter mittelalterlicher Welt-C. waren Regino von Prüm, ↗Otto von Freising und ↗Eike von Repgow. *wj*

Chronologie Wissenschaftliche Beschäftigung mit der Messung und Berechnung von Zeit. Basis sind errechnete Zeitmaße der mathematischen oder astronomischen C. Die historische C. versucht, das zeitliche Verhältnis zweier oder mehrerer historischer Vorgänge zueinander festzustellen (relative C.) und das Datum eines Ereignisses auf unsere heutige Zeiteinteilung umzurechnen (absolute C.). Sie vergleicht die Kalendersysteme der einzelnen Völker. Der 1582 durch Papst Gregor XIII. eingeführte ↗Gregorianische Kalender gelangte in Deutschland erst um 1700 zur Geltung, während des 17. Jh.s existierte ein Mischsystem aus diesem und dem (römischen) Julianischen Kalender. *wj*

Cirksena Ostfriesisches Fürstengeschlecht; Ulrich I. einigte im 15. Jh. ↗Ostfriesland; seit 1654 ↗Reichsfürsten; mit Karl Edzard 1744 ausgestorben; Ostfriesland ging an ↗Preußen. *rh*

Claß, Heinrich Publizist, Politiker, *29.2.1868 Alzey (bei Mainz), †16.4.1953 Jena. 1908–39 Vorsitzender des ↗Alldeutschen Verbandes; 1917 Mitbegründer der ↗Deutschen Vaterlands-Partei; seit 1918 Redakteur der Deutschen Zeitung; schuf mit seinen antisemitischen, antidemokratischen und imperialistischen Vorstellungen einen Vorläufer der nationalsozialistischen Propaganda; seit 1933 ohne Einfluß. *sa*

Claudius, Matthias Dichter, Schriftsteller, *15.8.1740 Reinfeld (Holstein), †21.1.1815 Hamburg. 1771–75 Herausgeber der Volkszeitung „Wandsbecker Bothe", dessen Titel er auch für sein großes Sammelwerk (Asmus, omnia sua secum portans oder sämmtliche Werke des Wandsbecker Bothen, 1775–1812) wählte; schrieb unter dem Pseudonym Asmus. *nk*

Clausewitz, Karl von Preußischer General, Militärtheoretiker, *1.6.1780 Burg (bei Magdeburg), †16.11.1831 Breslau. Ab 1808 in engem Kontakt zu den Reformern ↗Scharnhorst, ↗Gneisenau und Hermann von Boyen; 1812–15 in russischen Diensten; 1818–30 Verwaltungsdirektor der Allgemeinen Kriegsschule in Berlin. Mit seinem Hauptwerk „Vom Kriege" (1832–34 posthum) schuf er wichtige Grundlagen der modernen Militärtheorie. *sa*

Clausius, Rudolf Julius Emanuel Physiker, *2.1.1822 Köslin (Pommern), †24.8.1888 Bonn. Wurde 1855 Professor in Zürich, 1867 in Würzburg, seit 1869 in Bonn; trug maßgeblich zur Entwicklung der mechanischen Wärmetheorie sowie der statistischen Mechanik bei. *nk*

Clay, Lucius D. US-amerikanischer General, *23.4.1897 Marietta (Georgia), †16.4.1978 Chatham (Massachussets). 1947–49 Chef der US-Militärregierung in Deutschland, während der ↗Berlin-Blockade Organisator der ↗Luftbrücke; 1961/62 Sonderbeauftragter bzw. Berater des US-Präsidenten John F. Kennedy für Berlin-Fragen. *AM*

Clemens II. Papst, †9.10.1047 bei Pesaro. Vorher Suidger, entstammte dem sächsischen Adel; 1040 Bischof von Bamberg, nach den Synoden von ↗Sutri und Rom 1046 unter Einflußnahme ↗Heinrichs III. zum Papst gewählt; erließ 1047 Strafbestimmungen gegen die Simonie; in Bamberg beigesetzt. *dh*

Cleve ↗Kleve

Cluniazensische Reform Benannt nach dem Benediktinerkloster Cluny in Burgund, das v.a. unter Abt Odo und später unter Abt Hugo im 10./11. Jh. eine Reform der verweltlichten Kirche forderte. Im ↗Heiligen Römischen Reich in der ↗Hirsauer Reform durchgeführt. *vK*

Cobenzl, Johann Ludwig Graf von Österreichischer Minister, *21.11.1753 Brüssel, †22.2.1809 Wien. 1774–79 Gesandter in Berlin, 1779–95 in St. Petersburg; 1800–1805 Außenminister; schloß die Frieden von ↗Campo Formio (1797) und ↗Lunéville (1801); erkannte 1804 das Kaisertum ↗Napoleons an, gleichzeitig Vorbereitung des Kaisertums ↗Österreichs. Nach mißglücktem 3. ↗Koalitionskrieg entlassen. *rh*

Cobenzl, Johann Philipp Graf von Österreichischer Minister, *28.5.1741 Ljubljana, †30.8.1810 Wien. Schloß 1779 den Frieden von ↗Teschen; 1792 Staatskanzler und Außenminister als Nachfolger von ↗Kaunitz; 1793 nach der 2. ↗Polnischen Teilung (Österreich ging gegenüber Preußen und Rußland leer aus) entmachtet. *rh*

Cocceji, Heinrich von Jurist, *25.3.1644 Bremen, †17.8.1719 Frankfurt/Oder. Bedeutender Staats- und Völkerrechtler; Professor in Heidelberg, Utrecht und Frankfurt/Oder: Hauptwerke: Iuris publici prudentia (1695); Grotius illustratus (1744–52). *rh*

Cocceji, Samuel von Preußischer Großkanzler, *20.10.1679 Heidelberg, †4.10.1755 Berlin. Sohn von Heinrich von ↗Cocceji; ab 1702 Professor in Frankfurt/Oder; 1727 Staats- und Kriegsminister; seit 1747 Großkanzler ↗Friedrichs II. des Großen; reformierte das preußische Justizwesen, bes. das Prozeßverfahren: Abschaffung der ↗Folter und des Ämterkaufs, Einführung von Rechtsgleichheit und Gewaltenteilung; von ihm Anstoß und erste Ansätze zum ↗Preußischen Allgemeinen Landrecht (1794). *rh*

Cochläus, Johannes (eigentlich Dobeneck) Humanist, *10.1.1479 Wendelstein (bei Nürnberg), †11.1.1552 Breslau. Ab 1515 Theologie- und Rechtsstudium in Italien, 1535–39 Domherr in Meißen; Mitverfasser der katholischen Gegenerklärung (Confutatio) zur ↗Augsburger Konfession (1530); publizierte 1549 eine stark polemische Biographie Martin ↗Luthers, die lange Zeit das Lutherbild der ↗katholischen Kirche prägte. *nk*

Code civil (Code Napoléon) Seit 1800 von einer Kommission unter Mitwirkung ↗Napoleons ausgearbeitetes bürgerliches Gesetzbuch in Frankreich vom 21.3.1804; ab 1806 unter französischem Einfluß in den meisten deutschen ↗Rheinbund-Staaten eingeführt; förderte mit seinen Grundsätzen (Rechtsgleichheit, Freiheit von Individuum und Eigentum, Trennung von Staat und Kirche) in Deutschland die Rechtsvereinheitlichung und die Durchsetzung rechtsstaatlicher Prinzipien und damit entscheidend die Emanzipation des ↗Bürgertums. *rh*

Codex Im Mittelalter gebräuchliche Buchform; bestand aus mehreren gefalzten und zusammengehefteten Pergament- oder Papierbogen, die in zwei Holzdeckel gebunden waren. Allg. werden alte (Pracht-) Handschriften als Codices bezeichnet, z.B. der „C. Argenteus", eine Abschrift der Bibelübersetzung Wulfilas ins Gotische aus dem 6. Jh. *dh*

Cognac, Heilige Liga (1526) Im Kampf um die europäische Vorherrschaft am 22.5.1526 gegen Kaiser ↗Karl V. geschlossenes Bündnis zwischen Franz I. von Frankreich, Papst Clemens VII., Venedig, Genua, Florenz, Mailand und England. Der ↗Sacco di Roma (1527) und die Erfolge Karls V. im darauffolgenden Krieg bedeuteten das Ende der Liga. *rh*

Colmar, Lügenfeld (833) Am 24.6.833 trafen die Heere der Brüder ↗Karl des Kahlen und ↗Ludwig des Deutschen mit dem Heer ihres Vaters Kaiser ↗Ludwig des Frommen bei Colmar zusammen. Die Erbordnung von 830 hatte zu einer Empörung der Söhne gegen ihren Vater geführt, da sie sich benachteiligt fühlten. Es kam zu keiner Schlacht, da das kaiserliche Heer zu den Brüdern überlief (daher Lügenfeld). *vK*

Columban von Luxeuil Irischer Mönch, Missionar, *um 543 Provinz Leinster (Irland), †23.11.615 Bobbio (Norditalien). Ging 591 nach Gallien, wo er u.a. das Kloster Luxeuil gründete, welches Ausgangspunkt der irofränkischen Mission des 7. Jh.s. wurde. Er missionierte 609/10 die ↗Alamannen am Bodensee; gründete nach 613/14 die Abtei Bobbio, deren Abt er wurde. *dh*

COMECON ↗Rat für gegenseitige Wirtschaftshilfe

Commerzbank AG Kreditinstitut. Gegründet 1870 in Hamburg als Commerz- und Disconto-Bank; heutiger Name seit 1940 nach etlichen Zusammenschlüssen mit anderen Banken u.a. mit der Berliner Bank (1905); 1947/48 dezentralisiert; 1958 Fusion der Nachfolgeinstitute unter dem ehemaligen Namen C. AG; Sitz der Universalbank: Düsseldorf. *UK*

Compiègne, Waffenstillstand (1918) Stadt in Nordfrankreich an der Mündung des Aisne in die Oise. 11.11.1918 Schauplatz des Waffenstillstandes zwischen dem siegreichen Frankreich und dem ↗Deutschen Reich. Brachte Räumung der deutsch besetzten Gebiete und ↗Elsaß-Lothringens, Abgabe von Kriegsmaterial sowie Verzicht auf Friedensverträge von ↗Brest-Litowsk und ↗Bukarest. *PS*

Compiègne, Waffenstillstand (1940) Stadt in Nordfrankreich an der Mündung des Aisne in die Oise. Am 22.6.1940 Schauplatz des deutsch-französischen Waffenstillstandes. Brachte die Besetzung Frankreichs nördlich der Linie Genf–Tours und der Atlantikküste bis hin zur spanischen Grenze. *PS*

Condor ↗Legion Condor

Confoederatio cum principibus ecclesiasticis (1220) Kaiser ↗Friedrich II. gewährte am 26.4.1220 den deutschen Fürsten, v.a. den geistlichen, Privilegien, um deren Zustimmung bei der Wahl seines unmündigen Sohnes ↗Heinrich VII. zu erhalten. *vK*

Conrad-Martius, Hedwig Philosophin, *27.2.1888 Berlin, †15.2.1966 Starnberg. Eine der ersten Frauen, die in Deutschland ein Universitätsstudium aufnehmen durften; Abbruch der wissenschaftlichen Laufbahn, da bis 1930 keine Habilitationsmöglichkeit für Frauen bestand; 1933 Ausschluß aus der „Reichsschrifttumskammer"; entwarf, ausgehend von ↗Husserls Phänomenologie, eine an Aristoteles und der ↗Scholastik orientierte Naturphilosophie, die ihr zugleich als Grundlage einer Kritik an den ↗Naturwissenschaften diente. *bl*

Constitutio Criminalis Carolina Deutsche Peinliche Gerichtsordnung (PGO), erstes deutsches Reichsstrafgesetzbuch mit Strafprozeßordnung; 1532 unter Kaiser ↗Karl V. auf dem Regensburger Reichstag zum Reichsgesetz erhoben; Grundlage des neuzeitlichen Strafrechts, bis zur ↗Aufklärung gültig; Vorbild war die ↗Bambergische Halsgerichtsordnung (1507). *rh*

Constitutio Criminalis Theresiana (Nemesis Theresiana) Von ↗Maria Theresia am 31.12.1768 erlassenes Strafgesetzbuch zur Vereinheitlichung des Strafrechts in den habsburgischen Ländern (bis dahin verschiedene Varianten der ↗Constitutio Criminalis Carolina); erst nach Interventionen, v.a. durch ↗Sonnenfels, wurde 1776 die ↗Folter abgeschafft; bis 1787 in Kraft. *rh*

Consul ↗Organisation Consul

Conze, Werner Historiker, *31.12.1910 Neuhaus/Elbe, †28.4.1986 Heidelberg. 1944 Professor in Posen, 1952–57 in Münster, ab 1957 in Heidelberg; Schüler u.a. von ↗Schmitt; baute mit anderen Historikern die moderne sozialhistorische Forschung in der ↗Bundesrepublik auf; verfaßte u.a.: Die Strukturgeschichte des technisch-industriellen Zeitalters als Aufgabe für Forschung und Unterricht (1957). *Vö*

Corinth, Lovis Maler, Graphiker, *21.7.1858 Tapiau bei Königsberg, †17.7.1925 Zandvoort. Vertreter des ↗Impressionismus. C. schloß sich in München dem Kreis um ↗Leibl an; wurde 1915 Präsident der Berliner ↗Sezession. C.s Spätwerk näherte sich dem ↗Expressionismus an. Zahlreiche Porträts, Akte und Landschaften. *ij*

Coronel, Schlacht (1914) Seeschlacht zwischen britischem und deutschem Geschwader vor der chilenischen Küste am 1.11.1914. Unter dem Geschwaderkommandanten Maximilian Graf von ↗Spee wurden zwei britische Panzerkreuzer versenkt und der Rest in die Flucht geschlagen, während es auf deutscher Seite keine Verluste gab. *PS*

Corpus Iuris civilis (Corpus Iustinianeum) 534 abgeschlossene Sammlung von Texten römischen Rechts durch den oströmischen Kaiser Justinian (527–65); ausgehend von oberitalienischen Rechtsschulen des 11. Jh.s (v.a. Bologna) über ganz Westeuropa verbreitet; der C.I.C. besaß auch in Deutschland bis zur Einführung des ↗Bürgerlichen Gesetzbuchs (1900) gesetzliche Geltung. *rh*

Cosel, Anna Constanze von Reichsgräfin, *17.10.1680 Depenau (Holstein), †31.3.1765 Stolpen (Sachsen). Wurde nach ihrer Scheidung 1699 Mätresse von Kurfürst ↗August II. dem Starken von Sachsen; 1707 in den Reichsgrafenstand erhoben. Als sie den Erbanspruch ihrer Kinder durchsetzen wollte, wurde sie 1716 verhaftet und bis an ihr Lebensende gefangengehalten. *dw*

Cotta, Johann Friedrich (seit 1812 C. von Cottendorf, seit 1822 Freiherr) Verleger, *27.4.1764 Stuttgart, †29.12.1832 ebd. Übernahm 1787 die Leitung der seit 1659 bestehenden C.schen Buchhandlung; gründete 1798 die politische „Allgemeine Zeitung"; gab Werke bekannter deutscher Dichter (z.B. ↗Goethe und Friedrich von ↗Schiller) heraus. *UK*

Cranach, Lucas, der Ältere Maler, Graphiker, *1472 Kronach (Oberfranken), †16.10.1553 Weimar. C.s Wirken kann erst ab 1500 in ↗Wien belegt werden, wo er zu den Begründern der „Donauschule" zählte. 1505 an den kursächsischen Hof nach Wittenberg berufen; enger Kontakt zu reformatorischen Kreisen (v.a. Martin ↗Luther und ↗Melanchthon), der sich in seinen Holzschnitten zur Illustrierung von Bibeln und Reformationsschriften widerspiegelt. (318) *nk*

Crispien, Arthur Politiker, *4.11.1875 Königsberg, †29.11.1946 Bern. Ab 1904 Redakteur verschiedener sozialdemokratischer Zeitungen, u.a. von „Der Sozialdemokrat"; 1918/19 Innenminister (↗USPD) und 1919 Mitglied des Landtages von ↗Württemberg, seitdem auch Vorsitzender der USPD; 1920–33 Mitglied des ↗Reichtages; seit der Vereinigung mit der USPD 1922 einer der drei Vorsitzenden der ↗SPD; emigrierte 1933 in die Schweiz, wo er sich u.a. für jüdische Flüchtlinge engagierte. *nk*

CSU ↗Christlich-Soziale Union

cuius regio, eius religio (Lat.) „wem das Land gehört, der bestimmt die Religion". Formelhafte Wendung, die einige Jahrzehnte nach dem ↗Augsburger Religions- und Land-Frieden (1555) den staatskirchenrechtlichen Grundsatz der Neuzeit beschrieb, nach dem der Untertan die Religion seiner Obrigkeit anzunehmen hatte. *nk*

Culm ↗Chelmno

Cuno, Wilhelm Reichskanzler (parteilos), *2.7. 1876 Suhl, †3.1.1933 Aumühle (bei Hamburg). 1918–22 und seit 1926 Generaldirektor der Reederei ↗Hapag. Als Wirtschaftsexperte der ↗Reichsregierung nahm C. an den Verhandlungen zum ↗Versailler Friedensvertrag (1919) sowie an zahlreichen Konferenzen zur Klärung der deutschen ↗Reparationen teil. 1922/23 Reichskanzler; blieb in seinen Bemühungen um eine Regelung der Reparationsfrage erfolglos. C. reagierte auf die ↗Ruhrbesetzung mit dem Aufruf zum passiven Widerstand. Er trat im Anschluß an einen Mißtrauensantrag der ↗SPD im August 1923 zurück. *JH*

Curtius, Julius Reichsminister (DVP), *7.2. 1877 Duisburg, †10.11.1948 Heidelberg. 1920–32 Mitglied des Reichstages für die ↗DVP, 1926–29 Reichswirtschaftsminister, 1929–31 Außenminister; setzte sich für die Annahme des ↗Young-Plans ein, scheiterte 1931 mit seinen Bemühungen um eine deutsch-österreichische Zollunion; zog sich bald nach seinem Ausschluß (1932) aus der DVP wegen innerparteilicher Differenzen aus der Politik zurück. *JH*

D

DA ↗Demokratischer Aufbruch

Dachau Stadt in der Nähe Münchens, in der im März 1933 ein ↗Konzentrationslager eingerichtet wurde. Ab Juni 1933 unter dem Kommando von ↗Eicke, wurde die Organisation des Lagers Vorbild für alle später errichteten Konzentrationslager. Zunächst mit politischen Häftlingen belegt, wurden im Laufe der dreißiger Jahre auch jüdische Häftlinge und nach Beginn des Zweiten Weltkrieges auch Gefangene aus den besetzten Ländern inhaftiert. Während die jüdischen Häftlinge Ende 1942 nach ↗Auschwitz gebracht und dort ermordet wurden, verrichteten die KZ-Häftlinge in D. Zwangsarbeit in den zahlreichen zum Lager gehörenden Außenkommandos u. a. für die Rüstungsindustrie. Am 29.4.1945 wurde D. von US-Truppen befreit, nachdem die Wachmannschaften der ↗SS geflohen waren. Von den ca. 200000 in D. Inhaftierten starben mindestens 30000. *PS*

Dada (von frz. „dada", kindersprachlich: „Pferdchen") 1916 in Zürich entstandener, bis etwa 1920 bestehender internationaler Zusammenschluß von Künstlern und Schriftstellern (aus Deutschland u. a. ↗Arp, ↗Huelsenbeck und ↗Ball), die sich angesichts des ↗Ersten Weltkrieges gegen das bürgerliche Kunstverständnis auflehnten und dem „Wahnsinn der Zeit" (Arp) eine alle überkommenen Sinnkonzepte verweigernde Kunst gegenüberstellten. Dabei entstanden vielfältige neue künstlerische Formen (z.B. Geräuschlyrik, literarische und bildnerische Montage- und Collagetechniken unter Einbeziehung von Zufallsfunden).
In Deutschland bildeten sich analog der Berliner Dada (1918–20), an dem Huelsenbeck, ↗Heartfield, ↗Herzfelde, ↗Grosz, Hannah Hoech, Walter ↗Mehring beteiligt waren, und der Kölner Dada (1919/20) mit ↗Ernst und Arp; in Hannover rief ↗Schwitters die sog. „Merzkunst" aus. *ij*

DAF ↗Deutsche Arbeitsfront

DAG ↗Deutsche Angestelltengewerkschaft

Dahlem, Franz Politiker, * 14.1.1892 Rohrbach (Lothringen), † 17.12.1981 Berlin. 1913 ↗SPD-, 1920 ↗KPD-Mitglied, seit 1928 Mitglied des ↗Reichstages. Im Spanischen Bürgerkrieg politischer Leiter der Internationalen Brigaden, anschließend Internierung in Frankreich, 1942 Auslieferung, bis Kriegsende in ↗Mauthausen; 1950 ↗Politbüro der SED. *PS*

Dahlmann, Friedrich Christoph Historiker, Politiker, * 13.5.1785 Wismar, † 5.12.1860 Bonn. Seit 1813 Geschichtsprofessor in Kiel, wo er öffentlichkeitswirksam für die schleswig-holsteinische Sache (↗Schleswig-Holstein-Frage) kämpfte; ab 1829 Professor in Göttingen; 1837 als einer der ↗Göttinger Sieben des Landes verwiesen; seit 1842 Lehrstuhl in Bonn; 1848 auf der ↗Frankfurter Nationalversammlung Verfechter der ↗kleindeutschen Lösung; Begründer der politischen ↗Geschichtsschreibung, die bes. durch von ↗Treitschke weitergeführt wurde; seine 1830 verfaßte „Quellenkunde der deutschen Geschichte" ist bis heute als „D.-Waitz" unentbehrliches Hilfsmittel der Geschichtsschreibung. *sa*

Titelblatt (1919) der Zeitschrift „Der dada"

Dahrendorf, Ralf Soziologe, Politiker (FDP), *1.5.1929 Hamburg. 1958–88 Professuren für Soziologie in Hamburg, Tübingen bzw. Konstanz; 1967–88 Mitglied der ↗FPD; 1982–87 Vorsitzender der Friedrich-Naumann-Stiftung; seit 1988 Rektor am Saint Anthony's College in Oxford; seit 1993 als „Baron D. of Clare Market in the City of Westminster“ Mitglied des britischen Oberhauses; bedeutender Vertreter des ↗Liberalismus. *Ki*

Daily-Telegraph-Affäre (1908) Innenpolitische Krise; entstanden durch ein am 28.10.1908 veröffentlichtes Interview der Londoner Zeitung „The Daily Telegraph“ mit Kaiser ↗Wilhelm II., das wegen einiger taktloser Äußerungen des Kaisers in Großbritannien große Verstimmung hervorrief. ↗Reichstag und Presse übten scharfe Kritik am „persönlichen Regiment“ des Kaisers (Reichskanzler Bernhard von ↗Bülow mußte sich öffentlich distanzieren); das Ansehen des ↗Deutschen Reiches wurde schwer erschüttert; Stärkung von Parlamentarisierungstendenzen. *vK*

Daimler Automobilmarke. Benannt nach Gottlieb Wilhelm ↗D.; Name für im D.-Werk in Cannstatt bei Stuttgart produzierte Fahrzeuge; 1886 Fertigstellung des ersten D.-Motorwagens; Ablösung des Markennamens D. 1902 durch ↗„Mercedes“. *UK*

Daimler, Gottlieb Wilhelm Ingenieur, *17.3.1834 Schorndorf, †6.3.1900 Cannstatt. 1871–81 technischer Leiter der Gasmotorenfabrik Deutz; baute 1882/83 mit ↗Maybach den ersten schnellaufenden Benzinmotor, 1886 das erste Automobil; Begründer der Daimler-Motoren-Gesellschaft (1890), die 1926 in der ↗Daimler-Benz AG aufging. *nk*

Daimler-Benz AG Automobilkonzern mit Sitz in Stuttgart. Gegründet 1926 aus der Daimler-Motoren-Gesellschaft (1890 von Gottlieb Wilhelm ↗Daimler geschaffen) und der Benz & Cie. Gasmotorenfabrik (von Carl Friedrich ↗Benz 1883 gegründet); Produktionsschwerpunkt: bis 1945 Personen- und Lastkraftwagen sowie Dieselmotoren; Entwicklung zum Technologiekonzern. 1999 Fusion mit Chrysler. *UK*

Dalberg, Karl Theodor von Kurfürst, *8.2.1744 Herrnsheim, †10.2.1817 Regensburg. 1800 Bischof von Konstanz, 1802 Erzbischof und Kurfürst von ↗Mainz; erhielt bei der ↗Säkularisation 1803 als Ersatz für linksrheinische Gebiete (gingen an Frankreich) ↗Regensburg (dort Bischof, seit 1805 Erzbischof), Aschaffenburg und Wetzlar; 1806–10 als Fürstprimas ohne Machtbefugnis an der Spitze des ↗Rheinbundes; 1810–13 von ↗Napoleon zum Großherzog von ↗Frankfurt/Main ernannt; verlor nach Napoleons Sturz 1813 seine weltliche Herrschaft. Wissenschaftlich und künstlerisch hochgebildet; vertrat die Idee einer deutschen Nationalkirche in einem neugebildeten Reich. *rh*

Daluege, Kurt NSDAP-Politiker, *15.9.1897 Kreuzburg (Oberschlesien), †23.10.1946 Prag. Soldat im ↗Ersten Weltkrieg, anschließend Angehöriger eines ↗Freikorps; 1922 Eintritt in die ↗NSDAP, 1928 zur ↗SS; seit 1933 Mitglied des ↗Reichstages, 1936 Leiter der Ordnungspolizei; als stellvertretender Reichsprotektor (1942/43) von ↗Böhmen und Mähren verantwortlich für die nationalsozialistische Politik des Terrors, u.a. das Massaker von ↗Lidice. In Prag zum Tode verurteilt und hingerichtet. *JH*

Dalwigk zu Lichtenfels, Carl Friedrich Reinhard von Politiker, *19.2.1802 Darmstadt, †28.9.1880 ebd. Ab 1852 Leiter des hessischen Gesamtministeriums; verfolgte als Gegner des ↗Liberalismus eine reaktionäre, auf die ↗katholische Kirche (↗Ketteler) gestützte politische Linie; trat für die ↗großdeutsche Lösung ein; auf Druck Otto von ↗Bismarcks Rücktritt im April 1871. *nk*

Damaschke, Adolf Wilhelm Ferdinand Nationalökonom, Politiker, *24.11.1865 Berlin, †30.7.1935 ebd. 1896 unter den Gründern des ↗Nationalsozialen Vereins, 1898 des Bundes deutscher Bodenreformer, dem er bis 1935 vorstand; setzte sich v.a. für eine Reform der Bodenbesteuerung (Beschränkung von privatem Bodenbesitz) ein. *nk*

Dampfmaschinen Die Einführung von D. im 18. Jh., die Dampf in mechanische Kraft umwandelten, war auch in Deutschland die Voraussetzung für die ↗industrielle Revolution. Die D. fanden zunächst Einsatz in der Textilindustrie, im Bergbau und schließlich in der Maschinen- und Eisenbahnindustrie. Seit dem Ende des 19. Jh.s durch andere Antriebsmaschinen (Benzin- und Elektromotor) und die Dampfturbine ersetzt. *dt*

Danat-Bank ↗Darmstädter und Nationalbank

Danzig (polnisch Gdańsk) Hafenstadt in Polen, erste Erwähnung 997. 1240 ↗Stadtrecht, nach Zwistigkeiten zwischen ↗Böhmen, ↗Brandenburg, dem ↗Deutschen Orden und Polen 1301/08 vom Deutschen Orden besetzt. Seit 1361 Mitglied der ↗Hanse, seit 1454/57 (mit umfangreichen Rechten) unter polnischer Herrschaft, 1793 an ↗Preußen. Im

Frieden von ↗Tilsit (1807) wurde D. Freie Stadt. 1814–24 sowie 1878–1919 war es Hauptstadt der preußischen Provinz ↗Westpreußen. Im ↗Versailler Vertrag erhielt es den Status einer Freien Stadt unter Schutz des ↗Völkerbundes. Bei Beginn des Zweiten Weltkrieges Angliederung D.s an das Deutsche Reich, 1945 wieder an Polen. *wm*

Danzigfrage Der durch den ↗Versailler Friedensvertrag (1919) geregelte Sonderstatus ↗Danzigs warf politische und wirtschaftliche Probleme auf, die die Beziehungen zwischen Deutschland und Polen belasteten und von ↗Hitler zum Vorwand für den Überfall auf Polen (↗Zweiter Weltkrieg) herangezogen wurden. *JH*

Danzig-Westpreußen, Reichsgau Nach dem ↗Polenfeldzug ab Oktober 1939 dem ↗Deutschen Reich angegliedertes Verwaltungsgebiet (↗Gau), das die ehemalige Freie Stadt ↗Danzig und die ehemalige preußische Provinz (bis 1919) ↗Westpreußen umfaßte. *PS*

DAP ↗Deutsche Arbeiterpartei

Darmstädter und Nationalbank (Kurzbezeichnung: Danatbank) Kreditinstitut. Entstand 1922 durch Zusammenschluß der Nationalbank für Deutschland (gegründet 1881) und der Bank für Handel und Industrie AG (= Darmstädter Bank, gegründet 1853); wurde 1932 in die ↗Dresdner Bank eingegliedert. *UK*

Darré, Richard Walther Reichsbauernführer, *14.7.1895 Belgrano (Argentinien), †5.9.1953 München. 1930 Mitglied der ↗NSDAP, trug mit seiner ideologisch begründeten Agrarpolitik zum Erfolg der Partei in ländlichen Gebieten bei. Seit 29.6.1933 ↗Reichsminister für Ernährung und Landwirtschaft, wurde D. wegen der ungenügenden Lebensmittelversorgung während des Krieges am 23.5.1942 entlassen. Nach dem Krieg zu fünf Jahren Haft verurteilt, 1950 freigelassen. *PS*

Dasbach, Georg Friedrich Politiker, *9.12.1846 Horhausen (Westerwald), †11.10.1907 Bonn. Gründete während des ↗Kulturkampfs zahlreiche katholische Zeitungen (u.a. Märkische Volkszeitung) und Interessenverbände; ab 1890 für das ↗Zentrum Mitglied des preußischen Landtages, seit 1898 des Reichstages. *nk*

Das Reich Wochenzeitung. Erschien 1940–45 in Berlin; erreichte eine Auflage von 1,4 Mio. Exemplaren; verfolgte v.a. das Ziel, das ↗Dritte Reich nach außen zu repräsentieren; publizierte Leitartikel von ↗Goebbels; verbreitete im allg. nationalsozialistische Inhalte auf sachlicherem Niveau als andere nationalsozialistische Veröffentlichungen. *UK*

Datierung 1) Festlegung des relativen oder absoluten Alters von Objekten oder des Zeitpunktes von Geschehnissen (↗Chronologie), insbesondere die D. von Kunstgegenständen aufgrund von Übereinstimmungen in Typologie und Stil; 2) Datumsangabe am Schluß einer mittelalterlichen ↗Urkunde (Eschatokoll). *wj*

Däubler-Gmelin, Herta Bundesjustizministerin (SPD), Rechtsanwältin, *12.8.1943 Preßburg (Slowakei). Seit 1965 SPD-Mitglied, seit 1972 Mitglied des Bundestages, 1980–83 Vorsitzende des Rechtsausschusses, 1983–93 stellvertretende Vorsitzende der SPD-Fraktion, seit 1988 der Bundespartei; 1993 scheiterte ihre Berufung zur Vizepräsidentin des ↗Bundesverfassungsgerichtes am Widerstand von ↗CDU/CSU; seit 1998 Bundesjustizministerin. *li*

Däumig, Ernst Friedrich Journalist, Politiker, *25.11.1866 Merseburg, †4.7.1922 Berlin. Arbeitete 1911–16 für die sozialdemokratische Zeitung ↗„Vorwärts“; organisierte als ↗USPD-Mitglied den ↗Januarstreik (1918) in Berlin; setzte sich für die Einführung des ↗Rätesystems ein; ab 1920 Mitglied des Reichstages. *nk*

Daun Altes rheinisches Adelsgeschlecht. Seit 1655 Reichsgrafen; darauf Übersiedlung nach Österreich; 1896 ausgestorben. *rh*

Daun, Leopold Graf von Österreichischer Feldmarschall, *24.9.1705 Wien, †5.2.1766 ebd. Erfolgreicher Heerführer in den ↗Schlesischen Kriegen (1740–63); Reorganisator der österreichischen Armee (1749 Reglement), 1752 Gründer der Militärakademie in Wiener Neustadt; bedeutendster, aber oft zu zögerlicher militärischer Gegenspieler Friedrichs II. des Großen, dem er im ↗Siebenjährigen Krieg 1757 bei Kolin die erste größere Niederlage zufügte; siegte 1758 bei ↗Hochkirch, unterlag 1760 bei Torgau; 1762 Präsident des ↗Hofkriegsrats. *rh*

David, Eduard Heinrich Rudolf Schriftsteller, Politiker, *11.6.1863 Ediger/Mosel, †24.12.1930 Berlin. Erhielt 1894 Berufsverbot als Lehrer wegen Parteiarbeit für die ↗SPD; trat innerhalb der ↗Sozialdemokratie für den ↗Revisionismus ein; vertrat als Mitglied des Reichstages (ab 1903) die Politik des ↗Burgfriedens; wurde 1919 erster Präsident der Weimarer ↗Nationalversammlung; 1919/20 Minister ohne Portefeuille sowie Reichsinnenminister; verfaßte zahlreiche politische Schriften. *nk*

Davidstern Religiöses Symbol für das Judentum und Wahrzeichen des Zionismus; im ↗Dritten Reich seit 1941 zur diskriminierenden Kennzeichnung („Judenstern") der Juden eingeführt. *JH*

Dawes-Plan (1924) Von einem internationalen Ausschuß unter Vorsitz des US-amerikanischen Politikers Charles G. Dawes aufgestellter Plan zur Regelung der deutschen Reparationszahlungen nach dem ↗Ersten Weltkrieg: U.a. wurde Deutschland zu jährlichen Zahlungen in Höhe von 2,5 Mrd. Goldmark verpflichtet, als Starthilfe wurde eine Anleihe von 800 Mio. Goldmark gewährt. Über die endgültige Höhe der Zahlungen wurde nichts angegeben. Scheiterte an Transferschwierigkeiten und wurde durch den ↗Young-Plan abgelöst. *JH*

DBD ↗Demokratische Bauernpartei Deutschlands

DBV ↗Deutscher Bauernverband

DDP ↗Deutsche Demokratische Partei

DDR ↗Deutsche Demokratische Republik

DEFA ↗Deutsche Film AG

Defensionalverordnung 1681 verabschiedete Reform der militärischen Verfassung des ↗Heiligen Römischen Reiches: Das Kontingent des kaiserlichen Heeres sollte von 24000 auf 40000 Mann erhöht werden. Dabei war es Aufgabe der ↗Reichskreise, die Truppenstärke der ↗Reichsstände festzulegen. Die D. konnte nur im Südwesten ansatzweise durchgesetzt werden. *dw*

Degen Hieb- und Stichwaffe mit langer, schmaler, gerader und meist zweischneidiger Klinge. Die Hand wird durch den D.-Korb geschützt, der nach dem 18. Jh. allmählich durch einen gebogenen Bügel ersetzt wurde; im 14. Jh. entstanden, Blütezeit in Deutschland vom 16. bis 18. Jh. v.a. als Kavaliers- und Duellwaffe; im Deutschen Reich 1880–1919 Rangwaffe der Offiziere. *vK*

Dehler, Thomas Politiker (FDP), *14.12.1897 Lichtenfels, †21.7.1967 Streitberg (Oberfranken). Während des Zweiten Weltkrieges Mitglied einer Oppositionsgruppe, deshalb 1944 inhaftiert; 1948 Mitglied des ↗Parlamentarischen Rates; 1949 Mitglied des Bundestages; 1949–53 Justizminister; 1954–57 Bundesvorsitzender der ↗FDP; ab 1960 Bundestagsvizepräsident. *Ki*

Dehmelt, Hans-Georg ↗Nobelpreis

Deichbau Im 10. Jh. beginnende Maßnahme zur Bekämpfung des Landverlustes durch Sturmfluten an der Nordseeküste. Erfolgte durch den Bau von Sand-Erde-Dämmen längs der Küste. Größere geschlossene Systeme entstanden erst im 12. und 13. Jh. Auch diese konnten aber z.T. größere Verluste nicht verhindern; erst ab dem 17. Jh. kein Verlust von Küstenland mehr. Deiche wurden errichtet und unterhalten durch genossenschaftliche Deichverbände, bei denen bis heute eine Beteiligung der Anwohner erzwungen werden kann. *wj*

Deimling, Berthold von Preußischer General, *21.3.1853 Karlsruhe, †3.2.1944 Baden-Baden. Wirkte 1904–06 an der Niederwerfung des ↗Hererokrieges in ↗Deutsch-Südwestafrika mit und war als kommandierender General in Straßburg 1913 in die ↗Zabernaffäre verwickelt. Wurde im Ersten Weltkrieg zum entschiedenen Kriegsgegner. *dt*

Deisenhofer, Johann ↗Nobelpreis

DEK ↗Deutsche Evangelische Kirche

Delbrück, Clemens von Politiker, *19.1.1856 Halle/Saale, †17.12.1921 Jena. 1909–16 Staatssekretär des Inneren und stellvertretender ↗Reichskanzler; Gründungsmitglied der ↗DNVP und Mitglied der ↗Weimarer Nationalversammlung. *JH*

Delbrück, Hans Historiker, *11.11.1848 Bergen (Rügen), †14.7.1929 Berlin. 1882–90 als Freikonservativer politische Aktivität im preußischen Abgeordnetenhaus und im ↗Reichstag; ab 1883 Herausgeber der „Preußischen Jahrbücher"; ab 1895 Professor in Berlin; 1896 Nachfolger ↗Treitschkes als Geschichtsschreiber des preußischen Staates; Kritiker des Nationalliberalismus und ↗Konservatismus; wandte sich gegen den ↗Imperialismus und setzte sich im ↗Ersten Weltkrieg für eine Politik der nationalen Zurückhaltung ein. *Vö*

Delbrück, Rudolf von Politiker, *16.4.1817 Berlin, †1.2.1903 ebd. Leitete im preußischen Handelsministerium seit 1848 die Politik des ↗Zollvereins; ab 1867 Präsident des Bundeskanzler- (↗Norddeutscher Bund) bzw. Reichskanzleramtes (ab 1871); maßgeblicher Gestalter der liberalen Gesetzgebung des Kaiserreiches; trat 1876 zurück, weil er die Einschränkung der Freihandelspolitik infolge der ↗Großen Depression 1873 nicht akzeptierte; 1878–81 Mitglied des Reichstages und Gegner von Otto von ↗Bismarcks Schutzzollpolitik. *sa*

Delp, Alfred Jesuitenpater, *15.9.1907 Mannheim, †2.2.1945 Berlin. 1942 zum ↗Kreisauer Kreis, für den er am Entwurf einer christlichen Sozialordnung arbeitete. Nach dem ↗Zwanzigsten Juli verhaftet, am 11.1.1945 vom ↗Volksgerichtshof zum Tode verurteilt und hingerichtet. *PS*

Demagogenverfolgung Die im ↗Vormärz aufgrund der ↗Karlsbader Beschlüsse (1819) begonnenen und nach dem ↗Hambacher Fest (1832) und dem ↗Frankfurter Wachensturm (1833) erneut aufgenommenen Verfolgungen politischer Führer der Einheits- und Freiheitsbewegung durch den ↗Deutschen Bund und die Bundesstaaten. *vK*

Demographie ↗Bevölkerung(sentwicklung)

Demokratie Jetzt 1989 in der DDR gegründete Bürgerrechtsvereinigung; bildete 1990 gemeinsam mit dem ↗Neuen Forum, der ↗Initiative Frieden und Menschenrechte und den ostdeutschen ↗Grünen das ↗Bündnis 90, das bei den Volkskammerwahlen 1990 2,9 % der Stimmen erhielt und sich 1994 mit den westdeutschen Grünen zu ↗Bündnis 90/Die Grünen vereinigte. *bb*

Demokratische Bauernpartei Deutschlands (DBD) 1948 unter Einfluß der ↗SMAD gegründete politische Partei der ↗DDR, die in der ↗Nationalen Front als eine der Blockparteien die Landwirte in das politische System integrieren sollte; unterstützte die ↗Kollektivierung; erhielt bei den ersten freien Volkskammerwahlen 1990 2,2 % der Stimmen; schloß sich im gleichen Jahr der ↗CDU der DDR an. *bb*

Demokratischer Aufbruch (DA) 1989 aus oppositionellen Kirchenkreisen in der ↗DDR hervorgegangene politische Partei (↗Eppelmann); Sammelbewegung für die konservativen Kräfte der DDR-Bürgerbewegung; bildete 1990 für die Volkskammerwahlen mit der ↗CDU der DDR und der ↗DSU die ↗Allianz für Deutschland; ging 1990 in der CDU (Ost) auf. *bb*

Demokratischer Block der Parteien und Massenorganisationen Zusammenfassung aller Parteien und Massenorganisationen in der ↗SBZ , am 17.6.1949 aus der ↗Einheitsfront der antifaschistisch-demokratischen Parteien hervorgegangen; nach Gründung der ↗DDR in der ↗Nationalen Front des demokratischen Deutschland aufgegangen. *kl*

Demokratischer Frauenbund Deutschlands (DFD) 1947 aus den „antifaschistischen Frauenausschüssen" hervorgegangene ↗SED-abhängige Massenorganisation der ↗DDR; trat für die Verbesserung der sozialen Situation der Frauen ein und bot ein breites Kulturangebot u. a. in „Frauenakademien" an; entsendete als Teil der ↗Nationalen Front 32 Abgeordnete in die ↗Volkskammer; erreichte eine Mitgliederzahl von 1,5 Mio.; gab sich 1990 ein neues Statut und firmiert seit 1991 unter dem Namen „Demokratischer Frauenbund e. V." (dfb). *bb*

demokratischer Sozialismus Grundsatz des ↗Godesberger Programms der SPD. *kl*

demokratischer Zentralismus Auf der Ersten Parteikonferenz der ↗SED am 28.1.1949 eingeführter Grundsatz, der in kommunistisch-leninistischer Tradition den autoritären Herrschaftsanspruch der SED mit formal demokratischen Vorgaben auch innerhalb der Partei absicherte: als Gegengewicht zur Wählbarkeit der Parteifunktionäre und deren Rechnungslegung vor den Mitgliedern wurde eine hierarchisch geordnete, „straffe Parteidisziplin" eingeführt. Abweichende Meinungen galten fortan als unvereinbar mit dem marxistisch-leninistischen Charakter (↗Marxismus-Leninismus) der SED. *kl*

Demokratisierung ↗Parlamentarisierung

Demonstrationsrecht Durch das ↗Grundgesetz abgesicherte Form der freien Meinungsäußerung, das sich zunächst in Demonstrationen gegen die ↗Wiederbewaffnung als Mittel der öffentlichen Meinung behaupten konnte. Nach dem Abschluß des ↗Wiederaufbaus entwickelte es mit der ↗Studentenbewegung der sechziger Jahre neue Formen wie „Sit-ins" und „Go-ins". Als Mittel zur Meinungsäußerung wurde es immer wieder von ↗Parteien, ↗Gewerkschaften und ↗Bürgerinitiativen, verstärkt seit der Mitte der siebziger Jahre durch die ↗Ökologiebewegung und die ↗Friedensbewegung als Korrektiv zur Bundes- und Landespolitik genutzt.

In der ↗DDR waren Demonstrationen nur als regierungskonforme Meinungsäußerung gestattet; nach den unterdrückten Demonstrationen vom ↗Siebzehnten Juni 1953 konnte sich Kritik an der Politik der ↗SED nur individuell äußern; in größerem Umfang widersetzte sich die Bevölkerung erst mit den ↗Montagsdemonstrationen 1989 der Einschränkung ihres D.s. – Seit der ↗Wiedervereinigung wird das D. verstärkt gebraucht, um auf soziale und wirtschaftliche Notlagen, aber auch auf eine zunehmende ↗Fremdenfeindlichkeit hinzuweisen. (25, 34, 72, 142, 164, 343, 354, 464) *kl*

Demontage Abbau industrieller Produktionsanlagen als Entschädigung für Kriegsschäden durch die ↗Besatzungsmächte nach dem ↗Zweiten Weltkrieg; in den westlichen ↗Besatzungszonen, ausgehend vom ↗Potsdamer Abkommen und dem ↗Industrieniveauplan von 1946, Beginn der D. im April 1946; aufgrund der durch das ↗European

Recovery Program veränderten politischen Zielsetzungen Reduktion der vorgesehenen D. von ca. 1800 auf 682 Betriebe; lediglich Verlust der von 1939–44 zusätzlich aufgebauten Anlagen durch D. und Kriegszerstörung; beschleunigte die Modernisierung der westdeutschen Industriestruktur, hierdurch faktische Wettbewerbsvorteile; 1949 Stopp der D. in der ↗Bundesrepublik durch das ↗Petersberger Abkommen, endgültiges Ende 1952 mit dem ↗Deutschland-Vertrag.
Durch D. in der ↗SBZ bis 1946 Abbau von ca. 1000 Betrieben; Verbringung der Produktionsanlagen in die Sowjetunion und Umwandlung weiterer 200 Betriebe in ↗Sowjetische Aktiengesellschaften; zwar bereits 1949 Einstellung der D. durch die Sowjetunion angekündigt, faktisch jedoch erst in den 50er Jahren beendet; im Vergleich zu Westdeutschland Verzögerung des ↗Wiederaufbaus um mehr als zehn Jahre. *kl*

Alle, nicht jeder (Umschlagbild)

Demoskopie Verfahren zur Erforschung der öffentlichen Meinung sowie zur Marktanalyse durch repräsentative Befragungen und statistische Ergebnisauswertung; dient der Absicherung politischer und wirtschaftlicher Entscheidungen; in Deutschland erstmals 1947 durch das in der US-amerikanischen ↗Besatzungszone gegründete ↗Institut für Demoskopie Allensbach angewendet. *kl*

Demoskopisches Institut Allensbach ↗Institut für Demoskopie Allensbach

Denar Wichtigste römische Münze aus Silber (seit dem 2. Jh. v. Chr.). Name seit den Merowingern für verschiedene fränkische Silbermünzen gebräuchlich. Im Mittelalter Bezeichnung für ↗Pfennig. *wj*

Dendrochronologie (Jahresring-Chronologie) Archäologische Datierungsmethode für Holz. Wetter und Klima eines jeden Jahres bestimmen Breite und Aussehen der Baumjahresringe einer Klimaregion. Das entstehende Muster der Jahresringe läßt sich durch Vergleich mit Mustern bereits bekannter Hölzer datieren. Das genaue Fälljahr eines Baumstammes kann dann ermittelt werden, wenn das zu untersuchende Holzstück bis zur Rinde („Waldkante") vorhanden ist. Durch aneinandergelegte und zeitlich überlappende Jahresringe ließ sich für Mitteleuropa ein Baumringkalender erstellen, der bis 6255 v. Chr. zurückreicht. *wj*

Denkmalpflege (Denkmalschutz) Sicherung von Kulturgütern vor Zerstörung bzw. Veränderung. In der ↗Bundesrepublik obliegt diese Aufgabe den Ländern, wobei ein Landesamt für D. dem jeweiligen Kultusministerium untersteht. Der moderne D.-Gedanke geht auf die ↗Aufklärung zurück, weitere Impulse gab es im 19. Jh. durch das Erstarken patriotischer Strömungen in ganz Europa. Nach dem Zweiten Weltkrieg wurde die D. vor neue Probleme, wie etwa die Integration in Stadtplanung und Raumordnung, gestellt, wobei in jüngerer Zeit die Problematik der Denkmalzerstörung durch Umweltverschmutzung in den Vordergrund tritt. *ij*

Denunziation Anzeige. Im nationalsozialistischen Deutschland die Meldung angeblicher oder tatsächlicher „staatsfeindlicher" Aktivitäten an die Behörden. Als gesellschaftliches Phänomen spielte die Bereitschaft großer Teile der Bevölkerung zur D. eine wichtige Rolle bei der inneren Stabilisierung der nationalsozialistischen Herrschaft und der Durchsetzung der Ideologie der ↗Volksgemeinschaft. Normabweichende Gesinnungen und Verhaltensweisen konnten für den häufig aus privaten Gründen Denunzierten Verhaftung, Repressalien und bei Verurteilung durch ein Sondergericht oder den ↗Volksgerichtshof Strafen bis hin zur Einlieferung in ein ↗Konzentrationslager nach sich ziehen. Der ↗Widerstand gegen den ↗Nationalsozialismus wurde durch die Gefahr der D. wesentlich erschwert. *JH*

Deportation Von einem Staat oder einer Besatzungsmacht angeordnete Zwangsverschickung bzw. -verschleppung von Menschen, v.a. Angehörigen einer nationalen, rassischen oder politischen Minderheit.

Im nationalsozialistischen Deutschland dienten D. v.a. der Neuordnung der Bevölkerung Europas auf der Grundlage antisemitischer und rassistischer Vorstellungen. Über 4,5 Mio. Juden wurden während des ↗Zweiten Weltkrieges aus dem deutschen Machtbereich deportiert, zunächst in ↗Ghettos und ↗Konzentrationslager, seit 1941/42 im Zuge der „Endlösung" in die ↗Vernichtungslager (↗Auschwitz, ↗Treblinka u.a.). Die als „Umsiedelungsaktionen" getarnten D., denen ein Großteil der deutschen Bevölkerung passiv gegenüberstand, bildeten dabei die bürokratisch-organisatorische Vorstufe zur Vernichtung des europäischen Judentums (↗Judenvernichtung).

Mehrere hunderttausend ↗Sinti und Roma aus ganz Europa wurden ebenfalls in Ghettos, Konzentrations- und Vernichtungslager deportiert. Schätzungen gehen von über 500 000 Todesopfern aus.

Weiterhin wurden während des Zweiten Weltkrieges ca. fünf Mio. ↗Fremdarbeiter v.a. aus Polen und der Sowjetunion nach Deutschland deportiert und zum Arbeitsdienst hauptsächlich in der Rüstungsindustrie und in der Landwirtschaft gezwungen.

Im Gegenzug deportierte die Sowjetunion nach der ↗Kapitulation Deutschlands im Mai 1945 mehrere hunderttausend Deutsche in Arbeitslager in ihrem Land.

Im Rahmen der ↗Nürnberger Kriegsverbrecherprozesse wurden die von Deutschland betriebenen D. als Kriegsverbrechen verurteilt. *JH*

Deputationstag 1555 eingesetzter Ausschuß des ↗Reichstages, der dessen Aufgaben zwischen den Sitzungen übernahm. Der D. erhielt 1594 zusätzlich die Funktion einer Revisionsinstanz des ↗Reichskammergerichts. *dw*

Derfflinger, Georg von Generalfeldmarschall (seit 1670), *20.3.1606 Neuhofen (Oberösterreich), †14.2.1695 Gusow (Brandenburg). Führte seit 1655 als Generalwachtmeister das Heer ↗Brandenburg-Preußens in den Kriegen gegen Polen, Schweden und Frankreich; seit 1674 Reichsfreiherr. Im Rahmen des Heeresaufbaus entwikkelte er die Waffengattung der ↗Dragoner. *dw*

Dernburg, Bernhard Politiker (DDP), *17.7.1865 Darmstadt, †14.10.1937 Berlin. Seit 1906 im ↗Auswärtigen Amt als Leiter der Kolonialabteilung, 1907–10 Staatssekretär im Reichskolonialamt; 1919 zum Reichsfinanzminister und Vizekanzler ernannt; 1918 Gründungsmitglied der ↗Deutschen Demokratischen Partei und Mitglied des Reichstages bis 1930. *JH*

Dertinger, Georg DDR-Politiker (CDU), *25.12.1902 Berlin, †21.1.1968 Leipzig. Mitbegründer der ↗CDU in der ↗SBZ; 1946–49 Generalsekretär der CDU; 1949–53 Außenminister der ↗DDR; 1954 wegen Spionage zu 15 Jahren Zuchthaus verurteilt; verbüßte zehn Jahre. *Ki*

Deserteure Fahnenflüchtige. Versuchen, sich durch Flucht oder Verstecken sowie in Kriegszeiten durch Überlaufen zum Gegner dem Dienst als Soldat zu entziehen. Bes. bei Söldnerheeren, in Wehrpflichtarmeen und im Krieg verbreitet und unter strenge Strafe (häufig Todesstrafe) gestellt. Desertion im ↗Zweiten Weltkrieg gilt heute weithin als Form des ↗Widerstandes gegen das nationalsozialistische Regime. *PS*

Dessauer ↗Leopold I. von Anhalt-Dessau

Dessauer, Friedrich Biophysiker, Philosoph, *19.7.1881 Aschaffenburg, †16.2.1963 Frankfurt/Main. Professor in Frankfurt; Mitglied des Reichstages (Zentrum, 1924–30). Nach erzwungenem Lehrstuhlverzicht Professuren in Istanbul und Freiburg (Schweiz); seit 1953 in Frankfurt. Forschungen zur Strahlenbiophysik und Röntgenmedizin; schrieb u.a.: Philosophie der Technik (1926), Religion im Lichte der heutigen Naturwissenschaften (1951). *ij*

Dettingen, Schlacht (1743) Am 27.6.1743 in Unterfranken. Die „Pragmatische Armee" unter Kurfürst ↗Georg II. von Hannover siegte während des ↗Österreichischen Erbfolgekrieges über ein französisches Heer. *dw*

Deutsch, Begriff Nationalitäts- und Sprachbezeichnung, abgeleitet vom germanischen „thiotisc" = zum Volk gehörig; im 7. Jh. als Bezeichnung „theudisk" zur Abgrenzung gegenüber dem romanischen Teil der Bevölkerung gebraucht, der als „walhisk" (welsch, romanisch) bezeichnet wurde; 768 erster Beleg für „theodisca lingua" als

Volkssprache (im Unterschied zum Latein); mit der Teilung des ↗Frankenreiches Verstärkung der Unterschiede zwischen Ost- und Westfranken (↗Straßburger Eide): „diutisk“ wurde zum gemeinsamen Begriff für die Sprachen der ostfränkischen Stämme, im „Annolied“ (zwischen 1080 und 1085) „diutisk“ erstmals auch für das Volk benutzt, welches die Sprache sprach. *wj*

deutsch-britisches Flottenabkommen ↗Flottenabkommen, Deutsches Reich – Großbritannien (1935)

Deutsch-Dänischer Krieg 1) 1848–50 Krieg um die seit 1720 bzw. 1773 dänischen Herzogtümer Schleswig und Holstein. Angesichts der Gefahr einer Trennung der Herzogtümer durch Eingliederung Schleswigs in den dänischen Staat erhoben sich 1848 die Deutschen ↗Schleswig-Holsteins. Bildung einer provisorischen Regierung in Kiel; bis 1850 erfolgloser Kampf gegen Dänemark, nachdem ↗Preußen auf Druck Großbritanniens und Rußlands im Waffenstillstand von ↗Malmö 1848 ausgeschieden war. Das internationale Londoner Protokoll von 1852 (↗London, Konferenz) legte die weitere Verbindung der Herzogtümer mit Dänemark fest.

2) Die Annahme einer dänischen Gesamtstaatsverfassung 1863, durch die Schleswig dem dänischen Staat einverleibt wurde (Widerspruch zum Londoner Protokoll von 1952), führte 1864 zum Krieg zwischen Preußen und Österreich einerseits und Dänemark andererseits. Nach dem preußisch-österreichischen Sieg an den ↗Düppeler Schanzen (18.4.) und dem Übergang nach Alsen (29.6.), trat Dänemark im Frieden von Wien (30.10.) die Herzogtümer mit dem Herzogtum Lauenburg an Preußen und Österreich ab. *vK*

deutsch-deutsche Beziehungen ↗innerdeutsche Beziehungen

deutsch-deutsche Grenze Grenze zwischen der ↗Bundesrepublik und der ↗DDR (1949–90); 1378 km lang, zzgl. 161 km Stadtgrenze zu ↗Berlin; im ↗kalten Krieg gleichzeitig Nahtstelle zwischen den Militärblöcken ↗NATO und ↗Warschauer Pakt. Seit 1952 von der DDR nach sowjetischem Vorbild gesichert; 1961 nach vollständiger Abriegelung der Grenze und dem Bau der ↗Berliner Mauer zunächst vermint, nach 1966 flächendeckend mit technischen Sicherungsanlagen ausgerüstet (Stacheldraht, z.T. elektrisch geladene Metallgitterzäune, Mauern aus Stahlbeton, Sperrgräben für Kraftfahrzeuge, Stolperdrähte und Selbstschußanlagen); Grenzsicherung durch die ↗Grenztruppen der DDR. Bei ca. 40000 geglückten Fluchtversuchen nach dem Mauerbau, endeten aufgrund des ↗Schießbefehls 121 tödlich. Parallel zur weltweiten Entspannung wurden Mitte der achtziger Jahre die Selbstschußanlagen vollständig, die Minenfelder weitestgehend entfernt; nach der ↗Wiedervereinigung wurden die Grenzanlagen vollständig abgebaut. *kl*

deutsch-deutscher Handel ↗innerdeutscher Handel

deutsch-deutscher Kreditvertrag (1983) Am 1.7.1983 auf Initiative des bayrischen Ministerpräsidenten Franz-Josef ↗Strauß in München unterzeichneter und von der ↗Bundesrepublik verbürgter Kreditvertrag zwischen der ↗DDR und einem westdeutschen Bankenkonsortium in Höhe von 1 Mrd. DM; im Gegenzug Aufhebung des ↗Zwangsumtauschs für Jugendliche unter 14 Jahren und Abbau von ↗Selbstschußanlagen an der ↗deutsch-deutschen Grenze; Auslöser für schwere innere Konflikte in der ↗CSU, Parteiaustritte; Anlaß zur Gründung der Partei Die ↗Republikaner. *kl*

deutsch-deutscher Notenwechsel, erster Schriftwechsel zwischen dem Vorsitzenden des Ministerrats der ↗DDR ↗Stoph und dem Bundeskanzler ↗Kiesinger zwischen dem 10.5. und 28.9.1967; Stoph forderte in Umsetzung der Beschlüsse der ↗Karlsbader Konferenz die völkerrechtliche Anerkennung der DDR durch die ↗Bundesrepublik. Kiesinger schlug in seiner Antwort vom 13.6. vor, „praktische Fragen des Zusammenlebens der Deutschen“ gemeinsam zu regeln; nach Übersendung eines Entwurfs für ein Abkommen über „normale“ völkerrechtliche Beziehungen am 18.9. Abbruch des Briefkontakts durch die Bundesregierung; war gleichwohl Beginn eines direkten Meinungsaustausches zwischen den Regierungen der DDR und der Bundesrepublik. *kl*

deutsch-deutsches Gipfeltreffen (1970) Erstes Treffen des Ministerratspräsidenten der ↗DDR, ↗Stoph, mit Bundeskanzler ↗Brandt am 19.3.1970 in Erfurt; trotz Überwachung durch Mitarbeiter des ↗Ministeriums für Staatssicherheit herzliche Begrüßung Brandts durch die Bevölkerung; Beginn der Normalisierung der ↗innerdeutschen Beziehungen, erster Schritt zum ↗Grundlagenvertrag. *kl*

Deutsche Angestellten Gewerkschaft (DAG)

1945 gegründete unabhängige Gewerkschaft der Angestellten; tritt mit (1996) 501000 nach Berufsgruppen organisierten Mitgliedern in Abgrenzung zum ↗DGB gegen die „leistungsfeindliche Nivellierung" zwischen Arbeitern und Angestellten ein. Seit 1996 erfolgte eine Annäherung an die DGB-Gewerkschaften. *bb*

Deutsche Arbeiterpartei (DAP) 1919 von (u.a.) Anton Drexler in München gegründet; verband völkisches und antisemitisches Ideengut mit sozialistischen Zielsetzungen; gewann v.a. durch den Eintritt ↗Hitlers (1919) als Propagandaredner an Bedeutung. 1920 in ↗NSDAP umbenannt. *JH*

Deutsche Arbeitsfront (DAF) Am 10.5.1933 nach Zerschlagung der Gewerkschaften gegründete größte nationalsozialistische Organisation. Unter Reichsleiter ↗Ley entwickelte die DAF vielfältige integrierende Aktivitäten für ihre Mitglieder, z.B. den „Reichsberufswettkampf" sowie zahlreiche Freizeitangebote, insbesondere durch die NS-Gemeinschaft ↗„Kraft durch Freude". *PS*

Deutsche Bank Größtes privates Kreditinstitut Deutschlands mit Hauptsitz in Frankfurt/Main und eines der wichtigsten global operierenden Geldinstitute. Gegründet 1870 in Berlin, war die D.B. ab 1875/76, nach Übernahme der Union Bank und des Berliner Bankvereins, bereits größte deutsche Privatbank. Schon zu Beginn des 20. Jh.s entwickelte sie sich zu einem international operierenden Unternehmen mit Niederlassungen im Ausland (Beteiligung u.a. am Bau der ↗Bagdadbahn). Die Rolle der D.B. bei der Finanzierung des ↗Zweiten Weltkrieges veranlaßte die ↗Besatzungsmächte dazu, im Rahmen des Befehls zur ↗Entflechtung der deutschen Wirtschaft die Aufteilung der D.B. in mehrere Regionalbanken anzuordnen. Unter dem Einfluß von ↗Abs wurde die D.B. 1957 aus drei Nachfolgeinstituten als Aktiengesellschaft wiedergegründet. *RB*

Deutsche Bewegung Bezeichnung für ein kulturell bestimmtes Nationalgefühl im letzten Drittel des 18. und beginnenden 19. Jh.s. Repräsentanten der D.B. sind Dichter und Philosophen (↗Goethe, Friedrich von ↗Schiller, ↗Hölderlin, Heinrich von ↗Kleist, Gotthold Ephraim ↗Lessing, Immanuel ↗Kant, ↗Fichte, ↗Hegel, u.a.), aber auch Sprachwissenschaftler und Pädagogen (Johann Gottfried ↗Herder, ↗Dilthey, Herman Nohl). Die D.B. beeinflußte auch die Politik (Wilhelm von ↗Humboldt, Karl Freiherr vom und zum ↗Stein). *RB*

deutsche Bischofskonferenz 1) In der ↗katholischen Kirche das Treffen von Bischöfen und Weihbischöfen eines Landes oder einer Region. Findet jährlich einmal in Fulda statt (seit 1869); die bayrischen Bischöfe tagen zweimal pro Jahr in Freising (seit 1850), alle übrigen dreimal an unterschiedlichen Orten. Die Bischöfe der ↗DDR (↗katholische Kirche, DDR) tagten in Berlin.
2) In der ↗evangelischen Kirche das Treffen der Bischöfe aus den Gliedkirchen der ↗EKD. *rw*

Deutsche Bundesbank Zentrale und unabhängige Notenbank der Bundesrepublik, am 1.8.1957 aus der ↗Bank deutscher Länder hervorgegangen. Ihre Aufgaben sind u.a. die Abwicklung des in- und ausländischen Zahlungsverkehrs, die Regelung des Geldumlaufs, die Wahrung der Geldwertstabilität, die Kreditversorgung der deutschen Wirtschaft, v.a. der Kreditinstitute, denen sie als „Bank der Banken" übergeordnet ist; Verwalterin der Währungsreserven der Bundesrepublik; Monopol zur Ausgabe von Banknoten und Geldstücken; war Vorbild für die Europäische Zentralbank (EZB). *kl*

Deutsche Christen Kirchenpolitische Bewegung innerhalb des deutschen ↗Protestantismus, 1932 unter nationalsozialistischem Einfluß gegründet; strebte eine Verbindung von Christentum und ↗Nationalsozialismus an; gewann bei den Kirchenwahlen im Juli 1933 Einfluß auf die Führung der Landeskirchen und erreichte deren Zusammenschluß zur ↗Deutschen Evangelischen Kirche; setzte die Berufung von Ludwig ↗Müller zum Reichsbischof durch, forderte die Abschaffung des Alten Testaments und Einführung des ↗Führer-Prinzips im kirchlichen Raum, löste damit den ↗Kirchenkampf aus; zerbrach an internen Auseinandersetzungen und am Widerstand der ↗Bekennenden Kirche; 1945 aufgelöst. *JH*

Deutsche Demokratische Partei (DDP) (kurz: „Demokraten") Am 20.11.1918 unter starker Mitwirkung Friedrich ↗Naumanns gegründete Partei des liberalen ↗Bürgertums; wesentlich an der Ausarbeitung der ↗Weimarer Verfassung und 1919–32 an fast allen Reichsregierungen beteiligt; 1930 in „Deutsche Staatspartei" umgewandelt; nach Zustimmung zum ↗Ermächtigungsgesetz 1933 aufgelöst. *JH*

Deutsche Demokratische Republik (DDR) Zweiter deutscher Staat neben der ↗Bundesrepublik, am 7.10.1949 aus der ↗SBZ durch die Übertragung aller Verwaltungsfunktionen seitens der

40. JAHRESTAG DES SIEGES UND DER BEFREIUNG VOM HITLERFASCHISMUS -
Wir haben die historische Chance genutzt!
Haus der Dienstleistungen
Annahmestelle für elektrische Haushaltgeräte
Ausleihdienst
Haus der Dienstleistungen
VEB Dienstleistungskombinat
- Verwaltung -

↗sowjetischen Militäradministration in Deutschland (SMAD) auf die provisorische ↗Volkskammer der DDR entstanden.

Die DDR entwickelte sich unter dem ersten Staatspräsidenten ↗Pieck zu einem sozialistischen Staat; nach sowjetischem Vorbild wurde mit der ↗Volksdemokratie ein nur scheinbar demokratisch legitimiertes politisches System zur Sicherung der Vorherrschaft der ↗SED geschaffen und die ↗Planwirtschaft eingeführt.

Nach der Ernennung ↗Ulbrichts zum Generalsekretär der SED (1950) erfolgte ein grundlegender Strukturwandel von Staat und Gesellschaft unter dem Vorzeichen der Stalinisierung. Durch die Einführung des ↗demokratischen Zentralismus in der Staats- und Wirtschaftsverwaltung wurde die noch formal liberale ↗Verfassung der DDR von 1949 ausgehöhlt. Ab 1952 erfolgte unter der Parole ↗Aufbau des Sozialismus der vorrangige Ausbau der Schwerindustrie und die ↗Kollektivierung der Landwirtschaft. Massenstreiks in mehreren Großstädten wurden am ↗Siebzehnten Juni 1953 durch sowjetisches Militär niedergeschlagen. 1956 trat die DDR dem ↗Warschauer Pakt bei, die ↗Nationale Volksarmee (NVA) entstand; Studentenproteste an der Humboldt-Universität in Berlin (Ost) wurden von der Polizei unterdrückt. Mit dem Bau der ↗Berliner Mauer am 13.8.1961 reagierte die Staatsführung auf eine Ende der fünfziger Jahre eingetretene Fluchtwelle aus der DDR. 1968 beteiligte sich die NVA an der Niederschlagung des ↗Prager Frühlings und führte die ↗Paß- und Visapflicht im Reise- und Transitverkehr mit der Bundesrepublik und Berlin (West) ein.

Nach der Ablösung Ulbrichts durch Erich ↗Honecker (1971) konnte sich die DDR im Inneren zunehmend festigen; auf internationaler Ebene gelang die verstärkte Anerkennung der DDR mit der Aufnahme diplomatischer Beziehungen zu neutralen und westlichen Staaten. Mit dem ↗Grundlagenvertrag 1972 und dem Abschluß mehrerer Verkehrsabkommen normalisierten sich die ↗innerdeutschen Beziehungen (bei gleichzeitigem Ausbau der ↗deutsch-deutschen Grenze). 1973 wurde die DDR Mitglied der ↗Vereinten Nationen.

Trotz ihrer ökonomischen Vorreiterrolle im Ostblock verpaßte die DDR durch starres Festhalten an der ↗Planwirtschaft den Anschluß an die weltweite ökonomische Entwicklung. Bereits 1976 zeigten sich wachsende ökonomische Schwierigkeiten; ein ↗deutsch-deutscher Kreditvertrag verhinderte 1983 den Staatsbankrott.

Auch der Ausbau des Überwachungsstaates mit flächendeckender Kontrolle und Verfolgungen durch das ↗Ministerium für Staatssicherheit konnte die Zunahme kritischer Stimmen nicht verhindern; die seit dem ↗Bitterfelder Weg verhärtete Kulturpolitik führte zu einem Exodus von Künstlern, u. a. zur Ausbürgerung des Liedermachers ↗Biermann. Gleichzeitig entwickelte sich die ↗Friedensbewegung der DDR wegen ihres starken jugendlichen Zuspruchs zu einem großen innenpolitischen Problem. Nicht zuletzt die mangelhafte Versorgung mit Konsumgütern verstärkte die Unruhe; die Zahl der Ausreisewilligen erhöhte sich und spitzte sich mit der vorübergehenden Flucht vieler DDR-Bürger in die ↗Ständige Vertretung der Bundesrepublik in Berlin (Ost) und die Prager Botschaft der Bundesrepublik 1984 dramatisch zu (↗Botschaftsflüchtlinge).

Zwar folgte die DDR mit ihrer Wirtschafts- und Sozialpolitik der Reformpolitik der Sowjetunion unter dem Generalsekretär der Kommunistischen Partei und Vorsitzenden des Obersten Sowjet Michail Sergejewitsch Gorbatschow, nicht jedoch dessen Politik der Offenheit und Liberalisierung. Das Entstehen einer ↗Bürgerbewegung sowie (ab 1989) ↗Montagsdemonstrationen waren die Folge. Nach Beginn der Massenflucht von DDR-Bürgern über die ungarisch-österreichische Grenze trat Honecker, auch auf Druck aus den Reihen der SED, 1989 zurück. Die Berliner Mauer wurde am 9.11.1989 geöffnet.

Nach der Wahl von ↗Modrow zum Ministerpräsidenten blieben wiederholte Versuche der Bürgerbewegung und der Intellektuellen, die DDR als sozialistischen Staat zu erhalten (↗Aufruf „Für unser Land"), mangels Rückhalt in der Bevölkerung ohne Erfolg. Mit dem Beitritt der DDR zur Bundesrepublik (↗Einigungsvertrag) ist die DDR am 3.10.1990 untergegangen. (466) *kl*

Deutsche Einheit ↗Fonds Deutsche Einheit ↗Wiedervereinigung

Deutsche Evangelische Kirche (DEK) 1933 aus den deutschen evangelischen Landeskirchen auf Betreiben der Nationalsozialisten und der ↗Deutschen Christen durch die verfassungsmäßig vollzogene Umwandlung des „Deutschen Evangelischen Kirchenbundes" entstandene ↗Reichskirche; zerbrach im Verlauf des ↗Kirchenkampfes am Widerstand der ↗Bekennenden Kirche. *JH*

deutsche Exilliteratur ↗Exilliteratur

Deutsche Farben Nationalfarben des ↗Deutschen Reiches und seiner Nachfolgestaaten; entstanden im 19. Jh. im Rahmen der ↗Einheits- und Freiheitsbewegung. Ursprünglich vom Schwarz-Rot der ↗Jenaer Burschenschaft herrührend, wurde Schwarz-Rot-Gold zur offiziellen Flagge des ↗Deutschen Bundes 1848–52. Im „Farbenstreit" um die Flagge des zukünftigen deutschen Nationalstaates setzte sich der ↗Norddeutsche Bund mit Schwarz-Weiß-Rot durch. In der ↗Weimarer Republik wurden die Reichsfarben Schwarz-Rot-Gold eingeführt. 1933 setzten die Nationalsozialisten Schwarz-Weiß-Rot zu Reichsfarben, als Nationalflagge allein die ↗Hakenkreuz-Fahne ein. Die Farben der Bundesrepublik Deutschland sind Schwarz-Rot-Gold (DDR-Farben von 1959–90 mit Hammer, Zirkel und Ährenkranz ebenfalls). *ij*

Deutsche Film AG (DEFA) 1946 als deutsch-sowjetische AG gegründete Filmgesellschaft mit Standort in Potsdam-Babelsberg; ab 1952 ↗Volkseigener Betrieb; 1990 Umwandlung zur GmbH; 1992 erfolgte die Übernahme durch einen französischen Konzern. *ij*

Deutsche Fortschrittspartei 1861 im preußischen ↗Abgeordnetenhaus von Altliberalen und radikalen Demokraten gegründete Partei; stand ein für die Einigung Deutschlands unter preußischer Führung; bis 1866 führende Stellung in ↗Preußen, Spaltung über Diskussion der ↗Indemnitätsvorlage Otto von ↗Bismarcks (neue Nationalliberale Partei als Befürworter derselben); unter Vorsitz Eugen Richters in scharfer Opposition zu Bismarck, bis sie 1884 in der ↗Deutschen Freisinnigen Partei aufging. *vK*

deutsche Frage Nach der Auflösung des ↗Heiligen Römischen Reiches 1806 die Frage nach der Organisation der daraus hervorgegangenen Einzelstaaten; Probleme durch politische Gegensätze, z.B. im ↗preußisch-österreichischen Dualismus; 1815 vorerst durch Gründung des ↗Deutschen Bundes gelöst, in der ↗Frankfurter Nationalversammlung mit der Diskussion um ↗großdeutsche oder ↗kleindeutsche Lösung neu gestellt; durch Otto von ↗Bismarck in der ↗Reichsgründung 1871 gelöst. *vK*

deutsche Frage (seit 1945) ↗deutsche Teilung

Deutsche Freisinnige Partei 1884 aus der ↗Deutschen Fortschrittspartei und den Sezessionisten der Nationalliberalen gebildete liberale Partei; zerfiel 1893 in die Freisinnige Vereinigung und die Freisinnige Volkspartei; beide gingen 1910 in der ↗Fortschrittlichen Volkspartei auf. *vK*

Deutsche Friedensgesellschaft 1892 von Alfred Hermann Fried gegründete Vereinigung deutscher Pazifisten mit (heutigem) Sitz in Essen. 1933 von den Nationalsozialisten (↗Nationalsozialismus) aufgelöst; 1946 neugegründet; 1968 Zusammenschluß mit der „Internationale der Kriegsdienstgegner" (IDK); 1974 nach der Fusion mit dem „Verband der Kriegsdienstverweigerer" Namensänderung in „Deutsche Friedensgesellschaft – Vereinigte Kriegsdienstgegner e.V.". Mehrere herausragende Mitglieder der D.F. erhielten den Friedensnobelpreis: ↗Suttner, ↗Ossietzky, ↗Niemöller. *RB*

Deutsche Friedensunion (DFU) 1960 als Sammelbewegung für Sozialisten, Kommunisten und Pazifisten gegründete bundesdeutsche Partei, die bei den Bundestagswahlen (bis 1969) nie mehr als 2 % der Stimmen erreichte. Da die DFU direkt durch die ↗SED finanziert wurde, mußte sie sich nach der ↗Wiedervereinigung auflösen. *bb*

Deutsche Kolonialgesellschaft (DKG) Gesellschaft zur Förderung der kolonialen Expansion; 1887 als Zusammenschluß mehrerer Kolonialgesellschaften gegründet. Mit ihren rund 40000 Mitgliedern (1914) setzte sie sich für ein verstärktes deutsches Engagement in Übersee ein. Nach 1918 engagierte sich die DKG für die Rückgabe der ↗Kolonien an das ↗Deutsche Reich. 1933 dem Reichskolonialbund angegliedert. *dt*

Deutsche Kommunistische Partei (DKP) Nach dem verfassungsgerichtlichen Verbot der ↗KPD wurde 1969 mit einem hohen Maß an personeller Kontinuität die DKP als juristische Neugründung ins Leben gerufen. Sie verfolgte mit maximal 58000 Mitgliedern (1986) das Ziel der „revolutionären Veränderung der Bundesrepublik" und blieb bei den Bundestagswahlen weit unter 1 % der Stimmen, doch konnte sie regional Erfolge erzielen. Nachdem die DKP-Kandidaten 1990 auf der Liste der ↗PDS angetreten waren, stellte sich die Partei 1994 nicht mehr zur Wahl. *bb*

Deutsche Legion („The King's German legion") Verband der, nach Beseitigung der hannoverschen Armee durch ↗Napoleon I. 1803, unter britischem Oberbefehl neu organisierten Soldaten, der bis zum Ende der ↗Befreiungskriege in Spanien und bei ↗Waterloo gegen die Franzosen kämpfte; am 24.2.1816 aufgelöst. *vK*

Deutsche Mark (DM) Bezeichnung für die 1948 durch die ↗Währungsreform in den Westzonen eingeführte und in der späteren ↗Bundesrepublik gültige Währung; Symbol für den ↗Wiederaufbau in Westdeutschland; feste Bindung an den US-Dollar; zu Beginn im Wert von 3,333 DM, 1949 auf DM 4,20 abgewertet; 1961 auf DM 4,- und 1969 auf DM 3,66 aufgewertet; seit 1973 Freigabe des Wechselkurses gegenüber dem US-Dollar. Seit dem 4.1.1999 wird der ↗Euro im bargeldlosen Zahlungsverkehr eingesetzt; ab dem 1.7.2002 wird er die DM als Zahlungsmittel ersetzen.
Auch Bezeichnung für die mit der Währungsreform in der ↗SBZ und später in der ↗DDR eingeführte Geldeinheit, 1964 in ↗Mark der Deutschen Notenbank umbenannt. *kl*

Deutsche Nationalversammlung ↗Frankfurter Nationalversammlung

Deutsche Partei (DP) Konservative und föderalistische politische Partei; 1947 aus der Niedersächsischen Landespartei hervorgegangen; erreichte auf Bundesebene bis zu 4 % der Stimmen (1949); gehörte 1949–60 der Regierungskoalition unter ↗Adenauer an; schloß sich 1961 mit dem ↗Gesamtdeutschen Block zur ↗Gesamtdeutschen Partei zusammen; scheiterte bei den Bundestagswahlen im selben Jahr an der ↗Fünf-Prozent-Klausel. *bb*

Deutsche Presse-Agentur GmbH (dpa) Maßgebliche deutsche Nachrichtenagentur, 1949 in Hamburg gegründet. Stellt den Redaktionen der Printmedien und des öffentlich-rechtlichen sowie privaten Rundfunks in Deutschland Wort- und Bilderdienste zur Verfügung, ist zuständig für Auslandsdienste. *sb*

Deutscher Bauernverband (DBV) 1948 gegründeter Dachverband der 14 Landesverbände der Landwirte, der Raiffeisenjugend und der Landjugend; vertritt als Interessenvertretung von rund 90 % der Bauern eine Politik der Einkommenssicherung durch Abnahme- und Preisgarantien sowie Subventionen. *bb*

Deutscher Bund (1815–66) Auf dem ↗Wiener Kongreß durch die ↗Bundesakte 1815 geschaffene, durch den Frieden von ↗Prag 1866 aufgelöste, völkerrechtliche Vereinigung der 35 souveränen deutschen Fürsten und der vier freien ↗Städte zur „Erhaltung der äußeren und inneren Sicherheit Deutschlands und der Unabhängigkeit und Unverletzbarkeit der einzelnen deutschen Staaten". Durch ihre deutschen Besitzungen waren auch die Könige von England, Dänemark und den Niederlanden vertreten. Die Bundesakte regelte die Organisation des ↗Bundestages. Die militärische Macht beruhte auf Bundestruppen, die in den fünf ↗Bundesfestungen stationiert waren. Im ↗Metternichschen System bildete der D.B. das Instrument der ↗Reaktion. *vK*

Deutsche Reichsbank 1875 mit Sitz in Berlin gegründete Notenzentralbank des ↗Deutschen Reichs und Anstalt des öffentlichen Rechts. Das Reichsbankdirektorium als oberstes Organ der D.R. war bis 1933 in seinen geldpolitischen Entscheidungen autonom, danach von den Nationalsozialisten (↗Nationalsozialismus) instrumentalisiert. 1945 stellte die D.R. ihren Betrieb ein. Liquidation 1961; Rechtsnachfolgerin ist die ↗Deutsche Bundesbank. *RB*

Deutsche Reichspartei (1871) ↗Freikonservative Partei

Deutsche Reichspartei (DRP) 1946/50 als Sammelbecken verschiedener rechtsradikaler Gruppen gegründete rechtsextreme Partei; wurde nach Verbot der ↗SRP zur zentralen Organisation des ↗Rechtsradikalismus; erreichte bei den Bundestagswahlen 1953–61 jeweils 1 % der Stimmen; stellte im Niedersächsischen Landtag 1951 und 1955 drei bzw. fünf Mandate; ging 1965 in der ↗NPD auf. *bb*

Deutsche Revolution (1848/49) Zusammenfassende Bezeichnung für die revolutionären Erhebungen in den Staaten des ↗Deutschen Bundes sowie weiteren preußischen und österreichischen Gebieten 1848/49. Anstoß für die ↗Märzrevolution von 1848 in ↗Bayern, ↗Baden, ↗Württemberg, ↗Hessen-Darmstadt u. a. Staaten war die französische Februarrevolution zu einer Zeit, als sich eine politische und soziale Krise (↗Pauperismus) in vielen deutschen Staaten verschärfte. Im Gefolge von Unruhen in allen Teilen des Deutschen Bundes kam es zu starken Erschütterungen der herrschenden Strukturen: Sturz ↗Metternichs (13.3.), Abdankung König ↗Ludwigs I. von Bayern, Proklamation des preußischen Königs ↗Friedrich Wilhelms IV.: „An mein Volk" (21.3.). Einrichtung liberaler „Märzministerien" in Bayern, Württemberg, Baden, Hessen-Darmstadt, ↗Hannover und mehreren kleineren Staaten. Mit Zustimmung des ↗Bundestages trat in ↗Frankfurt am 31.3. ein ↗Vorparlament zusammen, welches die ↗Frankfurter Nationalversammlung (18.5.) einberief.
Im April kam es zum Ersten ↗Badischen Aufstand,

der jedoch durch Bundestruppen schnell unterdrückt wurde. Der Erste ↗Deutsch-Dänische Krieg, der im April begann und durch den Waffenstillstand von ↗Malmö beendet wurde, war am Scheitern der Nationalversammlung mitverantwortlich. Am 14.4.1849 nahmen 28 Regierungen (außer ↗Österreich, den Königreichen und einzelnen Kleinstaaten) die Frankfurter ↗Reichsverfassung an. Die Ablehnung der Kaiserkrone (↗Kaiserdeputation) durch König Friedrich Wilhelm IV. von Preußen führte zur ↗Mairevolution, u.a. in Baden (Dritter Badischer Aufstand), ↗Sachsen, der Rheinpfalz und Hessen; unter wesentlicher Beteiligung preußischer Truppen wurden die Aufstände niedergeschlagen. Mit der Wiederherrichtung des Deutschen Bundes (1.9.1850 Wiedereröffnung des Bundestages) begann die Ära der ↗Reaktion und des ↗preußisch-österreichischen Dualismus (von der ↗Olmützer Punktation bis zum Frieden von ↗Prag). Das Scheitern der Revolution lag 1) in der Doppelaufgabe von Staats- und Verfassungsschöpfung sowie den auseinandergehenden Vorstellungen der Revolutionäre über die ↗deutsche Frage, 2) der Passivität der bäuerlichen Massen, 3) der starken, auf Armeen gestützten staatlich-dynastischen Position und 4) den Widerständen der europäischen Großmächte (Waffenstillstand von Malmö).
Zu ihren wesentlichen Ergebnissen gehörten die Klärung zentraler nationaler und Verfassungs-Fragen (↗Rechtsstaat, ↗Grundrechte, ↗großdeutsche bzw. ↗kleindeutsche Lösung, Bundestaatenprobleme), ein Parteiensystem sowie – trotz des Rückschlages der Gegenrevolution – die Förderung des gesellschaftlichen Emanzipationsprozesses. (158) *vK*

Deutscher Flottenverein 1898 unter Initiative von ↗Tirpitz gegründet, verfolgte der D.F. die Propagierung einer starken Seeflotte. Mit seinen bis 1914 über 1 Mio. Mitgliedern versuchte er, Einfluß auf die politische Entscheidung zu nehmen. Nach dem ↗Ersten Weltkrieg bedeutungslos, wurde er 1934 aufgelöst. *dt*

Deutscher Friedensrat ↗Friedensrat der DDR

Deutscher Gewerkschaftsbund (DGB) 1949 gegründete Spitzenorganisation von 16 Einzel-

Flottenpropaganda (Berliner Plakat, um 1900)

gewerkschaften; Sitz Düsseldorf; vertritt in parteipolitischer Neutralität die Interessen seiner (1997) 8,6 Mio. Mitglieder und engagiert sich gesellschaftspolitisch, wobei die Tarifpolitik in der Zuständigkeit der Einzelgewerkschaften bleibt; wird von einem gewählten Bundesvorstand geleitet; veranstaltet alle vier Jahre einen Bundeskongreß. *bb*

Deutscher Handels- und Gewerbsverein 19.4. 1819 in Frankfurt/Main durch den Nationalökonom ↗List gegründeter Wirtschaftsverein, der die Abschaffung von Binnenzöllen und die Einführung von Schutzzöllen für ausländische Güter forderte. *nk*

Deutscher Herbst Hochphase des ↗Linksradikalismus in der Bundesrepublik im Spätsommer und Herbst 1977: Ermordung ↗Pontos, Entführung ↗Schleyers durch Mitglieder der ↗RAF und Entführung der ↗Lufthansa-Maschine Landshut zur Beeinflussung des ↗Stammheimer Terroristenprozesses. *Ki*

Deutscher Idealismus Von Immanuel ↗Kant begründete, u.a. durch ↗Fichte, ↗Hegel und ↗Schelling weiter ausgeformte philosophische Richtung zwischen 1790 und 1830, die von dem Bestreben geprägt war, die Wirklichkeit aus einem schöpferischen geistigen Prinzip spekulativ abzuleiten. (↗Philosophie) *ij*

Deutscher Kolonialverein 1) 1882 von Banken und Industrie in ↗Frankfurt/Main gegründeter Verein; agitierte für koloniale Ausbreitung und Flottenaufbau des ↗Deutschen Reiches; vereinigte sich 1887 mit der Gesellschaft für deutsche Kolonisation zur ↗Deutschen Kolonialgesellschaft;
2) 1904 in ↗Berlin gegründete „Gesellschaft für nationale Siedlungs- und Auslandspolitik"; machte für die Ansiedlung Deutscher in den ↗Kolonien Werbung und sorgte nach Verlust der Kolonien 1918 für die Kolonisten; verschmolz 1936 mit dem Reichskolonialbund. *vK*

Deutscher Krieg (1866) Der zwischen ↗Preußen und ↗Österreich um die Vorherrschaft in Deutschland geführte Krieg; Anlaß war der Streit um ↗Schleswig-Holstein (↗Schleswig-Holstein-Frage). Mit Preußen verbündeten sich die norddeutschen Kleinstaaten und Italien, mit Österreich die deutschen Mittelstaaten. Nach dem preußischen Sieg über die hannoveranischen Truppen bei Langensalza (Thüringen; 29.6.) fiel die militärische Entscheidung am 3.7. in der Schlacht bei ↗Königgrätz, in der die preußische Armee unter Helmuth Karl Bernhard von ↗Moltke das österreichische Hauptheer besiegte. Der Krieg wurde nach dem Vorfrieden von ↗Nikolsburg (26.7.) im Frieden von ↗Prag (23.8.) beendet. Der preußische Sieg brachte einen Stimmungsumschwung v.a. der Liberalen in Deutschland zugunsten Preußens. *vK*

deutscher Michel Seit dem 16. Jh. Sinnbild für „den Deutschen"; wurde bes. in karikierender Absicht (Bauer mit Zipfelmütze) und häufig von politischen Bewegungen verwendet; meist im Sinne von einfältig, obrigkeitshörig und verschlafen, bezeichnete z.T. aber auch den tapferen, redlichen Deutschen. *nk*

Deutscher Nationalverein Am 16.9.1859 in ↗Frankfurt/Main gegründete liberale Vereinigung; forderte in der ↗Deutschen Frage das Erbkaisertum und die ↗kleindeutsche Lösung unter Führung ↗Preußens; 19.10.1867 Auflösung des Vereins nach starkem Mitgliederrückgang aufgrund unklarer Stellung zum ↗Deutschen Krieg und der ↗Indemnitätsvorlage Otto von ↗Bismarcks. *vK*

Deutscher Orden (Deutscher Ritterorden, Deutschritterorden, Deutschorden, Deutschherrenorden, Kreuzritterorden) Der D.O. war einer der drei großen im Heiligen Land gegründeten geistlichen Ritterorden (Templer, ↗Johanniter) des Mittelalters. Er entstand 1198 aus einer 1190 vor Akkon (Palästina) zur Krankenpflege gegründeten Hospitalgenossenschaft. An der Spitze des Ordens stand der ↗Hochmeister, ihm zur Seite waren die fünf Großgebietiger. Der Provinzialobere auf dem Reichsgebiet war der ↗Deutschmeister.

Unter dem Hochmeister ↗Hermann von Salza erhielt der Orden von Kaiser ↗Friedrich II. 1226 die Aufgabe, das heidnische Preußenland zu bekehren, und das Recht zur Errichtung eines selbständigen Ordensstaates.

Bis 1283 eroberte der D.O. Preußen, 1237 erwarb er Livland und Kurland, 1309 ↗Pommerellen mit ↗Danzig und 1346 Estland. Unter dem Hochmeister ↗Winrich von Kniprode (1351–82) erlebte das Ordensland seine höchste wirtschaftliche und kulturelle Blüte. 1410 wurde das Ordensheer bei ↗Tannenberg von Polen und Litauern vernichtend geschlagen. 1466 Verlust der Pommerellen, des Kulmer Landes, Albings, der ↗Marienburg und des Ermlands an Polen, der Rest des Ordenslandes kam unter polnische Oberhoheit. Der Hochmeister ↗Albrecht von Brandenburg wandelte das Ordensland in das erbliche weltliche Herzogtum

↗Preußen um und nahm es 1525 vom polnischen König zum ↗Lehen. Die Hochmeisterwürde ging auf den Deutschmeister über. 1809 wurde der Orden in Deutschland aufgehoben, in Österreich blieb er bestehen und wurde 1929 in einen Priesterorden umgewandelt. *vK*

Deutscher Werkbund ↗Werkbund, Deutscher

Deutscher Zollverein Am 1.1.1834 in Kraft getretener, von Preußen, Hessen-Darmstadt, Bayern, Württemberg, Kurhessen, Sachsen und den thüringischen Staaten gegründeter ↗Zollverein zur Verbesserung der Handelsstrukturen v.a. durch Abbau von Binnenzöllen und Schaffung einer deutschen Wirtschaftseinheit. Der D.Z., der v.a. durch das Wirken des preußischen Finanzministers ↗Motz zustande kam, begünstigte, durch Isolierung Österreichs (↗preußisch-österreichischer Dualismus), die ↗kleindeutsche Lösung. Bis zur ↗Reichsgründung 1871, mit der der D.Z., durch Verankerung der Wirtschaftseinheit in der neuen Verfassung, faktisch endete, gehörten alle deutschen Einzelstaaten (außer Hamburg und Bremen, die sich erst 1888 anschlossen) dem deutschen Zollgebiet an; 1919, nach dem Austritt Luxemburgs, waren Zoll- und Reichsgebiet deckungsgleich. *nk*

Deutsches Friedenskomitee ↗Friedensrat der DDR

Deutsches Historisches Museum, Berlin (DHM) Museum für deutsche Geschichte vom 9. Jh. bis zur Gegenwart, am 28.10.1987 im Gebäude des ↗Reichstages von Bundeskanzler Helmut ↗Kohl

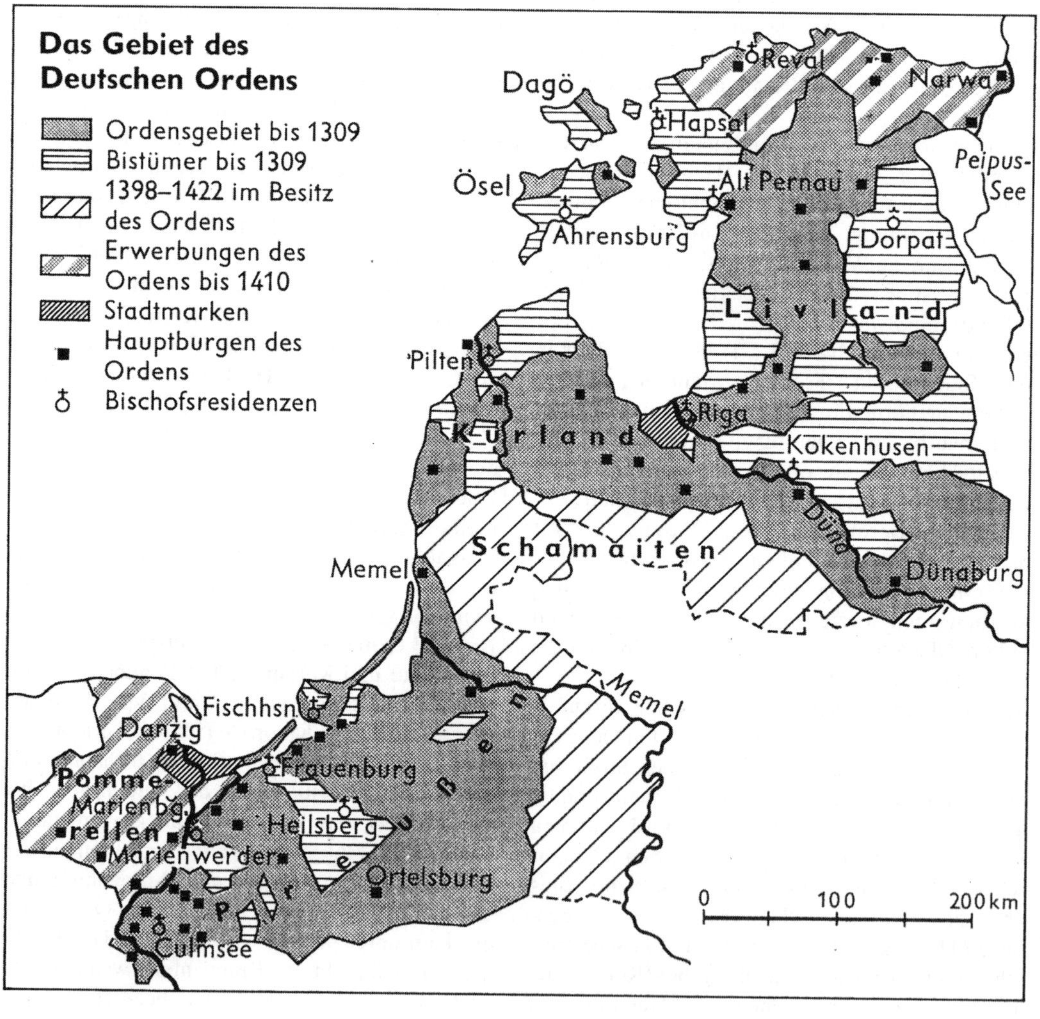

und dem Regierenden Bürgermeister von Berlin (West) Eberhard Diepgen gegründet; zunächst Planung eines Museumsneubaus; nach der ↗Wiedervereinigung im ehemaligen DDR-Museum Unter den Linden untergebracht; Eröffnung der Dauerausstellung am 16.12.1994. *kl*

Deutsches Komitee der Kämpfer für den Frieden ↗Friedensrat der DDR

Deutsches Manifest (1955) Appell gegen die ↗Wiederbewaffnung Westdeutschlands, von der ↗Paulskirchenbewegung am 29.1.1955 an Bundestag und Bundesregierung im Vorfeld der Unterzeichnung der ↗Pariser Verträge verfaßt, da diese nach Auffassung der Unterzeichner, u.a. des früheren Innenministers ↗Heinemann, des SPD-Vorsitzenden ↗Ollenhauer sowie des evangelischen Theologen ↗Gollwitzer die Chance der ↗Wiedervereinigung Deutschlands auf unabsehbare Zeit auslöschen würde. *kl*

Deutsches Museum München 1903 gegründet; beherbergt Ausstellungsstücke aus allen Bereichen von Naturwissenschaft und Technik. Mit Modellen und Versuchsanordnungen werden Vorgänge u.a. aus Physik und Chemie veranschaulicht; verfügt über ein Planetarium und eine umfangreiche Bibliothek; mit 25 000 m^2 Ausstellungsfläche eines der größten Museen in Deutschland. *Vö*

Deutsche Soziale Union (DSU) 1990 in der DDR gegründete konservative Partei; erreichte bei den Volkskammerwahlen 1990 trotz Unterstützung durch die ↗CSU als Teil der ↗Allianz für Deutschland nur 6,3 %; scheiterte bei allen ostdeutschen Landtagswahlen an der ↗Fünf-Prozent-Klausel; lehnte einen von der CSU gewünschten Zusammenschluß ab und wurde nach der Bundestagswahl 1990 mit 0,2 % der Stimmen bedeutungslos. *bb*

Deutsches Reich 1) Fälschlich für das 1806 aufgelöste ↗Heilige Römische Reich deutscher Nation.
2) Das 1871 gegründete deutsche Kaiserreich (↗Reichsverfassung), die ↗Weimarer Republik und das ↗Dritte Reich (seit dem ↗Anschluß Österreichs 1938 auch Großdeutsches Reich) bis 1945. (173, 261, 410) *vK*

Deutsches Rotes Kreuz (DRK) Bundesdeutscher Verband des (internationalen) Roten Kreuzes sowie Verband der freien Wohlfahrtspflege. Im Deutschen Reich entstanden ab 1863 Verbände zur Pflege von Kriegsverwundeten, die sich 1921 (erneut 1950) zum DRK zusammenschlossen. Zu den weiteren Aufgaben des DRK gehören ↗Suchdienst, Sozialarbeit, Krankenpflege, Rettungsdienst. *nk*

Deutsche Staatspartei ↗Deutsche Demokratische Partei

deutsche Teilung Bezeichnung für die territoriale und politische Spaltung Deutschlands nach dem Ende des Zweiten Weltkrieges in vier ↗Besatzungszonen; mit fortschreitender Entwicklung des ↗kalten Krieges auf die Zweiteilung in die ↗Bundesrepublik und die ↗DDR verkürzt; 1990 durch den ↗Einigungsvertrag beendet. *kl*

Deutsche Vaterlands-Partei Am 2.9.1917 in Königsberg von ↗Kapp und ↗Tirpitz als Vereinigung extrem national und konservativ gesinnter Gegner der ↗Friedensresolution (1917) gegründet; vertrat v.a. die Forderung nach Fortführung des ↗Ersten Weltkrieges bis zum Erreichen eines „Siegfriedens“; am 10.12.1918 aufgelöst. *JH*

Deutsche Volkspartei (DVP) Im Dezember 1918 aus dem rechten Flügel der ↗Nationalliberalen Partei und Mitgliedern der ↗Fortschrittlichen Volkspartei gegründet; ursprünglich in Opposition zur ↗Weimarer Republik, doch dann 1920–31 durch Koalitionen an fast allen Reichsregierungen beteiligt; vertrat bes. das besitzende Bürgertum und die Großindustrie. Bedeutendster Führer der DVP war ↗Stresemann. Löste sich nach Zustimmung zum ↗Ermächtigungsgesetz im Juli 1933 auf. *JH*

Deutsche Volksunion (DVU) 1971 von dem Verleger ↗Frey gegründete, gelenkte und finanzierte rechtsgerichtete Partei; zog 1987 gemeinsam mit der ↗NPD in die Bremer Bürgerschaft ein und erreichte 1992 in Schleswig-Holstein bei der Landtagswahl 6,3 % (sechs Mandate); erzielte 1998 bei der Landtagswahl in Sachsen-Anhalt 12,8 % der Stimmen. *bb*

Deutsche Wirtschaftskommission (DWK) Am 14.6.1947 durch „Befehl Nr. 138“ der ↗SMAD in der ↗SBZ errichtete, erste zentrale zonale Verwaltungsinstanz im Nachkriegsdeutschland; regelte die Zusammenarbeit zwischen den Zentralverwaltungen für Industrie, Handel sowie Brennstoff und Energie mit den Regierungen der Provinzen und Länder; zugleich abwickelnde Behörde für die ↗Reparationen an die Sowjetunion; ab 1948 unter dem Vorsitz eines ↗SED-Mitglieds; bei Gründung der ↗DDR in deren provisorische Regierung umgewandelt. *kl*

Deutsche Wochenschau Seit 1910 in deutschen Kinos vor dem Hauptfilm gezeigter kürzerer filmischer Überblick zu aktuellen politischen, kulturellen und sportlichen Ereignissen; wurde von den Nationalsozialisten zum schlagkräftigen Propaganda- und Indoktrinationsmedium aufgebaut, das bald nur noch für die Kriegsberichterstattung genutzt wurde. ↗Goebbels vereinheitlichte die Organisation der D.W. in einem Wochenschaureferat und gründete die D.W. GmbH. Nach 1945 wurde der Niedergang der Wochenschauen durch die Verbreitung des Fernsehens eingeleitet. *ij*

Deutsche Zentrumspartei (DZ) ↗Zentrum

deutsch-französischer Freundschaftsvertrag (1963) Staatsvertrag über die deutsch-französische Zusammenarbeit, nach gegenseitigen Besuchen des Bundeskanzlers ↗Adenauer und des französischen Staatspräsidenten Charles de Gaulle im Jahre 1962 am 22.1.1963 in Paris unterzeichnet; u.a. Vereinbarung turnusmäßiger Konsultationen auf Ministerebene. Die Umarmung de Gaulles und Adenauers nach Vertragsabschluß symbolisierte auch für die deutsche und französische Öffentlichkeit den Fortschritt in der Entwicklung freundschaftlicher Beziehungen beider Nachbarstaaten. *kl*

Deutsch-Französischer Krieg (1870/71) Verursacht durch die Ablehnung der deutschen Einigung Otto von ↗Bismarcks durch Frankreich; Auslöser war der Streit um die ↗Hohenzollersche Thronkandidatur in Spanien, in dessen Verlauf Frankreich auf die Veröffentlichung der ↗Emser Depesche durch Bismarck mit der Kriegserklärung an Preußen antwortete (19.7.1870). Die süddeutschen Staaten traten auf die Seite Preußens und des ↗Norddeutschen Bundes, Österreich und die übrigen europäischen Staaten blieben aufgrund diplomatischer Vorbereitungen Bismarcks neutral. Der Sieg der deutschen Truppen in der Schlacht bei ↗Sedan (Gefangennahme Kaiser Napoleons III.) wurde durch den Vorfrieden von Versailles (26.2.1871) und den Frieden von ↗Frankfurt (10.5.1871) besiegelt. Gemeinsames Vorgehen aller deutscher Staaten führte zur ↗Kaiserproklamation von Versailles (18.1.1871). *vK*

Deutsch-Französisches Jugendwerk (DFJW) Institution zur Organisation des deutsch-französischen Jugendaustauschs; am 5.7.1963 durch die Außenminister beider Staaten, Maurice Couve de Murville und Gerhard ↗Schröder, während der ersten der im ↗deutsch-französischen Freundschaftsvertrag vereinbarten interministeriellen Konsultationen gegründet; Büros in Bonn und Paris; finanzielle Grundausstattung mit 40 Mio. DM; seitdem mit über 5 Mio. Teilnehmern bis 1997 umfangreichster Jugendaustausch zwischen zwei Staaten. *kl*

Deutschkonservative Partei (DKP) Am 7.6. 1876 in ↗Frankfurt gegründete antiliberale, monarchistische, agrarisch-christliche Partei; wesentlicher Einfluß in Preußen durch das ↗Dreiklassenwahlrecht; 1887–90 und ab 1902 in Reichstag und Reichsregierung vertreten; ging nach 1918 in ↗DNVP auf. *vK*

Deutschland, Deutschland über alles ↗Deutschlandlied

Deutschland-Berichte Vom Exilvorstand der ↗SPD, Sopade, von April 1934 in Prag, von April 1938 bis Frühjahr 1940 in Paris herausgegebene regelmäßige Berichte über die politische, gesellschaftliche, wirtschaftliche und kulturelle Entwicklung Deutschlands. Ein Netz von illegal arbeitenden Informanten im Deutschen Reich versorgte die Herausgeber mit Informationen, die ausgewertet und nach Sachgebieten zusammengefaßt wurden. Wichtige Quelle v.a. zur Sozialgeschichte des ↗Dritten Reiches. *PS*

Deutschlandlied Der mit „Deutschland, Deutschland über alles" beginnende Text wurde 1841 von ↗Hoffmann von Fallersleben geschrieben. In Verbindung mit einer Melodie von ↗Haydn, wurde er 1922 zur Nationalhymne der ↗Weimarer Republik erklärt; die dritte Strophe („Einigkeit und Recht und Freiheit") ist seit 1952 Hymne der ↗Bundesrepublik. Seitdem ist das öffentliche Absingen der ersten Strophe verpönt. *vK*

Deutschlandplan der SPD Am 18.3.1959 vorgestelltes außenpolitisches Positionspapier der ↗SPD; sah in einem Phasenplan die Wiedervereinigung und Neutralisierung Deutschlands, die Regelung der ↗Berlin-Frage und abschließende freie Wahlen zu einer Nationalversammlung vor; bedeutete faktisch eine Anerkennung der ↗DDR; wurde 1960 von ↗Wehner fallengelassen. *bb*

Deutschland-Treffen der Jugend Erstmals 1950 in Berlin (Ost) organisiertes Treffen für Jugendliche aus beiden deutschen Staaten; Anreise von 700000 Jugendlichen, fast ausschließlich aus der DDR; propagandistisches Werben um eine deutsche Einheit zu den Bedingungen der DDR; 1954 wiederholt, Schikanierung der ca. 10000 westdeutschen Teilnehmer bei der Rückreise in die ↗Bundesrepublik; 1964 noch einmal veranstaltet, danach eingestellt. *kl*

Deutschland-Vertrag (1952) Als Generalvertrag bezeichneter Vertrag zwischen der ↗Bundesrepublik und den westlichen ↗Besatzungsmächten, am 26.5.1952 unterzeichnet; Ablösung des ↗Besatzungsstatuts, gab Westdeutschland bei westalliierten Vorbehaltsrechten in allen Fragen, die „Deutschland als Ganzes" betrafen (u.a. Truppenstationierung in Westdeutschland sowie das allg. Notstandsrecht) die staatliche ↗Souveränität; Markstein der ↗Westintegration und wesentlicher Schritt zur politischen Gleichberechtigung der Bundesrepublik. Nach Scheitern der ↗Europäischen Verteidigungsgemeinschaft Änderung und Erweiterung; trat als Teil der ↗Pariser Verträge am 5.5.1955 in Kraft; endgültige Aufhebung der Vorbehaltsrechte durch den ↗Zwei-plus-Vier-Vertrag 1990. *kl*

Deutschland-Vertrag (1990) ↗Einigungsvertrag (1990); ↗Zwei-plus-Vier-Vertrag (1990)

Deutschmeister Die in zwölf Balleien (Verwaltungsbezirke) eingeteilten Besitzungen des ↗Deutschen Ordens auf deutschem Reichsgebiet unterstanden dem D. Nach der Umwandlung des Ordenslandes in das Herzogtum Preußen, ging die ↗Hochmeister-Würde auf den D. über. *vK*

Deutschnationaler Handlungsgehilfenverband (DHV) 1893 als nationalistische Organisation der Handlungsgehilfen gegründet, um deren Zulauf zur Sozialdemokratie zu verhindern. Der DHV nahm weder Frauen noch Juden auf und war Anfang der dreißiger Jahre des 20. Jh.s die mitgliederstärkste Angestelltengewerkschaft. Viele Mitglieder stimmten für die ↗NSDAP oder waren Parteigenossen. *PS*

Deutschnationale Volkspartei (DNVP) Am 22.11.1918 als Zusammenschluß der Rechten (insbesondere der Konservativen und der ↗Deutschen Vaterlands-Partei) gegründet, unterstützt von Kreisen des ↗Alldeutschen Verbandes; vereinte autoritäre, monarchistische und nationalistische Ziele mit industriellen und großagrarischen Interessen. Ungeachtet ihrer Gegnerschaft zur demokratischen ↗Weimarer Republik war die DNVP mehrfach an Koalitionsregierungen beteiligt. Unter der Führung ↗Hugenbergs radikalisierte sie sich ab 1928 und kam zunehmend in die Nähe (Bildung der ↗Harzburger Front), aber auch Konkurrenz zur ↗NSDAP. Nach der ↗Machtergreifung ↗Hitlers für kurze Zeit an der Regierung beteiligt, löste sich die DNVP mit dem Kabinettsaustritt Hugenbergs Ende Juni 1933 auf. *JH*

Deutsch-Neuguinea (Neuguinea) Ehemalige deutsche ↗Kolonie; umfaßte den Nordosten Neuguineas (Kaiser-Wilhelms-Land), die Inselgruppe des ↗Bismarck-Archipels, sowie mehrere kleinere Inselgruppen (Admiralitätsinseln, Belau, Karolinen, Marianen). Nach 1921 australisches bzw. japanisches Mandatsgebiet des ↗Völkerbundes. *dt*

Deutsch-Ostafrika (Tanzania) Ehemalige deutsche ↗Kolonie; die von ↗Peters erworbenen Gebiete wurden 1885 unter Schutzherrschaft gestellt. Die Grenzen der größten deutschen Kolonie wurden endgültig im ↗Helgoland-Sansibar-Vertrag (1890) festgelegt. Im Ersten Weltkrieg von General ↗Lettow-Vorbeck bis zum Waffenstillstand gehalten, kamen Ruanda und Urundi an das belgische, die restlichen Gebiete an das britische Kolonialreich. *dt*

Deutsch-Ostafrika-Gesellschaft 1885 gegründete Gesellschaft zum Erwerb der ostafrikanischen Gebiete (↗Deutsch-Ostafrika). Unter ihrem Präsidenten Carl ↗Peters zunächst von Kleinaktionären getragen, überstieg die Zielsetzung jedoch bald die Möglichkeiten, so daß die D.-O.-G. in Abhängigkeit von Banken geriet, und schließlich ihre Hoheitsrechte 1903 an das Deutsche Reich abtrat. *dt*

Deutschösterreich ↗Österreich

deutsch-polnischer Nichtangriffspakt (1934) Am 26.1.1934 in Berlin von Außenminister Freiherr von ↗Neurath und dem polnischen Gesandten unterzeichnet. Diente der Verschleierung der deutschen Expansionspolitik. Am 28.4.1939 von ↗Hitler gekündigt. *PS*

deutsch-polnischer Vertrag (1970) Vertrag zwischen der Volksrepublik Polen und der ↗Bundesrepublik über die Grundlagen ihrer gegenseitigen Beziehungen, am 7.12.1970 durch den polnischen Ministerpräsidenten Józef Cyrankiewicz und Bundeskanzler ↗Brandt in Warschau geschlossen; bekräftigte die Unverletzlichkeit bestehender Grenzen, insbesondere der ↗Oder-Neiße-Linie als westlicher polnischer Staatsgrenze; Verzicht auf gegenseitige Gebietsansprüche sowie auf Gewaltanwendung; nach der Unterzeichnung des ↗deutsch-sowjetischen Vertrages weiterer Schritt der ↗Ostpolitik; Anlaß für Brandt, durch Niederknien am Ehrenmal für die Helden des Warschauer Ghettos den Opfern der Kriegsverbrechen der ↗Wehrmacht in Polen zu gedenken. Von der ↗CDU und der ↗CSU wurde der d.-p. V. aufgrund der Anerkennung der Oder-Neiße-Linie abgelehnt, vom deutschen Bundestag jedoch nach kontroverser Diskussion ratifiziert; er trat zusammen mit dem ↗Viermächte-Abkommen über Berlin zum 3.6.1972 in Kraft. *kl*

deutsch-polnischer Vertrag (1991) Vertrag über gute Nachbarschaft und freundschaftliche Zusammenarbeit, am 17.6.1991 in Bonn unterzeichnet; Hilfen zum Aufbau einer ↗sozialen Marktwirtschaft in Polen; zugesagte Unterstützung für den Beitritt Polens zur ↗EG; mit dem ↗Grenzvertrag zum 16.1.1992 in Kraft getreten. *kl*

Deutschritterorden ↗Deutscher Orden

deutsch-sowjetischer Nichtangriffspakt ↗Hitler-Stalin-Pakt (1939)

deutsch-sowjetischer Vertrag (1970) Vertrag zwischen der ↗Bundesrepublik und der Sowjetunion über Gewaltverzicht und Normalisierung der Beziehungen, am 12.8.1970 durch Bundeskanzler ↗Brandt und den Ministerpräsidenten der Sowjetunion Alexej Kossygin unterzeichnet; beinhaltete u. a. die Anerkennung der ↗Oder-Neiße-Linie und der ↗deutsch-deutschen Grenze, ohne daß, wie in einem begleitenden ↗Brief zur deutschen Einheit festgehalten, das Wiedervereinigungspostulat des ↗Grundgesetzes davon berührt werde. Der erst nach kontroverser Diskussion vom ↗Bundestag ratifizierte und zum 3.6.1972 in Kraft getretene d.-s.V. war Kernstück der ↗Ostpolitik Brandts und ergänzte die unter ↗Adenauer umgesetzte ↗Westintegration der Bundesrepublik um die Normalisierung der Beziehungen nach Osteuropa. Er war die Vorbedingung für den ↗deutsch-polnischen Vertrag (1970), den ↗Grundlagenvertrag (1972) und für den ↗deutsch-tschechoslowakischen Vertrag (1973). *kl*

deutsch-sowjetischer Vertrag (1990) Am 13.9. 1990 zwischen der ↗Bundesrepublik und der Sowjetunion geschlossener Zusammenarbeits- und Nichtangriffsvertrag. Deutschland zahlte für den Abzug der ↗Roten Armee vom Gebiet der ehemaligen ↗DDR bis 1994 insgesamt 13 Mrd. DM. *kl*

Deutsch-Südwestafrika (Namibia) Ehemalige deutsche ↗Kolonie; 1884 wurden die vom Bremer Kaufmann ↗Lüderitz erworbenen Gebiete unter den Schutz des ↗Deutschen Reiches gestellt. Die koloniale ↗Schutztruppe bekämpfte unnachgiebig die einheimischen Freiheitsbewegungen (1893 unter Hendrik Witboi; 1904–07 ↗Hererokrieg). Im Ersten Weltkrieg Besetzung durch Südafrika, das nach Kriegsende mit der Mandatsverwaltung beauftragt wurde. *dt*

deutsch-tschechoslowakischer Vertrag (1973) Vertrag zwischen der ↗Bundesrepublik und der Tschechoslowakei über die gegenseitigen Beziehungen beider Staaten; am 11.12.1973 unterzeichnet und am 19.7.1974 in Kraft getreten; Vereinbarung eines gegenseitigen Gewaltverzichts sowie Bekräftigung der Unverletzlichkeit der gemeinsamen Grenze; trotz langwieriger Verhandlungen keine Einigung über die Ungültigkeit des ↗Münchner Abkommens von Anfang an; endgültige Klärung erst in der ↗deutsch-tschechischen Erklärung (1997). *kl*

Deutsch-Völkische Freiheitspartei 1922 als Splitterpartei aus der ↗Deutschnationalen Volkspartei hervorgegangen; Sammelbecken der ↗völkischen Bewegung; propagierte aggressiv nationalistisches und rassenantisemitisches Gedankengut; große Teile der D.-V.F. gingen 1925 in der wiedergegründeten ↗NSDAP auf, Reste lebten in der „Deutschvölkischen Freiheitsbewegung" (1933 aufgelöst) weiter. *JH*

Devolutionskrieg (1667/68) Eroberungskrieg Ludwigs XIV. von Frankreich gegen die zum Reich gehörenden spanischen ↗Niederlande unter Berufung auf das brabantische Erbrecht (Devolutionsrecht). Kaiser ↗Leopold I. u.a. deutsche Fürsten blieben nach finanziellen und territorialen Zusagen neutral; eine niederländisch-englisch-schwedische Allianz zwang Ludwig zum Aachener Frieden (2.5.1668): Ludwig verzichtete auf Burgund, behielt dafür zwölf niederländische Grenzposten. *rh*

DFD ↗Demokratischer Frauenbund Deutschlands

DFJW ↗Deutsch-Französisches Jugendwerk

DFU ↗Deutsche Friedensunion

DGB ↗Deutscher Gewerkschaftsbund

DHM ↗Deutsches Historisches Museum, Berlin

DHV ↗Deutschnationaler Handlungsgehilfenverband

Diakonisches Werk (Diakonie, griech. für: Dienst) Soziale Organisation der evangelischen Kirche. Das Diakonische Werk wurde 1957 durch Vereinigung von ↗Innerer Mission und Hilfswerk der ↗EKD gegründet; Hauptgeschäftsstelle in Stuttgart; umfaßt ca. 263000 (1998) hauptberufliche Mitarbeiter, die in Krankenhäusern, Kindergärten, in der Aus- und Fortbildung etc. tätig sind. Katholisches Gegenstück ist die ↗Caritas. *rw*

Dialekt ↗Mundart

Dibelius, Otto Evangelischer Theologe, *15.5. 1880 Berlin, †31.1.1967 ebd. Ab 1925 Generalsuperintendent der Kurmark; nach der Machtergreifung 1933 aller Ämter enthoben; 1945–66 Bischof der Evangelischen Kirche Berlin-Brandenburg; 1949–61 Ratsvorsitzender der ↗EKD; 1954–60 Präsident des Weltrates der Kirchen. *Ki*

Dickel, Friedrich Innenminister der DDR, *9.12. 1913 Wuppertal-Vohwinkel, †22.10.1993 Berlin. Als Mitglied der ↗KPD 1933 von den Nationalsozialisten verhaftet; im selben Jahr ↗Emigration ins Saarland, dann nach Holland, Frankreich und in die Sowjetunion; 1946 Rückkehr in die ↗SBZ; 1956/57 stellvertretender Minister für Nationale Verteidigung; 1963–89 Innenminister der DDR und Chef der ↗Volkspolizei. *Ki*

Dictatus Papae (1075) Die von Papst Gregor VII. verfaßten 27 Leitsätze über Gewalt des Papstes betonen in scharfer Zuspitzung die Unterordnung der weltlichen Gewalt unter die geistliche, die Unfehlbarkeit der römischen Kirche und den päpstlichen Primat. Versuch der Umsetzung im ↗Investiturstreit. *vK*

Dieckmann, Johannes DDR-Politiker (LDPD), *19.1.1893 Fischerhude (bei Bremen), †22.2.1969 Berlin. 1946 Landtagsabgeordneter; Mitbegründer der ↗Liberal-Demokratischen Partei Deutschlands (LPDP); 1948–50 Justizminister und stellvertretender Ministerpräsident von Sachsen; 1960–69 stellvertretender Vorsitzender des ↗Staatsrats der DDR. *Ki*

Diederichs, Eugen Verleger, *22.6.1867 Gut Löbitz bei Naumburg/Saale, †10.9.1930 Jena. Gründete 1896 in Florenz (1904 Übersiedlung nach Jena) einen Verlag mit einem schöngeistig-religiös und philosophisch ausgerichteten Programm; brachte künstlerisch wertvolle Jugendstilausgaben heraus; Gründungsmitglied des ↗DWB. Nach 1911 engagierte sich D. als Verleger der Jugendbewegung; übernahm 1912 die jungkonservative Monatsschrift „Die Tat“ (bis 1928). Verfaßte u.a.: Politik des Geistes (1920). *ij*

Dienstmannen ↗Ministerialen

Dienststelle Blank Abteilung im Bundeskanzleramt zur organisatorischen Vorbereitung der ↗Wiederbewaffnung; mit der Ernennung von ↗Blank zum „Beauftragten des Bundeskanzlers für die mit der Vermehrung der alliierten Truppen zusammenhängenden Fragen“ am 26.10.1950 errichtet; Nachfolgerin der ↗Dienststelle Schwerin für Sicherheitsfragen; als „Amt Blank“ in das Innenministerium verlegt; zum 7.6.1955 in das Bundesministerium für Verteidigung umgewandelt. *kl*

Dienststelle Schwerin für Sicherheitsfragen Abteilung im Bundeskanzleramt zur verdeckten Vorbereitung der ↗Wiederbewaffnung, unter dem früheren General der Panzertruppen Gerhard Detloff Graf von Schwerin am 24.5.1950 errichtet und mit ehemaligen, z.T. hochrangigen Wehrmachtsangehörigen besetzt; Tarnbezeichnung „Zentralstelle für Heimatdienst“; am 26.10.1950 Entlassung Schwerins und, im Zusammenhang mit dem ↗Pleven-Plan, Umwandlung der D.S.f.S. in die ↗Dienststelle Blank. *kl*

Diesel, Rudolf Ingenieur, *18.3.1858 Paris, †29.9.1913. Entwickelte 1893–97 gemeinsam mit der Firma ↗Krupp und der Maschinenfabrik Augsburg einen Hochdruckverbrennungsmotor („Dieselmotor“); ertrank im Ärmelkanal. *nk*

Diesterweg, Adolph Pädagoge, *29.10.1790 Siegen, †7.7.1866 Berlin. Setzte sich, von den Ideen Pestalozzis geprägt, für Volksschulreformen ein; war seit 1858 Mitglied des preußischen Abgeordnetenhauses (Fortschrittspartei). *ij*

Dietl, Eduard Generaloberst, *21.7.1890 Bad Aibling (Oberbayern), †23.6.1944 österreichische Alpen. Mitglied im ↗Freikorps Epp, seit Anfang der zwanziger Jahre Vertrauter und Bewunderer ↗Hitlers. Verteidigte während des Norwegenfeldzuges das besetzte Narvik und wurde propagandistisch zum nationalsozialistischen Vorzeigeoffizier aufgebaut („Held von Narvik“). Zuletzt Oberbefehlshaber in Lappland, kam D. bei einem Flugzeugunglück in den Alpen ums Leben. *PS*

Dietrich, Joseph (Sepp) SS-Oberstgruppenführer, *28.5.1892 Hawangen (Oberbayern), †21.4. 1966 Ludwigsburg. 1923 ↗SA, ab 1933 Kommandeur der SS-Leibstandarte ↗Hitlers. Zuletzt Generaloberst der ↗Waffen-SS, ließ D. während der ↗Ardennenoffensive Gefangene erschießen. Dafür nach Kriegsende 25 Jahre Haft, 1955 begnadigt. *PS*

Dietrich, Marlene Schauspielerin, Sängerin, *27.12.1901 Berlin, †6.5.1992 Paris. Erlangte mit dem Film „Der blaue Engel“ (1930, Regie: Josef von Sternberg) Berühmtheit; setzte ihre Filmkarriere daraufhin in den USA fort. D., die als Weltstar von den Nationalsozialisten umworben wurde, weigerte sich, nach Deutschland zurückzukehren; nahm 1937 die US-Staatsbürgerschaft an. D. spielte in späteren Jahren Charakterrollen (u.a. in „Zeugin der Anklage“, 1957, „Das Urteil von Nürnberg“, 1961); ging als Diseuse in Europa und den USA auf Tournee. *ij*

Dietrich, Otto NSDAP-Politiker, Journalist, *31.8.1897 Essen, †22.11.1952 Düsseldorf. Soldat im Ersten Weltkrieg; 1931 Pressechef der ↗NSDAP, seit 1932 in der ↗SS; Staatssekretär im Propagandaministerium und seit 1938 Pressechef der Reichsregierung; leitete während des Zweiten Weltkrieges die Pressestelle im Führerhauptquartier; 1949 zu siebenjähriger Haft verurteilt, 1950 vorzeitig entlassen. *JH*

Die Waffen nieder ↗Suttner, Bertha von

Die Welt ↗Welt, Die

Die Zeit ↗Zeit, Die

Diktatur 1) Im deutschen ↗Reichstag seit 1663 vom Sekretär des Mainzer Erzbischofs, dem Reichsdiktator (Sprecher), im ↗Deutschen Bund seit 1815 vom Bundespräsidium durchgeführte amtliche Weitergabe von Anträgen an die Gesandten. *rh*

2) Die durch Revolution oder Usurpation der Regierungsgewalt entstandene unumschränkte Herrschaft eines einzelnen (Diktator) oder einer Gruppe, mit fließenden definitorischen Grenzen zu einer sog. „autoritären“ oder „totalitären“ Herrschaft. In Deutschland errichteten die Nationalsozialisten nach der ↗Machtergreifung am 30.1.1933 mit dem sog. ↗Dritten Reich eine D., an deren Spitze ihr selbsternannter ↗Führer ↗Hitler stand, der direkt oder indirekt über die wichtigsten Kontroll- und Exekutivorgane verfügte.

In der ↗DDR hatte die ↗SED einen diktatorischen Herrschaftsanspruch, der sich u.a. in der ↗Blockpolitik sowie in der umfassenden Kontrolle der Bevölkerung durch das ↗Ministerium für Staatssicherheit manifestierte. *JH*

Dilthey, Wilhelm Philosoph, *19.11.1833 Biebrich, †1.10.1911 Seis (bei Bozen). Ab 1882 Professor in Berlin; propagierte, anstelle des naturwissenschaftlichen Erklärens, das nacherlebende Verstehen der historischen Akteure als Methode der Geistes- und ↗Geschichtswissenschaften (hermeneutisches Sinnverstehen); von großer Bedeutung für die moderne ↗Philosophie (↗Husserl, ↗Heidegger, ↗Gadamer). *bl*

Ding Bei den ↗Germanen Volks- und Gerichtsversammlung zur Entscheidung über alle Fragen des öffentlichen Lebens; im Mittelalter immer mehr reine Gerichtsversammlung. Die Pflicht aller freien Männer, am D. teilzunehmen (D.-Pflicht), wurde unter ↗Karl dem Großen auf das dreimal jährlich stattfindende „echte D.“ beschränkt; zum „gebotenen D.“ (nach Bedarf einberufen) mußten nur noch die Schöffen erscheinen. Der Bruch des während des D. geltenden D.-Friedens wurde streng bestraft. *vK*

Diplomatik Urkundenlehre, Methode der Historiker. Wissenschaftliche und kritische Bewertung von historischen Urkunden; in Deutschland gefördert durch die ↗MGH. Die Bezeichnung wurde abgeleitet von der die D. begründenden Abhandlung De re diplomatica (1681) des ↗Benediktiners Jean Mabillon. *ku*

Direktive JCS 1067 Im April 1945 vom Oberkommando der US-amerikanischen Streitkräfte herausgegebene, durch den ↗Morgenthau-Plan beeinflußte Dienstanweisung, die zur „Besetzung als besiegter Feindstaat“ für die Politik der US-amerikanischen Militärregierung gegenüber Deutschland vier Ziele definierte: ↗Entmilitarisierung, ↗Entnazifizierung, Dekartellisierung und Demokratisierung, um zu einem späteren Zeitpunkt das politische Leben wieder aufzubauen; die D. war bis 1947 in der US-amerikanischen ↗Besatzungszone gültig. *kl*

Direktive Nr. 24 ↗Befreiungsgesetz (1946)

Dirlewanger, Oskar SS-Oberführer, *26.9.1895 Würzburg, †7.6.1945 Altshausen (Oberschwaben). Promovierte nach Teilnahme am Ersten Weltkrieg und ↗Freikorpszugehörigkeit 1922 zum Dr.rer.pol., 1922 Mitglied der ↗NSDP, Karriere in der schwäbischen SA, 1934 wegen Kindsmißbrauchs und Unterschlagung zu Zuchthaus verurteilt. Nach Entlassung 1937 zur ↗Legion Condor, seit 1.9.1940 Kommandeur einer SS-Sonderformation aus ehemaligen Wilderern und Schmugglern. Mit Grausamkeiten durchgeführte Einsätze bei der ↗Partisanenbekämpfung und der Niederschlagung des ↗Warschauer Aufstandes 1944. Auf der Flucht in französische Gefangenschaft geraten, starb D. an den Folgen von Mißhandlungen durch polnische Wachmannschaften. *PS*

Displaced Persons (DP) Rund 8,5 Mio. von den Deutschen verschleppte Ausländer, die sich nach Ende des ↗Zweiten Weltkrieges im Gebiet des ehemaligen Deutschen Reiches aufhielten, v.a. ehemalige ↗Zwangsarbeiter, Häftlinge in ↗Konzentrationslagern, ↗Flüchtlinge und Kriegsgefangene; sie wurden von Hilfsorganisationen der

UNO betreut und größtenteils im Heimatland oder anderen Staaten angesiedelt. *bb*

Dissidentenbewegung, DDR Sammelbezeichnung für Bürger, meist Intellektuelle, die sich in der DDR kritisch zu der von Staat und Partei (↗SED) getragenen Politik und Ideologie äußerten und politische Freiheit sowie Beachtung der Menschenwürde forderten; Reaktion der Partei- und Staatsführung mit Ausreise-, Berufs- und Kontaktverboten zu Besuchern aus dem Westen, so z. B. für ↗Havemann, Stefan ↗Heym und ↗Biermann; ab 1985 als Anzeichen der Krise der SED-Herrschaft starke Ausdehnung der D.; Vorbote der ↗Wende. *Ki*

Dittmann, Wilhelm Politiker, *13.11.1874 Eutin, †7.8.1954 Bonn. 1912–18 Mitglied des Reichstages (↗SPD), stimmte gegen die Bewilligung der ↗Kriegskredite; gehörte 1917 zu den Mitbegründern der ↗USPD; wegen seiner Teilnahme am ↗Januarstreik 1918 zu fünfjähriger Festungshaft verurteilt, im Oktober 1918 amnestiert; Mitglied des ↗Rates der Volksbeauftragten, 1920–33 Mitglied des Reichstages; setzte sich erfolgreich für die Wiedervereinigung (1922) der USPD mit den ↗Mehrheitssozialisten ein, danach Mitglied des Parteivorstandes; 1933 ↗Emigration in die Schweiz, 1951 Rückkehr in die ↗Bundesrepublik. (399) *JH*

Ditzen, Rudolf ↗Fallada, Hans

Dix, Otto Maler, Graphiker, *2.12.1891 Gera-Untermhaus, †25.7.1969 Singen (Hohentwiel). 1927–33 Professur an der Dresdner Kunstakademie, einer der Hauptvertreter der ↗Neuen Sachlichkeit der zwanziger Jahre, zeigte mit Detailgenauigkeit und schonungslosem Realismus menschliche Grausamkeiten, die die Figuren seiner Bilder leicht deformiert erscheinen lassen. Im späteren Schaffen überwiegen Landschaftsbilder und religiöse Motive. *kp*

DKP ↗Deutsche Kommunistische Partei

DM ↗Deutsche Mark

DNVP ↗Deutschnationale Volkspartei

Döblin, Alfred Schriftsteller, Psychiater, *10.8.1878 Stettin, †26.6.1957 Emmendingen (Baden). Vertrat unter dem Pseudonym „Linke Poot" 1918/19 eine rätedemokratische Haltung; veröffentlichte im ↗Waldens „Sturm" erste Erzählungen; floh 1933 nach Frankreich, 1940 in die USA. 1941 Konversion vom Judentum zum Katholizismus; lebte von 1945–53 wieder in Deutschland, ab 1956 in Paris. D. war ein auch als Theoretiker maßgeblicher Vertreter des ↗Expressionismus. Er begründete den „Kinostil", eine auf psychologisierende Kommentare verzichtende Erzählweise, die den Anschein authentischer Innenschau vermittelt. Werke u. a.: Die Ermordung einer Butterblume (Erzählungen, 1913), Romane: Die drei Sprünge des Wang-Lun (1915), Berlin Alexanderplatz (1929). Als Romanautor gilt D. neben ↗Kafka als wichtigster Vertreter und Anreger der modernen deutschsprachigen Literatur auch nach 1945. *ij*

Documenta Seit 1955 alle 4–5 Jahre in Kassel stattfindende 100tägige internationale Austellung moderner Kunst. Unter wechselnder Ausstellungsleitung gilt die Einladung zur D. unter Künstlern als renommierte Auszeichnung. *kp*

Döffingen, Schlacht In der Schlacht bei dem württembergischen Ort D. entlud sich am 23.8.1388 im Ersten Städtekrieg (1388/89) der Gegensatz zwischen Fürsten und Städten. Die Schlacht endete mit einer Niederlage der schwäbischen Städte gegen Graf Eberhard III. von Württemberg und seine Verbündeten; Folge war der Verlust der Machtposition des Schwäbischen Städtebundes. *wm*

Doggerbank, Schlacht (1915) Rund 30 000 km^2 große Sandbank wenige Meter unter der Oberfläche der Nordsee, ca. 120 km vor der britischen Ostküste. Am 24.1.1915 Schauplatz des ersten größeren deutsch-britischen Seegefechts in dortigen Gewässern: Versenkung eines deutschen Panzerkreuzers und Beschädigung des britischen Flaggschiffes, das deutsche Geschwader konnte aber entkommen. *PS*

Dohm, Hedwig Frauenrechtlerin, *20.9.1833 Berlin, †4.6.1919 ebd. Publizierte ab 1872 Schriften zur Frauenemanzipation (u. a. Was die Pastoren von den Frauen denken, 1872; Die Antifeministen, 1902), ohne sich in der organisierten ↗Frauenbewegung zu engagieren; verfaßte seit 1880 auch literarische Schriften. *nk*

Dohm, Wilhelm Ernst (eigentlich Elias Levy) Schriftsteller, *24.5.1819 Breslau, †5.2.1883 Berlin. 1849–82 Redakteur und Chefredakteur der Zeitschrift ↗Kladderadatsch und Verfasser satirischer Bücher (Der Aufwiegler in der Westentasche, 1849); 1855 Heirat mit Hedwig Schleh (Hedwig ↗Dohm). *nk*

Dohnanyi, Hans von Rechtsanwalt, *1.1.1902 Wien, †8.4.1945 Sachsenhausen. 1938 Reichsgerichtsrat in Leipzig, 1939 Amt Ausland/↗Abwehr beim ↗Oberkommando der Wehrmacht, Kontakte zum ↗Widerstand, 5.4.1943 verhaftet, in ↗Sachsenhausen ermordet. *PS*

Dolchstoßlegende (1918/19) Die nach 1918 von der politischen Rechten vertretene, historisch nicht haltbare Behauptung, der ↗Erste Weltkrieg sei nicht militärisch, sondern durch Verrat in der Heimat seitens der politischen Linken („Dolchstoß von hinten") verloren worden. Wurde zu einem wichtigen Bestandteil der konservativ-nationalistischen Agitation gegen die maßgeblich an der ↗Novemberrevolution Beteiligten (↗Novemberverbrecher) sowie der nationalsozialistischen Propaganda gegen die ↗Weimarer Republik. *JH*

Domagk, Gerhard ↗Nobelpreis

Dominikaner Orden der Predigerbrüder. 1215 vom heiligen Dominikus im Kampf gegen Albigenser und ↗Waldenser gegründeter, 1216 päpstlich bestätigter ↗Bettelorden. Redensart der „Domini canes = Spürhunde des Herrn" entstand in Anlehnung an den Hund als Symbol des predigenden D.s; auch die deutschen D. wie die Autoren des ↗Hexenhammers waren führend in der ↗Hexenverfolgung.

Die D. wirkten bes. durch ↗Albert den Großen in Köln einflußreich auf das wissenschaftliche Leben. – Auch weiblicher Ordenszweig.

Innere Streitigkeiten im 14. Jh. über die Ordenszucht, die Auswirkungen des ↗Abendländischen Schismas, die ↗Reformation, die ↗Aufklärung und die ↗Französische Revolution zogen den Orden stark in Mitleidenschaft. Im 19. Jh. gewann er wieder an Bedeutung; 1996 gab es insgesamt ca. 6700 D. *ku*

Domschule Einem Dom angegliederte Schule; Vorläuferin der ↗Universität. Ansätze pädagogischer Breitenwirkung sind in den D. im Unterschied zu den Klosterschulen erkennbar, bes. Bamberg, ↗Magdeburg, ↗Worms. Das Geistesleben war bis ins 13. Jh. bestimmt durch Leistungen der D. und ↗Klöster, die an einer konservativen, symbolisch-typologischen Ausdeutung von Bibel und Weltgeschehen festhielten. Von den D. nahm die ↗Renaissance ihren Ausgang. *ku*

Donauschwaben 1922 aufkommender Begriff für die deutschstämmigen Siedler im ehemaligen Ungarn (heute Ungarn, Rumänien, Jugoslawien). Im 18. Jh., nach den ↗Türkenkriegen, wurden überwiegend Deutsche aus Schwaben, Baden und der Pfalz in den Gebieten an der mittleren Donau angesiedelt. Nach 1945 wurden die D. größtenteils vertrieben oder getötet. *dt*

Dönitz, Karl Großadmiral, *16.9.1891 Berlin-Grünau, †24.12.1980 Aumühle (Schleswig-Holstein). 1.1.1936 Befehlshaber der U-Boote, 30.1.1943 Oberbefehlshaber der Kriegsmarine, nach ↗Hitlers Selbstmord ab 1.5.1945 Nachfolger als Staatschef; 23.5.1945 britische Gefangenschaft, im ↗Nürnberger Prozeß zu zehn Jahren Haft verurteilt. (365) *PS*

Döpfner, Julius Erzbischof, katholischer Theologe, *26.8.1913 Hausen (bei Bad Kissingen), †24.7.1976 München. 1939 Priesterweihe, ab 1948 Bischof von Würzburg, ab 1957 von Berlin, ab 1958 Kardinal; 1961 als Erzbischof von München und Freising eingesetzt; ab 1961 Vorsitzender der Bayerischen, ab 1965 auch der Deutschen Bischofskonferenz; Moderator beim Zweiten Vatikanischen Konzil (1962–65). *li*

Dora-Mittelbau Ehemaliges Bergwerk bei Nordhausen im Harz, ab Sommer 1943 ↗Konzentrationslager zur unterirdischen Herstellung von ↗V-Waffen. Bis Sommer 1944 waren die unter härtesten Bedingungen zwangsarbeitenden Häftlinge direkt in den Stollen untergebracht. D.-M. war bis dahin Außenlager von ↗Buchenwald, wurde im Herbst eigenständiges Lager und hatte selbst Dutzende Außenlager. Im April 1945 wurden die Häftlinge aus D.-M. auf ↗Todesmärsche geschickt, am 11.4.1945 befreiten US-Einheiten die verbliebenen todkranken Häftlinge. Von den mindestens 50000 Häftlingen in D.-M. starben mehr als ein Fünftel. *PS*

Dorf Ländliche ↗Siedlungsform, bei der im Gegensatz zur ↗Stadt zentrale Funktionen fehlen oder zurücktreten. Dörfer entwickelten sich im Frühmittelalter erst allmählich aus zunehmend verdichteten ↗Höfen (Haufen-D.); daneben schon seit dem Mittelalter ausgesprochene Planformen (Straßen-D., Zeilen-D., Rundanger); bereits in der Karolingerzeit D.-Ordnungen in Form von Weistümern; die Struktur der D.-Gemeinde verfestigte sich aber erst im Spätmittelalter; zunehmende Ausübung von D.-Herrschaft seitens der Ortsherren; letzte Reste von D.-Autonomie wurden durch die napoleonische Munizipalverfassung beseitigt. Preußische Ansätze zur kommunalen Selbstverwaltung im 19. Jh. fanden in der Gemeindeordnung von 1935 ihr Ende. *wj*

Dorpmüller, Julius NSDAP-Politiker, *24.7.1869 Elberfeld, †5.7.1945 Malente. 1926–37 Generaldirektor der Deutschen Reichsbahn, 1937–45 Reichsverkehrsminister. *JH*

Dorst, Tankred Schriftsteller, *19.12.1925 Sonneberg (Thüringen). Schrieb in einer ersten künstlerischen Phase parabelhafte, experimentelle Bühnenstücke, bevor er über sein erfolgreiches Drama „Toller" (1968) zu einer dem Dokumentartheater verwandten Dramatik gelangte, die beim Zuschauer u. a. ein kritisches Bewußtsein gesellschaftlichen Mißverhältnissen gegenüber provozieren soll. Werke u. a.: Große Schmährede an der Stadtmauer (1961). *kp*

DP ↗Deutsche Partei

DP ↗Displaced Persons

dpa ↗Deutsche Presse-Agentur

Dragoner Von lat. „draco" (Drache, mit Drachenmotiv versehene Schußwaffe); im 16. und 17. Jh. berittene, v. a. mit Gewehren kämpfende Infanterie; ab ca. 1750 leichte (bes. in Preußen) und schwere Kavallerie. *rh*

Dregger, Alfred Politiker (CDU), Jurist, *10.12. 1920 Münster (Westfalen). 1956–70 Oberbürgermeister von Fulda; 1967–82 Vorsitzender der CDU in ↗Hessen; 1972–98 Mitglied des Bundestages, 1977–83 stellvertretender CDU-Bundesvorsitzender, 1982–91 Vorsitzender der CDU/CSU-Bundestagsfraktion; machte wiederholt durch nationalkonservative Positionen und eine harte Haltung in den Abrüstungsdiskussionen der 80er Jahre von sich reden. *li*

Dreibund 1) Die am 13.6.1788 geschlossene Allianz zwischen Preußen, England und Holland richtete sich erfolgreich gegen die Aufteilung der Türkei zwischen Rußland und Österreich. *rh*

2) Als Erweiterung des ↗Zweibundes am 20.5. 1882 geschlossenes geheimes Verteidigungsbündnis zwischen Deutschland, Österreich-Ungarn und Italien; verpflichtete zur gegenseitigen Hilfe bei einem Angriff von Großmächten auf einen der Vertragspartner; verlor seit 1902 (französisch-italienischer Neutralitätsvertrag) an Bedeutung und zerbrach durch Italiens Kriegseintritt auf der Seite Großbritanniens, Frankreichs und Rußlands. *vK*

Dreifelderwirtschaft System der Ackerbewirtschaftung im Drei-Jahres-Rhythmus; wurde seit dem 8. Jh. neben der älteren Brand- und Feld-Gras-Wirtschaft praktiziert, in der Abfolge Wintergetreide – Sommergetreide – Brache (statt der Brache seit dem 16. Jh. Hackfrüchte, seit dem 18. Jh. Futterpflanzen). Die vermehrte Entstehung von Dörfern im Mittelalter ist auch auf die D. zurückzuführen. *wj*

Dreikaiserabkommen (1872) Von Otto von ↗Bismarck bei einem Treffen in Berlin (Juni 1872) zustande gebrachtes Einvernehmen zwischen den Monarchen Rußlands, Österreichs und des Deutschen Reiches; Erneuerung des D. im ↗Dreikaiservertrag; zerfiel in der Balkankrise 1886 am Gegensatz zwischen Österreich und Rußland (↗Rückversicherungsvertrag mit Rußland). *vK*

Dreikaiserjahr (1888) Kaiser ↗Wilhelm I. (†9.3.) folgte dessen unheilbar an Kehlkopfkrebs leidender Sohn ↗Friedrich III. auf dem Thron. Dieser starb am 15.6. nach nur 99 Tagen Herrschaft, so daß nach ihm sein Sohn ↗Wilhelm II. als dritter Deutscher Kaiser in einem Jahr die Regierungsgewalt innehatte. *vK*

Dreikaiserschlacht ↗Austerlitz, Dreikaiserschlacht

Dreikaiservertrag (1881) Geheime Erneuerung des ↗Dreikaiserabkommens von 1873 am 18.6.1881, die die wohlwollende Neutralität von zwei Partnern gegenüber dem dritten im Falle eines Krieges mit einer vierten Macht sicherte. *vK*

Dreiklassenwahlrecht Bis 1918 Wahlsystem in ↗Preußen zur Bestimmung der Mitglieder des Abgeordnetenhauses. Das D. teilte die Wähler nach der Steuerleistung in drei Klassen ein. Jede Klasse wählte die gleiche Zahl von Wahlmännern, die dann ihrerseits die Abgeordneten wählten; damit war die parlamentarische Mehrheit einer weniger als 20 % der Bevölkerung ausmachenden Minderheit gesichert. *vK*

Dreikönigsbündnis (1849) Mit dem Ziel einer kleindeutschen Einigung (↗kleindeutsche Lösung) Deutschlands unter preußischer Führung zwischen den Königen von ↗Preußen, ↗Sachsen und ↗Hannover am 26.5.1849 abgeschlossenes Bündnis; zerbrach im selben Jahr, da ↗Bayern entgegen dem Wunsche Sachsens und Hannovers nicht beitrat. *vK*

Dreimächtepakt (1940) Am 27.9.1940 in Berlin zwischen Italien, Japan und dem Deutschen Reich geschlossenes Abkommen; verpflichtete die Vertragspartner auf die Dauer von zehn Jahren zur gegenseitigen Hilfeleistung im Kriegsfall (↗Zweiter Weltkrieg). Ziel war die Herstellung einer „neuen Ordnung" in Asien und Europa. Hauptsächlich gegen die USA gerichtet, das Verhältnis zur Sowjetunion sollte unberührt bleiben. *JH*

Dreißigjähriger Krieg (1618–48) Serie von Kriegen in Deutschland, die als lokaler Aufstand gegen die katholischen ↗Habsburger in ↗Böhmen begann und schließlich fast ganz Europa erfaßte. Ursachen: konfessionelle Gegensätze sowie der Machtkampf zwischen den absolutistischen Bestrebungen des Kaisers und den ↗Reichsständen (unterstützt von ausländischen Staaten: gegen die Vorherrschaft der Habsburger in Europa).

1618–23 Böhmisch-Pfälzischer Krieg: ↗Böhmischer Aufstand mit dem ↗Prager Fenstersturz; Absetzung ↗Ferdinands II., Wahl ↗Friedrichs V. von der Pfalz zum böhmischen König. Friedrich, ohne Beistand der protestantischen ↗Union, floh nach der Niederlage am ↗Weißen Berg (1620) in die Niederlande. Die kaiserliche Armee wurde durch die der katholischen ↗Liga unter ↗Tilly unterstützt. Für deren Aufstellung erhielt, nach der Eroberung der Pfalz, von Hessen-Kassel und Westfalen, ↗Maximilian I. von Bayern 1623 die pfälzische Kurwürde. Böhmen wurde rekatholisiert und Teil der habsburgischen ↗Erblande; Justiz, Verwaltung, Gesetzgebung gingen an den König; die Hälfte des adligen Grundbesitzes wurde zu Lasten der Protestanten umverteilt (Gewinner: v. a. ↗Wallenstein).

1625–29 Dänisch-Niedersächsischer Krieg: König Christian IV. von Dänemark (verbündet mit den Niederlanden, England und Frankreich) griff für die Protestanten in den Krieg ein. 1626 wurde Christian von Tilly, sein Feldherr ↗Mansfeld von der kaiserlichen Armee unter Wallenstein besiegt. Die Truppen von Kaiser und Liga vertrieben die Dänen aus Niedersachsen und eroberten Norddeutschland. 1629 erließ Ferdinand II. das ↗Restitutionsedikt, Christian schied aus dem Krieg aus. 1630 wurde Wallenstein auf Druck der ↗Kurfürsten entlassen.

1630–35 Schwedischer Krieg: Gegen die kaiserliche Bedrohung an der Ostsee landete der protestantische schwedische König Gustav II. Adolf 1630 in Pommern und stieß nach Süddeutschland vor. Er besiegte die Armee Tillys 1631 bei ↗Breitenfeld sowie 1632 bei Rain am Lech (Tilly tödlich verwundet). Wallenstein, wieder im Amt, verhinderte den schwedischen Einbruch nach Österreich und drang in Sachsen ein. Die Schlacht von ↗Lützen (1632) verlief unentschieden, aber Gustav Adolf fiel. Darauf übernahm ↗Bernhard von Sachsen-Weimar die militärische, der schwedische Reichskanzler Oxenstjerna die politische Leitung der Protestanten. Dieser schloß 1633 mit den süddeutschen protestantischen Ständen den Heilbronner Bund (Einfluß Richelieus, des Ersten Ministers von Frankreich). 1634 wurde Wallenstein (Verhandlungen mit Schweden ohne Wissen des Kaisers), abgesetzt, geächtet und ermordet. Sein Nachfolger ↗Gallas schlug 1634 die schwedische Armee bei Nördlingen vernichtend; Friede zu ↗Prag (1635).

1635–48 Schwedisch-Französischer Krieg: Das antihabsburgische Frankreich trat auf seiten Schwedens in den Krieg ein; bes. schlimme Verwüstungen und Plünderungen durch Söldnerheere. Anfangs Erfolge der kaiserlich-bayrisch-spanischen Truppen (Gallas 1635 in Lothringen); dann Siege der Franzosen und Schweden in Süddeutschland und Böhmen; Kaiser ↗Ferdinand III. verlor seine deutschen Verbündeten.

Der D.K. fand 1648 durch den ↗Westfälischen Frieden einen Abschluß mit weitreichenden politischen Folgen. Der Krieg hatte zu furchtbaren Verwüstungen geführt, ca. 35 % der Bevölkerung waren (bes. durch Seuchen und Hungersnöte) umgekommen. *rh*

Drei-Staaten-Theorie Im Verlauf der ↗Berlin-Krise 1958 von der Regierung der DDR mit Billigung der Sowjetunion vertretene Vorstellung, nach der mit der ↗bedingungslosen Kapitulation des ↗Deutschen Reiches 1945 Deutschland als Staat aufgehört habe zu existieren und 1949 mit der DDR, der Bundesrepublik und Berlin (West) drei neue, selbständige Staaten entstanden seien; auch Reaktion auf die 1958 von Bundeskanzler ↗Adenauer in geheimen Gesprächen vorgeschlagene ↗Österreich-Lösung für die DDR; von den Westalliierten und der Bundesrepublik mit Blick auf den ↗Alleinvertretungsanspruch der Bundesrepublik am 5.1.1959 offiziell abgelehnt. *kl*

Dresden, Friede (1745) Am 25.12.1745 von Preußen mit Österreich und Sachsen abgeschlossen; Ende des 2. ↗Schlesischen Krieges nach einigen österreichisch-sächsischen Niederlagen (Schlacht bei ↗Kesselsdorf). Teil 1 mit Österreich: ↗Schlesien blieb bei Preußen, das dafür ↗Franz I. Stephan als Kaiser anerkannte. Teil 2 mit Sachsen-Polen: ↗August III. mußte Kriegsentschädigung zahlen und Ansprüche auf Schlesien zurücknehmen. *rh*

Dresden, Luftangriff (1945) Am 13./14.2.1945 und am 15.2.1945 Bombenangriffe britischer, US-amerikanischer und kanadischer Flugzeugstaffeln, ca. 35 000 Tote und Zerstörung weiter Teile der Stadt. Gipfelpunkt des weitgehend zu Lasten der

Zivilbevölkerung geführten ↗Luftkrieges der ↗Alliierten; wegen der militärischen Sinnlosigkeit angesichts des nahenden Kriegsendes noch heute zur Kritik der alliierten Luftkriegsstrategie herangezogen. (542) *PS*

Dresden, Zwinger 1711–28 von Daniel Pöppelmann für Festlichkeiten des sächsischen Königshauses erbaute Anlage, bestehend aus einem Ensemble von mehreren Höfen, Galerien, Bogengängen und Pavillons im Stil des sächsischen ↗Barock. Namengebend war der ehemalige Zwingergarten, in dem die Anlage errichtet wurde. *RB*

Dresdner Bank Zweitgrößtes privates Geldinstitut Deutschlands; bedeutende Rolle im transnationalen Finanzhandel. 1872 in Dresden gegründet; in der Folgezeit starke Expansion durch Fusionen u. a. mit der Deutschen Genossenschaftsbank (1904) und der Darmstädter und Nationalbank (1932). Während des ↗Dritten Reichs starkes Wachstum und Expansion; enge Kontakte zu Regierung und ↗NSDAP. Nach 1945 verlor die D.B. mit der ↗Deutschen Teilung die Hälfte ihrer Geschäftsstellen. Außerdem wurde sie aufgrund der Anordnung der Alliierten zur ↗Entflechtung der deutschen Wirtschaft in zunächst elf Regionalbanken aufgeteilt. 1957 Zusammenschluß der nach einer ersten Vereinigung (1952) noch drei Regionalbanken zur D.B. AG mit Hauptsitz in Frankfurt/Main. *RB*

Drewitz, Ingeborg Schriftstellerin, *10.1.1923 Berlin, †26.11.1986 ebd. Seit 1964 ↗PEN-Mitglied; 1969–80 stellvertretende Vorsitzende des von D. mitbegründeten Verbandes deutscher Schriftsteller. Ihre Romane beschäftigen sich v.a. mit der Rolle der Frau in der Gesellschaft (u.a. Gestern war Heute – Hundert Jahre Gegenwart, 1978). D. engagierte sich stark für gesellschaftspolitische Themen. *nk*

Drittes Reich Seit dem Mittelalter in der theologisch-politischen und geschichtsphilosophischen Ideenwelt immer wieder erwartetes Idealreich der Zukunft; wurde in Ahnlehnung an ein 1923 erschienenes Buch von ↗Moeller van den Bruck („Das D.R.“) zu einem politischen Schlagwort der nationalkonservativen und rechtsradikalen Gegner der ↗Weimarer Republik: Das künftige D.R. sollte in der Tradition des ↗Heiligen Römischen Reiches und des Bismarck-Reiches stehen. Von den Nationalsozialisten aufgegriffen und nach der ↗Machtergreifung zunächst die offizielle Selbstbezeichnung für den von ↗Hitler diktatorisch geführten Staat. Auf Anweisung von ↗Goebbels vom 10.7.1939 war jedoch der Titel „Großdeutsches Reich“ vorzuziehen. – In der ↗Geschichtsschreibung und der Öffentlichkeit blieb die Bezeichnung D. R. für die Zeit der nationalsozialistischen Herrschaft weit verbreitet. *JH*

Drittstaatenregelung Einschränkung des im ↗Grundgesetz verankerten Grundrechts auf ↗Asyl; zum 1.7.1993 durch eine Grundgesetzänderung festgelegt; Ausschluß politisch Verfolgter vom Asylrecht, wenn sie über einen sicheren Drittstaat (für die ↗Bundesrepublik alle Nachbarstaaten) in die Bundesrepublik eingereist sind. *Ki*

Drost Seit dem Spätmittelalter in Nordwestdeutschland Bezeichnung für den vorstehenden Beamten eines bestimmten Gebietes. Die Bezeichnung Land-D. wurde bis 1885 für den Regierungspräsidenten von ↗Hannover benutzt. *wj*

Droste-Hülshoff, Annette von (eigentlich Anna Elisabeth Freiin D. zu H.), Lyrikerin, Erzählerin, *10.1.1797 Schloß Hülshoff (bei Münster), †24.5.1848 Meersburg. D. entstammte einem westfälisch-katholischen Adelsgeschlecht, dessen Konventionen sie sich zeitlebens fügte. Ihr Gedichtzyklus „Das geistliche Jahr“ (erschienen 1851) gilt als bedeutendste religiöse Lyrik deutscher Sprache im 19. Jh. Weltbekannt wurde ihre einzige Novelle „Die Judenbuche“ (1842). In D.s Werk, das auch Balladen, Naturlyrik und ein Romanfragment („Ledwina“) umfaßt, treten häufig Aspekte des Dämonischen oder Spukhaften in den Vordergrund, ohne daß jedoch die Position des kritischen Bewußtseins aufgegeben wird. *ij*

Droste zu Vischering, Clemens August Freiherr von Erzbischof, *22.1.1773 Vorhelm (bei Münster), †19.10.1845 Münster. Bekämpfte seit 1815 die preußische Staatskirchenpolitik; 1827 Weihbischof von Münster; 1835 Erzbischof von Köln; 1837–39 wegen Nichtachtung des Mischehenrechts durch die preußische Regierung auf der Festung Minden gefangengehalten; löste dadurch den ↗Kölner Kirchenstreit aus. *sa*

Droysen, Johann Gustav Historiker, *16.7.1808 Treptow, †19.6.1884 Berlin. 1835 Professor in Berlin; Forschung im Bereich der Antike; verwendete erstmals den Begriff „Hellenismus“; als Mitglied der ↗Frankfurter Nationalversammlung ab 1848 Befürworter der ↗kleindeutschen Lösung; 1859 erneut Professor in Berlin; von ↗Hegel beeinflußte, politisierte Deutung der preußischen Geschichte als nationalstaatlicher Einigungsprozeß;

verfaßte u.a.: Geschichte des Hellenismus (1836–43), Geschichte der preußischen Politik (1855–86). *Vö*

DRP ↗Deutsche Reichspartei

DSF ↗Gesellschaft für deutsch-sowjetische Freundschaft

DSU ↗Deutsche Soziale Union

Dualismus ↗preußisch-österreichischer Dualismus

Dualismus, Preußen-Österreich ↗preußisch-österreichischer Dualismus

Duckwitz, Arnold Kaufmann, Politiker, *27.1.1802 Bremen, †19.3.1881 ebd. Seit 1841 Senator in Bremen, 1848 Abgeordneter im Frankfurter ↗Vorparlament (liberale Mitte) und 1848/49 Reichshandelsminister; bemühte sich v.a. um den Beitritt ↗Bremens zum ↗Deutschen Zollverein und die Verbesserung der Weserschiffahrt; Initiator der Eisenbahnlinie Bremen – Hannover. *nk*

Duden, Der Seit der 9. Auflage 1915 verwendete Bezeichnung für das orthographische Wörterbuch von Konrad ↗Duden, das mit den in ihm aufgeführten Rechtschreibregeln und Schreibweisen in der ↗Bundesrepublik 1955–96 als verbindlich galt. Bis 1990 gab das Bibliographische Institut Leipzig eine eigene Neubearbeitung des D. für die DDR heraus; seit 1991 existiert wieder ein gesamtdeutscher D., der das deutsche Sprachgebiet insgesamt abdeckt. *ij*

Duden, Konrad Gymnasiallehrer, Philologe, *3.1.1829 Gut Bossigt (bei Wesel), †1.8.1911 Sonnenberg (bei Wiesbaden). Verfaßte ein „Vollständiges Orthographisches Wörterbuch der deutschen Sprache" (1880), das seit seiner 9. Auflage 1915 als ↗„Duden" bezeichnet wird, und bereitete damit der einheitlichen deutschen Rechtschreibung den Boden. *ij*

Duell In Deutschland seit dem 16. Jh. nachweisbare Form des ritualisierten Zweikampfs mit tödlichen Waffen (meist Pistolen), der als Mittel zur Erlangung gesellschaftlicher Satisfaktion nach Ehrverletzungen vollzogen wurde; wurde bis 1969 als bes. Straftat sanktioniert. *nk*

Duesterberg, Theodor Politiker, *19.10.1875 Darmstadt, †4.11.1950 Hameln. 1924–32 Bundesführer des ↗Stahlhelm; vertrat extrem antirepublikanische Positionen; 1932 Kandidat bei der Reichspräsidentenwahl, erhielt (unterstützt von seiner Organisation und der ↗DNVP) 2,6 Mio. Stimmen (6,8 %); Zusammenarbeit mit ↗Hitler und der ↗NSDAP, seit 1933 zunehmend in Opposition. *JH*

Duisberg, (Friedrich) Carl Chemiker, Unternehmer, *26.9.1861 Barmen, †19.3.1935 Leverkusen. Seit 1912 Generaldirektor der Farbenfabriken ↗Bayer in Leverkusen; ab 1925 Vorsitzender des Verwaltungs- und Aufsichtsrats der ↗IG Farben; betrieb chemische Grundlagenforschung; bemühte sich um Zusammenarbeit zwischen Wissenschaft und Industrie. *UK*

Dukaten In Europa bis ins 20. Jh. verbreitete Goldmünze; 1284 erstmals in Venedig geprägt, in Deutschland im 14. Jh. eingeführt; 1559–1857 deutsche Reichsmünze mit 3441,9 mg Goldgehalt. *dt*

Duncker, Franz Gustav Politiker, *4.6.1822 Berlin, †18.6.1888 ebd. 1859 Mitbegründer des ↗Deutschen Nationalvereins, 1861 der ↗Deutschen Fortschrittspartei; 1867–77 Mitglied des Reichstages; mit ↗Hirsch Gründer der ↗Hirsch-Dunckerschen Gewerkvereine; seit 1865 Leiter des Berliner Handwerkervereins. *nk*

Dunin, Martin von Erzbischof, *11.11.1774 Wal (Polen), †26.12.1842 Posen. Nach Studium der Theologie in Rom 1797 Priesterweihe; ab 1829 Administrator von Gnesen, seit 1831 Erzbischof von Gnesen und Posen; wurde wegen seiner orthodoxen Haltung zur Mischehenfrage im ↗Kölner Kirchenstreit (1893) verurteilt und bis 1840 in Kohlberg inhaftiert. *nk*

Dunkelmännerbriefe (1515/17) Die fingierten D. (lat. Epistolae obscurorum virorum), scheinbar aus der Hand von Humanismusgegnern (↗Dominikaner), in Wahrheit v.a. von Crotus Rubianus (1. Teil, 1515) und Ulrich von ↗Hutten (2. Teil, 1517), waren in absichtlich schlechtem Latein abgefaßte Spottschriften, in denen die Gegner ↗Reuchlins, die Kölner Theologen, der scholastische Wissenschaftsbetrieb, Halbbildung, Amoral und Frömmelei lächerlich gemacht wurden. *rh*

Dünkirchen, Schlacht (1940) Hafenstadt in Nordfrankreich. Während des ↗Westfeldzuges gegen Frankreich Ende Mai/Anfang Juni 1940 Schauplatz einer großangelegten Evakuierungsaktion eingeschlossener britischer und französischer Verbände (insgesamt ca. 35000 Mann) nach Großbritannien unter Zurücklassung sämtlichen Materials. *PS*

Duodezfürst (Lat. duodecima = ein Zwölftel; kleinstes gebräuchliches Buchformat), spöttisch für einen Herrscher über ein sehr kleines Gebiet, v.a. verwendet für deutsche Kleinstaaten. *rh*

Düppeler Schanzen, Erstürmung der Befesti-

gungsanlage der Dänen bei Düppel (Nordschleswig). – 1) Am 13.4.1849 im ↗Deutsch-Dänischen Krieg durch bayrische und sächsische Bundestruppen erobert.
2) Am 18.4.1864 im Zweiten Deutsch-Dänischen Krieg von preußischen Truppen erstürmt; dies führte zusammen mit dem Übergang auf die Insel Alsen zum Sieg der preußisch-österreichischen Truppen über Dänemark. *vK*

Dürer, Albrecht Maler, Graphiker, *21.5.1471 Nürnberg, †6.4.1528 ebd. Auf Lehrjahre in verschiedenen Nürnberger Werkstätten bis 1490 folgten vier Wanderjahre am Oberrhein; Reisen nach Italien (1494/95, 1505/06) und in die Niederlande (1520/21); ab 1512 im Dienst Kaiser ↗Maximilians I. In D.s umfangreichem malerischen und graphischen Œuvre bildet sich der Wandel von der Spätgotik zur ↗Renaissance ab: Der Künstler verband spätgotische Ausdrucksformen mit neuem Wirklichkeitsempfinden, das sich in seinen auf genaue Beobachtung von menschlicher Physiognomie und Natur gründenden Darstellungen spiegelt (z.B. Motiv des Feldhasen). D. übte v.a. mit seinem graphischen Werk großen Einfluß auf die Kunst seiner Zeit aus („Dürerzeit"). *nk*

Albrecht Dürer (Selbstbildnis, 1498)

Dürrenmatt, Friedrich Schriftsteller, *5.1.1921 Konolfingen (bei Bern), †14.12.1990 Neuenburg. V.a. als Bühnen- und Hörspiel-Dramatiker für die deutschsprachige Literatur prägend; schrieb zumeist Komödien mit tragikomischen und burlesken Elementen, z.T. mit lehrstückhaftem Charakter, die häufig an das Genre des Kriminalstücks angelehnt sind; thematisierte dabei zumeist die Verkettung von Gnade und Gerechtigkeit und die Bedeutung des Zufalls im grotesken Weltgetriebe; erlangte mit der Komödie „Besuch der alten Dame" (1955) Weltruhm. Werke u.a.: Die Panne (1956), Die Physiker (1962). *kp*

Düsseldorfer Leitsätze der CDU Grundsatzprogramm der ↗Christlich-Demokratischen Union Westdeutschlands für die Bundestagswahl 1949, am 15.7.1949 verabschiedet; Bekenntnis zur ↗sozialen Marktwirtschaft; löste das ↗Ahlener Programm der CDU von 1947 ab und erklärte Wirtschaftswachstum zum Hauptziel staatlicher Wirtschaftspolitik. *kl*

Dutschke, Rudi Studentenführer, *7.3.1940 Schönefeld, †24.12.1979 Århus (Dänemark). Nach Verweigerung des Wehrdienstes in der DDR zum Studium in die Bundesrepublik; seit 1964 Mitglied im ↗Sozialistischen Deutschen Studentenbund (SDS); ab 1966 an Demonstrationen gegen die ↗große Koaltion beteiligt; wurde nach der Erschießung ↗Ohnesorgs 1967 zu einer führenden Persönlichkeit des SDS.
Am 11.4.1968 durch ein Attentat schwer verletzt; Auslöser für z.T. gewalttätige Demonstrationen in mehreren Städten Westdeutschlands; starb an den Spätfolgen des Attentats. (34) *Ki*

DVP ↗Deutsche Volkspartei

DVU ↗Deutsche Volksunion

DWB ↗Werkbund, Deutscher

Dwinger, Edwin Erich Schriftsteller, *23.4.1898 Kiel, †17.12.1981 Gmund am Tegernsee. Verfaßte die von Krieg und russischer Gefangenschaft vermeintlich dokumentarisch berichtende Romantrilogie „Die deutsche Passion" (1929–32), die seinerzeit weite Verbreitung fand; wurde unter den Nationalsozialisten Reichskultursenator. Seine Bücher, die von ↗Nationalismus, ↗Antikommunismus und Kriegsverherrlichung geprägt sind, hatten auch nach 1945 hohe Auflagen. *ij*

DWK ↗Deutsche Wirtschaftskommission

dynamische Rente Anpassung der Rentenentwicklung an das allg. Lohn- und Preisniveau; seit 1957 wichtiger Bestandteil der ↗Arbeits- und Sozialpolitik in der Bundesrepublik. *kl*

DZ ↗Deutsche Zentrumspartei

E

EAC ↗Europäische Beratende Kommission, European Advisory Commission

Eberhard

Württemberg:

Eberhard I. im Bart Herzog, * 11.12.1445 Urach, † 24.2.1496 Tübingen. Seit 1459 als Eberhard V. Graf von ↗Württemberg; gründete 1477 die Universität Tübingen und erreichte 1482 die erneute Einigung von Urach und Stuttgart; seit 1495 Herzog des zum unteilbar erklärten Reichsherzogtums Württemberg; sicherte die Rechte der Stände. *dh*

Eberhard Ludwig Herzog, * 18.9.1676 Stuttgart, † 31.10.1733 Ludwigsburg. 1677 Herzog (bis 1693 unter Vormundschaft), Reichsfeldmarschall im ↗Spanischen Erbfolgekrieg gegen Frankreich; erbaute Schloß und Stadt Ludwigsburg (ab 1724 Residenz); absolutistischer Fürst mit hohen Ausgaben für Hof und Militär. *rh*

Friedrich Ebert (vorn re.) und Joseph ↗Wirth (vorn li.) mit Reichswehrtruppen (11.8.1920)

Ebert, Friedrich Reichspräsident (SPD), * 4.2. 1871 Heidelberg, † 28.2.1925 Berlin. 1913–19 Parteivorsitzender der ↗SPD. Nach der Ausrufung der Republik 1918 wurde E. am 9.11.1918 Reichskanzler; leitete den Rat der Volksbeauftragten, setzte Wahlen zur ↗Nationalversammlung durch; 1919–25 erster ↗Reichspräsident der ↗Weimarer Republik. E. bewahrte die Einheit des Reiches trotz Umsturzversuchen von rechts und links und trug entscheidend zur Bewältigung der ersten Krisen der Weimarer Republik bei. (399) *AM*

Ebert, Friedrich Oberbürgermeister von Berlin (Ost), * 12.9.1894 Bremen, † 4.12.1979 Berlin. Sohn des Reichspräsidenten ↗Ebert; seit 1913 Mitglied der ↗SPD; 1928–33 Mitglied des Reichstages; 1933 für acht Monate inhaftiert, bis 1945 unter Polizeiaufsicht; trat 1946 für die Vereinigung von ↗KPD und SPD ein; 1946 Mitglied des ↗Zentralsekretariats der ↗SED; 1948–67 Oberbürgermeister von Berlin (Ost); 1949 Mitglied des ↗Politbüros; seit 1971 stellvertretender Staatsratsvorsitzender der ↗DDR und Vorsitzender der SED-Fraktion in der ↗Volkskammer. *AM*

Ebner-Eschenbach, Marie Freifrau von (geb. Freiin von Dubsky) Österreichische Erzählerin, * 13.9.1830 Schloß Zdislawitz (Mähren), † 12.3. 1916 Wien. E., die zunächst historisch-politische Dramen schrieb, wandte sich erst in späteren Jahren der Prosa zu. Ihre spätrealistischen Erzählungen und Kurzromane zeichnen sich durch gesellschaftskritische Perspektive und Beschreibung sozialer Randexistenzen aus. Werke u.a.: Aphorismen (1880), Dorf- und Schloßgeschichten (1883), Das Gemeindekind (1887). *ij*

Eck, Johannes (eigentlich Maier [Mayer]) Theologe, * 13.11.1486 Egg (Allgäu), † 10.2.1543 Ingolstadt. Ab 1458 Theologie- und Jurastudium; seit 1508 Priester, seit 1510 Theologieprofessor in Ingolstadt; strikter Gegner Martin ↗Luthers und der ↗Reformation; Mitverfasser der katholischen Gegenschrift (Confutatio) zur ↗Augsburger Konfession. *nk*

Eckart, Dietrich Schriftsteller, * 23.3.1868 Neumarkt (Oberpfalz), † 26.12.1923 Berchtesgaden. Bekannt mit Alfred ↗Rosenberg und ↗Feder; entschiedener Förderer ↗Hitlers unmittelbar nach dem Ersten Weltkrieg; Hauptschriftleiter des

↗Völkischen Beobachters nach dessen Erwerb durch die ↗NSDAP. *PS*

Eckener, Hugo Luftfahrtpionier, * 10.8.1868 Flensburg, † 14.8.1954 Friedrichshafen. Seit 1905 Mitarbeiter des Grafen ↗Zeppelin, überquerte E. 1924 erstmals mit einem Luftschiff den Atlantik; unternahm 1929 die erste Weltfahrt; 1931 Nordpolfahrt. *ij*

Eckhart (Eckart, Eckehart, Meister E.) Mystiker, Philosoph, *um 1260 Hochheim (bei Gotha), † wohl 1328 wahrscheinlich Avignon. 1302 Magister in Paris, 1303 Provinzial der sächsischen Dominikanerprovinz; 1311–13 Lehrer und Prediger in Paris und Straßburg, ab 1323 Leiter der ↗Dominikaner-Ordenshochschule in ↗Köln; seit 1326 wegen angeblich häretischer Schriften in Prozesse involviert. Geistige Grundlage seiner Lehre waren der Neuplatonismus, die arabisch-jüdische Religionsphilosophie und die scholastische Theologie des Thomas von Aquin. *ku*

Edelweißpiraten Bezeichnung für unangepaßte Jugendgruppen meist proletarischer Herkunft ohne explizit politischen Hintergrund im ↗Dritten Reich. Durch ihre Ablehnung der ↗Hitler-Jugend und gelegentliche Handgreiflichkeiten mit deren Angehörigen ins Visier der Verfolgungsbehörden geraten, bestanden Gruppen von E. im rheinisch-westfälischen und Rhein-Main-Gebiet, während v.a. in Hamburg oppositionelle bürgerliche Jugendgruppen als „Swingheinis" hervortraten, die sich an Swingmusik und britischer Mode orientierten. *PS*

EG ↗Europäische Gemeinschaft

Eger, Goldbulle ↗Goldene Bulle

EGKS ↗Europäische Gemeinschaft für Kohle und Stahl

Egmond (Egmont), Lamoral Graf von Flandrischer Statthalter, * 18.11.1522 La Hamaide, † 5.6. 1568 Brüssel. Feldherr ↗Karls V. und Philipps II.; 1559 Statthalter von Flandern und Artois; als niederländischer Katholik mit ↗Wilhelm von Oranien und Graf Horne Gegner des absolutistischen Regierungssystems Philipps II. in den Niederlanden; obwohl nicht am Aufstand gegen Philipp beteiligt, 1567 vom Generalstatthalter Herzog Alba verhaftet und hingerichtet. *rh*

Ehard, Hans Ministerpräsident, * 10.11.1887 Bamberg, † 18.10.1980 München. Der Jurist nahm 1949 erheblichen Einfluß auf die Ausgestaltung der bayrischen Verfassung. 1949–54 Vorsitzender der ↗CSU sowie 1946–54 und 1960–62 Ministerpräsident von ↗Bayern; 1954–60 Präsident des bayrischen Landtages, 1962–66 bayrischer Justizminister. *bb*

Ehe zur linken Hand ↗morganatische Ehe

Ehrenstrafe Mittelalterliche Strafform, die zum Verlust der Ehre führte (↗Acht, Brandmarken, ↗Pranger, Scheren, Todesstrafe).

Im Strafgesetzbuch des späten 20. Jh.s in abgewandelter Form noch erhalten; zielt auf Aufhebung von bürgerlichen Rechten oder andere Arten der Ehrverweigerung. *ku*

Ehrhardt, Hermann Korvettenkapitän, * 29.11. 1881 Diersburg (Baden), † 27.9.1971 Brunn am Walde (Österreich). Zunächst Kolonialoffizier, initiierte mit Einmarsch seiner Marinebrigade in Berlin den ↗Kapp-Lüttwitz-Putsch; danach Führer der ↗Organisation Consul, die zahlreiche Morde an politischen Gegnern beging. Während des ↗Röhm-Putsches 1934 in die Schweiz geflohen, später in Österreich. *PS*

Ehrhardt, Marinebrigade 1919 in Wilhelmshaven aufgestelltes ↗Freikorps aus Marineangehörigen unter Führung des Korvettenkapitäns ↗Ehrhardt. Initiierte mit ihrem Einmarsch am 13.3.1920 in Berlin den ↗Kapp-Lüttwitz-Putsch zum Sturz der Reichsregierung. Nach dessen Scheitern gingen viele Angehörige der Marinebrigade zur ↗Organisation Consul. *PS*

Ehrlich, Paul Mediziner, * 14.3.1854 Strehlen (Schlesien), † 20.8.1915 Bad Homburg (Obertaunuskreis). Professor in Berlin, Göttingen, Frankfurt/Main; Mitarbeiter von Robert ↗Koch; einer der Begründer der Chemotherapie; wichtige Arbeiten zur Immunologie und Serologie; führte das Salvarsan in der Therapie der Syphilis ein; Nobelpreis für Medizin 1908. *bl*

Eichendorff, Joseph Freiherr von Lyriker, Erzähler, * 10.3.1788 Schloß Lubowitz (Schlesien), † 26.11.1857 Neisse. Vom Umfeld der Hochromantik und vom katholischen Glauben geprägt, suchte E. in seinem Werk die Wesensverwandtschaft von Religion und Poesie auszudrücken. Mit seinen Novellen und Erzählungen (Aus dem Leben eines Taugenichts, 1826) und vielen volkstümlich gewordenen Liedern („In einem kühlen Grunde", „O Täler weit, o Höhen") ist E., „Dichter des Heimwehs, nicht der Heimat" (Adorno), zu einem der bekanntesten Vertreter der ↗Romantik geworden. *ij*

Eichhorn, Johann Albrecht Friedrich Preußischer Politiker, * 2.3.1779 Wertheim am Main,

†16.1.1856 Berlin. Seit 1817 Geheimer Legionsrat im Ministerium der Auswärtigen Angelegenheiten, Mitglied des preußischen ↗Staatsrates in Berlin. Maßgeblich beteiligt am Aufbau des ↗Deutschen Zollvereins; seit 1831 Direktor im Ministerium der Auswärtigen Angelegenheiten; 1840 preußischer Kulturminister; Rücktritt nach Ausbruch der ↗Märzrevolution 1848. *sb*

Eichmann, Adolf SS-Obersturmbannführer, *19.3.1906 Solingen, †1.6.1962 Ramle (bei Tel Aviv/Israel). Aufgewachsen in Österreich, trat E. 1932 der ↗NSDP und ↗SS bei; 1.10.1934 zum Hauptamt des ↗Sicherheitsdienstes in Berlin. 1938/39 Leiter der Zentralstelle für jüdische Auswanderung in Wien; Ende 1939 zum ↗Reichssicherheits-Hauptamt, Referat IV D 4 (Judenangelegenheiten, Räumungsangelegenheiten). Die Dienststelle E. wurde zentrale Befehlsstelle zur Organisation der ↗Deportation und Vernichtung der Juden im deutschen Machtbereich. Im Januar 1942 Teilnehmer der ↗Wannsee-Konferenz, blieb seine Rolle bei der ↗Judenvernichtung bis zu den ↗Nürnberger Kriegsverbrecherprozessen unbekannt, so daß E. 1946 aus US-amerikanischer Gefangenschaft entkommen und nach Argentinien fliehen konnte. Im Mai 1960 spürte ihn der israelische Geheimdienst in Buenos Aires auf und brachte ihn nach Israel, wo er zum Tode verurteilt und hingerichtet wurde. *PS*

Eichmann-Prozeß Der 1960/61 in Jerusalem geführte Prozeß gegen den SS-Obersturmbannführer Adolf ↗Eichmann erregte weltweites Aufsehen und löste nicht nur in Deutschland eine Debatte über die ↗Vergangenheitsbewältigung der Deutschen nach 1945 aus. Der u. a. als Abteilungsleiter im ↗RSHA tätige Organisator der ↗Deportation der europäischen Juden war 1960 vom israelischen Geheimdienst in Argentinien festgenommen und nach Israel gebracht worden, wo er als einer der Hauptverantwortlichen für die ↗„Endlösung der Judenfrage" zum Tode verurteilt wurde. Eichmanns Berufung wurde nicht stattgegeben, das Todesurteil wurde 1962 vollstreckt. *bb*

Eicke, Theodor SS-Obergruppenführer, *17.10.1892 Hampont (Lothringen), †26.2.1943 Orelka (Sowjetunion). 1928 Mitglied der ↗NSDAP und ↗SA, seit 1930 ↗SS. Im Juni 1933 Kommandant von ↗Dachau, Mitte 1934 Inspekteur der ↗Konzentrationslager und Leiter von deren Wachverbänden (SS-Totenkopfverbände). Ab 14.11.1939 Kommandant der SS-Totenkopfdivision der ↗Waffen-SS; bei einem Flugzeugabsturz ums Leben gekommen. *PS*

Eidgenossenschaft ↗Schweiz

Eigen, Manfred ↗Nobelpreis

Eigenkirche Im Mittelalter Kirche (oder ↗Kloster: Eigenkloster), die als Eigentum einem weltlichen Grundherrn gehörte, der über die Einkünfte verfügte und den Geistlichen bestellen oder absetzen konnte. Das E.-Wesen hatte römische und germanische Wurzeln und erreichte im 8. und 9. Jh. seinen Höhepunkt. Gegen die Anwendung des E.-Rechts auf das Verhältnis der weltlichen Herrscher (bes. des ↗Königs) zu Bistümern und ↗Abteien kämpfte die Kirche im ↗Investiturstreit. Im ↗Wormser Konkordat (1122) Abschaffung des höheren E.-Wesens, das niedere wurde durch Patronat (hier: Vorschlagsrecht zur Stellenbesetzung durch den ehemaligen E.-Herrn) und Inkorporation (Vereinigung von Pfarreien mit Klöstern oder anderen juristischen Personen) abgelöst. *wj*

Eike von Repgow Rechtsgelehrter, *um 1180, †nach 1233. Wurde zwischen 1209 und 1233 in verschiedenen Urkunden erwähnt; verfaßte den ↗Sachsenspiegel in mittelniederdeutscher Sprache; unklar ist, ob er Autor der ↗Sächsischen Weltchronik war. *li*

Einem, Karl (Wilhelm Georg August) von Preußischer General, Kriegsminister, *1.1.1853 Herzberg (Harz), †7.4.1934 Mülheim/Ruhr. Seit 1898 im preußischen Kriegsministerium; 1900 Generalmajor und Direktor des Allgemeinen Kriegsdepartements; plante die deutsche China-Expedition während des ↗Boxeraufstandes; preußischer Kriegsminister (1903–09); 1909 kommandierender General des VII. Armeekorps; Oberbefehlshaber der 3. Armee (1914–18). *sb*

Einhard Geschichtsschreiber, *um 770 Mainfranken, †14.3.840 Seligenstadt/Main. Mitglied des Gelehrtenkreises am Hof ↗Karls des Großen; später Berater von ↗Ludwig dem Frommen; trotz seines Laienstandes Abt mehrerer Klöster; Gründer des Klosters Seligenstadt; verfaßte die „Vita Caroli Magni", eine Biographie Karls des Großen, Ludwigs des Frommen und Lothars I. *dh*

Einheitsfront der antifaschistisch-demokratischen Parteien Zusammenfassung aller Parteien in der ↗SBZ am 14.7.1945; Mitglied waren die ↗KPD, die ↗SPD, die ↗CDU sowie die ↗LDPD; Grundkonsens in der Abkehr von „Faschismus und Hitlerismus"; im Juni 1949 in ↗Demokratischer Block der Parteien und Massenorganisationen umbenannt. *kl*

Einheits- und Freiheitsbewegung Im 19. Jh. allg. Bezeichnung für die nationale, auf Einheit Deutschlands und die Befreiung von ↗Reaktion und Autorität gerichtete Bewegung; Vertreter waren hauptsächlich das ↗Bürgertum und die ↗Burschenschaften. *vK*

Einhorn Sagen- und Wappentier (z.B. derer zu Baldung) mit Horn auf der Stirn; Pferdegestalt; symbolisiert Jungfräulichkeit, in der christlichen Ikonographie Maria; Namensgeber für Apotheken, wegen der vermuteten Heilkraft des pulverisierten Hornes, das E.-Pulver; bis ins 17. Jh. glaubte man an seine reale Existenz.

Berühmt sind mittelalterliche Darstellungen von E. an Kirchen oder auf Wandteppichen. *ku*

Einigkeit und Recht und Freiheit ↗Deutschlandlied

Einigungsvertrag (1990) Vertrag zwischen der ↗Bundesrepublik und der ↗DDR über die Herstellung der staatlichen Einheit Deutschlands; nach dem Vertrag über die ↗Währungs-, Wirtschafts- und Sozialunion letzter deutsch-deutscher Vertrag und zweiter Staatsvertrag zur Ausgestaltung der ↗Wiedervereinigung; Beratungen vom 6.7.–24.8. 1990 parallel zu den Verhandlungen zum ↗Zwei-plus-Vier-Vertrag; nach Unterzeichnung des ersten gesamtdeutschen ↗Wahlvertrages und der Genehmigung des E.s durch die ↗Bundesregierung und den ↗Ministerrat der DDR von den Delegationsleitern, Innenminister ↗Schäuble sowie dem parlamentarischen Staatssekretär beim Ministerpräsidenten der DDR Krause am 31.8.1990 im Kronprinzenpalais in Berlin (Ost) unterzeichnet; wurde begleitet von Initiativen der ↗Bürgerbewegung der DDR und einiger westdeutscher Intellektueller zur Wahrung der staatlichen Eigenständigkeit der DDR, u.a. mit dem ↗Aufruf „Für unser Land".

Der E. regelte den Beitritt der DDR zum Geltungsbereich des ↗Grundgesetzes zum 3.10.1990, machte die wiederbegründeten fünf Länder ↗Brandenburg, ↗Mecklenburg-Vorpommern, ↗Sachsen, ↗Sachsen-Anhalt und ↗Thüringen sowie das neugegründete Land ↗Berlin zu Ländern der Bundesrepublik und schlug Berlin als Hauptstadt des geeinten Deutschland vor.

Zugleich enthielt der E. Bestimmungen zur Gültigkeit der völkerrechtlichen Verträge beider deutscher Staaten und regelte für die neue Bundesrepublik Fragen der Finanzverfassung einschließlich der Übernahme des öffentlichen Vermögens und der Schulden, löste Fragen aus den Bereichen Arbeit, Soziales, Kultur, Bildung und ↗Umweltschutz, legte die Privatisierung ↗Volkseigener Betriebe durch eine neu einzurichtende ↗Treuhandanstalt fest, bestätigte nach Besatzungsrecht vorgenommene ↗Enteignungen, sah die Rehabilitierung von Opfern der SED-Herrschaft vor und setzte Übergangsfristen zur Rechtsangleichung; letzteres stellte den Gesetzgeber v.a. in Fragen des ↗Schwangerschaftsabbruchs vor große Schwierigkeiten. *kl*

Einkreisung Politisches Schlagwort aus einer Reichstagsrede von Bernhard von ↗Bülow am 14.11.1906; stand für die Angst vor der Isolation des ↗Deutschen Reiches durch eine europäische Blockbildung, die sich jedoch aus der Weltmachtpolitik des Reiches zwangsläufig ergab. In der ↗Julikrise 1914 stand der Wunsch nach Ausbruch aus der E. im Mittelpunkt der verhängnisvollen deutschen Politik. *vK*

Einsatzgruppen Im ↗Zweiten Weltkrieg Sondereinheiten des ↗Sicherheitsdienstes, die sich aus dessen Angehörigen sowie aus Polizisten und ↗Gestapo-Männern rekrutierten. Im ↗Polenfeldzug mit der Verfolgung und Ermordung von Juden und Intellektuellen betraut, wurde der Einsatz der E. während des deutsch-sowjetischen Krieges ab 1941 (↗Ostfeldzug) in Absprache mit der ↗Wehrmacht geregelt. Hier führten die E. Massenerschießungen von Zivilisten, v.a. Juden, durch, denen in kurzer Zeit mehr als eine halbe Million Menschen zum Opfer fielen. Ab 1942 wurden die E. verstärkt bei der Bekämpfung von ↗Partisanen eingesetzt, unter deren Deckmantel weiterhin Massaker an der Zivilbevölkerung stattfanden. *PS*

Einsiedel, Detlef, Graf von Sächsischer Minister, Eisenindustrieller, *12.10.1773 Wolkenburg (Erzgebirge), †20.3.1861 ebd. Seit 1794 im sächsischen Staatsdienst, 1813 Minister und Staatssekretär des Innern und Äußern. E. reorganisierte nach 1815 den Staat. 1817 Entmachtung des Geheimen Konziliums; 1830 wegen seiner konservativen Regierungsweise zum Rücktritt gezwungen. Gründete 1840 die „Gewerkschaft der gräflichen Einsiedelschen Eisenhütten". *sb*

Einsiedel, Heinrich Graf von Leutnant, *26.7. 1921 Potsdam. Nach Abschuß seines Flugzeuges seit August 1942 in sowjetischer Gefangenschaft;

bei der Gründungsversammlung des ↗Nationalkomitees „Freies Deutschland“ am 12./13.7.1943 einer der Vizepräsidenten; Sommer 1947 Journalist in Berlin (Ost), ging 1948 in den Westen; seit 1994 für die ↗PDS im ↗Bundestag. *PS*

Einstein, Albert Physiker, Philosoph, * 14.3.1879 Ulm, † 18.4.1955 Princeton (New Jersey). 1902–09 Beamter am Eidgenössischen Patentamt in Bern; 1909–33 Professor in Zürich, Prag, Berlin; Exil 1933–55 in Princeton; veränderte mit seiner Speziellen Relativitätstheorie (1905) die Raum-Zeit-Lehre (hierbei beeinflußt von ↗Mach) und den Materiebegriff der Newtonschen Mechanik grundlegend (Lichtgeschwindigkeit als größte überhaupt mögliche Geschwindigkeit; Abhängigkeit der Zeit von der Bewegung; Ableitung der Masse-Energie-Äquivalenz, wonach Masse lediglich eine Form der Energie sei); interpretierte in seiner Arbeit über den Photoeffekt (1905) das Licht als Strom von „Teilchen“ (Photonen); stellte in seiner Allgemeinen Relativitätstheorie (1914/15) einen neuen Zusammenhang zwischen Trägheit und Gravitation her; Nobelpreis für Physik 1921. *bl*

Eisenacher Programm (1869) Bei der Gründung der ↗Sozialdemokratischen Arbeiterpartei durch ↗Bebel und Wilhelm ↗Liebknecht 1869 in Eisenach aufgestelltes Parteiprogramm; forderte u.a.: allg. Wahlrecht, direkte Gesetzgebung durch das Volk, ↗Achtstundentag, progressive Einkommen- und Erbschaftssteuer statt indirekter Steuern sowie Staatshilfe für Produktionsgenossenschaften. *vK*

Eisenbahnbau Der deutsche E. begann, nach Bau der ersten Dampflokomotive 1804 in Großbritannien, bes. durch die Initiative von ↗Harkort und ↗List, im zweiten Drittel des 19. Jh.s. Die erste Bahnlinie über 6,1 km von Nürnberg nach Fürth wurde am 7.12.1835 in Betrieb genommen (Ludwigsbahn). Nach verstärktem E. (u.a. durch

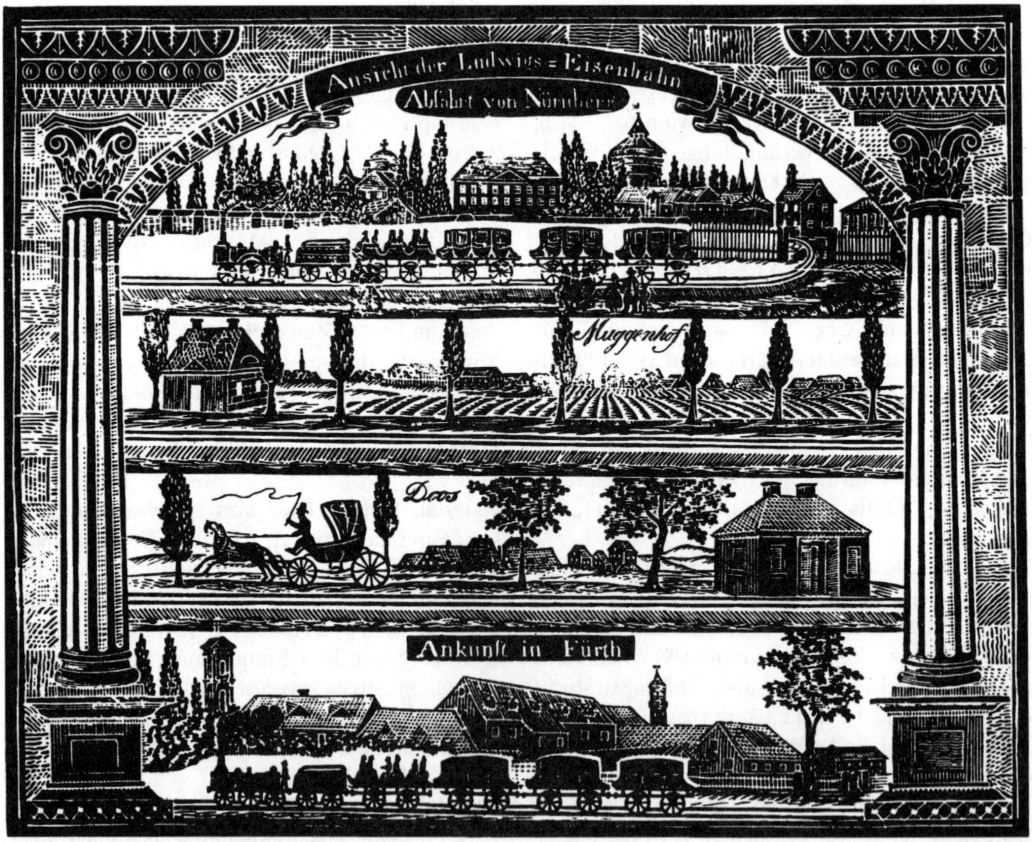

Die erste deutsche Eisenbahn von Nürnberg nach Fürth (Holzschnitt, 1835)

↗Strousberg) 1870–80, v.a. aufgrund der militärischen Bedeutung der Eisenbahn, entstand bis 1904 ein Schienennetz über ca. 54700 km.
Der E. führte zu einem enormen Aufschwung der deutschen Montanindustrie (↗Industrialisierung) und wurde z.T. auch als Machtmittel im imperialistischen Wettkampf der Kolonialmächte eingesetzt (↗Bagdadbahn). Die von ↗Siemens 1879 entwickelte erste Elektrolokomotive ging 1903 in Betrieb, 1908 entwickelte ↗Diesel die Diesellokomotive; die letzte Dampflokomotive der Bundesbahn wurde 1977 aus dem Verkehr gezogen.
Aus den zu Beginn meist privaten Bahnen, die 1880–1900 in Länder-, 1920/21 in Reichsbesitz übergingen, entstand 1924 die Deutsche Reichsbahn, in der Bundesrepublik 1951 die Deutsche Bundesbahn, die, politisch gegenüber dem Straßenverkehr vernachlässigt, 1994 als Deutsche Bahn AG privatisiert wurde. Die umfassende, langfristig angelegte Modernisierung (z.B. Intercity Express [ICE]) blieb nicht ohne Rückschläge (Zugunglück von Eschede 1998). *nk*

Eisenhower, Dwight D. US-Präsident, *14.10. 1890 Denison, †28.3.1969 Washington. Seit 1942 als Oberkommandierender der US-amerikanischen Truppen in Europa; leitete die Landungen in Nordafrika (1942), Italien (1943) und die Invasion in der Normandie (1944); nahm am 7.5.1945 die deutsche ↗Kapitulation entgegen; 1945 Oberbefehlshaber der amerikanischen Besatzungstruppen in Deutschland; 1945–48 Generalstabschef der US-Armee, 1953–61 34. Präsident der USA. (16) *AM*

Eisen und Blut Rede Otto von ↗Bismarcks im preußischen ↗Abgeordnetenhaus vom 30.9.1862: „Nicht durch Reden und Majoritätsbeschlüsse werden die großen Fragen der Zeit entschieden – das ist der Fehler von 1848 und 1849 gewesen – sondern durch Eisen und Blut." Das von Bismarck mehrmals benutzte geflügelte Wort charakterisiert seine auf ↗Kabinettskriege ausgerichtete Außenpolitik der Jahre 1862–71 (↗Deutsch-Dänischer, ↗Deutscher und ↗Deutsch-Französischer Krieg), die zur ↗Reichsgründung führte. *vK*

Eiserne Division Nach dem ↗Ersten Weltkrieg antisowjetischer deutscher Freiwilligenverband im Baltikum; kämpfte bis Ende 1919 v.a. im Kurland, danach teilweise zu den weißrussischen Truppen, die gegen die ↗Rote Armee kämpften. *PS*

Eiserne Front Am 16.12.1931 in Berlin gegründete Organisation republikanischer Verbände (↗SPD, ↗Allgemeiner Deutscher Gewerkschaftsbund, ↗Reichsbanner „Schwarz-Rot-Gold", Arbeitersportverbände) zur Abwehr der in der ↗Harzburger Front zusammengeschlossenen radikalen Rechten; blieb weitgehend wirkungslos und zerfiel nach der Zerschlagung der ↗Gewerkschaften im Mai 1933. *JH*

Eiserner Vorhang Bezeichnung für die während des ↗kalten Krieges bestehende Grenzlinie der Staaten des ↗Warschauer Paktes und der ↗NATO; die ↗deutsch-deutsche Grenze war Teil des E.V.s. *kl*

Eisernes Kreuz Preußischer, dann deutscher Kriegsorden; am 10.3.1813 von ↗Friedrich Wilhelm III. gestiftet; 1870, 1914 und 1939 erneuert; wurde als Großkreuz, E.K. 1. und 2. Klasse (EK I und II) verliehen; im ↗Zweiten Weltkrieg durch das Ritterkreuz zum E.K. (als Kriegsauszeichnung anstelle des ↗Pour le mérite) ergänzt. Das im Zweiten Weltkrieg verliehene E.K. darf in der ↗Bundesrepublik seit 1957 (ohne Hakenkreuz) wieder getragen werden. *vK*

Eisler, Hanns Komponist, *6.7.1898 Leipzig, †6.9.1962 Berlin (Ost). Studierte bei ↗Schönberg; arbeitete in vielen kompositorischen Gattungen (u.a. Orchesterwerke und Chöre mit politischen Inhalten; revolutionäres Arbeiterlied). Zusammenarbeit mit ↗Brecht, von dem er viele Texte vertonte (Die Maßnahme, 1930; Leben des Galilei, 1943). E. emigrierte 1933; 1948 aus den USA nach Europa zurückgekehrt, lebte er seit 1950 in der ↗DDR. Schrieb u.a. Bühnen- und Filmmusiken und die Melodie zur Nationalhymne der DDR. *ij*

Eisner, Kurt Journalist, Politiker (USPD), *14.5.1867 Berlin, †21.2.1919 München. War u.a. 1898–1905 für die sozialdemokratische Zeitung ↗Vorwärts tätig; radikaler Pazifist während des ↗Ersten Weltkrieges; 1917 Mitbegründer der ↗USPD; rief am 7.11.1918 in München die Republik aus und wurde zum Ministerpräsidenten des Freistaates ↗Bayern gewählt; kurz vor seiner Rücktrittserklärung (wegen der Wahlniederlage der USPD am 12.1.1919) von einem Rechtsradikalen ermordet. *JH*

EKD ↗Evangelische Kiche in Deutschland

Ekkehart I. Stiftsdekan des Klosters St. Gallen, *910 bei St. Gallen, †14.1.973 St. Gallen. Verfasser unterschiedlicher liturgischer Dichtungen; soll das Heldenepos „Waltharius" verfaßt haben (Autorschaft und Entstehungszeit in neuerer Zeit umstritten). *wj*

Ekkehart IV. Chronist, Dichter, *um 980 (Elsaß?), †21.10. um 1060 St. Gallen. War von 1022–32 Leiter der Mainzer ↗Domschule, führte danach in St. Gallen die ↗Chronik des Klosters weiter (von 860–972); Gedichtsammlung „Liber benedictionum". *wj*

El-Alamein, Schlacht (1942) Ort in Ägypten, westlich Alexandria. Während des ↗Afrikafeldzuges Sommer/Herbst 1942 Schauplatz von Versuchen der Richtung Sueskanal vordringenden Panzertruppen unter ↗Rommel, die britischen Verteidigungslinien zu durchbrechen; endete im November mit deutschem Rückzug und brachte die Wende im Afrikafeldzug. *PS*

Elias, Norbert Soziologe, *22.6.1897 Breslau, †2.8.1990 Amsterdam. Arbeitete am Frankfurter Institut für Sozialforschung; emigrierte 1933; Aufenthalt in Frankreich und Großbritannien; lehrte von 1954–62 in Leicester. In seinem einflußreichsten Werk „Über den Prozeß der Zivilisation" (1939; 1969 neu herausgegeben) unternahm E. den neuartigen Versuch einer interdisziplinären Betrachtung der menschlichen Sozio- und Psychogenese. *ij*

Elisabeth

Pfalz:

Elisabeth Charlotte ↗Liselotte von der Pfalz

Thüringen:

Elisabeth Landgräfin, *1207 Sáros Patak (Ungarn), †17.11.1231 Marburg/Lahn. Tochter König Andreas II. von Ungarn; 1221 Heirat mit Landgraf Ludwig IV. von Thüringen; nach dessen Tod 1227 widmete sie ihr Leben der Sorge für die Armen; 1235 Heiligsprechung. *dh*

Elsaß-Lothringen Linksrheinisches Gebiet zwischen Schweizer und Luxemburger Grenze, heute zu Frankreich gehörend: Alsaçe-Lorraine, bestehend aus den Départements Haut-Rhin und Bas-Rhin (Elsaß) sowie Meuse, Meurthe-et-Moselle, Moselle und Vosges (Lothringen). Zunächst von Kelten, später von Germanenstämmen besiedelt; im ↗Westfälischen Frieden (1648) an Frankreich, im ↗Deutsch-Französischen Krieg (1870/71) besetzt; 1871–1918 deutsches Reichsland, danach an Frankreich zurück; 1940 nach Frankreichs Niederlage im ↗Westfeldzug vorübergehend wieder unter deutscher Verwaltung. *PS*

Elser, Georg Tischler, *4.1.1903 Hermaringen (Württemberg), †9.4.1945 Dachau. Entschloß sich Herbst 1938 ↗Hitler zu töten, beschaffte sich Sprengstoff und konstruierte einen Zeitzünder. Ab Sommer 1939 ließ er sich nachts häufig im Münchner ↗Bürgerbräukeller einschließen, wo er seine Bombe einbaute. Bei einer Gedenkveranstaltung der ↗NSDAP am 8.11.1939 explodierte die Bombe wie vorgesehen, doch hatte Hitler den Bürgerbräukeller außerplanmäßig bereits 13 Minuten vorher verlassen. E. wurde am selben Abend in Konstanz beim Versuch, in die Schweiz zu gelangen, festgenommen, in ↗Sachsenhausen inhaftiert und kurz vor Kriegsende in ↗Dachau ermordet. *PS*

Eltz von Rübenbach, Paul Reichsminister (parteilos), *9.2.1875 Wahn (bei Köln), †25.8.1943 Linz/Rhein. Wurde 1924 Präsident der Reichsbahndirektion in Karlsruhe; 1932–37 Reichsverkehrs- und Reichspostminister; mußte nach seiner Ablehnung (aus Protest gegen die antichristliche Politik der Nationalsozialisten) einer Auszeichnung durch die ↗NSDAP zurücktreten. *JH*

Elysée-Vertrag ↗deutsch-französischer Freundschaftsvertrag (1963)

Emanzipation ↗Gleichberechtigung von Mann und Frau, ↗Frauenbewegung

Emden, Schiff Kleiner Kreuzer des ↗Kreuzergeschwaders im ↗Ersten Weltkrieg; zunächst erfolgreich im Indischen Ozean eingesetzt, am 9.9.1914 versenkt. *PS*

Emigration Durch politische, religiöse oder ethnische Diskriminierung verursachtes, freiwilliges oder staatlich verfügtes Wegziehen in ein anderes Land (↗Exil, ↗Flüchtlinge). Religiös bedingte E.s-Wellen aus Deutschland entstanden während der Verfolgung von Albigensern und ↗Waldensern durch die ↗katholische Kirche ab 1209 sowie im 16. Jh. nach dem ↗Augsburger Religionsfrieden (freiwillige E.); politisch bedingte E.s-Wellen erfolgten während der sog. ↗Demagogenverfolgung 1819 und der ↗Deutschen Revolution 1848. Die größte E.s-Welle des 20. Jh.s. wurde durch die ↗Judenverfolgung während des ↗Dritten Reiches ausgelöst: Bis zu Beginn der „Endlösung der Judenfrage" (↗Judenvernichtung) im Oktober 1941 hatten über 500000 rassisch Verfolgte unter weitgehendem Verlust ihres Besitzes das Land verlassen. Die Zahl der politisch verfolgten Emigranten, darunter viele Künstler, Literaten und Wissenschaftler, betrug nahezu 35000. *nk*

Emin Pascha, Mehmed (eigentlich Eduard

Schnitzer) Arzt, Forschungsreisender, *28.3.1840 Oppeln (Oberschlesien), †23.10.1892 Kanena [Kinene]/Kongo. Seit 1875 für Ägypten tätig, Erforschung Ugandas, des Gebietes der großen Seen (Ostafrika) und des östlichen Sudan; 1878 Gouverneur der afrikanischen Äquatorialprovinz; seit 1883 wegen Aufständen in Ostafrika isoliert, bot sein unklarer Verbleib Carl ↗Peters den Anlaß zu dessen rüden Kolonialisierungsversuchen während der E.P.-Expedition 1889/90. Seit 1890 in deutschen Diensten; auf einer Reise ins Landesinnere von Einheimischen erschlagen. *PS*

Empfindsamkeit (zu „empfindsam" als Übersetzung von engl.: „sentimental") Literaturströmung zwischen 1740 und 1780, Gegenbewegung zum Rationalismus der ↗Aufklärung, die später in ↗Sturm und Drang und ↗Romantik aufging. Die E. ist gekennzeichnet durch eine gefühlsbetont-emphatische Weltsicht, die, durch den ↗Pietismus vorbereitet, auch auf säkulare Bereiche (Freundschaft, Naturerleben) ausgedehnt wurde. Bedeutende Werke der E. sind ↗Klopstocks „Messias" (1748) und ↗Goethes „Leiden des jungen Werthers" (1774). *ij*

Emser Depesche Am 13.7.1870 aus Bad Ems an Otto von ↗Bismarck abgesandtes Telegramm im Kontext der Auseinandersetzung um die ↗Hohenzollernsche Thronkandidatur. Der Vortragende Rat Heinrich von Abeken berichtet darin über die ablehnende Haltung König ↗Wilhelms I. gegenüber der von französischer Seite geforderten Erklärung, daß der König einer solchen Kandidatur niemals wieder seine Zustimmung geben werde. Von Bismarck mit verschärfender Verkürzung veröffentlicht, wurde es Anlaß der französischen Kriegserklärung an ↗Preußen und des ↗Deutsch-Französischen Krieges. *vK*

Emslandlager An der Grenze zu den Niederlanden ab 1933 eingerichtete ↗Konzentrationslager südlich Papenburg. Insgesamt entstanden 15 Lager, u.a. Börgermoor, Aschendorfermoor, Neusustrum, Esterwegen. Zunächst mit politischen Gefangenen (u.a. von ↗Ossietzky) belegt, wurden die E. Strafgefangenenlager der Reichsjustizverwaltung sowie im ↗Zweiten Weltkrieg teilweise Kriegsgefangenlager und Straflager für verurteilte Angehörige der ↗Wehrmacht. Die Häftlinge wurden zur Kultivierung der Moore herangezogen, was harte körperliche Arbeit bedeutete. Von den beinahe 200000 Gefangenen starben nach Schätzungen 30000. Das Erkennungszeichen der Gefangenen war das in Börgermoor entstandene „Moorsoldatenlied". *PS*

Endlösung der Judenfrage Von den Nationalsozialisten verwendete Bezeichnung für die planmäßige Ermordung der europäischen Juden (↗Judenvernichtung). *JH*

Engelbert I. Erzbischof von Köln, *um 1185, †7.11.1225 bei Schwelm. Seit 1199 Dompropst, seit 1216 Erzbischof; dehnte das Territorium ↗Kölns stark aus; übernahm 1220 Vormundschaft für ↗Heinrich (VII.), den er 1222 zum Römischen König krönte; 1225 von Friedrich von Isenburg ermordet. *li*

Engels, Friedrich Sozialpolitiker, Philosoph, *28.11.1820 Barmen, †5.8.1895 London. Während seiner Ausbildung zum Kaufmann 1838–44 in Bremen und Manchester journalistisch tätig; 1844 Beginn der Freundschaft und Zusammenarbeit mit Karl ↗Marx. 1845 publizierte E. eine umfassende Kritik am Frühkapitalismus (Die Lage der arbeitenden Klasse in England), 1845/46 verfaßte er mit Marx die „Deutsche Ideologie" (1932 veröffentlicht) und 1847/48 das ↗„Kommunistische Manifest" für den ↗Bund der Kommunisten; 1848 Redakteur der von Marx herausgegebenen Neuen Rheinischen Zeitung, 1849 Teilnahme an den Aufständen in Baden und der Pfalz (↗Mairevolution), danach ↗Emigration nach Manchester, wo er als Kaufmannn arbeitete und Marx finanziell unterstützte; seit 1870 in London ausschließliche Beschäftigung mit sozialistischer Theorie und Praxis; Mitglied im Generalrat der Ersten Sozialistischen Internationale. Mit seinen zahlreichen Schriften trug E. wesentlich zur Ausbildung des dialektischen und ↗historischen Materialismus sowie zur Verbreitung des ↗Marxismus bei. *nk*

Engholm, Björn Ministerpräsident (Schleswig-Holstein; SPD), *9.11.1939 Lübeck. 1969–82 Mitglied des ↗Bundestages; 1981/82 Minister für Bildung und Wissenschaft; 1983–88 Fraktionsvorsitzender der ↗SPD im Landtag von Schleswig-Holstein; im Wahlkampf 1987 Ziel einer Verleumdungskampagne des damaligen Ministerpräsidenten ↗Barschel; wurde 1988 Ministerpräsident und 1991 Vorsitzender der Bundes-SPD; 1992 SPD-Kanzlerkandidat; mußte 1993 wegen einer Falschaussage in der ↗Barschel-Affäre zurücktreten. *AM*

Ensslin, Gudrun RAF-Mitglied, *15.8.1940 St. Bartholomä, †18.10.1977 Stuttgart-Stammheim. Gehörte mit Andreas ↗Baader und ↗Meinhof zur ersten Generation der ↗RAF; 1972 verhaftet; verübte 1977 nach Scheitern der Entführung der ↗Lufthansa-Maschine „Landshut" im Gefängnis Selbstmord. *AM*

Entartete Kunst Bezeichnung für die von den Nationalsozialisten diffamierte Kunst. Der Begriff geht auf die gleichnamige Ausstellung im Haus der Kunst in München 1937 zurück, in der konfiszierte, moderne Kunstwerke ausgestellt wurden, die dem völkischen Kunstbegriff sowie der nationalsozialistischen Rassentheorie nicht entsprachen. Sie wurden in den beiden darauffolgenden Jahren versteigert oder vernichtet. *kp*

Enteignung Entziehung privaten Eigentums durch staatlichen Hoheitsakt; nicht identisch mit dem Verfahren der Konfiskation oder der ↗Sozialisierung; im ↗Marxismus-Leninismus Grundlage der sozialen Revolution; nach dem Ende des Zweiten Weltkrieges entschädigungslose E. bei der ↗Bodenreform in der ↗SBZ; laut ↗Grundgesetz der Bundesrepublik und der ↗Verfassung der DDR zum Wohl der Allgemeinheit erlaubt, in der Bundesrepublik gegen Entschädigung, v. a. durch das Bundesbaugesetz zum Straßenbau gängige Praxis. *kl*

Entente Cordiale (franz. = herzliches Einvernehmen) Bezeichnung für das freundschaftliche Verhältnis zwischen Frankreich und Großbritannien (erste E.C. 1836–46), insbesondere für den am 8.4.1904 erzielten kolonialen Interessenausgleich zwischen den beiden Staaten, der 1907 durch das britisch-russische Abkommen über Persien zur Triple-E. (Dreiverband) erweitert wurde. „Entente" bezeichnete im ↗Ersten Weltkrieg allg. die Gegner der ↗Mittelmächte. *vK*

Entflechtung Auflösung wirtschaftlicher Großunternehmen nach dem Zweiten Weltkrieg durch die ↗Besatzungsmächte gemäß den Beschlüssen der ↗Potsdamer Konferenz als Maßnahme der strukturellen ↗Entnazifizierung; betroffen waren im wesentlichen der ↗IG Farben-Konzern, Konzerne der Montan-Industrie sowie die Großbanken ↗Deutsche Bank, ↗Dresdner Bank und ↗Commerzbank.

In den westlichen ↗Besatzungszonen blieb die E. ohne wesentlich geänderte Eigentumsverhältnisse praktisch wirkungslos: Während des ↗Wiederaufbaus schlossen sich die Nachfolgeorganisationen, mit Ausnahme der der IG Farben, erneut zusammen. *kl*

Entmilitarisierung Auflösung der bewaffneten Verbände in Deutschland nach dem Ende des Zweiten Weltkrieges; aufgrund des ↗Potsdamer Abkommens zusätzlich Abbau der rüstungswichtigen Industrie sowie Umstellung auf friedenswichtige Produktion; im Zuge des ↗kalten Krieges jedoch in beiden deutschen Staaten rasche ↗Wiederbewaffnung und erneuter Aufbau einer Rüstungsindustrie. *kl*

Entnazifizierung Maßnahmen der ↗Besatzungsmächte nach dem Zweiten Weltkrieg zur Auflösung nationalsozialistischer Organisationen und zur Ausschaltung von Nationalsozialisten aus dem politischen und wirtschaftlichen Leben Deutschlands, auf der Grundlage des ↗Potsdamer Abkommens durchgeführt. Neben den gemeinsamen ↗Nürnberger Kriegsverbrecherprozessen kam es mit Unterschieden zwischen den westlichen ↗Besatzungszonen und der ↗SBZ auch zu individuellen E.s-Maßnahmen.

In der SBZ übernahmen zunächst von Mitgliedern der ↗KPD geleitete „antifaschistische Ausschüsse" die E. und schlossen ehemalige Mitglieder der ↗NSDAP von ihrem alten Arbeitsplatz aus. Im August 1945 wurde die E. durch die ↗SMAD systematisiert, zwei Jahre später durch Beschränkung auf ehemals aktive NSDAP-Mitglieder beschleunigt und im Frühjahr 1948 bis auf wenige Fälle (↗Waldheimer Prozesse) ganz eingestellt; von ca. 1,5 Mio. ehemaligen NSDAP-Mitgliedern in der SBZ wurden ca. 850 000 entnazifiziert, ca. 500 000 verloren ihren Arbeitsplatz. Über 20 000 Menschen wurden verhaftet, zur Zwangsarbeit in die Sowjetunion verschleppt oder z. T. auch in der SBZ hingerichtet. Dennoch gelangen einigen Betroffenen der E. z. T. steile Nachkriegskarrieren in der DDR.

In Westdeutschland kam es auf der Grundlage des ↗Befreiungsgesetzes zu einer von der Bevölkerung als „Siegerjustiz" abgelehnten E.s-Praxis, die zur Rehabilitierung der meisten Betroffenen führte: in ca. 6 Mio. Verfahren vor in der Hauptsache mit Deutschen besetzten Spruchkammern wurden ca. 5 Mio. Menschen entlastet, nur ca. 25 000 Personen als Hauptschuldige oder Belastete eingestuft und mit Geldbußen, Berufsverboten oder Inhaftierung bestraft. Im Zuge des Aufbaus beider deutscher Staaten wurde die E. auch in Westdeutschland im Sommer 1948 offiziell beendet. Zahlreichen Beamten gelang ab 1951 auf Grundlage des Art. 131 des Grundgesetzes die

Rückkehr in den Staatsdienst; die Bundesländer erließen 1951–54 eigene Entnazifizierungs-Schlußgesetze. *kl*

Entstalinisierung Abkehr vom Stalinismus, durch den sowjetischen Staatsschef Nikita Sergejewitsch Chruschtschow auf dem XX. Parteitag der Kommunistischen Partei der Sowjetunion im Februar 1956 ausgelöst und während des ↗kalten Krieges in westlichen Staaten als E. bezeichnet; u. a. Ablehnung des Personenkults, Verurteilung der Verbrechen Stalins; hiervon Impulse zur Reformierung aller anderen Staaten des ↗Warschauer Paktes.
In der ↗DDR zwar Amnestie von 21000 Strafgefangenen und Rehabilitierung prominenter Gegner ↗Ulbrichts wie ↗Dahlem, ↗Ackermann und Hans Jendretzky, jedoch keine offene Diskussion, sondern bis 1958 Entmachtung oppositioneller Kräfte, die weitergehende Reformen sowie eine Annäherung beider deutscher Staaten gefordert hatten: bis Februar 1958 Ausschaltung einer starken innerparteilichen Opposition in der ↗SED um ↗Schirdewan, ↗Wollweber, ↗Oelßner und ↗Selbmann; Inhaftierung prominenter Intellektueller wie des Lektors des Aufbau-Verlags ↗Harich (1957) und Zwangsemeritierung des Philosophen ↗Bloch (1958); in der Folge Stabilisierung der Herrschaft Ulbrichts; zweite Welle der E. nach 1961 in der DDR kaum von Bedeutung, lediglich diskussionslose Umbenennung nach Stalin benannter Straßen und Plätze, z. B. der Stalin-Allee in Berlin (Ost) in Frankfurter Allee. *kl*

Enzensberger, Hans Magnus Schriftsteller, *11.11.1929 Kaufbeuren. E. wurde als gesellschaftskritischer, rhetorisch brillanter Lyriker (verteidigung der wölfe, 1957) und Essayist bekannt; Büchnerpreisträger 1963. E. schrieb auch Dramen, dokumentarische Prosa, Übersetzungen und Essays. Gründete die Zeitschriften „Kursbuch“ (1965) und „TransAtlantik“ (1980); Herausgeber der „Anderen Bibliothek“ (1985 ff.). In den Veröffentlichungen der letzten Jahre zeigt sich eine Abkehr von linksutopistischen Positionen (Mittelmaß und Wahn, 1988). *ij*

Epidemie ↗Seuchen

Episkopalsystem Anfang 17. Jh. entwickeltes System, das die Landesfürsten in protestantischen Territorien als rechtmäßige Nachfolger der katholischen Bischöfe im Sinne des ↗Augsburger Religions- und Landfriedens (1555) einsetzte. Das E. war in Deutschland bis 1918 verbindlich. *rm*

Epistolae obscurorum virorum ↗Dunkelmännerbriefe

Epos, höfisches ↗Ritterdichtung

Epp, Franz Xaver Ritter von General, *16.10. 1868 München, †31.12.1946 ebd. Kolonialoffizier, nach dem Ersten Weltkrieg Gründer des Freikorps Epp; beteiligt an Niederschlagung der ↗Münchner Räterepublik; über ↗Röhm frühe Kontakte zu ↗Hitler; 5.5.1934 Leiter des Kolonialpolitischen Amtes der ↗NSDAP; in US-Haft gestorben. *PS*

Eppelmann, Rainer Politiker (CDU), Theologe, *12.2.1943 Berlin. 1989 Mitbegründer und erster Vorsitzender des ↗Demokratischen Aufbruchs in der ↗DDR; seit 1990 Mitglied der Volkskammer, Minister für Abrüstung und Verteidigung und Mitglied des Bundestages; seit 1994 Vorsitzender der Christlich-Demokratischen-Arbeitnehmerschaft (CDA). *AM*

Eppler, Erhard Politiker (SPD),*9.12.1926 Ulm. 1961–76 Mitglied des Bundestages; 1968–74 Bundesminister für wirtschaftliche Zusammenarbeit; 1973–81 Vorsitzender der ↗SPD Baden-Württembergs; 1977–91 Vorsitzender der Grundwertekommission der SPD; 1981–83 Präsident des Deutschen Evangelischen Kirchentages (abermals 1989–91); unterstützt die ↗Friedensbewegung. *AM*

Erasmus von Rotterdam (Desiderius Erasmus) Humanist, Theologe, *28.10.1466 oder 1469 Rotterdam, †12.7.1536 Basel. 1479–84 Ausbildung in Deventer (Niederlande) bei den Brüdern vom gemeinsamen Leben, die, als Förderer des ↗Humanismus, großen Einfluß auf E. ausübten; 1492 Priesterweihe; 1495–99 Theologiestudium in Paris; ab 1499 Aufenthalte in England (Begegnung mit Thomas Morus), Italien (Promotion in Theologie) und den Niederlanden; lebte seit 1521 in Basel bzw. Freiburg (Breisgau) (1529–35). E. suchte in einer „Philosophie Christi“ nach dem Ausgleich zwischen einem an der Bergpredigt orientierten Christentum und dem humanistischen Bildungsideal. Er erwarb sich literarisches Ansehen mit Werken wie „Lob der Torheit“ (1510), „Vertraute Gespräche“ (1518). Mit seinen zahlreichen philosophischen und theologischen Schriften sowie Editionen (antike Klassiker, Kirchenväter) förderte er Methode und Bestand der Philologie, wirkte als Kirchenkritiker und bereitete v. a. mit seiner kritischen Edition des Urtextes des Neuen Testaments (1516), die Martin ↗Luther als Vorlage für seine Bibelübersetzung diente, den Boden für die ↗Reformation. Bes. in der Frage der Willensfreiheit (Vom freien Willen, 1524) distanzierte sich E. sorgfältig von Luther, wie auch generell von der Reformation. E. gilt als der bedeutendste Humanist Europas. *nk*

Erbfeind Ursprünglich Bezeichnung für den Teufel; zu Beginn des 16. Jh.s von Kaiser ↗Maximilian I. erstmals auf Frankreich bezogen; mit propagandistischer Stoßrichtung im 19. Jh. wiederaufgegriffen (↗Befreiungskriege, ↗Deutsch-Französischer Krieg 1870/71). Aufgrund von Lage und Geschichte der beiden Großmächte ging man in der Reichsführung davon aus, daß Frankreich ein starkes ↗Deutsches Reich nie gutheißen könne. Zu Propagandazwecken wurde der Begriff E. auch zu Beginn des Ersten und des Zweiten Weltkrieges benutzt. *vK*

Erbfolge Staatsrechtlich die auf der Erbnachfolge basierende ↗Thronfolge, seit dem frühen Mittelalter ausschließlich auf männliche Nachkommen beschränkt. *vK*

Erblande (Hausländer) Gebiete, die einem Herrscherhaus durch altes Erbrecht gehörten; im Gegensatz dazu die verfassungsrechtlich anders behandelten Neuerwerbungen. In ↗Österreich waren die Gebiete westlich der Leitha die habsburgischen E. (für die habsburgischen Kaiser als Machtbasis innerhalb des Reiches bes. wichtig). *rh*

Erblastentilgungsfonds Sondervermögen des Bundes; zum 1.1.1995 zur Zusammenfassung aller aus der ↗Wiedervereinigung entstandenen Schulden hervorgegangen; der E. umfaßt Schulden der ehemaligen ↗Treuhandanstalt in Höhe von 205 Mrd. DM, 102 Mrd. DM aus dem Kreditabwicklungsfonds und 31 Mrd. DM Altschulden der Wohnungswirtschaft in den neuen Bundesländern. *kl*

Erbuntertänigkeit ↗Leibeigenschaft

Erbverbrüderung Im Heiligen Römischen Reich seit dem 13. Jh. zwischen regierenden Fürsten abgeschlossener Vertrag, der beim Aussterben der einen Dynastie der anderen die Erbschaft zusicherte. *dt*

Erdmann, Karl Dietrich Historiker, *29.4.1910 Köln, †23.6.1990 Kiel. 1953–78 Professor in Kiel; gründete 1950 die Zeitschrift „Geschichte in Wissenschaft und Unterricht"; edierte 1972 die Aufzeichnungen Kurt Riezlers, des Vertrauten von Reichskanzler ↗Bethmann Hollweg; verfaßte u.a.: Die Zeit der Weltkriege (1959), Die Rolle Adenauers in der Rheinlandpolitik von 1918–24 (1966). *Vö*

Erfüllungspolitik Politisches Schlagwort für die 1921/22 von der ↗Reichsregierung verfolgte, seitens der Rechten heftig kritisierte Politik, die im ↗Versailler Friedensvertrag (1919) niedergelegten Bestimmungen zu erfüllen. Ziel der E. war, durch eine möglichst weitgehende Realisierung der vertraglichen Verpflichtungen die Unerfüllbarkeit v.a. der Reparationsforderungen (↗Reparationen) zu demonstrieren und dadurch eine Revision zu erzwingen. *JH*

Erfurter Programm (1891) Auf dem Parteitag in Erfurt 1891 neu aufgestelltes Programm der ↗SPD, das das ↗Gothaer Programm substituierte, um die parteiinternen Richtungskämpfe zu beenden. Gegenüber den Revisionisten (↗Revisionismus) betonte es die marxistisch-internationale Linie. 1921 durch das ↗Görlitzer Programm ersetzt. *vK*

Erfurter Treffen ↗deutsch-deutsches Gipfeltreffen, erstes (1970)

Ludwig Erhard

Erhard, Ludwig Bundeskanzler (CDU), *4.2.1897 Fürth, †5.5.1977 Bonn. 1928–42 wissenschaftlicher Assistent und Leiter des Instituts für Industrieforschung der Handelshochschule in Nürnberg; ab 1945 wirtschaftlicher Berater der US-amerikanischen Militärregierung; 1945/46 bayrischer Wirtschaftsminister, 1948/49 Direktor der Verwaltung des ↗Vereinigten Wirtschaftgebiets; 1949–76 Mitglied des ↗Bundestages; 1949–63 Bundeswirtschaftsminister; 1963–66 als Nachfolger ↗Adenauers Bundeskanzler; 1966/67 Vorsitzender der ↗CDU. E. setzte die ↗soziale Marktwirtschaft um. Er gilt als der „Vater" des ökonomischen ↗Wiederaufbaus in Westdeutschland. (508) *AM*

Erler, Fritz Politiker (SPD),*14.7.1913 Berlin,

†22.2.1967 Pforzheim. 1933–45 wegen Untergrundtätigkeit für die ↗SPD in Haft; seit 1949 Mitglied des ↗Bundestages; ab 1964 Vorsitzender der Bundestagsfraktion der SPD und stellvertretender Vorsitzender der Partei; am ↗Godesberger Programm und der Schaffung der ↗Bundeswehr beteiligt. *AM*

Ermächtigungsgesetz (1933) Das am 23.3.1933 verabschiedete „Gesetz zur Behebung der Not von Volk und Reich" erlaubte es der seit dem 30.1.1933 von ↗Hitler geführten ↗Reichsregierung, Gesetze ohne die Zustimmung durch den ↗Reichstag und ↗Reichsrat bzw. ohne Gegenzeichnung durch den ↗Reichspräsidenten zu erlassen. Unter massivem Druck (bewaffnete SS- und SA-Männer im Plenarsaal) von ↗NSDAP, ↗DNVP, ↗Zentrum, der ↗Bayerischen Volkspartei und der ↗Deutschen Staatspartei gegen die Stimmen der ↗SPD (vorherige Verhaftung der Abgeordneten der ↗KPD) angenommen; auf vier Jahre befristet und mehrmals verlängert; bedeutete die Abschaffung des demokratischen Verfassungs- und Rechtsstaats der Weimarer Zeit. *JH*

Ernährung Zubereitung und Aufnahme von Nahrung. Im Frühmittelalter fußte die menschliche E. z.T. noch auf (Schweine-) Fleisch, ab dem 6. Jh. hauptsächlich auf Getreide, welches (in Form von Brot oder Grütze) zum Hauptnahrungsmittel der ↗Bevölkerung wurde. Fleisch, v.a. Wild, wurde zum Privileg des ↗Adels (Jagdregal; ↗Regalien). Großes Niveaugefälle zwischen Stadt und Land; trotz effizienterem Getreideanbau immer wieder Hungersnöte, v.a. im 14. Jh.; nach der Hungerkrise von 1740 Einführung neuer Nahrungsmittel, v.a. der Kartoffel (ab 1770), aber auch von Mais, Karotten und Kohl; ab 1860 Abhängigkeit von Nahrungsmittelimporten; Hungerkatastrophe am Ende des ↗Ersten Weltkrieges. Die Folgen der Nahrungsmittelknappheit seit 1945 konnten durch die Ausgabe von ↗Lebensmittelkarten gelindert werden. *wj*

Ernestiner ↗Wettiner

Ernst

Hannover:

Ernst August I. Kurfürst von Hannover, Herzog von Braunschweig-Lüneburg-Calenberg, *30.11.1629 Herzberg, †2.2.1698 Herrenhausen. 1679 Herzog; führte 1682 die ↗Primogenitur ein und erwarb 1692 die Kurwürde für ↗Hannover; durch seine Ehe mit ↗Sophie von der Pfalz (Enkelin Jakobs I. von England) Anspruch auf die englische Krone; Vater ↗Georgs I. von Großbritannien. *rh*

Ernst August II. König von Hannover, Herzog von Braunschweig-Lüneburg und Cumberland, *5.6.1771 London, †18.11.1851 Hannover. Sohn ↗Georgs III., 1837 König von Hannover (damit Ende der Personalunion zwischen Großbritannien und Hannover); der bes. konservative E.A. hob 1837 die Verfassung von 1833 auf und löste dadurch den Konflikt mit den ↗Göttinger Sieben aus; mußte 1848 die Berufung des liberalen Ministers Johann Karl ↗Stüve und eine neue Verfassung hinnehmen. *rh*

Hessen-Darmstadt:

Ernst Ludwig Großherzog von Hessen und bei Rhein, *25.11.1868 Darmstadt, †9.10.1937 Schloß Wolfsgarten (Kreis Offenbach). Der liberal eingestellte E.L. regierte konstitutionell und engagierte sich bes. für Wissenschaft und Kunst (1899 Gründung der „Darmstädter Künstlerkolonie"); scheiterte 1916 mit dem Versuch, Friedensverhandlungen mit Rußland zu lancieren; Absetzung 1918 ohne spätere Erklärung des Thronverzichts. *sb*

Sachsen:

Ernst Kurfürst, *24.3.1441 Meißen, †26.8.1486 Colditz. Trat 1464 mit seinem Bruder ↗Albrecht dem Beherzten die Herrschaft an; teilte 1485 mit diesem die Wettiner Lande und begründete die Linie der ↗Ernestiner. *dh*

Sachsen-Coburg-Gotha:

Ernst II. Herzog, *21.6.1818 Coburg, †22.8.1893 Schloß Reinhardsbrunn (bei Friedrichroda). Übernahm 1844 die Regierung Sachsen-Coburgs. Der liberal und kleindeutsch-national eingestellte E. förderte die Einigungsbestrebungen des ↗Deutschen Nationalvereins. Gab seinen Ländern 1852 eine gemeinsame Verfassung; schloß 1861 Militärkonvention mit ↗Preußen; Teilnahme am ↗Deutschen Krieg (1866); nach der ↗Reichsgründung Bismarcks erfolgte E.s Rückzug aus der Politik. *sb*

Sachsen-Gotha:

Ernst I. der Fromme Herzog, *25.12.1601 Altenburg, †26.3.1675 Gotha. Kämpfte als Protestant im ↗Dreißigjährigen Krieg unter seinem Bruder ↗Bernhard von Sachsen-Weimar und ↗Gustav II. Adolf; seit 1640 Herzog von Sachsen-Gotha, 1672 von Altenburg; ab 1634 rascher Wiederaufbau von Wirtschaft und vorbildlicher Verwaltung, 1642 Einführung der allg. Schulpflicht, 1670 einer Prozeßordnung. *rh*

Ernst, Max Französischer Maler deutscher Herkunft, *2.4.1891 Brühl (bei Köln), †1.4.1976 Paris. Studium der Psychologie und Philosophie in Bonn; war als Maler Autodidakt. Mitbegründer des Kölner ↗Dada (1919); 1922–38 zu den Pariser Surrealisten. Emigrierte 1941 in die USA; Rückkehr nach Paris 1953. E. entwickelte eine Vielzahl neuartiger künstlerischer Techniken (Frottage, Grattage); Collagenromane; seit 1928 auch plastische Arbeiten. *ij*

Ernste Bibelforscher ↗Zeugen Jehovas

ERP ↗European Recovery Program

Erster Mai ↗Tag der Arbeit

Erster Weltkrieg Ursachen: Die Gegensätze zwischen den europäischen, imperialistisch ausgerichteten Großmächten, verstärkt durch den Rüstungswettlauf, insbesondere durch die deutsch-britische Flottenrivalität. Bes. schwer wog die zur „Erbfeindschaft" stilisierte Rivalität zwischen Deutschland und Frankreich, die nach dem ↗Deutsch-Französischen Krieg 1870/71 und der damit verbundenen Abtretung ↗Elsaß-Lothringens neue Nahrung erhalten hatte; hinzu kam der Interessengegensatz zwischen Österreich-Ungarn und Rußland auf dem Balkan und die Autonomiebestrebungen der dortigen slawischen Völker, die den Bestand der Donaumonarchie bedrohten.

Kriegserklärungen: Nach der Ermordung des österreichischen Thronfolgers Franz Ferdinand und seiner Gattin am 28.6.1914 in Sarajewo durch serbische Terroristen Ultimatum und Kriegserklärung Österreich-Ungarns an Serbien. Aufgrund russischer Mobilmachung folgte am 1.8. die deutsche Kriegserklärung an Rußland und am 3.8. an Frankreich. Der deutsche Einmarsch in das neutrale Belgien hatte am 4.8. die britische Kriegserklärung an Deutschland zur Folge. U.a. waren auch Italien, Japan und die Türkei am Krieg beteiligt.

Verlauf: Der deutsche Versuch, durch einen Umfassungsangriff eine rasche Entscheidung gegen Frankreich herbeizuführen, scheiterte in der Schlacht an der ↗Marne bereits 1914. Danach entwickelte sich im Westen ein verbissen geführter ↗Stellungskrieg mit hohen Verlusten und umfangreichem Materialeinsatz, in dem trotz verschiedener Offensiven keiner Seite der Durchbruch gelang. Im Osten brachten siegreiche Schlachten und der Durchbruch 1915 den ↗Mittelmächten

MG-Nest 1917: Giftgas wurde seit 1915 eingesetzt.

Österreich-Ungarn und Deutschland großen Raumgewinn, aber infolge zu schwacher Kräfte keine endgültige Entscheidung. Der uneingeschränkte deutsche ↗U-Boot-Krieg v.a. gegen Großbritannien führte 1917 zum Kriegseintritt der USA auf seiten der ↗Alliierten und damit zur Kriegswende. Nachdem Rußland nach der Oktoberrevolution 1917 aus dem Krieg ausgeschieden war, führte die alliierte Großoffensive im Westen Sommer 1918 zur Einsicht, daß der Krieg für Deutschland verloren sei. Am 11.11.1918 wurde in ↗Compiègne ein Waffenstillstand geschlossen, am 28.6.1919 im Pariser Vorort ↗Versailles der Friedensvertrag. *PS*

Erthal, Franz-Ludwig von Fürstbischof von Würzburg und Bamberg, *16.9.1730 Lohr/Main, †14.2.1795 Würzburg. Bruder von Friedrich-Karl von ↗E.; Bischofsweihe 1779. Motiviert durch Treue zu ↗Kaiser und ↗Reich; gleichzeitig Offenheit gegenüber Reformideen der ↗Aufklärung (v.a. im Bildungswesen). *rm*

Erthal, Friedrich-Karl von Kurfürst, Erzbischof von Mainz, *3.1.1719 Mainz, †25.7.1802 Aschaffenburg. Bruder von Franz-Ludwig von ↗E.; Bischofsweihe 1774. E. setzte sich für die Reform der Mainzer ↗Universität im aufklärerischen Sinn ein; Mitglied des ↗Fürstenbundes. *rm*

Erzberger, Matthias Reichsfinanzminister (Zentrum), *20.9.1875 Buttenhausen (Schwäbische Alb), †26.8.1921 bei Bad Griesbach (Schwarzwald). 1899 Mitgründer der ↗christlichen Gewerkschaften; 1903–18 Mitglied des Reichstages im linken Flügel des ↗Zentrums; 1917 Mitinitiatior der ↗Friedensresolution des Reichstages; Befürworter des ↗Versailler Vertrages; 1919 als Reichsminister ohne Geschäftsbereich für die Durchführung des Waffenstillstandes von ↗Compiègne verantwortlich; seit Juni 1919 Reichsfinanzminister und Vizekanzler; erreichte mit der sog. ↗Erzbergerschen Finanzreform wesentliche Verbesserungen der deutschen Finanzverwaltung; mußte 1920 wegen Korruptionsvorwürfen zurücktreten; 1921 von der ↗Organisation Consul ermordet. *sa*

Erzbergersche Finanzreform 1919 durch Reichsfinanzminister ↗Erzberger durchgeführte umfangreiche Reform, die einen wichtigen Schritt für die Entwicklung des deutschen Einheitsstaates bedeutete; die wesentlichen Punkte waren Errichtung einer reichseigenen Finanzverwaltung, Vereinheitlichung des Steuerrechts, Reform des Finanzausgleiches für die Länder sowie die Einführung eines Reichsnotopfers zur Stützung der Währung (ab 1922 Reichsvermögenssteuer). *sa*

Erzherzog Titel der habsburgischen Prinzen (bis 1918). Von Rudolf IV. 1358/59 durch das gefälschte „Privilegium maius" eingefordert, um den gleichen Rang wie die ↗Kurfürsten zu erlangen. Erst 1453 von Kaiser ↗Friedrich III. anerkannt. *wj*

Erzkanzler (Archicancellarius) Im Heiligen Römischen Reich seit dem 9. Jh. Titel des Leiters der königlichen Kanzlei; der Erzbischof von Mainz war deutscher E., 962 wurde ein E.-Amt für Italien, 1043 eines für Burgund errichtet. Das Amt war bald nur noch Ehrentitel, die Reichsgeschäfte übte der ↗Kanzler aus. *li*

Erzkaplan Der E. war der ranghöchste Geistliche bei Hofe, dem die Führung der ↗Hofkapelle oblag; 854 wurde das Amt des E.s mit dem des ↗Erzkanzlers verschmolzen. *dh*

Eschenburg, Theodor Politikwissenschaftler, Publizist, *24.10.1904 Kiel. 1952–73 Lehrstuhl für Politikwissenschaft in Tübingen; Arbeiten zur parlamentarischen Demokratie in der Bundesrepublik. Schrieb u.a.: Die improvisierte Demokratie (1963), Zur politischen Praxis in der Bundesrepublik (1964–72). *ij*

Essen, Alte Synagoge 1911–13 als jüdisches Gotteshaus errichtet, Zerstörung 1938 während der ↗Novemberpogrome; 1949 Aufstellung eines Steinsarges als Mahnmal; nach 1959 Umbau zu städtischem Museum (u.a. Deutsches Plakatmuseum); seit dem 9.11.1980 historisch-politisches Dokumentationsforum und bundesweit erste Mahn- und Gedenkstätte mit umfassendem pädagogischen Programm. *kl*

Essentials ↗Berlin-Krise (1961)

Estorff, Ludwig von Preußischer General, *24.12.1859 Hannover, †5.10.1943 Uelzen. In der ↗Schutztruppe für ↗Deutsch-Südwestafrika war E. an der Niederschlagung des ↗Hererokrieges (1904–07) beteiligt. Als Kommandeur leitete E. die Schutztruppe von 1907–10. *dt*

Etzel ↗Juliusturm

Etzel, Franz Politiker (CDU), *12.8.1902 Wesel (Niederrhein), †9.5.1970 Wittlaer (bei Düsseldorf). 1930–33 Jugendführer im niederrheinischen Landesverband der ↗DNVP; Teilnahme am ↗Zweiten Weltkrieg; ab 1949 Mitglied des Bundestages; 1953 Vizepräsident der ↗Montanunion; 1957 Finanzminister. *AM*

EU ↗Europäische Union

Eucken, Rudolf Philosoph, *5.1.1846 Aurich,

†14.9.1926 Jena. Entwarf, Intellektualismus und Technikeuphorie seiner Zeit kritisierend, eine an der mittelalterlichen Lebensweise orientierte Lebensphilosophie („schöpferischer Aktivismus"); wurde 1908 für sein literarisches Werk mit dem Literaturnobelpreis ausgezeichnet. *bl*

Eugen, Prinz von Savoyen Österreichischer Feldherr und Politiker, *18.10.1663 Paris, †21.4. 1736 Wien. Trat nach der Flucht aus Frankreich (nicht zur Armee zugelassen) 1683 ins österreichische Heer ein; besiegte als Oberbefehlshaber in Ungarn 1697 die Türken bei Zenta; ab 1703 als Präsident des ↗Hofkriegsrats und der Geheimen Staatskonferenz auch politisch einflußreich; begründete seinen Ruf als überragender Feldherr im ↗Spanischen Erbfolgekrieg durch z.T. zusammen mit der britischen Armee erfochtene Siege über Frankreich (↗Höchstädt 1704, Turin 1706, Oudenaarde 1708 und Malplaquet 1709); 1716–24 Generalgouverneur der Niederlande; erkämpfte bei Peterwardein (1716) und mit der Eroberung Belgrads (1717) seinen größten Triumph gegen die Türken; begründete durch diese militärischen Erfolge die österreichische Großmachtstellung; ließ durch Lukas von ↗Hildebrandt das Belvedere in Wien errichten. *rh*

Eulenburg Obersächsisches Uradelsgeschlecht, seit dem 15. Jh. in Ostpreußen, 1709 preußische Freiherrn, 1786 preußische Grafen. *rh*

Eulenburg, Botho Wend August Graf zu Preußischer Politiker, *31.7.1831 Wicken (Ostpreußen), †5.11.1912 Berlin. Ab 1878 preußischer Innenminister; maßgeblich an der Erarbeitung und Durchsetzung der ↗Sozialistengesetze beteiligt. Rücktritt 1881 aufgrund von Auseinandersetzungen mit Otto von ↗Bismarck; ab 1892 preußischer Ministerpräsident und Innenminister; versuchte, Bismarcks gegen die Sozialdemokratie gerichtete Politik weiterzuführen; 1894 entlassen. *sb*

Eulenburg, Friedrich Albert Graf zu Preußischer Diplomat, Politiker, *29.6.1815 Königsberg, †2.4.1881 Berlin. Eintritt in den diplomatischen Dienst 1851; als Generalkonsul in Antwerpen bzw. Warschau. Ab 1862 preußischer Innenminister; bekämpfte die liberale Opposition im ↗preußischen Verfassungskonflikt, berücksichtigte aber nach 1866 bei Verwaltungsreformen liberale Forderungen nach Selbstverwaltung. Rücktritt 1878, da er Bismarcks Wendung hin zu den Konservativen nicht akzeptierte. *sb*

Eulenburg und Hertefeld, Philipp Fürst Diplomat, *12.2.1847 Königsberg, †17.9.1921 Schloß Liebenberg (Uckermark). Seit 1877 als Diplomat in preußischen Diensten; enger Vertrauter Kaiser ↗Wilhelms II.; mitverantwortlich für den Sturz Otto von ↗Bismarcks; geriet 1906 in den Verdacht der Homosexualität. Daraufhin wandte der Kaiser sich von ihm ab. *sa*

Eupen-Malmédy, Abtretung (1920) Gebiet im heutigen Belgien, südlich Aachen an der Weser. Mußte nach Völkerbundsentscheid vom 20.9.1920 abgetreten werden, da anstelle einer Volksabstimmung über die Zugehörigkeit die öffentliche Eintragung in Listen trotz damals 82,5 % deutscher Einwohnerschaft keine Mehrheit für Deutschland ergeben hatte. *PS*

Euratom ↗Europäische Atomgemeinschaft

Euro Gemäß einem 1991 gefaßten Beschluß des EG-Gipfels in Maastricht trat am 1.1.1999 die Europäische Währungsunion in Kraft. Seit dem 4.1.1999 ersetzt der E. in den EU-Staaten (außer Großbritannien, Dänemark, Griechenland und Schweden) die Landeswährungen im bargeldlosen Zahlungsverkehr. Ab dem 1.1.2002 wird das E.-Bargeld gültig, ab dem 1.7.2002 wird der E. alleiniges Zahlungsmittel in den genannten Ländern. *bb*

Eurofighter 2000 Jagdflugzeug, dessen gemeinschaftliche Entwicklung und Produktion als Weiterentwicklung des ↗Jäger 90 nach der Zustimmung des ↗Bundestages am 26.11.1997 zur Anschaffung von 180 E. für ca. 23 Mrd. DM durch die ↗Bundeswehr von Deutschland, Großbritannien, Italien und Spanien am 22.12.1997 beschlossen wurde; veranschlagte Gesamtkosten ca. 75 Mrd. DM. *kl*

Eurokorps Integrierte Streitkräfte der Staaten der ↗WEU unter gemeinsamem Oberbefehl; durch Bundeskanzler Helmut ↗Kohl und den französischen Staatspräsidenten François Mitterrand am 5.11.1993 beschlossen und auf der Basis der seit dem 1.4.1991 bestehenden deutsch-französischen Brigade in Dienst gestellt; Sitz des Stabs, der im Ernstfall auch das Oberkommando über die belgischen, luxemburgischen und spanischen Truppen besitzt, in Straßburg; nach einer im Januar 1993 mit der ↗NATO getroffenen Vereinbarung lediglich Einsatz zu friedenserhaltenden, friedensherstellenden sowie humanitären Zwecken. *kl*

Europäische Atomgemeinschaft (Euratom) Durch die ↗Römischen Verträge gegründete und

Europäische Atomgemeinschaft (Euratom): Kontrolle einer Nuklearanlage im Auftrag der ↗Europäischen Kommission

seit dem 1.1.1958 bestehende Vereinigung der Länder der ↗EGKS zur gemeinsamen zivilen Erforschung und Nutzung der ↗Atomenergie mit Sitz in Brüssel; 1973 um Dänemark, Großbritannien und Irland erweitert. Die ursprünglich selbständige Organisation wurde 1967 in die ↗EG integriert. *bb*

Europäische Beratende Kommission, European Advisory Commission (EAC) Von einer Konferenz der Außenminister der USA, der Sowjetunion und Großbritanniens (19.–30.10.1943) gegründet; beriet 1943–45 in London die Modalitäten der Kapitulation und der Besatzung Deutschlands (↗Londoner Protokolle). *bb*

Europäische Gemeinschaft (EG) Mit dem Luxemburger Kompromiß (8.4.1965, in Kraft getreten am 1.7.1967) erfolgter Zusammenschluß der europäischen Vertragsgemeinschaften ↗EWG, ↗EGKS und ↗Euratom. Ziel war eine supranationale Staatengemeinschaft mit integrierten Volkswirtschaften. Gemeinsame Organe sind: ↗Europäisches Parlament, Europäischer Rat der Staats- und Regierungschefs, Ministerrat, ↗Europäische Kommission, Wirtschafts-und Sozialausschuß, Gerichtshof (Sitz in Luxemburg). Die EG ist durch den Vertrag von ↗Maastricht Bestandteil der ↗EU. *bb*

Europäische Gemeinschaft für Kohle und Stahl (EGKS, Montanunion) Aufgrund des Schuman-Plans 1951 gegründeter gemeinsamer Markt für Stahl, Kohle und Erz zwischen Belgien, der ↗Bundesrepublik, Frankreich, Italien, Luxemburg und den Niederlanden; 1967 in die ↗EG integriert. *bb*

Europäische Kommission Die aus 21 von den Mitgliedstaaten der ↗EU delegierten Kommissaren bestehende E.K. erfüllt die Funktion einer Regierung der ↗EU; Sitz Brüssel; die Hauptaufgaben sind der Entwurf des EU-Haushaltes, die Umsetzung der Beschlüsse des Rates der Staats- und Regierungschefs sowie Verwaltungsaufgaben; kann vom Europaparlament (nur in ihrer Gesamtheit) mit absoluter Mehrheit zum Rücktritt gezwungen werden. *bb*

Europäisches Gleichgewicht Seit dem 17. Jh. von Großbritannien (Balance of power) verfochtenes politisches Prinzip zur Verhütung der Dominanz eines Staates in Europa; unter Voraussetzung der ↗Souveränität der Staaten Bildung sich gegenseitig ausbalancierender Bündnissysteme; im ↗kalten Krieg erweitert zum „Gleichgewicht des Schreckens" zwischen beiden ↗Supermächten. *li*

Europäisches Parlament 1958 in Straßburg gegründetes Organ der ↗EWG; seit 1973 bzw. 1991 demokratisches Legitimationsorgan der ↗EG bzw. ↗EU; die 626 Abgeordneten (1995, darunter 99 deutsche) werden seit 1979 direkt von der Bevölkerung gewählt. Das E.P. kann nur beratend tätig werden, verfügt aber über ein Haushaltskontrollrecht und kann mit absoluter Mehrheit den Rücktritt der ↗Europäischen Kommission veranlassen. *bb*

Europäisches Währungssystem (EWS) 1979 vereinbarte Zusammenarbeit innerhalb der ↗EG zur Sicherung der Währungsstabilität in Europa; Elemente waren der europäische Währungsverbund, in dem die Wechselkurse der Landeswährungen mit geringer Toleranz festgelegt waren, und die gemeinsame Verrechnungseinheit ECU, die eine Vorstufe zum ↗Euro darstellte. *bb*

Europäische Union (EU) Gemäß dem ↗Maastrichter Vertrag wurde die ↗EG 1991 in die EU umgebildet. Ziel ist eine gemeinsame Wirtschafts- (↗Währungsunion; ↗Euro), Außen- und Sicherheitspolitik sowie die Harmonisierung der Innenpolitik. Soweit die EU-Staaten (zwölf von 15) dem ↗Schengener Abkommen (1990/95) beigetreten sind, wurden die Kontrollen an den EU-Binnengrenzen weitgehend abgebaut. Die EU hat die Organe der EG übernommen und teilweise mit mehr Kompetenzen ausgestattet. Sie verfügt damit über eine supranationale Gesetzgebung, Verwaltung und Rechtsprechung. (300, 436) *bb*

Die gemeinsame Agrarpolitik der EWG führt zur Kritik von seiten der Bauern.

Bundeskanzler Gerhard ↗Schröder mit Bundesaußenminister Joschka ↗Fischer (re.) und EU-Kommissionspräsident Jacques Santer (li.) nach dem EU-Sondergipfel in Berlin (1999)

Europäische Verteidigungsgemeinschaft (EVG) 1952 in Paris zwischen den Benelux-Staaten, der ↗Bundesrepublik, Frankreich und Italien vereinbarte Zusammenführung der jeweiligen nationalen Streitkräfte unter gemeinsamem Oberbefehl; 1954 zusammen mit dem ↗Deutschlandvertrag vom französischen Parlament abgelehnt. Statt dessen wurde die Bundesrepublik 1955 in die ↗NATO aufgenommen (↗Wiederbewaffnung). *bb*

Europäische Wirtschaftsgemeinschaft (EWG) 1957 mit den ↗Römischen Verträgen zwischen den Staaten der ↗EGKS beschlossene Gemeinschaft zur Schaffung eines gemeinsamen Marktes und einer gemeinsamen Wirtschaftspolitik; ist seit 1973 Bestandteil der ↗EG, seit 1991 der ↗EU. *bb*

Europäische Zahlungsunion (EZU) Am 19.9. 1950 von den Mitgliedstaaten der ↗Organization of European Economic Cooperation, u.a. der ↗Bundesrepublik unterzeichnetes Abkommen zur

Unterzeichnung der ↗Römischen Verträge: Bundeskanzler ↗Adenauer, der Staatssekretär im Auswärtigen Amt ↗Hallstein sowie der italienische Ministerpräsident Antonio Segni (v.li.)

Regelung des gemeinsamen Zahlungsverkehrs über ein multilaterales Verrechnungs- und Kreditierungssystem; für die Bundesrepublik wichtiges Instrument der Außenhandelsfinanzierung und tragende Säule des ↗Wiederaufbaus; am 27.12.1958 nach Einführung der Währungskonvertibilität aufgelöst. *kl*

Europarat 5.5.1949 gegründeter Zusammenschluß von (1999) 41 europäischen Staaten mit Sitz in Straßburg. Ziele sind die Förderung der Zusammenarbeit, die Verbesserung der Lebensbedingungen und die Wahrung der Menschenrechte. Organe sind das von den Außenministern gebildete Komitee, die parlamentarische Versammlung und das Generalsekretariat. *bb*

European Recovery Program (ERP) Europäisches Wiederaufbauprogramm; vom US-amerikanischen Außenminister George C. Marshall am 5.6.1947 in einer Rede als Hilfe zur Selbsthilfe angekündigt, mit dem Ziel der Stabilisierung und Befriedung Europas durch ökonomische Vernetzung der europäischen Staaten; im Juli 1947 auf einer vorbereitenden Konferenz in Paris Beharren der Sowjetunion auf bilateraler Wirtschaftshilfe, von den USA abgelehnt; in der Folge Beschränkung des ERP auf 16 westeuropäische Staaten; bis 1951 Vergabe von 12,4 Mrd. US-Dollar zum Erwerb von Lebensmitteln und Rohstoffen, zumeist aus den USA; Verwaltung der Gelder und Abwicklung der Zahlungen durch die Economic Cooperation Administration; Einzahlung der Rechnungsgegenwerte in heimischer Währung auf sog. Gegenwert-Fonds, Verwendung dieser Gelder zum Wiederaufbau der nationalen Wirtschaften.
Bis 1957 gelangten mit 1,7 Mrd. US-Dollar – von denen innerhalb von 30 Jahren 1 Mrd. zurückzuzahlen war – deutlich weniger Gelder in die ↗Bundesrepublik als nach Großbritannien oder Frankreich; nach der ↗Währungsreform Investition der Gegenwert-Mittel zumeist als Darlehen über die ↗Kreditanstalt für Wiederaufbau in die Grundstoffindustrie, das Verkehrswesen, die Landwirtschaft und den Wohnungsbau. *kl*

Euthanasie Sterbehilfe. Beschönigende Bezeichnung für den nationalsozialistischen Massenmord an ca. 120000 Behinderten und Geisteskranken. Die Vernichtung „lebensunwerten Lebens" erfolgte auf eine rückdatierte (1.9.1939) „Ermächtigung" ↗Hitlers vom Oktober 1939. Unter der Tarnbezeichnung „Aktion T 4" (nach dem Sitz der mit der Durchführung beauftragten Zentrale in der Tiergartenstraße 4 in Berlin) wurden sog. „unheilbar Kranke" (darunter auch gesunde, jedoch aus anderen Gründen mißliebige Personen) systematisch durch ärztliche Gutachter erfaßt und nach ihrer Verlegung in speziellen Anstalten getötet. Kirchliche Proteste führten ab August 1941 zur Einstellung der Mordaktionen, die geheim unter der Tarnbezeichnung „Aktion 14 f 13" an Häftlingen in ↗Konzentrationslagern fortgeführt wurden. *JH*

Evangelische Kirche in Deutschland (EKD) Kirchenbund in der ↗Bundesrepublik, dem 24 lutherische, reformierte und unierte Kirchen angeschlossen sind. Die EKD soll den Austausch und die Gemeinschaft unter den verschiedenen Gliedkirchen fördern und gesamtkirchliche Belange gegenüber staatlichen Instanzen vertreten; in Bekenntnisfragen sind die einzelnen Gliedkirchen autonom. Organe der EKD sind Synode, Rat und Kirchenkonferenz, sie ist Mitglied im Weltrat der Kirchen.

Die kirchliche Gestalt des deutschen ↗Protestantismus war seit der ↗Reformation bis ins 19. Jh. das Landeskirchentum mit dem jeweiligen Landesherrn an der Spitze. Seit 1846 intensivere Bemühungen um einen Zusammenschluß; ab 1852 regelmäßige Konferenzen in Eisenach. 1903 gemeinsame Vertretung der Landeskirchen im „Deutschen evangelischen Kirchenausschuß". Nach Wegfall des landesherrlichen Kirchenregiments 1918 Zusammenschluß im „Deutschen Evangelischen Kirchenbund" (1922) bei Wahrung der vollen Selbständigkeit. Unter nationalsozialistischem Druck entstand 1933 die ↗Deutsche Evangelische Kirche. 1945 Neugründung der EKD; Verabschiedung der Grundordnung 1948. 1969–91 waren die Landeskirchen der ↗DDR im „Bund der Evangelischen Kirchen der DDR" ausgegliedert, 1991 Zusammenschluß zur gesamtdeutschen EKD. *ij*

EVG ↗Europäische Verteidigungsgemeinschaft

Evokation (lat. evocare = hervorrufen) Im Mittelalter das Recht des Königs, jeden noch nicht abgeurteilten Rechtsfall vor das ↗Reichshofgericht zu „rufen". Mit der ↗Goldenen Bulle 1356 erhielten ↗Fürsten, v. a. ↗Kurfürsten, das Privileg, von der Vorladung vor ein Reichsgericht befreit zu sein. *vK*

EWG ↗Europäische Wirtschaftsgemeinschaft

Ewiger Bund Zusammenschluß der drei Waldorte Uri (↗reichsunmittelbar), Schwyz und Unterwalden (Urkantone) im Kampf gegen die ↗Habsburger im August 1291; Grundstein der ↗Schweizer Eidgenossenschaft. *Vö*

Ewige Richtung (1474) Von Frankreich vermittelter Ausgleich zwischen den Eidgenossen und den ↗Habsburgern vom 11.6.1474; beinhaltete u. a. Anerkennung der gegenseitigen Besitzverhältnisse; unter der Bedrängnis der Expansion Herzog Karls des Kühnen von Burgund zustande gekommen. *vK*

Ewiger Landfriede (1495) Auf dem ↗Wormser Reichstag 1495 von Kaiser ↗Maximilian I. vorgelegtes, grundlegendes Reichsgesetz, das die ↗Fehde endgültig untersagte. Die oberste Aufsicht über den E.L. besaß das ↗Reichskammergericht. *rh*

Exil Im römischen Recht die Verbannung durch erzwungenen Ortswechsel. Bezeichnet heute v. a. den Aufenthalt im Ausland nach Flucht vor politischer, religiöser oder rassischer Verfolgung; insbesondere während des ↗Dritten Reiches in den dreißiger Jahren für eine geschätzte halbe Million Menschen notwendig geworden. Während politisch Verfolgte v. a. in den ersten Monaten und Jahren des nationalsozialistischen Regimes das Land verließen, dauerte die Flucht jüdischer Menschen, die neun Zehntel der Emigranten stellten, bis 1938 an, ehe es ihnen immer schwerer und schließlich unmöglich gemacht wurde, das deutsche Herrschaftsgebiet zu verlassen. *PS*

Exilliteratur Bezeichnung der 1933–45 wegen der nationalsozialistischen Herrschaft im ausländischen ↗Exil verfaßten deutschsprachigen Literatur. Die Zahl der namentlich bekannten Autoren lag bei ca. 1500 (darunter ↗Brecht, ↗Döblin, ↗Feuchtwanger, Familie ↗Mann, Nelly ↗Sachs, ↗Seghers). *nk*

Expressionismus (lat. expressio = Ausdruck) Bezeichnung für eine Anfang des 20. Jh.s v. a. in Deutschland hervortretende Kunst- und Literaturrichtung, die u. a. durch Ablehnung der um die Jahrhundertwende vorherrschenden neuromantischen und neuklassizistischen Kunstauffassungen gekennzeichnet ist. Im Gegensatz zu deren Ausrichtung am Objekteindruck stellte der E. den Ausdruck des Wesenhaften in den Mittelpunkt. Gesellschaftlich richtete er sich gegen bürgerlich-wilhelminische Autoritäten (Vater-Sohn-Dramen) und drohende Entindividualisierung in der Massengesellschaft (Lebens-Pathos).

Die Malerei des E. (Begriffsprägung durch ↗Walden 1911) zeichnet sich aus durch Abkehr vom Naturvorbild zugunsten einer stärker versinnbildlichenden Darstellung. Sie setzte ein mit der Dresdner Künstlervereinigung „Die ↗Brücke" (gegründet 1905). Zum E. gehören auch die frühen Werke aus dem Umfeld des ↗Blauen Reiters; ↗Kokoschka und ↗Beckmann stehen ihm nahe. Im Bereich der Bildhauerei sind ↗Barlach und ↗Kollwitz zu nennen; in der Architektur ↗Mendelsohn und Bruno Taut.

In der Literatur des E. (1910–25) dominierte anfangs eine vielgestaltige Lyrik (↗Becher, ↗Benn, ↗Heym, Jakob van Hoddis, ↗Lasker-Schüler, Ernst Stadler, ↗Stramm, ↗Trakl). Mit dem Einschnitt des ↗Ersten Weltkrieges gewann die gesellschaftskritische Dichtung, bes. im Drama, an Bedeutung (↗Barlach, Walter ↗Hasenclever, ↗Jahnn, Georg ↗Kaiser, Carl ↗Sternheim, ↗Toller). In der Prosa wurden bedeutende, bis heute fortwirkende experimentelle Neuerungen hervorgebracht (Benn, Carl Einstein, ↗Döblin).
Der E. in der Musik ist keine einheitliche Erscheinung, jedoch läßt sich, wie in anderen Kunstgattungen, eine formen- und normensprengende Tendenz ausmachen, wobei die Tonalität überwunden wird, Rhythmik und Dynamik in den Vordergrund treten und neue Klangfarben erzeugt werden (↗Hindemith, ↗Schönberg, Igor Strawinski).
Der expressionistische Film sucht mit innovativen Mitteln (gemalte Kulissen; starke Kontraste, gezeichnete Perspektiven) psychische Befindlichkeiten der Figuren darzustellen (↗Lang, Friedrich Murnau, Robert Wiene). *ij*

Extremistenbeschluß Auch als „Radikalenerlaß" bezeichneter Beschluß des Bundeskanzlers ↗Brandt und der Ministerpräsidenten der ↗Bundesländer vom 28.1.1972 zur Überprüfung der Verfassungstreue von Beamten u.a. Bewerbern im öffentlichen Dienst, der im Zweifel die Suspension bzw. eine Ablehnung erlaubt. Der E. blieb, nach einer Entscheidung des ↗Bundesverfassungsgerichts 1975, umstritten und wurde in den einzelnen Bundesländern unterschiedlich ausgelegt. *AM*

Eyck, Erich Rechtsanwalt, Historiker, *7.12.1878 Berlin, †23.6.1964 London. Emigrierte 1937 nach Großbritannien; verfaßte 1941–44 eine Bismarck-Biographie, die dessen Leben und Werk auf Grundlage der liberalen Sichtweise der Reichsgründerzeit wertet; verfaßte des weiteren: Geschichte der Weimarer Republik (1954–56). *Vö*

Eyth, Max von Ingenieur, Schriftsteller, *6.5. 1836 Kirchheim (Teck), †25.8.1906 Ulm. Arbeitete 1861–82 mit John Fowler am Dampfpflug, den er international bekannt machte. Autobiographie „Hinter Pflug und Schraubstock" (1899). *ij*

EZU ↗Europäische Zahlungsunion

F

Fahne Im Gegensatz zu Banner oder Standarte einseitig und direkt an einer Stange befestigtes Tuch. Bes. Bedeutung hatte die F. als militärisches Feldzeichen schon bei Römern und ↗Germanen. Im 10. Jh. erstmals Kirchen-F., im 12. Jh. wurden Lehen durch F.-Lanzen übertragen. Später Städte-F.; ihr taktischer, nicht aber ihr symbolischer Wert ging verloren. *wj*

Fähnlein Seit Ende des 15. Jh.s in Deutschland und der Schweiz Truppeneinheit der Infanterie (ca. 300–600 Mann) und der Kavallerie (ca. 250 Reiter); im 17. Jh. durch die Bezeichnung Kompanie ersetzt. *rh*

Fahrendes Volk Bis in die Frühe Neuzeit nichtseßhaft umherziehende Menschen wie z. B. Wahrsager, Spielleute, Tierbändiger, Zauberer, Akrobaten. Wegen ihres „unehrlichen Gewerbes" standen sie außerhalb der ständischen Ordnung und waren rechtlich kaum geschützt. Zu ihnen stießen bes. infolge kriegerischer und religiöser Wirren auch viele entlassene ↗Landsknechte, davongelaufene Nonnen und Mönche, Dirnen und Bettler. *wj*

Fahrenheit, Daniel Gabriel Physiker, *24.5. 1686 Danzig, †16.9.1736 Den Haag. Konstruierte Barometer, Pyknometer, das erste verwendbare Aräometer und das erste Quecksilber-Thermometer (1714); führte erstmals eine geeichte Temperaturskala (mit der Einheit Grad) ein. *nk*

Falk, Adalbert Kultusminister, *10.8.1827 Metschkau (Niederschlesien), †7.7.1900 Hamm. Ab 1872 Kultusminister; bedeutender Protagonist des ↗Kulturkampfes; Urheber der Zivilehe; reformierte das preußische Schulwesen. Seine liberale Politik stieß bei Kaiser ↗Wilhelm I. und der protestantischen Kirchenleitung auf Kritik, so daß er 1879 zurücktrat. *sa*

Falkenhausen, Alexander Freiherr von General, *29.10.1878 Gut Blumenthal (Schlesien), †31.7.1966 Nassau. Im ↗Ersten Weltkrieg Berater der türkischen Truppen in Palästina; seit 1934 Leiter der deutschen Militärmission in China; 1940–44 militärischer Befehlshaber im besetzten Belgien und Nordfrankreich; nach dem ↗Zwanzigsten Juli KZ-Haft. März 1951 von belgischem Gericht zu zwölf Jahren Zwangsarbeit verurteilt, wegen seiner Versuche, im ↗Zweiten Weltkrieg Belgier vor der ↗SS zu retten, nach kurzer Zeit begnadigt. *PS*

Falkenhayn, Erich von General, Kriegsminister, *11.9.1861 Burg Belchau (Polen), †8.4.1922 Schloß Lindstedt (bei Potsdam). 1913–15 preußischer Kriegsminister; löste 1914 Helmuth Johannes Ludwig von ↗Moltke als Generalstabschef ab; wollte die Kriegsentscheidung in Frankreich erzwingen (im Gegensatz zu ↗Hindenburg und ↗Ludendorff, die auf eine Ostoffensive setzten); nach dem Fehlschlagen seiner Strategie 1916 abgelöst. *sa*

Falklandinseln, Schlacht (1914) Inselgruppe im Südatlantik östlich der Magellanstraße, zu Großbritannien. Im ↗Ersten Weltkrieg am 8.12.1914 Schauplatz einer Seeschlacht zwischen britischem und deutschem Geschwader. Vernichtende Niederlage für die Deutschen unter Maximilian Graf von ↗Spee. Nur der Kreuzer „Dresden" konnte entkommen, weitere vier wurden versenkt. *PS*

Fall Achse ↗Italienfeldzug

Fallada, Hans (eigentlich Rudolf Ditzen) Schriftsteller, *21.7.1893 Greifswald, †5.2.1947 Berlin. Vertreter der ↗Neuen Sachlichkeit. Stellte in zeitkritischen Romanen den Überlebenskampf kleiner Angestellter und sozialer Außenseiter in der ↗Weimarer Republik dar. Werke u. a.: Bauern, Bonzen und Bomben (1931), Kleiner Mann, was nun? (1932), Wer einmal aus dem Blechnapf frißt (1934). *ij*

Faschismus (italienisch „fascismo", von lat. „fascis": „Rutenbündel", als Symbol revolutionärer Bewegungen verschiedener Richtungen) Benito Mussolini, der ↗Führer („Duce") des italienischen F. verwendete ab 1919 das Rutenbündel als Symbol für seine Kampfbünde. „F." wurde zur Bezeichnung dieser politischen Bewegung und des Herrschaftssystems in Italien von 1922–45, darüber hinaus zu einem idealtypischen Begriff eines Systems, das beansprucht, die Schwächen oder Gefahren der parlamentarischen Liberal- oder ↗Sozialdemokratie einerseits, des ↗Kommunismus andererseits zu überwinden. Nach Mus-

solini sollte das durchorganisierte Volk total durch ein den Staat und die (Einheits-)Partei zusammenfassendes Herrschaftssystem in Form einer Pyramide erfaßt werden, an deren Spitze der Führer und Staatschef in Personalunion stand.
Der F. zeigte sich als betont nationalistisch, antiliberal, antisozialistisch, antipluralistisch-parlamentarisch, rücksichtslos gegen individuelle ↗Grundrechte, wenn politische „Notwendigkeit", und expansionistisch völkerrechtsverletzend, wenn der nationale Egoismus es erforderten.
Das idealtypische Bild des faschistischen Herrschaftssystems wurde jedoch nirgends in der Wirklichkeit erreicht. Die Disziplin der Führerpyramide wurde durch fortgesetzte Machtkämpfe von Amtsträgern, Kompetenzwirrwarr und Grenzen der Integration des Staates durch die Partei beeinträchtigt. Auch die ↗Gleichschaltung der Kirchen gelang den faschistischen Regimen nicht.
Aufgrund seiner Ähnlichkeiten mit dem italienischen F. wurde der deutsche ↗Nationalsozialismus seit den dreißiger Jahren des 20. Jh.s als „faschistisch" bezeichnet. Italien und das ↗Deutsche Reich waren politisch und militärisch durch den ↗Stahlpakt (1939) und den ↗Dreimächtepakt im ↗Zweiten Weltkrieg eng verbündet. *JH*

Fassbinder, Klara-Marie Philosophin, Pazifistin, *15.2.1890 Trier, †4.6.1974 Bonn. Pazifistin seit dem Ersten Weltkrieg, lebte F. während des ↗Dritten Reiches in Frankreich. Ab 1945 Professorin für Geschichte in Bonn. F. gehörte zu den Gründerinnen der westdeutschen Frauenfriedensbewegung, engagierte sich gegen die Politik ↗Adenauers und für eine Verständigung mit dem Osten, was zu ihrer Amtsenthebung 1953 führte. *nk*

Fassbinder, Rainer Werner Schauspieler, Filmemacher, *31.5.1945 Bad Wörishofen, †10.6.1982 München. Gründete 1968 mit Freunden das „antiteater" in München; ab 1969 hauptsächlich Filmarbeit, z.T. mit Schauspielern aus seiner frühen Theaterzeit. Überwiegend Themen um Außenseiter, denen es nicht gelingt, sich aus ihrer – zumeist seelischen – Notsituation zu befreien und die an dem für sie unerfüllbaren Wunsch nach zwischenmenschlicher Nähe zerbrechen; schrieb mehrere Theaterstücke und Hörspiele. Filme u.a.: Katzelmacher (1969), Angst essen Seele auf (1973), Die Ehe der Maria Braun (1978), Berlin Alexanderplatz (1980). *kp*

Faulhaber, Michael von Kardinal, *5.3.1869 Heidenfeld (bei Schweinfurt), †12.6.1952 München. Priesterweihe 1892; 1911 Bischof von Speyer; 1917 Erzbischof von München-Freising; 1921 Kardinal. Bezog schon vor 1933 Stellung gegen den ↗Nationalsozialismus und dessen Rassismus, indem er v.a. das Alte Testament verteidigte; Mitverfasser der Enzyklika „Mit brennender Sorge" (1937). *rm*

Faust, Johannes (wahrscheinlich Georg F.) Arzt, Astrologe, *um 1480 Knittlingen (Württemberg), †zwischen 1536 und 1540 Staufen (Breisgau). Schon zu Lebzeiten durch seine Zauberei sagenumwoben; erstes F.-Buch 1587 in Frankfurt/Main erschienen; zahlreiche F.-Dichtungen im ↗Sturm und Drang, u.a. von ↗Goethe; Verfilmungen u.a. durch ↗Gründgens (1960). *rw*

FAZ ↗Frankfurter Allgemeine Zeitung

FDGB ↗Freier Deutscher Gewerkschaftsbund

FDJ ↗Freie Deutsche Jugend

FDP ↗Freie Demokratische Partei

Febronianismus Auf eine 1763 publizierte Schrift des Trierer Weihbischofs ↗Hontheim (Justinus Febronius) zurückgehende Kirchenbewegung; Hauptforderungen des u.a. vom Episkopalismus vorbereiteten F. waren die Abschaffung des päpstlichen Primatrechts und die rechtliche Gleichstellung von Papst und Bischöfen; beeinflußte die Emser Punktation (1786) und den ↗Josephinismus; endete mit der ↗Säkularisation (1803) und der Auflösung des Heiligen Römischen Reiches (1806). *nk*

Febronius, Justinus ↗Hontheim

Fechner, Gustav Theodor Philosoph, *19.4.1801 Groß-Särchen (Lausitz), †18.11.1887 Leipzig. Ausbildung zum Mediziner; Professor der Physik, später der Naturphilosophie, in Leipzig; begründete die Psychophysik und induktive Metaphysik; gelangte, von wissenschaftlichen Erfahrungen und methodischen Regeln ausgehend, zu einer Theorie der Allbeseeltheit der Natur und einer philosophischen Ausgestaltung des religiösen Glaubens. *bl*

Fechner, Max Justizminister der DDR, *27.7.1892 Rixdorf (bei Berlin), †13.9.1973 Berlin (Ost). 1917–22 in der ↗USPD; 1933/34 und 1944/45 von den Nationalsozialisten inhaftiert; Gründungsmitglied und zweiter Vorsitzender der ↗SED; 1949–53 Justizminister der ↗DDR; 1953 wegen Befürwortung des Arbeiterstreikrechts (↗Siebzehnter Juni) für drei Jahre inhaftiert. *Ki*

Fechter, Peter Maueropfer, *14.1.1944 Berlin-Weißensee, †17.8.1962 Berlin-Mitte. Als Maurer am Bau der ↗Berliner Mauer beteiligt; bei der ↗Republikflucht am 17. 8. 1962 angeschossen; starb wegen unterlassener Hilfeleistung. Sein Tod erregte internationales Aufsehen; 1993 Auslöser eines ↗Mauerschützenprozesses. *Ki*

Feder, Gottfried Ingenieur, *27. 1. 1883 Würzburg, †24. 9. 1941 Murnau (Oberbayern). Wirtschaftsexperte der ↗NSDAP; forderte die zum Programmpunkt der Partei erhobene „Brechung der Zinsknechtschaft"; 1924–36 Mitglied des Reichstages; im ↗Dritten Reich ohne großen Einfluß. *PS*

Federmann, Nikolaus Konquistador, *um 1505 Ulm, †Februar 1542 Spanien. Landete 1530 im Dienst des Augsburger Handelshauses der ↗Welser mit Siedlern und Bergleuten in Venezuela; Stellvertreter ↗Alfingers; Expeditionen ins Landesinnere zum Orinoko und ins Hochland von Bogotá; nach der Rückkehr (1539) in Spanien wegen Bereicherung vor Gericht; verfaßte einen Bericht über die Kolonisation: Indianische Historia (1557). *rh*

Fehde In germanischer Zeit und im Mittelalter die von der Rechtsordnung anerkannte offene Feindschaft zwischen zwei ↗Freien oder ihren Sippen. Solange die staatliche Gewalt nicht stark genug war, hinreichenden Rechtsschutz zu gewähren, sah sie sich genötigt, den Sippen das Recht zu lassen, zur Abwehr von Unrecht angemessene Vergeltung zu üben. Der Prozeß, die F. im ↗Heiligen Römischen Reich auszuschalten (Gottes-, ↗Landfriede, ↗Ewiger Landfriede), gelangte erst im 16. Jh. zum Abschluß. Stufen auf diesem Wege waren die Einschränkung der F. durch Standesregeln, Festlegung befriedeter Tage und Orte sowie die Möglichkeit, die F. durch einen feierlichen Akt der Versöhnung (↗Ur-F.) und die Zahlung eines Bußgeldes (als Sühne für verletztes Sippenheil) einzustellen. Von der ↗Blutrache unterschied sich die F. durch die Pflicht, ritterliche Formen einzuhalten. *vK*

Fehrbellin, Schlacht (1675) Am 28. 6. 1675 siegte ↗Friedrich Wilhelm von Brandenburg bei F. (Potsdam) über die Schweden, die anschließend ihre letzten Besitzungen in Deutschland räumten; Friedrich Wilhelm erhielt den Namen „der große Kurfürst". *rh*

Fehrenbach, Konstantin Reichskanzler (Zentrum), *11. 1. 1852 Wellendingen (Schwarzwald), †26. 3. 1926 Freiburg (Breisgau). 1918 Präsident des Reichstages; 1919–20 Präsident der Weimarer ↗Nationalversammlung; ab 1920 Reichskanzler; mußte 1921 wegen der Frage der ↗Reparationen demissionieren; 1923–26 Fraktionsvorsitzender des ↗Zentrums im Reichstag. *sa*

Feldherrnhalle ↗Hitler-Putsch (1923)

Feldschlange Im 15.–17. Jh. kleinkalibriges Feldgeschütz mit langem Rohr. *rh*

Feme (mittelhochdeutsch veme = Strafe) Im hohen Mittelalter ↗reichsunmittelbare Gerichte der Blutgerichtsbarkeit in ↗Westfalen. Ein Freigraf stand den Freischöffen vor. Die F. zog später als geheimes Gericht Rechtsfälle im ganzen ↗Heiligen Römischen Reich an sich, bes. bei Rechtsverweigerung. Dadurch kam es zu Mißbrauch und nach dem Höhepunkt im 15. Jh. zum Niedergang der F. *vK*

Ferdinand

Römisch-deutsche Kaiser:

Ferdinand I. *10. 3. 1503 Alcalá de Henares, †25. 7. 1564 Wien. Bruder ↗Karls V., der ihm 1521/22 die habsburgischen ↗Erblande und zeitweise die Stellvertretung im ↗Heiligen Römischen Reich überließ; 1526 (nach dem Tod seines Schwagers Ludwig II.) König von ↗Böhmen und Ungarn und damit Begründer der habsburgischen Donaumonarchie; 1531 Römischer König, 1556 Kaiser; als König von Ungarn häufige Kämpfe mit den Türken; im Reich zum Ausgleich mit den evangelischen ↗Reichsständen geneigt, Vermittler des ↗Augsburger Religionsfriedens; in seinen Erblanden um die ↗Katholische Reform und die Zentralisierung der Verwaltung (1522 ↗Reichshofrat, 1556 ↗Hofkriegsrat) bemüht. *rh*

Ferdinand II. *9. 7. 1578 Graz, †15. 2. 1637 Wien. Enkel von ↗Ferdinand I.; von ↗Jesuiten erzogen; 1596 ↗Erzherzog von Innerösterreich, 1617 König von Böhmen und 1618 von Ungarn, 1619 Kaiser; führte in seinen ↗Erblanden und in ↗Böhmen konsequent die ↗Gegenreformation durch und verursachte so den ↗Böhmischen Aufstand, der zum ↗Dreißigjährigen Krieg führte; erließ in dessen Verlauf im Zenit seiner Macht 1629 das ↗Restitutionsedikt (forderte von den Protestanten die Rückgabe von Kirchengütern); Verzicht darauf 1635 im Frieden zu ↗Prag. Der Krieg nahm durch den Eintritt Schwedens und Frankreichs eine für F. ungünstige Wende. Die Territorialfürsten setzten sich gegen die absolutistischen Bemühungen des Kaisers durch. *rh*

Ferdinand III. *13. 7. 1608 Graz, †2. 4. 1657 Wien.

Sohn ↗Ferdinands II., 1625 König von Ungarn, 1627 von Böhmen, 1636 Römischer König, 1637 Kaiser; 1634 nach ↗Wallensteins Tod zusammen mit ↗Gallas Oberbefehlshaber des kaiserlichen Heeres im ↗Dreißigjährigen Krieg; militärisch nur wenig erfolgreich (1634 Sieg gegen die Schweden bei Nördlingen); konnte im ↗Westfälischen Frieden 1648 die Aufsplitterung des ↗Heiligen Römischen Reiches und Gebietsabtretungen an Frankreich und Schweden nicht verhindern; Förderer von Wissenschaft und Kunst. *rh*

Römischer König:

Ferdinand IV. *8.9.1633 Wien, †9.7.1654 ebd. Sohn Ferdinands III.; 1646 König von Böhmen, 1647 von Ungarn, 1653 Römischer König; starb ein Jahr später an den Blattern (↗Seuchen). *rh*

Fernhandel Vom Frühmittelalter bis zur Frühen Neuzeit Handel über große Entfernungen, meist zu Schiff, zunächst mit Luxusgütern, später v.a. mit Massenprodukten. Im Frühmittelalter waren ↗Juden, Griechen und Syrer, später auch Friesen u.a. Träger des F.s. Sie verkauften, unter königlichem Schutz stehend, ihre Waren auf ↗Messen und Märkten und ließen sich z.T. schon früh fest nieder. Aus dem Zusammenschluß von Kaufleuten zu Fahrtgemeinschaften entstand im 13. Jh. die ↗Hanse. Vom Überseehandel seit dem 15. Jh. profitierte v.a. ↗Hamburg. Durch den ↗Merkantilismus insgesamt erhebliche Handelseinschränkungen; seit Beginn des 19. Jh.s Aufbau des Freihandels und eines Welthandelssystems; durch die ↗Weltkriege starke Rückschläge; wichtig nach 1945 waren v.a. die Schaffung der ↗EG und des europäischen Binnenmarktes. *wj*

Fernsehen Erste Übertragungen bewegter Bilder mittels Funktechnik in Deutschland 1925; seit 1929 Versuchssendungen des Reichszentralamts; regelmäßige kostenlose Ausstrahlungen in 15 öffentlichen Fernsehstellen in ↗Berlin und ↗Potsdam seit 1935.

In der ↗Bundesrepublik sendete der Nordwestdeutsche Rundfunk (NWDR) erstmals 1952 täglich, andere Sender folgten. Das 1. Fernsehprogramm (bestehend aus neun, in der Arbeitsgemeinschaft der öffentlich-rechtlichen Rundfunkanstalten der Bundesrepublik Deutschland [ARD] zusammengefaßten Landesrundfunkanstalten) konstituierte sich 1953; die 3. Fernsehprogramme (Regionalprogramme) arbeiten seit 1966 mit der ARD zusammen, um den Programmaustausch zu vereinfachen. Das 2. bundesweite Fernsehprogramm (ZDF) wird seit 1961 ausgestrahlt. Alle Sender sind selbstverwaltete Anstalten öffentlichen Rechts; in Art. 5 Absatz 1 Satz 2 Grundgesetz ist die freie Berichterstattung gesetzlich festgelegt, die weder einer ↗Zensur durch Staat noch einer gesellschaftlichen Gruppierung unterliegen darf. Seit 1975 werden die Hörfunk- und Fernsehgebühren über die gemeinsame Gebühreneinzugszentrale (GEZ) abgerechnet, zusätzlich zu den Teilnehmergebühren finanziert sich das F. über Einkünfte aus Werbesendungen.

In der ehemaligen ↗DDR war das „Staatliche Komitee für F. beim Ministerrat der DDR" für die Ausstrahlung des „F.s der DDR" verantwortlich. Es gab zwei landesweite Programme: das 1. Programm als Vollsender und das 2. Programm als Teilsender. F. war in der DDR kostenlos und fand deshalb stärkeren Anklang als im Westen. Die Wachstumsrate der F.-Teilnehmer war im Osten mehr als doppelt so hoch.

Das F. entwickelte sich in Ost und West zum Massenkommunikationsmittel. Seit der ↗Wiedervereinigung ist das bundesrepublikanische F.-Recht auch für die neuen Bundesländer gültig. Mit der Verbreitung des Kabel-F.s, den neuentstandenen Privatsendern und der gesteigerten Nachfrage (F.-Konsum) hat sich das Sendeangebot vervielfacht. *rm*

Festung Ausgebaute militärische Verteidigungsanlage zum Schutz eines Gebietes oder Ortes; entstand seit der Erfindung der Feuerwaffen (14. Jh.) aus der befestigten Stadt und ↗Burg des Mittelalters; vom 16.–18. Jh. in Deutschland, Italien, den Niederlanden und Frankreich u.a. von ↗Dürer und Sébastien de Vauban entworfene Formen der sog. bastionierten F. (mit Bastionen statt der Mauertürme); 18./19. Jh.: Durch den neupreußischen vieleckigen Befestigungsstil kam ein vorgeschobener Fortgürtel hinzu. Wegen der zunehmenden Durchschlagskraft der Geschütze weitete sich die F. im 20. Jh. zu einem verzweigten F.s-System aus (z.B. Maginot-Linie, ↗Westwall, ↗Atlantik-Wall). Heute sind F. und F.s-Systeme meist militärisch wertlos. *rh*

Feuchtwanger, Lion Schriftsteller, *7.7.1884 München, †21.12.1958 Los Angeles. Emigrierte 1933 nach Frankreich; 1940 Internierung in einem französischen ↗Konzentrationslager und Flucht in die USA. Seine Dramen und Romane standen unter Einfluß von ↗Brecht, ↗Döblin und Heinrich

↗Mann. F. übte Gesellschaftskritik, meist verhüllt in historischen Stoffen (Jud Süß, 1925; Geschwister Oppenheim, 1933; Josephus, Romantrilogie 1951). *rm*

Feudalismus (von lat. feudum = Lehen) Gesellschaftsordnung, die – in sehr unterschiedlicher Ausformung – auf der Übertragung von Vorrechten durch den obersten Herrscher an eine aristokratische Oberschicht bestand. Diese bezog ihre materielle Absicherung aus Landbesitz und Leistungen der von ihr abhängigen (bäuerlichen) Bevölkerung. Große Verfügungsgewalt der Oberschicht in politischer, rechtlicher und militärischer Hinsicht; im engeren Sinne Bezeichnung für das vom ↗Lehnswesen bestimmte Gemeinwesen des ↗Mittelalters und der Neuzeit. *wj*

Feuerbach, Anselm Maler, *12. 9. 1829 Speyer, †4. 1. 1880 Venedig. Künstlerische Studien in Düsseldorf, München, Antwerpen und Paris. Lebte seit 1855 in Italien; seine Hauptwerke entstanden in Rom (Pieta, 1863; Iphigenienbilder, 1862 und 1871). Vorbilder für seine monumentalen Darstellungen aus der Mythologie fand er, sowohl inhaltlich als auch formal, in der Antike. *rm*

Feuerbach, Ludwig Philosoph, *28. 7. 1804 Landshut, †13. 9. 1872 bei Nürnberg. 1828 Privatdozent in Erlangen; mußte seine akademische Laufbahn wegen Anfeindungen von seiten der Theologen aufgeben; während der ↗Deutschen Revolution 1848/49 Vorlesungen in Heidelberg; entwickelte, von einer Kritik der spekulativen Philosophie ↗Hegels („Unsinn des Absoluten") ausgehend, in seinem Werk „Das Wesen des Christentums" (1841) einen anthropologischen Materialismus: das einzig Wirkliche sei das sinnlich Gegebene, v. a. der konkrete Mensch im sozialen Verhältnis zum Mitmenschen; Gott, das Absolute, sei dagegen lediglich psychologische Projektion des menschlichen Bewußtseins; von bedeutendem Einfluß auf Karl ↗Marx' dialektischen Materialismus. *bl*

Feuerbach, Paul Johann Anselm Ritter von Jurist, *14. 11. 1757 Hainichen (bei Jena), †29. 3. 1833 Frankfurt/Main. 1800–05 Professor der Rechte in Jena, Kiel und Landshut; ab 1806 im Justizministerium von München, seit 1814 Präsident des Appellationsgerichts in Bamberg und Ansbach (seit 1817); schaffte die ↗Folter in Bayern ab (1806); begründete die neuere deutsche Strafrechtslehre sowie die moderne Kriminalpsychologie; befaßte sich intensiv mit dem Fall ↗Hauser. *nk*

Feuerprobe ↗Gottesurteil

Fibel Gewandnadel aus Metall, häufig auch Schmuckstück. In unterschiedlichster Ausführung bis ins frühe Mittelalter in Gebrauch; wichtiges Hilfsmittel der ↗Datierung in der ur- und frühgeschichtlichen Archäologie. *wj*

Fichte, Johann Gottlieb Philosoph, *19. 5. 1762 Rammenau (Oberlausitz), †29. 1. 1814 Berlin. Zunächst Hauslehrer, dann Professor in Jena (das er wegen des Vorwurfs des Atheismus 1799 verlassen mußte) und Berlin; hier erster gewählter Rektor der neuen Universität; Teilnahme an der nationalen Widerstandsbewegung während der ↗Befreiungskriege („Reden an die deutsche Nation", 1808/09); untersuchte, anknüpfend an Immanuel ↗Kants Vernunftkritik, das allen Wissenschaften zugrundeliegende Wissen als solches; entwickelte, ausgehend vom Wissen als freier Tat des Ich, ein System, aus dem er eine Rechts-, Sitten- und Gotteslehre ableitete. Friedrich Wilhelm von ↗Schelling und ↗Hegel bauten auf seiner „Wissenschaftslehre" auf. *bl*

Ficker, Julius von Historiker, *30. 4. 1826 Paderborn, †10. 7. 1902 Innsbruck. Arbeiten zur Verfassungsgeschichte des Mittelalters; hauptsächlich bekannt durch die ↗Ficker-Sybel-Kontroverse; verfaßte u. a.: Das deutsche Kaiserreich in seinen universalen und nationalen Beziehungen (1861), Beiträge zur Urkundenlehre (1877/78). *Vö*

Ficker-Sybel Kontroverse Kontroverse zwischen ↗Ficker und ↗Sybel über die Bewertung der mittelalterlichen deutschen ↗Italienpolitik vor dem Hintergrund der ↗Deutschen Frage. Ficker verteidigte die Italienpolitik ausgehend von seinem Standpunkt einer ↗großdeutschen Lösung, während Sybel sie aufgrund seiner Vorstellungen von einer ↗kleindeutschen Lösung verurteilte. *vK*

Filbinger, Hans-Carl Ministerpräsident (Baden-Württemberg; CDU), *15. 9. 1913 Mannheim. Seit 1951 Mitglied der ↗CDU; 1960 Innenminister, seit 1966 Ministerpräsident von ↗Baden-Württemberg. 1978 Rücktritt aufgrund der Diskussionen um seine Tätigkeit als Marinerichter im ↗Dritten Reich und der Beteiligung an Todesurteilen am Ende des Zweiten Weltkrieges. *Ki*

Film Ausschlaggebend für die Entwicklung des F.s waren technische Erfindungen im späten 19. Jh.; seit 1900 verbreitete sich zunächst der Stumm-F., seit 1927 der Ton-F.

1917 wurde in Deutschland die ↗Ufa gegründet und feierte mit F. wie „Nosferatu" (F. W. Murnau,

1922) oder „Der blaue Engel" (Joseph von Sternberg, 1930), mit dem auch Marlene ↗Dietrich berühmt wurde, große Erfolge. Vertreter der filmischen ↗Neuen Sachlichkeit standen in Natur- und Reportage-F. für die nüchterne Darstellung der Welt ein (Der heilige Berg, Arnold Fanck, 1926; Berlin Alexanderplatz, Paul Jutzi, 1931). Während des ↗Nationalsozialismus wurden tendenziöse Spiel- und Dokumentar-F. (↗Riefenstahl) produziert.

In der ↗Bundesrepublik erfreuten sich in den fünfziger Jahren Revue- und Heimat-F. und ihre Stars (Ruth Leuwerik, Maria Schell, O. W. Fischer, Heinz Rühmann) großer Beliebtheit, während Ende der sechziger Jahre der „Junge Deutsche F." an Bedeutung gewann. Die zur „Münchner Schule" gehörenden Regisseure ↗Fassbinder (Katzelmacher, 1969) und der 1978 in die USA ausreisende Wim Wenders (Alice in den Städten, 1973/74) stellten dem bisher vom Unterhaltungs-F. beherrschten Markt ihre sozialkritischen, dokumentarisch orientierten F. gegenüber. In den siebziger Jahren setzten sich Regisseure wie Werner Herzog (Aguirre, der Zorn Gottes, 1972) und Volker Schlöndorff, ↗Trotta (Die verlorene Ehre der Katharina Blum, 1975) durch. Symbolisch für die F.-Kultur der achtziger Jahre wurde der F. „Die flambierte Frau" (Robert van Ackerens, 1983). Wenders etablierte sich als erfolgreicher Regisseur mit „Paris, Texas" (1985) und „Himmel über Berlin" (1986/87). In den neunziger Jahren entstand der „Neue Deutsche F.", zu dessen bekanntesten Vertretern Katja von Garnier (Abgeschminkt, 1993) und Sönke Wortmann (Der bewegte Mann, 1994) zählen.

In der ehemaligen ↗DDR arbeiteten die später in die Bundesrepublik emigrierten Regisseure Erich Engel (Affäre Blum, 1948) und Paul Verhoeven (Das kalte Herz, 1950) erfolgreich; bald wurden sie von Agitationsfilmemachern im Sinne des sozialistischen Realismus abgelöst (z. B. Der Rat der Götter, Kurt Maetzig, 1950). In den sechziger Jahren wurden v. a. antifaschistische F. produziert (z. B. Professor Mamlock, Konrad Wolf, 1961); später öffnete sich der sozialistische F. auch für andere inhaltliche Schwerpunkte (Spur der Steine, Frank Beyer, 1966; Die Legende von Paul und Paula, Heiner Carow, 1973). *rm*

Fischer, Fritz Historiker, * 5. 3. 1908 Ludwigsstadt. 1942–73 Professor in Hamburg. 1952/53 Forschungsauftrag in den USA. Neben seinen zahlreichen Veröffentlichungen löste v. a. sein Buch über die Kriegszielpolitik des Kaiserreiches heftige Diskussionen aus (↗Fischer-Kontroverse). *Ki*

Fischer, Joschka (Joseph) Politiker (Bündnis 90 /Die Grünen), * 12. 4. 1948 Gerabronn. 1983 für die ↗Grünen in den Bundestag gewählt; 1985–87 Minister für Umwelt und Energie, 1991–94 stellvertretender Ministerpräsident in Hessen; 1994–98 Sprecher der Bundestagsfraktion von ↗Bündnis 90/Die Grünen; seit 1998 Bundesaußenminister, erfolgreiche Vermittlung im ↗Kosovokonflikt. (142) *Ki*

Fischer, Oskar Außenminister der DDR, * 19. 3. 1923 Asch (Tschechoslowakei). 1941–44 Kriegsdienst, bis 1946 in sowjetischer Kriegsgefangenschaft; 1947 Ausweisung nach Deutschland aufgrund politischer Tätigkeit als Mitglied der ↗SED (offiziell seit 1946). Nach Gründung der ↗DDR Mitglied der ↗FDJ; 1950/51 Landtagsabgeordneter; 1975–90 Außenminister der DDR. *Ki*

Fischer, Samuel Verleger, * 24. 12. 1859 Liptó Szent Miklós (Ungarn), † 15. 10. 1934 Berlin. Buchhändlerlehre in Wien; 1886 Gründung des S. Fischer-Verlages in Berlin. Verlegte v. a. Autoren der Moderne (Henrik Ibsen, ↗Schnitzler, Leo Tolstoj, Émile Zola); mit „Buddenbrooks" von Thomas ↗Mann gelang 1901 der Durchbruch. Unter politischem Druck wurde der Verlag 1935 aufgelöst; 1936 als S. Fischer KG unter Peter ↗Suhrkamp weitergeführt. *rm*

Fischer, Wolfram Historiker, * 9. 5. 1928 Weigelsdorf. Professor in Berlin ab 1964; Forschungsschwerpunkte im Bereich Wirtschafts- und Sozialgeschichte. Verfaßte u. a.: Deutsche Wirtschaftsgeschichte 1918–1945 ([3]1968), Armut in der Geschichte (1982). *Vö*

Fischer-Kontroverse 1961 durch das Buch „Griff nach der Weltmacht" des Historikers Fritz ↗Fischer ausgelöste wissenschaftliche Diskussion mit der These, das deutsche Kaiserreich habe den ↗Ersten Weltkrieg bewußt herbeigeführt; breite Rezeption in der Bevölkerung; 1969 durch sein Buch „Krieg der Illusionen" neu entfacht. *Ki*

Fischer von Erlach, Johann Bernhard Österreichischer Baumeister, * 20. 7. 1656 Graz, † 5. 4. 1723 Wien. Bedeutender Baumeister des ↗Barock und Begründer des sog. Reichsstil; ab 1693 im Dienst des Erzbischofs von Salzburg, ab 1705 Hofarchitekt unter Kaiser ↗Josef I. Zu seinen wichtigsten sakralen Bauwerken zählt die Karlskirche (1716–39) in ↗Wien, als sein bedeutendstes weltliches Werk gilt die Hofbibliothek in Wien (Baubeginn 1723). *kp*

Flake, Otto (Pseudonym Leo F. Kotta) Dichter, *29.10.1880 Metz, †10.11.1963 Baden-Baden. Er wählte als Hauptthema seiner fiktiven Biographien oder Erziehungs- und Bildungsromane die deutsch-französischen Beziehungen (vgl. sein Hauptwerk „Fortunat", 1946). Er verfaßte ebenso Essays und Übersetzungen aus dem Französischen (Stendhal, Honoré de Balzac). *rm*

Flakhelfer ↗Luftwaffenhelfer

Flechtheim, Ossip Kurt Politikwissenschaftler, *5.3.1909 Nikolajew (bei Odessa), †4.3.1998 Kleinmachnow (bei Berlin). Emigrierte 1935 über die Schweiz in die USA (1939); Professur seit 1943; wurde 1951 an die Deutsche Hochschule für Politik in Berlin berufen; ab 1961 an der Freien Universität ↗Berlin. In seinen Schriften beschäftigte er sich v.a. mit ↗Kommunismus, Bolschewismus und Parteiwesen. *rm*

Fleißer, Marieluise Dramatikerin, Erzählerin, *23.11.1901 Ingolstadt, †2.2.1974 ebd. Zusammenarbeit mit ↗Brecht; schrieb Theaterstücke in der Tradition des kritischen Volksstücks (Pioniere in Ingolstadt, uraufgeführt 1928); in ihrem Roman „Mehlreisende Frieda Geier" (1931; 1971 umgearbeitet zu „Eine Zierde für den Verein") beschreibt sie kleinbürgerliche Denk- und Handlungsmuster im Vorfeld des ↗Nationalsozialismus. *ij*

Fleissner, Herbert Verleger, *2.6.1928 Eger (Böhmen). Der promovierte Jurist begann 1953 mit der Gründung bzw. Erwerbung von Verlagen; schuf eine aus über 30 Einzelverlagen bestehende Verlagsgruppe u.a. mit dem Münchner Verlag Langen-Müller; zeitweilig Mitinhaber des Ullstein-Buchverlags. *UK*

Fleming, Paul Dichter, *5.10.1609 Hartenstein (Erzgebirge), †2.4.1640 Hamburg. Bedeutender Lyriker des ↗Barock; Schüler von ↗Opitz. Sein Werk zeichnet sich durch einen subjektiveren Ton aus. Schrieb Sonette, Liebes- und Festgedichte sowie geistliche Lieder. *ij*

flexible response Militärische Strategie zum Einsatz von ↗Atomwaffen im Rahmen einer Politik der ↗Abschreckung; 1961 unter dem US-amerikanischen Präsidenten John F. Kennedy entwickelt; Ablösung der Strategie der massiven Vergeltung; Vorbehalt des Einsatzes von Atomwaffen nach Einzelfallprüfung; seit dem 13.7.1967 offizielle strategische Konzeption der ↗NATO, Grundlage für umfassende Rüstungsprogramme der Mitgliedstaaten. *kl*

Flick, Friedrich Unternehmer, *10.7.1883 Ernsdorf bei Kreuztal (Siegerland), †20.7.1972 Konstanz. Gründete nach der ↗Weltwirtschaftskrise die Mitteldeutschen Stahlwerke; im ↗Dritten Reich Produzent von Rüstungsgütern; baute nach ↗Entflechtung seines Unternehmens einen neuen Konzern auf, dem 1960 bereits über 100 Unternehmen unterschiedlicher Branchen angehörten (↗Flick-Gruppe). *UK*

Flick-Gruppe Unternehmensgruppe. Von ↗Flick nach 1945 als Familienunternehmen aufgebaut mit der Friedrich Flick KG und der Verwaltungsgesellschaft für industrielle Unternehmungen Friedrich Flick GmbH als zentralen Organisationen; umfaßt u.a. Unternehmen aus den Bereichen Anlagenbau, Stahlverarbeitung, Papier, Kunststoffe und Schiffahrt. *UK*

Flick-Spendenaffäre ↗Parteispendenaffäre

Fliedner, Theodor Evangelischer Theologe, *21.1.1800 Epstein (Taunus), †4.10.1864 Kaiserswerth (Düsseldorf). Seit 1822 Pfarrer; gründete in Kaiserswerth und Düsseldorf mehrere soziale Einrichtungen und 1836 die erste evangelische Diakonissenanstalt. *nk*

Flieg, Helmut ↗Heym, Stefan

Flottenabkommen, Deutsches Reich – Großbritannien (1935) Am 18.6.1935 in London unterzeichnet, regelte das Verhältnis der Anzahl von U-Booten und Schiffen zwischen beiden Ländern. Britischer Versuch, durch Teilrevision des ↗Versailler Vertrages (1919) Wettrüsten zu vermeiden und Deutschland durch internationalen Vertrag im Sinne der ↗Appeasement-Politik zu binden; am 28.4.1939 von ↗Hitler gekündigt. *PS*

Flottenbauprogramm Auf Kaiser ↗Wilhelm II. zurückgehender, von ↗Tirpitz geplanter langfristiger Ausbau der Kriegsflotte (1898–1912) zur Unterstützung der deutschen Weltmacht-, Kolonial- und Bündnispolitik. Das F. brachte dem ↗Deutschen Reich die weltweit zweitstärkste Flotte ein. Dies jedoch empfand Großbritannien als Bedrohung, was zu einer erheblichen Belastung der deutsch-britischen Beziehungen führte. Im ↗Ersten Weltkrieg konnte die deutsche Flotte zwar einige Erfolge verbuchen, erzielte aber keinen entscheidenden Sieg. Auch die Fernblockade der Küsten durch die britische Home Fleet konnte sie nicht durchbrechen. *vK*

Flottwell, Eduard Heinrich von Preußischer Politiker, *23.7.1786 Insterburg, †28.5.1865 Berlin. 1830 Oberpräsident der Provinz ↗Posen; vertrat eine antikatholische Schul- und Kulturpolitik; seit 1844 preußischer Finanzminister; 1846 Oberpräsident von Westfalen; 1848 Mitglied der ↗Frankfurter Nationalversammlung; 1849 Mitglied der preußischen Ersten Kammer. 1850 übernahm F. das Oberpräsidium der Provinz Brandenburg. *sb*

Fluchtburgen ↗Burg

Flüchtlinge (nach dem Zweiten Weltkrieg) Unterschiedlich definierter Begriff für Menschen, die sich vorübergehend oder dauerhaft aufgrund von Kriegen, Naturkatastrophen, wirtschaftlichen Notlagen, politisch, ethnisch oder religiös bedingter Verfolgung auf der Flucht aus ihrer Heimat befinden. Nach der Genfer Flüchtlingskonvention von 1951 genießen politische F. internationalen Schutz.

Nach 1945 stellten F. in Deutschland ein großes soziales und wirtschaftliches Problem dar. Rund 16 Mio. Menschen suchten bis 1950 auf der Flucht vor der ↗Roten Armee oder nach Vertreibungen (↗Vertriebene) aufgrund des ↗Potsdamer Abkommens aus den ehemaligen deutschen ↗Ostgebieten und den Siedlungsgebieten in Süd- und Osteuropa Schutz und eine neue Existenz in beiden deutschen Nachkriegsstaaten. Während die ↗DDR rund 4,4 Mio. F. aufnahm, hatte die ↗Bundesrepublik etwa 12 Mio. Menschen zu integrieren. Zu diesem Zweck wurde 1949 in der Bundesrepublik das Bundesministerium für Vertriebene, Flüchtlinge und Kriegsgeschädigte eingerichtet, ab 1969 übernahm das Innenministerium diese Aufgabe.

Weitere ca. 2,7 Mio. F. gelangten von 1949 bis zur Errichtung der ↗Berliner Mauer (1961) aus der SBZ/DDR in die Bundesrepublik, bis 1988 gelang zusätzlich 620000 Menschen die Flucht.

Als weit problematischer stellt sich jedoch der Umgang mit den seit den achtziger Jahren als Asylbewerber bezeichneten Flüchtlingen nichtdeutscher Herkunft dar (1997: 350000), von denen nur ein Bruchteil als im Sinne des ↗Grundgesetzes schutzwürdige politische Verfolgte anerkannt wird (↗Asyl). *bb*

Flucht und Vertreibung (1944–47) Als Folge der Kämpfe in der Endphase des ↗Zweiten Weltkrieges und der deutschen Niederlage flüchteten viele der in den deutschen ↗Ostgebieten und in osteuropäischen und südosteuropäischen Ländern lebenden Deutschen bzw. Deutschstämmigen oder wurden nach Kriegsende vertrieben. Sie flüchteten mit dem Herannahen der ↗Roten Armee v.a. aus ↗Ostpreußen, ↗Pommern, ↗Schlesien, Danzig und Brandenburg, aber auch aus Jugoslawien und nach dem rumänischen Frontwechsel zu

Flucht der deutschen Bevölkerung vor der Roten Armee (Ostpreußen, 1945)

den ↗Alliierten im Sommer 1944 auch aus Rumänien und Ungarn. Bes. in den Ostgebieten floh die Zivilbevölkerung vor den Übergriffen der rasch vorstoßenden Roten Armee in hastig zusammengestellten Flüchtlingstrecks, die überwiegend aus Frauen, Kindern und Alten bestanden. Häufig von den sowjetischen Truppen eingeholt, wurden viele der ↗Flüchtlinge und der Daheimgebliebenen Opfer von Raub, Vergewaltigung und Ermordung. Unmittelbar vor Kriegsende begann die Vertreibung der ↗Sudetendeutschen aus der Tschechoslowakei, wobei viele der Vergeltung für die deutsche Besatzungspolitik zum Opfer fielen. Nach Kriegsende begann die systematische Vertreibung der Deutschen aus den Polen zugesprochenen Gebieten, aus Ungarn, teilweise Rumänien und aus der Tschechoslowakei, die bis Ende 1947 andauerte (↗Vertriebene). F.u.V. kosteten knapp 1,5 Mio. Menschen das Leben, ca. 1 Mio. weitere Opfer wurde zu oft langjähriger Zwangsarbeit in die Sowjetunion verschleppt. (153) *PS*

Flugschriften (Flugblätter, fliegende Blätter) Kleinere ungebundene Schriften über aktuelle politische, religiöse, soziale oder wissenschaftliche Fragen zur Beeinflussung der öffentlichen Meinung; oft nur einmal erscheinende, illustrierte Gelegenheitsdrucke (Einblattdrucke, Pamphlete) mit sensationellen Nachrichten und polemischen Stellungnahmen (Umgehung der ↗Zensur). Nach Erfindung des ↗Buchdrucks bes. wichtig in der ↗Reformation, im ↗Dreißigjährigen Krieg, 1789–1848 in den ↗Koalitionskriegen, den ↗Befreiungskriegen und in der ↗Deutschen Revolution sowie in den ↗Studentenprotesten der Bundesrepublik. *rh*

Föderalismus Staatliche Organisationsform, in der teilselbständige Glieder zu einem übergeordneten Ganzen zusammengefaßt werden. Dies kann in Form eines Staatenbundes (z.B. ↗Deutscher Bund) oder eines Bundesstaates (z.B. ↗Deutsches Reich, ↗Weimarer Republik) geschehen; gemäß dem ↗Grundgesetz ist auch die ↗Bundesrepublik ein föderaler Bundesstaat, der sich aus den ↗Bundesländern zusammensetzt. *bb*

Follen, August Adolf Ludwig Burschenschafter, 21.1.1794 Gießen, †26.12.1855 Bern. Leitendes Mitglied radikaler ↗Burschenschaften an den Universitäten Gießen und Heidelberg, verfaßte er 1817/18 die Schrift „Grundzüge für eine künftige Reichsverfassung" und saß 1819–21 wegen politischer Hetze in Haft; danach ↗Emigration in die Schweiz. *sb*

Follen, Karl Politiker, Dichter, *4.9.1796 Romrod (bei Gießen), †13.1.1840 im Long Island Sound (USA). 1815 Mitgründer der ersten burschenschaftlichen Vereinigung; beeinflußte maßgeblich den radikalen Flügel der ↗Burschenschaften; forderte die revolutionäre Errichtung einer deutschen Republik; 1824 Auswanderung nach Amerika, wo er in Harvard die Grundlagen der ↗Germanistik in den USA schuf; starb bei einem Schiffsbrand. *sa*

Folter Zur Erzwingung eines Geständnisses zugefügte körperliche Qualen; im ↗Heiligen Römischen Reich im Rahmen von Inquisitionsprozessen, bes. bei den ↗Hexenprozessen angewandt; nur bei dringendem Verdacht erlaubt. V.a. Daumen- und Beinschrauben sowie das Rad waren wichtige F.-Werkzeuge. Die F. verschwand, als das Geständnis hinter die Zeugenaussagen als prozeßentscheidend zurücktrat (1740 Abschaffung in ↗Preußen). *vK*

Fonds Deutsche Einheit Budget in Höhe von 115 Mrd. DM, aus dem die staatliche Aufbauhilfe für das Gebiet der ehemaligen ↗DDR finanziert wird; der F.D.E. wurde am 16.5.1990 durch die Bundesländer und die Bundesregierung beschlossen. *kl*

Fontane, Theodor Schriftsteller, *30.12.1819 Neuruppin, †20.9.1898 Berlin. Zuerst Apotheker, dann Journalist und Kriegsberichterstatter; später Theaterkritiker. F. begann mit traditioneller Lyrik und Balladen; im realistischen Gesellschaftsroman (Effi Briest, 1895) und im politischen Zeitroman (Der Stechlin, 1899) entwickelte F. seine Kritik am lebensfeindlichen Ehren- und Sittenkodex der Gesellschaft des ausgehenden 19. Jh.s. *rm*

Forckenbeck, Maximilian (Franz August) von Preußischer Politiker, *23.10.1821 Münster (Westfalen), †26.5.1892 Berlin. Seit 1858 Mitglied des preußischen Abgeordnetenhauses; Mitgründer der ↗Deutschen Fortschrittspartei (1861) sowie der ↗Nationalliberalen Partei (1866); Präsident des preußischen Abgeordnetenhauses (1866–73); Mitglied des Reichstages (1867–92), dessen Präsident 1874–79; Rücktritt aus Opposition gegen Otto von ↗Bismarcks Schutzzollpolitik; Gründung der Liberalen Vereinigung 1881. *sb*

formierte Gesellschaft Von Bundeskanzler ↗Erhard in seiner Regierungserklärung am 10.11.1965 als Reaktion auf die wirtschaftliche Krisenerfahrung der Jahre 1963–65 eingeführter Begriff, der die verschiedenen Gruppen der Gesellschaft mit

Appellen an die kollektive Vernunft zusammenführen wollte, um dem einzelnen Bürger ein „Gefühl der Geborgenheit" zu vermitteln, verbunden mit einem Maßhalteappell an die Bevölkerung, um durch freiwilligen Konsumverzicht Preisstabilität zu erreichen; aus Kreisen der Wirtschaft verspottet, von den Konservativen nicht ernst genommen, von der Linken wegen der Anklänge an das Topos des „Gemeinwohls" und autoritärer Denkstrukturen kritisiert. *kl*

Forßmann, Werner Urologe, Chirurg, *29.8.1904 Berlin, †1.6.1979 Schopfheim. Professor in Mainz; bewies 1929 im Selbstversuch die Möglichkeit der Katheterisierung des Herzens; erhielt dafür 1956 den Nobelpreis für Medizin; wendete erstmals Kontrastmittel für die Herzkammeruntersuchungen an; warnte früh vor den Wirkungen des Contergans; im Alter profilierter Kritiker der Schulmedizin. *bl*

Forster, Georg Revolutionär, *27.11.1754 Nassenhuben (bei Danzig), †10.1.1794 Paris. 1772–75 Weltumsegelung mit James Cook, 1790 Reise mit Alexander von ↗Humboldt (lebendige Reiseberichte). Professor in Kassel bzw. Wilna, 1788 Bibliothekar in Mainz. Seit 1792 (französische Eroberung) dort im Jakobinerklub, Mitbegründer der nach den Grundsätzen der ↗Französischen Revolution (Freiheit, Gleichheit, Brüderlichkeit) errichteten Mainzer Republik; berichtete ab 1793 in Briefen aus Paris über die Französische Revolution. *rh*

Forsthoff, Ernst Jurist, *13.8.1902 Duisburg-Laar, †13.9.1974 Heidelberg. Professor u.a. in Heidelberg ab 1943; 1960–63 Präsident des Obersten Verfassungsgerichts der Republik Zypern; verfaßte u.a.: Deutsche Verfassungsgeschichte der Neuzeit (1940), Rechtsstaat im Wandel (1964). *Vö*

Fortschrittliche Volkspartei Am 6.3.1910 durch Zusammenschluß der ↗Freisinnigen Vereinigung, der Freisinnigen Volkspartei und der ↗Deutschen Volkspartei gegründete linksliberale Partei; im ↗Ersten Weltkrieg für Verständigungsfrieden (Unterstützung der ↗Friedensresolution 1917) und Parlamentarisierung des Reiches; ging im November 1918 in der ↗Deutschen Demokratischen Partei auf. *JH*

Fortschrittspartei ↗Deutsche Fortschrittspartei

Fouchet-Plan Nach dem französischen Politiker und Diplomaten Christian Fouchet benannte Vorschläge der ↗EWG um die Aufnahme Großbritanniens und Erweiterung zu einer Europäischen Politischen Union aus dem Jahre 1961; sein Scheitern leitete die Annäherung zwischen der ↗Bundesrepublik und Frankreich ein und war Vorbedingung für den ↗deutsch-französischen Freundschaftsvertrag von 1963. *kl*

Fraktur Im 16. Jh. aus der Gotischen Schrift entstandene („deutsche") Schrift bzw. Drucktype, die bis Mitte des 18. Jh.s für fast das gesamte deutschsprachige Schrifttum verwendet wurde. *nk*

Franck, James Physiker, *26.8.1882 Hamburg, †21.5.1964 Göttingen. Professor in Berlin, Göttingen, Chicago; legte aus Protest gegen die nationalsozialistische Politik 1933 seine Ämter nieder und emigrierte; wies gemeinsam mit Gustav ↗Hertz im „F.-Hertz-Versuch" (1913) nach, daß Atome Energie in Portionen („Quanten") aufnehmen, was später als Bestätigung der Bohrschen Atomtheorie (1913) gedeutet wurde; Nobelpreis für Physik 1926. *bl*

Franckenstein, Georg Arbogast Freiherr von und zu Politiker, *2.7.1825 Würzburg, †22.1.1890 Berlin. Seit 1872 als Zentrumspolitiker Mitglied des Reichstages; seit 1875 Präsident der Ersten Kammer in ↗Bayern; bedeutender Führer der Katholiken im ↗Kulturkampf. Als Gegner der ↗Reichsgründung von 1871 stellte F. stets den föderalistischen Charakter des ↗Deutschen Reiches in den Vordergrund und setzte in der Zoll- und Finanzreform 1879 einen Kompromiß zwischen Reich und Ländern durch (F.sche Klausel). *sb*

François-Poncet, André Französischer Diplomat, *13.6.1887 Provins (Seine-et-Marne), †8.1.1978 Paris. 1930/31 stellvertretender französischer Delegierter des ↗Völkerbundes; 1931–38 Botschafter in Berlin; nach Kriegsende französischer Hochkommissar in der ↗Bundesrepublik; 1953–55 französischer Botschafter in Bonn. *Ki*

Frank, Anne *12.6.1929 Frankfurt/Main, †März 1945 Bergen-Belsen. Floh mit ihrer jüdischen Familie 1933 in die Niederlande. Ab Juli 1942 versteckte sich die Familie mit einigen jüdischen Bekannten in einem Amsterdamer Hinterhaus an der Prinsengracht. In ihrem Versteck führte F. Tagebuch, bis es am 4.8.1944 zur Verhaftung und Deportation der Gruppe kam. Im KZ ↗Bergen-Belsen starb F. kurz vor der Befreiung an den Folgen einer Epidemie. Ihr Vater, der als einziger der Gruppe überlebte, veröffentlichte nach dem Krieg das Tagebuch. Es ist eines der bekanntesten und beeindruckendsten Zeugnisse gegen den ↗Nationalsozialismus. *PS*

Frank, Hans NSDAP-Politiker, Jurist, *23.5. 1900 Karlsruhe, †16.10.1946 Nürnberg. 1919 Angehöriger eines ↗Freikorps, 1923 Eintritt in die ↗NSDAP, Beteiligung am ↗Hitler-Putsch; als Leiter (1933–42) der „Akademie für Deutsches Recht" mit der Anpassung der Justiz an die nationalsozialistische Ideologie betraut; 1933/34 Justizminister in Bayern, seit 1934 ↗Reichsminister ohne Geschäftsbereich; wurde 1939 zum ↗Generalgouverneur im besetzten Polen ernannt und mit dem Aufbau einer Zivilverwaltung beauftragt; verlor infolge seines korrupten Verwaltungsstils und seiner hemmungslosen materiellen Bereicherung die Gunst ↗Hitlers und alle Parteiämter; hauptverantwortlich für die nationalsozialistische Politik des Terrors im ↗Generalgouvernement; bei den ↗Nürnberger Kriegsverbrecher-Prozessen zum Tode verurteilt und hingerichtet. (365) *JH*

Franke, Egon Politiker (SPD), *11.4.1913 Hannover, †26.4.1995 ebd. 1933 für die illegale „Sozialistische Front" tätig, daraufhin mehrjährige Gefängnisstrafe; 1945 Mitbegründer der ↗SPD; 1964 Mitglied des Parteipräsidiums; 1951–87 Abgeordneter des Bundestages; 1969–82 Bundesminister für innerdeutsche Beziehungen. *Ki*

Franken Gebiet beiderseits des Mains und in Rheinhessen, seit dem 8. Jh. auch als Ost-F. (Francia orientalis) bezeichnet. Beim Kampf um die Herzogswürde erlagen die ↗Babenberger 906 (↗Babenberger Fehde) den ↗Konradinern, deren Führer, der spätere König ↗Konrad I., nun eine herzogliche Stellung einnahm. Nach dessen Tod regierte sein Bruder Eberhard (919–39), wohl aber ohne den Herzogtitel zu führen. Nach 939 dem ↗König unterstellt, zerfiel das Herzogtum in zahlreiche Territorien, die erst 1500 im Fränkischen ↗Reichskreis wieder vereinigt wurden. Im Zuge der territorialen Neuordnung 1803/06 fiel der größte Teil an ↗Bayern. *wm*

Franken, Stamm Im 3. Jh. durch Zusammenschluß der Chamaven, Brukterer u. a. (Rheinfranken) entstandener westgermanischer Stamm, ursprünglich in der Region zwischen Weser und Niederrhein beheimatet. Im 4. Jh. kamen die ↗Salier hinzu (wohl aus dem Salland). Häufige Einfälle der F. nach Niedergermanien und in die belgischen Provinzen; im 5. Jh. zogen die salischen F. in den Kohlenwald (Toxandrien) ein. Unter ihrem König Childerich I. bildeten sie Ende des 5. Jh.s in Nordostgallien ein eigenes Reich; sein Sohn Chlodwig I. beseitigte die übrigen fränkischen Teilherrscher und errichtete unter monarchischer Herrschaft der Merowinger ein Großreich. Die Rhein-F. dehnten sich bis zum Mittelrhein und Neckar aus. Durch die unterschiedlich dichte fränkische Besiedlung in Gallien bildete sich die französisch-deutsche Sprachgrenze aus. *wm*

Frankenreich Bedeutendstes im Frühmittelalter errichtetes germanisches Reich; es stellte das Fundament für die Konstituierung der späteren deutschen und der französischen Nation dar.

Unter ihrem König Childerich I. bildeten die salischen ↗Franken Ende des 5. Jh.s in Nordostgallien um Tournai ein eigenes Reich; dessen Sohn Chlodwig erweiterte es unter Königsherrschaft der Merowinger zum Großreich, das fast ganz Gallien umfaßte und auf der Verschmelzung von fränkischem und gallorömischem ↗Adel beruhte. Die Einheit dieses Merowingerreiches blieb jedoch prekär aufgrund der ↗Reichsteilung unter die vier Söhne Chlodwigs nach dessen Tod; hinzu kamen Konflikte zwischen Königtum und aufstrebendem Adel sowie zwischen den Kernländern Austrien im Osten und Neustrien im Westen.

Eine Stabilisierung des Reiches gelang erst mit dem Aufstieg der ↗Karolinger, die sich als Hausmeier zunächst die faktische Macht in Austrien, dann, mit dem Sieg Pippins II. bei Tertry 687, die Kontrolle über das Gesamtreich erkämpften. Mit dem Aufbau einer ↗Reichskirche und einer Reichsaristokratie festigte Karl Martell die Macht seines Hauses so weit, daß sein Sohn Pippin III. 751 auch formal die Königswürde übernehmen konnte. Dessen Sohn ↗Karl I., der Große, verband Stärkung der Königsgewalt mit Expansion: U. a. die Unterwerfung des Langobardenreiches 773/74, der Sachsen (↗Sachsen, Stamm) 772–804, des Awarenreiches 796 sowie 795 die Errichtung der spanischen Mark brachten fast das gesamte westliche Kontinentaleuropa unter fränkische Herrschaft. Mit der Kaiserkrönung Karls durch den Papst im Jahre 800 beanspruchte das fränkische Herrscherhaus schließlich einen universalen Ordnungsanspruch in der Nachfolge des Römischen Reiches.

Doch auch die karolingische Reichsordnung hatte keinen Bestand. Schon unter Karls Sohn ↗Ludwig I., dem Frommen, kam es zu Nachfolgekämpfen und mit den Verträgen von ↗Verdun (843), Meerssen (870) und Ribemont (880) zu erneuten Reichsteilungen. Nach der erzwungenen Abdankung ↗Karls III., des Dicken, der 885–87 noch einmal das Gesamtreich (außer Niederburgund) vereinigt hatte, vollzog sich die dauerhafte Spaltung des F.es in das West-F. und das Ost-F. sowie in Burgund und Italien. *wm*

Frankfurt/Main Stadt am unteren Main; erste Erwähnung 794 unter dem Namen Franconovurd (= Furt der ↗Franken). ↗Pfalz der ostfränkischen Könige, seit 1356 durch die ↗Goldene Bulle zum Ort der deutschen ↗Königswahl bestimmt, 1562–1792 zudem Ort der Kaiserkrönung. 1372–1806 ↗Reichsstadt, mehrfach Stätte von ↗Reichstagen, wurde im 13./14. Jh. zu einem zentralen Handels- und Messeplatz. 1530/35 Einführung des lutherischen Bekenntnisses; Mitglied des ↗Schmalkaldischen Bundes. 1813/15–66 ↗Freie Stadt; seit 1815/16 Ort der Bundesversammlung (↗Deutscher Bund), 1833 ↗Frankfurter Wachensturm, 1848/49 Tagungsort der ↗Frankfurter Nationalversammlung. Im ↗Zweiten Weltkrieg schwere Zerstörungen; heute bedeutendes Bank- und Industriezentrum. *wm*

Frankfurt, Friede (1871) Am 10.5.1871 von Frankreich unterzeichneter Friedensvertrag; bestätigte den Vorfrieden von Versailles (26.2.1871) und beendete den ↗Deutsch-Französischen Krieg (1870/71). Der Vertrag beinhaltete die Abtretung von ↗Elsaß-Lothringen durch Frankreich sowie die Zahlung einer hohen Kriegsentschädigung von 5 Mrd. Francs. *vK*

Frankfurt, Paulskirche Ehemalige evangelische Kirche, 1789–1833 im klassizistischen Stil (↗Klassizismus) erbaut; diente 1848–49 als Tagungsstätte des ersten frei gewählten deutschen Parlaments (↗Frankfurter Nationalversammlung); heute als Versammlungsort für wichtige kulturelle Ereignisse (u.a. Verleihung des ↗Friedenspreises des deutschen Buchhandels) genutzt. *RB*

Frankfurter Abkommen (1949) Am 8.10.1949 in Frankfurt/Main geschlossenes Abkommen über den Handel zwischen den ↗Besatzungszonen; erste innerdeutsche Vereinbarung seit dem Ende der ↗Berlin-Blockade; Grundlage des ↗innerdeutschen Handels; 1951 durch das ↗Interzonenhandelsabkommen abgelöst. *kl*

Frankfurter Allgemeine Zeitung (FAZ) Überregionale Tageszeitung mit internationaler Verbreitung. Ging 1949 aus der „Allgemeinen Zeitung" hervor; betont ihre publizistische Unabhängigkeit durch eine gemäß Kollegialverfassung auf fünf Herausgeber verteilte Leitung. Mehrheitlicher Besitzer ist die 1959 ins Leben gerufene FAZIT-Stiftung Gemeinnützige Verlagsgesellschaft mbH. *UK*

Frankfurter Auschwitz-Prozeß ↗Auschwitz-Prozesse

Frankfurter Buchmesse ↗Buchmessen

Frankfurter Dokumente (1948) Auf der Grundlage der Empfehlungen der ↗Londoner Sechsmächtekonferenz den versammelten Ministerpräsidenten der westlichen ↗Besatzungszonen durch die westlichen Militärgouverneure am 1.7.1948 übergebene Ermächtigungsschreiben zur Einberufung einer verfassunggebenden Nationalversammlung und zur Überprüfung der Ländergrenzen. Die F.D., die auch Leitsätze für ein zukünftiges ↗Besatzungsstatut enthielten, waren der formale Ausgangspunkt für die Entstehung des ↗Grundgesetzes und der ↗Bundesrepublik. *kl*

Frankfurter Hefte 1946 von ↗Kogon und Walter Dirks ins Leben gerufene kulturpolitische Monatszeitschrift. Die F.H., „Zeitschrift für Kultur und Politik", war Sprachrohr eines linksorientierten, politischen Katholizismus. 1985 mit der ↗SPD-nahen Zeitschrift „Die neue Gesellschaft" zusammengeschlossen. *rm*

Frankfurter Nationalversammlung (1848/49) Das erste deutsche Parlament, das nach der ↗Märzrevolution aufgrund des im ↗Vorparlament festgesetzten allg. Wahlrechts am 18.5.1848 in der Paulskirche zu ↗Frankfurt/Main zusammentrat; suchte unter dem Vorsitz Heinrich von ↗Gagerns (ab Dezember 1848 von ↗Simsons) die Verfassung für ein einiges Deutsches Reich zu schaffen; bestand aus 585 Abgeordneten, zum größten Teil aus dem akademischen ↗Bürgertum; schuf zunächst eine provisorische Zentralgewalt (Erzherzog ↗Johann als ↗Reichsverweser), die aber ohne Macht und Autorität blieb. Nach den Beratungen über die ↗Grundrechte wurde das Verfassungswerk in Angriff genommen. Erst nach heftigen Auseinandersetzungen zwischen Vertretern der ↗groß- und der ↗kleindeutschen Lösung über die Frage der Beteiligung ↗Österreichs am geplanten Deutschen Reich kam am 28.3.1849 eine liberale Reichsverfassung zustande. ↗Friedrich Wilhelm IV. von Preußen wurde zum erblichen ↗Kaiser gewählt, lehnte aber die Kaiserwürde ab. Damit war das Werk der F.N. endgültig gescheitert, nachdem ihre Autorität durch die zähen Verhandlungen über die gegensätzlichen Vorstellungen sowie die nachträgliche Annahme des Waffenstillstandes von ↗Malmö bereits geschwunden war. Nach Abberufung und Austritt der meisten Abgeordneten bildete der Rest am 30.5.1849 in Stuttgart ein ↗Rumpfparlament, das am 18.6. von der württembergischen Regierung aufgelöst wurde. Die historische Bedeutung der F.N. manifestiert sich in der Einführung der Grundrechte in das deutsche Verfassungsleben. *vK*

Frankfurter Schule ↗Kritische Theorie

Frankfurter Wachensturm (1833) Erstürmung der Haupt- und der Konstablerwache in Frankfurt/Main am 3.4.1833, bes. durch Burschenschafter, zur Einleitung einer allg. Erhebung. Der Aufstand wurde niedergeschlagen und diente als Anlaß zur Verschärfung des Repressionssystems (↗Demagogenverfolgung). *vK*

fränkische Kaiser ↗salische Kaiser

Franz

Römisch-deutsche Kaiser:

Franz I. Stephan *8.12.1708 Nancy, †18.8.1765 Innsbruck. 1729 Herzog von Lothringen (1735 an den polnischen König Stanislaus I. Leszczyński abgetreten, der dafür auf die polnische Krone verzichtete); bekam als Entschädigung 1737 das Großherzogtum Toskana; durch seine Heirat mit ↗Maria Theresia (1736) Begründer des Hauses Habsburg-Lothringen; 1740 Mitregent seiner Gemahlin, der er die Politik überließ; Sanierung der österrreichischen Staatsfinanzen; 1745 zum Kaiser gewählt. *rh*

Österreich:

Franz I. Kaiser, *12.2.1768 Florenz, †2.3.1835 Wien. 1792 Nachfolger von ↗Leopold II. als Herrscher in Österreich; letzter Römisch-deutscher Kaiser (als solcher Franz II.); verlor in den ↗Koalitionskriegen einige Gebiete an Frankreich; nahm 1804 den Titel „Kaiser von Österreich" an und legte nach Gründung des ↗Rheinbundes auf Druck ↗Napoleons am 6.8.1806 die Römisch-deutsche Kaiserkrone nieder; nach 1810 (Heirat seiner Tochter Marie Louise mit Napoleon) mit Frankreich verbündet; in den ↗Befreiungskriegen auf der Seite Rußlands und Preußens; vertrat nach dem ↗Wiener Kongreß mit ↗Metternich eine konservativ-reaktionäre Politik in einem absolutistischen, von ↗Zensur und ↗Polizei gestützten Regierungssystem. *rh*

Franz II. ↗Franz I., Kaiser von Österreich

Franz Joseph I. Kaiser, *18.8.1830 Schloß Schönbrunn (bei Wien), †21.11.1916 ebd. Kaiser seit 1848, König von Ungarn; machte 1851 die Verfassungsreformen aus der Revolutionszeit 1848/49 rückgängig und stellte den zentralistischen ↗Absolutismus wieder her; verfolgte nach der Niederlage im ↗Deutschen Krieg und dem damit verbundenen österreichisch-ungarischen Ausgleich außenpolitisch die Stabilisierung Österreich-Ungarns im mitteleuropäischen Bündnissystem

Eröffnungssitzung der Frankfurter Nationalversammlung (Holzstich, ca. 1890)

(↗Dreibund, ↗Zweibund), löste durch seine unflexible Balkanpolitik v.a. gegenüber Rußland den ↗Ersten Weltkrieg mit aus. *sa*

Franz, Günther Historiker, *23.5.1902 Hamburg, †22.7.1992 Stuttgart. Professor u.a. ab 1957 in Stuttgart-Hohenheim. Im Zentrum seiner Forschungstätigkeit stand die Agrargeschichte sowie der ↗Bauernkrieg in Deutschland. Verfaßte u.a.: Biographisches Wörterbuch zur deutschen Geschichte (1952, zusammen mit Hellmuth Rössler), Der deutsche Bauernkrieg (⁹1972). *Vö*

Franziskaner 1) An den Idealen des heiligen Franz von Assisi und seiner Regel orientierte Orden;

2) Orden der Minderbrüder, als erster ↗Bettelorden von Franz von Assisi (1209/10) gestiftet; 1223 päpstlich bestätigt; widmeten sich bes. dem Seelsorgeapostolat in den von Armen dichtbesiedelten Stadtvierteln, der Mission und der Wissenschaft (Predigt und Unterricht).

Der schon zu Lebzeiten des Gründers kursierende Armutsstreit innerhalb des Ordens verhinderte nicht seine rasche Ausbreitung.

1517 teilte er sich in die regelstrengen Spiritualen (die späteren Observanten) und in die Konventualen (Minoriten). Später spalteten sich die ↗Kapuziner von den Observanten ab. Der Orden erlebte mehrfach Rückschläge, bes. durch ↗Reformation, ↗Aufklärung und ↗Kulturkampf.

Ende des 20. Jh.s zweitgrößter Orden der katholischen Kirche.

Auch weiblicher Ordenszweig. *Ku*

Französische Revolutionskriege ↗Koalitionskriege

Französische Revolution und Deutschland Die F.R. (1789–99) löste in Deutschland zahlreiche lokale Unruhen ohne größeren Zusammenhang aus. Die politisch heterogenen „deutschen Jakobiner" blieben ohne breite Resonanz (1793 nach wenigen Wochen Ende der u.a. von ↗Forster gegründeten Mainzer Republik). Ein Übergreifen der Revolution auf Deutschland scheiterte: Das ↗Bürgertum war zahlenmäßig und politisch schwächer, der Gegensatz zwischen ↗Adel und ↗Bauern weniger ausgeprägt. Durch die Reformen des aufgeklärten ↗Absolutismus waren Mißstände bereits abgemildert; der staatliche Einfluß auf die von den Freiheitsidealen begeisterte, vom Terror abgestoßene Intelligenz (häufig Beamte) war stärker. Überdies fehlte eine Hauptstadt als Brennpunkt revolutionärer Entwicklung. Monarchien wie Preußen und Österreich proklamierten ein Interventionsrecht zugunsten der Monarchie (↗Pillnitzer Deklaration) und fühlten sich durch die französische Politik, die Revolution nach außen zu tragen, bedroht (↗Koalitionskriege). Mit dem Frieden von ↗Campo Formio begann das Ende des ↗Heiligen Römischen Reiches. *rh*

Frauenbewegung Der organisierte Kampf der Frauen um ihre gesellschaftliche, wirtschaftliche und politische Gleichberechtigung sowie ihre Befreiung von männlicher Vorherrschaft und traditioneller Rollenzuschreibung. Die F. setzte gegen Ende des 18. Jh.s ein mit der Forderung nach Frauenbildung und verstärkte sich ab der Mitte des 19. Jh.s in Anspruch und Ausmaß im Zusammenhang mit weiteren sozialrevolutionären Bewegungen, bes. aber im Zuge der ↗Industrialisierung und der damit einhergehenden Strukturveränderungen in Gesellschaft und Familie. Die beginnende außerfamiliäre Berufstätigkeit der Frau führte zu der Forderung nach Teilhabe der Frau am Staatsleben und zu ersten Einrichtungen wie Frauenhochschulen (1848 in Hamburg) und -vereinen. Die erste größere Frauenorganisation entstand 1865 mit dem liberal-demokratischen ↗Allgemeinen Deutschen Frauenverein, gegründet von ↗Otto-Peters und Auguste ↗Schmidt, der zahlreiche, allerdings meist von Männern dominierte und die F. ablehnende Frauenvereine (u.a. ↗Lette-Verein bis 1872 unter männlichem Vorsitz) folgten. Politische Unterstützung fand die F. in der ↗Sozialdemokratie. Als erste Partei nahm die ↗SPD 1891 die Forderung nach Gleichberechtigung der Frau in ihr ↗Erfurter Programm auf. Während sich das bürgerliche Lager der F. (Helene ↗Lange) v.a. um Frauenbildung und -studium (ab 1901 wurden Frauen zum Studium zugelassen) bemühte, nahm sich die sozialistische F. (↗Zetkin, ↗Ihrer, Ottilie ↗Baader) der Arbeiterinnen und ihrer gewerkschaftlichen und politischen Organisierung an. 1894 verbündeten sich die mittlerweile zahlreichen Frauenvereine im ↗Bund Deutscher Frauenvereine unter Vorsitz von ↗Bäumer, Marianne Weber u.a. Bes. mit sozialpolitischen Fragen befaßten sich die neuen konfessionellen Frauenvereine (Deutscher Evangelischer 1899, Deutscher Katholischer 1903 und Jüdischer Frauenbund 1904). Während der Herrschaft des ↗Nationalsozialismus mußte die F. starke Einbußen hinnehmen, die Organisationen wurden aufgelöst, viele Frauenrechtlerinnen mußten emigrieren. Nach 1945 reorganisierte sich die F., doch erst 1958 kam die gesetzliche Gleichberechtigung zustande (Gleichberechtigungsgesetz). Die Studentenunruhen der sechziger Jahre markieren den Beginn der neuen F., die den Widerspruch von gesetzlicher Gleichstellung und ihrem weitgehenden Fehlen in der Realität betont (z. B. ungleiche Bezahlung, männliche Dominanz in gesellschaftlichen Machtzentren usw.). Die heutige F. weist ein breites Spektrum verschiedener Richtungen und Ansätze auf. *nk*

Frauenfrage ↗Gleichberechtigung von Mann und Frau

Frauenpolitik, Bundesrepublik Obwohl die Gleichberechtigung von Frauen und Männern im ↗Grundgesetz verankert ist, wurden erst 1957 frauenbenachteiligende Regelungen des ↗BGB aufgehoben. Da trotzdem in der sozialen Realität starke Benachteiligungen von Frauen fortlebten, entstand aus den ↗Studentenunruhen der 60er Jahre auch eine neue ↗Frauenbewegung. Ihr gelang es, viele Forderungen im allg. Bewußtsein zu verankern. In der Folge veränderte die ↗sozial-liberale Koalition u. a. die gesetzliche Arbeitsteilung in der Ehe zur gemeinsamen Verantwortung beider Ehepartner, legte Frauenförderprogramme auf und verabschiedete in der Frage des ↗Schwangerschaftsabbruches (§ 218) eine Indikationslösung. In vielen Kommunen, Behörden und Betrieben wurden Frauenbeauftragte ernannt, Frauenhäuser zum Schutz von Frauen vor schlagenden Ehemännern werden öffentlich gefördert. 1993 wurde ein geschlechtsneutrales Namensrecht eingeführt. Um die gleichgewichtige Mitwirkung von Frauen in der Politik umzusetzen, führte die 1980 entstandene Partei Die ↗Grünen eine Quotierung nach Geschlechtern in allen ihren Gremien und Parlamentsfraktionen ein. Nach anfänglicher Ablehnung gelten (weniger strikte) Quotierungsregeln inzwischen auch bei anderen ↗Parteien. Das gewachsene Frauenbewußtsein der Politikerinnen drückte sich auch in der 1992/95 von Frauen aller Parteien durchgesetzen Neuregelung des gesamtdeutschen § 218 aus. *li*

Frauenpolitik, DDR Teil der sozialistischen Gesellschaftspolitik der DDR; formale Gleichstellung von Mann und Frau bereits in der ↗Verfassung der DDR von 1949; gleichzeitig Integration der Frauen in den Arbeitsprozeß, um den Verlust von Arbeitskräften durch Flucht in die ↗Bundesrepublik aufzufangen; anfangs mit dem Leitbild der ↗Heldin der Arbeit, exemplarisch in der ↗Hockauf-Bewegung; ab Mitte der sechziger Jahre verstärkt Wandel zum Leitbild der berufstätigen und qualifizierten Ehefrau und Mutter u. a. im Familiengesetzbuch der DDR rechtlich festgeschrieben; flankierende soziale Maßnahmen wie verlängerter Mutterschutz, bezahltes Babyjahr, Arbeitszeitverkürzung für Mütter und Aufbau von Kinderkrippen zur besseren Vereinbarkeit von Famile und Beruf.
Trotz vielfältiger Qualifizierungsinitiativen verblieb die Mehrzahl der Frauen der DDR in frauentypischen Berufen; nur wenige gelangten in Führungspositionen; die parteiamtliche Sicht der F. wurde durch den ↗Demokratischen Frauenbund Deutschlands unterstützt. *kl*

Frauenverbände Seit der ↗Industrialisierung entstandene organisatorische Zusammenschlüsse von Frauen, meist mit sozialer oder politischer Zielsetzung (↗Gleichberechtigung von Mann und Frau). In der ↗Bundesrepublik sind ca. 80 verschiedene F. mit rund 11 Mio. Mitgliedern im Deutschen Frauenrat zusammengeschlossen, konfessionelle F. sind zusätzlich im Deutschen Frauenring organisiert. *bb*

Frauenwahlrecht Von der ↗Frauenbewegung des 19. Jh.s gefordert, in Europa zuerst in Skandinavien durchgesetzt (Finnland 1906, Norwegen 1913, Dänemark 1915). Nach dem Ersten Weltkrieg weiter verbreitet, in Deutschland mit Entstehen der ↗Weimarer Republik als aktives und passives Wahlrecht 1918 eingeführt. *PS*

Freibrief Im Mittelalter 1) Privileg, erteilt durch den König oder einen Fürsten, über Vorrechte bzw. Befreiung von Lasten. 2) Urkunde über die Freilassung von Unfreien oder Hörigen. 3) Bescheinigung der freien Geburt. *wj*

Freiburg, Münster Erbaut im 13.–16. Jh. als Pfarrkirche. Das ältere Querhaus wurde im romanischen Stil (↗Romanik) begonnen, später Langhaus und Turmbau im gotischen Stil. Der 115 m hohe Turm hat einen in Steinfiligran gefertigten Turmhelm. Einzige in ihrer Epoche vollendete gotische Kathedrale in Deutschland. Im Inneren befinden sich bedeutende Kunstwerke der ↗Gotik (Hochaltar von ↗Baldung, Altarbild von ↗Holbein, dem Jüngeren). Seit 1821 Bischofskirche. *RB*

Freiburg, Universität Albert-Ludwigs-Universität, gestiftet 1457 durch Erzherzog Albrecht VI. als „Albertina"; 1460 eröffnet; Lehrer u. a. Johann

Geiler von Kaysersberg, Thomas Murner, ↗Zasius; im 19. Jh. umbenannt nach Großherzog Ludwig. Die Zahl der Immatrikulierten stieg von 200 (1870) auf über 23 500 (1998). *rw*

Freiburger Kreis (FDP) Zusammenschluß linksliberaler Politiker der ↗FDP, die in der Tradition der Beschlüsse des Freiburger Parteitages (↗Freiburger Thesen) gegen die national- und neoliberalen Tendenzen der Partei u. a. für die Wahrung der Bürgerrechte eintreten; wichtige Vertreter sind Burkhard ↗Hirsch und Sabine Leutheusser-Schnarrenberger. *bb*

Freiburger Thesen der FDP Mit den auf dem 22. Parteitag der ↗FDP 1971 verabschiedeten F.T. öffnete sich die Partei nach links und entsprach damit programmatisch der politischen Ausrichtung der ↗sozial-liberalen Koalition. Mit der Forderung nach einer „Reform des Kapitalismus" und der „Demokratisierung der Gesellschaft" definierte sich die FDP als Reformpartei. *bb*

Freie In der germanischen Gesellschaftsordnung die von freien Eltern Geborenen, Träger der politischen Rechte und Pflichten. Grenzten sich ab von den halbfreien ↗Liten und den Unfreien (↗Leibeigenschaft). Im ↗Frankenreich Differenzierung in Hoch- oder Edelfreie (Dienst- und Grundadel) und Gemeinfreie. Im ↗Mittelalter entstand der Stand der ↗Ritter, der sich als niederer ↗Adel von den Gemeinfreien absetzte. Verlust der Gemeinfreiheit bei den meisten ↗Bauern durch Einordnung in ↗Grundherrschaften, in den ↗Städten dagegen freies ↗Bürgertum. *wj*

Freie Demokratische Partei (FDP) Die 1948 auf Bundesebene gegründete politische Partei vereint die unterschiedlichen Richtungen des politischen Liberalismus. Obwohl es der FDP nie gelang, eine große Wählerklientel an sich zu binden, entwickelte sie sich zu einer einflußreichen politischen Kraft. Außer 1956–61 und in den Jahren der ↗großen Koalition war die FDP seit 1949 an der ↗Bundesregierung beteiligt, von 1949–56 und 1961–66 in Koalition mit der ↗CDU/CSU, 1969–82 in der ↗sozial-liberalen Koalition, deren Ablösung durch die Regierung Helmut ↗Kohl von einer erneuten Hinwendung der FDP zu den Unionsparteien herbeigeführt wurde. Die FDP stellte neben einer Reihe wichtiger Minister (z.B. ↗Genscher) mit ↗Heuss und ↗Scheel zwei ↗Bundespräsidenten. Ihr höchstes Wahlergebnis erreichte die FDP 1961 mit 12,9 % der Stimmen: V.a. auf Länderebene scheiterte sie oft an der ↗Fünf-Prozent-Klausel. Ab 1998 erstmals seit 1969 wieder Oppositionspartei auf Bundesebene. *bb*

Freie Deutsche Jugend (FDJ) Jugendorganisation der ↗DDR, in der ↗SBZ am 7.3.1946 gegründet; nach dem Verbot von nichtsozialistischen Jugendorganisationen und dem Ausschluß nichtkommunistischer Mitglieder neben der ↗Pionierorganisation „Ernst Thälmann" die einzige Organisation für Jugendarbeit in der DDR; im Juli 1950 in die ↗Nationale Front des demokratischen Deutschland eingegliedert; Aufnahme von Jugendlichen im Alter von 14–25 Jahren durch die ↗Jugendweihe; wichtigste Kaderschmiede der ↗SED (Erster Vorsitzender Erich ↗Honecker) und Schlüssel zu höherer schulischer und beruflicher Qualifikation; neben anderen Organisationen Träger der ↗sozialistischen Wehrerziehung. Am 26.6.1951 in Westdeutschland als verfassungswidrig verboten, besteht die Anfang 1990 in „fdj" umbenannte Organisation seit der ↗Wiedervereinigung zwar auch wieder in der ↗Bundesrepublik, ist aber politisch bedeutungslos. *kl*

freie Gewerkschaften Bezeichnung für die nach dem Fall des ↗Sozialistengesetzes ab 1890 neugebildeten sozialistischen ↗Gewerkschaften, die durch die Generalkommission der Gewerkschaften Deutschlands organisiert wurden. Ihre Eigenständigkeit gegenüber der ↗SPD wurde 1905 erreicht. Im Gegensatz zu den liberalen und ↗christlichen Gewerkschaften zielten die f.G. auf eine Umgestaltung der gesellschaftlichen Macht- und Besitzverhältnisse. 1919 wurde anstelle der Generalkommission der ↗Allgemeine Deutsche Gewerkschaftsbund (ADGB) eingerichtet. Mit der ↗Machtergreifung 1933 wurden die f.G. aufgelöst. *nk*

Freier Deutscher Gewerkschaftsbund (FDGB) Seit dem 9.2.1946 Zusammenschluß von mehreren Einzelgewerkschaften in der ↗SBZ; nach Einführung des Prinzips des ↗demokratischen Zentralismus rasch von Mitgliedern der ↗SED dominiert und zum Instrument staatlicher Planerfüllung gemacht; seit dem 5.8.1948 Mitglied in der ↗Einheitsfront der antifaschistischen Parteien und Massenorganisationen; großer politischer Einfluß; in der ↗DDR Träger der Sozialversicherung; 1986 ca. 10 Mio. Mitglieder; als Dachverband für zuletzt 16 Einzelgewerkschaften im Mai 1990 selbst aufgelöst. *kl*

Freie Reichsstädte ↗Reichsstädte

Freie Städte ↗Reichsstädte

Freie Universität Berlin ↗Berlin, Freie Universität

freiheitlich-demokratische Grundordnung Im ↗Grundgesetz mehrfach verwendeter Begriff, der die im bes. Maße schützenswerten zentralen Werte der rechtsstaatlichen und demokratischen Ordnung der ↗Bundesrepublik bezeichnet. Hierzu zählen u.a. die Menschenrechte (↗Grundrechte), die Gewaltenteilung, die Volkssouveränität. Juristische Bedeutung hat die f.-d.G. in der Abwehr von verfassungsfeindlichen Aktivitäten und Parteien (↗SRP). *bb*

Freiherr ↗Adel

Freikonservative Partei 1866 entstandene preußische Partei aus adligen Großagrariern und Großindustriellen; ihre Fraktion im ↗Reichstag nannte sich 1871 ↗Deutsche Reichspartei. Unterstützung Otto von ↗Bismarcks im ↗Kulturkampf und im Kampf gegen die ↗Sozialdemokratie (↗Sozialistengesetz). Trotz ihrer wenigen Reichstagsmandate übte sie maßgeblichen Einfluß sowohl auf die Reichs- als auch auf die preußische Politik aus. 1918 löste sie sich auf und ging teilweise in der ↗DNVP auf. *vK*

Freikorps In Kriegen oder bei inneren Auseinandersetzungen gebildeter selbständig kämpfender Freiwilligenverband. In Deutschland während der ↗Befreiungskriege gegen ↗Napoleon und in den Jahren nach dem ↗Ersten Weltkrieg von Bedeutung. V.a. die F. nach 1918 wurden zum Problem, versammelten sich hier doch vorwiegend antirepublikanische Kräfte der extremen Rechten, die durch Terror gegen politisch Andersdenkende und ehemalige Mitkämpfer (Fememorde) sowie durch mehrere gewaltsame Umsturzversuche wesentlich zur politischen Instabilität jener Jahre beitrugen. Nach Auflösung und Teilintegration der F. in die ↗Reichswehr gehörten viele ehemalige Mitglieder zu Parteigängern des ↗Nationalsozialismus. *PS*

Freiligrath, Ferdinand Dichter, *17.6.1810 Detmold, †18.3.1876 Cannstatt. Zunächst Bankangestellter; ab 1839, beeinflußt von der französischen ↗Romantik, Schriftsteller. Er unterstützte die ↗Deutsche Revolution von 1848 in seinen Gedichten; wegen radikalpolitischer Gesinnung 1845 und 1851 Flucht nach London. Endgültige Rückkehr nach Deutschland 1868. Bedeutender als sein literarischer Ruhm war sein politisches Engagement. *rm*

Freimaurer Vereinigung von Männern („Brüdern") zur Pflege der Humanität und weltbürgerlichen Gesinnung (Toleranz), gegliedert in Logen, die zu Großlogen zusammengefaßt sind. Name, Ideen, Symbole und Zeremonien sind den Bauhütten des Mittelalters und der ↗Aufklärung entnommen. Der Gründung der ersten Großloge 1717 in London folgte die erste deutsche Großloge 1737 in Hamburg. Die Mitgliedschaft vieler Persönlichkeiten der politischen und geistigen Elite (u.a. ↗Friedrich II. der Große, ↗Hegel) verlieh der F.-Bewegung im Heiligen Römischen Reich einen Auftrieb. V.a. die altpreußischen Großlogen vertraten ein dogmenloses Christentum und nationale Bestrebungen, während in den anderen Territorien der humanitäre Standpunkt überwog. Von den Nationalsozialisten nach 1933 verboten.
In der ↗Bundesrepublik wurde 1958 mit den „Vereinigten Großlogen von Deutschland" ein Dachverband gebildet, während die F. in der ↗DDR verboten waren. *dt*

Freisinnige Vereinigung Eine der liberalen ↗Parteien im ↗Deutschen Reich, entstand 1893 durch Abspaltung von der ↗Deutschen Freisinnigen Partei, die sich anschließend Freisinnige Volkspartei nannte. 1910 schloß sich die F.V. mit anderen linksliberalen Gruppen zur ↗Fortschrittlichen Volkspartei zusammen. *wm*

Freisler, Roland NSDAP-Politiker, Jurist, *30.10.1893 Celle, †3.2.1945 Berlin. Kriegsfreiwilliger im ↗Ersten Weltkrieg; 1925 Eintritt in die ↗NSDAP; 1933 Mitglied des Reichstages; 1933 Staatssekretär im preußischen Justizministerium, 1935 im Reichsjustizministerium; als Abteilungsleiter in der „Akademie für Deutsches Recht" beteiligt an der Abstimmung des Strafrechts auf die nationalsozialistische Ideologie; Teilnehmer der ↗Wannseekonferenz. Als Präsident des ↗Volksgerichtshofs (seit 1942) machte F. sich einen Namen („Blutrichter") aufgrund seiner rücksichtslosen Prozeßführung und Aburteilung (zahlreiche Todesurteile) der Angeklagten. Starb bei einem Luftangriff. *JH*

Freistädte ↗Reichsstädte

Freistuhl ↗Feme

Fremdarbeiter Im ↗Zweiten Weltkrieg offizielle Bezeichnung von Arbeitskräften aus den besetzten Gebieten und aus verbündeten Ländern. Ein geringer Teil hatte sich freiwillig anwerben lassen, während die meisten F., darunter mehr als die Hälfte Frauen, verschleppt worden waren. Zunächst vorwiegend in der Landwirtschaft und in Fabriken eingesetzt, mußten die F. mit zunehmender Kriegsdauer v.a. in der Rüstungsindustrie ↗Zwangsarbeit leisten. Am 21.3.1942 ernannte ↗Hitler ↗Sauckel zum „Generalbevollmächtigten für den Arbeitseinsatz". F. waren meist in Lagern untergebracht, wurden schlecht ernährt, unterlagen einer Reihe von restriktiven Vorschriften und waren zudem der Willkür der Vorgesetzten und deutscher Kollegen ausgeliefert. *PS*

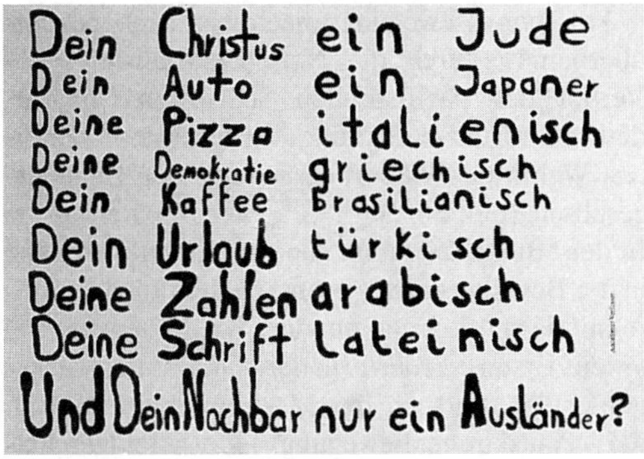

Plakataktion der Deutschen Städte-Reklame für mehr Toleranz gegenüber Fremden

Fremdenfeindlichkeit Aggressiv-bedrohliche Einstellung gegenüber Menschen aus anderen Ländern oder Kulturen, meist als Ausdruck von Rassismus oder ↗Nationalismus. Die in Deutschland bereits im Kaiserreich ausgeprägten Ressentiments erreichten ihren Höhepunkt in staatlich gelenkten Verfolgungen im ↗Dritten Reich.
Nach 1945 richtete sich die F. zunächst gegen ↗Aussiedler und ↗Vertriebene. Später wurden v.a. ↗Gastarbeiter und Asylbewerber (↗Asyl) Opfer der F., die sich mit Zunahme der ↗Arbeitslosigkeit verstärkte und u.a. zu den Brandanschlägen auf Asylbewerberheime in Hoyerswerda (1991), Rostock (1992) und Mölln (1992) führte. *bb*

Freud, Sigmund Österreichischer Arzt, Psychologe, *6.5.1856 Příbor (Freiberg), †23.9.1939 London. Habilitation über Neuropathologie 1885; erste Studien zur Traumdeutung 1898. F. gilt als Begründer der Psychoanalyse; von Bedeutung waren seine Einsichten in die menschliche Triebstruktur (Das Ich und das Es, 1923), die durch Regeln bzw. Tabus unterdrückt wird (Totem und Tabu, 1913), die Benennung des Ödipuskomplexes und die Rückführung seelischer Krankheiten auf verdrängte Sexualtriebe. 1938 Emigration nach London. *rm*

Freundschaftsvertrag der DDR mit der Sowjetunion (1964) Am 12.6.1964 geschlossener Vertrag über Freundschaft, gegenseitigen Beistand und Zusammenarbeit; nach dem Beitritt zum ↗Rat für gegenseitige Wirtschaftshilfe und der Mitgliedschaft im ↗Warschauer Pakt wichtiger Schritt der Ostintegration der ↗DDR. Trotz Festschreibung der Hegemonie der Sowjetunion, de facto Erweiterung des außenpolitischen Spielraums der DDR; am 7.10.1975 erneuert und um eine militärische Klausel erweitert. *kl*

Freundschaftsvertrag der DDR mit Polen (1967) Am 15.3.1967 geschlossener Vertrag über Freundschaft, Zusammenarbeit und gegenseitigen Beistand; nach dem ↗Freundschaftsvertrag der DDR mit der Sowjetunion weiterer Blockvertrag; Reaktion auf die ↗Ostpolitik der ↗Bundesrepublik; Abschluß weiterer Freundschaftsverträge (am 17.3.1967 mit der ČSSR, am 18.5.1967 mit Ungarn, am 7.9.1967 mit Bulgarien und am 12.5.1972 mit Rumänien). *kl*

Frey, Gerhard Verleger, Politiker (DVU), *18.2.1933 Cham (Oberpfalz). Seit 1963 Verleger der rechtsgerichteten „Deutsch Nationalen Zeitung" und der „Deutschen Wochen Zeitung", gegen die zahlreiche Strafverfahren wegen Volksverhetzung und ↗Antisemitismus eingeleitet wurden; Gründer der Partei ↗DVU. *Ki*

Freytag, Gustav Schriftsteller, Philologe, *13.7.1816 Kreuzburg (Schlesien), †30.4.1895 Wiesbaden. F. gab zusammen mit Johannes Schmidt 1848–70 die Zeitschrift „Die Grenzboten" heraus; von 1867–70 Abgeordneter der Nationalliberalen im Reichstag des ↗Norddeutschen Bundes. Seine vielgelesenen, realistischen Romane stellte er in den Dienst des aufstrebenden ↗Bürgertums (vgl. die Geschichte eines Kaufmanns in „Soll und Haben", 1855). *rm*

Frick, Wilhelm NSDAP-Politiker, Jurist, *12.3.1877 Alsenz (Pfalz), †16.10.1946 Nürnberg. 1923 Beteiligung am ↗Hitler-Putsch, veurteilt zu 15 Monaten Festungshaft, vorzeitig entlassen; seit 1924 Mitglied des Reichstages, 1928–45 Fraktionsvorsitzender der ↗NSDAP; war der erste nationalsozialistische Minister (1930/31 in Thüringen für die Bereiche Inneres und Volksbildung); spielte als Reichsinnenminister (1933–43) eine wesentliche Rolle bei der Errichtung der nationalsozialistischen ↗Diktatur und der Verabschiedung antisemitischer Gesetze (↗Nürnberger Gesetze); 1943 durch seine Ernennung zum Minister ohne Geschäftsbereich faktisch entmachtet; 1943–45

Reichsprotektor von ↗Böhmen und Mähren; bei den ↗Nürnberger Kriegsverbrecher-Prozessen zum Tode verurteilt und hingerichtet. (365) *JH*

Fried, Alfred Hermann Pazifist, *11.11.1864 Wien, †4.5.1921 ebd. 1892 Mitbegründer der ↗Deutschen Friedensgesellschaft; führender pazifistischer Theoretiker und Publizist des Kaiserreiches; 1911 Verleihung des Friedensnobelpreises. Im Ersten Weltkrieg Emigration in die Schweiz; Eintreten für die Errichtung des ↗Völkerbundes. *PS*

Friedelehe Bes. Eheform im ↗germanischen und altdeutschen ↗Recht, bei welcher der Mann der Sippe der Braut keinen Muntschatz (↗Munt) ausrichten mußte, aber auch keine Herrschaft über die Frau ausüben konnte; diese behielt ihren rechtlichen und gesellschaftlichen ↗Stand bei. Ähnliches gilt für die ↗morganatische Ehe. *wj*

Friedensbewegung Seit dem 19. Jh. Bemühungen für friedliches Zusammenleben der Völker; Entstehung einer organisierten F. in Deutschland als Reaktion auf den 1888 erschienenen Roman „Die Waffen nieder!" von Bertha von ↗Suttner; Gründung der ↗Deutschen Friedensgesellschaft 1892; Versuch der Integration des Pazifismus in das Völkerrecht, Plädoyer für den ↗Völkerbund; während des ↗Ersten Weltkrieges als unpatriotisch diffamiert; seit 1920 unter der Parole „Nie wieder Krieg" alljährliche Massendemonstrationen (1920 mit 500000 Teilnehmern in über 100 Städten Deutschlands); Mitte der zwanziger Jahre Zerfall der Anti-Kriegs-Bewegung, da ohne organisatorisches Programm und gegen das Erstarken der ↗völkischen Bewegung machtlos; nach Machtübernahme durch die Nationalsozialisten 1933 Verbot des pazifistischen Schrifttums als undeutsch, fortan bedeutungslos; nach dem ↗Zweiten Weltkrieg Wiederbegründung der Friedensgesellschaften.

In der ↗Bundesrepublik zunächst kaum Resonanz in der Bevölkerung; erst Anfang der fünfziger Jahre mit der Diskussion um die ↗Wiederbewaffnung erneut Erstarken der F. in der ↗Ohne-Mich-Bewegung; 1955 Versuch der Massenmobilisierung in der ↗Paulskirchenbewegung, jedoch fehlgeschlagen; im ↗Göttinger Manifest 1957 Plädoyer namhafter Wissenschaftler gegen eine ↗atomare Bewaffnung der ↗Bundeswehr, 1958 Beginn der

„Menschenkette" für den Frieden (Baden-Württemberg, 1983)

Kampagne ↗Kampf dem Atomtod, ohne Erfolg; ab 1960 Eintreten der F. für eine Kriegsdienstverweigerung (Einführung des ↗Zivildienstes 1973). Seit 1960 in der ↗Ostermarsch-Bewegung neue Protestform; starker Zuspruch aus der Studentenbewegung während des ↗Vietnamkrieges. In den siebziger Jahren Verwissenschaftlichung des Pazifismus in der Friedens- und Konfliktforschung; 1980 Entstehen der Partei Die ↗Grünen aus der F. und der ↗Ökologiebewegung. In der Folge des ↗NATO-Doppelbeschlusses Erneuerung der F., u.a. durch mehrere ↗Friedensdemonstrationen gegen die Raketenstationierung und den ↗Krefelder Appell; mit den Abrüstungsverhandlungen zwischen den USA und der Sowjetunion erlitt die F. in der Bundesrepublik Verlust der Massenbasis.

In der ↗DDR Vereinnahmung der F. durch Staat und Parteiführung im ↗Friedensrat der DDR, somit wenig Raum für eine vom Bürgerwillen getragene F.; jedoch 1964 nach Protesten aus religiösen Kreisen Einführung eines waffenlosen Dienstes in der ↗NVA; erst zu Beginn der achtziger Jahre Entstehung einer neuen, hauptsächlich aus kirchlichen Gruppen getragenen F.; verschiedene gewaltfreie Aktionen unter Losungen wie „Schwerter zu Pflugscharen“ oder „Frieden schaffen ohne Waffen“, u.a. am 14.2.1983 eine Demonstration für den Frieden mit 100000 Teilnehmern in Dresden; Reaktion des Staatsapparates mit Verhaftungen, Ausweisungen und Ausbürgerungen; v.a. durch das junge Publikum verstärkter Kontakt zur ↗Bürgerbewegung der DDR.

Nach der ↗Wiedervereinigung und der Auflösung des ↗Warschauer Paktes Rückgang der politischen Bedeutung der F.; jedoch während des zweiten Golfkrieges 1991 und des ↗Kosovokonfliktes 1999 erneute Friedensdemonstrationen. (354) *kl*

Friedensdemonstration, Bonn (1981) Demonstration von 300000 Menschen für „Abrüstung und Entspannung in Europa“ am 10.10.1981 im Bonner Hofgarten aus Anlaß der beginnenden Stationierung von Mittelstreckenraketen in der Bundesrepublik (↗NATO-Doppelbeschluß); die bis dahin größte Demonstration in der Geschichte der Bundesrepublik, nachdem bereits am 20.6.1981 80000 Menschen in Hamburg auf dem Evangelischen Kirchentag für den Frieden demonstriert hatten; weitere gewaltlose F. mit 300000 Teilnehmern in Bonn am 10.6.1982; Hochphase der ↗Friedensbewegung. *kl*

Friedensdemonstration, Dresden (1983) ↗Friedensbewegung

Friedensnote der Regierung Erhard (1966) Angebot eines Gewaltverzichtsabkommens bes. an die osteuropäischen Staaten vom 25.3.1966; signalisierte trotz des Ausschlusses der ↗DDR auf Druck der Vertriebenenverbände Verständigungsbereitschaft; positive westliche und ablehnende östliche Reaktionen. *kl*

Friedenspreis des Deutschen Buchhandels 1950 von 15 deutschen Verlegern gestiftet, mit 10000 DM (ab 1979 mit 25000 DM) dotiert; 1951 von der Stiftung des Börsenvereins übernommen; seit 1969 bezeichnet als „Friedenspreis des Börsenvereins des Deutschen Buchhandels“; verliehen an Personen und Organisationen für Leistungen in Völkerverständigung und Friedensstiftung. Bedeutende deutsche Preisträger waren u.a. ↗Hesse (1955), ↗Jaspers (1958), ↗Bloch (1967), Siegfried Lenz (1988). *rm*

Friedensrat der DDR Regierungsnahe ↗Friedensbewegung, 1949 als „Deutsches Komitee der Kämpfer für den Frieden“ gegründet; 1950 in „Deutsches Friedenskomitee“, 1953 in „Deutscher Friedensrat“ umbenannt; seit Juni 1963 als F. bezeichnet.

Der F. gab mit namhaften Präsidenten wie Johannes R. ↗Becher, ↗Seghers und Arnold ↗Zweig vor, die „einheitliche“ Friedensbewegung der DDR zu verkörpern, forderte weltweite Abrüstung und eine Politik der friedlichen Koexistenz. Der F. wurde Mitte der achtziger Jahre durch das Erstarken bürgernaher Friedensbewegungen immer mehr zur Farce; als „Deutscher Friedensrat e.V.“ besteht er seit dem Februar 1990 fort. *kl*

Friedensresolution (1917) (Juliresolution) Am 19.7.1917 von der Mehrheit (bestehend aus ↗SPD, ↗Zentrum, ↗Fortschrittliche Volkspartei) des ↗Reichstages beschlossene Forderung nach einer Beendigung des ↗Ersten Weltkrieges ohne Annexionen und wirtschaftliche Kompensationen; ging zurück auf die Initiative des Zentrumsabgeordneten ↗Erzberger. *JH*

Friedland Niedersächsische Stadt; nach Kriegsende 1945 Zentrum für heimkehrende deutsche ↗Kriegsgefangene, ↗Flüchtlinge und ↗Vertriebene; täglich passierten bis zu 5000 Menschen das im September 1945 errichtete Durchgangslager. *Ki*

Friedländer, David Schriftsteller, Kaufmann, *6.12.1750 Königsberg, †25.12.1834 Berlin. Freundschaft mit Moses ↗Mendelssohn; stritt für die Judenemanzipation; 1799 erster jüdischer Stadtrat von Berlin. *PS*

Friedrich

Deutsche Könige und Kaiser:

Friedrich I. Barbarossa *1122/25, †10.6.1190 im Saleph (Kleinasien). Seit 1147 Herzog von ↗Schwaben, 1152 zum König gewählt; er legte durch die Rückgabe ↗Bayerns an ↗Heinrich den Löwen (1154) die Kämpfe zwischen ↗Staufern und ↗Welfen bei. Seine bis 1167 weithin von ↗Rainald von Dassel bestimmte Politik zielte auf eine Wiederherstellung des karolingisch-ottonischen Kaisertums und des ↗Reichskirchensystems.

Auf seinem ersten Italienzug wurde F. 1155 zum Kaiser gekrönt. 1157 kam es auf dem Reichstag von Besançon zur Auseinandersetzung mit dem päpstlichen Legaten, da F. das Kaisertum nicht als päpstliches Lehen anerkennen wollte. Auf seinem zweiten Italienzug 1158–62 unterwarf F. die mit Papst Alexander III. verbündeten lombardischen Städte und entschied sich 1160 für den Gegenpapst Viktor IV. Alexander vertrieb er 1167 aus Rom, mußte ihn aber nach der Niederlage von Legnano 1176 wieder anerkennen. Im Frieden von Konstanz 1183 gestand er den lombardischen Städten gegen finanzielle Leistungen die Selbstverwaltung zu. Seine Ansprüche auf Gesamtburgund untermauerte F. nach der Eheschließung mit ↗Beatrix von Burgund (1156) durch seine Krönung zum König von Burgund in Arles 1178.

Kaiser Friedrich I. Barbarossa mit seinen Söhnen König ↗Heinrich VI. (li.) und Herzog Friedrich von Schwaben (Buchminiatur, 1180)

In Deutschland erreichte er nach dem Sturz Heinrichs des Löwen 1180 die Höhe seiner Macht. Durch Verheiratung seines Sohnes ↗Heinrich VI. mit ↗Konstanze von Sizilien 1186 bahnte er die Verbindung des Königreiches mit dem Imperium an.

Nach der Eroberung Jerusalems durch Sultan Saladin von Ägypten (1187) führte F. ab 1189 gemeinsam mit Richard Löwenherz und Philipp II. August von Frankreich den Dritten ↗Kreuzzug an. Dabei ertrank er nach dem Sieg bei Ikonion (Kleinasien) im Fluß Saleph. *li*

Friedrich II. *26.12.1194 Jesi (Mark Ancona), †13.12.1250 Fiorentino (Apulien). Der Sohn von Kaiser ↗Heinrich VI. und ↗Konstanze von Sizilien war seit 1197 König von Sizilien unter Vormundschaft seiner Mutter und von Papst Innozenz III. 1212 wurde er von der staufischen Partei gegen ↗Otto IV. zum deutschen König gewählt.

Nachdem er in der Goldbulle von Eger (1213) auf das Spolienrecht (Anspruch des Königs auf den Nachlaß von Geistlichen) verzichtet und Otto 1214 bei ↗Bouvines geschlagen hatte, wurde er 1215 in Aachen zum Römischen König, 1220 in Rom zum Kaiser gekrönt.

Während Deutschland nicht im Zentrum seines Interesses stand – in den Privilegien von 1220 und 1232 gab er den Fürsten wichtige Hoheitsrechte preis –, schuf er in Sizilien einen straff zentralisierten Beamtenstaat.

Weil er den versprochenen ↗Kreuzzug immer wieder aufschob, wurde er 1227 von Papst Gregor IX. gebannt. 1228 zog er nach Palästina, erlangte durch einen Vertrag mit dem Sultan von Ägypten den Zugang zu den Heiligen Stätten, krönte sich 1229 zum König von Jerusalem und erreichte 1230 die Lösung vom Bann.

In Deutschland erließ F. 1235 den Mainzer ↗Landfrieden und nahm seinen aufrührerischen Sohn

Kaiser Friedrich II. mit seinem Falkner (Miniatur, 13. Jh.)

↗Heinrich (VII.) gefangen. Nach seinem Sieg über die lombardischen Städte 1237 wurde er 1239 erneut von Gregor gebannt. 1245 von Papst Innozenz IV. für abgesetzt erklärt, blieb er bis zu seinem Tode unbesiegt.

F. war nicht nur Staatsmann und Feldherr, sondern auch ein großer Förderer von Kunst und Wissenschaft mit umfassender Bildung und Sprachkenntnis. Er verfaßte selbst ein Buch über die Falkenjagd. *li*

Friedrich der Schöne Gegenkönig, *um 1286, †13.1.1330 Burg Gutenstein (Wienerwald). Sohn von ↗Albrecht I., seit 1306 als Friedrich II. Herzog von Österreich; neben ↗Ludwig IV. (von der Minderheit der ↗Kurfürsten) 1314 zum König gewählt; nach langem Thronstreit 1322 bei Mühldorf geschlagen und gefangengenommen; 1325 gegen Verzicht auf den Thron freigelassen. *dh*

Friedrich III. *21.9.1415 Innsbruck, †19.8.1493 Linz. ↗Habsburger, 1440 zum deutschen König gewählt; seit 1452 Kaiser; gewann 1457 Nieder-, 1463 Ober-Österreich, verlor jedoch Böhmen an Georg Podiebrad und Ungarn an Matthias Corvinus; verheiratete seinen Sohn und Nachfolger ↗Maximilian I. mit Maria von Burgund, womit er den Grundstein für die habsburgische Macht legte. *dh*

Friedrich (III.) *18.10.1831 Potsdam, †15.6.1888 ebd. Kämpfte im ↗Deutschen und ↗Deutsch-Französischen Krieg (1866 und 1870/71); durch liberales Gedankengut seiner Zeit beeinflußt; 1888 Nachfolger seines Vaters, Kaiser ↗Wilhelms I.; starb nach nur 99 Tagen Regierungszeit an Kehlkopfkrebs. (261) *sa*

Baden:

Friedrich I. Großherzog, *9.9.1826 Karlsruhe, †28.9.1907 Insel Mainau. 1852 Prinzregent, seit 1856 Großherzog; verfolgte eine ausgesprochen liberale Politik; unter dem Druck der Öffentlichkeit 1866 im ↗Deutschen Krieg auf ↗Österreichs Seite, unterstützte später aber aktiv die kleindeutsche ↗Reichsgründung; reformierte 1904 das badische Wahlrecht. (261) *sa*

Brandenburg:

Friedrich I. Kurfürst, *1371 Nürnberg, †20.9.1440 Cadolzburg (bei Fürth). Hohenzoller; als F. VI. seit 1397 Burggraf von Nürnberg; seit 1411 Regent in der Mark Brandenburg, die ihm Kaiser ↗Sigismund 1417 mit der Kurwürde übertrug; bemühte sich nach Sigismunds Tod 1426 erfolglos um die Königswürde; übergab die Regentschaft der Mark seinem Sohn und zog sich auf seine fränkischen Besitzungen zurück. *dh*

Friedrich Wilhelm I. der Große Kurfürst Kurfürst; *16.2.1620 Berlin, †9.5.1688 Potsdam. 1640 ↗Kurfürst; erhielt im ↗Westfälischen Frieden 1648 Hinterpommern, ↗Magdeburg, Halberstadt, Minden und Cammin; erreichte durch Beteiligung am 1. ↗Nordischen Krieg im Vertrag von Wehlau 1657 und im Frieden von Oliva 1660 die Anerkennung seiner Souveränität im Herzogtum Preußen; besiegte 1675 bei ↗Fehrbellin die mit Frankreich verbündeten Schweden; mußte 1679 im Frieden

Friedrich Wilhelm I., der Große Kurfürst (Gemälde)

von ↗Nimwegen auf das eroberte ↗Vorpommern verzichten.

Durch erfolgreiche Außenpolitik mit häufigem Bündniswechsel, Aufstellung eines ↗stehenden Heeres (ab 1644) sowie Zusammenfassung der einzelnen Territorien zu einem absolutistischen und zentral verwalteten Gesamtstaat (Abschaffung des Steuerbewilligungsrechts der Stände, Einführung des Berufsbeamtentums) schuf er die Voraussetzungen für den Aufstieg von Brandenburg-Preußen. Betrieb eine merkantilistische Wirtschaftspolitik. Der Calvinist F.W. nahm nach 1685 aus Frankreich vertriebene ↗Hugenotten auf, die die Grundlagen für ein modernes Gewerbewesen schufen. Die Ansätze einer eigenen Kolonialpolitik (1681/82 Gründung von Groß-Friedrichsburg an der Guinea-Küste) wurden von seinen Nachfolgern nicht ausgebaut. *rh*

Braunschweig-Lüneburg:

Friedrich Wilhelm Herzog, *9.10.1771 Braunschweig, †16.6.1815 Quatre-Bras (Belgien) (gefallen). 1806 von ↗Napoleon um das Herzogtum gebracht; kämpfte ab 1809 mit einem Freikorps (↗Schwarze Schar) erfolgreich gegen die Franzosen; kehrte 1813 in sein Herzogtum zurück; 1815 an der Seite des britischen Oberbefehlshabers Wellington gegen Napoleon. *rh*

Hessen:

Friedrich II. Landgraf, *30.3.1633 Homburg vor der Höhe, †24.1.1708 ebd. Seit 1681 Landgraf von Hessen-Homburg; bekannt als Prinz von Homburg (Drama Heinrich von ↗Kleists); als Befehlshaber der brandenburgischen Truppen (1672–78) entscheidend am Sieg von ↗Fehrbellin (1675) beteiligt; förderte die wirtschaftliche Entwicklung seines Landes durch die Aufnahme von ↗Hugenotten und ↗Waldensern. *rh*

Hessen-Kassel:

Friedrich Wilhelm I. Kurfürst, *20.8.1802 Philippsruhe (bei Hanau), †6.1.1875 Prag. Nach Rückzug seines Vaters Wilhelm II. 1831 übernahm F.W. als Mitregent die Regierung; unterstützt von seinem Minister ↗Hassenpflug, verfolgte er eine reaktionäre Politik, die zu ständigen Streitigkeiten mit Ständen und Parlament führten. 1850 Aufhebung der Verfassung von 1831, 1862 unter äußerem Druck wiedereingeführt. 1866 wurde Hessen (im ↗Deutschen Krieg auf seiten Österreichs) von preußischen Truppen besetzt, F.W. zur Abdankung gezwungen. *sb*

Meissen:

Friedrich I. der Freidige Markgraf; *1257, †16.11.1323 auf der Wartburg bei Eisenach. Für die Anhänger der ↗Staufer seit 1268 der gewünschte Nachfolger von ↗Konradin; unterlag 1272 ↗Rudolf von Habsburg bei der Königswahl. 1307 setzten F. und sein Bruder Dietrich III. in der Schlacht bei Lucka gegen König ↗Albrecht I. ihren Erbanspruch auf Meißen und Thüringen durch. *dh*

Pfalz:

Friedrich III. der Fromme Kurfürst, *14.2.1515 Simmern, †26.10.1576 Heidelberg. 1559 ↗Kurfürst, führte in der ↗Pfalz den ↗Calvinismus ein, bekämpfte Lutheraner und Katholiken; gab den Anstoß für die Entstehung des ↗Heidelberger Katechismus (1563); unterstützte die ↗Hugenotten in Frankreich und in den Niederlanden den Aufstand des Adels und der Calvinisten gegen die spanische Herrschaft unter König Philipp II. *rh*

Friedrich V. Kurfürst, *26.8.1596 Amberg, †29.11.1632 Mainz. 1610 ↗Kurfürst, Haupt der protestantischen ↗Union; 1619 im ↗Böhmischen

Aufstand gegen ↗Ferdinand II. von den evangelischen ↗Ständen zum König gewählt; floh nach der Niederlage am ↗Weißen Berg 1620 in die Niederlande („Winterkönig"); 1621 geächtet; verlor die ↗Pfalz und die Kurwürde (1623 an ↗Bayern). *rh*

Preussen:

Friedrich I. König, * 11. 7. 1657 Königsberg, † 25. 2. 1713 Berlin. Sohn von ↗Friedrich Wilhelm dem Großen Kurfürsten; 1688 Kurfürst von Brandenburg (als F. III.); erlangte durch Unterstützung der kaiserlichen Politik (bes. im ↗Spanischen Erbfolgekrieg) die Zustimmung Kaiser ↗Leopolds I. zur Erhebung des Herzogtums Preußen zum Königreich (18. 1. 1701 in Königsberg Krönung zum König in Preußen); gründete 1694 die Universität Halle, in Berlin 1696 die Akademie der Künste und 1700 die Akademie der Wissenschaften (auf Anregung seiner Gemahlin ↗Sophie Charlotte); prunkvolle Hofhaltung. *rh*

Friedrich Wilhelm I. König, * 14. 8. 1688 Berlin, † 31. 5. 1740 Potsdam. Sohn von Friedrich I.; 1713 König; strenger Calvinist voller Arbeitsethos und Pflichtgefühl; Gegner der barocken Hofkultur seines Vaters; Begründer des preußischen Militär- und Beamtenstaates; machte ein großes ↗stehendes Heer (von 38 000 auf 83 000 Mann erweitert) zum Mittelpunkt des preußischen Staates („Soldatenkönig"), hielt sich aber außenpolitisch zurück; schuf als oberste Verwaltungsbehörde 1689 das ↗Generaldirektorium; vollendete den ↗Absolutismus durch Beseitigung von Adelsprivilegien; betrieb eine merkantilistische Wirtschaftspolitik; erwarb nach dem 2. ↗Nordischen Krieg 1720 Stettin und ↗Vorpommern. *rh*

Friedrich Wilhelm I., König in Preußen (Selbstbildnis, 1737)

Friedrich II. der Große König, * 24. 1. 1712 Berlin, † 17. 8. 1786 Potsdam. Begründer der preußischen Großmachtstellung und Schöpfer des preußischen Staatsdenkens. Der Sohn von ↗Friedrich Wilhelm I. wurde von seinem Vater mit militärischer Härte erzogen. Als F. sich 1730 seinem Einfluß durch Flucht entziehen wollte, wurde er für längere Zeit in der Festung Küstrin eingesperrt und vermied nach der vor ihm vollzogenen Hinrichtung seines in den Fluchtplan eingeweihten Freundes ↗Katte jede offene Auseinandersetzung. Nach seiner erzwungenen Heirat mit Elisabeth Christine von Braunschweig-Bevern (1733) beschäftigte sich F. seit 1736 auf Schloß Rheinsberg v. a. mit Dichtung, Musik und staatstheoretischen Fragen (Antimachiavell).

Bald nach seinem Regierungsantritt (31. 5. 1740) erhob er Ansprüche auf ↗Schlesien, das er im 1. und 2. ↗Schlesischen Krieg (1740–42, 1744/45) von Österreich eroberte. 1744 erbte er nach dem Aussterben der ↗Cirksena Ostfriesland. Nach dem britisch-preußischen Bündnis in der Konvention von ↗Westminster schloß sich Frankreich nun mit Österreich (und Rußland) zusammen. F. sah sich bedroht, marschierte 1756 in Sachsen ein und begann damit den ↗Siebenjährigen Krieg. F. konnte sich darin durch sein Geschick als Feldherr (Siege bei ↗Roßbach und ↗Leuthen, Niederlagen bei ↗Hochkirch und ↗Kunersdorf) und mit Glück (Rußland wechselte nach dem Tod von Zarin Elisabeth 1762 zu Preußen über) behaupten und sicherte damit endgültig Preußens Stellung als europäische Großmacht. Bei der 1. ↗Polnischen Teilung 1772 gewann er ↗Westpreußen (ohne Danzig und Thorn), Ermland und den Netzedistrikt. Im ↗Bayerischen Erbfolgekrieg 1778/79 und durch die Gründung des ↗Fürstenbundes (1785) wehrte er sich gegen österreichische Versuche, die Vorherrschaft in Deutschland wieder eindeutig an sich zu reißen.

F., einer der bedeutendsten Vertreter des auf-

Friedrich II. der Große (Ausschnitt aus einem Gemälde von Anton Graff, 1781)

geklärten ↗Absolutismus, sicherte die ständische Ordnung durch eine feste Aufgabenverteilung: Der ↗Adel bestimmte die beiden noch einmal vergrößerten Bereiche Militär und Verwaltung. Das ↗Bürgertum besorgte Handel und Gewerbe, die durch die merkantilistische Wirtschaftspolitik des Staates jedoch stark beschränkt waren. Geregelt wurde dieses System durch eine von F. initiierte Reform der Rechtspflege (Verzicht auf Kabinettjustiz, Milderung der Strafjustiz; ↗Svarez erstellte die Grundlagen für das 1794 in Kraft getretene ↗Preußische Allgemeine Landrecht). Einführung eines Steuersystems, Besiedlung leerer Landstriche („innere Kolonisation") Verbesserung der allg. Versorgungslage; Förderung von Industrie (↗Manufakturen), Bildung und Wissenschaft (Neubegründung der Akademie der Wissenschaften). Interesse für Musik (F. spielte Flöte und komponierte selbst) und Philosophie (Briefwechsel mit Voltaire). *rh*

Friedrich Wilhelm II. König, *25.9.1744 Berlin, †16.11.1797 ebd. Neffe von ↗Friedrich II. dem Großen; 1786 König, überließ die Regierung seinen Günstlingen und Ratgebern, für die er das gesamte Staatsvermögen aufbrauchte; beeinflußt auch von mehreren Mätressen.
Erbte 1791 Ansbach-Bayreuth und erwarb in der 2. und 3. ↗Polnischen Teilung (1793 und 1795) ↗Danzig, Thorn, Warschau und Südostpreußen; zog Preußen und Norddeutschland 1795 durch den Frieden von ↗Basel (Abtretung des linken Rheinufers an Frankreich) aus dem 1. ↗Koalitionskrieg zurück. Erließ 1794 das unter Friedrich II. ausgearbeitete ↗Preußische Allgemeine Landrecht; baute Berlin im klassizistischen Stil aus (↗Brandenburger Tor; Hofbildhauer ↗Schadow). *rh*

Friedrich Wilhelm III. König, *3.8.1770 Potsdam, †7.6.1840 Berlin. Sohn von ↗Friedrich Wilhelm II.; 1797 König; zuerst unter Einfluß von Christian Graf ↗Haugwitz Fortsetzung der Neutralitätspolitik gegenüber Frankreich, durch die er Preußen vergrößerte; in der folgenden Auseinandersetzung mit ↗Napoleon I. dadurch isoliert; in der Doppelschlacht von ↗Jena und Auerstedt (1806) vernichtend geschlagen: im Frieden von ↗Tilsit (1807) verlor Preußen das Gebiet westlich der Elbe. Entschloß sich als Gegner eines deutschen Nationalstaates 1813 nur widerwillig zur Teilnahme an den ↗Befreiungskriegen; gewann auf dem ↗Wiener Kongreß 1814/15 die ↗Rheinprovinz, ↗Westfalen und fast die Hälfte ↗Sachsens.
Nach 1815 Orientierung am russischen Zaren und an der Restaurationspolitik (↗Restauration) ↗Metternichs; stand den Reformen Karl von und zum ↗Steins und Karl August von ↗Hardenbergs, die er nach 1807 zugelassen hatte, eher abwehrend gegenüber und machte sie z. T. wieder rückgängig; verweigerte die versprochene gesamtstaatliche Verfassung und bekämpfte den ↗Liberalismus; ordnete sich die Landeskirche völlig unter und veranlaßte 1817 den Zusammenschluß der reformierten und ↗lutherischen Kirchen zur Union; Aufbau einer modernen Verwaltung. *rh*

Friedrich Wilhelm IV. König, *15.10.1795 Berlin, †2.1.1861 Schloß Sanssouci (Potsdam). Seit 1840 König; begabt und sehr gebildet, von romantischem Gedankengut beeinflußt; strebte die Wiederherstellung des mittelalterlichen ↗Ständestaates und des ↗Gottesgnadentums an; lehnte die Kaiserkrone ab, die ihm 1848 von der ↗Frankfurter Nationalversammlung angeboten wurde; seit 1857 durch eine Gehirnerkrankung regierungsunfähig, von seinem Bruder ↗Wilhelm I. vertreten. *sa*

Friedrich Karl, Prinz Generalfeldmarschall, *20.3.1828 Berlin, †15.6.1885 Klein-Glienicke (bei Potsdam). Neffe Kaiser ↗Wilhelms I.; Major bei den Kämpfen in Dänemark 1848/49; Beteiligung an der Niederschlagung der Revolution in Baden; Oberbefehl über die verbündete preußisch-österreichische Armee im ↗Deutschen Krieg (1866) sowie im ↗Deutsch-Dänischen Krieg (1864); Kommandeur im ↗Deutsch-Französischen Krieg (1870/71). *sb*

Sachsen:

Friedrich III. der Weise Kurfürst, *17.1.1463 Torgau, †5.5.1525 Schloß Lochau (bei Torgau). Seit 1486 Kurfürst; um die ↗Reichsreform bemüht; gründete 1502 die Universität Wittenberg; Beschützer, aber nicht Anhänger Martin ↗Luthers, dem er freies Geleit zum ↗Wormser Reichstag erwirkte und nach der Ächtung Asyl auf der ↗Wartburg gewährte. *dh*

Friedrich August I. der Starke ↗August II. der Starke

Friedrich August II. ↗August III.

Friedrich August III. Kurfürst, König, *23.12.1750 Dresden, †31.5.1827 ebd. 1768 Herzog; schloß sich 1806 Preußen an, ging aber nach dessen Niederlage zu ↗Napoleon I. (↗Rheinbund) über, der ihn zum König machte (als solcher Friedrich August I.); verlor nach den Niederlagen Napoleons im ↗Wiener Kongreß 1814/15 über die Hälfte seines Landes an Preußen. *rh*

Friedrich August II. König, *12.5.1797 Dresden, †9.8.1854 Brennbüchel (Tirol). Seit 1836 König; konservativ; 1849 im Dresdener Maiaufstand Flucht aus der Stadt; konnte mit preußischer Hilfe zurückkehren; danach reaktionäre Regierung; auf Reise tödlich verunglückt. *MH*

Friedrich August III. König, *25.5.1865 Dresden, †18.2.1932 Sybillenort (bei Breslau). 1904 Nachfolger seines Vaters, König Georg; wegen seiner Volkstümlichkeit sehr populär; dankte am 13.11.1918 während der ↗Novemberrevolution mit dem Kommentar „Macht Euren Dreck alleene“ ab. *MH*

Schleswig-Holstein:

Friedrich VIII. Herzog, *6.7.1829 Augustenburg, †14.1.1880 Wiesbaden. Schloß sich dem Verzicht seines Vaters auf die Thronfolge (1852 ↗Londoner Protokoll) nicht an; nach dem Tod des dänischen Königs Friedrich VII. 1863 Rückkehr nach Holstein; von den Herzogtümern, ↗Österreich und dem ↗Bundestag anerkannt, von Otto von ↗Bismarck aber übergangen; Vater Kaiserin ↗Auguste Viktorias. *MH*

Schwaben:

Friedrich I. Herzog, *um 1050, †1105. Schwiegersohn und Anhänger Kaiser ↗Heinrichs IV.; von diesem 1079 mit Schwaben belehnt, das er in langwierigen Auseinandersetzungen, u.a. gegen Herzog ↗Berthold II., verteidigen konnte; Gründung zahlreicher Klöster; Bau der Burg Hohenstaufen; legte den Grundstein für den Aufstieg der ↗Staufer; Vater ↗Konrads III. *MH*

Württemberg:

Friedrich I. König, *6.11.1754 Treptow an der Rega, †30.10.1816 Stuttgart. 1797 Herzog (als F. II.), 1803 Kurfürst; verband sich mit ↗Napoleon, trat dem ↗Rheinbund bei, 1806 König mit voller Souveränität; große Erweiterung seines Herrschaftsbereiches; hob zur Stärkung seiner absolutistischen Regierung (starke Bürokratie) die Landesverfassung auf, die den ↗Ständen größere Rechte einräumte; schloß sich 1813 nach den Niederlagen Napoleons in den ↗Befreiungskriegen dem Bündnis gegen ihn an. *rh*

Friedrich, Caspar David Maler, *5.9.1774 Greifswald, †7.5.1840 Dresden. Gilt als einer der bedeutendsten Vertreter der ↗Romantik; ist v.a. als Landschaftsmaler berühmt geworden. Seine Landschaften spiegeln meist melancholische Stimmungen und sind vom Gedanken an die Vergänglichkeit geprägt. Wichtige Werke u.a.: Kreuz im Gebirge oder Tetschener Altar (1808), Zwei Männer in Betrachtung des Mondes (um 1820), Das Eismeer (um 1823/24). *kp*

Friedrichsd'or (Frdor) Vom preußischen König ↗Friedrich II. eingeführte, zwischen 1741 und 1855 geprägte Goldmünze, die, mit regionalen und temporären Schwankungen, dem Wert von fünf ↗Talern entsprach. *nk*

Frings, Kardinal Josef Kölner Erzbischof, *6.2.1887 Neuss/Rhein, †17.12.1978 Köln. Priesterweihe 1910; 1924–37 Pfarrer in Köln; ab 1938 Regens am Priesterseminar in Bensberg; Ernennung zum Erzbischof von Köln am 12.5.1942; 1946 Kardinal; wies als einer der ersten den Vorwurf der ↗Kollektivschuld zurück; 1948 Protektor des Flüchtlingswesens in Deutschland; Mitbegründer der Hilfswerke „Misereor“ und „Adveniat“; Mitglied des Präsidiums des Zweiten Vatikanischen Konzils; erhielt 1969 nach dreimaliger Bitte an Papst Paul VI. die Erlaubnis zum Rücktritt als Erzbischof. *Ki*

Frisch, Karl Ritter von Zoologe, *20.11.1886 Wien, †12.6.1982 München. Professor in Rostock, Breslau, Graz, München; untersuchte Orientierungsvermögen und Kommunikation bei Bienen und Fischen; erkannte 1923 im „Tanz"-Verhalten (Rund- und Schwänzeltanz) der Bienen ein Mittel ihrer Verständigung über Entfernung und Richtung einer Nahrungsquelle; Nobelpreis für Medizin 1973. *bl*

Frisch, Max Schweizerischer Schriftsteller, *15.5.1911 Zürich, †4.4.1991 ebd. Neben ↗Dürrenmatt bedeutendster Schweizer Autor der deutschsprachigen Nachkriegsliteratur; mehrere Auslandsaufenthalte, deren Erfahrungen und die Thematik der Identitätssuche in der Moderne in seiner Literatur immer wieder eine große Rolle spielen. Schrieb neben Romanen, Tagebüchern und Essays, Theaterstücke und zahlreiche Hörspiele. Mehrere Auszeichnungen u.a.: Büchner-Preis 1958, Heinrich-Heine-Preis Düsseldorf 1989. Werke u.a.: Biedermann und die Brandstifter (Hörspiel: 1956, Drama: 1958), Homo Faber (1957). *kp*

Fritsch, Werner Freiherr von Generaloberst, *4.8.1880 Benrath (Düsseldorf), †22.9.1939 Praga (bei Warschau). Ab 2.5.1935 Oberbefehlshaber des Heeres; versuchte ↗Hitler von dessen Vorgehen gegen Österreich und die Tschechoslowakei abzubringen; am 4.2.1938 gemeinsam mit dem Reichskriegsminister Werner von ↗Blomberg abgelöst. Im ↗Polenfeldzug gefallen. *PS*

Fritsch-Krise (1938) Am 4.2.1938 wurden von ↗Fritsch und Werner von ↗Blomberg ihrer Posten enthoben. Fritsch wurde Homosexualität vorgeworfen, Blomberg verabschiedete man, weil an Aktaufnahmen von seiner Ehefrau Anstoß genommen wurde. Die eigentliche Motivation bestand jedoch darin, Kritiker von ↗Hitlers Expansionspolitik aus dem Amt zu drängen. Dieser wurde in der Folge Oberbefehlshaber der ↗Wehrmacht. *PS*

Fritz, Joß Bauernführer, *um 1470 Untergrombach (bei Bruchsal), †um 1525. Leibeigener; organisierte unter dem Zeichen des ↗Bundschuhs Bauernaufstände gegen von der Kirche verursachte Mißstände und gegen die ↗Leibeigenschaft (Widerspruch zur Freiheit des Christen): 1502 im Bistum Speyer, 1513 im Breisgau und 1517 am Oberrhein (alle vorzeitig entdeckt); F. konnte nie gefaßt werden. *rh*

Fritzsche, Hans Journalist, *21.4.1900 Bochum, †27.9.1953 Köln. 1923 Mitglied der ↗DNVP, 1933 der ↗NSDAP; 1933–38 Schriftleitung im Drahtlosen Dienst; 1938 Wechsel zur Abteilung Deutsche Presse im Reichspropagandaministerium. Nach dem Zweiten Weltkrieg Freispruch in den ↗Nürnberger Kriegsverbrecherprozessen; 1947 Verurteilung zu neun Jahren Arbeitslager, 1950 vorzeitig entlassen. *rm*

Fröbel, Friedrich Wilhelm August Pädagoge, *21.4.1782 Oberweißbach (Thüringen), †21.6.1852 Marienthal (Thüringen). Beeinflußt von Pestalozzi; gründete 1816 „Allgemeine deutsche Erziehungsanstalt". Grundlage seiner ganzheitlichen Erziehung waren v.a. Arbeit und Spiel, das Ziel der selbsttätige, freie Mensch. Gründer der ersten Kindergärten, wobei er dem Spiel bes. Wert beimaß. *MH*

Fromm, Erich Soziologe, Psychoanalytiker, *23.3.1900 Frankfurt/Main, †18.3.1980 Muralto (Tessin). Seit 1934 Exil in den USA; ab 1958 Professor an verschiedenen US-amerikanischen Universitäten. Mitbegründer der Neopsychoanalyse; Kritik an ↗Freud unter Einfluß der ↗kritischen Theorie, indem er die Wirkungen des kulturellen und sozialen Umfeldes vor biologische Grundlegungen im Triebleben des Menschen stellte. *rm*

Fromm, Friedrich Generaloberst, *8.10.1888 Berlin, †12.3.1945 Brandenburg-Göhrden. Im ↗Zweiten Weltkrieg Befehlshaber des Ersatzheeres, war in die Attentatspläne des ↗Zwanzigsten Juli eingeweiht, entschloß sich aber nach dessen Scheitern, die Verschwörer erschießen zu lassen. Auf Betreiben ↗Himmlers dennoch zum Tode verurteilt und hingerichet. *PS*

Frondienst Arbeitsdienst (Hand- und Spanndienst, Jagd-, Bau-F. u.ä.), den der abhängige Bauer bis zur ↗Bauernbefreiung (19. Jh.) dem Grundherrn ohne Gegenleistung erbringen mußte; seit dem Spätmittelalter Beschränkung auf bestimmte Tage; z.T. Ersatz des F.es durch Abgaben. *wj*

Fruchtbringende Gesellschaft (auch Palmenorden) Am 24.8.1617 von Fürst Ludwig von Anhalt-Köthen und weiteren Adligen gegründete erste deutsche Gesellschaft zur ↗Sprachreinigung. Der F.G., die die Standardisierung von Grammatik und Orthographie förderte, deren Sprachpurismus jedoch bis zur Auflösung 1680 zunehmend spitzfindiger wurde, gehörten bedeutende Literaten und Gelehrte an (u.a. ↗Gryphius, Martin ↗Opitz). *nk*

Frühkapitalismus Durch Handel und ↗Banken

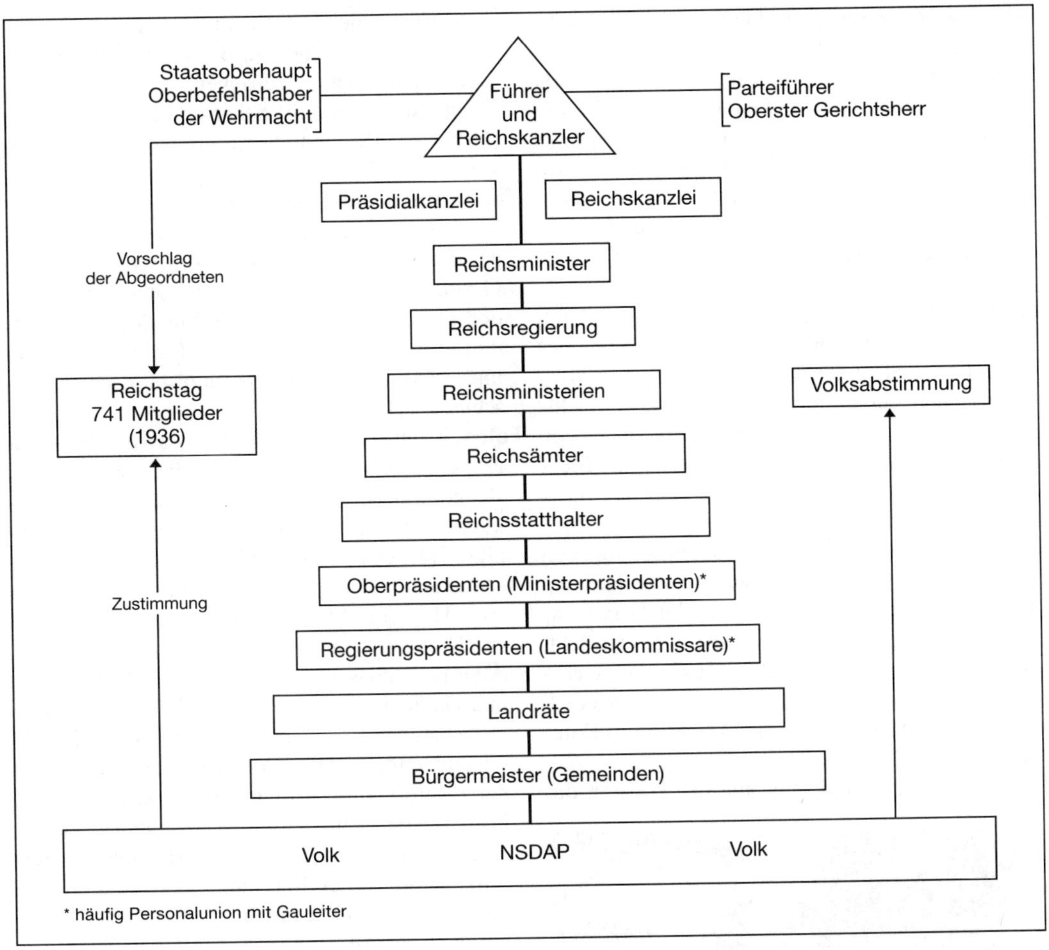

als Träger (v. a. die ↗Fugger und ↗Welser) seit dem 16. Jh. im Heiligen Römischen Reich einsetzende Epoche, die, obwohl überwiegend agrarisch strukturiert, mittels ↗Manufakturen eine gewaltige Produktionssteigerung bewirkte. *dt*

Frundsberg, Georg von Landsknechtführer, *24.9.1473 Schloß Mindelheim (bei Memmingen), †20.8.1528 ebd. Hauptmann des ↗Schwäbischen Bundes im ↗Schwabenkrieg (1499) und gegen ↗Ulrich von Württemberg (1519); kaiserlicher Feldherr im Dienste ↗Maximilians I. und ↗Karls V.: siegte im Kampf gegen Frankreich 1525 bei ↗Pavia; bekämpfte Bauernaufstände in Schwaben und Tirol; entscheidend an der Umbildung des mittelalterlichen Ritterheeres zum Söldnerheer beteiligt. *rh*

Fugger Schwäbisches Kaufmanns-, später Grafen- (seit 1514) und Fürstengeschlecht (seit 1803). Stammvater war der 1367 aus Graben am Lech nach Augsburg zugezogene Weber Hans F. Seine Enkel gründeten 1494 die F.sche Handelsgesellschaft, die durch Orienthandel, Silber- und Kupferbergbau sowie Bankgeschäfte (namhafte Anleihen an die Päpste und an die Kaiser ↗Maximilian I. und ↗Karl V.) zum wichtigsten Finanz- und Handelsunternehmen des damaligen Europa wurde. Die F. erlangten auch als Stifter von Bibliotheken, Wissenschaftsförderer und durch die Errichtung von Prachtbauten Bedeutung. Gegen Ende des 16. Jh.s zerfiel die Macht der F. *UK*

Fugger, Jakob II. der Reiche Handelsherr, Bankier, *6.3.1459 Augsburg, †30.12.1525 ebd. War seit 1511 Alleininhaber der Fuggerschen Handelsgesellschaft, die unter ihm ihren Höhepunkt erlebte; finanzierte u. a. die Kaiserwahl ↗Karls V.

und ließ in Augsburg die Fuggerei (Siedlung für mittellose Bürger) erbauen. *UK*

Fuhlsbüttel Konzentrationslager in Hamburg. Im bereits bestehenden Gefängnis richtete die ↗SS ein Lager ein, das v. a. von der ↗Gestapo als Untersuchungsgefängnis genutzt wurde, von wo aus die meist politischen Häftlinge in andere ↗Konzentrationslager gebracht oder vor Gericht gestellt wurden. Mehrere hundert Häftlinge starben, v. a. an der ↗Folter. *PS*

Führer Bezeichnung ↗Hitlers (offizieller Titel: „Führer und Reichskanzler") in Nachahmung des italienischen Staatsführers („Duce") Benito Mussolini. Nach der nationalsozialistischen ↗Machtergreifung setzte Hitler sich an die Spitze des von ihm und seinen Anhängern errichteten „F.-Staates". Die Herrschaftsausübung erfolgte theoretisch streng hierarchisch nach dem „F.-Prinzip", d. h. mit absoluter Macht und Befehlsgewalt von oben, aktiver Dienstbereitschaft, Zustimmung und Verantwortung von unten. In der Praxis war das „F.-Prinzip" jedoch insoweit abgeschwächt, als das Herrschaftsgefüge (durchaus im Sinne Hitlers) maßgeblich durch die Rivalität nachgeordneter Führungspersonen um Macht und Kompetenzen geprägt war.
Zur Absicherung und Stärkung der Position des „F.s" trugen der mit einem enormen propagandistischen Aufwand (z. B. im Rahmen der ↗Reichsparteitage) betriebene F.-Kult (Gruß „Heil Hitler") und die Schaffung eines F.-Mythos (Hitler als „Retter und Erlöser des deutschen Volkes") bei. (173) *JH*

„Der Bannerträger" (zeitgenössisches Propagandagemälde von Hubert Lanzinger)

Fuhrmann, Horst Historiker, * 22. 6. 1926 Kreuzburg (Oberschlesien). 1971–92 Professor in Regensburg und Präsident des Instituts ↗Monumenta Germaniae Historica; Forschungsschwerpunkte in der mittelalterlichen Geschichte des Papsttums und des Kirchenstaates; verfaßte u. a.: Einfluß und Verbreitung der pseudoisidorischen Fälschungen (1972–74). *Vö*

Fulda, Kloster Das auf Betreiben von ↗Bonifatius 744 gegründete und 751 dem Papst unterstellte Benediktinerkloster erhielt umfangreiche Schenkungen und Privilegien (765 Reichsabtei, ↗Immunität 774); es gewann bald politisch wie kulturell (Geschichtsschreibung, Bibliothek), v. a. unter Abt ↗Hrabanus Maurus, eine bedeutende Stellung im ↗Heiligen Römischen Reich. Seit 969 waren die Äbte F.s Primas aller ↗Benediktiner „Germaniens und Galliens"; seit 1170 trugen sie den Titel eines ↗Reichsfürsten. Im 13./14. Jh. Niedergang der Abtei und interne Auseinandersetzungen; während der ↗Reformation erfolgreiche Rekatholisierung F.s. Erneuter Aufstieg im 18. Jh. mit Errichtung einer ↗Universität (1734) und Erhebung F.s zum Fürstbistum (1752). 1803 aufgehoben und an Nassau-Oranien, 1815/16 mit einem Teil seines Gebietes an ↗Hessen-Kassel. *wm*

Fünf-Prozent-Klausel Sperrklausel bei Kommunal-, Landtags- und ↗Bundestagswahlen in der ↗Bundesrepublik, die aufgrund der parlamentarischen Erfahrungen der ↗Weimarer Republik Splitterparteien den Einzug in die Parlamente verhindert. Bei der Sitzverteilung werden nur Parteien berücksichtigt, die mindestens fünf Prozent der Zweitstimmen, mindestens aber drei Direktmandate erlangt haben. *kl*

Fünfzigerausschuß (1848) Vom ↗Vorparlament am 4. 4. 1848 gewählte Übergangs-Institution zur Vorbereitung der Wahlen zur ↗Frankfurter Nationalversammlung sowie zur Erörterung der Verfassungsfrage mit dem ↗Siebzehnerausschuß. *vK*

Funk, Walther Reichswirtschaftsminister, * 18. 8. 1890 Trakehnen (Ostpreußen), † 31. 5. 1960 Düsseldorf. Früh ↗Hitlers wirtschaftlicher Berater, ab 1938 Minister, ab 1939 auch Reichsbankpräsident. In den ↗Nürnberger Kriegsverbrecher-Prozessen zu lebenslanger Haft verurteilt, 1957 aus gesundheitlichen Gründen aus der Haft entlassen. *PS*

Fürst 1) Allg. Bezeichnung für einen Monarchen. 2) Bei den ↗Germanen Heerführer und Richter eines ↗Gaus. 3) ↗Reichsfürst, seit dem ↗Dreißigjährigen Krieg Titel für F. ohne anderen Titel. *wj*

Fürstenbank Im ↗Reichstag des Heiligen Römischen Reiches (bis 1806) das zweite, aus den Reichsfürsten bestehende Kollegium; die F. war in eine weltliche und eine geistliche gegliedert. *dt*

Fürstenberg 1) Schwäbisches Grafen- und Fürstengeschlecht; großes Territorium in Südwestdeutschland; 1664 bzw. 1716 ↗Reichsfürsten; seit 1723 mit der Residenz Donaueschingen; bei der ↗Mediatisierung 1806 fiel der Besitz an ↗Baden, ↗Württemberg und Hohenzollern-Sigmaringen.
2) Westfälisches Uradelsgeschlecht, 1660 Reichsfreiherrn, 1840 zu preußischen ↗Grafen erhoben. *rh*

Fürstenbund Am 23.7.1785 auf Veranlassung ↗Friedrichs II., des Großen, zusammen mit Sachsen, Hannover u.a. geschlossener Bund deutscher ↗Reichsfürsten; sollte Preußen aus der Isolation herausführen (gegen Österreich-Rußland) und den von Kaiser ↗Joseph II. geplanten Ländertausch (die österreichischen Niederlande gegen Bayern), sowie Gebietserweiterungen durch ↗Säkularisation geistlicher Besitztümer verhindern. *rh*

Fürstenrat ↗Fürstentag

Fürstenspiegel Schriften, die das Idealbild eines Herrschers zeigten oder Regeln für das vernünftige Handeln eines Herrschers aufstellten; seit der Antike bekannt, erfuhr der F. im Mittelalter und in der Frühen Neuzeit seine Blüte. Berühmte F.: Niccolò Machiavellis „Il principe" (1532) und der „Antimachiavell" von ↗Friedrich II., dem Großen (1739). *dt*

Fürstentag Im Heiligen Römischen Reich die Zusammenkunft der Fürsten außerhalb des ↗Reichstages. Auf dem Frankfurter F. (1863) wurde die Forderung Österreichs nach einer Reform des ↗Deutschen Bundes von Preußen nicht anerkannt. *dt*

Fürstentum Seit dem 16. Jh. Bezeichnung für die ↗reichsunmittelbaren Territorien. Die geistlichen F. entstanden aus den Gebieten der Kirche und wurden 1803 säkularisiert. Die weltlichen F. bildeten sich aus den ↗Stammesherzogtümern und Markgrafschaften; die meisten wurden 1803–06 größeren Territorien untergeordnet, der Rest erhielt volle Souveränität (diese ging 1866–71 bzw. 1918 verloren). *wj*

Fürth, Henriette Frauenrechtlerin, *15.8.1861 Gießen, †8.6.1938 Bad Ems. F. engagierte sich für Frauenrechte, v.a. für die Einführung des ↗Frauenwahlrechts, und für die Verbesserung des Rechtsschutzes für Frauen; verfaßte dazu Schriften wie „Mutterschutz und Mutterschaftsversicherung" (1907), die große Beachtung fanden; erhielt 1933 nach der nationalsozialistischen ↗Machtergreifung Berufsverbot. *nk*

Für unser Land ↗Aufruf „Für unser Land"

Füsilier In Frankreich um 1640 aufgekommene Bezeichnung für einen mit einem Steinschloßgewehr (frz. fusil) bewaffneten Soldaten; später Bezeichnung für Infanterie-Einheiten (in Preußen bis 1918 F.-Regimenter und F.-Bataillone). *rh*

Fußballweltmeisterschaft Seit 1930 stattfindender Wettbewerb für Fußballnationalmannschaften, der mit Ausnahmen 1942 und 1946 alle vier Jahre in wechselnden Ländern ausgetragen wird. Das bundesdeutsche Fußballteam wurde 1954 in der Schweiz im Endspiel gegen Ungarn mit einem Torverhältnis von 3:2 erstmals Weltmeister; ebenso 1974 gegen die Niederlande in München mit 2:1 und 1990 mit einem 1:0-Sieg über Argentinien in Italien. Bei den Damen wird die F. erst seit 1991 ausgespielt. *Kl*

G

Gadamer, Hans Georg Philosoph, *11.2.1900 Marburg. Professor in Marburg, Leipzig, Frankfurt/Main, Heidelberg; formulierte, ausgehend von ↗Dilthey und ↗Heidegger, die Grundzüge einer philosophischen Hermeneutik, der Lehre des Verstehens sprachlicher Symbole, als deren Bedingungen er das zirkuläre Zusammenspiel von Textsinn und Vorverständnis (hermeneutischer Zirkel) erkannte. *bl*

Gagern, Hans Christoph von Politiker, 25.1. 1766 Kleinniedesheim (Ludwigshafen), †22.10. 1852 Kelkheim. 1788–1811 Leitender Minister des Fürsten von Nassau-Weilburg; 1813 unter Karl vom und zum ↗Stein in der preußischen Verwaltung; auf dem ↗Wiener Kongreß 1814/15 Vertreter König ↗Wilhelms I. von Oranien; 1816–18 Gesandter Luxemburgs beim ↗Deutschen Bund. *rh*

Gagern, Heinrich Freiherr von Politiker, *20.8. 1799 Bayreuth, †22.5.1880 Darmstadt. 1847 Sprecher der Liberalen im hessischen Landtag; nach Ausbruch der ↗Deutschen Revolution 1848 zum Präsidenten der ↗Frankfurter Nationalversammlung gewählt; übernahm im Dezember den Vorsitz des Reichsministeriums; G. wollte mit seinem sog. Gagernschen Programm eine Lösung der ↗Deutschen Frage erreichen; setzte sich schließlich für die ↗kleindeutsche Lösung und die Wahl ↗Friedrich Wilhelms IV. von Preußen zum Kaiser der Deutschen ein. Als dieser die Krone nicht annahm, erklärte G. am 21.5.1849 seinen Austritt aus der Nationalversammlung und unterstützte seit 1862 die Reform des ↗Deutschen Bundes im Sinne Österreichs (↗großdeutsche Lösung). *sa*

Gaismair, Michael Bauernführer, *um 1491 Sterzing, †April 1532 Padua. Schreiber des Bischofs von Brixen; im ↗Bauernkrieg 1525 Führer der Tiroler Bauern; Flucht zu Zwingli nach Zürich; 1526 entwarf er in der „Tiroler Landesordnung" den Plan einer demokratischen Bauernrepublik; am Zweiten Salzburger Bauernaufstand 1526 beteiligt; Plan eines Bündnisses protestantischer Fürsten gegen die ↗Habsburger, die Kopfgeld auf ihn aussetzten; ermordet. *rh*

Galen Westfälisches Uradelsgeschlecht; 1665 Reichsfreiherrn, 1803 preußische Grafen. *rh*

Galen, Clemens August Graf von Kardinal, *16.3.1878 Dinklage (Münsterland), †22.3.1946 Münster. Seit 1933 Bischof in Münster; hielt im Sommer 1941 mehrere Predigten gegen die ↗Euthanasie, die daraufhin im Verborgenen fortgesetzt wurde. Wegen seiner Popularität weitgehend unbehelligt geblieben, wurde G. nach dem Krieg zum Kardinal ernannt. *PS*

Galgen Aus drei Balken gefertigtes Gestell, an dem seit dem Frühmittelalter Verurteilte gehenkt wurden. Hängen galt als Strafe für Ehrlose; daher stand der G. außerhalb der Stadt, oft auf einem Hügel. 1871 wurde per Gesetz das Enthaupten als einzige Todesstrafe bestimmt. G. wurden von den Nationalsozialisten zur Hinrichtung politischer Gegner genutzt.

Schon früh glaubten die Menschen an die Zauberkraft des G.s, und noch während der ↗Nürnberger Kriegsverbrecherprozesse gab es ernsthafte Anfragen nach Teilen der für die Hinrichtungen verwendeten Stricke. *ku*

Galinski, Heinz Vorsitzender der jüdischen Gemeinde Berlin, *28.11.1912 Marienburg (Westpreußen), †19.7.1992 Berlin. Während des ↗Dritten Reiches Inhaftierung in verschiedenen ↗Konzentrationslagern; nach dem Krieg maßgeblich am Wiederaufbau der jüdischen Gemeinde Berlin, deren Vorsitzender er seit 1949 war, beteiligt; Vorsitzender des ↗Zentralrats der Juden in Deutschland (1988–92). *Vö*

Gall, Lothar Historiker, *3.12.1936 Lötzen (Ostpreußen). Professor u.a. in Frankfurt/Main; Forschungsschwerpunkte in der Geschichte des ↗Liberalismus sowie im Bereich ↗Bürgertum und ↗Industrialisierung; seit 1997 Präsident der Historischen Kommission der Bayerischen Akademie der Wissenschaften; verfaßte u.a.: Bismarck. Der weiße Revolutionär (1980), Bürgertum in Deutschland (1989). *Vö*

Galland Adolf Jagdflieger, *19.3.1912 Westerholt (Westfalen), †9.2.1996 Remagen. Als Luftwaffenoffizier Teilnahme am Spanischen Bürgerkrieg in der ↗Legion Condor. Einer der populärsten und höchstdekorierten Piloten, wurde er im ↗Zweiten Weltkrieg „Inspekteur der

Jagdflieger“. Nach dem Krieg Luftwaffenberater in Argentinien. *PS*

Gallas, Matthias von Kaiserlicher General, *16.9.1584 Trient, †25.4.1647 Wien. 1634 nach der Absetzung ↗Wallensteins Oberbefehlshaber des kaiserlichen Heeres im ↗Dreißigjährigen Krieg; besiegte 1634 die Schweden bei Nördlingen (Bayern); in weiteren Kämpfen (1643 und 1646 erneut Oberbefehlshaber) erfolglos. *rh*

Garde Ursprünglich fürstliche Leibwache, dann Elitetruppe eines Herrschers für den Hof- und Ehrendienst. Bes. Bedeutung hatten z. B. in Preußen die ↗Langen Kerls von König ↗Friedrich Wilhelm I. *rh*

Garde du Corps Allg. die berittene Leibgarde eines Herrschers; in Preußen ein in Potsdam stationiertes Kavallerieregiment. *rh*

GARIOA ↗Government Aid and Relief in Occupied Areas

Gartenlaube Illustrierte Familienzeitschrift, die 1853 in Leipzig von Ernst Keil gegründet wurde. Wurde mit belehrenden und unterhaltenden Beiträgen (Fortsetzungsromane von Eugenie Marlitt und Hedwig Courths-Mahler) zum Inbegriff der bürgerlichen Familienzeitschrift (höchste Auflage der Wochenschrift 1875: 382000 Exemplare). Die politische Ausrichtung war nationalliberal, im ↗Kulturkampf an Bismarck orientiert. 1938–44 erschien sie als „Neue G.“ in monatlicher Folge. *ij*

Gaskammern Massenvernichtungsanlagen. Im Rahmen der sog. ↗Euthansasie wurden 1940/41 in mehreren Orten des Deutschen Reiches mindestens 70000 Menschen in G. getötet. Die dabei gemachten Erfahrungen wurden bei der Planung und Durchführung des Völkermordes an den Juden (↗Judenvernichtung) verwertet: 1942–44 wurden in den G. der ↗Vernichtungslager etwa drei Mio. Menschen, v. a. Juden, durch Kohlenmonoxyd und ↗Zyklon B ermordet. *JH*

Gassenlaufen ↗Spießrutenlaufen

Gastarbeiter Umgangssprachliche Bezeichnung für ausländische Arbeitnehmer, die 1955–73 von der ↗Bundesanstalt für Arbeit v. a. in Südeuropa und in der Türkei angeworben wurden, um den durch das ↗Wirtschaftswunder entstandenen Arbeitskräftemangel zu beheben. Hohe Arbeitslosigkeit in den Anwerbeländern sowie das ausgeprägte Wohlstandsgefälle erleichterten die Anwerbung. Viele G. blieben über den ursprünglich geplanten Zeitraum hinaus in der Bundesrepublik und holten ihre Familien nach. Obwohl die G. arbeitsrechtlich ihren deutschen Kollegen gleichgestellt sind, üben sie v. a. „niedrige“ oder schwere Tätigkeiten aus, haben schlechtere Aufstiegschancen und sind mit ↗Fremdenfeindlichkeit konfrontiert. Ihre gesellschaftliche Integration ist nur z. T. gelungen (↗Staatsbürgerschaftsrecht). 1993 gab es 2,17 Mio. sozialversicherungspflichtige G. *bb*

Gastein, Vertrag (1865) Am 14.8.1865 zwischen Österreich und Preußen in Badgastein abgeschlossen; übertrug die Verwaltung ↗Schleswigs an Preußen sowie ↗Holsteins an Österreich und bestimmte die Abtretung Lauenburgs von Österreich an Preußen; verzögerte damit den Ausbruch des ↗Deutschen Krieges. *vK*

Gaswagen Mobile Tötungsanlage (luftdichter LKW-Aufbau) aus der Zeit des ↗Nationalsozialismus; erstmals 1940 im Zusammenhang mit der als ↗Euthanasie bezeichneten Tötung (Vergiftung durch Kohlenmonoxyd) von Kranken und Behinderten eingesetzt; seit 1941 von den ↗Einsatzgruppen in der besetzten Sowjetunion zur Ermordung

Dem einmillionsten Gastarbeiter wird zur Begrüßung ein Moped geschenkt.

v. a. von Juden (↗Judenvernichtung) verwendet; auch als stationäre Anlage u. a. im ↗Vernichtungslager ↗Chelmno (Culm) eingesetzt. *JH*

GATT ↗General Agreement on Tariffs and Trade

Gau 1) In germanischer Zeit eine Unterabteilung der Völkerschaft; in fränkischer Zeit von der Grafschaftsverfassung überdeckt.
2) Oberster Parteibezirk der ↗NSDAP, mit einem G.-Leiter an der Spitze; die G.-Grenzen entsprachen den Ländergrenzen (in Preußen den Provinzgrenzen). *vK*

Gauck-Behörde ↗Bundesbehörde des Beauftragten für die Unterlagen des Staatssicherheitsdienstes der ehemaligen DDR

Gauleiter ↗Gau

Gauß, Carl Friedrich
Mathematiker, Astronom, * 30. 4. 1777 Braunschweig, † 23. 2. 1855 Göttingen. Professor in Göttingen; grundlegende Studien u. a. zur Theorie der Zahlen, der unendlichen Reihen und der Differentialgleichungen; Beweise u. a. des Fundamentalsatzes der Algebra; arbeitete zum Erdmagnetismus und zur physikalischen Mechanik, Astronomie und Erdvermessung. *bl*

Gayl, Wilhelm von Reichsminister, * 4. 2. 1879 Königsberg, † 7. 11. 1945 Potsdam. Nahm als Offizier am ↗Ersten Weltkrieg teil; Mitglied der ↗DNVP (dem rechten Flügel zugehörig); 1932 Reichsinnenminister im Kabinett von ↗Papen; unterstützte die staatsstreichartige Absetzung (↗Preußenputsch, 20. 7. 1932) der preußischen Regierung unter Otto ↗Braun; nach dem Rücktritt von Papens und der nationalsozialistischen ↗Machtergreifung politisch im Abseits. *JH*

GDP ↗Gesamtdeutsche Partei

Gebhardt, Bruno Historiker, * 9. 10. 1858 Krotoszyn (Posen), † 13. 2. 1905 Berlin. Erster Herausgeber des „Handbuches der deutschen Geschichte“ (1891/92). In mehreren Auflagen überarbeitet und erweitert. *Vö*

Geblütsrecht Anspruch einer Dynastie auf Wahl eines ihrer Mitglieder zum Nachfolger und Herrscher, meist mit angeblichen Gottheiten im Stammbaum, Zeichen und Symbolen der Würde (lange Haare oder ↗Bart) untermauert; im ↗Heiligen Römischen Reich immer mehr durch den Grundsatz der freien Wahl verdrängt. *vK*

Gefängnis (Kerker, Verlies) Ort zur Beaufsichtigung Verdächtiger bzw. Straffälliger. Im 13. Jh. lichtlose, feuchte Kellerlöcher, in denen Personen bis zum Urteilsspruch verwahrt wurden; lebenslange G.-Strafen wurden im Kerker oder Turm vollstreckt. Das ↗Preußische Allgemeine Landrecht führte die Freiheitsstrafe als allg. vorherrschende Strafform ein. Die katastrophalen Zustände in den G. wurden seit dem 19. Jh. moniert, aber erst in der Weimarer Republik wurde das G.-Wesen humaner. In der Bundesrepublik umbenannt in Justizvollzugsanstalt. Mindestgröße für G.-Zellen seit 1961 gesetzlich vorgeschrieben. *ku*

Geffcken, Friedrich Heinrich Staatsrechtslehrer, Politiker, * 9. 12. 1830 Hamburg, † 30. 4. 1896 München. 1872–82 Professor für Staatswissenschaften in Straßburg; liberaler Berater des Kronprinzen Friedrich Wilhelm (Kaiser ↗Friedrich III.); veröffentlichte 1888 Teile von dessen Kriegstagebuch; daraufhin von Otto von ↗Bismarck erfolglos wegen Landesverrats angeklagt. *MH*

Gefolgschaft (Gefolge) Bezeichnung des 19. Jh.s für persönliches Treueverhältnis bei den Germanen zwischen einem König oder Adligen (Gefolgsherr) und seinen freien Gefolgsleuten. Zunächst Treueid nur zeitlich befristet für Kriegsdienste geleistet, später z. T. dauerhafter Dienst der G. am Hofe des Gefolgsherrn; nach Auflösung im fränkischen Reich (8. Jh.) dauerten einzelne Elemente im ↗Lehnswesen fort. *wj*

Gegenkönige (1077–1349) Im Mittelalter von Fürsten gewählter König, der dem Herrscher entgegengesetzt wurde. Durch das sich gegenüber dem ↗Geblütsrecht zunehmend durchsetzende Recht der freien ↗Königswahl verlor die während des ↗Investiturstreits bereits geschwächte Königsgewalt weiter an Einfluß. Machtanstieg der Fürsten war die Folge, da der König stets auf deren Unterstützung angewiesen war. Wichtige G.: ↗Rudolf von Rheinfelden und ↗Hermann von Salm gegen ↗Heinrich IV., ↗Heinrich Raspe gegen ↗Konrad IV., ↗Otto IV. gegen ↗Philipp von Schwaben, ↗Albrecht I. gegen ↗Adolf von Nassau, ↗Friedrich der Schöne gegen ↗Ludwig IV., den Bayern, ↗Ruprecht von der Pfalz gegen ↗Wenzel IV. Durch das ↗Weistum des ↗Kurvereins von Rhens und die Herausbildung des kurfürstlichen Wahlrechts wurde das Phänomen der G. endgültig beseitigt. *vK*

Gegenreformation Im 18. und 19. Jh. verwendeter Begriff für die Rekatholisierung von im Zuge der ↗Reformation im 16. und 17. Jh. protestantisch gewordenen Regionen. G. bezeichnet v. a. einen kämpferischen, politisch motivierten Teil dieser Bewegung. Es kam ab 1563 z. T. zu gewaltsamen

Auseinandersetzungen in ↗Bayern; Fulda und ↗Mainz folgten, und bis 1581 waren weite Teile Deutschlands betroffen.
Der Begriff ↗Katholische Reform grenzt sich von der politischen Dimension der G. ab und steht für die innerkirchliche Erneuerung der ↗katholischen Kirche im 16. und 17. Jh., die der G. vorausging. *rm*

Geheime Feldpolizei Im ↗Zweiten Weltkrieg den Armeekommandos des Heeres zugeordnete Einheiten vorwiegend aus Angehörigen der ↗Sicherheitspolizei (Sipo). Wurde zur Bekämpfung von Sabotage und Spionage in den besetzten Gebieten eingesetzt, war aber auch Instrument zur Beobachtung und Verfolgung von „Zersetzungserscheinungen" in der ↗Wehrmacht; unter dem Deckmantel der Partisanenbekämpfung Teilnahme an rassisch motivierten Zwangsmaßnahmen und Massakern an der gegnerischen Zivilbevölkerung, insbesondere an Juden, teilweise in Zusammenarbeit mit den ↗Einsatzgruppen. *PS*

Geheime Staatspolizei (Gestapo) Nach der nationalsozialistischen ↗Machtergreifung von ↗Göring 1933 in Preußen, von ↗Himmler in den übrigen deutschen Ländern geschaffene politische Polizei; seit 1939 als Abteilung (Amt IV) dem ↗Reichssicherheits-Hauptamt angegliedert und von Heinrich Müller geleitet. Zu den Aufgaben der Gestapo gehörte die Entdeckung, Verfolgung und Bekämpfung aller angeblichen oder tatsächlichen Gegner des nationalsozialistischen Staates. Bei der Realisierung dieser Aufgaben bediente sie sich oft grausamer, zunehmend von Recht und Gesetz entbundener Maßnahmen, wie der Verhängung von ↗Schutzhaft, ↗Folter, Einweisung in ↗Konzentrations- und Arbeitserziehungslager und der Ermordung (↗Sonderbehandlung) von (Kriegs-) Gefangenen. Weiterhin war die Gestapo durch die Verhaftung von Juden zur ↗Deportation in ↗Ghettos und ↗Vernichtungslager sowie über die personelle Zugehörigkeit zu den ↗Einsatzgruppen an der ↗Judenvernichtung beteiligt.
Die Gestapo wurde nach dem Krieg im Rahmen der ↗Nürnberger Kriegsverbrecher-Prozesse zur verbrecherischen Organisation erklärt. *JH*

Geheimsprache / -schrift Verschlüsselung (Chiffrierung) von Sprache und ↗Schrift zum Zweck der Geheimhaltung. Seit der Antike gebräuchlich; G.-Sprache entsteht durch Verändern von Wörtern vorhandener Sprachen. G.-Schrift entsteht durch Ersetzen von Buchstaben und Zahlen durch gleiche oder andere Zeichen, durch Veränderung der Wortreihenfolge, durch Übersetzen von Wortgruppen in Geheimwörter oder durch Unsichtbarmachen des Textes. Wird eingesetzt im militärischen, diplomatischen, kaufmännischen und kriminellen Bereich. Entschlüsselung wird Dechiffrierung genannt. *rw*

Gehlen, Arnold Philosoph, Soziologe, *29.1. 1904 Leipzig, †30.1.1976 Hamburg. Professor u. a. in Königsberg und Wien; interpretierte Johann Gottfried ↗Herders und ↗Schelers These der Weltoffenheit des Menschen und, Ergebnisse der Biologie weiterentwickelnd, den Menschen als „Mängelwesen", bezüglich seiner Organ- und Instinktausstattung; der Mensch gleiche Mängel mit Hilfe von Werkzeugen und Institutionen aus. *bl*

Gehlen, Reinhard Präsident des Bundesnachrichtendienstes, *3.4.1902 Erfurt, †8.6.1979 Berg (bei Starnberg). Ab 1942 Chef der Abteilung „Fremde Heere Ost" der ↗Wehrmacht; nach dem Krieg mit US-amerikanischer Unterstützung Aufbau eines bundesdeutschen Geheimdienstes, ab 1956 als Bundesnachrichtendienst (BND) bis 1968 von G. geleitet. *PS*

Geibel, Emmanuel Dichter, *17.10.1815 Lübeck, †6.4.1884 ebd. 1852 von ↗Maximilian II. mit der Leitung des Münchner Dichterkreises beauftragt; 1868 Rückkehr nach ↗Lübeck.
Anerkannter national-konservativer Lyriker der deutschen Einigungsbewegung. *rm*

Geißler (auch: Flagellanten, Geißelbrüder) Religiöse Schwärmer, die unter Gebet und G.-Liedern am entblößten Oberkörper asketische Selbstpeitschungen (Geißelung) als Ausdruck der Buße vornahmen; entstanden 1260 in Italien, angeregt durch die politisch-religiösen Unruhen und erfüllt von endzeitlichen Erwartungen; verbreiteten sich in ganz Europa. Wegen Entartungen auf dem ↗Konstanzer Konzil (1417) verboten; vereinzelt lebten sie in Bruderschaften und häretischen Gemeinschaften bis ins 16. Jh. weiter. *ku*

Geißler, Heiner Politiker (CDU), *3.3.1930 Oberndorf/Neckar. 1965–67 sowie seit 1980 Mitglied des Bundestages; 1967–77 Minister für Soziales, Gesundheit und Sport in Rheinland-Pfalz; 1977–89 Generalsekretär der ↗CDU; 1982–85 Bundesminister für Familie, Jugend und Gesundheit; 1989–94 Mitglied des CDU-Präsidiums; 1991–98 stellvertretender Vorsitzender der CDU/CSU-Bundestagsfraktion. *AM*

geistliche Fürsten Vor 1803 hohe kirchliche

Würdenträger, die zum Reichsfürstenstand zählten und als Inhaber von Reichsbistümern oder ↗Abteien Lehensträger des ↗Heiligen Römischen Reiches waren. Neben den ↗Kurfürsten von ↗Mainz, ↗Trier und ↗Köln faßte man unter den g.F. die Fürstbischöfe, -äbte und -pröbste zusammen sowie den ↗Hochmeister des ↗Deutschen Ordens und den Johannitermeister. *wj*

gelber Fleck, gelber Stern ↗Davidstern

Geld Die Versuche, im Heiligen Römischen Reich eine einheitliche Währung zu schaffen, scheiterten an den Einzelinteressen der Territorien. Seit dem 16. Jh. bestand eine währungspolitische Teilung: im Norden die Taler-Region, im Süden die Gulden-Region. Erst mit dem ↗Zollverein im 19. Jh. kam es zu einheitlicheren Verhältnissen. Seit 1876 war die Mark allg. Zahlungsmittel im Deutschen Reich, während der Inflation 1923 die ↗Rentenmark, danach die Reichsmark und seit 1948 die ↗Deutsche Mark. *dt*

gemeiner Mann Im Mittelalter hinzugezogener Entscheider eines Schiedsverfahrens (bei gleicher Stimmenanzahl). Seit dem 15. Jh. ständische Bezeichnung für ↗Bauern bzw. Bürger mit eingeschränkten Rechten (zur Abgrenzung gegenüber ↗Adel und ↗Klerus bzw. dem „Unterstand"); wurde in diesem Sinne bis ins 18./19. Jh. verwendet. *wj*

Gemeiner Pfennig Auf mehreren Reichstagen des 15. Jh.s, zuletzt 1495 in ↗Worms unter ↗Maximilian I., beschlossene allg. direkte Reichssteuer zur Finanzierung von Kriegen bzw. des Reichskammergerichts. Blieb wegen fehlender Reichsfinanzverwaltung und aufgrund des Widerstandes der Fürsten fast ohne Ertrag. *wj*

Gemeinschaftswerk Aufschwung Ost Hilfsprogramm zum Aufbau der Wirtschaft auf dem Gebiet der ehemaligen ↗DDR, von der Bundesregierung am 8.3.1991 verabschiedet; bauliche Investitionen, Ausbau des Verkehrsnetzes, Förderung der Wirtschaftsstruktur sowie Maßnahmen zur Arbeitsbeschaffung; Finanzierung durch Steuererhöhungen, u.a. durch einen 1,75 %igen Solidaritätszuschlag zur Lohn-, Einkommen- und Körperschaftssteuer. *kl*

Gendarmen (Gens d'armes) 1691–1806 preußisches Reiterregiment zum Schutz des Königs. Ab 1809 in fast ganz Deutschland militärisch strukturierte Landpolizei. *rh*

Genealogie (Familienforschung, Ahnenkunde) Die wissenschaftliche Beschäftigung mit den Abstammungsverhältnissen und verwandtschaftlichen Verbindungen zwischen Menschen(-gruppen). Dient der ↗Geschichtswissenschaft als Hilfswissenschaft. Die theoretische G. erforscht feste Regeln der Abstammung, die darstellende G. klärt die Herkunft bestimmter Personen(-gruppen) und stellt sie graphisch dar: In Sippschaftstafeln (alle Verwandten), Ahnentafeln (Vorfahren) und Nachkommentafeln sowie Stammtafeln (Nachkommen des gleichen Namens). Für den mittelalterlichen ↗Adel war der Herkunftsnachweis oft zwingend (z.B. im Erbfall oder zur Aufnahme in ↗Ritterorden). Ab dem 16. Jh. Erstellung von festen Regeln der genealogischen Darstellung; ab dem 19. Jh. auch Interesse des ↗Bürgertums an der G. *wj*

General Agreement on Tariffs and Trade (GATT) Allg. Zoll- und Handelsabkommen im Rahmen der ↗Vereinten Nationen zur Sicherung des freien Wettbewerbs auf dem Weltmarkt, seit dem 1.1.1948 in Kraft; untereinander einheitliche Herabsetzung der Zölle nach dem Meistbegünstigungsprinzip und Fortfall der Handelsschranken; Beitritt der Bundesrepublik zum 21.4.1951; seit

Bundeskanzler Helmut ↗Kohl wirbt für das Finanzierungsprogramm für das Gebiet der ehemaligen DDR (1991).

dem 15.4.1994 in der Welthandelsorganisation der Vereinten Nationen institutionalisiert und zum 1.1.1996 endgültig in dieser aufgegangen; zuletzt über 130 Mitgliedstaaten. *kl*

Generalamnestiekampagne Die bereits 1949 erhobene Forderung nach einer unterschiedslosen ↗Amnestie für alle wegen nationalsozialistischer Verbrechen inhaftierten Deutschen wurde 1950 von Kreisen um ↗Best sowie von Teilen der ↗FDP und der ↗DP aufgenommen und zum Gegenstand einer Kampagne gemacht, die 1951 ihren Höhepunkt erreichte. Sie scheiterte u.a. am Widerspruch des alliierten Hochkommissars ↗McCloy. *bb*

Generaldirektorium Abkürzung für „General-Ober-Finanz-Kriegs- und Domänen-Direktorium"; 1723–1808 oberste Zentralbehörde in Preußen; von König Friedrich Wilhelm I. eingeführt; aufgeteilt in Departements (z.T. nach Provinzen, z.T. nach Sachgebieten). Durch die Reformen des Ministers vom und zum ↗Stein aufgelöst. *rh*

Generalgouvernement (1939–45) Nach Ende des ↗Polenfeldzuges Bezeichnung für die formal nicht dem Deutschen Reich eingegliederten besetzten Gebiete; zunächst in vier Verwaltungsgebiete (Distrikte) eingeteilt, nach Beginn des ↗Unternehmens Barbarossa um den Distrikt Galizien erweitert. *PS*

Generalgouverneur Nach Ende des ↗Polenfeldzuges geschaffenes Amt zur zivilen Verwaltung der als ↗Generalgouvernement bezeichneten zentralpolnischen Gebiete. G. ab 1939 war Hans ↗Frank, dessen Verwaltung massive antipolnische und antijüdische Maßnahmen bis hin zu Massentötungen durchführte und duldete. *PS*

Generalplan Ost In ↗Himmlers Auftrag erstellter Plan zur Behandlung der Bevölkerung in den besetzten und noch zu besetzenden östlichen Gebieten. Im ↗Reichssicherheits-Hauptamt erstellt und Himmler im Mai 1942 vorgelegt; sah die Umsiedlung slawischer Völker in weiter östliche Regionen sowie z.T. deren Versklavung oder gar Vernichtung vor, während „germanische" Siedler unter Federführung der ↗SS das neue Siedlungsgebiet übernehmen und beherrschen sollten. Auf 25 Jahre angelegt, konnte der G.O. nicht einmal ansatzweise verwirklicht werden, bestimmte aber mit seinen ungeheuerlichen Forderungen die Besatzungspolitik in Osteuropa. *PS*

General-Vertrag ↗Deutschland-Vertrag (1952)

GENEX Geschenkdienst GmbH „Geschenkdienst- und Kleinexport GmbH", 1957 von der ↗DDR geschaffene, von der ↗SED betriebene Agentur zur Vermittlung von Waren an Bürger der DDR gegen westliche Währungen; Reaktion auf den Devisenmangel der DDR; auch Lieferung von DDR-Produkten, z.T. zu deutlich günstigeren Preisen; 1990 von der ↗Treuhandanstalt übernommen. *kl*

Genf, Abrüstungskonferenz (1932–34) Auf Initiative des ↗Völkerbundes am 2.2.1932 in Genf mit über sechzig Teilnehmerstaaten eröffnet und am 11.6.1934 beendet, da bei den langwierigen Verhandlungen keine Einigung erzielt werden konnte: Frankreich forderte Sicherheitsgarantien vor jeder Abrüstung sowie die Aufstellung einer internationalen Armee unter Führung des Völkerbundes. Die USA machte konkrete Abrüstungsvorschläge, Deutschland verlangte militärische Gleichberechtigung. *JH*

Genf, Außenministerkonferenz (1959) Konferenz der Außenminister Frankreichs, Großbritanniens, der Sowjetunion und der USA vom 11.5.–5.8.1959 über die Zukunft Deutschlands; Vertreter der ↗DDR und der ↗Bundesrepublik hatten nur Beobachterstatus; zeitweilige Unterbrechung der Konferenz, später Vertagung auf unbestimmte Zeit, da keine Einigung über einen Friedensvertrag erzielt werden konnte: sowjetischen Plänen zur Neutralisierung Deutschlands und zur Wiedervereinigung auf dem Wege der Konföderation beider deutscher Staaten stand ein amerikanischer Vorschlag zur stufenweisen Wiedervereinigung bei gegenseitiger Begrenzung der Streitkräfte entgegen. *kl*

Genfer Viermächtekonferenz (1955) Deutschlandkonferenz der Regierungschefs Frankreichs, Großbritanniens, der Sowjetunion und der USA vom 18.–13.7.1955 in Genf, Vertreter der Bundesrepublik und der DDR mit Beobachterstatus; seit der ↗Potsdamer Konferenz 1945 erstes Gipfeltreffen; keine Einigung, da von der Blockkonfrontation des ↗kalten Krieges überlagert; Anlaß für die Sowjetunion, offen die Zwei-Staaten-Theorie zu vertreten. *kl*

Genossenschaften Ursprünglich Teilhabergemeinschaften an bestimmten Rechten bzw. Sachen. Im Spätmittelalter waren Zünfte, ↗Universitäten, Stadtgemeinden usw. als G. organisiert. Während der Zeit des ↗Absolutismus untersagt, wurden G. erst wieder seit dem 19. Jh., v.a. mit dem Ziel der Selbsthilfe unterprivilegierter

Schichten gegen großkapitalistische Machtträger im Zusammenhang mit der ↗Arbeiterbewegung, gebildet. Gründung von gewerblichen G. (seit 1850) durch ↗Schulze-Delitzsch, von Landwirtschafts-G. durch ↗Raiffeisen; seit 1873 (endgültig seit 1898) juristisch gesicherter Status der G. im Deutschen Reich; ab 1933 unterdrückt, Neubildung nach 1945. In der DDR waren G. Träger kollektiven Eigentums, die wirtschaftliche Ziele verfolgten. In der Bundesrepublik sind die G. im Freien Ausschuß der deutschen Genossenschaftsverbände organisiert. *nk*

Genscher, Hans-Dietrich Bundesaußenminister (FDP), *21.3.1927 Reideburg (bei Halle/Saale). 1962–64 Bundesgeschäftsführer der ↗FDP; 1965–98 Mitglied des Bundestages; 1969–74 Bundesinnenminister; 1974–85 Vorsitzender der FDP; 1974–92 Bundesaußenminister. Unter G.s Führung vollzog die FDP 1982 den Wechsel von der ↗sozial-liberalen zur ↗christlich-liberalen Koalition. Bemüht um den Ost-West-Dialog, war G. entscheidend an der außenpolitischen Absicherung der ↗Wiedervereinigung beteiligt. (541) *AM*

Gentz, Friedrich von Politiker, Publizist, *2.5.1764 Breslau, †9.6.1832 Wien. 1793–1802 preußischer Kriegsrat; Konservativer, für die Zusammenarbeit von Preußen und Österreich gegen ↗Französische Revolution und ↗Napoleon; ab 1803 in Wien, arbeitete 1809 mit ↗Stadion an der Erhebung Österreichs gegen Napoleon; ab dem ↗Wiener Kongreß 1814/15 bedeutender Repräsentant der antinationalen und antiliberalen Politik ↗Metternichs. *rh*

Geopolitik Bezeichnung für die seit Beginn des 20. Jh.s sich herausbildende Wissenschaft von den Zusammenhängen zwischen Geographie und Politik, Soziologie, Geschichte. In Deutschland v.a. verteten von Karl ↗Haushofer, der mit seinen Ideen von der geographischen Determination der Politik Einfluß auf das nationalsozialistische Konzept vom ↗Lebensraum im Osten Europas nahm. *JH*

Georg

Bayern-Landshut:

Georg der Reiche Herzog, *vor 15.8.1455 Landshut, †1.12.1503 ebd. 1475 glanzvolle „Landshuter Fürstenhochzeit" mit Hedwig von Polen; 1479 Herzog, stiftete 1494 in Ingolstadt das Georgianum (Kolleg für arme Studenten, 1785 Priesterseminar, seit 1826 in München); gab durch

Hans-Dietrich Genscher

Verstoß gegen die Erbfolgeverträge der ↗Wittelsbacher den Anlaß zum ↗Landshuter Erbfolgekrieg (1504/05). *rh*

Brandenburg-Ansbach:

Georg der Fromme Markgraf, *4.3.1484 Ansbach, †27.12.1543. Bruder ↗Albrechts von Preußen, 1515 Markgraf, seit 1527 nach dem Tod seines Bruders Kasimir Alleinherrscher; entschiedener Vorkämpfer der ↗Reformation (Bekanntschaft mit Martin ↗Luther), die er 1528 in der Markgrafschaft einführte. *rh*

Georg Friedrich Markgraf, *5.4.1539 Ansbach, †26.4.1603 ebd. Sohn von ↗Georg dem Frommen; regierte seit 1556 in Ansbach, erbte 1557 Bayreuth; Reformen in Wirtschaft, Verwaltung und Justiz; 1577 als Vormund von Herzog Albrecht Friedrich Administrator (Verwalter) in Preußen; wichtiger protestantischer Repräsentant im ↗Jülich-Clevischen Erbfolgestreit (1609–14); letzter fränkischer ↗Hohenzoller. *rh*

Hannover und Großbritannien:

Georg I. (Ludwig) Kurfürst von Hannover, König von Großbritannien, *7.6.1660 Hannover, †22.6.1727 Osnabrück. 1698 als G. Ludwig Kurfürst; als Urenkel Jakobs I. 1714 auch König von Großbritannien (seitdem bis 1837 Personalunion); konzentrierte sich auf das Wohl des Hauses Hannover, stützte sich sonst auf die protestantischen Whigs, überließ die Leitung der britischen Politik weitgehend dem Kabinett unter Robert Walpole. *rh*

Georg II. (August) Kurfürst von Hannover, König von Großbritannien, *10.11.1683 Herrenhausen, †25.10.1760 London. Sohn ↗Georgs I.; 1727 Kurfürst und König; besiegte im ↗Österreichischen Erbfolgekrieg 1743 die Franzosen bei Dettingen; ab 1756 (Konvention von ↗Westminster) und im ↗Siebenjährigen Krieg Bündnis mit Preußen; stiftete 1737 die Universität Göttingen. *rh*

Georg III. (Wilhelm Friedrich) König von Großbritannien (seit 1760) und von Hannover (seit 1814), *4.6.1738 London, †29.1.1820 Windsor. Beendete 1763 den ↗Siebenjährigen Krieg mit einem Sonderfrieden ohne Preußen; durch seine unnachgiebige Haltung in Steuerfragen entscheidend beteiligt an der Entstehung des Amerikanischen Unabhängigkeitskrieges (1775–83); 1811 ging die Regentschaft an seinen Sohn Georg IV., da G. seit 1810 als unheilbar geisteskrank galt. *rh*

Georg V. König, *27.5.1819 Berlin, †12.6.1878 Paris. 1833 erblindet; letzter König von ↗Hannover (seit 1851); annullierte 1855 die Verfassung von 1848; nach dem Ende des ↗Deutschen Krieges (1866) Annexion Hannovers durch ↗Preußen, von G., der seitdem im Exil lebte, für ungültig erklärt. *sa*

Sachsen:

Georg der Bärtige (Georg der Reiche) Herzog, *27.8.1471 Meißen, †17.4.1539 Dresden. Albertiner (↗Wettiner), 1500 Herzog; betrieb eine geschickte Wirtschaftspolitik in den Bereichen Handel und ↗Bergbau; eifriger Befürworter der kirchlichen Reformen, entschiedener Gegner Martin ↗Luthers; Niederschlagung des ↗Bauernkrieges 1525 in ↗Thüringen; baute Dresden als Residenzstadt aus. *rh*

Georg Friedrich von Waldeck ↗Waldeck, Georg Friedrich von

Georg-Büchner-Preis Zum Gedenken an ↗Büchner 1923 für Künstler Hessens gestiftet; eigentlich mit 3000 DM, seit 1985 mit 30000 DM dotiert; 1951 von der Deutschen Akademie für Sprache und Dichtung in einen jährlichen Literaturpreis umfunktioniert. Bedeutende Preisträger sind u.a. ↗Celan (1960), ↗Bachmann (1964), ↗Grass (1965), ↗Böll (1967), ↗Johnson (1971), Christa ↗Wolf (1980), Durs Grünbein (1995). *rm*

George, Stefan Dichter, *12.7.1868 Büdesheim (bei Bingen), †4.12.1933 Minusio (bei Locarno). Bedeutender Dichter der Neuromantik; Abgrenzung vom ↗Naturalismus; vertrat den Standpunkt „L'art pour l'art", der in seinen Gedichtzyklen Ausdruck fand (vgl. „Hymnen", 1890); schrieb unter Einfluß ↗Nietzsches und Charles Baudelaires. G. floh 1933 in die Schweiz. *rm*

Gerhardt, Paul Dichter, *12.3.1607 Gräfenhainichen (bei Dessau), †27.5.1676 Lübben (Spreewald). Neben Martin ↗Luther der bedeutendste evangelische Kirchenlieddichter; bis heute sind zahlreiche seiner innig-schlichten Texte lebendig („O Haupt voll Blut und Wunden", „Lobet den Herren", „Nun ruhen alle Wälder", „Geh aus mein Herz und suche Freud"). *ij*

Gerlach, Ernst Ludwig von Politiker, *7.3.1795 Berlin, †18.2.1877 ebd. Vertrauter ↗Friedrich Wilhelms IV.; Mitgründer der Kreuzzeitung (↗Neue Preußische Zeitung); 1851–58 Führer der äußersten Rechten im preußischen Abgeordnetenhaus; engagierter Verfechter des Legitimismus; seit Beginn der ↗„Neuen Ära" politisch wenig einflußreich; Gegner der Annexionen im ↗Deutschen Krieg und im ↗Kulturkampf in scharfem Gegensatz zu Otto von ↗Bismarck. *sa*

Gerlach, Helmut von Publizist, *2.2.1866 Mönchmotschelnitz (Schlesien), †1.8.1935 Paris. Gründete 1896 zusammen mit Friedrich ↗Naumann den ↗Nationalsozialen Verein; radikaler Pazifist während des ↗Ersten Weltkrieges; entschlossener Verfechter der republikanischen Ordung von Weimar (↗Weimarer Republik); Mitglied der ↗Deutschen Friedensgesellschaft und der „Liga für Menschenrechte"; emigrierte 1933 nach Frankreich. *JH*

Gerlach, Leopold von General, *17.9.1790 Berlin, †10.1.1861 Potsdam. Nahm in ↗Blüchers von Wahlstatt Generalstab an den ↗Befreiungskriegen teil; von hohem Einfluß bei ↗Friedrich Wilhelm IV. (1850 Generaladjutant) und ↗Wilhelm I.; setzte sich für eine entschieden konservative Politik ein; Verfechter eines christlichen Ständestaates; Anhänger der ↗großdeutschen Lösung. *sa*

Gerlach, Manfred Staatsratsvorsitzender der DDR, *8.5.1928 Leipzig. 1954–67 Generalsekretär, 1967–90 Vorsitzender der ↗LDPD; ab 1960 stellvertretender Vorsitzender des ↗Staatsrats, letzter Staatsratsvorsitzender 1989/90; 1990 Mitglied des Bundes Freier Demokraten, anschließend der ↗FDP; Parteiaustritt 1993 nach staatsanwaltlichen Ermittlungen wegen des Verdachts der Beihilfe zur Freiheitsberaubung mit Todesfolge in 14 Fällen. *AM*

Germanen Ursprünglich keltischer Sammelbegriff für unterschiedliche Stämme mit gemeinsamem sprachlichen Ursprung und vormaliger Herkunft aus Skandinavien und Norddeutschland. Räumlich unterscheiden lassen sich West-G. (z.B.

↗Alamannen und ↗Franken), Ost-G. (z.B. Goten, Vandalen) sowie Elb-, Nordsee- und Nord-G. Archäologisch nachgewiesen wurden dorfartige Siedlungen unterschiedlicher Größe, mit Hinweisen auf soziale Differenzierung. Durch die sog. „Fürstengräber“ ließ sich eine abgehobene Führungsschicht (↗„Adel“) nachweisen, daneben gab es ↗Freie, Halbfreie (↗Liten) und Unfreie. Die Gesellschaftsstruktur der G. war durch Sippenzugehörigkeit, ↗Gefolgschaft und Kultgemeinschaften bestimmt.

Nach 376 kam es – als wichtige Grundlage der weiteren Entwicklung – zur Integration zahlreicher G.-Stammesteile in das römische Heer. Während der ↗Völkerwanderung entstanden – auch unter römischem Einfluß – neue Königreiche einzelner G.-Stämme, insbesondere die Franken konnten dabei ihren Herrschaftsbereich weit ausdehnen. Wichtig für die kulturelle Entwicklung wurden römischer Import und die Christianisierung, in der sich große Teile der G. dem Arianismus zuwandten, während die Franken unter Chlodwig I. den katholischen Glauben annahmen, der sich unter ihrem Einfluß immer weiter ausdehnen konnte (vorläufiger Abschluß im 8. Jh. mit der Unterwerfung der ↗Sachsen). *wj*

Germania 1) Symbolische Darstellung Germaniens (das im Altertum von den ↗Germanen besiedelte Land) als Frauengestalt; während der Römerzeit als Gefangene, zur Zeit der ↗Ottonen als gekrönte Frau; im 19. Jh. Sinnbild für geeintes ↗Deutsches Reich;

2) 1871 gegründete Berliner katholische Tageszeitung, die, zunächst parteiunabhängig, ab 1923 als inoffizielles Organ des ↗Zentrums galt. Trotz ideologischer Ausrichtung auf nationalsozialistisches Gedankengut ab 1933 wurde die Zeitung 1938 eingestellt. *nk*

Germanisches Nationalmuseum Nürnberg 1852 gegründet, umfaßt alle Epochen der deutschen Kunst und Kultur von der Frühzeit bis zum 20. Jh. und ist damit das größte Museum dieser Art in Deutschland; verfügt über eine umfangreiche Bibliothek zur deutschen Kunst- und Kulturgeschichte. *rw*

Germanistik Sich mit Entwicklung der deutschen Sprache und ↗Literatur beschäftigende Wissenschaft; z.T. als Wissenschaft vom deutschen Wesen und Geist verstanden. Die G. wurde in der 1. Hälfte des 19. Jh.s zur universitären Disziplin. Ihre Anfänge lagen im ↗Humanismus des 16. Jh.s. Im 17. Jh. stand die Beschäftigung mit Sprache und Literatur des Hochmittelalters im Vordergrund. Im 18. Jh. überwand die G. mit Johann Gottfried ↗Herder die Fixierung auf vergangene Literaturepochen und würdigte auch die zeitgenössische Literatur. Jakob ↗Grimm bereicherte die G. im 19. Jh. mit sprachtheoretischen Erkenntnissen (Deutsche Grammatik, 1819–37). Ende des 19. Jh.s trennte sich die Sprachgeschichte von der Literaturwissenschaft. Heute wird die G. meist eingeteilt in Linguistik (Sprachwissenschaft), Mediävistik (Literatur und Sprache des Mittelalters) und Neuere Deutsche Literaturwissenschaft. *rm*

Gerstein, Kurt SS-Obersturmführer, *11.8.1905 Münster, †23.7.1945 Paris. Zunächst Ingenieur, begann G., der trotz Mitgliedschaft in der ↗NSDAP (ab Mai 1933) der ↗Bekennenden Kirche angehörte, nach KZ-Haft und Parteiausschluß (1938) ein Medizinstudium. Nach Eintritt in die ↗Waffen-SS im November 1941 zu deren Hygiene-Institut versetzt. 1942 Zeuge von Vergasungen in ↗Vernichtungslagern (1945 in französischer Haft Berichte niedergeschrieben), nahm G. Kontakte zu schwedischen und britischen Regierungskreisen und zum päpstlichen Nuntius auf. Seine Hoffnung, ein Ende der Massenvernichtung zu erreichen, erfüllte sich nicht.

Man fand ihn erhängt in seiner Zelle. *PS*

Gerstenmaier, Eugen Bundestagspräsident (CDU), *25.8.1906 Kirchheim (Teck), †13.3.1986 Remagen. Während des ↗Dritten Reiches Mitglied der ↗Bekennenden Kirche; gehörte zum Widerstand im ↗Kreisauer Kreis; gründete 1945 das Evangelische Hilfswerk; 1949–69 Mitglied des Bundestages; 1954–69 Bundestagspräsident; 1956–69 stellvertretender Vorsitzender der ↗CDU. *AM*

Gertrud von Helfta Mystikerin, Heilige, *6.1. 1256 Thüringen, †13.11.1302 Helfta (bei Eisleben). Gebildete Nonne des Zisterzienserklosters Helfta; wurde durch ihre lat. niedergeschriebenen Christusvisionen eine der bedeutendsten deutschen Mystikerinnen; Festtag: 16.11. *rw*

Gervinus, Georg Gottfried Historiker, Politiker, *20.5.1805 Darmstadt, †18.3.1871 Heidelberg. Ab 1836 Professor in Göttingen; 1837 als einer der ↗Göttinger Sieben entlassen; übernahm 1844 eine Honorarprofessur in Heidelberg. 1848 Mitglied der ↗Frankfurter Nationalversammlung; 1853 wurde ihm erneut die Ausübung der Lehre verboten. 1855–66 verfaßte er sein Werk „Geschichte des 19. Jh.s seit den Wiener Verträgen“. Die politischen Entwicklungen bis zur ↗Reichsgründung Bismarcks 1871 waren mit seinen demokratischen und föderativen Überzeugungen unvereinbar. *Vö*

Gesamtdeutsche Partei (GDP) 1961 aus dem Zusammenschluß der ↗DP mit dem ↗Gesamtdeutschen Block/BHE entstandene politische Partei; scheiterte bei den Bundestagswahlen 1961 an der ↗Fünf-Prozent-Klausel; im Bundestag 1965–69 durch Wahlbündnisse mit ↗SPD und ↗CDU mit vier Abgeordneten vertreten; löste sich nach einer erneuten Niederlage bei den Bundestagswahlen 1969 auf. *bb*

Gesamtdeutscher Block/BHE ↗Bund der Heimatvertriebenen und Entrechteten

Gesamtdeutsches Institut ↗Bundesanstalt für gesamtdeutsche Aufgaben

Gesamtdeutsche Volkspartei (GVP) Partei um den ehemaligen Innenminister ↗Heinemann, im November 1952 aus der „Notgemeinschaft für den Frieden Europas“ entstanden; zumeist ehemalige Mitglieder der ↗CDU sowie Vertreter der ↗Bekennenden Kirche; gegen die ↗Westintegration und die geplante ↗Wiederbewaffnung, für Neutralität und ↗Wiedervereinigung; errang 1953 bei der Bundestagswahl nur 1,2 % der Stimmen; 1957 Selbstauflösung und Empfehlung an die Mitglieder zum Eintritt in die ↗SPD. *kl*

Geschichtsklitterung Seit Johann Fischarts Buch „Affentheurlich Naupengeheurlich G.“ (1582) gebräuchliche Bezeichnung für eine sinnentstellende, bewußt gefälschte und parteiliche ↗Geschichtsschreibung. *nk*

Geschichtsphilosophie Im 18. Jh. von Voltaire eingeführte philosophische Kategorie, die im Unterschied zur ↗Geschichtswissenschaft nach Sinn, Struktur, Gesetzmäßigkeiten und Erkenntnismöglichkeiten der Geschichte fragt. Augustinus begründete die christliche G. (Geschichtstheologie) des Mittelalters, die durch die Vorstellung von Geschichte als Heilsgeschichte bestimmt war. Die Wende von mittelalterlicher Geschichtstheologie zu neuzeitlicher G. wurde durch die Trennung von Wissen und Glauben markiert. Die G. der ↗Renaissance ging von einem durch Ursache und Wirkung gesteuerten Prozeß aus. Durch die ↗Reformation, v.a. den ↗Calvinismus, wurde dem Menschen eine Rolle bei der Verwirklichung des Gottesstaates zugeteilt, bzw. der Mensch als Agens im Geschichtsverlauf betrachtet. Erst die G. der ↗Aufklärung ging wesentlich über Augustinus hinaus: Statt Gott beherrsche die Vernunft den Verlauf der Geschichte, der als allmähliches Fortschreiten aus Finsternis ins Licht der Vernunft gedeutet wurde. Der ↗Deutsche Idealismus, der im „ethischen Staat“ (Immanuel ↗Kant) das Regulativ für geschichtliches Handeln sah, erreichte mit ↗Hegels Vorstellung von Geschichte als dialektischer Bewegung und als „Fortschritt des Geistes im Bewußtsein der Freiheit“ seinen Höhepunkt. Während in der ↗Romantik Geschichte als Wiederkehr aller Dinge gedeutet wurde, entwikkelten Karl ↗Marx und ↗Engels, ausgehend von Hegels Dialektik, den ↗Historischen Materialismus, der Geschichte als Klassenkampf gemäß ökonomischer Gesetzmäßigkeiten deutete. Die im 19. Jh. maßgeblichen Historiker wie ↗Ranke, Jacob ↗Burckhardt, ↗Droysen betonten das Einmalige und Prozessuale im geschichtlichen Verlauf (↗Historismus). Im ausgehenden 19. und beginnenden 20. Jh. dominierte eine organische G., die Geschichte als Wachstum und Verfall deutete (↗Spengler). In der Gegenwart herrscht die Tendenz, von einer gesamtphilosophisch gedeuteten Welt- bzw. Universalgeschichte abzusehen. *nk*

Geschichtsschreibung (Historiographie) Die im Gegensatz zur mündlichen Überlieferung schriftliche Darstellung des historischen Verlaufs, der historischen Ereignisse, Zustände und Gestalten. Die im ↗Mittelalter beginnende deutsche, meist in lat. Sprache verfaßte G. wurde bes. von Geistlichen getragen und unterteilte sich im allg. in Heiligenviten, ↗Annalen und ↗Chroniken. Unter den ↗Karolingern entstand eine weltliche G., d.h. zeitgeschichtliche Darstellungen und die erste Herrscherbiographie (Einhards „Karl der Große“, 817–30). Die G. zur Zeit der ↗Salier beschäftigte sich sowohl mit Zeitgeschichte (↗Lampert von Hersfeld, ↗Adam von Bremen) als auch mit chronologischer Weltgeschichte. Höhepunkt heilsgeschichtlich gedeuteter Universalgeschichte bildete die „Historia de duabus civitatibus“ (1143–46) des Bischofs ↗Otto von Freising. Der ↗Humanismus brachte erste Ansätze der Quellenkritik hervor, Stadtchroniken entstanden, die das Selbstbewußtsein des aufsteigenden ↗Bürgertums manifestierten. Prägend für das Zeitalter der ↗Reformation wurde konfessionelle, polemische G. (u.a. ↗Cochläus' Biographie Martin ↗Luthers, 1549). Mit der ↗Aufklärung ging ein Wandel der Perspektive einher: Neben die traditionelle Herrscherperspektive trat die des Untertans; heilsgeschichtliche, dynastische und territoriale Beschränktheit der historischen Darstellung wurde überwunden, diese nach einer von Ursache und Wirkung bestimmten Menschheitsgeschichte ausgerichtet (↗Schlözer). G. umfaßte eine wachsende Zahl an Sachgebieten (u.a. Sozial-, Kultur- und Wirtschaftsgeschichte). Bes. im 19. Jh. vollzog sich die Verwissenschaftlichung der G., die den Boden für die moderne ↗Geschichtswissenschaft bereitete. *nk*

Geschichtswissenschaft Wissenschaftliche Ergründung der Geschichte des Menschen bzw. der Gesellschaft auf der Grundlage von historischen Quellen; Einteilung in Altertum, Mittelalter, Neuere Geschichte und Zeitgeschichte; Erforschung spezieller Gesichtspunkte der Geschichte, z.B. Kulturgeschichte, Landesgeschichte, Wirtschaftsgeschichte. Die G. kam im Zeitalter der ↗Aufklärung über die Disziplinen Rhetorik, Poesie und Ethik an die ↗Universitäten. Im 19. Jh. spielte sie unter dem Eindruck des Nationalgedankens eine politisch bedeutsame Rolle. Mit dem Aufkommen des ↗Historismus um 1871 erlangte die G. in Deutschland eine führende Position unter den Geisteswissenschaften. Der ↗Nationalsozialismus benutzte die G. zur Untermauerung seiner völkischen Ideologie. In der ↗Bundesrepublik entwickelte sich nach dem Zweiten Weltkrieg in der G. eine große methodische Vielfalt. In der ↗DDR wurde die G. staatlich vereinnahmt und zur Rechtfertigung des Systems eingesetzt. *Vö*

Gesellschaft für Deutsch-Sowjetische Freundschaft (DSF) Aus Gruppen des ↗Kulturbundes als „Gesellschaft zum Studium der Kultur der Sowjetunion" am 30.6.1947 in Berlin (Ost) gegründet, am 2.7.1949 in DSF umbenannt; als Trägerin eines vielfältigen kulturellen Austausches auch politische Funktion zum Abbau antisowjetischer Haltungen in der DDR. Organisiert nach dem Prinzip des ↗demokratischen Zentralismus, entwickelte sich die DSF mit über 6 Mio. Mitgliedern zur zweitgrößten politischen Organisation nach dem ↗FDGB. Seit der ↗Wiedervereinigung privater Kulturverein mit noch 20000 Mitgliedern. *kl*

Gesellschaft für Sport und Technik (GST) Neben dem Deutschen Turn- und Sportbund zweite Sportorganisation der DDR, 1952 gegründet; Leichtathletik sowie Ausbildung im Schießen und Funken; Flug- und Motorsport, z.T. nur über sie als Vereinssport möglich; Vorbereitung von Jugendlichen auf den Dienst in der ↗NVA als Instrument der ↗sozialistischen Wehrerziehung; Ende der achtziger Jahre über 600000 Mitglieder; 1990 in mehrere Einzelverbände aufgelöst. *kl*

Gesellschaft zum Studium der öffentlichen Meinung e.V. ↗Institut für Demoskopie Allensbach

Gesetz gegen Wettbewerbsbeschränkungen (1957) Verbot von Kartellen jeder Art bei genehmigungspflichtigen Ausnahmen, am 27.7.1957 erlassen, wiederholt ergänzt; Ablösung des alliierten Rechts der ↗Entflechtung; wichtiges Sicherungsinstrument der Marktwirtschaft in der Bundesrepublik; gleichlautende Bestimmungen im ↗EWG-Vertrag. *kl*

Gesetz zur Verhütung erbkranken Nachwuchses ↗Zwangssterilisation

Gesetz zur Wiederherstellung des Berufsbeamtentums Am 7.4.1933 im Zuge der ↗Gleichschaltung verabschiedetes Gesetz, das, mit wenigen Ausnahmen, die Entlassung aller Beamten ermöglichte, die den nationalsozialistischen Machthabern mißliebig waren, v.a. Juden und Kommunisten; bedeutsam war in erster Linie §3 (↗Arierparagraph), der grundlegend wurde für nachfolgende antijüdische Gesetze und Maßnahmen (↗Arisierung) im ↗Dritten Reich. *JH*

Geßler, Otto Reichsminister, *6.2.1875 Ludwigsburg, †24.3.1955 Lindenberg (Allgäu). Mitbegründer der ↗Deutschen Demokratischen Partei; 1919/20 Reichsminister für Wiederaufbau, 1920–24 Mitglied des Reichstages; war als Reichswehrminister (1920–28) entscheidend am Aufbau der ↗Reichswehr beteiligt; nach dem Attentat vom ↗20. Juli 1944 inhaftiert; 1950–52 Präsident des Deutschen Roten Kreuzes. *JH*

Gestapo ↗Geheime Staatspolizei

Getto ↗Ghetto

Gewerbefreiheit Seit Aufhebung des Zunftzwangs (Preußen 1810/11, die deutschen Staaten ab 1860) geltendes, in der Gewerbeordnung von 1869 niedergelegtes Recht zur freien Ausübung eines Gewerbes oder Berufs, sofern nicht gesetzliche Ausnahmeregelungen bestehen. Für die Bundesrepublik gilt Art. 12 des ↗Grundgesetzes, der jeder und jedem Deutschen, mit verschiedenen Einschränkungen, die Freiheit der Ausbildungs-, Berufs- und Arbeitsplatzwahl garantiert. *nk*

Gewerkschaften Im Deutschen Reich seit dem 19. Jh. nach Vorbild der britischen „Trade Unions“ als Teil der ↗Arbeiterbewegung entstandene Berufs- und Industrieverbände der lohnabhängigen Arbeiterschaft zur Verbesserung ihrer sozialen, politischen und rechtlichen Lage durch Vertretung gemeinsamer Interessen gegenüber Arbeitgebern und staatlichen Organen. Bis 1933 dominierten drei nach Weltanschauung getrennte Hauptrichtungen (Richtungsgewerkschaften): ↗freie (sozialistische) G., ↗christliche G. sowie die liberalen ↗Hirsch-Dunckerschen Gewerkvereine. Ab 1905 entstanden sog. „gelbe“, wirtschaftsfriedliche G. (Werkvereine). Erst 1916, endgültig mit der ↗Novemberrevolution 1918, erfolgte die staatliche Anerkennung der G. als institutionalisierte Vertretungen der Arbeitnehmer. Ihr betrieblicher Einfluß wurde 1920 mit dem ↗Betriebsrätegesetz geregelt. 1933 wurden die Mitglieder bestehender G. in die ↗DAF überführt und die freien G. aufgelöst. Nach 1945 bildeten sich wieder G., aber meist nicht als Richtungs-G., in den westlichen Sektoren, die sich am 23.10.1949 mehrheitlich zum ↗DGB verbanden. *nk*

Gewerkschaften, Bundesrepublik Nach den Erfahrungen der ↗Weimarer Republik und des ↗Dritten Reiches organisierten sich die G. in der Bundesrepublik überkonfessionell und parteienunabhängig nach dem Industrieverbandsprinzip in 17 Einzelgewerkschaften. 1949 schlossen sich die G. im ↗DGB zusammen, der 1997 rund 8,6 Mio. Mitglieder umfaßte. Zu den Aufgaben der demokratisch organisierten G. gehören die Aushandlung und Kontrolle von Tarifverträgen und die politische Interessenvertretung abhängiger Erwerbspersonen. Seit den siebziger Jahren zeigen die G. verstärkt gesellschaftspolitisches Engagement. Außerhalb des DGB existieren die ↗Deutsche Angestelltengewerkschaft und der Christliche Gewerkschaftsbund (↗christliche Gewerkschaften). *bb*

Gewerkschaften, DDR ↗Freier Deutscher Gewerkschaftsbund (FDGB)

Geyer, Florian Reichsritter, Bauernführer, *um 1490 Giebelstadt, †9.6.1525 Rimpar (bei Würzburg). ↗Landsknecht-Führer, 1519 für den ↗Schwäbischen Bund gegen ↗Ulrich von Württemberg eingesetzt; wurde unter ↗Albrecht von Preußen Anhänger Martin ↗Luthers; 1525 im ↗Bauernkrieg Führer der Tauberbauern; nach einigen Niederlagen von Knechten seines Schwagers Wilhelm von ↗Grumbach ermordet. Bearbeitung in ↗Hauptmanns Drama „F.G.“ (1896). *rh*

GG ↗Grundgesetz

Ghetto Im Mittelalter zur Ausgrenzung der ↗Juden (↗Antisemitismus) geschaffene, geschlossene Stadtviertel (z.B. in Frankfurt/Main, Köln, Mainz, Regensburg, Worms); im Zuge der Judenemanzipation im 19. Jh. aufgehoben, von den Nationalsozialisten während des ↗Zweiten Weltkrieges in den besetzten Gebieten Osteuropas wieder eingeführt. Die Wiedererrichtung von G. markierte in der nationalsozialistischen Judenpolitik den Übergang von der zunehmenden Ausgrenzung durch antisemitische Gesetze (↗Arisierung) und Boykottmaßnahmen zur systematischen Vernichtung der Juden (↗Judenvernichtung). *JH*

Giesebrecht, Wilhelm von Historiker, *5.3. 1814 Berlin, †8.12.1889 München. Schüler ↗Rankes; setzte durch seine Wiederherstellung der „Annales Altahenses“ Maßstäbe im Bereich der Quellenkritik. Seine idealisierte Darstellung des mittelalterlichen Kaisertums provozierte die Kritik ↗Sybels an der ↗Italienpolitik der Kaiser, die ihrerseits die ↗Ficker-Sybel-Kontroverse auslöste. *MH*

Gilde Ab dem Hochmittelalter genossenschaftliche Vereinigung auf Basis des gegenseitigen Schutzes der Mitglieder. Diese waren untereinander gleichberechtigt, auf der Grundlage des G.-Eides; zunächst frei zugänglich, später an Voraussetzungen (z.B. Berufsgruppe) geknüpft; unterschiedliche Ausrichtung: neben religiös bestimmten G. (Bruderschaften) seit dem 11. Jh. berufsspezifische, v.a. Kaufmanns-G. (↗Hanse) und Handwerker-G. (↗Zunftwesen). G.-Recht lag oft den neuen ↗Stadtrechten zugrunde. Erst mit Beginn der Neuzeit ging die Bedeutung der G. zurück. G. findet heutige Entsprechung in den ↗Innungen. *wj*

Glaubenskriege ↗Religionskriege

Gleichberechtigung von Mann und Frau Obwohl die G. ausdrücklich in Art. 3 des ↗Grundgesetzes verankert ist, galten frauenbenachteiligende Regelungen des ↗BGB bis zu einem Urteil des ↗Bundesverfassungsgerichtes 1953 fort. 1957 wurde ein Gleichberechtigungsgesetz verabschiedet, 1976 im Ehe- und Familienrecht die bis dahin gesetzlich vorgeschriebene Arbeitsteilung in der Ehe aufgehoben und das Schuldprinzip bei Ehescheidungen abgeschafft. 1993 wurde die G. durch eine Ergänzung des Grundgesetzes zum Verfassungsziel erhoben.

Trotz dieser Bemühungen und der Einführung

von Frauenbeauftragten und Frauenförderprogrammen seit den achtziger Jahren ist die Gleichstellung noch nicht erreicht. *bb*

Gleichschaltung Politisches Schlagwort für die Anpassung bzw. Ausschaltung staatlicher, politischer und gesellschaftlicher Institutionen an die politischen und ideologischen Ziele der ↗NSDAP. Im engeren Sinne stand der Bergiff G. zunächst für die während der ↗Machtergreifung staatsstreichartige, dann durch Gesetze sanktionierte Ausschaltung der Regierungen der deutschen Länder nach der Reichstagswahl vom 5.3.1933. Er wurde später ausgeweitet auf weitere Maßnahmen, die der politischen Konsolidierung und Zentralisierung der Staatsmacht dienten, u.a. auf die Ablösung der ↗Gewerkschaften durch die ↗Deutsche Arbeitsfront und die Auflösung der Parteien und Verbände. *JH*

Gleiwitz, Sender Radiostation in Oberschlesien. Am 31.8.1939 Schauplatz eines deutscherseits inszenierten Überfalls. Ein SS-Kommando unter ↗Naujocks besetzte kurzzeitig den Sender und strahlte einen vermeintlichen polnischen Aufstandsaufruf aus. Wurde von der nationalsozialistischen Propaganda als polnischer Grenzzwischenfall dargestellt und zur Begründung des Überfalls auf Polen herangezogen. *PS*

Globke, Hans Jurist, Politiker (CDU), *10.9. 1898 Düsseldorf, †13.2.1973 Bonn. 1932–45 Ministerialrat im Reichsinnenministerium; Verfasser eines Kommentars zu den ↗Nürnberger Gesetzen; 1953–63 als Staatssekretär im Bundeskanzleramt unter ↗Adenauer von administrativem und politischem Einfluß. *AM*

Globke-Plan (1959) Internes Planspiel im Bundeskanzleramt aus dem Jahr 1959, nach dem dortigen Staatssekretär ↗Globke benannt; sah die Aufnahme diplomatischer Beziehungen nach der gegenseitigen Anerkennung der Bundesrepublik und der DDR und binnen fünf Jahren eine Volksabstimmung über eine Wiedervereinigung vor. Der Plan wurde angesichts der ↗Berlin-Krisen jedoch nicht Teil der westdeutschen Deutschlandpolitik. *kl*

Globocnik, Odilo SS-Gruppenführer, *21.4. 1904 Triest, †21.5.1945 bei Weißensee (Kärnten). 1938 erster Gauleiter von Wien, wegen Devisenverfahren amtsenthoben; von ↗Himmler am 9.11.1939 zum SS- und Polizeiführer des Distriktes Lublin (Polen) ernannt. Als solcher mit der Durchführung der ↗„Aktion Reinhard" betraut, der Errichtung von ↗Vernichtungslagern im ↗Generalgouvernement. Bei seiner Festnahme nach Kriegsende Suizid. *PS*

Glossar Sammlung von ↗Glossen; Wörterbuch. *rw*

Glosse 1) Fremdwort;
2) Wort- oder Sacherklärung; in ↗Handschriften an den Rand (Marginal-G.) oder zwischen die Zeilen (Interlinear-G.) geschrieben; auch in der Rechtswissenschaft gebräuchlich;
3) in den Medien feuilletonistischer Kommentar zu politischen und kulturellen Ereignissen. *rw*

Glotz, Peter Publizist, Politiker (SPD), *6.3. 1939 Eger (Böhmen). G. war 1970–72 für die ↗SPD im bayrischen Landtag; 1972–76 stellvertretender Vorsitzender der bayrischen SPD; 1972–77 Abgeordneter des Bundestages; 1974–77 Staatssekretär im Ministerium für Bildung und Wissenschaft; 1977–81 Wissenschaftssenator in Berlin; 1981–87 Bundesgeschäftsführer der SPD. Seit 1983 erneut im Bundestag, legte er sein Mandat 1996 nieder. *bb*

Gluck, Christoph Willibald Ritter von Komponist, *2.7.1714 Erasbach (Oberpfalz), †15.11. 1787 Wien. Nach Studien in Prag, Wien und Mailand 1745 Berufung an die Londoner Haymarket-Oper; ab 1752 Kapellmeister in Wien. G. erregte v.a. mit Opern wie „Orfeo ed Euridice" (1762) und „Alceste" (1767), die die vorherrschende Opernkonvention durchbrachen, Aufsehen. *nk*

Gneisenau, August Neithardt von Preußischer Generalfeldmarschall, *27.10.1760 Schildau (bei Torgau), †23.8.1831 Posen. Seit 1786 in preußischen Diensten; 1807 zusammen mit ↗Nettelbeck erfolgreicher Verteidiger Kolbergs; bis Ende 1808 einer der bedeutendsten Mitarbeiter an der ↗preußischen Heeresreform; in den ↗Befreiungskriegen 1813 und 1815 Generalstabschef ↗Blüchers; am Sieg von ↗Waterloo beteiligt. *rh*

Gneist, Heinrich Rudolf von Jurist, Politiker, *13.8.1816 Berlin, †22.7.1895 ebd. Ab 1845 Professor der Rechte in Berlin; 1858–93 Mitglied des preußischen Abgeordnetenhauses, 1867–84 des Reichstages; großer Einfluß auf die Verwaltungsgesetzgebung, v.a. die Einführung der Verwaltungsgerichtsbarkeit; vertrat u.a. die Lehre der Selbstverwaltung, umgesetzt in der Kreisordnung (1872) und Landgemeindeordnung (1891). *MH*

Godesberger Programm (1959) Grundsatzprogramm der ↗SPD, auf einem außerordentlichen Parteitag am 15.11.1959 in Bad Godesberg verabschiedet; Endpunkt der Ablösung von marxistisch geprägten Programmen; definierte die SPD nicht mehr als Arbeiter-, sondern als Volkspartei; forderte die Umsetzung der sozialistischen Ideale Freiheit, Gerechtigkeit und Solidarität auf demokratischem Wege („demokratischer Sozialismus"); in den siebziger und achtziger Jahren um Forderungen nach einem ökologischen Umbau der Industriegesellschaft ergänzt. *kl*

Goebbels, Joseph Reichsminister, *29.10.1897 Rheydt (Rheinland), †1.5.1945 Berlin. 1926 Eintritt in die ↗NSDAP und von ↗Hitler zum Gauleiter von ↗Berlin ernannt; 1928 Mitglied des ↗Reichstages, 1929 Reichspropagandaleiter; 1933 ↗Reichsminister für Volksaufklärung und Propaganda, Präsident der ↗Reichskulturkammer; führte die ↗Gleichschaltung von Presse, Rundfunk, Film und aller Zweige des literarischen und künstlerischen Lebens durch; Initiator der ↗Novemberpogrome (1938).
G. war einer der radikalsten Vertreter des ↗Nationalsozialismus. Er organisierte durch seine Propagandareden die kultische Verehrung Hitlers als ↗Führer des deutschen Volkes, unterstützte den Völkermord an den Juden (↗Judenvernichtung) und rief zur Fortsetzung des ↗Zweiten Weltkrieges mit allen Mitteln (↗Totaler Krieg) auf. Kurz nach Hitlers Selbstmord nahm G. seiner Familie und sich das Leben. *JH*

Goerdeler, Carl-Friedrich Politiker, *31.7.1884 Schneidemühl (Westpreußen), †2.2.1945 Berlin. 1923 Mitglied der ↗DNVP. In den zwanziger Jah-

Godesberger Programm: Erich ↗Ollenhauer wirft Karl ↗Marx auf den Müll (Zeichnung von H. M. Brockmann).

ren zweiter Bürgermeister von Königsberg, Mitte der dreißiger Jahre ↗Reichskommissar und von 1930 bis zu seinem Rücktritt 1937 Bürgermeister von Leipzig, danach für den ↗Bosch-Konzern tätig. Einer der führenden Köpfe des bürgerlichen ↗Widerstandes, war G. von den Verschwörern des ↗Zwanzigsten Juli als neuer Kanzler vorgesehen. Nach Scheitern des Attentats denunziert und am 12.8.1944 festgenommen; wurde am 8.9.1944 vom ↗Volksgerichtshof zum Tode verurteilt und später hingerichtet. (522) *PS*

Goerdeler-Kreis Ab der zweiten Hälfte der dreißiger Jahre des 20. Jh.s sammelte der ehemalige ↗Reichskommissar ↗Goerdeler oppositionelle Militärs und Industrielle, wie Generalstabschef ↗Beck und Robert ↗Bosch, um sich, die wie er konservativ-bürgerlich eingestellt waren. Nach dem ↗Zwanzigsten Juli wurden viele Mitglieder des G.-K. hingerichtet. *PS*

Goethe, Johann Wolfgang von Schriftsteller, Minister, *28.8.1749 Frankfurt/Main, †22.3.1832 Weimar. 1765–68 Jurastudium in Leipzig. Während seiner Anwaltsjahre in Frankfurt (1771–75), der sog. „Frankfurter Geniezeit“, entstanden u.a. G.s ↗Sturm-und-Drang-Werke (z.B. Die Leiden des jungen Werthers, 1774); 1776 Eintritt in den Weimarer Staatsdienst, Freund und Ratgeber von Herzog ↗Karl August; 1779 Ernennung zum Minister (Geheimer Rat) und zum Leiter der Kriegs- und Wegebaukommission; 1782 Finanzminister (Kammerpräsident); 1786–88 Leiter der Anstalten für Wissenschaft und Kunst unter Aufgabe seiner früheren staatspolitischen Verpflichtungen; in diese Zeit fiel auch G.s italienische Reise; 1791–1817 Leiter des Weimarer Hoftheaters, 1796–1805 gemeinsam mit Friedrich von ↗Schiller; 1792/93 Begleiter von Herzog Karl August im Ersten ↗Koalitionskrieg; 1808 Zusammentreffen mit ↗Napoleon auf dem Erfurter Fürstentag; 1815 Ernennung zum Staatsminister.

Trotz seiner Staatsämter besaß G. kein vordringlich politisches Anliegen. Die eigentliche Wirkung entfaltete er in seinem großen literarischen Werk, das die deutsche Geistesgeschichte der Neuzeit entscheidend prägte. Sein Schaffen übte schon zu seinen Lebzeiten bedeutenden Einfluß auf die Literaten aus (sog. Goethezeit 1770–1830). G.s Werk enthält auch umfangreiche naturwissenschaftliche Schriften, u.a. „Zur Farbenlehre“ (1810). Abschluß seines wichtigsten Dramas 1806 (Faust I) und 1832 (Faust II). 1827–30 besorgte G. eine Ausgabe letzter Hand. Die Schriften G.s wurden vollständig in der „Weimarer“ (Sophien-) Ausgabe herausgegeben. *nk*

Goldene Bulle 1) ↗Urkunde mit Goldsiegel. 2) Bes. das von Kaiser ↗Karl IV. 1356 erlassene, bedeutendste Grundgesetz des ↗Heiligen Römischen Reiches; Königswahl und verschiedene Hoheitsrechte wurden endgültig den sieben ↗Kurfürsten übertragen. Die G.B. legte die Unteilbarkeit der Kurfürstentümer fest. *vK*

Goldhagen-Debatte 1996 durch eine historische Untersuchung des US-amerikanischen Politologen Daniel Jonah Goldhagen ausgelöste und von der Wochenzeitung „Die ↗Zeit“ mitinitiierte, hauptsächlich publizistische Debatte; Erneuerung der ↗Kollektivschuldthese durch Goldhagen, von den Historikern jedoch einhellig abgelehnt; traf auf eine durch die ↗Wehrmachtsausstellung sensibilisierte deutsche Öffentlichkeit. *kl*

Goldschmidt, Henriette (geb. Benas) Sozialpädagogin, Frauenrechtlerin, *23.11.1825 Krotoschin (Posen), †30.1.1920 Leipzig. Gründete mit Auguste ↗Schmidt und ↗Otto-Peters den ↗Allgemeinen Deutschen Frauenverein; trug durch die Gründung der ersten Kindergärtnerinnenschule 1878 zur Entwicklung des Berufs der Kindergärtnerin bei. *MH*

Gollwitzer, Helmut Evangelischer Theologe, Schriftsteller, *29.12.1908 Pappenheim (Bayern), †17.10.1993 Berlin. 1950 Professor für Theologie in Bonn; ab 1957 in Berlin. G. setzte sich in seinen Schriften u.a. für atomare Abrüstung sowie für die ↗Studentenproteste der 60er Jahre ein. *AM*

Goltz Altes preußisches Uradelsgeschlecht in der Neumark, in Pommern und in Ostpreußen, wird im 13. Jh. erstmals erwähnt; 1786 preußische Grafen. *rh*

Goltz, August Graf von der Preußischer Staatsminister, *20.7.1765 Dresden, †17.1.1832 Berlin. Schloß 1807 als preußischer Außenminister den Frieden von ↗Tilsit; 1812 Staatsminister (plante den Anschluß Preußens an Frankreich); 1816–24 Bundestagsgesandter in Frankfurt/Main. *rh*

Goltz, Colmar Freiherr von der (G.-Pascha) Preußischer Generalfeldmarschall, *12.8.1843 Bielkenfeld (Ostpreußen), †19.4.1916 Bagdad. 1883–96 Reorganisation der türkischen Armee; dabei Ernennung zum Pascha; im ↗Ersten Weltkrieg Befehlshaber der türkischen 6. Armee in Mesopotamien; wesentlicher Anteil am Sieg über die Briten bei Kut el-Amara am Euphrat 1916, der eine Vereinigung von Briten und Russen in Persien verhinderte. *MH*

Goltz, Robert Graf von der Preußischer Diplomat, *6.6.1817 Paris, †24.6.1869 Charlottenburg. Ab 1863 als Botschafter in Paris; konnte Frankreich während des ↗Deutsch-Dänischen Krieges und des ↗Deutschen Krieges von einem Eingreifen zuungunsten Preußens abhalten. G. arbeitete auf eine preußisch-französische Verständigung hin, was ihm jedoch die Kritik Otto von ↗Bismarcks einbrachte. *MH*

Goltz, Rüdiger Graf von der General, *8.12.1865 Züllichau, †4.11.1946 Kinsegg (Bernbeuren). Aus altem preußischen Adelsgeschlecht der Neumark stammend, befreite er 1918 (↗Erster Weltkrieg) Finnland von der ↗Roten Armee und kommandierte anschließend im Baltikum antisowjetische Freiwilligenverbände; wurde 1919 auf Verlangen der Entente abberufen. *PS*

Goppel, Alfons Ministerpräsident (Bayern; CSU), *1.10.1905 Regensburg, †24.12.1991 Aschaffenburg. 1958–62 bayrischer Innenminister, 1962–78 Ministerpräsident; 1979–84 Mitglied des ↗Europäischen Parlaments. *Vö*

Gordon, John (Johann) Kaiserlicher Heerführer, †um 1649. Kommandant von Eger, an der Ermordung ↗Wallensteins (24.2.1634) beteiligt. *rh*

Göring, Hermann Reichsmarschall, *12.1.1893 Rosenheim, †15.10.1946 Nürnberg. Als Jagdflieger Teilnahme am Ersten Weltkrieg und mit Orden ausgezeichnet („Pour le mérite"); 1922 Eintritt in die ↗NSDAP, übernahm die Führung der ↗SA; floh nach seiner Teilnahme am gescheiterten ↗Hitler-Putsch (1923) ins Ausland; wurde nach seiner Rückkehr Mitglied des Reichstages; 1932 Reichstagspräsident; leitete als Reichsluftfahrtminister (seit 1933) den heimlichen Aufbau der Luftwaffe; betrieb als preußischer Ministerpräsident und zugleich Innenminister 1933/34 Maßnahmen zur ↗Gleichschaltung sowie die Bildung der ↗Gestapo und die Errichtung von ↗Konzentrationslagern; 1934 Reichsforst- und Reichsjägermeister; 1935 Oberbefehlshaber der Luftwaffe, 1936 Beauftragter für den Vierjahresplan; von ↗Hitler 1939 zu seinem Nachfolger bestimmt. 1940 zum Reichsmarschall ernannt, verlor G. angesichts fehlender militärischer Erfolge bei Hitler an Ansehen, wurde kurz vor Kriegsende 1945 seiner Ämter enthoben und aus der Partei ausgeschlossen.

Hermann Göring als SA-Führer

G. war einer der Hauptverantwortlichen für das System der ↗Zwangsarbeit und den Völkermord an den Juden (↗Judenvernichtung) und wurde bei den ↗Nürnberger Kriegsverbrecher-Prozessen zum Tode verurteilt. Kurz vor seiner Hinrichtung beging er Selbstmord. (347, 365) *JH*

Gorleben Gemeinde in Niedersachsen (Kreis Lüchow-Dannenberg). 1983 Inbetriebnahme des dortigen Zwischenlagers für abgebrannte Brennelemente; am 25.4.1995 unter heftigen Protesten von Kernkraftgegnern Ziel des ersten ↗Castor-Transportes. *AM*

Görlitzer Programm (1921) Am 23.9.1921 von der ↗SPD beschlossenes Parteiprogramm; revidierte das ↗Erfurter Programm (1891); Bekenntnis zur demokratisch-republikanischen Staatsform von Weimar (↗Weimarer Verfassung) und, orientiert am ↗Revisionismus, zu einer Politik der Reformen; 1925 durch das ↗Heidelberger Programm abgelöst. *JH*

Görlitzer Vertrag (1950) Abkommen zwischen der ↗DDR und der Volksrepublik Polen vom 6.7.1950, der die Anerkennung der ↗Oder-Neiße-Linie als „Friedensgrenze" zwischen beiden Staaten beinhaltete; nach der ↗Wiedervereinigung 1990 durch den ↗Grenzvertrag abgelöst. *kl*

Görres, Johann Joseph von Publizist, *25.1.1776 Koblenz, †29.1.1848 München. Nach Studium der Naturwissenschaften Lehrer in Koblenz (1800–06, 1808–14) und Dozent in Heidelberg (1806–08), wo er in Verbindung mit den Romantikern um Clemens ↗Brentano und Achim von ↗Arnim stand; 1814 bis zum Verbot 1816 Herausgeber des ↗Rheinischen Merkur; gehörte mit ↗Arndt zu den wichtigsten Publizisten der ↗Befreiungskriege; griff in seiner Schrift „Teutschland und die Revolution" (1819) die Politik der ↗Restauration an; entzog sich der Verhaftung durch Flucht nach Straßburg; seit 1827 Geschichtsprofessor in München; 1838 Mitbegründer der katholisch und ↗großdeutsch orientierten „Historisch-politischen Blätter". *nk*

Gorzer Reform Mönchische Reformbewegung des 10. und 11. Jh.s mit dem Ziel der Erneuerung des klösterlichen Lebens, benannt nach ihrem Ausgangs- und Mittelpunkt, der Benediktinerabtei Gorze in Lothringen; unabhängig von der ↗Cluniazensischen Klosterreform, hinter die sie in der zweiten Hälfte des 11. Jh.s zurücktrat. Ca. 170 Klöster schlossen sich der G.R. an, darunter Niederalteich, ↗Reichenau und Schwarzach am Main. *dh*

Göschen, Georg Joachim Verlagsbuchhändler, *22.4.1752 Bremen, †5.4.1828 Gut Hohnstädt (bei Grimma). Buchhändlerlehre in Bremen; G. gründete 1785 in Leipzig die G.J.G.sche Verlagsbuchhandlung. Er verlegte v.a. Gesamtausgaben von ↗Goethe, ↗Klopstock, August Wilhelm Iffland und Einzelwerke Friedrich von ↗Schillers. G. setzte Schwerpunkte in der Herstellung preiswerter Volksausgaben. *rm*

Göth, Amon KZ-Kommandant, *Dezember 1908 Wien, †13.9.1946 Krakau. Leitete von Februar 1943 bis zur Auflösung September 1944 das ↗Konzentrationslager Krakau-Plaszów; Gegenspieler des Industriellen ↗Schindler, der rund 900 jüdische Lagerinsassen vor G. rettete.

Am 5.9.1946 Todesurteil durch polnisches Gericht, anschließend hingerichtet. *PS*

Gothaer Genealogische Taschenbücher 1763–1944 publizierte Verzeichnisse der Stammbäume von Adelsgeschlechtern und -familien. Seit 1951 durch „Genealogisches Handbuch des Adels" fortgeführt. *nk*

Gothaer Programm (1875) Parteiprogramm der Sozialistischen Arbeiterpartei Deutschlands (ab 1890 ↗SPD), die 1875 auf dem Kongreß in Gotha aus der Vereinigung des ↗ADAV mit der ↗Sozialdemokratischen Arbeiterpartei entstand. Das G.P. forderte – unter Betonung des internationalen Charakters der ↗Arbeiterbewegung – u.a. wirksame Arbeiterschutzgesetze und die sozialistische Umgestaltung von Staat und Gesellschaft. 1891 wurde das G.P. durch das ↗Erfurter Programm ersetzt. *vK*

Gotik Letzte Epoche der mittelalterlichen Kunst um 1140–1420. Verbreitete sich von Frankreich aus nach Europa. Den abwertend gemeinten Begriff G. prägte Giorgio Vasari in der ↗Renaissance: „il gotico" = barbarisch, nicht antik. Die Baukunst der G. beschränkte sich anfangs auf den Sakralbau. Merkmale sind große Höhe, Kreuzrippengewölbe über Bündelpfeilern, Auflösung der Wandflächen durch riesige Spitzbogenfenster mit oft aufwendigem Maßwerk, Chorumgang mit Kapellenkranz, reiche Gliederung der Westfassaden, hohe Türme. Gründungsbau der G. ist Saint-Denis bei Paris. In der Spätgotik entwickelten sich in den einzelnen Ländern sog. Sonder-G., der Baustil wurde auf Profanbauten übertragen. Gotische Kirchen in Deutschland: u.a. der Dom in ↗Köln und das Münster in ↗Freiburg. Die figürliche Skulptur war zunächst eng an die Architektur gebunden; sie entwickelte sich im Laufe der G. zur freistehenden Plastik in S-förmigem Schwung mit raumgreifendem Gewand in reichen Falten. Um 1400 entstanden im Zuge des „internationalen Stils" die sog. „Schönen Madonnen". Die Zeit der deutschen Mystik förderte die Entstehung von ausdrucksvollen Andachtsbildern aus Holz: Christus-Johannes-Gruppen, Vesperbilder, leidender Christus. In der Spätgotik erlebte die Holzskulptur ihre Blütezeit: u.a. ↗Stoß, ↗Riemenschneider. Es entstanden Schreinaltäre, die aus Architektur, Plastik und Malerei bestanden. Die Malerei der G. beschränkte sich nördlich der Alpen weitgehend auf Altäre und Tafelbilder, v.a. ↗Dürer, ↗Grünewald. Fresken entstanden nur in Italien, wo die Wände nicht zugunsten der Fenster aufgelöst wurden (Giotto, Simone Martini). Eine Blüte erlebten Glas- und Buchmalerei, im Kunsthandwerk die Goldschmiedekunst, Elfenbeinkunst, Teppichwirkerei, Stickerei. In der ↗Romantik und im ↗Historismus kam es zu einer Wiederbelebung der G. *rw*

Gottesgnadentum Bezeichnung für die Herleitung des Herrscherrechts unmittelbar von Gott. Findet seinen Ausdruck in der Formel „Dei gratia" = von Gottes Gnaden, die sich seit dem 5. Jh. bei Geistlichen, seit der Karolingerzeit in der Titulatur der christlichen Herrscher findet. Das G. wurde bes. im ↗Absolutismus zur Betonung der unabhängigen monarchischen Gewalt benutzt und bis 1918 in Anspruch genommen. *wj*

Gottesurteil (Ordal, von ordalium = Urteil) Mittelalterliches Beweismittel zur Klärung von Schuldfragen durch eine Probe (z. B. Feuer-, Wasser-, Bahrprobe). Zugrunde lag ihm die Vorstellung vom unmittelbaren Eingreifen Gottes zur Wahrheitsfindung. Obwohl bereits auf dem Laterankonzil von 1215 von der Kirche verurteilt, war es bis zum 15. Jh. in Gebrauch. Als Wasserprobe auch noch in der frühneuzeitlichen ↗Hexenverfolgung. *wj*

Göttinger Hainbund 1772–75 im Umfeld der Göttinger Universität bestehende Dichtergemeinschaft in der Tradition von ↗Pietismus und ↗Empfindsamkeit, die im ↗Sturm und Drang eine gesonderte Gruppierung bildete. Dem G.H. gehörten u. a. ↗Boie und ↗Hölty an. Gottfried August Bürger, ↗Claudius und ↗Klopstock, auf dessen Ode „Der Hügel und der Hain" der Name zurückgeht, standen ihm nahe. *ij*

Göttinger Manifest (1957) Am 12. 4. 1957 veröffentlichte Erklärung von 18 Atomwissenschaftlern, unter ihnen Otto ↗Hahn und ↗Heisenberg, als Beitrag zur Diskussion um eine ↗atomare Bewaffnung der Bundeswehr; forderte von der Bundesregierung den freiwilligen Verzicht auf ↗Atomwaffen; heftige Kritik durch Bundesverteidigungsminister Franz-Josef ↗Strauß; Auslöser für die Kampagne ↗Kampf dem Atomtod. *kl*

Göttinger Sieben Die sieben Göttinger Professoren Wilhelm Albrecht, ↗Dahlmann, Heinrich Ewald, ↗Gervinus, Jakob und Wilhelm ↗Grimm sowie Wilhelm Eduard Weber protestierten 1837 gegen die Aufhebung der hannoverschen Verfassung von 1833 durch König ↗Ernst August II. von Hannover und wurden daraufhin entlassen (Dahlmann, Gervinus und Jakob Grimm außerdem des Landes verwiesen). *vK*

Gottsched, Johann Christoph Gelehrter, Schriftsteller, * 2. 2. 1700 Juditten (bei Königsberg), † 12. 12. 1766 Leipzig. Studium der Theologie, Philologie und Philosophie, seit 1730 Professor für Poesie, seit 1734 für Philosophie; verfaßte Schriften zur Literaturtheorie, Literaturkritiken und Dramen; Herausgeber literarischer Zeitschriften. G. gehört zu den geistigen Führern der frühen ↗Aufklärung. *nk*

Government Aid and Relief in Occupied Areas (GARIOA) US-amerikanisches Hilfsprogramm nach dem ↗Zweiten Weltkrieg zur Verhinderung von Hunger und ↗Seuchen. Westdeutschland erhielt 1945–49/50 Lieferungen im Wert von 1,62 Mrd. US-Dollar. Seit Ende 1948 durch Lieferungen aus dem ↗European Recovery Program ersetzt. *kl*

Grabbe, Christian Dietrich Dramatiker, * 11. 12. 1801 Detmold, † 12. 9. 1836 ebd. Jurastudium in Leipzig und Berlin. Seine Dramatik stand unter dem Einfluß William Shakespeares und des ↗Sturm und Drang. Neben ↗Büchner zählt G. zu den Wegbereitern des modernen Dramas in Deutschland (Hannibal, 1835). *rm*

Grabsitten Die Behandlung und Ausstattung von Toten bei der Bestattung, bes. im Frühmittelalter. Hierzu zählten zum einen die Lage des Grabes (in der Merowingerzeit meist auf Reihengräberfeldern in ost-westlicher Himmelsrichtung), der Grabbau (Sarg, Grabkammer) und die Bestattungsform (Brand- oder Körpergrab) sowie die Mitgabe von Gegenständen ins Grab (Grabbeigaben = Waffen, Schmuck, Gefäße, Werkzeuge, Speisen u. ä.). Die Motive der G. konnten sehr unterschiedlich sein (Ausstattung für das Jenseits, Ausdruck sozialer Stellung). G. sind wichtige Hilfsmittel zur archäologischen ↗Datierung und Interpretation. *wj*

Graf (Althochdeutsch grafio, lat. Comes)
1) Im ↗Frankenreich Beamter des Königs über einen oft nicht scharf abgegrenzten Verwaltungsbezirk. War zunächst für das Heeresaufgebot verantwortlich, dann auch für Gerichtsbarkeit und hatte polizeiliche sowie fiskalische Befugnisse.
Im 9. Jh. wandelte sich das G.en-Amt zum Lehen, später wurde es erblich und damit zur Bezeichnung eines ↗Standes.
Seit dem Hochmittelalter waren die G. Angehörige des hohen ↗Adels. Ein Teil von ihnen schuf sich eine ↗reichsunmittelbare Landesherrschaft und zählte seit dem frühen 16. Jh. zu den ↗Reichsständen. Der Rest (u. a. auch Adlige, denen seit dem späten Mittelalter der Kaiser bzw. ein Landesherr den G.en-Titel verlieh) bildete die oberste Stufe des niederen Adels und den vierten ↗Heerschild. 1806 wurden die reichsunmittelbaren G. mediatisiert (↗Mediatisierung). Seit 1919 ist G. nur noch Bestandteil des Familiennamens.
2) Seit dem späteren Mittelalter Titel für genossenschaftliche Beauftragte (z. B. Deich-G.). *wj*

Graf, Willi Medizinstudent, * 2. 1. 1918 Kuchenheim (bei Euskirchen), † 12. 10. 1943 München. Ab 1940 wiederholt als Sanitäter zur ↗Wehrmacht eingezogen; Mitglied der ↗Weißen Rose, am 18. 2. 1943 verhaftet, am 19. 4. 1943 zum Tode verurteilt, erst später hingerichtet, weil die ↗Gestapo sich erhoffte, so oppositionelle Kreise aufzudecken. *PS*

Grafenbank Im ↗Reichstag des Heiligen Römischen Reiches die eine Kuriatstimme besitzenden ↗reichsunmittelbaren ↗Grafen. Die G. entwickelte sich seit 1512 aus dem ↗Reichsfürstenrat, um den Grafen größeren Einfluß zu sichern. Es entstand eine schwäbische, wetterauische, fränkische und westfälische G. *dt*

Grafschaft Das Herrschaftsgebiet eines ↗Grafen. Gehörte zum Königsgut, geriet aber im Laufe des Mittelalters zunehmend unter den Einfluß größerer Gebiete (z.B. Markgrafschaften); die fränkische G.s-Verfassung war Vorbild für andere europäische Staaten (z.B. England). *wj*

Grass, Günter Graphiker, Schriftsteller, *16.10. 1927 Danzig. Einer der bedeutendsten Literaten des 20. Jh.s mit immensem politischen und sozialen Engagement v.a. in den sechziger Jahren, u.a. auch im Wahlkampf für die ↗SPD. Mehrere Preise und Auszeichnungen, u.a. Büchner-Preis (1965), Fontane-Preis (1968). Mit dem Roman „Die Blechtrommel“ (1959) erlangte er internationale Anerkennung. Werke u.a.: Der Butt (1977), Die Rättin (1986). *kp*

Greenpeace Internationale und überparteiliche Umweltschutzorganisation, die mit spektakulären Aktionen auf Umweltzerstörung aufmerksam macht; 1971 in Vancouver (Kanada) gegründet; Büros in 32 Staaten; Hauptsitz in Deutschland ist Hamburg. G. Deutschland wird zu über 90 % aus Förderbeiträgen und Spenden finanziert; G.-Gruppen mit insgesamt ca. 2000 ehrenamtlich tätigen Mitgliedern und 120 festangestellten Mitarbeitern gibt es in über 80 deutschen Städten. *AM*

Gregor XIII. Papst, *1.1.1502 Bologna, †10.4. 1585 Rom. 1531–39 Rechtslehrer in Bologna, 1565 Kardinal in Spanien; 1572 Papst; förderte bes. in Deutschland die ↗Gegenreformation und die ↗Katholische Reform, wobei er sich v.a. auf die ↗Jesuiten stützte; Reform des Kalenders (↗Gregorianischer Kalender). *rh*

Gregorianische Reform Nach Papst Gregor VII. benannte kirchliche Reformbewegung des 11. und 12. Jh.s; begann unter den von Kaiser ↗Heinrich III. designierten deutschen Päpsten (1046–57) als Kampf für die ↗Libertas Ecclesiae, gegen Simonie, Priesterehe und Laieninvestitur mit dem Ziel einer moralischen Reform; intensivierte sich bes. unter Gregor VII. im ↗Investiturstreit; endete Anfang des 12. Jh.s mit der Herauslösung des Priestertums aus der Abhängigkeit von weltlichen Gewalten und mit einer Stärkung der Stellung des ↗Papsttums. *vK*

Gregorianischer Kalender Der G.K. reformierte den 46 v.Chr. von Julius Cäsar eingeführten Julianischen Kalender, der im ganzen Mittelalter

Greenpeaceschiff „Beluga“ bei einer Protestaktion im Hamburger Hafen

galt. Papst ↗Gregor XIII. glich 1582 einige Ungenauigkeiten aus: Er ließ auf den 4. gleich den 15. Oktober folgen; Jahrhundertjahre gelten nun nur dann als Schaltjahre, wenn durch 400 teilbar. Der G.K. wurde in den katholischen Ländern bald nach 1582, in den protestantischen Teilen des Heiligen Römischen Reiches erst 1700 eingeführt. *rh*

Grenadiere 1) Im 17. und 18. Jh. die mit Handgranaten ausgerüsteten Infanteristen, dann Traditionsname für Elitetruppen der Infanterie (z. B. in Preußen).
2) In Deutschland im ↗Zweiten Weltkrieg von den Panzergrenadieren auf alle Infanteristen übertragene Bezeichnung.
3) In der ↗Bundeswehr niedriger Mannschaftsdienstgrad. *rh*

Grenzschutzgruppe (GSG) 9 Militärisch ausgebildete Spezialeinheit des Bundesgrenzschutzes zur Wahrung der inneren Sicherheit; untersteht dem Bundesinnenminister; v. a. im Kampf gegen ↗Terrorismus und organisierte Kriminalität eingesetzt; wurde v. a. durch die Befreiung der Geiseln aus der entführten ↗Lufthansa-Maschine „Landshut" und den Antiterroreinsatz in Bad Kleinen bekannt. *bb*

Grenztruppen der DDR Militärische Einheiten zur Sicherung der Staatsgrenze der DDR; als Grenzpolizei 1946 aufgestellt und mit Errichtung der ↗deutsch-deutschen Grenze 1952 als „Deutsche Grenzpolizei" institutionalisiert; 1961 nach dem Bau der ↗Berliner Mauer als Teilstreitkraft der ↗NVA eingegliedert und seit 1973/74 als G. bezeichnet; nach der ↗Wiedervereinigung zunächst erheblich verkleinert, dann zusammen mit der NVA aufgelöst; Übernahme von Angehörigen in den „Bundesgrenzschutz"; Räumung der ehemaligen Grenzanlagen im Auftrag der ↗Bundeswehr. *kl*

Grenzvertrag, Bundesrepublik Deutschland – Volksrepublik Polen (1990) Am 14.11.1990 durch die Außenminister ↗Genscher und Krzystof Skubiszewski in Warschau unterzeichnetes Abkommen, das die ↗Oder-Neiße-Linie als Westgrenze Polens zu Deutschland endgültig völkerrechtlich festschrieb; es ersetzte den ↗Görlitzer Vertrag (1950) und den ↗deutsch-polnischen Vertrag (1970); formale Bestätigung der Regelung des ↗Zwei-plus-Vier-Vertrages; zusammen mit dem ↗deutsch-polnischen Vertrag von 1991 am 16. 1. 1992 in Kraft getreten. *kl*

Grieshaber, HAP (Helmut Andreas Paul) Graphiker, *15. 2. 1909 Rot an der Rot, †12. 5. 1981 Enningen unter Achalm. 1955–60 Professur an der Staatlichen Kunstakademie in Karlsruhe. Von Bedeutung sind seine Farbholzschnitte; G. bearbeitete v. a. Themen aus Mythologie und Religion (Totentanz von Basel, 1966). *rm*

Grimm, Hans Schriftsteller, *22. 3. 1875 Wiesbaden, †27. 9. 1959 Lippoldsberg (bei Kassel). Nach 13 Jahren als Kaufmann in Südafrika kehrte G. 1910 nach Deutschland zurück. In „Südafrikanische Novellen" (1913) und später in „Volk ohne Raum" (1928–30) setzte sich G. für ein deutsches Kolonialreich ein. Die nationalsozialistische Expansionspolitik nahm seine Thesen auf. Nach dem ↗Dritten Reich versuchte er in seinen Werken die deutsche Schuld am ↗Zweiten Weltkrieg zu bestreiten. *rm*

Grimm, Jakob Sprach- und Literaturwissenschaftler, *4. 1. 1785 Hanau, †20. 9. 1863 Berlin. Bruder Wilhelm ↗G.s; Jurastudium; 1830 Professur in Göttingen; 1846 Präsident der ersten Germanisten-Versammlung in ↗Frankfurt; 1848 Abgeordneter der ↗Frankfurter Nationalversammlung. G. war der geistige Führer der germanistischen Wissenschaft. Bahnbrechend war seine „Deutsche Grammatik" (1819–37). Zusammen mit seinem Bruder Wilhelm gab er die Sammlung ↗Kinder- und Hausmärchen (1812–15) heraus. *rm*

Grimm, Wilhelm Literaturwissenschaftler, *24. 2. 1786 Hanau, †16. 12. 1859 Berlin. Bruder von Jakob ↗G.; Studium der Rechtswissenschaft; ab 1816 Bibliothekar in Kassel; 1831 Professur in Göttingen. Zusammenarbeit mit seinem Bruder Jakob, z. B. am „Deutschen Wörterbuch" (1854–62) und an den ↗Kinder- und Hausmärchen (1812–15), deren meisterhafte sprachliche Ausgestaltung v. a. Wilhelm G.s Verdienst war. *rm*

Grimmelshausen, Hans Jakob Christoffel von Volksdichter, *um 1621 Gelnhausen (Hessen), †17. 8. 1676 Renchen (Baden). Der Sohn aus einem verarmten thüringischen Adelsgeschlecht wurde im Kindesalter in die Wirren des ↗Dreißigjährigen Krieges involviert, die ihn durch verschiedene Gebiete trieben. Ab 1650 Gutsverwalter, Roßhändler sowie Gastwirt; von 1667 bis zu seinem Tod bischöflicher Schultheiß von Renchen. In seinen letzten Lebensjahren verfaßte G., der auch unter mehreren, erst 1837 entschlüsselten Pseudonymen publizierte, eine Reihe von Büchern, als deren bekanntestes „Der abenteuerliche Simplicissimus Teutsch" (1668) gilt. In diesem

Schelmenroman mit gesellschaftskritischen Zügen ließ G. den Helden Simplicius die Verhältnisse seiner Zeit erleben und reflektieren. *nk*

Gröber, Adolf Politiker, *11.2.1854 Riedlingen, †19.11.1919 Berlin. 1887–1919 Mitglied des Reichstages für das ↗Zentrum; 1887 Staatsanwalt in Ravensburg; 1888 Landrichter in Heilbronn; 1889–1919 Mitglied des württembergischen Landtages; 1895 Gründer des Zentrums in ↗Württemberg; 1912 Landgerichtsdirektor in Heilbronn; 1917–19 Vorsitzender des Zentrums im Reichstag und in der ↗Nationalversammlung 1919; Herbst 1918 Staatssekretär in der Regierung des Prinzen ↗Max von Baden. *br*

Gröber, Conrad Erzbischof, *1.4.1872 Meßkirch (Baden), †15.2.1948 Freiburg. Seit 1932 Erzbischof in Freiburg; 1933 an den Verhandlungen zum ↗Reichskonkordat beteiligt. *PS*

Groener, Wilhelm General, Reichsminister, *22.11.1867 Ludwigsburg, †3.5.1939 Bornstedt (bei Potsdam). Wurde am 28.10.1918 Nachfolger ↗Ludendorffs als Generalquartiermeister der ↗Obersten Heeresleitung, leitete nach dem Ende des Ersten Weltkrieges die Rückführung und Demobilisierung des Heeres; unterstützte die Unterzeichnung des ↗Versailler Friedensvertrages und nahm 1919 seinen Abschied; war 1920–23 mit mehrmaliger Unterbrechung Reichsverkehrsminister und 1928–32 Reichswehrminister; ging als Reichsinnenminster (1931/32) der Regierung ↗Brüning entschieden gegen ↗SS und ↗SA vor; zog sich nach seinem Rücktritt (30.5.1932) aus der Politik zurück. *JH*

Gropius, Walter Architekt, *18.5.1883 Berlin, †5.7.1969 Boston (Massachusetts). Gründete 1919 das ↗Bauhaus in Weimar, dort Direktor bis 1928. Emigrierte 1934 über London in die USA und lehrte von 1937–53 an der Harvard Universität (Cambridge); danach (wie schon 1928–33) wieder in Berlin tätig. Einer der herausragenden Vertreter des sog. Neuen Bauens; Innovationen im Industrie- und Siedlungsbau, bei denen gleichzeitig Funktionalität und Wohnqualität im Vordergrund standen. *kp*

Groschen Silberne Dickmünze, im Wert von ca. zwölf ↗Pfennig (schwankend); ab 1266 von Frank-

Das Kabinett der großen Koalition mit Bundespräsident ↗Lübke (4. v.re.), Bundeskanzler ↗Kiesinger (3. v.re.), Vizekanzler ↗Brandt (2. v.re.), 1966

reich aus in ganz Europa verbreitet. Am bekanntesten waren der seit etwa 1300 geprägte Prager G., seit 1338 der Meißner G. sowie der sächsische Engel-G. Im 19. Jh. in ↗Preußen: 30 G. = 1 Taler; 1873 als Bezeichnung für Zehnpfennigstücke eingeführt. *wj*

großdeutsche Lösung In der ↗Frankfurter Nationalversammlung 1848/49 entstandene Bezeichnung für die Einigung Deutschlands unter Einbeziehung ↗Österreichs; Gegensatz: ↗kleindeutsche Lösung. – Auch nach der Gründung des ↗Deutschen Reiches lebte der großdeutsche Gedanke fort, bes. in Österreich. *vK*

Große Depression ↗Gründerkrise

große Koalition (1923) 13.8.–23.11.1923, gebildet aus ↗DVP, ↗Zentrum, ↗DDP und ↗SPD (Austritt am 3.11.) unter Reichskanzler und -außenminister ↗Stresemann (DVP); löste die Regierung ↗Cuno ab. Beendete den „passiven Widerstand" (↗Ruhrkampf), sicherte innenpolitisch in schweren Krisenmonaten (↗Separatismus, ↗Hitler-Putsch) den Bestand des Deutschen Reiches. *JH*

große Koalition (1928–30) 28.6.1928–27.3.1930, gebildet aus den Parteien der ↗g.K. von 1923 sowie der ↗Bayerischen Volkspartei unter Reichskanzler Hermann ↗Müller (SPD); scheiterte an den Gegensätzen zwischen ↗SPD und ↗DVP in der Wirtschafts- und Sozialpolitik. Der Bruch der g.K. markierte den Übergang zum autoritären System der ↗Präsidialkabinette. *JH*

große Koalition (1966–69) Regierungsbündnis aus ↗SPD und ↗CDU/CSU. Bundeskanzler war ↗Kiesinger (CDU), Außenminister ↗Brandt (SPD), Finanzminister ↗Strauß (CSU), Wirtschaftsminister Karl ↗Schiller (SPD). Das Hauptinteresse der g.K. war die Bewältigung der Wirtschaftskrise. Da die ↗FDP als einzige Oppositionspartei keine Sperrminorität gegen Grundgesetzänderungen besaß, bestanden gegen das Parteienbündnis verfassungsrechtliche Bedenken, die sich insbesondere in der Auseinandersetzung um die von der g.K. verabschiedeten ↗Notstandsgesetze manifestierten. Nach den Bundestagswahlen 1969 wurde die g.K von der ↗sozial-liberalen Koalition unter Bundeskanzler Brandt abgelöst. (196) *bb*

Großer Kurfürst ↗Friedrich Wilhelm von Brandenburg

Großgrundbesitz Grundbesitz, der die durchschnittliche Landfläche und Erträge weit übersteigt. V.a. in den ostelbischen Gebieten des Heiligen Römischen Reiches fand u.a. durch ↗Bauernlegen die Häufung von Landbesitz zur ↗Gutsherrschaft statt. Mit der ↗Bauernbefreiung im Zuge der preußischen Reformen konnten die Gutsherren ihren Landbesitz ausweiten. Es entstand das für Ostelbien typische ↗Junkertum. *dt*

Großherzog Fürstentitel im Rang zwischen ↗König bzw. ↗Kurfürst und ↗Herzog; 1569 erstmals vom Papst dem Herzog der Toskana, später von ↗Napoleon einer Reihe von deutschen Fürsten (z.B. 1810 dem ehemaligen Kurfürsten von Mainz ↗Dalberg) verliehen; nach dem ↗Wiener Kongreß von weiteren deutschen Fürsten (z.B. ↗Sachsen-Weimar) angenommen; heute nur noch in Luxemburg. *rh*

Grosz, George Maler, Graphiker, *26.7.1893 Berlin, †6.7.1959 ebd. Mitbegründer der Berliner ↗Dada-Gruppe; illustrierte u.a. Werke von ↗Ball und ↗Brecht; entwarf zusammen mit ↗Heartfield Bühnenbilder für ↗Reinhardt. In seinen Bildern karikierte er die gesellschaftlichen Verhältnisse der zwanziger Jahre mit Stilmitteln der ↗Neuen Sachlichkeit. Seine Kunst galt in Deutschland während des ↗Dritten Reiches als „entartet" (↗Entartete Kunst); 1932 Exil in den USA. *rm*

Grotewohl, Otto Ministerpräsident der DDR,*11.3.1894 Braunschweig, †21.9.1964 Berlin. 1920–26 braunschweigischer Landtags-Abgeordneter der ↗SPD und mehrfach Minister; 1925–33 Mitglied des Reichstages; 1945 Vorsitzender der SPD in der ↗SBZ; vollzog 1946 unter sowjetischem Druck den Zusammenschluß der SPD mit der ↗KPD zur ↗SED, deren Mitvorsitzender er wurde; seit 1949 Ministerpräsident der DDR; nach 1960 auch stellvertretender Vorsitzender des ↗Staatsrates. (493) *AM*

Grüber, Heinrich Evangelischer Theologe, *24.6.1891 Stolberg (Rheinland), †29.11.1975 Berlin (West). Gründete 1937 die Hilfsstelle für evangelische Rasseverfolgte; 1940–43 in den ↗Konzentrationslagern ↗Dachau und ↗Sachsenhausen inhaftiert; 1949–58 Vertreter der ↗EKD bei der DDR-Regierung. *AM*

Grumbach, Wilhelm von Fränkischer Reichsritter, *1.6.1503 Rimpar (bei Würzburg), †18.4.1567 Gotha. Seit 1557 im Dienste ↗Johann Friedrichs II. von Sachsen; gewaltsame Auseinandersetzung mit dem Bischof von Würzburg (↗Grumbachsche Händel); hingerichtet. *rh*

Grumbachsche Händel Schwere Auseinandersetzungen wegen Erb- und Lehnsangelegenheiten von ↗Grumbach mit Bischof Zobel von Würzburg (1558 ermordet); Ausweitung durch den Konflikt zwischen ↗Johann Friedrich II. von Sachsen (mit Grumbach verbündet) und Kurfürst ↗August I. von Sachsen. Grumbach besetzte 1563 Würzburg, wurde geächtet und von August I. 1567 hingerichtet. Letzte Erhebung der ↗Reichsritterschaft gegen das Landesfürstentum. *rh*

Grumbkow, Friedrich Wilhelm von Preußischer Minister, General, *4.10.1678 Berlin, †18.3.1739 ebd. 1711 Generalkriegskommissar; 1723 Minister im ↗Generaldirektorium; führte Reformen im Verwaltungs- und Militärwesen durch; wichtigster außenpolitischer Berater von König ↗Friedrich Wilhelm I. (Annäherung an Österreich); 1737 Generalfeldmarschall. *rh*

Grün, Max von der Schriftsteller, *25.5.1926 Bayreuth. 1951–64 Bergmann im ↗Ruhrgebiet; 1953 erste Publikationen (Lyrik, Essays); wurde 1962 bekannt durch seinen, im Bergbaumilieu spielenden, realistischen Roman „Männer in zweifacher Nacht"; Mitbegründer der ↗Gruppe 61. *rm*

Gründerjahre 1) Die Jahre 1871–73; gekennzeichnet durch Wachstumseuphorie (Gründung zahlreicher Aktiengesellschaften) und Geldschwemme, die v. a. durch die französische Kriegsentschädigung ausgelöst wurden. Die G. mündeten in die ↗Gründerkrise ab 1873.

2) Die Jahrzehnte nach der ↗Reichsgründung (1871).

3) Der Baustil des ausgehenden 19. Jh.s (auch Gründerzeit). *nk*

Gründerkrise Die mit dem „Gründerkrach" bzw. der Großen Depression 1873 im Deutschen Reich einsetzende Stagnation der Wirtschaft bis zum erneuten Konjunkturaufschwung 1895/96. *nk*

Gründgens, Gustaf (eigentlich Gustav G.) Schauspieler, Regisseur, *22.12.1899 Düsseldorf, †7.10.1963 Manila. Begann seine Karriere 1923 an den Kammerspielen in Hamburg; zu seinen berühmtesten Rollen gehört die Verkörperung des „Mephisto", die ihm ebenso wie die Inszenierung desselben Stoffes internationale Anerkennung einbrachte. Als Intendant an mehreren deutschen Schauspielhäusern tätig: u. a. Düsseldorfer Schauspielhaus 1947–55, 1955–1962 Deutsches Schauspielhaus Hamburg. Neben verschiedenen Operninszenierungen gehören auch mehrere Filme zu seinem umfangreichen Werk. u. a.: Tanz auf dem Vulkan (1938). *kp*

Grundgesetz (GG) Verfassung der ↗Bundesrepublik, am 8.5.1949 vom ↗Parlamentarischen Rat beschlossen und zum 23.5.1949 in Kraft getreten; seit dem 3.10.1990 auch im ↗Beitrittsgebiet gültig. Im GG sind die Grund- und Menschenrechte, die Rechtsprechung, sowie die Institutionen und Prozesse staatlichen Handelns festgelegt. Änderungen des GG sind nur unter erschwerten Voraussetzungen mit qualifizierten Mehrheiten in den gesetzgebenden Organen möglich, manche Teile (Grundrechte, Grundlagen des Staatsaufbaus) dürfen nicht geändert werden.

Mit dem Namen GG sollte der provisorische Charakter des westdeutschen Staates betont werden; es verpflichtete die Politik der Bundesrepublik zur ↗Wiedervereinigung. Mit ihrem Erreichen entfiel dieses Postulat, ohne daß es, wie im GG vorgesehen, zu einer neuen Verfassungsgebung kam. Der Begriff GG wurde beibehalten. *AM*

Grundherrschaft Moderne Bezeichnung für die agrarische, soziale und rechtliche Organisationsform vom Frühmittelalter bis in die Neuzeit. In der sog. älteren G. herrschte der Grundherr „über Land und Leute": Der abhängige ↗Bauer mußte ihm Arbeitsleistungen erbringen und Naturalabgaben leisten, er selbst war dem Bauern zu Schutz und Schirm verpflichtet. Seit dem Spätmit-

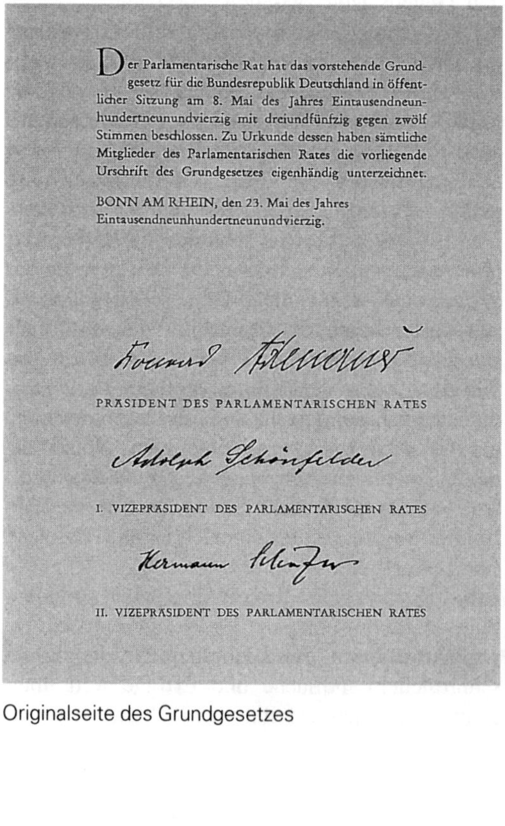
Der Parlamentarische Rat hat das vorstehende Grundgesetz für die Bundesrepublik Deutschland in öffentlicher Sitzung am 8. Mai des Jahres Eintausendneunhundertneunundvierzig mit dreiundfünfzig gegen zwölf Stimmen beschlossen. Zu Urkunde dessen haben sämtliche Mitglieder des Parlamentarischen Rates die vorliegende Urschrift des Grundgesetzes eigenhändig unterzeichnet.

BONN AM RHEIN, den 23. Mai des Jahres Eintausendneunhundertneunundvierzig.

PRÄSIDENT DES PARLAMENTARISCHEN RATES

I. VIZEPRÄSIDENT DES PARLAMENTARISCHEN RATES

II. VIZEPRÄSIDENT DES PARLAMENTARISCHEN RATES

Originalseite des Grundgesetzes

telalter wandelte sich die G. zu einer „Herrschaft über Grund und Boden" (jüngere G.): Persönliche Abhängigkeiten wurden durch Zinszahlungen an den Grundherrn ersetzt, Lasten waren nun schriftlich fixiert. Entscheidend war der Beitrag der G. zum mittelalterlichen Landesausbau, großflächige ↗Rodungen wurden erst durch die arbeitsteilige Organisation großer G.en möglich. Die Abhängigkeit wurde erst im 19. Jh. mit der ↗Bauernbefreiung endgültig aufgelöst. *wj*

Grundig, Max Unternehmer, *7.5.1908 Nürnberg, †8.12.1989 Baden-Baden. Gründete 1930 in Fürth einen v. a. Transformatoren produzierenden Betrieb; begann 1947 ebd. mit dem Bau einer Fabrikanlage, in der insbesondere Radiogeräte hergestellt und die zum Stammwerk eines von G. aufgebauten Konzerns mit Schwerpunkt Unterhaltungselektronik wurde (Grundig Werke GmbH; seit 1972 AG, 1984 zur Philips AG). *UK*

Grundlagenvertrag (1972) Vertrag zwischen der ↗Bundesrepublik und der ↗DDR, am 21.12. 1972 von den Unterhändlern ↗Bahr und Michael ↗Kohl in Berlin (Ost) unterzeichnet. Er beinhaltete die Anerkennung der Viermächteverantwortung, die Unverletzlichkeit der Grenzen, die Beschränkung der Hoheitsgewalt auf das jeweilige Staatsgebiet, den Aufbau ↗Ständiger Vertretungen sowie die Beibehaltung des ↗innerdeutschen Handels. Zusammen mit dem ↗deutsch-sowjetischen und dem ↗deutsch-polnischen Vertrag von 1970 wichtigster Erfolg der ↗Ostpolitik unter ↗Brandt, führte zu einer nachhaltigen Verbesserung der ↗innerdeutschen Beziehungen und war Ausgangspunkt weiterer deutsch-deutscher Verträge. *kl*

Grundrechte Im allgemeinpolitischen Sprachgebrauch zusammenfassende Bezeichnung für die vielfältigen, als bes. wichtig erachteten, in Verfassungen festgelegten Forderungen und Rechte. Während der ↗Aufklärung wurden im Heiligen Römischen Reich erstmals Forderungen nach allg.G. und Menschenrechten erhoben. Ersten Niederschlag in Verfassungen fand das G. in den vormärzlichen Verfassungen der Länder ↗Bayern und ↗Baden (1818) sowie in ↗Württemberg (1819). Die von der ↗Frankfurter Nationalversammlung 1849 verabschiedete Verfassung sah in Abschnitt VI die „G. des deutschen Volkes" vor (u. a. Reichsbürgerrecht, Rechtsgleichheit, Niederlassungsfreiheit, Unverletzlichkeit der Person, Briefgeheimnis, Meinungs- und Pressefreiheit, Gewissens- und Religionsfreiheit, Freiheit von Wissenschaft und Lehre, Privateigentum). In der Verfassung des ↗Deutschen Reiches von 1871 fehlten die G. Erst die ↗Weimarer Verfassung von 1919 nahm einen erweiterten Katalog von G. auf (v. a. soziale G.). Während des ↗Dritten Reiches wurden die G. nach dem ↗Reichstagsbrand am 28.2.1933 aufgehoben. Das ↗Grundgesetz der Bundesrepublik und die Verfassungen der Bundesländer enthalten die G. *dt*

Grünen, Die 1980 gegründete politische Partei. Grundlage war eine Vielzahl unterschiedlicher Bürgerinitiativen, die seit den siebziger Jahren im Zusammenhang mit der ↗Friedensbewegung, der ↗Antiatomkraftbewegung und der ↗Umweltbewegung entstanden waren. Die Partei verfolgt einen basisdemokratischen Kurs und setzt sich für Abrüstung und ↗Umweltschutz und gegen die ↗Atomkraft ein. Bei der Bundestagswahl 1980 scheiterte die Partei an der ↗Fünf-Prozent-Klausel, doch gelang ihr in den folgenden Jahren der Einzug in verschiedene Landtage. 1983 erhielt sie 5,6 %, 1987 8,7 % der Stimmen. Nachdem die Partei bei der ersten gesamtdeutschen Wahl 1990 mit 3,8 % nicht in den Bundestag gekommen war, erreichte sie 1994 als ↗Bündnis 90/Die Grünen 7,3 % und wurde 1998 mit 6,7 % Regierungspartei (↗rot-grüne Koalition). (368) *bb*

Grünewald, Matthias (eigentlich Mathis Neithart oder Nithart, später Mathis Gothart) Maler, *gegen 1460 Würzburg, †um 1528 Halle/Saale. Ungenauigkeiten im Lebenslauf lassen erst ab 1503 eine sichere Datierung in seinem Werk zu. Ähnlich wie ↗Dürer war er der Spätgotik verhaftet, sich dabei aber der neuen Formengebung der ↗Renaissance bewußt. Charakteristisch für sein Werk sind v. a. der bes. starke Ausdruck seiner Farbe und die Innerlichkeit seiner Figuren. Hauptwerk: Isenheimer Altar (1515). *kp*

Gruppe 47 Am 10.9.1947 gegründeter, lockerer Zusammenschluß von Schriftstellern und Kritikern um Hans Werner ↗Richter. Die G. verfolgte politische Ziele und stellte die Verantwortung des Schriftstellers in der Gesellschaft in den Vordergrund. In jährlichen Herbsttreffen diskutierten Schriftsteller wie Ilse Aichinger, ↗Bachmann, ↗Grass, Martin Walser, ↗Böll u. a. über Tendenzen der zeitgenössischen Literatur. Die letzte offizielle Sitzung war 1968. 1972 und 1977 folgten letzte nichtöffentliche Treffen. *rm*

Gruppe 61 Am 17.6.1961 ins Leben gerufener

Arbeitskreis von Schriftstellern und Publizisten, die den sozialkritischen Auftrag von ↗Literatur betonen. Mitbegründer waren u.a. ↗Grün und ↗Wallraff. Mitte der sechziger Jahre kam es zu einer Grundsatzkrise, die 1971, nach Abspaltung des „Werkkreises Literatur und Arbeitswelt", zur Radikalisierung des politischen Auftrags der G. führte. *rm*

Gruppe sowjetischer Streitkräfte in Deutschland (GSSD) Bezeichnung für die seit dem Ende des Zweiten Weltkrieges in der ↗SBZ und der späteren ↗DDR stationierten Truppen; Beteiligung an der Niederschlagung des Aufstandes vom ↗Siebzehnten Juni 1953 und am Bau der ↗Berliner Mauer 1961; aufgrund eines 1957 geschlossenen Stationierungsvertrages Inhaber des alleinigen Notstandsrechts ohne Mitspracherecht der DDR-Regierung; gemäß ↗Zwei-plus-Vier-Vertrag Abzug aller Truppen bis 1994, der laut ↗deutsch-sowjetischem Vertrag von 1990 durch die Bundesrepublik finanziert wurde; zusätzlich hohe Kosten durch die Sanierung stark umweltbelasteter Kasernen und Truppenübungsplätze. *kl*

Gruppe Ulbricht Gruppe von zehn deutschen Kommunisten um den späteren Generalsekretär der ↗SED ↗Ulbricht, am 30.4.1945 aus dem Moskauer Exil nach Deutschland zurückgekehrt; im Auftrag der ↗Roten Armee Auflösung der an vielen Orten entstandenen antifaschistischen Ausschüsse und Komitees und sofortiger Aufbau eines Verwaltungsapparates zur Sicherung des kommunistischen Einflusses. *kl*

Grynszpan, Herschel Attentäter, *28.3.1921 Hannover, †nicht bekannt. Hielt sich ab Sommer 1937, teils illegal, in Paris auf, erfuhr dort von der Deportation seiner Verwandten; schoß daraufhin, am 7.11.1938, aus Rache auf den Legationsrat der deutschen Botschaft, Ernst vom Rath. Dessen Tod wurde vom nationalsozialistischen Regime zum Vorwand für die ↗Novemberpogrome genommen. Sommer 1940 an Deutschland ausgeliefert, Häftling in Gefängnissen und ↗Konzentrationslagern; vermutlich bei Kriegsende von alliierten Truppen aus der Haft befreit, angeblich unter falschem Namen nach Frankreich. *PS*

Gryphius, Andreas (eigentlich Greif) Dichter, *2.10.1616 Glogau, †16.7.1664 ebd. Ab 1638 Studium und akademischer Lehre in Leiden; seit 1650 Syndikus der Stände des Fürstentums Glogau; gehörte seit 1662 der ↗Fruchtbringenden Gesellschaft an. G., der zu den bedeutendsten Dichtern des ↗Barock zählt, verfaßte zahlreiche Tragödien, Lustspiele, Sonette und Oden. *nk*

GSG 9 ↗Grenzschutzgruppe 9

GSSD ↗Gruppe sowjetischer Streitkräfte in Deutschland

GST ↗Gesellschaft für Sport und Technik

Guderian, Heinz Generaloberst, *17.6.1888 Kulm (Chelmno), †15.5.1954 Schwangau (Allgäu). 1919 Generalstäbler der ↗Eisernen Division, später am Ausbau der Panzerwaffe beteiligt. Als Panzerkommandant Beteiligung an ↗Blitzkrieg-Siegen; ab Sommer 1944 Generalstabschef des Heeres; nach dem Krieg rege schriftstellerische Tätigkeit. *PS*

Guernica, Zerstörung (1937) Kleinstadt im spanischen Baskenland. Während des Spanischen Bürgerkrieges am 26.4.1937 Schauplatz eines Luftangriffes der ↗Legion Condor und italienischer Flieger. Nicht zuletzt durch Pablo Picassos bekanntes Gemälde zu einem frühen Symbol des rücksichtslosen Luftkrieges gegen die Zivilbevölkerung geworden. *PS*

Guillaume-Affäre Durch die Enttarnung des persönlichen Referenten von Bundeskanzler ↗Brandt, Günter Guillaume, als Spion des ↗Ministeriums für Staatssicherheit 1974 ausgelöste Affäre; Brandt übernahm die Verantwortung für Fahrlässigkeiten im Zusammenhang mit der G.-A. und trat am 6.5.1974 zurück. *AM*

Guilleaume, Franz Carl Unternehmer, *30.12.1834 Köln, †1.12.1887 ebd. Wurde 1860 Teilhaber in dem seinem Vater Theodor G. gehörenden Kölner Unternehmen Felten & G.; seit 1865 Alleininhaber dieser auf Hanf-, Drahtseil- und Kabelfabrikation spezialisierten und zum Ausgangspunkt der deutschen Kabelindustrie gewordenen Firma. *UK*

Gulden Weitverbreitete Goldmünze des Mittelalters und der Neuzeit, bes. bekannt der von 1386 bis ins 19. Jh. geprägte Rhein-G.; später auch als gleichwertige Silbermünze, bes. der 1559 geschaffene Reichsguldiner (Bezeichnung für den G. seither Gold-G.); in Süddeutschland und Österreich noch im 19. Jh. als Silber-G. verbreitet. *dt*

Günderode, Karoline von Dichterin, *11.2.1780 Karlsruhe, †26.7.1806 Winkel/Rhein. Pflegte engen Kontakt zu Literaten um Clemens ↗Brentano sowie Achim von ↗Arnim und führte einen Briefwechsel mit Bettina von ↗Arnim. Das unter dem Pseudonym Tian verfaßte dichterische Werk der G. (u.a. Gedichte und Phantasien, 1804; Poetische

Fragmente, 1805) gilt als wichtiges Zeugnis der frühen ↗Romantik. G. verübte wegen ihrer unglücklichen Liebe zu Friedrich Creuzer Selbstmord. *nk*

Günther, Graf von Schwarzburg-Blankenburg Gegenkönig, *1304 Blankenburg (Thüringen), †14.6.1349 Frankfurt/Main. Wurde von den Anhängern der ↗Wittelsbacher 1349 zum Gegenkönig ↗Karls IV. gewählt; verzichtete aber noch im selben Jahr im Vertrag von Eltville auf die Krone. *dh*

Günther, Hans Friedrich Karl Anthropologe, *16.2.1891 Freiburg (Breisgau), †25.9.1968 ebd. Lehrstühle für Rassenkunde in Jena (1930), Berlin (1934) und Freiburg (1939). Seine „Rassenkunde des deutschen Volkes" (1922) erfuhr mehrere Auflagen und wurde neben weiteren Forschungsergebnissen G.s vom nationalsozialistischen Regime für rassenpolitische Maßnahmen mit als Begründung herangezogen. G. hielt auch nach dem Krieg an seinen Theorien fest. *PS*

Gurs Französischer Ort in den Pyrenäen (heute Départment Pyrénées-Atlantiques). Nach dem Spanischen Bürgerkrieg zunächst Flüchtlingslager für Spanier und republikanische Kriegsteilnehmer, wurde hier ab Herbst 1940 die jüdische Bevölkerung Badens und der Pfalz interniert, die ab 1942/43 in die ↗Vernichtungslager des Ostens gebracht wurde. *PS*

Gürtner, Franz Reichsminister, *26.8.1881 Regensburg, †29.1.1941 Berlin. Teilnahme am ↗Ersten Weltkrieg (Hauptmann). 1922–32 bayrischer Justizminister, ermöglichte 1924 die vorzeitige Entlassung ↗Hitlers aus der Festungshaft; 1932–41 Reichsjustizminister, lieferte mit dem sog. „Staatsnotwehrgesetz" (3.7.1934) nachträglich die rechtliche Grundlage für die Ermordung von zahlreichen SA-Führern und Gegnern des nationalsozialistischen Regimes im Zuge der ↗Röhm-Affäre. *JH*

Gustloff, Wilhelm NSDAP-Politiker, *30.1.1895 Schwerin, †4.2.1936 Davos (Schweiz). 1921 Mitglied des „Deutschvölkischen Schutz- und Trutzbündnisses" (↗völkische Bewegung); 1929 Eintritt in die ↗NSDAP; 1932–36 Landesleiter der Auslandsorganisation der NSDAP in der Schweiz; von dem jüdischen Studenten David Frankfurter erschossen. *JH*

Gutenberg, Johannes (Gensfleisch zur Laden genannt G.) Erfinder des Buchdrucks, *um 1400 Mainz, †3.2.1468 ebd. Ursprünglich Goldschmied, 1434–44 in Straßburg, danach in Mainz. Sein ab 1445 mit der finanziellen Unterstützung seines Teilhabers Johann Fust angewandtes neuartiges Druckverfahren begründete den ↗Buchdruck (42zeilige G.-Bibel 1455 vollendet). *rh*

Gutsherrschaft Seit dem 16. Jh. in den östlichen Gebieten des Heiligen Römischen Reiches aus der Grundherrschaft bes. durch ↗Bauernlegen entstandene Form landwirtschaftlichen Großbesitzes. Der Gutsherr war zugleich Gerichtsherr der durch ↗Leibeigenschaft gebundenen ↗Bauern seines Gutsbezirks. Im 19. Jh. im Zuge der ↗Bauernbefreiung beseitigt. *dt*

Gutzkow, Karl Schriftsteller, Publizist, *17.3.1811 Berlin, †16.12.1878 Frankfurt/Main. Studium der Theologie und ↗Philosophie; 1846–49 Dramaturg am Dresdner Hoftheater. Geistiger Führer des ↗Jungen Deutschland und Wegbereiter des ↗Realismus. Die erotische Freizügigkeit seines Romans „Wally, die Zweiflerin" (1835) brachte G. eine Gefängnisstrafe und Schreibverbot ein. *rm*

GVP ↗Gesamtdeutsche Volkspartei

Gysi, Gregor PDS-Vorsitzender, *16.1.1948 Berlin. Mitglied der ↗SED, vertrat als Rechtsanwalt in der ↗DDR u.a. auch Systemkritiker; wurde 1989 Vorsitzender der SED-PDS. Seit 1990 Mitglied des Bundestages, trat er 1993 als Vorsitzender der ↗PDS zurück, wurde aber 1997 als Vorsitzender der PDS-Bundestagsgruppe wiedergewählt. Gegen Vorwürfe von DDR-Bürgerrechtlern, er habe für das ↗Ministerium für Staatssicherheit gearbeitet, wehrte sich G. erfolglos mit einer Klage beim ↗Bundesverfassungsgericht. *AM*

H

Haager Friedenskonferenzen (1899, 1907) Zwei auf Anregung von Zar Nikolaus II. von Rußland in Den Haag gehaltene internationale Konferenzen zur Verringerung der Kriegsgefahr: 1899 erster Kollektivvertrag über die friedliche Austragung internationaler Streitigkeiten: Regelung der guten Dienste, der Vermittlung, des Untersuchungsverfahrens und der Schiedsgerichtsbarkeit (Gründung des Haager Schiedsgerichtshofes). 1907 Präzisierung der 1899 vereinbarten Bestimmungen. Aufgrund deutscher und österreichischer Widerstände blieb jedoch das Abrüstungsproblem ausgeklammert. Auf beiden H.F. wurden mehrere Abkommen zur Humanisierung des Krieges geschlossen, darunter bes. die beiden Haager Abkommen über die Gesetze und Gebräuche des Landkrieges (↗Haager Landkriegsordnung) sowie sechs Abkommen über Gesetze des Seekrieges. *vK*

Haager Konferenzen (1929, 1930) Vom 6.–31.8.1929 und 3.–20.1.1930 in Den Haag (Niederlande) zwischen den ↗Alliierten des ↗Ersten Weltkrieges und dem ↗Deutschen Reich abgehaltene Konferenzen zur endgültigen Regelung der deutschen ↗Reparationen. Beschlossen wurden die Annahme des ↗Young-Plans und die vorzeitige Räumung des Rheinlandes bis 30.6.1930. *JH*

Haager Landkriegsordnung (HLKO) (1907) Abkommen, das auf den ↗Haager Friedenskonferenzen 1899 und 1907 getroffen wurde; durch die Allbeteiligungsklausel nur gültig, wenn alle Kriegsgegner auch Signatarmächte waren; gewann aber allg. Anerkennung. ↗Kriegsverbrechern kann seither der Prozeß gemacht werden. U.a. durch die Genfer Konventionen von 1949 ergänzt. *vK*

Haase, Hugo Politiker (USPD), Jurist, *29.9. 1863 Allenstein (Ostpreußen), †7.11.1919 Berlin. 1897–1906 und 1912–18 Mitglied des Reichstages (↗SPD, ab1917 ↗USPD); Kriegsgegner; 1917 Mitbegründer und Vorsitzender der USPD; im November und Dezember 1918 Vorsitzender des ↗Rates der Volksbeauftragten; starb an den Folgen eines Attentats. *JH*

Haavara-Abkommen 1933–39 gültiges Abkommen zur Regelung der jüdischen ↗Auswanderung aus dem Deutschen Reich nach Palästina auf der Grundlage des Transfers (hebräisch: Haavara) von Vermögen. Da aufgrund von Devisenbestimmungen ein Geld-Transfer nicht möglich war, wurde die Möglichkeit geschaffen, durch Zahlung auf Treuhandkonten gekaufte Waren auszuführen und deren Gegenwert in Form von Sachleistungen in Palästina zu erhalten. Etwa 52000 v.a. vermögendere Juden konnten auf diese Weise ausreisen und sich vor der heraufziehenden Katastrophe der ↗Judenvernichtung in Sicherheit bringen. Das H. erfüllte seinen Zweck bis wenige Monate nach Kriegsbeginn 1939, als der Transfer wegen der Wirtschaftsblockade gegen Deutschland gestoppt werden mußte. *JH*

Haber, Fritz Chemiker, *9.12.1868 Breslau, †29.1.1934 Basel. Ab 1898 Professor in Karlsruhe; 1911 bis zu seiner ↗Emigration nach Großbritannien 1933 Direktor des Berliner Kaiser-Wilhelm-Instituts für Physikalische Chemie; ermöglichte die Verwendung von Giftgas (Chlor- und Senfgas) im ↗Ersten Weltkrieg sowie den Gasschutz; erhielt 1918 für die Erfindung der Hochdrucksynthese von Ammoniak (weiterentwickelt von Carl ↗Bosch) den Nobelpreis für Chemie. *nk*

Habermas, Jürgen Soziologe, Philosoph, *18.6. 1929 Düsseldorf. Professor in Heidelberg und Frankfurt/Main; 1971–81 Direktor am Starnberger Max-Planck-Institut zur Erforschung der Lebensbedingungen der wissenschaftlich-technischen Welt; versuchte, anknüpfend an ↗Hegel und ↗Marcuse, natur-, geistes- wie sozialwissenschaftliche Methoden als interessegeleitet nachzuweisen; Entwurf einer Theorie des kommunikativen Handelns. *bl*

Habsburger Nach der Stammburg Habsburg (im Schweizer Kanton Aargau) benanntes Herrschergeschlecht; seit Mitte des 10. Jh.s im Gebiet des Oberrheins (Aargau, Elsaß, Breisgau) nachweisbar; stammen möglicherweise von dem elsässischen herzoglichen Geschlecht der Etichonen ab. 1273 wurde Graf Rudolf IV. deutscher König (↗Rudolf I.). Durch seinen Sieg über ↗Ottokar II. von Böhmen (1278) gewann er für sein Geschlecht

Haus Habsburg

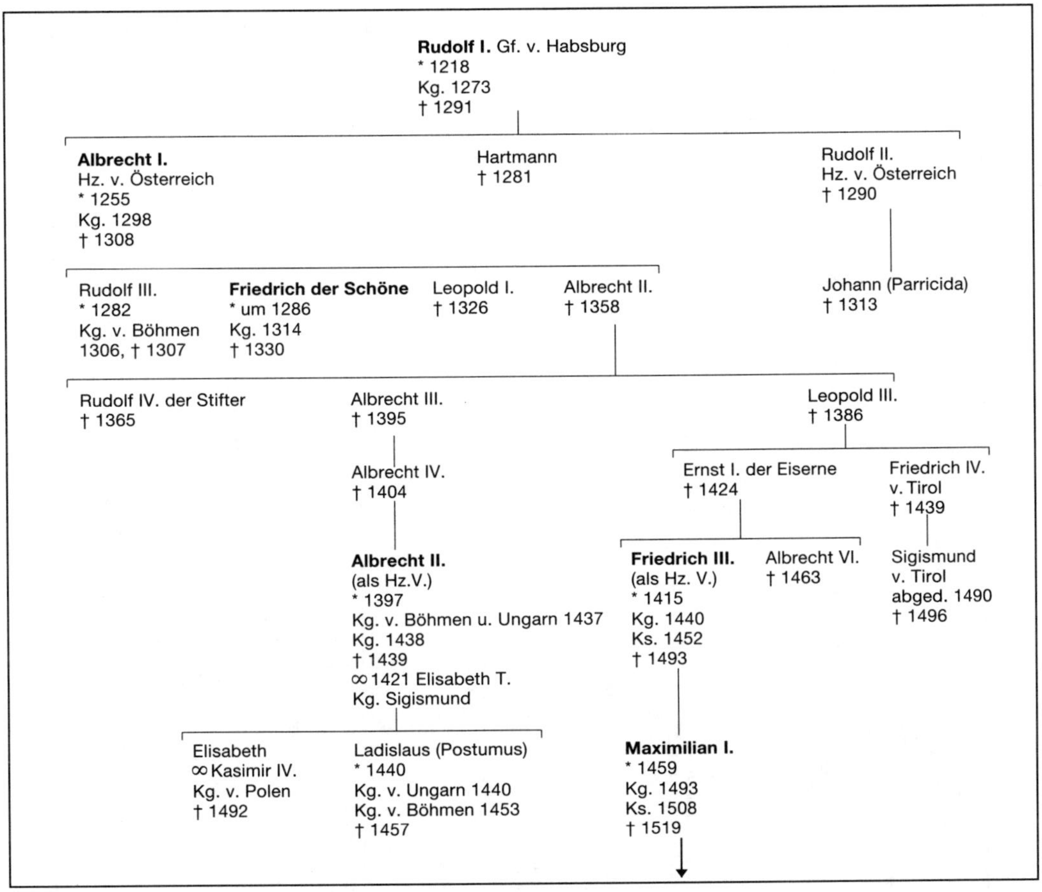

↗Österreich und die Steiermark (in den folgenden Jh.en die Hauptländer der H.). Da die Königskrone nach der Ermordung ↗Albrechts I. (1308) für ca. 100 Jahre an die ↗Luxemburger und ↗Wittelsbacher verlorenging, verlegten sich die H. auf den Ausbau ihrer landesfürstlichen Stellung. Sie erwarben u. a. 1335 ↗Kärnten und Krain, 1363 ↗Tirol, 1368 Freiburg im Breisgau und 1383 Triest. Ihre Hausmacht wurde ab dem 15. Jh. als Haus Österreich bezeichnet. Die Besitzungen in der ↗Schweiz gingen im 14. und 15. Jh. in Auseinandersetzungen mit der Schweizer Eidgenossenschaft verloren. 1438–1806 waren die H. (außer 1740–45) Kaiser. Mit ihrer Heiratspolitik schufen sie ein Weltreich: Sie gewannen 1437 (endgültig 1526) ↗Böhmen und Ungarn, 1482 die meisten Länder des Herzogtums ↗Burgund, in den Jahren 1506–16 Spanien mit den italienischen Nebenländern (Sardinien, Neapel-Sizilien) und dem Kolonialreich in Amerika. Im 16. und 17. Jh. trugen die H. als Befürworter der ↗Gegenreformation entscheidend zur Erhaltung des Katholizismus bei. Aufgrund der von Kaiser ↗Karl V. vorgenommenen Teilung spaltete sich das Geschlecht 1556 in zwei Hauptlinien. Die spanische Linie starb 1700 aus. Die deutsche (bzw. österreichische) Linie (begründet durch ↗Ferdinand I.), die in der zweiten Hälfte des 17. Jh.s im Kampf gegen die Türken (↗Türkenkriege) und gegen Ludwig XIV. von Frankreich erstarkt war, suchte die spanische Linie zu beerben (↗Spanischer Erbfolgekrieg, 1701–14), erhielt aber nur die Nebenländer (südliche Niederlande, Mailand, Neapel-Sizilien). Nach dem Aussterben der deutschen Linie im Mannesstamm (1740) begründete ↗Maria Theresia aufgrund der ↗Pragmatischen Sanktion durch ihre Heirat mit ↗Franz I. Stephan von Lothringen das Haus Habsburg-Lothringen, das 1745–1806 (Ab-

Haus Habsburg-Lothringen

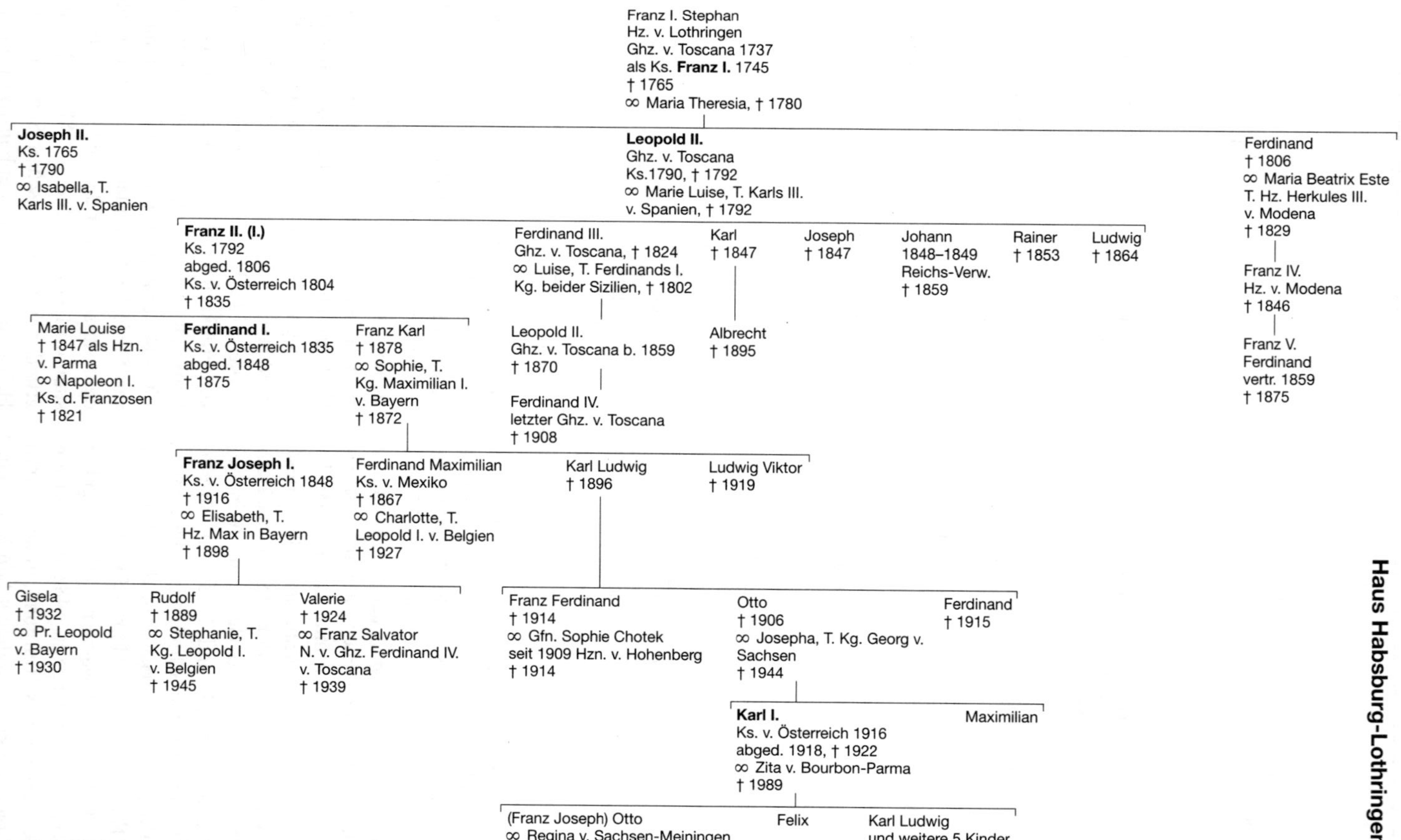

halbfett: Römisch-deutsche Kaiser, dann Kaiser von Österreich dankung von ↗Franz II. unter Druck ↗Napoleons I.) die Kaiserwürde besaß und bis 1918 in Österreich-Ungarn (seit 1804 Kaiser von Österreich) herrschte. *rh*

Hacks, Peter Dramatiker, *21.3.1928 Breslau. Siedelte 1955 aus Westdeutschland in die ↗DDR über; Autor von historischen Stücken (Die Schlacht bei Lobositz, 1956) in Brechtscher Tradition; plädierte später für eine „postrevolutionäre Dramaturgie" mit Zügen einer sozialistischen Klassik und wandte sich vom Gegenwartstheater ab. H. gehörte zu den meistgespielten Theaterautoren der DDR. Er schrieb auch Libretti, Lyrik und Essays. *ij*

Hadamar Bei Limburg gelegene ehemalige Krankenanstalt. Anfang bis Mitte 1941 Schauplatz der Ermordung von mehr als 10000 Behinderten und Kranken durch Kohlenmonoxyd im Rahmen der Aktion T 4 (↗Euthanasie). Nach Protesten wurden die Morde ab Mitte 1942 heimlich fortgeführt; bis Kriegsende wurden weitere rund viereinhalbtausend Menschen ermordet. *PS*

Haeckel, Ernst Heinrich Philipp August Zoologe, Naturphilosoph, *16.2.1834 Potsdam, †9.8.1919 Jena. 1862–1909 Zoologie-Professor in Jena; führte zahlreiche neue Begriffe (u. a. Ökologie, 1866) in die Biologie ein; entschiedener Vertreter der Evolutionstheorie Charles Darwins. Die Vorstellung eines Schöpfungsaktes ablehnend, vertrat er eine monistische Anschauung, wonach Gott und Natur identisch seien; 1906 Mitbegründer des Monistenbundes. *nk*

Haeften, Hans-Bernd von Jurist, *18.12.1905 Berlin, †15.8.1944 ebd. Mitglied der ↗Bekennenden Kirche, seit 1933 im Auswärtigen Amt, Frühjahr 1941 zum ↗Kreisauer Kreis. Im Sommer 1944 verhaftet, zum Tode verurteilt und hingerichtet. *PS*

Haffner, Sebastian (eigentlich Raimund Pretzel) Publizist, *27.12.1907 Berlin, †2.1.1999. 1938 Emigration nach England, dort Journalist für die Zeitung „Observer"; 1954 als Korrespondent Rückkehr nach Deutschland; seit 1961 Verfasser von politischen Kolumnen und Büchern, u. a.: Winston Churchill (1965), Anmerkungen zu Hitler (1978). *Vö*

Hager, Kurt DDR-Politiker, *24.7.1912 Bietigheim/Enz, †18.9.1998 Berlin. 1930 Eintritt in die ↗KPD; ↗Emigration nach Frankreich bzw. England; 1946 Rückkehr nach Berlin (Ost); 1949 Leiter der Mitgliederschulung im Parteivorstand der ↗SED; seit 1954 Mitglied des ↗Zentralkomitees; Abgeordneter der ↗Volkskammer (seit 1958) und des ↗Politbüros (seit 1963); 1976–89 im ↗Staatsrat der DDR; 1995 Anklage wegen der Todesschüsse an der ↗deutsch-deutschen Grenze; 1996 Einstellung des Verfahrens aus gesundheitlichen Gründen. *Ki*

Hahn Bereits im ersten Drittel des 9. Jh.s als Wetterfahne auf Kirchturm und Dachgiebel. In der mittelalterlichen Symbolik mahnte der tagankündende H. die Menschen, Versuchung und Feigheit standhaft zu widerstehen. *ku*

Hahn, Carl Horst Manager, *1.7.1926 Chemnitz. Wurde 1954 Assistent von ↗Nordhoff im Wolfsburger ↗Volkswagen (VW)-Werk; war 1964–72 Vorstandsmitglied bei VW; 1973–81 Vorstandsvorsitzender der Reifenfirma Continental Gummi-Werke AG; 1982–92 Vorstandsvorsitzender und 1993–97 Aufsichtsratsmitglied bei VW. *UK*

Hahn, Otto Physikochemiker, *8.3.1879 Frankfurt/Main, †28.7.1968 Göttingen. Professor in Berlin; entdeckte die radioaktiven Isotope Radiothorium, Thorium, Radioactinium u. a.; gemeinsame Arbeit mit Lise Meitner (Entdeckung des Protactiniums 1917/18); gemeinsam mit Fritz Straßmann erstmals Spaltung von Urankernen in zwei Bruchstücke mittleren Atomgewichts; Nobelpreis für Chemie 1944. *bl*

Hakenkreuz („Swastika", Sanskrit = Glück) Aus der Frühgeschichte überliefertes, in verschiedenen Formen vorkommendes Kreuz als Symbol u. a. des Sonnenrades und des Wandels; diente seit Beginn des 20. Jh.s als Emblem national-revolutionärer und völkisch-antisemitischer Gruppierungen; vom ↗Nationalsozialismus als Parteiabzeichen, seit 1935 als deutsches staatliches Hoheitsabzeichen (H.-Fahne) verwendet. *JH*

Halbfreie ↗Liten

Halder, Franz Generaloberst, *30.6.1884 Würzburg, †2.4.1972 Aschau (Oberbayern). 1.9.1938–24.9.1942 Nachfolger ↗Becks als Generalstabschef des Heeres; Randfigur des ↗Zwanzigsten Juli; nach Scheitern des Attentates in KZ-Haft (↗Konzentrationslager). *PS*

Haller, Johannes Historiker, *16.10.1865 Keinis (Estland), †24.12.1947 Tübingen. Forschungsschwerpunkte in der Geschichte des Kaisertums sowie des ↗Papsttums im Mittelalter. In zeithistorischen Veröffentlichungen nach dem Ersten Weltkrieg kommt H.s Einstellung gegen die ↗Weimarer Republik zum Ausdruck. Verfaßte u. a.: Die

Ära Bülow (1922), Das altdeutsche Kaisertum (1926). *Vö*

Hallstein, Walter Politiker (CDU), *17.11.1901 Mainz, †29.3.1982 Stuttgart. 1950 Staatssekretär im Bundeskanzleramt; 1951–58 im ↗Auswärtigen Amt; Urheber der ↗Hallstein-Doktrin; 1958–67 Präsident der Kommission der ↗EWG; 1969–72 Mitglied des Bundestages. (143) *Ki*

Hallstein-Doktrin Außenpolitischer Grundsatz der ↗Bundesrepublik, nach dem Staatssekretär im Bundeskanzleramt ↗Hallstein benannt; bedrohte zur Absicherung des ↗Alleinvertretungsanspruches im Falle der völkerrechtlichen Anerkennung der ↗DDR alle Länder außer der Sowjetunion mit dem Abbruch der diplomatischen Beziehungen; 1955 verkündet; 1957 gegen Jugoslawien, 1963 gegen Kuba angewendet; offiziell mit dem ↗Grundlagenvertrag 1972 aufgegeben. *kl*

Halsgericht Vom 13. Jh. an Bezeichnung für ein Gericht mit Entscheidungsgewalt über Leben und Tod, später allg. für Strafgericht. Seit dem 15. Jh. wurden die Prozesse nach sog. H.-Ordnungen geführt, die 1532 durch die ↗Constitutio Criminalis Carolina abgelöst wurden. *wj*

Halske, Johann Georg Unternehmer, *30.7. 1814 Hamburg, †18.3.1890 Berlin. Der Mechaniker und Elektrotechniker H. gründete 1847 in Berlin mit Werner von ↗Siemens die „Telegraphen-Bauanstalt von Siemens & Halske". Schied 1867 aus der Firma aus; widmete sich dem Auf- und Ausbau des Berliner Kunstgewerbemuseums; 1880–86 Stadtrat in Berlin. *UK*

Hals und Hand Rechtspaarformel des mittelalterlichen Strafrechts. Bei den das Verbrechen spiegelnden Strafen an H.u.H. handelt es sich um verstümmelnde Strafen (Meineid wurde mit Abschlagen des Schwurfingers geahndet, auf Mord stand die Todesstrafe). Die peinlichen Leibesstrafen wurden mit dem ↗Preußischen Allgemeinen Landrecht aufgehoben. *ku*

Hambacher Fest (1832) Am 27.5.1832 auf der Kästenburg bei Hambach veranstaltete Massenkundgebung des süddeutschen radikalen ↗Liberalismus. Der Redakteur Johann Georg August ↗Wirth forderte die „vereinigten Freistaaten Deutschlands" und das „konföderierte republikanische Europa". Folge waren Beschlüsse des ↗Bundestages gegen Presse- und Versammlungsfreiheit (↗Demagogenverfolgung). *vK*

Hamburg Bald nach der Gründung des Kastells Hammaburg 825, wurde H. Sitz eines Erzbischofs (834), die ↗Schauenburger bauten H. zu einer Hafenstadt aus, seit Mitte des 13. Jh.s Mitglied der ↗Hanse. Unter dänischer Herrschaft wurde H. 1510 endgültig zur ↗Reichsstadt. 1529 Einführung der ↗Reformation; 1558 Eröffnung der ersten deutschen Börse.

Eine starke Befestigung schützte H. im ↗Dreißgjährigen Krieg. Bis ins 18. Jh. kulturelle Blüte der Stadt. 1815 trat H. als Freie und Hansestadt dem ↗Deutschen Bund bei und führte 1860 eine Verfassung und die Bürgerschaft ein. Seit 1871 im ↗Deutschen Reich; 1919 Gründung der ↗Universität. Während des ↗Dritten Reiches wurde die Bürgerschaft 1933 aufgelöst.

1937 wurde durch Eingemeindungen Groß-H. geschaffen; 1946 als ↗Bundesland innerhalb der britischen ↗Besatzungszone neu gebildet. Seither stellt die ↗SPD bis auf die Jahre 1953–57 den Ersten Bürgermeister. *dt*

Hammer und Zirkel ↗Nationalfahne der DDR

Händel, Georg Friedrich Komponist, *23.2. 1685 Halle/Saale, †14.4.1759 London. 1703 Violinist am Opernhaus in Hamburg, 1710 Hofkapellmeister in Hannover; seit 1712 lebte H. hauptsächlich in London, erhielt von der britischen Königin ab 1713 eine jährliche Pension. H. komponierte Opern, Konzerte, Kantaten, Kammermusik und v.a. Oratorien (Messias, 1742). *nk*

Handfeste 1) ↗Urkunde, die durch Auflegen der Hand ratifiziert wurde.

2) Privileg, das im Mittelalter einer ↗Stadt übertragen wurde. *vK*

Handke, Peter Österreichischer Schriftsteller, *6.12.1942 Griffen (Kärnten). Wurde 1966 durch Attacken gegen die ↗Gruppe 47 und das Stück „Publikumsbeschimpfung" bekannt. H. variierte in den frühen Texten die Problematik der Unmöglichkeit authentischen Sprechens bzw. Schreibens und der Konditionierung des Bewußtseins durch Sprache (Kaspar, 1968). In den jüngsten Veröffentlichungen zeigt sich eine weniger resignative, auch remythisierende Erzählhaltung (Mein Jahr in der Niemandsbucht, 1994). H., der 1973 den ↗Georg-Büchner-Preis erhielt, zählt zu den herausragenden Prosaisten seiner Generation. 1998/99 umstrittenes Eintreten für Serbien (↗Kosovokonflikt). *ij*

Handschriften Bücher oder Hefte mit von Hand geschriebenen Aufzeichnungen (Abschriften, Lieder, Gedichte, Abhandlungen usw.) einer oder mehrerer Personen. H. stammen zumeist aus der Zeit von der Spätantike bis zur Erfindung des

Buchdruckes und sind als Quellen und Überlieferungsträger für die Geschichtswissenschaft bes. wertvoll. Lieder-H. z.B. geben der Volksliedforschung Aufschluß über das Liedrepertoire ihrer Entstehungszeit. Sie dienten auch als Gedächtnisstütze und wurden oft bes. schön und schmuckreich gestaltet wie die nach ihrem Aufbewahrungsort benannte Große Heidelberger Lieder-H. aus dem 12.–14. Jh., auch Manessische H. genannt, nach ihrem Auftraggeber (?) Rudolf Manesse. *ku*

Handwerk Gewerbe, das sich definieren läßt durch geringe Aufteilung der Arbeit und durch Herstellung von (Einzel-) Produkten durch eine oder wenige Personen.

Bei den ↗Germanen vereinzelt Entstehung von spezialisiertem H., Wissen wurde innerhalb von Familienverbänden tradiert (z.B. Schmiede, Töpfereiwesen).

Bes. gute Voraussetzungen für H. bestanden in den mittelalterlichen Städten, wo sich die H.er in ↗Zünften organisierten.

Starke Verschlechterung der Situation des H.s durch Manufakturen des 18. Jh.s und industrielle Produktion des 19. Jh.s.; vor diesem Hintergrund Entstehung der Handwerkerbewegung; 1897 Gründung der H.s-Kammern.

Trotz fortschreitender Technisierung konnten sich Teile des H.s im modernen Wirtschaftsleben behaupten, während andere untergingen. *wj*

Haniel, Franz Unternehmer, *20.11.1779 Ruhrort, †24.4.1868 ebd. Baute nach Eröffnung einer Steinkohlenhandlung und Beteiligung an mehreren Zechen ein in Familienbesitz bleibendes Großunternehmen auf, das Förderung, Verkauf und Transport (z.B. mit Hilfe einer eigenen Reederei) von Kohle und Koks in einer Hand vereinigte. *UK*

Hannover, Kurfürstentum H. ging auf das welfische Fürstentum Braunschweig-Lüneburg zurück, nach dessen Teilung 1635 nahm die Linie Calenberg den Namen H. an; 1692 erlangte H. die Kurwürde. 1737 Gründung der Universität Göttingen; während der ↗Koalitionskriege französisch besetzt, wurde es 1814 zum Königreich erhoben; 1819 Verfassung; 1866 von Preußen annektiert. *dt*

Hansabund 1909 entstandene liberale Interessenvereinigung von Gewerbe, Handel und Industrie, die sich insbesondere gegen wirtschaftspolitischen Konservativismus und den ↗Bund der Landwirte wandte; 1933 zerfallen. *PS*

Hanse (Hansa = Schar) Seit dem 11. Jh. Gemeinschaft von Kaufleuten an Nord- und Ostsee; bes. die im 14. Jh. entstandene Vereinigung von über 100 meist niederdeutschen Handelsstädten und Kaufleutegruppen, die aus dem Zusammenschluß der H.n von ↗Lübeck, ↗Hamburg und ↗Köln hervorging. 1356 wurden sie als „steden van der dudeschen hanse" erstmals erwähnt. Die H. beherrschte durch Handel und Kriege den Ostseeraum und konnte u.a. im Frieden von ↗Stralsund (1370) ihre Handelsprivilegien behaupten. Sie unterhielt Kontore in Visby, Brügge, London, Bergen und Nowgorod. Die wichtigsten Güter waren Pelze, Holz, Fisch und Getreide aus dem Ostseeraum, die u.a. gegen Tuche, Wein und Salz aus dem Westen getauscht wurden. Die unterschiedlichen Interessen der einzelnen Städtegruppen sowie die starke Konkurrenz, v.a. durch den englischen und holländischen Seehandel, schwächten die H. im 15. Jh. erheblich. Eine Wiederbelebung im 16. Jh. scheiterte, 1669 wurde der letzte Hansetag abgehalten. Den Namen der Hansestadt wahrten nur Lübeck, ↗Bremen und Hamburg, nach der ↗Wiedervereinigung nahmen ihn auch Wismar, Rostock, Stralsund und Greifswald wieder an. *wj*

Hansemann, David Wirtschaftspolitiker, *12.7.1790 Finkenwerder (bei Hamburg), †4.8.1864 Schlangenbad (bei Wiesbaden). Neben politischen Ämtern (1848 preußischer Finanzminister; 1850/51 Vorstand der preußischen Staatsbank) wirkte H. als Unternehmer v.a. im ↗Eisenbahnbau und Versicherungswesen. *nk*

Hansjakob, Heinrich Katholischer Theologe, Schriftsteller, *19.8.1837 Haslach (Kinzigtal), †23.6.1916 ebd. 1865–68 Vorstand der Bürgerschule in Waldshut; 1869–84 Pfarrer in Hagnau am Bodensee; 1870 und 1873 zeitweilige Gefängnisaufenthalte aufgrund seiner Publikationen im ↗Kulturkampf; 1871–78 Mitglied des badischen Landtages für das ↗Zentrum; 1881 Gründung der ersten badischen Winzergenossenschaft in Hagnau; 1884–1913 Pfarrer in Freiburg (Breisgau). *br*

Hapag (Hamburg-Amerikanische-Packetfahrt-Actiengesellschaft) 1847 gegründete, bis zum Ersten Weltkrieg weltgrößte Reederei für Güter- und Personenverkehr zwischen Hamburg und New York (Hamburg-Amerika-Linie; Vorsitz 1889–1918 ↗Ballin); fusionierte 1970 mit dem ↗Norddeutschen Lloyd zur H.-Lloyd AG. *nk*

Harden, Maximilian (ursprünglich Felix Ernst Witkowski; Pseudonym: Apostata) Publizist,

*20.10.1861 Berlin, †30.10.1927 Montana (Schweiz). 1892 Gründung der Zeitschrift „Die Zukunft"; entfaltete eine rege und einflußreiche publizistische Tätigkeit; löste 1906 mit seinen Homosexualitätsvorwürfen gegen Philipp Fürst zu ↗Eulenburg eine politische Krise aus; wurde während des ↗Ersten Weltkrieges zum Kriegsgegner; lebte nach einem auf ihn verübten Attentat (3.7.1922) in der Schweiz. *JH*

Hardenberg, Karl August von Preußischer Staatskanzler, *31.5.1750 Essenrode (Niedersachsen), †26.11.1822 Genua. H. begann seine Laufbahn in Hannover, wurde 1783 Minister in Braunschweig und 1791 preußischer Staats- und Kriegsminister. 1795 wirkte er maßgeblich an den Verhandlungen über den Frieden von ↗Basel mit; 1798 Kabinettsminister; 1804–06 Außenminister, 1807 Erster Minister (auf Veranlassung ↗Napoleons I. entlassen); H. bestellte Karl von und zum ↗Stein zu seinem Nachfolger (auch an dessen Abberufung wegen zu weit gehender Agrarreformen beteiligt).

1810–22 setzte H. als Staatskanzler und Leiter der preußischen Innen-, Finanz- und Außenpolitik die Reformen Steins (↗preußische Reformen) fort: Neuordnung von Steuern und Finanzen; 1810 Einführung der Gewerbefreiheit und ↗Säkularisation des Kirchengutes; 1811 Ausdehnung der ↗Bauernbefreiung; 1812 Judenemanzipation (↗Juden in Deutschland).

Veranlaßte nach der Niederlage Napoleons in Rußland den preußischen König ↗Friedrich Wilhelm III. 1813 zur Teilnahme an den ↗Befreiungskriegen; errang 1814/15 auf dem ↗Wiener Kongreß für Preußen wichtige Gebietserweiterungen. Nach 1815 konnte er eine Neuordnung der Verwaltung, nicht aber seinen Plan, eine nationale Ständevertretung einzurichten, durchsetzen. *rh*

Hardenberg, Friedrich Leopold von ↗Novalis

Häresie Ursprünglich Bezeichnung für ein religiöses oder politisches Bekenntnis, später für eine dem kirchlichen Dogma widersprechende Lehre, Ketzerei, Irrlehre. Seit der Erhebung des Christentums zur Staatsreligion (391) strafbar; verfolgt bes. im 12. und 13. Jh. durch Papst Innozenz III. und Kaiser ↗Friedrich II. mittels ↗Inquisition und H.-Kreuzzügen. *rw*

Harich, Wolfgang Philosoph, Publizist *9.12. 1923 Königsberg, †15.3.1995 Berlin. 1945 Eintritt in die ↗KPD, Hochschuldozent, Lektor des Aufbau-Verlages; im Herbst 1956 Gründer eines Diskussionsforums zur inneren Reformierung der ↗DDR und zur friedlichen Wiedervereinigung; am 29.11.1956 verhaftet und im März 1957 in einem Schauprozeß zusammen mit ↗Janka zu zehn Jahren Zuchthaus verurteilt (↗Entstalinisierung); 1964 freigelassen, 1990 vollständig rehabilitiert. *kl*

Harkort, Friedrich Wilhelm Unternehmer, Politiker, *25.2.1793 Harkorten bei Hagen, †6.3.1880 Hombruch bei Dortmund. Gründete seit 1818 in Wetter und Olpe Maschinenfabriken, Walz- und Eisenwerke; machte 1838 Bankrott; betrieb Sozialpolitik; 1871–74 Abgeordneter des ersten Reichstages des deutschen Kaiserreiches. *UK*

Harlan, Veit Schauspieler, Regisseur, *22.9.1899 Berlin, †13.4.1964 Capri. H. drehte nationalsozialistische Propagandafilme, u.a. Jud Süß (1940), Kolberg (1945). *ij*

Harnack, Adolf von Evangelischer Theologe, *7.5.1851 Dorpat (Ostpreußen), †10.6.1930 Heidelberg. Professor in Leipzig, Gießen und Marburg; seit 1888 in Berlin; seit 1890 Mitglied der Preußischen Akademie der Wissenschaften; ab 1911 Präsident der von ihm mitbegründeten ↗Kaiser-Wilhelm-Gesellschaft zur Förderung der Wissenschaften. Bedeutender Kirchenhistoriker; Hauptwerk: Lehrbuch der Dogmengeschichte (1886–90). *ij*

Harnack, Arvid Wirtschaftswissenschaftler, *24.5.1901 Darmstadt, †22.12.1942 Berlin. Ab 1935 im Reichswirtschaftsministerium, schloß sich mit seiner US-amerikanischen Frau Mildred und Gleichgesinnten Ende der dreißiger Jahre dem Kreis um Harro ↗Schulze-Boysen (↗Rote Kapelle) an; Anfang der vierziger Jahre Kontakt zum sowjetischen Nachrichtendienst. Am 3.9.1942 mit seiner Frau verhaftet, zum Tode verurteilt und hingerichtet. *PS*

Harnisch Vom späten Mittelalter bis ins 17. Jh. hinein Schutzkleidung des Kriegers, bestehend aus beweglich zusammengesetzten Eisenteilen (↗Rüstung). Während der H. des ↗Ritters den ganzen Körper bedeckte, schützte der H. des Kriegsknechtes nur den Oberkörper (halber H.). Dieser leichtere H. wurde ab dem 16. Jh. auch von Offizieren getragen. *wm*

Hart, Heinrich Schriftsteller, Dichtungstheoretiker, *30.12.1855 Wesel, †11.6.1906 Tecklenburg (Westfalen). Mit seinem Bruder Julius gab H. 1882–84 die „Kritischen Waffengänge" heraus, in denen das Programm des ↗Naturalismus formuliert wurde. *ij*

Hartmann von Aue Dichter, *etwa 1165, †um 1210. In seinem Werk nennt H. sich einen „gelehrten Ritter“; Herkunft und Wirkungsort (einzugrenzen auf das Herzogtum Schwaben) sind nicht gesichert. H.s Dichtung umfaßt u. a. Minnelieder, Kreuzzugslieder sowie eine Minnelehre. H. schuf die ersten mittelhochdeutschen Versionen der Artusromane „Erec“ (um 1185) und „Iwein“ (um 1202); schrieb Verslegenden („Gregorius“, um 1187; „Der arme Heinrich“, um 1195). Auf die Dichtung der nachfolgenden Epochen hatte H.s Werk großen Einfluß. *ij*

Hartung, Fritz Historiker, *12.1.1883 Saargemünd, †24.11.1967 Berlin. Professor in Berlin (1923–49); Forschungsschwerpunkt in der Verfassungsgeschichte; verfaßte u.a.: Deutsche Verfassungsgeschichte (1914/64), Staatsbildende Kräfte in der Neuzeit (1961). *Vö*

Harzburger Front (1931) Zusammenschluß der „Nationalen Opposition“ (↗NSDAP, ↗DNVP, ↗Stahlhelm, nationalistische Verbände) am 11.10. 1931 in Bad Harzburg (Niedersachsen) zum Sturz der Regierung ↗Brüning; zerbrach an der Uneinigkeit über einen gemeinsamen Kandidaten bei der Reichspräsidentenwahl 1932. Nach der ↗Machtergreifung 1933 wurden führende Köpfe der H.F. (u.a. ↗Hugenberg, ↗Seldte) Kabinettsmitglieder der Regierung ↗Hitlers. *JH*

Hasenclever, Walter Dramatiker, Lyriker, *8.7.1890 Aachen, †21.6.1940 Les Milles (Bouches-du-Rhône). Sein Drama „Der Sohn“ (1914) verlieh dem leidenschaftlichen Protest der expressionistischen Generation gegen die bürgerlichen Autoritäten Ausdruck. Der Pazifist H. emigrierte 1933; beging im Internierungslager Selbstmord. *ij*

Hasenclever, Wilhelm Politiker (SAP), *19.4. 1837 Arnsberg (Westfalen), †3.7.1889 Schöneberg (Berlin). Seit 1864 im ↗Allgemeinen Deutschen Arbeiterverein; seit 1875 im Vorstand der ↗SAP; 1874–78 und 1879–88 Mitglied des Reichstages. *PS*

Hassell, Ulrich von Diplomat, *12.11.1881 Anklam (Pommern), †8.9.1944 Berlin. 1933 ↗NSDAP-Mitglied, seit 1932 Botschafter in Rom, 1937 entlassen. Gehörte zum bürgerlichen ↗Widerstand um ↗Goerdeler und ↗Beck. Nach dem ↗Zwanzigsten Juli verhaftet und hingerichtet. Seine nach dem Krieg veröffentlichten Tagebücher sind eindrucksvolles Zeugnis des Widerstandes. *PS*

Hassenpflug, Hans Daniel Ludwig Hessischer Innenminister, *26.2.1794 Hanau, †10.10.1862 Marburg. 1832–37 Innen-, ab 1850 Innen- und Justizminister in Hessen; streng konservativ; verletzte mehrfach die Verfassung von 1831; 1850 provozierte H.s andauernder Konflikt mit den Ständen die Intervention des ↗Deutschen Bundes; Österreichs Eingreifen führte beinahe zum Krieg mit Preußen, was den Abschluß der ↗Olmützer Punktation nach sich zog. H. trat 1855 zurück. *sa*

Hatzfeldt-Trachenberg, Sophie Gräfin von Sozialistin, *10.8.1805 Trachenberg (Schlesien), †25.1.1881 Wiesbaden. 1822 zur Heirat mit ihrem Vetter Edmund von Hatzfeldt-Wildenburg gezwungen, um eine Majoratsstreitigkeit beizulegen; über 20 Jahre Diskriminierung und Mißhandlung in der Ehe. 1846 bat H.-T. ↗Lassalle um Hilfe. Er setzte in einer langen Reihe von Prozessen vor 36 Gerichten 1851 ihre Scheidung durch und erreichte 1854 die Rückgabe ihrer ↗Allode. H.-T. unterstützte Lassalles Politik und versuchte, nach seinem Tod 1864 Einfluß auf den ↗Allgemeinen Deutschen Arbeiterverein zu nehmen. *br*

Haubach, Theodor Journalist, *15.9.1896 Frankfurt/Main, †23.1.1945. ↗SPD-Mitglied und Mitarbeiter des ↗Reichsbanners „Schwarz-Rot-Gold“. Mitte der dreißiger Jahre KZ-Haft, ab 1943 Mitglied des ↗Kreisauer Kreises, am 8.8.1944 verhaftet, zum Tode verurteilt und später hingerichtet. *PS*

Haugwitz, Christian Graf von Preußischer Kabinettsminister, *11.6.1752 Peuke (bei Oels), †9.2.1832 Venedig. 1792–1804 Staats- und Kabinettsminister, 1802–04 und 1805/06 Leiter der Außenpolitik; schloß 1795 mit Frankreich den Frieden von ↗Basel und nach der preußischen Niederlage bei ↗Austerlitz mit ↗Napoleon I. die unvorteilhaften Verträge von Schönbrunn (1805) und Paris (1806); nach den vernichtenden militärischen Niederlagen von 1806 (↗Jena und Auerstedt) entlassen. *rh*

Haugwitz, Friedrich Wilhelm Graf von Österreichischer Politiker, *11.12.1702 in Sachsen, †11.9.1765 Knönitz (Mähren). 1749–60 Präsident des „Directoriums in publicis et cameralibus“ (Vereinigung von Verwaltung und Steuerwesen aller österreichischen Länder); in dieser Zeit unter ↗Maria Theresia Durchführung einer umfassenden Staats- und Verwaltungsreform, die die moderne österreichische Verwaltung begründete; seit 1760 Mitglied des Staatsrates und Leiter der österreichischen ↗Hofkanzlei. *rh*

Gerhart Hauptmann

Hauptmann, Gerhart Schriftsteller, *15.11.1862 Bad Salzbrunn (Schlesien), †6.6.1946 Agnetendorf (Schlesien). Bedeutender Vertreter des ↗Naturalismus; 1912 Nobelpreis für Literatur, erlangte mit seinem Drama über den schlesischen ↗Weberaufstand von 1844 „Die Weber" (1892) Weltruhm; im späteren Werk stehen breite Milieustudien, nationale und religiöse Motive im Vordergrund. Werke u.a.: Vor Sonnenaufgang (1889), Die Ratten (1911). *kp*

Hauptstadtvertrag (1992) Vertrag zwischen der ↗Bundesrepublik und den Ländern ↗Berlin und ↗Brandenburg vom 25.8.1992, der aufgrund des ↗Berlin-Beschlusses des ↗Bundestages Einzelheiten, insbesondere städtebaulicher Art, zur Umgestaltung Berlins zur ↗Bundeshauptstadt regelt. *kl*

Hausbesetzung Widerrechtliche Nutzung leerstehenden Wohnraums in der Bundesrepublik; seit den siebziger Jahren v.a. in den Großstädten aus Protest gegen Immobilienspekulation und überhöhte Mietpreise im linken Spektrum angewendet, um alternative Lebensräume zu gestalten; bekanntestes und meist diskutiertes Beispiel für H. ist die Hafenstraße in Hamburg. *kl*

Haus der Geschichte der Bundesrepublik Deutschland Auf Initiative des Bundeskanzlers Helmut ↗Kohl am 14.6.1994 in Bonn eröffnetes, zweites staatliches Museum der ↗Bundesrepublik neben dem ↗Deutschen Historischen Museum in Berlin unter der Leitung von ↗Schäfer; 1995 wegen seines innovativen und besucherorientierten Konzeptes mit dem Museumspreis des ↗Europarates ausgezeichnet. *kl*

Hauser, Kaspar Findelkind, *angeblich 30.4. 1812, †17.12.1833 Ansbach. Kam 1828 nach Nürnberg; wurde Mündel von Paul Johann ↗Feuerbach. H.s Bericht, er sei in einem Verlies aufgewachsen, löste bes. unter Pädagogen und Psychologen großes Interesse aus. Seine rätselhafte Herkunft führte zu verschiedenen Theorien; starb unter ungeklärten Umständen. *nk*

Haushofer, Albrecht Schriftsteller, *7.1.1903 München, †23.4.1945 Berlin. Sohn von Karl ↗H., Professor an der Berliner Hochschule für Politik, zunächst Berater von ↗Heß, später Kontakte zum ↗Widerstand. Nach Festnahme und Gefängnishaft von ↗SS-Männern ermordet. *PS*

Haushofer, Karl General, Geopolitiker, *27.8. 1869 München, †13.3.1946 Pähl (Oberbayern). 1921–39 Geographieprofessor an der Universität München. Beeinflußte mit seiner Vorstellung von ↗Lebensraum führende Nationalsozialisten, v.a. ↗Heß; nach Verhaftung seines Sohnes Albrecht ↗H. 1944 KZ-Haft; gemeinsam mit seiner Frau Suizid. *PS*

Hausmacht Im ↗Mittelalter Bezeichnung für die Gebiete, die erbliches Eigentum der Königsdynastie waren. Durch H.-Politik versuchten die deutschen ↗Könige vom 12. bis 15. Jh., die Schwächung der Reichsgewalt durch Vermehrung der H. zu verhindern. *vK*

Hausmarschall ↗Marschall

Haußmann, Conrad Politiker, Rechtsanwalt, *8.2.1857 Stuttgart, †11.2.1922 ebd. 1889–1922 Mitglied des Landtages in ↗Württemberg für die ↗DVP; 1890–1922 Abgeordneter im Reichstag; Herbst 1918 ↗Staatssekretär in der Regierung des Prinzen ↗Max von Baden; 1919 Vizepräsident der ↗Nationalversammlung und Vorsitzender des Verfassungsausschusses für die ↗Weimarer Verfassung. *br*

Haut und Haar Rechtspaarformel des mittelalterlichen Strafrechts. Nichtverstümmelnde Leibesstrafen (Auspeitschung, Haarschur) führten zum Verlust der Ehre. Strafen an H.u.H. konnten in eine Geldstrafe umgewandelt werden. Prügelstrafe noch bis ins beginnende 20. Jh. *ku*

Havemann, Robert Physikochemiker, politischer Schriftsteller, *11.3.1910 München, †9.4. 1982 Grünheide (bei Berlin). 1932 Eintritt in die ↗KPD; 1943 vom ↗Volksgerichtshof wegen seiner Widerstandsaktivität zum Tode verurteilt; 1945 durch die ↗Alliierten befreit; 1946 Professur für Chemie in Berlin (Ost); ab 1949 Mitglied der ↗Volkskammer; 1950 Eintritt in die ↗SED; Mitarbeit in der ↗Friedensbewegung der DDR; nach 1956 bedeutender Systemkritiker und Dissident; 1964 aus der SED und der Universität ausgeschlossen; versuchte trotz Überwachung durch das ↗Ministerium für Staatssicherheit, die Politik der DDR über westdeutsche Medien zu beeinflussen; im November 1989 von der SED rehabilitiert. *Ki*

Haydn, Joseph Komponist, getauft 1.4.1732 Rohrau (Österreich), †31.5.1809 Wien. Ab 1740 Chorknabe am Stephansdom in Wien; 1759 Kapellmeister in Lukawitz (Böhmen); 1761–90, erneut seit 1795 Kapellmeister im Dienst der Fürsten Eszterházy. H., schon zu Lebzeiten international berühmt, schuf ein umfangreiches Œuvre aus v.a. Sinfonien, Konzerten, Opern und Oratorien. *nk*

Heartfield, John (eigentlich Helmut Herzfeld) Graphiker, *19.6.1891 Berlin, †26.4.1968 Berlin (Ost). Begründete 1919 zusammen mit seinem Bruder Wieland ↗Herzfelde und ↗Grosz den Berliner ↗Dada. H. schuf satirische Fotomontagen, die er zum Medium der politischen, antimilitaristischen Agitation machte. *ij*

Hebbel, Christian Friedrich Dramatiker, Lyriker, *18.3.1813 Wesselburen (Schleswig-Holstein), †13.12.1863 Wien. H.s Werk ist zwischen ↗Idealismus und ↗Realismus angesiedelt; es zeigt Menschen, die in historischen Umbruchsituationen unausweichlich schuldhaft handeln. In dem bürgerlichen Trauerspiel „Maria Magdalene" (1844) wird erstmals ein rein innerbürgerlicher Konflikt dargestellt. Dramen u.a.: Judith (1841), Agnes Bernauer (1855), Gyges und sein Ring (1856), Die Nibelungen (1862). *ij*

Heck, Bruno Politiker (CDU), *20.1.1917 Aalen, †16.9.1989 Blaubeuren (Württemberg). Seit 1946 Mitglied der ↗CDU, 1948–51 im Vorstand der Jungen Union in Württemberg-Hohenzollern; 1956–71 Generalsekretär der CDU; 1957–72 Bundestagsabgeordneter; 1962–69 Bundesminister für Familie und Jugend. War ab 1968 Vorsitzender der Konrad-Adenauer-Stiftung. *Ki*

Heckel, Erich Maler, Graphiker, *31.7.1883 Döbeln (Sachsen), †27.1.1970 Hemmenhofen (bei Konstanz). Mitbegründer der Künstlervereinigung ↗Brücke (↗Expressionismus); schuf u.a. Holzschnitte, Lithographien und Radierungen. *ij*

Hecker, Friedrich Badischer Politiker, *28.9.1811 Eichtersheim (Baden), †24.3.1881 St. Louis (USA). Ab 1842 Mitglied der Zweiten Badischen Kammer; entwickelte sich unter ↗Struves Einfluß zum Radikaldemokraten; organisierte 1848 die Revolution in Baden (↗Heckerputsch); floh nach deren Niederschlagung in die Schweiz, 1849 in die USA; kämpfte im Sezessionskrieg (1861–65) auf seiten der Nordstaaten. *sa*

Heckerputsch (1848) Wesentlich durch die Auflehnung von ↗Bauern gegen großgrundbesitzende Standesherren getragene republikanische Erhebung in Baden im April 1848 unter Führung ↗Heckers, von ↗Struves und ↗Herweghs; rasche Niederschlagung durch Bundestruppen unter General Friedrich von Gagern. *vK*

Hedwig Herzogin von Schlesien, *um 1176 Andechs, †14.10.1243 Trebnitz (bei Breslau). Ihre Verheiratung als Zwölfjährige mit ↗Heinrich I., Herzog von Schlesien, markiert den Beginn deutscher Einflußnahme in ↗Schlesien; H. richtete zahlreiche religiöse Stiftungen ein; 1267 von Papst Clemens IV. heiliggesprochen; Schutzpatronin Schlesiens. *nk*

Heerbann Im Mittelalter seit der fränkischen Zeit:
1) die Befugnis des Königs, das Heer aufzubieten; 2) das Aufgebot selbst; 3) die bei Nichtbeachtung des Aufbietungsbefehls verwirkte Buße (auch H.-Buße); 4) seit dem 13. Jh. das aufgebotene Heer. *vK*

Heeremann, Constantin Freiherr von Präsident des Deutschen Bauernverbandes, *17.12.1931 Münster. 1969–97 Präsident des ↗Deutschen Bauernverbandes; 1979–81 und 1990–92 Präsident des Ausschusses der Berufsständischen Landwirtschaftlichen Verbände der ↗EG; 1982–86 Präsident des Weltbauernverbandes. *Ki*

Heeresreform ↗preußische Heeresreform

Heergewäte (Heergeräte) Im Mittelalter die persönliche Waffenausrüstung des Kriegers, später auch auf andere Objekte übertragen, die mit erbrechtlichem Sonderstatus an den nächsten Verwandten der männlichen Linie weitergegeben wurden. *wj*

Heerschild Im Mittelalter ursprünglich das Heeresaufgebot, dann die Lehnsfähigkeit (↗Lehnswesen), dann die lehnsrechtliche Gliederung (↗H.-Ordnung) und schließlich die Stufe innerhalb dieser Gliederung. Im ↗Sachsenspiegel wird die H.-Ordnung als Maßstab für eine lehnsrechtliche Standesgliederung des ↗Adels verwendet. Lehen von einem Angehörigen desselben oder eines niederen H.es zu nehmen, führte zur Niederung des H.es (Herabstufung). Die H.-Stufe, die ein ↗Vasall einnahm, zeigte an, von welcher Standesqualität er selbst Lehnsmänner haben konnte. Im Sachsen-

und im ↗Schwabenspiegel werden sieben H.-Stufen aufgeführt (im Schwabenspiegel: ↗König, geistliche ↗Fürsten, weltliche Fürsten, Hochfreie, Mittelfreie, ↗Ministerialen, übrige Ritterbürtige). Auch wenn die H.-Ordnung auf keinen verbindlichen Rechtssätzen fußte, wurden Abweichungen von dieser Norm als irregulär und standeswidrig angesehen. *vK*

Georg Wilhelm Friedrich Hegel

Hegel, Georg Wilhelm Friedrich Philosoph, *27.8.1770 Stuttgart, †14.11.1831 Berlin. Studium der Theologie gemeinsam mit Friedrich Wilhelm von ↗Schelling und ↗Hölderlin; Hauslehrertätigkeit in Bern und Frankfurt/Main; Professor in Heidelberg bzw. Berlin; entfaltete, v. a. an Platon, ↗Fichte und Schelling anknüpfend, eine am organismischen Leben orientierte Philosophie des Werdens, die Logik, Natur, Geschichte und Bewußtseinsformen als Erscheinungsformen und Entwicklungsstufen des absoluten Geistes zu begreifen suchte: Das Absolute stellt sich in der Natur dar, entfaltet sich in den Formen des Lebens und Geistes und wird sich in der menschlichen Geschichte und Kultur seiner selbst bewußt. Von herausragender Bedeutung bis in die Gegenwart (Nicolai Hartmann, ↗Habermas u. a.). *bl*

Hegelianismus ↗Philosophie

Hegemonie Vorherrschaft eines Staates, die auf politischer, militärischer, wirtschaftlicher oder kultureller Macht aufgebaut ist.

Im ↗Heiligen Römischen Reich zu Beginn der Neuzeit das Ringen um H. oder Gleichgewicht zwischen den ↗Habsburgern (wachsende Hausmacht und Kaiserkrone) und den vielen kleinen Territorialfürsten, die sich im ↗Westfälischen Frieden 1648 vorerst durchsetzten. Im 18. Jh. wurde ↗Preußen zur zweiten deutschen Großmacht, die den Kampf mit dem Haus Österreich um die H. in Deutschland mit der kleindeutschen ↗Reichsgründung Bismarcks 1871 für sich entschied. *rh*

Heidegger, Martin Philosoph, *26.9.1889 Meßkirch (Baden), †26.5.1976 Freiburg (Breisgau). Schüler ↗Husserls; Professor in Freiburg; kritisierte alle metaphysischen Systeme seit Aristoteles und entwarf eine „Fundamentalontologie", in der er sich mit der Struktur des Seins selbst (statt der irgendeines begrenzten Seienden) auseinandersetzen will; formulierte in seiner „Daseinsanalyse", u. a. gegen René Descartes und die Bewußtseinsphilosophie gerichtet, umwälzend neue Vorstellungen darüber, was der Mensch („Dasein") sei, den H. seinem Wesen nach als „In-der-Welt-Sein", in seiner entfremdeten Lebenspraxis als der Natur gegenüberstehendes Subjekt interpretierte; wirkte v. a. auf die Theologie (↗Rahner, Rudolf Bultmann) und die französische Philosophie (Jean Paul Sartre). *bl*

Heidelberg, Schloß Oberhalb der Heidelberger Innenstadt auf den Resten einer älteren Burganlage im 15.–17. Jh. errichtete Residenz der pfälzischen ↗Wittelsbacher Kurfürsten. Im ↗Pfälzischen Krieg 1689 und 1693 zerstört und danach teilweise wieder aufgebaut. 1764 durch einen Brand erneut zerstört; seither Ruine. Einige der Gebäude wurden z. T. restauriert. Das H. S. gilt als eines der eindrucksvollsten Zeugnisse deutscher ↗Renaissance-Baukunst. *RB*

Heidelberg, Universität Ruprecht-Karls-Universität, gegründet 1386 durch Kurfürst ↗Ruprecht I. Seit 1803 staatlich, selbstverwaltet; angegliedert u. a.: die Akademie der Wissenschaften, das Astronomische Recheninstitut, das Deutsche Krebsforschungszentrum und das Kernforschungszentrum Karlsruhe; insgesamt 25778 Immatrikulierte (1998). *rw*

Heidelberger Katechismus Reformatorische Unterweisungsschrift, 1563 von den Heidelberger Theologen Ursinus und Olevianus geschrieben und neben Martin ↗Luthers Kleinem ↗Katechismus wichtigster evangelischer Leitfaden in Deutschland. Grenzte sich sowohl von der römisch-katholischen Gotteslehre als auch von der Christologie Luthers ab und verknüpfte in 129 Fragen und Antworten religiöse Handlungsanweisungen mit calvinistischen Glaubensinhalten. Trotz heftiger Kritik von seiten lutherischer Fürsten wurde der H.K. 1568 verbindlicher Katechismus der reformierten Kirche und 1619 auf der Dordrechter Synode zur offiziellen Bekenntnisschrift. Der H.K. zählte zu den bekanntesten Büchern seiner Zeit. *rm*

Heidelberger Programm (1925) Am 14.9.1925 von der seit 1922 mit der ↗USPD wiedervereinigten ↗SPD beschlossenes Parteiprogramm; maßgeblich von ↗Kautsky und ↗Hilferding verfaßt; bekräftigte den 1891 im ↗Erfurter und 1921 im ↗Görlitzer Programm formulierten revisionistischen (↗Revisionismus) Kurs der Partei. *JH*

Heidelberger Handschrift ↗Handschriften

Heilige Allianz Am 26.9.1815 auf Initiative des russischen Zaren abgeschlossener Vertrag zwischen den Monarchen Rußlands, Österreichs und Preußens. Christliche Prinzipien, ↗Gottesgnadentum und gegenseitiger Beistand als Grundlage der Politik; de facto Bündnis zur Erhaltung des Status quo (↗Restauration); Beitritt aller europäischen Staaten außer Großbritannien, dem Vatikan und der Türkei; scheiterte an den unterschiedlichen Interessen der Staaten. *MH*

Heilige Lanze Die H.L. wurde 935 von König ↗Heinrich I. erworben und war seit 1002 Teil der ↗Reichskleinodien. Mit dieser Lanze soll ein römischer Soldat Jesu Seite verwundet haben (nach Johannes 19,34). *dh*

Heilige Liga (1526) ↗Cognac, Heilige Liga

Heilige Liga (1684) Das am 5.3.1684 in den ↗Türkenkriegen nach der erfolgreichen Schlacht am ↗Kahlenberg abgeschlossene Bündnis zwischen Papst Innozenz XI., Kaiser ↗Leopold I., Polen und Venedig. Eröffnete nach der überstandenen Belagerung ↗Wiens 1683 den Angriffskrieg gegen die Osmanen. *rh*

Heiligenverehrung Im Christentum und speziell in der ↗katholischen Kirche wurzelt die H. im 2. Jh. n.Chr. in der Verehrung von Märtyrern. Heiligen wird eine bes. Beziehung zu Gott entweder schon zu Lebzeiten oder durch ihren (Märtyrer-)Tod zugeschrieben; ihre Grabstätte oder die Aufbewahrungsorte ihrer Reliquien wurden zu Wallfahrtsorten. Von den Heiligen wird fürbittende Hilfe erbeten. Im ↗Mittelalter war die H. auch für Staatsakte zentral, fast 90 % wurden an heiligen Tagen oder Orten abgehalten. Die ↗Reformation lehnte jede Form der H. als Abgötterei ab. Im 17. Jh. fand die H. Ausdruck in den Heiligendarstellungen barocker Kirchen. Seit dem 19. Jh. gewann die H. starken Auftrieb, und mit dem II. Vatikanischen Konzil wurde ihre Bedeutung für die katholische Kirche und deren Heiligkeit betont. Wichtige deutsche Heilige sind u.a. ↗Ulrich von Augsburg, ↗Elisabeth von Thüringen und ↗Bonifatius von Fulda. *rm*

Heiliges Land ↗Kreuzzüge

Heiliges Römisches Reich Deutscher Nation Vom späten Mittelalter bis 1806 gebrauchte Bezeichnung für das „alte“ deutsche Reich. Es definierte sich in unmittelbarer Nachfolge des antiken Römischen Reiches (Titel seit 1034: „Imperium Romanum“), damit sei es älter als die Kirche. Seit 1157 wurde vom „Sacrum Imperium“, dem Heiligen Reich, gesprochen (Anspruch auf Gleichrangigkeit mit dem Papsttum, Gottunmittelbarkeit und Erhabenheit). 1254 wurde der Begriff „Heiliges Römisches Reich“ („Sacrum Imperium Romanum“) erstmals benutzt. Seit Ende des 15. Jh.s mit Zusatz „Deutscher Nation“. *vK*

Heilkunde ↗Volksmedizin

Heim, Georg Politiker, *24.4.1865 Aschaffenburg, †17.8.1938 Würzburg. 1890–92 Realschullehrer in Freising; 1892 aufgrund seiner Publikationen Versetzung nach Wunsiedel und 1896 nach Ansbach; 1897–1912 Mitglied des bayrischen Landtages sowie 1898–1912 des Reichstages; Wortführer der Bauern im ↗Zentrum; 1918 Mitbegründer der ↗Bayerischen Volkspartei; 1919 Mitglied der ↗Nationalversammlung; 1920–24 erneut Mitglied des Reichstages; unterstützte 1925 und 1932 ↗Hindenburgs Wahl zum Reichspräsidenten; mußte 1933 alle Ämter aufgeben. *br*

Heimatfront Schlagwort der nationalsozialistischen Propaganda während des ↗Zweiten Weltkrieges, verstärkt nach Ausrufung des ↗„Totalen Krieges“ 1943 verwendet. Sollte der Bevölkerung die Notwendigkeit des Zusammenwirkens von Heimat und kämpfender Truppe suggerieren; wurde u.a. zur Begründung von Sammelaktionen für die Soldaten herangezogen. *PS*

Heimfall 1) Das Anrecht der frühmittelalterlichen Dorfgenossenschaft auf den Nachlaß von Verstorbenen ohne Verwandtschaft.

2) Das Recht des Lehnsherren zum Einzug des Lehens bei Untreue oder Verrat (Felonie) des ↗Vasallen oder bei fehlenden berechtigten Nachkommen.

3) Heute insbesondere das Erbrecht des Staates bei fehlenden Verwandten. *wj*

Heimkehrergesetz Das am 19.6.1950 vom Bundestag verabschiedete Gesetz stellte für „aus fremdem Gewahrsam“ entlassene Deutsche eine

Vielzahl von finanziellen und sozialen Hilfestellungen bereit und war neben dem Kriegsgefangenengesetz vom 2.2.1954 die wichtigste Maßnahme zur Wiedereingliederung der ehemaligen deutschen ↗Kriegsgefangenen. *bb*

Heimtücke-Gesetz Bezeichnung für das im März 1933 erlassene „Gesetz zur Abwehr heimtückischer Angriffe gegen die Regierung der nationalen Erhebung". Personen, deren Äußerungen angeblich geeignet waren, das Ansehen der ↗NSDAP und der ↗Reichsregierung zu schädigen, konnten mit bis zu zwei Jahren Haft bestraft werden. Nach einer Verschärfung des H.-G.s 1934 galt dies auch für nichtöffentliche Äußerungen. *JH*

Heine, Heinrich (eigentlich Harry H.) Dichter, *13.12.1797 Düsseldorf, †17.2.1856 Paris. Bedeutendster Schriftsteller zwischen ↗Romantik und ↗Realismus. Ab 1831 ständiger Aufenthalt in Paris, 1835 im Zuge der Sanktionen gegen das ↗Junge Deutschland Verbot seiner Schriften in Deutschland; schrieb zahlreiche Lieder, Gedichte und Balladen, die, v.a. von ↗Schubert und Robert ↗Schumann vertont, bis heute zu den wichtigsten deutschen ↗Volksliedern gehören. Charakteristisch für seine Prosa ist ein ironischer, witziger, häufig politischer Erzählstil.
Werke u.a.: Deutschland ein Wintermärchen (1844), Atta Troll. Ein Sommernachtstraum (1847, z.T. 1843 in Zeitschriften veröffentlicht). *kp*

Gustav Heinemann

Heinemann, Gustav Bundespräsident (SPD), *23.7.1899 Schwelm, †7.7.1976 Essen. 1933–39 Professur für Wirtschaftsrecht in Köln; 1933–45 in der ↗Bekennenden Kirche tätig; 1945–67 Mitglied, 1949–55 Präses des Rates der ↗EKD; 1947/48 Justizminister von Nordrhein-Westfalen; 1949/50 Bundesinnenminister – aus Protest gegen die ↗Wiederbewaffnung zurückgetreten; 1951 Mitbegründer der ↗Notgemeinschaft für den Frieden; Austritt aus der ↗CDU 1952; Mitbegründer und Vorsitzender der ↗GVP 1953–57; nach deren Auflösung Mitglied der ↗SPD; 1966–69 Bundesjustizminister; 1969–74 Bundespräsident. (196) *Ki*

Heinrich

Deutsche Könige und Kaiser:

Heinrich I. *um 875, †2.7.936 Memleben/Unstrut. Seit 912 Herzog von ↗Sachsen; 919 von Franken und Sachsen zum König gewählt, 191/921 auch von ↗Schwaben und ↗Bayern anerkannt, deren Herzögen er faktisch Gleichrangigkeit und Kirchenhoheit zugestand.
H. gewann 925 Lothringen für das Heilige Römische Reich, unterwarf 928/29 slawische Gruppen jenseits der Elbe und in Böhmen, schlug 933 die Ungarn bei Riade an der Unstrut und schuf 934 gegen die Dänen eine Mark zwischen Eider und Schlei. *dh*

Heinrich II. der Heilige *6.5.973 bei Kelheim, †13.7.1024 Grona (bei Göttingen). Letzter Herrscher aus dem sächsischen Haus. Sohn ↗Heinrichs II. von Bayern; seit 995 als H. IV. Herzog von Bayern, seit 1002 deutscher König; 1004 nach Unterwerfung des Gegenkönigs Arduin von Ivrea König von Italien; 1014 zum Kaiser gekrönt, bekämpfte er bis 1018 mit wechselndem Erfolg Boleslaw I. Chrobry von Polen. H. baute das ↗Reichskirchensystem aus, förderte die Klosterreform und gründete 1007 das Bistum Bamberg. Er wurde mit seiner Gemahlin Kunigunde im ↗Bamberger Dom beigesetzt und 1146 heiliggesprochen. *dh*

Heinrich III. *28.10.1017, †5.10.1056 Pfalz Bodefeld (Harz). ↗Salier, Sohn ↗Konrads II.; seit 1027 Herzog von Bayern, seit 1028 König (Regierung seit 1039), seit 1038 Herzog von Schwaben und Kärnten sowie König von Burgund, 1046 zum Kaiser gekrönt; schob im Kampf gegen Ungarn die Reichsgrenze bis zur Leitha vor; wahrte in schweren Kämpfen (1047–49 und 1054/55) die Gewalt über die Herzogtümer.
Vollender des ↗Reichskirchensystems, Förderer des Gottesfriedens und der Kirchenreform; ließ 1046 drei rivalisierende Päpste absetzen und erhob nacheinander vier deutsche Bischöfe auf den päpstlichen Stuhl; beigesetzt im ↗Speyrer Dom. *dh*

Heinrich IV. *11.11.1050 Goslar (?), †7.8.1106 Lüttich. H. war seit 1056 König, zunächst unter

der Vormundschaft seiner Mutter ↗Agnes von Poitou bzw. der Erzbischöfe ↗Anno von Köln und ↗Adalbert von Bremen, seit 1084 Kaiser.
Er suchte das Königtum durch Begünstigung der ↗Städte und der ↗Ministerialen zu stärken. Um die territoriale Machtgrundlage des Königtums wiederherzustellen, mußte er 1075 einen Aufstand in ↗Sachsen niederschlagen.
Er wurde im ↗Investiturstreit von Papst Gregor VII. gebannt und erreichte erst durch seinen Bußgang nach ↗Canossa (1077) die politisch wichtige Lösung vom ↗Bann.
H. setzte sich in den Kämpfen mit den ↗Gegenkönigen ↗Rudolf von Rheinfelden und ↗Hermann von Salm durch, wurde aber 1080 erneut gebannt. Er ließ sich 1084 von dem von ihm erhobenen Gegenpapst Klemens III. zum Kaiser krönen. Der Abfall seines Sohnes und Mitkönigs Konrad (1093) sowie seiner Ehefrau Praxedis (1094) brachten ihn in Italien in schwere Bedrängnis. 1095 gelang ihm die Rückkehr nach Deutschland, wo er sich mit ↗Welfen und ↗Zähringern aussöhnte.
1105 von seinem zweiten Sohn ↗Heinrich V. (seit 1098 Mitkönig) zur Abdankung gezwungen, starb er vor dem Entscheidungskampf. *dh*

Heinrich V. *wohl 11.8.1086, †25.5.1125 Utrecht. König seit 1098, Kaiser seit 1111. Der letzte ↗Salier-Kaiser fiel 1104 von seinem Vater ↗Heinrich IV. ab, wurde aber erst nach dessen Tod 1106 voll als König anerkannt; setzte die Politik seines Vaters gegenüber dem ↗Papsttum fort und erzwang 1111 durch Gefangennahme Papst Paschalis' II. das ↗Investitur-Recht und die Kaiserkrönung, worauf er 1112 gebannt wurde; 1118 erhob er Gregor (VIII.) zum Gegenpapst, schloß jedoch 1122 mit Papst Kalix II. das ↗Wormser Konkordat, das den ↗Investiturstreit beendete.
Im Reich verlor er immer mehr Autorität; 1115 wurde er von aufständischen sächsischen und thüringischen Fürsten am Welfesholze besiegt. *li*

Heinrich VI. *1165 Nijmwegen, †28.9.1197 Messina. Sohn und Nachfolger von Kaiser ↗Friedrich I.; 1169 zum König gewählt, 1186 zum König von Italien gekrönt und mit ↗Konstanze von Sizilien vermählt; 1191 zum Kaiser gekrönt; sprengte 1193 den Bund seiner (von England und dem Papst unterstützten) Gegner in Nord- und Westdeutschland durch Gefangennahme von Richard Löwenherz; eroberte (nach einem vergeblichen Versuch 1191) 1194 Unteritalien und Sizilien, das Erbe seiner Gemahlin (Königskrönung in Palermo); konnte sich mit seinem Plan, das deutsche Königtum in seinem Haus erblich zu machen, gegenüber den deutschen Fürsten und dem Papst nicht durchsetzen; starb vor einem geplanten ↗Kreuzzug; begraben in Palermo. (166) *dh*

Heinrich (VII.) *12.2.1211 Sizilien, †12.2.1242 Martirano (Kalabrien). Sohn Kaiser ↗Friedrichs II.; 1212 zum König von Sizilien gekrönt, seit 1217 Herzog von Schwaben und seit 1219 Rektor von Burgund; 1220 zum deutschen König gewählt, regierte er (zunächst unter Vormundschaft) als Stellvertreter seines Vaters in Deutschland; 1231 im statutum in favorem principum (das 1232 sein Vater bestätigte) zur Abtretung wichtiger Hoheitsrechte an die Fürsten genötigt; 1234 empörte er sich gegen seinen Vater, mußte sich 1235 jedoch unterwerfen, wurde abgesetzt und bis zu seinem Tod gefangengehalten. *dh*

Heinrich VII. *1274/76 Valenciennes, †24.8.1313 Buonconvento (bei Siena). Seit 1288 Graf von Luxemburg; 1308 Wahl zum deutschen König; erwarb 1310 für sein Haus das Königreich ↗Böhmen; bekämpfte die französische Ausdehnungspolitik; 1312 Kaiserkrönung; konnte sich aber in Italien nicht durchsetzen. *dh*

Bayern und Kärnten:

Heinrich II. der Zänker Herzog, *951, †28.8.995 Gandersheim. Seit 955 Herzog; verschwor sich 974 gegen ↗Otto II.; verlor daraufhin 976 ↗Bayern. 977 mußte H. in die Verbannung gehen, aus der er 984, nach dem Tod von Otto II., zurückkehrte; 985 erneut Herzog von Bayern ohne Kärnten, das 989 wieder an ihn fiel. *dh*

Bayern und Sachsen:

Heinrich X. der Stolze Herzog, *um 1100, †20.10.1139 Quedlinburg. Welfe, seit 1126 Herzog von Bayern; heiratete 1127 Gertrud, die Tochter Kaiser ↗Lothars III., den er im Kampf gegen die ↗Staufer unterstützte; erbte 1137 von Lothar das Herzogtum ↗Sachsen; unterlag 1138 bei der Königswahl gegen ↗Konrad III., der ihn ächtete (↗Acht) und ihm die Herzogtümer aberkannte. *dh*

Braunschweig-Wolfenbüttel:

Heinrich der Jüngere Herzog, *10.11.1489, †11.6.1568 Wolfenbüttel. 1514 Herzog; Anhänger des Kaisers, Gegner der ↗Reformation (Martin ↗Luthers „Wider Hans Worst" von 1541 richtete sich gegen ihn); Gebietsgewinne in der ↗Hildesheimer Stiftsfehde 1519–23; schlug 1525 die Bauernaufstände (↗Bauernkrieg) nieder; 1542 aus seinem Herzogtum vertrieben, konnte 1547 nach der Niederlage des ↗Schmalkaldischen Bundes zurückkehren; nach seinem Tod Einführung der Reformation. *rh*

Heinrich Julius Herzog, *15.10.1564 Schloß Hessen (bei Wolfenbüttel), †30.7.1613 Prag. 1566/78 lutherischer Bischof von Halberstadt; 1589 Herzog; absolutistischer Herrscher; enger Vertrauter Kaiser ↗Rudolfs II.; Förderer der Wissenschaften und Künste; verfaßte frühbarocke Dramen nach englischen Vorbildern (leistete sich in ↗Wolfenbüttel eine Berufsschauspielertruppe). *rh*

Österreich:

Heinrich II. Jasomirgott Herzog, *1114, †13.1.1177. Seit 1141 Markgraf von Österreich, gewann er durch die Heirat mit Gertrud, der Witwe ↗Heinrichs X., 1143 das Herzogtum ↗Bayern; mußte 1156 zugunsten der ↗Welfen auf Bayern verzichten; dafür Erhebung ↗Österreichs zum selbständigen Herzogtum (↗Privilegium minus). *li*

Preussen:

Heinrich, Prinz Feldherr, *18.1.1726 Berlin, †5.8.1802 Rheinsberg. Bruder von ↗Friedrich II., dem Großen; an dessen Erfolg im ↗Siebenjährigen Krieg, v.a. durch seinen Sieg bei Freiberg 1762, entscheidend beteiligt; handelte 1772 mit Rußland die Erste ↗Polnische Teilung aus; H.s Hof in Rheinsberg wurde zum Zentrum der politischen Gesinnungsopposition. *rh*

Heinrich, Prinz Großadmiral, *14.8.1862 Potsdam, †20.4.1929 Hemmelmark (bei Eckernförde). Bruder Kaiser ↗Wilhelms II.; seit 1878 bei der Kriegsmarine, ab 1901 Admiral, ab 1909 Großadmiral und Generalinspekteur der Marine; hatte 1914–18 das Oberkommando über die Ostseestreitkräfte. *sa*

Sachsen und Bayern:

Heinrich der Löwe Herzog, *um 1129, †1195 Braunschweig. Der Welfe erhielt 1142 das seinem Vater ↗Heinrich X. abgesprochene Herzogtum ↗Sachsen. Von seinem Vetter, Kaiser ↗Friedrich I., 1156 auch mit ↗Bayern belehnt (dadurch Beilegung der Kämpfe zwischen ↗Staufern und ↗Welfen), dehnte er seine Macht auf Mecklenburg und Vorpommern aus (1147 Wendenkreuzzug, Gründung der Bistümer ↗Oldenburg bzw. ↗Lübeck, Ratzeburg und Schwerin), förderte die Besiedlung und Christianisierung dieser Gebiete durch Handelsverträge und Gründung von Städten (1158 Neugründung Lübecks); behandelte Bayern als Nebenland (doch 1158 Gründung Münchens); geriet durch seine ausgreifende Territorialpolitik in Sachsen in Gegensatz zu einer Reihe von norddeutschen Fürsten und verweigerte 1176 ↗Friedrich I. die Heeresfolge. Daraufhin verlor er nach einem land- und lehnsrechtlichen Verfahren die Herzogtümer Bayern und Sachsen (nicht jedoch den Eigenbesitz um Braunschweig-Lüneburg) und wurde geächtet. 1181 unterwarf er sich und gab nach zweimaliger Verbannung nach England (1182–85 und 1189) 1194 den Kampf gegen die Staufer auf. *li*

Schlesien:

Heinrich I. der Bärtige Herzog, †19.3.1238 Krossen. Erbte 1201 von seinem Vater Niederschlesien; vergrößerte sein Herrschaftsgebiet nachhaltig (Krakau, Sandomir, Großpolen bis zur Warthe); 1222/23 Kampf gegen die heidnischen Preußen; seit 1229/30 verwaltete er als Vormund der Söhne Herzog Kasimirs von Oppeln auch Oberschlesien. *dh*

Heinrich II. der Fromme Herzog, *um 1190, †9.4.1241 Liegnitz (Schlesien). 1222/23 Teilname am Kampf seines Vaters ↗Heinrich I. gegen die ↗Preußen; seit 1238 Herzog, behauptete er seine Herrschaft gegen ↗Brandenburg und ↗Pommern. Bei dem Versuch, die nach Schlesien eindringenden Mongolen zurückzudrängen, fand H. in der Schlacht den Tod. *li*

Thüringen:

Heinrich Raspe Landgraf, Gegenkönig, *um 1204, †16.2.1247 Wartburg. Seit 1227 Landgraf; 1242 von ↗Friedrich II. zum Reichsverweser bestellt; 1246 auf Betreiben des Papstes zum ↗Gegenkönig gewählt, besiegte er 1246 ↗Konrad IV. an der Nidda, starb aber kurz darauf. *dh*

Heinrich von Plauen Hochmeister des Deutschen Ordens, *vor 1370, †9.11.1429. Verteidigte 1410 die Marienburg (Ostpreußen) trotz unterlegener Position gegen die polnisch-litauischen Truppen; Wahl zum ↗Hochmeister 1410; 1411 Friedensschluß mit Polen, der aber mit der Zahlung großer Geldsummen verbunden war. Das führte zur Oppositionsbildung gegen H.v.P und schließlich zu seiner Absetzung 1414. *dh*

Heinze-Frauen Bezeichnung für 29 Laborhelferinnen der Gelsenkirchener Heinze-Fotolabor-Betriebe, die 1979 ihren Arbeitgeber wegen höherer Entlohnung der männlichen Kollegen mit Hilfe der Industriegewerkschaft Druck und Papier verklagten; 1981 Gerichtsurteil über Lohnnachzahlung in Höhe von 100000 DM; unter der Parole „Gleicher Lohn für gleiche Arbeit" starkes öffentliches Interesse; hohe Symbolwirkung für die westdeutsche ↗Frauenbewegung. *kl*

Heisenberg, Werner Physiker, *5.12.1901 Würzburg, †1.2.1976 München. Professor in Leipzig, Berlin, Göttingen, München; im ↗Zweiten Weltkrieg mit dem Bau einer deutschen Atombombe betraut; entwarf 1926 gemeinsam mit ↗Born und Pascual Jordan eine Atomtheorie (Matrizenmechanik), in der er, orientiert an ↗Machs Positivismus, auf alle nicht beobachtbaren Größen zu verzichten suchte; formulierte mit seiner Unschärferelation (1927) die prinzipielle Unbestimmtheit physikalischer Zustandsgrößen von Elementarteilchen; Nobelpreis für Physik 1932. *bl*

Heißenbüttel, Helmut Schriftsteller, Rundfunkredakteur, *21.6.1921 Rüstringen (Wilhelmshaven), †19.9.1996 Glückstadt. Vertreter der konkreten Poesie; veröffentlichte „Textbücher" (1960–67), Hörspiele, Aufsätze. Verfaßte auch literaturtheoretische Arbeiten, Kritiken und Reportagen. Erhielt 1969 den ↗Georg-Büchner-Preis. *ij*

Held, Heinrich Bayrischer Ministerpräsident, *6.6.1868 Erbach (Taunus), †4.8.1938 Regensburg. 1914–18 Vorsitzender des ↗Zentrums in Bayern, 1918–24 der ↗Bayerischen Volkspartei; 1924–33 bayrischer Ministerpräsident; vertrat gegenüber dem Deutschen Reich extrem föderalistische Positionen, führte Bayern zu beträchtlicher Stabilität; Gegner des ↗Nationalsozialismus; zog sich nach seinem erzwungenen Rücktritt (15.3.1933) aus der Politik zurück. *JH*

Held, Matthias Reichsvizekanzler, *um 1490 Arlon, †1563 Köln. 1531 Vizekanzler unter Kaiser ↗Karl V., bestimmte dessen Politik in Deutschland; Befürworter einer harten Linie gegenüber den Protestanten (Religionsprozesse); 1541 Rückzug aus der Politik. *rh*

Held der Arbeit 1950 nach sowjetischem Vorbild gestifteter Ehrentitel der ↗DDR für „hervorragende Einzelleistungen" sowie „besondere Verdienste um den Aufbau und den Sieg des Sozialismus"; bis zu fünfzigmal pro Jahr verliehen, um mit individuellen Vorbildern die Arbeitsmoral der Bevölkerung zu heben; als „Heldin der Arbeit" auch Element der ↗Frauenpolitik der DDR (↗Hockauf-Bewegung). *kl*

Heldendichtung Mittelalterliche anonyme Ereignisdichtung, deren Protagonisten idealisierte (historische) adlige Krieger waren. Die Stoffe stammen aus der Zeit der ↗Völkerwanderung. H. handelt von Ehre, Treue, Macht, Rache, Zwistigkeiten, Kämpfen mit Ungeheuern; zunächst mündlich (gesungen) überliefert (↗Hildebrandslied, Anfang 9. Jh.); entwickelte sich zu langen Epen (↗Nibelungenlied, um 1200). *rw*

Helfferich, Carl Bankier, *22.7.1872 Neustadt/Haardt, †23.4.1924 bei Bellinzona. Seit 1901 beim ↗Auswärtigen Amt tätig; Förderung des Projektes ↗„Bagdadbahn" als Direktor der Anatolischen Eisenbahngesellschaft ab 1906; 1908–15 im Vorstand der ↗Deutschen Bank, bis 1917 Staatssekretär; ab 1920 führendes Mitglied der ↗DNVP. (56) *nk*

Helgoland-Sansibar (Zanzibar)-Vertrag (1890) Am 1.7.1890 zwischen dem Deutschen Reich und Großbritannien abgeschlossen; regelte die beiderseitigen Kolonialinteressen in ↗Togo, ↗Ost- und ↗Südwestafrika. Das Deutsche Reich verzichtete auf die Schutzherrschaft über die Sultanate Witu und Sansibar und erhielt dafür das bisher britische Helgoland sowie den ↗Caprivi-Zipfel. Kritik an den kolonialen Konzessionen führte 1891/94 zur Gründung des ↗Alldeutschen Verbandes. *vK*

Helldorff, Otto Heinrich von Politiker, *16.4.1833 Schloß Bedra (bei Querfurt), †10.3.1908 ebd. 1867–74 Landrat in Wetzlar; 1871–73 Mitglied des Reichstages; 1874 Übernahme der Bewirtschaftung von Bedra sowie von drei anderen Rittergütern; 1876 Mitbegründer und Vorsitzender der ↗Deutschkonservativen Partei; 1877–80 und 1884–93 erneut Abgeordneter im Reichstag; 1879–81 und 1884–92 Fraktionsvorsitzender der Deutschkonservativen; bemühte sich um den Ausgleich zwischen den preußischen Konservativen und Otto von ↗Bismarck; unterstützte die Handelsverträge ↗Caprivis; verlor daher 1892 den Fraktions- und Parteivorsitz. *br*

Hellebarde Hieb- und Stoßwaffe des Fußvolks im späten Mittelalter und zu Beginn der Neuzeit; Lanzenspitze mit axt- und hakenförmiger Klinge an langem Schaft. *vK*

Heller Seit Anfang des 13. Jh.s zunächst in Schwäbisch Hall (danach benannt) geprägter kleiner Silberpfennig. Sehr große Verbreitung in Süddeutschland; ab dem 17. Jh. nur noch aus Kupfer; bis 1873 kleinste Kupfermünze. *wj*

Hellwege, Heinrich Ministerpräsident (Niedersachsen; DP), *18.8.1908 Neuenkirchen (bei Stade), †4.10.1991 ebd. 1949–55 Bundesminister für

Angelegenheiten des Bundesrates und der Länder; 1955–59 Ministerpräsident von ↗Niedersachsen; ab 1961 Mitglied der ↗CDU. *Vö*

Helm Lederner oder metallener Kopfschutz des Kriegers; im Mittelalter ein wesentlicher Teil der Ritterrüstung; verschiedene Formen: u.a. Topf-H., Beckenhaube, Hundsgugel und Schaller; wich im 17. Jh. dem Filzhut; im 19. Jh. verschiedentlich wieder eingeführt; in der modernen Armee heute der Stahl-H. *vK*

Helmholtz, Hermann Ludwig Ferdinand von Physiker, Physiologe, *31.8.1821 Potsdam, †8.9. 1894 Charlottenburg (Berlin). Ab 1849 Professor für Physiologie in Königsberg, Bonn und Heidelberg, seit 1871 Physikprofessor und seit 1888 zusätzlich Präsident der Physikalisch-Technischen Reichsanstalt in Berlin. Seine Forschungsarbeiten führten zu wichtigen Entdeckungen v.a. für die Sinnesphysiologie (Optik, Akustik), Physik und Meteorologie. *nk*

Helmold von Bosau Geschichtsschreiber, *um 1120, †nach 1177. Seit etwa 1156 Pfarrer in Bosau (Ostholstein); beschrieb von 1167–72 in seiner zweibändigen „Slawenchronik“ die Christianisierung der Westslawen von der Zeit ↗Karls des Großen bis 1170. *li*

Helphand, Alexander (eigentlich Israel Lasarewitsch H.) Politiker, *27.8.1867 Beresina (bei Minsk), †12.12.1924 Berlin. Studierte 1888–91 in Basel und Zürich Nationalökonomie; wurde 1891 Mitglied der ↗SPD in Berlin; ging publizistisch gegen den ↗Revisionismus vor; war 1905 einer der Führer der Revolution in Petersburg; stieg ab 1910 durch zwielichtige Geschäfte in der Türkei zum Millionär auf; unterstützte im ↗Ersten Weltkrieg die ↗MSPD und leitete Hilfsgelder für die Revolution nach Rußland; 1917 Mitorganisator von Lenins Rückkehr nach Rußland; zog sich 1918 in die Schweiz zurück und lebte ab 1920 wieder in Berlin. *br*

Hemmingstedt, Schlacht (1500) Am 17.2.1500 siegten die Dithmarscher Bauern in H. (bei Meldorf, Schleswig-Holstein) über die Dänen unter König Johann und wehrten damit die Eingliederung Dithmarschens in das Herzogtum ↗Holstein (unter Johanns Bruder Friedrich) ab. *rh*

Henckel von Donnersmarck, Guido (seit 1901 Fürst) Unternehmer, *10.8.1830 Breslau, †19.12. 1916 Berlin. Gründete 1853 die schlesische AG für Bergbau und Zinkhüttenbetrieb; förderte v.a. Kohle und Eisenerz; wurde wegen seiner unternehmerischen Leistungen in den Fürstenstand erhoben; 1919 fielen große Teile des H.-Besitzes durch den ↗Versailler Vertrag an Polen. *UK*

Henkel, Fritz Unternehmer, *20.3.1848 Vöhl bei Kassel, †1.3.1930 Rengsdorf bei Neuwied. Gründete 1876 in Aachen die Waschmittelfabrik Henkel & Cie. (seit 1878 in Düsseldorf); brachte u.a. 1878 „Henkel's Bleich-Soda“ auf den Markt und 1907 als erstes selbsttätiges Waschpulver das Waschmittel „Persil“; Grundsteinleger für das Familienunternehmen H. *UK*

Henkel, Hans-Olaf Manager, *14.3.1940 Hamburg. War 1962–94 weltweit für den US-amerikanischen Elektronikkonzern IBM tätig, u.a. 1987–89 als Geschäftsführer der IBM Deutschland, 1989–93 als Vizepräsident der IBM Muttergesellschaft in den USA, 1993/94 als Präsident der IBM Europa; seit 1995 Präsident des ↗BDI. *UK*

Henkel, Konrad Unternehmer, *25.10.1915 Düsseldorf, †24.4.1999 ebd. Enkel von Fritz ↗Henkel. Der Chemiker H. war 1939–45 am Max-Plank-Institut für Medizinische Forschung in Heidelberg tätig; trat 1948 in das Familienunternehmen H. ein und übernahm 1961 dessen Leitung; baute die Firma zu einem bedeutenden Chemiekonzern aus. *UK*

Henlein, Konrad Sudetendeutscher Politiker, *6.5.1898 Maffersdorf (bei Reichenberg), †10.5. 1945 Pilsen. Gründete 1933 die „Sudetendeutsche Heimatfront“ (seit 1935 „Sudetendeutsche Partei“); forderte die Autonomie und den Anschluß der sudetendeutschen Gebiete an das Deutsche Reich (↗Karlsbader Programm) und löste damit die ↗Sudetenkrise aus; 1938/39 ↗Reichskommissar, 1939–45 ↗Reichsstatthalter des ↗Sudetenlandes; beging Selbstmord in alliierter Haft. *JH*

Henlein, Peter Schlosser, Feinmechaniker, *um 1480 Nürnberg, †September 1542 ebd. Erfinder der dosenförmigen Sack- bzw. Taschenuhr (um 1510). *nk*

Henneberg 1310 gefürstetes Grafengeschlecht in ↗Franken und ↗Thüringen, das 1583 ausstarb. Einer Nebenlinie entstammte ↗Berthold von H. Das Geschlecht erhielt seinen Namen nach der Burg H. südwestlich von Meinigen. *li*

Hennecke-Bewegung „Aktivistenbewegung“ nach sowjetischem Vorbild zur Hebung der Arbeitsmoral in der ↗DDR um den Bergarbeiter Adolf Hennecke, der seine Arbeitsnorm am 13.10.1948 um 387 % übererfüllte; in der Folge am 13.10. jährliches Gedenken als „Tag der Aktivisten"; später in der Auszeichnung ↗Held der Arbeit institutionalisiert. *kl*

Henriette Karoline Christiane Landgräfin von Hessen-Darmstadt, *9.3.1721 Straßburg, †30.3.1774 Darmstadt. Regierte seit 1772 für ihren Gemahl; Sanierung der Finanzen, Justizreform; entwickelte in Darmstadt ein reges literarisches und musikalisches Leben (Johann Gottfried ↗Herder, ↗Wieland, ↗Goethe und ↗Gluck). Ihre Tochter Luise, Frau ↗Karl Augusts, schuf in Weimar ein ähnliches kulturelles Zentrum. *rh*

Henschel, Georg Christian Carl Unternehmer, *24.4.1759 Gießen, †2.6.1835 Kassel. Widmete sich allen Arten der Metallbearbeitung; errichtete 1796 das erste deutsche Walzwerk; baute in Kassel ein bes. Geschütze, Glocken und Bronzekunstgüsse produzierendes Familienunternehmen auf, das nach H.s Tod v.a. durch seinen Lokomotivbau bekannt wurde. *UK*

Henschke ↗Klabund

Henze, Hans Werner Komponist, *1.7.1926 Gütersloh. 1950–53 künstlerischer Leiter des Wiesbadener Balletts; siedelte später nach Italien über; Aufenthalt in Kuba. Ballette (Der Idiot, 1952), Opern (Der Prinz von Homburg, 1960; Der junge Lord, 1965; Die englische Katze, 1983), Kantaten, Orchesterwerke, Oratorien, Streichquartette und Violinkonzerte. *ij*

Heppenheimer Tagung (1847) Versammlung von Liberalen am 10.10.1847 im hessischen Heppenheim. Für die dem ↗Deutschen Zollverein angeschlossenen Staaten wurden ein deutsches Parlament und eine Zentralregierung verlangt. *vK*

Hepp-Hepp-Unruhen Antisemitische Ausschreitungen in Würzburg 1819, die sich in der Folge über Hessen, Baden, Württemberg, Preußen, Hamburg und Lübeck bis nach Krakau ausbreiteten. Gelten als Reaktion auf die Judenemanzipation sowie auf die wirtschaftlichen Krisen seit dem ↗Wiener Kongreß 1814/15. *nk*

Heraldik ↗Wappen

Herbarth, Johann Friedrich Philosoph, Pädagoge, *4.5.1776 Oldenburg, †14.8.1841 Göttingen. Professor in Königsberg, Göttingen; erblickte, geprägt von Johann Heinrich Pestalozzi, das Ziel der Erziehung in der Befähigung zu sittlicher Selbstbestimmung. *bl*

Herder Verlegerfamilie. Bartholomä H. (*22.8.1774 Rottweil, †11.3.1839 Freiburg) gründete 1801 in Meersburg die Herdersche Verlagsbuchhandlung (1808 nach Freiburg verlegt) und veröffentlichte v.a. Geschichts-, Karten- sowie theologische und religiöse Werke. Sein Sohn Benjamin H. (*31.7.1818 Freiburg, †10.11.1888 ebd.) leitete das Unternehmen 1839–88, betonte bei der Verlagsarbeit v.a. katholisches Gedankengut und brachte 1853 das erste Herdersche „Conversations-Lexikon" heraus. In der dritten Generation führte Hermann H. (*14.11.1864 Freiburg, †19.10.1937 ebd.; Enkel des Firmengründers) bis zu seinem Tod 49 Jahre den Verlag, widmete sich bes. dem überseeischen Absatz und verschaffte dem Unternehmen große internationale Bedeutung. Sein Schwiegersohn Theophil H.-Dorneich (*31.12.1898 Freiburg, †11.2.1987 ebd.; heiratete 1925 Elisabeth H.) leitete ebenso erfolgreich das Unternehmen 1937–62. Sein Sohn Hermann Josef Romano H. (*19.1.1926 Rom; bis 1981 H.-Dorneich) trat 1953 in den Verlag ein und übernahm 1963 dessen Gesamtleitung. Auch unter seiner Geschäftsführung (seit 1997 gemeinsam mit seinem Sohn Manuel Gregor H. [*4.3.1966]) gehören die Gebiete Geschichte, Philosophie, Theologie und religiöse Literatur sowie Pädagogik und Lebenshilfe zum Programm des Verlags und seiner Tochtergesellschaften (u.a. Verlage Karl Alber, Christophorus, Kerle und Ploetz). Herausgegeben werden v.a. Lexika und wissenschaftliche Werke, Jugend- und Sachbücher, Taschenbücher (Herder Spektrum) sowie Zeitschriften. *UK*

Herder, Johann Gottfried Philosoph, Theologe, *25.8.1744 Mohrungen (Ostpreußen), †18.12.1803 Weimar. Studium der Theologie, Medizin, Philosophie; 1764 Lehrer, ab 1767 Prediger in Riga; 1770 Begegnung mit ↗Goethe; Oberkonsistorialpräsident in Weimar ab 1801. In der „Abhandlung über den Ursprung der Sprache" (1772) entwickelte H. seine Anthropologie und leitete aus der spezifisch menschlichen Situation die Sprache her: Instinktgeschwächt, nicht in feste Reaktionsmechanismen eingebunden, dagegen im Besitz von Vernunft, Entscheidungsfreiheit und auf Gemeinschaft hin orientiert, bedürfe der Mensch der Sprache als Mittel des Lernens. Den Rationalismus und Fortschrittsoptimismus der ↗Aufklärung kritisierend, entwickelte H. (v.a. in den „Ideen zur Philosophie der Geschichte der Menschheit", 1784–91) seine Geschichtsphilosophie: Auf Humanität angelegt, vermag der Mensch diese in der Geschichte zu entfalten; dabei vollziehe sich diese organisch, analog zur Entwicklung des Individuums. Von Spinozas Ethik beeinflußt, kam H. zu einer pantheistischen Lehre von der Natur, indem er die Göttlichkeit der Natur postulierte. H. wirkte mit seiner Sprachphilosophie und Anthropologie nachhaltig auf die neuzeitliche ↗Philosophie (↗Scheler, ↗Gehlen, ↗Habermas). *bl*

Hererokrieg Vernichtungskrieg der Deutschen gegen die in Südwestafrika beheimateten aufständischen Herero (Bantustamm). Er begann am 12.1.1904 mit der Ermordung von 100 Deutschen durch ca. 8000 bewaffnete Herero; daraufhin Erklärung des Kriegszustandes und Militärherrschaft unter General Lothar von Trotha (19.5.). Die Herero wurden in der Waterbergschlacht (1.8.) geschlagen und in die fast wasserlose Omaheke-Wüste abgedrängt, wo die meisten umkamen. Um der drohenden Unterwerfung und Auflösung zu entgehen, traten die Nama in den Krieg ein (3.10.). Bis zur Aufhebung des Kriegszustandes am 31.3.1907 kamen 75–80 % der Herero und 35–50 % der Nama zu Tode. Das Land samt Vieh der Herero und Nama wurde enteignet, durch ein System gesetzlicher Maßnahmen die Dominanz der weißen Siedler gesichert und der Zusammenhalt der einheimischen Bevölkerung zerstört. *vK*

Hermann

Deutsche Könige und Kaiser:

Hermann von Salm Gegenkönig, †28.9.1088. Entstammt der Familie der ↗Luxemburger; seit 1036 Graf von Salm; in Ochsenfurt 1081 als Nachfolger ↗Rudolfs von Rheinfelden zum ↗Gegenkönig gewählt und im selben Jahr gekrönt; mußte sich aber ↗Heinrich IV. beugen; zog sich 1088 vom Kampf um die Königswürde zurück. *dh*

Köln:

Hermann V. Erzbischof, *14.1.1477 Wied, †15.8. 1552 ebd. 1515 Wahl zum Erzbischof, 1532 Bischof von Paderborn. Anfänglich gegen die ↗Reformation eingestellt; 1521 Gegner Martin ↗Luthers auf dem ↗Wormser Reichstag; berief jedoch nach Scheitern der Konfessionsgespräche 1542 ↗Bucer und 1543 ↗Melanchthon zu Reformgesprächen, die u.a. 1546 zu seiner Amtsenthebung und Exkommunikation durch Papst Paul III. führten. *rm*

Sachsen:

Hermann Billung Markgraf, *936, †27.3.973 Quedlinburg. Von Kaiser ↗Otto I. wohl 936 als Markgraf gegen Abodriten und Dänen eingesetzt, vertrat er ihn seitdem zeitweise, ab 966 wohl ganz in Sachsen als Herzog (Prokuratio). Begründer des Herzogengeschlechts der Billunger. *dh*

Thüringen:

Hermann I. Landgraf, *um 1155, †25.4.1217 Gotha. Stand 1179 auf der Seite Kaiser ↗Friedrichs I.; kam deshalb in Gefangenschaft bei ↗Heinrich dem Löwen; seit 1181 Pfalzgraf von Sachsen, seit 1190 Landgraf von Thüringen und Hessen; lavierte zwischen ↗Otto IV. und ↗Philipp von Schwaben und nahm 1212 schließlich an der Wahl ↗Friedrichs II. teil. *dh*

Hermann der Cherusker ↗Arminius

Hermann der Lahme (Hermannus Contractus, Hermann von Reichenau) Historiker, *18.7.1013, †24.9.1054. Seit 1043 Benediktinermönch auf der Reichenau; wirkte als Historiker, Mathematiker, Dichter und Musiker; bedeutendstes Werk ist sein Chronicon, eine Weltgeschichte von Christi Geburt bis 1054 in annalistischer Form, fortgesetzt von Berthold von Reichenau. *dh*

Hermannschlacht ↗Teutoburger Wald, Schlacht

Hermann von Salza Hochmeister des Deutschen Ordens, *um 1170, †20.3.1239 Salerno. 1209 ↗Hochmeister des ↗Deutschen Ordens; seit 1216 Ratgeber von Kaiser ↗Friedrich II., seit 1220 Vermittler zwischen Kaiser und Papst; leitete von Süditalien aus die Errichtung des Deutschordensstaates. *dh*

Hermes, Andreas Reichsminister (Zentrum), *16.7.1878 Köln, †4.1.1964 Krälingen (Eifel). 1920–22 Reichsminister für Ernährung und Landwirtschaft, 1921–23 Reichsfinanzminister, 1928–33 Mitglied des Reichstages; arbeitete von 1936–39 als Wirtschaftsexperte für die Regierung Kolumbiens; schloß sich nach seiner Rückkehr dem ↗Widerstand gegen den ↗Nationalsozialismus an, wurde im Zusammenhang mit dem Attentat auf ↗Hitler vom ↗Zwanzigsten Juli 1944 verhaftet und zum Tode verurteilt; 1945 Mitbegründer und Vorsitzender der ↗CDU in ↗Berlin und in der ↗SBZ; 1948–54 Präsident des Deutschen Bauernverbandes, 1948–61 des Deutschen Raiffeisenverbandes. *JH*

Herold Im späten Mittelalter Hofbeamter, bes. zur Wappenprüfung bei ↗Turnieren (aus dieser Prüfung der ↗Wappen entstand die Heraldik); war auch Leiter bei Hoffestlichkeiten; trug eine bes. Amtstracht, den Wappenrock oder Tappert; Einteilung in drei Rangstufen: Wappenkönig (nur an ↗Höfen von regierenden Fürsten), gewöhnliche H.e, Persevanten (H.-Gehilfen). *wj*

Herr Im Frühmittelalter Bezeichnung für ↗reichsunmittelbare Adlige, ab dem 17. Jh. für den ↗Adel insgesamt sowie ↗Klerus und Ratsmitglieder, ab dem 18. Jh. auch für Würdenträger bürgerlichen ↗Standes; ab dem 19. Jh. allg. Anrede des ↗Bürgertums, später für jede männliche Person. *wj*

Herrad von Landsberg Äbtissin, Gelehrte, *um 1125 vermutlich Burg Landsberg (Elsaß), †25.7. 1195 Kloster Hohenburg. Seit 1167 Äbtissin des Frauenklosters Hohenburg; Verfasserin der Enzyklopädie (lat.) „Hortus deliciarum", d. h. Garten der Freude, die das wesentliche kulturgeschichtliche Wissen der Stauferzeit enthält und als eine der wichtigsten kulturgeschichtlichen Quellen des Mittelalters gilt. *nk*

Herrenchiemsee, Verfassungskonvent (1948) Tagung eines Ausschusses der Länder der westlichen ↗Besatzungszonen im Schloß auf der Herreninsel im Chiemsee vom 10.–23.8.1948; erarbeitete aufgrund der ↗Frankfurter Dokumente Vorschläge für eine zukünftige Verfassung; Betonung der Menschenrechte, Forderung eines föderativen Staatsaufbaus, v. a. aber einer nur vorläufigen Verfassung, um die Wiedervereinigung nicht zu gefährden; Arbeitsgrundlage des ↗Parlamentarischen Rates, der die Vorschläge weitgehend im ↗Grundgesetz umsetzte. *kl*

Herrenhaus, Preußen Seit 1855 Bezeichnung für die erste Kammer des preußischen ↗Landtages (bis 1918), 1850–55 nur „erste Kammer" genannt. Die Mitglieder des H.es (darunter Prinzen aus der Königsfamilie und Repräsentanten des Adels) wurden seit 1853 vom König auf Lebenszeit berufen. *wm*

Herrhausen, Alfred Bankfachmann, Manager, *30.1.1930 Essen, †30.11.1989 Bad Homburg. War 1952–55 Direktionsassistent bei der Ruhrgas AG; saß 1967/68 im Vorstand der Vereinigten Elektrizitätswerke Westfalen; wurde 1971 Vorstandsmitglied und 1988 Vorstandssprecher der ↗Deutschen Bank; starb 1989 nach einem Attentat der ↗Rote Armee-Fraktion. *UK*

Herrschaftszeichen ↗Reichskleinodien

Herrscherweihe In verschiedenen Formen auftretende rituelle Handlung zur Begründung oder Bestätigung der sakralen Sonderstellung des Herrschers; Grundformen der christlichen H. im Mittelalter und in der Neuzeit waren die kirchliche Salbung und ↗Krönung, die seit Mitte des 9. Jh.s bei Kaiser- und Königsweihe stets miteinander verbunden waren. Seit dem 18. Jh. allmählich abgeschafft. *vK*

Herrnhuter Brüdergemeine Ab 1722 als Erneuerungsbewegung aus den ↗Böhmischen Brüdern hervorgegangen; 1749 staatliche Anerkennung aufgrund der Zustimmung zur ↗Augsburger Konfession; seit 1857 Ausbreitung in Europa und den USA; Anfang des 20. Jh.s Gründung von Stadtgemeinden in Deutschland; durch die beiden Weltkriege Verlust von Ostgemeinden; nach 1945 wurden zwei Distrikte notwendig (Ost und West). Gemeinsame Lebensordnung (Losung), Seelsorge, Mission und die Betonung der Aufgabe der Laien in der Kirche kennzeichnen die H.B. *rm*

Herrnstadt, Rudolf DDR-Politiker (SED), *18.3.1903 Gleiwitz, †28.8.1966 Halle/Saale. 1929 Mitglied der ↗KPD; ↗Emigration in die Sowjetunion; 1943 Mitautor des Gründungsaufrufs des ↗NKFD; 1945 Rückkehr nach Berlin; als Journalist u. a. 1949–53 Chefredakteur des „Neuen Deutschland"; 1949–54 Mitglied der ↗Volkskammer und 1950–53 des ↗Zentralkomitees; 1953 zusammen mit ↗Zaisser entmachtet; von der ↗SED im November 1989 rehabilitiert. *Ki*

Herschel, Lucretia Karoline Astronomin, Sopranistin, *16.3.1750 Hannover, †9.1.1848 ebd. Erweiterte gemeinsam mit ihrem Bruder Wilhelm H. die Astronomie von einer Wissenschaft des Sonnensystems zu einer Wissenschaft der Sternensysteme; entdeckte mit ihm zusammen ab 1783 neue Astralnebel, Sternenhaufen und Doppelsterne; beendete den „Katalog von Nebeln ...", für den sie 1828 die Goldmedaille von der Royal Astronomical Society erhielt. *bl*

Hersfeld, Kloster Gründung des Klosters H. (bei Fulda) nach 769; seit 775 Reichsabtei; im 10. und 11. Jh. kulturelle Glanzzeit (Klosterschule); Aufzeichnung der Reichsgeschichte des 11. Jh.s in den ↗Annalen des ↗Lampert von Hersfeld; seit 1432 hessische Schutzherrschaft über die Abtei; 1648 als weltliches Fürstentum an ↗Hessen-Kassel. *wm*

Hertling, Georg Friedrich von Reichskanzler (Zentrum), *31.8.1843 Darmstadt, †4.1.1919 Ruhpolding. 1876 Mitbegründer und Präsident der „Görres-Gesellschaft"; 1880 Professor für Philosophie in Bonn, 1882 in München; 1875–90 und 1896–1912 Mitglied des Reichstages; 1909–12 Vorsitzender der Reichstagsfraktion des ↗Zentrums, als Vertreter des rechten Flügels innerparteilicher

Gegner ↗Erzbergers; 1912–17 bayrischer Ministerpräsident, 1917/18 Reichskanzler und preußischer Ministerpräsident; konnte sich v.a. in seinen Bemühungen um einen Frieden im ↗Ersten Weltkrieg ohne Annexionen gegen die ↗Oberste Heeresleitung nicht durchsetzen. In seinen Schriften rechtfertigte H. die christliche Staats- und Gesellschaftsauffassung gegen ↗Liberalismus und ↗Sozialismus. *JH*

Hertz, Gustav Physiker, *22.7.1887 Hamburg, †30.10.1975 Berlin. Professor in Halle, Berlin, Leipzig; 1934 Rücktritt von seinen Ämtern aus Protest gegen den ↗Nationalsozialismus; 1945–54 Mitarbeit am Kernforschungszentrum in Suchumi (Sowjetunion); führte gemeinsam mit ↗Franck Elektronenstoßversuche durch; entdeckte u.a. die Gasdiffusion und nutzte sie zur Isotopentrennung; Nobelpreis für Physik 1926. *bl*

Hertz, Heinrich Physiker, *22.2.1857 Hamburg, †1.1.1894 Bonn. Professor in Karlsruhe, Bonn; bestätigte experimentell die elektromagnetische Theorie von James C. Maxwell, indem er die Ausbreitung elektromagnetischer Strahlung im Raum nachwies und damit die Grundlagen der Funktechnik schuf (H.scher Dipol); wies experimentell die Wellennatur der elektromagnetischen Strahlung nach. *bl*

Hertzberg, Ewald Friedrich von Preußischer Politiker, *2.9.1725 Lottin (bei Neustettin), †27.5.1795 Berlin. Verfaßte zu Beginn des ↗Siebenjährigen Krieges 1756 das „Mémoire raisonné", das den Einmarsch Preußens in Sachsen rechtfertigte; schloß 1763 den Frieden von ↗Hubertusburg; danach bis 1791 2. Staats- und Kabinettsminister für Auswärtiges; verfolgte eine strikt antiösterreichische Politik, die er 1791 nach der Annäherung Preußens an Österreich vor dem Hintergrund der ↗Französischen Revolution aufgeben mußte. *rh*

Herwegh, Georg Dichter, *31.5.1817 Stuttgart, †7.4.1875 Baden-Baden. Lebte ab 1839 in der Schweiz; wurde mit den revolutionären „Gedichten eines Lebendigen" (1841–43) berühmt; 1848 führend beim ↗Badischen Aufstand, danach Flucht in die Schweiz; Dichter des Bundesliedes des ↗ADAV. 1866 ließ sich H. in Baden-Baden nieder. *nk*

Herz, Henriette Literatin, *5.9.1764 Berlin, †22.10.1847 ebd. H. versammelte in ihrem Berliner Salon bedeutende Persönlichkeiten des Geisteslebens; war Mitbegründerin des „Tugendbundes", dem auch Wilhelm und Alexander von ↗Humboldt sowie ↗Schleiermacher angehörten. *ij*

Herzfeld, Helmut ↗Heartfield

Herzfelde, Wieland (eigentlich Wieland Herzfeld) Schriftsteller, Dadaist, *11.4.1896 Weggis (Schweiz), †23.11.1988 Berlin (Ost). Bruder von ↗Heartfield; gründete 1917 den Malik-Verlag in Berlin. H. emigrierte 1933 nach Prag; floh 1939 in die USA. War seit 1949 Professor für Literatursoziologie in Leipzig. *ij*

Herzog (Althochdeutsch: herizogo) Titel des hohen ↗Adels. Bei manchen Germanenstämmen der für den Kriegsfall gewählte Heerführer; unter den ↗Merowingern Beamter (Amts-H.), über mehrere ↗Grafen gestellt. Aus dem Amtsherzogtum entstand im 7. und 8. Jh. das sog. ältere, Ende des 9. Jh.s (nach vorübergehender Beseitigung durch die ↗Karolinger) das jüngere Stammesherzogtum. Dessen lokale Machtfülle (Erblichkeit, eigene Gerichtsbarkeit) versuchten die Könige einzudämmen, was z.T. gelang.
Seit dem 12. Jh. Umbildung des Stammes- zum Gebietsherzogtum, u.a. durch Schaffung neuer Herzogtümer. Macht beruhte nun v.a. auf Grundbesitz; begünstigte die Entwicklung zum ↗Territorialstaat; seit dem späten Mittelalter auch Verwendung von H. als bloßer Titel. *wj*

Herzog, Roman Bundespräsident, *5.4.1934 Landshut (Bayern). Seit 1966 Professur für Staatsrecht; 1978–83 Mitglied der Landesregierung in ↗Baden-Württemberg; 1983 Vizepräsident, 1988 Präsident des ↗Bundesverfassungsgerichtes; 1994–99 ↗Bundespräsident. *Ki*

Roman Herzog bei einer Rede im Bundestag

Hess, Moses Schriftsteller, Journalist, *21.6. 1812 Bonn, †6.4.1875 Paris. 1840–48 Zusammenarbeit mit Karl ↗Marx und ↗Engels; 1841 Mitbegründer der „Rheinischen Zeitung" in Köln; 1845–48 in kommunistischen Kreisen in Brüssel aktiv wie auch in Paris, wo er seit 1853 zumeist lebte. H. war Vertreter eines ethischen ↗Sozialismus, der auf der Basis der Nächstenliebe eine herrschaftslose Gesellschaftsordnung ohne Privateigentum anstrebte. Gilt, v.a. durch sein Werk „Rom und Jerusalem" (1862), als Vordenker des Zionismus. *nk*

Heß, Rudolf Reichsminister, *26.4.1894 Alexandria (Ägypten), †17.8.1987 Berlin (West). 1919 Mitglied der völkischen „Thule-Gesellschaft" (↗völkische Bewegung) und Angehöriger eines ↗Freikorps; 1920 Eintritt in die ↗NSDAP, 1923 Teilnahme am ↗Hitler-Putsch; seit 1925 Privatsekretär ↗Hitlers; 1933 Stellvertreter Hitlers und Reichsminister ohne Geschäftsbereich; 1939 zum zweiten Nachfolger Hitlers (nach ↗Göring) ernannt; flog 1941 nach Großbritannien, um Friedensverhandlungen aufzunehmen; dort bis Kriegsende inhaftiert; bei den ↗Nürnberger Kriegsverbrecherprozessen zu lebenslänglicher Haft verurteilt; beging Selbstmord. (365) *JH*

Hesse, Hermann (Pseudonym: Emil Sinclair) Schriftsteller, *2.7.1877 Calw, †9.8.1962 Montagnola (Schweiz). In H.s erzählerischem Frühwerk finden sich neuromantische Züge (Peter Camenzind, 1904); in den zwanziger Jahren wandte er sich C.G. ↗Jungs Tiefenpsychologie und der indischen Philosophie zu. H. erhielt 1946 den ↗Nobelpreis für Literatur. Romane u.a: Siddharta (1922), Narziß und Goldmund (1929/30), Der Steppenwolf (1927), Das Glasperlenspiel (1943). *ij*

Hessen Zu germanischer Zeit von den ↗Chatten besiedeltes Gebiet; seit dem 6. Jh. fränkischer Herrschaft unterworfen; unter dem Grafengeschlecht der Ludowinger Bestandteil der Landgrafschaft ↗Thüringen (1130–1247), von der sich H. nach Erbfolgestreit 1264 wieder trennte; Erweiterung durch Erwerb der Grafschaften Ziegenhain (1450) und Katzenelnbogen (1479); nach dem Tod des Landgrafen ↗Philipp der Großmütige (1567) Spaltung in vier Zweige, von denen nach 1604 nur die Landgrafschaften ↗Hessen-Kassel und ↗Hessen-Darmstadt fortbestanden. *wm*

Hessen (Bundesland) 1945 aus den früheren Herzogtümern ↗H.-Darmstadt, Nassau und dem ehemaligen Kurfürstentum ↗H.-Kassel als zusammenhängendes Bundesland errichtet; Landeshauptstadt Wiesbaden. Stärkste politische Kraft im ↗Landtag war bis 1982 die ↗SPD. Nach einer Koalition aus ↗CDU und ↗FDP 1987–91 stand 1991–99 Hans Eichel (SPD) als Ministerpräsident der Landesregierung vor. Zeitweilig waren ↗Bündnis 90/Die Grünen an der Regierung beteiligt. Das Rhein-Main-Gebiet ist wichtigster Verkehrsknotenpunkt Deutschlands (Flughafen, Autobahnen). *RB*

Hessen-Darmstadt, Herzogtum 1567 aus ↗Hessen entstandene Grafschaft; die territoriale Zersplitterung und der Gegensatz zu ↗Hessen-Kassel führten zu dauernden Finanzkrisen, jedoch erwuchs unter ↗Karoline Henriette Christiane der Darmstädter Hof zu einem kulturellen Mittelpunkt im Heiligen Römischen Reich. Seit 1806 Großherzogtum, wurde es 1866 nach dem ↗Deutschen Krieg Preußen angegliedert. *dt*

Hessen-Kassel, Kurfürstentum 1567 aus ↗Hessen entstandene Grafschaft; nach Übertritt zum ↗Calvinismus 1604 in dauerndem Gegensatz zu ↗Hessen-Darmstadt. Den Wiederaufbau nach dem ↗Dreißigjährigen Krieg ermöglichten u.a. Subsidien für die auf allen Kriegsschauplätzen Europas (später auch in Nordamerika) eingesetzten hessischen Soldaten. 1803 zum Kurfürstentum erhoben, erhielt H.-K. 1831 eine Verfassung. Nach dem ↗Deutschen Krieg 1866 von Preußen annektiert, wurde es Teil der Provinz Hessen-Nassau. *dt*

Hessische Freiheitskonzession (1685) Die von Landgraf Karl von ↗Hessen-Kassel verkündete H.F. vom 18.4.1685 gestattete zum erstenmal in Deutschland die Aufnahme von Flüchtlingen, die aus religiösen Gründen Frankreich verlassen mußten. Den ↗Hugenotten wurden freie Religionsausübung, Bürgerrechte und für einige Jahre Steuerfreiheit zugesichert. *rh*

Heuberg Von März bis Dezember 1933 auf dem gleichnamigen Manövergelände bei Stetten am Kalten Markt (Württemberg) betriebenes ↗Konzentrationslager für politische Häftlinge aus Württemberg und Baden. *PS*

Heusinger, Adolf Generalinspekteur der Bundeswehr, *4.8.1897 Holzminden (Niedersachsen), †30.11.1982 Köln. Leitete im ↗Zweiten Weltkrieg die Operationsabteilung des Generalstabs des Heeres. Beim Attentat des ↗Zwanzigsten Juli verletzt, wurde er Herbst 1944 von der Anklage der Mitwisserschaft an der Verschwörung freigesprochen, aber seines Postens enthoben. Militärischer

Berater ↗Adenauers; Schlüsselrolle bei der Planung der ↗Bundeswehr, 1957–61 deren Generalinspekteur; danach zur ↗NATO. *PS*

Heusinger, Hans-Joachim Justizminister der DDR, * 7.4.1925 Leipzig. 1947 Eintritt in die ↗LDPD; 1952–57 für sie Bezirkssekretär in Leipzig; 1957–59 Direktor der Industrie- und Handelskammer Cottbus; 1961–90 Abgeordneter der ↗Volkskammer; 1972–80 zweiter Vorsitzender der LDPD; 1972–90 Justizminister. *Ki*

Heusler-Edenhuizen, Hermine Frauenärztin, * 16.3.1872 Burg Pewsum (Ostfriesland), † 26.11. 1955 Berlin. Die Schülerin von Helene ↗Lange (1894–98) wurde 1898 als eine der ersten Frauen zum Medizinstudium zugelassen; 1903 Staatsexamen und Promotion; 1906 erste etatmäßige Assistentin an der Frauenklinik in Bonn und erste im Deutschen Reich ausgebildete Frauenärztin; 1924 Gründungsvorsitzende des Deutschen Ärztinnenbundes. *nk*

Heuß, Alfred Althistoriker, * 27.6.1909 Leipzig-Gautzsch. Professor, zuletzt in Göttingen; arbeitete u.a. in den Gebieten antikes Völkerrecht und Wissenschaftsgeschichte; verfaßte u.a.: Stadt und Herrscher des Hellenismus in ihren staats- und völkerrechtlichen Beziehungen (1937), Zur Theorie der Weltgeschichte (1968). *Vö*

Theodor Heuss

Heuss, Theodor Bundespräsident, * 31.1.1884 Brackenheim, † 12.12.1963 Stuttgart. 1918 Gründungsmitglied der ↗DDP; 1924–28 und 1930–33 Mitglied des Reichstages; warnte 1932 in einem Buch vor dem ↗Nationalsozialismus, konnte aber trotz Behinderungen als Journalist tätig bleiben; 1945/46 Kultusminister von Württemberg-Baden; 1948/49 Vorsitzender der ↗FDP; Mitglied im ↗Parlamentarischen Rat; 1949–59 erster ↗Bundespräsident der Bundesrepublik. (417) *Ki*

Heuss-Knapp, Elly Sozial- und Kulturpolitikerin, * 25.1.1881 Straßburg, † 19.7.1952 Bonn. War verheiratet mit Theodor ↗Heuss; von 1946–49 im württemberg-badischen Landtag (DVP/FDP); sozial engagiert, Gründerin des Müttergenesungswerks (1950). *ij*

Hexenhammer (lat. malleus maleficarum) Gesetzbuch, 1487 von den Inquisitoren (↗Inquisition) Heinrich Institoris (eigentlich Heinrich Krämer) und Jakob Sprenger verfaßt. Der erste von drei Teilen beginnt mit dem Satz: „Das Leugnen der Hexerei ist – Ketzerei" (↗Ketzerverfolgung). Trotz vielfältigen Widerspruches war der H. Grundlage der inquisitorischen und unerbittlichen ↗Hexenprozesse. *ku*

Hexenprozesse Kirchlich-weltliche Strafverfahren vom 14. Jh. bis zur ↗Aufklärung gegen angebliche Hexen und Zauberer aufgrund von Verdächtigung oder ↗Denunziation. Hexerei galt als ein Verbrechen, für das sowohl das weltliche Gericht (wegen Schadenszaubers) als auch das geistliche Gericht (wegen Sodomie, sog. Teufelsbuhlschaft) zuständig waren. Grundlage für die H., bei denen auch die ↗Folter Anwendung fand, war der ↗Hexenhammer. Die „überführte" Hexe wurde mit dem Feuertod bestraft (letzter H. in Deutschland 1775, in der Schweiz 1782). *ku*

Hexenverfolgung Ging aus dem abergläubischen Hexenwahn hervor, den die Kirche im frühen ↗Mittelalter bekämpfte, der aber dann durch die Theorien der Theologen (↗Albert der Große, ↗Thomas von Aquin, Martin ↗Luther) über die Minderwertigkeit von Frauen, deren Anfälligkeit für das Böse sowie allg. den Einfluß der Dämonen nachhaltig gefördert wurde und sich im späten Mittelalter bes. unter dem Einfluß des ↗Hexenhammers zur Volkspsychose auswuchs. Mit Hilfe der ↗Inquisition gingen Staat und Kirche scharf gegen sog. Hexen vor. Großangelegte H. bes. im 15.–17. Jh.

Gegen die H. wandten sich v.a. der Jesuit Friedrich von ↗Spee (1631) und der evangelische Jurist ↗Thomasius (1701). Die ↗Aufklärung beendete die H. *ku*

Heyde, Werner Neurologe, SS-Standartenführer, * 25.4.1902 Forst (Lausitz), † 13.2.1964 Butzbach (Hessen). Leiter der ↗Aktion T 4, der massenhaften Ermordung von Kranken und Behinderten sowie Beteiligung an ↗Selektionen in ↗Konzentrationslagern; 1946 in Abwesenheit zum Tode verurteilt; bis 1959 mit neuer Identität als medizinischer Gutachter tätig; stellte sich Ende 1959; vier Tage vor Beginn seines Prozesses Suizid. *PS*

Heydebrand und der Lasa, Ernst von Politiker, *20.2.1851 Gollkowe (bei Breslau), †15.11.1924 Klein-Tschunkawe (ebd.). 1888–1918 deutschkonservatives Mitglied im preußischen Abgeordnetenhaus, seit 1903 auch im Reichstag; zeitweilig sehr einflußreich; behinderte mit seiner Partei, in der die ↗Agrarier den stärksten Einfluß hatten, die industrielle Entwicklung in Preußen. *sa*

Heydrich, Reinhard Chef des Sicherheitsdienstes der SS, *7.3.1904 Halle/Saale, †4.6.1942 Prag. H. wurde 1920 Mitglied des „Deutschvölkischen Schutz- und Trutzbundes" (↗völkische Bewegung) und trat 1931 in die ↗NSDAP und ↗SS ein. Von ↗Himmler mit dem Aufbau des ↗Sicherheitsdienstes (SD) beauftragt; 1934 Chef der ↗Gestapo, 1936 der ↗Sicherheitspolizei und des SD, 1939 des ↗Reichssicherheits-Hauptamtes; 1941 stellvertretender Reichsprotektor von ↗Böhmen und Mähren. H. war einer der Hauptverantwortlichen für die Unterdrückungsmaßnahmen des nationalsozialistischen Regimes und seit Juli 1941 mit der Durchführung der sog. „Endlösung" (↗Judenvernichtung) beauftragt (1942 Leiter der ↗Wannseekonferenz). Er wurde bei einem Attentat tschechischer Widerstandskämpfer getötet; als Vergeltungsmaßnahme wurde das tschechische Dorf ↗Lidice dem Erdboden gleichgemacht, und fast alle seine Bewohner wurden ums Leben gebracht. *JH*

Heye, Hellmuth Offizier, Politiker (CDU), *9.8.1895 Beckingen/Saar, †10.11.1970 Mittelheim (Rheingau). Im ↗Ersten Weltkrieg Offizier der Kaiserlichen Marine, danach beim Admiralstab und im Reichswehrministerium; im ↗Zweiten Weltkrieg Aufstieg zum Admiral; 1953–61 Mitglied des Bundestages (↗CDU), ab 1961 dessen ↗Wehrbeauftragter; mußte 1964 wegen Kritik an der ↗Bundeswehr zurücktreten. *li*

Heym, Georg Lyriker, Dramatiker, *30.10.1887 Hirschberg (Schlesien), †16.1.1912 Berlin (ertrunken). Begründete mit den Veröffentlichungen seiner letzten beiden Lebensjahre (Der ewige Tag, 1911; Umbra vitae, 1912) die Lyrik des ↗Expressionismus. Der Ton seiner Gedichte ist apokalyptisch-visionär, von vergeblicher Lebenssehnsucht in einer entfremdeten, sinnlosen Welt gekennzeichnet. *ij*

Heym, Stefan (eigentlich Helmut Flieg) Schriftsteller, *10.4.1913 Chemnitz. Emigrierte 1933 in die Tschechoslowakei, später in die USA, ab 1952 Übersiedlung in die ↗DDR. Mehrere Auszeichnungen u.a. Heinrich-Mann-Preis 1959; verarbeitet aktuelle und historische Stoffe mit kritisch-sozialem Engagement. Werke u.a.: Fünf Tage im Juni (1974), Ahasver (1981). *kp*

Heyse, Paul von Schriftsteller, *15.3.1830 Berlin, †2.4.1914 München. Gehörte in führender Position dem ↗Münchner Dichterkreis an; schrieb u.a. Novellen und Übersetzungen; als Literaturtheoretiker einflußreich. H. erhielt 1910 den Nobelpreis für Literatur. *ij*

HICOG ↗Alliierte Hohe Kommission

Hierl, Konstantin NSDAP-Politiker, *24.2.1875 Parsberg (Oberpfalz), †23.9.1955 Heidelberg. 1927 zur ↗NSDAP; seit 1933 Beauftragter für den ↗Reichsarbeitsdienst; seit 1935 unter dem Titel Reichsarbeitsführer; nach dem Krieg von einer Spruchkammer als Hauptschuldiger eingestuft. *PS*

Hildebrand, Klaus Historiker, *18.11.1941 Bielefeld. Professor in Frankfurt (1974–77) und Münster (1977–82); Forschungsschwerpunkt in der Geschichte der deutschen Außenpolitik; verfaßte u.a.: Deutsche Außenpolitik 1933–45. Kalkül oder Dogma? (1971), Integration und Souveränität. Die Außenpolitik der Bundesrepublik 1949–82 (1990). *Vö*

Hildebrandslied Einziges erhaltenes deutsches Heldenlied (↗Heldendichtung). In 68 Zeilen ohne Schluß anonym überliefert; nach einer altbayrischen Vorlage um 810 in einem Fuldaer ↗Kloster auf zwei Seiten einer lat. ↗Handschrift notiert; historischer Hintergrund ist die Herrschaft der Ostgoten in Italien; geschildert wird der Kampf zwischen Hildebrand und seinem Sohn Hadubrand, der für letzteren tödlich endet; dieses Ende ist mit Hilfe einer jüngeren nordischen Überlieferung rekonstruierbar; im „Jüngeren H." (13. Jh.) versöhnliches Ende. *rw*

Hildebrandt, Johann Lucas von Baumeister, *14.11.1668 Genua, †16.11.1745 Wien. Seit 1701 im kaiserlichen Dienst; baute zahlreiche Schlösser (z.B. das Belvedere in Wien), Palais, Kirchen und Stifte; gilt neben ↗Fischer von Erlach als bedeutendster Vertreter des österreichischen ↗Barock. *nk*

Hildegard von Bingen Mystikerin, Benediktinerin, *1098, †17.9.1179 Rupertsberg nahe Bingen. Vor 1150 gründete H.v.B. ein Benediktinerinnen-Kloster auf dem Rupertsberg, 1165 ein Tochterkloster in Eibingen nahe Rüdesheim; literarische Tätigkeit von kulturhistorischer Bedeutung. Neben den Niederschriften ihrer Visionen theologische und medizinisch-naturwissenschaftliche Werke sowie Kompositionen geistlichen Liedgutes. *ku*

Hildesheimer Stiftsfehde (1519–23) Gebietskampf zwischen Herzog Erich I. von Calenberg und ↗Heinrich dem Jüngeren gegen Fürstbischof Johann IV. von Hildesheim. Das „Kleine Stift" blieb dem Bischof, das „Große Stift" kam nach einem kaiserlichen Schiedsspruch an die beiden ↗Welfen. Zum erstenmal in Deutschland gingen damit durch eine Rechtsentscheidung Güter der Kirche an weltliche Herrscher. *rh*

Hilferding, Rudolf Politiker (SPD, USPD), *10.8.1877 Wien, †Februar 1941 Paris. 1904–23 Mitherausgeber der „Marx-Studien", 1907–16 Schriftleiter beim ↗„Vorwärts"; veröffentlichte 1910 sein bedeutendstes Werk „Das Finanzkapital" (mehrere Wiederauflagen); 1917–22 Mitglied der ↗USPD, danach zur ↗SPD und bis 1933 im Parteivorstand; 1923 und 1928/29 Reichsfinanzminister, seit 1924 Mitglied des Reichstages; 1924–33 Mitherausgeber der Zeitschrift „Die Gesellschaft"; verfaßte zusammen mit ↗Kautsky das ↗Heidelberger Programm (1925); emigrierte 1933 in die Schweiz, 1938 nach Frankreich; 1941 von der ↗Gestapo verhaftet; starb unter ungeklärten Todesumständen. *JH*

Hilfswissenschaften Teile der historischen Wissenschaften, die sich v. a. mit der Quellenerschließung und -aufbereitung beschäftigen, so z. B. die ↗Chronologie, ↗Diplomatik ↗Genealogie, Heraldik (↗Wappen), ↗Numismatik oder Paläographie. Prinzipiell kann aber jede selbständige Wissenschaft einer anderen als Hilfswissenschaft dienen. *wj*

Hiller, Kurt Publizist, *17.8.1885 Berlin, †1.10. 1972 Hamburg. Ständiger Mitarbeiter der ↗„Weltbühne"; 1926 Gründer und Leiter der Gruppe Revolutionärer Pazifisten; 1933/34 KZ-Haft, ↗Emigration nach Prag, später London; 1955 Rückkehr nach Deutschland; 1956 Gründer des Neusozialistischen Bundes. *PS*

Hillgruber, Andreas Historiker, *18.1.1925 Angerburg, †8.5.1989 Köln. Beschäftigte sich in seiner Forschungsarbeit schwerpunktmäßig mit der deutschen Außenpolitik, in der er das Scheitern des ↗Deutschen Reiches begründet sah; engagierte sich im sog. ↗Historikerstreit; verfaßte u. a.: Kontinuität und Diskontinuität in der Außenpolitik von Bismarck bis Hitler (1969). *Vö*

Himmler, Heinrich Reichsminister, *7.10.1900 München, †23.5.1945 Lüneburg. 1917 Kriegsfreiwilliger, Angehöriger eines ↗Freikorps; 1923 am ↗Hitler-Putsch beteiligt, 1925 Eintritt in die ↗NSDAP und ↗SS; baute die SS als deren Reichsführer (seit 1929) zur nationalsozialistischen Eliteorganisation aus; 1934 stellvertretender Chef der preußischen ↗Gestapo, maßgeblich an der Niederschlagung des „Röhm-Putsches" (↗Röhm-Affäre) beteiligt; seit 1936 Chef der gesamten deutschen Polizei und hauptverantwortlich für die nationalsozialistische Politik des Terrors und der Unterdrückung. Als ↗Reichskommissar für die Festigung des deutschen Volkstums (seit 1939) organisierte H. während des ↗Zweiten Weltkrieges die Umsiedelungsmaßnahmen in den besetzten Ostgebieten (↗Generalplan Ost) sowie die ↗„Endlösung der Judenfrage" (↗Judenvernichtung). 1943 Reichsinnenminister, 1944 als Befehlshaber des Ersatzheeres zuständig für die Entwicklung der ↗V-Waffen, den Aufbau des ↗Werwolf und die Aufstellung des ↗Volkssturms; Ende April 1945 von ↗Hitler wegen geheimer Friedensverhandlungen von allen Ämtern enthoben und aus der Partei ausgeschlossen; geriet nach Kriegsende in britische Kriegsgefangenschaft und beging Selbstmord. *JH*

Hindemith, Paul Komponist, *16.11.1895 Hanau, †28.12.1963 Frankfurt/Main. Begründete und leitete 1921–26 die Donaueschinger Kammermusikfeste. Durch die Kompromißlosigkeit seiner frühen Werke (u. a. der Operneinakter: Mörder, Hoffnung der Frauen, op. 12, 1919) wurde H. zu einem wichtigen Wegbereiter der Moderne, der nach Abwendung von der Dur-Moll-Tonalität zu einem eigenständigen Stil unter Beibehaltung eines tonalen Bezugssystems fand. Opern: u. a. Cardillac (1926), Mathis der Maler (1934/35), Die Harmonie der Welt (1956/57). Schrieb auch Ballette, Orchesterwerke, Klaviermusik, Lieder, Schul-, Spiel und Lehrwerke. *ij*

Hindenburg, Paul von Beneckendorff und von Reichspräsident, Generalfeldmarschall, *2.10.1847 Posen, †2.8.1934 Neudeck (Westpreußen). H., der nach seiner langjährigen militärischen Karriere 1911 als General bereits seinen Abschied genommen hatte, wurde im August 1914, kurz nach Beginn des ↗Ersten Weltkrieges, zum Oberbefehlshaber der 8. Armee an der Seite ↗Ludendorffs (Chef des Generalstabs) ernannt. Aufgrund seiner militärischen Erfolge in den Schlachten bei ↗Tannenberg und an den Masurischen Seen erlangte H. in kurzer Zeit große Popularität. Nach seiner Übernahme der ↗OHL zusammen mit Ludendorff Ende August 1916 übte H. maßgeblichen Einfluß auf die politischen Entscheidungen im Deutschen Reich aus. Seine Rücktrittsdrohung führte 1917 zur Entlassung des Reichskanzlers ↗Bethmann Hollweg. Angesichts der aussichtslosen militärischen Lage forderte H. Ende September 1918 die sofortige Aufnahme von Verhandlungen über einen Waffenstillstand sowie die Erneuerung der politischen Leitung und befürwortete die Abdankung des Kaisers, hielt sich ansonsten jedoch aus den politischen Wirren der ↗Novemberrevolution weitgehend heraus.

Obwohl H. der republikanisch-demokratischen Staatsform der ↗Weimarer Republik äußerst reserviert gegenüberstand und mit der Verbreitung der ↗Dolchstoßlegende die Propaganda seitens der rechten Republikgegner förderte, ließ er sich 1925 als Kandidat der Rechtsparteien zum ↗Reichspräsidenten wählen. Angesichts zunehmender Schwierigkeiten bei der Regierungsbildung betrieb H., unter dem Einfluß nationalistischer, großagrarischer Kreise stehend, seit 1930 den Übergang zum System der ↗Präsidialkabinette. 1932 mit Unterstützung von ↗Zentrum und ↗SPD gegen ↗Hitler wiedergewählt, berief er nach den gescheiterten Regierungen unter Franz von ↗Papen und Kurt von ↗Schleicher am 30.1.1933 Hitler zum Reichskanzler.

Die Errichtung der nationalsozialistischen Diktatur konnte und wollte H. nicht verhindern. Mit seinem Auftreten beim Tag von ↗Potsdam im März 1933 hat er vielmehr zu ihrer Akzeptanz v. a. in nationalkonservativen Kreisen beigetragen. *JH*

Hintersassen Bezeichnung für von Grundherren abhängige ↗Bauern im Mittelalter und in der Neuzeit, die zu den ↗Freien oder ↗Liten zählten. *wj*

Hintze, Otto Historiker, *27.8.1861 Pyritz (Pommern), †25.4.1940 Berlin. Ausgehend von der brandenburgisch-preußischen Geschichte stand die ↗Sozialgeschichte neben der Verfassungsgeschichte im Zentrum seines Schaffens. *Vö*

Hipler, Wendel Bauernführer, *um 1465 Neuenstein, †1526 Heidelberg. 1490–1514 Sekretär des Grafen von Hohenlohe in Öhringen; im ↗Bauernkrieg 1525 Schreiber der Odenwälder Bauern; versuchte auf dem Bauernparlament in Heilbronn im Mai 1525 vergeblich, die Bauernbewegung zusammenzufassen und ihr ein einheitliches Programm zu geben; starb in kurpfälzischer Haft. *rh*

Hipper, Franz Ritter von Admiral, *13.9.1863 Weilheim (Oberbayern), †25.5.1932 Hamburg. Im ↗Ersten Weltkrieg bei den Schlachten an der ↗Doggerbank 1915 und im ↗Skagerrak 1916; bei Ende des Krieges Chef der Hochseestreitkräfte. *PS*

Hirsauer Reform Reformbewegung im Benediktinerorden des 11. Jh(s). in Anlehnung an die ↗cluniazensische Reform; ausgehend von der Abtei Hirsau im nördlichen Schwarzwald verbreitete sich die H.R. auf mehr als 100 Klöster, bes. in Schwaben und Bayern. *li*

Hirsch, Burkhard Ministerpräsident (Nordrhein-Westfalen; FDP), *29.5.1930 Magdeburg. Seit 1949 ↗FDP-Mitglied; ab 1971 Mitglied, 1979–83 Vorsitzender des Landesvorstandes der FDP Nordrhein-Westfalen; seit 1973 Bundesvorstandsmitglied; 1972–75 und 1980–95 Mitglied des Bundestages; 1975–80 Innenminister, 1979 stellvertretender Ministerpräsident von Nordrhein-Westfalen; 1994–98 Bundestagsvizepräsident. *Ki*

Hirsch, Max Politiker, *30.12.1832 Halberstadt, †26.6.1905 Bad Homburg vor der Höhe. Gründete ab 1868 mit ↗Duncker Gewerkvereine (↗Hirsch-Dunckersche Gewerkvereine); 1869–93 Mitglied des Reichstages für die ↗Deutsche Fortschrittspartei bzw. ↗Deutsche Freisinnige Partei. *nk*

Hirsch, Paul Politiker, *17.11.1868 Prenzlau, †1.8.1940 Berlin. 1900–21 Stadtverordneter in Charlottenburg; 1908–24 erstes ↗SPD-Mitglied des preußischen Landtages; 1918–20 erster SPD-Ministerpräsident in Preußen; 1918/19 zugleich Innenminister; mußte nach dem ↗Kapp-Lüttwitz-Putsch am 26.3.1920 sein Amt an Otto ↗Braun abgeben; war 1920/21 Staatssekretär im preußischen Ministerium für Volkswohlfahrt; 1921–25 stellvertretender Bürgermeister von Charlottenburg; 1925–33 Bürgermeister in Dortmund. *br*

Hirsch-Dunckersche Gewerkvereine Von Max ↗Hirsch unter Mitwirkung von ↗Duncker am 28.9.1868 gegründete Organisation zur Interessenvertretung der Arbeitnehmer gegenüber Staat und Unternehmern; betonte im Gegensatz zu den ↗freien Gewerkschaften die Gemeinsamkeiten der Arbeitnehmer- und Arbeitgeberinteressen; 1869 Zusammenschluß der H.-D.G. zum Verband der deutschen Gewerkvereine; 1933 gleichgeschaltet in der ↗DAF. *nk*

Hirschfeld, Magnus Sexualwissenschaftler, *14.5.1868 Kolberg (heute Kołobrzeg [Polen]), †15.5.1935 Nizza. 1918 Gründung Institut für Sexualwissenschaft in Berlin; wandte sich insbesondere gegen Strafbarkeit der Homosexualität. *PS*

Historikerstreit Mitte der achtziger Jahre von Historikern und Journalisten geführte Debatte um die historische Einordnung des ↗Nationalsozialismus und die Vergleichbarkeit des ↗Holocaust mit anderen Massentötungen. Auftakt des H.s war ein Zeitungsartikel von ↗Habermas, der einer Gruppe von Historikern um ↗Nolte vorwarf, sie würden die nationalsozialistischen Verbrechen relativieren. *bb*

Historiographie ↗Geschichtsschreibung

Historische Institute ↗Institut für Zeitgeschichte ↗Monumenta Germaniae historica

Historische Rechtsschule Führende Schule der Rechtswissenschaft in Deutschland im 19. Jh. Löste die Naturrechtsschule des 17./18. Jh.s ab; bestritt im Gegensatz zu dieser die Möglichkeit, das Recht aus allg. abstrakten Prinzipien abzuleiten; sah es vielmehr als Produkt einer historischen Entwicklung an; daher Erforschung des römischen (Friedrich Carl von ↗Savigny) und germanischen Rechts (Karl Friedrich Eichhorn). *MH*

Historischer Materialismus Von Karl ↗Marx in Auseinandersetzung mit ↗Hegel und Ludwig ↗Feuerbach begründete ↗Geschichtsphilosophie, nach der Geschichte durch sozio-ökonomische Prozesse (Basis) bestimmt wird, die das Bewußtsein der Menschen prägen (Überbau). Ihr nach Bewegungsgesetzen erfolgender Verlauf werde in der kapitalistischen Gesellschaft durch den Widerspruch zwischen Kapitalakkumulation in wenigen Händen und Verelendung des ↗Proletariats angetrieben, der durch Bewußtwerdung der gesellschaftlichen Verhältnisse in die proletarische Revolution umschlagen und über die Vergesellschaftung des Privateigentums zum ↗Sozialismus und schließlich zur klassenlosen (kommunistischen) Gesellschaft führen werde. In Erweiterung der Bewegungsgesetze des H.M. zum universalen Naturprinzip entwickelte ↗Engels den dialektischen Materialismus, Basis marxistisch-leninistischer Staats- und Gesellschaftstheorie. *nk*

Historisches Jahrbuch der Görres-Gesellschaft 1880 gegründetete Zeitschrift mit Aufsätzen und Beiträgen zu allen Epochen der Geschichte sowie Rezensionen. Erster Schriftleiter war Georg Hüffer. *Vö*

Historische Zeitschrift (HZ) Durch den Historiker ↗Sybel 1859 in München gegründete, mit Ausnahme der Jahre 1943–49 bis heute erscheinende geschichtswissenschaftliche Zeitschrift. *nk*

Historismus In der zweiten Hälfte des 19. Jh.s in den ↗Geisteswissenschaften entstandene Auffassung vom historisch individuellen Charakter der kulturellen Erscheinungen. Sein Wesen drückt ↗Ranke in der Überzeugung aus, daß jede Epoche „unmittelbar zu Gott" sei, also jedes geschichtliche Ereignis aus sich selbst heraus verstanden werden müsse.

In den Bildenden Künsten, in der Architektur und im Kunsthandwerk des 19. Jh.s Bezeichnung für einen künstlerischen Ansatz, der aus dem Stilfundus vergangener Epochen schöpft (Neugotik, Neubarock u. a.). *ij*

Hitler, Adolf Reichskanzler, *20.4.1889 Braunau/Inn (Österreich), †30.4.1945 Berlin. Nach dem Tod der Eltern, eines Zollbeamten und einer Bäuerin, und nach Ablehnung durch die Wiener Akademie der Bildenden Künste lebte H. 1907–13 als Gelegenheitsarbeiter in Wien. Als Freiwilliger eines bayrischen Regimentes nahm er am ↗Ersten Weltkrieg als Gefreiter teil, wurde mehrfach verwundet und mit dem ↗Eisernen Kreuz ausgezeichnet. Geprägt vom Fronterlebnis und völkisch-antisemitischem Gedankengut begann H. 1919 seine politische Laufbahn bei der in München gegründeten ↗DAP (1920 umbenannt in ↗NSDAP) und wurde deren bestimmende Figur. Der vom Glauben an die „arische Herrenrasse" (↗Arier) und die „jüdische Weltgefahr" (↗Antisemitismus) maßgeblich beeinflußte Propagandaredner, seit Juli 1921 Parteivorsitzender, nutzte die bei der Niederlage von 1918 und nach der ↗Novemberrevolution entstandenen Ängste und Enttäuschungen (↗Dolchstoßlegende, ↗Novemberverbrecher) zielstrebig aus.

Nach dem Scheitern seines Putsches vom 8./9.11.1923 (↗Hitler-Putsch) zu fünf Jahren Festungshaft verurteilt (↗Hitler-Prozeß), verfaßte er die 1925/26 erstmals in Teilen erschienene Programmschrift ↗„Mein Kampf". Nach seiner vorzeitigen Haftentlassung 1924 wurde die nach dem Putschversuch verbotene, 1925 wiedergegründete NSDAP unter seiner Führung zu einer militanten, straff gegliederten Organisation aufgebaut, mit der er nun auf „legalem" Weg (u. a. mit der Kampagne gegen den ↗Young-Plan) und durch Bündnisse (↗Harzburger Front) die Macht zu er-

langen versuchte. Bei der Reichspräsidentenwahl von 1932 noch ↗Hindenburg unterlegen, wurde H., unterstützt von rechtskonservativen Vertretern der Industrie und Wirtschaft, am 30.1.1933 zum Reichskanzler ernannt.
Innerhalb weniger Monate gelang es H., die Machtbasis der Nationalsozialisten auszubauen (↗Ermächtigungsgesetz, ↗Reichstagsbrand, ↗Gleichschaltung) und politische Gegner durch Terrormaßnahmen (↗Gestapo, ↗Röhm-Affäre) auszuschalten. Innen- und außenpolitische Erfolge verschafften ihm die schichtenübergreifend breite Zustimmung der Bevölkerung, die unter der propagandistischen Einschwörung auf die Person des ↗Führers Formen einer kultischen Verehrung annahm (Gruß „Heil Hitler"). Die im Zuge des raschen Aufbaus des Führerstaates entstandenen Kompetenzüberschneidungen und persönlichen Rivalitäten sicherten H. die Rolle des obersten Schiedsrichters mit absoluter Entscheidungsmacht über einen weitverzweigten Kontroll- und Unterdrückungsapparat. Seine aggressive, großdeutsch-nationalistische Außenpolitik (↗Anschluß Österreichs, ↗Sudetenkrise, ↗Appeasement) führte mit dem Überfall auf Polen (↗Polenfeldzug) zum ↗Zweiten Weltkrieg. Für die brutale Kriegführung (↗Kommissarbefehl) und den Völkermord an den Juden (↗Judenvernichtung) trägt H. die Hauptverantwortung.
Erst nachdem die militärische Lage sich drastisch verschlechtert hatte, kam es von deutscher Seite aus zu organisiertem, erfolgversprechendem ↗Widerstand gegen H. Das Attentat vom ↗Zwanzigsten Juli 1944 überlebte H. leicht verletzt.
Der Realität nach seinem weitgehenden Rückzug aus der Öffentlichkeit zunehmend enthoben, verlängerte er mit seinen sinnlosen Durchhalteforderungen die Leiden der Bevölkerung (↗Volkssturm, ↗Nero-Befehl). Angesichts der bevorstehenden sowjetischen Einnahme von Berlin beging H. am 30.4.1945 im Bunker der Reichskanzlei Selbstmord. (174, 322, 347) *JH*

Hitler-Attentate Ca. 40 Attentate auf ↗Hitler wurden geplant, aber nur in wenigen Fällen, und nie erfolgreich, durchgeführt. Zunächst von Einzeltätern versucht (Oktober/November 1938 ↗Bavaud; 8.11.1939 Sprengstoffattentat ↗Elsers im ↗Bürgerbräukeller), war es während des ↗Zweiten Weltkrieges wegen Hitlers Vorsicht nur noch Offizieren möglich, erfolgversprechende Attentate zu planen. Nach der Niederlage von ↗Stalingrad erklärten sich mehrere Offiziere bereit, ihn unter Einsatz des eigenen Lebens zu töten, (Rudolf von Gersdorff, Axel von dem Busche-Streithorst, Ewald von Kleist-Schmenzin) scheiterten aber. Schließlich brachte von ↗Stauffenberg am ↗Zwanzigsten Juli 1944 im Führerhauptquartier eine Bombe zur Explosion; Hitler überlebte leicht verletzt. *PS*

Hitler-Jugend (HJ) Nach ↗Hitler benannte Organisation der ↗NSDAP, 1926 als „HJ, Bund deutscher Arbeiterjugend" gegründet, 1936 per Gesetz als staatliche Jugendorganisation bestätigt; gegliedert in „Deutsches Jungvolk" („Pimpfe", Jungen im Alter von 10–14 Jahren), „Jungmädelbund" (JM, Mädchen von 10–14), die eigentliche „HJ" (Jungen von 14–18) und den ↗„BDM" (Mädchen und junge Frauen von 14–21); 1931–40 von ↗Schirach, 1940–45 von ↗Axmann geleitet. Die 1938/39 8,7 Mio. Mitglieder umfassende Organisation diente den Nationalsozialisten zur Erfassung und Erziehung der Jugendlichen neben Schule und Elternhaus, ab 1939 auch zur militärischen Ausbildung. Seit 1943 wurden HJ-Angehörige als ↗Luftwaffenhelfer eingesetzt und ab 1944 in den ↗Volkssturm eingezogen. *JH*

Hitler-Prozeß Hochverratsprozeß (26.2.–1.4. 1924) am Münchner Volksgerichtshof gegen zehn Beteiligte (u.a. ↗Hitler, ↗Ludendorff) des ↗Hitler-Putsches von 1923. Hitler nutzte das Verfahren für propagandistische Zwecke. Der vorsitzende Richter räumte den Angeklagten ehrenhafte Motive ein und verhängte am Ende einer nicht objektiven Prozeßführung milde Urteile. Hitler wurde zur Mindeststrafe von fünf Jahren Festungshaft verurteilt und entgegen einer Bestimmung des ↗Republikschutzgesetzes nicht ausgewiesen, obwohl er Österreicher war. Nach nur acht Monaten Haft, in denen er etliche Besucher empfing und zudem den ersten Band seiner Programmschrift ↗„Mein Kampf" ausarbeitete, wurde er vorzeitig entlassen. *JH*

Hitler-Putsch (1923) Von ↗Hitler am 8./9.11. 1923 in München geleiteter Putschversuch zum Sturz der bayrischen und der ↗Reichsregierung. Die von Hitler beabsichtigte „nationale Revolution" und die Errichtung einer Diktatur scheiterten am Widerstand der bayrischen Regierung und der ↗Reichswehr. Ein von Hitler angeführter Zug von etwa 3000 Putschisten durch die Münchner Innenstadt am 9.11. wurde an der Feldherrnhalle von der Polizei gestoppt und gewaltsam (20 Tote) aufgelöst. Hitler wurde verhaftet und vor Gericht gestellt (↗Hitler-Prozeß). Nach der nationalsozialistischen ↗Machtergreifung wurden der gescheiterte H.-P. propagandistisch zu einem Erfolg umgewertet, München 1935 zur „Hauptstadt der Bewegung" erklärt. *JH*

Hitler-Stalin-Pakt (1939) Am 23.8.1939 in Moskau unterzeichneter deutsch-sowjetischer Nichtangriffspakt, benannt nach ↗Hitler und dem sowjetischen Staatschef Josef Stalin; u.a. Verpflichtung zu gegenseitiger Neutralität im Falle eines Angriffes auf einen Dritten. Ein geheimes Zusatzprotokoll regelte die Zuordnung der Macht- und Interessensphären u.a. bezüglich Polens und der baltischen Staaten. Durch den deutschen Angriff auf die Sowjetunion 1941 gebrochen. *JH*

Hitler-Tagebücher Tagebücher ↗Hitlers, deren Veröffentlichung die Zeitschrift ↗„Stern" am 25.4.1983 ankündigte; weltweites Aufsehen. Nach Untersuchung stellte sich heraus, daß es sich um von dem Kunstmaler Konrad Kujau angefertigte Fälschungen handelte. Kujau und sein Komplize, ein „Stern"-Redakteur, wurden 1985 zu Haftstrafen verurteilt; die beiden Chefredakteure traten zurück. *bb*

Hitze, Franz Sozialpolitiker, *16.3.1851 Hanemicke (Sauerland), †20.7.1921 Bad Nauheim. Setzte sich bereits als Student mit der ↗sozialen Frage auseinander und vertrat einen ständischen ↗Sozialismus; 1880 Generalsekretär des Verbandes „Arbeiterwohl"; 1882–93 Mitglied des preußischen Landtages; 1884–1921 Mitglied des ↗Reichstages für das ↗Zentrum; 1890 maßgeblich an der Gründung und Organisation des ↗Volksvereins für das katholische Deutschland beteiligt; 1897 Mitbegründer des Deutschen Caritasverbandes; 1898–1912 erneut Mitglied des preußischen Landtages. *br*

HJ ↗Hitler-Jugend

HO ↗Staatliche Handelsorganisation

Höch, Hannah Malerin, *1.1.1889 Gotha, †31.5. 1978 Berlin. Mit Raoul Hausmann erfand sie die Photomontage-Technik. In ihrem Werk finden sich v.a. Collagen und vom ↗Dada beeinflußte Skulpturen. *ku*

Höcherl, Hermann Politiker (CSU), *31.3.1912 Brennberg (bei Regensburg), †18.5.1989 Regensburg. Ab 1949 im ↗CSU-Bezirksvorstand Oberpfalz; 1953–76 Abgeordneter im Bundestag; 1957–61 zweiter Vorsitzender der Fraktion der CDU/CSU im Bundestag; 1961–65 Innenminister (↗Spiegel-Affäre); 1965–69 Landwirtschaftsminister. *Ki*

Hochhuth, Rolf Schriftsteller, *1.4.1931 Eschwege (Hessen). H. wurde v.a. als Dramatiker bekannt, der seit seinem dokumentarisch angelegten Stück „Der Stellvertreter" (1963), das die Rolle der ↗katholischen Kirche während des ↗Nationalsozialismus kritisch beleuchtet, immer wieder für kontroverse Diskussionen gesorgt hat. Weitere Stücke: Soldaten (1967), Die Hebamme (1971), Juristen (1979), Judith (1984). *ij*

Hochkirch, Schlacht (1758) Im ↗Siebenjährigen Krieg siegte am 14.10.1758 die österreichische Armee unter ↗Daun und ↗Laudon bei H. (Kreis Bautzen) gegen ↗Friedrich II., den Großen. Große preußische Verluste – Feldmarschall Jakob ↗Keith fiel. *rh*

Hochmeister Titel des Oberhauptes des ↗Deutschen Ordens. Sitz des H.s war Akkon bzw. die Burg Montfort bis zum Verlust 1291, dann Venedig, ab 1309 die ↗Marienburg. Nach der ↗Säkularisation des Deutschordensstaates (1525) durch den H. ↗Albrecht von Brandenburg ging das H.-Amt an den ↗Deutschmeister über. *vK*

Höchstädt, Schlacht (1704) In H. (bei Dillingen [Bayern]) siegte am 13.8.1704 im ↗Spanischen Erbfolgekrieg die kaiserliche Armee unter Prinz ↗Eugen (zusammen mit den Briten unter John Churchill Herzog von Marlborough) gegen das bayrisch-französische Heer, das sich mit Kurfürst ↗Maximilian II. Emanuel über den Rhein zurückzog. *rh*

Hochstift Bis zur ↗Säkularisation 1803 Bezeichnung für die Bistümer mit ihren Domkapiteln, oft unter Einbeziehung des weltlichen Territoriums; später auch Name für Bischofsresidenzen sowie für Reichsabteien. *vK*

Hoch- und Deutschmeister ↗Deutscher Orden

Hockauf-Bewegung „Aktivistenbewegung" in der ↗DDR nach dem Vorbild der ↗Hennecke-Bewegung um die Textilarbeiterin Frida Hockauf, die sich Ende September 1953 dazu verpflichtete, bis Ende Dezember insgesamt 45 m Stoff zusätzlich zu weben; als ↗Heldin der Arbeit ausgezeichnet; Mittel zur Förderung der Berufstätigkeit von Frauen (↗Frauenpolitik, DDR). *kl*

Hoechst-Konzern Chemieunternehmen mit Sitz in Frankfurt/Main-Höchst. Gründung 1863; 1925–45 Teil der ↗IG Farben; produziert gegenwärtig als Farbwerke Hoechst AG bes. Chemikalien,

Düngemittel, Farb- und Kunststoffe, Kunstharze und Lacke sowie Pharmazeutika und Kosmetika. *UK*

Hoegner, Wilhelm Politiker (SPD), *23.9.1887 München, †5.3.1980 ebd. 1924–32 Mitglied des bayrischen Landtages, 1930–33 des Reichstages; 1933 ↗Emigration in die Schweiz; nach seiner Rückkehr 1945 am Entwurf der bayrischen Verfassung beteiligt; 1945–47 Justiz-, 1950–54 Innenminister von Bayern; 1945/46 und 1954–57 bayrischer Ministerpräsident. *JH*

Hoepner, Erich Panzerkommandeur, Generaloberst, *14.9.1886 Frankfurt/Oder, †8.8.1944 Berlin. Befahl Ende 1941 vor Moskau gegen ↗Hitlers Weisung den Rückzug; seines Postens enthoben und aus der ↗Wehrmacht ausgestoßen; Kontakte zu den Verschwörern des ↗Zwanzigsten Juli; sollte das Ersatzheer übernehmen; nach Scheitern des Attentates zum Tode verurteilt und hingerichtet. *PS*

Hoesch Unternehmerfamilie. Errichtete im 18. Jh. in Schneidhausen bei Düren ein Eisenschneidwerk und eine Papiermühle – Grundlage für ein Familienunternehmen, das 1819 in einen papier- und in einen eisenverarbeitenden Zweig geteilt wurde; letzterer wurde v. a. für die Entwicklung der deutschen Eisen- und Stahlindustrie im 19. Jh. wichtig:
Eberhard H. begann mit dem Ausbau der Firma zum Stahlkonzern. Unter der Leitung seines Neffen Leopold H. 1871 Verlagerung des Unternehmenssitzes nach Dortmund und 1873 Umwandlung in eine AG mit in Familienbesitz verbleibenden Aktien. *UK*

Hof Bezeichnung für die Führung des Haushaltes eines Fürsten und seiner Familie sowie für den fürstlichen Regierungssitz. In der Frühzeit wanderte der H. mit dem Herrscher von ↗Pfalz zu Pfalz. Im Spätmittelalter Wandlung zur festen Residenz. Aus der ↗Gefolgschaft der Fürsten entwikkelte sich der H.-Staat, dessen Kern die ↗H.-Ämter, später die Zentralbehörden (H.-Kammer, ↗H.-Kanzlei) bildeten, die zu eigenen Institutionen wurden. *wj*

Hofämter (Hausämter) Im Mittelalter die Ämter an einem fürstlichen ↗Hof, bes. Bezeichnung für die vier H. am fränkischen Hof: ↗Marschall, ↗Mundschenk, ↗Kämmerer und ↗Truchseß. Seit ↗Otto I. waren es Ehren- oder Erzämter; sie wurden reine Titelämter der ↗Kurfürsten. An ihrer Stelle wurde der Hofdienst von den sog. Erbämtern (in den Territorien entsprechend Erblandes-H.) versehen. *wj*

Hofburg, Wien Bis 1918 Residenz des österreichischen Kaisers; bestehend aus mehreren Gebäuden; u. a. nach Entwürfen ↗Fischer von Erlachs zwischen dem 13. und dem beginnenden 20. Jh. gebaut. Die neue H. wurde 1881–1913 am Heldenplatz errichtet. *Vö*

Hofer, Andreas Tiroler Freiheitskämpfer, *22.11.1767 St. Leonhard (Passeiertal), †20.2. 1810 Mantua. H., der „Sandwirt", leitete 1809 mit Erzherzog ↗Johann und Joseph von Hormayr den Volksaufstand gegen Bayern und Franzosen, siegte mehrmals am Berg Isel; setzte nach dem Frieden von Schönbrunn (14.10.1809, Österreich mußte Tirol abtreten) den Kampf fort, geriet durch Verrat in französische Gewalt; auf Befehl ↗Napoleons I. in Mantua standrechtlich erschossen. Symbol des Freiheitswillens. *rh*

Hoffmann, E.T.A. (Ernst Theodor Amadeus) (eigentlich E.T. Wilhelm H.) Schriftsteller, Komponist, *24.1.1776 Königsberg, †25.6. 1822 Berlin. Der Jurist im preußischen Staatsdienst wurde 1802 wegen satirischer Karikaturen strafversetzt; war u. a. Theaterkapellmeister in Bamberg und Dresden; kehrte 1814 wieder in die preußische Justiz zurück. H.s Werk repräsentiert die sog. „schwarze" ↗Romantik: In seinen Romanen und Erzählungen treten dämonisch-phantastische Gegenwelten in Konkurrenz zur bürgerlichen Wirklichkeit. H.s Werk hatte großen Einfluß auf die internationale literarische Moderne. Romane u. a.: Die Elixiere des Teufels (1815/16), Nachtstücke (1816/17), Lebensansichten des Katers Murr (Fragment, 1819–21); Erzählungen und Märchen. *ij*

Hoffmann, Heinrich Fotograf, *12.9.1885 Fürth, †16.12.1957 München. Seit Anfang der zwanziger Jahre Vertrauter ↗Hitlers, den er mit Eva ↗Braun bekanntmachte; einziger offizieller Fotograf Hitlers; veröffentlichte zahlreiche auch finanziell erfolgreiche Fotobände; nach dem Krieg zu Arbeitslager verurteilt, durch Untersuchungshaft abgegolten. *PS*

Hoffmann, Heinz Verteidigungsminister der DDR, *28.11.1910 Mannheim, †2.12.1985 Berlin (Ost). Seit 1933 ↗KPD-Bezirksleiter in Baden-Mannheim; 1935 ↗Emigration in die Sowjetunion; 1946 Rückkehr nach Deutschland; im ↗Zentralkomitee der KPD tätig. 1950–55 stellvertretender Innenminister der DDR und Leiter der ↗Volkspolizei; 1960–85 als Verteidigungsminister wesentlich am Ausbau der ↗NVA beteiligt; ab 1973 im ↗Politbüro tätig. *Ki*

Hoffmann, Johannes Ministerpräsident (Saarland; CDU), *23.12.1890 Landsweiler (Saarland), †21.9.1967 Völklingen. 1945 Begründer und Vorsitzender der Christlichen Volkspartei; betrieb deren Verschmelzung mit der ↗CDU; 1947–55 saarländischer Ministerpräsident; verfocht ein europäisches Saarstatut mit wirtschaftlichem Anschluß an Frankreich; trat nach dessen Ablehnung zurück. *Ki*

Hoffmann, Max Preußischer General, *25.1.1869 Homberg (bei Kassel), †8.7.1927 Bad Reichenhall. 1899 Berufung in den Großen Generalstab; 1914 maßgeblich an der Schlacht von ↗Tannenberg beteiligt; 1916 als Chef des Generalstabes beim Oberbefehlshaber Ost wichtigster Mitarbeiter ↗Hindenburgs und ↗Ludendorffs; vertrat 1917/18 die ↗Oberste Heeresleitung bei den Friedensverhandlungen in ↗Brest-Litowsk; nahm dabei gegen Ludendorff die Position ↗Kühlmanns ein; kritisierte in seinen nach 1920 erschienenen kriegsgeschichtlichen Arbeiten Hindenburg und Ludendorff. *br*

Hoffmann, Theodor Verteidigungsminister der DDR, *27.2.1935 Gustävel (bei Sternberg). Seit 1956 Mitglied der ↗SED; 1987 stellvertretender Minister für Volksmarine, dann Vizeadmiral; 1990 bis zu dessen Auflösung Minister des ↗Nationalen Verteidigungsrates. *Ki*

Hoffmann-Fölkersamb, Hermann Jugendleiter, *10.1.1875 Straßburg, †20.9.1955 Kiel. Unternahm ab 1895 mit Schülern Wanderungen, die später im ↗Wandervogel institutionalisiert wurden. *nk*

Hoffmann von Fallersleben, August Heinrich Germanist, Lyriker, *2.4.1798 Fallersleben, †19.1.1874 Schloß Corvey (Westfalen). Professor in Breslau; wurde 1842 aufgrund nationalliberaler Bestrebungen entlassen und des Landes verwiesen; 1848 rehabilitiert. H. schrieb 1841 auf Helgoland das „Lied der Deutschen", das seit 1922 als Text der deutschen Nationalhymne (↗Deutschlandlied) dient. *ij*

Höfisches Epos ↗Ritterdichtung

Hofjuden Juden, die zumeist an den deutschen Fürstenhöfen im 16.–18. Jh. als Finanziers und Heereslieferanten eine wichtige Rolle spielten (z.B. die ↗Rothschilds) und im Gegenzug vom Herrscher Privilegien erhielten. Viele H. konvertierten zum Christentum und wurden in den Adelsstand erhoben. *dt*

Hofkanzlei 1620 eingerichtete Zentralverwaltungsbehörde der österreichischen Länder im ↗Heiligen Römischen Reich für Angelegenheiten der auswärtigen, der inneren und der Justizverwaltung; zugleich oberster Gerichtshof; später Abspaltung der Abteilungen für ↗Böhmen und Ungarn; seit 1695 zudem zusätzliche H. für ↗Siebenbürgen. Unter Kaiser ↗Karl VI. wurden H. für die italienischen und die niederländischen Besitzungen Österreichs eingerichtet. An die Stelle der 1749 aufgehobenen österreichischen und böhmischen H. traten als neue oberste Verwaltungsbehörden u.a. die Geheime Haus-, Hof- und Staatskanzlei. *vK*

Hofkanzlei, österreichische Nach Ansätzen im 15. Jh. unter Kaiser ↗Friedrich III. 1620 von Kaiser ↗Ferdinand II. für die deutschen Länder der habsburgischen ↗Erblande eingerichtete zentrale Verwaltungs-, Finanz- und Justizbehörde; unter ↗Maria Theresia durch Schaffung der Staatskanzlei (übernahm die Außenpolitik) und des „Directoriums in publicis et cameralibus" (Präsident Friedrich Wilhelm von ↗Haugwitz) in ihrem Einfluß eingeschränkt. *rh*

Hofkapelle Der geistliche ↗Hof des Königs im Mittelalter. Umfaßte neben Reliquienschatz und Pfalzkapelle v.a. die Hofgeistlichen, die den königlichen Gottesdienst vornahmen, die Hofschule führten und Beurkundungen vorzunehmen hatten; geleitet vom Erzkaplan. V.a. unter ↗Ottonen und ↗Saliern brachte sie die ↗geistlichen Fürsten hervor. Nach dem 12. Jh. allmählicher Bedeutungsverlust. *wj*

Hofkriegsrat 1556 von Kaiser ↗Ferdinand I. für alle habsburgischen Länder ins Leben gerufene Militärverwaltungsbehörde in Wien; im Krieg oberste Befehlsgewalt (Präsidenten u.a. ↗Montecuccoli, ↗Starhemberg, Prinz ↗Eugen, Erzherzog ↗Karl); 1848 vom Kriegsministerium abgelöst. *rh*

Hofmann, August Wilhelm von Chemiker, *8.4.1818 Gießen, †5.5.1892 Berlin. Schüler ↗Liebigs; Institutsleiter in London; Professor in Berlin; entdeckte das Anilin und synthetisierte Anilinfarben, womit er die Teerfarbenchemie begründete; wegweisend seine Arbeiten zu organischen Stickstoffverbindungen und seine Entdeckung wichtiger Abbaumethoden in der organischen Chemie. *bl*

Hofmann, Friedrich Pharmazeut, Chemiker,

*2.11.1866 Kölleda, †29.10.1956 Hannover. Zunächst bei den Farbenfabriken ↗Bayer; Leiter des Kaiser-Wilhelm-Instituts für Kohleforschung; Professor in Breslau; synthetisierte 1906 das Isopren und polymerisierte es 1909 zum ersten Synthesekautschuk; Darstellung von Methylkautschuk. *bl*

Hofmannsthal, Hugo von (Pseudonyme: Theophil Morren, Loris, Loris Melikow) Österreichischer Dichter, *1.2.1874 Wien, †15.7.1929 Rodaun (bei Wien). Repräsentierte zusammen mit ↗Schnitzler die Literatur des Jungen Wien; wurde durch Lyrik und lyrische Dramen (Gestern, 1891; Der Thor und der Tod, 1894) berühmt. Um die Jahrhundertwende wandte sich H. verstärkt dem Theater zu, bearbeitete u.a. ein spätmittelalterliches Drama (Jedermann, 1911); schrieb Libretti zu Strauss-Opern (Der Rosenkavalier, 1911), Lustspiele (Der Schwierige, 1921) und Essays. Sein Schauspiel „Das Salzburger Große Welttheater" (1922) überträgt barocke Vorstellungen von einer harmonischen Weltordnung auf die Gegenwart. *ij*

Hofmarschall ↗Marschall

Hofnarr Spaßmacher an Fürstenhöfen. Vorläufer in der Antike und im Orient; seit dem 15. Jh. verbreitet, hielt sich in Frankreich bis ins 17. Jh., in Deutschland bis ins 18. Jh.; typische Kleidung: Narrenkappe, Zepter, große Halskrause, Schellen; häufig Zwerge oder Krüppel; konnte unter dem Deckmantel der Narrenkappe Kritik üben und politischen Einfluß nehmen. *rw*

Hofrecht Das H. regelte als zunächst mündliches, erst in der Neuzeit schriftlich niedergelegtes Gewohnheitsrecht im Mittelalter v.a. die Beziehung zwischen ↗Grundherren und abhängigen ↗Bauern. *vK*

Hoftag Im Mittelalter Versammlung der Großen des Reiches am Königshof, meist zu hohen kirchlichen Feiertagen. Der König konnte H. zunächst beliebig als Beratergremium einberufen. Daraus entwickelte sich das Recht der Großen, bei wichtigen Reichsangelegenheiten gehört zu werden. Seit Ende des 15. Jh.s entstanden aus den H. die ↗Reichstage. *vK*

Hohe Gerichtsbarkeit Seit dem Mittelalter im römisch-deutschen Recht Gericht über Leib und Leben, Freiheit und Ehre sowie über Erb und Eigen (Grundstücke), auch als Bann- oder Blutgericht bezeichnet; für die Verselbständigung der Dynastien und die Entstehung der ↗Landeshoheit war der Besitz der H.G. ein wesentliches herrschaftsbildendes Element. *dt*

Hohenfriedberg, Schlacht (1745) Am 4.6.1745 siegte die preußische Armee unter ↗Friedrich II., dem Großen, im 2. ↗Schlesischen Krieg gegen das österreichisch-sächsische Heer unter Karl von Lothringen (Bruder von Kaiser ↗Franz I. Stephan) bei H. (Niederschlesien). Trotz großer österreichischer Verluste ging ↗Maria Theresia noch nicht auf einen Frieden ein. *rh*

Hohenheim, Franziska von Herzogin von Württemberg, *10.1.1748 Adelmannsfelden (Ostalb), †1.1.1811 Kirchheim unter Teck. Seit 1769 mit dem unglücklich verheirateten Herzog ↗Karl Eugen von Württemberg verbunden, der sie 1785, nach dem Tod seiner Gattin, heiratete. 1774 von Kaiser ↗Joseph II. zur Reichsgräfin erhoben; H. übte großen Einfluß auf die Regierung Karl Eugens aus. *nk*

Hohenlinden, Schlacht (1800) Am 3.12.1800 verlor das österreichische Heer unter Erzherzog ↗Johann im 2. ↗Koalitionskrieg gegen die französische Armee unter Jean-Victor Moreau bei H. (östlich von München). Der Sieg festigte ↗Napoleons I. Position im Rheinland und in Frankreich. *rh*

Hohenlohe, Fürstentum Namengebend für das fränkische Edelherrengeschlecht H. war die Burg Hohenloch (heute Hohlach), die die Handelsstraße Augsburg – Frankfurt überwachte. 1553 Erbteilung des Gebietes der Fürsten H. rund um das Stift Öhringen. 1806 fielen die Territorien überwiegend an ↗Württemberg; ein kleiner Teil ging an ↗Bayern. *wm*

Hohenlohe-Langenburg, Hermann Fürst zu Politiker, *31.8.1832 Langenburg, †9.3.1913 ebd. Befürworter der ↗Reichsgründung Bismarcks; 1871–81 Mitglied des Reichstages für die ↗Deutsche Partei bzw. die ↗Deutsche Reichspartei; 1882 Mitbegründer und bis 1894 Präsident des ↗Deutschen Kolonialvereins (seit 1887 ↗Deutsche Kolonialgesellschaft); 1890–95 Mitglied des Kolonialrates; 1894–1907 Statthalter in ↗Elsaß-Lothringen; konnte trotz einiger Reformen und der Aufhebung des sog. Diktaturparagraphen die frankophile Bevölkerung nicht für das Deutsche Reich gewinnen. *br*

Hohenlohe-Schillingsfürst, Chlodwig Fürst zu Reichskanzler, *31.3.1819 Rotenburg/Fulda, †6.7.1901 Bad Ragaz. Vertrat eine liberale, preußisch-kleindeutsche Gesinnung; als deutscher Botschafter in Paris (1874–85) und Statthalter von ↗Elsaß-Lothringen (1885–94) um bessere Beziehungen zu Frankreich bemüht; 1894–1900 Reichskanzler und preußischer Ministerpräsident; ohne entscheidenden Einfluß auf die Reichspolitik. *sa*

Hohenstaufen ↗Staufer

Hohenzollern (Ursprünglich Zollern) Herrschergeschlecht, benannt nach der Stammburg H. 1061 als schwäbisches Grafenhaus erstmals urkundlich erwähnt; um 1150 zweigten sich die Grafen von Hohenberg ab (1486 ausgestorben). Graf Friedrich III. wurde 1191 Burggraf von Nürnberg (als solcher ↗Friedrich I.). Seine beiden Söhne, Konrad I. und Friedrich II., teilten um 1214 den Besitz. Dadurch entstanden die fränkische und die schwäbische Linie der H.
Die fränkischen H. erwarben Bayreuth (1248) und ↗Ansbach (1331), waren seit 1363 ↗Reichsfürsten und erhielten 1417 die Mark ↗Brandenburg mit der Kurwürde (↗Kurfürst Friedrich I. von Brandenburg). Damit wurde die fränkische zur brandenburgischen Linie, von der sich nach 1473 die älteren und 1603 die jüngeren markgräflichen Linien Ansbach und Bayreuth abzweigten (1769 bzw. 1806 ausgestorben). ↗Albrecht von Brandenburg-Ansbach (1511–25 Hochmeister des ↗Deutschen Ordens) wurde nach Umwandlung des Ordenslandes in ein weltliches Herzogtum 1525 zum Herzog in ↗Preußen (Lehen des polnischen Königs). 1618 kam Preußen an die (seit 1539 evangelischen) brandenburgischen H., zusätzlich große Gebietsgewinne im ↗Jülich-Clevischen Erbfolgestreit (1609–14); die H. wurden zur deutschen und europäischen Großmacht, mit ↗Friedrich I. 1701 zu Königen in und 1772 (↗Friedrich II., der Große) von Preußen und nach dem Sieg um die Vorherrschaft in Deutschland gegen die Habsburger im 18. und 19. Jh. 1871–1918 Deutsche Kaiser.
Die schwäbischen H., die katholisch blieben, zerfielen 1575 in die Linie H.-Hechingen (1869 erloschen), H.-Sigmaringen und H.-Haigerloch (1634 ausgestorben). Die beiden ersten Linien wurden 1623 in den Reichsfürstenstand erhoben und 1806 als Rheinbundfürsten souverän, dankten aber 1849 zugunsten Preußens ab. Der Sigmaringer Linie entstammten Erbprinz Leopold (↗Hohenzollernsche Thronkandidatur) und das rumänische Königshaus. *rh*

Hohenzollernsche Thronkandidatur (1870) Von Otto von ↗Bismarck geförderte Kandidatur des Erbprinzen Leopold von Hohenzollern-Sigmaringen auf den spanischen Thron (1870), die die französische Regierung zu einer drohenden Kammererklärung veranlaßte. Infolge der französischen Erregung verzichtete der Vater des Prinzen zwar im Namen seines Sohnes auf die Kandidatur, Frankreich verlangte jedoch zusätzlich noch eine grundsätzliche Absage der ↗Hohenzollern bezüglich Spaniens. Die Zurückweisung dieser Forderung durch König ↗Wilhelm I. gab Bismarck in verschärfender Kürzung bekannt (↗Emser Depesche), was zum ↗Deutsch-Französischen Krieg führte. *vK*

Höhere SS- und Polizeiführer Ab 1937 neugeschaffene Posten für SS-Gruppenführer durch Verknüpfung militärischer mit polizeilichen Aufgaben. Im ↗Zweiten Weltkrieg v. a. in den besetzten östlichen Gebieten mit ihren Einheiten an der Partisanenbekämpfung beteiligt und unter deren Deckmantel zu Massenerschießungen von Juden eingesetzt. *PS*

Hoher Kommissar der Sowjetunion in Deutschland (1953) Oberster Interessenvertreter der Sowjetunion in der DDR; am 29.5.1953 als Nachfolger der ↗SKK eingesetzt; erster und einziger H.K. war der langjährige Deutschlandberater Wladimir Semjonowitsch Semjonow, der nach Auflösung des Amtes des H.K. 1954 Botschafter der Sowjetunion in der DDR wurde. *kl*

Holbein, Hans, der Ältere Maler, Zeichner, *um 1465 Augsburg, † vermutlich 1524 Basel. Vater von ↗Holbein dem Jüngeren; schuf zahlreiche großartige Altartafeln und blieb im Stil v. a. der Spätgotik verhaftet. Bemerkenswert sind seine Bildnisse, die sich durch große Porträt-Ähnlichkeit auszeichnen. Hauptwerk: Sebastianaltar (1515–16). *kp*

Holbein, Hans, der Jüngere Maler, Zeichner, *1497/98 Augsburg, †29.11.1543 London. Sohn von Hans ↗Holbein dem Älteren; gilt neben ↗Dürer und ↗Grünewald als einer der bedeutendsten Maler seiner Zeit; ab 1536 Hofmaler von König Heinrich VIII. von England; v. a. wegen seiner gekonnt sachlich und kühlen Darstellungsweise in der Porträtkunst hochgeschätzt. *kp*

Hölderlin, Friedrich Dichter, *20.3.1770 Lauffen/Neckar, †7.6.1843 Tübingen. 1788–93 Theologiestudium und Beginn der Freundschaft mit ↗Hegel und Friedrich ↗Schelling; 1793–1802 Hauslehrer; seit 1802 zunehmende Geisteskrankheit; 1807–43 von einem Tübinger Tischler im sog. „H.-Turm" gepflegt. H. verfaßte v. a. Lyrik (Hymnen, Oden, Elegien) sowie den Roman „Hyperion" (1797–99) und das Trauerspiel „Der Tod des Empedokles" (1797–1800); Vertreter des ↗Deutschen

Haus Hohenzollern

brandenburgische Linie

Johann Georg, † 1598, Kft. 1571
∞ 1. Sophie v. Liegnitz, † 1546
∞ 3. Elisabeth v. Anhalt, † 1607

Joachim Friedrich, † 1608, Kft. 1598
∞ Katharina v. Brandenburg-Küstrin
† 1602

Christian, † 1655
Mgf. v. Kulmbach-Bayreuth 1603
∞ Marie v. Preußen, † 1649

Joachim Ernst, † 1625
Mgf. v. Ansbach 1603
∞ Sophie v. Solms-Laubach, † 1651

Johann Sigismund, † 1619, Kft. 1608
∞ Anna v. Preußen, † 1625

Johann Georg, † 1624
Hz. v. Jägerndorf 1607–1621

Friedrich, † 1634
Mgf. 1625

Albrecht, † 1667, Mgf.1634
∞ Sophie v. Öttingen, † 1664

Georg Wilhelm, † 1640, Kft. 1619
∞ Elisabeth Charlotte
v. d. Pfalz, † 1660

Marie Eleonore, † 1655
∞ Gustav II. Adolf v. Schweden
† 1632

Johann Friedrich, † 1686, Mgf. 1667
∞ 1. Johanna v. Baden-Durlach, † 1680
∞ 2. Eleonore v. Sachsen-Eisenach, † 1696

Friedrich Wilhelm, † 1688, Kft. 1640
∞ Luise Henriette v. Oranien, † 1667

Friedrich I. (III.), † 1713, Kft. 1688, Kg. in Preußen 1701
∞ Sophie Charlotte v. Hannover, † 1705

Christian Albrecht, † 1692
Mgf. 1686

Georg Friedrich, † 1703
Mgf. 1692

Wilhelm Friedrich, † 1723
Mgf. 1703
∞ Christiane Charlotte v.
Württemberg, † 1729

Friedrich Wilhelm I., † 1740, Kg. 1713
∞ Sophie Dorothea v. Hannover, † 1757

Karl, † 1757
Mgf. 1723
∞ Friederike Luise v. Preußen, † 1784

Friedrich II., † 1786, Kg. 1740
∞ Elisabeth Christine v. Braunschweig-Bevern, † 1797

Friederike Luise, † 1784
∞ Karl v. Ansbach, † 1757

August Wilhelm, † 1758
∞ Luise v. Braunschweig-Wolfenbüttel, † 1780

Ferdinand, † 1813
∞ Luise v. Brandenburg-Schwedt, † 1820

Wilhelmine, † 1758
∞ Friedrich v. Bayreuth, † 1763

Karl Alexander, † 1806
Mgf. v. Ansbach u. Bayreuth
1757 bzw. 1769–1791

Friedrich Wilhelm II., † 1797, Kg. 1786
∞ Friederike v. Hessen-Darmstadt † 1805

Friedrich Wilhelm III., † 1840, Kg. 1797
∞ Luise v. Mecklenburg-Strelitz, † 1810

Friedrich Wilhelm IV., † 1861
Kg. 1840

Wilhelm I., † 1888
Reg. 1858, Kg. 1861, Dt. Ks. 1871
∞ Augusta v. Sachsen-Weimar, † 1890

Charlotte, † 1860
∞ Nikolaus I. v. Rußland, † 1855

Friedrich (III.), † 1888 Dt. Ks. 1888
∞ Viktoria v. Großbrit., † 1901

Wilhelm II., † 1941, Dt. Ks. 1888–1918
∞ 1. Auguste Viktoria v. Schleswig-Holstein, † 1921

Sophie, † 1932
∞ 1889 Konstantin I. v. Griechenland
† 1923

Wilhelm, † 1951,
Kronprinz

Eitel Friedrich, † 1942

Louis Ferdinand, † 1994

Georg Friedrich

schwäbische Linie

Karl I., † 1576, Gf. v. Hohenzollern 1558
∞ Anna v. Baden-Durlach, † nach 1579

Eitel Friedrich IV., † 1605
Hohenzollern-Hechingen
erloschen 1869

Christoph, † 1592
Hohenzollern-Haigerloch
erloschen 1634

Karl II., † 1606
Hohenzollern-Sigmaringen

Karl Anton, † 1885,
Ft. 1848–49
∞ Josephine v. Baden, † 1900

Leopold, † 1905
∞ Antonia v. Port., † 1913

Stefanie, † 1859
∞ Peter V. v. Port., † 1861

Karl I., † 1914,
Ft. 1866
Kg. v. Rumänien 1881

Ferdinand I., † 1927 Kg. v. Rumänien 1914
∞ Maria v. Sachsen-Coburg-Gotha, † 1938

Karl II., † 1953, Kg. 1930–1940

Michael I., Kg. 1927–1930,1940–1947

halbfett: Könige in (von) Preußen, dann Deutsche Kaiser

Idealismus und der ↗Klassik. Erst im 20. Jh. fand sein Werk volle Anerkennung. *nk*

Holk, Heinrich von Kaiserlicher Feldmarschall, *1599 Alsen (?), †9.9.1633 Troschenreuth (Vogtland). Zuerst in dänischen, seit 1630 in kaiserlichen Diensten; Vertrauter ↗Wallensteins; im ↗Dreißigjährigen Krieg gefürchtet wegen seiner „Holkschen Reiter"; verwüstete ↗Sachsen in zwei Feldzügen 1632/33; starb an der ↗Pest. *rh*

Holländischer Krieg (1672–78) ↗Niederländischer Krieg

Holocaust (engl. Übertragung zu griechisch „holókauton": Brandopfer) Bezeichnung für den Völkermord an den Juden während des ↗Nationalsozialismus.

Die Ausstrahlung der gleichnamigen vierteiligen Fernsehserie (Regie: Marvin Chomsky, USA 1978) löste in der bundesdeutschen Öffentlichkeit heftige Reaktionen und eine Debatte um die Möglichkeiten kritischer Aufarbeitung der Geschichte des ↗Dritten Reiches aus (↗Vergangenheitsbewältigung).

Die H.-Forschung untersucht als Zweig der ↗Geschichtswissenschaft die historischen Bedingungen und Erscheinungsformen der ↗Judenvernichtung. *JH*

Holocaust-Mahnmal Von der ↗Bundesregierung, dem Berliner Senat und dem „Förderkreis zur Errichtung eines Denkmals für die ermordeten Juden e.V." geplantes Denkmal für die während des ↗Dritten Reiches ermordeten Juden (↗Judenvernichtung); vorgesehener Standort südlich des ↗Brandenburger Tores. Nach elfjähriger Diskussion und langwierigen Auswahlverfahren wurde die endgültige Entscheidung für den Bau des zur Diskussion stehenden Entwurfes („Eisenman II") des New Yorker Architekten Peter Eisenman zuzüglich eines Informationszentrums vom ↗Bundestag am 25.6.1999 mit großer Mehrheit getroffen. *kl*

Holstein Nördlicher Teil des sächsischen Stammeslandes (um 800), von ↗Karl dem Großen unterworfen; zunächst Teil des Herzogtums ↗Sachsen, seit 1110/11 unter Herrschaft der ↗Schauenburger Grafen (im 13. Jh. vorübergehend in dänischem Besitz), die 1386 vom dänischen König mit dem Herzogtum ↗Schleswig belehnt wurden (↗Schleswig-Holstein). *wm*

Holstein, Friedrich von Diplomat, *24.4.1837 Schwedt/Oder, †8.5.1909 Berlin. 1878–1906 Vortragender Rat im ↗Auswärtigen Amt; hatte als „Graue Eminenz" im Hintergrund z.T. entscheidenden Einfluß auf die deutsche Außenpolitik (u.a. Nichterneuerung des ↗Rückversicherungsvertrages 1890, ↗Marokkokrise 1905/06); wurde nach der Konferenz von Algeciras wegen seiner unversöhnlichen Haltung Frankreich gegenüber 1906 in den Ruhestand versetzt. *sa*

Hölty, Ludwig Christoph Heinrich Dichter, *21.12.1748 Mariensee (bei Hannover), †1.9.1776 ebd. Mitbegründer des ↗Göttinger Hainbundes; entwickelte in antiken Formen wie Ode, Elegie und Idylle einen eigenständigen Stil; volkstümliche Lieder; die erste Gedichtsammlung wurde 1783 herausgegeben. *ij*

Holtzendorff, Henning von Großadmiral, *9.1.1853 Prenzlau, †7.6.1919 Jagow (Uckermark). Seit 1869 in der preußischen Marine; Teilnahme am ↗Deutsch-Französischen Krieg (1870/71) und an der Niederwerfung des ↗Boxeraufstandes in China (1900); 1910–13 Chef der Hochseeflotte; 1915–18 (Juli) Chef des Admiralstabs; befürwortete den ↗U-Boot-Krieg. (486) *rw*

Holtzmann, Robert Historiker, *17.10.1873 Heidelberg, †27.7.1946 Halle/Saale. Professor u.a. in Berlin. Arbeitete seit 1897 bei der ↗Monumenta Germaniae historica; v.a. bekannt durch seine Neuedierung von „Deutschlands Geschichtsquellen im Mittelalter" (1938–42) von ↗Wattenbach. *Vö*

Holz, Arno Schriftsteller, *26.4.1863 Rastenburg, †26.10.1929 Berlin. Begründete zusammen mit Johannes Schlaf die Theorie des ↗Naturalismus; veröffentlichte mit diesem gemeinsam (unter Pseudonym) Prosaskizzen und das Drama „Die Familie Selicke" (1890). Sein Gedichtzyklus „Phantasus" (1898/99) vollzieht – in Anlehnung an ↗Haeckels Theorie – eine imaginäre Reise durch die Evolution. *ij*

Homberger Synode (1526) Beginn der ↗Reformation in ↗Hessen. Landgraf ↗Philipp der Großmütige legte vom 20.–22.10.1526 seinen Landständen 158 Thesen, die „Reformatio ecclesiarum Hassiae" (erstellt von Franz Lambert von Avignon) zur Beratung vor: weitgehende Autonomie der Gemeinden, Wahl von Bischöfen und Synodalen. Von Martin ↗Luther abgelehnt und nicht eingeführt. Philipp hob daraufhin nach dem Vorbild Sachsens Kirchengüter auf und gründete damit 1527 die Universität Marburg. *rh*

Homosexuellenverfolgung Seit 1871 stellte §175 des Reichsstrafgesetzbuches männliche Homosexualität unter Strafandrohung (weibliche Homosexualität blieb straffrei). Alle Bemühungen der homosexuellen Emanzipationsbewegung, v.a. während der ↗Weimarer Republik, um eine Liberalisierung blieben erfolglos. Während des ↗Nationalsozialismus wurden rund 50 000 Männer nach dem 1935 verschärften § 175 verurteilt und etwa 10 000 in ↗Konzentrationslagern inhaftiert, von denen nach Schätzungen ca. zwei Drittel während der Haft starben, wo sie häufig Opfer von ↗Zwangssterilisierung und Menschenversuchen wurden. Da § 175 in der ↗Bundesrepublik bis zur 1. Strafrechtsreform 1969 unverändert galt, hatten die Überlebenden keinen Anspruch auf Wiedergutmachung. In der ↗DDR war männliche Homosexualität seit 1949 straffrei. In der Bundesrepublik wurde § 175 1994 aufgehoben. 1998 wurden die während des Nationalsozialismus gefällten Urteile annulliert. *JH*

Honecker, Erich Staatsratsvorsitzender der DDR, * 25. 8. 1912 Neunkirchen/Saar, † 29. 5. 1994 Santiago de Chile. Seit 1929 Mitglied der ↗KPD; 1937–45 in Haft; 1946–55 erster Sekretär des Zentralrates der ↗FDJ; seit 1958 Sekretär des ↗Zentralkomitees (ZK) der ↗SED und Mitglied des ↗Politbüros; 1971 Erster Sekretär (seit 1976 Generalsekretär) des ZK; seit 1976 zugleich Vorsitzender des ↗Staatsrates.

Im Oktober 1989 wurde H. auf Druck des Politbüros durch ↗Krenz abgelöst und im Dezember 1989 aus der Partei ausgeschlossen. Er entzog sich einem Gerichtsverfahren wegen Amtsmißbrauchs und Korruption durch Flucht nach Moskau, kehrte jedoch nach Deutschland zurück und war 1991–93 in Haft. Wegen seines schlechten Gesundheitszustandes wurde das Verfahren eingestellt, woraufhin sich H. ins chilenische Exil begab. *Ki*

Honecker, Margot Volksbildungsministerin der DDR, * 17. 4. 1927 Halle/Saale. 1945 Mitglied der ↗KPD, 1946 der ↗SED; 1949–53 Sekretärin für Kultur und Erziehung der ↗FDJ und Vorsitzende der Pionierorganisation „Ernst Thälmann"; 1953 Heirat mit Erich ↗H.; ab 1963 Ministerin für Volksbildung; 1963 Mitglied des ↗Zentralkomitees der SED; 1993 Ausreise nach Chile. *Ki*

Honecker-Besuch (1987) Staatsbesuch des Staatsratsvorsitzenden der DDR Erich ↗Honecker in der Bundesrepublik vom 7.–11. 9. 1987; Unterzeichnung von Abkommen im Bereich des Umweltschutzes, des Strahlenschutzes und der wissenschaftlichen Zusammenarbeit; Verbes-

Erich Honecker und Michail S. Gorbatschow beim XI. Parteitag der ↗SED 1986 in Berlin (Ost)

serung der ↗innerdeutschen Beziehungen; größter außenpolitischer Erfolg Honeckers. *kl*

Hontheim, Johann Nikolaus von Bischof, *27.1.1701 Trier, †2.9.1790 Montquentin (Luxemburg). Seit 1728 Priester, 1733 Professor der Rechte, 1748 Weihbischof von Trier. Bedeutsam wurde v.a. sein 1763 unter Pseudonym (Justinus Febronius) publiziertes Werk „De statu ecclesiae et legitima potestate Romani Pontificis" (↗Febronianismus). *nk*

Hoover-Moratorium (1931) Von dem US-amerikanischen Präsidenten Herbert Hoover am 20.6.1931 vorgeschlagene Stundung aller internationalen Zahlungsverpflichtungen für ein Jahr; befreite Deutschland für diesen Zeitraum von allen ↗Reparationszahlungen. *JH*

Hoover-Speisung Hilfsmaßnahmen für Kinder während des ↗Ersten Weltkrieges; auf Initiative des US-amerikanischen Präsidenten Herbert Clark Hoover 1917 eingeführt; tägliche Schulspeisungen durch Mitglieder der Religionsgemeinschaft der Quäker; 1919 in einem „Hilfswerk für Europa" organisatorisch abgesichert; 1947 im ↗Vereinigten Wirtschaftsgebiet erneut durchgeführt. *kl*

Horch Automobilmarke. Benannt nach August ↗Horch. Das erste H.-Automobil wurde 1900 gefertigt in der Firma August Horch und Cie. (gegründet 1899; 1933 mit der Firma ↗Audi zur Auto-Union zusammengeschlossen). *UK*

Horch, August Automobilkonstrukteur, Unternehmer, *12.10.1868 Winningen (Mosel), †3.2.1951 Münchberg (Oberfranken). Baute und reparierte Motorwagen in der 1899 in Köln-Ehrenfeld gegründeten Firma August Horch und Cie.; schied 1909 aus dem Betrieb aus, der seinen Namen beibehielt; gründete 1910 in Zwickau mit dem ↗Audi-Werk eine neue Firma. *UK*

Hörigkeit In Mittelalter und früher Neuzeit enge Abhängigkeit des unfreien oder halbfreien ↗Bauern von seinem Grundherren. Mit der H. verbunden waren die Gebundenheit an die Scholle und Frondienste für den Grundherren. Der Status der H. übertrug sich auf die Kinder des Hörigen und blieb auch bei Wechsel des Grundherren bestehen; Reste von H. endgültig erst durch die ↗Bauernbefreiung im 19. Jh. abgeschafft. *wj*

Horkheimer, Max Philosoph, Soziologe, *14.2.1895 Zuffenhausen (bei Stuttgart), †7.7.1973 Nürnberg. 1930–33 Professor für Sozialphilosophie in Frankfurt/Main, erneut ab 1949; Direktor des Instituts für Sozialforschung; 1933 Emigration; 1954–59 Professor in Chicago; begründete gemeinsam mit ↗Adorno die ↗Kritische Theorie (Dialektik der Aufklärung, 1947); Studien zur sozioökonomischen Struktur autoritärer Systeme und der wissenschaftlich-technischen Welt. *bl*

Horst-Wessel-Lied Nationalsozialistisches Kampflied („Die Fahne hoch ...", 1927), das nach seinem Verfasser, dem SA-Sturmführer Horst ↗Wessel, benannt wurde und während des ↗Dritten Reiches zur zweiten ↗Nationalhymne wurde. *ij*

Horten, Helmut Unternehmer, *8.1.1909 Bonn, †30.11.1987 Madonna del Piano (Tessin). Erwarb 1936 in Duisburg ein Kaufhaus; baute seit 1948 auf dieser Grundlage durch zahlreiche Erwerbungen einen Warenhauskonzern auf (seit 1968 AG); zog sich 1971 aus dem Unternehmen zurück. *UK*

Hortus deliciarum ↗Herrad von Landsberg

Hospital, Spital Seit dem Mittelalter Anstalt für Hilfesuchende unterschiedlicher Art, v.a. Kranke, Alte, aber auch Fremde. Zunächst der Kirche angeschlossen, wurde es bald von den ↗Klöstern und Stiften in erweiterter Form betrieben, insbesondere von den Hospitaliterorden (↗Johanniter). In den wachsenden Städten entstanden immer häufiger Bürgerspitäler, die sich in ähnlicher Form bis ins 19. Jh. hielten. *wj*

Höß, Rudolf KZ-Kommandant, *25.11.1900 Baden-Baden, †16.4.1947 Auschwitz (Oswiecim). Mit fünfzehn Kriegsfreiwilliger im ↗Ersten Weltkrieg, mit siebzehn Unteroffizier; 1923 Beteiligung an einem Fememord gemeinsam mit ↗Bormann, zehn Jahre Haft, 1928 begnadigt; 1934 zur ↗SS, Tätigkeit in ↗Dachau und ↗Sachsenhausen; 1.5.1940–9.11.1943 Lagerkommandant in ↗Auschwitz (Stammlager und Birkenau), verantwortlich für die Einrichtung von Birkenau als ↗Vernichtungslager; im März 1946 festgenommen und an Polen ausgeliefert; zum Tode verurteilt und hingerichtet. 1958 erschien seine in der Haft geschriebene Autobiographie „Kommandant in Auschwitz", in der H. sein Handeln rechtfertigt. *PS*

Hoßbach, Friedrich General, *21.11.1894 Unna (Westfalen), †10.9.1980 Göttingen. 3.8.1934–28.1.1938 ↗Hitlers Wehrmachtsadjutant (Adjutant des Heeres). Verfasser der ↗Hoßbach-Niederschrift. *PS*

Hoßbach-Niederschrift (1937) Niederschrift des Wehrmachtsadjutanten ↗Hoßbach über die

Äußerungen ↗Hitlers bei einer Besprechung mit Ministern und hochrangigen Militärs am 5.11.1937 in der Reichskanzlei. Wichtige Quelle zum Stand von Hitlers Kriegsplanungen vor dem ↗Anschluß Österreichs. *PS*

Hottentottenaufstand ↗Hererokrieg

Hottentottenwahlen Abwertende Bezeichnung für die Reichstagswahlen vom 25.1.1907. Reichstagsauflösung und Neuwahlen infolge der Ablehnung eines Nachtragshaushaltes für die Kolonien wegen des an den ↗Hererokrieg anschließenden „Hottentottenaufstandes" durch die Mehrheit von ↗Zentrum, das sich von der Regierung Bernhard von ↗Bülows abgewandt hatte, und ↗SPD. Die im Bülow-Block zusammengeschlossenen Konservativen und Liberalen gewannen die Wahl. *Vö*

Howaldt, Georg Unternehmer, *24.3.1841 Hamburg, †10.5.1909 Wildbad (Schwarzwald). Gründete und erwarb seit 1865 mehrere Firmen, v.a. Werften; vereinigte diese Besitzungen 1889 zur AG Howaldtswerke, die bis 1909 ca. 500 Schiffe baute; nach seinem Tod rasches Ausscheiden der Familie H. aus dem den Namen H. beibehaltenden Unternehmen. *UK*

Hrabanus Maurus Erzbischof von Mainz, *780 Mainz, †4.2.856 ebd. Seit 847 Erzbischof von Mainz; aufgrund seiner herausragenden Bedeutung als Gelehrter später Praeceptor Germaniae genannt; ein typischer Vertreter der ↗karolingischen Renaissance; in einigen deutschen Städten als Heiliger oder Seliger verehrt (Fest: 4. Februar). *dh*

Hrotsvitha von Gandersheim ↗Roswitha von Gandersheim

Huber, Kurt Musikwissenschaftler, *24.10.1893 Chur (Schweiz), †13.7.1943 München. Seit 1926 Professor in München, Mitglied der ↗Weißen Rose. Nach der Verhaftung der Geschwister ↗Scholl zum Tode verurteilt und hingerichtet. *PS*

Huber, Robert ↗Nobelpreis

Huber, Therese Schriftstellerin, *7.5.1764 Göttingen, †15.6.1829 Augsburg. 1785–94 mit dem Naturforscher und Revolutionär ↗Forster verheiratet; arbeitete ab 1807 für ↗Cottas Zeitschrift „Morgenblatt für gebildete Stände", die sie 1816–23 leitete; verfaßte zahlreiche Erzählungen (1830–33 posthum herausgegeben in sechs Bänden) und den Roman „Die Ehelosen" (1829). *nk*

Hubertusburg, Friede (1763) Abschluß des ↗Siebenjährigen Krieges zwischen Preußen und Österreich am 15.2.1763 in Schloß H. bei Leipzig: Preußen behielt ↗Schlesien und die Grafschaft Glatz. Dafür sicherte es zu, ↗Joseph (II.) bei der Kaiserwahl mit der brandenburgischen Kurstimme zu unterstützen. Preußen hatte damit seine Position als deutsche Großmacht gefestigt. *rh*

Hubertusorden Durch Herzog Gerhard von Jülich-Berg gegründeter ↗Ritterorden anläßlich eines überstandenen Angriffs des Herzogs Arnold von Geldern am 3.11.1444 bei Limnich. Vorbild war der Orden vom Goldenen Vlies; Sitz war die Stiftskirche Nideggen (Eifel); Aufnahmebedingung war der Nachweis von acht adligen Vorfahren; Anfang 16. Jh. Auflösung des Ordens. *rw*

Huch, Ricarda (Pseudonym Richard Hugo) Historikerin, Schriftstellerin, *18.7.1864 Braunschweig, †17.11.1947 Schönberg (Taunus). 1892 Promotion als eine der ersten Frauen; blieb während des ↗Nationalsozialismus in Deutschland und wandte sich offen gegen die Machthaber; 1930 erstes weibliches Mitglied der Preußischen Akademie der Künste; hinterließ ein umfangreiches Werk u.a.: Die Romantik (1908). *kp*

Huelsenbeck, Richard Schriftsteller, *23.4.1892 Frankenau (Hessen), †20.4.1974 Muralto (Tessin). Mitbegründer und späterer Chronist des Zürcher und des Berliner ↗Dada; emigrierte 1936 in die USA, wo er als Psychiater und Psychoanalytiker arbeitete. H. lebte seit 1969 in der Schweiz. *ij*

Hufe Ursprünglich agrarische Lebensgrundlage eines mittelalterlichen ↗Bauern und seiner Familie, ohne fest bemessene Größe. Wurde seit fränkischer Zeit im Maß von sieben bis zehn Hektar zur festen Bemessungsgrundlage für Abgaben an die Grundherren. Die Königs-H. der ↗Ostkolonisation war doppelt so groß. Die Benutzung zur Steuerberechnung seit dem 15./16. Jh. führte zur Anlage von Katastern; im 19. Jh. aufgegeben. *wj*

Hugenberg, Alfred Unternehmer, Politiker, *19.6.1865 Hannover, †12.3.1951 Kükenbruch (bei Rinteln). Mitbegründer des ↗Alldeutschen Verbandes (1891); 1909–18 Vorsitzender des Direktoriums der Kruppwerke (↗Krupp); ab 1916 Aufbau des ↗H.-Konzern (↗Ufa, Telegraphen-Union, Scherl-Verlag); nutzte die Publikationen seines Konzerns zur Agitation gegen die ↗Weimarer Republik; 1928 Vorsitzender der ↗DNVP; 1931 führender Kopf der ↗Harzburger Front; unter ↗Hitler kurzfristig Reichswirtschafts- und Ernährungsminister; Rücktritt nach der Zerschlagung seiner Partei (26.6.1933). *sa*

Hugenotten (Huguenots) Seit dem 16. Jh. Bezeichnung für die französischen Protestanten. Deutschland erlebte nach dem vom französischen König Ludwig XIV. erlassenen Edikt von Fontainebleau (1685), das die Ausübung des ↗Protestantismus in Frankreich verbot, eine verstärkte Einwanderungswelle von H. Deren Förderung durch deutsche Landesherren (v. a. das 1685 von ↗Friedrich Wilhelm von Brandenburg erlassene ↗Potsdamer Edikt) erleichterte die Ansiedlung der H. in Deutschland. *nk*

Huldigung Im Lehnsrecht das eidliche Treuegelöbnis des Lehnsmannes, bes. der Fürsten bei der Königserhebung. Im Staatsrecht der Treueid der Untertanen. *vK*

Humanismus Im Zeitalter der ↗Renaissance entstand in Italien (Petrarca) mit dem H. eine geistige Bewegung, die, wiederentdeckte antike Literatur rezipierend und sich hieran orientierend, die christliche Lehre auf dem Hintergrund griechischer und römischer Philosophie neu auslegte. Sie schuf zudem eine neulateinische Literatur, die dem Vorbild römischer Dichtung verpflichtet war. Seine Blütezeit in Deutschland hatte der H. im 15./16. Jh. mit ↗Agricola, ↗Erasmus von Rotterdam, ↗Reuchlin, ↗Celtis und Gregor Heimburg. In den sog. ↗Dunkelmännerbriefen unterzogen Humanisten in satirischer Form die erstarrte spätmittelalterliche Wissenschaft einer Kritik. Insbesondere Erasmus suchte ein Menschenbild zu entwerfen (Manierenschriften), das den Idealen des Hofadels und des aufstrebenden ↗Bürgertums verpflichtet und gegen die Sitten des Feudaladels gerichtet war.

Der H. förderte nicht nur Dichtung, Sprach- und Bibelforschung, er trug auch zur Entwicklung der Naturforschung bei (↗Naturwissenschaften). Obwohl Martin ↗Luther von humanistischem Gedankengut beeinflußt war, kam es zu keinem eigentlichen Bündnis zwischen H. und ↗Reformation. *bl*

Humboldt, Alexander von Naturforscher, *14.9.1769 Berlin, †6.5.1859 ebd. Bruder von Wilhelm von ↗H. Naturwissenschaftliches Studium; 1792–97 Bergmeister in fränkischen Minen; 1799–1804 Forschungsreisen in Lateinamerika, deren Ergebnisse er für sein 30bändiges Hauptwerk (1805–34) auswertete. 1829 weitere Forschungsreisen nach Asien. H. gilt als einer der wichtigsten und vielseitigsten Naturforscher. *nk*

Humboldt, Wilhelm von Bildungsreformer, Sprachphilosoph, *22.6.1767 Potsdam, †8.4.1835 Tegel (heute zu Berlin). 1790/91 am Berliner Kammergericht; 1794–97 Privatgelehrter in Jena, enge Freundschaft mit Friedrich von ↗Schiller; ab 1809/10 Direktor der Sektion für Kultus und Unterricht im preußischen Ministerium des Innern: Gründung der ↗Berliner H.-Universität; 1810 preußischer Gesandter in Wien; trieb umfangreiche Sprachstudien und formulierte in der Schrift „Über die Verschiedenheit des menschlichen Sprachbaues und ihren Einfluß auf die geistige Entwicklung des Menschengeschlechts" (1836) eine einflußreiche Sprachphilosophie: H. begriff die Sprache als Ausdruck des Weltbildes einer Kultur und interpretierte sie als eine Art Medium, durch das der Sprechende die Welt wahrnimmt. *bl*

Wilhelm von Humboldt

Humboldt-Universität ↗Berlin, Humboldt-Universität

Hunnenrede (1900) Abschiedsrede Kaiser ↗Wilhelms II. am 27.7.1900 an das deutsche Expeditionskorps nach China (↗Boxeraufstand) in Bremerhaven, in der er seine Streitkräfte mit den Hunnen und sich selbst mit König Attila verglich; stieß auf internationale Kritik und schwächte das Ansehen des Deutschen Reiches nachhaltig. *vK*

Hus, Johannes (Jan) Kirchenreformer, *1370/

71 Husinec (Südböhmen), †6.7.1415 Konstanz. Bekämpfte bes. kirchliche Mißstände und rief zu religiöser Erneuerung auf; stellte sich 1414 dem ↗Konstanzer Konzil; verweigerte aber den Widerruf von angeblich häretischen Aussagen (↗Häresie); wurde deshalb verurteilt und verbrannt. *dh*

Husserl, Edmund Philosoph, Mathematiker, *8.4.1859 Proßnitz (heute zu Olmütz), †27.4.1938 Freiburg (Breisgau). Professor in Göttingen bzw. Freiburg; Begründer der Phänomenologie (Logische Untersuchungen, 1900/01); suchte, gegen die psychologistische Zurückführung wissenschaftlicher und logischer Grundbegriffe auf subjektive Denkakte gerichtet, diese Begriffe als Ausdruck von objektiven Sach- und Wesenszusammenhängen nachzuweisen; von bedeutendem Einfluß auf ↗Heidegger, ↗Scheler u.a. *bl*

Hussiten Anhänger des böhmischen Kirchenreformers ↗Hus; lehnten die kirchliche Lehrautorität ab und forderten Laienkelch, Predigtfreiheit, Priesteramt und staatliche Bestrafung von Todsünden; gespalten in die gemäßigten Kalixtiner (lat. calixtus = Kelch) und die radikalen Taboriten.

Die meisten H. wurden später lutherisch, einige wieder katholisch oder gingen in der Gemeinschaft der ↗Böhmischen Brüder auf. *ku*

Hussitenkriege Kirchlich begründete Kriege (1419–34), in denen die ↗Hussiten die Kreuz- und Reichsheere mehrfach besiegten und die Nachbarländer ↗Böhmens verwüsteten. Die in den Prager Kompaktaten (30.11.1433) durch das Zugeständnis des Laienkelchs von den Katholiken gewonnenen Kalixtiner besiegten 1434 gemeinsam mit diesen die Taboriten. Der Landtag von Iglau (1436) bestätigte die Prager Kompaktaten und erkannte Kaiser ↗Sigismund als König von Böhmen an. *ku*

Hutten, Ulrich von Humanist, Reichsritter, *21.4.1488 Steckelberg (bei Fulda), †29.8.1523 Insel Ufenau (Zürichsee). Nach Flucht aus der Klosterschule Fulda (1505) Wanderleben und Studien u.a. in Italien; von Kaiser ↗Maximilian I. 1517 zum Dichter gekrönt; Mitverfasser der sog. ↗Dunkelmännerbriefe (1515/17) im ↗Reuchlin-Streit; Parteigänger ↗Sickingens bei der Vertreibung Herzog ↗Ulrichs von Württemberg; seit der ↗Leipziger Disputation 1519 Verteidiger Martin ↗Luthers; trat mit seinen in Latein und Deutsch verfaßten Streitschriften v.a. gegen ↗Papsttum und für nationale Ideen ein; von der ↗katholischen Kirche verfolgt, fand H. ab 1520/21 Schutz bei Sickingen, seit 1532 durch Ulrich Zwingli auf der Insel Ufenau. *nk*

Hüttenwesen Die Gewinnung von Metallen u.ä. Stoffen (z.B. Glas) aus Erzen, auf der Basis von Erhitzung u.ä. Methoden; erfolgte in sog. Hüttenwerken mit Schmelzöfen und Hämmern, seit dem Mittelalter v.a. mit dem ↗Bergbau verknüpft; Nähe von Holz und Wasserkraft zwingend; seit dem 18./19. Jh. wegen der Nutzung von Koks für Hochöfen Ansiedlung in den Kohlerevieren. *wj*

HZ ↗Historische Zeitschrift

I

IFM ↗Initiative für Frieden und Menschenrechte

IfZ ↗Institut für Zeitgeschichte

IG Farben Seit der Vereinigung mehrerer großer Firmen der Chemieindustrie 1925 als Interessengemeinschaft Farben größter deutscher Mischkonzern. Im ↗Dritten Reich der am meisten von den Zwangsmaßnahmen des Regimes profitierende und an diesen beteiligte Industriekonzern; ermöglichte Autarkie bei vielen kriegswichtigen Stoffen und war für die Kriegführung unverzichtbar; stützte sich bes. auf zwangsarbeitende ↗Fremdarbeiter und KZ-Häftlinge, so z.B. in ↗Auschwitz, wo die IG F. ein eigenes Lager (Monowitz) zur Herstellung synthetischen Kautschuks betrieb. Nach dem Krieg Ermittlungen der US-Militärregierung; IG F. seither Aktiengesellschaft in Abwicklung. *PS*

Ihrer, Emma Gewerkschafterin, *3.1.1857 Glatz (Schlesien), †8.1.1911 Berlin. Mitglied im Vorstand des von ihr 1885 mitbegründeten Vereins zur Vertretung von Interessen der Arbeiterin; 1889 Delegierte beim Internationalen Sozialistenkongreß; 1890 an der Gründung der ↗freien Gewerkschaften beteiligt sowie Gründerin und Herausgeberin der Zeitschrift „Die Arbeiterin" (seit 1891: Die Gleichheit); Verfasserin mehrerer Bücher über Arbeiterinnen. *nk*

Illuminatenorden 1776 von Adam Weishaupt gegründeter Geheimorden, der sich für eine neue Religion, eine neue Gesellschafts- und Herrschaftsstruktur (gegen die Monarchie) nach aufklärerischen Vorstellungen einsetzte. Der I., zu dessen Mitgliedern u.a. Johann Gottfried ↗Herder, ↗Knigge, ↗Goethe und ↗Montgelas zählten, wurde 1785 von ↗Dalberg verboten und dann in ↗Bayern, schließlich in ganz Deutschland aufgelöst. Neugründung 1896 in Dresden, seit 1925 „Weltbund der Illuminaten" in Berlin. *rh*

IM ↗Inoffizieller Mitarbeiter

Immerwährender Reichstag Der ↗Reichstag, der vorher in unterschiedlichen Abständen in den einzelnen ↗Reichsstädten abgehalten worden war, erhielt ab 1663 (bis 1806) aufgrund vermehrter Aufgaben einen dauerhaften Sitz als Gesandtenkongreß in ↗Regensburg. *rh*

Immunität Im deutschen Recht der fränkischen Zeit Ausnahmestellung innerhalb der öffentlichen Verwaltungsbezirke; bes. die Vorzugsstellung des fränkischen Königsgutes, auf königlichem ↗Privileg beruhende Vorzugsstellung der Kirchen, entsprechende Stellung von Laien, die aus ↗Königsgut beliehen wurden.
Die geschichtliche Bedeutung der I. liegt darin, daß sie das I.s-Gebiet (bestimmte Gebäude bis hin zum gesamten Bezirk des I.s-Herrn) teilweise von der königlichen Gewalt befreite (bes. von dem Verbot der Ausübung der niederen Gerichtsbarkeit und der Eintreibung öffentlicher Gefälle durch königliche Beamte) und diese dem I.s-Herrn überließ (I.s-Gerichtsbarkeit). *vK*

Imperialismus 1) Allg. das Streben eines Staates nach Ausdehnung seines Macht- oder Einflußbereiches.

Sitzung des Immerwährenden Reichstages in Regensburg (zeitgenössischer Stich)

2) Zeitalter des I.: Bezeichnung für die Epoche etwa zwischen 1880–1914, gekennzeichnet durch wirtschaftliche Autarkie- und Expansionsbestrebungen der Großmächte und ausgeweitete Kolonialpolitik (↗Kolonien). Geistige Wurzeln des I.: übersteigerter ↗Nationalismus, sozialdarwinistisches und rassistisches Gedankengut sowie Sendungsideologien.

Wirtschaftliche Abschottung und Sorge um das nationale Prestige begleiteten eine rigorose Machtpolitik und allg. Aufrüstung der Großmächte (bes. im Flottenbereich). Dieser Gegensatz mündete schließlich in den ↗Ersten Weltkrieg.

3) Im ↗Deutschen Reich ab 1890 Abkehr von der kontinentaleuropäischen Orientierung (in der Ära Bismarck aktive Kolonialpolitik beschränkt auf 1884/85) und Übergang zu imperialistischer Politik mit dem Ziel der Weltmachtstellung (u. a. ↗Helgoland-Sansibar-Vertrag, ↗Flottenbauprogramm); publizistische Unterstützung durch imperialistische Agitationsverbände (↗Deutsche Kolonialgesellschaft, ↗Alldeutscher Verband, ↗Deutscher Flottenverein). (110) *vK*

Impressionismus Stilrichtung, die zwischen 1860 und 1870 in der französischen Malerei entstand und deren Kennzeichen die Gestaltung des Augenblicks ist. Entwickelte sich aus der Freiluftmalerei der Schule von Barbizon. Der Name I. leitet sich von Claude Monets Bild „Impression, soleil levant" (1872) her, das 1874 in der ersten Gruppenausstellung der französischen Impressionisten gezeigt wurde. Der I. war eine Gegenbewegung zur dunklen, akademischen Salonmalerei des 19. Jh.s: Gegenstände und Eindrücke wurden in Momentaufnahmen festgehalten; Licht wurde mittels großer, heller Farbenvielfalt und farbiger Schatten gemalt, Formen wurden in Farbtupfer aufgelöst. Die Bilder stießen zunächst auf Ablehnung. Französische Vertreter: u. a. Claude Monet, Auguste Renoir, Paul Cézanne; in der Plastik: Auguste Rodin, Edgar Degas. Der I. setzte sich in ganz Europa durch. In Deutschland wurde er vorbereitet u. a. durch Karl Blechen und Adolf von ↗Menzel, blieb jedoch dem Realismus verbunden. Zu den bedeutenden deutschen Impressionisten gehörten ↗Corinth, ↗Leibl, ↗Liebermann, ↗Slevogt, Wilhelm Trübner und Fritz von Uhde.

In der ↗Literatur bezeichnet I. die Zeit von 1890–1910: Gegenbewegung zum ↗Naturalismus, im Mittelpunkt stand der einmalige Augenblick, der subjektiv und detailliert in lautmalerischer Sprache wiedergegeben werden sollte. Bevorzugt wurden kurze Formen, v. a. Lyrik, Prosaskizzen, Novellen und Einakter. Im deutschsprachigen Raum vertreten u. a. durch Detlev von Liliencron, ↗Dehmel, ferner ↗Rilke, ↗Hofmannsthal, ↗Schnitzler, Peter Altenberg, Peter Hille. In der Musik Stilrichtung um 1900: Umsetzung von Stimmungen in die Musik; Verzicht auf eine strenge Form zugunsten von fließenden Klängen; vorbereitet u. a. durch Franz Liszt, Hauptvertreter Claude Debussy; impressionistische Ansätze bei Richard ↗Strauß und ↗Reger. *rw*

Indemnitätsvorlage (1866) Gesetzesvorlage Otto von ↗Bismarcks (1866), in der das ↗Abgeordnetenhaus die verfassungswidrigen Budgets seit 1862 (↗preußischer Verfassungskonflikt) nachträglich bewilligen sollte. Über die Diskussion des politischen Wirklichkeitssinns (Gewähren der I.) gegen die Grundsatztreue (Verweigern der I.) zerbrach die liberale ↗Deutsche Fortschrittspartei. Die I. wurde schließlich am 3. 9. 1866 mit 230 gegen 75 Stimmen angenommen. *vK*

Industrialisierung In Deutschland im 19. Jh. einsetzender folgenreicher wirtschaftlicher Prozeß als Resultat der durch Nutzbarmachung technischer Erfindungen beginnenden industriellen Massenproduktion; der mit der I. in Wechselwirkung stehende technologische, ökonomische und soziale Umbruch wird als ↗industrielle Revolution bezeichnet.

Den Beginn der I. im ersten Drittel des 19. Jh.s markieren die Mechanisierung der Textilproduktion und die Verwendung von Kohle zur Erzeugung von Dampfkraft. Die alten Produktions- und Verteilungsmethoden (↗Handwerk, Verlagssystem, ↗Manufaktur) unterlagen der maschinellen Fertigung und dem Fabriksystem, die Industrieproduktion wurde zur Quelle der Entwicklung und eines immer rascheren Wachstums der Wirtschaft. Parallel zur I. vollzog sich eine Liberalisierung der Wirtschaftspolitik. Die seit dem ↗Merkantilismus bestehenden Handelsbeschränkungen wurden aufgehoben (freier ↗Kapitalismus), so daß sich seit Mitte des 19. Jh.s der Warenstrom in wirtschaftlichen Großräumen frei entfalten konnte (1834 Gründung des ↗Deutschen Zollvereins).

Die zweite Phase der I. ab dem zweiten Drittel des 19. Jh.s manifestierte sich im ↗Eisenbahnbau, der v. a. die Metall- und Maschinenbauindustrie entscheidend antrieb und zu einer Revolutionierung des Verkehrswesens führte. Gegen Ende des Jh.s wandelte sich der freie Kapitalismus zum organisierten Kapitalismus (staatliche Interventionen und protektionistische Maßnahmen zum Schutz der eigenen Volkswirtschaft im weltwirtschaftlichen Konkurrenzsystem). Wirtschaftliche Konzentrationserscheinungen wie Aktiengesellschaften, Konzerne, Trusts oder Kartelle führten zu Einschränkungen im Wettbewerb.

In der Phase der Hochindustrialisierung im letzten Drittel des 19. Jh.s holte das Deutsche Reich Großbritannien als wirtschaftliche Führungsmacht in Europa ein. Als neuere und billigere Energiequellen wurden Elektrizität und Erdöl genutzt. Neue Industriezweige entstanden mit der Elektro- und der chemischen Industrie.

Die I. bewirkte entscheidende Veränderungen in der Gesellschaftsstruktur: Maßgeblicher Träger der I. wurde das ↗Bürgertum, das in Industrie, Handel und Finanzen die Oberschicht bildete sowie den alten und neuen Mittelstand (Handwerker, Kaufleute und Angestellte, Beamte). Die Lage der Lohnarbeiterschaft (↗Arbeiterklasse; ↗Arbeiterbewegung) wurde für die gesamte Epoche zur ↗sozialen Frage, die u. a. gegen Ende des Jh.s zur ↗Sozialgesetzgebung führte. *nk*

Industrialisierung, Bundesrepublik ↗Wiederaufbau

Industrialisierung, DDR ↗Wiederaufbau

industrielle Revolution Bezeichnung für die von der ↗Industrialisierung getragenen und sie mit bewirkenden Umwälzungen in der Wirtschaft und Sozialstruktur seit der Einführung der ↗Dampfmaschine in Deutschland Ende des 18. Jh.s und ihrer im ↗Vormärz zögerlich beginnenden Verbindung. Die Ursachen für diese Entwicklung lagen u. a. in der Einführung der Arbeitsteilung, der fortschreitenden Mechanisierung der Produktion, in der großen Zahl an verfügbaren Arbeitskräften, die zuvor in der Landwirtschaft beschäftigt waren und durch Reformen (↗Bauernbefreiung) freigesetzt wurden sowie in einem enormen Bevölkerungswachstum. Die i.R. markiert die Übergangsphase von der Agrar- zur Industriegesellschaft. In der ersten Hälfte des 19. Jh.s kam es zu einer Massenverarmung (↗Pauperismus), von der etwa 60 % der deutschen ↗Bevölkerung betroffen waren. Zudem hielt die landwirtschaftliche Produktion mit dem wachsenden Bedarf noch nicht Schritt. Hieraus erwuchs auch eine zunehmende ↗Auswanderung. Die Massenarmut und Hungersnöte waren maßgebliche

Dampfhammer in den Berliner Borsig-Werken (um 1900)

Ursachen für den Ausbruch der ↗Deutschen Revolution von 1848. Auch das aufstrebende ↗Bürgertum, das von den Umwälzungen im Zuge der i.R. profitierte, wollte an der politischen Macht partizipieren; seine Forderungen mündeten in die politische Revolution. Mitte des 19. Jh.s wurde Mitteleuropa immer stärker von der i.R. erfaßt; im letzten Jahrhundertdrittel vollzog sich der Übergang Deutschlands vom Agrar- zum Industriestaat. 1895 erreichte der zahlenmäßige Anteil der in der Industrie Erwerbstätigen den Anteil der Land- und Forstwirtschaft an den Erwerbstätigen im Deutschen Reich. *dt*

Industrieniveauplan (1947) Korrektur des ↗Industrieplans von 1946, auf deutschen Druck für das ↗Vereinigte Wirtschaftsgebiet am 29.8.1947 erlassen; Reduktion der Industrieproduktion auf zunächst 90–95 % des Vorkriegsstandes, bis zum vollständigen Ende der ↗Demontagen in der ↗Bundesrepublik 1951 mehrmals gelockert. *kl*

Industrieplan des Alliierten Kontrollrates (1946) Am 28.3.1946 veröffentlicht; Reduzierung der Industrieproduktion Deutschlands auf 50–55 % des Niveaus von 1938; Verbot der Herstellung von militärisch nutzbaren Produkten, deutliche Einschränkung in den Bereichen Chemie und Maschinenbau; sah zu Zwecken der ↗Reparation die ↗Demontage von 1636 Industriebetrieben vor; für das ↗Vereinigte Wirtschaftsgebiet 1947 mit dem ↗Industrieniveauplan korrigiert. *kl*

Industriereform, SBZ Unmittelbar nach dem ↗Zweiten Weltkrieg begonnener, zusammen mit der ↗Bodenreform entscheidender Eingriff in die Wirtschaftsstruktur der ↗SBZ, der zur Schaffung einer zentralen ↗Planwirtschaft nach sowjetischem Vorbild beitrug. Unter dem Vorwand der ↗Entnazifizierung wurden ehemalige Staatsbetriebe des ↗Deutschen Reiches sowie Banken und Sparkassen sofort, ab Februar 1946 weitere Privatbetriebe entschädigungslos enteignet. Insgesamt wurden so bis 1948 durch ↗Sozialisierung ca. 10 000 Unternehmen (60 % der industriellen Produktion der SBZ) von der ↗Deutschen Wirtschaftskommission in ↗Sowjetische Aktiengesellschaften und ↗Volkseigene Betriebe umgewandelt. *kl*

Inflation Volkswirtschaftlicher Gegensatz zur Deflation; anhaltende Steigerung des allg. Preisniveaus verbunden mit Kaufkraftverlust; entsteht insbesondere durch staatliche Geldmengenerhöhung, meist um rapide gestiegene Staatskosten abzudecken (z.B. verstärkte Rüstungsausgaben), durch Wechselwirkungen mit ausländischen Volkswirtschaften oder durch höhere Nachfrage bei geringerem Angebot und damit verbundenen Preissteigerungen.
War v. a. zu Beginn der ↗Weimarer Republik (Krisen- und I.s-Jahr 1923) großes innenpolitisches Problem. *PS*

Initiative für Frieden und Menschenrechte (IFM) Erste Oppositionsgruppe der ↗DDR, Teil der ↗Friedensbewegung, 1985/86 in kirchlichem Umfeld entstanden; durch das ↗Ministerium für Staatssicherheit verfolgt, zahlreiche Ausbürgerungen; zur Jahreswende 1987/88 faktisch zerschlagen; Kern späterer ↗Bürgerbewegungen. *kl*

innerdeutsche Beziehungen Verhältnis der ↗Bundesrepublik und der ↗DDR zueinander; politische Entwicklung stark vom ↗kalten Krieg beeinflußt, nicht jedoch der ↗innerdeutsche Handel. Seit 1949 getrennte Entwicklung beider deutscher Staaten; Belastung der i.B. durch die Errichtung der ↗deutsch-deutschen Grenze, mehrere ↗Berlin-Krisen und den Bau der ↗Berliner Mauer 1961; erst 1963 durch Abschluß des ↗Passierschein-Abkommens erste Annäherungen; jedoch bis zum ersten ↗deutsch-deutschen Notenwechsel 1967 keine Reaktion der Bundesregierung auf offizielle Gesprächsangebote der DDR, da nicht mit dem ↗Alleinvertretungsanspruch der Bundesrepublik vereinbar; 1970 erstes ↗deutsch-deutsches Gipfeltreffen; deutliche Verbesserung der i.B. nach dem ↗Viermächte-Abkommen über Berlin 1971, dem Abschluß eines ↗Transitabkommens sowie den Vereinbarungen über den Reise- und Besucherverkehr innerhalb ↗Berlins; 1972 Abschluß des ↗Grundlagenvertrages, Aufnahme beider deutscher Staaten in die ↗Vereinten Nationen; erneute, schwere Belastung der i.B. mit der ↗Guillaume-Affäre 1974; Ausbau der diplomatischen Beziehungen 1975 durch Einrichtung von ↗Ständigen Vertretungen; 1987 war der ↗Honecker-Besuch in der Bundesrepublik sichtbarer Ausdruck der Normalisierung der i.B. *kl*

innerdeutsche Grenze ↗deutsch-deutsche Grenze

innerdeutscher Handel Wirtschaftsbeziehungen zwischen der ↗Bundesrepublik und der ↗DDR, erstmals am 8.10.1949 im ↗Frankfurter Abkommen geregelt, 1951 abgelöst durch das ↗Interzonenhandelsabkommen; 1957 Sonderbestimmungen in den ↗Römischen Verträgen zur Zollbefreiung aller DDR-Exporte in Länder der

↗EWG; wiederholte Verlängerung der Handelsabkommen, 1960 wegen Beschränkungen des Reiseverkehrs zwischen West- und Ost-Berlin seitens der Bundesrepublik vorübergehend gekündigt.
Der i.H. entwickelte sich nach Abschluß des Interzonenhandelsabkommens rasch auf einen Umsatz von 1 Mrd. DM jährlich und wuchs nach vorübergehender Stagnation durch den Bau der ↗Berliner Mauer 1961 kontinuierlich.
Für die DDR war der i.H. mit einem Anteil von 9 % ihres Exportvolumens, durch großzügige westdeutsche Kreditangebote wie der ↗Swing-Regelung erleichtert, von großer ökonomischer Bedeutung, bes. durch die Möglichkeit, westliche Devisen zu erwerben.
Für die Bundesrepublik war der i.H. primär ein Mittel zur Beeinflussung der Politik der DDR. Angesichts der stetig wachsenden Einbindung in den Weltmarkt war er für sie mit nur 2 % des Exportumsatzes ökonomisch eher bedeutungslos. *kl*

Innere Emigration Bereits in den dreißiger Jahren geprägte Bezeichnung für die Haltung derjenigen Schriftsteller, deren Veröffentlichungen im nationalsozialistischen Deutschland innere Distanz zum Regime erkennen ließen. Nach 1945 gab der Begriff den Anlaß zu einer erbitterten Kontroverse zwischen den ins ↗Exil gegangenen und den in Deutschland verbliebenen Autoren, welche sich auf den Wert des „Ausharrens“ beriefen.
Nach neueren Forschungen hat es eine nichtgleichgeschaltete, zumindest verdeckt oppositionelle Literatur unter dem ↗Nationalsozialismus tatsächlich gegeben; zu ihr zählen u. a. die Werke von ↗Barlach, ↗Bergengruen, ↗Fleißer, ↗Huch, ↗Klepper, Elisabeth Langgässer und Reinhold Schneider. *ij*

Innere Führung Seit ihrer Gründung Führungsprinzip der ↗Bundeswehr; Bruch mit dem starren Gehorsamkeitsprinzip von ↗Reichswehr und ↗Wehrmacht; Übertragung demokratischer Wertvorstellungen auf das Militär durch verstärkte Eigenverantwortlichkeit der Soldaten im Rahmen der Instruktionen und ein Ausführungsverbot für verfassungswidrige Befehle; dient der Integration der Soldaten in die Gesellschaft der ↗Bundesrepublik; maßgeblich geprägt von Graf von ↗Baudissin. *kl*

innere Kolonisation Nutzbarmachung brachliegenden Landes innerhalb besiedelter Gebiete v. a. durch Rodung und Trockenlegung von Sümpfen und Mooren; bezeichnet im engeren Sinn die mit dem preußischen Ansiedlungsgesetz (26. 4. 1886) beginnende Besiedlung ↗Posens und ↗Westpreußens durch deutsche ↗Bauern. *nk*

Innere Mission Die mit dem 1849 durch ↗Wichern gegründeten Centralausschuß für die I.M. der deutschen evangelischen Kirche eingeleitete institutionalisierte evangelische Sozialarbeit. Im Rahmen der I.M. wurden zahlreiche Anstalten für Kinder, Kranke, Arme usw. eingerichtet (Friedrich von ↗Bodelschwingh); seit 1919 staatlich anerkannt und gefördert; während des ↗Dritten Reiches u. a. am Kampf gegen ↗Euthanasie beteiligt; 1957 Zusammenschluß mit dem Hilfswerk der ↗EKD zum Diakonischen Werk. *nk*

Innungen (von althochdeutsch innon = aufnehmen) Im 19. Jh. nach Aufhebung der ↗Zünfte und Einführung der ↗Gewerbefreiheit gegründete Handwerkerverbände zur Vertretung gemeinsamer Interessen sowie zur Regelung der Lehrlingsausbildung und beruflichen Weiterbildung ihrer Mitglieder. Die Handwerksordnung von 1953 definiert I. als freiwillige Verbände selbständiger Handwerker aus gleichem bzw. ähnlichem Handwerk mit dem Status einer öffentlich-rechtlichen Körperschaft. *nk*

Inoffizieller Mitarbeiter (IM) Verdeckt agierender Mitarbeiter des ↗Ministeriums für Staatssicherheit der ↗DDR, neben den „Gesellschaftlichen Mitarbeitern“ meist durch Bezahlung oder Nötigung zur Bespitzelung des persönlichen Umfeldes angeworben; strenge Vorauswahl, Tarnbezeichnungen; 1968 100 000, Mitte der achtziger Jahre 170 000 IM; gezielter Einsatz gegen die Opposition, etwa gegen die ↗Friedensbewegung. *kl*

Inquisition (lat.: Untersuchung) Die richterliche Verfolgung der ↗Häresie durch ein von der Kirche eingesetztes Glaubensgericht und ihre Bestrafung durch die weltliche Gewalt. Grundlage der I. bildete u. a. die Anschauung des Augustinus, Ketzer durch Gewalt in die Kirche zurückführen zu können.
Das Aufspüren und Verurteilen sog. Ketzer wurde seit dem 11./12. Jh. als gemeinsame Aufgabe von Staat und Kirche geregelt. V. a. von den ↗Bettelorden (↗Dominikaner, ↗Franziskaner) durchgeführt, verschärfte sich die I. im Laufe des 13. Jh.s: 1224 Einführung des Feuertodes als Form der Strafe, 1252 Einführung der ↗Folter durch Papst Innozenz IV.
Höhepunkte der I. in Deutschland waren seit 1227

die umfassenden ↗Ketzerverfolgungen des päpstlichen Inquisitors Konrad von Marburg. Die I. kam hier seit Mitte des 14. Jh.s zunächst zum Erliegen, um in den ↗Hexenprozessen des 15. Jh.s erneut aufzuflammen.
Seit ihrem Bestehen diente die I. auch der Verfolgung politisch unbequemer Personen und Gruppen. *wj*

Insignien ↗Reichskleinodien

Institut für Demoskopie Allensbach Erstes Meinungsforschungsinstitut Deutschlands; durch Initiative der US-amerikanischen ↗Besatzungsmacht 1947 in Allensbach von ↗Noelle-Neumann als „Gesellschaft zum Studium der öffentlichen Meinung mbH" mitbegründet; bedeutende Einrichtung der westdeutschen ↗Demoskopie. *kl*

Institut für Marxismus-Leninismus beim ZK der SED Forschungsinstitut zur offiziellen Geschichtsschreibung und zur historischen Legitimation der ↗SED, am 29.12.1947 vom ↗Zentralsekretariat der SED gegründet und seit dem 1.1.1949 tätig; am 29.3.1949 in „Marx-Engels-Lenin-Institut", am 15.4.1953 in „Marx-Engels-Lenin-Stalin-Institut", 1956 während der ↗Entstalinisierung in I.f.M.-L. umbenannt; im Januar 1990 einem neuen „Institut für Geschichte der Arbeiterbewegung" zugeordnet und von der ↗Treuhandanstalt 1992 aufgelöst. Mit Zustimmung der ↗PDS wurden die Bestände des I.f.M.-L. der „Stiftung Archive der Parteien und Massenorganisationen der DDR im Bundesarchiv" zugeführt. *kl*

Institut für Zeitgeschichte (IfZ) 1950 unter dem Namen „Deutsches Institut für Geschichte der nationalsozialistischen Zeit" in München gegründet. 1952 in IfZ umbenannt; Hauptaufgabe ist das Ermitteln und Sammeln von Quellenmaterial zur Zeitgeschichte, das für Forschungszwecke zur Verfügung gestellt wird; daneben eigene Forschungstätigkeit. Herausgeber der ↗Vierteljahreshefte für Zeitgeschichte. *Vö*

interalliierte Militärkommandantur ↗Militärkommandantur, interalliierte

Interdikt Kirchenstrafe, zunächst nur auf eine bestimmte Person oder Gruppe (Personal-I.) bezogen; seit dem 10. Jh. vornehmlich auf einen Ort beschränkt (Lokal-I.). Die Sakramente wurden versagt, Gottesdienste, selbst das christliche Begräbnis verweigert. Ziel war es, Widerstrebende durch den Druck der Gemeinschaft gefügig zu machen. *vK*

Interim (lat. inzwischen) Bezeichnung für vorläufige, bis zur eigentlichen Entscheidung geltende Regelungen. Kirchengeschichtlich bedeutsam war in Deutschland v.a. das ↗Augsburger I. (1548). *nk*

Internationaler Sozialistischer Kampfbund (ISK) 1925 als Abspaltung von der ↗SPD entstandene Kaderorganisation mit Wurzeln in der Lebensreformer- und ↗Jugendbewegung. Mitglieder und Sympathisanten des ISK waren im ↗Dritten Reich im ↗Widerstand aktiv oder versuchten an ihre früheren Auslandskontakte anzuknüpfen. *PS*

Internierungslager/Umerziehungslager Gemäß den Beschlüssen der ↗Potsdamer Konferenz begannen die Westalliierten 1945 mit der ↗Entnazifizierung. Zu diesem Zweck wurden 1) mutmaßliche ↗Kriegsverbrecher, 2) Personen, die als Zeugen für die ↗Nürnberger Kriegsverbrecherprozesse gebraucht wurden und 3) Personen, die einen hohen Dienstgrad in nationalsozialistischen Organisationen innegehabt hatten („automatic arrest") in zahlreichen I. gefangengehalten, teilweise in ehemaligen ↗Konzentrationslagern (↗Dachau). Insgesamt wurden 200000 Menschen von den Westmächten inhaftiert, ein Großteil wurde bis 1948 entlassen und die I. aufgelöst.
In der ↗SBZ wurden die I. zum Werkzeug einer radikalen „antifaschistischen Umwälzung"; in rund zehn I. waren 122671 Menschen inhaftiert, von denen mehr als ein Drittel verstarb. *bb*

Interregnum 1) Allg. die Zeit zwischen Tod, Abdankung oder Absetzung eines Herrschers bzw. Staatsoberhauptes und der Wahl des Nachfolgers. 2) Zeit zwischen dem Tod ↗Konrads IV. (1254) bzw. ↗Wilhelms von Holland (1256) bis zur Wahl ↗Rudolfs I. (1273): Zeit des Doppelkönigtums (1257 Wahl ↗Alfons X. des Weisen und ↗Richards von Cornwall), gekennzeichnet durch Fehlen einer starken Reichsspitze und Verfall der Reichsgewalt. *vK*

Intershop ↗Staatliche Handelsorganisation

Interventionspläne Vorschlag des Staatsratsvorsitzenden der DDR Erich ↗Honecker vom 26.11. 1980 für ein militärisches Eingreifen in der Volksrepublik Polen, um die durch Versorgungsschwierigkeiten ausgelösten inneren Unruhen niederzuschlagen; nach einem Beschluß des ↗Warschauer Paktes nicht umgesetzt; statt dessen Ausrufung des Kriegsrechtes, Verhaftung und Internierung zahlreicher Oppositioneller in Polen. *kl*

Interzonenhandel Wirtschaftsbeziehungen zwischen den vier ↗Besatzungszonen nach dem ↗Zweiten Weltkrieg; trotz Vorgaben der ↗Alliierten zur Erhaltung Deutschlands als Wirtschaftseinheit im ↗Potsdamer Abkommen Entwicklung zu vier autarken Zonen mit jeweils eigener Mangel- und Subsistenzwirtschaft; bis zur Mitte der sechziger Jahre zusätzlich Bezeichnung für den ↗innerdeutschen Handel. *kl*

Interzonenhandelsabkommen (1951) Zwischen der ↗Bundesrepublik und der ↗DDR am 20.9.1951 geschlossenes Wirtschaftsabkommen; Ablösung des ↗Frankfurter Abkommens; Grundlage des ↗innerdeutschen Handels. *kl*

Interzonen-Konferenzen Seit 1946 regelmäßige Treffen von Gewerkschaftsvertretern aus der ↗SBZ und den westlichen ↗Besatzungszonen; Bemühungen um einen einheitlichen gesamtdeutschen Gewerkschaftsbund; letzte der insgesamt neun Tagungen während der ↗Berlin-Blockade am 19.8.1948; an der Frage der Beteiligung Berlins am ↗European Recovery Program gescheitert. *kl*

Invasion (1944) Bezeichnung für die Landung alliierter Truppen in der Normandie (Operation Overlord) am 6.6.1944 (D-Day). Nachdem bereits in der Nacht Luftlandetruppen abgesetzt worden waren, begann am frühen Morgen die Landung zwischen der Orne-Mündung bei Caen und Cherbourg. Unter großen Verlusten gelang die Bildung alliierter Brückenköpfe, die sich in den folgenden Tagen zu einer zusammenhängenden Front vereinigten. Bis 12.6.1944 landeten 326000 Mann; die deutsche Abwehrfront wurde in der Folge schrittweise nach Süden zurückgedrängt. *PS*

Investitur 1) Germanisches Recht: Einweisung in einen neuerworbenen Grundbesitz.
2) Mittelalterliches Lehnsrecht: Einweisung des Lehnsmannes in den Lehnsbesitz mit bestimmten I.-Symbolen (Schwert, Speer, Stab u.ä.).
3) Mittelalterliches Kirchenrecht: allg. Einführung in ein Kirchenamt mit Überreichung der Insignien (etwa Ring und Stab beim Bischof); im ↗Mittelalter Laien-I. im Rahmen der ↗Eigenkirchen: Einsetzung eines niederen Geistlichen in sein Amt durch einen Laien; bes. seit Ende des 9. Jh.s. die Übertragung von Bistümern und ↗Abteien durch den König mit Ring und Stab; von der Kirche im ↗Investiturstreit heftig bekämpft. *wj*

Investiturstreit Der in der 2. Hälfte des 11. Jh.s aus der ↗Gregorianischen Reform erwachsene Konflikt zwischen geistlicher und weltlicher Gewalt; entzündete sich an der von der Kirche bekämpften ↗Investitur der Bischöfe und Reichsäbte durch das Königtum; verlief in Frankreich und England weniger heftig als im ↗Heiligen Römischen Reich, wo das Investiturrecht im Rahmen des ottonischen ↗Reichskirchensystems ein wesentlicher Bestandteil der Reichsverfassung war. 1075 begann der Kampf um die Besetzung der Bistümer. Mit der Absetzung Papst Gregors VII. durch ↗Heinrich IV. (1076) und der Bannung des ↗Königs (↗Dictatus Papae) durch den Papst (ebenfalls 1076; aufgehoben durch Heinrichs IV. Gang nach ↗Canossa 1077, erneuert 1080) erreichte der I. seinen Höhepunkt. Seit 1077 ergingen Verbote der Laieninvestitur. Nach längeren Auseinandersetzungen wurde der I. im ↗Wormser Konkordat 1122 beigelegt. *vK*

Irene (Maria) Königin, *um 1180, †27.8.1208 Burg Hohenstaufen. Tochter des oströmischen Kaisers Isaak II. Angelos. Nach dem Tod ihres ersten Gatten ging sie 1197 eine Verbindung mit dem späteren König ↗Philipp von Schwaben ein. 1198 Krönung in Mainz, die 1205 in Aachen wiederholt wurde. *dh*

ISK ↗Internationaler Sozialistischer Kampfbund

Italienfeldzug Bezeichnung für Kämpfe von alliierten gegen deutsche Truppen in Italien im ↗Zweiten Weltkrieg. Vom 10.7.–17.8.1943 besetzten alliierte Truppen Sizilien; am 25.7. Sturz Benito Mussolinis, am 3.9. Frontwechsel Italiens; in der Folge deutsche Übergriffe gegen entwaffnete Italiener, im September alliierte Landung auch auf dem italienischen Festland, bis November Zurückdrängung deutscher Truppen nach Norden; danach wechselvolle Kämpfe (Monte Cassino) bis April 1945 (Befreiung Roms 4.6.1944); während der Kämpfe zahlreiche deutsche Übergriffe auf italienische Zivilisten wegen zunehmender Partisanentätigkeit.
Der Waffenstillstand von ↗Caserta (29.4.1945) beendete den I. am 2.5.1945. *PS*

Italienpolitik Die deutsche I. übte v.a. im Hochmittelalter entscheidenden Einfluß auf die Entwicklung des ↗Heiligen Römischen Reiches aus. Die I. begann mit ↗Otto I., der sich in der Rechtsnachfolge der fränkischen Herrscher (↗Frankenreich) sah und mit der Kaiserwürde auch die Schutzherrschaft über die Kirche und das Patrimonium Petri (= Kirchenstaat) annahm. Dies führte zunächst zu einer Stärkung der Zentralgewalt, da den süddeutschen Herzögen eine eigene

I. verwehrt wurde. Außerdem war der Papst durch Treueversprechen an den ↗Kaiser gebunden. Das Ziel der deutschen ↗Könige, zum Kaiser gekrönt zu werden, entwickelte sich jedoch zu einer Pflicht (Legitimation der Herrschaft über das Heilige Römische Reich) des deutschen Königs, so daß Italien immer mehr in das Zentrum der Reichspolitik geriet. Die Folgen waren, daß der Kaiser, der auf die militärische Unterstützung der Fürsten angewiesen war, in deren Abhängigkeit geriet, zumal der Kaisertitel im ↗Investiturstreit an Ansehen verlor und zur Schwächung der Zentralgewalt führte.

Im 19. Jh. stand in der ↗Ficker-Sybel-Kontroverse die Frage der I. mit ihren positiven bzw. negativen Konsequenzen für das Heilige Römische Reich im Mittelpunkt. *vK*

Itzstein, Johann Adam von Badischer Politiker, *28. 9. 1775 Mainz, † 14. 9. 1855 Hallgarten (Rheingau). 1819 Hofgerichtsrat in Mannheim; ab 1822 Abgeordneter im badischen Landtag; setzte sich u. a. für eine strenge Sparpolitik und ↗Pressefreiheit ein; als Mitglied des ↗Vorparlaments und der ↗Frankfurter Nationalversammlung Begründer des süddeutschen ↗Liberalismus. Seine Teilnahme am ↗Rumpfparlament führte zur Anklage auf Hochverrat; Flucht in die Schweiz; Rückkehr 1850. *rw*

J

Jacobs, Johann Unternehmer, *20.5.1869 Borgfeld (bei Bremen), †21.2.1958 Bremen. Eröffnete 1895 in Bremen ein Fachgeschäft für Kaffee; mußte seinen Betrieb nach den beiden Weltkriegen jeweils neu aufbauen; wurde nach 1948 mit dem Produkt „Jacobs Kaffee" zu einem der führenden deutschen Markenkaffeehersteller. *UK*

Jacoby, Johann Preußischer Politiker, Arzt, *1.5.1805 Königsberg (Preußen), †6.3.1877 ebd. Seit 1848 in der preußischen Nationalversammlung, seit 1849 im Stuttgarter ↗Rumpfparlament; seit 1863 Mitglied der Fortschrittspartei; forderte 1863 zum Steuerstreik im Militärkonflikt auf; Gegner der preußischen Hegemonialpolitik Otto von ↗Bismarcks sowie der Annexion ↗Elsaß-Lothringens 1870; ab 1872 Mitglied der ↗Sozialdemokratischen Arbeiterpartei. *rw*

Jäger 90 Jagdflugzeug, dessen gemeinsame Entwicklung am 16.5.1988 zwischen der Bundesrepublik, Großbritannien und Italien vertraglich vereinbart, jedoch nicht realisiert wurde; seit dem 22.12.1997 von dem Projekt ↗Eurofighter 2000 abgelöst. *kl*

Jägerstetter, Franz Landwirt, *20.5.1907 Radegund (Oberdonau), †9.8.1943 Brandenburg. Arbeit im Bergbau, seit 1931 Bewirtschaftung des elterlichen Hofes. Im Februar 1943 zur ↗Wehrmacht einberufen, verweigerte der Katholik den Kriegsdienst; vom Reichskriegsgericht zum Tode verurteilt und hingerichtet. *PS*

Jagow, Gottlieb von Preußischer Diplomat, *22.6.1863 Berlin, †11.1.1935 Potsdam. Trat 1895 in den diplomatischen Dienst; 1909–12 Botschafter in Rom; 1913–16 als Nachfolger ↗Kiderlen-Wächters Staatssekretär des ↗Auswärtigen Amtes; war für den Beginn des ↗Ersten Weltkrieges mitverantwortlich; seit 1914 außerdem preußischer Staatsminister; seit 1916 Mitglied des preußischen ↗Herrenhauses. (56) *rw*

Jahn, Friedrich Ludwig (Turnvater J.) Pädagoge, *11.8.1778 Lanz (Priegnitz), †15.10.1852 Freyburg/Unstrut. Ab 1810 Lehrer in Berlin; führte das Turnen (von ↗Turnier) als Ausgleich für die geistesbetonte Ausbildung sowie zur militärischen Vorbereitung ein; eröffnete 1811 den ersten Turnplatz. Sein Einsatz für nationale Ideen sowie sein Einfluß auf Gründung der ↗Burschenschaften führten zu J.s Verhaftung (Freispruch 1825) im Zuge der ↗Demagogenverfolgung; 1848 in die ↗Frankfurter Nationalversammlung gewählt. *nk*

Jähn, Sigmund Astronaut, *13.2.1937 Rautenkranz (Vogtland). Als erster Deutscher (DDR-Bürger) vom 26.8.–3.9.1978 im Weltall; 1979 als „Held der DDR" ausgezeichnet, nach der ↗Wiedervereinigung als freiberuflicher Wissenschaftler tätig. *kl*

Jahnn, Hans Henny Schriftsteller, Orgelbauer, *17.12.1894 Stellingen (bei Hamburg), †29.11. 1959 Hamburg. Der Pazifist ging 1915 nach Norwegen; begründete nach seiner Rückkehr 1919 eine „neuheidnische" künstlerische Glaubensgemeinschaft („Ugrino"); lebte während des ↗Dritten Reiches in Dänemark; ab 1950 wieder als Musikverleger und bekannter Orgelbauer in Hamburg. J.s dramatisches Frühwerk, das durch die Verletzung bürgerlicher Tabus immer wieder auf Ablehnung stieß, steht thematisch dem ↗Expressionismus nahe (u.a. Pastor Ephraim Magnus, 1919; Medea, 1926). Sprachlich innovative Romane: Perrudja (1929), Fluß ohne Ufer (Trilogie, 1949/50). *ij*

Jahrring-Chronologie ↗Dendrochronologie

Jahr und Tag Vom Mittelalter bis in die frühe Neuzeit die längste Rechts- bzw. Einspruchsfrist. Sie betrug ein Jahr, sechs Wochen und drei Tage, was der Zeit bis zum ersten Gerichtstag oder ↗Ding im neuen Jahr entsprach. *wj*

Jaksch-Bericht Einstimmige Forderung des Bundestages vom 14.6.1961, ohne Gefährdung der deutschen Einheit die Beziehungen zu den osteuropäischen Staaten wirtschaftlich, humanitär und kulturell auszubauen; nach dem Initiator und SPD-Vertriebenenpolitiker Wenzel Jaksch benannt; Ausgangspunkt mehrerer Handelsverträge mit Staaten Osteuropas. *kl*

Jalta, Konferenz (1945) Stadt auf der Halbinsel Krim, 4.–11.2.1945 Schauplatz einer Tagung der Regierungschefs und Außenminister der Sowjetunion, der USA und Großbritanniens. Angesichts des bevorstehenden Sieges der ↗Alliierten über das ↗Deutsche Reich einigte man sich hier über die anstehende Neuordnung Deutschlands, v. a. in Fragen der ↗Entmilitarisierung und ↗Entnazifizierung, der Errichtung von ↗Besatzungszonen und der neuen deutschen Ostgrenzen. Ferner wurden Vorbereitungen zur Gründung der ↗Vereinten Nationen getroffen. *PS*

Janka, Walter Verlagsleiter, *29.4.1914 Chemnitz, †17.3.1994 Kleinmachnow. 1932 Eintritt in die ↗KPD, 1947 Rückkehr aus dem Exil; ab 1952 Leiter des Aufbau-Verlages in Berlin (Ost); am 6.12.1956 verhaftet und 1957 zusammen mit ↗Harich wegen „Bildung einer konterrevolutionären Gruppe" zu fünf Jahren Zuchthaus verurteilt (↗Entstalinisierung); 1960 schwer erkrankt aus der Haft entlassen. J. löste mit seinen Memoiren 1989 eine Welle der Empörung gegen die ↗SED aus; 1990 Rehabilitation und Austritt aus der ↗PDS. *kl*

Januarstreik (1918) Vom 28.1.–4.2.1918 durchgeführter Streik der Berliner Rüstungsarbeiter, dem sich Streikende in weiteren Städten anschlossen. Die von den Revolutionären Obleuten gebildete und von ↗Spartakusbund, ↗USPD und ↗SPD unterstützte Streikleitung forderte neben innenpolitischen Verbesserungen auch einen Friedensvertrag. Nach Verhängung des Belagerungszustandes durch die Regierung brach der J. zusammen. *PS*

Jarres, Karl Politiker, *21.9.1874 Remscheid, †20.10.1951 Duisburg. Oberbürgermeister von Duisburg (1914–23, 1925–33) und Mitglied der ↗DVP; anläßlich des ↗Ruhrkampfes 1923 von den Franzosen ausgewiesen; 1923–25 Reichsinnenminister; trat 1925 als Kandidat für das Amt des Reichspräsidenten nach dem ersten Wahlgang zugunsten von von ↗Hindenburg zurück; schied nach 1933 aus der Politik aus. *RB*

Jasenovac Seit Sommer 1941 ↗Konzentrationslager im durch das nationalsozialistische Regime gestützten ↗Ustascha-Staat Kroatien, an der Bahnlinie Belgrad – Zagreb beim Zusammenfluß von Save und Una. Bis zur Befreiung des Lagers durch Partisanen am 2.5.1945 ermordete die Ustascha dort Serben, politische Gegner, Juden und Roma. Einem letzten Massaker vor der Befreiung fielen bis auf ca. siebzig alle Häftlinge zum Opfer. Nach stark schwankenden Schätzungen starben in J. ca. 500000 Menschen.
1998 wurde in Argentinien Dinko Sakić, Lagerkommandant von 1942–44, festgenommen und an Kroatien ausgeliefert. *PS*

Jasomirgott ↗Heinrich II. Jasomirgott

Jaspers, Karl Philosoph, Psychologe, *23.2.1883 Oldenburg, †26.2.1969 Basel. Professor in Heidelberg bzw. Basel; 1937–45 Lehrverbot durch die Nationalsozialisten, ab 1943 Publikationsverbot; entwickelte eine an ↗Dilthey orientierte verstehende Psychopathologie (1913); mit ↗Heidegger Begründer der Existenzphilosophie; betonte die „existentielle" Sicht der Wirklichkeit: Alles ist einmalig, jedes Weltbild uneinheitlich, absolute Toleranz daher oberstes Gebot. *bl*

JCS 1067 ↗Direktive JCS 1067

Jean Paul (eigentlich Johann Paul Friedrich Richter) Schriftsteller, *21.3.1763 Wunsiedel, †14.11.1825 Bayreuth. Lernte 1798–1800 in Weimar Johann Gottfried ↗Herder kennen; lebte ab 1804 in Bayreuth. Seine Romane und Erzählungen stehen abseits der zeitgenössischen Strömungen und nehmen in realistischer, humorvoller Milieuschilderung bereits Tendenzen des 19. Jh.s vorweg. Werke u. a.: Leben des vergnügten Schulmeisterlein Maria Wuz in Auenthal (1793); Blumen-, Frucht- und Dornenstücke oder Ehestand, Tod und Hochzeit des Armenadvokaten F. St. Siebenkäs (1796/97). *ij*

Jeckeln, Friedrich SS-Obergruppenführer, *2.12.1895 Hornberg (Schwarzwald), †3.2.1946 Riga. 1930 zur ↗SS; 1941 ↗Höherer SS- und Polizeiführer Rußland Süd, danach Rußland Nord; unter dem Deckmantel der Partisanenbekämpfung Massaker an der Zivilbevölkerung; von einem sowjetischen Gericht zum Tode verurteilt und hingerichtet. *PS*

Jelinek, Elfriede Österreichische Schriftstellerin, *20.10.1946 Mürzzuschlag. Provokative, grotesk-satirische Romane und Theaterstücke, in denen als „Prototypen" (J.) angelegte Figuren Mentalitätsmuster der patriarchalen Gesellschaft bloßlegen. J. erhielt 1998 den ↗Georg-Büchner-Preis. Romane u. a.: Die Liebhaberinnen (1975), Die Klavierspielerin (1983), Lust (1989); Dramen u. a.: Burgtheater (1985), Wolken. Heim (1988), Totenauberg (1991). *ij*

Jenaer Burschenschaft Gründung am 12.6.1815 in Jena als Ur-↗Burschenschaft unter den Farben des Lützowschen ↗Freikorps (Schwarz-Rot-Gold); gezielte Vorbildfunktion unter Zusammenfassung aller deutschen Studenten für die liberal-nationale Einigung Deutschlands; Organisation des ↗Wartburgfestes 1817; am 18.10.1818 in Jena Beschluß einer Verfassung der „Allgemeinen deutschen Burschenschaft". Beim ↗Hambacher Fest wurden die Burschenschaftsfarben erstmals als Nationalfarben (↗Deutsche Farben) gefeiert. *vK*

Jena und Auerstedt, Doppelschlacht (1806) Vernichtende Niederlage Preußens (verbündet mit Sachsen und Rußland) im 4. ↗Koalitionskrieg gegen Frankreich am 14.10.1806; bei Jena unter Ludwig zu Hohenlohe gegen ↗Napoleon I., bei Auerstedt unter ↗Karl Wilhelm Ferdinand von Braunschweig gegen die Franzosen unter Marschall Louis Davout. Die Niederlage führte zum Frieden von ↗Tilsit (1807). *rh*

Jenninger, Philipp Bundestagspräsident (CDU), *10.6.1932 Rindelbach (Baden-Württemberg). Seit 1969 Mitglied des Bundestages; ab 1975 Erster parlamentarischer Geschäftsführer der CDU/CSU-Fraktion; 1982 Staatsminister im Bundeskanzleramt; 1984–88 Bundestagspräsident; 1988 Rücktritt wegen seiner Rede (↗Jenninger-Rede) zum 50. Jahrestag der ↗Novemberpogrome. *AM*

Jenninger-Rede (1988) Von Bundestagspräsident ↗Jenninger am 10.11.1988 anläßlich des 50. Jahrestages der ↗Novemberpogrome gehaltene Rede; führte zu einem Eklat und am 11.11.1988 zu Jenningers Rücktritt, da sie mißverständliche Formulierungen ohne deutlich sichtbare Distanzierung zum Geschehen enthielt. *AM*

Jens, Walter Literaturwissenschaftler, Schriftsteller, *8.3.1923 Hamburg. Professor in Tübingen; 1976–82 Präsident des ↗PEN-Zentrums; 1988 ↗Georg-Büchner-Preis; engagierte sich in der ↗Friedensbewegung; setzt sich, beeinflußt von ↗Bloch, für eine demokratisch-sozialistische Gesellschaftsordnung ein. *bl*

Jessup-Malik-Abkommen (1949) Abkommen zur Beendigung der ↗Berlin-Blockade vom 4.5.1949, benannt nach den US-amerikanischen und sowjetischen Unterzeichnern Philip Caryl Jessup und Jakow Alexandrowitsch Malik. *kl*

Jesuiten 1534 von Ignatius von Loyola gegründeter Orden der Gesellschaft Jesu (Societas Jesu); von Papst Paul II. 1540 legitimiert. Auftrag der J. war die Verbreitung des katholischen Glaubens in Europa im Zuge der ↗Gegenreformation. Ab 1551 Gründung von Gymnasien und ↗Universitäten zur katholischen Erziehung des Nachwuchses; starke Ausbreitung des Ordens in Deutschland und Österreich. 1773 Verbot des Ordens durch Papst Clemens XIV.; 1848 schließlich Vertreibung der J. aus Deutschland. Seit 1850 siedelten neue Ordensverbände in Freiburg (Breisgau), Münster, Aachen; 1872 erneutes Verbot durch das J.-Gesetz; Rückzug der J. in ausländische Missionen; 1913 Wiederzulassung der J., die mittlerweile zu den größten katholischen Orden zählen. *rm*

Jesuitengesetz ↗Kulturkampf

Joachim

Brandenburg:

Joachim I. Nestor Kurfürst, *21.2.1484, †2.7.1535 Stendal. Sohn von ↗Johann Cicero; 1499 Kurfürst, galt als gebildetster Fürst seiner Zeit; gründete 1506 die Universität Frankfurt/Oder; 1509 Vertreibung der Juden aus der Mark; 1516 Errichtung des Kammergerichtes in Berlin als oberste juristische Instanz; erließ 1527 als rechtliche Basis die Constitutio Joachimica; entschiedener Gegner Martin ↗Luthers und der ↗Reformation. Aufteilung des Landes unter seinen beiden Söhnen, ↗Joachim II. und Johann I., Markgraf von Brandenburg. *rh*

Joachim II. Hektor Kurfürst, *9.1.1505 Cölln/Spree, †3.1.1571 Köpenick (bei Berlin). Sohn von ↗Joachim I.; 1535 Kurfürst; 1539 Einführung der ↗Reformation, stand aber politisch (v.a. im ↗Schmalkaldischen Krieg) auf seiten der katholischen Kaiser; 1569 Mitbelehnung mit ↗Preußen durch den polnischen König; infolge seiner Verschwendungssucht in dauernder Geldnot. *rh*

Joachim Friedrich Kurfürst, *27.1.1546 Cölln/Spree, †28.7.1608 Storkow. Sohn von ↗Johann Georg; 1560 protestantischer Bischof von Brandenburg, 1567 Administrator (Verwalter) von Magdeburg; 1604 Bildung des „Geheimen Rats" als höchste Regierungsbehörde gegen die Macht der ↗Stände; Durchführung der ↗Reformation, wirtschaftlicher Ausbau des Landes (Bau eines Kanals zwischen Oder und Elbe). *rh*

Jodl, Alfred Generaloberst, *10.5.1890 Würzburg, †16.10.1946 Nürnberg. 23.8.1939 Chef des Wehrmachtsführungsamtes (seit 1940 Wehrmachtsführungsstab), ↗Hitlers militärischer Ratgeber; unterzeichnete am 7.8.1945 in Reims die Kapitulation; im ↗Nürnberger Kriegsverbrecherprozeß zum Tode verurteilt und als einer der Hauptkriegsverbrecher hingerichtet. *PS*

Jogiches, Leo Sozialistischer Politiker, *17.6.1867 Wilna (Litauen), †10.3.1919 Berlin. Seit 1890 in der Schweiz; schloß sich mit Hilfe ↗Luxemburgs der polnischen Exil-Arbeiterbewegung an; seit

1897 in Deutschland; ab 1916 faktisch Leiter des ↗Spartakusbundes; als Mitverantwortlicher des ↗Januarstreiks 1918 verhaftet, während der ↗Novemberrevolution befreit; Mitbegründer der ↗KPD; während der Märzkämpfe 1919 in Berlin verhaftet, im Gefängnis Moabit ermordet. *rw*

Johann

Böhmen:

Johann von Luxemburg König, *10.8.1296, †26.8.1346 bei Crécy (Nordfrankreich). Sohn Kaiser ↗Heinrichs VII., seit 1310 König; unterstützte nach der Königs-Doppelwahl (1314) zunächst ↗Ludwig IV., den Bayern, mit dem er sich später überwarf; versuchte 1330–33 vergeblich, König von Italien zu werden; gewann die Lehenshoheit über die meisten schlesischen Fürstentümer; fiel in der Schlacht gegen die Engländer. *dh*

Brandenburg:

Johann Cicero Kurfürst, *2.8.1455 Ansbach, †9.1.1499 Arneburg (Berlin). Sohn von ↗Albrecht III. Achilles; von diesem 1470 bereits in die Herrschaftspraxis eingeführt (Statthalter in ↗Brandenburg); seit 1486 ↗Kurfürst; 1493 legte er den Streit zwischen Brandenburg und ↗Pommern bei. *dh*

Johann Georg Kurfürst, *11.9.1525 Cölln/Spree, †18.1.1598 ebd. Sohn ↗Joachims II., 1571 Kurfürst, vereinigte im selben Jahr wieder die brandenburgischen Lande; 1572 Ausweisung der Juden, Ansiedlung niederländischer Glaubensflüchtlinge; ordnete die Staatsfinanzen; an der ↗Konkordienformel (1577) beteiligt. *rh*

Johann Sigismund Kurfürst, *8.11.1572 Halle/Saale, †23.12.1619 Berlin. 1608 Kurfürst, trat 1613 zum ↗Calvinismus über (Aufstände der Lutheraner niedergeschlagen); gewann 1614 im ↗Jülich-Clevischen Erbfolgestreit Cleve (↗Kleve), Mark und Ravensberg, 1618 durch Heirat das Herzogtum ↗Preußen (als polnisches Lehen). *rh*

Pfalz:

Johann Kasimir Pfalzgraf, *7.3.1543 Simmern, †6.1.1592 Heidelberg. 1578 Pfalzgraf, Vorkämpfer eines protestantischen Kaisertums; unterstützte 1575/76 und 1585–90 militärisch die französischen ↗Hugenotten; 1583 Regent der Kurpfalz, wo er den ↗Calvinismus wieder einführte (bes. an der Universität Heidelberg). *rh*

Johann Wilhelm Kurfürst, *19.4.1658 Düsseldorf, †8.6.1716 ebd. 1690 Kurfürst, Förderer der ↗Gegenreformation, verkündete aber 1705 religiöse Toleranz; im ↗Spanischen Erbfolgekrieg (1701–14) auf seiten der ↗Habsburger; baute ↗Mannheim wieder auf und richtete eine Kunstsammlung in Düsseldorf ein. *rh*

Österreich:

Johann (Parricida) *um 1290, †13.12.1313 Pisa. Der Habsburger ermordete 1308 seinen Onkel, König ↗Albrecht I., wegen Erbstreitigkeiten. Entzog sich dem Todesurteil durch Flucht. *dh*

Johann Erzherzog, *20.1.1782 Florenz, †10.5.1859 Graz. Sohn Kaiser ↗Leopolds II.; Heerführer in den ↗Koalitionskriegen; lehnte das ↗Metternichsche System ab; 1848 auf der ↗Frankfurter Nationalversammlung zum deutschen Reichsverweser gewählt; trat 1849 zurück, da ihn das Amt überforderte; in seiner Heimat, der Steiermark, populärer Förderer von Wirtschaft und Kultur. *sa*

Sachsen:

Johann der Beständige Kurfürst, *30.6.1468 Meißen, †16.8.1532 Schweinitz. 1486 Mitregent seines Bruders ↗Friedrich des Weisen; nach dessen Tod 1525 Kurfürst; trat entschlossen für die Durchführung der ↗Reformation ein; errichtete 1526 in Kursachsen eine lutherische Landeskirche. 1531 Mitbegründer und neben ↗Philipp von Hessen Haupt des ↗Schmalkaldischen Bundes. *rh*

Johann Friedrich I. der Großmütige Kurfürst, *30.6.1503 Torgau, †3.3.1554 Weimar. Sohn von ↗Johann dem Beständigen; 1532 Kurfürst, baute die lutherische Landeskirche aus; Förderer der Universität Wittenberg; neben ↗Philipp von Hessen an der Spitze des ↗Schmalkaldischen Bundes; im ↗Schmalkaldischen Krieg 1547 von ↗Karl V. bei Mühlberg geschlagen und bis 1552 in Haft; verlor die Kurwürde und einige Gebiete an seinen Vetter ↗Moritz. *rh*

Johann Friedrich II. der Mittlere Herzog, *8.1.1529 Torgau, †9.5.1595 Steyr (Oberösterreich). Sohn von ↗Johann Friedrich I.; regierte seit 1547 mit seinen Brüdern die Reste der ernestinischen Länder in Thüringen; 1554 Herzog, 1557 Alleinherrscher; in die ↗Grumbachschen Händel verstrickt (um die 1547 von seinem Vater verlorene Kurwürde wiederzuerlangen), daher 1566 mit Reichsacht belegt, seit 1567 lebenslang in Haft. *rh*

Johann Georg I. Kurfürst, *5.3.1585 Dresden, †8.10.1656 ebd. 1611 Kurfürst, Lutheraner; im ↗Dreißigjährigen Krieg (z.B. im ↗Böhmischen Aufstand) meist mit dem Kaiser verbündet, vorübergehend (1631–34) mit den Schweden; erhielt 1635 im Frieden von ↗Prag die ↗Lausitz als erbliches Lehen des böhmischen Königs; Förderer der Musik (↗Schütz) und der bildenden Künste. *rh*

Johann Georg III. Kurfürst, *20.6.1647 Dresden, †12.9.1691 Tübingen. 1680 Kurfürst; der als „sächsischer Mars" bekannte J.G. unterstützte den Kaiser im ↗Türkenkrieg bei der Belagerung von ↗Wien 1683 und im Kampf gegen Frankreich 1688; richtete 1684 zum Aufbau eines ↗stehenden Heeres die Geheime Kriegskanzlei ein; starb an der ↗Pest. *rh*

Johann Philipp von Schönborn ↗Schönborn, Johann Philipp

Johanniter Ältester geistlicher Ritterorden; wurde zur Zeit des 1. Kreuzzuges unter Gerardus aus Amalfi zu einem freien religiösen Orden mit der Aufgabe der Pilgerbetreuung und Krankenpflege. Die Ordensbrüder gliederten sich in Ritter, Priester und Servienten (dienende Brüder).

Seit Beginn des 12 Jh.s waren die J. führend am Kampf gegen die Muslime beteiligt.

Als Fortsetzung der um 1540 protestantisch gewordenen und 1810 aufgehobenen Ballei (= mittelalterliche Bezeichnung für Ordens-Verwaltungsbezirk) Brandenburg errichtete König ↗Friedrich Wilhelm IV. 1852 einen evangelischen Zweig, den Preußischen J.-Orden (katholischer Zweig: Malteserorden, vom mittelalterlichen Ordenssitz Malta abgeleitet). Die päpstlich seit 1953 als souveräner Orden anerkannten Malteser arbeiten bes. in der Krankenpflege. Sitz: Bonn. *ku*

John-Affäre Verschwinden des Präsidenten des Verfassungsschutzes, Otto John, nach Feierlichkeiten zum zehnten Jahrestag des Attentates auf ↗Hitler am 20.7.1954. John erklärte drei Tage später im Rundfunk der ↗DDR, aus Protest gegen die Politik ↗Adenauers und die mißlungene ↗Entnazifizierung in der ↗Bundesrepublik, namentlich der Karriere von ↗Globke, freiwillig übergelaufen zu sein; kehrte am 12.12.1955 in die Bundesrepublik zurück und gab an, vom sowjetischen Geheimdienst entführt worden zu sein. John wurde im Dezember 1956 zu vier Jahren Haft verurteilt und nach achtzehn Monaten freigelassen, jedoch bis zu seinem Tode im März 1997 nicht rehabilitiert. *kl*

Johnson, Uwe Schriftsteller, *20.7.1934 Kammin (Pommern), †23.2.1984 Sheerness-on-Sea (England). 1959 Übersiedlung nach Berlin (West); seit 1974 in Großbritannien. Seine Romane befassen sich mit den Auswirkungen der ↗deutschen Teilung und der Frage nach individuellen Lebensperspektiven in den von gegensätzlichen Ideologien geprägten Gesellschaftssystemen. J. erhielt 1971 den ↗Georg-Büchner-Preis. Schrieb u.a.: Mutmaßungen über Jakob (1959), Jahrestage (1970–83). *ij*

Jolly, Julius Badischer Politiker, Jurist, *21.2.1823 Mannheim, †14.10.1891 Karlsruhe. 1857 Professor für Recht in Heidelberg; 1866 Innenminister, 1868 Staatsminister; als Förderer der ↗kleindeutschen Lösung maßgeblich beteiligt am Aufbau des ↗Deutschen Reiches; betrieb eine im ↗Kulturkampf als beispielhaft liberal geltende Kirchen- und Schulpolitik. 1876 wegen zunehmender Kritik zurückgetreten, wurde J. Präsident der Oberrechnungskammer. *rw*

Jonas, Hans Philosoph, *10.5.1903 Mönchengladbach, †5.2.1993 New York. Schüler ↗Heideggers; emigrierte 1933 über Großbritannien nach Palästina; lehrte in Jerusalem; u.a. Professor in New York; ↗Friedenspreis des deutschen Buchhandels (1987); Arbeiten zur antiken Gnosis und Existenzphilosophie, später zu ethischen Problemen der technisierten Welt, insbesondere zum Verhältnis Medizin/Ethik und Technik/Ethik; entwarf Grundzüge zu einer philosophischen Biologie. *bl*

Jordan, Sylvester Jurist, Politiker, *30.12.1792 Omes (bei Innsbruck), †15.4.1861 Kassel. 1822 Professor für Recht in Marburg; 1831 einflußreiche Mitwirkung an der kurhessischen Verfassung; 1839 verhaftet wegen des ↗Frankfurter Wachensturmes, 1845 freigesprochen; 1848 Mitglied des hessischen Landtages, des ↗Vorparlamentes und der ↗Frankfurter Nationalversammlung; bis 1850 kurhessischer Bevollmächtigter im Bundestag. *rw*

Joseph

Kaiser:

Joseph I. *26.7.1678 Wien, †17.4.1711 ebd. Sohn ↗Leopolds I.; 1687 ungarischer König, 1690 zum Römischen König gewählt, 1705 Kaiser; setzte mit Prinz ↗Eugen (seit 1703 Präsident des ↗Hofkriegsrates) den ↗Spanischen Erbfolgekrieg (1701–14) erfolgreich fort; ächtete 1706 die darin mit Frankreich verbündeten ↗Kurfürsten von Bayern und Köln, ↗Maximilian II. Emanuel und ↗Joseph Klemens; zwang Papst Clemens XI., seinen Bruder ↗Karl (VI.) als König von Spanien anzuerkennen; verhinderte in der Konvention von Altranstädt (1707) den Kriegseintritt Schwedens auf seiten Frankreichs.

Warf 1708 den Aufstand des Fürsten von Siebenbürgen und Ungarn, Franz II. Rákóczy, nieder; starkes militärisches Engagement in Italien (Eroberung von Mailand und Neapel). Nach seinem überraschenden Tod entscheidende Wende im Spanischen Erbfolgekrieg unter seinem Bruder und Nachfolger Karl VI. *rh*

Joseph II. *13.3.1741 Wien, †20.2.1790 ebd. Sohn von Kaiser ↗Franz I. Stephan und ↗Maria Theresia; 1764 Römischer König, 1765 Kaiser und Mitregent seiner Mutter in ↗Österreich, 1780 Alleinherrscher.

Erwarb gegen den Willen seiner Mutter bei der 1. ↗Polnischen Teilung 1772 Galizien, gewann 1775 von der Türkei die Bukowina; scheiterte mit dem Plan der Erwerbung Bayerns am Widerstand Preußens (im ↗Bayerischen Erbfolgekrieg 1778–79) und des ↗Fürstenbundes; durch Annäherung an Rußland seit 1787 (bis 1789) in einen Krieg gegen die Türken verwickelt.

Regierte im Sinne des aufgeklärten ↗Absolutismus, stark beeinflußt von seinem Staatskanzler ↗Kaunitz; suchte seit 1780 durch z.T. überstürzt durchgeführte antiständische Reformen (↗Josephinismus) einen zentralisierten Einheitsstaat mit deutscher Verwaltungssprache zu schaffen und ein straffes Staatskirchensystem einzuführen: 1781 Erlaß des ↗Toleranzpatents (Duldung der Protestanten) und Weiterführung der ↗Bauernbefreiung (Aufhebung der ↗Leibeigenschaft); Juden erhielten Zugang zu Handwerk, Gewerbe, Industrie und zu den Universitäten; Josephinisches Gesetzbuch (Abschaffung der Todesstrafe); Vereinheitlichung des Steuerwesens, Förderung von Landwirtschaft und Handel im Sinne des ↗Merkantilismus, Verbesserung des Bildungswesens. Sein Bruder ↗Leopold II. mußte nach J.s Tod 1790 in Ungarn und in den Niederlanden den Großteil der Reformen zurückziehen. *rh*

Köln:

Joseph Klemens Kurfürst von Köln, Herzog zu Bayern, *5.12.1671 München, †12.11.1723 Bonn. 1684 Bischof von Freising, 1685 von Regensburg; 1688 gegen den Kandidaten des französischen Königs Ludwig XIV. zum Erzbischof und Kurfürsten von Köln gewählt; 1694 Bischof von Lüttich, 1714 von Hildesheim; schloß sich im ↗Spanischen Erbfolgekrieg (1701–14) Ludwig XIV. an, deshalb 1706 von Kaiser ↗Joseph I. geächtet; 1714 wieder in seine Würden und Länder eingesetzt. *rh*

Josephinismus 1) Bezeichnung für das in den Ländern der Habsburger unter Kaiser ↗Joseph II. voll entfaltete Staatskirchensystem. Unter dem Einfluß von ↗Febronianismus, Jansenismus und bes. der ↗Aufklärung kam es in den österreichischen Ländern seit Mitte des 18. Jh.s zu einer völligen Neuordnung des Verhältnisses von Staat und Kirche. Die Kirche wurde nur als Anstalt zur Wahrung der Moral betrachtet und sollte in allen Dingen, die man als „nur von menschlicher Erfindung und Einsetzung" bezeichnete, dem Staatsoberhaupt unterstellt werden: ↗Toleranzpatent, Aufhebung von über 800 nicht auf Seelsorge oder Schule ausgerichteten ↗Klöstern, Neueinteilung von Pfarreien und Diözesen, Reorganisation der theologischen Studien. Der J. wurde unter den Nachfolgern Josephs II. in der Praxis gemildert, 1850 abgeschafft.

2) Zusammenfassende Bezeichnung für die vom aufgeklärten ↗Absolutismus und der katholischen Aufklärung bestimmten, seit ↗Maria Theresia und ↗Joseph II. in Österreich maßgebende Reformpolitik in Kirche, Verwaltung, Justiz und im sozialen Bereich; im 19. Jh. bes. im österreichischen Bürger- und Beamtentum wirksam. *rh*

Juchacz, Marie Sozialpolitikerin, *15.3.1879 Landsberg/Warthe, †28.1.1956 Düsseldorf. Seit 1908 in der ↗SPD; 1919 erste Frau in der ↗Weimarer Nationalversammlung; ab 1920 Mitglied des Reichstages; Gründerin der ↗Arbeiterwohlfahrt (1920); 1933–49 im Exil; ab 1949 maßgeblich an der Neuorganisation der Arbeiterwohlfahrt beteiligt. *sa*

Juden In Deutschland erste Siedlungen von J. im Gefolge der römischen Legionen; im 10. Jh. ließen sich Händler jüdischen Glaubens aus Italien und Frankreich in Deutschland nieder. Bis zum späten Mittelalter festigte sich mit der Etablierung eigener Gemeinden das jüdische Leben deutlich; sie wurden zum Zentrum des jüdischen Geisteslebens in Europa. Parallel zu den ↗Kreuzzügen kam es zu ersten Diskriminierungen. Seit dem 13. Jh. wurden sie durch den Zwang zum Tragen von ↗Judenhüten und speziellen Abzeichen wie dem J.-Fleck stigmatisiert und ausgegrenzt. Mitte des 14. Jh.s löste die ↗Pest erste Vertreibungen und Pogrome aus; J. wurden in Christen nicht gestattete Berufe wie den Geldhandel abgedrängt. Mit Beginn der ↗Reformation intensivierte sich die religiös inspirierte Verfolgung. Sie wurden aus den meisten großen Städten ausgewiesen, vereinzelt kam es erneut zu Pogromen. Während des ↗Abso-

lutismus gelang einigen, durch z. T. herausragende Tätigkeit an den Fürstenhäusern begünstigt, ein deutlicher sozialer Aufstieg. Er ermöglichte im 19. Jh., durch Erfolge in Wirtschaft und Kultur, wie der Familie ↗Rothschild, von ↗Heine und ↗Börne, unterstützt, mit der ↗Aufklärung und dem generellen Aufstieg des ↗Bürgertums die Assimilation in die deutsche Gesellschaft. Mit der Garantie voller staatsbürgerlicher Rechte in der Reichsverfassung von 1871 war die „Judenemanzipation" beendet.
Parallel enwickelte sich der moderne ↗Antisemitismus, der eine erneute Ausgrenzung entscheidend beeinflußte. Der Zionismus, die ↗Emigration nach Palästina und die ↗Judenvernichtung im ↗Dritten Reich führten zum Entstehen des Staates Israel. Seit 1950 werden die wenigen verbliebenen jüdischen Gemeinden durch den ↗Zentralrat der J. in Deutschland vertreten. (21) *kl*

Judenemanzipation ↗Juden

Judengesetze ↗Nürnberger Gesetze

Judenhut Gelbe, nach oben spitz zulaufende Kopfbedeckung. Mit dem Konzil zu Wien (1267) wurde ↗Juden das Tragen des J.es zur Pflicht. *ku*

Judenräte Bezeichnung für die in den besetzten Gebieten während des ↗Zweiten Weltkrieges von der deutschen Verwaltung eingesetzten Vertretungen der jüdischen Bevölkerung insbesondere in den ↗Ghettos des Ostens. Zum einen eine Art Selbstverwaltungsorgan für interne Angelegenheiten, waren die J. aber auch in die Durchführung der behördlichen Zwangsmaßnahmen eingebunden. *PS*

Judenstern ↗Davidstern

Judenverfolgung ↗Antisemitismus ↗Judenvernichtung

Judenvernichtung Heutzutage zumeist als Shoa oder Holocaust bezeichnete jahrelange Massentötungen an den europäischen Juden Anfang der vierziger Jahre des 20. Jh.s, im nationalsozialistischen Jargon als „Endlösung der Judenfrage" bezeichnet. Seit Anfang 1941 absichtliche und systematische Eskalation der Judenverfolgung der dreißiger Jahre durch physische Vernichtung von fünfeinhalb bis sechs Mio. jüdischer Menschen Europas. Anknüpfend an den seit Jh.en verbreiteten ↗Antisemitismus machte sich das nationalsozialistische Regime ab 1933 umgehend daran, zunächst zu definieren, wer als Jude gelte (↗Nürnberger Gesetze), sodann die kontinuierliche Entrechtung und Enteignung der Juden voranzutreiben und mit ihrer Konzentrierung u. a. durch ↗Deportationen v. a. in ↗Ghettos die Voraussetzungen für die Durchführung der J. zu schaffen. Aufbauend auf den Massenmorderfahrungen bei Tötungen von Kranken und Behinderten ab Ende der dreißiger Jahre (↗Euthanasie) und anknüpfend an die Massenmorde an Juden in Po-

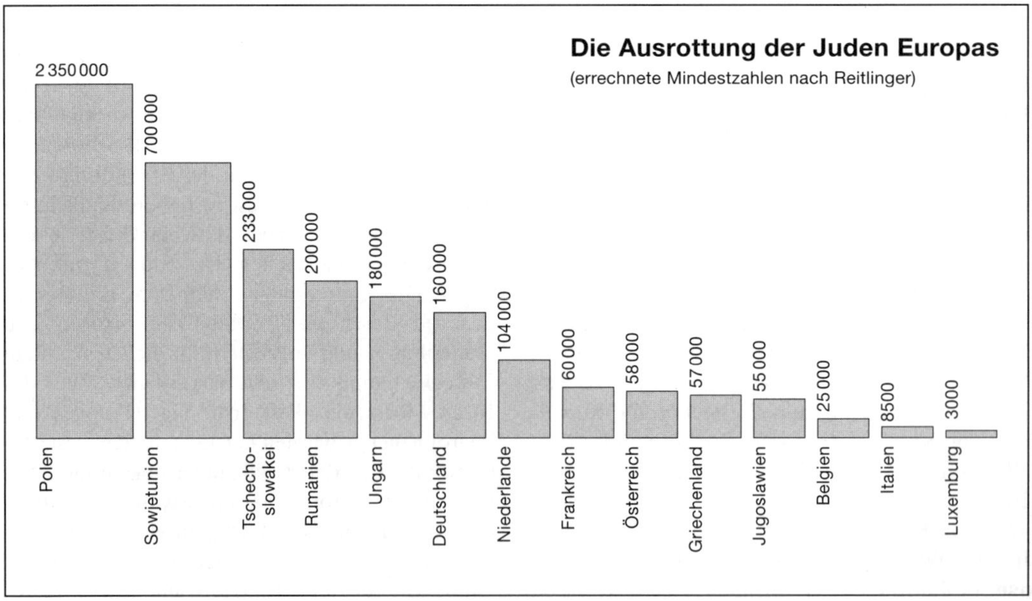

len ab 1939 sowie (unter dem Deckmantel der Partisanenbekämpfung) an die Massenerschießungen in den besetzten Gebieten Südosteuropas und der Sowjetunion 1941/42 ging man durch die Einrichtung von ↗Vernichtungslagern seit 1941 ab Anfang 1942 zum fabrikmäßigen Massenmord an den europäischen Juden über, dem auch andere als rassisch unerwünscht betrachtete Gruppen, v. a. ↗Sinti und Roma, zum Opfer fielen. (33, 285) *PS*

Jugendbewegung Um 1900 entstandene, von einem Teil der bürgerlichen Jugend getragene neoromantische, die antibürgerliche Kulturkritik ↗Nietzsches aufnehmende Bewegung im deutschsprachigen Raum, die sich gegen die Industriegesellschaft wandte und Landleben, bäuerliche Kultur und Wanderschaft idealisierte (etwa im 1901 gegründeten ↗Wandervogel).
1913 proklamierte die „Freideutsche Jugend", ein Zusammenschluß von 13 Jugendverbänden, anläßlich ihrer Gründung auf dem Hohen Meißner, sie wolle „aus eigener Bestimmung, vor eigener Verantwortung, mit innerer Wahrhaftigkeit ihr Leben gestalten". Diese „Meißnerformel" beeinflußte die gesamte J. – eine dauerhafte Bündelung der verschiedenen Gruppierungen konnte jedoch nicht erreicht werden. Neben einer Arbeiter-J. mit sozialdemokratisch und kommunistisch ausgerichteten Gruppierungen bildeten sich völkisch orientierte, christliche und unabhängige Gruppen, die seit 1923 als Bündische Jugend bezeichnet wurden. Von den Nationalsozialisten wurden 1933 alle Jugendverbände, die sich nicht in die ↗Hitlerjugend überführen ließen, verboten. *ij*

Jugendstil Internationale Stilrichtung um 1890–1914 in allen Künsten, v. a. im Kunstgewerbe. In Frankreich Art Nouveau, in Großbritannien Modern Style, in Österreich Sezessionsstil, in Spanien Modernismo genannt. Die deutsche Bezeichnung J. geht auf die Münchner Zeitschrift „Jugend" (1896–1940) zurück. Der J. verstand sich als Gegenbewegung zum ↗Historismus des 19. Jh.s; er forderte die Schaffung von Gesamtkunstwerken sowie Material- und Zweckgerechtigkeit. Die Kunst war flächenhaft, bestand aus linienhaften, verschlungenen, pflanzlichen Ornamenten. Grundlagen für den Stil legten William Morris und die Arts-and-Crafts-Bewegung in Großbritannien sowie die britische Buchkunst. Zentren des J.s waren Brüssel, Paris, Nancy und Wien, in Deutschland München (u. a. ↗Stuck, Hermann Obrist, Richard Riemerschmidt, August Endell) und Darmstadt (Künstlerkolonie Mathildenhöhe, u. a. Heinrich van de Velde).
In der ↗Literatur bezeichnet der Begriff J. hauptsächlich die Lyrik um 1900, v. a. Alfred Mombert, Richard Dehmel, Otto Julius Bierbaum, daneben ↗Rilke, Georg ↗Heym und ↗Lasker-Schüler. Die J.-Literatur ist gekennzeichnet durch Naturnähe und die Verwendung von mythologischen und mittelalterlichen Elementen sowie Symbolismen. *rw*

Jugendweihe Atheistisches und antikirchliches Ritual, Mitte des 19. Jh.s als Ersatz für die kirchliche Einsegnungsfeier entstanden; als Reaktion auf die Arbeiterunruhen des ↗Siebzehnten Juni in der ↗DDR 1955 wiederbelebt, um Jugendlichen im Alter von 14 Jahren weltanschauliche Positionen des ↗Marxismus-Leninismus zu vermitteln; zugleich Aufnahme in die ↗FDJ; nach der ↗Wiedervereinigung entpolitisiert und v. a. auf dem Gebiet der ehemaligen DDR praktiziert. *kl*

Jülich Westdeutsche Stadt in der Nähe der niederländischen Grenze; entstanden als römische Siedlung Juliacum; wurde um 1000 Grafschaft; Gebietserweiterungen im 13./14. Jh.; 1356 Herzogtum; weitere Machtausdehnung bis zum 16. Jh. (seit 1521 Verbindung der Herzogtümer bzw. Grafschaften J., Berg, Ravensberg, Cleve [↗Kleve] und Mark). Nach dem ↗Jülich-Clevischen Erbfolgestreit (1609–14) kam J. mit Berg an Pfalz-Neuburg, 1815 an Preußen (↗Rheinprovinz). *wm*

Jülich-Clevischer Erbfolgestreit (1609–14) Entstanden nach dem Tod des letzten Herzogs von ↗Kleve zwischen ↗Sachsen (verbündet mit Kaiser ↗Rudolf II.) sowie ↗Brandenburg und Pfalz-Neuburg (unterstützt von England und Frankreich). Im Vertrag von Xanten 1614 (endgültig im Vertrag von Kleve 1666) beigelegt: Kleve, Mark und Ravensberg kamen an ↗Johann Sigismund von Brandenburg, Jülich und Berg an Pfalz-Neuburg. *rh*

Julikrise (1914) Nach der Ermordung des österreichisch-ungarischen Thronfolgerpaares in Sarajewo am 28. 6. 1914 Krise des starren europäischen Bündnissystems mit massiver Kriegsgefahr; dessen Automatismus und die allseitigen militärischen Operationspläne wirkten teils lähmend, teils kriegstreibend und führten durch österreichisch-ungarisches Ultimatum an Serbien (23. 7.) und schließlich Kriegserklärung (28. 7.) zum ↗Ersten Weltkrieg. *PS*

Juliresolution ↗Friedensresolution (1917)

Julius Herzog von Braunschweig-Wolfenbüttel,

*29.6.1528 Wolfenbüttel, †3.5.1589 ebd. Sohn von ↗Heinrich dem Jüngeren; 1568 Herzog; führte noch im selben Jahr die ↗Reformation ein, politisch am Kaiser orientiert; gründete 1576 die Universität Helmstedt; erwarb 1584 Calenberg; förderte Rechtswesen, ↗Bergbau und Hüttenwesen (früher ↗Merkantilismus). *rh*

Juliusturm 1) Im J. der Zitadelle Spandau (Berlin) wurden bis 1914 französische Reparationszahlungen von 1871 als Reichskriegsschatz aufbewahrt.
2) Bezeichnung für die Kassenüberschüsse des Bundes, die 1952–56 bes. für den Aufbau der ↗Bundeswehr zurückgestellt wurden. *bb*

Jung, Carl Gustav Schweizerischer Psychoanalytiker, *26.7.1875 Kesswil (Kanton Thurgau), †6.6.1961 Küsnacht (Zürich). Psychiater und seit 1910 auch Professor in Zürich; wandte sich 1912 von ↗Freuds Lehre ab, um eine eigenständige „analytische Psychologie" zu begründen, die u.a. Vorstellungen von einem überindividuell wirkenden kollektiven Unbewußten und in ihm gründenden Archetypen (Leitbilder menschlicher Erfahrungen) hervorbrachte. Schrieb u.a.: Die Beziehungen zwischen dem Ich und dem Unbewußten (1928). *ij*

Jung, Edgar Julius Publizist, *6.3.1894 Ludwigshafen, †1.7.1934 Oranienburg (bei Berlin). Nahm 1923 an der Ermordung von Pfälzer Separatisten teil; ab Mitte der zwanziger Jahre rege publizistisch tätig. Berater von ↗Papens, schrieb er 1934 dessen Marburger Rede (17.6.), die eigentlicher Anlaß der Morde des ↗Röhm-Putsches war, denen J. selbst zum Opfer fiel. *PS*

Jungdeutscher Orden 1920 gegründeter völkischer Bund; suchte seine der ↗Jugendbewegung entstammenden Ideen in dem ↗Deutschen Orden nachgebildeter Organisation zu verwirklichen; mit der ↗DDP vorübergehend zur Deutschen Staatspartei verbunden, 1933 verboten. *PS*

Junge Pioniere ↗Pionierorganisation „Ernst Thälmann"

Jünger, Ernst Schriftsteller, *29.3.1895 Heidelberg, †17.2.1998 Riedlingen. Bekannt wurde sein Kriegstagebuch „In Stahlgewittern" (1920), das aus einer ästhetizistisch-nihilistischen Sichtweise heraus die Schrecken des Kampfgeschehens als ekstatisches Erleben schildert. J. wirkte gegen Ende der ↗Weimarer Republik als Publizist der „konservativen Revolution"; bezog seit den dreißiger Jahren eine mehr kulturtheoretisch reflektierende Position (Der Arbeiter, 1932). Sein Roman „Auf den Marmorklippen" (1939) wurde als Angriff gegen die Nationalsozialisten gewertet. In den späteren weltanschaulichen Essays finden sich humanistische und religiöse Züge (An der Zeitmauer, 1959). J. erhielt 1982 den Goethepreis der Stadt Frankfurt. *ij*

Junges Deutschland Oppositionelle, gegen die Politik der ↗Restauration gerichtete Gruppierung von Schriftstellern (1830–48). Der Name entstand in Anlehnung an zeitgenössische revolutionäre Geheimorganisationen (z.B. Junges Europa). 1835 durch Bundestagsbeschluß verboten. Das J.D. trat für liberal-demokratische Ideen ein – u.a. Meinungsfreiheit, staatliche Einheit, Emanzipation des Individuums, der Frauen und der Juden. Wichtige Protagonisten des J.D. waren ↗Börne, ↗Gutzkow, ↗Heine, ↗Laube, ↗Mundt und ↗Wienbarg.
Das literarische Erbe des ↗Deutschen Idealismus wurde abgelehnt zugunsten einer engagierten „Literatur der Bewegung". In Zeitungen und Zeitschriften entwickelten die Autoren des J.D. Strategien, die ↗Zensur zu unterlaufen. Wichtige Genres waren der Gesellschaftsroman, der emanzipatorische Frauenroman sowie das historische Tendenzdrama. *ij*

Jungingen, Konrad von ↗Konrad von Jungingen

Jungingen, Ulrich von ↗Ulrich von Jungingen

Junideklaration ↗Berliner Deklaration der Vier Mächte (1945)

Junkerparlament (1848) Polemische Bezeichnung für die Versammlung des konservativen „Vereins zur Wahrung der Interessen der Grundbesitzer und zur Förderung des Wohlstands aller Volksklassen" am 18./19.8.1848 in Berlin: Ablehnung der geplanten Aufhebung der Grundsteuerfreiheit für Rittergüter sowie Forderung nach Erhaltung der alten feudalen Vorrechte. *vK*

Junkers, Hugo Flugzeugkonstrukteur, *3.2.1859 Rheydt, †3.2.1935 Gauting (bei München). 1897–1912 Professor für Wärmetechnik an der Technischen Hochschule Aachen; entwickelte in seiner 1889 in Dessau gegründeten Versuchsanstalt Flugzeuge; baute 1914–18 Kampf- und seither Verkehrsflugzeuge; mußte seine Firma 1933 dem Staat übereignen. *UK*

Junkertum Ursprünglich war Junker die Bezeichnung für die Söhne von (Land-)Adligen, seit dem 19. Jh. für die ostelbischen ↗Großgrundbesitzer. Durch die preußischen Reformen konnte das J. seinen Landbesitz ausdehnen und sich als eine auf feudalen Vorrechten beharrende, agrarische Gesellschaftsschicht einen bedeutenden Einfluß im deutschen Kaiserreich sichern. Nach 1918 war das J. erbitterter Gegner der ↗Weimarer Republik. *dt*

Justi, Johann Heinrich Gottlob von Wirtschaftswissenschaftler, *28.12.1717 Brücken (bei Sangershausen), †21.7.1771 Küstrin. 1751–54 Professor der Kameralistik in Wien; beeinflußte die Reformen des ↗Josephinismus; seit 1762 preußischer Berghauptmann; 1768 wegen des ungerechtfertigten Vorwurfes der Unterschlagung in der Festung Küstrin inhaftiert. *dt*

K

Kaas, Ludwig Katholischer Theologe, Politiker, *23.5.1881 Trier, †25.4.1952 Rom. Mitglied des ↗Zentrums und der Weimarer ↗Nationalversammlung; 1920–23 Reichstagsabgeordneter. Als Parteivorsitzender (1928–33) unterstützte er ↗Brüning und bekämpfte von ↗Papen. 1933 setzte er sich für das ↗Ermächtigungsgesetz ein und arbeitete in Rom beim Abschluß des ↗Reichskonkordats mit. Im selben Jahr Emigration nach Rom; Berater Papst Pius' XI. *RB*

Kabinettskrieg Aus rein dynastischen Interessen geführter Krieg eines Fürsten mit begrenzter Zielsetzung (im Gegensatz zum Volkskrieg); v.a. in der Zeit des ↗Absolutismus. *vK*

Kafka, Franz Österreichischer Schriftsteller jüdischer Abstammung, *3.7.1883 Prag, †3.6.1924 Kierling (bei Wien). Der Jurist K. arbeitete bis 1922 als Versicherungsangestellter. In seinem auf die internationale Literatur nach 1945 stilbildend wirkenden Prosawerk verbindet sich die Literarisierung unbewältigter psychischer Konflikte mit einer lakonisch-unheimlichen Erzählweise, welche existentielle Verunsicherung und Orientierungslosigkeit als Grunderfahrungen des 20. Jh.s spürbar macht. Erzählungen: u.a. Das Urteil (1912), Die Verwandlung (1915), Ein Landarzt (1917), In der Strafkolonie (1919); Romane (unabgeschlossen): Der Prozeß (1925), Das Schloß (1926), Amerika (1927). *ij*

Kahlenberg, Schlacht (1683) In den ↗Türkenkriegen siegte am 12.9.1683 die österreichische Armee unter Karl von Lothringen zusammen mit Truppen aus Polen (unter König Johann III. Sobieski), Sachsen und Bayern am K. bei Wien gegen das die Stadt belagernde Heer der Osmanen unter Kara Mustafa. Wien wurde befreit, die Türken nach Ungarn zurückgedrängt. *rh*

Kahr, Gustav Ritter von Politiker, *29.11.1862 Weißenburg (Bayern), †30.6.1934 München. Bayrischer Ministerpräsident; während des ↗Hitler-Putsches Staatskommissar; zu Beginn des Umsturzversuches am 8.11.1923 als vermeintlicher Verbündeter im ↗Bürgerbräukeller anwesend, ließ den Putsch anderntags niederschlagen. Während der ↗Röhm-Affäre ermordet. *PS*

Kaisen, Wilhelm Politiker (SPD), *22.5.1887 Hamburg; †19.12.1979 Bremen. 1921–23 Mitglied der Bremer Bürgerschaft; 1927–33 Senator für Volkswohlfahrt; während des ↗Dritten Reiches mehrfach verhaftet; war seit 1945 erneut Senator, Senatspräsident und Bürgermeister von Bremen. Unter K. erreichte die Bremer ↗SPD die absolute Mehrheit. 1965 trat K. aus Altersgründen zurück. *bb*

Kaiser 1) Vom Eigennamen und dann dem Titel Caesars hergeleiteter höchster monarchischer Titel; zuerst Bezeichnung für den Herrscher des Römischen (bis 476) und des Byzantinischen Reiches (bis 1453). Mit der K.-Krönung ↗Karls des Großen durch Papst Leo III. 800 entstand das abendländische (Römisch-deutsche) Kaisertum, das sich als Erneuerung des römischen verstand. Hauptaufgabe des K.s, dessen Vorherrschaft im Abendland auf Autorität und nicht auf Macht beruhte, war der Schutz der Kirche.

2) Seit ↗Otto dem Großen (gekrönt 962) war das Kaisertum eng mit dem deutschen Königtum verknüpft. Nachdem die K.-Würde im ↗Investiturstreit an Ansehen verloren hatte, verblaßte die Bedeutung der K. im Spätmittelalter.

1508 nahm ↗Maximilian I. mit päpstlicher Genehmigung, aber ohne Krönung den Titel „Erwählter römischer K." an. Seither führten die deutschen ↗Könige nach der Königswahl auch den K.-Titel.

↗Karl V. ließ sich als letzter K. 1530 vom Papst krönen. Das Römisch-deutsche Kaisertum endete mit ↗Franz II., der 1804 den Titel K. von Österreich angenommen hatte und 1806 die Römisch-deutsche K.-Krone niederlegte.

3) Im von Otto von ↗Bismarck gegründeten ↗Deutschen Reich (1871–1918) führten die Könige von Preußen den Titel „Deutscher K.". (158, 527) *vK*

Kaiser, Georg Dramatiker, *25.11.1878 Magdeburg, †4.6.1945 Ascona. K.s von Abstraktion und konstruierter Handlung geprägte Stücke gehörten zu den meistaufgeführten des ↗Expressionismus. In dem Drama „Die Bürger von Calais" (1914) wird das Opfer des einzelnen zum Wohle der Gemeinschaft wegweisend für den „neuen Menschen". Dramen u.a.: Die Koralle (1917), Gas (1918/20). *ij*

Kaiser, Jakob Politiker (CDU), *8.2.1888 Hammelburg, †7.5.1961 Berlin (West). In den ↗christlichen Gewerkschaften tätig; 1933 Mitglied des Reichstages (Zentrum); während des ↗Dritten Reiches im ↗Widerstand, mehrmals inhaftiert; Mitbegründer der ↗CDU in der ↗SBZ, 1947 als ihr Vorsitzender wegen seiner Ablehnung der Volkskongreß-Bewegung abgesetzt; Vertreter West-Berlins im ↗Parlamentarischen Rat; 1949–57 Mitglied des Bundestages und Minister für gesamtdeutsche Fragen; 1950–58 stellvertretender Vorsitzender der bundesdeutschen CDU, 1958–61 deren Ehrenvorsitzender; prägte entscheidend den ↗christlichen Sozialismus. *AM*

Kaiserchronik Älteste deutsche Weltchronik, um 1150 entstanden, Verfasser unbekannt (vermutlich mehrere Regensburger Geistliche); in ↗mittelhochdeutscher Sprache, gereimt; mit Legenden und Anekdoten verbundene Geschichte der ↗Kaiser von Caesar bis zum ↗Kreuzzug ↗Konrads III. (1147); später umgearbeitet und fortgesetzt. *vK*

Kaiserdeputation 1) Delegation unter Führung ↗Simsons, die nach der Verabschiedung der deutschen Reichsverfassung durch die ↗Frankfurter Nationalversammlung dem preußischen König ↗Friedrich Wilhelm IV. am 3.4.1849 die Kaiserkrone anbot. Der König lehnte die Krone jedoch ab mit der Begründung, die ihm angetragene Würde nur mit Zustimmung aller deutschen Regierungen, d.h. der Fürsten, annehmen zu können (endgültige Ablehnung am 28.4.). Dies führte zum endgültigen Scheitern der Nationalversammlung. 2) Delegation der Fürsten des ↗Norddeutschen

„Die Proklamierung des Deutschen Kaiserreichs" durch Großherzog Friedrich I. von Baden (mit erhobener Hand auf dem Podest neben ↗Wilhelm I. links daneben der preußische Kronprinz und spätere Kaiser ↗Friedrich (III.); in der Mitte des Bildes in weißer Uniform Otto von ↗Bismarck, rechts neben ihm Generalstabschef Helmuth von ↗Moltke) (Gemälde von Anton von Werner, 1885)

Bundes unter Führung Simsons, die nach dem entscheidenden Sieg im ↗Deutsch-Französischen Krieg dem preußischen König ↗Wilhelm I. am 18.12.1870 die deutsche Kaiserwürde anbot. Dieser nahm widerstrebend an, da er Angst um den „soliden Glanz der preußischen Königskrone" hatte (↗Kaiserproklamation). *vK*

Kaiserproklamation (1871) Proklamation König ↗Wilhelms I. von Preußen zum Deutschen Kaiser (↗Kaisertitulatur) bei der ↗Reichsgründung im Spiegelsaal des Schlosses von Versailles am 18.1.1871. Das Datum deutete gleichsam auf den Zielpunkt preußischer Geschichte hin, da am 18.1.1701 ↗Friedrich I. den preußischen Königsthron bestiegen hatte. *vK*

Kaisersage Im 13. Jh. aufgekommenes Motiv des bergentrückten, schlafenden Herrschers, der laut Volksglauben zu unbestimmter Zeit zurückkehren und Frieden bringen werde. Zugrunde lag u. a. der Wunsch der ↗Bauern und Kaufleute nach Schutz und Sicherheit. Ursprünglich nur auf den Stauferkaiser ↗Friedrich II. bezogen, später auch auf andere Herrscher (u.a. ↗Barbarossa im ↗Kyffhäuser). *ku*

Kaisertitulatur Bei der ↗Kaiserproklamation (1871) war die K. umstritten: „Kaiser von Deutschland", von ↗Wilhelm I. gewünscht, erfuhr Widerstand der Fürsten, da sie dadurch ihre Hoheitsrechte gefährdet sahen; „Kaiser der Deutschen" lehnte Wilhelm als „Volkskaisertum" ab; in der Kaiserproklamation wurde er schließlich nur „Kaiser Wilhelm" genannt. Später führten Wilhelm I. und ↗Wilhelm II. den Titel „Deutscher Kaiser". *vK*

Kaiser-Wilhelm-Gesellschaft zur Förderung der Wissenschaften e.V. (KWG) 1911 unter der Schirmherrschaft Kaiser ↗Wilhelms II. gegründete Gesellschaft, die vorwiegend naturwissenschaftlich ausgerichtete Forschungsinstitute aufbaute und unterhielt. Nach dem Zweiten Weltkrieg wurde die Reorganisation der KWG von ↗Planck und Otto ↗Hahn geleitet, wobei auf Veranlassung der Militärregierung eine Umbenennung vorgenommen wurde (↗Max-Planck-Gesellschaft zur Förderung der Wissenschaften e. V.). *ij*

Kalixtiner ↗Hussiten

Kaltenbrunner, Ernst Österreichischer Jurist, NSDAP-Politiker, *4.10.1903 Ried am Inn, †16.10.1946 Nürnberg. Seit 1932 Mitglied der ↗NSDAP; ab 1937 Führer der österreichischen ↗SS; 1938 Staatssekretär für Sicherheit in Wien; 1943 Nachfolger ↗Heydrichs als Chef des ↗Reichssicherheitshauptamts, der ↗Sicherheitspolizei und des ↗SD. K. war maßgeblich an der ↗Judenvernichtung beteiligt. Im ↗Nürnberger Kriegsverbrecherprozeß wurde er zum Tode verurteilt und hingerichtet. (286) *RB*

kalter Krieg Bezeichnung für die nicht mit Waffengewalt ausgetragenen Konflikte um Einfluß in Europa und zur Durchsetzung der jeweiligen Gesellschafts- und Wirtschaftssysteme zwischen der Sowjetunion und den USA nach dem Zweiten Weltkrieg. Der k.K. war über die Einbindung in die Bündnissysteme ↗NATO und ↗Warschauer Pakt für die Entwicklung der ↗Bundesrepublik und der ↗DDR entscheidend; er ist mit der Auflösung des Warschauer Paktes und der ↗Wiedervereinigung Deutschlands endgültig beendet. *kl*

Kameralismus Die deutsche Form des ↗Merkantilismus; im Vordergrund standen nicht nur ökonomische Fragen: Kameralwissenschaft bedeutete die Lehre von der Staatsverwaltung, den Finanzen und der landwirtschaftlichen und gewerblichen Produktion sowie deren Verwirklichung in den deutschen Fürstenstaaten des 16.–18. Jh.s. Bedeutende Vertreter waren: ↗Becher, Ernst Ludwig Carl, Philipp Wilhelm von Hörnigk, ↗Justi, Wilhelm von Schröder, ↗Seckendorff und ↗Sonnenfels. *dt*

Kamerun, Kolonie Ehemalige deutsche ↗Kolonie, 1884 von ↗Nachtigal zum deutschen ↗Schutzgebiet erklärt; 1911 durch den ↗Marokko-Kongo-Vertrag erheblich vergrößert. 1916 von britischen und französischen Truppen erobert, wurde K. bis 1920 den britischen und französischen Kolonialgebieten angegliedert. *dt*

Kämmerer Eines der vier fränkischen ↗Hofämter, mit Verwaltung der Finanzen betreut. Wurde als Erzamt, wie die anderen Hofämter, zum Titel, den der Kurfürst von Brandenburg innehatte. *wj*

Kampfbünde Meist parteigebundene Wehrverbände zur Zeit der Weimarer Republik, teilweise Träger der bürgerkriegsähnlichen Auseinandersetzungen ab Ende der zwanziger Jahre. Auf der Rechten agierten v. a. ↗SA (↗NSDAP) und ↗Stahlhelm, auf der Linken ↗Roter Frontkämpferbund (↗KPD) und ↗Reichsbanner „Schwarz-Rot-Gold" (↗SPD). *PS*

Kampf dem Atomtod Ausgelöst durch das ↗Göttinger Manifest und Formen des Bürgerprotestes gegen die ↗atomare Bewaffnung der Bundeswehr von den Gewerkschaften, der SPD und evangelischen Kirchenvertretern zur Bündelung des Protestes im März 1958 initiierte Kampagne; Massenproteste, z.B. von 150000 Menschen in Hamburg am 17.4.1958; Ende 1958 zerfallen und in der ↗Ostermarsch-Bewegung aufgegangen, hierdurch Erneuerung der bundesdeutschen ↗Friedensbewegung. *kl*

Kampfgruppen der Arbeiterklasse Paramilitärische Verbände in der ↗DDR, einmalig in Staaten des ↗Warschauer Paktes; seit 1952 vereinzelt, nach dem ↗Siebzehnten Juni 1953 landesweit in Betrieben aufgestellt; durch die ↗Volkspolizei ausgebildet und ausgerüstet; seit 1955 uniformiert; nach Gründung der ↗NVA in die Landesverteidigung integriert; während des Baus der ↗Berliner Mauer Übernahme von Wachaufgaben; 1970 erste Teilnahme an Manövern der Warschauer-Pakt-Staaten; Ausbildung v.a. in der Freizeit; Abgeltung der Reservistenverpflichtung in der NVA; zum 30.6.1990 aufgelöst. *kl*

Kandinsky, Wassily Russischer Maler, *4.12. 1866 Moskau, †13.12.1944 Neuilly-sur-Seine. Ab 1896 u.a. in München, gehört neben ↗Marc zu den Gründungsmitgliedern des ↗Blauen Reiters und gilt als Begründer der abstrakten Malerei. Ab 1922 als Lehrmeister am ↗Bauhaus tätig. Mehrere kunsttheoretische Werke u.a.: Über das Geistige in der Kunst (1912). *kp*

Kant, Hermann Schriftsteller, *14.6.1926 Hamburg. 1978–90 Präsident des Schriftstellerverbandes der ↗DDR. Schrieb Erzählungen und Romane (u.a. den mit über 1 Mio. verkauften Exemplaren erfolgreichsten DDR-Roman „Die Aula", 1965); wurde zu einem Repräsentanten der offiziellen DDR-Literatur, indem er moderne Erzählformen mit den Forderungen des ↗sozialistischen Realismus zu verbinden suchte. K. war am Ausschluß einer Reihe von staatskritischen Autoren aus dem Schriftstellerverband 1979 maßgeblich beteiligt. 1991 veröffentlichte er Memoiren (Abspann). *ij*

Kant, Immanuel Philosoph, *22.4.1724 Königsberg, †12.2.1804 ebd. 1746–55 Hauslehrer, ab 1770 Professor für Metaphysik und Logik in Königsberg. In seiner vorkritischen Periode orientierte sich K. v.a. am Rationalismus von ↗Leibniz. In diese Zeit fällt auch sein kosmologischer Entwurf (K.-Laplace-Theorie), in dem er, die Newtonsche Mechanik konsequent auf astronomische Systeme anwendend, eine noch heute diskutierte Theorie ihrer Entstehung entwickelte.
Unter dem Einfluß David Humes wandte K. sich dem Empirismus und Skeptizismus zu. Im Hauptwerk seiner kritischen Periode, der „Kritik der reinen Vernunft" (1781), suchte er die Grenzen des Erkennens zu bestimmen. K. unternahm hier einerseits eine Kritik des Rationalismus und des Empirismus, andererseits den Versuch ihrer Synthese. Er teilte mit dem Rationalismus die Überzeugung, daß jedem Erkennen und Erfahren vorgängige (apriorische) Denkstrukturen zugrunde liegen, mit dem Empirismus dessen Forderung, jede Erkenntnis müsse sich an sinnlichen Anschauungen beweisen. Er kritisierte am Rationalismus dessen Behauptung, die apriorischen Strukturen seien solche der Dinge selbst, am Empirismus dessen Bestreben, die Strukturen aus der Gewohnheitsbildung zu erklären.
K. verlegte in seiner Synthese die der Erfahrung zugrundeliegenden Denk- und Wahrnehmungsstrukturen ins Erkenntnissubjekt, das sich, sie auf sinnliches Anschauungsmaterial anwendend, eine Welt der Gegenstände als Erscheinungen erst aufbaue.
Die Folgen dieser Erkenntniskritik für die Lehren von Gott, der Welt und der Seele waren umwälzend. Jenseits aller Erfahrung in Raum und Zeit liegend, seien ihre Erkenntnis und Existenzaussagen über sie unmöglich.
Ist ihre Erkenntnis auch unmöglich, so leugnete K. jedoch keineswegs ihre Wirklichkeit. In seiner „Kritik der praktischen Vernunft" (1788) formulierte er nicht nur seinen kategorischen Imperativ als Kernsatz seiner Pflichtethik, sondern rechtfertigte den Glauben an die Existenz Gottes und der Seele, insofern sie sittliches Handeln nach ethischen Normen überhaupt erst möglich machen. *bl*

Kanther, Manfred Bundesinnenminister (CDU), *26.5.1939 Schweidnitz (Schlesien). 1980–87 Generalsekretär der ↗CDU im hessischen Landesverband; 1987–91 Finanzminister; 1991–93 Vorsitzender der CDU in Hessen; 1993–98 Bundesinnenminister. *AM*

Kantonverfassung (Kantonsystem) 1733 von König ↗Friedrich Wilhelm I. in Preußen eingeführtes und bis 1814 gültiges Rekrutierungssystem, das jedem Truppenteil einen bestimmten Bezirk (Kanton) zur Aushebung seiner Soldaten zuwies; Vorläufer der allg. Wehrpflicht. *rh*

Kantorowicz, Alfred Literaturhistoriker, Schriftsteller, *12.8.1899 Berlin, †27.3.1979 Hamburg. Der Kommunist emigrierte 1933 nach

Frankreich, kämpfte 1936–39 als Offizier der Internationalen Brigaden im Spanischen Bürgerkrieg. Ab 1949 Professor für Neueste Literatur in Berlin (Ost); siedelte 1957 in die Bundesrepublik über. Herausgeber von Heinrich ↗Manns Werken; Forschungen zur ↗Exilliteratur. *ij*

Kanzelparagraph Im ↗Kulturkampf am 10.12. 1871 eingeführter § 130a des Strafgesetzbuches, der den Mißbrauch des geistlichen Amtes zur Gefährdung des öffentlichen Friedens mit Gefängnis bedrohte (Kanzelmißbrauch); wurde noch im ↗Dritten Reich angewandt und blieb auch in der DDR in Kraft; in der Bundesrepublik 1953 aufgehoben. *vK*

Kanzler 1) Im fränkischen bzw. Heiligen Römischen Reich des frühen Mittelalters Schreiber am ↗Hof; seit 953 der mit der Ausfertigung der ↗Urkunden beauftragte Vorsteher der königlichen Kanzlei. Er führte, auch als ↗Reichs-K., die Geschäfte, während den Titel ↗Erz-K. der Kurfürst von Mainz als Erzamt innehatte.
2) Als Hofamt auch der Kanzleivorsteher an Fürstenhöfen.
3) ↗Reichs-K. *wj*

Kanzlerdemokratie In den fünfziger Jahren entstandenes Schlagwort für den Regierungsstil ↗Adenauers, der die verfassungsmäßig starke Stellung des ↗Bundeskanzlers (Richtlinienkompetenz) durch seinen autoritären Führungsstil und seine Durchsetzungskraft weiter ausbaute. *bb*

Kapital, Das Ab 1850 entstandenes Hauptwerk von Karl ↗Marx zur „Kritik der politischen Ökonomie", in dem er seine Theorie des ↗Kapitalismus in umfassender Weise entwickelte. Erster Band von Marx herausgegeben (1867), die restlichen drei Bände nur als Entwurf, die v. a. von ↗Engels (1885, 1894) ediert wurden. *nk*

Kapitalismus V. a. von Karl ↗Marx entwickelter Begriff zur Bezeichnung eines unter dem Prinzip der Gewinnmaximierung organisierten, durch den Markt (Nachfrage) geregelten und durch Privatbesitz sowie die Trennung von Kapitalgüterbesitz und Arbeitskraft gekennzeichneten Wirtschafts- und Gesellschaftssystems. Die historische Entwicklung wird nach ↗Sombart in drei Stufen unterteilt: 1) ↗Früh-K. seit ca. 1500 (↗Manufaktur, ↗Verlagswesen); 2) Hoch-K. im 18./19. Jh., der durch Wirtschaftsliberalismus (freie Marktwirtschaft bzw. freier K.) und enormen Produktivitätsaufschwung (↗Industrialisierung) charakterisiert war und zu erheblichen sozialen Mißständen führte; 3) Spät-K. seit Ende des 19. Jh.s, den zunehmende Wirtschaftslenkung durch private oder staatliche Unternehmenszusammenschlüsse, staatliche Interventionen (z. B. ↗Sozialgesetzgebung) sowie die Aktivität der ↗Gewerkschaften als Vertretung der Arbeiter kennzeichnen (↗soziale Marktwirtschaft). Für den ↗Marxismus produziert der K. innere Widersprüche, die schließlich zu seiner Überwindung im ↗Sozialismus und zur letztlich klassenlosen Gesellschaft (↗Kommunismus) führen sollen. *nk*

Kapitularien Von fränkischen Herrschern ausgehende, in Kapiteln gegliederte Erlasse, Verordnungen usw. Sie besaßen gesetzgeberischen, verwaltungsmäßigen und/oder religiös-belehrenden Charakter; der Herrscher (↗Kaiser, ↗König oder ↗Hausmeier) versuchte mit ihnen sein Großreich zu regieren. Eine genaue Scheidung der K. nach bestimmten Gruppen ist bis heute nicht gelungen. Die K. zählen zu den wichtigsten Quellen des Mittelalters. *vK*

Kapitulation (1945) In Teilschritten vollzogener Waffenstillstand am Ende des ↗Zweiten Weltkrieges in Europa. Versuch, im letzten Augenblick die ↗bedingungslose K. als Gesamtkapitulation zu vermeiden. Am 2.5.1945 trat die K. für Italien in Kraft, am 5.5. für Belgien, die Niederlande und Nordwestdeutschland. Am 7.5. mußte dennoch in Reims die Gesamtkapitulation unterzeichnet werden, die am 8.5. in Kraft trat und auf Drängen der Sowjetunion am 9.5. in Berlin-Karlshorst wiederholt wurde. *PS*

Kapp, Wolfgang Politiker, *24.7.1858 New York, †12.6.1922 Leipzig. 1906–16 Generallandschaftsdirektor in Ostpreußen; 1917 mit von ↗Tirpitz Begründer der rechtsradikalen ↗Deutschen Vaterlands-Partei; 1920 zusammen mit von ↗Lüttwitz Putschversuch gegen die Reichsregierung (↗Kapp-Lüttwitz-Putsch). Nach dessen Mißlingen setzte K. sich nach Schweden ab, stellte sich aber 1922. Er starb in der Untersuchungshaft. *RB*

Kapp-Lüttwitz-Putsch Von ↗Kapp und von ↗Lüttwitz angeführter Putsch (13.–17.3.1920) zum Sturz der Reichsregierung. Ausgelöst wurde er durch die von der Regierung Gustav Adolf ↗Bauer aufgrund von Bestimmungen des ↗Versailler Vertrages angeordneten Truppenreduzierungen, die u. a. die Auflösung der Marinebrigade ↗Ehrhardt vorsahen. Nach Einmarsch der von von Lüttwitz befehligten Brigade Ehrhardt in Berlin Flucht der Regierung nach Stuttgart. Der Putsch scheiterte u.a. am passiven Widerstand der Ministerialbürokratie und am Generalstreik der Gewerkschaften. *RB*

Kapuziner 1528 in Rom im Zuge einer Reform der ↗Franziskaner aus diesen als eigener Orden hervorgegangen. Namensbestimmend war das Tragen einer Kapuze. Die K. setzten Schwerpunkte in Seelsorge, Predigt und Engagement in der Krankenpflege. Ab 1581 Niederlassung im deutschsprachigen Raum, 1599 in Freiburg (Breisgau), 1611 in Köln. Neben den ↗Jesuiten waren die K. in Deutschland (v.a. in der Oberpfalz) Hauptverfechter der ↗Gegenreformation; einzelne Ordensträger hatten politischen Einfluß an den Höfen (u.a. bei den ↗Habsburgern). Heute sind die K. v.a. missionarisch in Übersee tätig. *rm*

Kardorff, Siegfried von Politiker, *4.2.1873 Berlin, †12.10.1945 ebd. 1909–18 Mitglied des preußischen Abgeordnetenhauses (↗Freikonservative Partei). Nach Fraktionswechsel aufgrund seiner Befürwortung des gleichen Wahlrechts anstelle des preußischen ↗Dreiklassenwahlrechts war K. 1919 Mitglied des preußischen Landtages für die ↗DNVP; 1920–33 Mitglied des Reichstages für die ↗DVP; 1928–32 Vizepräsident des Reichstages. *RB*

Kardorff, Wilhelm von Industrieller, Politiker, *8.1.1828 Neustrelitz, †21.7.1907 Wabnitz (bei Breslau). 1866–76 und ab 1888 Mitglied des preußischen Abgeordnetenhauses; 1868–1906 Mitglied des Reichstages; Gründer und Führer der ↗Freikonservativen Partei; Vorkämpfer der Schutzzollpolitik Otto von ↗Bismarcks. *sa*

Karl

Kaiser:

Karl I. der Große *2.4.742 (?), †28.1.814 Aachen. Seit 768 König, seit 800 Kaiser. K. war einer der bedeutendsten Herrscher Europas. Er begründete politisch, kirchlich und kulturell die Einheit der abendländischen Welt.

Der Sohn König Pippins wurde 768 fränkischer König und nach dem Tod seines mitregierenden Bruders ↗Karlmann 771 Alleinherrscher, 774 nach der Eroberung des Langobardenreiches auch deren König. Er übernahm gleichzeitig (Erneuerung der Pippinischen Schenkung) die Schutzherrschaft über den Kirchenstaat („Patricius Romanorum") und beseitigte 788 mit der Absetzung ↗Tassilos III. von Bayern das letzte Stammesherzogtum. Seit 772 bekämpfte er die Sachsen, die unter der

Karl der Große (Büstenreliquiar, um 1300)

Führung Widukinds erbitterten Widerstand leisteten (endgültige Unterwerfung erst 804). Zur Sicherung seines Reiches errichtete K. verschiedene Marken (seit 778 die spanische Mark gegen die Araber; nach der Vernichtung des Awarenreiches 791–96 die awarische Mark, später Ostmark; im Norden 810 die dänische Mark). Mit der Kaiserkrönung durch Papst Leo III. am Weihnachtstag 800 übernahm K. zwar die Tradition des Römischen Reiches, betonte selbst aber den fränkischen und christlichen Charakter seines Kaisertums und akzeptierte eine Parität mit dem byzantinischen Kaisertum.

Im ↗Frankenreich führte er eine Neuordnung der Verwaltung durch (Grafschaftsverfassung) und ließ die Stammesrechte aufzeichnen. Er brachte die Reformen des ↗Bonifatius zum Abschluß und führte unter Anknüpfung an die Antike eine Reform der Bildung und der Kunst durch (↗karolingische Renaissance). Er wurde in der von ihm errichteten Aachener Pfalzkapelle beigesetzt. Seine 1165 unter ↗Friedrich I. Barbarossa vorgenommene Heiligsprechung wurde von Rom nicht anerkannt. *dh*

Karl II. der Kahle *13.6.823 Frankfurt/Main, †6.10.877 Arrieux. Sohn ↗Ludwigs des Frommen;

erhielt im Vertrag von ↗Verdun 843 Westfranken; wurde 869 zum ostfränkischen König gekrönt; bekam im Vertrag von ↗Meerssen 870 Westlothringen; seit 875 Kaiser; konnte die Einfälle der Normannen nicht abwehren; beim Versuch, auch das östliche Lothringen zu erobern, 876 bei Andernach geschlagen. *dh*

Karl III. der Dicke *839, †13.1.888 Neudingen/Donau. Sohn ↗Ludwigs des Deutschen; seit 876 Teilkönig in Alamannien; seit 879 König in Italien; seit 881 Kaiser; war seit 882 König in ganz Ostfranken, seit 885 auch in Westfranken, so daß er nochmals das Gesamtreich vereinigte; wurde durch Krankheit regierungsunfähig, daher 887 zur Abdankung gezwungen. *dh*

Karl IV. *14.5.1316 in Prag, †29.11.1378 ebd. Ursprünglich Wenzel, Sohn von König ↗Johann von Böhmen aus dem Haus Luxemburg; 1346 zum deutschen König gewählt (zunächst als ↗Gegenkönig zu ↗Ludwig IV., dem Bayern); seit 1347 König von Böhmen; 1355 in Rom zum Kaiser gekrönt; erließ 1356 die ↗Goldene Bulle und gründete in Prag (seit 1344 Erzbistum) 1348 die erste deutsche ↗Universität. *dh*

Karl V. *24.2.1500 Gent, †21.9.1558 Yuste (Spanien). ↗Habsburger, Sohn von ↗Philipp I., dem Schönen; 1506 Herzog von Burgund, 1516 König von Spanien, 1519 (nach dem Tod ↗Maximilians I.) im Besitz der habsburgischen ↗Erblande, die er 1521/22 seinem Bruder ↗Ferdinand I. überließ, der ab 1531 auch sein Vertreter im Heiligen Römischen Reich wurde; am 28.5.1519 gegen Franz I. von Frankreich zum Kaiser gewählt (1530 in Bologna als letzter Kaiser vom Papst, Clemens VII., gekrönt).

Stand mit seiner universalen Kaiseridee im Gegensatz zum modernen Nationalstaat; konnte sich in vier Kriegen um die europäische Vorherrschaft gegen Franz I. (1521–26 mit Sieg bei ↗Pavia 1525 und Gefangennahme des französischen Königs, 1526–29 mit dem ↗Sacco di Roma 1527, 1536–38 und 1542–44) in Italien behaupten, gab aber (im Frieden von Crépy 1544) das umstrittene Herzogtum Burgund preis; kämpfte 1532 gegen die (1529 bis Wien vorgestoßenen) Türken; unternahm Feldzüge gegen Seeräuberimperien (1535 nach Tunis, 1541 nach Algier).

Die Kämpfe gegen Franzosen und Türken und die Gegensätze zwischen K. und den auf Selbständigkeit bedachten deutschen Landesfürsten begünstigten die Ausbreitung der ↗Reformation, die der Kaiser auf verschiedenen ↗Reichstagen (1521 Ächtung Martin ↗Luthers in ↗Worms, 1530 Ablehnung der ↗Augsburger Konfession, 1548 Ausarbeitung des ↗Augsburger Interims) sowie durch das Konzil von ↗Trient (1545–63) vergeblich zu verhindern suchte. K. besiegte die evangelischen Fürsten 1546/47 im ↗Schmalkaldischen Krieg, unterlag aber 1552 Kurfürst ↗Moritz von Sachsen, der sich mit der deutschen Fürstenopposition und dem französischen König verbündet hatte.

Nach der reichsrechtlichen Anerkennung der Reformation im ↗Augsburger Religionsfrieden 1555 dankte er bis 1556 in mehreren Schritten ab: Nachfolger in Spanien Philipp II., im Reich Ferdinand I.; K. zog sich in eine Villa beim spanischen Kloster San Jerónimo de Yuste zurück. *rh*

Karl VI. *1.10.1685 Wien, †20.10.1740 ebd. ↗Habsburger, Sohn ↗Leopolds I.; in Spanien nach dem Aussterben der spanischen Habsburger (1700) als K. III. Gegenkönig (1703) des Bourbonen Philipp V.; konnte sich nach dem Tod von Kaiser ↗Joseph I. (1711, gleichzeitig Rückkehr K.s nach Wien) nicht mehr durchsetzen und erhielt nach dem Ende des ↗Spanischen Erbfolgekrieges (1713/14) nur die spanischen Nebenländer Niederlande, Mailand, Neapel und Sardinien (das er 1720 gegen Sizilien eintauschte).

1711 zum Kaiser gewählt, 1712 König von Ungarn (K. III.); gewann durch den von Prinz ↗Eugen geführten ↗Türkenkrieg 1716–18 das Banat; außerdem noch Nordserbien und Teile der Walachei, die er jedoch im Türkenkrieg von 1737–39 wieder verlor.

K., mit dem der Mannesstamm der Habsburger ausstarb, erreichte nur mit größter Mühe die Anerkennung der 1713 zur Sicherung der Erbfolge für seine Tochter ↗Maria Theresia erlassenen ↗Pragmatischen Sanktion nach dem Polnischen Erbfolgekrieg (1733–35 bzw. 1738), in dem er Neapel sowie Sizilien verlor und Parma und Piacenza gewann.

In seine Regierungszeit fiel der Höhepunkt des österreichischen ↗Barock. *rh*

Karl VII. Albrecht *6.8.1697 Brüssel, †20.1.1745 München. ↗Wittelsbacher, 1726 Kurfürst von Bayern (K. Albrecht); erhob 1740 als Schwiegersohn Kaiser ↗Josephs I. Erbansprüche auf Österreich, 1741 König von Böhmen, 1742 mit Hilfe Preußens und Frankreichs zum Kaiser gewählt; wurde jedoch im ↗Österreichischen Erbfolgekrieg geschlagen und aus Bayern vertrieben (Rückkehr Ende 1744). *rh*

Baden:

Karl Friedrich Kurfürst, *22.11.1728 Karlsruhe, †10.6.1811 ebd. 1738 Markgraf von ↗Baden-Durlach, erbte 1771 Baden-Baden; Musterregent des aufgeklärten ↗Absolutismus: vorbildliches ↗Beamtentum, hob ↗Folter (1767) und ↗Leibeigenschaft (1783) auf, Verbesserung des Bildungswesens; 1803 Kurfürst; 1806 durch Beitritt zum ↗Rheinbund Großherzog, Einführung des ↗Code civil (1806); 1803–10 beträchtliche Erweiterung seines Territoriums. *rh*

Karl (Ludwig Friedrich) Großherzog, *8.6.1786 Karlsruhe, †8.12.1818 Rastatt. Enkel von ↗Karl Friedrich; 1811 Großherzog; vermählt mit ↗Stephanie de Beauharnais, der Adoptivtochter ↗Napoleons I.; bis 1813 auf dessen Seite; gab seinem Land 1818 eine liberale Verfassung. *rh*

Braunschweig:

Karl Wilhelm Ferdinand Herzog, *9.10.1735 Wolfenbüttel, †10.11.1806 Ottensen. 1780 Herzog, machte im selben Jahr Gotthold Ephraim ↗Lessing zum Bibliothekar in Wolfenbüttel; ab 1773 General in der preußischen Armee; zum Dank für seine Siege in den Niederlanden wurde 1788 das ↗Brandenburger Tor erbaut; Oberbefehlshaber der preußischen Truppen in den ↗Koalitionskriegen; 1806 mitbeteiligt an der Niederlage von ↗Jena und Auerstedt. *rh*

Karl II. Friedrich August Wilhelm Herzog, *30.10.1804 Braunschweig, †28.8.1873 Genf. Stand als Vollwaise unter der Vormundschaft seines Onkels, des späteren britischen Königs Georg IV.; 1823 Ende der Vormundschaft, 1826 Übernahme der Regierung; erließ am 10.5.1827 ein Patent zur Aufhebung aller nach seinem 18. Geburtstag vom Vormund erlassenen Verordnungen (u.a. der Verfassung); 1830 vom ↗Bundestag zur Aufhebung des Patentes gezwungen; 1830 abgesetzt; Exil in Paris, ab 1870 in Genf. *rw*

Hohenzollern-Sigmaringen:

Karl Anton Fürst, *7.9.1811 Krauchenwies (bei Sigmaringen), †2.6.1885 Sigmaringen. Übernahm am 28.8.1848 die Regierung; trat sein Land am 7.12.1849 an Preußen ab; 1852–58 preußischer Divisionskommandeur in Düsseldorf; 1858–62 preußischer Ministerpräsident, scheiterte am preußischen Heereskonflikt; 1863 Militärgouverneur für ↗Westfalen und die ↗Rheinprovinz; vertrat eine gemäßigt liberale Politik. *rw*

Österreich:

Karl II. Erzherzog, *3.6.1540 Wien, †10.7.1590 Graz. Sohn Kaiser ↗Ferdinands I., 1564 durch dessen Erbteilung Erzherzog von Innerösterreich (Teil der habsburgischen ↗Erblande, bestehend aus Steiermark, Kärnten, Krain und Görz); an mehreren ↗Türkenkriegen beteiligt; Vertreter der ↗Gegenreformation; gründete die Universität Graz. *rh*

Karl (Ludwig Johann) Erzherzog, *5.9.1771 Florenz, †30.4.1847 Wien. Sohn von Kaiser ↗Leopold II.; siegte als Kommandant der österreichischen Rheinarmeee 1796 und 1799 über die Franzosen; Reorganisation des Heeres als Leiter des ↗Hofkriegsrates (seit 1801) und Kriegsminister; fügte 1809 bei Aspern ↗Napoleon I. die erste Niederlage zu, jedoch kurz danach bei Wagram geschlagen; legte danach den Oberbefehl nieder. *rh*

Pfalz:

Karl Ludwig Kurfürst, *22.12.1617 Heidelberg, †28.8.1680 ebd. Sohn ↗Friedrichs V. von der Pfalz; 1648 Kurfürst; erhielt 1648 im ↗Westfälischen Frieden die um die Oberpfalz verkleinerte ↗Pfalz mit der neuen, achten Kurwürde zurück; um Ausgleich der Konfessionen und Wiederaufbau seines Landes bemüht. *rh*

Karl III. Philipp Kurfürst, *4.11.1661 Neuburg/Donau, †31.12.1742 Mannheim. 1706 Statthalter von ↗Tirol; 1716 Kurfürst; Vertreter der ↗Gegenreformation; 1720 Verlegung der Residenz von Heidelberg nach Mannheim; von der kaiserlichen Politik enttäuscht, im ↗Österreichischen Erbfolgekrieg (1741–48) auf seiten Bayerns und Frankreichs. *rh*

Karl Theodor Kurfürst, *11.12.1724 Drogenbos (bei Brüssel), †16.2.1799 München. 1733 Pfalzgraf von Sulzbach, erhielt 1742 die Kurpfalz (mit Jülich und Berg) und 1777 Bayern; sein mit Kaiser ↗Joseph II. abgesprochener Plan, Bayern gegen die Österreichischen Niederlande zu tauschen, wurde 1785 vom ↗Fürstenbund verhindert; Förderer von Wissenschaft und Kunst (v.a. in Mannheim). *rh*

Sachsen-Weimar:

Karl August Großherzog, *3.9.1757 Weimar, †14.6.1828 Graditz (bei Torgau). Ab 1775 Herzog (vorher hatte seine Mutter ↗Amalia die Regentschaft inne); von ↗Wieland erzogen; berief ↗Goethe, Friedrich von ↗Schiller und Johann Gottfried ↗Herder nach Weimar; machte damit sein Herzogtum zum Mittelpunkt der deutschen Kultur; förderte die Universität Jena.

Politisch an Preußen orientiert; an der Entstehung des ↗Fürstenbundes beteiligt; wurde 1815 auf dem ↗Wiener Kongreß Großherzog; erließ 1816 als erster deutscher Fürst eine landständische Verfassung, führte die ↗Pressefreiheit ein und gestattete 1817 das ↗Wartburgfest. *rh*

Württemberg:

Karl Eugen Herzog, * 11.2.1728 Brüssel, † 24.10. 1793 Hohenheim. Am Hof ↗Friedrichs II., des Großen, erzogen, 1737 Herzog (bis 1744 unter Vormundschaft). Anfangs voller Willkür, regierte er nach Beilegung des Steuerstreits mit den Landständen (1770) als aufgeklärter Absolutist (Reformen in Justiz und Verwaltung). Rege Bautätigkeit (z.B. Schlösser Solitude, Hohenheim); Begründer der Karlsschule, die 1781 zur Stuttgarter Universität umgewandelt wurde. *rh*

Karl Theodor ↗Dalberg, Karl Theodor von

Karlmann Ostfränkischer König, *um 830, † September 880 Göttingen. Sohn ↗Ludwigs des Deutschen, Vater ↗Arnulfs von Kärnten; 862–65 Konflikt mit dem Vater; seit 876 König in Bayern, Kärnten, Krain und Österreich, seit 877 in Italien; schwer erkrankt trat K. Italien 879 an seinen Bruder ↗Karl III., den Dicken, ab. *li*

Karlsbader Beschlüsse Die 1819 nach der Ermordung des Schriftstellers von ↗Kotzebue auf einer von ↗Metternich veranlaßten Ministerkonferenz (6.–31.8.) in Karlsbad gefaßten Beschlüsse gegen die liberale und nationale Bewegung in Deutschland (Überwachung der Universitäten, ↗Zensur aller Druckschriften unter 20 Bogen, Einrichtung einer Zentraluntersuchungskommission gegen „demagogische Umtriebe" u.a.; ↗Demagogenverfolgung). Am 20.9.1819 vom ↗Bundestag angenommen; am 2.4.1848 wurden die K.B. wieder aufgehoben. *vK*

Karlsbader Konferenz (1967) Tagung kommunistischer Parteien Europas vom 24.–26.7. 1967; für die Anerkennung der bestehenden Grenzen in Europa, v.a. der Oder-Neiße-Grenze; Selbstverpflichtung auf die ↗Ulbricht-Doktrin. *kl*

Karlstadt, Andreas von (eigentlich Bodenstein) Reformator, *um 1480 Karlstadt/Main, † 24.12. 1541 Basel. Ab 1510 Professor der Theologie in Wittenberg; verteidigte Martin ↗Luther bei der ↗Leipziger Disputation (1519); löste 1522 mit seinen Schriften den ↗Bildersturm aus; 1524 wegen Radikalität seiner Reformversuche aus Sachsen verwiesen; nach teilweisem Widerruf seit 1534 Pfarrer und Professor in Basel, wo er der ↗Pest erlag. *nk*

Karoline Henriette Christiane Landgräfin, * 9.3.1721 Bischweiler, † 30.3.1774 Darmstadt. Seit 1741 Gemahlin Ludwigs IX. von Hessen-Darmstadt, an dessen Regierung sie mitwirkte. Die „Große Landgräfin" machte Darmstadt durch ihren Umgang mit Johann Gottfried ↗Herder, ↗Goethe, ↗Gluck u.a. zu einem kulturellen Mittelpunkt. *rh*

Karolinger Nach ↗Karl dem Großen benanntes fränkisches Herrschergeschlecht aus dem Maas-Mosel-Gebiet; nach ihren Vorfahren auch Arnulfinger (nach Arnulf von Metz), seltener Pippiniden (nach Pippin dem Älteren) genannt. Ihr Aufstieg zum Königtum begann mit Pippin II., der nach seinem Sieg bei Tertry 687 als Hausmeier das ↗Frankenreich regierte. Das Amt wurde 714 an Karl Martell, 741 an Pippin III. vererbt; dieser wurde als Pippin I. 751 von einer Reichsversammlung an Stelle der gestürzten Merowinger zum König erhoben. Die Herrschaft der K. erreichte ihren Höhepunkt unter Karl dem Großen (768–814); mit seiner Krönung zum Kaiser in der Peterskirche am 25.12.800 durch Papst Leo III. wurde die bereits kaisergleiche Stellung Karls förmlich anerkannt. Unter den Nachfahren seines Sohnes ↗Ludwigs I., des Frommen, begann durch Erbteilungen (843, 870, 880) die Auflösung des Frankenreiches und die Spaltung der K. in mehrere Zweige. Als Könige herrschten sie im Ostfränkischen Reich bis 911, im Westfränkischen Reich bis 987. *wm*

karolingische Minuskel Schrift, von den ↗Karolingern eingeführt. Im 8.–12. Jh. in ganz Europa verwendet; im 12. Jh. weiterentwickelt zur Gotischen Schrift. *ku*

karolingische Reform Neuordnung der Kirche unter den ↗Karolingern auf gesetzlicher Basis. Umfaßte Verpflichtung der Kirchen, die Sprache des Volkes zu benutzen, die Neuschaffung und Organisation von Bistümern sowie die Unterstützung des ↗Mönchtums unter Einbindung der Benediktinerregel (↗Benediktiner). *wj*

karolingische Renaissance Die von ↗Karl dem Großen angeregte, von seinen Nachfolgern geförderte Wiederbelebung der geistigen Tätigkeit und des Bildungswesens im Dienste der christlichen Kirche; führte zu einer Hebung des Bildungsstandes des ↗Klerus und zur Entwicklung einer regen literarischen Tätigkeit. Karl der Große ließ in eigens errichteten ↗Schulen die Bibel, liturgische Bücher und die Werke der profanen lat. Literatur kopieren. Dieser Tätigkeit wird die Überlieferung der meisten erhaltenen Werke der christlichen und klassischen lat. Literatur verdankt. *vK*

Karstadt, Rudolph Unternehmer, *16.2.1856 Grevesmühlen (bei Wismar), †19.12.1944 Schwerin. Eröffnete 1881 in Wismar ein „Tuch-, Manufactur- und Confectionsgeschäft"; schuf durch Neugründungen und Übernahme bereits bestehender Kaufhäuser eine Warenhauskette (seit 1920 ↗Karstadt AG), die er 1932 an ein Bankenkonsortium veräußern mußte. *UK*

Karstadt AG Warenhausunternehmen. Sitz in Essen; gegründet 1920; unter der Leitung von ↗Karstadt Familienunternehmen; 1932 von einem Bankenkonsortium aufgekauft; wurde nach 1945 größter Warenhauskonzern der Bundesrepublik; Schwerpunkt: Verkauf von Hausrat, Lebens- und Genußmitteln sowie Textilien. *UK*

Kartoffelkrieg ↗Bayerischer Erbfolgekrieg

Kasack, Hermann Erzähler, Lyriker, *24.7.1896 Potsdam, †10.1.1966 Stuttgart. 1949 Mitinitiator des deutschen ↗PEN-Clubs; 1953–63 Präsident der Deutschen Akademie für Sprache und Dichtung. Surrealistisch-kafkaeske Züge trägt sein Roman „Die Stadt hinter dem Strom" (1947), eines der meistdiskutierten Werke der Nachkriegszeit. *ij*

Kasernierte Volkspolizei (KVP) Paramilitärische Verbände der ↗DDR, 1952 aus der ↗Volkspolizei gebildet; zeitweise 80000 Mann stark; Grundstruktur der künftigen Militärorganisation; wichtiges Kaderreservoir zur Aufstellung der ↗NVA, in der die KVP 1956 aufging. *kl*

Kästner, Erich (Pseudonym: Melchior Kurtz) Schriftsteller, *23.2.1899 Dresden, †29.7.1974 München. Vertreter der ↗Neuen Sachlichkeit; lebte von 1927 an in Berlin; schrieb Chansons für das Kabarett (Herz auf Taille, 1928) und den politisch-satirischen Roman „Fabian" (1931). K. erhielt 1933 Publikationsverbot; er blieb in Deutschland und veröffentlichte in der Schweiz (ab 1943 totales Schreibverbot). Bekannt wurden v.a. seine Kinderbücher (Emil und die Detektive, 1928). 1951 wurde K. Präsident des westdeutschen PEN-Zentrums. 1957 erhielt er den ↗Georg-Büchner-Preis. *ij*

Katechismus (griechisch: Unterweisung) Schrift zur Verdeutlichung der christlichen Glaubenslehre in Frage- und Antwortform mit der Aufgabe, auch Laien mit theologischen Grundthemen vertraut zu machen. Seit der ↗Reformation galten Martin ↗Luthers Kleiner und Großer K. (beide 1529) als Leitfaden der Glaubenslehre. Viele weitere K. wurden durch Luther angeregt, vergleichbare Wirkung wird dem ↗Heidelberger K. zugeschrieben.

Die ↗katholische Kirche setzte mit dem „Catechismus Romanus" von 1566 ein Gegengewicht zu den Reformatoren; bis ins 18. Jh. bestimmend war der K. von Petrus ↗Canisius. Im 20. Jh. wandelte sich der Aufgabenbereich des K., parallel zur Glaubensunterweisung wurden nun auch theologische Kontroversen im K. geführt. *rm*

Katharer (griechisch katharoi = die Reinen) Seit 1163 geläufigste Bezeichnung der zahlenstärksten mittelalterlichen ↗Sekte; im 12. Jh. in ganz Europa verbreiteter extremer religiöser Individualismus. K. lebten streng asketisch in Armut als Wanderprediger; verwarfen u.a. Festtage, Sakramente, Reliquienkult und hielten jede Berührung mit weltlichen Bedürfnissen für sündhaft. Predigten u.a. rituellen Suizid (Endura), um den Versuchungen der Welt zu entkommen.

Verfolgungen durch Papst Innozenz III. (1215) und bes. die Gegenbewegung durch die ↗Bettelorden entzogen den K. viele Anhänger. Einzelne Gruppen bis ins 15. Jh. *ku*

katholische Kirche (auch: römisch-katholische oder römische Kirche) Christliche Kirche, durch die Anerkennung des Papstes als Oberhaupt gekennzeichnet. Der Beiname katholisch (griechisch: allumfassend) wurde erstmals im 2. Jh. n.Chr. verwendet.

Von Christus gestiftete Gemeinschaft mit dem Anspruch, allg., einzige, für alle verbindliche und heilsnotwendige Kirche zu sein. Mitglieder sind alle getauften, sich zum Glauben bekennenden und nicht von der k.K. ausgeschlossenen Gläubigen. Vier Eigenschaften zeichnen die k.K. aus: Einheit (z.B. im Glauben, in den Sakramenten), Heiligkeit (begründet durch die Stiftung durch Jesus Christus persönlich), Katholizität und Apostolizität (Verkündigung der Lehre durch Sendboten). Die k.K. ist hierarchisch gegliedert und nach ↗Klerus und Laien geordnet. An der Spitze steht der Papst, die Kardinäle sind seine Berater, Bischöfe leiten einzelne Diözesen innerhalb weltlicher Staaten (↗deutsche Bischofskonferenz). Zunächst wurde die k.K. im Römischen Reich verfolgt, doch die Zahl ihrer Anhänger stieg, bis sie von Kaiser Theodosius 380 n. Chr. zur Staatsreligion erhoben wurde. 754 wurde der Kirchenstaat als souveränes Staatsgebiet gegründet. Seit ↗Karl dem Großen entwickelte sich zwischen Papst und ↗Kaiser eine enge Beziehung. Einen entscheidenden Einschnitt bedeuteten die ↗Reformation und die anschließenden ↗Religionskriege im 16. und 17. Jh., die Anstoß lieferten für Neustrukturierung und äußere sowie innere Abgrenzung der k.K. (vgl. ↗katholische Reform). Mit der ↗Aufklärung entwickelte sich im 18. Jh. ein gegen Kirche und Religion gerichtetes Denken. Von großer Bedeutung für das kirchliche Leben im 19. Jh. war die ↗Französische Revolution. 1803 wurde der Kirchenbesitz in Deutschland eingezogen (↗Säkularisation), 1870 der Kirchenstaat aufgelöst. Gleichzeitig verkündete das I. Vatikanische Konzil die Unfehlbarkeit des Papstes. Während des ↗Nationalsozialismus leistete die k.K. wenig offiziellen Widerstand gegen ↗Hitlers Regime. Seit dem II. Vatikanischen Konzil (1962–65) öffnet sich die k.K. verstärkt und führt Dialog mit anderen Kirchen. *rm*

katholische Kirche, DDR 1945 in der ↗SBZ durch die Zonenteilung der katholischen Territorien Deutschlands entstanden. Die abgetrennten Gebiete unterstanden weiterhin den zugehörigen Bistümern. Papst Pius XII. ordnete mit der „Berliner Ordinarienkonferenz“ (BOK) die Errichtung einer weiterhin bundesdeutschen Diözesanbischöfen unterstehenden Bischofskonferenz an. 1973 ernannte Papst Paul VI. drei bischöfliche Kommissare der DDR zu Apostolischen Administratoren. Die BOK erhielt als „Berliner Bischofskonferenz“ den Rang einer eigenständigen Bischofskonferenz (↗deutsche Bischofskonferenz). *Ki*

katholische Liga ↗Liga, katholische

katholische Reform Erneuerungsbewegung innerhalb der ↗katholischen Kirche im 16. und 17. Jh. Die k.R. legte in Deutschland den Grundstein für die ↗Gegenreformation; sie nahm ihren Anfang in reformistischen Aktivitäten der ↗Dominikaner und Kartäuser und in den Reformkonzilien im 15. Jh. Ziel war, die Stellung von Bischöfen und Priestern zu verbessern und die Seelsorge in den Vordergrund zu stellen. *rm*

Katholizismus, politischer ↗Zentrum

Katte, Hans Hermann von Preußischer Offizier, *28.2.1704 Berlin, †6.11.1730 Küstrin. Freund des späteren Königs ↗Friedrich II., dem Großen; wußte von dessen geplanter Flucht (1730) aus der strengen Obhut seines Vaters König ↗Friedrich Wilhelm I. Dieser ließ K., obwohl ein Kriegsgericht ihn nur zu „lebenslänglich“ verurteilt hatte, vor den Augen des Kronprinzen enthaupten. *rh*

Katzer, Hans Politiker (CDU),*31.1.1919 Köln, †18.7.1996 ebd. Mitbegründer und 1963–77 Vorsitzender der Sozialausschüsse der ↗CDU; 1957–80 Mitglied des Bundestages; 1960–81 im CDU-Bundesvorstand; 1965–69 Bundesminister für Arbeit und Sozialordnung; 1979–89 Mitglied des ↗Europäischen Parlamentes. *AM*

Kaunitz, Wenzel Anton Graf Österreichischer Staatskanzler, *2.2.1711 Wien, †27.6.1794 ebd. Seit 1764 Fürst von K.-Rietberg; ab 1741 im diplomatischen Dienst, 1750–53 Gesandter in Paris; 1753–93 Staatskanzler und Leiter der auswärtigen Angelegenheiten; entschiedener Gegner Preußens, der 1756 nach der Konvention von ↗Westminster im Vertrag von ↗Versailles ein französisch-österreichisches Bündnis (gegen Preußen und Großbritannien) zuwege brachte; traf im ↗Siebenjährigen Krieg (1756–63) die Mehrzahl der militärischen Entscheidungen.
Beeinflußte als Haupt des auf seine Anregung 1761 geschaffenen Staatsrates maßgeblich die inneren Reformen unter ↗Maria Theresia und ↗Joseph II.; verlor allerdings nach dessen Regierungsantritt (1780) an Einfluß. *rh*

Kautsky, Karl Sozialist, *16.10.1854 Prag, †17.10.1938 Amsterdam. Seit 1875 Sozialdemokrat; 1883–1917 Herausgeber des SPD-Organs „Die Neue Zeit“; 1891 Mitverfasser des ↗Erfurter Programms der ↗SPD; schloß sich wegen Differenzen über ↗Kriegskredite (↗Burgfrieden) der Linksopposition an, die sich 1917 als ↗USPD von der SPD ablöste und offen den Kampf gegen die Fortführung des ↗Ersten Weltkrieges aufnahm; ab 1924 in Wien ansässig; 1925 Mitverfasser des ↗Heidelberger Programms der SPD. 1938 Flucht vor Nationalsozialisten nach Amsterdam. Der marxistische Theoretiker K. verfaßte zahlreiche Schriften (z.B. Die materialistische Geschichtsauffassung, 1927) und trug wesentlich zur Prägung der SPD bis 1914 bei. *nk*

KB ↗Kulturbund der DDR

KdF ↗Kraft durch Freude

KdF-Wagen ↗Volkswagen

Keitel, Wilhelm Generalfeldmarschall, *22.9.

1882 Helmscherode (Harz), †16.10.1946 Nürnberg. Nach dem Sturz Werner von ↗Blombergs seit 4.2.1938 Chef des ↗Oberkommandos der Wehrmacht; ↗Hitlers willfährigster militärischer Vollstreckungsgehilfe. Im ↗Nürnberger Kriegsverbrecherprozeß als einer der Hauptkriegsverbrecher zum Tode verurteilt und hingerichtet. (365) *PS*

Keith, George Preußischer Diplomat, *2.4.1693 Schloß Inverugie (Schottland), †25.5.1778 bei Potsdam. Geächtet wegen seiner Teilnahme am Jakobitenaufstand in Schottland (1715), floh K. aufs Festland; nach 1745 Freund von ↗Friedrich II., dem Großen; 1751–54 preußischer Gesandter in Paris; 1754–59 Gouverneur von Neuenburg. *rh*

Keith, Jakob Preußischer Feldmarschall, *11.6. 1696 Schloß Inverugie (Schottland), †14.10.1758 bei Hochkirch (gefallen). Bruder von George ↗K.; 1715 Flucht aus Schottland; 1719 in spanischen, 1728 in russischen, seit 1747 als Feldmarschall in preußischen Diensten (v.a. im ↗Siebenjährigen Krieg); Freund von ↗Friedrich II., dem Großen. *rh*

Kekulé von Stradonitz, Friedrich August Chemiker, *7.9.1829 Darmstadt, †13.7.1896 Bonn. Studium u.a. bei ↗Liebig; Professor in Genf bzw. Bonn. Begründer der Strukturchemie; entwickelte die Theorie der Wertigkeit (Valenztheorie), entdeckte die Vierwertigkeit des Kohlenstoffs und dessen Fähigkeit zur Bildung linearer oder verzweigter Ketten; stellte 1865 die ringförmige Struktur des Benzols vor. *bl*

Keller, Gottfried Schweizerischer Schriftsteller, *19.7.1819 Zürich, †15.7.1890 ebd. Studierte 1840–42 in München Malerei; war als Zürcher Regierungsstipendiat 1848–50 in Heidelberg, danach fünf Jahre in Berlin, wo er Ludwig ↗Feuerbach kennenlernte. Von 1861–75 Zürcher Staatsschreiber. K.s erzählerisches Werk gehört zur bedeutendsten Prosa des bürgerlichen ↗Realismus. Autobiographischer Bildungsroman „Der grüne Heinrich“ (erste Fassung 1854/55); Novellen (Die Leute von Seldwyla, 1856–74; Zürcher Novellen, 1878); Lyrik. *ij*

Kelly, Petra Karin Politikerin (Die Grünen), *29.11.1947 Günzburg/Donau, †1.10.1992 Bonn. Bis 1979 Mitglied der ↗SPD; 1980 Gründungsmitglied der Partei Die ↗Grünen, 1980–82 Vorsitzende und Sprecherin der Partei; Engagement in der ↗Friedensbewegung; Erhalt des alternativen Nobelpreises 1982; 1983–90 Mitglied des Bundestages. Starb mit ihrem Lebensgefährten Gert Bastian, der vermutlich zunächst K., dann sich selbst erschoß. *AM*

Kempowski, Walter Schriftsteller, *29.4.1929 Rostock. Ab 1960 Lehrer; 1980 vom Schuldienst beurlaubt, gründete im selben Jahr ein zeithistorisches Archiv, das er 1984 der Niedersächsischen Landesbibliothek als Dauerleihgabe zur Verfügung stellte; seit 1969 Romanveröffentlichungen, die z.T. von Eberhard Fechner verfilmt wurden. Werke u.a.: Tadellöser & Wolff (1969), Echolot. Ein kollektives Tagebuch (1993). *ku*

Kepler, Johannes Astronom, Mathematiker, *27.12.1571 Weil der Stadt (Württemberg), †15.11.1630 Regensburg. Nach Studium in Tübingen Mathematiklehrer in Graz (1594–98); ab 1601 Kaiserlicher Mathematiker am Hof ↗Rudolfs II. Erkannte 1605 die elliptische (statt kreisförmige) Bahn des Mars, entwickelte bis 1618 die drei K.schen Gesetze zur Planetenbewegung, bewies und korrigierte damit das heliozentrische Weltbild des ↗Kopernikus; 1612–26 Professor in Linz; entdeckte 1621 als erster eine von der Sonne ausgehende Kraft (seit Isaac Newton: Gravitation) als Ursache für geschlossene Planetenbahnen; seit 1628 als Astrologe im Dienst ↗Wallensteins. Darüber hinaus begründete K., der zu den bedeutendsten Naturforschern der beginnenden Neuzeit zählt, die geometrische Optik (u.a. Entwurf des astronomischen, „K.schen“ Fernrohrs) und bereicherte die Mathematik um zahlreiche Erkenntnisse. *nk*

Keppler-Kreis Gruppe von Wirtschaftsführern um den Fabrikanten Wilhelm Keppler (seit 1931 Finanzberater der ↗NSDAP). Vermittelte am 4.1.1933 Treffen Reichskanzlers von ↗Papen mit ↗Hitler, auf dem die Weichen für die ↗„Machtergreifung“ der Nationalsozialisten gestellt wurden. *PS*

Kerker ↗Gefängnis

Kernenergie Durch physikalisch-technische Prozesse nutzbarer Teil der Kernbindungsenergie in Atomen. 1938 von Otto ↗Hahn entdeckt, wurde ihre Erforschung zunächst von militärischen Nutzungsabsichten bestimmt (Atombombenabwürfe der USA auf Hiroshima und Nagasaki im August 1945); erst nach dem ↗Zweiten Weltkrieg verstärkte Forschung zur friedlichen Nutzung der K. Auch in Deutschland steht seit der ersten Inbetriebnahme von Kernreaktoren (1957 Garching bei München und Rossendorf bei Dresden) neben der vorübergehenden Stationierung von ↗Atomwaffen v. a. die Energiegewinnung in mit Kernreaktoren betriebenen Dampfkraftwerken im Vordergrund; die ersten deutschen Kernkraftwerke wurden in der Bundesrepublik 1961 (Kahl am Main) und in der DDR 1966 (Rheinsberg) in Betrieb genommen. Derzeit (1996) wird mit 21 Kernkraftwerken ca. 1/3 des deutschen Elektrizitätsbedarfs gedeckt. Die friedliche Nutzung der K. wird seit dem Ende der sechziger Jahre aus umweltpolitischen Gründen zunehmend kritisch gesehen (↗Ökologiebewegung). 1998 beschloß die ↗rot-grüne Koalition das Ende der wirtschaftlichen Nutzung der K. auf dem Gebiet der Bundesrepublik. (141) kl

Kernwaffen ↗Atomwaffen

Kerrl, Hanns NSDAP-Politiker, Justizbeamter, *11.12.1887 Fallersleben, †15.12.1941 Berlin. 1932–33 Präsident des preußischen Landtages; leitete als preußischer Justizminister 1933–34 Maßnahmen gegen jüdische Justizangehörige ein. Ab Juli 1935 war K. ↗Reichsminister für kirchliche Angelegenheiten (Position nach seinem Tode unbesetzt) mit der Aufgabe, die ↗Gleichschaltung auch auf den Bereich der Kirche auszudehnen. Im ↗Kirchenkampf war er jedoch bestrebt, wenn auch erfolglos, radikal kirchenfeindlichen Positionen entgegenzutreten. *RB*

Kesselring, Albert Generalfeldmarschall, *30.11.1885 Marksteft (Franken), †16.7.1960 Bad Nauheim. Befahl 1940 Bombenangriffe auf Großbritannien und die Niederlande; seit 1943 Kommandeur der deutschen Truppen in Italien; 1947 in Italien wegen Massaker in den Adreatinischen Höhlen bei Rom zum Tode verurteilt, zu lebenslänglich begnadigt und 1952 entlassen. *PS*

Kesselsdorf, Schlacht (1745) In der Schlacht bei K. (bei Dresden) am 15.12.1745 schlug ein preußisches Heer unter ↗Leopold I. von Anhalt-Dessau die österreichisch-sächsischen Truppen und entschied so den 2. ↗Schlesischen Krieg, der zehn Tage später mit dem Frieden von ↗Dresden beendet war, zugunsten Preußens. *rh*

Keßler, Heinz DDR-Politiker, *26.1.1920 Lauban (Schlesien). Teilnahme am Zweiten Weltkrieg; 1941 zur ↗Roten Armee übergelaufen, Mitbegründer des ↗NKFD; ab 1945 am Wiederaufbau der ↗KPD und an der Gründung der ↗FDJ beteiligt; ab 1946 im Parteivorstand der ↗SED. 1956–67 Leiter der Luftstreitkräfte der ↗NVA; 1979–85 Mitglied des ↗Nationalen Verteidigungsrates; 1985–89 Verteidigungsminister; 1986–89 Mitglied des ↗Politbüros; am 16.9.1993 aufgrund des ↗Schießbefehls in einem der zahlreichen ↗Mauerschützenprozesse wegen Anstiftung zum Totschlag zu siebeneinhalb Jahren Haft verurteilt, am 30.10.1998 vorzeitig entlassen. *AM*

Ketteler, Wilhelm Emmanuel Freiherr von Katholischer Bischof, Politiker, *25.11.1811 Münster (Westfalen), †13.7.1877 Burghausen (Bayern). Ab 1844 Priester; ab 1848 Abgeordneter der ↗Frankfurter Nationalversammlung; ab 1850 Bischof von Mainz; 1871–72 für das ↗Zentrum im Reichstag; Hauptvertreter der katholischen Kirche im ↗Kulturkampf; am Aufbau der katholischen Sozialpolitik beteiligt. *sa*

Ketzerverfolgung Anklage und Bestrafung der ↗Häresie Beschuldigter durch die Kirche; erfolgte in Deutschland seit dem 12./13. Jh. in Zusammenarbeit mit der weltlichen Obrigkeit; 1148 Verschärfung der zuvor nicht institutionalisierten K. durch Papst Lucius III. und Kaiser ↗Friedrich I.; 1231/32 Einführung der zentralen päpstlichen Inquisition durch Papst Gregor IX.; (angebliche) Ketzer wurden meist durch Denunziation bekannt; Verhöre erfolgten mit dem Ziel des Schuldeingeständnisses; Verteidiger waren nicht zugelassen; Strafen reichten von der Enteignung bis hin zur Verbrennung des Verurteilten. 1252 Einführung der ↗Folter durch Papst Innozenz IV. Oft waren nicht Glaubensfragen, sondern persönliche, politische oder ökonomische Motive Grund der K.; Meister ↗Eckhart, angeklagt und verurteilt 1326, und ↗Hus, verurteilt und verbrannt 1425 beim Konzil in ↗Konstanz, wurden wegen ihrer religiösen Anschauungen Opfer der Verfolgung; Ende der K. durch den Einfluß der ↗Aufklärung. *sm*

Keudell, Otto von Regierungspräsident, *28.2. 1887 Rom, †12.5.1972 Garmisch-Partenkirchen. 1937–45 Regierungspräsident in Westpreußen; organisierte in Marienwerder die Evakuierung, welche nur in diesem Regierungsbezirk im Frühjahr 1945 vollständig durchgeführt wurde (ca. 1 Mio. Menschen). *vK*

Keuschheitsgürtel Abschließbare eiserne Vorrichtung, die um Geschlecht und Taille der Frau gelegt wurde, um ihre eheliche Treue bei Nichtanwesenheit des höfischen Ehemannes zu sichern. Belegt seit dem frühen 15. Jh., vermutlich aber schon in der Kreuzzugszeit gebräuchlich. *ku*

KfW ↗Kreditanstalt für Wiederaufbau

K-Gruppen Sammelbezeichnung für eine Reihe

aus der ↗APO in der Bundesrepublik entstandener kommunistischer Gruppen; Bekenntnis zu einem maoistisch orientierten ↗Marxismus-Leninismus, teilweise Aufruf zum bewaffneten Kampf gegen Staat und Gesellschaft; seit der Öffnung Chinas Mitte der achtziger Jahre zerfallen. *kl*

Khevenhüller Österreichische Adelsfamilie, gehörte zur militärischen und diplomatischen Elite Österreichs; im 14. Jh. in Kärnten nachgewiesen; teilte sich 1519 in eine Oberösterreicher (K.-Frankenburg; 1593 Reichsgrafen) und eine Kärntner Linie (K.-Hochosterwitz, seit 1751 K.-Metsch; 1725 Reichsgrafen, 1763 Reichsfürsten). *rh*

Khevenhüller, Franz Christoph von Kaiserlicher Minister, *21.2.1588 Klagenfurt, †13.6.1650 Baden (bei Wien). Minister Kaiser ↗Ferdinands II.; als Diplomat tätig; schrieb die „Annales Ferdinandei" (14 Bände, Biographie Ferdinands II. und Rechtfertigung seiner Politik). *rh*

Khevenhüller, Ludwig Andreas von Österreichischer Feldmarschall, *30.11.1683 Linz, †26.1. 1744 Wien. Heerführer in den ↗Türkenkriegen unter Prinz ↗Eugen; besetzte 1743 als Oberbefehlshaber der österreichischen Truppen im ↗Österreichischen Erbfolgekrieg Bayern und eroberte Böhmen zurück. *rh*

KHM ↗Kinder- und Hausmärchen

Kiautschou Deutsche ↗Kolonie in der Provinz Schantung in China, 560 km² mit 192000 (einheimischen) Einwohnern (1913/14). Anlaß für die Okkupation der K.-Bucht am 14.11.1897 war die Ermordung zweier deutscher Missionare. Am 6.3.1898 Unterzeichnung des Pachtvertrages auf 99 Jahre für K. inklusive der Eisenbahnrechte in Schantung. Im ↗Ersten Weltkrieg kapitulierte K. nach einwöchigem Dauerbeschuß durch die Japaner am 7.11.1914. *vK*

Kiderlen-Wächter, Alfred von Diplomat, *10.7. 1852 Stuttgart, †30.12.1912 ebd. Teilnahme am ↗Deutsch-Französischen Krieg (1870/71); seit 1879 im diplomatischen Dienst; seit 1895 deutscher Gesandter in Kopenhagen, 1900 nach Bukarest versetzt; 1910 Staatssekretär des ↗Auswärtigen Amtes; trat für eine Verständigung mit Großbritannien und Rußland ein; löste die 2. ↗Marokkokrise aus. *rw*

Kienbaum, Gerhard Unternehmer, Politiker (CDU), *12.10.1919 Wuppertal, †24.2.1998 Köln. Studierte Maschinenbau und Betriebswirtschaft; nach 1945 Aufbau einer der größten und angesehensten Unternehmensberatungsfirmen der Bundesrepublik; ab 1948 politisch tätig für die ↗FDP; 1954–69 Mitglied des Landtages, 1962–66 Wirtschaftsminister von ↗Nordrhein-Westfalen, 1969–72 Mitglied des Bundestages; 1972 Austritt aus der FDP, 1975 Eintritt in die ↗CDU; 1994 Gründung der Gerhard- und Lore-K.-Stiftung. *li*

Kurt Georg Kiesinger

Kiesinger, Kurt Georg Bundeskanzler (CDU), *6.4.1904 Ebingen (Württemberg), †9.3.1988 Tübingen. Seit 1935 Mitarbeiter im ↗Auswärtigen Amt, 1940–45 dienstverpflichtet; seit 1948 Mitglied der ↗CDU; 1949–58 sowie 1969–80 Abgeordneter des Bundestages, Fachmann für Außenpolitik; 1958–66 Ministerpräsident von Baden-Württemberg; 1966–69 Bundeskanzler der ↗großen Koalition; Überwindung der Rezession und behutsame Neuorientierung der ↗Ostpolitik; 1967–71 Vorsitzender der CDU. (196) *AM*

Kilian Irischer Missionar, †um 689 Würzburg. Als Vertreter der iroschottischen Mission (↗Missionierung) von Heiden ermordet; sein Grab wurde frühes Wallfahrtsziel; Patron der Stadt Würzburg. *wj*

Kinderarbeit Im 17./18. Jh. eingeführte, im 19. Jh. vermehrte Beschäftigung von Kindern in Arbeitshäusern und Industrie- und Manufakturbetrieben. Die K. zeichnete sich durch geringe Entlohnung und lange Arbeitszeiten aus. Im Zuge hoher Erwachsenenarbeitslosigkeit arbeiteten zahlreiche Kinder ab dem Alter von fünf Jahren, um das Familieneinkommen zu steigern. In der Bundesrepublik ist die Arbeit von Kindern unter 14 Jahren oder Jugendlichen im Vollschulunterricht seit 1960 verboten. *rm*

Kindergarten Pädagogische Einrichtung für drei- bis sechsjährige (Vorschul-)Kinder mit familienergänzender Funktion; Halb- oder Ganztagsbetreuung durch kirchliche oder öffentliche Träger. Anfang des 19. Jh.s entstanden in Betrieben die ersten K. im Sinne von Kinderaufbewahrungsanstalten. Kommunen und Kirchengemeinden folgten ab 1840 dem pädagogischen Konzept ↗Fröbels, das den erzieherischen Auftrag und die Bedeutung des Spiels erstmals betonte. *rm*

Kinderlandverschickung Zunächst ab 1940 für Stadtkinder von der ↗HJ organisierte Ferienaufenthalte auf dem Land. Mit Ausweitung des ↗Luftkrieges seit 1943 zur „Erweiterten K." ausgebaut; gab dem Regime die Möglichkeit, die fernab ihrer Eltern nun internatsmäßig in Jugendherbergen, Zeltlagern u. ä. für längere Zeit untergebrachten Kinder aus gefährdeten Regionen ideologisch zu beeinflussen. *PS*

Kinder- und Hausmärchen (KHM) Märchensammlung mit wissenschaftlicher Intention, 1812–15 von den Brüdern Jakob und Wilhelm ↗Grimm in zwei Bänden herausgegeben. Es folgten mehrere, stilistisch von Wilhelm Grimm bearbeitete Auflagen. 1857 Ausgabe letzter Hand mit 50, den heute bekanntesten ↗Märchen. Die KHM sollten einen Beitrag zur Festigung der nationalen Kultur leisten.

Um 1920 wurde die Urfassung der KHM (= Ölenberger Handschrift) wiederentdeckt. *ku*

Kinkel, Klaus Bundesaußenminister (FDP), *17.12.1936 Metzingen (Kreis Reutlingen). 1979–82 Chef des Bundesnachrichtendienstes; 1982–91 Staatssekretär im Justizministerium; 1991–98 Bundesaußenminister. *AM*

Kippenberg, Anton Verleger, *22.5.1874 Bremen, †21.9.1950 Luzern. Ab 1906 Leiter des Insel-Verlages in Leipzig; gab Klassiker der ausländischen und deutschen Weltliteratur in buchkünstlerisch hochwertigen Ausgaben heraus. Pflegte Kontakt zu ↗Hofmannsthal und ↗Rilke, den er auch unterstützte. K. trug die bedeutendste private ↗Goethe-Sammlung zusammen (seit 1956 im Düsseldorfer Goethe-Museum). *ij*

Kipper und Wipper Bezeichnung für Münzspekulanten im 17. Jh., die ihre Waagen „kippten und wippten" und, mit Genehmigung der Landesherren, Münzen mit geringerem Edelmetallanteil in Umlauf brachten; verursachten im Heiligen Römischen Reich die Inflation der Kipperzeit (1618–23). *dt*

Kirch, Leo Medienunternehmer, *21.10.1926 Würzburg. Erwarb seit den fünfziger Jahren in Europa und den USA für eine Ausstrahlung im ↗Fernsehen geeignete Kinofilme; schuf eine Konzern-Gruppe zur Verwertung von Rechten im Film- und Fernsehbereich sowie zur Produktion von Filmen und Fernsehserien; engagiert sich auch im Printmedienbereich. *UK*

Kirchenkampf 1) Ab 1933 gebräuchlicher Begriff für die innerkirchlichen Auseinandersetzungen in der protestantischen Kirche, v. a. zwischen den regimefreundlichen ↗Deutschen Christen und der regimekritischen ↗Bekennenden Kirche.

2) Bezeichnung für die Bemühungen der christlichen Konfessionen, sich dem Absolutheitsanspruch des nationalsozialistischen Regimes zu entziehen. *PS*

Kirchner, Ernst Ludwig Maler, Bildhauer, *6.5.1880 Aschaffenburg, †15.6.1938 Frauenkirch (bei Davos). Gilt als einer der Hauptvertreter des deutschen ↗Expressionismus; 1905 mit ↗Schmidt-Rottluff u. a. Gründung der Künstlergemeinschaft die ↗Brücke. 1937 fielen seine Werke den Nationalsozialisten zum Opfer (↗Entartete Kunst); 1938 Selbstmord. (73) *kp*

Kirdorf, Emil Unternehmer, *8.4.1847 Mettmann (bei Düsseldorf), †13.7.1938 Mülheim/Ruhr. Wurde 1873 kaufmännischer Direktor der Gelsenkirchener Bergwerks AG; war 1892–1926 Vorstandsvorsitzender dieses Konzerns; baute ihn zum größten Kohlenbergbauunternehmen Europas aus. *UK*

Kirsch, Sarah (eigentlich Ingrid Bernstein) Lyrikerin, *16.4.1935 Limlingerode (Harz). Siedelte nach ihrem Ausschluß aus der ↗SED 1977 in die Bundesrepublik über. Bekannt wurde sie mit Natur- und Liebeslyrik (Landaufenthalt, 1967, Zaubersprüche, 1973); auch Kinderbücher und Erzählungen. *ij*

Kisch, Egon Erwin Österreichischer Journalist, Schriftsteller, *29.4.1885 Prag, †31.3.1948 ebd. Arbeitete als Reporter u. a. in Prag, Berlin und Wien; Kommunist; emigrierte 1933; kämpfte 1937/38 im Spanischen Bürgerkrieg gegen das Franco-Regime; 1940–46 Mexiko-Aufenthalt. Schrieb literarisch hochstehende Reportagen (Der rasende Reporter, 1925, Abenteuer in fünf Kontinenten, 1936). *ij*

Kissinger Diktat Am 15.6.1877 von Otto von ↗Bismarck in Bad Kissingen für das ↗Auswärtige Amt skizzierte Idealvorstellung einer dauerhaften Friedenssicherung in Europa: Rußland sollte die Herrschaft über das Schwarze Meer, Großbritannien die Herrschaft über Ägypten erlangen und beide Länder auf diese Weise zufriedengestellt werden, so daß sie wie das Deutsche Reich an der Erhaltung des Status quo interessiert wären. Ein Fortbestehen gewisser Rivalitäten unter den europäischen Mächten sollte zugleich verhindern, daß sie sich gegen das Deutsche Reich verbünden könnten. *wm*

KL ↗Konzentrationslager

Klabund (eigentlich Alfred Henschke) Schriftsteller, *4.11.1890 Crossen/Oder, †14.8.1928 Davos. Schrieb von ↗Impressionismus, ↗Expressionismus und ↗Neuer Sachlichkeit beeinflußte Lyrik in der Tradition der Vagantendichtung; historische Romane, Nachdichtungen persischer, japanischer und chinesischer Lyrik, Dramen (Der Kreidekreis, 1925) und literaturhistorische Arbeiten. Sein Werk wurde aufgrund erotischer Freizügigkeit und seines sozialkritischen Gehaltes angegriffen, von den Nationalsozialisten als „Asphaltliteratur" verboten. *ij*

Kladderadatsch 1848 u.a. von Ernst ↗Dohm gegründete, bis 1944 erschienene Berliner Satirezeitschrift mit nationaler Ausrichtung, die vor allem zur Zeit Otto von ↗Bismarcks (1862–90) populär war. Seit seiner Neugründung 1969 in Bonn. *nk*

Klar, Christian RAF-Terrorist, *1952 Freiburg (Breisgau). Trat 1976 der ↗RAF bei, war u.a. beteiligt an der Entführung ↗Schleyers; 1982 festgenommen; 1985 zu fünfmal lebenslänglich und zusätzlich fünfzehn Jahren Haft verurteilt. *AM*

Klassik (von lat. classicus: der höchsten Bürgerklasse angehörend; später synonym für: antik, vorbildlich) Allg.: Bezeichnung für eine Epoche, die von nachfolgenden Generationen als normenbildend empfunden wird. In Deutschland gilt die literarische Epoche zwischen 1786 und 1805, die seit 1794 durch eine intensive Zusammenarbeit von ↗Goethe und Friedrich von ↗Schiller geprägt war, als (Weimarer) K. Zum Umfeld der literarischen K. zählt auch das Werk ↗Jean Pauls, ↗Hölderlins und Heinrich von ↗Kleists. Kennzeichnend für ihre Dichtung ist die Gestaltung von Ausgewogenheit, Geschlossenheit, „Mitte" und Harmonie als Ausgleich der gegensätzlichen Kräfte innerhalb und außerhalb des Individuums. Der Mensch, der als sich selbst bestimmendes und vollendendes Wesen gesehen wird, entwickelt seine Persönlichkeit auf das Ziel der Humanität und des sittlichen ↗Idealismus hin. Insbesondere in Drama, Bildungsroman und Ballade werden diese Werte gestaltet. Philosophisch beruft sich die K. auf Immanuel ↗Kant; das Ideal „edler Einfalt und stiller Größe" prägte ↗Winckelmann.

In der Musik wird die Epoche ↗Haydns, ↗Mozarts und ↗Beethovens als (Wiener) K. bezeichnet. *ij*

Klassizismus In der bildenden Kunst: Stilrichtung, die in der zweiten Hälfte des 18. Jh.s ihren Ausgang nahm und sich an Vorbildern der Antike und der italienischen ↗Renaissance orientierte. Baumeister des K. in Deutschland waren ↗Schinkel, Friedrich Weinbrenner, ↗Klenze und ↗Semper; bedeutende Bildhauer Johann Heinrich von Dannecker und ↗Schadow. In der Malerei sind Asmus Jakob ↗Carstens und Joseph Anton Koch von Bedeutung.

Literatur: in verschiedenen Epochen und Ausformungen auftretende Tendenz zur Rückbesinnung auf aus der Antike überlieferte Maßstäbe und Gesetzmäßigkeiten (z.B. bei ↗Gottsched). *ij*

Klausener, Erich Politiker, Katholikenführer, *25.1.1885 Düsseldorf, †30.6.1934 Berlin. Teilnahme am ↗Ersten Weltkrieg; 1924 Ministerialdirektor im preußischen Wohlfahrtsministerium, 1933 im Reichsverkehrsministerium; engagierte sich im ↗Kirchenkampf gegen die Kirchenfeindschaft und Rassenpolitik des ↗Nationalsozialismus; während des ↗Röhm-Putsches erschossen. *rw*

Klee, Paul Deutsch-schweizerischer Maler, Graphiker, *18.12.1879 Münchenbuchsee (Bern), †29.6.1940 Muralto (bei Locarno). Lehrte von 1921–31 am ↗Bauhaus in Weimar bzw. Dessau; 1914 für seine künstlerische Entwicklung bedeutende Tunisreise, bei der er u.a. für sich die Aussagekraft der Farbe entdeckte. Zeitweilige Nähe zu den Akteuren der Künstlergemeinschaft der ↗Blaue Reiter, Freundschaft mit ↗Kandinsky. Schrieb mehrere bedeutende theoretische Schriften, u.a. Pädagogisches Skizzenbuch (1925). *kp*

Kleiderordnung Vorschriften über Farbe, Material und Schnitt der Kleidungsstücke für ↗Zünfte, Bürger und sonstige Bewohner von ↗Stadt und ↗Dorf bis zum Ende des 18. Jh.s. An der Kleidung erkannte man Stand, Beruf, Alter, Geschlecht usw. Die unauffällige, funktionale Kleidung des ↗Bürgertums stand bewußt im Gegensatz zu der bunten Kleiderpracht des ↗Adels. Die einheitliche Kleidung war Ausdruck kollektiver Identität der Zunftangehörigen.

In neuerer und neuester Zeit gewinnt der Individualismus auch bei der Kleidungswahl, gleichwohl von Modeströmungen beeinflußt, mehr und mehr an Bedeutung. Nach wie vor gilt aber das Sprichwort „Kleider machen Leute“. *ku*

kleindeutsche Lösung In der ↗Frankfurter Nationalversammlung 1848/49 entstandene Bezeichnung für die Einigung Deutschlands ohne ↗Österreich unter Führung ↗Preußens; vertreten bes. von der Erbkaiserlichen Partei; Gegensatz: ↗großdeutsche Lösung. *vK*

Kleist, Friedrich Graf von Nollendorf Preußischer General, *9.4.1762 Berlin, †17.2.1823 ebd. Heerführer in den ↗Befreiungskriegen; sorgte 1813 als Befehlshaber des 2. preußischen Korps in der Schlacht gegen die Franzosen bei Kulm und Nollendorf für die Entscheidung; nahm an der Völkerschlacht bei ↗Leipzig teil; 1814 Graf, 1821 Generalfeldmarschall. *rh*

Kleist, Heinrich von Dramatiker, Erzähler, *18.10.1777 Frankfurt/Oder, †21.11.1811 Berlin. Nahm 1799 seinen Abschied aus preußischem Militärdienst. Während eines unsteten Lebens schrieb K. Trauerspiele (Familie Schroffenstein, 1803), Lustspiele (Amphitrion, 1807), Dramen (Penthesilea; Das Käthchen von Heilbronn, 1808) und Erzählungen (Michael Kohlhaas, 1808). K.s Dichtung inszeniert den Konflikt zwischen bewußten und unbewußten Antrieben: Harmonie („Anmut“) zwischen beiden ist nur noch kurzzeitig erlebbar und mit einer Verletzung der bestehenden sozialen Ordnung verbunden. K. nahm sich gemeinsam mit seiner Lebensgefährtin Henriette Vogel das Leben. *ij*

Klemens August Erzbischof von Köln, *16.8.1700 Brüssel, †6.2.1761 Ehrenbreitstein. Bruder von Kaiser ↗Karl VII.; 1719 Fürstbischof von Münster und Paderborn; 1723 Erzbischof-Kurfürst; 1732 Hochmeister des ↗Deutschen Ordens. K.A. konnte durch Beziehungen die Interessen seiner Familie, der ↗Wittelsbacher, politisch durchsetzen und schloß sich 1756 der preußenfeindlichen Politik des Hauses ↗Habsburg an. Nach mehrmaligem Wechsel der politischen Fronten zog er sich zurück; spezialisierte sich auf Prachtbauten; schuf nach barockem und französischem Vorbild mehrere spätbarocke Schlösser (z.B. Bau von Schloß Bühl, Vollendung der Schlösser in Bonn und Poppelsdorf). *rm*

Klemens II. ↗Clemens II.

Klemperer, Victor Romanist, *9.10.1881 Landsberg/Warthe, †11.2.1960 Dresden. Zunächst Journalist in Berlin, 1920 bis zu seiner Zwangsemeritierung als Jude 1935 Romanistiklehrstuhl in Dresden; überlebte wegen seiner „arischen“ Ehefrau das ↗Dritte Reich; nach dem Krieg Professuren in Ostdeutschland. 1947 erschien „LTI“ (Lingua Tertii Imperii), die bekannteste Untersuchung zur Sprache des Dritten Reiches, seit 1995 seine Tagebücher, die ein genaues Bild des Alltags im Dritten Reich aus Sicht eines Verfolgten bieten. *PS*

Klenze, Leo von Baumeister, *29.2.1784 Schladen (bei Hildesheim), †27.1.1864 München. Hofbaumeister ↗Ludwigs I., gestaltete u.a. Plätze und Straßenzüge der Münchner Innenstadt im klassizistischen Stil. *ij*

Klepper, Jochen Schriftsteller, Kirchenlieddichter, *22.3.1903 Beuthen/Oder, †11.12.1942 Berlin-Nikolassee. Verfaßte historische Romane und religiöse Dichtungen; beging aufgrund der Verfolgung durch die Nationalsozialisten mit seiner Familie (seine Frau war Jüdin) Selbstmord. *ij*

Klerus Seit dem 3. Jh. Name für den geistlichen Stand, im Gegensatz zu den Laien. Aufnahme erfolgte in der katholischen Kirche bis 1973 durch die erste Tonsur, seitdem durch die direkte Weihung zum Diakon (die vorher in mehreren Weihestufen erfolgte); im 2. Vatikanischen Konzil (1962–64) zwar Betonung der Gemeinsamkeiten zwischen K. und Laien, unter Papst Johannes Paul II. jedoch wieder starke Betonung des K. als Sonderstatus und Einschränkung der Laientätigkeit. *wj*

Klesl, Melchior Kardinal, *19.2.1553 Wien, †18.3.1630 Wiener Neustadt. 1598 Bischof von Wien, 1615 Kardinal; führender Vertreter der ↗Gegenreformation in Österreich; überaus einflußreicher Berater von Kaiser ↗Matthias und zentrale Figur im Bruderzwist mit Kaiser ↗Rudolf II.; versuchte 1618 beim ↗Böhmischen Aufstand mit den Protestanten zu vermitteln, darauf von ↗Ferdinand II. verhaftet und bis 1623 inhaftiert; 1627 wieder Bischof von Wien. *rh*

Kleve (Cleve) Stadt am Niederrhein; Gründung um 1020 als Grafschaft; 1417 zum Herzogtum erhoben; 1521 durch Personalunion Vereinigung mit Jülich-Berg-Ravensberg; nach Aussterben des klevischen Geschlechts (1609) im ↗Jülich-Clevischen Erbfolgestreit 1614 an ↗Brandenburg; 1816–21 Teil der preußischen Provinz Jülich-K.-Berg, ab 1822 der ↗Rheinprovinz. *wm*

Klier, Freya Regisseurin, *4.2.1950 Dresden. 1968 versuchte ↗Republikflucht, inhaftiert; 1970–75 Schauspielstudium in Leipzig und Dresden; ab

1982 Arbeit als Regisseurin; 1985 Berufsverbot; 1986 Mitbegründerin der Solidarischen Kirche; 1988 erneut verhaftet, ausgebürgert. *AM*

Klinger, Friedrich Maximilian von Dramatiker, *17.2.1752 Frankfurt/Main, †9.3.1831 Dorpat (Estland). 1776–78 Dramaturg; ab 1780 im russischen Heeresdienst; 1801 Generalmajor und Leiter des Kadettenkorps; 1803–16 Kurator der Universität Dorpat. War mit ↗Goethe befreundet; gab der literarischen Epoche des ↗Sturm und Drang mit seinem gleichlautenden Drama (1776) ihren Namen. *ij*

Klitzing, Klaus von ↗Nobelpreis

Klopstock, Friedrich Gottlieb Dichter, *2.7. 1724 Quedlinburg, †14.3.1803 Hamburg. 1745–48 Theologiestudium in Jena und Leipzig; ab 1751 am dänischen Hof tätig, seit 1770 in Hamburg ansässig; verfaßte ein literarisches Werk (u.a. Der Messias, 1748–73; Hermanns Schlacht, 1769), in dem die Idee einer nationalen Kultur aufscheint und das dem rationalistischen Denken der ↗Aufklärung eine neue Empfindsamkeit gegenüberstellte. *nk*

Kloster Räumlich abgeschirmter Ort, der v.a. im Mittelalter, teilweise aber bis heute, einem Orden als Lebens- und religiöse Wirkungsstätte dient. Die Anlage eines K.s (zum erstenmal dokumentiert im St. Galler Klosterplan von 820) umschloß zunächst – oft südlich der Kirche um den Kreuzgang gruppiert – die Räume der mönchischen Klausur: Refektorium (Speisesaal), Kapitelsaal und die Dormitorien (Wohn- und Schlafräume). Daran schlossen sich Wirtschaftsgebäude, Werkstätten, Ställe, Schul-, Gäste- und Krankenhaus an, die das K. zur selbständigen Einheit machten. Mit dem Vordringen der K. in die ↗Städte (↗Bettelorden) kam man von diesem Idealplan oft ab. Nach deutlichem Rückgang des K.-Wesens durch die ↗Reformation Wiederbelebung im ↗Barock unter z.T. prunkvoller architektonischer Ausgestaltung; heute K. als Lebens- und Wohnform nur noch selten. *wj*

Kluck, Alexander von Preußischer Generaloberst, *20.5.1846 Münster (Westfalen), †19.10. 1934 Berlin. Seit 1865 in der Armee; nahm am ↗Deutsch-Französischen Krieg (1870/71) teil; im ↗Ersten Weltkrieg Oberbefehlshaber der ersten Armee; war mitverantwortlich für die verlorene Schlacht an der ↗Marne (1914); 1916 in den Ruhestand versetzt. *rw*

Kluge, Hans Günther von Generalfeldmarschall, 30.10.1882 Posen, †19.8.1944 bei Metz. Ende 1941 Oberbefehlshaber Heeresgruppe Mitte, von den Verschwörern des ↗Zwanzigsten Juli zur Mitarbeit aufgefordert, aber zögerlich in seiner Haltung. Obwohl nicht am Umsturzversuch beteiligt, wurde er im August 1944 aus Frankreich zurückbeordert; beging auf der Fahrt nach Deutschland Suizid. *PS*

Knappe 1) Im Mittelalter junger Edelmann, der einem ↗Ritter zu Diensten stand und von diesem bis zum Ritterschlag geführt und ausgebildet wurde.

2) Kämpfender ohne volle (Ritter-) Ausrüstung im Mittelalter.

3) Bis 1972 Bezeichnung für Lehrlinge, v.a. im ↗Bergbau. *wj*

Willy ↗Brandts Kniefall vor dem Ehrenmal für die Toten des ↗Zweiten Weltkrieges in Warschau (1970)

Knappschaft Seit dem Mittelalter Vereinigung der Bergleute. Schon um 1300 war in Böhmen eine K.s-Kasse zur Versorgung erkrankter oder verunglückter Bergleute und ihrer Hinterbliebenen eingerichtet worden. Dieses Prinzip beeinflußte die ↗Sozialgesetzgebung im 19. Jh. Die K.s-Versicherung ist heute Teil des Sozialversicherungssystems. *dt*

Kniefall Willy Brandt (277) ↗deutsch-polnischer Vertrag (1970)

Knigge, Adolf Freiherr von Schriftsteller, * 16.10.1752 Bredenbeck (bei Hannover), † 6.5. 1796 Bremen. 1780–84 dem ↗Illuminatenorden zugehörig; setzte sich für die Ideen der ↗Aufklärung ein; wurde v.a. durch sein Buch „Über den Umgang mit Menschen" (sog. Knigge, 1788) bekannt. *nk*

Knipperdolling, Bernhard Täufer, *um 1500 Münster, † 22.1.1536 ebd. Seit 1527 Anhänger der ↗Reformation in Münster; schloß sich 1534 dem Täuferführer ↗Bockelson an, der seine Tochter heiratete; wurde Bürgermeister und Scharfrichter des ↗Täuferreiches von Münster (1434/35), nach dessen Fall er hingerichtet wurde. *nk*

Kniprode, Winrich von ↗Winrich von Kniprode

Knöchel, Wilhelm Politiker (KPD), * 1899, † Juli 1944 Brandenburg. Kehrte Anfang 1942 heimlich aus der ↗Emigration nach Deutschland zurück, um die illegale Parteiorganisation der ↗KPD neu aufzubauen; knüpfte Kontakte zu Berliner und westdeutschen Kommunisten sowie zur niederländischen ↗Widerstandsbewegung und gab die Zeitung „Der Friedenskämpfer" heraus. Anfang 1943 wurde seine Organisation zerschlagen. Von den über 200 Verhafteten wurden 23 Personen zum Tode verurteilt und hingerichtet, unter ihnen auch K. *PS*

Koalitionskriege (1792–1809) Die fünf Kriege verbündeter europäischer Monarchen gegen das revolutionäre und Napoleonische Frankreich. Auslöser waren die Intervention Österreichs und Preußens zugunsten der Monarchie in Frankreich (↗Pillnitzer Deklaration 1791), der Widerstand gegen die Ausbreitung der Revolution und die Störung des europäischen Kräftegleichgewichtes sowie ausgeprägte Handelsinteressen.

1. K. (1792–97): begann am 20.4.1792 mit der Kriegserklärung Frankreichs an Österreich, auf dessen Seite sich sofort Preußen stellte. 1793 traten Großbritannien, die Niederlande, Spanien, Sardinien, Neapel, Portugal und das ↗Heilige Römische Reich der Koalition bei. Nach dem Sieg bei ↗Valmy (1792) eroberten die Franzosen 1794 Belgien und 1795 die Niederlande. Preußen trat 1795 durch den Frieden von ↗Basel aus der Koalition aus. Die in Deutschland erfolgreichen Österreicher wurden in Italien von Napoleon geschlagen. 1797 Friede von ↗Campo Formio.

Im 2. K. (1799–1802) suchten Rußland, die Türkei, Neapel, Portugal, Großbritannien und Österreich den Status von 1792 wiederherzustellen. Österreich wurde nach den Niederlagen von Marengo (14.6.1800) und ↗Hohenlinden zum Frieden von ↗Lunéville (1801) gezwungen, Großbritannien akzeptierte den Frieden von ↗Amiens (1802).

Im 3. K. (1805) waren zunächst Großbritannien, Österreich, Rußland und Schweden miteinander verbündet. In der Dreikaiserschlacht bei ↗Austerlitz besiegte Napoleon die Österreicher und Russen. Österreich mußte im Frieden von ↗Preßburg (1805) Gebiete an Italien und Bayern abgeben.

4. K. (1806/07): Preußen forderte die Auflösung des von Frankreich geführten ↗Rheinbundes und den Abzug der französischen Truppen rechts des Rheins. Napoleon schlug in der Doppelschlacht von ↗Jena und Auerstedt die preußischen Truppen vernichtend, verfügte von Berlin aus die ↗Kontinentalsperre gegen Großbritannien und besiegte Rußland. Friede von ↗Tilsit (1807).

5. K. (1809): Österreich erklärte Frankreich den Krieg, in Tirol kam es zur Erhebung unter ↗Hofer. Erzherzog ↗Karl siegte gegen ↗Napoleon I. bei Aspern und Eßling, verlor aber entscheidend bei Wagram. Im Frieden von Schönbrunn trat Österreich das Innviertel, Salzburg, Westgalizien, Slowenien, Istrien und Dalmatien ab. *rh*

Koblenz, Konferenz (1948) Tagung der Ministerpräsidenten der Länder der drei westlichen ↗Besatzungszonen vom 8.–10.7.1948 über die ↗Frankfurter Dokumente auf dem Rittersturz bei Koblenz; mit Rücksicht auf die deutsche Einheit Forderung eines provisorischen Weststaates, ohne die Integration der drei Westzonen in Frage zu stellen; Vorschlag zur Einberufung eines ↗Parlamentarischen Rates für die Erarbeitung der zukünftigen Verfassung. *kl*

Koch, Erich NSDAP-Politiker, * 19.6.1896 Elberfeld, † 12.11.1986 Barczewo (Polen). Ab 1922 Mitglied der ↗NSDAP; ab 1928 Gauleiter (↗Gau), ab 1933 Oberpräsident in Ostpreußen; 1941–44 Reichskommissar in der Ukraine und berüchtigt für seine Brutalität; 1950 Auslieferung an Polen;

1959 dort wegen Kriegsverbrechen zum Tode verurteilt, aufgrund von Unzurechnungsfähigkeit aber nicht hingerichtet. *RB*

Koch, Robert Bakteriologe, *11.12.1843 Clausthal (heute Clausthal-Zellerfeld), †27.5.1910 Baden-Baden. Studium bei ↗Virchow; erlebte die Cholera-Epidemie 1866 in Hamburg; Professor in Berlin; leitete mehrere Expeditionen; entdeckte die Erreger des Milzbrandes (1876), der Tuberkulose (1882), der Cholera (1883) und wies verunreinigtes Wasser als deren Ursache nach; fand in der Tsetsefliege die Überträgerin der Schlafkrankheit; Nobelpreis für Medizin 1905. *bl*

Koeppen, Wolfgang Schriftsteller,*23.6.1906 Greifswald, †15.3.1996 München. Einer der wenigen deutschen Autoren, die sich in den frühen fünfziger Jahren literarisch mit der Nachkriegssituation auseinandersetzten. 1962 ↗Georg-Büchner-Preis. Werke u.a.: Tauben im Gras (1951), Der Tod in Rom (1954). *kp*

Kogge Breites, bauchiges Segelschiff mit hoher Bordwand, das im 13. und 14. Jh. als Handels- und Kriegsschiff in den nördlichen Meeren verwendet wurde, v.a. von der ↗Hanse. Konnte ursprünglich auch gerudert werden; erstes Segelschiff mit Heckruder. *wj*

Kogon, Eugen Publizist, Politologe, *2.2.1903 München, †24.12.1987 Falkenstein (Taunus). Beim deutschen Einmarsch am 12.3.1938 in Wien verhaftet, 1939–45 KZ-Haft in ↗Buchenwald. Veröffentlichte 1946 „Der SS-Staat“, einen der weitestverbreiteten Berichte über ↗Konzentrationslager. Mitherausgeber der „Frankfurter Hefte“ und Professur in Darmstadt. *PS*

Kohl, Helmut Bundeskanzler (CDU), *3.4.1930 Ludwigshafen. Der Historiker K., seit 1947 Mitglied der ↗CDU, war 1966–73 Vorsitzender der Landes-CDU, 1969–76 Ministerpräsident von Rheinland-Pfalz. 1969–73 stellvertretender, 1973–98 Vorsitzender der Bundes-CDU; 1976–82 Vorsitzender der CDU/CSU-Bundestagsfraktion und mit dem Mißtrauensvotum gegen Helmut ↗Schmidt 1982 zum Bundeskanzler gewählt; Bildung einer ↗christlich-liberalen Koalition. Nach der ↗Wende in der ↗DDR 1989 trieb K. mit dem ↗„Zehn-Punkte-Plan zur Überwindung der Teilung Deutschlands“ und bilateralen Gesprächen mit der Sowjetunion die ↗Wiedervereinigung, Kernstück seiner historischen Bedeutung, voran (↗Zwei-plus-Vier-Vertrag).
1990 und 1994 zum gesamtdeutschen Bundeskanzler gewählt, bildete der zielstrebige Ausbau der ↗EU den Schwerpunkt seiner erfolgreichen Außenpolitik. 1998 scheiterte er bei der ↗Bundestagswahl als Kanzlerkandidat. (180) *AM*

Kohl, Michael DDR-Politiker, *28.9.1929 Sondershausen, †4.7.1981 Berlin (Ost). 1965–73 Staatssekretär im Ministerrat; führte 1970–72 die Verhandlungen zum ↗Transitabkommen und zum ↗Grundlagenvertrag mit der Bundesrepublik; 1974–78 Leiter der ↗Ständigen Vertretung der DDR in der Bundesrepublik. *AM*

Köhler, Georges ↗Nobelpreis

Köhler, Oskar Historiker, *23.1.1909 Karlsruhe, †16.9.1996 ebd. Mitherausgeber des ↗Saeculum und der „Saeculum Weltgeschichte“, Begründer des Instituts für Historische Anthropologie; Honorarprofessor für Universalgeschichte in Freiburg (Breisgau); Veröffentlichungen zur Universalgeschichte, Kirchengeschichte, zur Philosophie- und Religionsgeschichte. *rw*

Kohlhase, Hans Brandenburgischer Kaufmann, †22.3.1540 Berlin. 1532 auf einer Geschäftsreise Streit über zwei beschlagnahmte Pferde mit dem sächsischen Adligen Günter von Zaschwitz; vor Gericht und von ↗Johann Friedrich I. von Sachsen abgewiesen, von Martin ↗Luther zum Nachgeben aufgefordert; 1534 Fehdebrief gegen Zaschwitz und Kursachsen, 1535 Eröffnung der ↗Fehde;

Helmut Kohl (Juli 1997)

Überfälle mit Gesinnungsgenossen in ganz Sachsen. Von ↗Joachim II. von Brandenburg verhaftet und gerädert. Vorbildfigur für Heinrich von ↗Kleists Erzählung „Michael Kohlhaas". *rh*

KoKo ↗Kommerzielle Koordinierung

Kokoschka, Oskar Österreichischer Maler, Graphiker, *1.3.1886 Pöchlarn, †22.2.1980 Villeneuve (Schweiz). Emigrierte 1934 nach Prag; ab 1938 in London; lebte seit 1954 in der Schweiz; gehörte schon früh zu den führenden Expressionisten, starke, kräftige Farben und ein später immer stärker politisch akzentuierter Stil sind charakteristisch für sein Werk; malte v.a. Bildnisse und Landschaften. Werke u.a.: Selbstbildnis eines entarteten Künstlers (1937). *kp*

Kollaboration Allg. Zusammenarbeit mit oder Unterstützung von Besatzungsmacht.

Im ↗Zweiten Weltkrieg in allen deutsch besetzten Ländern in unterschiedlicher Intensität vorhanden, aber auch in verbündeten, neutralen und sogar alliierten Staaten als Unterstützung deutscher Maßnahmen durch einzelne oder Gruppen aufgetreten. *PS*

Kollektivierung, DDR Abschaffung des Privateigentums an Produktionsmitteln, in der DDR nach den ↗Enteignungen und dem Aufbau der ↗VEBs weiterer Schritt zu einer Zentralverwaltungswirtschaft nach sowjetischem Vorbild; nach Beschluß der Zweiten Parteikonferenz der ↗SED im Juli 1952 zum ↗Aufbau des Sozialismus neben den K. im Handwerk v.a. bis 1960 K. in der ↗Landwirtschaft; Unmut in der Bevölkerung, Auslöser für die Flucht in die Bundesrepublik. *kl*

Kollektivschuldthese Angesichts der Massenverbrechen des ↗Dritten Reiches wurde nach 1945 mehrfach die These vertreten, das deutsche Volk trage in seiner Gesamtheit die Schuld am ↗Holocaust; war niemals Grundlage der alliierten Deutschlandpolitik. Es galt der Grundsatz der individuellen Schuldfeststellung (↗Nürnberger Kriegsverbrecherprozesse). Bundespräsident ↗Heuss sprach dagegen von einer „Kollektivscham", aus der sich die Pflicht zur ↗Wiedergutmachung ableite. *bb*

Kollwitz, Käthe Graphikerin, Bildhauerin, *8.7.1867 Königsberg (Preußen), †22.4.1945 Moritzburg (Dresden). Gehört zu den ersten Künstlern in Deutschland, die sich gegen die allg. anerkannte Akademiekunst wandten; fand ihre Motive v.a. in den Elendsvierteln der Großstadt, z.B. der durch ↗Hauptmann inspirierte Zyklus zum ↗Weberaufstand von 1844 (1897/98). Als charakteristisch für ihr Werk kann ein schonungsloser Realismus gelten, der sowohl in den Selbstporträts als auch im übrigen Werk zum Ausdruck kommt. *kp*

Köln Westdeutsche Stadt am Rhein im Süden der Niederrheinischen Bucht; entstanden aus Ansiedlung der Ubier 38 v.Chr.; 50 n.Chr. Erweiterung zur römischen Kolonie Colonia Agrippinensis.
Mitte des 5. Jh.s von den ↗Franken erobert und 795 zum Erzbistum erhoben, entwickelte sich K. zu der im Mittelalter größten und wirtschaftlich wichtigsten deutschen Stadt (seit dem 10./11. Jh. Handelsverkehr mit England, seit 1254 Mitglied im ↗Rheinischen Städtebund, 1356 Anschluß an die ↗Hanse). Nach zunehmenden Konflikten zwischen Bürgern und Erzbischof 1288 Befreiung K.s von der erzbischöflichen Stadtherrschaft; ab 1370/96 Herrschaft der ↗Zünfte; 1475 Erhebung zur freien ↗Reichsstadt, danach sinkende politische Bedeutung; 1801 an Frankreich, 1815 an ↗Preußen (↗Rheinprovinz); seit dem 19. Jh. erneuter wirtschaftlicher Aufstieg K.s. *wm*

Kölner Dom (Zeichnung nach dem Originalriß von 1248 zur hochgotischen [West-] Turmfassade)

Köln, Dom Bischofskirche im gotischen Stil (↗Gotik); Wahrzeichen der Stadt Köln. 1248 Baubeginn, 1560 Einstellung der Bauarbeiten. Die aus einem fünfschiffigen Langhaus, einem dreischiffigen Querhaus, einem 157 m hohen Doppelturm sowie Chor (1322 geweiht) mit Umgang und Kapellenkranz bestehende Basilika wurde erst 1880 ganz fertiggestellt. Der K.er D. ist eine der größten gotischen Kathedralen und beherbergt bedeutende Werke der europäischen Kirchenkunst, u. a. die aus Mailand stammenden Dreikönigs-Reliquien (↗Rainald von Dassel). *RB*

Köln, Erzbistum Als Bistum belegt seit 313/14 (Bischof Maternus); 795 Erhebung zum Erzbistum. Territoriale Basis des Erzstiftes K. war seit 953 ein schmaler linksrheinischer Landstrich zwischen Rolandseck und Rheinberg. Wichtige Rolle der K.er Erzbischöfe, die bis 1288 über die Stadt K. herrschten, in der Politik des ↗Heiligen Römischen Reiches: seit 1028 Recht zur ↗Krönung des deutschen Königs in Aachen (strittig mit Mainz bis 1657), seit 1031 Inhaber des Erzkanzleramtes für Italien. Im 13. Jh. erhielten sie die Kurfürstenwürde.
1583 durch die (erfolglosen) erzbischöflichen Bestrebungen, K. in ein weltliches protestantisches Kurfürstentum umzugestalten, Auslösung des sog. K.er Krieges; 1801 Annexion des linksrheinischen Teiles des Erzbistums K. durch Frankreich; 1803 Säkularisation des rechtsrheinischen Gebietes; 1821 mit neuer Umschreibung wiederhergestellt.
Zum Erzbistum K. gehören heute die Bistümer Münster, Trier, Aachen, Limburg, Osnabrück, Essen. Bedeutende K.er Erzbischöfe: u. a. ↗Anno II. (1056–75), ↗Droste zu Vischering (1835–45; ↗K.er Kirchenstreit), Kardinal ↗Frings (1942–69). *wm*

Kölner Kirchenstreit (1836–41) Streit aufgrund der verschiedenen Grundsätze des preußischen Staates und der Kirche in bezug auf die Erziehung der Kinder aus konfessionellen Mischehen. Zu Festungshaft wurden 1837 Erzbischof ↗Droste zu Vischering und 1839 Erzbischof Dunin von Gnesen-Posen verurteilt. Preußen lenkte ab 1838 wegen diplomatischen Drucks aus Österreich und Bayern ein; Beilegung des Streites durch ↗Friedrich Wilhelm IV. Der K.K. führte zu Verwirrung im deutschen Katholizismus, dessen Politisierung gefördert wurde und aus dem sich u. a. der politische ↗Katholizismus entwickelte. *rm*

Kölner Leitsätze der CDU Sammlungsaufruf und vorläufiger Entwurf zu einem Parteiprogramm, am 17. 6. 1945 in Köln verabschiedet; Bekenntnis der deutschen Schuld am ↗Zweiten Weltkrieg; forderte neben einem ↗christlichen Sozialismus staatliche Kontrollen über Teile der Wirtschaft und eine Stärkung privater Unternehmertätigkeit zur Brechung der „Vorherrschaft des Großkapitals"; im ↗Ahlener Programm 1947 aufgegangen. *kl*

Kölner Wirren ↗Kölner Kirchenstreit (1836–41)

Kolonien Seit Mitte des 19. Jh.s versuchten zunächst Handelshäuser, überseeische Gebiete zu erwerben. Durch die Unterstützung propagandistischer Vereine zur Förderung des kolonia-

Kolonien (Stand 1913/14)	Fläche in 1000 km²	Einw. in 1000 Einheimische	Einw. in 1000 Weiße	Eisenbahnen in km	Export in Mio. Mark	Import in Mio. Mark	Defizit Reichsbeitrag in Mio. Mark
in Afrika							
Togo	88	1031	0,4	325	9,9	11,4	–
Kamerun	504	3326	1,8	310	23,3	34,2	6,9
Deutsch-Südwestafrika	830	80	15	1960	39,0	32,5	38,5
Deutsch-Ostafrika	1020	7645	5	1250	31,4	50,3	40,9
in Asien und im Pazifischen Ozean							
Palau, Karolinen Marianen, Marshallinseln	13,2	15	0,5	–	6,9	3,4	
Samoa	25,5	35	0,5	–	5,1	4,9	0,16[1]
Deutsch-Neuguinea und Bismarck-Archipel	230	719	0,9	–	5,1	5,9	1,7
Kiautschou	0,56	192	4,4	435[2]	79,6	6,1	10,3

[1] erfaßt unter Deutsch-Neuguinea und Bismarck-Archipel; [2] deutsche Schantungeisenbahn nach Tsinan

len Gedankens (z. B. ↗Deutsche Kolonialgesellschaft) erwarb das Deutsche Reich später selbst neue K. (auch als Schutzgebiete bezeichnet): 1884 ↗Kamerun, ↗Togo, ↗Deutsch-Südwestafrika, 1885 ↗Deutsch-Ostafrika, ↗Deutsch-Neuguinea (bis 1899 kamen diverse Inseln hinzu). Der erhoffte wirtschaftliche Nutzen durch Rohstoffquellen blieb aus, die K. waren zumeist ein Zuschußunternehmen; belastend wirkten zudem die Aufstände Einheimischer (v. a. der ↗Hererokrieg) durch die Entsendung von ↗Schutztruppen. Im ↗Versailler Vertrag mußte das Deutsche Reich auf alle K. verzichten. *dt*

Kolping, Adolf Katholischer Priester, *8. 12. 1813 Kerpen (bei Köln), †4. 12. 1865 Köln. Zunächst Schuhmachergeselle; Priesterweihe 1845; gründete 1849 als Domvikar in Köln einen katholischen Gesellenverein. Es folgten Vereine in Deutschland, Österreich und der Schweiz, aus denen sich das internationale K.-Werk entwickelte, das praktische Lebenshilfe für Christen in Beruf und Bildung anbietet. *rm*

Kolpingwerk ↗Kolping, Adolf

Kolumban von Luxeuil ↗Columban

Kombinate Zusammenschlüsse von Industriebetrieben der DDR, seit den fünfziger Jahren durch Fusion von ↗VEBs zunächst vereinzelt in der Grundstoff-, der Chemie- und der Elektroindustrie gebildet; Sitz des K.s am größten beteiligten VEB; trotz rechtlicher und wirtschaftlicher Selbständigkeit der VEB 80prozentige Gewinnabführung an den Staat; ab den ausgehenden sechziger Jahren verstärkte Bildung von K., in der Hauptsache jedoch erst 1978–79. 1988/89 waren fast alle industriell Beschäftigten der DDR in 126 Kombinaten tätig. Nach der ↗Wende wurden die K. durch die ↗Treuhandanstalt privatisiert. *kl*

Kommerzielle Koordinierung (KoKo) Außenhandelsbehörde der DDR zur Devisenbeschaffung, 1966 als Bereich des Ministeriums für Außenhandel gegründet, 1972 verselbständigt, 1976 dem ↗Zentralkomitee der ↗SED unterstellt; Verkauf von Kulturgut, Beteiligung am Waffenhandel und versuchter Erwerb von westlicher Militärtechnologie; aus den Devisenüberschüssen von bis zu 2 Mrd. DM/Jahr Finanzierung von Sonderimporten und Entwicklungshilfezahlungen, aber auch persönliche Bereicherung führender SED-Mitglieder; am 15. 3. 1990 aufgelöst, durch die ↗Treuhandanstalt abgewickelt und von einem parlamentarischen Ausschuß untersucht; Auffinden von 1,5 Mrd. DM. *kl*

Kommissarbefehl Bekanntester der „Verbrecherische Befehle“ genannten völkerrechtswidrigen Anweisungen im ↗Zweiten Weltkrieg. Auf Weisung ↗Hitlers wurde 1941 vor Beginn des ↗Unternehmens Barbarossa im ↗OKW und im Oberkommando des Heeres (OKH) ein Befehl ausgearbeitet, der die sofortige Ermordung der politischen Kommissare der ↗Roten Armee auch außerhalb des Kampfgeschehens vorsah. Am 6. 6. 1941 wurde der K. den Oberbefehlshabern zur Weiterleitung zugestellt und nach Beginn des Überfalls am 22. 6. trotz gelegentlicher Proteste bis Mai 1942 fast allg. durchgeführt. *PS*

Kommune 1 1967 in Berlin in Zusammenhang mit der ↗APO gegründete ↗Wohngemeinschaft um Dieter Kunzelmann, Fritz Teufel, Reiner Langhans und Uschi Obermaier. Ziel der K. 1 war die Überwindung der als repressiv wahrgenommenen vorherrschenden Arbeits- und Sexualmoral in einer alternativen Lebensform. Zog mit gegen die bürgerliche Ordnung gerichteten Aktionen republikweites Interesse auf sich. *bb*

Kommunismus Bezeichnung für Ideen, Theorien und Bewegungen, die eine Gesellschaftsordnung erstreben, in der das Privateigentum abgeschafft und soziale Gegensätze weitgehend aufgehoben sind. Diese schon alte Vorstellung wurde bes. im 19. Jh. im Zusammenhang mit den gesellschaftlichen Auswirkungen der ↗Industrialisierung fruchtbar. Die Grenze zum Begriff des ↗Sozialismus, häufig auch synonym mit K., ist fließend. In Deutschland entwarf u. a. ↗Weitling ab 1838/39 eine durch das ↗Proletariat herzustellende kommunistische Gesellschaftsordnung („utopischer Sozialismus“), Moses ↗Hess versuchte, den K. philosophisch zu begründen. Am einflußreichsten, in ihren Auswirkungen das 20. Jh. entscheidend prägend, wurden die sich seit der 2. Hälfte des 19. Jh.s entwickelnden kommunistischen Bewegungen (1918 Gründung der ↗KPD), die sich wesentlich auf Karl ↗Marx und ↗Engels (↗Marxismus) bezogen. Der von Lenin entwickelte ↗Marxismus-Leninismus, durch die Russische Revolution (1917) Herrschaftsideologie der sozialistischen Staaten, wurde nach dem Zweiten Weltkrieg zur Staatsideologie der ↗SBZ bzw. DDR. *nk*

Kommunistische Partei Deutschlands (KPD) Auf dem Berliner Parteitag (30. 12. 1918–1. 1. 1919) durch Zusammenschluß von ↗Spartakusbund und der „Bremer Linken" entstandene Partei, die, ↗Luxemburgs „Spartakusprogramm" übernehmend, eine „einheitliche deutsche sozialistische Republik" mit einer Räteverfassung (↗Rätesystem) anstrebte; 1919 an lokalen Räterepubliken beteiligt; gelangte nach der Vereinigung mit dem linken Flügel der ↗USPD (1920) zu größerem Einfluß; tendierte zunächst zu einer Einheitsfront mit der ↗SPD; unter der Führung ↗Thälmanns Orientierung an den Zielen der Komintern und der sowjetischen Politik; vertrat gegenüber der SPD die „Sozialfaschismus"-These, wodurch sie zur Lähmung des linken Widerstandes gegen die ↗NSDAP beitrug; nach dem ↗Reichstagsbrand aufgelöst; Neuaufbau nach 1945, Vereinigung mit der SPD (21.4.1946) zur ↗SED in der ↗SBZ; von geringer Bedeutung in Westdeutschland (verboten ab August 1956). *bl*

Kommunistisches Manifest Von Karl ↗Marx und ↗Engels 1847 verfaßte, 1848 veröffentlichte programmatische Schrift des ↗Bundes der Kommunisten, in der die marxistischen Grundgedanken zusammengefaßt und mit dem Aufruf „Proletarier aller Länder, vereinigt euch!" der internationale Anspruch der Bewegung zum Ausdruck gebracht wurde. *nk*

Konfession (lat.: Geständnis, Bekenntnis) Zusammenfassung aller Glaubensinhalte, zu denen sich ein Christ bekennt. In der ↗katholischen Kirche nur von Bedeutung als statistisches Zugehörigkeitsmerkmal und im Zuge des Ökumenismus wichtig für die Einigung der Christen. In den ↗evangelischen Kirchen hat K. die gleiche Bedeutung wie Bekenntnis und dient zur Abgrenzung von anderen Kirchen mit unterschiedlichen Glaubensinhalten. *rm*

Konfessionskriege ↗Religionskriege

König (althochdeutsch „kuning" = edler Herr) Das monarchische Oberhaupt eines Staates, höchster Herrschertitel nach dem des ↗Kaisers. Der Begriff wurde vom germanischen K. (der Gerichtsherr, Heerführer und Oberpriester war) auf Herrscher anderer Kulturen und Völker übertragen (bes. Formen: Gottkönigtum, Heer-K.). Der K. wurde ursprünglich nach ↗Geblütsrecht, dann frei gewählt (seit 1257 von den ↗Kurfürsten) und vom ↗Erzbischof von Mainz gekrönt (seit 1338, ↗Kurverein von Rhens, keine päpstliche Bestätigung mehr nötig). Seine Machtbasis war der Landbesitz (↗Hausmacht). Er war oberster Heerführer, übte den Friedensbann und die Hoheit über die Reichskirche aus, verwaltete das ↗Reichsgut. Seit ↗Otto I., dem Großen, war das deutsche Königtum mit dem Kaisertum eng verknüpft. *vK*

Königgrätz, Schlacht (1866) Brachte am 3.7. 1866 die militärische Entscheidung im ↗Deutschen Krieg. Entgegen den französischen Erwartungen siegten die vereinigten preußischen Armeen über das österreichische Hauptheer. Die schnelle Entscheidung führte zum Vorfrieden von ↗Nikolsburg und schließlich zum Frieden von ↗Prag. *vK*

Königsfriede 1) Den unter ↗Königsschutz stehenden Personen gewährter Friede.
2) Im Mittelalter Sonderfriede zum Schutz des ↗Königs und seiner Umgebung. *vK*

Königsgut ↗Reichsgut

Königsheil Das K. wurde, insbesondere in germanischer Frühzeit, hergeleitet aus dem Heil des Königsgeschlechtes; man verstand darunter ein dem König eigenes Charisma. Es schuf, neben der Bewährung im Kampf, die Voraussetzung zur von Erfolg begünstigten Durchsetzung seiner Herrschaftsgewalt. *wm*

Königsmarck, Philipp Christoph von Hannoverscher Offizier, *14.3.1665 Stade, †11./12.7. 1694 Hannover. Soldat und Abenteurer; seit 1689 als Offizier in hannoverschen Diensten. Ab 1690 Verhältnis und Briefwechsel mit der Gemahlin von ↗Georg Ludwig I. von Hannover, ↗Sophie Dorothea. Von Höflingen ermordet und in der Leine versenkt. *rh*

Königsschutz Im Mittelalter Schutzpflicht des Königs gegenüber seinen Untertanen, bes. gegenüber sozial Schwachen und bestimmten Einzelpersonen wie Klerikern, Witwen und Waisen sowie Anstalten (z.B. Kirchen und ↗Klöster). Der K. galt auch Kaufleuten und Juden. *vK*

Königswahl Der Vorgang zur Bestimmung eines neuen Königs in Wahlmonarchien. Erfolgte im ↗Frankenreich und im ↗Heiligen Römischen Reich bis zum Ende der Herrschaft der ↗Staufer (1254) im wesentlichen auf der Grundlage des ↗Geblütsrechts, wenn es auch gelegentlich zur Wahl von ↗Gegenkönigen kam; erhielt seit dem ↗Interregnum (1254–73), geregelt durch die ↗Goldene Bulle, die Form einer Wahl durch die sieben ↗Kurfürsten. *bl*

Konkordat ↗Wormser Konkordat

Konkordienformel (1577) Bildete den Schlußpunkt im Konflikt um das ↗Augsburgische Bekenntnis und wurde ab 1555 verfaßt. Ziel war, den Streit um Martin ↗Luther und die rechte Lehre zu klären. Erste Einigungsbestrebungen scheiterten 1570; 1576 zeigte die K. ihre Wirkung im „Torgischen Buch"; 1577 umformuliert im „Bergischen Buch", 1580 zusammen mit anderen Bekenntnissen im Konkordienbuch herausgegeben. *rm*

Konrad

Deutsche Könige und Kaiser:

Konrad I. †23.12.918. Seit 906 Herzog von Ostfranken, nach dem Aussterben der ostfränkischen ↗Karolinger 911 zum ostfränkischen König gewählt; versuchte im Bund mit der Kirche vergeblich, die Stammesherzogtümer der Krone unterzuordnen; soll am Ende seines Lebens seinen mächtigen Gegner ↗Heinrich I. zum Nachfolger designiert haben. *dh*

Konrad II. *um 990, †4.6.1039 Utrecht. K. wurde als erster ↗Salier 1024 deutscher König; 1026 auch zum König von Italien und 1027 zum Kaiser gekrönt. Er schlug die Aufstände seines Stiefsohnes Ernst II. von Schwaben nieder (1025–30), gewann 1033 die Lausitz von Polen zurück und erwarb 1032 das Königreich Burgund. Dem in Freundschaft verbundenen Knut von Dänemark trat er Schleswig ab, und in Italien regelte er 1037 gesetzlich die Erblichkeit der Lehen der Untervasallen. K. baute die Machtstellung des Heiligen Römischen Reiches aus. *dh*

Konrad III. *1093/94, †15.2.1152 Bamberg. ↗Staufer, seit 1116 Herzog in Ostfranken; seit 1127 ↗Gegenkönig zu ↗Lothar III., mit dem er sich 1135 versöhnte; 1138 zum deutschen König gewählt, kämpfte er mit wechselndem Erfolg gegen die ↗Welfen (1140 Einnahme von Weinsberg), denen er Bayern absprach und nur Sachsen beließ; nahm 1147–49 am Zweiten ↗Kreuzzug teil. *dh*

Konrad IV. *25.4.1228 Andria, †21.5.1254 Lavello. Sohn Kaiser ↗Friedrichs II., seit 1237 deutscher König; seit 1246 im Kampf mit den ↗Gegenkönigen ↗Heinrich Raspe und ↗Wilhelm von Holland; zog nach seines Vaters Tod (1250) nach Italien, um das sizilianische Erbreich zu retten; starb plötzlich nach einem kurzen Siegeszug. *dh*

Köln:

Konrad von Hochstaden Erzbischof, †18.9. 1261 Köln. Seit 1238 Erzbischof; Gegner ↗Friedrichs II.; setzte sich (1246 für ↗Heinrich Raspe) 1247 für die Wahl ↗Wilhelms von Holland zum ↗Gegenkönig ein, doch fiel er auch von diesem ab und führte 1257 die Wahl ↗Richards von Cornwall herbei; baute die Machtposition Kölns aus. *dh*

Deutscher Orden:

Konrad von Jungingen Hochmeister, *um 1355, †30.3.1407 Marienburg. Seit 1393 ↗Hochmeister; 1398 eroberte er Gotland. 1402 erwarb er von Kaiser ↗Sigismund die Neumark, worüber es zum Grenzstreit mit Polen kam, der 1404 beigelegt wurde. *dh*

Konrad von Megenberg Theologe, *um 1309 vermutlich Mäbenberg (bei Schwabach), †14.4. 1374 Regensburg. 1337–61 mehrere Aufenthalte am Papsthof in Avignon; wurde 1348 Domherr in ↗Regensburg; verfaßte ca. 30 Schriften politischen, theologischen und naturwissenschaftlichen Inhalts. *sm*

Konradin Herzog von Schwaben, *25.3.1252 Burg Wolfstein (bei Landshut), †29.10.1268 Neapel. Sohn König ↗Konrads IV. und letzter ↗Staufer; wurde beim Kampf um sein sizilisches Erbreich 1268 bei Rom von Karl von Anjou besiegt, der ihn enthaupten ließ. *dh*

Konradiner Adelsgeschlecht in Ostfranken, das sich im Herzogtum ↗Franken in der ↗Babenberger Fehde (902–06) gegen die Babenberger behaupten konnte; herzogliche Stellung ihres Führers Konrad. Der Aufstieg der K. erreichte seinen Höhepunkt 911 mit der Wahl ↗Konrads (I.) zum ostfränkischen, erstmals nichtkarolingischen König. *wm*

Konservatismus (auch: Konservativismus) Bezeichnung für eine Geisteshaltung, die das Festhalten an altbewährten Traditionen und die Wahrung der gesellschaftlichen Kontinuität zum Ziel hat. Der K. erachtet Instanzen der Autorität und die Pflicht zur Einordnung des einzelnen als gesellschaftliche Notwendigkeiten. Wandel soll evolutionär auf dem Bestehenden aufbauend erfolgen, nicht revolutionär-eruptiv vonstatten gehen.
Der politische K. entwickelte sich als Reaktion auf die Folgeerscheinungen der ↗Französischen Revolution. Im deutschen Sprachraum fanden die Ideen des K. durch ↗Möser und ↗Gentz Verbreitung, in ↗Metternich ihren politischen Verfechter. Kunst und ↗Philosophie der ↗Romantik spiegelten den K. u. a. in den Werken von ↗Novalis, Friedrich von ↗Schlegel und Leopold von ↗Gerlach wider. Einen freiheitlichen K. vertraten v. a. der Freiherr vom und zum ↗Stein und ↗Görres.
In der Folge der ↗deutschen Revolution von 1848 bildete der K. den Gegenpol zum ↗Liberalismus und später auch zum ↗Sozialismus. Im deutschen

Kaiserreich verband sich der K. mehr und mehr mit nationalistischen Strömungen (↗Nationalismus), in der ↗Weimarer Republik erleichterten die konservativen Parteien durch ihre Kooperation mit den Nationalsozialisten die ↗Machtergreifung.
Der moderne politische K. in der Bundesrepublik versteht sich als Interessenvertretung des ↗Bürgertums und wird v. a. durch ↗CDU und ↗CSU repräsentiert. Christliche Überzeugung, soziale Marktwirtschaft und nationale Grundsätze sind seine Maximen. *RB*

Konservative Revolution (Neuer Nationalismus) Politische Richtung während der ↗Weimarer Republik; Abgrenzung von demokratischen Ideen, aber auch von restaurativer Politik. Getragen von völkischen und jungkonservativen Gruppierungen, gehörten Teile der K.R. zu den Bündnispartnern ↗Hitlers zu Beginn des ↗Dritten Reiches. *PS*

Konstantinische Schenkung Zwischen 752 und 850 entstandene Urkunde, nach der Kaiser Konstantin I. Papst Sylvester I. neben zahlreichen Ehrenvorrechten Rom, Italien und die westlichen Reichsprovinzen mit allen Herrschaftsansprüchen geschenkt haben soll; spielte in den Auseinandersetzungen zwischen ↗Papsttum und Kaisertum eine wichtige Rolle; bereits zur Zeit Kaiser ↗Ottos III. Echtheit bezweifelt; im 15. Jh. endgültig als unecht erkannt (u. a. von ↗Nikolaus von Kues). *vK*

Konstanze Kaiserin, *1154, †27. 9. 1198 Palermo. Tochter König Rogers II. und Erbin Siziliens; seit 1186 Gemahlin Kaiser ↗Heinrichs VI.; führte seit 1197 in Sizilien die Regentschaft für ihren Sohn ↗Friedrich II. (285) *dh*

Konstanzer Konzil (1414–18) Auf das Betreiben von König ↗Sigmund hin durch Papst Johannes XXIII. nach Konstanz einberufenes Konzil (5. 11. 1414–22. 4. 1418); gilt als größter Kongreß des Mittelalters. Das Konzil, das sich die Beseitigung des ↗Abendländischen Schismas, die Verbesserung der kirchlichen Zustände und die Niederschlagung der Ketzerei zur Aufgabe gemacht hatte, gab sich eine Geschäftsordnung, nach der nicht nach Köpfen, sondern nach Nationen abgestimmt und so eine Majorisierung durch die italienischen Bischöfe verhindert wurde. Ergebnisse waren die Wahl Martins V. als neuer Papst, sieben Reformdekrete und die Forderung nach regelmäßigen Generalkonzilien. Zu einer tiefgreifenden Kirchenreform kam es jedoch nicht. *vK*

Konsumgenossenschaften ↗Konsumvereine

Konsumvereine Nach britischem Vorbild seit ca. 1850 gegründete, ab 1900 in Zentralverbänden organisierte Vereine (auch Verbraucher- oder Konsumgenossenschaften), die im gemeinsamen Großeinkauf erstandene Lebensmittel und Konsumgüter an ihre Mitglieder möglichst günstig weiterverkauften; 1974 in co-op AG vereinigt, die 1988 zusammenbrach und im wesentlichen vom Metro-Konzern aufgekauft wurde. *nk*

Kontinentalsperre 1806–13 Sperre für jeden

Besichtigung des Konzentrationslagers ↗Mauthausen (1941); v.li.: Heinrich ↗Himmler, Lagerkommandant Franz Ziereis, Ernst ↗Kaltenbrunner

Handel und Verkehr des europäischen Kontinents mit Großbritannien; von ↗Napoleon I. als wirtschaftliche Kampfmaßnahme angeordnet; 1812 Anlaß zum Krieg mit Rußland. Wichtige Folge der K. war die Ausbildung eigener Wirtschaftszweige in Deutschland. *vK*

Kontributionen Abgaben, die in einem besetzten Gebiet in der Regel als direkte Steuern eingezogen und für die Deckung der Kriegskosten oder als Bereicherungsquelle der Kriegsherrn benutzt wurden (v. a. im ↗Dreißigjährigen Krieg, im ↗Siebenjährigen Krieg). *rh*

Kontrollrat ↗Alliierter Kontrollrat

Konzentrationslager (KZ, KL) Gefangenenlager für Zivilisten, Mischform von Internierungs- und Zwangsarbeitslager. Vorläufer der K. bestanden 1896 auf Kuba (Kolonialmacht Spanien) sowie um 1900 auf den Philippinen (Kolonialmacht USA), ehe Großbritannien ab 1900 im Burenkrieg in Südafrika „concentration camps" für burische Frauen und Kinder einrichtete, in denen eine hohe Sterblichkeit herrschte.

Im Februar 1933 wurden mit der sog. Reichstagsbrandverordnung (eigentlich „Verordnung zum Schutz von Volk und Staat") die gesetzlichen Grundlagen zur Einrichtung von und Inhaftierung in K. geschaffen. Zunächst wurden neben dem ersten regulären KZ ↗Dachau eine Reihe sog. Wilder KZs eingerichtet (Columbiahaus Berlin, Kemna [Wuppertal]), in denen die ↗SA mit grausamen Mißhandlungen ihre Rache an politischen Gegnern austobte; wurden 1934 aufgelöst. Ab Mitte 1934 unterstand der Auf- und Ausbau der KZs dem ehemaligen Kommandanten von Dachau, ↗Eicke, als Inspekteur der KZs, der auch das Kommando über die nun aus SS-Männern bestehenden Wachverbände hatte (ab 1936 SS-Totenkopfverbände). Zunächst wurden die K. mit politischen, religiösen und rassischen Gegnern sowie mit aus sozialen Gründen Inhaftierten (↗„Asoziale", ↗Homosexuellenverfolgung) belegt, während des Krieges auch mit ausländischen Zivilisten und gelegentlich Kriegsgefangenen. Ab 1938 entwickelten sich die K. mit ihren je zahlreichen Außenlagern zu einem wichtigen Arbeitskräftelieferanten insbesondere der Rüstungsindustrie.

Während Häftlinge der K. häufig Opfer der harten Lebens- und Arbeitsbedingungen, von Seuchen und Mißhandlungen des Wachpersonals oder von sog. Funktionshäftlingen sowie von ↗Menschenversuchen wurden, richtete die ↗SS ab 1941 ↗Vernichtungslager für rassisch unerwünschte Häftlinge, v. a. Juden, ↗Sinti und Roma, ein, in denen der systematische Massenmord an den Häftlingen durchgeführt wurde. (285) *PS*

Konzertierte Aktion (1967) Informations- und Koordinationsgremium für Vertreter der Bundesregierung, des Sachverständigenrates, der ↗Deutschen Bundesbank, der Gewerkschaften und der Unternehmerverbände; auf Initiative des Wirtschaftsministers der ↗großen Koalition Karl ↗Schiller erstes Treffen von ca. 50 Vertretern am 14. 2. 1967; Folgetreffen alle drei bis vier Monate; am 14. 6. 1967 durch das ↗Stabilitätsgesetz ergänzt; von der wirtschaftlichen Erholung gegen Ende der sechziger Jahre und durch einen nicht gewerkschaftlich organisierten Massenstreik im September 1969 in Frage gestellt; mit der Arbeitgeberklage gegen das ↗Mitbestimmungsgesetz 1977 gescheitert; Vorbild für das ↗Bündnis für Arbeit. *kl*

Konzil, Konstanz ↗Konstanzer Konzil

Köpenick, Der Hauptmann von Titel eines (mehrfach verfilmten) Dramas von ↗Zuckmayer, welches das Obrigkeitsdenken der wilhelminischen Epoche karikiert; nach dem authentischen Vorfall der Besetzung des Rathauses zu Köpenick (Berlin) durch den in Hauptmannsuniform auftretenden Schuhmacher Wilhelm Voigt am 16. 10. 1906. *ij*

Köpenicker Blutwoche Bezirk im Südosten Berlins, vom 21.–26. 6. 1933 Schauplatz von massiven Übergriffen der örtlichen ↗SA gegen Regimegegner, v. a. Angehörige der Arbeiterparteien. Nach der gezielten Verschleppung von ca. 500 Personen in SA-Lokale und das Amtsgerichtsgefängnis kam es dort zu tagelangen Folterungen der Verhafteten, die mindestens 22 Menschen nicht überlebten; neben einer großen Zahl von Schwerverletzten gab es zahlreiche Vermißte, so daß die Opferzahl ca. 90 betragen haben könnte. 1947/48 fanden Prozesse gegen beteiligte SA-Männer in Berlin (West), 1950 ein Prozeß mit mehreren Todesurteilen in Berlin (Ost) statt. *PS*

Kopernikus, Nikolaus Astronom, * 19. 2. 1473 Thorn (Polen), † 24. 5. 1543 Frauenburg (Ostpreußen). 1491–1503 Studium der Mathematik, Astronomie, Medizin und Jura; begründete das kopernikanische (heliozentrische) Weltbild, wonach der Mond um die Erde und die Erde um die Sonne kreisen. Von ↗Kepler und Galileo Galilei weiter-

Nationalsozialistische Konzentrations- und Vernichtungslager

Konzentrations-lager (KL)[1]	*errichtet*	*Konzentrations- und Vernichtungslager geschlossen*[2]	*Außen-lager*[3]	*Besonderheiten*
Dachau	22. März 1933	29. April 1945 (b)	169	Experimentierfeld und Ausbildungsstätte für Organisation und Methoden des gesamten KL-Systems
Sachsenhausen	Aug. 1936	22. April 1945 (b)	61	
Buchenwald	15. Juli 1937	11. April 1945 (b)	134	
Flossenbürg	3. Mai 1938	23. April 1945 (b)	92	
Mauthausen	Juni 1938	5. Mai 1945 (b)	56	Besonders schwere Haftbedingungen („Stufe III")
Neuengamme	Herbst 1938	29./30. April 1945 (e)	73	Zunächst Kommando von KL Sachsenhausen, ab 4. Juni 1940 selbständig
Ravensbrück	15. Mai 1939	30. April 1945 (e)	42	Frauen-KL (Vorläufer: KL Moringen bzw. Lichtenburg)
Stutthof (Danzig)	1. Sept. 1939	ab 27. Jan. 1945 (e)	107	erst „Zivilgefangenenlager", dann „SS-Sonderlager"
Auschwitz (I)	20. Mai 1940	27. Jan. 1945 (b)	38	Hauptlager u. Zentrale des dreiteiligen Komplexes
Groß-Rosen	2. Aug. 1940	Febr. 1945 (e)	99	Zunächst Kommando von KL Sachsenhausen, ab 1. Mai 1941 selbständig
Natzweiler-Struthof	1. Mai 1941	ab Sept. 1944 (v)	49	Häftlinge nach Süddeutschland verlegt
Lublin-Majdanek	Okt. 1941	22./24. Juli 1944 (b)	10	ab Sommer 1942 Vernichtungslager
Auschwitz II (Birkenau)	26. Nov. 1941	27. Jan. 1945 (b)		ab Jan. 1942 Vernichtungslager
Auschwitz III (Monowitz)	31. Mai 1942	27. Jan. 1945 (b)		Arbeitslager Buna-Werk (IG-Farben), Zentrale der Außenkommandos Auschwitz (I)
Herzogenbusch-Vught	5. Jan. 1943	5./6. Sept. 1944	13	auch Judendurchgangslager; Häftlinge im Sept. 1944 nach Sachsenhausen überstellt
Riga (Lettland)	15. März 1943	ab 6. Aug. 1944 (e)	17	Evakuierung über Stutthof nach Buchenwald und Dachau
Bergen-Belsen	April 1943	15. April 1945 (b)	—	Erst Aufenthaltslager für Juden, ab März 1944 für Arbeitsunfähige aus anderen KL
Dora-Mittelbau	27. Aug. 1943	9. April 1945 (b)	29	Unterirdische Rüstungsproduktion (V 2)
Warschau	15. Aug. 1943	ab 24. Juli 1944 (e)	—	Errichtet zu Aufräumungsarbeiten im ehemaligen Ghetto
Kauen (Litauen)	15. Sept. 1943	ab 14. Juli 1944 (e)	8	Evakuierung über Stutthof nach Dachau
Vaivara (Estland)	15. Sept. 1943	3. Okt. 1944 (l. e.)	10	offizielle Bezeichnung „SS-Arbeitslager"
Klooga (Estland)	Sept. 1943	19. Sept. 1944 (l. e.)	3	
Krakau-Plaszow	11. Jan. 1944	15. Jan. 1945 (b)		

Vernichtungslager[4]	*Vernichtungsaktionen*	*Todesopfer* (Mindestzahlen)
Kulmhof/Chelmno	8. Dez. 1941 – März 1943, Sommer 1944	152000
Auschwitz-Birkenau	Jan. 1942 – Nov. 1944	über 1000000
Belzec	17. März 1942 – Frühjahr 1943	über 600000
Sobibor	7. Mai 1942 – Herbst 1943	250000
Treblinka	23. Juli 1942 – Okt. 1943	700000–900000
Lublin-Majdanek	Sommer 1942 – Juli 1944	200000[5], darunter 60000 Juden

[1] Nicht aufgeführt sind die KL, die zwischen 1933 und etwa 1937 unter verschiedener Zuständigkeit (Staat, SA, lokale Instanzen) bestanden, wie z. B. Kemna, Oranienburg, Sachsenhausen, Heuberg, Hohnstein, Fuhlsbüttel. Nicht erwähnt sind außerdem Zwangsarbeitslager für Juden, Arbeitserziehungslager, Polizeihaftlager in den besetzten Gebieten, Ghettos, „Sonderlager", Strafgefangenenlager (Emsland), Jugendschutzlager u. a. Haftstätten, die nicht als KL galten, obwohl ähnliche Haftbedingungen herrschten. Zum KL-System gehörten aber die mobilen Häftlingseinsätze bei SS-Bau- bzw. Eisenbahnbaueinheiten und zwei kleinere selbständige Lager (Arbeitsdorf bei Fallersleben und Niederhagen in Wewelsburg) von geringer Dauer bzw. Bedeutung.

[2] b = befreit durch alliierte Truppen, e = von der SS evakuiert, v = verlegt nach anderen Lagern, l. e = letztmals erwähnt. Evakuierungsversuche (Todesmärsche) gab es bei allen Lagern.

[3] Dem Hauptlager unterstehende Außen- und Unterkommandos, die teilweise weit entfernt zur Versorgung von SS- oder Rüstungsbetrieben bzw. anderen Einrichtungen mit Arbeitskräften eingerichtet wurden. Die Sollstärke betrug mindestens 500 Häftlinge, die Iststärken lagen zwischen einem und vielen Tausend Häftlingen.

[4] Weitere lagermäßig organisierte Vernichtungsaktionen fanden in Jungfernhof (Jumpravmuiza, Lettland) Ende 1941 bis Ende 1942 und in Maly Trostinec (Weißrußland) Herbst 1942 bis Juni 1944 statt. Den Massenmorden in eigens eingerichteten Lagern gingen die Massenerschießungen von Juden, sowjetischen Kriegsgefangenen u. a. durch die mobilen „Einsatzgruppen" der SS voraus oder verliefen parallel dazu (etwa 1 Million Todesopfer).

[5] Die Gesamtzahl der Todesopfer gilt für die Zeit ab Errichtung des KL. In der Vernichtungslager-Phase bis Herbst 1943 Vergasungen, dann vor allem Erschießungen (am 3. Nov. 1943 Ermordung von 18000 Juden [„Erntedankfest"]).

entwickelt, löste es später das vorherrschende ptolemaiische (geozentrische) Weltbild ab und riß damit die Erde (und die Menschen) aus der bis dahin angenommenen bevorzugten Stellung im Weltall. K. verfaßte 1543 sein Hauptwerk „De revolutionibus orbium coelestium“, d.h. „Über die Kreisbewegungen der Weltkörper“. *nk*

Kopf, Hinrich Wilhelm Ministerpräsident (Niedersachsen; SPD), *6.5.1893 Neuenburg (Land Hadeln), †21.12.1961 Göttingen. 1946–55 und 1959–61 Ministerpräsident von Niedersachsen; 1957–59 niedersächsischer Innenminister. *Vö*

Kopfsteuer Einfache Personensteuer, von jedem Steuerpflichtigen ohne Rücksicht auf seine Leistungsfähigkeit in gleicher Höhe erhoben; vereinzelt im Mittelalter, seit dem 15. Jh. durch gestaffelte Steuern ersetzt und ergänzt; 1930 ähnlich als Bürgersteuer erhoben, wurde 1942 von der Einkommensteuer abgelöst. *wj*

Körber, Kurt Adolf Unternehmer, *7.9.1909 Berlin, †10.8.1992 Hamburg. 1939–45 technischer Direktor der Maschinenfabrik Universelle in Dresden; gründete 1946 in Hamburg die Firma Hauni-Werke Körber & Co. KG (Produktionsschwerpunkt: Zigarettenmaschinen); schuf eine Unternehmensgruppe von Maschinenbaufirmen (seit 1987 Körber AG). *UK*

Korea-Boom Bezeichnung für den durch den Koreakrieg (1950–53) ausgelösten Zuwachs des Exportvolumens der Bundesrepublik; neben dem ↗European Recovery Program und der ↗sozialen Marktwirtschaft wichtiger Faktor des ↗Wiederaufbaus, da durch die kriegsbedingte Auslandsnachfrage eine Zahlungsbilanzkrise überwunden werden konnte; Beginn eines bis in die Mitte der sechziger Jahre dauernden, stetigen Wirtschaftsaufschwungs. *kl*

Körner, Theodor Dichter, *23.9.1791 Dresden, †26.8.1813 Gadebusch (Mecklenburg) (gefallen). Sehr erfolgreicher Theaterautor seiner Zeit; trat 1813 ins Lützowsche Freikorps ein; verfaßte patriotische Stimmungsbilder aus den ↗Befreiungskriegen (Reiterlied; Lützows wilde Jagd). *ij*

Koschnick, Hans Politiker (SPD), *2.4.1929 Bremen. 1963–67 Innensenator, 1967–85 Bürgermeister und Präsident des Senats von Bremen; 1971–77 Präsident des Deutschen Städtetages; 1975–79 stellvertretender Parteivorsitzender der ↗SPD; 1987–94 Mitglied des Bundestages; 1994–96 Beauftragter der ↗EU für den Wiederaufbau der

Kosovokonflikt: Soldaten der ↗Bundeswehr in Mazedonien

jugoslawischen Stadt Mostar; seit 29.1.1999 Bosnienbeauftragter der Bundesrepublik Deutschland für Flüchtlingsrückkehr und rückkehrbegleitende Maßnahmen. *AM*

Kosovokonflikt Auseinandersetzung um den Status der zu 90 % von Albanern bewohnten jugoslawischen Provinz Kosovo. Der Konflikt brach mit dem Beginn der Vertreibung und Vernichtung der Albaner („ethnische Säuberung") durch die Bundesrepublik Jugoslawien (BRJ) unter Präsident Slobodan Milošević 1998 aus und eskalierte 1999 militärisch. Deutschland versuchte zusammen mit den anderen fünf Staaten der Balkan-Kontaktgruppe, eine Verhandlungslösung in der Friedenskonferenz von Rambouillet zu finden, die jedoch an der jugoslawischen Ablehnung und fortgesetzten „ethnischen Säuberungen" im Kosovo scheiterte. Nach Ablauf mehrerer Ultimaten begann die ↗NATO am 24.3.1999 die angedrohten Luftangriffe auf die BRJ. Die ↗Bundeswehr beteiligte sich mit Kampfflugzeugen und leistete durch zunächst 6000 Soldaten humanitäre Hilfe für die zu Hunderttausenden vertriebenen Kosovo-Albaner. Nach dem Ende der Luftangriffe (10.6.) stellte die Bundeswehr 8500 Soldaten für die KFOR zur Kontrolle des südwestlichen Teils des Kosovo (seit 12.6.). *dt*

Kotzebue, August von Dramatiker, * 3.5.1761 Weimar, † 23.3.1819 Mannheim. Seit 1780 Anwalt, ab 1781 in russischen Diensten; 1797–99 Theaterdichter in Wien; Herausgeber der Zeitschriften „Der Freimütige" (1803–07), „Die Biene" (1808–10), „Die Grille" (1811/12); ab 1813 russischer Generalkonsul in Königsberg; seit 1817 in Weimar; gründete 1818 das „Literarische Wochenblatt", in dem er u. a. spöttische Kommentare über die deutschnationalen Ideen der ↗Burschenschaften veröffentlichte. Seine Ermordung durch den fanatischen Studenten ↗Sand führte zu den ↗Karlsbader Beschlüssen. *nk*

KPD ↗Kommunistische Partei Deutschlands

Kraft durch Freude (KdF) Zur ↗Deutschen Arbeitsfront (DAF) gehörende „NS-Gemeinschaft" zur Verbesserung der ↗Volksgemeinschaft mit stark integrativem Charakter; bot den Mitgliedern der DAF v. a. ein reichhaltiges Freizeit- und Reiseprogramm von organisierten Wander- und Wochenendausflügen über mehrtägige Urlaubsaufenthalte bis hin zu Kreuzfahrten auf eigens hierfür angeschafften Schiffen. In Prora auf Rügen (Ostsee) entstand für die KdF-Urlauber eine große Feriensiedlung, wegen des Krieges nicht fertiggestellt, wie auch die meisten Reiseaktivitäten ab 1939 eingestellt wurden. Zu den Aktivitäten von KdF gehörte auch ein Sparprogramm, an dessen Ende den Einzahlern ein Auto (↗Volkswagen) zustehen sollte; ebenfalls nicht mehr verwirklicht. *PS*

Kraus, Karl Österreichischer Schriftsteller, Kulturkritiker, * 28.4.1874 Jicin (Ostböhmen), † 12.6.1936 Wien. Lebte ab 1877 in Wien, wo er die satirisch-sprachkritische Zeitschrift „Die Fakkel" (1899–1936; seit 1912 alleiniger Verfasser) herausgab. In ihr erschien 1918–19 das Lesedrama „Die letzten Tage der Menschheit", in dem K. die Presse für den Ausbruch des Ersten Weltkrieges verantwortlich macht. *ij*

Krauss, Georg Unternehmer, * 25.12.1826 Augsburg, † 5.11.1906 München. War seit 1849 für die Bayerischen Staatsbahnen tätig; gründete 1866, 1872 und 1880 Werke zum Bau von Lokomotiven; wandelte sein Unternehmen 1887 in eine AG um, 1931 mit der Firma ↗Maffei vereinigt. *UK*

Krebs, Nikolaus ↗Nikolaus von Kues

Kreditanstalt für Wiederaufbau (KfW) Öffentlich-rechtliches Kreditinstitut, zur Förderung des ↗Wiederaufbaus am 5.11.1948 gegründet; zunächst Zuteilung von Investitionskrediten an die westdeutsche Wirtschaft aus Mitteln des ↗European Recovery Program; um die Vergabe von Exportzuschüssen und Exportbürgschaften zur Förderung des Außenhandels sowie um Entwicklungshilfekredite ergänzt; Förderung des privaten ↗Wohnungsbaus; nach der ↗Wiedervereinigung Übernahme der ehemaligen Staatsbank der DDR und zusätzlich Unterstützung des Aufbaus in den neuen Bundesländern. *kl*

Krefelder Appell (1980) Aufruf der bundesdeutschen ↗Friedensbewegung vom 16.11.1980 gegen die Umsetzung des ↗NATO-Doppelbeschlusses; von dem ehemaligen General der ↗Bundeswehr Gert Bastian formuliert und bis Mitte 1983 von ca. 4 Mio. Menschen unterzeichnet. *kl*

Kreisauer Kreis Gruppe des ↗Widerstandes gegen den ↗Nationalsozialismus, Kern von etwa zwanzig Personen um Helmuth James Graf von ↗Moltke und Peter Graf ↗Yorck von Wartenburg; beschäftigte sich u. a. bei drei Treffen 1942 und 1943 auf Moltkes Gut Kreisau (Schlesien) mit der Ausarbeitung einer Neuordnung nach Beseitigung des nationalsozialistischen Regimes. Der K.K. integrierte bürgerliche, christliche und sozialistische

Regimegegner und bemühte sich um Kontakte zum Ausland. Nach der Verhaftung Moltkes im Januar 1944 stellte der K.K. seine Arbeit weitgehend ein, mehrere Mitglieder schlossen sich den Verschwörern des ↗Zwanzigsten Juli an und wurden Opfer der Verfolgungs- und Hinrichtungswelle nach Scheitern des Attentates. *PS*

Krenz, Egon Staatsratsvorsitzender der DDR, * 19.3.1937 Kolberg (Pommern). Begann seine politische Karriere in der ↗FDJ; 1973–89 Mitglied des ↗Zentralkomitees der SED; 1983 Mitglied des ↗Politbüros; 1989 zum Generalsekretär der ↗SED und Staatsratsvorsitzenden als Nachfolger Erich ↗Honeckers gewählt; trat im Dezember 1989 von allen Staats- und Parteiämtern zurück. 1990 wurde er aus der SED/PDS (↗PDS) ausgeschlossen. 1995 wurde er u.a. wegen des ↗Schießbefehls an der ↗Berliner Mauer angeklagt. 1997 zu sechseinhalb Jahren Haft verurteilt. *AM*

Kreßbronner Kreis Informell und in wechselnder Besetzung tagender Gesprächskreis wichtiger Politiker der ↗großen Koalition (1966–69), benannt nach dem Ort seiner ersten Zusammenkunft; diente dem vorparlamentarischen Interessenabgleich der Koalitionsparteien; gewann erhebliche Bedeutung; ihm wurde vorgeworfen, eine Nebenregierung zu bilden. *bb*

Kreta, Luftlandeunternehmen (1941) Unter dem Decknamen „Unternehmen Merkur" während des ↗Balkanfeldzuges am 20.5.1941 begonnenes Luftlandeunternehmen zur Eroberung der von britischen Einheiten besetzten Insel. In mehreren Intervallen wurden ca. 15000 Fallschirmjäger auf der Insel abgesetzt, die bei ihren verlustreichen Kämpfen (zahlreiche Fallschirmspringer wurden bereits in der Luft von den Verteidigern abgeschossen) von per Schiff herangebrachten Gebirgsjägern unterstützt wurden. Am 1.6. wurden die Kämpfe nach vollständiger deutscher Besetzung eingestellt, nachdem die Briten kurz zuvor noch mehrere tausend Soldaten nach Afrika evakuiert hatten. Wegen der hohen eigenen Verluste wurde kein ähnliches Luftlandeunternehmen mehr durchgeführt. *PS*

Kretschmer, Otto Flottillenadmiral, * 1.5.1912 Heidau (Liegnitz), † 5.8.1998 München. Im ↗Zweiten Weltkrieg einer der erfolgreichsten U-Boot-Kommandanten, 1955 zur ↗Bundeswehr, 1965 zur ↗NATO. *PS*

Kreuther Beschluß der CSU (1976) Beschluß der Bundestagsabgeordneten der ↗CSU vom 19.11.1976 auf einer Tagung in Wildbad Kreuth zur Aufkündigung der Fraktionsgemeinschaft mit der ↗CDU; am 12.12.1976 nach heftigen Protesten der CDU zurückgenommen. *kl*

Kreuzer Kleine, v.a. in Süddeutschland verbreitete Scheidemünze aus Silber. Erstmals 1271 in Meran (Tirol) geprägt; benannt nach dem ursprünglich aufgeprägten Doppelkreuz; seit dem 15. Jh. als 4-Pfennig-Stück in Süddeutschland (1/60 Gulden); galt bis 1871. *wj*

Kreuzergeschwader Flottenverband aus Panzerkreuzern und Begleitschiffen der Reichsmarine. 1895 in ostasiatischen Gewässern aufgestellt, 1897 bei der Besetzung des Pachtgebietes ↗Kiautschou eingesetzt, 1900/01 bei der Niederschlagung des ↗Boxeraufstandes in China beteiligt; im ↗Ersten Weltkrieg siegreich in der Schlacht von ↗Coronel, geschlagen bei den ↗Falklandinseln. *PS*

Kreuzerkrieg Im ↗Ersten Weltkrieg Seegefechte des unter dem Befehl Graf von ↗Spees stehenden ↗Kreuzergeschwaders gegen britische Schiffe. Nach einem ersten Erfolg in der Schlacht von ↗Coronel folgte die Niederlage bei den ↗Falklandinseln. Kämpfe deutscher Kreuzer fanden u.a. auch im Indischen Ozean und in den Meerengen zum Schwarzen Meer statt. *PS*

Kreuzritterorden ↗Deutscher Orden

Kreuzzeitung ↗Neue Preußische Zeitung

Kreuzzüge 1) Allg. die im Mittelalter gegen „Feinde" des christlichen Glaubens (z.B. Sarazenen, Türken, Wenden) oder gegen „Irrgläubige" (z.B. Albigenser) unternommenen Kriegszüge.
2) Bes. die Züge abendländischer Heere 1096–1270 in den Orient zur „Befreiung" der heiligen Stätten aus den Händen der Muslime. 1095 rief Papst Urban II. auf der Synode von Clermont die Christenheit zur Befreiung des Heiligen Grabes auf. Daraufhin kam es zu den K., die 1291 mit dem Fall von Akkon (letzter Stützpunkt der Christen) endeten. Der Mißerfolg der K. führte zu einem Autoritätsverlust der Kirche und zur inneren Aushöhlung der abendländischen Ritterkultur. Bedeutsam waren die wirtschaftlichen und kulturellen Nachwirkungen (Handel mit dem Orient; Einwirkung der arabischen Technik, ↗Philosophie und ↗Naturwissenschaft auf die abendländische Kultur). *vK*

Krieg-in-Sicht-Krise (1875) Diplomatischer Vorstoß Otto von ↗Bismarcks, mit dem er auf französische Rüstungen reagierte. In der „Post" vom 8.4. erschien ein von ↗Rössler verfaßter und von Bismarck gebilligter Artikel „Ist der Krieg in Sicht?“ Aufgrund von Nachrichten über deutsche Präventivkriegspläne veranlaßte die französische Diplomatie Rußland und Großbritannien zu einem Friedensschritt in Berlin. Für Bismarck wurde deutlich, wie groß das Mißtrauen der europäischen Mächte gegen das junge ↗Deutsche Reich war. *vK*

Kriegsgefangene, deutsche (nach 1945) Am Ende des ↗Zweiten Weltkrieges waren ca. 11 Mio. Wehrmachtsangehörige in Kriegsgefangenschaft, rund 7,6 Mio. bei den Westalliierten, ca. 3,2 Mio. in der Sowjetunion.
Obwohl die Westalliierten ihre Gefangenen größtenteils gemäß der Genfer Konvention von 1929 korrekt behandelten, kam es in ihren Kriegsgefangenenlagern zu zahlreichen Todesfällen. Von den in sowjetischer Hand befindlichen K. kamen über 1 Mio. ums Leben. Viele von ihnen starben als „Kriegsverbrecher“ in sibirischen Zwangsarbeitslagern. Erst 1955 gelang es ↗Adenauer vor seinem Besuch in Moskau, die Freilassung der letzten rund 10000 in Rußland inhaftierten K. zu erwirken.
Nach dem ↗Heimkehrergesetz (1950) und dem Kriegsgefangenengesetz (1954) haben die K. Anspruch auf staatliche Hilfen. *bb*

Kriegsgerichtsbarkeitserlaß Folgenschwerster der „Verbrecherischen Befehle“ für die deutsche Kriegführung in der Sowjetunion. Bereits am 13.5.1941 und damit Wochen vor Beginn des ↗„Unternehmens Barbarossa“ erlassen, legte der K. zum einen fest, daß die Zivilbevölkerung in den besetzten Gebieten nicht der herkömmlichen Gerichtsbarkeit unterliege, sondern daß Strafmaßnahmen bis hin zu Kollektivmaßnahmen durch die bewaffneten Einheiten durchzuführen seien. Zum anderen wurde die Verfolgung von Straftaten eigener Truppenangehöriger an der Zivilbevölkerung bis auf wenige Ausnahmen aufgehoben.
Nahm damit Übergriffe gegen die Zivilbevölkerung nicht nur in Kauf, sondern leistete diesen ausdrücklich Vorschub. *PS*

Kriegskredite Gelder, die der Kriegführung dienten und deren Bewilligung allein dem ↗Reichstag zustand. Am 3.8.1914 stimmten 14 Abgeordnete der ↗SPD (u.a. ↗Haase, ↗Ledebour, Karl ↗Liebknecht) gegen eine Bewilligung von K.; am 4.8.1914 einstimmige Bewilligung der K. durch den Reichstag einschließlich der SPD (Fraktionszwang; Haase: „Wir lassen in der Stunde der Gefahr das eigene Vaterland nicht im Stich.“); 18 Abgeordnete der SPD (u.a. Haase) trennten sich von der SPD-Reichstagsfraktion und bewilligten keine weiteren K. (März 1916); mit ihrer Beteiligung entstand die ↗USPD. Im Juli 1917 verband die Reichstagsmehrheit die anstehende Bewilligung neuer K. mit der Forderung nach Reformen. *bl*

Kriegsopferversorgung Finanzielle Hilfen für Personen, die durch Kriegseinwirkung gesundheitliche Schäden erlitten haben, und Kriegshinterbliebene. In der Bundesrepublik regelt das 1950 verabschiedete und seitdem mehrfach novellierte Bundesversorgungsgesetz u.a. die Gewährung von Renten und die Übernahme von Heilkosten. Die Kriegsopferfürsorge gewährt im Bedarfsfall weitere Hilfen. In der DDR oblag die K. seit dem 21.7.1948 der Sozialversicherung. *bb*

Kriegsschuldfrage Frage nach der Verantwortung für die Entstehung eines Krieges, erstmals gestellt nach dem Ersten Weltkrieg im Zusammenhang mit dem ↗Versailler Vertrag. Dessen Artikel 231 („Kriegsschuldparagraph“) stellte die alleinige Kriegsschuld der ↗Mittelmächte, insbesondere des Deutschen Reiches, fest, mit der die Siegermächte ihre Forderung nach Leistung von ↗Reparationen begründeten. In der deutschen Öffentlichkeit verbreitete sich daraufhin die Ansicht von einer gegen Deutschland gerichteten internationalen Verschwörung. In der Weimarer Republik trug die K. zur innenpolitischen Destabilisierung und zur Stärkung des ↗Nationalsozialismus bei. Den Linksparteien, die überwiegend eine Mitschuld Deutschlands eingestanden, wurde Vaterlandsverrat vorgeworfen.
Nach dem Zweiten Weltkrieg gab es in der deutschen Öffentlichkeit kaum Zweifel an der neuerlichen Kriegsschuld. *RB*

Kriegsverbrecher Seit den Versuchen, völkerrechtlich verbindliche internationale Regelungen für die Kriegführung zu erlassen (z.B. ↗Haager Landkriegsordnung) Bezeichnung für diesen Regelungen zuwiderhandelnde Kombattanten. In der juristischen Aufarbeitung v.a. nach dem Zweiten Weltkrieg in den ↗Nürnberger Kriegsverbrecherprozessen Versuche zur Ahndung von Verstößen gegen die Kriegführungsregelungen sowie u.a. von Massentötungen, so im „Prozeß gegen die Hauptkriegsverbrecher“ vor dem Internationalen Militärgerichtshof Nürnberg (↗Nürnberger Kriegsverbrecherprozesse) vom 14.11.1945–1.10.

1946 und in den sog. Nachfolgeprozessen Ende der vierziger Jahre. *PS*

Kriegsverbrecherprozesse ↗Nürnberger Kriegsverbrecherprozesse

Kriegswirtschaft Staatlich gelenkte Ausrichtung einer Volkswirtschaft auf die Zwecke des Krieges mit Mobilisierung aller verfügbaren Ressourcen und Einschränkung des privaten Verbrauchs. Erstmals in der Französischen Revolution; in Deutschland im ↗Ersten Weltkrieg (v.a. ab 1916) und im ↗Dritten Reich (v.a. ab 1936); gipfelte im ↗Zweiten Weltkrieg in der ↗Zwangsarbeit und im ↗Totalen Krieg. *MH*

Kriegszieldiskussion Die unter dem Eindruck der militärischen Anfangserfolge des Deutschen Reiches im ↗Ersten Weltkrieg entfachten Auseinandersetzungen über die durch den Krieg zu erreichenden politischen, wirtschaftlichen und strategischen Ziele, die sich unter dem Titel „Griff nach der Weltmacht" (Fritz ↗Fischer) zusammenfassen lassen. Verfassung einer Vielzahl von Kriegszielmemoranden seitens der deutschen Wirtschaft und Politik, aus dem Reichstag und aus den Dynastien; beispielhaft die „Septemberdenkschrift" der Reichsleitung (9.9.1914): Annexion Luxemburgs und von Teilen Belgiens, Belgien als Vasallenstaat, Schwächung Frankreichs, Bildung eines afrikanischen Kolonialreiches, Schaffung eines mitteleuropäischen Wirtschaftsverbandes unter deutscher Führung. *bl*

Krimfeldzug Während des deutsch-sowjetischen Krieges Besetzung der Halbinsel Krim bis zum 16.11.1941 (mit Ausnahme Sewastopols). Sowjetische Gegenoffensiven ab Ende 1941 konnten weitgehend zurückgeschlagen werden, am 1.7.1942 fiel auch Sewastopol. Damit war die Krim in deutscher Hand (bis April/Mai 1944), der K. beendet. *PS*

Krimkonferenz ↗Jalta, Konferenz (1945)

Kristallnacht ↗Novemberpogrome

kritische Theorie Von ↗Horkheimer und ↗Adorno in den dreißiger Jahren begründete sozialwissenschaftliche und philosophische Theorie und Schule mit dem „Frankfurter Institut für Sozialforschung" (daher auch „Frankfurter Schule") als Zentrum. Ihr verbunden im Exil die „New School of Social Research" in New York; begründete, Max ↗Webers Postulat der Wertfreiheit (Unabhängigkeit und Neutralität der Wissenschaften gegenüber Politik und Wertsystemen) kritisierend, eine auf Emanzipation der Individuen ausgerichtete kritische Gesellschaftstheorie auf der Grundlage normativer Sozialwissenschaften (der Ökonomie- und Ideologiekritik von Karl ↗Marx) und der Psychoanalyse; erstellte „Studien über Autorität und Familie" (1936), Studien zur Antisemitismusforschung und über das Verhältnis der Arbeitnehmer zu Staat und Gesellschaft. *bl*

Krone Kopfschmuck als Zeichen der Herrscherwürde, bes. bei ↗Kaisern und ↗Königen; entwickelte sich aus dem römischen Triumphalkranz, dem Diadem und dem germanischen Königshelm; ursprünglich nur ein Stirnreif, dann mit Bügeln, Kronzacken und reicher Goldschmiedearbeit ausgestattet und (meist in symbolischer Bedeutung) mit Edelsteinen, Perlen und Emaillebildern verziert. Die wohl für die Kaiserkrönung ↗Ottos I., des Großen, (962) angefertigte „Reichs-K." war Teil der ↗Reichskleinodien. *vK*

Krone, Heinrich Politiker (CDU), *1.12.1895 Hessisch-Oldendorf, †15.8.1989 Bonn. 1925–33 Mitglied des Reichstages (↗Zentrum); nach 1945 Mitbegründer der ↗CDU; 1949–65 Mitglied des Bundestages; 1955–61 Vorsitzender der CDU/CSU-Fraktion; 1961–66 Minister für Sonderaufgaben; prägte die Politik der ↗großen Koalition. *AM*

Krönung Zeremonie zum Antritt einer Herrschaft, in welcher dem Herrscher die Krone aufgesetzt wurde, dieser den Eid leistete und Huldigungen des hohen Adels sowie der Untertanen entgegennahm. Seit den ↗Franken auch häufig mit kirchlicher Salbung verbunden, die die göttliche Einsetzung des Herrschers betonen sollte. Die Könige wurden vom Erzbischof von Mainz (in Frankfurt/Main, bis 1024 und seit 1562) bzw. vom Erzbischof von Köln (in Aachen), die Kaiser 800–1530 vom Papst gekrönt. *wj*

Krüger-Depesche (1896) Telegramm Kaiser ↗Wilhelms II. vom 3.1.1896 an den Präsidenten der Südafrikanischen Republik (Transvaal), Paulus Krüger, in dem er ihn zur erfolgreichen Abwehr eines Eroberungsversuches durch britische Freischärler (Jameson Raid) beglückwünscht; daraufhin erhebliche Verstimmung in Großbritannien. *vK*

Krümpersystem 1808 von von ↗Scharnhorst in Preußen eingeführtes Heerergänzungssystem, demzufolge (ohne Überschreitung der durch den ↗Tilsiter Frieden vorgeschriebenen Heeresstärke von 42 000 Mann) kurzfristig ausgebildete Rekruten („Krümper", eigentlich „Krüppel") stets durch neue ersetzt wurden; dadurch Schaffung einer Reserve für die ↗Befreiungskriege. *vK*

Krupp Seit 1587 in Essen ansässige Kaufmanns- und Unternehmerfamilie und seit 1811 bestehendes Unternehmen. Friedrich K. (*17.7.1787, †8.10.1826), 1811 Gründer einer Gußstahlfabrik in Essen, hinterließ einen verschuldeten Betrieb. Seinem Sohn Alfred (Alfried) K. (*26.4.1812, †14.7.1887) gelang in den 1860er Jahren v. a. durch Rohstoffsicherung, Einführung neuer Verfahren bei der Stahlerzeugung und Schaffung neuer Anwendungsbereiche für Qualitätsgußstahl eine starke Expansion des Unternehmens. Alfred K. betrieb umfangreiche betriebliche Sozialpolitik und hinterließ seinem Sohn Friedrich Alfred K. (*17.2.1854, †22.11.1902) ein wettbewerbsfähiges Unternehmen, das dieser durch den Ausbau des Essener Stammwerks und Neuerwerbungen erweiterte. Nach dem Tod Friedrich Alfred K.s lag die Leitung des Unternehmens (seit 1903 AG) in den Händen seiner Tochter Bertha K. (*29.3. 1886, †21.9.1957) und deren Ehemann Gustav von Bohlen und Halbach (*7.8.1870, †16.1.1950, nach der Hochzeit 1906 K. von Bohlen und Halbach). Der Konzern, der während der beiden Weltkriege vorrangig Rüstungsgüter produzierte, wurde 1943 in eine Einzelfirma umgewandelt und Bertha und Gustav K.s Sohn Alfried K. von Bohlen und Halbach (*13.8.1907, †30.7. 1967) überantwortet, der 1948 wegen Verbrechen gegen die Menschlichkeit verurteilt und 1951 begnadigt wurde. Aus dem unter Kontrolle der britischen Militärregierung stehenden Unternehmen entstand nach ↗Demontage und ↗Entflechtung ein neustrukturierter Konzern verschiedener Fertigungsbereiche (Schwerpunkt: Anlagenbau) – geleitet von Alfried K. und ↗Beitz. 1968 wurde – nach dem Tod Alfried K.s und dem Erbverzicht der Familie K. – die Fried. Krupp GmbH (1992 AG) gebildet. *UK*

Kuczynski, Jürgen Wirtschaftshistoriker, *17.9. 1904 Elberfeld, †6.8.1997 Berlin. Seit 1946 Professor für Wirtschaftsgeschichte und politische Ökonomie an der ↗Humboldt-Universität Berlin; prägte maßgeblich die Gesellschafts-Wissenschaft der DDR; zahlreiche sozialwissenschaftliche, sozialkritische und kulturgeschichtliche Veröffentlichungen, u. a. Geschichte des Alltags des deutschen Volkes 1600–1945 (1980 f.). *rw*

Kuenheim, Eberhard von Manager, *2.10.1928 Juditten (bei Königsberg). Kam 1954 als Ingenieur zur Werkzeugmaschinenfabrik Max Müller in Hannover, wurde dort 1960 Verkaufsleiter; begann 1965 eine Managementlaufbahn (u. a. Generalbevollmächtigter) im Konzern der Familie ↗Quandt; war 1970–93 bei ↗BMW in München Vorstands- und wurde 1993 Aufsichtsratsvorsitzender. *UK*

Kühlmann, Richard von Diplomat, *3.5.1873 Konstantinopel, †6.2.1948 Ohlstadt (bei Garmisch-Partenkirchen). 1909–14 deutscher Botschaftsrat in London, 1916/17 Botschafter in Konstantinopel; 1917/18 Staatssekretär im ↗Auswärtigen Amt; schloß als Vertreter des Deutschen Reiches die Friedensabkommen von ↗Brest-Litowsk und ↗Bukarest. Seine Verständigungspolitik brachte ihn in Gegensatz zu ↗Ludendorff, der ihn zum Rücktritt (Juli 1918) zwang. *RB*

Kühn, Heinz Ministerpräsident (Nordrhein-Westfalen; SPD), *18.2.1912 Köln, †12.3.1992 Köln. 1933–45 in der ↗Emigration; 1948–54 Mitglied des nordrhein-westfälischen Landtages; 1953–63 Mitglied des Bundestages; 1962–78 erneut im Landtag; 1963–73 Landesvorsitzender der ↗SPD; 1966–78 Ministerpräsident von Nordrhein-Westfalen; 1973–75 stellvertretender Bundesvorsitzender der SPD; ab 1979 Mitglied des ↗Europäischen Parlamentes. *AM*

Kühnen, Michael Rechtsextremist, *21.6.1955 Bonn-Beuel, †25.4.1991 Kassel. Seit 1977 Organisationsleiter der Aktionsfront Nationaler Aktivisten (ANS); 1979 Verurteilung zu vier Jahren Haft, u. a. wegen Volksverhetzung und Verbreitung neofaschistischer Propaganda; 1982 Verurteilung wegen Verherrlichung des ↗Nationalsozialismus. Seit 1983 Sprecher der ANS/NA (Nationale Aktivisten); 1984 nach Flucht ins Ausland Festnahme; 1985 Verurteilung; 1988 entlassen; starb 1991 an Aids. *AM*

Kujau, Konrad ↗Hitlertagebücher

Kulmer Handfeste 1233 für die Städte Kulm und Thorn im Auftrag des ↗Hochmeisters des ↗Deutschen Ordens, ↗Hermann von Salzas, entwickelte Städteordnung, die Vorbildcharakter für den Ordensstaat erhielt. Die K.H. blieb in ↗Preußen bis 1620, in ↗Danzig bis 1857 in Kraft. *vK*

Kulturbund (KB) Mit Kulturpolitik befaßte, 1945 unter der Bezeichnung „K. zur demokratischen Erneuerung Deutschlands" gegründete Vereinigung in der ↗SBZ/↗DDR (ab 1972 „Deutscher K."), die auch über eine Vertretung in der ↗Volkskammer verfügte. 1990 wurde der K. als „Verein zur Förderung der kulturellen Bildung e. V." auf Länderebene neu gegründet. *ij*

Kulturkampf Auseinandersetzung in Preußen u. a. deutschen Ländern zwischen dem Staat (verbündet mit dem ↗Liberalismus) und der ↗katholischen Kirche (1871–87); der Begriff wurde geprägt von dem liberalen Abgeordneten ↗Virchow. Insbesondere in Preußen führte der Gegensatz zwischen den vom ↗Zentrum und katholischen Kirchenführern vertretenen kirchenpolitischen Auffassungen und dem von Otto von ↗Bismarck entwikkelten Anspruch des Staates im Zusammenhang mit der durch das Unfehlbarkeitsdogma (1870) entstandenen Lage zum Konflikt. Wichtiger Mitstreiter Bismarcks im K. war der preußische Kultusminister ↗Falk, bedeutendster parlamentarischer Gegner der Zentrumsführer ↗Windthorst.
Der K. begann 1871 mit der Aufhebung der katholischen Abteilung im preußischen Kultusministerium. Im Reich folgten ↗Kanzelparagraph (Ende 1871), Jesuitengesetz (1872) und die Einführung der Zivilehe (1875). In Preußen ergingen ein gegen die geistliche Schulaufsicht gerichtetes Gesetz (1872), bes. die Maigesetze (1873/74) und ein Verbot aller Orden und Kongregationen, die nicht der Krankenpflege dienten (1875). Die Maßnahmen stießen auf starken Widerstand der Katholiken, bes. des Zentrums. Gegen den katholischen Klerus ging der preußische Staat mit Einbehaltung von Zuschüssen (↗Sperrgesetz 1875), mit Geld- und Gefängnisstrafen und mit Amtsentsetzung (auch einiger Bischöfe) vor. Angesichts der innenpolitischen Folgen – nicht zuletzt beeinträchtigte der K. die Identifikation mit dem neuen Reich bei weiten Teilen der Bevölkerung – brach Bismarck seit 1878 den K. ab. 1880–87 wurden die K.-Gesetze in mehreren Etappen abgebaut. In Kraft blieben Jesuitengesetz (bis 1917), Kanzelparagraph (bis 1953), preußisches Schulaufsichtsgesetz und obligatorische Zivilehe. *vK*

Kunersdorf, Schlacht (1759) Am 12.8.1759 erlitt ↗Friedrich II., der Große, bei K. (östlich von Frankfurt/Oder) gegen österreichische und russische Truppen (unter ↗Laudon bzw. Saltykow) die schwerste Niederlage im ↗Siebenjährigen Krieg (1756–63), den er danach nur mit viel Geschick und Glück fortsetzen konnte. *rh*

Küng, Hans Katholischer Theologe, *19.3.1928 Sursee (Schweiz). Priesterweihe 1957, seit 1960 Professor für Fundamentaltheologie in Tübingen, dort auch Professor für Dogmatik und ökumenische Theologie; Direktor des Instituts für ökumenische Forschung (1963–80). Nach Entzug der kirchlichen Lehrbefugnis aufgrund seiner Veröffentlichungen zu Fragen kirchlicher Strukturen und der Ökumene im Jahr 1979 lehrte K. bis 1996 an einem Lehrstuhl außerhalb der theologischen Fakultäten. *sb*

Kunigunde Kaiserin, †3.3.1033. Um 998 Vermählung mit Heinrich IV. von Bayern (Kaiser ↗Heinrich II.); seit 1002 Königin, seit 1014 Kaiserin; vertrat den Kaiser in seiner Abwesenheit; gründete das Kloster Kaufungen, in das sie sich nach dem Tod ihres Mannes zurückzog. *dh*

Kunst bis 1933 Die Anfänge der deutschen K. liegen im Mittelalter in der Zeit der ottonischen Reichsgründung. Unter Beibehaltung von Elementen der karolingischen Bau-K. bildete die ottonische K. einen ersten Höhepunkt der ↗Romanik, welche in der salischen Zeit fortgeführt wurde. Der Übergang zur ↗Gotik fand im 13. Jh. statt. Neben die bislang dominierenden Sakralbauten traten Repräsentationsbauten der aufsteigenden Bürgerkultur. Auch zur Zeit der ↗Renaissance blieb die deutsche Bau-K. durch gotische Stilelemente geprägt. Das im frühen 17. Jh. einsetzende ↗Barock wurde durch den ↗Dreißigjährigen Krieg aufgehalten und erst nach 1680, im Vergleich zum übrigen Europa verspätet, wiederaufgenommen. Generell läßt sich für die deutsche Bau-K. eine Tendenz zur zurückhaltenden Aufnahme von Neuerungen und zum Spätstil (vollendete Ausformung gegebener Stiltraditionen in Spätgotik und Spätbarock) ausmachen. Parallel zum ↗Rokoko entwickelten sich frühklassizistische Ansätze; im 19. Jh. setzte sich der ↗Klassizismus durch und bereitete den Boden für den ↗Historismus.
Die Anfänge einer regionalstilistisch deutschen Malerei und Plastik werden im 13. Jh. gesehen; zuvor überwog die Bedeutung einzelner Werkstätten. Mit ↗Dürer geriet die deutsche Malerei erstmals seit dem Mittelalter wieder ins Zentrum der europäischen Entwicklung. Zugewanderte italienische und niederländische Maler, Stukkatoren und Bildhauer übten im 17. und 18. Jh. großen Einfluß auf die deutsche K. aus. Die Malerei des frühen 19. Jh.s wurde stark durch die Naturauffassung der literarischen ↗Romantik beeinflußt. In der zweiten Hälfte des 19. Jh.s setzte sich in Deutschland die Malweise des ↗Realismus durch, gefolgt vom ↗Impressionismus. Die Abwendung

vom Historismus vollzog der ↗Jugendstil, der eine umfassende künstlerische Transformation der menschlichen Umwelt anstrebte. Der moderne Rang des Funktionalen zeigte sich verstärkt in der K. des ↗Bauhauses. Im ↗Expressionismus bereitete sich die Abstraktion vor, die sich in Deutschland erst nach dem Ersten Weltkrieg etablieren konnte. Parallel machte sich die Richtung eines sozialkritischen Realismus geltend. Die revolutionäre Bewegung des ↗Dada sprengte bisherige künstlerische Normen und Kategorien; aus ihm ging der Surrealismus hervor, dessen Zentrum – auch für die deutschen Künstler im ↗Exil – Paris wurde. *ij*

Kunst, Bundesrepublik Die bildende K. der fünfziger Jahre setzte zunächst die Tradition der zwanziger Jahre fort (u. a. ↗Dix, ↗Schmidt-Rottluff, Karl Hofer). Daneben entwickelte sich, amerikanisch beeinflußt, die abstrakte K. im Informel (= formlose K., u. a. Emil Schumacher, Wols). 1958 gründete sich die Gruppe „Zero" (Günther Uekker, Heinz Mack, Otto Piene), die sich mit Kinetik (Bewegung), Op-Art (= optische K.) und monochromer (einfarbiger) Malerei befaßte (1966 aufgelöst). Mit Minimal Art (vereinfachende, geometrische K.) setzten sich u. a. Blinky Palermo und Reiner Ruthenbeck auseinander. In den sechziger und siebziger Jahren wurden Surrealismus und ↗Dada in der K. der Pop Art und in der Aktions-K. verarbeitet (v. a. ↗Beuys). ↗Baselitz und Markus Lüpertz griffen den ↗Expressionismus wieder auf. Gerhard Richter schuf eine K. des kritischen Realismus. Mitte der siebziger Jahre entstanden politische Karikaturen, Plakate, Photomontagen, Video-K. In den achtziger Jahren gründeten sich die „Neuen Wilden" (u. a. Rainer Fetting, Helmut Middendorf), die der deutschen K. zu internationaler Anerkennung verhalfen.

Die Architektur des ↗Wiederaufbaus der fünfziger Jahre orientierte sich anfangs an Traditionen aus der Zeit vor 1914. 1955 wurde die Hochschule für Gestaltung in Ulm eröffnet, die das Programm des ↗Bauhauses fortsetzte. Ende der fünfziger Jahre änderte sich der Baustil unter dem Einfluß fortschrittlicher ausländischer Architektur. Höhepunkte des Bauens fielen in die sechziger bis Mitte der siebziger Jahre: Forcierte Bildung von Stadtzentren, Stadtautobahnen zugunsten der betont verkehrsgerechten Gestaltung, Trabantenwohnsiedlungen. Charakteristisch sind u. a. Düsseldorf, Hamburg und Hannover. In den sechziger Jahren entstanden Kirchenbauten, Sportbauten und umfangreiche Universitätskomplexe. Das Ende der siebziger Jahre war von einer postmodernen und historistischen Bauweise geprägt. Zu den bedeutenden Architekten der Gegenwart gehören u. a. Josef Paul Kleihues, Robert Krier, Oswald Matthias Ungers, Gottfried Böhm. *rw*

Kunst, DDR Die bildende K. strebte eine Aufhebung der Trennung von K. und Gesellschaft sowie die Orientierung am ↗„sozialistischen Realismus" an. Die Aufgabe der K. war die verständliche, propagandistische Darstellung. Zentrale Themen waren der Aufbau und die Idealisierung der Arbeit. In den fünfziger Jahren entstanden infolge des „Bitterfelder Weges" (↗Bitterfelder Kulturkonferenz 1959) Darstellungen der ↗Arbeiterklasse und Arbeiterskulpturen; Gruppenbilder und Historienbilder (u. a. Bernhard Heisig, Willi Sitte, Werner Tübke); daneben Denkmäler an Gedenkstätten (↗Sachsenhausen, ↗Buchenwald, ↗Ravensbrück). In den sechziger Jahren distanzierten sich u. a. A. R. Penck und Max Uhlig vom Thema Arbeit. Es entstand eine realistische Malerei, die sich am ↗Expressionismus (Bernhard Heisig, Willi Sitte), an der ↗Neuen Sachlichkeit (Arno Rink, Wolfgang Mattheuer) und am Manierismus (Werner Tübke) orientierte. In den siebziger Jahren galt das Hauptinteresse neben Arbeiter- und Brigadebildern (Ronald Paris) Stilleben, Landschaften, Porträts, Akten und Interieurs (u. a. Lothar Böhme, Nuria Quevedo); daneben Photographie und erste Versuche von Ereignis-K. Die Graphik setzte sich, der Tradition der zwanziger Jahre folgend, mit Buchillustrationen, politischen Karikaturen und Plakaten auseinander. In den achtziger Jahren wanderten viele Künstler aus, u. a. Penck, Cornelia Schleime.

Die Architektur des ↗Wiederaufbaus der fünfziger Jahre unterlag dem „Aufbaugesetz". Leitende Institutionen waren die Deutsche Bauakademie, das Ministerium für Aufbau und der Bund Deutscher Architekten. Die Planung erfolgte in staatlichen Büros. 1951 entstand mit Eisenhüttenstadt der erste Neubau einer ganzen Stadt. Der Massenwohnungsbau begann, seit Mitte der fünfziger Jahre setzte sich eine industrielle, standardisierte Bauweise durch (Plattenbau). Bedeutende Architekten waren u. a. Heinz Graffunder (↗Palast der Republik), Hermann Henselmann, Josef Kaiser, Richard Paulick. *rw*

Kunst, Drittes Reich K. der Zeit von 1933–45

mit der Aufgabe, die nationalsozialistische Ideologie zu verbreiten. Sie sollte Wünsche und Sehnsüchte wecken und als Vorbild das Verhalten der Masse lenken. Themen waren das Landleben, das „ewig Gesunde", das deutsche Volk. Die Antike galt in Malerei (u. a. Fritz Mackensen, Adolf Wissel) und Skulptur (u. a. ↗Breker, Josef Thorak) als ideales Vorbild, daneben ↗Dürer, die ↗Romantik und das 19. Jh. Ab 1937 fand jährlich die „Große Deutsche Kunstausstellung" statt. Die Bau-K. wurde als Machtdemonstration bevorzugt, aus militärischen Gründen und als Arbeitsbeschaffung gefördert. Es entstanden monumentale, neoklassizistische Bauten u. a. von ↗Speer und Paul Ludwig Troost. Moderne, abstrakte K. und Architektur (↗Bauhaus und Neues Bauen) wurden als „entartet" (↗Entartete K.) verurteilt. Der größte Teil der sog. offiziellen K. wurde 1945 in den USA unter Verschluß genommen. Die 1950 und 1986 nach Deutschland zurückgebrachten 7914 Werke werden in der deutschen Zollbehörde München verwahrt und sind nur Fachleuten zugänglich. Im Armeemuseum Ingolstadt werden Werke von Soldaten unzugänglich aufbewahrt. Die politisch bedeutsamen Bauten wurden nach dem Krieg abgerissen. *rw*

Kunze, Reiner Schriftsteller, Übersetzer, *16.8. 1933 Oelsnitz (Erzgebirge). Nach der Veröffentlichung seines kritischen Prosabuches „Die wunderbaren Jahre" (1976; 1978 von K. verfilmt) in der Bundesrepublik wurde K. aus dem Schriftstellerverband der DDR ausgeschlossen (1989 rehabilitiert); 1977 Übersiedlung in den Westen. Im selben Jahr erhielt K., der neben Lyrik auch Kinderbücher und Essays schreibt, den ↗Georg-Büchner-Preis. *ij*

Kuratorium Unteilbares Deutschland Verein für Fragen der Wiedervereinigung; zum ersten Jahrestag des Aufstandes vom ↗Siebzehnten Juni 1953 in Bad Neuenahr gegründet; westdeutsches Pendant zum ↗Ausschuß für Deutsche Einheit; u. a. Appelle an die Bevölkerung, alljährlich zu Silvester zur Mahnung an die Einheit Deutschlands Kerzen in die Fenster zu stellen; in den siebziger Jahren Bedeutungsverlust durch die verbesserten ↗innerdeutschen Beziehungen; 1992 aufgelöst. *kl*

Kurfürsten Zunächst die sieben deutschen ↗Reichsfürsten, die seit 1257 allein den deutschen König wählten. Ihre Stellung wurde 1356 in der ↗Goldenen Bulle reichsrechtlich geregelt (bes. Privilegien, Bindung der Kurwürde an das Land, nicht an die Person, Unteilbarkeit der Kurlande sowie Festlegung der Reihenfolge der Stimmabgabe).

Ursprünglich gab es folgende K.: Auf geistlicher Seite die Erzbischöfe von ↗Mainz, ↗Köln und ↗Trier, auf weltlicher Seite den ↗Pfalzgraf bei

Die sieben Kurfürsten (Zeichnung)

Rhein, den Herzog von ↗Sachsen, den Markgraf von ↗Brandenburg, den König von ↗Böhmen (seit 1289); die K. waren Träger der Erzämter und traten 1338–1558 in Kurvereinen zur Beratung in Angelegenheiten des Reiches zusammen.
Bei der Königswahl stimmten sie nach dem Mehrheitsprinzip ab, wobei die letzte (und vielleicht entscheidende) Stimme dem Mainzer Erzbischof vorbehalten war.
1623 erhielt ↗Bayern die pfälzische Kur, die 1777 mit der 1648 neugeschaffenen pfälzischen Kur zusammenfiel (↗Pfalz). 1692 erhielt auch ↗Hannover die Kurwürde. Beim ↗Reichsdeputationshauptschluß 1803 fielen Köln und Trier weg, an die Stelle von Mainz trat ↗Regensburg; ↗Salzburg (seit 1805 ↗Würzburg), ↗Baden, ↗Württemberg und ↗Hessen-Kassel kamen hinzu. 1806 wurden die jetzt zehn Kurfürstentümer aufgehoben, nur Hessen-Kassel behielt den Titel (bis 1866). *wj*

Kurtz, Melchior ↗Kästner, Erich

Kurverein von Rhens Versammlung der deutschen ↗Kurfürsten (ohne den böhmischen König) unter der Führung des Trierer Erzbischofs ↗Balduin von Luxemburg am 16. 7. 1338 in Rhens; legte reichsrechtlich fest, daß der von den Kurfürsten oder ihrer Mehrheit gewählte ↗König rechtmäßig und ohne päpstliche Bestätigung herrschen könne. *vK*

KVP ↗Kasernierte Volkspolizei

Kyffhäuser Bewaldeter Mittelgebirgszug an den südlichen Ausläufern des Harzes. Die dort im 11. Jh. errichtete Burg K. war zur Zeit Kaiser ↗Heinrichs IV. und Kaiser ↗Heinrichs V. in den kriegerischen Auseinandersetzungen mit den ↗Sachsen von strategischer Bedeutung. 1118 zerstört, wurde sie jedoch bald teilweise wieder aufgebaut. 1896 wurde dem Burgareal ein monumentales Denkmal mit dem Standbild Kaiser ↗Wilhelms I. hinzugefügt. Der K.-Sage (↗Kaisersage) nach schlafen im K. mehrere deutsche Kaiser, insbesondere Kaiser ↗Friedrich I. in der „Barbarossa-Höhle“. *RB*

KZ ↗Konzentrationslager

L

Labiau, Vertrag (1656) Im Vertrag von L. (Ostpreußen) vom 20.11.1656 erkannte der schwedische König Karl X. Gustav die Souveränität des Kurfürsten von ↗Brandenburg (↗Friedrich Wilhelm) über ↗Preußen und Ermland an und erhielt dafür Waffenhilfe im Kampf gegen Polen; die volle Souveränität im Herzogtum Preußen erreichte der Kurfürst erst im Frieden von Oliva 1660. *rh*

Lafontaine, Oskar Bundesfinanzminister, *16.9.1943 Saarlouis. Seit 1966 Mitglied der ↗SPD; 1976–85 Oberbürgermeister von Saarbrücken; 1985–98 Ministerpräsident des ↗Saarlandes und Mitglied des Bundestages; 1987–95 stellvertretender Parteivorsitzender; scheiterte bei den ersten gesamtdeutschen Wahlen 1990 als Kanzlerkandidat der SPD; seit November 1995 Parteivorsitzender; 1998 Bundesfinanzminister; am 11.3.1999 überraschender Rücktritt von allen Ämtern. *Ki*

Lambert von Hersfeld ↗Lampert von Hersfeld

Lambsdorff, Otto Graf Politiker (FDP), *20.12.1926 Aachen. Seit 1951 ↗FDP-Mitglied; ab 1953 im nordrhein-westfälischen Landesvorstand der FDP; seit 1972 im Bundesvorstand der FDP und Mitglied des Bundestages; 1977–84 Bundeswirtschaftsminister; trat aufgrund der ↗Parteispendenaffäre zurück; 1988–93 Bundesvorsitzender, seit 1993 Ehrenvorsitzender seiner Partei. *Ki*

Lambsdorff-Papier (1982) Im L.-P. forderte Graf ↗Lambsdorff 1982 den Abbau sozialer Leistungen und verband damit den Aufruf zu mehr Eigenverantwortung in Wirtschaft und Gesellschaft. In den Auseinandersetzungen der ↗sozialliberalen Koalition hierüber eskalierte die Haushaltskrise, die Koalition zerbrach; nach dem Mißtrauensvotum gegen Bundeskanzler Helmut ↗Schmidt Neuwahlen und Regierungswechsel (↗christlich-soziale Koalition). *sb*

Lamey, August Badischer Politiker, Jurist, *27.7.1816 Karlsruhe, †14.1.1896 Heidelberg. Seit 1849 Rechtsanwalt in Freiburg (Breisgau); 1856–59 Professor ebd.; 1860–66 badischer Innenminister, befürwortete eine ↗großdeutsche Lösung der deutschen Frage; 1871–73 Mitglied des Reichstages; 1876–92 Vorsitzender der ↗Nationalliberalen Partei; maßgeblich beteiligt an der Bildung eines modernen Rechtsstaates; setzte sich für Gewerbefreiheit, Judenemanzipation, Selbstverwaltung der Gemeinden und die rechtliche Stellung der Kirchen ein. *rw*

Lammers, Hans Heinrich Jurist, *27.5.1879 Lublinitz (Oberschlesien), †4.1.1962 Düsseldorf. 1920–33 im Reichsinnenministerium tätig; 1933–45 Chef der Reichskanzlei und engster Rechtsberater ↗Hitlers; 1939–45 als Reichsminister (seit 1937) Mitglied des Reichsverteidigungsrates; 1949 in den ↗Nürnberger Kriegsverbrecherprozessen zu 20 Jahren Haft verurteilt, aber schon 1952 entlassen. *RB*

Lampert von Hersfeld Geschichtsschreiber, *um 1025, †1081/85. Seit 1058 Mönch in ↗Hersfeld, ab etwa 1077 in Hasungen, dort seit 1081 Abt. Sein Hauptwerk, die 1077–79 geschriebenen „Annales", ist formal ein Meisterwerk politischer ↗Geschichtsschreibung. *ku*

Landauer, Gustav Schriftsteller, Politiker, *7.4.1870 Karlsruhe, †2.5.1919 München. Vertrat einen kommunitarisch-anarchistisch orientierten ↗Sozialismus; Pazifist; gründete 1906 mit ↗Buber und ↗Mühsam den „Sozialistischen Bund", gab 1909–15 die Zeitschrift „Der Sozialist" heraus; war 1919 Mitglied der ↗Münchner Räterepublik; wurde von Freikorpssoldaten ermordet. *ij*

Länderkammer Institution zur Vertretung der Länder der ↗DDR, mit der ersten ↗Verfassung der DDR geschaffen; nach deren Auflösung 1952 Vertretung der 14 Bezirke; nach einem Beschluß der ↗Volkskammer am 8.12.1958 aufgelöst. *kl*

Länderrat (1945–49) Am 17.10.1945 in der US-amerikanischen ↗Besatzungszone geschaffenes Gremium zur Koordination der länderübergreifenden Gesetzgebung und Verwaltung, bestehend aus den Ministerpräsidenten von Hessen, Bayern und Württemberg-Baden; im März 1946 am ↗Befreiungsgesetz beteiligt; am 9.2.1947 Bildung eines L.s im ↗Vereinigten Wirtschaftsgebiet; als zweite Kammer neben dem ↗Wirtschaftsrat mit dem Recht der Gesetzesinitiative; durch die ↗Alliierte Hohe Kommission am 16.9.1949 nach Konstituierung von ↗Bundestag und ↗Bundesrat aufgelöst. *kl*

Landesfarben ↗Deutsche Farben

Landesgeschichte ↗Geschichtswissenschaft

Landeshoheit (Landesherrlichkeit, Landesherrschaft, Territorialhoheit) Die z.T. im 11. Jh. entstandene, im 13. Jh. ausgebildete Herrschaftsgewalt der deutschen ↗Fürsten in einem bestimmten Territorium; bestand aus einem Komplex von teils staatlichen, teils privaten Rechten. Ursprung und wesentlicher Inhalt war die gräfliche Gerichtsgewalt. Entscheidende Festigung durch den Erwerb der ↗Regalien und den Ausbau einer Gerichts-, Verwaltungs- und Steuerorganisation mit Hilfe eines landesherrlichen ↗Beamtentums. Die L. wurde im ↗Westfälischen Frieden (1648) anerkannt (fast völlige Unabhängigkeit von der kaiserlichen Gewalt) und gipfelte in der Schaffung der völlig souveränen Fürstenstaaten 1806. *vK*

Landfriede Im Mittelalter Gesetz der deutschen Könige und Landesherren zur Bekämpfung der Rechtsunsicherheit, bes. der ↗Fehde, zunächst örtlich und zeitlich beschränkt (1094 für ↗Thüringen, ↗Schwaben, ↗Bayern). Bestimmte Orte (Kirchen) und bestimmte Personengruppen (Klerus, Frauen, Kaufleute und Juden) sollten geschützt werden. Der L. galt später für das ganze Heilige Römische Reich (1. Reichs-L. 1103 durch Kaiser ↗Heinrich IV.; sehr bedeutsam der Mainzer L. von 1235), zuletzt 1495 der sog. ↗Ewige L., der auf dem ↗Wormser Reichstag beschlossen wurde. Die L. waren ein wichtiges Bindeglied der Entwicklung vom germanischen zum mittelalterlichen deutschen Recht (z.B. Ersetzung des Bußsystems durch die peinliche Strafe). *vK*

Landrecht 1) Im Mittelalter das für die ↗Freien gültige Recht, falls keine Sonderrechte (↗Stadtrechte in den Städten oder das Lehnsrecht) galten; entwickelte sich aus Stammesrechten und war z.T. in Rechtsbüchern (↗Sachsenspiegel) niedergelegt.
2) Seit dem Mittelalter auf Veranlassung der Landesherren kodifiziertes L. der einzelnen Territorien (z.B. das ↗Preußische Allgemeine L. von 1794). *dt*

Landsassen 1) Bis 1806 die nicht ↗reichsunmittelbaren, sondern einem Landesherrn untergeordneten Adligen.
2) Im Mittelalter auch ↗Freie mit nur wenig eigenem Land. *wj*

Landsberg am Lech Kreisstadt in Oberbayern mit ca. 25000 Einwohnern (1998); in der ehemaligen, zur Strafanstalt umgebauten Festung in L. war vom 1.4.–20.12.1924 neben anderen Nationalsozialisten auch ↗Hitler inhaftiert (↗Hitler-Prozeß); während des ↗Dritten Reiches als Gedenkstätte u.a. Ziel des „Adolf-Hitler-Marsches der deutschen Jugend"; nach dem Zweiten Weltkrieg von den US-Amerikanern als Haftanstalt für Kriegsverbrecher gebraucht (↗Entnazifizierung); auch Vollstreckungsort für Todesurteile. *kl*

Landshut ↗Lufthansa-Maschine Landshut

Landshuter Erbfolgekrieg (1504/05) Krieg zwischen Pfalzgraf ↗Ruprecht, der von Herzog ↗Georg dem Reichen von Bayern-Landshut als Erbe eingesetzt worden war, und Herzog Albrecht IV. von Bayern-München; endete durch das Eingreifen Kaiser ↗Maximilians I. zugunsten Albrechts, dem Bayern-Landshut zufiel. Ruprechts Söhne, ↗Otto Heinrich und Philipp erhielten das neu eingerichtete Fürstentum Pfalz-Neuburg. *rh*

Landsknechte 1474 erstmals gebrauchte Bezeichnung für die zu Fuß kämpfenden Söldner des 15.–17. Jh.s; ausgerüstet mit Spieß, ↗Hellebarde, ↗Schwert, ↗Armbrust und Hakenbüchse; die erste (in Regiment und ↗Fähnlein) geordnete Fußtruppe des Mittelalters; lösten als erste Berufssoldaten die ritterlichen Lehnsaufgebote ab; gingen im 17. Jh. in den ↗stehenden Heeren auf. *rh*

Landsmannschaften 1) Waffen- und farbentragende patriotische Studentenverbindungen; hervorgegangen aus der mittelalterlichen Gliederung der Studenten nach der Herkunft aus einer bestimmten Landschaft; trotz Unterdrückung große Bedeutung seit dem 17. Jh.; im 19. Jh. z.T. Entwicklung zu streng organisierten Korps. Die politischen Aktivitäten der ↗Burschenschaften wurden von den L. abgelehnt. *rh*
2) Zusammenschlüsse der ↗Flüchtlinge und ↗Vertriebenen in der ↗Bundesrepublik; 1957 Vereinigung mit dem ↗Bund der Vertriebenen. *bb*

Landstände 1) Die ständischen Vertretungen in den Territorialstaaten des Heiligen Römischen Reiches, die auf dem ↗Landtag das Land gegenüber dem Landesherrn vertraten; setzten sich meist aus ↗Adel, Prälaten und ↗Städten zusammen; gelegentlich besaßen auch die ↗Bauern Landstandschaft. Aufgrund ihres Steuerbewilligungsrechtes erweiterten sie ihre ursprünglich beratende Funktion vielfach zu einer regelrechten Mitregierung. Im Zeitalter des ↗Absolutismus wurden die L. zurückgedrängt; sie hielten sich nur noch in ↗Hannover, ↗Württemberg (jeweils bis 1805) und in ↗Mecklenburg (bis 1918).

2) Bezeichnung für die gemäß Artikel 13 der ↗Bundesakte (1815) gebildeten Volksvertretungen in den einzelnen Ländern; seit 1848 ↗Landtag oder Kammern genannt. *dt*

Landtag 1) In den Territorialstaaten des ↗Heiligen Römischen Reiches die Versammlung der vom Landesherrn einberufenen ↗Landstände;

2) im ↗Deutschen Bund die Volksvertretungen der Länder;

3) in ↗Preußen im Rahmen der Verfassung von 1850 Bezeichnung für ↗Herrenhaus und ↗Abgeordnetenhaus zusammen, mitunter auch für das Abgeordnetenhaus allein;

4) in der ↗Bundesrepublik die gewählten Volksvertretungen der ↗Bundesländer (in ↗Hamburg und ↗Bremen Bürgerschaft, in ↗Berlin Abgeordnetenhaus). *vK*

Landvogt 1) Seit dem 13. Jh. (bis 1806) Oberamtmann zur Verwaltung eines kleinen, unter königlicher Herrschaft stehenden Gebietes.

2) Landesherrlicher Verwaltungsbeamter, bes. in Süddeutschland. *wj*

Landwirtschaft, Bundesrepublik Ausgelöst durch eine staatliche Neuordnung der Agrarmärkte vollzog sich in den 50er Jahren ein Strukturwandel der L.; vorsichtige Steuerung und Subventionierung der Agrarpreise sollten in der Phase des ↗Wiederaufbaus die Lebensmittelpreise niedrig halten. Am 5.9.1955 wurden mit dem L.s-Gesetz die weitere Ansiedlung bäuerlicher Familienbetriebe, der Ausbau der Wirtschaftswege und eine Flurbereinigung beschlossen („Grüne Pläne"). Mit dem Beitritt der Bundesrepublik zur ↗EWG wurde die L. zum 1.1.1958 Teil des gemeinsamen Agrarmarktes der Mitgliedstaaten, der den L.s-Betrieben Schutz vor der Konkurrenz aus Drittländern gewährte. Durch Absatzgarantien für fast alle Erzeugnisse der L. zu relativ hohen Preisen führte er jedoch zu Überproduktionen, die auf Kosten der EWG bzw. der ↗EG eingelagert, vernichtet oder unter Preis verkauft werden mußten. Eine Reform des gemeinsamen Marktes 1992 (Senkung der Ankaufpreise, Abschaffung mengenbezogener Subventionen durch direkte Einkommenshilfen) hat das Problem bislang nicht beseitigt.

Die Bedeutung der L. für die Volkswirtschaft ist konstant rückläufig. Von 5,3 Mio. Beschäftigten (1950) war 1994 nur noch ca. 1. Mio. in der L. tätig (800000 im früheren Bundesgebiet und 200000 in den neuen Bundesländern); die Zahl der Betriebe ist von 1,9 Mio. (1949) auf ca. 555000 (1995) zurückgegangen (525000 im früheren Bundesgebiet).

V.a. in den neuen Bundesländern haben sich seit der ↗Wiedervereinigung aus ehemaligen ↗LPGs moderne und konkurrenzfähige Großbetriebe entwickelt, verbunden mit einem drastischen Verlust an Arbeitsplätzen in der L.

In den Vordergrund der öffentlichen Diskussionen um die L. rückten seit den 70er Jahren der Einsatz von künstlichen Dünge- und Pflanzen-

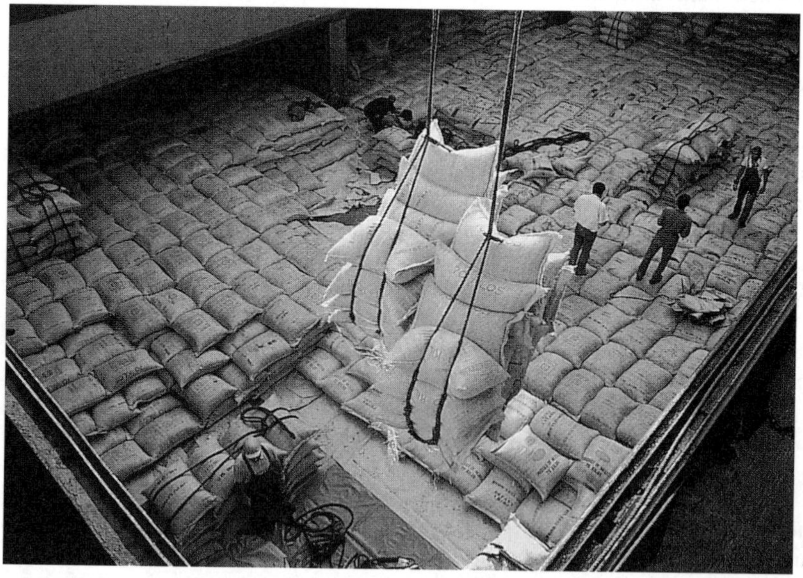

Agrarüberschüsse in der ↗Europäischen Union

schutzmitteln im Acker- und Gartenbau sowie von Medikamenten und Masthilfen in der Viehwirtschaft und eine generelle Kritik an der Massentierhaltung. (74, 142, 300) *kl*

Landwirtschaft, DDR Bereits vor Gründung der DDR wurden im Rahmen der ↗Bodenreform in der ↗SBZ 30 % der Nutzfläche umverteilt und bis 1950 gegen einen geringen Betrag an Bauern, Landarbeiter und Umsiedler vergeben; parallel entstanden mit den ↗Volkseigenen Gütern staatliche Landwirtschaftsbetriebe nach sowjetischem Vorbild; während der ↗Kollektivierung 1952–60 erneut Wandel der agrarischen Produktionsweise durch Zusammenschluß der Bauern zu ↗Landwirtschaftlichen Produktionsgenossenschaften (LPG); Integration der einzelnen Betriebe in einen zentralen Planungsablauf durch regional organisierte „Kooperationsräte".
Nach der Kollektivierung kam es zu einer staatlich geförderten Spezialisierung der Betriebe und zur Ausgliederung von Teilbereichen, z. B. von Düngung und Pflanzenschutz als zwischenbetriebliche „Agrochemische Zentren" sowie von Schmieden und Werkstätten als „Kreisbetriebe für Landtechnik".
Erklärtes Ziel der Agrarpolitik der DDR war die Autarkie von Lebensmittelimporten. Dennoch mußten in den 50er und 60er Jahren Lieferungen aus der Sowjetunion die Versorgung der Bevölkerung sichern. Ein 1967/68 erneut einsetzender Industrialisierungsschub in der L., der die Betriebsgrößen stark anwachsen ließ, löste zwar Engpässe in der Versorgung mit Lebensmitteln, führte aber zu einer starken Subventionierung der L., die erst nach Einführung marktbezogener Anreize in einer Agrarreform 1984 leicht zurückging.
Trotz größerer Erfolge, v. a. ihrer Krisenstabilität, und der Veränderung des ländlichen sozialen Lebens mit der Umwandlung von Bauern zu Angestellten mit geregelten Arbeitszeiten, Urlaub und einer Alterssicherung erreichte die L. nie das Niveau der Bundesrepublik. Hohe Transportkosten, personelle Überbesetzung und Umweltschäden durch Überdüngung übertrafen die westdeutschen Schäden weit. *kl*

Landwirtschaftliche Produktionsgenossenschaft (LPG) Ab 1952 mit der ↗Kollektivierung in der ↗DDR entstandene Betriebsform in der ↗Landwirtschaft; im Gegensatz zu den ↗Volkseigenen Gütern blieb der Boden Privateigentum; bis Mitte 1960 Zusammenschluß von 1 Mio. Bauern in 19 000 LPGs, die 85 % der Nutzfläche bewirtschafteten; Übertragung industrieller Methoden, Spezialisierung auf Ackerbau oder Viehwirtschaft; in den 60er Jahren verstärkt Druck auf die verbliebenen selbständigen Bauern zum Eintritt in eine LPG; Vergrößerung der Betriebsflächen von durchschnittlich 280 ha auf 820 ha, in Einzelfällen auch auf 5 000 ha; nach der ↗Wiedervereinigung zumeist in Genossenschaften nach Bundesrecht umgewandelt. *kl*

Lang, Fritz Österreichisch-amerikanischer Filmregisseur, * 5. 12. 1890 Wien, † 2. 8. 1976 Beverly Hills (Kalifornien). Drehte in den 20er Jahren expressionistische Stummfilme (Dr. Mabuse, 1922; Metropolis, 1926), ab 1931 auch Tonfilme; emigrierte 1933 in die USA. *ij*

Lange, Helene Frauenrechtlerin, * 9. 4. 1848 Oldenburg, † 13. 5. 1930 Berlin. Seit 1872 Lehrerin; publizierte ab 1887 Schriften (Die höhere Mädchenschule und ihre Bestimmung), in denen sie die Verbesserung der weiblichen Ausbildungsmöglichkeiten forderte; gründete den „Allg. Deutschen Lehrerinnenverein" (1890); war Vorsitzende des ↗Allgemeinen Deutschen Frauenvereins und des ↗Bundes Deutscher Frauenvereine. L. gilt als geistige Führerin der ↗Frauenbewegung. *nk*

Lange, Martin Pfarrer, * 20. 7. 1932 Zwickau. 1969–81 Leiter des Jugendwerkes der Evangelisch-Methodistischen Kirche in der ↗DDR; 1971–81 Vorsitzender der Arbeitsgemeinschaft Christliche Jugend und des Ökumenischen Jugendrates der DDR; 1989/90 Moderator des Zentralen ↗Runden Tisches in Berlin. *Ki*

Lange Kerls 1707 von König ↗Friedrich Wilhelm I. gebildete preußische Leibgarde mit ca. 500 bes. großen Soldaten; 1740 wegen zu hoher Kosten von ↗Friedrich II., dem Großen, aufgelöst. *rh*

Langemark, Kämpfe um Ort in Westflandern. Im ↗Ersten Weltkrieg anläßlich der Schlacht um ↗Ypern Schauplatz von wechselvollen Kämpfen; wegen eines verlustreichen deutschen Angriffs am 10. 11. 1914, bei dem mehr als 2000 schlecht ausgebildete Kriegsfreiwillige starben, zum Mythos ausgebaut (die Männer seien das ↗Deutschlandlied singend gefallen). *PS*

Lasker, Eduard Politiker, Publizist, * 14. 10. 1829 Jarotschin (Posen), † 5. 1. 1884 New York. Seit 1871 Rechtsanwalt; 1862–79 Mitglied des preußischen Abgeordnetenhauses (Fortschrittspartei); 1866 Mitbegründer der ↗Nationalliberalen Partei;

1867–84 Mitglied des Reichstages; maßgeblich beteiligt an Wirtschaftsgesetzen, der preußischen Kreisordnung (1872) und den Reichsjustizgesetzen (1876); entschiedener Gegner Otto von ↗Bismarcks. *rw*

Lasker-Schüler, Else Schriftstellerin, *11.2.1869 Elberfeld (heute zu Wuppertal), †22.1.1945 Jerusalem. Seit 1895 in Berlin; heiratete 1903 ↗Walden (1912 geschieden), an dessen Zeitschrift „Der Sturm" sie mitarbeitete. 1933 ↗Emigration; lebte seit 1937 in Jerusalem. L.s in der europäischen Literatur des 20. Jh.s herausragendes Werk bezieht sich auf altorientalische, jüdische und christliche Stoffe und Motive, verbindet in spielerischer Weise Autobiographisches mit Fiktionalem, oft Märchenhaftem. Lyrikveröffentlichungen u.a.: Styx (1902), Hebräische Balladen (1913), Theben (1923), Mein blaues Klavier (1943). Von den Dramen wurde allein „Die Wupper" (1909) einem größeren Publikum bekannt. Prosaveröffentlichungen u.a.: Der Prinz von Theben (1911), Der Malik (1919). *ij*

Lassalle, Ferdinand Sozialist, *11.4.1825 Breslau, †31.8.1864 Genf. 1842–45 Studium der Philologie, Geschichte und Philosophie; 1848/49 Mitarbeiter der von Karl ↗Marx gegründeten „Neuen Rheinischen Zeitung"; 1863 Präsident des ↗ADAV, dessen Programm er verfaßte. L. vertrat in seinem politischen Schrifttum die ↗kleindeutsche Lösung und einen von Marx scharf kritisierten ↗Sozialismus, der das Ziel der sozialistischen Gesellschaft über die friedliche Vereinnahmung des Staates erstrebte und großen Einfluß auf die praktische ↗Sozialdemokratie ausübte. L. starb infolge eines ↗Duells. *nk*

Lassen ↗Liten

Lastenausgleich Vermögensschäden und Verluste, die während und nach dem Zweiten Weltkrieg (infolge von Flucht, Vertreibung, Evakuierung und ↗Währungsreform) entstanden, sollten auf alle Deutschen verteilt werden. Das Gesetz über den L. vom 10.7.1952 sowie weitere Entschädigungsgesetze bildeten die rechtliche Grundlage für die Einrichtung eines Ausgleichsfonds, in den private Haushalte, Unternehmen, Bund und Länder einzahlten. Hieraus wurden Entschädigungen an ↗Vertriebene und ↗Umsiedler gezahlt. 1949–89 betrugen die Gesamtausgaben im L. 135,8 Mrd. DM. *sb*

Laten ↗Liten

Laube, Heinrich Schriftsteller, Publizist, *18.9.1806 Sprottau, †1.8.1884 Wien. Gehörte für kurze Zeit zu den Exponenten des ↗Jungen Deutschland (Das neue Jahrhundert, 1833); wurde politisch verfolgt und zu Festungshaft (1837–39) verurteilt. 1848 war er als gemäßigter Liberaler Mitglied der ↗Frankfurter Nationalversammlung; ab 1849 Theaterdirektor am Burgtheater in Wien, wo er 1871 das Stadttheater gründete. Schrieb Dramen, historische Romane und politische Skizzen. *ij*

Laudon (Loudon), Ernst Gideon von Österreichischer Feldmarschall, *13.2.1717 Tootzen (Livland), †14.7.1790 Neutitschein (Mähren). Bis 1742 in russischen, dann in österreichischen Diensten; bedeutender militärischer Gegenspieler ↗Friedrichs II., des Großen, im ↗Siebenjährigen Krieg (Siege bei ↗Kunersdorf 1759 und Landshut 1760, Niederlage bei Liegnitz 1760, Einnahme von Schweidnitz 1761); eroberte im ↗Türkenkrieg 1789 Belgrad. *rh*

Laue, Max von Physiker, *9.10.1879 Pfaffendorf (heute zu Koblenz), †24.4.1960 Berlin. Schüler ↗Plancks; Professor u.a. in Frankfurt/Main, Berlin; führte 1912 Experimente mit Kristallen, deren Struktur ihm als dreidimensionales Beugungsgitter diente, durch, um nachzuweisen, daß es sich bei den Röntgenstrahlen (↗Röntgen) um elektromagnetische Wellen handelt; wirkte an der Weiterentwicklung von ↗Einsteins Relativitätstheorie mit; Nobelpreis für Physik 1914. *bl*

Lausanne, Konferenz (1932) Vom 16.6.–9.7. 1932 in Lausanne (Schweiz) tagende Konferenz des Deutschen Reiches und der Alliierten; Ergebnis war vor dem Hintergrund der ↗Weltwirtschaftskrise der Beschluß zur Beendigung der Reparationsverpflichtungen (↗Reparationen) des Deutschen Reiches an die Siegermächte des ↗Ersten Weltkrieges nach Zahlung einer einmaligen Ablösungssumme von 3 Mrd. Reichsmark. *RB*

Lausitz Historisches Gebiet an Spree und Neiße, das in die Markgrafschaften Ober-L. und Nieder-L. zerfiel. Ehemaliges Stammesgebiet westslawischer Sorben; seit Ende des 10. Jh.s meist Bestandteil der sächsischen Ostmark; seit 1081 z.T. verschiedene territoriale Zugehörigkeit der beiden Gebiete; im 14. Jh. unter böhmischer Herrschaft; seit dem 15. Jh. Verwendung des Namens Ober-L. für das Gebiet um Bautzen und Görlitz. 1526 kamen beide L. (außer Cottbus, dieses bereits 1445/55 an ↗Brandenburg) an das Haus ↗Habsburg. 1620/35 an Kursachsen; 1815 Nieder-L. und nördliche Ober-L. an ↗Preußen; restliche

Ober-L. ging 1835 im Königreich ↗Sachsen auf. *wm*

LDPD ↗Liberal-Demokratische Partei Deutschlands

Lebensborn e. V. 1935 von ↗Himmler gegründeter Verein. Finanzierte sich über Mitgliedsbeiträge von ↗SS-Angehörigen und hatte den Zweck, in eigens eingerichteten Heimen v.a. ledigen werdenden Müttern bei gleichzeitigen nationalsozialistischen Indoktrinierungsversuchen die Geburt ihrer Kinder zu ermöglichen. Obwohl bevölkerungspolitische Maßnahme im Rahmen der ↗Auslese, waren die in den zuletzt 20 Heimen geborenen insgesamt ca. 8000 Kinder zumindest gezahlenmäßig ohne größere Bedeutung im Gesamtzusammenhang der nationalsozialistischen ↗Bevölkerungspolitik. *PS*

Lebensmittelkarten Zu Beginn des ↗Zweiten Weltkrieges wurden von der nationalsozialistischen Regierung Lebensmittel rationiert und L. eingeführt. Aufgrund von Versorgungsengpässen nach Kriegsende wurden die L. von den ↗Besatzungsmächten beibehalten. In der Bundesrepublik wurden L. aufgrund der Veränderung der Ernährungslage durch die ↗Währungsreform und die Umsetzung des ↗Marshall-Plans überflüssig. In der DDR wurden die L. 1958 abgeschafft. *sb*

Lebensraum Ideologische Forderung des ↗Nationalsozialismus; wurde als Begründung für aggressive Expansionspolitik herangezogen. Demnach müsse das deutsche „Herrenvolk" durch Verdrängung oder Versklavung der slawischen Völker Osteuropas zusätzliches Siedlungsland erhalten. *PS*

Leber, Georg Politiker (SPD), *7.10.1920 Obertiefenbach (bei Limburg). Seit 1947 Mitglied der ↗SPD; 1957–66 Vorsitzender der IG Bau-Steine-Erden; 1957–83 Mitglied des Bundestages, der Bundestagsfraktion und des Parteivorstandes der SPD; 1966–72 Bundesverkehrsminister; 1972–78 Bundesverteidigungsminister; 1979–83 Vizepräsident des Bundestages. *Ki*

Leber, Julius Politiker (SPD), *16.11.1891 Biesheim (Elsaß), †5.1.1945 Berlin. Seit 1924 Mitglied des Reichstages; 1933–37 KZ ↗Oranienburg; Teilnehmer des ↗Kreisauer Kreises; 5.7.1944 mit ↗Reichwein verhaftet; nach dem ↗Zwanzigsten Juli, dessen Verschwörer ihn als Vizekanzler vorgesehen hatten, zum Tode verurteilt und später hingerichtet. *PS*

Lechfeld, Schlacht (955) Bedeutender Sieg ↗Ottos I. am 10.8.955 über die Ungarn, die er auf dem L. umzingelte und vernichtend schlug. Die Ungarn gaben fortan ihre Raubzüge auf und wurden in der Donau-Theiß-Ebene seßhaft. Der Sieg bedeutete für Otto I. die Bewährung als Heerkönig. Zudem waren spätestens seit dem Ungarnsieg Züge eines imperialen Königtums erkennbar. *vK*

Ledebour, Georg Journalist, Politiker, *7.3.1850 Hannover, †31.3.1947 Bern. 1885–1900 Chefredakteur verschiedener sozialdemokratischer Zeitschriften (u.a. ↗Vorwärts); 1891 Beitritt zur ↗SPD, 1900–18 und 1920–24 Mitglied des Reichstages; 1917 Mitgründer der ↗USPD; beteiligte sich 1919 am ↗Spartakusaufstand; floh 1933 in die Schweiz. *sa*

Leeb, Wilhelm Ritter von Generalfeldmarschall, *5.9.1876 Passau, †29.4.1956 Hohenschwangau (Bayern). 1919 ↗Freikorps-Mitglied, danach ↗Reichswehr und ↗Wehrmacht; 1938 planmäßig außer Dienst gesetzt, aber rasch reaktiviert; zuletzt bis 16.1.1942 Oberbefehlshaber Heeresgruppe Nord in der Sowjetunion; im Oktober 1948 im Nürnberger Nachfolgeprozeß gegen das ↗OKW („Fall 12") zu drei Jahren Haft, abgegolten durch Untersuchungshaft, verurteilt. *PS*

Legien, Carl Politiker (SPD), *1.12.1861 Marienburg (Westpreußen), †26.2.1920 Berlin. Seit 1885 ↗SPD-Mitglied, 1893–98 und 1903–18 Mitglied des Reichstages, erster Vorsitzender des 1919 gegründeten ↗ADGB. *PS*

Legion Condor In der zweiten Jahreshälfte 1936 aufgestellte Luftwaffeneinheit mit zuletzt ca. 5000 Mann und 100 Flugzeugen; im Spanischen Bürgerkrieg gegen die Republik eingesetzt; diente neben der Unterstützung des potentiellen Verbündeten Francisco Franco auch der praktischen Erprobung der Luftwaffe und Zusammenarbeit mit italienischen Einheiten unter Kriegsbedingungen. *PS*

Legnano, Schlacht (1176) Schlacht gegen den Lombardenbund während des 5. Italienzuges Kaiser ↗Friedrichs I. Barbarossa, die, u.a. durch die Verweigerung der Heeresfolge ↗Heinrichs des Löwen, am 29.5.1176 mit einer Niederlage des Kaisers endete. Der zunächst totgeglaubte Friedrich I. entschloß sich aufgrund dieser Niederlage zum Frieden von Venedig (1177). *vK*

Lehmann, Karl Vorsitzender der Deutschen Bischofskonferenz, *16.5.1936 Sigmaringen. Studium der Philosophie und Theologie, u.a. bei ↗Rahner und in Rom; 1971–83 Professor der Theologie in Freiburg (Breisgau), ab 1983 in Mainz; seit 1983 Bischof von ↗Mainz, seit 1987 Vorsitzender der

Deutschen Bischofskonferenz; wegen seiner offenen Haltung gegenüber Reformvorschlägen in der Kirche Konflikte mit dem Vatikan. *li*

Lehnswesen Das L. war die auf gegenseitigem Vertrauensverhältnis von Lehnsherr und Lehnsmann (↗Vasall) beruhende Form staatlicher und gesellschaftlicher Ordnung des ↗Mittelalters, in welchem gallo-römisches (Kommendation) und germanisches (↗Gefolgschaft) Rechtsdenken zusammenflossen.

Hintergrund des L.s war die Notwendigkeit der Bindung von kampffähigen Vasallen an den Herrscher seit den ↗Karolingern (zur Abwehr der Araber u. a.). Hierzu griffen sie auf Kirchengut zurück (gegen Gewährung von Schutz), das den Vasallen nicht übereignet, sondern auf Lebenszeit als „beneficium" (= Lehen) zinslos geliehen wurde. „Lehen" konnte auch ein Amt oder Recht auf Lebenszeit sein.

Das Lehnsverhältnis (Belehnung) wurde durch Handreichung (Kommendation) des Mannes begründet, der damit Hof- und Heerfahrt gelobte und Treue schwor. Der Herr verpflichtete sich zum Schutz.

Bei Treuebruch verlor der Mann sein Lehen, Treuebruch des Herrn enthob den Mann von seinen Pflichten. Lehnsfähig war zunächst nur der im Ritterstand (oder höher) Geborene, später sogar die anfangs unfreien ↗Ministerialen.

Das L. war Grundlage des Heerwesens (↗Heerschild, -ordnung) und durch Ämterverleihung auch der Verwaltung.

Oberster Lehnsherr war der König, dessen (Kron-) Vasallen aber auch Lehen an ihre After- (= Unter-) Vasallen ausgaben, welche vom König abgeschnitten und diesem auch nicht verpflichtet waren, was seine Zentralgewalt erheblich einschränkte.

U. a. durch die Söldnerheere verlor das L. im Spätmittelalter an Bedeutung, auch wurde Lehnsgut immer häufiger zu ↗Allod-Besitz. Formal blieb das ↗Heilige Römische Reich bis 1806 ein Lehnsstaat. *wj*

Leibeigenschaft Im Mittelalter persönliche Abhängigkeit vom Grundherrn (im Gegensatz zur ↗Hörigkeit), im Westen und Süden des ↗Heiligen Römischen Reiches bald zur Abgabepflicht (Leibzins) gemildert, im Osten des Reiches zur Erbuntertänigkeit verschärft; aufgehoben durch die ↗Bauernbefreiung. *vK*

Leibholz, Gerhard Jurist, *15.11.1901 Berlin, †19.2.1982 Göttingen. Professor in Greifswald (1929), Göttingen (1931–35); 1938 Emigration nach Großbritannien, Rückkehr nach Deutschland 1947. L. erhielt 1947 den Lehrstuhl für politische Wissenschaften und allg. Staatslehre in Göttingen und wurde an das ↗Bundesverfassungsgericht berufen, war bis 1971 im Zweiten Senat tätig. *sb*

Leibl, Wilhelm Maler, *23.10.1844 Köln, †4.12.1900 Würzburg. Wichtiger Vertreter des ↗Realismus; unterhielt 1870–73 in München den nach ihm benannten L.-Kreis, der sich das Ziel einer realistischen Freilichtmalerei gesetzt hatte. L.s Hauptmotiv wurde der dörflich-bäuerliche Mensch (Die drei Frauen in der Kirche, 1878–82). *ij*

Leibniz, Gottfried Wilhelm Philosoph, Mathematiker, *1.7.1646 Leipzig, †14.11.1716 Hannover. Zunächst als Jurist in den Diensten des Kurfürsten von Mainz, Johann Philipp von ↗Schönborn; Kontakte mit berühmten Physikern und Philosophen; seit 1676 Rat und Bibliothekar am Hof von Hannover; arbeitete an einer Geschichte des Herrscherhauses der ↗Welfen; erfand das Dualsystem und, unabhängig von Isaac Newton, die Infinitesimalrechnung; entwickelte die Formulierung des Energiesatzes weiter; mit René Descartes und Baruch de Spinoza einer der bedeutenden Vertreter des Rationalismus: schuf mit seiner Monadenlehre ein metaphysisches System, in dem er die physikalische Naturbetrachtung mit der Sicht der Wirklichkeit als Organismus zu verbinden suchte, die Körperwelt einerseits mechanischen Gesetzmäßigkeiten unterworfen, zugleich aber von seelischen Kräften bewegt interpretierte. *bl*

Leibstandarte-SS Adolf Hitler Ab September 1933 Bezeichnung für die aus 120 Mann bestehende Leibgarde ↗Hitlers. Zunächst nur für dessen Sicherheit zuständig, beteiligte sich die L.-SS A.H. während des ↗Röhm-Putsches an den Verfolgungsmaßnahmen und wurde, kontinuierlich ausgebaut, im Herbst 1939 in die ↗Waffen-SS eingegliedert, wo sie an zahlreichen Kriegsverbrechen beteiligt war. *PS*

Leinpfad, Treidelpfad Seit dem Frühmittelalter angelegter Uferweg an Flüssen oder Kanälen, von dem aus Schiffe gegen den Strom (z. B. durch Zugtiere) gezogen (getreidelt) werden konnten. *wj*

Leipart, Theodor Gewerkschaftsführer, Drechsler, * 17.5.1867 Neubrandenburg, † 23.3.1947 Berlin (Ost). 1890 Redakteur der „Fachzeitung für Drechsler"; wurde 1901 Vorsitzender des Drechslerverbandes; 1919/20 Arbeitsminister in Württemberg; 1920–33 Leiter des ↗Allgemeinen Deutschen Gewerkschaftsbundes; nach der ↗Machtergreifung 1933 abgesetzt. *rw*

Leipzig, Schlacht (1813) Schlacht in den ↗Befreiungskriegen, in der ↗Napoleon I. von den alliierten Armeen unter Karl Philipp zu ↗Schwarzenberg geschlagen wurde (16.–19.10.1813). Angesichts des alliierten Vormarsches hatte sich Napoleon, um einer Einschließung zu entgehen, auf Leipzig zurückziehen müssen, wo es am 16.10. zur Schlacht kam. Die Entscheidung fiel am 18.10., als die Verbündeten, von Norden, Osten und Süden vorgehend, Napoleon zum Abzug zwangen. Am 19.10. wurde Leipzig erobert, der mit Napoleon verbündete sächsische König Friedrich August I. (↗Friedrich August III.) gefangengenommen. Die Niederlage in der „Völkerschlacht" bei Leipzig, an der über 500000 Soldaten teilnahmen, zwang Napoleon zum Rückzug über den Rhein. *MH*

Leipziger Buchmesse ↗Buchmessen

Leipziger Disputation Vom 27.6.–16.7.1519 in ↗Leipzig geführtes, theologisches Streitgespräch zwischen ↗Karlstadt, ↗Eck und Martin ↗Luther. Inhalt der L.D. war zunächst das Verhältnis von Gnade und guten Werken, später das göttliche Recht des Papsttums und die Autorität der Konzilien, deren Irrtumslosigkeit Luther bestritt und somit die Grundstruktur der ↗katholischen Kirche angriff. *rm*

Leitsätzegesetz Am 24.6.1948 durch den ↗Wirtschaftsrat in den Westzonen verabschiedetes „Gesetz über Leitsätze für die Bewirtschaftung und Preispolitik nach der Geldreform"; rechtlicher Rahmen der ↗sozialen Marktwirtschaft; Aufhebung von 90 % der Preisvorschriften binnen eines Monats, Einführung der Gewerbefreiheit; sicherte den Erfolg der ↗Währungsreform in den Westzonen. *kl*

Lemmer, Ernst Politiker (CDU), * 28.4.1898 Remscheid, † 18.8.1970 Berlin (West). 1924–33 Abgeordneter des Reichstages; 1945 Mitbegründer der ↗CDU in ↗Berlin; 1952–70 Abgeordneter des Bundestages; 1956/57 Bundesminister für Post- und Fernmeldewesen; 1957–62 Minister für gesamtdeutsche Fragen; 1964/65 Bundesvertriebenenminister, 1965–69 Sonderbeauftragter für Berlin. *Ki*

Lenard, Philipp Physiker, * 7.6.1862 Preßburg, † 20.5.1947 Messelhausen (heute zu Königshofen). 1891–94 Mitarbeiter von Heinrich ↗Hertz; Professor in Breslau, Heidelberg, Kiel; später einer der Hauptgegner der Relativitätstheorie und Mitinitiator der Entwicklung einer „Deutschen Physik" (1936/37); untersuchte die Natur der Kathodenstrahlen (Nobelpreis für Physik 1905) und den Photoeffekt. *bl*

Lenbach, Franz von Maler, * 13.12.1836 Schrobenhausen, † 6.5.1904 München. War ab etwa 1860 einer der meistgefragten realistischen Porträtmaler der wilhelminischen Ära. Von seinen ca. 4000 Werken stellen 80 den mit ihm befreundeten Otto von ↗Bismarck dar. *ij*

Leninismus ↗Marxismus-Leninismus

Lengsfeld, Vera DDR-Bürgerrechtlerin, Politikerin, * 4.5.1952 Sondershausen (Thüringen). Ab 1975 Mitglied der ↗SED; als Mitbegründerin des Pankower Friedenskreises seit 1981 aktiv in der ↗Friedensbewegung der ↗DDR; 1983 aus der SED ausgeschlossen wegen ihrer Stellungnahmen gegen die Stationierung nuklearer Mittelstreckenraketen in der DDR; 1987 Mitglied der Gruppe „Frieden konkret"; 1988 Verhaftung und Abschiebung nach Großbritannien; 1989 Rückkehr und Eintritt in die Partei ↗Bündnis 90/Die Grünen. Seit 1990 Mitglied des Bundestages, 1996 Übertritt zur ↗CDU. *Ki*

Lenz, Jakob Michael Reinhold Dramatiker, Lyriker, * 12.1.1751 Seßwegen (Livland), † 24.5.1792 Moskau. Studierte Theologie; begegnete 1771 in Straßburg ↗Goethe, dessen Gast er 1776 in Weimar war, mit dem er sich jedoch überwarf. Er unternahm, von beginnender geistiger Krankheit gezeichnet, mehrere Reisen; lebte zuletzt verarmt in Moskau. L.' Dramen sind bedeutende Zeugnisse des ↗Sturm und Drang. Werke u.a.: Der Hofmeister (1774), Die Soldaten (1776). *ij*

Lenz, Siegfried Schriftsteller, * 17.3.1926 Lyck (Masuren). 1948 Volontär bei der ↗Welt, ab 1950 Redakteur; seit 1951 freier Schriftsteller. L. ist einer der populärsten Autoren nach 1945 (↗Böll, ↗Grass); politisches Engagement für die ↗SPD (u.a. 1970 mit ↗Brandt in Warschau). Werke u.a.: Die Deutschstunde (1968), Das Heimatmuseum (1978), Die Auflehnung (1994). *ku*

Leo

Päpste:

Leo IX. * 21.6.1002 Egisheim (Elsaß), † 19.4.1054

Rom. Der Bischof von Toul (seit 1026) wurde 1048 von Kaiser ↗Heinrich III. zum Papst erhoben. Er brachte Reformer mit nach Rom (z.B. Humbert von Silva Candida), setzte die ↗Cluniazensische Reform durch und bereitete der ↗Gregorianischen Reform den Weg. *dh*

Leo X. *11.12.1475 Florenz, †1.12.1521 Rom. Vorher Giovanni de' Medici; 1513 Papst; prachtliebender Renaissancefürst, Förderer von Kunst (Raffael, Michelangelo) und Wissenschaft; vernachlässigte die geistlichen Aufgaben. Sein Ablaß (↗Ablaßstreit) für den Neubau der Peterskirche gab 1517 den äußeren Anstoß zum Auftreten Martin ↗Luthers; begünstigte die ↗Reformation, indem er, um ↗Karl V. zu schwächen, den Bann Luthers bis 1521 hinauszögerte. *rh*

Leopold

Kaiser:

Leopold I. *9.6.1640 Wien, †5.5.1705 ebd. Sohn Kaiser ↗Ferdinands III.; nach dem Tod ↗Ferdinands IV. 1655 König von Ungarn, 1656 von Böhmen, 1657 Nachfolger seines Vaters in den habsburgischen ↗Erblanden; 1658 trotz starken französischen Widerstandes zum Kaiser gewählt.
Vertreter einer universalen Kaiseridee, die in der Barockpracht seines Wiener Hofes Ausdruck fand. In seiner Regierungszeit wurde ↗Österreich durch die ↗Türkenkriege (1663/64 und 1683–99; 1699 Erwerb Ungarns und Siebenbürgens) und im Kampf gegen Ludwig XIV. von Frankreich (↗Niederländischer Krieg: 1679 Verlust von Burgund, ↗Pfälzischer Krieg: 1697 Verlust von Straßburg) zur europäischen Großmacht. Unter L. begann der ↗Spanische Erbfolgekrieg gegen Frankreich (1701–14). *rh*

Leopold II. *5.5.1747 Wien, †1.3.1792 ebd. Sohn von Kaiser ↗Franz I. Stephan und ↗Maria Theresia; 1765–90 Großherzog von Toskana (als L. I.); betrieb dort eine entschieden antikuriale Kirchenpolitik im Sinne des ↗Josephinismus; 1790 Kaiser, versuchte die Reformen seines Bruders ↗Joseph II. abzumildern.
1790 Ausgleich mit Preußen durch die Konvention von Reichenbach: Verzicht auf Gebietserwerbungen von der Türkei; unterdrückte 1791 die Aufstände in Ungarn und den Österreichischen Niederlanden; beendete 1792 den Krieg gegen die Türken; formulierte mit ↗Friedrich Wilhelm II. von Preußen 1791 die ↗Pillnitzer Deklaration zugunsten der französischen Monarchie und schloß mit Preußen ein Bündnis gegen das revolutionäre Frankreich. *rh*

Anhalt-Dessau:

Leopold I. Fürst, preußischer Feldmarschall, *3.7.1676 Dessau, †9.4.1747 ebd. 1693 Fürst; 1712 Feldmarschall; Organisator der Armee; der „Alte Dessauer" führte den eisernen Ladestock und den Gleichschritt ein; zeichnete sich im ↗Spanischen Erbfolgekrieg bei ↗Höchstädt (1704) und Turin (1706) aus; eroberte im 2. ↗Nordischen Krieg Rügen und Stralsund (1715); sorgte im 2. ↗Schlesischen Krieg 1745 bei ↗Kesselsdorf für den entscheidenden Sieg über die Österreicher. *rh*

Österreich:

Leopold (Liutpold) III. der Heilige Markgraf, *um 1075 Melk, †15.11.1136. Babenberger; seit 1095 Markgraf; im ↗Investiturstreit zunächst auf seiten des Papstes, seit 1105 ↗Heinrichs V.; heiratete dessen Schwester Agnes; gründete 1133 das Stift Klosterneuburg und das Kloster Heiligenkreuz; wurde 1663 Landespatron. *dh*

Leopold III. Herzog, *1351, †9.7.1386 Sempach. Der Neffe von ↗Leopold I. regierte seit 1365 mit seinem Bruder Albrecht III.; erhielt bei der Teilung 1379 alle habsburgischen Länder außer ↗Österreich; fiel im Kampf gegen die Schweizer bei Sempach. *dh*

Leopold Wilhelm Erzherzog, kaiserlicher Heerführer, *6.1.1614 Graz, †20.11.1662 Wien. Sohn Kaiser ↗Ferdinands II.; 1625 Bischof von Straßburg und Passau, 1628 Halberstadt, 1637 Olmütz, 1655 Breslau. 1639–42 und 1645–47 Oberbefehlshaber des kaiserlichen Heeres im ↗Dreißigjährigen Krieg (1642 bei Breitenfeld geschlagen); Statthalter in den Niederlanden (1647–55). Umfangreiche Gemäldesammlung (Basis für das Kunsthistorische Museum Wien). *rh*

Lepra Infektiöse Krankheit mit Knotenbefall der Haut, bes. vom 6.–13. Jh. stark verbreitet. Durch die (stark überschätzte) Ansteckungsgefahr waren Lepröse geächtet: Ausschluß aus Städten und Dörfern (daher auch: „Aussatz"); lebten jenseits der Stadtmauern in sog. Leprosorien; mußten sich durch sog. L.-Klappern bemerkbar machen. Die L. trat nach dem ↗Dreißigjährigen Krieg durch Verbesserung von Ernährung und v.a. Hygiene in Deutschland nicht mehr auf. *wj*

Lessing, Gotthold Ephraim Schriftsteller, Philosoph, *22.1.1729 Kamenz (bei Dresden), †15.2.1781 Braunschweig. Studierte 1746–48 Theologie und Medizin in Leipzig; arbeitete bis 1755 als Journalist und Schriftsteller in Berlin; erwarb schon früh literarischen Ruhm durch seine Dramen und schrieb das erste deutsche bürgerliche Trauerspiel (Miss Sara Sampson, 1755), daneben aber auch eine Vielzahl theoretischer Schriften; 1760–65 Sekretär des preußischen Generals Friedrich Graf von Tauentzien in Breslau, wo er „Minna von Barnhelm" verfaßte; seit 1769 Bibliothekar in ↗Wolfenbüttel. L., Aufklärer und Wegbereiter der Deutschen ↗Klassik, gilt nicht nur als bedeutender Literat, sondern auch als maßgeblicher Literaturkritiker und Philosoph. *nk*

Lessing, Theodor Kulturphilosoph, Publizist, *8.2.1872 Hannover, †30.8.1933 Marienbad. Pädagogik- und Philosophieprofessor; vertrat sozialistische und frauenemanzipatorische Ideen; verurteilte in „Europa und Asien" (1918), das – wie das Antikriegsbuch „Geschichte als Sinngebung des Sinnlosen" (1919) – von der Militärzensur (↗Zensur) verboten wurde, Kolonialismus und die Zerstörung der natürlichen Umwelt durch die westliche Zivilisation. L. wurde von Nationalsozialisten ermordet. *ij*

Leten ↗Liten

Lette, Wilhelm Adolf ↗Lette-Verein

Lette-Verein 1866 von Wilhelm Adolf Lette in Berlin gegründete Organisation; ursprünglich zur Förderung der Erwerbstätigkeit von Frauen; maßgeblich beteiligt an der Entwicklung des Frauenbildungswesens im 19. Jh. Seit 1910 auch für Männer geöffnet; seit 1943 Stiftung des öffentlichen Rechts; heute Träger von drei Berufsfachschulen und zwei Lehranstalten; der L.-V. bildet in zehn Berufen aus. *rm*

Lettow-Vorbeck, Paul von Generalmajor, *20.3.1870 Saarlouis, †9.3.1964 Hamburg. 1900/01 während des ↗Boxeraufstandes in China; 1904–07 im Kampf gegen die aufständischen Herero (↗Hererokrieg) in ↗Deutsch-Südwestafrika eingesetzt. Im ↗Ersten Weltkrieg Kommandant der ↗Schutztruppe in ↗Deutsch-Ostafrika, bis zum Waffenstillstand 1918 nicht besiegt. *PS*

Leuschner, Wilhelm Gewerkschafter, Politiker (SPD), *15.6.1888 Bayreuth, †29.9.1944 Berlin. 1928–33 hessischer Innenminister; 1933/34 KZ-Haft; Kontakte zum ↗Goerdeler-Kreis, zum ↗Kreisauer Kreis und zu den Verschwörern um ↗Stauffenberg. Nach dem Scheitern des Attentates stellte sich L., da seine Frau als Geisel genommen worden war. Zum Tode verurteilt und hingerichtet. *PS*

Leuthen, Schlacht (1757) Bei L. (westlich von Breslau) besiegte am 5.12.1757 die preußische Armee unter ↗Friedrich II., dem Großen, im ↗Siebenjährigen Krieg (1756–63) trotz großer zahlenmäßiger Unterlegenheit mit Hilfe der schiefen Schlachtordnung die österreichischen Truppen unter Karl von Lothringen und Leopold von ↗Daun. Friedrich konnte daraufhin Schlesien wiedererobern. *rh*

Leutwein, Theodor Kolonialoffizier, *9.5.1849 Strümpfelbrunn (Baden), †13.4.1921 Freiburg (Breisgau). Als Offizier der ↗Schutztruppe in ↗Deutsch-Südwestafrika unterwarf er 1894–96 die Herero unter Hendrik Witbooi; 1898–1904 war er Gouverneur der Kolonie. *dt*

Levin, Georg ↗Walden, Herwarth

Levin, Rahel ↗Varnhagen von Ense, Rahel

Lewald, Fanny Schriftstellerin, *24.3.1811 Königsberg (Preußen), †4.8.1889 Dresden. Veröffentlichte 1843 anonym ihren ersten Roman „Clementine"; lebte seither in Berlin, wo sie einen literarischen Salon unterhielt. Politisch zunächst der ↗Deutschen Revolution von 1848 gegenüber positiv eingestellt, wurde sie später zur Monarchistin. L., die zu den ersten erfolgreichen Berufsschriftstellerinnen gehörte, behandelte in ihren Romanen u.a. die soziale Lage der Frau, trat für die Ehescheidung, Ausbildung und Berufstätigkeit von Frauen ein. L. war seit 1854 mit dem Gelehrten Adolf Stahr verheiratet. *ij*

Ley, Robert NSDAP-Politiker, *15.2.1890 Niederbreidenbach (Rheinland), †25.10.1945 Nürnberg. Seit 1923 ↗NSDAP-Mitglied; 1928 Mitglied des preußischen Landtages, 1930 des Reichstages. Nach Zerschlagung der ↗Gewerkschaften am 2.5.1933 als Leiter der ↗DAF maßgeblich am forcierten Ausbau dieser Massenorganisation beteiligt, die er, obwohl alkoholkrank (im Volksmund „Reichstrunkenbold" genannt) und wegen seines betont ruppigen Auftretens nicht sonderlich beliebt, mit großem Erfolg führte. In der Haft Suizid kurz vor Eröffnung des ↗Nürnberger Kriegsverbrecherprozesses. *PS*

Liberal-Demokratische Partei Deutschlands (LDPD) Blockpartei in der ↗DDR, bereits im Juli 1945 in der ↗SBZ zugelassen. Vorsitzender 1967–89 Manfred ↗Gerlach. Vor der Volkskammerwahl 1989 im Wahlbündnis freier Demokraten, danach in der ↗FDP aufgegangen. *sb*

Liberalismus 1) Seit Anfang des 19. Jh.s zunächst polemisch gebrauchte Bezeichnung für die

aus der Philosophie der ↗Aufklärung erwachsene extrem individualistische Geisteshaltung.
2) Der politische L. erstrebt die Freiheit des Individuums. Diese sieht er grundsätzlich nur im Rechtsstaat (↗Rechtsstaatlichkeit) gesichert, der nach dem Prinzip der Gewaltenteilung konstituiert ist und die einzelnen ↗Grundrechte garantiert. In Deutschland mußten seine Grundsätze in den Verfassungskämpfen des 19. Jh.s errungen werden (mit unterschiedlichem Erfolg). Die Verbindung des politischen L. mit dem ↗Bürgertum führte zur Bildung liberaler ↗Parteien (u.a. ↗Deutsche Fortschrittspartei, ↗Deutsche Freisinnige Partei, ↗Freisinnige Vereinigung, ↗Nationalliberale Partei) mit stark voneinander abweichenden Zielvorstellungen. Im 20. Jh. verlor der L. an Boden gegenüber den christlich-sozialen und sozialistischen Massenparteien und gegenüber ↗Marxismus und Totalitarismus sowie angesichts des allg. Strebens nach sozialer Sicherung. Gleichzeitig strömte liberales Gedankengut in die christlichen und sozialistischen Parteien ein. *vK*

Libertas Ecclesiae (lat.: Freiheit der Kirche) Bezeichnung für die Freiheit der Kirche von weltlicher Bevormundung und der Lösung aus zu weit gehender Verflechtung mit der weltlichen Gesellschaft. Die ersten salischen Herrscher (↗Salier) verhalfen der L.E. zur Durchsetzung, wodurch das Recht des Römisch-deutschen Kaisertums auf Mitgestaltung von Kirche und Welt wesentlich beschränkt wurde. Das Ende des ↗Investiturstreites bedeutete nicht das Ende des Kampfes um die rechte Zuordnung von geistlicher und weltlicher Gewalt. *vK*

Lichtenberg, Bernhard Katholischer Theologe, Dompropst, *3.12.1875 Ohlau (Schlesien), †3.11. 1943 Dachau. Seit 1932 an der St. Hedwigs-Kathedrale Berlin; wandte sich gegen die ↗Euthanasie und predigte gegen die Judenverfolgung (↗Antisemitismus); Oktober 1941 festgenommen; am 22.5.1942 zu Freiheitsstrafe verurteilt; auf Transport nach ↗Dachau gestorben. *PS*

Lichtenberg, Georg Christoph Physiker, Schriftsteller, *1.7.1742 Ober-Ramstadt (bei Darmstadt), †24.2.1799 Göttingen. Professor an der Göttinger Universität; bedeutender Experimentalphysiker und streitbarer Repräsentant der ↗Aufklärung. Die „Aphorismen" aus seinen postum veröffentlichten Notizbüchern (Sudelbücher) fanden weithin Beachtung. *ij*

Lidice Bergarbeitersiedlung in der Nähe Prags. Nach dem Attentat auf ↗Heydrich (27.5.1942) wurden die männlichen Einwohner während einer Racheaktion am 10.6. ausnahmslos erschossen, die Frauen und Kinder in ↗Konzentrationslager verschleppt, das Dorf anschließend abgerissen. Neben einigen unter neuem Namen nach Deutschland gebrachten Kindern überlebten nur wenige der Deportierten. L., heute Gedenkstätte, wurde neben ↗Oradour zum Symbol des uneingeschränkten Terrors gegen die Zivilbevölkerung. *PS*

Lieber, Ernst Maria Politiker, Rechtsanwalt, *16.11.1838 Camberg (Nassau), †31.3.1902 ebd. Ab 1870 Mitglied des Abgeordnetenhauses (↗Zentrum); ab 1871 Mitglied des Reichstages; Gegner Otto von ↗Bismarcks; Befürworter der Arbeiterschutzgesetze; nach 1890 aktiv tätig für den ↗„Volksverein für das katholische Deutschland"; ab 1891 einflußreicher Vorsitzender des Zentrums. *rw*

Liebermann, Max Maler, Graphiker, *20.7.1847 Berlin, †8.2.1935 ebd. Herausragender Vertreter des ↗Impressionismus in Deutschland. L. hielt sich 1873–78 in Paris auf (Anregungen durch Gustave Courbet und Jean-François Millet), lebte dann in München, ab 1884 in Berlin. Malte vorwiegend Landschaften, Straßenszenen und Porträts. L. wurde 1898 Präsident der Berliner ↗Sezession, 1920 Präsident der Preußischen Akademie der Künste; wurde unter den Nationalsozialisten mit antisemitischen Kampagnen verfolgt und isoliert. *ij*

Liebig, Justus von Chemiker, *12.5.1803 Darmstadt, †18.4.1873 München. Professor in Gießen; grundlegende Untersuchungen zur anorganischen und organischen Chemie sowie zur Biochemie; stellte 1840 in „Die Organische Chemie in ihrer Anwendung auf Agriculturchemie und Physiologie" dar, daß das Pflanzenwachstum von wenigen Spurenelementen abhängt, die durch Düngung den Pflanzen zugeführt werden können; erkannte die Verbrennung von Kohlenhydraten und Fetten als wichtige Ursache für Körperwärme und die Körperfunktionen; arbeitete auf den Gebieten der analytischen und technischen Chemie (Entdeckung des Chloroforms, der Glasversilberung usw.). *bl*

Liebknecht, Karl Sozialist, *13.8.1871 Leipzig, †15.1.1919 Berlin. Sohn von Wilhelm ↗L., seit 1900 ↗SPD-Mitglied, 1912–17 Mitglied des Reichstages; 1916 als Kriegsgegner verhaftet (in Haft bis

1918); Mitbegründer des ↗Spartakusbundes (1917), an dessen Spitze er 1918 mit ↗Luxemburg trat, und der ↗KPD (1918); 1919 beim Spartakusaufstand verhaftet und ermordet. *nk*

Liebknecht, Wilhelm Politiker (SPD), *29.3. 1826 Gießen, †7.8.1900 Charlottenburg. Vater von Karl ↗L.; 1848/49 am ↗Badischen Aufstand beteiligt; emigrierte 1849 in die Schweiz, 1850 nach Großbritannien, wo er in Kontakt mit Karl ↗Marx stand; seit 1862 wieder in Deutschland; 1867–70 und ab 1874 Mitglied des Reichstages; gründete 1869 mit ↗Bebel die ↗Sozialdemokratische Arbeiterpartei (SDAP). *nk*

Liegnitz, Schlacht ↗Wahlstatt, Schlacht

Liga, katholische (seit 1609) Am 10.7.1609 unter Führung ↗Maximilians I. von Bayern gegründetes Bündnis der katholischen ↗Reichsstände (ohne Österreich und Salzburg); Gegenstück zur protestantischen ↗Union (1608); Verteidigung des Landfriedens und der katholischen Religion. Großes militärisches Gewicht (unter ↗Tilly) zu Beginn des ↗Dreißigjährigen Krieges; nach Bildung einer eigenen kaiserlichen Armee unter ↗Wallenstein (1626) zunehmend bedeutungslos, 1635 aufgelöst. *rh*

Liga für Völkerfreundschaft der DDR Dachverband aller Freundschaftsgesellschaften der ↗DDR, am 12.12.1961 als Nachfolgerin der „Gesellschaft für kulturelle Verbindungen mit dem Ausland“ gegründet; Trägerin der auswärtigen Kulturpolitik; Versuch, die diplomatische Isolation durch die ↗Hallstein-Doktrin zu umgehen; nach dem ↗Grundlagenvertrag weiter Pflege der kulturellen Kontakte mit dem sozialistischen und kapitalistischen Ausland; zum 1.4.1992 selbst aufgelöst. *kl*

Ligne Adelsgeschlecht, benannt nach dem Dorf L. bei Tournai (Belgien). Erstmals erwähnt im 11. Jh.; 1545 Reichsgrafen, 1601 ↗Reichsfürsten. *rh*

Ligne, Charles Joseph Fürst von Österreichischer Feldmarschall, Schriftsteller, *23.5.1735 Brüssel, †13.12.1814 Wien. Erfolgreich im ↗Siebenjährigen Krieg (1756–63) und im ↗Bayerischen Erbfolgekrieg (1778–79), in hoher Gunst bei Katharina II. von Rußland; stand mit ihr, ↗Friedrich II., dem Großen, Voltaire, Rousseau, ↗Goethe, ↗Wieland u.a. im Briefwechsel. *rh*

Lilienthal, Otto Ingenieur, *23.5.1848 Anklam, †10.8.1896 Berlin. Konstruierte 1877, nach Studien des Vogelfluges, ein Fluggerät; 1891 erster Flug über 25 m Länge; führte über 2000 Flüge durch und verfaßte Schriften zur Flugtechnik (u.a. Die Flugapparate, 1894); starb bei einem Flugversuch. *nk*

Liman von Sanders, Otto Preußischer General, türkischer Marschall, *17.2.1855 Stolp (Pommern), †22.8.1929 München. Seit 1874 in der Armee; 1887 im Generalstab; 1913 Leiter der deutschen Militärmission in Konstantinopel, mit der Neuordnung der türkischen Armee betraut; 1914 türkischer Marschall; verteidigte 1915/16 die Dardanellen; übernahm 1918 den Oberbefehl über die Heeresgruppe ↗Falkenhayn in Syrien; 1919 Rückkehr nach Deutschland. *rw*

Limbach, Jutta Präsidentin des Bundesverfassungsgerichtes, *27.3.1934 Berlin. Seit 1962 ↗SPD-Mitglied; 1994 Richterin und Vizepräsidentin des ↗Bundesverfassungsgerichtes im zweiten Senat; seit 1994 als erste Frau Präsidentin des Bundesverfassungsgerichtes. *Ki*

Limes 1) Befestigter Grenzwall aus der römischen Kaiserzeit in Britannien, im Rhein- und Donauraum, im Osten und in Afrika. Der 83–161 n.Chr. errichtete, ca. 550 km lange „obergermanisch-rätische L.“ war zur Sicherung der Nordgrenze gegen die ↗Germanen errichtet worden und zur Abwehr räuberischer Übergriffe, nicht zur Abwehr größerer Heere gedacht. Er bestand aus Palisaden, Wall und Graben (der rätische Teil aus einer Steinmauer) sowie Wachtürmen; im Hinterland Kastelle. 260 n.Chr. wurde er von den ↗Alamannen endgültig durchbrochen.

2) In fränkischer Zeit befestigte Grenzlinie; bes. der L. „Saxoniae“, ein nach 818 von ↗Ludwig I. dem Frommen ausgebauter Grenzstreifen zum Schutz der nordalbingischen ↗Sachsen gegen die Abodriten. *vK*

Linde, Carl Paul Gottfried von Unternehmer, *11.6.1842 Berndorf (bei Kulmbach), †16.11.1934 München. War 1868–78 und 1892–1910 Professor für Maschinenlehre am Polytechnikum München; entwickelte Kältemaschinen; gliederte der 1879 von ihm gegründeten „Gesellschaft für Linde's Eismaschinen“ (seit 1965 Linde AG) in Wiesbaden v.a. Betriebe zur Produktion flüssiger Gase an. *UK*

Lindenau, Bernhard August von Sächsischer Politiker, Jurist, *11.6.1779 Altenburg, †12.5. 1854 ebd. Der Hobby-Astronom wurde 1804 Direktor der Sternwarte in Gotha. 1820–34 Innenminister, 1829 Wirtschaftsminister, 1830–43 Staatsminister von Sachsen; verwirklichte 1831 die sächsische Verfassung; erreichte 1833 den Anschluß Sachsens an den ↗Deutschen Zollverein; 1848 Mitglied in der ↗Frankfurter Nationalversammlung (Zentrum); September 1848 Rückzug aus der Politik. *rw*

Linke Hand, Ehe zur ↗morganatische Ehe

Linksradikalismus Sammelbegriff für antipluralistische Denkmuster und Organisationen, die darauf zielen, die freiheitlich-demokratische Staats- und Gesellschaftsverfassung durch eine sozialistische oder kommunistische Ordnung abzulösen, und die z. T. Gewalt als Mittel der Politik akzeptieren. Der Verfassungsschutz stuft als linksradikale Gruppen bzw. Parteien ein: ↗DKP, Sozialistische Deutsche Arbeiterjugend (SDAJ), Vereinigung der Verfolgten des Naziregimes (VVN), autonome Gruppen. *sb*

Liselotte von der Pfalz (Elisabeth Charlotte) *27.5.1652 Heidelberg, †8.12.1722 Saint-Cloud. Tochter des pfälzischen Kurfürsten ↗Karl Ludwig; 1671 Gattin des Herzogs Philipp von Orléans, Bruder König Ludwigs XIV. von Frankreich, der in ihrem Namen Erbansprüche auf die Pfalz erhob, die zum ↗Pfälzischen Krieg (1688–97) führten; kritisierte in ihren zahlreichen Briefen und Aufzeichnungen freimütig das Leben am Hof Ludwigs XIV. *rh*

List, Friedrich Nationalökonom, *6.8.1789 Reutlingen, †30.1.1846 Kufstein. Seit 1817 Professor für Staatskunde; 1822 wegen seines Einsatzes für zollpolitische Einigung verurteilt; 1825–30 im ↗Exil in den USA; setzte sich für den ↗Deutschen Zollverein, den ↗Eisenbahnbau und die Einführung von Schutzzöllen ein; als Wirtschaftstheoretiker Vorläufer der „historischen Schule" der Nationalökonomie. L. starb durch Selbstmord. *nk*

Liten (Laten, Leten, Lassen, Lassiten, Barschalke)

1) In der Ständeordnung der ↗Germanen der ↗Stand der Halbfreien, entstanden durch freiwillige Unterwerfung einzelner Stämme. Die L. besaßen Rechtsfähigkeit, aber keine politischen Rechte, waren an die Scholle gebunden sowie zu Diensten und Abgaben verpflichtet.

2) In den ostelbischen Gebieten bis zu den Reformgesetzen von 1850 ↗Bauern, die Grund und Boden nur beschränkt nutzen und nicht veräußern durften; sie hatten dem Grundherrn Dienste zu leisten und Steuern zu entrichten. *wj*

Literatur Aus dem frühen Mittelalter (750–1150) ist in deutscher Sprache vorwiegend geistliche Dichtung überliefert. In der staufischen Ritterkultur (1150–1300) gelangte die höfische Dichtung in Heldenepen (↗Heldendichtung) und ↗Minnesang zur Blüte; die L. des späten Mittelalters (1300–1500) ist durch den Aufstieg der bürgerlichen Kultur geprägt. Der Einfluß von ↗Renaissance, ↗Humanismus und ↗Reformation (1470–1600) zeigten sich bei ↗Erasmus von Rotterdam, ↗Reuchlin und ↗Hutten. Martin ↗Luthers Bibelübersetzung (1522–34) wirkte wesentlich auf die Herausbildung einer neuhochdeutschen Schriftsprache.

Im ↗Barock (1600–1720) entstand eine auf normativer Regelpoetik basierende, höfisch und geistlich geprägte Dichtung. Die L. der ↗Aufklärung (1700–85) sah ihre Aufgabe in der „Erziehung des Menschengeschlechts" (1780, Gotthold Ephraim ↗Lessing). Die L.-Strömung der ↗Empfindsamkeit (ab 1740) betonte Subjektivität und Gefühl. Antifeudales bürgerliches Selbstbewußtsein und Geniekult bewegten den ↗Sturm und Drang (1765–85), der die Weimarer ↗Klassik (1786–1805) mit ihrer die gesellschaftliche Ordnung bejahenden Ausrichtung am Humanitätsideal einleitete. Die subjektivistische Gegenbewegung der ↗Romantik (1795–1830) entwickelte eine neue Kunstprogrammatik (Poetisierung der Welt) und wandte sich dem christlichen Mittelalter sowie der Volks-L. zu. Nach 1815 spaltete sich die L. in eine politisch abstinente bzw. resignative (↗Biedermeier) und in eine progressive Richtung: Das ↗Junge Deutschland (um 1830) kämpfte für Demokratie und deutsche Einheit. Im bürgerlichen ↗Realismus (1850–90) wurde eine objektive Darstellung der gesellschaftlichen Entwicklungen angestrebt. Ihm folgte der sozialrevolutionär motivierte ↗Naturalismus (1880–1900). Um die Jahrhundertwende bestanden mehrere antinaturalistische Strömungen nebeneinander (↗Impressionismus, literarischer ↗Jugendstil). Der ↗Expressionismus (1910–25) wandte sich gegen deren an der äußeren Form (l'art pour l'art) orientierte Kunstauffassungen. Die Dadaisten (↗Dada) verarbeiteten den Schock des ↗Ersten Weltkrieges in der polemischen Absage an Sinnhaftigkeit überhaupt. Der Begriff der ↗Neuen Sachlichkeit kennzeichnet einen bedeutenden Teil der L. der Zwischenkriegszeit.

Während des ↗Nationalsozialismus mußten ca. 1500 Schriftsteller ins ↗Exil gehen; einige in Deutschland verbliebene Autoren wahrten in der ↗inneren Emigration Distanz zum Regime, zur

sog. Blut-und-Boden-L. (↗Blut und Boden) und zur heroischen Geschichtsdichtung.
In der ↗Bundesrepublik wurde mit der L. des „Kahlschlags" (Wolfgang Weyrauch) Abstand zur Sprache der Nationalsozialisten gesucht. Bedeutung als kritische Instanz erlangte die ↗Gruppe 47. In den 60er Jahren entstand eine politisch linksgerichtete, dokumentarische L. (↗Gruppe 61). Seit den 70er Jahren wurde eine eher apolitische „neue Sensibilität" spürbar.
In der ↗DDR verstärkte sich nach der ↗Bitterfelder Konferenz (1959) der Druck auf die Schriftsteller, staatstragend zu wirken (↗Aufbauliteratur). In den 70er und 80er Jahren emanzipierte sich die L. der DDR in ästhetischer Hinsicht, jedoch konnte die Ausbürgerung des Regimekritikers ↗Biermann (1976) nicht verhindert werden, welche die Ausreise weiterer bedeutender Autoren nach sich zog. *ij*

Liudolf Herzog von Sachsen, *844, †866. Ausgehend von Besitzungen in Ostsachsen begründete er das jüngere Stammesherzogtum in ↗Sachsen. Kämpfte für die ostfränkischen Könige gegen Normannen und Slawen. Stammvater der ↗Liudolfinger. *li*

Liudolfinger Sächsisches Fürstengeschlecht, benannt nach dem Stammesführer Liudolf (†866). Die L. gewannen 919 mit ↗Heinrich I. die deutsche Königskrone; dessen Sohn ↗Otto I. erneuerte 962 das römische Kaisertum. Unter den L. erhielt das ↗Heilige Römische Reich innere und äußere Stabilität. 1024 starb die Dynastie mit ↗Heinrich II. (dem Heiligen) aus. (312) *wm*

Liutpold, Österreich ↗Leopold

Liutpoldinger ↗Luitpoldinger

Lizenzpresse Bezeichnung für deutsche Verleger, die nach Ende des Zweiten Weltkrieges von den ↗Besatzungsmächten die Erlaubnis zur Publikation deutscher Presseerzeugnisse bekamen (u.a. ↗Springer, ↗Augstein); ersetzte die von den Besatzungsmächten veröffentlichten deutschsprachigen Druckerzeugnisse; von Rechtskonservativen als Helfershelfer der ↗Umerziehung diffamiert. *Ki*

Löbe, Paul Politiker (SPD), *14.12.1875 Liegnitz (Schlesien), †3.8.1967 Bonn. 1919/20 Mitglied der Weimarer ↗Nationalversammlung (1919), danach bis 1933 Reichstagsabgeordneter (1920–24 und 1925–32 Reichstagspräsident); 1933 und 1944 inhaftiert; 1948/49 als Berliner Abgeordneter im ↗Parlamentarischen Rat; 1949–53 Mitglied des Bundestages. Seit 1954 war L. Vorsitzender des ↗Kuratoriums Unteilbares Deutschland. *RB*

Lobkowitz Böhmisches Adelsgeschlecht; 1459 Reichsfreiherren, 1624 ↗Reichsfürsten. Berühmtester Vertreter: Wenzel Eusebius von L. (1609–77), der Präsident des ↗Hofkriegsrates und 1665–74 leitender Minister Kaiser ↗Leopolds I. war. *rh*

Locarno, Vertrag (1925) Am 16.10.1925 in Locarno (Schweiz) getroffene Vereinbarung zwischen dem Deutschen Reich, Frankreich, Großbritannien, Belgien, Italien, Polen und der Tschechoslowakei. Das Deutsche Reich erkannte darin die Unverletzlichkeit der im ↗Versailler Vertrag festgelegten deutschen Westgrenze sowie die Erhaltung der entmilitarisierten Zone im Rheinland an und traf Schiedsabkommen mit Belgien und mit Frankreich. Schiedsverträge des Deutschen Reiches mit Polen und der Tschechoslowakei beinhalteten zwar keine endgültige Anerkennung der deutschen Ostgrenze, sollten aber eine eventuelle Revision mit ausschließlich friedlichen Mitteln garantieren. Mit diesen beiden Ländern schloß Frankreich zudem für den Fall eines deutschen Angriffs einen Beistandspakt ab. Die Vereinbarungen wurden 1936 von ↗Hitler mit dem Einmarsch in das entmilitarisierte Rheinland gebrochen. *RB*

Lodz Polnische Stadt südwestlich von Warschau. Nach 1939 größtes ↗Ghetto in den besetzten und eingegliederten polnischen Gebieten. Mitte 1940 lebten dort über 150000 Juden auf engstem Raum unter menschenunwürdigen Bedingungen und wurden größtenteils zu ↗Zwangsarbeit herangezogen. Zwischen 1942 und Mitte 1944 wurden die Ghetto-Bewohner nach ↗Chelmno gebracht und ermordet. Die bei der Auflösung des Ghettos noch verbliebenen 60000 Bewohner wurden nach ↗Auschwitz deportiert und ebenfalls ermordet. *PS*

Loest, Erich Schriftsteller, *24.2.1926 Mittweida (Sachsen). Wurde 1957 wegen Kritik an der ↗SED zu einer mehrjährigen Haftstrafe verurteilt. Verließ 1981 die ↗DDR; veröffentlicht seither Erfahrungsberichte: Durch die Erde ein Riß. Ein Lebenslauf (1981), Die Stasi war mein Eckermann (1991); Essays, Hör- und Fernsehspiele sowie Reportagen. *ij*

London, Außenministerkonferenz (1947) Sechste Tagung des Außenministerrates der vier ↗Besatzungsmächte vom 25.11.–15.12.1947; erneut ohne Ergebnisse in der Deutschlandfrage; in der Folge engere Assoziation der drei westlichen

Sächsisches (Liudolfingisches) Geschlecht

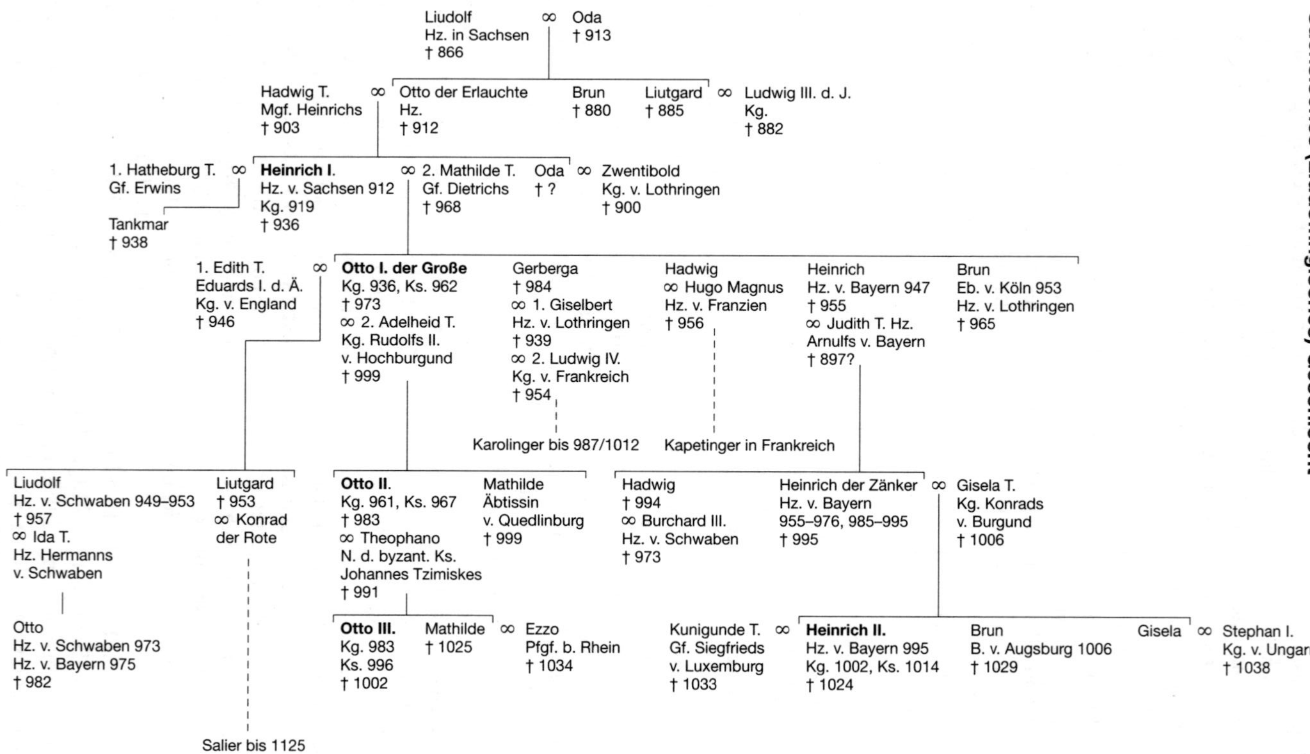

↗Besatzungszonen, u.a. durch die Reorganisation des ↗Wirtschaftsrates; Vorbedingung für die ↗Londoner Sechsmächtekonferenz (1948). *kl*

London, Konferenz (1921) Konferenz vom 21.2.–14.3. und vom 30.4.–5.5.1921 (Verhandlungen mit dem Deutschen Reich am 7.3. abgebrochen) über die vom Deutschen Reich an die Alliierten zu zahlenden ↗Reparationen. Mit der im abschließenden Londoner Ultimatum angedrohten Besetzung des Ruhrgebietes (↗Ruhrbesetzung) durch Frankreich wurde die deutsche Delegation zur Annahme der Forderungen der Alliierten gezwungen. Diese sahen u.a. die Zahlung von 132 Mrd. Goldmark und eine Ausfuhrabgabe von jährlich 26 % vor. *RB*

London, Konferenz (1924) Konferenz vom 16.7.–16.8.1924, die den ↗Dawes-Plan im ganzen annahm. Auf dessen Basis wurde das Londoner Abkommen abgeschlossen. *RB*

London, Konferenz (1935) ↗Flottenabkommen Deutsches Reich – Großbritannien

London, Neunmächtekonferenz (1954) Vom 28.9.–3.10.1954 auf Einladung der USA und Großbritanniens Tagung mit Vertretern Kanadas, Frankreichs, Italiens, Belgiens, der Niederlande, Luxemburgs und der Bundesrepublik über die künftige Form der europäischen Integration aus Anlaß des gescheiterten ↗EVG-Vertrages; Beschluß zur Aufnahme der Bundesrepublik in den Brüsseler Vertrag (geschlossen 1948; Vereinbarung über Zusammenarbeit in wirtschaftlichen, sozialen und kulturellen Angelegenheiten), zusätzlich Erklärung der drei Westmächte in der Schlußakte, der Bundesrepublik die volle ↗Souveränität übertragen zu wollen; in den ↗Pariser Verträgen und der Änderung des ↗Deutschland-Vertrages umgesetzt. *kl*

London, Sechsmächtekonferenz (1948) Beratungen der USA, Großbritanniens, Frankreichs und der Benelux-Staaten vom 23.2.–7.6.1948 über die künftige politische Gestalt Westdeutschlands; am 6.3.1948 in einem Kommuniqué Empfehlung, die drei westlichen ↗Besatzungszonen in das ↗European Recovery Program aufzunehmen, das ↗Ruhrgebiet gemeinsam mit deutscher Beteiligung zu kontrollieren (Internationale ↗Ruhrbehörde) und die deutsche Einheit nur als Bundesstaat wiederherzustellen; Anlaß für das Scheitern des ↗Alliierten Kontrollrates; am 7.6.1948 Aufforderung zur Bildung eines föderativen Staates aus den drei Westzonen in den „Londoner Empfehlungen“; Grundlage der ↗Frankfurter Dokumente. *kl*

Londoner Empfehlungen ↗Londoner Sechsmächtekonferenz (1948)

Londoner Protokolle (1850, 1852) 1) Nach dem ersten ↗Deutsch-Dänischen Krieg (1848–50) im 1. L.P. (2.8.1850) Forderung Frankreichs, Großbritanniens, Norwegens, Österreichs, Rußlands und Schwedens, den dänischen Staat vollständig zu erhalten, ohne sich jedoch für dessen Integrität zu verbürgen; von Preußen erst nach der ↗Olmützer Punktation signiert.

2) Vereinbarung des 2. L.P.s (8.5.1852) durch Preußen und Österreich mit den drei anderen Großmächten sowie Schweden und Dänemark. Es erkennt das Erbfolgerecht weiblicher Linie für Dänemark, ↗Schleswig und ↗Holstein an. Dänemark sichert die Sonderstellung der beiden Herzogtümer zu. *wm*

Londoner Schlußakte ↗Londoner Neunmächtekonferenz (1954)

Londoner Schuldenabkommen (1953) Vertrag über die Regulierung und Tilgung der seit dem Ersten Weltkrieg entstandenen Auslandsschulden und der Verbindlichkeiten aus der Wirtschaftshilfe nach dem ↗Zweiten Weltkrieg, von der Bundesrepublik am 27.2.1953 mit 18 Staaten geschlossen, Beitritt weiterer 14 Staaten; ökonomisches Pendant zum ↗Deutschland-Vertrag; Bundesrepublik mit der Übernahme von 6,1 Mrd. DM Vorkriegsschulden Rechtsnachfolgerin des ↗Deutschen Reiches; daneben Bestätigung von 6,9 Mrd. DM Nachkriegsschulden, insgesamt Schuldenerlaß über 15,3 Mrd. DM; problemlose Abwicklung der Zahlungen in den Folgejahren; versteckte Reparationsregelung durch den Ausschluß von Forderungen aus dem Zweiten Weltkrieg bis zum Abschluß eines Friedensvertrages; vor Anerkennung des ↗Zwei-plus-Vier-Vertrages als Ersatz-Friedensvertrag im November 1997 für die ↗Bundesregierung und die westdeutsche Industrie Rechtsgrundlage für den Ausschluß von Entschädigungsforderungen ehemaliger ↗Zwangsarbeiter. *kl*

Löns, Hermann Schriftsteller, *29.8.1866 Culm, †26.9.1914 Reims. Wurde mit Naturskizzen als „Heide-Dichter“ bekannt; schrieb Lyrik und Bauernromane, die der Blut-und-Boden-Literatur der Nationalsozialisten zum Vorbild dienten. *ij*

Loreley Weibliche Sagenfigur auf dem L.-Felsen (lei = Fels) bei St. Goarshausen/Rhein. Clemens ↗Brentano machte sie durch seine romantische

Dichtung von der schönen, männermordenden Fee Lore Lay im 19. Jh. allg. bekannt. Der L.-Felsen ist seitdem beliebtes Ausflugsziel für Touristen aus aller Welt – die L. Motiv für die Produktion von Kitschartikeln. *ku*

Lorsch, Kloster 764 gegründetes Benediktinerkloster, vom ersten Abt unter Schutz ↗Karls des Großen gestellt. Die mit großzügigen Schenkungen bedachte Reichsabtei war bedeutendes Zentrum mittelalterlicher Kultur (u. a. herausragende Bibliothek, L.er ↗Annalen und ↗Chronik). Unter dem Erzbischof von Mainz (seit 1232) Umwandlung zu einer Prämonstratenserpropstei; 1461 als Pfand an die ↗Pfalz; 1555 Aufhebung des Klosters. *wm*

Lothar

Fränkischer König:

Lothar II. *um 835; †8.8.869 Piacenza; Sohn Lothars I.; seit 855 König von Lotharingen (Lothringen), das er 863 um Teile des Gebietes seines verstorbenen Bruders Karl erweitern konnte; beim Papst vergeblich um Scheidung und Neuheirat bemüht. *li*

Deutsche Könige und Kaiser:

Lothar III. (von Supplinburg) *1075, †3./4.12.1137 Breitenwang (Tirol). Seit 1106 Herzog von Sachsen; 1125 gegen den Staufer ↗Friedrich II. von Schwaben zum König gewählt, seit 1133 Kaiser; begründete den Konflikt der ↗Welfen mit den ↗Staufern, die 1127 ↗Konrad III. zum Gegenkönig wählten und sich 1135 unterwarfen. Förderte die deutsche Ostsiedlung. *li*

Lothar Franz von Schönborn ↗Schönborn, Lothar Franz von

Loudon ↗Laudon

Löwe In zahlreichen ↗Wappen repräsentiert der König der Tiere Stärke, Tapferkeit und Heldentum der Wappenträger.
In der christlichen Ikonographie ist er ein Symbol für die Auferstehung Christi. *ku*

Löwith, Karl Philosoph, *9.1.1897 München, †24.5.1973 Heidelberg. Lehrte in Sendai (Japan), Hartford (Connecticut), New York und Heidelberg; verstand den Menschen als Naturwesen, dem eine transzendentale Erkenntnis nicht möglich ist; Arbeiten zur ↗Geschichtsphilosophie. *MH*

LPG ↗Landwirtschaftliche Produktionsgenossenschaft

Lübbe, Hermann Politikwissenschaftler, Philosoph, *31.12.1926 Aurich (Ostfriesland). 1956–91 Professor u. a. in Erlangen, Bochum Bielefeld und Zürich; Mitarbeiter der „Deutschen Zeitung"; Mitbegründer der rechtskonservativen Organisation „Bund Freiheit der Wissenschaft"; Publikationen u. a. zur politischen Philosophie und zur Phänomenologie; erhielt 1995 den Hanns-Martin-Schleyer-Preis. *rw*

Lubbe, Marinus van der Maurer, *13.1.1909 Leiden (Niederlande), †10.1.1934 Leipzig. Rätekommunist; nach Arbeitsunfall erwerbslos; ab Februar 1933 in Berlin, zündete in der Nacht des 27.2. aus Protest gegen das nationalsozialistische Regime den ↗Reichstag an (↗Reichstagsbrand). Die Nationalsozialisten versuchten, eine kommunistische Verschwörung zu konstruieren; am 23.12.1933 zum Tode verurteilt und später hingerichtet; auch heute noch gelegentlich geäußerter Zweifel an L.s Alleintäterschaft. *PS*

Lübeck Norddeutsche Stadt an der Trave in Ostseenähe. Nach der Zerstörung (1138) des im 11. Jh. entstandenen Alt-L., einer wendischen Siedlung, wenige Kilometer entfernt Neugründung der Stadt, endgültig 1158/59 durch Herzog ↗Heinrich den Löwen. Die verkehrsgünstige Lage machte L., das 1226 zur ↗Reichsstadt erhoben und als größte Stadt des mittelalterlichen Nordeuropa Zentrum und Modell für zahlreiche weitere Städte wurde, zum Knotenpunkt des Fernhandels im Ostseegebiet. In der ↗Hanse nahm L. seit 1358 die Führungsposition ein (bis 1669 Hansetage in L.). Nach der „Grafenfehde" (1534–36) gegen Dänemark Einbuße des politischen Einflusses im Ostseegebiet; 1803 Erhalt der reichsunmittelbaren Stellung; 1815 Mitglied des ↗Deutschen Bundes, 1871 des ↗Deutschen Reiches. *wm*

Heinrich Lübke

Lübke, Heinrich Bundespräsident, *14.10.1894 Enkhausen (Sauerland), †6.4.1972 Bonn. Bau-

und Vermessungsingenieur; 1931–33 Mitglied des preußischen Landtages (↗Zentrum); 1947–52 Landwirtschaftsminister von Nordrhein-Westfalen; 1949/50 und 1953–59 Mitglied des Bundestages für die ↗CDU; 1953–59 Bundesminister für Ernährung, Landwirtschaft und Forsten; 1959–69 ↗Bundespräsident; trat bes. für die Entwicklungshilfe und die ↗große Koalition ein. (196, 314) *Ki*

Lücke, Paul Politiker (CDU), *13.11.1914 Schönborn, †10.8.1976 Erlangen. Seit 1949 Mitglied des Bundestages; 1957–65 Wohnungs- und Städtebauminister, Ausarbeitung des ↗Lücke-Plans; 1965 Innenminister; 1968 Rücktritt aufgrund des gescheiterten Versuchs, ein Mehrheitswahlrecht zu verwirklichen. *Ki*

Lücke-Plan Gesetzgebungsplan des Wohnungs- und Städtebauministers ↗Lücke aus dem Jahr 1959, der zum Abbau der Wohnraumzwangswirtschaft führte und ein soziales Miet- und Wohnrecht einführte; enthielt außerdem den Ausbau des Mieterschutzes. *Ki*

Luckner, Felix Graf von Korvettenkapitän, *9.6.1881 Dresden, †13.4.1966 Malmö (Schweden). Als Kommandant des Hilfskreuzers „Seeadler" einer der populärsten Kapitäne des ↗Ersten Weltkrieges („Seeteufel"), ehe er Sommer 1917 gefangengenommen wurde; Ausbilder der Reichsmarine; trat später durch zahlreiche öffentliche Auftritte hervor. *PS*

Ludendorff, Erich General, *9.4.1865 Kruszewnia (Posen), †20.12.1937 Tutzing (Bayern). Als Stabschef ↗Hindenburgs wesentlich am Erfolg der Schlacht von ↗Tannenberg September 1914 beteiligt; bildete als Generalquartiermeister mit Hindenburg ab 29.8.1916 die III. ↗OHL und war für die Aufnahme des uneingeschränkten ↗U-Boot-Krieges Anfang 1917 mitverantwortlich; nach dem Krieg einer der Hauptverfechter der ↗„Dolchstoßlegende", die er in zahlreichen weitverbreiteten Publikationen beschwor; durch seine Berühmtheit eine der Leitfiguren der ↗völkischen Bewegung; nahm am gescheiterten ↗Hitler-Putsch 1923 teil, später vor Gericht allerdings freigesprochen. 1924–28 für die ↗Deutsch-Völkische Freiheitspartei im Reichstag, hing L., verstärkt durch den Einfluß seiner zweiten Frau Mathilde, zunehmend sektiererisch-spleenigen Ideen an und glaubte sich von Freimaurern, Juden und vom Papsttum verfolgt. Seine Versuche zur Etablierung einer germanischen, antichristlichen Religion brachten ihn in Konflikt zu den führenden Nationalsozialisten. Dennoch nutzte das Regime L.s Berühmtheit nach seinem Tod weiterhin als Integrationsfaktor. *PS*

Ludendorff, Mathilde (geb. Spieß) Schriftstellerin, *1.3.1882 Wiesbaden, †24.6.1966 Tutzing. Ehefrau von Erich ↗L. 1915 Nervenärztin in Garmisch; seit 1920 vorwiegend schriftstellerisch tätig. In ihrem antisemitisch und antichristlich ausgerichteten Werk „Der Seele Ursprung und Wesen" (1923–27) entwarf L. Vorstellungen von einer genuin deutsch-germanischen Religiosität, welche in die von ihr geführte, bis in die 60er Jahre in der ↗Bundesrepublik fortbestehende Sekte „Bund für Gotterkenntnis" eingingen. *ij*

Lüderitz, Adolf Kolonialpionier, Unternehmer, *16.7.1834 Bremen, †24.10.1886 Oranje-Mündung (Südwestafrika). Leitete seit 1878 den väterlichen Tabakbetrieb in Bremen; ließ 1883 den Hafen Angra Pequena (seit 1920 Lüderitzbucht) samt Umland kaufen (seit 1884 unter dem Schutz des deutschen Kaiserreiches; Kern der Kolonie ↗Deutsch-Südwestafrika); ertrank im Oranje-Fluß. *UK*

Ludolfinger ↗Liudolfinger

Ludwig

Kaiser:

Ludwig I. der Fromme *778 Chasseneuil (Aquitanien), †20.6.840 Ingelheim/Rhein. Sohn ↗Karls des Großen, 813 von diesem zum Mitkaiser erhoben, seit 814 sein Nachfolger und 816 von Papst Stephan IV. zum Kaiser gekrönt; unter starkem kirchlichen Einfluß; führte die ↗Karolingische Reform durch; geriet seit 830 in starke Konflikte mit seinen Söhnen Lothar I., ↗Ludwig dem Deutschen und Pippin wegen Änderung der Reichsordnung von 817 zugunsten seines Sohnes ↗Karl II.; wurde 833 bei Colmar besiegt und abgesetzt, 834 wieder eingesetzt. *dh*

Ludwig II. *um 825, †12.8.875 bei Brescia (Lombardei). Sohn Lothars I., Enkel ↗Ludwigs I. des Frommen; vom Papst 844 zum König von Italien, 850 zum Kaiser gekrönt; nach dem Tod seines Vaters 855 alleiniger Kaiser und König. *dh*

Ludwig IV. der Bayer *1.4.1282 München, †11.10.1347 Fürstenfeld. Seit 1294 Herzog von Bayern; 1314 gegen ↗Friedrich den Schönen, den L. nach langem Thronstreit 1322 besiegte, zum deutschen König gewählt; geriet in einen Machtkampf mit Papst Johannes XXII., der ihn 1324 bannte, absetzte und der Ketzerei beschuldigte;

1328 von Sciarra Colonna zum ↗Kaiser gekrönt; 1346 wurde ↗Karl IV. zum ↗Gegenkönig gewählt. *dh*

Baden:

Ludwig Wilhelm I. Markgraf, kaiserlicher Heerführer, *8.4.1655 Paris, †4.1.1707 Rastatt. 1677 Markgraf von Baden-Baden; seit seinen Erfolgen gegen die Türken (1683–92) als „Türkenlouis" bekannt; 1693 Oberbefehlshaber der Reichstruppen gegen Frankreich im ↗Pfälzischen Krieg (1688–97); Reichsfeldmarschall im ↗Spanischen Erbfolgekrieg (1701–14). *rh*

Bayern:

Ludwig I. König, *25.8.1786 Straßburg, †29.2.1868 Nizza. Sohn ↗Maximilians I. Joseph; 1825 König; formte München zu einem Zentrum der Kunst und der katholischen Erneuerung; brachte 1826 die Landesuniversität von Landshut nach München; schlug nach ursprünglich liberaler Regierung ab 1830 einen reaktionären Kurs ein; dankte 1848 nach Unruhen und einem Skandal um die von ihm geadelte Tänzerin Lola Montez ab. *rh*

Ludwig II. König, *25.8.1845 Schloß Nymphenburg (München), †13.6.1886 Starnberger See. König seit 1864; unterstützte die ↗Kaiserproklamation von 1871 und bekam dafür von Otto von ↗Bismarck finanzielle Unterstützung, die der realitätsferne L. für den Bau seiner Schlösser (u.a. Neuschwanstein) verwendete. Anhänger Richard ↗Wagners; 1886 für geisteskrank erklärt. Die Regentschaft wurde seinem Onkel ↗Luitpold übertragen. L. starb drei Tage darauf im Starnberger See. *sa*

Ludwig III. König, *7.1.1845 München, †18.10.1921 Sárvár (Ungarn). Folgte 1912 seinem Vater ↗Luitpold als Prinzregent für König Otto I.; wurde nach Verfassungsänderung 1913 zum König erklärt; ging 1918 infolge der ↗Novemberrevolution ins Exil. *sa*

Ludwig V. ↗Ludwig der Ältere von Brandenburg

Ludwig VI. ↗Ludwig der Römer von Brandenburg

Brandenburg:

Ludwig der Ältere Markgraf, *1315, †18.9.1361 Zorneding (Ebersberg). Ältester Sohn Kaiser ↗Ludwigs IV., des Bayern; 1323 nach dem Aussterben der ↗Askanier mit ↗Brandenburg belehnt; seit 1347 als Ludwig V. Herzog von ↗Bayern (Herrschaft gemeinsam mit seinen Brüdern). 1351 übergab er Brandenburg an seine Halbbrüder ↗Ludwig den Römer und Otto den Faulen. *RB*

Ludwig der Römer Kurfürst, *1330 München, †1365 Berlin. Dritter Sohn Kaiser ↗Ludwigs IV., des Bayern; 1347–51 als Ludwig VI. Herzog von ↗Bayern; seit 1351 Markgraf in ↗Brandenburg (Mitregent zusammen mit seinem jüngeren Bruder ↗Otto dem Faulen); ab 1356 ↗Kurfürst; 1363 Erbvertrag mit Kaiser ↗Karl IV., in dem dieser zum Nachfolger L.s in Brandenburg bestimmt wurde. *RB*

Ostfränkisches Reich:

Ludwig der Deutsche König, *804/05 (Aquitanien?), †28.8.876 Frankfurt/Main. Sohn ↗Ludwigs des Frommen; erhielt durch die ↗Ordinatio imperii ↗Bayern; erhob sich 830 und 833 mit seinen Brüdern gegen den Vater; bekam im Vertrag von ↗Verdun als König 843 das ostfränkische Reich, im Vertrag von ↗Meerssen 870 dazu den Osten Lothringens. Mit ihm begann die eigenständige Entwicklung des Ostfrankenreiches. *dh*

Ludwig III. der Jüngere König, *um 830, †882 Frankfurt/Main. Sohn ↗Ludwigs des Deutschen; erhielt 865 Franken, ↗Thüringen und ↗Sachsen, wurde 876 König; besiegte 876 ↗Karl den Kahlen bei Andernach; erwarb 880 im Vertrag von ↗Ribemont West-Lothringen. *dh*

Ludwig IV. das Kind König, *893, †24.9.911. Sohn Kaiser ↗Arnulfs von Kärnten; letzter ostfränkischer ↗Karolinger; 900 König unter Regentschaft; in seiner Regierungszeit Ungarneinfälle und Erstarkung der Stammesherzogtümer. *dh*

Ludwig, Peter Unternehmer, Kunstsammler, *9.7.1925 Koblenz, †22.7.1996 Aachen. Erweiterte seit 1953 die Schokoladenfabrik Leonard Monheim seiner Schwiegereltern zu einem Konzern der Süßwarenindustrie; sammelte Kunst aus nahezu allen Epochen, stellte Teile seiner Sammlungen weltweit v.a. Museen als Schenkungen oder Dauerleihgaben zur Verfügung. *UK*

Luftbrücke Während der ↗Berlin-Blockade 1948/49 Versorgung der Bevölkerung Berlins auf dem Luftweg; größte militärische Operation der Luftfahrtgeschichte; zwischen dem 26.6.1948 und dem 12.5.1949 unter US-amerikanischer Leitung Transport von über 1,5 Mio. Tonnen getrockneter Lebensmittel, Kohle u.a. Verbrauchsgüter; über 62000 Flüge, Landungen im Zwei-Minuten-Takt, durch Unfälle Tod von 88 Piloten; wegen des Abwurfs von Süßigkeiten während des Landeanflugs Bezeichnung der Flugzeuge als „Rosinenbomber"; für die westdeutsche Öffentlichkeit Signal für die Ernsthaftigkeit amerikanischer Bemühungen um die Sicherheit Westdeutschlands; als Pendant zum ↗Antikommunismus Auslöser für einen Pro-Amerikanismus. *kl*

Lufthansa-Maschine Landshut Deutsches Flugzeug, am 13.10.1977 auf dem Flug von Mallorca nach Frankfurt/Main von arabischen Terroristen entführt, um die Freilassung von elf Terroristen der ↗RAF und zwei türkischen Terroristen zu erzwingen (↗Stammheimer Terroristenprozeß). Das Flugzeug wurde am 18.10.1977 auf dem Flugplatz von Mogadischu (Somalia) durch eine Spezialeinheit des Bundesgrenzschutzes (↗GSG 9) gestürmt, die Geiseln befreit. *kl*

Luftkrieg Allg. durch Flugzeuge mit Bombenabwürfen und Bordwaffenbeschuß durchgeführte kriegerische Handlungen; im ↗Zweiten Weltkrieg Bezeichnung für die Luftangriffe alliierter Bomberstaffeln (v.a. britische, US-amerikanische und kanadische Einheiten) auf Ziele in Deutschland. Nachdem die deutsche Luftwaffe 1939–41 zahlreiche gegnerische Städte (Warschau, Rotterdam, London, Coventry, Belgrad) angegriffen hatte, begann seit Mitte 1940 das britische Bomber Command den strategischen L. mit Flächenbombardements, die seit 1942 auch den Durchhaltewillen der Bevölkerung brechen sollten. Der L. forderte zahlreiche Opfer in der Zivilbevölkerung und brachte die Zerstörung vieler Städte mit sich (z.B. Köln, Hamburg, Berlin, ↗Dresden). Zur ↗Bundeswehr ↗Kosovokonflikt. (542) *PS*

Luftschutz Bemühungen zur Vorsorge gegen Luftangriffe, getragen vom 1933 gegründeten Reichs-L.-Bund (RLB). Der dem Reichsluftfahrtministerium unterstellte RLB führte bereits zu Friedenszeiten regelmäßige Schulungen seiner zahlreichen Mitglieder durch und veranstaltete regelmäßige L.-Aktionen, wie z.B. die systematische Entrümpelung von Speichern und die Einrichtung von L.-Kellern. Die dadurch entstehende Kriegsfurcht weiter Teile der Bevölkerung war vom nationalsozialistischen Regime aus propagandistischen Gründen durchaus gewollt. *PS*

Luftwaffenhelfer Bezeichnung für die allg. „Flakhelfer“ genannten Siebzehnjährigen, die seit 1943 zu Hilfsdiensten bei der Luftwaffe und Marine herangezogen wurden. Die Jugendlichen waren v.a. als Kanoniere an den Flugabwehrkanonen (= Flak) eingesetzt, mit denen man sich der Luft-

Luftbrückenflugzeug, von Berlinern begrüßt

angriffe (↗Luftkrieg) zu erwehren versuchte, und ersetzten so ausgebildete Soldaten. *PS*

Luhmann, Niklas Soziologe, Publizist, *8.12. 1927 Lüneburg, †6.11.1998 Oerlinghausen (bei Bielefeld). 1966 Promotion sowie Habilitation; 1968–93 Lehrstuhl in Bielefeld. L.s systemische Gesellschaftstheorie begreift und erklärt die Gesellschaft und jedes ihrer Teilsysteme, jeweils in Abhängigkeit zu ihrer Umwelt, innerhalb eines theoretischen Konstrukts. Werke u. a.: Soziale Systeme (1984), Wissenschaft der Gesellschaft (1991). *ku*

Luise Königin von Preußen, *10.3.1776 Hannover, †19.7.1810 Hohenzieritz. Aus dem Haus Mecklenburg-Strelitz; 1793 Vermählung mit dem späteren König ↗Friedrich Wilhelm III. von Preußen; ihr Versuch, 1807 in ↗Tilsit mit ↗Napoleon I. mildere Friedensbedingungen auszuhandeln, scheiterte; unterstützte die ↗preußischen Reformen; wegen ihrer einfachen Lebensweise überaus populär. *rh*

Luitpold Prinzregent von Bayern, *12.3.1821 Würzburg, †12.12.1912 München. Übernahm 1886 die Regentschaft für seine geisteskranken Neffen König ↗Ludwig II. und dessen Nachfolger König Otto I.; war 1890 am Ausgleich zwischen der ↗katholischen Kirche und der liberalen Regierung beteiligt; während seiner Regentschaft kultureller Aufschwung in München. *sa*

Luitpoldinger Bayrisches Adelsgeschlecht, benannt nach dem 907 gegen die Ungarn gefallenen Markgrafen Luitpold. Die L. waren bis 947 und 983–85 Herzöge von ↗Bayern, nach 989 politisch jedoch ohne Macht. *wm*

Lukaschek, Hans Politiker (CDU), *22.5.1885 Breslau, †26.1.1960 Freiburg (Breisgau). 1927 Oberbürgermeister von Hindenburg; 1929 Oberpräsident von Oberschlesien und Regierungspräsident von Oppeln; 1944 ins Konzentrationslager ↗Ravensbrück deportiert; 1945 Mitbegründer der ↗CDU; 1949 Bundesminister für ↗Vertriebene. *Ki*

Lunéville, Friede (1801) Abgeschlossen am 9.2. 1801 in L. (Lothringen) zwischen Frankreich und Kaiser ↗Franz I.; sorgte mit dem Frieden von Amiens (1802) für das Ende des 2. ↗Koalitionskrieges: Der Friede von ↗Campo Formio (1797) wurde nun auch für das ↗Heilige Römische Reich bestätigt, das linke Rheinufer abgetreten. Die davon betroffenen Fürsten sollten im ↗Reichsdeputationshauptschluß (1803) entschädigt werden. *rh*

Lusitania-Zwischenfall (1915) Während des ↗U-Boot-Krieges wurde am 7.5.1915 das britische Passagierschiff „Lusitania" versenkt. Mehr als tausend Menschen, darunter auch zahlreiche US-Amerikaner, ertranken. Führte neben weltweiter Empörung über die Methoden der deutschen Kriegführung v. a. in den noch neutralen USA zu einer Steigerung der deutsch-feindlichen Stimmung. *PS*

Luther, Hans Politiker, *10.3.1879 Berlin, †11.5.1962 Düsseldorf. Aus der Kommunalverwaltung kommend; stand der ↗DVP nahe. Als Reichsfinanzminister (1923–25) bekämpfte L. die ↗Inflation und war 1924 an der Aushandlung des ↗Dawes-Plans beteiligt; 1925/26 ↗Reichskanzler; schloß zusammen mit ↗Stresemann den Vertrag von ↗Locarno ab. 1928–32 arbeitete L. an einer Staatsreform für die ↗Weimarer Republik (u. a. Bildung von Fachministerien, Stärkung der Position des ↗Reichspräsidenten). Als Präsident der ↗Reichsbank (1930–33) verfolgte er eine Politik der Deflation. 1933–37 Botschafter in den USA. Nach 1945 war er am ↗Wiederaufbau von Staat und Wirtschaft in Deutschland beteiligt (u. a. Mitarbeit bei der Neugliederung der ↗Bundesländer); von 1958 an Präsident des „Vereins für das Deutschtum im Ausland". *RB*

Luther, Martin Reformator, *10.11.1483 Eisleben, †18.2.1546 ebd. Seit 1505 Mönch des Augu-

Martin Luther (Holzschnitt von Lucas ↗Cranach dem Älteren, 1520)

stiner-Eremiten-Ordens; empfing 1507 die Priesterweihe und begann das Theologiestudium in Erfurt und Wittenberg, wo er nach seiner Promotion 1512 Professor wurde. Schon früh übte L. Kritik an der Kirchenlehre, so v. a. an der Gnadenlehre, nach der die Gerechtigkeit Gottes eine Leistung des Menschen sei, nicht aber die Gnade Gottes. L.s ↗Ablaßthesen (1517) markieren den praktischen Beginn der ↗Reformation. Streitgespräche mit katholischen Theologen (Heidelberger und ↗Leipziger Disputationen 1518/19) und L.s Schriften (Von der babylonischen Gefangenschaft der Kirche; Von der Freiheit eines Christenmenschen, 1520) führten zu zunehmender Ablösung von päpstlicher und kirchlicher Autorität, die 1521 mit der Exkommunizierung L.s und der Verhängung der Reichsacht durch das ↗Wormser Edikt von katholischer Seite beantwortet wurde. L. erhielt von Kurfürst ↗Friedrich III. von Sachsen Asyl auf der ↗Wartburg, wo er mit der Übersetzung der Bibel begann, die 1534 schließlich vollständig vorlag. Die Rückkehr nach Wittenberg 1522 beendete die durch ↗Karlstadt ausgelösten Unruhen (↗Bildersturm), L. mußte sich aber mit den zunehmenden Differenzen innerhalb der reformierten Lehre auseinandersetzen, etwa im Abendmahlstreit (↗Ubiquitätslehre; ↗Marburger Religionsgespräch, 1529) oder im Kampf gegen die spiritualistischen und täuferischen Strömungen. 1525 heiratete er ↗Bora.

L. wirkte v.a. durch seine Schriften. Sein „Kleiner" und „Großer Katechismus" sind bis heute in nahezu unveränderter Form für die ↗evangelische Kirche gültig. (402) *nk*

lutherische Kirchen Von reformierten Kirchen unterschiedene Staats-, Landes- oder Freikirchen, die sich auf die Bibel, die ↗Augsburgische Konfession sowie die Bekenntnisschriften Martin ↗Luthers gründen; in Deutschland in der Vereinigten Evangelisch-Lutherischen Kirche Deutschlands (VELKD) als Glied der ↗EKD organisiert. *nk*

Lütjens, Günter Admiral, *25.5.1889 Wiesbaden, †27.5.1941 im Nordatlantik. 1933 Chef des Marinepersonalamtes; Teilnahme am Krieg gegen Norwegen; 1941 Flottenchef an Bord des Schlachtschiffes ↗„Bismarck", mit dem er im Mai 1941 versenkt wurde. *PS*

Lüttwitz, Walter Freiherr von General, *2.2. 1859 Bodland (Schlesien), †20.9.1940 Breslau. Oberbefehlshaber des Reichswehr-Gruppenkommandos I; 1920 militärische Leitung des ↗Kapp-L.-Putsches; 1925 amnestiert; 1931 an der Gründung der ↗Harzburger Front beteiligt. *PS*

Lutz, Johann Freiherr von Politiker, *4.12.1826 Münnerstadt (Unterfranken), †3.9.1890 Niederpöcking/Starnberger See. Der Jurist war seit 1861 im bayerischen Justizministerium tätig; 1866 Kabinettschef; 1867 Justizminister (1869 auch Kultusminister); 1880–90 bayerischer Ministerpräsident. Engagierte sich im ↗Kulturkampf für die Oberhoheit des Staates gegenüber der ↗katholischen Kirche; auf seine Anregung hin wurde der ↗Kanzelparagraph formuliert. *ij*

Lützen, Schlacht (1632) Die Schlacht bei L. (nahe Leipzig) im ↗Dreißigjährigen Krieg am 16.11.1632 zwischen den kaiserlichen Truppen ↗Wallensteins und der protestantischen Armee unter Gustav II. Adolf endete ohne Sieger, aber Wallenstein mußte sich nach Böhmen zurückziehen, Gustav fiel. Neuer militärischer Oberbefehlshaber der Protestanten wurde Herzog ↗Bernhard von Sachsen-Weimar. *rh*

Lützow, Adolf Freiherr von Preußischer Offizier, *18.5.1782 Berlin, †6.12.1834 ebd. Formierte im Februar 1813 das L.sche Freikorps (Schwarze Schar), dem u. a. ↗Körner, ↗Eichendorff und ↗Jahn beitraten; es wurde am 17.6. von den Franzosen bei Kitzen fast völlig vernichtet. *ij*

Rosa Luxemburg

Luxemburg, Rosa Sozialistin, *5.3.1870 Zamość (Polen), †15.1.1919 Berlin. Schloß sich schon früh der ↗Arbeiterbewegung an; siedelte 1898 um nach Berlin. Herausragend als marxistische Theoretikerin und Gegnerin des ↗Revisionismus führte sie den linken ↗SPD-Flügel; 1905/06 Beteiligung an der russischen Revolution, seit 1914 Lehrerin an der SPD-Parteischule in Berlin; organisierte 1914–18 meist vom Gefängnis aus den linken SPD-Flügel; gründete 1917 mit Karl ↗Liebknecht den ↗Spartakusbund; 1918/19 an der Gründung der ↗KPD beteiligt, deren Programm sie verfaßte; beim Spartakusaufstand mit Liebknecht verhaftet und ermordet. (319) *nk*

Luxemburger Geschlecht der Grafen von Luxemburg, benannt nach der Stammburg Lützelburg. Das ältere Haus der L. starb 1136 aus, dem Geschlecht der jüngeren L. entstammten seit der Wahl Heinrichs VII. mehrere deutsche Könige und Kaiser. Seit 1310 waren die L. Könige von ↗Böhmen; 1437 erlosch die Dynastie in männlicher Linie. *wm*

Lynen, Feodor ↗Nobelpreis

M

Maass, Hermann Politiker (SPD), Gewerkschafter, *23.10.1897 Bromberg, †20.10.1944 Berlin. Bis 1933 Geschäftsführer des Reichsausschusses der deutschen Jugendverbände; enge Kontakte zu ↗Leuschner, durch diesen zum ↗Kreisauer Kreis. Nach dem gescheiterten Attentat des ↗Zwanzigsten Juli verhaftet, zum Tode verurteilt und hingerichtet. *PS*

Maastricht-Vertrag (1992) Auf einer Gipfelkonferenz der ↗EG im niederländischen Maastricht vom 9.–11.12.1991 abschließend beratener Vertrag für eine weitere europäische Integration, am 7.2.1992 unterzeichnet, am 1.11.1993 in Kraft getreten; umfassendste Änderung seit den ↗Römischen Verträgen (1957); Umwandlung der ↗EG in die ↗EU, Pläne zur Einführung einer gemeinsamen Währung (↗Euro) als Teil einer ↗Wirtschafts- und Währungsunion und zur Schaffung einer Europäischen Zentralbank, Absprachen für eine gemeinsame Außen- und Sicherheitspolitik (GASP) und zur Harmonisierung der Innen- und Rechtspolitik, Einführung einer Unionsbürgerschaft für EU-Bürger, Stärkung des ↗Europäischen Parlamentes. *kl*

Mach, Ernst Physiker, Philosoph, *18.2.1838 Turas (Südmähren), †19.2.1916 Haar (bei München). Professor in Prag, Wien; Untersuchungen zu Schallwellen und Dopplereffekt; photographierte erstmals Verdünnung bzw. Verdichtung der Luft bei fliegenden Objekten; entdeckte den „Machschen Kegel“; Gegner jeder die Erfahrung überschreitenden Philosophie; nahm mit seiner Kritik an Isaac Newtons Behauptung der Existenz eines absoluten Raumes und einer absoluten Zeit Einfluß auf ↗Einstein. *bl*

Machtergreifung (1933) Propagandabezeichnung des ↗Nationalsozialismus für die Ernennung ↗Hitlers zum Reichskanzler einer Koalitionsregierung der „nationalen Konzentration“ unter Beteiligung der ↗NSDAP und der ↗DNVP am 30.1.1933 und für die Phase der ↗Gleichschaltung in den folgenden Wochen und Monaten. (322) *PS*

Macke, August Maler, *3.1.1887 Meschede, †26.9.1914 bei Perthes-Les-Hurles (Champagne). Trotz seines sehr kurzen Lebens hinterließ M. ein relativ umfangreiches Werk voll farbenfroher, freundlicher Lebendigkeit. Geprägt vom ↗Impressionismus und Einflüssen des Fauvismus gelangte er zu einem eigenen, expressionistisch gefärbten Stil. 1911/12 Anschluß an die Künstlergemeinschaft der ↗Blaue Reiter, die für seinen künstlerischen Werdegang ebenso entscheidend war wie die spätere Tunisreise mit ↗Klee u. a. (1914). M. fiel als Soldat in Frankreich. *kp*

Mackensen, August von Generalfeldmarschall, *6.12.1849 Haus Leipnitz (Wittenberg), †8.11.1945 Burghorn (bei Celle). Im ↗Ersten Weltkrieg Armeeführer an der Ostfront; seit 1916 Oberbefehlshaber in Rumänien, 28.8.–9.12.1916 siegreicher Feldzug durch die Dobrudscha. Positive Haltung zum ↗Dritten Reich. *PS*

Madagaskar-Plan Mitte 1940 im ↗Auswärtigen Amt entstandener Plan zur Ansiedlung der (mittel-)europäischen Juden auf der zu Frankreich gehörenden Insel im Indischen Ozean. Angesichts der Entscheidung zur „Endlösung der Judenfrage“ (↗Judenvernichtung) 1941 fallengelassen. *PS*

made in Germany (engl.: hergestellt in Deutschland) Warenstempel. 1887 von Großbritannien zur Eindämmung ausländischer Konkurrenz eingeführte und vorgeschriebene Kennzeichnung deutscher Waren. *nk*

Maffei, Joseph Anton von Unternehmer, *4.9.1790 München, †1.9.1870 ebd. Übernahm 1816 die Leitung der väterlichen Tabakwarenfabrik in München; widmete sich nach dem Erwerb eines Eisenwerkes (1837) v. a. dem Lokomotivbau; 1837–48 Abgeordneter des bayrischen Landtages. Die von ihm gegründete Firma J. A. Maffei fusionierte 1931 mit der Krauss AG. *UK*

Magdeburg, Erzbistum Errichtung 968 durch Kaiser ↗Otto I. zur ↗Missionierung der mittelelbischen Slawenlande; hervorgegangen aus dem 937 gegründeten Mauritiuskloster. Zu M. gehörten die Bistümer Brandenburg, Havelberg, Merseburg, Meißen und Zeitz (später Naumburg) sowie 1420 Lebus. Wichtige Rolle M.s bei der deutschen ↗Ostkolonisation; unter Erzbischof ↗Albrecht II. Ausbreitung der ↗Reformation; nach seinem Tod (1545) Verwaltung des Erzstifts zwischen Kursachsen und ↗Brandenburg umstritten; M. kam 1680 als Herzogtum an Brandenburg. *wm*

Magnus Herzog von Sachsen, †23.8.1106. Letzter Billunger, seit 1072 Herzog; stand in Konflikt mit ↗Adalbert von Hamburg-Bremen; gehörte der Opposition gegen ↗Heinrich IV. an, dadurch mehrmals in Haft; näherte sich später dem Kaiser an. *dh*

Mahler, Gustav Österreichischer Komponist, Dirigent, *7.7.1860 Kalischt (Böhmen), †18.5. 1911 Wien. Studierte bei ↗Bruckner; war Kapellmeister in Prag und Hamburg; 1897–1907 Direktor der Wiener Hofoper. Ab 1907 Gastdirigent an der New Yorker Metropolitan Opera. M., der die romantische Tradition um moderne Kompositionsprinzipien erweiterte, schrieb zehn Sinfonien (die letzte blieb unvollendet); vertonte Lieder für Orchester und für Klavier, u. a. aus „Des Knaben Wunderhorn" (Clemens ↗Brentano, Achim von ↗Arnim, 1888–99); Chorwerke. *ij*

Mähren Historisches Gebiet in der Tschechischen Republik. Gehörte im 9. Jh. zum Großmährischen Reich, fiel nach dessen Auflösung (um 905) 1029 an ↗Böhmen; 1182 reichsunmittelbare Markgrafschaft bei fortbestehender Bindung an Böhmen; mehrfacher Besitzerwechsel (u. a. 1349–1411 unter den ↗Luxemburgern); nach der Schlacht bei ↗Mohács 1526 dauerhaft an ↗Österreich. *wm*

Maier, Hans Politikwissenschaftler, Politiker (CSU), *18.6.1931 Freiburg (Breisgau). Seit 1962 Professor in München; 1970 Mitinitiator des ↗Bundes Freiheit der Wissenschaft; 1970–86 bayrischer Kultusminister; 1976–88 Präsident des Zentralkomitees der deutschen Katholiken; schrieb u. a.: Revolution und Kirche (1959–65), Polit-Wissenschaft in Deutschland (1969). *rw*

Maier, Reinhold Ministerpräsident (Baden-Württemberg; DVP/FDP), *16.10.1889 Schorndorf (bei Stuttgart), †19.8.1971 Stuttgart. 1945 Mitbegründer der ↗DVP; 1945–52 Ministerpräsident von Württemberg-Baden; an der Konstitution von ↗Baden-Württemberg beteiligt, dessen Ministerpräsident er 1952/53 war. 1957–60 Bundesvorsitzender der ↗FDP. *Vö*

Maigesetze ↗Kulturkampf

Adolf ↗Hitler und sein Kabinett mit ↗Göring (1. Reihe li.) und ↗Papen (1. Reihe re.) nach der Machtergreifung

Mainz Westdeutsche Stadt am Rhein gegenüber der Mainmündung. Hervorgegangen aus einer keltischen Siedlung; 13 v. Chr. von den Römern als Militärlager gegründet und bald wichtiger Handelsort; unter den M.er Bischöfen (↗Mainz, Erzbistum) nach der Völkerwanderungszeit Anknüpfen an den wirtschaftlichen Erfolg. M. erhielt ab 1115 ↗Stadtrecht, war im Mittelalter oft Stätte von ↗Reichstagen und 1244–1462 ↗Reichsstadt. Ca. 1448 erfand ↗Gutenberg hier den ↗Buchdruck. Vom 15.–18. Jh. Erweiterung der Festungsanlagen und damit wachsende militärische Geltung; 1793 Mainzer Republik; 1798–1814 unter Herrschaft der Franzosen; 1816 an ↗Hessen-Darmstadt; 1815–66 Bundesfestung. *wm*

Mainz, Dom Vom 12. bis 14. Jh. überwiegend im Stil der ↗Romanik errichtete dreischiffige Basilika der im Mittelalter mächtigen Mainzer Bischöfe und ↗Erzkanzler; im Inneren u. a. bedeutende Bischofsgräber. *RB*

Mainz, Erzbistum Das vermutlich schon in römischer Zeit errichtete Bistum M. stand 745–54 unter erzbischöflicher Führung von ↗Bonifatius; weitere bedeutende M.er Erzbischöfe im Mittelalter waren u. a. ↗Hrabanus Maurus (847–56) und ↗Willigis (975–1011). Der M.er Erzbischof war Primas Germaniae, seit 965 ↗Erzkanzler des Deutschen Reiches, zählte zu den ↗Kurfürsten und hatte im Kurfürstenkollegium sowie bei den deutschen Königswahlen maßgeblichen Einfluß; damit hatte er eine führende Stellung in der Reichspolitik inne. Zur Kirchenprovinz M. zählten bis zur Mitte des 14. Jh.s 14 Bistümer; das Erzstift verfügte zudem über umfangreichen Territorialbesitz. Doppelwahlen im 14./15. Jh. und die M.er Stiftsfehde (1461–63) schwächten jedoch die Machtposition des Erzbistums, das 1803 säkularisiert wurde. 1802 Gründung eines französischen Bistums M., das die linksrheinischen Gebiete umfaßte; 1821 Erweiterung und Angliederung an das Erzbistum Freiburg. *wm*

Mainzer Landfriede (1235) ↗Landfriede

Mairevolution (1849) In zahlreichen deutschen Staaten breite parlamentarische und außerparlamentarische Bewegung für die Annahme der Reichsverfassung (↗Frankfurter Nationalversammlung), die sich 1849 an mehreren Brennpunkten zur M. verdichtete. *wm*

Maizière, Lothar de Ministerpräsident der DDR, *2.3.1940 Nordhausen. M. war seit 1956 Mitglied in der ↗CDU; ab 1989 deren Vorsitzender und Minister für Kirchenfragen in der Regierung ↗Modrow. Bei den ersten freien ↗Volkskammerwahlen wurde M. 1990 letzter Ministerpräsident der ↗DDR. Er unterzeichnete den ↗Zwei-plus-Vier-Vertrag. Nach der ↗Wiedervereinigung (1990) stellvertretender Vorsitzender der gesamtdeutschen CDU; trat nach Vorwürfen, Kontakte zum ↗Ministerium für Staatssicherheit unterhalten zu haben, 1990 von allen Ämtern zurück. (541) *AM*

Majdanek Ab Ende 1941 erbautes ↗Konzentrations- und ↗Vernichtungslager bei Lublin im ↗Generalgouvernement. Zunächst als Kriegsgefangenenlager für Rotarmisten geplant, wurde M. 1942/43 v. a. mit Polen und deportierten Juden belegt. Ab Ende 1942 begannen die systematischen Massenmorde an den jüdischen Häftlingen. In M. wurden bis zur Befreiung durch die ↗Rote Armee am 23.7.1944 mehr als 200000 Menschen ermordet. – Von Ende 1975 bis Mitte 1981 fand vor dem Landgericht Düsseldorf ein Prozeß gegen mehrere Aufseher und Aufseherinnen von M. statt (↗M.-Prozeß). *PS*

Majdanek-Prozeß (1975–81) Strafverfahren vor dem Düsseldorfer Landgericht gegen elf Männer und fünf Frauen des deutschen Personals des Konzentrations- und Vernichtungslagers ↗Majdanek (Polen), darunter der Schutzhaftlagerführer Hermann Hackmann, die Aufseherin des Frauen-Lagers Hermine Braunsteiner und der Lagerarzt Heinrich Schmidt. Von den verhandlungsfähigen Angeklagten erhielt eine wegen Exzeßtaten lebenslänglich, sieben weitere erhielten Freiheitsstrafen, einer wurde freigesprochen. Der M. wurde insbesondere wegen einiger Verfahrenseinstellungen und als zu milde empfundener Strafen kritisiert. *sb*

Majestätsbeleidigung Gleichbedeutend mit Majestätsverbrechen; im römischen Recht Treuebruch gegenüber dem Herrscher, Verweigerung der Heeresfolge, Störung des Landfriedens; seit der ↗Goldenen Bulle auch gegenüber den ↗Kurfürsten strafbar; war bis 1918 Straftatbestand, der im Deutschen Reich bes. gegen monarchiekritische Journalisten und Schriftsteller (↗Wedekind) eingesetzt wurde. *br*

Maleuda, Günter Präsident der Volkskammer der DDR, *20.1.1930 Altbeelitz. 1950 in die ↗DBD eingetreten; 1976–82 Vorsitzender des Bezirksvorstandes der DBD Halle; seit 1984 Stellvertreter des Parteivorsitzenden ↗Mecklenburg.

1981–90 Mitglied der ↗Volkskammer; seit 1987 Vorsitzender der DBD; 1989 zum Vorsitzenden der Volkskammer gewählt. Nach dem Zusammenschluß mit der ↗CDU zog sich M. zurück. Zur Bundestagswahl 1994 kandidierte er in Neubrandenburg für die ↗PDS; zog als parteiloser Abgeordneter für die PDS in den ↗Bundestag ein. *AM*

Malmö, Waffenstillstand (1848) Geschlossen unter britisch-russischem Druck; beendete am 26.8.1848 den 1. ↗Deutsch-Dänischen Krieg. Er beinhaltete die Räumung von ↗Schleswig und ↗Holstein sowie die Absetzung der provisorischen deutschen schleswig-holsteinischen Regierung. Die nachträgliche Anerkennung des Waffenstillstandes durch die ↗Frankfurter Nationalversammlung trug zum Schwinden ihrer Autorität bei. *wm*

Malteser ↗Johanniter

Manessische Handschrift ↗Handschriften

Manfred König von Sizilien, *1232, †26.2.1266. Sohn von Kaiser ↗Friedrich II.; führte in Süditalien den Kampf um die Behauptung der ↗Staufer; seit 1258 König von Sizilien; fiel im Kampf gegen Karl I. von Anjou. *dh*

Mann, Erika Schauspielerin, Schriftstellerin, *9.11.1905 München, †27.8.1969 Zürich. Tochter von Thomas ↗M. Gründete 1933, bevor sie in die Schweiz emigrieren mußte, in München das gegen die Nationalsozialisten gerichtete Kabarett „Die Pfeffermühle", mit dem sie drei Jahre lang in ganz Europa auftrat. Seit 1936 in den USA als Journalistin tätig; berichtete 1945/46 von den ↗Nürnberger Kriegsverbrecherprozessen. Schrieb Erzählungen, Essays und Jugendbücher. *ij*

Mann, Golo Historiker, *27.3.1909 München, †7.4.1994 Leverkusen. Sohn von Thomas ↗M., emigrierte 1933 mit diesem; war ab 1942 in den USA als Dozent tätig; 1960–64 Professor in Stuttgart, gab die „Propyläen-Weltgeschichte" (1960–65) heraus; verfaßte u.a.: Wallenstein (1971), Erinnerungen und Gedanken. Eine Jugend in Deutschland (1986). *ij*

Mann, Heinrich Schriftsteller, *27.3.1871 Lübeck, †12.3.1950 Santa Monica (Kalifornien). Bruder von Thomas ↗M. Seit 1893 freier Schriftsteller; wurde 1931 Präsident der Sektion Dichtkunst an der Preußischen Akademie der Künste. Ging 1933 nach Frankreich ins ↗Exil, wo er sich am politischen Kampf gegen den ↗Nationalsozialismus beteiligte; floh 1940 vor den deutschen Truppen in die USA.

Nach neuromantischen Anfängen (Die Göttinnen, 1902–03) wurde M. mit parodistisch-gesellschaftskritischen Romanen wie „Professor Unrat" (1905) und „Der Untertan" (1918) bekannt. Gemeinsam mit seinem Bruder Thomas, mit dem er indes über Jahre aus politischen Gründen entzweit war, repräsentierte M. die Literatur der ↗Weimarer Republik. Seit 1910 zahlreiche Essays (Geist und Tat, 1910; Zola, 1915). Im Exil verfaßte er zwei historische Romane um den französischen König Heinrich IV. (1935/38), in denen eine Entwicklung zu Humanität und positiver Machtausübung vorgeführt wird. *ij*

Mann, Klaus Schriftsteller, *18.11.1906 München, †21.5.1949 Cannes. Sohn von Thomas ↗M.; Theaterautor; spielte u.a. mit seiner Schwester Erika ↗M. und ↗Gründgens in eigenen Stücken (Anja und Esther, 1925). Ging 1933 ins Amsterdamer Exil; gab dort die literarische Emigrantenzeitschrift „Die Sammlung" heraus; seit 1936 in den USA. Später – als US-Soldat – in Deutschland; beging Selbstmord.

M.s autobiographisch geprägtes Werk beschreibt Existenzformen jenseits bürgerlicher Normbegriffe. Sein Schlüsselroman „Mephisto" (1936), in dem auf ↗Gründgens' Rolle im Dritten Reich angespielt wird, wurde auf Betreiben dessen Adoptivsohns 1966 in der ↗Bundesrepublik verboten; Neuauflage 1981. *ij*

Thomas Mann

Mann, Thomas Schriftsteller, *6.6.1875 Lübeck, †12.8.1955 Kilchberg (bei Zürich). Bruder von Heinrich ↗M.; herausragender deutscher Erzähler des 20. Jh.s. M. kommentierte den ↗Ersten Weltkrieg mit nationalkonservativer Polemik (Betrachtungen eines Unpolitischen, 1918), die zu einem bis 1922 andauernden Zerwürfnis mit seinem Bruder Heinrich führte. Emigrierte 1933, ging 1938 in die USA (1944 amerikanischer Staatsbürger); kehrte 1952 nach Europa zurück. M.s frühe Prosa zeigt eine Welt, in der Bürger und Künstler in unaufhebbarer psychologischer Getrenntheit voneinander existieren (Novellenbände: Der kleine Herr Friedemann, 1898; Tristan, 1903). Für seinen Familienroman „Buddenbrooks" (1901) erhielt er 1929 den Nobelpreis für Literatur. In den Romanen „Der Zauberberg" (1924) und „Doktor Faustus" (1947) resümiert M. in einem von Präzision, ironischer Distanz und leitmotivischer Komposition bestimmten Stil die geistesgeschichtlichen Ereignisse, die die – jeweils in einen Weltkrieg mündenden – Entwicklungen des 20. Jh.s vorgeformt haben. M. bezog in zahlreichen Essays Stellung zu politischen, philosophischen und literarischen Fragen. *ij*

Mannesmann, Reinhard Unternehmer, *13.5. 1856 Remscheid, †20.2.1922 ebd. Entwickelte mit seinem Bruder Max M. das Schrägwalzverfahren zur Produktion nahtloser Röhren; gründete 1890 mit seinen vier Brüdern die Deutsch-Österreichische Mannesmann-Röhrenwerke AG (Kern des heutigen ↗Mannesmann-Konzerns). *UK*

Mannesmann-Konzern Von Reinhard ↗Mannesmann und dessen Brüdern 1890 in Berlin als Deutsch-Österreichische Mannesmann-Röhrenwerke AG gegründete Firma. Seit 1893 Sitz in Düsseldorf; bis 1900 als Familienunternehmen geführt; umfaßt v.a. die Bereiche Hütten- und Röhrenwerke, Maschinen- und Anlagenbau, Chemie und Kunststoffverarbeitung sowie Telekommunikation. *UK*

Mannheim, Schloß Als Sitz der pfälzischen ↗Kurfürsten 1720–60 erbaut; größtes Barock-Schloß Deutschlands; heute größtenteils Universität. *RB*

Mansfeld Grafengeschlecht im Ostharz; im 11. Jh. erstmals erwähnt; teilte sich 1475 in die Linien M.-Hinterort und M.-Vorderort, von der sich 1502 die M.-Bornstedter abspalteten, die 1600 Reichsfürsten wurden und 1780 als letzte Linie der M.s ausstarben; der Großteil des Besitzes ging an Kursachsen und ↗Preußen. *rh*

Mansfeld, Albrecht Graf von *18.6.1480 Leipzig, †4.3.1560. Landesherr Martin ↗Luthers, Vorkämpfer der ↗Reformation; 1547 von Kaiser ↗Karl V. geächtet, 1552 restituiert. *rh*

Mansfeld, Ernst Graf von Protestantischer Heerführer, *1580 Luxemburg, †29.11.1626 Rakovica (bei Sarajewo). Kämpfte im ↗Dreißigjährigen Krieg seit dem ↗Böhmischen Aufstand auf seiten der Protestanten; nach einigen Erfolgen für ↗Friedrich V. von der Pfalz 1622 von ↗Tilly entscheidend geschlagen; eroberte mit Moritz von Oranien ↗Ostfriesland; 1626 von ↗Wallenstein bei der Dessauer Brücke besiegt. *rh*

Manstein, Erich von Generalfeldmarschall, *24.11.1887 Berlin, †10.6.1973 Irschenhausen (Bayern). Plante die Umgehung der Maginot-Linie („Sichelschnitt") beim Angriff auf Frankreich; im deutsch-sowjetischen Krieg seit 1942 Oberbefehlshaber der Heeresgruppe Don (Süd), in deren Bereich die Schlacht von ↗Stalingrad stattfand; am 30.3.1944 entlassen; Ende 1949 von einem britischen Gericht zu Haft verurteilt, 1953 vorzeitig freigelassen; prägte mit seinen 1955 erstmals erschienenen Erinnerungen „Verlorene Siege" das Bild einer ↗Wehrmacht, die angeblich nur durch ↗Hitlers Unfähigkeit den Krieg verloren habe. *PS*

Manteuffel, Otto Theodor Freiherr von Preußischer Ministerpräsident, *3.2.1805 Lübben (Brandenburg), †26.11.1882 Krossen (Brandenburg). Seit 1833 in der preußischen Verwaltung; 1848–58 Minister des Innern; löste die preußische Nationalversammlung auf und oktroyierte die Verfassung (in Kraft am 31.1.1850) und das Dreiklassenwahlrecht; 1850–58 Ministerpräsident und Außenminister; schloß 1850 die ↗Olmützer Punktation mit Österreich ab; 1858 von Kaiser ↗Wilhelm I. im Zuge der ↗Neuen Ära entlassen. *sa*

Manufakturen (lat.: manu facere = mit der Hand machen) Im 17. und 18. Jh. zur Blüte gelangte Betriebsform, die sich durch Zusammenfassung von Arbeitern unter einem Dach, Arbeitsteilung, Trennung von Arbeits- und Wohnort und noch geringem Maschineneinsatz sowie die Trennung von Arbeiter und Unternehmer auszeichnete. In Deutschland wurden M. durch die Aufträge der Landesherren für Hof (Luxusgüter wie z.B. Porzellan) und Armee (Waffen) verbreitet und gefördert; beschäftigten v.a. den nicht durch ↗Zünfte gebundenen Teil der Bevölkerung, auch Strafgefangene und Kinder aus Waisenhäusern (↗Kinderarbeit). Seit der ↗Industrialisierung von der Fabrik abgelöst, findet das M.-System u.a. in der Porzellanherstellung heute noch Anwendung. *dt*

Marburger Religionsgespräch (1529) Auf Veranlassung des Landgrafen ↗Philipp der Großmütige in Marburg zur Ausräumung der theologischen Gegensätze zwischen den Wittenberger und den Schweizer Reformatoren abgehalten. Das Gespräch zwischen den Hauptbeteiligten Martin ↗Luther, Zwingli und ↗Melanchthon scheiterte an der Uneinigkeit zur Frage, ob Christus real oder symbolisch in Brot und Wein des Abendmahls präsent sei. *rm*

Marc, Franz Maler, Graphiker, * 8. 2. 1880 München, † 4. 3. 1916 bei Verdun. Bedeutender Vertreter des ↗Expressionismus; gründete 1911 mit ↗Kandinsky die Gruppe „Der ↗Blaue Reiter"; malte nach impressionistischen Anfängen, beeinflußt von Kandinsky, Robert Delaunay und vom Kubismus, v. a. Tiere in der Natur. *rw*

Märchen Diminutiv von Mär (Kunde, Bericht). Erzählgattung, die kurze, frei erfundene Geschichten aus anonymer (Volks-M.) oder individueller Dichterwerkstatt (Kunst-M.) zusammenfaßt; ursprünglich, bes. in analphabetischen Gesellschaften, Erzählgut der Erwachsenen; auch Vorläufer der ↗Zeitung; im 18. Jh. aufklärerisch bedingter Bedeutungswandel zu einer Geschichte, die Kindern erzählt wurde; im 19. Jh. rege Sammelbewegung der Romantiker (↗Romantik) und mehrere M.-Editionen wie z. B. die ↗Kinder- und Hausmärchen von Jakob und Wilhelm ↗Grimm. Im 20. Jh. begann die Tiefenpsychologie, die im M. geschilderten bewältigten oder unbewältigten Konfliktsituationen für therapeutische Zwecke und praktische Lebenshilfe einzusetzen. Ebenso erfolgte eine Wiederbelebung der Erzähltradition und die Erzählforschung konnte nennenswerte Ergebnisse erzielen. *ku*

Marcuse, Herbert Philosoph, * 19. 7. 1898 Berlin, † 29. 7. 1979 Starnberg. 1933 Emigration; seit 1934 in den USA; Professor in Waltham und San Diego; einer der bedeutendsten Vertreter der ↗kritischen Theorie; analysierte und kritisierte (so in „Der eindimensionale Mensch", 1964) den wissenschaftlich-technischen Fortschritt und die kapitalistische Produktionsweise; suchte mit psychoanalytischen Mitteln die Bedürfnisbefriedigung als scheinbare und den Konsum als Zwang zu entlarven; beeinflußte in hohem Maße die Studentenbewegung (↗Studentenproteste) der sechziger Jahre. *bl*

Margarete Maultasch, Gräfin von Tirol * 1318, † 3. 10. 1369 Wien. Erbtochter Herzog Heinrichs VI. von Kärnten, 1335 Gräfin von Tirol; nach Scheidung von Johann Heinrich von Luxemburg 1342 mit Ludwig dem Älteren von Brandenburg vermählt; trat 1363 Tirol an ↗Rudolf IV. von Österreich ab. *ku*

Maria Theresia Erzherzogin von Österreich, Königin von Ungarn und Böhmen, * 13. 5. 1717 Wien, † 29. 11. 1780 ebd. 1740 trat die Tochter Kaiser ↗Karls VI., der ohne männlichen Erben gestorben war, aufgrund der ↗Pragmatischen Sanktion von 1713 die Regentschaft als Erzherzogin von ↗Österreich und Königin von Ungarn (1741) und Böhmen (1743) an.

Nach außen mußte sie ihre Anerkennung erkämpfen: gegen ↗Friedrich II., den Großen, mit dem ↗Preußen in den ↗Schlesischen Kriegen (1740–63) zur zweiten deutschen Großmacht wurde; im ↗Österreichischen Erbfolgekrieg (1741–48) gegen die ↗Wittelsbacher um die Thronfolge in den habsburgischen Ländern. 1742 ging durch den bayrischen Kurfürsten Karl Albrecht (Kaiser ↗Karl VII.) die Kaiserwürde für drei Jahre verloren. Nach dessen Tod und dem Sieg gegen ↗Bayern wurde der Gemahl von M.T., ↗Franz I. Stephan, 1745 zum Kaiser gekrönt. 1765 übernahm ihr Sohn, Kaiser ↗Joseph II., dessen Rolle als Mitregent und bestimmte von nun an die Außenpolitik. Die Gewinnung Galiziens (1772) und der Bukowina (1775) konnte jedoch den Verlust ↗Schlesiens an Preußen und die Schwächung der Position in Deutschland nicht wettmachen.

Erfolgreich waren die unter Friedrich Wilhelm von ↗Haugwitz durchgeführten innenpolitischen Theresianischen Reformen: Das Heer wurde neu organisiert. Finanz-, Steuer- und Justizverwaltung gingen von den ↗Landständen an eine Zentrale am Wiener Hof. Deren Koordination übernahm ab 1760 als politisches Machtzentrum der Staatsrat unter Fürst ↗Kaunitz (für Ungarn nur in der Außenpolitik und Militärverwaltung). Aus einer Vereinigung von Kronländern entstand so die Habsburgermonarchie als föderaler Gesamtstaat. Der Einfluß der Kirche wurde vermindert, Handel und Gewerbe gefördert, die Abgaben der Bauern begrenzt. Ein einheitliches Zivil- und Strafgesetzbuch geplant, 1776 die ↗Folter abgeschafft, für breite Schichten wurde die weltliche Bildung verbessert. Reformen, ihre Persönlichkeit und 16 Kinder verhalfen M.T. zu bes. Popularität. *rh*

Marienburg Ehemaliges Ordensschloß und Burg des ↗Deutschen Ordens in Westpreußen (Polen); erbaut zwischen 1272 und 1398; ab 1309 geistiges und administratives Zentrum des Ordens. 1466 fiel die M. an Polen, 1772 an ↗Preußen. Im ↗Zweiten Weltkrieg zerstört, wurde sie von Polen originalgetreu wieder aufgebaut. *RB*

Marienverehrung In der katholischen Theologie steht die M. (= die Verehrung der Mutter Jesu) vor der ↗Heiligenverehrung. Ihr Ursprung liegt in der Verehrung keltischer und germanischer Heiligtümer und damit verbundener Mutterkulte. Seit dem 5. Jh. werden der Mutter Gottes Kirchen geweiht; dadurch entstanden Wallfahrtsorte (im deutschsprachigen Raum Altötting, Mariazell, Einsiedeln) und Marienfeste. Die M. fand Ausdruck in der Mariendichtung des Hochmittelalters. Nach der ↗Reformation trug die M. zur Abgrenzung der ↗katholischen Kirche von reformatorischen Kirchen bei. Ab dem 19. Jh. wurde die M. durch marianische Dogmen (Unbefleckte Empfängnis, 1854; Aufnahme Marias in den Himmel, 1950) betont, und es entstanden marianische Bewegungen (in Deutschland z.B. Töchter Mariens, 1854; Schönstattwerk, 1914). *rm*

Marinebrigade Ehrhardt ↗Ehrhardt, Marinebrigade

Mark 1) Bei den Germanen freigegebenes, noch unerschlossenes Rodungsland.
2) Feld- und Landesgrenze.
3) Im ↗Frankenreich und dessen Nachfolgestaaten stark gesichertes Grenzgebiet, diente der Grenzverteidigung sowie der Gewinnung und Durchdringung von Neuland; ↗Markgraf. *wj*

Mark der Deutschen Demokratischen Republik Seit dem 1.1.1968 Bezeichnung für die Geldeinheit in der ↗DDR; im Rahmen der ↗Währungs-, Wirtschafts- und Sozialunion zum 1.7.1990 durch die westdeutsche Währung ↗Deutsche Mark abgelöst. *kl*

Mark der Deutschen Notenbank Ab dem 1.8.1964 Bezeichnung für die Währungseinheit in der ↗DDR, bis dahin als ↗Deutsche Mark bezeichnet; zum 1.1.1968 in ↗Mark der Deutschen Demokratischen Republik umbenannt. *kl*

Marketender Seit dem Altertum, bes. aber im 16.–18. Jh. Händler, die mit kriegführenden Truppen herumzogen und den Soldaten Gegenstände ihres Bedarfs (z.B. Kleidung), v.a. aber Lebensmittel verkauften. Zu Beginn des 20. Jh.s wurde die Beschaffung von M.-Artikeln den Versorgungstruppen des Heeres übertragen. *wj*

Markgraf Seit ↗Karl dem Großen königlicher Beamter, dem eine ↗Mark unterstand. Besaß größere Machtfülle als ein ↗Graf (z.T. vergleichbar mit ↗Herzog). Im 12. Jh. wurden die meisten M. Reichsfürsten; die M. von ↗Meißen und ↗Brandenburg erlangten später die Würde von ↗Kurfürsten. *wj*

Marktrecht 1) Im Mittelalter das Privileg (des Königs) zur Schaffung und Abhaltung eines festen oder temporären Marktes (↗Regalien).
2) Das geltende Recht am Marktort, zunächst nur für die Besucher, später für alle gültig; schloß insbesondere den Marktfrieden (↗Königsfriede) sowie das sichere Geleit und die Handelsfreiheit ein; Gewährleistung durch den Marktherrn erfolgte gegen Erhebung eines Marktzolles. Im M. findet das mittelalterliche Stadtrecht seinen Ausgangspunkt. *wj*

Markward von Annweiler Herzog, Reichstruchseß, †1202 Sizilien. Erzieher und seit 1184 als ↗Truchseß einflußreicher Berater ↗Heinrichs VI.; 1189/90 Begleiter Kaiser ↗Friedrichs I. auf dem ↗Kreuzzug; erhielt 1195 die Herzogtümer Ravenna und Romagna, wirkte seit 1196 nur noch in Süditalien. *li*

Marne, Schlacht (1914) Nebenfluß der Seine, vom 5.–12.9.1914 Schauplatz einer französischen Großoffensive gegen die vorrückenden deutschen Truppen zwischen Verdun und Paris. Der deutsche Vormarsch wurde zum Stehen gebracht, es folgte der Rückzug an die Aisne. Am 14.9. wurde Helmuth Johannes Ludwig von ↗Moltke deshalb durch ↗Falkenhayn als Chef der ↗OHL abgelöst. *PS*

Marokko-Kongo-Vertrag (1911) Am 4.11.1911 in Berlin zwischen Frankreich und dem ↗Deutschen Reich geschlossener Vertrag zur Beendigung der 2. ↗Marokkokrise; gestand Frankreich das Protektorat über Marokko zu, im Gegenzug trat Frankreich Teile des Kongogebietes zugunsten der deutschen Kolonie ↗Kamerun ab. *dt*

Marokkokrisen (1905/06, 1911) Politische Krisen 1905/06 und 1911, veranlaßt durch die französische Politik in Marokko und die deutschen Gegenaktionen.
1) Die 1. M. entzündete sich am Besuch Kaiser ↗Wilhelms II. in Tanger am 31.3.1905, der gegen die französische Durchdringung Marokkos Stellung bezog. Beigelegt durch die internationale Konferenz von Algeciras (Januar – April 1906): Bestätigung des Prinzips einer Politik der offenen Tür für Marokko, führte zugleich aber auch zur Isolierung des Deutschen Reiches.

2) Aufgrund der französischen Besetzung von Fès (östlich von Rabat) und der daraufhin erfolgten Entsendung des deutschen Kanonenbootes „Panther" (↗Panther-Sprung) nach Agadir entstand am 1.7.1911 die 2. M. Ein Ausgleich wurde gefunden, indem das Deutsche Reich das französische Protektorat über Marokko anerkannte und selbst in Äquatorialafrika entschädigt wurde; daraufhin Festigung der britisch-französischen Entente. *vK*

Maron, Karl Innenminister der DDR, *27.4. 1903 Berlin, †2.2.1975 ebd. Seit 1926 Mitglied der ↗KPD; 1935 Emigration in die Sowjetunion; 1945 mit der ↗Gruppe Ulbricht zurückgekehrt; seit 1950 stellvertretender, 1955–63 Innenminister; seit 1954 Mitglied des ↗Zentralkomitees der SED; 1958–63 Abgeordneter der ↗Volkskammer. *AM*

Marschall Eines der vier fränkischen ↗Hofämter mit Aufsicht über die Pferde bzw. Beschaffung von Quartieren. Seit 936 eines der Erzämter: Oberbefehlshaber des Heeres, seit dem 12. Jh. durch den Kurfürst von ↗Sachsen bekleidet; Erbamt der Familie von ↗Pappenheim; auch Aufsicht über gesamten Hofdienst an landesherrlichen und königlichen ↗Höfen (Hof-M.). *wj*

Marschall von Bieberstein, Adolf Freiherr Diplomat, *12.10.1842 Karlsruhe, †24.9.1912 Badenweiler (Baden). 1878–83 Mitglied des Reichstages; seit 1890 Staatssekretär des Äußeren; strebte eine Verständigung mit Großbritannien an; vergrößerte als Botschafter in Konstantinopel 1897–1912 den deutschen Einfluß im Orient erheblich. *sa*

Marshall-Plan ↗European Recovery Program

Martin, Jochen Historiker, *26.12.1936 Peischretscham (Ostpreußen). Seit 1976 Professor für Alte Geschichte und Historische Anthropologie in Freiburg (Breisgau); seit 1972 Mitherausgeber des Jahrbuches ↗Saeculum; innovative Methoden und Forschungen auch zur Universalgeschichte. *rw*

Marwitz, Friedrich August Ludwig von der Preußischer General, Politiker, *29.5.1777 Berlin, †6.12.1837 Friedersdorf (bei Küstrin). Vertreter einer patriarchalisch-ständischen Gesellschaftsordnung; Gegner der ↗preußischen Reformen; seit 1827 im Staatsrat; starker Einfluß auf den ↗Konservativismus durch seine posthum erschienenen Schriften. *rh*

Marx, Jenny Kommunistin, *14.2.1814 Salzwedel, †2.12.1881 London. Die der preußischen Adelsfamilie von Westphalen entstammende M. heiratete 1843 Karl ↗M., dem sie den Haushalt führte, Kinder gebar und als Assistentin, Sekretärin und Ratgeberin zur Seite stand. M. schrieb zudem Artikel für die „Frankfurter Zeitung". *nk*

Marx, Karl Philosoph, Nationalökonom, *5.5. 1818 Trier, †14.3.1883 London. 1835–41 Studium der Rechtswissenschaften, Geschichte und Philosophie in Bonn und Berlin; 1842/43 Redakteur der linksliberalen „Rheinischen Zeitung"; nach Heirat mit Jenny von Westphalen (Jenny ↗M.) ging M. 1843 nach Paris, wo er mit ↗Ruge die „Deutsch-Französischen Jahrbücher" herausgab und seine ersten Schriften zum ↗Sozialismus publizierte. 1845 aus Frankreich ausgewiesen, begab er sich nach Brüssel, wo er eine Reihe von Arbeiten (z.B. Die heilige Familie, 1845; Die Deutsche Ideologie, 1845/46; Das Elend der Philosophie, 1848) verfaßte; schloß sich der ↗Arbeiterbewegung an und schrieb mit ↗Engels für den ↗Bund der Kommunisten das ↗Kommunistische Manifest. Nach Ausweisung aus Belgien 1848 gab er bis 1849 die „Neue Rheinische Zeitung" in Köln heraus und ging, nach Scheitern der ↗Deutschen Revolution (1848), ins Londoner ↗Exil, wo er, von Engels fi-

Karl Marx

nanziell unterstützt, v.a. an seinen Hauptwerken (u.a. Das ↗Kapital) arbeitete. M. schuf mit seiner Geschichts- und Gesellschaftstheorie das wissenschaftliche Fundament der sozialistischen Bewegung, das, weiterentwickelt zum ↗Marxismus, zur ideologischen Basis zahlreicher sozialistischer Parteien und Staaten bzw. auch Regime wurde. Seine ökonomischen Studien lieferten die erste umfassende, kritische Analyse des ↗Kapitalismus. (189, 328) *nk*

Marx, Wilhelm Jurist, Politiker (Zentrum), *15.1.1863 Köln, †5.8.1946 Bonn. 1899–1918 Mitglied des preußischen Abgeordnetenhauses; 1910–18 und 1920–32 Mitglied des Reichstages; 1922–28 Vorsitzender des ↗Zentrums (Deutsche Zentrumspartei); 1923/24 Reichskanzler. Unter seiner Regierung gelang die Stabilisierung der Währung. Preußischer Ministerpräsident Januar – April 1925; unterlag 1925 gegen ↗Hindenburg bei der Wahl zum ↗Reichspräsidenten. 1926 war M. Reichsjustizminister, ab Mai 1926 bis Juni 1928 erneut Reichskanzler. *RB*

Marxismus Bezeichnet die von Karl ↗Marx und ↗Engels entwickelte Wirtschafts- und Gesellschaftstheorie des wissenschaftlichen ↗Sozialismus sowie die aus ihren Schriften weiterentwickelten Formen, die mit der Methode des ↗Historischen Materialismus die sozialistische Gesellschaftsordnung als zwangsläufiges Ergebnis der sozioökonomischen Entwicklung zu erweisen sucht. Je nach Auslegung und Akzentuierung dieser Lehre entstanden verschiedene Spielarten des M., der sich gegen Ende des 19. Jh.s in zwei Lager spaltete:
1) den evolutionären gemäßigten M., der a) in seiner u.a. von ↗Kautsky vertretenen orthodoxen Form die Marxschen Thesen beibehielt, b) als ↗Revisionismus (↗Bernstein) den revolutionären Weg für einen pragmatischen M. aufgab, c) als Neo-M. danach strebte, die Marxsche Lehre mit den sozialen, wirtschaftlichen und politischen Veränderungen in Einklang zu bringen (u.a. ↗Hilferding);
2) den doktrinären M., der bes. in seiner durch Lenin erheblich umgeprägten Form als ↗M.-Leninismus das geistige Fundament des ↗Kommunismus bildete. *nk*

Marxismus-Leninismus Begriff für die durch Wladimir Iljitsch Lenin weiterentwickelte Theorie des ↗Marxismus; Lenin verstand dabei den ↗Kapitalismus zu Beginn des 20. Jh.s als ↗Imperialismus. Zur Herbeiführung der angestrebten proletarischen Weltrevolution wurde der organisatorische Zusammenschluß aller revolutionären Kräfte unter der Führung der sowjetischen Kommunistischen Partei der Sowjetunion (KPdSU) angestrebt. In Deutschland wurde der M.-L. v.a. durch die ↗KPD vertreten. *RB*

Märzerrungenschaften Begriff für die im Zuge der ↗Märzrevolution (1848) von den deutschen Herrschern zugesagten liberalen Reformen: ↗Presse- und Versammlungsfreiheit, Aufstellen von Bürgergarden, Einrichtung von Geschworenengerichten, allg. Männerwahlrecht, Berufung von Ministerien mit liberalem Einschlag („Märzministerien"), Bildung einer deutschen ↗Nationalversammlung. *vK*

Märzrevolution (1848) Bezeichnung für die revolutionären Erhebungen in ↗Bayern, ↗Baden, ↗Württemberg, ↗Hessen-Darmstadt, Nassau u.a. deutschen Staaten im März 1848 (↗Deutsche Revolution). *vK*

Masur, Kurt Dirigent, *18.7.1927 Brieg (Schlesien). Seit 1970 Gewandhauskapellmeister, seit 1975 Professor der Musikhochschule in Leipzig; beteiligte sich 1989 aktiv an den Leipziger ↗Montagsdemonstrationen; Chefdirigent der New Yorker Philharmoniker seit 1990; setzt sich durch zahlreiche Uraufführungen v.a. für zeitgenössische Musik ein. *LA*

Mata Hari (eigentlich Margaretha Zelle) Tänzerin, *7.8.1876 Leeuwarden (Niederlande), †15.10. 1917 Vincennes (Frankreich). In Frankreich festgenommen und wegen Spionageverdachts für Deutschland hingerichtet. Als „schöne und geheimnisvolle Spionin" wurde ihr Leben Stoff für zahlreiche Romane und Verfilmungen. *PS*

Materialschlachten Bezeichnung für mit großem Aufwand an schweren Waffen geführte Schlachten, mit dem Ziel, den Gegner durch übermächtigen Materialeinsatz zu besiegen. V.a. im ↗Ersten Weltkrieg an der Westfront zur Erzwingung von Offensiven; weitgehend erfolglos und mit immensen Verlusten verbunden (z.B. ↗Verdun, Schlacht). *PS*

Matern, Hermann DDR-Politiker, *17.6.1893 Burg (bei Magdeburg), †24.1.1971 Berlin (Ost). Seit 1919 Mitglied der ↗KPD; nach seiner Verhaftung 1933 Flucht; 1934 Teilnahme am bewaffneten ↗Widerstand; 1941 in die Sowjetunion gezogen; 1943 Mitglied des ↗NKFD; Rückkehr 1945; 1946 Gründungsmitglied der ↗SED; ab 1949 Vorsitzender der Parteikontrollkommission des ↗Politbüros; an den Parteisäuberungen während der ↗Entstalinisierung beteiligt. *AM*

Mathilde Äbtissin, Reichsverweserin, *955, †8.2.999 Quedlinburg. Tochter ↗Ottos I., des Großen; seit 966 Äbtissin von Quedlinburg; war eine Vertraute ihres Neffen ↗Otto III., der sie mit der Stellvertretung beauftragte. *dh*

↗Habsburg regeln, dessen Haupt er 1606 wurde; ließ sich von Rudolf 1608 Ungarn, Österreich und Mähren, 1611 auch ↗Böhmen abtreten; 1612 Kaiser; erstrebte einen interkonfessionellen Ausgleich, konnte jedoch den Ausbruch des ↗Dreißigjährigen Krieges in Böhmen (an seinen Vetter ↗Ferdinand II. 1617 abgegeben) nicht verhindern. *rh*

Unter Bewachung eines DDR-Grenzsoldaten wird eine Lücke in der Berliner Mauer geschlossen.

Mathy, Karl Politiker, *17.3.1806 Mannheim, †3.2.1868 Karlsruhe. 1842 in den badischen ↗Landtag gewählt; 1864 Handelsminister; bemühte sich bes. um den Beitritt ↗Badens zum ↗Norddeutschen Bund. *nk*

Matthias Römisch-deutscher Kaiser, *24.2.1557 Wien, †20.3.1619 ebd. 1593 Statthalter in ↗Österreich, beraten von ↗Klesl; wollte gegen seinen Bruder Kaiser ↗Rudolf II. die Nachfolge im Hause

Mauerbau ↗Berliner Mauer ↗deutsch-deutsche Grenze

Maueröffnung Öffnung der ↗Berliner Mauer und der ↗deutsch-deutschen Grenze in der Nacht vom 9. auf den 10.11.1989 nach einer mißverständlichen Äußerung des Mitglieds des ↗Politbüros ↗Schabowski über ein neues Reisegesetz und einer Meldung über die M. in der westdeutschen Nachrichtensendung „Tagesschau"; Ansturm vieler

Bürger Ost-Berlins auf die Grenzübergänge, gegen 22.30 Uhr zunächst Öffnung des Grenzübergangs Bornholmer Straße in Berlin, später auch der anderen Übergänge. *kl*

Maueropfer Gescheiterte Fluchtversuche aus der ↗DDR; aufgrund des ↗Schießbefehls kam es mindestens zu 400, wahrscheinlich aber zu annähernd 1000 Todesfällen seit 1949, einschließlich der Fluchtversuche von DDR-Bürgern an anderen Grenzen des ↗Warschauer Paktes; nach dem Bau der ↗Berliner Mauer wurden bis 1989 ca. 60 000 Menschen wegen „versuchter Republikflucht" inhaftiert und verurteilt. *kl*

Mauerschützenprozesse Strafverfahren in der Bundesrepublik nach 1990 gegen die für den Tod von ↗Flüchtlingen an der ↗deutsch-deutschen Grenze verantwortlichen Soldaten, Offiziere und Politiker (↗Maueropfer); Freisprüche und Verurteilungen wegen Totschlag, da eine Tötungsabsicht nicht bewiesen werden konnte; Verurteilung des ehemaligen Verteidigungsministers der DDR ↗Keßler wegen Anstiftung zum Totschlag, da er für den ↗Schießbefehl mit verantwortlich war. *kl*

Maulbronn, Kloster Im 12.–15. Jh. erbaute weitläufige Klosteranlage der ↗Zisterzienser im Kraichgau (Württemberg). Nach der ↗Säkularisation wurde in M. ab 1534 eine evangelische Klosterschule etabliert; heute Tagungszentrum und Weltkulturerbe. *RB*

Maultasch, Margarete ↗Margarete Maultasch

Maunz, Theodor Jurist, *1.9.1901 Dachau, †19.9.1993 München. 1937–45 Professor an der Universität Freiburg (Breisgau), 1952–71 in München. Bayrischer Staatsminister für Unterricht und Kultus (1957–64), Rücktritt 1964 aufgrund seiner Veröffentlichungen im ↗Nationalsozialismus; juristischer Berater von ↗Frey. *sb*

Maurus, Hrabanus ↗Hrabanus Maurus

Mauthausen Seit Ende 1938 ↗Konzentrationslager bei Linz (Österreich), in das neben Sinti und Roma v.a. Osteuropäer verbracht wurden. Die Häftlinge mußten unter härtesten Bedingungen in Steinbrüchen, später auch in der Rüstungsindustrie ↗Zwangsarbeit leisten. Ab 1941 begann man mit der systematischen Ermordung von Häftlingen, die ab 1942 auch im Lager selbst durchgeführt wurde. In M. und seinen zahlreichen Außenlagern

Maueröffnung

starben bis zur Befreiung durch US-Einheiten am 5.5.1945 über 100000 Menschen. (285) *PS*

Max, Prinz von Baden Reichskanzler, *10.7. 1867 Baden-Baden, †6.11.1929 Konstanz. Am 3.10.1918 wurde der badische Thronfolger und Liberale von Kaiser ↗Wilhelm II. zum Reichskanzler ernannt, nachdem die deutsche Heeresführung den Krieg (↗Erster Weltkrieg) verloren gegeben hatte. M. unterzeichnete das Ersuchen der ↗Obersten Heeresleitung um sofortigen Waffenstillstand, leitete die Parlamentarisierung der Reichsregierung ein und schaffte das ↗Dreiklassenwahlrecht ab. Unter dem Druck der Ereignisse der ↗Novemberrevolution verkündete er am 9.11.1918 eigenmächtig die Abdankung des Kaisers und übergab die Wahrnehmung der Geschäfte des Reichskanzlers an Friedrich ↗Ebert (*1871). *RB*

Maximilian

Deutsche Könige und Kaiser:

Maximilian I. *22.3.1459 Wiener Neustadt, †1.1.1519 Wels. Sohn Kaiser ↗Friedrichs III., seit 1486 König, seit 1508 Kaiser. Erwarb Burgund durch die Heirat mit Maria von Burgund (1477) und konnte in langen Kämpfen gegen Frankreich (1482–93) fast alle burgundischen Länder behaupten.

Seit 1493 Herrscher über alle habsburgischen ↗Erblande, begründete er durch die Verbindung mit Spanien (1496 Heirat seines Sohnes Philipp mit Johanna der Wahnsinnigen) und mit Ungarn-Böhmen (1515 Doppelhochzeit zweier seiner Enkel) die Weltmachtstellung Habsburgs. Willigte, um die ↗Reichsstände für seine Politik zu gewinnen, in die ↗Reichsreform ein. Erfolglos agierte M. in Italien und konnte auch das faktische Ausscheiden der ↗Schweiz aus dem Reichsverband (1499) nicht verhindern. Nahm 1508 den Titel „Erwählter römischer Kaiser" an. „Der letzte Ritter" war ein Förderer des ↗Humanismus, der Wissenschaft und der Kunst sowie Mitverfasser der Werke „Teuerdank" und „Weißkunig". *dh*

Maximilian II. *31.7.1527 Wien, †12.10.1576 Regensburg. Sohn Kaiser ↗Ferdinands I.; 1548–50 Regent in Spanien; hegte Sympathien für den ↗Protestantismus, hielt aus politischer Rücksichtnahme äußerlich am Katholizismus fest; 1562 König von ↗Böhmen, 1563 von Ungarn, 1564 Kaiser; erstrebte eine Einigung der Konfessionen; im ↗Türkenkrieg 1566–68 ohne Erfolg. *rh*

Bayern:

Maximilian I. Herzog, Kurfürst, *17.4.1573 München, †27.9.1651 Ingolstadt. 1597 Herzog; begründete 1609 die katholische ↗Liga (mit ↗Tilly als Befehlshaber); führender katholischer ↗Reichsfürst im ↗Dreißigjährigen Krieg; erhielt 1623 (endgültig im ↗Westfälischen Frieden) die Kurwürde und 1628 die Oberpfalz; reformierte die bayrische Verwaltung; errichtete die Münchner Residenz. *rh*

Maximilian II. Emanuel Kurfürst, *11.7.1662 München, †26.2.1726 ebd. Enkel von ↗M. I.; 1679 Kurfürst; kaiserlicher Feldherr in den ↗Türkenkriegen (1683 und 1686–88); 1692 Statthalter in den Niederlanden; im ↗Spanischen Erbfolgekrieg (1701–14) auf französischer Seite; nach der Niederlage gegen das kaiserliche Heer bei ↗Höchstädt (1704) aus ↗Bayern vertrieben und 1706 geächtet; erhielt 1714 Bayern zurück. *rh*

Maximilian I. Joseph König, *27.5.1756 Mannheim, †12.10.1825 Nymphenburg. 1799 Kurfürst von Pfalz-Bayern (als M. IV.); verbündete sich 1801 mit ↗Napoleon I., dadurch 1806 König und großer Gebietszuwachs; trat 1813 der Allianz gegen Napoleon bei; überließ die Politik weitgehend seinem Minister ↗Montgelas; gab Bayern 1818 eine Verfassung. *rh*

Maximilian II. Josef König, *28.11.1811 München, †10.3.1864 ebd. Sohn ↗Ludwigs I. von Bayern; studierte Geschichte und Staatsrecht bei ↗Dahlmann und ↗Ranke; seit 1836 im Staatsrat. 1848 trat M. – nachdem sein Vater abgedankt hatte – die Regierung an. Außenpolitisch lehnte sich diese unter dem leitenden Minister ↗Pfordten, der ein Verfechter der ↗Triaspolitik war, an ↗Österreich an; innenpolitisch wurden Reformen durchgeführt (u.a. Trennung von Verwaltung und Justiz). M. war ein Förderer der Künste und Wissenschaften, der auch zahlreiche Kulturschaffende und Wissenschaftler nach München berief; er gründete 1858 die Historische Kommission der Akademie der Wissenschaften. *ij*

Köln:

Maximilian Franz Xaver Erzbischof von Köln, Erzherzog von Österreich, *8.12.1756 Wien, †27.7.1801 Hetzendorf (bei Wien). Sohn ↗Maria Theresias; 1784 Hochmeister des ↗Deutschen Ordens, Erzbischof und letzter Kurfürst von Köln; reformierte das Justiz- und Schulwesen; eröffnete 1786 die Universität Bonn. *rh*

Max-Planck-Gesellschaft zur Förderung der

Wissenschaften e.V. 1948 als Rechtsnachfolgerin der ↗Kaiser-Wilhelm-Gesellschaft zur Förderung der Wissenschaften gegründet; Verwaltungssitz ist München, juristischer Sitz Göttingen. In ihren Instituten wird vorwiegend Grundlagenforschung betrieben. Organe der M.-P.-G. sind der Präsident, der Senat und der Wissenschaftliche Rat. *ij*

May, Karl Schriftsteller, *25.2.1842 Ernstthal (Erzgebirge), †30.3.1912 Radebeul. Ausbildung zum Lehrer; wurde wegen Betrugsdelikten zu Haftstrafen von insgesamt acht Jahren verurteilt; Redakteur in Dresden. M.s in fernen Ländern angesiedelte Abenteuerromane wurden außerordentlich populär (Gesamtauflage in Deutschland ca. 100 Mio.); zahlreiche Übersetzungen; Verfilmungen. Werke u.a.: Winnetou (1878/93/1910), Der Schut (1888), Durch die Wüste (1892), Der Schatz im Silbersee (1890/91). *ij*

Maybach Automobilmarke. Benannt nach Wilhelm M.; Produktion von M.-Fahrzeugen nach dem Ersten Weltkrieg in Friedrichshafen in einem 1909 von Wilhelm M., seinem Sohn Karl M. und Graf von ↗Zeppelin zur Herstellung von Luftschiffmotoren gegründeten Werk. *UK*

Mayer, Gustav Historiker, *4.10.1871 Prenzlau (Brandenburg), †21.2.1948 London. Engagement in der europäischen sozialistischen Bewegung; seit 1919 Hochschullehrer, 1922 außerordentlicher Professor für Geschichte in Berlin; wurde 1933 wegen seiner jüdischen Abstammung entlassen; emigrierte über die Niederlande nach Großbritannien. M. verfaßte u.a. eine Engels-Biographie (1919–34) und gab die nachgelassenen Briefe und Schriften von ↗Lassalle (1921–25) heraus. *ij*

Mayer, Julius Robert von Arzt, Naturforscher, *25.11.1814 Heilbronn, †20.3.1878 ebd. Erkannte 1842 den Zusammenhang von mechanischer Arbeit und Wärme; formulierte daraus den ersten Hauptsatz der Thermodyamik sowie 1845 das Gesetz von der Erhaltung der Energie. *nk*

McCloy, John US-amerikanischer Politiker, *31.3.1895 Philadelphia, †11.3.1989 Stanford (Connecticut). 1949–52 Hoher Kommissar der US-Regierung in Deutschland; trat für die Normalisierung der wirtschaftlichen und politischen Beziehungen zu Deutschland ein; war an der Planung und Durchführung des ↗Marshall-Plans beteiligt. *AM*

Mechthild von Hackeborn Mystikerin, *1241, †19.11.1299 Kloster Helfta (bei Eisleben). Zisterzienserin seit ihrem siebten Lebensjahr; hatte zahlreiche Visionen, welche ihre Schwester ↗Gertrud von Helfta im „Buch von der besonderen Gnade" (Liber specialis gratiae) niederschrieb; wird als Heilige verehrt. *sm*

Mechthild von Magdeburg Mystikerin, *um 1210 in Niedersachsen, †um 1297 Kloster Helfta (bei Eisleben). Erstes mystisches Erlebnis mit zwölf Jahren. Die Heilige verbrachte 30 Jahre in Magdeburg, wo sie als Begine lebte; verfaßte als erste mystische und kirchenkritische Schriften in deutscher Sprache, die unter dem Titel „Das fließende Licht der Gottheit" zusammengefaßt wurden. *sm*

Meckel, Johannes Markus Außenminister der DDR, *18.8.1952 Münchenberg. Versuchte nach der ↗Wende (1989) mit der ↗SDP eine Ost-SPD zu gründen; 1990 Parteivorsitzender, Außenminister und Vertreter für die Verhandlungen zur ↗Wiedervereinigung; seit 1990 Mitglied des Bundestages und der Kommission zur Aufarbeitung der DDR-Geschichte. *AM*

Mecklenburg Historisches Gebiet im Nordosten Deutschlands. Nach germanischer Besiedlung ab ca. 600 von Slawen (Abodriten und Wilzen) bewohnt, die von ↗Karl dem Großen, sowie von König ↗Heinrich I. unterworfen wurden. In Aufständen 938 und 1066 Empörung gegen die deutsche Herrschaft; im 11. Jh. Entstehung des abodritischen Fürstentums M.; nach dänischer Lehnshoheit (bis 1227) Herausbildung mehrerer, meist bald wieder erloschener Linien der bis 1918 regierenden Dynastie von M.; erneute Teilungen des 1348 zum Herzogtum erhobenen Landes, dessen Zusammenhalt durch die landständische Union (1523) gewährleistet wurde; 1701 Entstehung der Herzogtümer M.-Schwerin und M.-Strelitz, die 1815 Großherzogtümer wurden (bis 1918); 1934 Vereinigung zum Land M. *wm*

Mecklenburg-Vorpommern (Bundesland) Landeshauptstadt Schwerin. M.-V. wurde aus den beiden ehemaligen Großherzogtümern ↗Mecklenburg-Schwerin, Mecklenburg-Strelitz sowie dem westlichen Teil der früheren preußischen Provinz ↗Pommern gebildet; 1945 als Land konstituiert und 1952 in die DDR-Bezirke Rostock, Schwerin und Neubrandenburg aufgeteilt; seit 1990 ↗Bundesland. 1992–98 führte Bernd Seite (CDU) als Ministerpräsident – ab 1996 in einer großen Koalition mit der ↗SPD – die Landesregierung von M.-V. Seit 1998 ist Harald Ringstorff

(SPD) Ministerpräsident und regiert zusammen mit der ↗PDS. *RB*

Mediatisierung Im ↗Heiligen Römischen Reich Unterstellung eines ↗reichsunmittelbaren ↗Standes unter die ↗Landeshoheit eines anderen Standes; hauptsächlich zwischen 1803 (↗Reichsdeputationshauptschluß) und 1806 (Errichtung des ↗Rheinbundes). *vK*

Medizin ↗Volksmedizin

Meerssen, Vertrag (870) Am 8.8.870 in M. (bei Maastricht) geschlossener Vertrag: Nach dem Tode König Lothars II. (869) wurde dessen Gebiet zwischen ↗Karl II. dem Kahlen (Westhälfte Lothringens), und ↗Ludwig dem Deutschen (Osthälfte Lothringens mit ↗Aachen und Metz sowie zwei Dritteln Frieslands) geteilt. *wm*

Mehrheitssozialisten (MSPD) Bezeichnung für die ↗SPD nach der Abspaltung der ↗USPD 1917; Wiedervereinigung 1922. *RB*

Mehring, Franz Politiker, Journalist, *27.2.1846 Schlawe (Pommern), †29.1.1919 Berlin. M. schrieb für bürgerliche und sozialdemokratische ↗Zeitungen (u.a. für die Leipziger Volkszeitung); als Mitglied der ↗SPD war er 1916 Mitbegründer des ↗Spartakusbundes und ab 1917 Abgeordneter der ↗USPD; schrieb 1897/98 ein Werk über die Geschichte der deutschen Sozialdemokratie. *RB*

Mehring, Walter Schriftsteller, *29.4.1896 Berlin, †3.10.1981 Zürich. Expressionistische Gedichte; Kabarettautor; war an der Gründung des Berliner ↗Dada maßgeblich beteiligt. Sein Stück „Der Kaufmann von Berlin" (Musik von ↗Weill, Uraufführung 1929) erregte den größten Theaterskandal der ↗Weimarer Republik. M. emigrierte 1933 nach Frankreich; floh 1940 weiter in die USA. Veröffentlichte u.a.: Die verlorene Bibliothek. Autobiographie einer Kultur (1951, deutsch 1952). *ij*

Meierrecht Im Mittelalter Bezeichnung für bäuerliches Pachtverhältnis auf Zeit. Meier waren ursprünglich unfreie Verwalter der Fronhöfe, die später bis in die Ministerialität (↗Ministerialen) aufstiegen. Sie erhielten die Höfe seit dem 12. Jh. auf Pachtbasis, konnten spätestens im 16. Jh. eine Erblichkeit ihres Besitzes erwirken; auch das Hufenland (↗Hufe) der abhängigen ↗Bauern wurde vielfach nach M. vergeben. *wj*

Meinecke, Friedrich Historiker, *30.10.1862 Salzwedel, †6.2.1954 Berlin. Professor in Straßburg, Freiburg und ↗Berlin (Gründungsrektor der Freien Universität); Herausgeber der ↗„Historischen Zeitschrift"; verurteilte den ↗Nationalsozialismus; prägte die deutsche ↗Geschichtsschreibung vom Kaiserreich bis nach 1945 und die Entstehung der Ideengeschichte; schrieb u.a. Die deutsche Katastrophe (1946). *rw*

Meinhof, Ulrike Journalistin, RAF-Mitglied, *7.10.1934 Oldenburg, †9.5.1976 Stuttgart. 1960–64 Redakteurin der Zeitschrift „Konkret"; gründete zusammen mit Andreas ↗Baader die ↗RAF; 1972 verhaftet, Prozeßbeginn 1975 (↗Stammheimer Terroristenprozesse); verübte vor der Urteilsverkündung Selbstmord. *AM*

Mein Kampf Titel, unter dem die beiden von ↗Hitler verfaßten Bücher „Eine Abrechnung" (1924 in der Haft entstanden, 1925 erschienen) und „Die nationalsozialistische Bewegung" (1926) seit 1930 erschienen. Gilt als programmatische Schrift des ↗Nationalsozialismus, v.a. bezüglich der Forderung nach ↗Lebensraum und des ↗Antisemitismus. *PS*

Meinungsforschung ↗Demoskopie

Meisner, Joachim Kardinal, *25.12.1933 Lissa (bei Breslau). 1975–80 Weihbischof in Erfurt-Meiningen; 1980–83 Bischof von Berlin; 1982–89 Vorsitzender der Berliner Bischofskonferenz; 1983 Kardinal; seit 1989 Erzbischof von Köln. *AM*

Meißen Ostdeutsche Stadt an der mittleren Elbe, entstanden aus der 929 von König ↗Heinrich I. erbauten Burg Misni. 968 Errichtung des Bistums M. (Aufhebung 1581, Neugründung 1921) als Suffragan von ↗Magdeburg; 982 Einrichtung der Markgrafschaft M. Ende des 12. Jh.s erhielt M. ↗Stadtrecht. 1089/1123 gingen Stadt und Markgrafschaft M. an die ↗Wettiner über. 1423 Übertragung der sächsischen Kurwürde auf Markgraf Friedrich IV.; dadurch wurde M. Kernland des Kurfürstentums und späteren Königreiches ↗Sachsen. Nach Erbteilung 1485 fiel der größte Teil M.s, das 1710 durch ↗August II., den Starken, eine Porzellanmanufaktur erhielt, an die ↗Albertiner. *wm*

Meißner, Otto Beamter, *13.3.1880 Bischweiler (Elsaß), †27.5.1953 München. Seit 1920 Leiter des Büros des ↗Reichspräsidenten; ab 1923 Staatssekretär; verfaßte Schriften zum Staatsrecht der ↗Weimarer Republik. 1934–45 war M. Chef der Präsidialkanzlei ↗Hitlers (ab 1937 Reichsminister); in den ↗Nürnberger Kriegsverbrecherprozessen 1949 freigesprochen. *RB*

Meister Eckhart ↗Eckhart

Meistersang Eine v.a. in Süddeutschland von der bürgerlichen Stadtbevölkerung des 15./16. Jh.s entwickelte Liedkunstform. Wurde von Meistersingern in sog. Singschulen ausgeübt; formal und inhaltlich orientiert an mittelalterlicher Spruchdichtung und dem ↗Minnesang; umfaßte breites Repertoire geistlicher und weltlicher Themen. Zentren des M.s waren Mainz und Nürnberg. *ep*

Melanchthon, Philipp (eigentlich Schwartzerd) Reformator, *16.2.1497 Bretten, †19.4.1560 Wittenberg. Der humanistisch gebildete Großneffe ↗Reuchlins wurde 1518 Professor für Griechisch, 1519 zusätzlich für Theologie in Wittenberg, wo er sich mit Martin ↗Luther befreundete, dessen reformerische Ideen er unterstützte. M. wirkte v.a. als Systematiker der lutherischen Lehre, verfaßte in diesem Sinne die erste protestantische Dogmatik (Loci communes, 1521); Teilnahme u.a. an ↗Marburger (1529) und ↗Regensburger (1541) Religionsgesprächen, Verfasser der ↗Augsburger Konfession (1530). M. schuf die Grundlage für den inneren Aufbau der ↗lutherischen Kirchen und wirkte stark auf die Entwicklung der deutschen ↗Universität und höheren ↗Schulen. *nk*

Meldungen aus dem Reich 1938–45 geheime Lageberichte des ↗SD-Inlandsnachrichtendienstes; wurde zusammengestellt zur Information der Spitzen des nationalsozialistischen Regimes (↗Himmler sowie Reichsminister und NSDAP-Reichsleiter, nicht aber ↗Hitler selbst) über die Stimmungslage der Bevölkerung. Nach Einrichtung des ↗RSHA unter der Leitung ↗Ohlendorfs von Dezember 1939 bis Mai 1940 dreimal, danach bis zu ihrer weitgehenden Einstellung Juli 1944 zweimal wöchentlich aus den Berichten der sog. V-Leute, Spitzeln im Auftrag des SD, zusammengestellt. Geben ein weitgehend ungeschminktes Bild über die Einstellung der Bevölkerung; wichtige Quelle v.a. zur Sozialgeschichte des ↗Dritten Reiches. *PS*

Mende, Erich Politiker (FDP, später CDU), *28.10.1916 Groß Strehlitz (Oberschlesien), †6.5.1998 Bonn. 1945 Mitbegründer der ↗FDP; 1949–80 Mitglied des Bundestages; 1960–67 Bundesvorsitzender der FDP; 1963–66 Bundesminister für gesamtdeutsche Fragen und Vizekanzler; wechselte aus Protest gegen die ↗sozial-liberale Koalition 1970 zur ↗CDU. *AM*

Mendel, Johann Gregor Österreichischer Botaniker, Vererbungsforscher, *22.7.1822 Heinzendorf (Nordmähren), †6.1.1884 Brünn. Mönch des Augustinerklosters in Brünn, später dessen Prior; unternahm Kreuzungsversuche mit Erbsen und Bohnen und formulierte die Grundgesetze der Vererbung; schloß von den vererbten Merkmalen auf bestimmte Erbfaktoren (später als Gene bezeichnet) in den Keimzellen; fand keine Beachtung, wurde erst 1900 wiederentdeckt. *bl*

Mendelsohn, Erich Architekt, *21.3.1887 Allenstein, †15.9.1953 San Francisco. Vertreter des ↗Expressionismus in der Architektur; baute 1920–21 den (heute zerstörten) Einsteinturm in Potsdam. *ij*

Mendelssohn, Moses Jüdischer Philosoph, *6.9.1729 Dessau, †4.1.1786 Berlin. Seit 1743 in Berlin, begann M. ab 1754 zu publizieren; wurde 1763 von der Preußischen Akademie der Wissenschaften ausgezeichnet und von ↗Friedrich II., dem Großen, zum „außerordentlichen Schutzjuden" erklärt; übersetzte 1780–83 u.a. den Pentateuch ins Deutsche. M.s Philosophie steht in der Tradition der ↗Aufklärung; maßgeblich wurden v.a. seine Schriften zur jüdischen Geistesgeschichte (z.B. Jerusalem oder über religiöse Macht und Judentum, 1783). *nk*

Mendelssohn-Bartholdy, Felix Komponist, Dirigent, *3.2.1809 Hamburg, †4.11.1847 Leipzig. Enkel von Moses ↗Mendelssohn; führte ab 1829 als erster die lange vergessenen Werke ↗Bachs wieder auf; wurde 1835 Leiter der Gewandhauskonzerte in Leipzig und war Mitbegründer und erster Direktor des Leipziger Konservatoriums. Das eigene Werk vermittelt Einflüsse der ↗Klassik und der ↗Romantik. *LA*

Mengele, Josef SS-Hauptsturmführer, *16.3.1911 Günzburg (Bayern), †7.2.1979 Embu (Brasilien). Mediziner, ab Mai 1943 in ↗Auschwitz eingesetzt. Der von den Häftlingen als „Todesengel" gefürchtete M. führte zahlreiche medizinisch sinnlose ↗Menschenversuche durch, die zumeist mit dem Tod der betreffenden Häftlinge, v.a. Zwillinge sowie ↗Sinti und Roma, endeten bzw. die eigens für Obduktionen durch M. getötet wurden. Nach dem Krieg aus US-Gewahrsam entkommen, tauchte M. 1949 in Südamerika unter und war seit Ende der 50er Jahre einer der weltweit am meisten gesuchten nationalsozialistischen Verbrecher. Mit großer Wahrscheinlichkeit ertrank M. bei einem Badeunfall in Brasilien. *PS*

Menschenrechte ↗Grundrechte

Menschenversuche Medizinische Versuche an Häftlingen v.a. der ↗Konzentrationslager, die häufig mit dem Tod der Häftlinge, fast immer aber mit bleibenden Schäden endeten. Vordergründig

dienten die M. der Erforschung von Seuchenprophylaxe sowie militärmedizinischen oder „rassehygienischen“ Zielen. Letztlich waren sie jedoch Ausdruck der totalen Verfügbarkeit von als minderwertig erachteten Menschen für Mediziner im nationalsozialistischen Regime, die jegliches ärztliche Ethos vermissen ließen.
Während einige der Täter nach dem Krieg in diversen Prozessen abgeurteilt wurden, gelang anderen die Flucht ins Ausland (so z. B. ↗Mengele); viele praktizierten weiterhin, teils unter falschem Namen. *PS*

Menzel, Adolph von Maler, Graphiker, *8.12. 1815 Breslau, †9.2.1905 Berlin. In der lithographischen Werkstatt seines Vaters ausgebildet, erlernte autodidaktisch die Ölmalerei; Wegbereiter des deutschen ↗Impressionismus; schuf neben Buchillustrationen v. a. zeitgenössische, alltägliche Motive und Szenen aus dem Leben von ↗Friedrich II., dem Großen. *rw*

Menzel, Wolfgang Schriftsteller, *21.6.1798 Waldenburg (Schlesien), †23.4.1873 Stuttgart. M. gründete 1818 in Bonn eine Burschenschaft, der auch ↗Heine angehörte; floh 1820 vor der ↗Demagogenverfolgung in die Schweiz. Seit 1825 Redakteur und Herausgeber von ↗Cottas „Morgenblatt für die gebildeten Stände“ in Stuttgart; 1833–38 Abgeordneter im württembergischen ↗Landtag. 1833 stellte er sich mit seiner Kritik am ↗Jungen Deutschland auf die Seite des ↗Deutschen Bundes. M.s „Geschichte der Deutschen“ (1824–25) ist ein frühes Zeugnis völkisch-rassistischer Geschichtsbetrachtung. *ij*

Merbold, Ulf Astronaut, Physiker, *20.6.1941 Greiz (Thüringen). Nahm an Bord der Raumfähre „Columbia“ 1983 an der US-amerikanisch-europäischen Mission „Spacelab“, 1992 als einziger Europäer an der IML-1-Mission in der Raumfähre „Discovery“ und 1994 an der Mission „Euromir“ teil. M. ist der erste Deutsche, der sowohl mit US-amerikanischen als auch mit russischen Raumfahrtbehörden zusammenarbeitete. *AM*

Mercator, Gerhardus (eigentlich Gerhard Kremer) Kartograph, Geograph, *5.3.1512 Rupelmonde (Flandern), †2.12.1594 Duisburg. Veröffentlichte zahlreiche Karten, darunter eine zur Navigation bestimmte Weltkarte in der sog. „Mercatorprojektion“ (1569), die heute noch für die Seefahrt bedeutsam ist. Herausgeber der „Geographie“ des Klaudios Ptolemaios (1578) sowie einer Sammlung seiner Karten (1585–95), die erstmals die Bezeichnung „Atlas“ trug; gilt als Begründer der modernen Karthographie. *nk*

Mercedes Automobilmarke. Benannt nach Mercédès Jellinek. Deren Vater Emil Jellinek – seit 1900 im Vorstand der Firma ↗Daimler – verwendete 1899 den Namen M. erstmals für einen Daimler-Rennwagen; seit 1902 als Warenzeichen geschützt und Bezeichnung für von Daimler produzierte Fahrzeuge (seit 1926 Mercedes-↗Benz). *UK*

Merian, Maria Sibylla Malerin, Naturforscherin, *2.4.1647 Frankfurt/Main, †13.1.1717 Amsterdam. 1699–1701 Forschungsreise nach Surinam; naturgetreue Zeichnungen und Kupferstiche von Insekten und Pflanzen zu eigenen Buchveröffentlichungen, z. B. Der Raupen wunderbare Verwandlung und sonderbahre Blumen-Nahrung (1679/83). *ku*

Merian, Matthäus der Ältere Kupferstecher, *22.9.1593 Basel, †19.6.1650 Langenschwalbach. Vater von Maria Sybilla ↗M.; v. a. für seine Städtebilder bekannt. *nk*

Merkantilismus Bezeichnung für die Wirtschaftspolitik im 16.–18. Jh.; bezweckte v. a. Steigerung der Produktion (↗Manufakturen), Vermehrung der Bevölkerung (Aufnahme von Emigranten) und eine aktive Handelsbilanz (mittels Schutzzöllen), um die Ausgaben des absolutistischen Staates zu decken. Im Heiligen Römischen Reich als ↗Kameralismus vertreten, wegen der territorialen Zersplitterung von geringer Bedeutung. *dt*

Merkle, Hans L. Manager, *1.1.1913 Pforzheim. Der Jurist und Volkswirt war 1949–58 Vorstandsmitglied der Textilfirma Ulrich Gminder AG in Reutlingen; 1963–84 Vorsitzender der Geschäftsführung und 1984–88 Aufsichtsratsvorsitzender der Robert ↗Bosch GmbH; war wirtschaftspolitischer Berater zahlreicher CDU-Spitzenpolitiker. *UK*

Merkur, Unternehmen ↗Kreta, Luftlandung (1941)

Merseburger Zaubersprüche Zwei in einem Meßbuch im Merseburger Dom gefundene ↗althochdeutsche Zauberformeln aus dem 10. Jh.; zweistrophig, in Langzeilen angelegt, mit jeweils einem epischen Einleitungsteil und einer Erlösungsformel. Die M.Z. sind schriftliches Zeugnis einer vorchristlichen Lebenswelt. *ep*

Messe 1) Kirchliche Eucharistie-Feier.
2) Veranstaltung zur Ausstellung und zum Verkauf von Produkten. Seit dem Frühmittelalter,

bes. aber ab dem 11./12. Jh. wurden M. regelmäßig zu hohen Kirchenfesten an verkehrsgünstigen Orten abgehalten. Von Beginn an waren M. auch wichtig für den Geldaustausch. Erste M.-Privilegien erhielten Frankfurt/Main (1240), Leipzig (1268), Frankfurt/Oder (1649) sowie Braunschweig (1671?).
Frankfurt/Main wurde v. a. durch eine zweite, 1330 eingeführte Frühjahrs-M. zur wichtigsten für den internationalen Warenaustausch, erst im 18. Jh. von Leipzig überflügelt.
Seit dem 19. Jh. Wandel von der Waren- zur Muster-M.; 1904–24 Gründung neuer M. in vielen Städten; heute starke Spezialisierung von M., fördern die Innovation. *wj*

Metternich, Clemens Fürst von Österreichischer Staatskanzler, *15.5.1773 Koblenz, †11.6. 1859 Wien. Seit 1809 Außenminister; leitete 1814/15 den ↗Wiener Kongreß, in dem er nach ↗Koalitions- und ↗Befreiungskriegen die weitgehende Wiederherstellung der österreichischen Großmacht und des europäischen Mächtegleichgewichts sowie der alten politisch-sozialen Strukturen durchsetzte (↗Restauration); M. war seit 1821 als Staatskanzler der Führungsmacht Österreich die bestimmende Figur des ↗Deutschen Bundes; entwickelte das von den meisten deutschen Fürsten unterstützte ↗Metternichsche System, das nationale, liberale (Verfassung, ↗Pressefreiheit) und soziale (↗Bauernbefreiung) Erneuerungen unterband (M. veranlaßte 1819 die ↗Karlsbader Beschlüsse). In der Wiener Revolution vom März 1848 (↗Deutsche Revolution) als Symbolfigur der ↗Reaktion abgesetzt, floh M. nach England; 1851 Rückkehr, blieb jedoch ohne politischen Einfluß. *sa*

Metternichsches System Diente der Erhaltung des Gleichgewichts und der Ordnung des europäischen Staatensystems von 1814/15 (↗Wiener Kongreß); Zusammenwirken der fünf Großmächte (Großbritannien, Frankreich, Preußen, Österreich und Rußland) nach den Prinzipien der politisch-sozialen Stabilität und der Legitimität mittels Kongreßdiplomatie und Interventionsrecht. *br*

Metzger, Max Josef Katholischer Theologe, *3.2.1887 Schopfheim (Baden), †17.4.1944 Berlin. Leiter des Friedensbundes Deutscher Katholiken; Regimegegner; mehrfach verhaftet; Oktober 1943 vom ↗Volksgerichtshof zum Tode verurteilt, später hingerichtet. *PS*

Mevissen, Gustav Unternehmer, Politiker, *20.5.1815 Dülken (bei Krefeld), †13.8.1899 Godesberg (bei Bonn). Wurde 1844 Präsident der Rheinischen Eisenbahngesellschaft; widmete sich als Leiter mehrerer Banken v. a. der Förderung von Industrieunternehmen; war Mitglied der ↗Frankfurter Nationalversammlung. *UK*

Meyer, Conrad Ferdinand Schweizerischer Schriftsteller, *11.10.1825 Zürich, †28.11.1898 Kilchberg (bei Zürich). Sohn einer Zürcher Patrizierfamilie. Veröffentlichte 1864 erste Gedichte (Balladen), 1874 den historischen Roman „Jürg Jenatsch"; schrieb später v. a. Novellen in einer Distanz schaffenden Erzählweise (Das Leiden eines Knaben, 1883; Die Hochzeit des Mönchs, 1884). Mit seinen Objektgedichten (Der römische Brunnen, endgültige Fassung 1882) verfaßte M. die erste symbolistisch zu nennende Lyrik deutscher Sprache. *ij*

Meyer, Joseph Verleger, *9.5.1796 Gotha, †27.6.1856 Hildburghausen (Thüringen). Gründete 1826 in Gotha einen Buchverlag, das „Bibliographische Institut" (von Nachkommen M.s weitergeführt); verlegte v. a. Klassikerausgaben, geographische Werke und ab 1840 das „Große Conversations-Lexikon" (Vorbild für weitere Lexika des Verlages, u. a. M.s Enzyklopädisches Lexikon). *UK*

Meyer, Julius Lothar Chemiker, *19.8.1830 Varel, †11.4.1895 Tübingen. Erarbeitete 1869 – unabhängig von dem russischen Chemiker Dmitri Iwanowitsch Mendelejew – ein Periodensystem der Elemente. *ij*

Meyerhof, Otto F. ↗Nobelpreis

Meysenbug, Malwida Freiin von Schriftstellerin, Lehrerin, *28.10.1816 Kassel, †26.4.1903 Rom. Hugenottischer Abstammung; 1848 Kontakt zu führenden Revolutionären, daher 1852 Ausweisung aus Berlin; Lebensgefährtin des russischen Sozialisten Alexander Herzen; trat für die Rechte der Arbeiter und Frauen ein; veröffentlichte biographische Schriften und Romane. *ku*

Mez, Carl Fabrikant, *20.4.1808 Kandern (Baden), †28.5.1877 Freiburg (Breisgau). Gründete nach kaufmännischer Lehre und Wanderjahren in Italien eine Seidenfabrik in Freiburg (Breisgau), der bald zahlreiche Filialen folgten; 1843 Abgeordneter des badischen Parlamentes; trotz Freundschaft mit ↗Hecker Gegner des ↗Badischen Aufstandes (1848/49). *nk*

MfS ↗Ministerium für Staatssicherheit

Michaelis, Georg Politiker, *8.9.1857 Haynau,

†24.7.1936 Bad Saarow (bei Fürstenwalde). Vom 14.7.–31.10.1917 wurde der aus der preußischen Verwaltung kommende M. als Nachfolger von ↗Bethmann Hollwegs preußischer Minister und Reichskanzler. Er konnte allerdings weder gegenüber der ↗Obersten Heeresleitung eine eigenständige Politik durchsetzen noch einen politischen Rückhalt im ↗Reichstag erlangen, dessen ↗Friedensresolution er ebenso ungenügend aufgriff wie die Friedensinitiative des Papstes. *RB*

Michel, Hartmut ↗Nobelpreis

Middelhauve, Friedrich Politiker (FDP), Verleger, *17.11.1896 Siegen, †14.7.1966 Bad Mergentheim. Mitbegründer der ↗FDP; 1949–50 und 1953/54 Mitglied des Bundestages; seit 1954 Minister für Wirtschaft und Verkehr und stellvertretender Ministerpräsident von Nordrhein-Westfalen; 1956 durch Mißtrauensvotum seiner Partei gestürzt; legte aus Protest gegen die daraufhin in Nordrhein-Westfalen regierende sozial-liberale Koalition seine Ämter nieder. *AM*

Mielke, Erich Minister für Staatssicherheit der DDR, *28.12.1907 Berlin. 1925 in die ↗KPD eingetreten; 1931 der Ermordung zweier Polizisten angeklagt, Flucht nach Belgien; 1940–45 war er in der Sowjetunion. Nach 1945 trat er der ↗SED bei. Baute seit 1949 den Staatssicherheitsdienst mit auf; ab 1957 als Minister für Staatssicherheit maßgeblich am Aufbau des ↗Ministeriums für Staatssicherheit beteiligt; 1959–89 Mitglied des ↗Zentralkomitees, 1976–89 des ↗Politbüros; nach der ↗Wende 1989 inhaftiert; 1993 wegen der Polizistenmorde zu sechs Jahren Haft verurteilt. Ein Totschlagsverfahren (↗Maueropfer, ↗Mauerschützenprozesse) wurde 1994 aufgrund von Verhandlungsunfähigkeit eingestellt; 1995 aus gesundheitlichen Gründen entlassen. *AM*

Mierendorff, Carlo Politiker (SPD), *23.3.1897 Großenhain (Sachsen), †4.12.1943 Leipzig. Jugendfreund ↗Haubachs, Mitarbeiter ↗Leuschners; seit 1930 Mitglied des Reichstages; 1933–38 KZ-Haft; kam durch ↗Reichwein zum ↗Kreisauer Kreis; kam bei einem Luftangriff ums Leben. *PS*

Mies van der Rohe, Ludwig Deutsch-amerikanischer Architekt, *27.3.1886 Aachen, †17.8.1969 Chicago. Ab 1930 Direktion des ↗Bauhauses; emigrierte 1938 in die USA; gilt als einer der bedeutendsten Architekten dieses Jh.s, sowohl in Europa als auch in den USA. Charakteristisch für seinen Baustil sind der Strömung des sog. „neuen Bauens“ entsprechende Flach- und Industriebauten, sowie Wohnbauten mit zumeist kubischer Formgebung; v.a. unter der Verwendung von Glas und Stahl. Bauten u.a.: Weißenhofsiedlung in Stuttgart (1927). *kp*

Milch, Erhard Generalfeldmarschall, *30.3.1892 Wilhelmshaven, †25.1.1972 Wuppertal. In den zwanziger Jahren bei der Lufthansa; trotz Gerüchten, er sei „Halbjude“, von ↗Göring protegiert; 1938 bis Anfang 1945 Generalinspekteur der Luftwaffe; 1947 während der ↗Nürnberger Kriegsverbrecherprozesse zu lebenslänglicher Haft verurteilt (später auf 15 Jahre reduziert); 1954 freigelassen. *PS*

Militärkommandantur, interalliierte Von den vier ↗Besatzungsmächten mit der ↗Berliner Deklaration der Vier Mächte gegründete gemeinsame Behörde zur Ausübung der Viermächteverwaltung über Berlin, dem ↗Alliierten Kontrollrat unterstellt; erste Sitzung am 11.6.1945. *kl*

Ministerialen (Dienstleute, Dienstmannen) Ursprünglich unfreie Beamte an den ↗Höfen weltlicher und geistlicher ↗Fürsten. Gewannen durch ihre wichtigen Aufgaben an Ansehen, ab dem 11. Jh. wurden auch verarmte Adlige zu M., womit die Grenzen fließend und die M. in die Lehenshierarchie (↗Lehnswesen) eingegliedert wurden; im 13. Jh. Beseitigung der letzten Reste von Unfreiheit. *wj*

Ministerium für Staatssicherheit (MfS) Am 8.2.1950 aus den bereits 1945/46 in der ↗SBZ geschaffenen „Ämtern für Information“ entstandenes Ministerium der ↗DDR; zunächst vorrangig zur Ausforschung von Stimmungen in der Bevölkerung und zur Auslandsspionage eingesetzt; am 23.7.1953 in ein „Staatssekretariat für Staatssicherheit im Ministerium des Innern“ zurückgestuft (bis 24.11.1955), da es den Aufstand des ↗Siebzehnten Juni 1953 unzureichend voraufgeklärt hatte.

Nach der Übernahme durch ↗Mielke 1957 erfolgte ein systematischer Umbau zu einem militärisch organisierten Geheimdienst und zur Geheimpolizei mit dem Zweck der Überwachung von Bevölkerung und Staatsapparat der DDR. Es war Ermittlungsbehörde bei „politischen Straftatbeständen“. Das MfS, das zuletzt mit Kosten von 3,6 Mrd. Mark jährlich 1,3 % des DDR-Staatshaushaltes für sich beanspruchte, hatte am 31.10.1989 2200 „Offiziere im bes. Einsatz“, 91000 hauptamtliche, 174000 ↗Inoffizielle Mitarbeiter und zahlreiche Gesellschaftliche Mitarbeiter, die vorrangig gegen oppositionelle Kräfte eingesetzt wurden. Es betrieb eigene Isolierungslager für Dissidenten (↗Dissidentenbewegung), war an den bis 1981 vollstreckten Todesurteilen beteiligt und hatte über die ↗Kommerzielle Koordinierung direkten Einfluß auf die wirtschaftliche Entwicklung der DDR. Angesichts der Reformbestrebungen in der Volksrepublik Polen wurde es Mitte der achtziger Jahre erneut ausgebaut.

Parallel setzte es die Spionagetätigkeit in der ↗Bundesrepublik fort und verzeichnete z.T. spektakuläre Erfolge (z.B. ↗Guillaume-Affäre 1974); es unterhielt u.a. Kontakte zur ↗RAF.

Das MfS wurde zum 8.2.1990 aufgelöst; eine Umwandlung in ein „Amt für nationale Sicherheit" durch die Regierung ↗Modrow scheiterte 1989 am Widerstand der Bevölkerung.

Seit der ↗Wiedervereinigung sind die Akten des MfS öffentlich zugänglich. Sie wurden zunächst durch den Rostocker Pfarrer Joachim Gauck als Sonderbeauftragtem der Bundesregierung und werden seit dem 20.12.1991 durch die ↗Bundesbehörde des Beauftragten für die Unterlagen des Staatssicherheitsdienstes der ehemaligen DDR verwaltet. *kl*

Ministerpräsidentenbeschluß ↗Extremistenbeschluß

Ministerpräsidentenkonferenz, München (1947) Vom 6.–8.6.1947 einzige Zusammenkunft aller deutschen Ministerpräsidenten über Fragen der wirtschaftlichen Einheit der vier ↗Besatzungszonen; Scheitern schon am Vorabend der Tagung, da die westdeutschen Ländervertreter, insbesondere aus der französischen Besatzungszone nicht befugt waren, die von den Vertretern aus der ↗SBZ zusätzlich geforderten Gespräche über die Bildung einer gemeinsamen nationalen Vertretung zur politischen Einigung Deutschlands zu führen; Abreise der ostdeutschen Vertreter; dennoch Beratung über Fragen der Versorgung der Bevölkerung; Aufruf an die Emigranten zur Rückkehr nach Deutschland (↗Emigration). *kl*

Ministerpräsidentenkonferenz, Rüdesheim ↗Rüdesheimer Ministerpräsidentenkonferenz

Ministerrat der DDR Regierung und, zusammen mit dem ↗Staatsrat, Spitze des Staatsapparates der DDR; 1949 mit der Staatsgründung aus der ↗Deutschen Wirtschaftskommission hervorgegangen, seit 1952 durchgängig als M. bezeichnet; unter den Parteien der DDR feste Verteilung der Ressorts; im Sinne der ↗Blockpolitik von der ↗SED dominiert; geschlossener Rücktritt des M.s vor der ↗Maueröffnung, 1990 durch den ↗Einigungsvertrag aufgelöst. *kl*

Minnesang Höfische Liebeslyrik; wichtigste Gattung ↗mittelhochdeutscher Dichtung in der Stauferzeit (↗Staufer). Wurde im Regelfall von Minnesängern selbst bei Hofe vorgetragen; wichtigste Vertreter waren u.a. Heinrich von Veldeke und ↗Walther von der Vogelweide. M. war Ausdruck eines Formenkultes, der im Sujet der Liebesdichtung die ritterliche Lebensform idealisierte; ist überliefert in Liederhandschriften aus dem 13. und 14. Jh. (u.a. große und kleine Heidelberger ↗Handschrift). Der M. wirkte in der Folge stilbildend für Formen der nichtlateinischen Lyrik des Spätmittelalters und der ↗Renaissance (z.B. ↗Meistersang). *ep*

Miquel, Johannes von Preußischer Politiker, *19.2.1828 Neuenhaus (Hannover), †8.9.1901 Frankfurt/Main. Jurist; begann als radikaler Demokrat, der bis 1871 mit Karl ↗Marx in Kontakt stand; war dann Mitbegründer des ↗Deutschen Nationalvereins und der ↗Nationalliberalen Partei; 1867–77 Mitglied des Reichstages; 1880–90 Oberbürgermeister von Frankfurt; 1890–1901 preußischer Finanzminister, 1897–1901 auch Vizepräsident des Staatsministeriums. M. reformierte das preußische Finanzwesen; erreichte mit der „Sammlung" für die Reichstagswahlen 1897 ein Zusammenwirken von Schwerindustrie und Agrariern. Trat 1901 auf Druck von ↗Bülow zurück. *ij*

Missionierung Ausbreitung einer Religion mit dem Ziel der Gewinnung von Anhängern, insbesondere die Verbreitung des Christentums bei den germanischen Stämmen, v.a. im 6.–8. Jh., durch die von iroschottischen bzw. angelsächsischen Mönchen betriebene Mission (↗Bonifatius). M. setzte in der Regel die Bekehrung der jeweiligen Führungsschicht voraus, wichtig war v.a. die Taufe Chlodwigs I. und seiner Gefolgsleute (496). Hiervon ausgehend, breitete sich der christlich-katholische Glaube unter ↗Franken, ↗Alamannen und ↗Bajuwaren aus. Stand im Gegensatz zum Arianismus der Goten und ↗Burgunder, konnte sich aber durchsetzen.

Seit der frühen Neuzeit Ausweitung der M. auf die ganze Welt (insbesondere Lateinamerika). Im 19. Jh. entstehen neue Orden und Gesellschaften zur M. (Ziel: v.a. in Afrika und Asien); heutige M. oft mit sozialen Aufgaben (Entwicklungshilfe)

verknüpft, häufiges Ziel ist die Integration statt Vereinnahmung der fremden Kulturen. *wj*

Mitbestimmungsgesetz Gesetz zur Beteiligung von Arbeitnehmern an betrieblichen Entscheidungen. Erstmals am 21.5.1951 für die Mitarbeiter der Montanindustrie festgeschrieben; bestimmte für Betriebe mit mehr als 1000 Beschäftigten eine paritätische Besetzung des Aufsichtsrates mit jeweils fünf Arbeitnehmer- und Arbeitgebervertretern sowie einem „Neutralen".
1976 Erweiterung des M.es; Stärkung der Stellung der Arbeitnehmer in allen Großbetrieben mit mehr als 2000 Beschäftigten außer in der Montanindustrie; enthielt des weiteren die Bestimmung, daß Arbeitnehmervertretungen proportional aus Arbeitern, Angestellten und leitenden Angestellten zusammengesetzt werden. *AM*

Mit brennender Sorge Titel der 1937 auf deutsch veröffentlichten Enzyklika Papst Pius' XI., die am Palmsonntag 1937 (21.3.) in den katholischen Kirchen Deutschlands verlesen wurde und sich mit den Mißständen unter dem nationalsozialistischen Regime, v.a. den Repressalien gegen den Katholizismus, auseinandersetzte. *PS*

Mitropa „Mitteleuropäische Schlafwagen- und Speisewagen AG", kurz M., 1917 von deutschen Großbanken, der deutschen Reichsbahn sowie der österreichischen und ungarischen Staatsbahn zur Betreuung von Eisenbahnkunden gegründet; 1950 in der ↗Bundesrepublik in die Deutsche Schlafwagen- und Speisewagengesellschaft umgewandelt, in der ↗DDR unter dem alten Namen weiterbetrieben; seit der ↗Wiedervereinigung (1990) Servicegesellschaft der Deutschen Bundesbahn. *kl*

Mitscherlich, Alexander Psychoanalytiker, *20.9.1908 München, †26.6.1982 Frankfurt/Main. Ab 1966 Professor; Leiter des von ihm begründeten Sigmund-Freud-Instituts; wandte die psychoanalytische Theorie auf gesellschaftliche Erscheinungen an; erhielt 1969 den ↗Friedenspreis des Deutschen Buchhandels. Verfaßte u.a.: Auf dem Weg zur vaterlosen Gesellschaft (1963), Die Unfähigkeit zu trauern (1967, mit Margarete M.). *ij*

Mittag, Günter DDR-Politiker (SED), *8.10.1926 Stettin, †18.3.1994 Berlin. 1945/46 Mitglied der ↗KPD; seit 1946 in der ↗SED; 1962 in das ↗Zentralkomitee (ZK) und 1966 in das ↗Politbüro aufgenommen; 1962–73 ZK-Sekretär für Wirtschaftsfragen (erneut 1976–89); 1973–76 stellvertretender Vorsitzender im ↗Ministerrat; 1984–89 stellvertretender Vorsitzender des ↗Staatsrats; nach 1989 aller Ämter enthoben und wegen Veruntreuung von Volksvermögen angeklagt; das Verfahren wurde wegen Verhandlungsunfähigkeit 1992 eingestellt. *AM*

Mitteis, Heinrich Rechtshistoriker, *26.11.1889 Prag, †23.7.1952 München. Professor in Köln, Heidelberg und München; begründete eine vergleichende europäische Verfassungsgeschichte auf der Grundlage des Lehnsrechts; verfaßte u.a.: Der Staat des Hohen Mittelalters, Deutsche Rechtsgeschichte, Lehnrecht und Staatsgewalt. *rw*

Mittelalter Epochen-Bezeichnung für den Zeitraum zwischen Altertum und Neuzeit. Ab dem 14./15. Jh. mit Aufkommen des ↗Humanismus negativ bewertet: Die Antike wurde als Gipfel der bisherigen Entwicklung gesehen, die Gegenwart und Vergangenheit als Übergangsperiode zu einer sich anbahnenden Erneuerung abgewertet. In dieser „Zwischenzeit" sei ein Verfall der Sprache und Bildung vonstatten gegangen sowie eine Abkehr vom Glauben zum „finsteren Aberglauben". Dagegen bemühte sich die ↗Romantik, eine positive Wertung bes. aufgrund der „Einheit der Christenheit" und der „Ideale des Rittertums" aufzubauen.
Als Anfangszeit des M.s werden häufig der Beginn der ↗Völkerwanderung genannt (375/78), die Eroberung Roms (410) oder die Absetzung des letzten weströmischen Kaisers Romulus Augustulus (476). Als Ende wird allg. das Jahr 1492 (Entdeckung Amerikas) vorgeschlagen. Zur weiteren Untergliederung dient die Einteilung in ein Früh-, Hoch- (ca. 962–1250) und Spät-M.
Obwohl der Begriff des M.s problematisch ist, haben Historiker seit dem 19. Jh. keinen Ersatzbegriff gefunden, der sich als Periodisierung der Geschichte durchzusetzen vermochte. *vK*

Mittelhochdeutsch Zeitperiode der deutschen Sprachentwicklung vom 11.–13. Jh. Innerhalb dieser Zeit entstand eine relativ einheitliche Hochsprache, deren Verbreitung bes. durch die ↗Staufer gefördert wurde. Im Gegensatz zu ↗Althochdeutsch wurde M. auch im weltlichen Bereich benutzt, bes. durch das Rittertum (↗Ritter). Dabei wurden im höfischen Epos (↗Ritterdichtung) französische und niederländische Sprachelemente verwendet. Bedeutendste Vertreter waren ↗Hartmann von Aue, ↗Wolfram von Eschenbach und

↗Walther von der Vogelweide. Letzterer war wesentlich an der Entstehung einer mittelhochdeutschen Dichtersprache beteiligt. Diese wie auch das M. als sprachliche Einheit zerfielen im 14. Jh. *wj*

Mittelmächte Im ↗Ersten Weltkrieg Bezeichnung für die Verbündeten Deutsches Reich und Österreich-Ungarn wegen ihrer geographischen Lage in Mitteleuropa und zwischen ihren Kriegsgegnern Rußland im Osten und den Westalliierten Frankreich, Großbritannien und später den USA. Nach Kriegseintritt der Türkei und Bulgariens auf seiten des Deutschen Reiches zählten diese ab 1914 bzw. 1915 ebenfalls zu den M. *RB*

Mittelmeerentente (1887) 1887 zwischen Großbritannien, Österreich-Ungarn und Italien geschlossener geheimer Bund zur Garantie des Status quo im Mittelmeer und im Schwarzen Meer. Das ↗Deutsche Reich war stiller Teilhaber dieser Übereinkunft. Diplomatische Ergänzung durch den ↗Rückversicherungsvertrag zwischen dem Deutschen Reich und Rußland, dessen Bestimmungen der M. teilweise entgegenstanden. Dadurch wurde Großbritannien an den ↗Dreibund gebunden. *wm*

Mittelstraß, Jürgen Philosoph, *11.10.1936 Düsseldorf. Ab 1970 Professor in Konstanz; Forschungen auf den Gebieten Philosophie, Wissenschaftstheorie und -geschichte; verfaßte u. a.: Das praktische Fundament der Wissenschaften und die Aufgabe der Philosophie (1972), Glanz und Elend der Geisteswissenschaften (1989). *MH*

Mittnacht, Hermann Freiherr von Politiker, Jurist, *17.3.1825 Stuttgart, †2.5.1909 Friedrichshafen. M. wurde 1856 Staatsanwalt in Ellwangen, 1861 Abgeordneter im württembergischen Landtag, 1868 württembergischer Justizminister, 1873 Außenminister. M. erreichte 1876 mit der Einführung eines selbständigen Staatsministeriums die faktische Unabhängigkeit der württembergischen Regierung gegenüber dem Monarchen; blieb als Ministerpräsident bis 1900 im Amt. *ij*

Mittwochs-Gesellschaft Seit 1893 bestehender Gesprächskreis von v. a. Wissenschaftlern in Berlin. Während des ↗Dritten Reiches Treffpunkt bürgerlich-konservativer Regimekritiker; einige der Teilnehmer wurden nach dem gescheiterten Attentat des ↗Zwanzigsten Juli verfolgt. *PS*

Model, Walter Generalfeldmarschall, *24.1.1891 Genthin (bei Magdeburg), †21.4.1945 bei Duisburg. Ab 1941 Kommandant der 9. Armee; mit dieser vor Moskau; 1944 Oberbefehlshaber der Heeresgruppe B; kommandierte die ↗Ardennenoffensive, im April 1945 den von den ↗Alliierten eingeschlossenen „Ruhrkessel“; Suizid nach dessen Auflösung. *PS*

Moderne 1886 ursprünglich für die zeitgenössische Literaturströmung des ↗Naturalismus geprägter Begriff; wurde bald erweitert auf antinaturalistische Richtungen (↗Impressionismus, Symbolismus). In den Kulturwissenschaften hat sich M. als Epochenbegriff für die Zeit zwischen dem Ausgang des 19. und dem Beginn des 20. Jh.s durchgesetzt, wurde jedoch auch für künstlerische Entwicklungen seit 1914 und für jeweils neu auftretende Avantgarde-Phänomene verwendet. In Philosophie und Geschichtstheorie wird M. auch synonym für Neuzeit verwendet. Charakteristisch für die M. ist die Abwesenheit von gültigen tradierten Werten und die Suche nach einer eigenständigen Normativität. Auf dem Gebiet der Literatur zeigte sich dieses Phänomen erstmals im 18. Jh. in der Ablösung der Regelpoetik durch das Konzept des dichterischen „Originalgenies“, das sein künstlerisches Gesetz in sich selbst trägt. *ij*

Modersohn-Becker, Paula Malerin, *8.2.1876 Dresden, †20.11.1907 Worpswede. Studierte Malerei in Berlin; unternahm ab 1897 mehrere Reisen, u. a. nach Paris; lebte seit 1898 in ↗Worpswede. Die Konfrontation mit den Arbeiten Vincent van Goghs und Paul Gauguins führte sie zur Abkehr vom ↗Naturalismus und zu frühexpressionistischer Abstraktion durch stärkere Konturierung und reine Farbigkeit. Malte vorwiegend Stilleben und Bildnisse. *ij*

Modrow, Hans Ministerpräsident der DDR, *27.1.1928 Jasenitz. Seit 1949 Mitglied der ↗SED; 1957–90 Abgeordneter der ↗Volkskammer; 1967–89 im ↗Zentralkomitee der SED. Nach der ↗Wende und dem Rücktritt Erich ↗Honeckers wurde M. Mitglied des ↗Politbüros und war bis zur freien ↗Volkskammerwahl 1990 Ministerpräsident. Er setzte sich für eine politisch und wirtschaftlich reformierte DDR ein; zog 1990 für die ↗PDS in den Bundestag ein; nach einem Prozeß wegen Wahlfälschung zu DDR-Zeiten wurde er 1995 zu neun Monaten Haft auf Bewährung verurteilt. *AM*

Moeller van den Bruck, Arthur Schriftsteller, Übersetzer, *23.4.1876 Solingen, †30.5.1925 Berlin. Gegner der ↗Weimarer Republik und Verfechter einer „konservativen Revolution", der für eine außenpolitische Anlehnung an die Sowjetunion in Verbindung mit einem völkisch-elitären Ständestaat im Innern plädierte. Der Titel seines Buches „Das dritte Reich" (1923) wurde von Otto ↗Strasser als Losung des ↗Nationalsozialismus aufgegriffen. Nahm sich das Leben. *ij*

Mohács, Schlacht (1526) In der Schlacht bei M. am 29.8.1526 fiel Ludwig II., König von Böhmen und Ungarn im Kampf gegen die Türken. Ungarn, ↗Böhmen (samt ↗Schlesien und der ↗Lausitz) gingen durch Erbvertrag an ↗Österreich (Kaiser ↗Ferdinand I. konnte nur Teile Ungarns besetzen). Das Haus ↗Habsburg wurde daraufhin für Jh.e in ↗Türkenkriege verwickelt. *rh*

Mohl, Robert von Politiker, Jurist, *17.8.1799 Stuttgart, †4.11.1875 Berlin. 1824–45 Professor für Staatsrecht in Tübingen, ab 1847 in Heidelberg; 1848 liberaler Abgeordneter in der Frankfurter Nationalversammlung; 1848/49 Reichsjustizminister. Ab 1861 badischer Gesandter beim ↗Deutschen Bund, 1867–71 in Bayern; 1874/75 Mitglied des Reichstages. M., der zur Entwicklung des modernen Rechtsstaates einen bedeutenden Beitrag leistete, verfaßte u. a.: Das Staatsrecht des Königreiches Württemberg (1829–31); Staatsrecht, Völkerrecht und Politik (1860–69). *ij*

Mohn, Reinhard Unternehmer, *29.6.1921 Gütersloh. Übernahm 1947 nach einer Buchhändlerlehre die Leitung des ↗Bertelsmann Verlages; rief 1950 die Buchgemeinschaft „Bertelsmann Lesering" ins Leben; erweiterte den Verlag stark; gründete 1977 die Bertelsmann Stiftung, übernahm 1991 deren Vorsitz. *UK*

Mölders, Werner Fliegeroberst, *18.3.1913 Gelsenkirchen, †22.11.1941 Breslau. Teilnahme am Spanischen Bürgerkrieg mit der ↗Legion Condor; 1941 Inspekteur der Jagdflieger; bei Flugzeugabsturz ums Leben gekommen. Der britische Geheimdienst nutzte M.s Popularität 1942 zur Verbreitung eines gefälschten Briefes, in dem ein Attentat auf M. behauptet wurde. *PS*

Möllemann, Jürgen W. Politiker (FDP), *15.7.1945 Augsburg. Seit 1972 Mitglied des Bundestages; 1982–87 Staatsminister im ↗Auswärtigen Amt; 1983–94 Landesvorsitzender der ↗FDP in ↗NRW; 1987–91 Bundesminister für Bildung und Wissenschaft; 1991–93 Bundeswirtschaftsminister; 1993 Rücktritt wegen Verwendung amtlichen Briefpapiers für Werbeschreiben; seit 1996 erneut Landesvorsitz der FDP. *AM*

Moltke, Helmuth James Graf von Jurist, *11.3.1907 Kreisau (Schlesien), †23.1.1945 Berlin. Seit 1939 im ↗OKW als juristischer Sachverständiger; seit Anfang 1940 zusammen mit Peter Graf ↗Yorck von Wartenburg Bildung des ↗Kreisauer Kreises, mit seiner Frau Freya Gastgeber von dessen Treffen; am 18.1.1944 verhaftet, am 11.1.1945 zum Tode verurteilt und hingerichtet. *PS*

Moltke, Helmuth Johannes Ludwig von General, *25.5.1848 Gut Gersdorf (Mecklenburg), †18.6.1916 Berlin. Seit 1891 Flügeladjutant Kaiser ↗Wilhelms II.; wurde 1906 zum Chef des Generalstabs ernannt; 1914 nach Führungsfehlern in der Schlacht an der ↗Marne durch ↗Falkenhayn ersetzt. *sa*

Moltke, Helmuth Karl Bernhard Graf von Preußischer Generalfeldmarschall, *26.10.1800 Parchim, †24.4.1891 Berlin. 1857–88 Chef des Generalstabs, den er nachhaltig prägte und der durch ihn an politischer Bedeutung zunahm; stellte den Operationsplan für den Krieg gegen Dänemark (1864) auf; leitender Stratege im ↗Deutschen Krieg (1866) und im ↗Deutsch-Französischen Krieg (1870/71); ab 1867 konservatives Mitglied des Reichstages; verfaßte bedeutende Schriften zur Kriegführung. (261) *sa*

Mommsen, Hans Historiker, *5.11.1930 Marburg. Urenkel von Theodor ↗M., Bruder von Wolfgang J. ↗M.; seit 1968 Professor für Neuere Geschichte in Bochum; Veröffentlichungen über die ↗Weimarer Republik, die ↗Arbeiterbewegung, den ↗Faschismus und den ↗Widerstand; bahnbrechende Studie zu ↗Volkswagen im ↗Dritten Reich und zu Weimar. *rw*

Mommsen, Theodor Jurist, Historiker, *30.11.1817 Garding (Schleswig), †1.11.1903 Berlin. Urgroßvater von Hans ↗M. und Wolfgang J. ↗M.; Professor in Leipzig, Zürich, Breslau und Berlin; politisch auf der Seite der bürgerlichen Linken; 1863–66 und 1873–79 Mitglied des preußischen Abgeordnetenhauses;
1981–84 Mitglied des Reichstages; Gegner Otto von ↗Bismarcks; Begründer des „Corpus Inscriptionum Latinarum"; schrieb grundlegende Werke zur Rechtsgeschichte, u. a. die „Römische Geschichte" (1854/55, 1885), für die er 1902 den Nobelpreis für Literatur erhielt. *rw*

Mommsen, Wilhelm Historiker, *25.1.1892 Berlin, †1.5.1966 Marburg. Enkel von Theodor ↗M.; Professor in Marburg, Veröffentlichungen

Montagsdemonstration in Leipzig

über politische und soziale Probleme des 19. Jh.s und über Otto von ↗Bismarck. *rw*

Mommsen, Wolfgang J. Historiker, *5.11.1930 Marburg. Sohn von Wilhelm ↗M., Bruder von Hans ↗M.; seit 1968 Professor für Neuere und Neueste Geschichte in Düsseldorf; 1977–85 Direktor des Deutschen Historischen Instituts London; forscht v.a. über den ↗Imperialismus. *rw*

Monarchie ↗König

Mönchtum (von griechisch monos = allein) In zahlreichen Religionen meist von Männern unterschiedlich ausgeübte religiöse Lebensform; erstrebt Alleinsein im Dienst für das Heilige in Absonderung vom weltlichen Leben und wird im Eremitentum, in Wanderaskese oder in klösterlicher Gemeinschaft Gleichgesinnter verwirklicht.

Das christliche M. ist im Idealfall die restlose Hingabe an Gott und soll, organisiert mittels Mönchsregeln, zur persönlichen christlichen Vollkommenheit führen (u.a. durch Gelübde, Zölibat).

Im 3. Jh. entstand durch die Asketen das eremitische M. Das Koinobitentum (Leben in Gemeinschaft) gründete Pachomios der Ältere.

Augustinus verband das abendländische M. mit dem Priestertum. Patriarch des abendländischen M.s wurde Benedikt von Nursia durch seine Regel (Benediktinerregel).

Das M. ist der wichtigste Träger und Vermittler einer religiös geprägten schriftlichen Kultur und ist mit einer innovationsfreudigen klösterlichen Grundherrschaft auch wesentlich an der Entwicklung der materiellen Kultur beteiligt (10. Jh.).

Seit dem 12. Jh. wird das Mönchsideal der Selbstheilung weitgehend von dem Ideal der Caritas und Fürsorge abgelöst. *ku*

Monopole Wirtschaftsform, in der nur ein Anbieter existiert. Im Mittelalter wurden von den ↗Zünften Preis und Angebot in monopolistischer Weise dirigiert. Aus den ↗Regalien entwickelten sich staatliche M. für Gewürze, Post, Tabak u.a. durch Handelsgesellschaften und Private. Seit der ↗Industrialisierung im 19. Jh. versuchten Kartelle und Konzerne z.T. erfolgreich, Monopolstellungen zu erlangen. *dt*

Montagsdemonstrationen, Leipzig Friedliche Massenproteste gegen die ↗SED, erstmals im Herbst 1989 im Anschluß an seit 1982 in der Leipziger Nikolaikirche auf Initiative der ↗Friedensbewegung der DDR stattfindende Friedensandachten; am 4.9.1989 erste größere Demonstration mit der Forderung nach Reisefreiheit; trotz Massenverhaftungen und brutaler Polizeieinsätze allwöchentliche M.; zwei Tage nach dem 40. Jahrestag der Staatsgründung der DDR am 9.10.1989 über 70000 Demonstranten, am 13.11.1989 mehr als 200000 Menschen; größte Demonstrationen in der DDR seit dem ↗Siebzehnten Juni 1953; kein Eingreifen der ↗Gruppe Sowjetischer Streitkräfte in Deutschland; nach der ↗Maueröffnung Forderung nach ↗Wiedervereinigung; Basis für die Formierung einer Opposition aus der ↗Bürgerbewegung heraus; maßgeblicher Anteil an der Wiedervereinigung; letzte M. am 12.3.1990; im März 1991 auf gewerkschaftliche Initiative hin wiederbelebt, um auf die wirtschaftlichen und sozialen Probleme in den neuen Bundesländern aufmerksam zu machen. *kl*

Montanunion ↗Europäische Gemeinschaft für Kohle und Stahl (EGKS)

Montecuccoli, Raimund von Kaiserlicher Feldmarschall, *21.2.1609 Schloß Montecuccolo (bei Modena), †16.10.1680 Linz. Zeichnete sich im ↗Dreißigjährigen Krieg aus; vertrieb im Ersten ↗Nordischen Krieg 1658 die Schweden aus Jütland und ↗Pommern; schlug 1664 die Türken bei ↗St. Gotthard an der Raab; ab 1668 Präsident des ↗Hofkriegsrates; 1672–75 Befehlshaber im ↗Niederländischen Krieg; 1679 ↗Reichsfürst; Militärschriftsteller. *rh*

Montgelas, Maximilian von Bayrischer Minister, *12.9.1759 München, †14.6.1838 ebd. Unter ↗Maximilian I. Joseph 1799 Außen-, 1803–06 und 1809–17 Finanz-, sowie ab 1806 Innenminister; sicherte ↗Bayern durch die Anlehnung an ↗Napoleon I. reichen Landgewinn; schuf den modernen bayrischen Beamtenstaat (↗Beamtentum); Gegner einer Verfassung, daher 1817 gestürzt. *rh*

Montgomery, Bernard Law Britischer Feldmarschall, *17.11.1887 Kensington, †24.3.1976 Isington Mill. 1942/43 Armeeführer in Nordafrika (gegen ↗Rommel) und Italien; 1945/46 Oberbefehlshaber der britischen Besatzungstruppen in Deutschland; 1951–58 stellvertretender Oberbefehlshaber der ↗NATO. (16) *AM*

Monumenta Germaniae historica Wichtigste und umfangreichste ↗Quellensammlung zur deutschen Geschichte (Anfänge – 15. Jh.). Begründet durch Freiherr Karl vom und zum ↗Stein, gab die Edition der mittelalterlichen ↗Geschichtsschreibung entscheidende Anstöße. Anfänglich gegliedert in fünf Abteilungen, inzwischen deutlich vergrößert (bisher über 320 Bände erschienen). Sitz München *wj*

morganatische Ehe (Ehe zur linken Hand) Standesungleiche Ehe beim Hochadel, bei der die unebenbürtige Frau und die Kinder grundsätzlich von Standesvorrechten und Erbfolge ausgeschlossen waren (durch Vertrag geregelt). Die Frau stand bei der Trauung an der linken Seite des Mannes. *wj*

Morgarten, Schlacht (1315) Sieg der Eidgenossen am 15.11.1315 am M. (am Aegerisee, heute Kanton Schwyz) über den Bruder König ↗Friedrichs des Schönen, Herzog Leopold von Österreich. Infolge dieses Sieges erneuerten die drei Waldstätten Uri, Schwyz und Unterwalden ihren Bund von 1291 und erweiterten ihn zu einem Abwehrbund gegen die ↗Habsburger. *vK*

Morgengabe Gabe, die der Mann laut germanischem Rechtsbrauch am Tag nach der Hochzeit seiner Angetrauten als Pfand für den Verlust ihrer Jungfräulichkeit und v.a. zu ihrer materiellen Absicherung im Fall der Witwenschaft überreichte. *ku*

Morgenstern, Christian Lyriker, *6.5.1871 München, †31.3.1914 Meran. Wurde bekannt mit skurrilen, von innovativem Spiel mit der Sprache lebenden Gedichten (Galgenlieder, 1905; Palmström, 1910). Schrieb auch ernste Gedankenlyrik; Anhänger ↗Steiners (Wir fanden einen Pfad, 1914). *ij*

Morgenthau-Plan Denkschrift des US-amerikanischen Finanzministers Henry Morgenthau. September 1944 veröffentlicht; forderte die radikale Neuordnung Deutschlands nach dem Sieg der ↗Alliierten (Entindustrialisierung, ↗Entmilitarisierung, Aufteilung); von den Alliierten verworfen, aber wegen Morgenthaus jüdischer Abstammung vom nationalsozialistischen Regime propagandistisch genutzt. *PS*

Mörike, Eduard Lyriker, Erzähler, *8.9.1804 Ludwigsburg, †4.6.1875 Stuttgart. M.s Werk, das wegen seiner Vorliebe für den „kleinen Gegenstand" dem ↗Biedermeier zugerechnet wurde, steht zwischen ↗Romantik (Balladen und Märchen) und ↗Realismus. Werke u.a.: Maler Nolten (Künstlerroman, 1. Fassung 1832), Mozart auf der Reise nach Prag (Novelle, 1856); Natur- und Dinggedichte; Übersetzungen griechischer und römischer Lyrik. *ij*

Moritz

Hessen-Kassel:

Moritz der Gelehrte Landgraf, *25.5.1572 Kassel, †15.3.1632 Eschwege. 1592 Landgraf; führte ab 1605 den ↗Calvinismus ein; 1609 Mitglied der protestantischen ↗Union; verlor 1623 Oberhessen; mußte 1627 auf Betreiben der katholischen ↗Liga und der lutherischen Landstände abdanken; formte Kassel zu einem kulturellen Zentrum (erstes festes deutsches ↗Theater). *rh*

Sachsen:

Moritz Herzog, Kurfürst, *21.3.1521 Freiberg, †11.7.1553 bei Sievershausen. 1541 Herzog in den albertinischen Territorien (↗Wettiner); Protestant; im ↗Schmalkaldischen Krieg auf der Seite Kaiser ↗Karls V., der ihm nach dem Sieg über Kurfürst ↗Johann Friedrich von Sachsen 1547 die Kurwürde und 1548 große Teile des ernestinischen ↗Sachsen übertrug; verbündete sich 1551 mit anderen protestantischen Fürsten gegen den Kaiser und gewann 1552 die Hilfe Frankreichs; zwang 1552 den Kaiser zur Flucht aus seiner Residenz Innsbruck und erreichte im Passauer Vertrag die Anerkennung der protestantischen Besitztümer; in der Schlacht von Sievershausen gegen ↗Albrecht Alcibiades von Brandenburg tödlich verwundet. *rh*

Moritz Graf, französischer Marschall, *28.10.1696 Goslar, †30.11.1750 Chambord. Sohn ↗Augusts II., des Starken; scheiterte bei dem Versuch, die Herzogswürde zu erlangen, an Rußland und Polen; seit 1720 in französischen Diensten, bekannt als der „Marschall von Sachsen"; erfolgreich im ↗Österreichischen Erbfolgekrieg (1741–48); 1747/48 Statthalter der von Frankreich eroberten Niederlande; Militärschriftsteller. *rh*

Moritz, Karl Philipp Schriftsteller, *15.9.1756 Hameln, †26.6.1793 Berlin. In armen Verhältnissen aufgewachsen, entschloß sich der Theologiestudent zum Lehrerberuf; reiste 1782 nach Großbritannien, 1786 nach Italien, wo er ↗Goethe begegnete; 1789 Professor für Kunsttheorie in Berlin; gab das „Magazin für Erfahrungsseelenkunde", die erste deutsche Zeitschrift für Psychologie, heraus, in dem auch Teile seines autobiographischen Romans „Anton Reiser" (1785–94) erschienen. *ij*

Möser, Justus Jurist, Historiker, *14.12.1720 Osnabrück, †8.1.1794 ebd. Seit 1742 Advokat in Osnabrück und Sekretär der Ritterschaft, ab 1755 Syndicus; seit 1766 Herausgeber der Wochenschrift „Osnabrücker Intelligenzblätter"; 1768–83 Verwaltungsleiter des Fürstbistums Osnabrück; setzte sich für die deutsche Sprache und Literatur ein und verfaßte eine „Osnabrücker Geschichte" (1768). *nk*

Moskau, Angriff auf Im Rahmen des ↗Unternehmens Barbarossa am 2.10.1941 begonnener Angriff auf die Hauptstadt der Sowjetunion. Ende November wegen Kälteeinbruchs und ungenügender Ausrüstung kurz vor M. zum Stehen gekommen; am 5./6.12. Beginn der sowjetischen Gegenoffensive; eigentlicher militärischer Wendepunkt des deutsch-sowjetischen Krieges. *PS*

Moskau, Außenministerkonferenz (1943) Treffen der Außenminister der Sowjetunion, der USA, Großbritanniens und Chinas in der sowjetischen Hauptstadt 19.–30.10.1943 zur Vorbereitung der Konferenz von ↗Teheran. Forderte die Zusammenarbeit bis zum Sieg über Deutschland und Japan sowie die Errichtung einer internationalen Organisation. *PS*

Moskau, Außenministerkonferenz (1947) Fünfte Tagung der Außenministerrates der ↗Besatzungsmächte vom 10.3.–24.4.1947 über die deutsche Frage. Konfrontation der USA mit der UdSSR, Uneinigkeit zwischen Frankreich, Großbritannien und den USA; keine Einigung über einen Zeitplan für die Wiedererrichtung deutscher Zentralbehörden, Differenzen bezüglich der ↗Reparationen, des Status von Ruhrgebiet (↗Ruhrproblem) und ↗Saarland; Vereinbarung, bis zum 31.12.1948 alle ↗Kriegsgefangenen zurückzuführen. *kl*

Moskauer Vertrag ↗deutsch-sowjetischer Vertrag (1970)

Moskau-Reise Adenauers Vom 9.–13.9.1955 Staatsbesuch des Bundeskanzlers ↗Adenauer in der Sowjetunion. Vereinbart wurde die Freilassung der letzten deutschen ↗Kriegsgefangenen gegen die Aufnahme diplomatischer Beziehungen. *kl*

Mößbauer, Rudolf Ludwig Physiker, *31.1.1929 München. Professor in Pasadena (USA), München; seit 1972 Direktor des Laue-Langevin-Instituts in Grenoble; wies nach, daß Atomkerne in einem Kristallgitter Gammastrahlen ohne Rückstoß aufnehmen bzw. abstrahlen können („Mößbauer-Effekt"; Nobelpreis für Physik 1961); konnte damit ↗Einsteins Relativitätstheorie stützen. *bl*

Motz, Friedrich von Wirtschaftspolitiker, *18.11.1775 Kassel, †30.6.1830 Berlin. Setzte sich als preußischer Finanzminister (ab 1825) bes. für die wirtschaftliche Einigung der deutschen Staaten ein und wirkte maßgeblich auf die Gründung des ↗Deutschen Zollvereins (1834) hin. *nk*

Mozart, Wolfgang Amadeus Österreichischer Komponist, *27.1.1756 Salzburg, †5.12.1791 Wien. Schon ab 1762 wurde M. auf ausgedehnten Konzertreisen im In- und Ausland als musikalisches Wunderkind gefeiert. Drei italienische Reisen (1769–73) brachten ihm hohe Auszeichnungen ein und machten ihn als Komponisten bekannt. Mit einigen Unterbrechungen war er bis 1781 in Salzburg als Kapellmeister und Hoforganist angestellt, dann siedelte er über nach Wien, wo er als freier Künstler zu leben versuchte. Unter Aufnahme der Tradition und zeitgenössischer Strömungen entwickelte er dort seinen eigenen musikalischen Stil und wurde zum herausragendsten Vertreter der Wiener ↗Klassik. Trotz zunehmender materieller Schwierigkeiten entstanden in rascher Folge Werke aller Gattungen, u. a. „Die Zauberflöte" und das „Requiem" (beide 1791, letzteres unvollendet). *LA*

MSPD ↗Mehrheitssozialisten

Mückenberger, Erich DDR-Politiker (SED), *8.6.1910 Chemnitz, †10.2.1998. 1927 Eintritt in die ↗SPD; 1935/36 inhaftiert; 1942–45 Teilnahme am Zweiten Weltkrieg; nach britischer Gefangenschaft ab 1946 in der ↗SED; seit 1950 Mitglied im ↗Zentralkomitee (ZK); 1953–60 Sekretär für Landwirtschaft im ZK; 1954–89 Mitglied des ↗Politbüros; 1971–89 Vorsitzender der Zentralen Parteikontrollkommission; 1980–89 Vorsitzender der SED-Fraktion in der ↗Volkskammer; trat 1989 von allen Ämtern zurück. Ein 1995 eröffnetes Verfahren wegen Totschlags (↗Mauerschützenprozesse) wurde 1996 aus gesundheitlichen Gründen eingestellt. *AM*

Mühsam, Erich Schriftsteller, *6.4.1878 Berlin, †10.7.1934 Oranienburg. Einer der führenden Köpfe der ↗Münchner Räterepublik; am 7.7.1919 zu 15 Jahren Haft verurteilt; 1924 freigelassen; Herausgeber anarchistischer Publikationen; am 28.2.1933 verhaftet; im Konzentrationslager ↗Oranienburg fortwährend gefoltert und schließlich ermordet. *PS*

Müller, Adam Heinrich Staats- und Gesellschaftstheoretiker, *30.6.1779 Berlin, †17.1.1829 Wien. Bis 1805 in preußischem Staatsdienst; wandte sich in seinem Hauptwerk „Elemente der Staatskunst" (1809) gegen ↗Aufklärung, Naturrecht und ↗Liberalismus und trat für ↗Feudalismus und ↗Ständestaat ein; ab 1813 in österreichischem Staatsdienst; 1826 zum Ritter von Nitterdorf geadelt. *LA*

Müller, Heiner Dramatiker, *9.1.1929 Eppendorf (Landkreis Flöha), †30.12.1995 Berlin. Begann (z.T. gemeinsam mit seiner Frau Inge) mit Produktionsstücken (↗Aufbauliteratur), in denen er kaum lösbare Gruppenkonflikte darstellte (Der Lohndrücker, 1957); 1961–88 aus dem Schriftstellerverband der DDR ausgeschlossen. M. wandte sich verstärkt antiken Stoffen sowie William Shakespeare (Hamletmaschine, 1977) zu; seit den 70er Jahren politische und ästhetische Radikalisierung. Die späteren Dramen ohne Rahmenhandlung zeigen in grellen, szenisch aufwendigen Parallelmontagen das Fortwirken zerstörerischer Kräfte in der Gegenwart. M. erhielt 1985 den ↗Georg-Büchner-Preis. M. leitete 1995 das Berliner Ensemble. Dramen u. a.: Mauser (1970), Germania Tod in Berlin (1956/71), Bildbeschreibung (1984), Wolokolamsker Chaussee I–IV (1987). *ij*

Müller, Hermann Politiker, *18.5.1876 Mannheim, †20.3.1931 Berlin. Verhalf, als Vertreter der ↗Mehrheitssozialisten, während der ↗Novemberrevolution (1918) der gemäßigten Mehrheit im Berliner ↗Arbeiter- und Soldatenrat zum Sieg (Werk: Die November-Revolution, 1928); unterzeichnete 1919 als Reichsaußenminister den ↗Versailler Vertrag; führte 1928–30 die letzte parlamentarisch kontrollierte Regierung der ↗Weimarer Republik (Annahme des ↗Young-Plans). *bl*

Müller, Ludwig Evangelischer Theologe, *23.6.1883 Gütersloh, †31.7.1945 Berlin. Oberhaupt der regimefreundlichen ↗Deutschen Christen im ↗Dritten Reich; seit 29.7.1933 ↗Reichsbischof; Suizid nach Kriegsende. *PS*

Müller, Wilhelm Dichter, *7.10.1794 Dessau, †1.10.1827 ebd. Nahm an den ↗Befreiungskriegen teil; schrieb Wander-, Reise- und Tafellieder („Am Brunnen vor dem Tore"; „Das Wandern ist des Müllers Lust") und von ↗Schubert vertonte Liederzyklen (Die Winterreise, 1823). Wurde u.a. mit philologischen Studien und Übersetzungen aus dem Griechischen zum wichtigsten Vertreter des literarischen Philhellenismus in Deutschland. *ij*

Müller-Armack, Alfred Nationalökonom (CDU), *28.6.1901 Essen, †16.3.1978 Köln. Seit 1934 Professor; 1952–63 im Wirtschaftsministerium unter ↗Erhard tätig, nach 1958 als Staatssekretär. M.-A. prägte den Begriff der ↗sozialen Marktwirtschaft. *AM*

München, Konferenz (1938) ↗Münchner Abkommen

München, Ministerpräsidentenkonferenz (1947) ↗Ministerpräsidentenkonferenz, München (1947)

Münchner Abkommen Am 30.9.1938 von ↗Hitler mit Benito Mussolini und den Regierungschefs von Frankreich, Edouard Daladier, und Großbritannien, Neville Chamberlain, geschlossener Vertrag zur Beilegung der ↗Sudetenkrise. Verfügte die Abtretung der sudetendeutschen Gebiete durch die Tschechoslowakei im Oktober; galt als größter außenpolitischer Erfolg des nationalsozialistischen Regimes und war Ausdruck der britisch-französischen ↗Appeasement-Politik gegenüber den Forderungen des ↗Dritten Reiches (heute noch sprichwörtlich). *PS*

Münchner Dichterkreis 1856–83 bestehende literarische Vereinigung von – vorwiegend norddeutschen – Autoren, die dem klassisch-romantischen Kunstideal anhingen und eine oft epigonale, klassizistische Dichtung pflegten (u. a. ↗Heyse und ↗Geibel). *ij*

Münchner Räterepublik ↗Räterepublik, Bayern

Münchner Sezession ↗Sezession

Mundarten Landschaftlich geprägte, regional relativ begrenzte, von der Hochsprache unterschiedene Sprachformen; synonymer Ausdruck: Dialekte; entstanden ursprünglich in der Völkerwanderungszeit bei der Herausbildung der großen Stämme (↗Sachsen, ↗Alamannen, ↗Franken, ↗Thüringer, ↗Baiern); heutige M.-Landschaften entwickelten sich durch historisch-politische und sprachliche Veränderungen. Die bedeutendsten Sprachgrenzen entstanden durch die sich im Frühmittelalter im süddeutschen Raum (mit Ausnahme des Alemannischen) durchsetzende zweite Lautverschiebung (Oberdeutsch). Während der norddeutsche Sprachraum diese Entwicklung nur teilweise (Mitteldeutsch) oder gar nicht (Niederdeutsch) vollzog. Die Entstehung der neuhochdeutschen Schriftsprache (Martin ↗Luther) war am Vorbild der oberdeutschen Mundarten orientiert. Hieraus erklärt sich, daß M. heute insbesondere im süddeutschen Raum noch stark verbreitet sind, während die norddeutschen M. aufgrund ihrer strukturellen Unterschiedlichkeit zur Hochsprache stark an Bedeutung verloren haben. Als vorwiegend gesprochene Sprache sind M. nur begrenzt normiert und damit ständiger Veränderung durch nachbar-, hoch- oder umgangssprachliche Einflüsse ausgesetzt. Während sich M. in der Schweiz und in Österreich auch im öffentlichen

Münchner Abkommen (1938): der britische Botschafter Henderson, Hermann ↗Göring, Neville Chamberlain, Benito Mussolini, Dolmetscher Paul Schmidt, Adolf ↗Hitler und Edouard Daladier (v. li.)

Leben und in der Schriftlichkeit erhalten haben, legen viele mitteldeutsche Dialektsprecher ihre M. zugunsten der Hochsprache ab. *ep*

Mundschenk Zählte zu den vier fränkischen ↗Hofämtern; hatte für die Getränke am ↗Hof zu sorgen. Entwickelte sich wie die anderen Hofämter zum Erzamt. Den Titel hatte der König von ↗Böhmen inne, während das eigentliche Amt (sowohl am Königs- wie an Fürstenhöfen) erblich wurde. *wj*

Mundt, Theodor Schriftsteller, *19.9.1808 Potsdam, †30.11.1861 Berlin. Repräsentant des ↗Jungen Deutschland; kämpfte gegen die ↗Zensur seiner Zeitschriften durch die preußischen Behörden; verfaßte Romane, Novellen, Reiseberichte und literaturwissenschaftliche Arbeiten. *ij*

Münster Westfälisches Uradelsgeschlecht, seit 1792 Reichsgrafen. *rh*

Münster, Ernst Reichsgraf zu Minister, *1.3.1766 Osnabrück, †20.5.1839 Hannover. 1805 in London zum Minister für hannoversche Angelegenheiten ernannt; 1814/15 auf dem ↗Wiener Kongreß Bevollmächtigter der britischen Krone; sicherte die Erhebung Hannovers zum Königreich; hatte als Vormund Herzog Karls II. bis 1823 faktisch auch die Regierungsgewalt in Braunschweig inne; Entlassung 1831. *sa*

Münster, Friede (1648) ↗Westfälischer Friede

Münster, Sebastian Theologe, Geograph, *20.1.1488 Ingelheim (bei Mainz), †26.5.1552 Basel. 1524–27 Professor in Heidelberg, ab 1529 in Basel; zu seiner Zeit neben ↗Reuchlin führender Hebraist und humanistischer Gelehrter; gab 1535 die erste hebräische Bibel heraus; als sein Hauptwerk gilt die „Cosmographia" (1544), ein Karten- und Beschreibungswerk v.a. deutscher Städte und Länder. *LA*

Munt (althochdeutsch: Schutz, Vormundschaft) Im Mittelalter die in unterschiedlicher Form bestehende Schutz- und Herrschaftsgewalt z.B. des Mannes über die Kinder, die Frau sowie andere Haus- und Hofangehörige. Hieraus entwickelte sich die Königs-M. über Gefolge sowie andere Schutzbedürftige. Für ↗Klöster und Kirchen entstand die ↗Vogtei. *wj*

Münter, Gabriele Malerin, *19.2.1877 Berlin, †19.5.1962 Murnau. Stellte 1909 im Pariser Salon des Indépendants aus; gehörte als Gründungsmitglied dem ↗Blauen Reiter an; malte in den 30er Jahren Bilder von leuchtender Farbigkeit; ging nach 1952 zur Abstraktion über. *ij*

Müntzer, Thomas Theologe, Revolutionär, *um 1490 Stolberg (Harz), †27.5.1525 bei Mühlhausen (Thüringen). Studium der Theologie in Leipzig und Münster; ab 1520 nach Vermittlung Martin ↗Luthers Pfarrer in Zwickau; wandte sich bald von Luthers Lehre ab; mußte 1521, nach Kritik an der Obrigkeit, fliehen; legte seine Theologie, die die ↗Täuferbewegung beeinflußte, im „Prager Manifest" (1521/23) dar; 1523 Pfarrer in Allstedt und Gründung des Bundes getreulichen und göttlichen Willens; wirkte seit 1524 in Mühlhausen; als Anführer im ↗Bauernkrieg verhaftet und mit vielen seiner Anhänger hingerichtet. *nk*

Münzen ↗Numismatik

Münzenberg, Wilhelm (Willi) Politiker (KPD), Publizist, *14.8.1889 Erfurt, †Juni 1940 bei Caugnet (Frankreich). 1924–33 Mitglied des Reichstages; Herausgeber der „Arbeiter-Illustrierte Zeitung"; 1933 ↗Emigration; Mitte der dreißiger Jahre Bruch mit der ↗KPD; auf Flucht vor deutschen Truppen unter ungeklärten Umständen ums Leben gekommen. *PS*

Münzrecht, Münzregal Das Recht zur Herstellung von Münzen (in eigener oder durch Verleihung befugter Münzstätte). Lag ursprünglich beim König, wurde aber durch die ↗Goldene Bulle auf die Kurfürsten übertragen. Heute ist der Staat Inhaber des M.s. *wj*

Musil, Robert Österreichischer Schriftsteller, *6.11.1880 Klagenfurt, †15.4.1942 Genf. Studierte zunächst Maschinenbau, 1903–08 Psychologie und Philosophie; Dissertation über ↗Mach. 1906 erschien sein Internatsroman „Die Verwirrungen des Zöglings Törleß". Ab 1925 arbeitete er an seinem umfangreichen Roman „Der Mann ohne Eigenschaften", dessen erster Band 1930 herauskam (ein zweiter Band, 1952 herausgegeben, blieb Fragment); schrieb Schauspiele, Erzählungen und Kurzprosa. 1938 emigrierte er in die Schweiz.
M., der in seinem Werk die Polarität zwischen naturwissenschaftlich-exakter und mystisch-erfahrungsbezogener Welterfassung zu überwinden sucht, zählt zu den bedeutendsten deutschsprachigen Romanautoren der ↗Moderne. M.s „Mann ohne Eigenschaften" ist zugleich ein politisch-satirischer Roman, in dem sich eine dekadente spätmonarchistische Gesellschaft in blindem Aktionismus auf den ↗Ersten Weltkrieg zubewegt. *ij*

Mutterkreuz Ausdruck der ideologischen Überhöhung der Mutterrolle im ↗Dritten Reich. Seit 1938 wurde das „Ehrenkreuz der deutschen Mutter“ für Kinderreichtum in drei Kategorien verliehen: Bronze (vier Kinder), Silber (sechs Kinder), Gold (acht Kinder). *PS*

Mykonos-Prozeß, Berlin 1993 eingeleitetes Strafverfahren, um die Ermordung von vier iranisch-kurdischen Oppositionspolitikern in der Berliner Gaststätte „Mykonos“ 1992 aufzuklären. Urteilsverkündung am 10.4.1997 in Berlin; Haftstrafen für vier Angeklagte; durch die Feststellung eines staatlich gesteuerten Terroranschlags schwere Krise in den diplomatischen Beziehungen zwischen dem Iran und der Bundesrepublik, die bis November 1997 anhielt. *AM*

Mystiker Im Christentum Verfechter einer spezifisch visionären, an der direkten Gotteserfahrung orientierten Glaubensform. Übten großen Einfluß auf das religiöse Geistesleben des ↗Mittelalters aus; entwickelten z.T. von der Kirche als „ketzerisch“ beurteilte Lehren; fanden im 13. und 14. Jh. im deutschen Sprachraum in verschiedenen Klostergemeinschaften eine breite Resonanz (v.a. in Frauenklöstern, bei ↗Zisterziensern, ↗Franziskanern und ↗Dominikanern). Zentrale Figuren der sog. deutschen Mystik waren ↗Hildegard von Bingen, ↗Gertrud von Helfta, ↗Mechthild von Magdeburg, Meister ↗Eckhart und dessen Schüler Heinrich Seuse und Johannes Tauler. *ep*

Mythus des 20. Jh.s, Der 1930 erschienenes Hauptwerk Alfred ↗Rosenbergs. Geprägt von den Ideen Houston Stewart Chamberlains; bietet einen Abriß der Weltgeschichte mit stark antisemitischer Tendenz als Aneinanderreihung von Rassenkämpfen; neben den ↗Juden sind ↗Freimaurer und der Katholizismus Hauptangriffsziele dieses Buches. *PS*

N

Nachbarschaftsvertrag, Bundesrepublik Deutschland – Volksrepublik Polen (1991) ↗deutsch-polnischer Vertrag (1991)

Nachrichtenwesen Das N. basierte seit dem Mittelalter auf einem Botensystem, für das die Familie ↗Thurn und Taxis im 17. Jh. in den katholischen Ländern des Heiligen Römischen Reiches das Postmonopol erhielt. Nach 1815 existierte im Deutschen Bund ein Nebeneinander von privater und landesherrlicher Post. Mit dem Telegraphen- (1833) und dem Eisenbahnbau begann ein neues Zeitalter des N.s (↗Wolffs Telegraphen Bureau). Im Deutschen Reich wurde ein Telefonnetz aufgebaut (erste Ortsnetze in Mühlhausen/Elsaß und Berlin 1881), mit der Einführung des Radios (erste Sendung in Deutschland 1920) unter Leitung der Reichspost begann die Ära des Rundfunks (↗Volksempfänger). *dt*

Nachtigal, Gustav Afrikaforscher, *23.2.1834 Eichstedt (Altmark), †20.4.1885 auf See bei Kap Palmas. N. unternahm seit 1861 mehrere Forschungsreisen in Afrika; 1882 Konsul in Tunis. Erwarb 1884 ↗Togo und ↗Kamerun durch Verträge mit afrikanischen Stämmen als ↗Kolonien für das ↗Deutsche Reich. *dt*

Nacht- und Nebel-Erlaß Am 7.12.1941 vom Chef des ↗OKW, ↗Keitel, auf Weisung ↗Hitlers herausgegeben. Demnach wurden aus den besetzten westeuropäischen Gebieten des ↗Widerstandes Verdächtige heimlich nach Deutschland gebracht, dort in ↗Konzentrationslagern oder Zuchthäusern inhaftiert und häufig von Sondergerichten abgeurteilt. *PS*

Nagold-Affäre (1963) Im Jahr 1963 Übergriffe von Ausbildern der ↗Bundeswehr auf eine Fallschirmjäger-Kompanie in Nagold (Landkreis Calw); Verstoß gegen das Konzept der ↗Inneren Führung; Auflösung der Ausbildungskompanie am 29.10.1963. *kl*

Nannen, Henri Journalist, Publizist, *25.12.1913 Emden, †13.10.1996 Hannover. Wurde 1937 Redakteur der Zeitschrift „Die Kunst“; gab nach 1945 in Hannover mehrere ↗Zeitungen heraus; gründete 1948 die Illustrierte ↗Stern, war bis 1980 deren Chefredakteur; widmete sich danach v.a. seiner 1979 in Hamburg gegründeten Kunstsammlung. *UK*

Napola ↗Nationalpolitische Erziehungsanstalt

Napoleon I. Bonaparte Kaiser der Franzosen, *15.8.1769 Ajaccio (Korsika), †5.5.1821 Longwood (St. Helena). Seit 1799 herrschte der vorher als republikanisch geltende General als Erster Konsul diktatorisch, gestützt auf Bürgertum, Armee und seine Popularität bei den Bevölkerungsmassen; krönte sich 1804 selbst zum Kaiser der Franzosen.

Zwang als Oberbefehlshaber im ersten ↗Koalitionskrieg durch Erfolge in Italien Kaiser ↗Franz II. zum Frieden von ↗Campo Formio (1797); leitete mit dem Frieden von ↗Lunéville und dem damit nötigen ↗Reichsdeputationshauptschluß (1803) das Ende des ↗Heiligen Römischen Reiches ein, das er durch die Bildung des ↗Rheinbundes (1806) endgültig besiegelte. Seit seinem Sieg bei ↗Austerlitz (1805) standen weite Teile Europas unter starkem französischem Einfluß: Die Reformen in Verwaltung und Justizwesen (↗Code civil) förderten die Rechtsvereinheitlichung, die Einführung rechtsstaatlicher Prinzipien und die Emanzipation des ↗Bürgertums bis weit ins 19. Jh. und machten N. auch in Deutschland zu einer bewunderten Figur des Fortschritts; verbündete Fürstentümer wie ↗Bayern und ↗Württemberg erzielten große Gebietsgewinne und wurden zu Königreichen, Großmächte wie ↗Preußen (1806, nach der Schlacht bei ↗Jena und Auerstedt) und ↗Österreich stark geschwächt. Die ↗Befreiungskriege (1813/14) gegen N. nach dessen Niederlage im Rußlandfeldzug 1812 unterstützten die Entstehung eines deutschen Nationalgefühls. 1814 wurde N., von einer Koalition Großbritanniens, Rußlands, Österreichs und Preußens entscheidend geschlagen, nach Elba verbannt. 1815 Rückkehr nach Frankreich, nach der „Herrschaft der 100 Tage“ bei ↗Waterloo endgültig besiegt, nach St. Helena verbannt. *sa*

Napoleonische Kriege ↗Koalitionskriege ↗Befreiungskriege

Nassau Fürstengeschlecht. Namengebend (seit 1160) war die um 1125 erbaute Burg N. 1255 Teilung des Geschlechts in zwei Linien:

1) Walramsche Linie (Gebiet südlich der Lahn): Zu ihr gehörte König ↗Adolf von N.; 1806 Vereinigung aller Gebiete dieser noch mehrfach gespaltenen Linie zum Herzogtum, das 1866 an ↗Preußen fiel. Der letzte Herzog, Adolf von N., wurde 1890 Großherzog von Luxemburg.

2) Ottonische Linie (Gebiet nördlich der Lahn): erwarb 1530 das Fürstentum Oranien (Orange) und teilte sich 1544 in die von Wilhelm I. von Oranien begründete und 1702 mit König Wilhelm III. von Großbritannien erloschene ältere Linie N.-Oranien und die Linie N.-Dillenburg, von der sich u.a. die jüngere Linie N.-Oranien abzweigte. Wilhelm VI. wurde 1815 als Wilhelm I. König der Niederlande und Großherzog von Luxemburg. 1890 fiel Luxemburg an die walramsche Linie, die Niederlande blieben bei der ottonischen. *wm*

Nationaldemokratische Partei Deutschlands (NPD) Rechtsextreme Partei, am 28.11.1964 unter dem Vorsitz von Friedrich Thielen gegründet; Vorsitzender 1967–71 Adolf von Thadden. Nachfolgepartei der ↗DRP; 1966–69 in sieben Landesparlamenten vertreten, scheiterte bei der ↗Bundestagswahl 1969 an der Fünf-Prozent-Klausel (4,3 %). Seit 1990 Landesverbände in den neuen Bundesländern. *sb*

National-Demokratische Partei Deutschlands (NDPD) Partei in der ↗DDR, am 25.5.1948 in der ↗SBZ gegründet, durch die ↗Blockpolitik der ↗SED der ↗Nationalen Front der DDR zugehörig. Vorsitzende: Lothar Bolz (1948–68), Heinrich Hohmann (1968–89). Ziel der SED-Integrationspolitik war, mit dieser „Auffangpartei" ehemalige ↗NSDAP-Mitglieder, Berufssoldaten und Offiziere anzusprechen und sie in das politische System der DDR zu integrieren. Anschluß der NDPD an den Bund freier Demokraten im März 1990, am 12.8.1990 in der ↗FDP aufgegangen. *sb*

Nationale Front des demokratischen Deutschland Integrations- und Koordinationsinstru-

NVA: Wachablösung (Unter den Linden, Berlin [Ost])

ment für Parteien und Massenorganisationen der ↗DDR, am 4.10.1949 von der ↗SED als Nachfolgeorganisation der ↗Volkskongreßbewegung gegründet, 1973 in „Nationale Front der DDR" umbenannt; Element der ↗Blockpolitik. *kl*

Nationale Volksarmee (NVA) Streitkräfte der ↗DDR, am 18.1.1956 aus der ↗Kasernierten Volkspolizei gebildet; offiziell als Reaktion auf die Aufstellung der ↗Bundeswehr, jedoch von langer Hand vorbereitet.

Zusammen mit den ↗Grenztruppen und der ↗Zivilverteidigung dem Ministerium für Nationale Verteidigung und ab 1960 dem ↗Nationalen Verteidigungsrat weisungsgebunden, unterstand die NVA als Mitglied des ↗Warschauer Paktes letztlich sowjetischem Oberkommando. Sie war bis Mitte der siebziger Jahre auf die Strategie der Vorneverteidigung der sozialistischen Militärkoalition festgelegt; erst dann erfolgte ein allmähliches Umschwenken auf ein defensives Verteidigungskonzept, das 1987 zur offiziellen Militärdoktrin des östlichen Militärbündnisses wurde.

Als Freiwilligenarmee mit zunächst 90000 Mann ausgestattet, wurde die NVA mit der Einführung der allg. Wehrpflicht 1962 umstrukturiert und verstärkt. Unter sowjetischer Beratung entwickelte sie sich zu einer der am besten ausgerüsteten und ausgebildeten Armeen Osteuropas. Ihrer hohen Gefechtsbereitschaft im Vergleich zu Einheiten der ↗NATO stand allerdings ein ungenügender militärtechnischer Standard gegenüber.

Die stark eingeschränkte Bewegungsfreiheit außerhalb der Standorte und ihre Abschirmung von der zivilen Umwelt belastete die Soldaten und ihre standortgebunden lebenden Familien erheblich. Einen zivilen Ersatzdienst gab es nicht; seit 1964 war ein waffenloser Militärdienst als Bausoldat möglich; Totalverweigerung wurde mit Gefängnis bestraft. Nach dem 18 Monate dauernden Grundwehrdienst mußte jeder Reservist einer Betriebssportgemeinschaft beitreten, Mitglied einer ↗Kampfgruppe der Arbeiterklasse oder der ↗Gesellschaft für Sport und Technik werden.

Die NVA schied am 24.9.1990 aus dem Warschauer Pakt aus, zum 3.10.1990 aufgelöst und durch das ↗Bundeswehr-Kommando Ost abgewickelt; von 170000 Soldaten wurden 50000 in die Bundeswehr übernommen. (351) *kl*

Nationaler Verteidigungsrat (NVR) Oberste staatliche Instanz zur Leitung aller Verteidigungs- und Sicherheitsmaßnahmen der ↗DDR, am 10.2.1960 entstanden. Im Notstandsfall mit allen legislativen und exekutiven Vollmachten ausgestattet und unter dem Vorsitz des Ersten Sekretärs bzw. Generalsekretärs der ↗SED, befahl der NVR u.a. den Bau der ↗Berliner Mauer, die Beteiligung an der Niederschlagung der Reformbewegung des Prager Frühlings und initiierte den ↗Schießbefehl an der ↗deutsch-deutschen Grenze. Er löste sich nach Rücktritt des letzten Vorsitzenden ↗Krenz 1989 selbst auf. *kl*

Nationales Dokument Erklärung zur historisch-politischen Legitimation der ↗deutschen Teilung und der Entwicklung der ↗DDR nach dem Bau der ↗Berliner Mauer; am 17.6.1963 auf dem vierten Kongreß der ↗Nationalen Front verabschiedet; formulierte als Pendant zum ↗Alleinvertretungsanspruch der ↗Bundesrepublik ein Alleinvertretungsrecht der DDR. *kl*

Nationalfahne der DDR Seit Gründung der ↗DDR ebenso wie die Nationalfahne der ↗Bundesrepublik in den Farben Schwarz, Rot, Gold in Anknüpfung an die ↗Befreiungskriege; im Zentrum befinden sich zusätzlich Hammer und Zirkel im Ährenkranz. *kl*

Nationalhymne ↗Deutschlandlied

Nationalismus Weltanschauliche Ausrichtung solcher politischen Strömungen, die die Bildung oder Stärkung eines Nationalstaates anstreben; auch die Übersteigerung solcher Bestrebungen (Chauvinismus). Der Begriff steht in engem historischen Zusammenhang mit der Ausbildung des Konzeptes des Nationalstaates im Europa des 17. und 18. Jh.s, in dem sich kulturelle und staatlich-territoriale Elemente überlagern („Kulturnation", „Staatsnation"). Zur Blüte gelangten diese Konzepte in Europa nach der Französischen Revolution, insbesondere in der zweiten Hälfte des 19. und im beginnenden 20. Jh. unter dem Schlagwort vom „Selbstbestimmungsrecht der Völker".

In Deutschland im Vormärz (1815–47) Entstehung und allmähliches Erstarken einer nationalen Bewegung (↗deutsche Frage). Extremer N. manifestierte sich im Alldeutschtum des deutschen Kaiserreiches sowie in der Rassenideologie des ↗Nationalsozialismus. *vK*

Nationalkomitee „Freies Deutschland" (NKFD) Am 12./13.7.1943 in Krasnogorsk bei Moskau von Emigranten und Kriegsgefangenen auf sowjetische Anregung gegründet. Zunächst Forderung nach Rückzug der ↗Wehrmacht und Sturz ↗Hitlers, ab 1944 Aufforderung an die Soldaten der Wehrmacht, überzulaufen. Mittels Flugblättern und Lautsprecherdurchsagen versuchten Angehörige des NKFD mit meist geringem Erfolg, die kämpfende Truppe zum Aufgeben zu bewegen. Bei vielen Kriegsgefangenen, insbesondere Offizieren, waren Aufrufe gegen das nationalsozialistische Regime aus der Gefangenschaft heraus verpönt. Dennoch war die Tätigkeit des NKFD ein Versuch zur Verkürzung des Krieges. Am 2.11.1945 wurde es gemeinsam mit der Schwesterorganisation ↗Bund Deutscher Offiziere aufgelöst. *PS*

Nationalliberale Partei 1867 in ↗Preußen gegründete liberale Partei; entstanden aus dem rechten Flügel der ↗Deutschen Fortschrittspartei u. a. liberalen Gruppen; repräsentierte im wesentlichen das protestantische Bildungs- sowie das industrielle Großbürgertum; unterstützte Otto von ↗Bismarck im ↗Kulturkampf; 1880 Abspaltung des linken Flügels. Im ↗Ersten Weltkrieg vertrat sie eine annexionistische Politik. 1918 Auflösung der N.P.: Ein Teil ihrer Mitglieder trat der ↗DDP bei, der Rest bildete die ↗DVP. *vK*

Nationalpolitische Erziehungsanstalt (Napola) Ab 1933 eingerichtete staatliche Internatsschulen unter Länderhoheit, an denen ausgewählte Knaben bis zur Hochschulreife unterrichtet wurden. Obgleich keine Einrichtungen der ↗NSDAP wie die ↗Adolf-Hitler-Schulen für den Parteinachwuchs, standen die Schüler dennoch unter starkem Einfluß der nationalsozialistischen Ideologie und wurden in hohem Maße paramilitärisch ertüchtigt, erwartete man doch von den Absolventen, daß sie den künftigen Offiziersnachwuchs bilden sollten. *PS*

Nationalsozialer Verein Am 25.11.1896 wurde der N.V. von ↗Naumann in Erfurt gegründet. Als linksliberale Organisation setzte sich der N.V. für die imperialistische Flotten- und Expansionspolitik Kaiser ↗Wilhelms II. ein, aber auch für soziale Reformen. Bes. warb er um Mitglieder aus der Arbeiterschaft, doch blieb er weitgehend eine politische Vereinigung der Intelligenz und der gehobenen Mittelschicht. Mehr als 3000 Mitglieder besaß der N.V. nie. Nachdem er bei den Reichstagswahlen 1903 nur einen einzigen Abgeordneten stellen konnte, löste er sich selbst auf. Ein großer Teil der Mitglieder trat zur ↗Freisinnigen Vereinigung über. *br*

Nationalsozialismus Politische Bewegung, geführt von ↗Hitler und organisiert in der 1919 als ↗DAP gegründeten ↗NSDAP. Die aus einem Konglomerat von Einflüssen u. a. einiger Ideen ↗Nietzsches, den Lehren Charles Darwins, der Rassentheorie Joseph Arthur Conte de Gobinaus und der Kulturauffassung Houston Stewart Chamberlains, verquickt mit antichristlich-germanischen Adaptionen entwickelte „Ideologie“ war nicht Ausdruck eines geschlossenen Gedankensystems, erhob aber den Anspruch, eine politisch, sozial und kulturell begründete Weltanschauung darzustellen. Niedergelegt wurde die „Ideologie“ des N. v. a. in Hitlers ↗„Mein Kampf“ und Alfred ↗Rosenbergs „Der ↗Mythus des 20. Jh.s“. Zentrales und konstituierendes Element war der pseudowissenschaftlich begründete „Rassengedanke“ mit seiner Überhöhung des Ariers und einem schrankenlosen ↗Antisemitismus, daneben die Vorstellung von der ↗„Volksgemeinschaft“ als einer Schicksals- und Kampfgemeinschaft, in der der ↗„Führer“ den Volkswillen verkörpere, sowie der Drang zur Eroberung von ↗Lebensraum im Osten. Der N. bekämpfte die Bestimmungen des ↗Versailler Vertrages, seine Anhänger gehörten zu den erbittertsten Gegnern der ↗Weimarer Republik, die mit dem erfolglosen ↗Hitler-Putsch von November 1923 beseitigt werden sollte. Nach kontinuierlichem, aber zuweilen wechselhaftem Aufstieg durch Wahlerfolge der NSDAP ab Mitte der zwanziger Jahre und schließlich durch die Ernennung Hitlers zum ↗Reichskanzler am 30.1. 1933 sowie den darauf folgenden (Terror- und Zwangs-) Maßnahmen wurde die Weltanschauung des N. zur Staatsideologie erhoben. Kritik am N. wurde nun durch Überwachung mittels der ↗Gestapo und des ↗SD, unterstützt durch die Denunziationsbereitschaft von Teilen der Bevölkerung, verhindert oder unterdrückt. Neben politischen Gegnern wurden v. a. rassisch unerwünschte Menschen, ↗Sinti und Roma, ↗Juden sowie aus religiösen oder sonstigen Gründen der „Volksgemeinschaft“ Fernstehende verfolgt, vertrieben, inhaftiert oder ermordet. Neben wirtschaftlichem Aufschwung, nicht zuletzt durch die Aufrüstung, sowie einer zunächst erfolgreichen expansiven Außenpolitik unter Revidierung des Versailler Vertrages ab Mitte der dreißiger Jahre brachte der N. mit Entfesselung des ↗Zweiten Weltkrieges durch den Überfall auf Polen im September 1939 die Ausweitung des Gewaltsystems, das in der ↗Judenvernichtung gipfelte, auf weite Teile Europas. *PS*

Nationalsozialistische Deutsche Arbeiterpartei (NSDAP) Zentrale Organisation des ↗Nationalsozialismus. Am 5.1.1919 in München von Anton Drexler und Karl Harrer als ↗DAP gegründet. Am 12.9.1919 nahm ↗Hitler im Auftrag der ↗Reichswehr an einer Versammlung der DAP teil, der er daraufhin beitrat. Im Februar 1920 wurde die Partei in NSDAP umbenannt, Hitler am 29.7.1921 Parteivorsitzender. Nach dem erfolglosen ↗Hitler-Putsch November 1923 verboten, am 26.2.1925 wiedergegründet, nun mit nach außen hin propagiertem legalem Kurs zur Erlangung der Macht. Trotz des rapiden Anstiegs von Wählerstimmen v.a. in ländlichen Regionen infolge massiver Propagandabemühungen, zunehmenden Terrors gegen politisch Andersgesinnte durch die Schlägertrupps der ↗SA und der durch ↗Weltwirtschaftskrise und Massenarbeitslosigkeit hervorgerufenen sozialen Krise errang die NSDAP in freien Wahlen bis 1933 nie die absolute Mehrheit. Trotz Nachlassens in der Wählergunst (↗Goebbels schrieb Heiligabend 1932 in sein Tagebuch: „Das Jahr 1932 ist eine einzige Pechsträhne.") übertrug Reichspräsident von ↗Hindenburg auf Drängen deutschnationaler Kreise am 30.1.1933 das Amt des ↗Reichskanzlers einer Koalitionsregierung unter Beteiligung der NSDAP an Hitler, was von den Nationalsozialisten als ↗Machtergreifung gefeiert wurde.

Mit dem ↗Ermächtigungsgesetz vom 23.2.1933 schaltete Hitler die parlamentarische Legislative aus und errichtete mit einer Reihe weiterer Gesetze die ↗Diktatur des Einparteienstaates der NSDAP. Durch die ↗Gleichschaltung (Verbot von Parteien u.a. Organisationen, Zerschlagung der ↗Gewerkschaften), die massive Verfolgung politischer Gegner bei gleichzeitigem allmählichem Wirtschaftsaufschwung und Abbau der Arbeitslosigkeit sowie der Verdrängung der nationalkonservativen Bündnispartner und Ausschaltung von Teilen der eigenen Bewegung bei gleichzeitiger Gewinnung der ↗Reichswehr durch den ↗Röhm-Putsch, gelang es der NSDAP, ab 1935/36 mit ihrer Organisationsstruktur und der ihr angeschlossenen zahlreichen Verbände das gesamte öffentliche, gesellschaftliche, wirtschaftliche, militärische und politische Leben zu beherrschen. Mit der ↗bedingungslosen Kapitulation Mai 1945 zerfallen, am 10.10.1945 auch gesetzlich verboten. *PS*

Demonstration gegen Stationierung von US-Mittelstreckenraketen (Bonn, 1983)

Nationalversammlung ↗Frankfurter Nationalversammlung

Nationalversammlung (1919) Die auf dem Berliner Rätekongreß (16.–20.12.1918) der ↗Arbeiter- und Soldatenräte beschlossene Verfassunggebende Volksvertretung. Die N. (ab 6.2.1919) nahm die von ↗Preuß entworfene Reichsverfassung an, wählte ↗Ebert zum Reichspräsidenten (11.2.) und ↗Scheidemann zum Ministerpräsidenten. Dieser bildete die aus ↗SPD, ↗Zentrum und ↗DDP bestehende ↗Weimarer Koalition. Die N. gab unter Protest ihre Zustimmung (Gefahr eines Einmarsches in das Reichsgebiet) zur Unterzeichnung des Vertrages von ↗Versailles (1919). *bl*

NATO ↗North Atlantic Treaty Organization

NATO-Doppelbeschluß (1979) Beschluß des NATO-Rates vom 12.12.1979, der die Aufstellung nuklearer Mittelstreckenwaffen (Pershing II, Cruisemissile) in Europa vorsah, falls die Sowjetunion ihr Arsenal an SS-20-Raketen nicht verringerte. Erste Verhandlungen mit der Sowjetunion (1981–83) erfolglos; erst Ende 1987 erfolgte eine Einigung über Abrüstungsfragen („doppelte Nullösung"). Der NATO-D. führte zum Anwachsen der ↗Friedensbewegung. (354) *sb*

NATO-Osterweiterung ↗Partnerschaft für den Frieden

Naturalismus Künstlerische Richtung, die durch Nachahmung Teile der natürlichen und gesellschaftlichen Realität literarisch, bildnerisch oder musikalisch quasi naturgetreu abbildet.
In der ↗Philosophie steht N. für unter Berücksichtigung der ↗Naturwissenschaften gewonnene Erkenntnisse, z.B. Positivismus (Auguste Comte), Evolutionstheorie (Charles Darwin), wissenschaftlicher Sozialismus (Karl ↗Marx; ↗Engels).
In der bildenden ↗Kunst wird N. oft als Synonym für ↗Realismus verwendet und steht für naturgetreue Abbildung (Maler des späten 19. Jh.s wie Fritz von Uhde und ↗Liebermann).
Als gesamteuropäische literarische Richtung bezeichnet N. die Zeit von 1870–1900; in Deutschland die Jahre von 1890–1900. Bedeutende Vertreter des deutschen N. wie ↗Hauptmann (Die Weber, 1892) oder Arno Holz/Johannes Schlaf (Familie Selicke, 1889) nahmen für ihre Dramen die von Holz postulierte Formel „Kunst gleich Natur minus x" als Vorbild, wobei der „Faktor x" u.a. für künstlerische Subjektivität stand. Das deutsche naturalistische Drama wirkte europaweit bahnbrechend, v.a. bezüglich der neuen offenen Struktur im Gegensatz zum klassischen Dramenaufbau, der Miteinbeziehung sozialer Themen und des Gebrauches von Dialektformen. Die deutsche naturalistische Prosa und Lyrik blieb gegenüber dem Drama zweitrangig. *rm*

Naturwissenschaften Begriff für Wissenschaften, die sich mit der Erforschung der Natur auseinandersetzen. Ein gegenüber dem ↗Mittelalter verstärktes Interesse an konkreter Naturforschung entwickelte sich in der Zeit der ↗Renaissance: ↗Dürer studierte die Anatomie des menschlichen Körpers, Johannes Müller (Regiomontanus genannt) verfeinerte die astronomischen Meßinstrumente. ↗Kopernikus und ↗Kepler revolutionierten die Astronomie und wirkten entscheidend auf die Entwicklung der mathematischen Physik und Himmelsmechanik (Galileo Galilei, Isaac Newton). Bis ins 19. Jh. waren deutsche Naturforscher wesentlich an der spekulativen Naturphilosophie beteiligt (u.a. Immanuel ↗Kant, Friedrich ↗Schelling, ↗Goethe). Im Laufe des 19. Jh.s entwickelte sich die experimentelle Naturforschung weiter. So trugen Grundlegendes zur Chemie ↗Liebig, ↗Wöhler und August Wilhelm von ↗Hofmann bei, zur Elektrizitätslehre ↗Ohm und ↗Nernst, zur Wärmelehre der Arzt Julius Robert von Mayer, ↗Clausius, ↗Helmholtz, zur Mikrobiologie Robert ↗Koch und ↗Ehrlich, zur Elektrodynamik Heinrich ↗Hertz.
Den Bruch mit der klassischen Physik vollzogen ↗Planck und ↗Einstein. Max ↗Born, ↗Franck und ↗Heisenberg wirkten an der Entwicklung der Atom- und später der Kernphysik entscheidend mit.
Nach dem ↗Zweiten Weltkrieg forschten u.a. ↗Eigen im Bereich der physikalischen Chemie, von ↗Klitzing in der Quantenphysik, ↗Nüsslein-Vollhard in der Mikrobiologie, ↗ Sakmann und ↗Neher in der Zellphysiologie. *bl*

Natzweiler/Struthof Von Mai 1941 bis Herbst 1944 in den Vogesen gelegenes ↗Konzentrationslager mit einem Netz von Außenlagern in ganz Südwestdeutschland. Nach dem ↗Nacht- und Nebel-Erlaß wurden hiervon Betroffene zunehmend in N./S. inhaftiert. Ab Herbst 1944 wurden die Häftlinge auf ↗Todesmärsche in andere Konzentrationslager geschickt. *PS*

Naujocks, Alfred SS-Obersturmbannführer, *20.9.1911, †4.4.1966 Hamburg. 1931 zur ↗SS; mit Geheimaktionen betraut, so am 31.8.1939 mit dem fingierten Überfall auf den Sender ↗Gleiwitz und mit der Entführung zweier britischer Agenten November 1939 aus den Niederlanden. Ende 1944 zu US-Truppen übergelaufen und später aus Gefangenschaft geflohen. *PS*

Naumann, Friedrich Theologe, Politiker, *25.3. 1860 Störmthal (bei Leipzig), †24.8.1919 Travemünde. 1883–97 v.a. in der ↗Inneren Mission tätig, suchte er eine Verbindung zwischen ↗christlichem Sozialismus und ↗Sozialdemokratie; schloß sich 1903 der Freisinnigen Vereinigung an; 1907–18 Mitglied des ↗Reichstages; entwarf 1915 ein vielbeachtetes Programm für eine föderalistische, mitteleuropäische Wirtschaftsgemeinschaft unter der Führung Deutschlands; 1918/19 Mitbegründer und Vorsitzender der ↗DDP. *sa*

Nay, Ernst Wilhelm Maler, Graphiker, *11.6. 1902 Berlin, †8.4.1968 Köln. Studierte bei Karl Hofer an der Berliner Akademie; wurde 1937 zu den „entarteten" Künstlern gezählt (↗Entartete Kunst); malte zunächst nach dem Vorbild ↗Kirchners figurativ, seit den fünfziger Jahren, von ↗Kandinsky beeinflußt, abstrakt: gestaltete die Bildfläche durch leuchtende Farbflecken. *rw*

Nazarener Bezeichnet eigentlich evangelische Taufgesinnte, wurde aber v.a. als Spottname für den 1809 in Wien gegründeten „Lukasbund" und dessen Mitglieder (z.B. ↗Overbeck, ↗Pforr) verwendet. Diese Gruppe deutscher und österreichischer Maler strebte eine Erneuerung der ↗Kunst auf religiöser Basis an; geleitet von der Kunstauffassung Friedrich ↗Schlegels verbanden die N. empfindsame Mystik und ausgeprägten ↗Realismus. Sie waren Vorreiter des deutschen und österreichischen ↗Jugendstils. *rm*

NDPD ↗National-Demokratische Partei Deutschlands (NDPD)

Nebe, Arthur SS-Brigadeführer, *13.11.1894 Berlin, †4.3.1945 ebd. Ab 1.7.1937 als Reichskriminaldirektor Chef der gesamten Kriminalpolizei; im zweiten Halbjahr 1941 Leiter der ↗Einsatzgruppe B; Beteiligung an zahlreichen Kriegsverbrechen; an der Verschwörung des ↗Zwanzigsten Juli beteiligt, zum Tode verurteilt und hingerichtet. *PS*

Nebenius, Karl-Friedrich Badischer Politiker, Volkswirtschaftler, *29.9.1784 Rhodt (bei Landau), †8.6.1857 Karlsruhe. Der Jurist war seit 1811 Finanzrat im badischen Ministerium; entwarf 1818 die für andere Länder beispielgebende badische Verfassung. Setzte sich für die erste Staatseisenbahn zwischen Mannheim und Basel (1838) ein; reformierte das Karlsruher Polytechnikum. N. war 1838/39 und 1845/46 badischer Innenminister; 1846–49 Staatsratspräsident; verfaßte u.a.: Baden in seiner Stellung zur Deutschen Frage (1850). *ij*

Neckermann, Josef Unternehmer, *5.6.1912 Würzburg, †13.1.1992 Dreieich (bei Frankfurt/Main). Gründete 1950 in Frankfurt/Main ein Versandunternehmen (1977 von der ↗Karstadt AG übernommen); stieg 1963 auch ins Flugreisegeschäft ein; wurde als Dressurreiter Olympiasieger; 1967–88 Vorsitzender der Stiftung Deutsche Sporthilfe. *UK*

Neher, Erwin ↗Nobelpreis

Nernst, Walther Hermann Physiker, *25.6.1864 Briesen (heute Wâbrzeźno), †18.11.1941 Zibelle (Niederlausitz). Professor in Göttingen, Berlin; 1922–24 Präsident der Physikalisch-Technischen Reichsanstalt; untersuchte den Ladungstransport in Flüssigkeiten; formulierte 1888/89 die „Nernstsche Gleichung" und 1906 den dritten Hauptsatz der Thermodynamik (Nernstsches Wärmetheorem); Nobelpreis für Chemie 1920. *bl*

Nero-Befehl In Anspielung auf den für den Brand Roms verantwortlichen Kaiser am 19.3. 1945 von ↗Hitler erlassener Befehl, auch als Verbrannte-Erde-Befehl bekannt. Befahl die Zerstörung der gesamten Infrastruktur, um den ↗Alliierten keinerlei Möglichkeit zur Einnahme intakter Versorgungseinrichtungen zu geben. Wurde zumeist nicht mehr befolgt. *PS*

Nettelbeck, Joachim Preußischer Bürgeradjutant, *20.9.1738 Kolberg, †29.1.1824 ebd. Seehandelskapitän; seit 1782 Branntweinbrenner; verteidigte 1807 (nach der preußischen Niederlage von ↗Jena und Auerstedt) als Bürgeradjutant mit dem preußischen Feldherrn ↗Gneisenau die Stadt Kolberg bis zum Frieden von ↗Tilsit erfolgreich gegen die Franzosen. *rh*

Nettuno, Landung bei (1944) Im ↗Italienfeldzug am 22.1.1944 Landung US-amerikanischer Einheiten bei Anzio und Nettuno südlich Roms; trotz heftiger Gegenwehr gelang Bildung eines Brückenkopfes, von dem aus ab 23.5. eine Großoffensive begann, die u.a. am 4.6. zur Befreiung Roms führte. *PS*

Neubauer, Theodor Politiker (KPD), *12.12. 1890 Ermschwerd (Hessen), †5.2.1945 Brandenburg. 1924 Mitglied des ↗Reichstages; 1933–39 KZ-Haft; Anfang der vierziger Jahre mit Magnus Poser Leiter illegaler KPD-Zirkel in Thüringen; Kontakte zur ↗Saefkow-Jacob-Gruppe in Berlin;

am 14.7.1944 verhaftet, zum Tode verurteilt und hingerichtet. *PS*

Neu Beginnen Titel der Programmatik der leninistischen Organisation, der nach 1933 zum Namen dieser illegal tätigen linkssozialistischen Kaderorganisation wurde. Über ein Auslandsbüro in Prag sammelte N.B. von Ende 1933 bis Herbst 1936 die Berichte ihrer Kontaktleute im ↗Deutschen Reich, die neben den ↗„Meldungen aus dem Reich" des Exilvorstandes der ↗SPD, Sopade (Prag, Paris, London), heute eine der wichtigsten Quellen zur Alltagsgeschichte des ↗Dritten Reiches darstellen. *PS*

Neuber, Friederike Caroline („Neuberin") Schauspielerin, Theaterleiterin, *9.3.1697 Reichenbach (Vogtland), †30.11.1760 Laubegast (bei Dresden). Schloß sich mit zwanzig Jahren einer Komödiantentruppe an; gründete 1725 ihre eigene Schauspieltruppe, mit der sie u.a. die Dramen ihres Förderers ↗Gottsched aufführte. Die differenzierten Charaktere (Vertreibung der Gestalt des „Hanswurst" von der Bühne) in den von N. gespielten Stücken, bes. aber der Gebrauch der deutschen Hochsprache, reformierten das ↗Theater ihrer Zeit. *nk*

Neue Ära Der Anfang der Regierung ↗Wilhelms I. in ↗Preußen (1858–62); gekennzeichnet durch liberale Politik. *vK*

Neue Bundesländer ↗Beitrittsgebiet

Neue Heimat Aus der „Kleinwohnungsbaugesellschaft Groß-Hamburg mbH" entstandener größter Wohnungsbaukonzern Westeuropas, 1926 durch den ↗Allgemeinen Deutschen Gewerkschaftsbund gegründet; 1950–80 Bau von 470000 gewerkschaftseigenen Wohnungen in der ↗Bundesrepublik; Niedergang durch Korruption und Mißwirtschaft; 1986 aufgelöst und bis 1990 verkauft; Verluste aus dem Streikfonds bezahlt. *kl*

Neue Linke Sammelbezeichnung für in den sechziger Jahren in den Industriestaaten Westeuropas und den USA aus der ↗Friedensbewegung entstandene neomarxistische Gruppen von Intellektuellen und Studenten; durch die ↗kritische Theorie der Frankfurter Schule radikale Kritik an der Marktwirtschaft, aber auch beeinflußt von Ernesto Che Guevara, Mao Zedong und anarchistischen Ideen. Durch den ↗Vietnamkrieg zunehmend auch in der ↗Bundesrepublik populär, prägte sie die ↗Studentenproteste und die ↗Außerparlamentarische Opposition; in den siebziger Jahren zerfallen; beeinflußte die Programmatik der ↗Grünen, aber auch Verbindung zum Linksextremismus. *kl*

Neuengamme ↗Konzentrationslager am südöstlichen Stadtrand Hamburgs. Seit Ende 1938 Außenlager ↗Sachsenhausens; seit Mitte 1940 eigenständiges Konzentrationslager. Zunächst überwiegend mit deutschen Häftlingen belegt, wurden ab Herbst 1941 zunehmend sowjetische Gefangene, v.a. Kriegsgefangene, nach N. gebracht. Ab 1942 mußten die Häftlinge verstärkt für die Rüstungsindustrie ↗Zwangsarbeit leisten. Es wurde ein Netz von Außenlagern aufgebaut, von denen einige mit weiblichen Häftlingen belegt wurden. Bis zur Auflösung April 1945 starben in N. und seinen Außenlagern ca. 60000 Häftlinge. *PS*

Neue Preußische Zeitung 1848 in Berlin von den Konservativen Ernst Ludwig von ↗Gerlach und Otto von ↗Bismarck mitbegründete Tageszeitung. Wegen des Eisernen Kreuzes auf dem Titelblatt auch „Kreuzzeitung" genannt, deshalb ab 1911 in N.P. (Kreuz-)Z. umbenannt; ab 1932 nur noch „Kreuzzeitung". Politisch stand die N.P.Z. der ↗DNVP nahe; 1939 eingestellt. *rm*

Neue Reichskanzlei 1938 unter der Leitung von ↗Speer erbauter Regierungssitz mit Führerbunker ↗Hitlers in ↗Berlin; Januar 1939 bezogen; im ↗Zweiten Weltkrieg zerstört und danach fast völlig abgetragen. *br*

Neuer Kurs Am 9.6.1953 durch ein Kommuniqué des ↗Politbüros des Zentralkomitees der ↗SED nach sowjetischem Vorbild eingeleitete Reformen zur Verbesserung der Lebenssituation der Bevölkerung; u.a. reduzierter Ausbau der Schwerindustrie zugunsten des Konsums; Entschärfung der politischen Justiz, in der Folge Amnestien; Liberalisierung der Kirchenpolitik und Verbesserungen im innerdeutschen Reiseverkehr; Reaktion auf zunehmende Mißstimmungen in der Bevölkerung, nach dem Aufstand vom ↗Siebzehnten Juni 1953 von der SED am 26.7.1953 bekräftigt; 1955 revidiert. *kl*

Neue Sachlichkeit Mitte der 20er Jahre in Deutschland geprägte Kunstauffassung, die sich vom subjektiven ↗Expressionismus abwandte und sich für eine objektive und realistische Betrachtung der sozialen Wirklichkeit einsetzte. In der Malerei stand neben dem Gebrauch kubistischer u.a. formaler Gestaltungsmittel das soziale Engagement im Vordergrund (↗Dix, ↗Grosz).
In der ↗Literatur entstanden tatsachenorientierte Texte mit neuen Gattungsformen im Sinne der

N.S. wie das Dokumentartheater (Erwin Piscator), die Reportage (↗Kisch), das Zeit- und Lehrstück (↗Brecht, Ödön von Horváth), der neue Gegenwartsroman (↗Döblin, ↗Fallada) und die Gebrauchslyrik (Brecht, ↗Kästner). *rm*

Neues Forum (NF) Bürgerrechtsorganisation der ↗DDR, am 9.9.1989 in Grünheide (Berlin) gegründet; oppositionelle Haltung gegenüber der ↗SED; organisierte ↗Montagsdemonstrationen in Leipzig. Am 7.2.1990 Zusammenschluß mit ↗Demokratie Jetzt und ↗Initiative für Frieden und Menschenrechte zu ↗Bündnis 90. *sb*

Neues Ökonomisches System der Planung und Leitung (NÖSPL) Maßnahmen zur Modernisierung der Industrie der ↗DDR, am 25.6.1963 vom ↗Zentralkomitee der ↗SED als Reaktion auf sinkende Wachstumsraten beschlossen; Flexibilisierung des Planungssystems durch Dezentralisierung, Abstimmung der Jahrespläne mit der ↗Vereinigung Volkseigener Betriebe; gestärkte Eigenverantwortung der ↗Volkseigenen Betriebe; Betonung betriebswirtschaftlicher Rentabilität; individuelle Leistungsanreize durch ein Prämiensystem.
Unterstützt durch eine Industriepreisreform in den Jahren 1964 bis 1967 und eine auf dem NÖSPL aufbauende Reform des „Ökonomischen Systems des Sozialismus als Gesamtsystem" (ÖSS) im Jahre 1967 hatte das Programm eine stabilisierende Wirkung auf die DDR, die sich bis zur Einstellung der marktwirtschaftlichen Experimente am 8.9.1970 zur zweiten Industriemacht innerhalb des ↗Rates für gegenseitige Wirtschaftshilfe entwickelte. *kl*

Neue Weltbühne ↗Weltbühne, Die

Neumann, Balthasar Baumeister, *30.1.1687 Eger, †19.8.1753 Würzburg. Bedeutender Künstler des ↗Barock; leitete von 1720–44 den Bau der Residenz in Würzburg (Hofkirche, Treppenhaus). Weitere Werke: die Treppenhäuser im Schloß Bruchsal (vollendet 1733), die Wallfahrtskirche Vierzehnheiligen bei Bamberg (ab 1743) sowie Brücken und Festungen. *rh*

Neurath, Konstantin Freiherr von Politiker, Diplomat, *2.2.1873 Kleinglattbach (bei Vaihingen/Enz), †14.8.1956 Leinfelderhof (ebd.). Leitete 1917/18 das Württembergische Zivilkabinett; Gesandter in Kopenhagen, Rom, London; 1932–38 Außenminister unter ↗Papen, ↗Schleicher und ↗Hitler; trat 1937 der ↗NSDAP bei; Mitglied des Reichsverteidigungsrates ab November 1939; lehnte Hitlers Expansionspolitik ab; 1939–43 Reichsprotektor von ↗Böhmen und Mähren; in den ↗Nürnberger Kriegsverbrecherprozessen 1946 für schuldig befunden; 1954 aus der Haft entlassen. *bl*

New York, Außenministerkonferenz (1946) Vom 4.11.–11.12.1946 dritte Tagung des Außenministerrates der Siegermächte des ↗Zweiten Weltkrieges; Einigung über Friedensverträge mit Ungarn, Bulgarien, Rumänien, Finnland und Italien als ehemals deutschen Verbündeten; keine Einigung über einen Staatsvertrag mit Österreich und einen Friedensvertrag mit Deutschland. *kl*

New York, Außenministerkonferenz (1950) Tagung der Außenminister der westlichen ↗Besatzungsmächte vom 12.–14.9.1950 über die zukünftige Politik gegenüber der ↗Bundesrepublik. Abgabe einer Sicherheitsgarantie für Westdeutschland angesichts des Koreakrieges, Einigkeit über die notwendige ↗Wiederbewaffnung der Bundesrepublik, Lockerung der Wirtschaftskontrollen, Ankündigung einer Revision des ↗Besatzungsstatuts gegen Übernahme der Auslandsschulden des ↗Deutschen Reiches (↗Londoner Schuldenabkommen), Bestätigung des ↗Alleinvertretungsanspruchs der Bundesrepublik. *kl*

Nibelungenlied Bedeutende ↗mittelhochdeutsche strophige ↗Heldendichtung eines unbekannten Verfassers, um 1200 im Donauraum entstanden. Gliedert sich in 39 Kapitel (aventiuren); erzählt im ersten Teil von der Brautwerbung Siegfrieds um Kriemhild, ihrer Hochzeit und Ehe und dem Mord an Siegfried durch Hagen, im zweiten Teil von der Rache Kriemhilds an den Burgunden. Die geschichtliche Grundlage für den Untergang der Burgunden bildete die Zerschlagung des Burgundenreiches durch die Hunnen (436) und der Tod Attilas in seiner Hochzeitsnacht mit Ildico (453). Das N. ist in drei Handschriften aus dem 13. Jh. überliefert. Der Stoff des N.s regte u.a. ↗Geibel, ↗Hebbel und Richard ↗Wagner (Ring der Nibelungen, 1876) zu Neugestaltungen an. *rw*

Nibelungentreue Diplomatisches Versprechen uneingeschränkter Bündnistreue des ↗Deutschen Reiches gegenüber Österreich, geprägt von Bernhard von ↗Bülow während der Bosnienkrise 1909; politische Formel speziell vor dem ↗Ersten Weltkrieg. *vK*

Niebuhr, Barthold Georg Historiker, Diplomat, *27.8.1776 Kopenhagen, †2.1.1831 Bonn. 1806–10 im preußischen Staatsdienst; hielt 1810–12 Vorlesungen über römische Geschichte in Berlin; Begründer der historischen Quellenkritik; trat 1814 für Preußens Führungsanspruch in Deutschland ein; 1816–23 preußischer Gesandter bei der Kurie; seit 1825 Professor in Bonn. Hauptwerk: Römische Geschichte (1812–45). *ij*

Niederländischer Krieg (1672–78) Eroberungskrieg König Ludwigs XIV. von Frankreich im Bündnis mit England, Schweden und einigen ↗Reichsfürsten (Köln, Bayern) gegen die nördlichen Niederlande, die von Kaiser ↗Leopold I. (Feldherr: ↗Montecuccoli) und Kurfürst ↗Friedrich Wilhelm von Brandenburg unterstützt wurden; insgesamt ohne größere Gebietsverschiebungen (Friedensverträge von ↗Nimwegen). *rh*

Niedersachsen Der Name N. ist schon im Mittelalter bekannt und wurde nach 1522 für den Niedersächsischen Reichskreis verwendet. Von Bedeutung erst seit 1866 mit der Annexion des Königreiches ↗Hannover durch Preußen; 1946 wurde das Land N. gegründet. Bis 1976 vorwiegend von der ↗SPD geführte Regierungen; 1976–90 bestimmte die ↗CDU die Politik in N. Seit 1990 regiert wieder die ↗SPD, bis 1998 unter Ministerpräsident Gerhard ↗Schröder; seitdem unter Gerhard Glogowski. *dt*

Niekisch, Ernst Politiker (SPD, SED), *23.5.1889 Trebnitz (Schlesien), †23.5.1967 Berlin. Herausgeber von „Der Widerstand – Blätter für nationalrevolutionäre Politik“; als eines der letzten dem Nationalsozialismus kritisch gegenüberstehenden Periodika verboten; 1.10.1939 lebenslängliche Zuchthausstrafe; später zur ↗SED; Professur an der Humboldt-Universität Berlin bis 1954, dann nach Westdeutschland. *PS*

Niemöller, Martin Evangelischer Theologe, *14.1.1892 Lippstadt (Westfalen), †6.3.1984 Wiesbaden. Im ↗Ersten Weltkrieg U-Boot-Kommandant, danach Theologiestudium; September 1933 Gründer des Pfarrernotbundes; ab 1934 einer der führenden Vertreter der ↗Bekennenden Kirche; am 1.7.1937 verhaftet und zu sieben Monaten Haft verurteilt, danach bis Kriegsende KZ-Haft; 1961 Präsidium des Weltkirchenrates; zahlreiche pazifistische Aktivitäten. *PS*

Nietzsche, Friedrich Philologe, Philosoph, *15.10.1844 Röcken (Sachsen), †25.8.1900 Weimar. 1869–79 Professor der klassischen Philologie in Basel; Bekanntschaft mit Jacob ↗Burckhardt, ↗Overbeck und Richard ↗Wagner; in seiner frühen Schaffensperiode (u.a. Die Geburt der Tragödie aus dem Geiste der Musik, 1872) bes. von letzterem und ↗Schopenhauer beeinflußt; propagierte, gegen jede Moral, insbesondere die christliche „Sklavenmoral“, das reine Leben als Wille zur Macht und ein ästhetisch-heroisches Menschenbild; wandte sich ca. 1876 von Wagner ab; blieb nicht bei einer bloßen Verneinung jeder Moral und Sittlichkeit stehen, sondern forderte in seiner späten Schaffenszeit (u.a. Also sprach Zarathustra, 1883–91) den Menschen auf, selbst Werte zu schaffen; wirkte vielfältig auf Geistesgeschichte und Politik (Vereinnahmung durch den ↗Nationalsozialismus). *bl*

Nikolaus (Magni) Jauer Theologe, *um 1355 Jauer (Schlesien), †22.3.1435 Heidelberg. Philosophie- und Theologiestudium in Prag und Wien; 1397 Rektor der Universität in ↗Prag; ab 1402 als Prediger und Lehrer in ↗Heidelberg; seit 1406/07 Rektor der Universität; Abgesandter auf dem ↗Konstanzer Konzil; Gegner von ↗Hus und dessen Anhängern. *ep*

Nikolaus von Dinkelsbühl Theologe, *um 1360 Dinkelsbühl, †17.3.1433 Wien. Ab 1385 Studium u.a. der Theologie in Wien; 1405 Kanonikus am Stephansdom (↗Wien); 1405/06 Rektor der Universität ↗Wien; Teilnahme am ↗Konstanzer Konzil; Befürworter der katholischen Lehre gegenüber den ↗Hussiten. *ep*

Nikolaus von Kues Kirchenpolitiker, Philosoph, *1401 Kues (bei Bernkastel), †11.8.1464 Todi (Umbrien). Teilnehmer des Basler Konzils; als päpstlicher Gesandter auf ↗Reichstagen und Synoden um die Versöhnung von ↗Kaiser und Papst bemüht. Im Mittelpunkt seiner christlichen Philosophie stand die Lehre vom Zusammenfallen aller Gegensätze in Gott. *dh*

Nikolsburg, Vorfriede (1866) Vorläufige Friedensvereinbarung (26.7.1866) ↗Preußens mit ↗Österreich im ↗Deutschen Krieg bis zum Abschluß des Friedens von ↗Prag (23.8.1866). Otto von ↗Bismarck kam darin Österreich entgegen, um Kompensationsforderungen des von Österreich zur Vermittlung angerufenen Kaisers Napoleon III. von Frankreich sowie die Einmischung Rußlands zu verhindern und Österreich künftig als Bundesgenossen zu gewinnen. *vK*

Nimwegen (Nijmegen), Friede (1678/79) Die Friedensverträge von N. beendeten den ↗Niederländischen Krieg (1672–78). Abgeschlossen von König Ludwig XIV. von Frankreich: 1) mit den Niederlanden (10.8.1678); 2) mit Spanien

(17.9.1678), das die zum ↗Heiligen Römischen Reich gehörende Freigrafschaft Burgund und die Reichsstadt Besançon abtrat; 3) mit Kaiser ↗Leopold I. und dem Reich (5.2.1679): die Niederlande wurden wieder hergestellt; Frankreich erhielt Freiburg (Breisgau), verzichtete dafür auf Philippsburg. *rh*

Nipperdey, Thomas Historiker, *27.10.1927 Köln, †14.6.1992 München. Professor in Karlsruhe (1963–67), Berlin (1967–72) und München (ab 1972); Arbeiten v.a. zur neueren deutschen Geschichte (Hauptwerk: Deutsche Geschichte 1866–1918, 1990–92); Verfechter einer nicht ideologisierten, am Ideal der Objektivität der Erkenntnis orientierten ↗Geschichtswissenschaft. *ep*

Nithard Fränkischer Geschichtsschreiber, Diplomat, †844. Enkel ↗Karls des Großen; schrieb im Auftrag ↗Karls II. des Kahlen eine vierbändige Geschichte über die Kämpfe der Söhne ↗Ludwigs I. des Frommen nach dessen Tod. Wichtigste Quelle für diesen Zeitabschnitt. *li*

Nixdorf, Heinz Unternehmer, *9.4.1925 Paderborn, †17.3.1986 Hannover. Richtete 1952 ein Computer-Konstruktionsbüro ein; baute auf dieser Grundlage einen schwerpunktmäßig elektronische Datenverarbeitungssysteme herstellenden Konzern der Investitionsgüterindustrie auf (Nixdorf Computer AG, 1990 vom ↗Siemens-Konzern übernommen). *UK*

NKFD ↗Nationalkomitee „Freies Deutschland“

Nobelpreisträger siehe nebenstehende Tabelle

Elisabeth Noelle-Neumann

Noelle-Neumann, Elisabeth Meinungsforscherin, *19.12.1916 Berlin. 1947 mit Erich Peter Neumann Gründerin des ↗„Instituts für Demoskopie Allensbach“, das Umfragen im Bereich Medien, Kultur, Wirtschaft und Politik durchführt sowie seit 1957 Wahlprognosen zu den ↗Bundestagswahlen; ab 1961 Dozentin, seit 1964 Professorin; leitete von 1967 bis zu ihrer Emeritierung 1983 das Institut für Publizistik in Mainz. *Ki*

Nolde, Emil (eigentlich Emil Hansen) Maler, *7.8.1867 Nolde (Schleswig), †13.4.1956 Seebüll. Vom Impressionismus ausgehend fand er um 1905 zum ↗Expressionismus, zu dessen bedeutendsten Vertretern er gehört. 1906/07 Nähe zur Künstlergemeinschaft die ↗Brücke. 1941 erhielt er im ↗Nationalsozialismus „Malverbot“, fertigte aber unbemerkt Hunderte von Aquarellen an, die er „ungemalte Bilder“ nannte. *kp*

Nolte, Ernst Historiker, *11.1.1923 Witten/Ruhr. War nach dem Studium (Münster, Berlin, Freiburg) zunächst Gymnasiallehrer; ab 1965 Professor in Marburg; 1973–91 Ordinarius für Neuere Geschichte in Berlin; befaßte sich insbesondere mit Faschismusforschung (u.a. Der Faschismus in seiner Epoche, 1963). N. war Protagonist des ↗Historikerstreites (1986/87). *ep*

Nonnenklöster Orte der religiösen Lebensgemeinschaft von Frauen, die die Gelübde abgelegt haben. Die Leitung eines N.s hat eine Äbtissin

Nobelpreisträger (1901–1998)

Chemie

1902	Emil Fischer	1852–1919
1905	Adolf von Baeyer	1835–1917
1907	Eduard Buchner	1860–1917
1909	Wilhelm Ostwald	1853–1932
1910	Otto Wallach	1847–1931
1915	Richard Willstätter	1872–1942
1918	Fritz Haber	1868–1934
1920	Walther Nernst	1864–1941
1925	Richard Zsigmondy	1865–1929
1927	Heinrich Wieland	1877–1957
1928	Adolf Windaus	1876–1959
1930	Hans Fischer	1881–1945
1931	Friedrich Bergius	1884–1949
1931	Carl Bosch	1874–1940
1938	Richard Kuhn	1900–1967
1939	Adolf Butenandt	1903–1995
1944	Otto Hahn	1879–1968

1950	Kurt Alder	1902–1958
1950	Otto Diels	1876–1954
1953	Hermann Staudinger	1881–1965
1963	Karl Ziegler (mit Giulio Natta, Italien)	1898–1973
1967	Manfred Eigen (mit Ronald Norrish und George Porter, beide Großbritannien)	* 1927
1973	Ernst Fischer (mit Geoffrey Wilkinson, Großbritannien)	* 1918
1979	Georg Wittig	1897–1987
1988	Johann Deisenhofer	* 1943
1988	Robert Huber	* 1937
1988	Hartmut Michel	* 1948

Erhaltung des Friedens

1926	Gustav Stresemann (mit Aristide Briand, Frankreich)	1878–1929
1927	Ludwig Quidde (mit Ferdinand Buisson, Schweiz)	1858–1941
1935	Carl von Ossietzky	1889–1938
1971	Willy Brandt	1913–1992

Literatur

1902	Theodor Mommsen	1817–1903
1908	Rudolf Eucken	1846–1926
1910	Paul Heyse	1830–1914
1912	Gerhart Hauptmann	1862–1946
1929	Thomas Mann	1875–1955
1946	Hermann Hesse (als Schweizer)	1877–1962
1966	Nelly Sachs u.a. (als Schwedin)	1891–1970
1972	Heinrich Böll	1917–1985
1981	Elias Canetti (als Brite)	1905–1994

Physiologie oder Medizin

1901	Emil von Behring	1854–1917
1905	Robert Koch	1843–1910
1908	Paul Ehrlich (mit Ilja Iljitsch Metschnikow, Rußland)	1854–1915
1910	Albrecht Kossel	1853–1927
1922	Otto Meyerhof (mit Archibald Hill, GB)	1884–1951
1931	Otto Warburg	1883–1970
1935	Hans Spemann	1869–1941
1939	Gerhard Domagk	1895–1964
1956	Werner Forßmann (mit André Cournand, USA, und Dickinson W. Richards, USA)	1904–1979
1964	Feodor Lynen (mit Konrad Bloch, USA)	1911–1979
1973	Karl von Frisch (mit Konrad Lorenz, Österreich, und Nikolaas Tinbergen, Großbritannien)	1886–1982
1984	George Köhler (mit Niels Jerne, Dänemark, und César Milstein, Argentinien)	1946–1995
1991	Erwin Neher	* 1944
1991	Bert Sakmann	* 1942
1995	Christiane Nüsslein-Volhard	* 1942

Physik

1901	Wilhelm Röntgen	1845–1923
1905	Philipp Lenard	1862–1947
1909	Karl Braun	1850–1918
1911	Wilhelm Wien	1864–1928
1914	Max von Laue	1879–1960
1918	Max Planck	1858–1947
1919	Johannes Stark	1874–1957
1921	Albert Einstein	1879–1955
1925	James Franck	1882–1964
	Gustav Hertz	1887–1975
1932	Werner Heisenberg	1901–1976
1954	Walter Bothe	1891–1957
1985	Klaus von Klitzing	* 1943
1986	Gerd Binnig	* 1947
1986	Ernst Ruska	1906–1988
1987	Johannes Bednorz	* 1950
1989	Wolfgang Paul	1913–1993
1989	Hans-Georg Dehmelt (US-Bürger seit 1961)	* 1922
1998	Horst Störmer	* 1949

Wirtschaftswissenschaften

1994	Reinhard Selten (mit John C. Harsanyi und John F. Nash, beide USA)	* 1930

(Vorsteherin) oder Priorin (Oberin) inne, im ↗Mittelalter häufig unterstützt durch einen männlichen Prior. N. gibt es seit dem 6. Jh.; man unterscheidet folgende Orden: ↗Benediktinerinnen (seit dem 6. Jh.), ↗Zisterzienserinnen (seit dem 12. Jh.), ↗Dominikanerinnen und Klarissinnen (seit dem 13. Jh.). Neben gemeinsamen Chorgebeten umfaßte im Mittelalter die Arbeit des Konvents das Abschreiben und Illustrieren (Buchmalerei) von ↗Handschriften, die Herstellung von Textilien für den kirchlichen Gebrauch (Altarbehänge, Gewänder, Teppiche) und die Lehrtätigkeit innerhalb des ↗Klosters, die heute noch praktiziert wird. Nicht selten lebten in N. hochgebildete Frauen (↗Gertrud von Helfta, ↗Hildegard von Bingen, ↗Roswitha von Gandersheim). Zu den bekannten N. zählt die 770 gegründete Benediktinerinnenabtei Frauenchiemsee auf der Fraueninsel im Chiemsee. *rw*

Nonproliferationsvertrag Vertrag über die Nichtverbreitung von Atomwaffen, auch Atomwaffensperrvertrag genannt; am 1.7.1968 von Großbritannien, den USA und der Sowjetunion abgeschlossen; am 28.11.1969 von der ↗Bundesrepublik und am 29.11.1969 durch die ↗DDR unterzeichnet, zum 5.3.1970 in Kraft getreten; Beitritt weiterer 39 Staaten; durch mittlerweile 178 Staaten am 11.5.1995 in New York unbefristet und unkonditioniert verlängert. *kl*

Norbert von Xanten Erzbischof von Magdeburg, *um 1080 Xanten, †6.6.1134 Magdeburg. 1113 Ablehnung des Erzbistums Cambrai; 1115 Priesterweihe; 1120 Gründung des Prämonstratenserordens; ab 1126 Erzbischof von Magdeburg. *dh*

Nordatlantik-Pakt ↗North Atlantic Treaty Organization

Norddeutsche Allgemeine Zeitung Tageszeitung. Gegründet 1861 in Berlin; seit 1863 staatlich subventioniert; galt als Sprachrohr Otto von ↗Bismarcks und der weiteren ↗Reichskanzler des deutschen Kaiserreiches („Kanzlerblatt"); erschien 1918–45 als „Deutsche Allgemeine Zeitung" (DAZ); war in dieser Zeit u.a. im Besitz von ↗Stinnes. *UK*

Norddeutscher Bund Der nach dem ↗Deutschen Krieg 1866 von Otto von ↗Bismarck geschaffene deutsche Bundesstaat unter preußischer Führung (in Nachfolge des durch ↗Preußen aufgelösten ↗Deutschen Bundes); umfaßte die deutschen Staaten nördlich des Mains; ging 1871 im ↗Deutschen Reich auf. Der König von Preußen hatte das Bundespräsidium und damit die Exekutive und den Oberbefehl über das Bundesheer inne (ihm verantwortlich der ↗Bundeskanzler). Die Legislative stand dem ↗Bundesrat (Vertreter der einzelnen Gliedstaaten) und dem nach allg., gleichem und geheimem Wahlrecht gewählten ↗Reichstag zu. *vK*

Norddeutscher Lloyd 1857 gegründete Bremer Reederei, die die wichtigsten deutschen Schifffahrtslinien (von Bremen aus) nach Amerika sowie nach Australien und Ostasien befuhr; 1970 Fusion mit der ↗Hapag zur Hapag-Lloyd. *nk*

Nordhoff, Heinrich Manager, *6.1.1899 Hildesheim, †12.4.1968 Wolfsburg. War Konstrukteur von Flugmotoren bei den Bayerischen Motorwerken (↗BMW); 1930–46 für den ↗Opel-Konzern u.a. im Vorstand der Adam Opel AG tätig; 1948–68 Leiter des ↗Volkswagen-Werkes in Wolfsburg; baute das Unternehmen zu einem bedeutenden Automobilkonzern aus. *UK*

Nordischer Krieg, Erster (1655–60) Krieg zwischen Schweden und Polen um die Vorherrschaft in der Ostsee. Der Kurfürst von Brandenburg, ↗Friedrich Wilhelm, erreichte durch zweimaligen Parteiwechsel in den Verträgen von ↗Labiau (1656, mit Schweden) und Wehlau (1657, mit Polen) die volle Souveränität im Herzogtum ↗Preußen (Ostpreußen). 1660 beendet im Frieden von Oliva: bestätigte die Souveränität Friedrich Wilhelms in Ostpreußen, ↗Westpreußen blieb polnisch, ↗Vorpommern schwedisch. *rh*

Nordischer Krieg, Zweiter oder Großer (1700–21) Krieg Dänemarks, Sachsen-Polens, Rußlands, seit 1713 auch Preußens und Hannovers gegen Schweden (König Karl XII.). Nach Anfangserfolgen der Schweden (1700 Sieg über die Russen bei Narwa [Estland]; 1706 wurde ↗August II., der Starke, im Frieden von ↗Altranstädt zum Verzicht auf die polnische Krone gezwungen) vernichtende Niederlage gegen die Russen 1709 bei Poltawa. Schweden verlor in den Friedensschlüssen von Stockholm und Frederiksborg (1719/20) seine Großmachtstellung an der Ostsee und seine deutschen Territorien an Hannover (Verden, ↗Bremen) und Brandenburg-Preußen (↗Vorpommern). *rh*

Nordrhein-Westfalen (Bundesland) 1947 aus Teilen der ehemaligen preußischen ↗Rheinprovinz, der Provinz Westfalen und dem ehemaligen Herzogtum Lippe-Detmold gebildet; Hauptstadt

Düsseldorf. Nach mehreren Regierungswechseln ist seit 1966 die ↗SPD (in Koalition oder allein) an der Macht. Wichtige Ministerpräsidenten waren ↗Arnold (↗CDU, 1947-56), Franz Meyers (CDU, 1958–66), ↗Kühn (SPD, 1966–78) und ↗Rau (SPD, 1978–98); seit 1998 führt Wolfgang Clement (SPD) eine Koalition mit ↗Bündnis 90/Die Grünen. – Lange Zeit prägte die Schwerindustrie (↗Ruhrgebiet) die Wirtschaft. Absatzkrisen führten in den letzten Jahrzehnten zu hoher Arbeitslosigkeit und großen Umstrukturierungen. Heute sind ↗Köln und Düsseldorf bedeutende Medienstandorte, Duisburg besitzt den größten Binnenhafen der Erde. *li*

Nordwestdeutscher Rundfunk (NWDR) Ehemalige Rundfunkanstalt mit Hauptsitz in ↗Hamburg; 1948 auf Anordnung der britischen Militärregierung aus einem Militärsender entstanden; 1953 verselbständigt; 1954/55 Gründung des Westdeutschen Rundfunks (WDR) und 1955 des Norddeutschen Rundfunks (NDR). *Ki*

Normaljahr Nach den Bestimmungen des ↗Westfälischen Friedens (1648) das für die kirchlichen, die Vermögens- und Rechtsverhältnisse im Heiligen Römischen Reich maßgebende Jahr 1624. Der Besitz kirchlicher Güter und die konfessionelle Konstellation wurden auf den Stand des Jahres 1624 restituiert. *dt*

North Atlantic Treaty Organization (NATO) Am 4.4.1949 von den USA, Kanada, Großbritannien, Frankreich, den Beneluxländern, Dänemark, Island, Italien, Norwegen und Portugal gebildetes Verteidigungsbündnis mit gegenseitigen Beistandsverpflichtungen; gebildet vor dem Hintergrund der Blockkonfrontation. Der ↗Warschauer Pakt entstand 1955 als ihr Gegenstück. Beitritt der ↗Bundesrepublik zur NATO am 9.5.1955 (↗Pariser Verträge). Die NATO verfolgte bis in die achtziger Jahre hinein eine Abschreckungs- und Hochrüstungspolitik (↗NATO-Doppelbeschluß). Der Beschluß über den Abbau nuklearer Mittelstreckenwaffen 1987 (doppelte Nullösung) und das Abkommen der Konferenz über Sicherheit und Zusammenarbeit in Europa (KSZE) stoppten das Wettrüsten. Auf der KSZE-Gipfelkonferenz 1990 wurde der ↗kalte Krieg formell beendet. Seit 1991 Umstrukturierung der NATO, Kooperation mit den ehemaligen Ostblockstaaten (Osterweiterung). 1994 wurde die schnelle Eingreiftruppe (ARRC) gebildet, die auf plötzliche militärische Gefahr der NATO-Länder reagieren und die Friedenssicherung in Drittländern gewährleisten soll; Einsatz im jugoslawischen Bürgerkrieg. *sb*

Noske, Gustav Korbmacher, Politiker, *9.7.1868 Brandenburg/Havel, †30.11.1946 Hannover. Organisierte die Korbmachergewerkschaft; ab 1893 Redakteur bei sozialdemokratischen Zeitungen; Vorsteher des Holzarbeiterverbandes; 1906–18 Mitglied des ↗Reichstages; trat für die Kolonialpolitik ein; unterdrückte als Gouverneur von Kiel den Matrosenaufstand vom November 1918; leitete im ↗Rat der Volksbeauftragten das Heeres- und Marineressort; schlug als Oberbefehlshaber der Freikorps 1919 den ↗Spartakusaufstand u.a. linksrevolutionäre Erhebungen (↗Räterepublik, Bayern) nieder; trat nach dem ↗Kapp-Lüttwitz-Putsch (1920) wegen des Einsatzes von Regierungstruppen gegen Arbeiter zurück; 1920–33 Oberpräsident von Hannover; von den Nationalsozialisten seines Amtes enthoben; Verbindung zur Widerstandsbewegung um ↗Leuschner; 1939 und 1944 inhaftiert und des Hochverrats angeklagt. *bl*

NÖSPL ↗Neues Ökonomisches System der Planung und Leitung

Notgemeinschaft für den Frieden Europas ↗Gesamtdeutsche Volkspartei (GVP)

Notopfer Berlin Sondersteuer zur Finanzierung von Hilfeleistungen für Berlin (West); durch den ↗Wirtschaftsrat während der ↗Berlin-Blockade am 8.11.1948 beschlossen, durch Steuermarken auf Postsendungen und als Ergänzungsabgabe zur Einkommen- und Körperschaftssteuer erhoben; 1956 in der ↗Bundesrepublik für natürliche Personen entfallen, für juristische Personen 1958 in den Körperschaftssteuersatz eingerechnet. *kl*

Notstandsgesetze Die N. vom 24.6.1968 sahen die Einschränkung von Grundrechten in Fällen des inneren bzw. äußeren Notstandes vor. Dies betraf u.a. Eingriffe in das Brief-, Post- und Fernmeldegeheimnis und den Einsatz von Streitkräften im Innern. In der Erinnerung an den Mißbrauch der N. in der ↗Weimarer Republik wurden die N. als eine Gefahr für die bundesdeutsche Demokratie gesehen. Der heftige Widerstand der ↗APO und bes. der ↗Gewerkschaften, formierte sich in Streiks und Demonstrationen. *sb*

Notverordnungen Allg. vereinfachte und auf bestimmte Institutionen beschränkte Gesetzgebung für den Staatsnotstand. Im Kaiserreich seit 1871 Artikel 68 der Reichsverfassung: Möglichkeit zur Verhängung des Belagerungszustandes;

förderte im ↗Ersten Weltkrieg Machtstellung der ↗Obersten Heeresleitung; während der ↗Weimarer Republik laut Artikel 48 der Verfassung Sonderrecht des Reichspräsidenten; seit 1930 verdrängte der Erlaß von N. fast vollständig die ordentliche Gesetzgebung. *PS*

Novalis (eigentlich Friedrich von Hardenberg) Schriftsteller, *2.5.1772 Oberwiederstedt, †25.3. 1801 Weißenfels (bei Leipzig). Studierte ab 1790 Jura und Philosophie, seit 1794 als Jurist im Verwaltungsdienst tätig; seit 1797 wichtiger Vertreter des frühromantischen Literaturzirkels „Jenaer Kreis" um ↗Tieck und die Brüder ↗Schlegel; veröffentlichte ab 1798 in der Zeitschrift „Athenäum" Lyrik und Prosa-Fragmente. Der geschichtsphilosophische Aufsatz „Die Christenheit oder Europa" (1799) und das Romanfragment „Heinrich von Ofterdingen" (1801) wurden erst nach seinem Tod publiziert. *LA*

Novemberpogrome (1938) Von Parteiorganisationen der ↗NSDAP, v.a. ↗SA, in der Nacht des 9./10.11.1938 inszenierte Übergriffe gegen Juden und jüdische Einrichtungen, nachdem der vom Attentäter ↗Grynszpan angeschossene Botschaftsmitarbeiter in Paris, vom ↗Rath, gestorben war; im Volksmund wegen der zahlreichen zerschlagenen Fenster bald „Reichskristallnacht" genannt. Den Verfolgungen dieser Novembernacht, die die Propaganda als spontanen Ausdruck des „Volkszorns" umzudeuten versuchte, fielen mindestens 91 Menschen direkt zum Opfer, mehrere tausend Geschäfte wurden zerstört und geplündert, hunderte Synagogen niedergebrannt. In den folgenden Tagen wurden knapp 30000 jüdische Männer in ↗Konzentrationslager deportiert. Darüber hinaus mußten die jüdischen Gemeinden als „Sühneleistung" 1 Mrd. Reichsmark zahlen sowie die Versicherungsansprüche für die Zerstörungen im Wert von mehreren Mrd. Mark an den Staat abtreten. Die N. stellen den Übergang von der Entrechtung der Juden zu ihrer gewaltsamen Vertreibung und Verfolgung im ↗Dritten Reich dar. *PS*

Novemberrevolution (1918) Umwälzende gesellschaftliche Prozesse im ↗Deutschen Reich ab November 1918, in deren Verlauf die Monarchen und Fürsten des Reiches gestürzt wurden und die letztlich zur Errichtung der ↗Weimarer Republik führten. Verursacht durch das Ausbleiben innerer Reformen, die Ernährungssituation im Reich sowie dessen militärische Niederlage im ↗Ersten Weltkrieg; ausgelöst durch den Kieler Matrosenaufstand am 3. November; Konstituierung landesweiter ↗Arbeiter- und Soldatenräte; Sturz der ↗Wittelsbacher am 7.11.1918, Thronverzicht Kaiser ↗Wilhelms II. am 9.11.1918; Proklamation der deutschen Republik durch ↗Scheidemann, einer „freien sozialistischen Republik" durch Karl ↗Liebknecht; Bildung des von den Arbeiter- und Soldatenräten bestätigten ↗Rats der Volksbeauftragten, der im weiteren mit den ↗Freikorps und der ↗Obersten Heeresleitung (↗Lüttwitz) zusammenarbeitete: Niederschlagung des ↗Spartakusaufstandes und der Aufstände u.a. in Bremen, Cuxhaven, Düsseldorf; Eroberung der Münchner ↗Räterepublik; Bildung einer ↗Nationalversammlung und eines parlamentarischen Systems. *bl*

Novemberverbrecher/Novemberverräter Propagandistische Kampfbegriffe zur Diffamierung der an der ↗Novemberrevolution 1918 Beteiligten. Von den antirepublikanischen, nationalen Rechtsgruppierungen der ↗Weimarer Republik als Beschimpfung für Anhänger der Republik verwendet; teils auch in der Kurzform „Novemberling" gebräuchlich. *PS*

NPD ↗Nationaldemokratische Partei Deutschlands (NPD)

NRW ↗Nordrhein-Westfalen

NS ↗Nationalsozialismus

NSDAP ↗Nationalsozialistische Deutsche Arbeiterpartei

NSV ↗NS-Volkswohlfahrt

NS-Volkswohlfahrt (NSV) Wohlfahrtseinrichtung im ↗Dritten Reich mit 17 Mio. Mitgliedern, zuständig für die Organisation der ↗Kinderlandverschickung, des ↗Winterhilfswerkes u.ä. Aktivitäten im sozialen und Wohlfahrtsbereich, die aber gemäß der nationalsozialistischen Ideologie nur den erwünschten Angehörigen der ↗Volksgemeinschaft zugute kamen. *PS*

Nuklearer Nichtverbreitungsvertrag ↗Nonproliferationsvertrag (1968)

Numismatik (Münzkunde) Die wissenschaftliche Beschäftigung mit Münzen und deren Geschichte. Dient dem Historiker als ↗Hilfswissenschaft.

Neben der zeitlichen Gliederung von Münzen geht es der N. v.a. um die Auswertung der Münzfunde in wirtschaftlicher, rechtlicher und politischer Hinsicht sowie um die Untersuchung der unterschiedlichen Techniken.

Seit der ↗Renaissance Sammlung von antiken

Münzen in sog. Münzkabinetten; durch Joseph Hilarius von Eckhel als Wissenschaft begründet. *wj*

Nürnberg Süddeutsche, an der Pegnitz gelegene Stadt, Ersterwähnung 1050. Unter ↗Friedrich I. Barbarossa Erweiterung N.s zu einer häufig aufgesuchten ↗Pfalz. Durch den Freiheitsbrief von 1219 erhielt N. ↗Königsschutz. 1256 wurde die Stadt, die Stätte zahlreicher ↗Reichstage war, Mitglied des ↗Rheinischen Städtebundes. Seit Mitte des 13. Jh.s Entstehung des – patrizisch besetzten – Stadtrates (↗städtische Selbstverwaltung), der nach dem Handwerkeraufstand (1348/49) um acht Repräsentanten des Handwerks erweitert wurde. N. war die wichtigste oberdeutsche ↗Reichsstadt, trat wirtschaftlich bes. im 14. Jh. hervor und hatte im 15./16. Jh. eine kulturelle Glanzzeit.
1935 wurden in N., wo die ↗Reichsparteitage der ↗NSDAP stattfanden, die antisemitischen ↗Nürnberger Gesetze verabschiedet; 1945–49 wurden in der Stadt die ↗Nürnberger Kriegsverbrecherprozesse geführt. *wm*

Nürnberger Gesetze (1935) Sammelbegriff für die am 15.9.1935 auf dem ↗Reichsparteitag der ↗NSDAP in ↗Nürnberg erlassenen Gesetze. Das „Reichsbürgergesetz" bestimmte Staatsangehörige „deutschen oder artverwandten Blutes" zu alleinigen Inhabern der vollen politischen Rechte; das „Gesetz zum Schutz des deutschen Blutes und der deutschen Ehre" verbot Eheschließungen und außerehelichen Geschlechtsverkehr zwischen Deutschen und Juden als „Rassenschande". *PS*

Nürnberger Kriegsverbrecherprozesse (1945–46) Infolge von Beschlüssen der Außenministerkonferenz von ↗Moskau (1.11.1943) und des Londoner Abkommens vom 8.8.1945 richteten die USA, Großbritannien, die Sowjetunion und Frankreich den internationalen Militärgerichtshof (IMG) ein, um Anklage gegen die sog. Haupt-

Kriegsverbrecher-Hauptprozeß in Nürnberg:
In der vorletzten Sitzreihe (v.li.): Hermann ↗Göring, Rudolf ↗Heß, Joachim von ↗Ribbentrop, Wilhelm ↗Keitel, Alfred ↗Rosenberg, Hans ↗Frank und Wilhelm ↗Frick.
In der hinteren Reihe: Karl ↗Dönitz, Erich ↗Raeder, Baldur von ↗Schirach, Fritz ↗Sauckel und Alfred ↗Jodl.
Die Verteidiger sitzen an den Tischen vor den Angeklagten.

kriegsverbrecher zu erheben. Die Verhandlungen begannen am 20.11.1945 in Nürnberg. Der IMG bestand aus vier Repräsentanten und je einem Stellvertreter der Siegermächte. Den 24 Hauptangeklagten wurden die Planung und Führung von Angriffskriegen, Kriegsverbrechen und Verbrechen gegen die Menschlichkeit zur Last gelegt. Als Kriegsverbrechen wurden Unrechtshandlungen (u.a. Mord oder Mißhandlung von Kriegsgefangenen und Zivilpersonen, Deportationen der ausländischen Zivilbevölkerung, Plünderungen) gegen Soldaten und Zivilisten bei militärischen Aktionen definiert, Verbrechen gegen die Menschlichkeit waren Verfolgungsmaßnahmen aus politischen, rassischen, religiösen und weltanschaulichen Gründen, ↗Folter und Freiheitsberaubung. Am 1.10.1946 erfolgte die Urteilsverkündung: Zwölf der sog. Hauptkriegsverbrecher wurden zum Tode verurteilt (↗Bormann in Abwesenheit, Hans ↗Frank, ↗Frick, ↗Göring, ↗Jodl, ↗Kaltenbrunner, ↗Keitel, von ↗Ribbentrop, Alfred ↗Rosenberg, ↗Sauckel, ↗Seyß-Inquart und ↗Streicher); Göring verübte Selbstmord, die anderen wurden gehängt (↗Galgen); ↗Heß, ↗Funk und ↗Raeder erhielten lebenslange Haft; langjährige Freiheitsstrafen erhielten ↗Speer, von ↗Schirach, von ↗Neurath, ↗Dönitz. Einige Verurteilte wurden vorzeitig entlassen. Heß blieb bis zu seinem Selbstmord 1987 im Kriegsverbrechergefängnis Berlin-Spandau. Freigesprochen wurden ↗Schacht, von ↗Papen und ↗Fritzsche. Der Industrielle Gustav Krupp von Bohlen und Halbach (↗Krupp) war verhandlungsunfähig, sein Sohn Alfried wurde angeklagt und verurteilt. Im Urteil wurden ↗SS, ↗Gestapo, ↗SD und Führerkorps der ↗NSDAP zu verbrecherischen Organisationen erklärt, dagegen wurden ↗Reichsregierung, ↗OKW und ↗SA freigesprochen.

An die N.K. schlossen sich zwölf Nachfolgeprozesse (1946–49) vor US-Militärgerichten mit 177 Angeklagten an. Im Zentrum dieser Prozesse standen u.a. die Verfolgung von Juden und Regime-Gegnern, die Verwaltung von ↗Konzentrationslagern, medizinische Versuche an KZ-Häftlingen und Kriegsgefangenen, die Ausplünderung besetzter Gebiete sowie Ermordungen durch SS-Einsatztruppen. Zu den Angeklagten gehörten Minister und Staatssekretäre, Generäle, Mitglieder der SS und der Gestapo, Ärzte, Richter und Industrielle, Vorstandsmitglieder der ↗IG Farben und der ↗Dresdner Bank. Zwölf der 24 Todesurteile wurden vollstreckt, 35 Angeklagte erhielten Freisprüche, die übrigen zu lebenslangen oder langjährigen Freiheitsstrafen Verurteilten wurden bis 1956 aus der Haft entlassen. (365) *sb*

Nuschke, Otto DDR-Politiker (CDU), *23.2. 1883 Frohburg, †27.12.1957 Nieder Neuendorf (bei Berlin). 1919 Abgeordneter der ↗Weimarer Nationalversammlung (↗DDP), 1921–33 des preußischen Landtages; 1945 Mitbegründer und seit 1948 Vorsitzender der ↗CDU in der ↗SBZ; seit 1949 stellvertretender Ministerpräsident der ↗DDR, Leiter des Amtes für Kirchenfragen. *Ki*

Nüsslein-Vollhardt, Christiane ↗Nobelpreis

NVA ↗Nationale Volksarmee

NVR ↗Nationaler Verteidigungsrat

NWDR ↗Nordwestdeutscher Rundfunk

O

Oberkommando der Wehrmacht (OKW) Am 4.2.1938 geschaffene oberste Kommando- und Verwaltungsstelle der ↗Wehrmacht. Unter der Leitung von Generaloberst ↗Jodl, Chef des Wehrmachtsführungsamtes (später -stabes), war das OKW ausführender militärischer Stab von ↗Hitler als dem Oberbefehlshaber. *PS*

Oberländer, Theodor NSDAP-Politiker, Bundesminister (CDU), *1.5.1905 Meiningen (Thüringen), †4.5.1998 Bonn. Einer der „Ostexperten" der ↗NSDAP; seit Mitte der dreißiger Jahre verschiedene Professuren; ab 1939 Reichsführer des „Bundes deutscher Osten"; Sommer 1941 Führer des Sonderbataillons „Nachtigall", das zahlreiche Kriegsverbrechen in Lemberg (Ukraine) beging; in den fünfziger Jahren Bundesvertriebenenminister (seit 1956 CDU-Mitglied) der Adenauer-Regierung; 1960 nach massiven Vorwürfen wegen seiner nationalsozialistischen Vergangenheit zurückgetreten. *PS*

Obersalzberg Erhebung im Berchtesgadener Land; einer von ↗Hitlers bevorzugten Aufenthaltsorten, seit 1928 zunehmend in seinen Besitz gebracht; Hitlers Residenz, der „Berghof", wurde mit einer Anzahl weiterer Gebäude für hochrangige Gäste und Parteiprominenz umgeben; nach dem Krieg bis in die neunziger Jahre von US-Streitkräften genutzt. *PS*

Oberste Heeresleitung (OHL) Im ↗Ersten Weltkrieg oberste Militärbehörde. Geleitet vom Chef des Generalstabes des Feldheeres; mehrfach personell umbesetzt; als III. OHL unter ↗Ludendorff und ↗Hindenburg seit August 1916 zunehmend Einmischung in Politik bei steigender Macht durch ↗Notverordnungen. *PS*

Obrigkeitsstaat Ende des 19. Jh.s polemisch für die autoritäre konstitutionelle Monarchie des ↗Deutschen Reiches mit ihrer bürokratischen Struktur sowie der engen Verflechtung von Monarchie und Staatskirche verwendet. *br*

Oder-Hochwasser (1997) „Jahrhunderthochwasser" in Polen und Deutschland im Sommer 1997; Überschwemmung von 6000 ha Land in Brandenburg; auf deutscher Seite Einsatz von 50000 Helfern, unter ihnen 30000 Soldaten der ↗Bundeswehr; vollständige Sanierung der Deiche bis 2005 beabsichtigt. *kl*

Oder-Neiße-Linie Staatsgrenze zwischen Deutschland und Polen entlang der Flüsse Oder und Neiße. Zunächst im ↗Potsdamer Abkommen festgelegt; von der ↗DDR im ↗Görlitzer Vertrag 1950, von der ↗Bundesrepublik im ↗deutsch-polnischen Vertrag 1970 anerkannt; Gegenstand einer gemeinsamen Entschließung von ↗Bundestag und ↗Volkskammer am 21.6.1990; endgültig im deutsch-polnischen ↗Grenzvertrag 1990 geregelt. *kl*

Ödung ↗Wüstung

OECD ↗Organization for Economic Cooperation and Development

OEEC ↗Organization for European Economic Cooperation

Oelßner, Fred DDR-Politiker (SED), *27.2.1903 Weißenfels, †7.11.1977 Berlin. Seit 1920 ↗KPD-Mitglied; 1933 Emigration nach Prag und Paris, 1935 in die Sowjetunion; Gründungsmitglied der ↗SED; seit 1947 Mitglied des ↗Zentralkomitees, seit 1950 des ↗Politbüros; Gründer der politisch-ökonomischen Lehre der ↗DDR; 1958 wegen Kritik an der Wirtschaftspolitik ↗Ulbrichts aus allen Parteiämtern entlassen; bis zur Emeritierung 1969 als Wirtschaftswissenschaftler tätig. *AM*

Oestreich, Gerhard Historiker, *2.5.1910 Zehden/Oder, †5.2.1978 Kochel am See. 1958–62 Professor für Mittlere und Neuere Geschichte in Berlin; 1962–66 Ordinarius in Hamburg und ab 1966 in Marburg; arbeitete v.a. zur Verfassungsgeschichte u.a.: Die Entwicklung der Menschenrechte und Grundfreiheiten (1968). *ep*

Oetker, Rudolf August Unternehmer, *20.9.1916 Bielefeld. Übernahm 1944 die Leitung des 1891 von seinem Großvater August O. gegründeten v.a. Backpulver produzierenden Unternehmens; erweiterte es über den Nahrungsmittelsektor hinaus u.a. durch Einstieg ins Brauerei-, Hotel-, Bank- und Versicherungsgewerbe sowie in die Schiffahrtsindustrie. *UK*

Offenburger Programm (1847) Am 27.9.1847 von einer Versammlung der Demokraten in Offenburg unter der Leitung von ↗Hecker und

↗Struve erstelltes Programm, in dem die Aufhebung der ↗Karlsbader Beschlüsse, die ↗Grundrechte, die staatsbürgerliche Gleichheit, Selbstverwaltung, ein deutsches Parlament sowie ein Ausgleich zwischen Arbeit und Kapital gefordert wurden. *br*

Öffnung der Mauer ↗Maueröffnung

OHL ↗Oberste Heeresleitung

Ohlendorf, Otto SS-Gruppenführer, *4.2.1907 Hoheneggelsen (bei Hildesheim), †7.6.1951 Landsberg/Lech. Beim ↗RSHA für den Nachrichtendienst Inland verantwortlich; seine Organisation erstellte regelmäßige Lageberichte über die Stimmung der Bevölkerung (↗„Meldungen aus dem Reich"); 1941/42 Leiter Einsatzgruppe D; April 1948 zum Tode verurteilt, später hingerichtet. *PS*

Ohm, Georg Simon Physiker, *16.3.1789 Erlangen, †6.7.1854 München. Lehrer für Mathematik und Physik; 1850 Professor in München; Arbeiten zur Elektrik, Optik und Akustik: formulierte 1826 mit dem „Ohmschen Gesetz" das Grundgesetz der Elektrizitätslehre; entwickelte eine Theorie der elektrischen Leitung; klärte 1843 das akustische Problem der Klangfarbe und entdeckte die Obertonschwingungen. *bl*

Ohne-Mich-Bewegung Seit 1950 unter der Redewendung „Ohne Mich" Proteste in der ↗Bundesrepublik gegen die ↗Wiederbewaffnung; von dreiviertel der Bevölkerung unterstützt; erste Resonanz der ↗Friedensbewegung nach dem Zweiten Weltkrieg; Anlaß für die Gründung der ↗Bundeszentrale für politische Bildung und deren erste Kampagne gegen die Staatsverdrossenheit der Bevölkerung („Ohne-Michel"-Kampagne); vor dem Hintergrund des ↗Wirtschaftswunders verblaßt. *kl*

Ohnesorg, Benno Student, *1941, †2.6.1967 Berlin. Bei einer Demonstration gegen den Besuch des persischen Schahs am 2.6.1967 wurde O. von einem Polizisten erschossen. Beginn der Radikalisierung der ↗Studentenproteste. In Anlehnung an diesen Tag nannte sich eine terroristische Gruppe ↗Bewegung 2. Juni. *AM*

Ökologiebewegung In der Bundesrepublik seit Ende der sechziger Jahre aus Bürgerinitiativen und Umweltschutzverbänden als Reaktion auf die zunehmende Umweltverschmutzung entstandene politisch-soziale Bewegung. Geprägt von der Antiatomkraftbewegung; Erfolge u.a. in der Verhinderung des geplanten und teilgenehmigten Atomkraftwerkes in Wyhl und der nicht gebauten Wiederaufbereitungsanlage in ↗Wackersdorf; zunehmender Einfluß auf die Innenpolitik; mit dem Ölpreisschock (↗Ölkrise) Motor des staatlichen ↗Umweltschutzes; seit Ende der siebziger Jahre Annäherung an die ↗Friedensbewegung; u.a. Entstehen der Partei ↗Die Grünen aus der Ö.; ab Ende der achtziger Jahre verbale Übernahme von Hauptforderungen der Ö. in die Programme aller großen Parteien. *kl*

OKW ↗Oberkommando der Wehrmacht

Olbricht, Friedrich General der Infanterie, *4.10.1888 Leising (Sachsen), †20.7.1944 Berlin. 1940 Chef des Allg. Heeresamtes im Oberkommando des Heeres; einer der führenden Köpfe der Verschwörung des ↗Zwanzigsten Juli, der nach ↗Hitlers Ermordung die erforderlichen Umbesetzungen im Militär vornehmen sollte, noch am Abend des gescheiterten Attentates erschossen. *PS*

Oldenbourg Verlegerfamilie und Verlag. Verlagsgründung 1858 in München durch Rudolf O.; seither in Familienbesitz; v.a. Veröffentlichung von wissenschaftlichen und technischen Werken, Schulbüchern und Fachzeitschriften. *UK*

Oldenburg Seit dem 12. Jh. war die Grafschaft O. Teil des Stammesherzogtums ↗Sachsen, nach 1180 erlangte sie die Reichsfreiheit. Der Sicherung

Mitglieder des Bundestages von der Partei der ↗Grünen (1983)

und Ausweitung des Territoriums folgte 1777 die Erhebung zum Herzogtum, 1815 zum Großherzogtum. 1849 erhielt es eine Verfassung. O. wurde 1919 Freistaat und ging 1946 in ↗Niedersachsen auf. *dt*

Oldenburg, Dynastie Auf Egilmar I. (†1108) zurückgehendes Adelsgeschlecht aus dem norddeutschen Raum. Erlangte nach der Verbindung mit den letzten ↗Schauenburgern mit Christian I. den dänischen Königsthron (1448); über die Augustenburger Linie wurde das Haus O. eines der wichtigsten europäischen Fürstenhäuser mit Bedeutung bis in die Gegenwart (Könige von Norwegen, Dänemark und Griechenland). *ep*

Oldenburg-Januschau, Elard von Politiker, *20.3.1855 Beisleiden (Ostpreußen), †16.8.1937 Marienwerder (bei Danzig). 1874–83 preußischer Offizier, als Prototyp des ostelbischen Junkers (↗Junkertum) Interessenvertreter der ↗Agrarier in ↗Herrenhaus, ↗Abgeordnetenhaus und Reichstag (1902–12); 1930–32 Vertreter der ↗Deutschnationalen Partei; nahm starken Einfluß auf die Politik ↗Hindenburgs. *sa*

Ölkrise Drosselung der Erdölförderung durch die arabischen Förderländer als Druckmittel im Jom-Kippur-Krieg; am 17.10.1973 um 5 % und am 5.11.1973 um 25 % (1. Ölpreisschock); führte zu einem drastischen Preisanstieg und löste eine globale Wirtschaftskrise aus; in der Bundesrepublik wegen der großen Abhängigkeit von Rohölimporten Reaktion mit Anpassungsmaßnahmen (u. a. Einführung von Tempolimits und ↗Autofreien Sonntagen).
Zwischen 1978 und 1980 erneut deutlicher Preisanstieg (2. Ölpreisschock); 1973–80 Verteuerung des Rohöls um das Fünffache; Maßnahmen zur Energieeinsparung; erste Konzepte zum ↗Umweltschutz; forcierter Ausbau der ↗Kernenergie und der Kohlevergasung. *kl*

Ollenhauer, Erich SPD-Vorsitzender, *27.3.1901 Magdeburg, †14.12.1963 Bonn. 1928–33 Vorsitzender der Sozialistischen Arbeiterjugend; 1933 Mitglied des Vorstandes der ↗SPD; 1933 emigriert; nach 1946 mit ↗Schumacher am Wiederaufbau der SPD beteiligt; 1946–52 stellvertretender Parteivorsitzender; seit 1949 Mitglied des Bundestages; 1952–63 SPD-Vorsitzender. (189) *AM*

Olmützer Punktation (1850) In Olmütz (Mähren) zwischen ↗Österreich und ↗Preußen geschlossener Vertrag vom 29.11.1850. Preußen verzichtete auf ein Eingreifen in den Verfassungskonflikt in Hessen und gab seine deutsche Unionspolitik auf. Die seit Oktober 1850 akute Kriegsgefahr zwischen den beiden Mächten wurde durch die O.P. vorerst beigelegt (↗Deutscher Krieg). *vK*

Ölpreisschock (1973) ↗Ölkrise

Olympische Spiele Wettkämpfe zwischen Athleten als Einzel- oder Mannschaftswettbewerbe, die alle vier Jahre ausgetragen werden. In Deutschland fanden die XI. (1.–16.8.1936, Berlin) und die XX. O.S. (26.8.–11.9.1972, München) statt.
Am 5.9.1972 wurden während der O.S. in München Mitglieder der israelischen Olympiamannschaft von dem arabischen Terrorkommando „Schwarzer September" als Geiseln genommen, um 200 in Israel inhaftierte Terroristen freizupressen; bei dem Befreiungsversuch deutscher Sicherheitskräfte starben die Geiseln und fünf Terroristen. *sb*

Oncken, Hermann Historiker, *16.11.1869 Oldenburg, †28.12.1945 Göttingen. Nach dem Studium in Berlin Professor in Chicago (1905/06), Ordinarius in Gießen (1906) und Heidelberg (1907); wandte sich, in der Tradition ↗Rankes stehend, gegen die politische ↗Geschichtsschreibung des 19. Jh.s; engagierte sich in der ↗Weimarer Republik als nationalliberaler Politiker; ab 1923 Ordinarius in München, ab 1928 in Berlin; wurde 1934 zwangsemeritiert. *ep*

Opel Automobilunternehmen in Rüsselsheim. Gegründet 1862 von Adam ↗Opel (seit 1928 Adam O. AG); stellte zunächst Nähmaschinen und von 1886 an Fahrräder her; seit 1898 Automobilproduktion; wurde 1929 Tochtergesellschaft des US-amerikanischen Konzerns General Motors Corporation. *UK*

Opel, Adam Maschinenbauer, Unternehmer, *9.5.1837 Rüsselsheim, †8.9.1895 ebd. Begründer des ↗Opel-Konzerns; gründete 1862 in Rüsselsheim einen Betrieb zur Nähmaschinenherstellung; produzierte seit 1886 als erster deutscher Unternehmer Fahrräder. *UK*

Opel, Fritz von Unternehmer, *4.5.1899 Rüsselsheim, †8.4.1971 Samedan (Schweiz). Enkel von Adam ↗Opel; wurde 1928 Generaldirektor der Adam Opel AG; entwickelte Wagen mit Raketenantrieb und Raketenflugzeuge. *UK*

Opitz, Martin Dichter, Diplomat, *23.12.1597 Bunzlau (Niederschlesien), †20.8.1639 Danzig. Einer der wichtigsten deutschen Barockpoeten; wurde 1625 in Wien zum Poeta laureatus gekrönt,

1627 in den Adelsstand erhoben; 1629 Mitglied der ↗Fruchtbringenden Gesellschaft; nach 1636 als Diplomat im Dienst des polnischen Königs. Einflußreich für die Entwicklung der deutschsprachigen Dichtung waren O.s in seinem „Buch von der deutschen Poeterey“ (1624) erhobene Forderungen nach einer metrischen Reform. Weitere Werke: Zlatna oder vor der Ruhe des Gemütes (1623), Teutsche Poëmata (1624). *ij*

Oppenheim, Abraham Bankier, *24.5.1804 Köln, †9.10.1878 ebd. Übernahm 1828 das von seinem Vater Salomon O. dem Jüngeren 1789 in Bonn gegründete Bankhaus (seit 1798 in Köln) und baute es zu einer bedeutenden Privatbank aus; bemühte sich um die Förderung von Industriezweigen, z.B. des ↗Eisenbahn- und des Maschinenbaus. *UK*

Oppenheimer, Joseph ↗Süß-Oppenheimer

Oradour-sur-Glane Ort im französischen Département Haute-Vienne. Am 10.6.1944 Schauplatz eines Massakers der SS-Panzerdivision „Das Reich“; die männlichen Einwohner wurden erschossen, Frauen und Kinder in der Kirche des Ortes verbrannt. 642 Menschen starben, einige wenige Dorfbewohner konnten entkommen. Die Ruinen des anschließend zerstörten Ortes sind heute Gedenkstätte. *PS*

Oranienburg Ort in der Mark Brandenburg. Vom 21.3.1933 bis Sommer 1934 existierte hier ein ↗Konzentrationslager unter Leitung der ↗SA, in dem v.a. Funktionäre der Arbeiterparteien gefangengehalten wurden. Als eines der prominentesten Opfer wurde hier der Schriftsteller ↗Mühsam ermordet. 1936 wurde ein neues Konzentrationslager, ↗Sachsenhausen, eingerichtet. *PS*

Ordinatio imperii (817) Reichsteilungsplan des fränkischen Kaisers ↗Ludwig I., des Frommen, von 817, der den ältesten Sohn Lothar I. als Mitkaiser und präsumtiven Nachfolger designierte und dessen Brüdern ↗Ludwig dem Deutschen und Pippin Unterkönigreiche (↗Bayern bzw. Aquitanien) vererbte. Nach der Geburt Karls II., des Kahlen, wurde die Teilung durch den Kaiser geändert. Dies führte zu den Bruderkriegen, die im Vertrag von ↗Verdun beendet wurden. *vK*

Orff, Carl Komponist, *10.7.1895 München, †29.3.1982 ebd. Beschäftigte sich etwa seit 1920 mit Neubearbeitungen mittelalterlicher Musik. Gründete 1923 mit Dorothee Günther eine Schule für Gymnastik, Musik und Tanz, für die er erste Ansätze seines heute weltbekannten „Schulwerks“, einer elementaren Musikdidaktik, konzipierte. Nach 1945 wurde O. wegen seiner erfolgreichen Bemühungen um die Fortsetzung seiner Aufführungspraxis unter den Nationalsozialisten kritisiert. 1950–60 Professor für Kompositionslehre in München; 1953–59 Ehe mit der Schriftstellerin ↗Rinser; ab 1961 Leiter des Salzburger O.-Instituts. O. setzte sich für eine ganzheitliche Erneuerung des Musiktheaters in Sprache, Musik und Bewegung ein. Werke u.a.: Carmina Burana (1937), Catulli Carmina (1943), Die Kluge (1943), Oedipus der Tyrann (1959). *ij*

Organisation Consul 1920 unter Beteiligung ehemaliger Angehöriger der Marinebrigade ↗Ehrhardt unter dessen Führung gebildeter paramilitärischer Geheimbund zur Bekämpfung der ↗Weimarer Republik. 1922 verboten, aber u.a. Namen fortgeführt, war die O.C. an den Attentaten auf ↗Erzberger, Walther ↗Rathenau und ↗Scheidemann beteiligt. *PS*

Organisation Todt (OT) 1938 gegründete staatliche Organisation des Bauwesens vorwiegend militärischer Einrichtungen unter der Leitung von ↗Todt. Neben rein militärischen Bauvorhaben wie dem ↗Atlantik-Wall war die OT v.a. mit Ausbau und Verbesserung der Verkehrswege in den besetzten Gebieten beschäftigt. Neben den militärisch organisierten Angehörigen der OT wurden regelmäßig zwangsarbeitende Zivilisten, Kriegsgefangene und KZ-Häftlinge eingesetzt. *PS*

Organization for Economic Cooperation and Development (OECD) Organisation für wirtschaftliche Zusammenarbeit und Entwicklung; Nachfolgeorganisation der ↗OEEC mit Sitz in Paris; am 14.12.1960 gegründet; 29 Mitglieder (alle ↗EU-Staaten, Australien, Island, Japan, Kanada, Mexiko, Neuseeland, Norwegen, Polen, Schweiz, Südkorea, Tschechische Republik, Türkei, Ungarn, USA). Anteil am Welthandel (Exporte) 73,7 %, Anteil am Weltsozialprodukt 83,1 %. Zu den Zielen der OECD gehören die Steigerung des Wirtschaftswachstums, hohe Beschäftigungsraten und wirtschaftliche Stabilität ihrer Mitgliedstaaten, zu ihren Aufgaben u.a. die Kooperation in der Wirtschafts-, Steuer-, Finanz- und Währungspolitik, die Aufrechterhaltung freier Güter- und Kapitalmärkte, Strukturreformen und wirtschaftliche Hilfe für Entwicklungsländer. *sb*

Organization for European Economic Cooperation (OEEC) Organisation für europäische wirtschaftliche Zusammenarbeit; am 16.4.1948 von zunächst 16 europäischen Staaten, dazu USA und Kanada gegründet, um den ↗Wiederaufbau nach dem Zweiten Weltkrieg zu koordinieren (↗Marshall-Plan). Ziele der OEEC waren der Abbau von Handelsschranken und die Abstimmung des Zahlungsverkehrs; Beitritt der Bundesrepublik am 7.10.1949; Nachfolgeorganisation ist die ↗OECD. *sb*

orientalisierende Dichtung Bes. im 19. Jh. verbreitete Dichtung, die orientalische (bes. persische und arabische) Motive und Dichtformen aufgriff; deutsche Vertreter u.a. ↗Goethe, ↗Rückert, Friedrich Martin von Bodenstedt und Eduard Graf von Keyserling. *nk*

Orientierung ↗Ostung

Orientkrise (1839–41) Im ägyptischen Unabhängigkeitskrieg unter Pascha Mohammed Ali gegen die Türkei unterstützte Frankreich Ägypten, während Rußland, Großbritannien, Österreich und Preußen auf seiten der Türkei standen. Diese vier Großmächte zwangen Mohammed Ali, die türkische Oberhoheit anzuerkennen und die eroberten Gebiete zurückzugeben. Frankreich forderte als Kompensation der diplomatischen Niederlage die Rheingrenze. Dies rief in Deutschland Kriegsstimmung hervor und förderte das aufkommende Nationalgefühl. *br*

Osnabrück, Friede (1648) ↗Westfälischer Friede

Ossietzky, Carl von Publizist, Pazifist, *3.10. 1889 Hamburg, †4.5.1938 Berlin. Herausgeber der ↗„Weltbühne“; 1931 wegen militärischen Geheimnisverrates zu 18 Monaten Haft verurteilt; 1933–36 ↗KZ-Haft; weltweite Kampagnen zur Verleihung des Friedensnobelpreises 1935; Annahme vom nationalsozialistischen Regime untersagt; starb an den Folgen der Haft. *PS*

Ostarbeiter Aus Polen und der Sowjetunion 1939–44 angeworbene oder zwangsweise nach Deutschland deportierte ↗Fremdarbeiter. Mehr als die Hälfte waren Frauen und Jugendliche. O. bildeten in der rassischen Hierarchie des ↗Nationalsozialismus die unterste Gruppe vor den Juden (↗Judenverfolgung). Sie waren extrem schlechter Ernährung und Behandlung ausgesetzt (↗Zwangsarbeit). *br*

Oster, Hans Generalmajor, *9.8.1888 Dresden, †9.4.1945 Flossenbürg. 1938–43 Chef der Zentralabteilung Ausland/Abwehr des ↗OKW; Angehöriger des militärischen ↗Widerstandes; informierte 1940 die ↗Alliierten über Angriffsabsichten; plante das Attentat des ↗Zwanzigsten Juli mit; 21.7.1944 verhaftet; im ↗Konzentrationslager Flossenbürg hingerichtet. *PS*

Osterbotschaft (1917) Erlaß Kaiser ↗Wilhelms II. vom 7.4.1917, in dem er, Forderungen der ↗SPD, des ↗Zentrums, der ↗Nationalliberalen und der ↗Fortschrittlichen Volksspartein nachgebend, für die Zeit nach dem Krieg die Reform des preußischen ↗Dreiklassenwahlrechts und Verfassungsreformen ankündigte. *bl*

Ostermarsch-Bewegung Aus der Kampagne ↗„Kampf dem Atomtod“ hervorgegangene Protestform der bundesdeutschen ↗Friedensbewegung. Seit 1960 nach britischem Vorbild jährliche gewaltfreie Demonstrationen zu Ostern mit bis zu 150000 Teilnehmern trotz lockerer Organisationsformen; Ende der sechziger Jahre von der ↗APO und der ↗Studentenbewegung vereinnahmt und zerfallen; zeitweiliges Wiederaufleben der O.-B. 1982 gegen den ↗NATO-Doppelbeschluß. *kl*

Österreich Ab 15 v.Chr. bis zum Ende des 5. Jh.s stand das Gebiet des späteren Ö. unter der Herrschaft der Römer, die unter Augustus die spätere Provinz Noricum für sich gewannen. Seit dem 6. Jh. kam es hier zwischen ↗Bajuwaren sowie Slawen und Awaren zu Kämpfen um die Vorherrschaft, bei denen sich die bayrischen Herzöge der ↗Agilolfinger durchsetzten. 787/88 wurde ihr Herzogtum allerdings von ↗Karl I., dem Großen, dem Fränkischen Reich (↗Frankenreich) einverleibt. Das Land wurde karolingische ↗Mark, die Anfang des 10. Jh.s unter dem Ansturm der Ungarn zusammenbrach, aber um 970 zurückerobert wurde. Mit Markgraf Luitpold begann 976 die Herrschaft der ↗Babenberger (bis 1246). 996 fand in einer Urkunde von Kaiser ↗Otto III. für das Stift Freising erstmals der Name „Ostarrichi“ Erwähnung, der die bayrische Ostmark an der Donau bezeichnete. 1156 wurde die Mark, die seit dem 11. Jh. immer unabhängiger von ↗Bayern geworden war, unter ↗Heinrich II. Jasomirgott durch das ↗Privilegium minus in ein Herzogtum umgewandelt. 1282 ging das Land an die ↗Habsburger, deren Dynastie seit dem Spätmittelalter den Namen „Haus Ö.“ führte. 1526 fielen ↗Böhmen und Ungarn nach der Schlacht bei ↗Mohács an Ö. Ende des 16. Jh.s begann unter dem späteren Kaiser ↗Ferdinand II. der Kampf Ö.s gegen die ↗Reformation und gegen die nach Westen drängenden Türken. Ab Mitte des 17. Jh.s wurde Ö. unter ↗Leopold I. in den ↗Türkenkriegen und in der Auseinandersetzung mit Frankreich (u.a. im ↗Spanischen Erbfolgekrieg) zur europäischen Großmacht. 1713 legte Kaiser ↗Karl VI. in der ↗Pragmatischen Sanktion die Unteilbarkeit der österreichischen Länder fest und sicherte die Thronfolge für seine Tochter ↗Maria Theresia, die das Land zusammen mit ihrem Sohn ↗Joseph II. im Sinne des aufgeklärten ↗Absolutismus reformierte. Am 11.8.1804 verkündete ↗Franz I. die Annahme der österreichischen Kaiserkrone. 1806 dankte er als Kaiser des ↗Heiligen Römischen Reiches ab. Im 19. Jh. unterlag Ö. im Kampf um die Vorherrschaft in Deutschland gegen ↗Preußen. *rh*

Österreichischer Erbfolgekrieg (1740–48) Krieg um die Thronfolge in den habsburgischen ↗Erblanden nach dem Tod Kaiser ↗Karls VI.; zwischen ↗Maria Theresia und dem bayrischen Kurfürsten Karl Albrecht, der die ↗Pragmatische Sanktion nicht anerkannte, bei Sachsen, Frankreich und Spanien Unterstützung fand und nach kurzfristigen militärischen Erfolgen 1742 als ↗Karl VII. Albrecht zum ↗Kaiser gewählt wurde. Im Zusammenhang damit standen der 1. und 2. ↗Schlesische Krieg (Österreich gegen Preußen und Frankreich) und die kolonialpolitische Auseinandersetzung zwischen Frankreich und Großbritannien.

1745 konnte Maria Theresia, die u.a. die Hilfe Großbritanniens und Rußlands gewann, nach dem Tod Karl Albrechts (20.1.) und dem Frieden zu Füssen mit Bayern (22.4.) die Thronfolge und die Kaiserkrönung ihres Gatten ↗Franz I. Stephan durchsetzen. 1748 Abschluß des Krieges durch den Frieden von ↗Aachen. *rh*

Österreich-Lösung (1958) Vorschlag des Bundeskanzlers ↗Adenauer, die ↗DDR nach dem Vorbild Österreichs zu neutralisieren. Im März 1958 in Geheimgesprächen dem sowjetischen Botschafter Nikolaj Iwanowitsch Smirnow unterbreitet; im April während des Besuches des stellvertretenden sowjetischen Ministerpräsidenten Anastas Iwanowitsch Mikojan inoffiziell erneuert; Verstoß gegen den ↗Alleinvertretungsanspruch; von der Sowjetunion nicht aufgegriffen. *kl*

Osterunruhen (1968) Vom 11.–17.4.1968 nach dem Attentat auf ↗Dutschke Proteste von über 10000 Anhängern der ↗Studentenbewegung mit militanten Ausschreitungen in mehreren Städten der Bundesrepublik, u.a. gegen Häuser des ↗Springer-Verlages; zwei Tote, über 400 Verletzte; Wendepunkt in der Geschichte der ↗APO. *kl*

Ostfeldzug In Anlehnung an den erfolgreich abgeschlossenen ↗Westfeldzug entstandener Propagandabegriff der Nationalsozialisten für den Weltanschauungskrieg gegen die Sowjetunion. Begann am 22.6.1941 mit dem ↗Unternehmen Barbarossa; Vorstoß der ↗Wehrmacht bis vor Moskau, aber Rückschlag durch sowjetische Winteroffensive; 1942 Angriff Richtung Kaukasus und ↗Stalingrad; Vernichtung der 6. Armee als symbolischer Wendepunkt des Krieges; nach Fehlschlag der letzten großen deutschen Offensive bei Kursk 1943 Initiative bei der ↗Roten Armee; 1944 nach dem Zusammenbruch der deutschen Heeresgruppe Mitte Vorstoß der sowjetischen Armeen bis zur Weichsel; Ende des O.s nach der Einnahme Berlins durch die Rote Armee mit der deutschen ↗Kapitulation am 8.5.1945. *MH*

Ostfriesland Im 12. Jh. schlossen sich in O. mehrere Gebiete zu einem Landfriedensbund zusammen. Nach dessen Zerfall 1327 unter konkurrierenden Häuptlingen wurde Ulrich ↗Cirksena 1464 mit der Reichsgrafschaft O. belehnt. Seither im Konflikt mit dem reformierten Emden und den niederländischen Generalstaaten; 1744 von ↗Preußen besetzt, 1815 dem Königreich ↗Hannover zugesprochen. *dt*

Ostgebiete, deutsche Bezeichnung für die Gebiete zwischen der ↗Oder-Neiße Linie im Westen und der Grenze des ↗Deutschen Reiches von 1937 im Osten, die durch das ↗Potsdamer Abkommen 1945 der polnischen und sowjetischen Verwaltung zugeordnet wurden. Die Abtrennung der O. wurde von der ↗DDR im Görlitzer Vertrag (1950), von der ↗Bundesrepublik unter Vorbehalt im ↗deutsch-sowjetischen und im ↗deutsch-polnischen Vertrag (beide 1970) anerkannt. *sb*

Osthilfe Staatliche Maßnahmen für die Landwirtschaft östlich der Elbe Ende der zwanziger bis Mitte der dreißiger Jahre des 20. Jh.s. Getragen vom Deutschen Reich und vom Land Preußen kam die O. v.a. den ostelbischen Großgrundbesitzern zugute. *PS*

Ostkolonisation (auch deutsche Ostsiedlung) Im hohen Mittelalter erfolgte eine Erweiterung des deutschen Kultur-, Siedlungs- und Wirtschaftsraumes über Elbe und Saale hinaus nach Osten. Träger der O. waren ↗Ritter, Geistliche, ↗Bauern, Stadtbürger und Kaufleute. Sie wurden ab dem 12. Jh. von den ortsansässigen Fürsten angeworben. Die Siedler bekamen Land und günstige rechtliche Bedingungen, die meist auch auf die einheimische Bevölkerung ausgedehnt wurden. In der Mitte des 14. Jh.s kam die O. zum Erliegen, da die ↗Pest von 1348 die Bevölkerung dezimierte und sich zusätzlich die Siedlungsbedingungen verschlechterten. *br*

Ostland ↗Reichskommissariate Ostland und Ukraine

Willy ↗Brandt mit dem sowjetischen Staats- und Parteichef Leonid Breschnew auf der Krim (v. re.; 1971)

Ostpolitik, Bundesrepublik Außenpolitik der ↗Bundesrepublik gegenüber den Staaten Osteuropas. Abgesehen von den ↗innerdeutschen Beziehungen bis in die sechziger Jahre praktisch nicht existent; 1966 mit der ↗Friedensnote der Regierung Erhard vorsichtige Annäherung, am 31.1.1967 erster Erfolg mit der Vereinbarung diplomatischer Beziehungen mit Rumänien; Durchbruch 1970 mit den Ostverträgen unter ↗Brandt (↗deutsch-sowjetischer Vertrag, ↗deutsch-polnischer Vertrag) und dem ↗Grundlagenvertrag mit der ↗DDR 1972; trotz der Besetzung Afghanistans durch die Sowjetunion 1979 und dem Ende der ↗sozialliberalen Koalition 1982 fortgesetzte Annäherung mit den Staaten Osteuropas und Aufweichung der Blockkonfrontation des ↗kalten Krieges; Voraussetzung der ↗Wiedervereinigung; nach der Auflösung des ↗Warschauer Paktes Bemühungen um eine politische und militärische Assoziation mit bilateralen Verträgen wie dem ↗deutsch-polnischen Vertrag von 1991 und der ↗deutsch-tschechischen Erklärung von 1997 sowie im Rahmen der ↗Europäischen Union und der ↗NATO. *kl*

Ostpreußen Kerngebiet und Provinz des späteren Königreiches ↗Preußen, gelegen zwischen den Mündungen der Flüsse Memel und Weichsel. Im 1. ↗Thorner Frieden (1466) verkleinerte sich das Gebiet des ↗Deutschen Ordens auf das später so genannte O., das 1525 zum Herzogtum Preußen wurde (1618 mit ↗Brandenburg vereinigt). Bei der 1. ↗Polnischen Teilung 1772 kam ↗Westpreußen zum (seit 1701 bestehenden) Königreich hinzu, das ehemalige Herzogtum erhielt den Namen O. Die beiden Provinzen bestanden von 1815–29 und 1878–1920 getrennt, dazwischen vereint innerhalb Preußens. Durch die Gebietsabtretungen des Friedens von ↗Versailles und den ↗Polnischen Korridor wurde O. vom übrigen Reichsgebiet abgetrennt. Die Verbindung wurde 1939 durch die Eroberung Polens wiederhergestellt. Als Ergebnis der ↗Potsdamer Konferenz geriet der Norden O.s unter sowjetische, der Süden unter polnische Verwaltung. Folge war die weitgehende Vertreibung der deutschen Bevölkerung (↗Flucht und Vertreibung, ↗Vertriebene). Beiden Ländern wurden die Gebiete 1990 von deutscher Seite zugesprochen. (153) *wj*

Ostsiedlung ↗Ostkolonisation

Ostung Das Ausrichten von Kirchen und Gräbern nach Osten (Sonnenaufgang); seit dem frühen ↗Mittelalter für das Christentum nachgewiesen. Der gläubige Mensch orientierte sich im Gebet zum Paradies, das er im Osten vermutete. Mit Westen verband die mittelalterliche Symbolik den Weltuntergang; Süden stand für Gottes Güte, Norden für das Böse. *ku*

Ostverträge ↗Ostpolitik, Bundesrepublik

Ostwald, Friedrich Wilhelm ↗Nobelpreis

Oswald von Wolkenstein Liedautor, *1376/78 Südtirol, †2.8.1445 Meran. Adliger aus Südtirol; stand zeitweilig im Dienste Kaiser ↗Sigismunds; unternahm Reisen durch Europa und den Vorderen Orient. 126 Lieder seines bedeutenden Werkes sind erhalten (neben ↗Minnesang u.a. Tanz- und Trinklieder); zu Lebzeiten wenig bekannt, im 19. Jh. wiederentdeckt. *ku*

OT ↗Organisation Todt

Otto

Deutsche Könige und Kaiser:

Otto I. der Große *23.11.912, †7.5.973 Memleben. Sohn König ↗Heinrichs I., seit 936 deutscher König, seit 962 Kaiser.
O. suchte nach der Niederwerfung der Herzöge von Franken und Lothringen (939) die Stammes-

gewalten durch Einsetzung von Verwandten an sich zu binden. Seit der Niederschlagung des Aufstandes seines Sohnes Liudolf (Herzog von Schwaben) und seines Schwiegersohnes Konrad (Herzog von Lothringen) 953/54 stützte er sich auf die geistlichen Fürsten. O. sicherte das Frankenreich gegen die Ungarn, die er 955 in der Schlacht auf dem ↗Lechfeld endgültig besiegte, gegen die Böhmen, die Dänen und die Slawen (übertrug die Ostpolitik den Grafen ↗Hermann Billung und Gero).

Er errichtete zahlreiche Bistümer und 968 das Erzbistum ↗Magdeburg. 951 unternahm er den ersten Italienzug eines deutschen Königs (↗Italienpolitik), heiratete ↗Adelheid, die Witwe König Lothars, und übernahm die langobardisch-italienische Königswürde. 961 zog er, von Papst Johannes XII. gegen Berengar II. (den er besiegte) zu Hilfe gerufen, erneut nach Italien; wurde 962 vom ↗Papst in Wiederaufnahme der Tradition ↗Karls des Großen zum Kaiser gekrönt und übernahm die kaiserliche Schutzhoheit über Rom (damit Einfluß auf die Papstwahl). 963 ließ er Johannes absetzen und Leo VIII. zum Papst wählen. Auf seinem dritten Italienzug ließ O. seinen Sohn ↗Otto II. zum Mitkaiser krönen (967). Beisetzung im Magdeburger Dom. *dh*

Otto II. *955, †7.12.983 Rom. Sohn Kaiser ↗Ottos I.; 961 zum deutschen König gewählt, 967 zum Mitkaiser gekrönt; heiratete 972 die byzantinische Prinzessin ↗Theophano, 973 übernahm er die Regierung und konnte sich bis 978 im Kampf gegen den mit Böhmen verbündeten ↗Heinrich II. von Bayern und gegen die Dänen durchsetzen. Nach einem Feldzug bis vor Paris sicherte er im Friedensschluß mit Lothar von Frankreich Lothringen dem ↗Heiligen Römischen Reich (980). 982 erlitt O. eine schwere Niederlage im Kampf gegen die Sarazenen in Unteritalien. 983 kam es zu einem Slawenaufstand, bei dem Dänen und Slawen das Kolonisationswerk Ottos I. zerstörten. *dh*

Otto III. *Juli 980 bei Kleve, †23./24.1.1002 Paterno (bei Rom). O. war seit 983 deutscher König, bis 994 unter der Vormundschaft seiner Mutter ↗Theophano, danach seiner Großmutter ↗Adelheid. 996 wurde er in Rom von Papst Gregor V. zum Kaiser gekrönt. O. strebte eine Erneuerung des ↗Heiligen Römischen Reiches im christlichen Sinne und mit der Hauptstadt Rom an und setzte hierbei auf ein Bündnis zwischen Papst und Kaiser. Zur Anbindung des Ostens an das Reich errichtete O. die Erzbistümer Gnesen (Polen; 1000) und Gran (Ungarn; 1001) im Einvernehmen mit den nationalen Herrschern. *dh*

Otto IV. von Braunschweig *um 1175/82 Argentan (Normandie), †19.5.1218 auf der Harzburg. König seit 1198, Kaiser seit 1209. Der Sohn ↗Heinrichs des Löwen, seit 1196 Graf von Poitou, wurde 1198 auf Betreiben des Kölner Erzbischofs ↗Adolf I. gegen ↗Philipp von Schwaben zum deutschen König gewählt, aber erst nach Philipps Ermordung 1208 allg. anerkannt und 1209 zum Kaiser gekrönt. Wegen seines Angriffs auf Unteritalien und Sizilien 1210 wurde O. von Papst Innozenz III. gebannt, der 1212 die Wahl ↗Friedrichs II. zum König betrieb. Nach der Niederlage von ↗Bouvines (1214) gegen Friedrich II. und König Philipp II. August von Frankreich zog sich O. in seine Stammlande zurück. *dh*

Bayern:

Otto von Northeim Herzog, †11.1.1083. 1061 von Kaiserin ↗Agnes mit dem Herzogtum ↗Bayern belehnt; spielte eine wichtige Rolle in der Reichspolitik und bei der Entmachtung der Kaiserin (1062); von König ↗Heinrich IV. 1070 abge-

Kaiser Otto II. nimmt die Huldigung der Länder Germania, Francia, Italia und Alamannia entgegen. Buchmalerei aus dem „Registrum Gregorii" (Trier, um 983).

setzt; Anführer des ↗Sachsenaufstandes (1073–75) und Unterstützer von Gegenkönigen. *RB*

Otto I. von Wittelsbach Herzog, *um 1120, †11.7.1183 Pfullendorf (Oberschwaben). Seit 1155 ↗Pfalzgraf; wichtiger Unterstützer Kaiser ↗Friedrichs I Barbarossa.; 1180 nach dem Sturz ↗Heinrichs des Löwen mit dem Herzogtum Bayern belehnt. *RB*

Pfalz:

Otto Heinrich (Ottheinrich) Kurfürst, *10.4. 1502 Amberg, †12.2.1559 Heidelberg. Sohn von Pfalzgraf ↗Ruprecht; 1505 Pfalzgraf von Pfalz-Neuburg, dessen Regierung er 1522 mit seinem Bruder Philipp übernahm; 1556 Kurfürst von der ↗Pfalz; führte in beiden Ländern die ↗Reformation ein; reformierte 1557 die ↗Heidelberger Universität, deren reichen Bücherbestand er durch Ankauf von Klosterbibliotheken begründete; erbaute den Ottheinrichsbau des ↗Heidelberger Schlosses. *rh*

Otto, Nikolaus (August) Ingenieur, Erfinder, *14.6.1832 Holzhausen an der Haide (Taunus), †26.1.1891 Köln. Begann 1862 mit der Konstruktion der ersten nach dem Viertaktverfahren arbeitenden Verbrennungskraftmaschine (als Weiterentwicklung des Gasmotors); stellte 1876 diesen Viertaktmotor (O.-Motor) fertig. *UK*

Otto, Werner Unternehmer, *13.8.1909 Prenzlau (Brandenburg). Betrieb 1945–48 in Hamburg eine Schuhfabrik; begann dort 1949 mit dem Aufbau eines Versandhandels; erweiterte das Geschäft zum weltgrößten Versandunternehmen; rief seit 1969 mehrere Stiftungen zur medizinischen Forschung und Hilfe für kranke und behinderte Kinder ins Leben. *UK*

Otto von Freising Geschichtsschreiber, *um 1111/14, †22.9.1158 Morimond (Burgund). Zisterziensermönch, seit 1138 Bischof von Freising; Vertrauter Kaiser ↗Friedrichs II.; verfaßte 1143–46 geschichtsphilosophische Weltchronik (Chronicon) und dokumentierte 1157 in seinen „Gesta Friderici imperatoris" den Aufstieg der ↗Staufer. *RB*

Ottokar

Böhmen:

Ottokar I. Přemysl König, *um 1155, †15.12. 1230. Seit 1197 Herzog von ↗Böhmen. 1198 erhielt O. von ↗Philipp von Schwaben die erbliche Königswürde Böhmens (1212 von Kaiser ↗Friedrich II. bestätigt); förderte die deutsche Kolonisation Böhmens. *RB*

Ottokar II. Přemysl König, *1233, †26.8.1278 bei Dürnkrut (Niederösterreich). Seit 1253 König; gewann 1251 durch Heirat mit der Babenbergerin Margarete ↗Österreich, 1260 die Steiermark sowie 1269 Kärnten und Krain. Nachdem er ↗Rudolf von Habsburg bei der Königswahl 1273 unterlag, ihn aber nicht anerkannte, wurde er 1276 zum Verzicht auf diese Gebiete gezwungen. Sein Versuch, sie zurückzuerobern endete 1278 mit einer vernichtenden Niederlage und seinem gewaltsamen Tod. *RB*

Ottonen Die deutschen Kaiser und Könige aus dem sächsischen Herzogenhaus der ↗Liudolfinger: ↗Heinrich I., ↗Otto I., der Große, ↗Otto II., ↗Otto III., ↗Heinrich II., der Heilige. *vK*

ottonische Kirchenpolitik (auch ↗Reichskirchensystem) Begründet von Kaiser ↗Otto I.; unter seinen Nachfolgern ausgebaut; unmittelbare Unterstellung der Bistümer und ↗Abteien unter den König (besaß ein Mitspracherecht bei ihrer Besetzung). Im ↗Investiturstreit wurde die o.K. vom ↗Papsttum bekämpft. Anfang des 13. Jh.s verlor sie an Bedeutung. *br*

Ottonische Renaissance Bau- und bildende Kunst zur Zeit des ottonisch-salischen Herrschergeschlechts im 10. und 11. Jh., die auf byzantinische Einflüsse zurückgriff; drückte sich v.a. im Kirchenbau und in der Buch- und Wandmalerei aus. *RB*

Otto-Peters, Luise Frauenrechtlerin, Schriftstellerin, *26.3.1819 Meißen, †13.3.1895 Leipzig. Gründete mit Auguste ↗Schmidt den ↗Allgemeinen deutschen Frauenverein (1865); verfaßte (z.T. unter dem Pseudonym Otto Stern) neben Romanen und Gedichten zahlreiche Schriften zu sozialpolitischen Themen bes. zur Verbesserung der gesellschaftlichen Lage der Frauen (u.a. Das Recht der Frauen auf Erwerb, 1866); zählt zu den Begründerinnen der deutschen ↗Frauenbewegung. *nk*

Out-of-area-Urteil Am 12.7.1994 Entscheidung des ↗Bundesverfassungsgerichtes über die Zulässigkeit humanitärer und militärischer Einsätze der ↗Bundeswehr im Rahmen von Friedensmissionen der ↗Vereinten Nationen, wenn der ↗Bundestag diesen mit einfacher Mehrheit zustimmt; Abweisung der Klagen von ↗SPD und ↗FDP; in der Folge zweiter ↗Bosnieneinsatz der Bundeswehr 1997. *kl*

Overbeck, Johann Friedrich Maler, *3.7.1789 Lübeck, †12.11.1869 Rom. Gründete 1809 u.a.

mit ↗Pforr den „Lukasbund“ (↗Nazarener), mit dessen Mitgliedern er ab 1810 in Italien lebte und arbeitete. Sein Stil war von Raffael und Perugino beeinflußt. Sein Frühwerk zeichnet sich durch empfindsame Naturdarstellungen aus, in späteren Werken dominiert eine religiös-dogmatische Darstellungsform. *rm*

P

Paasche, Hans Kapitänleutnant, *3.4.1881 Rostock, †21.5.1920 Gut Waldfrieden (Neumark). Zunächst Kolonialoffizier in ↗Deutsch-Ostafrika; nach Abschied 1908 Pazifist und Lebensreformer; 1917 nach Hochverratsprozeß in Nervenheilanstalt eingewiesen; 1920 von einem ↗Reichswehr-Kommando auf seinem Gut erschossen. 1921 erschien mit „Die Forschungsreise des Afrikaners Lukanga Mukare ins innerste Deutschland" ein fiktiver Reisebericht P.s über das wilhelminische Deutschland, der Teile der ↗Jugendbewegung beeinflußte. *PS*

Palast der Republik Funktions- und Repräsentationsgebäude der ↗DDR am Marx-Engels-Platz in ↗Berlin (Ost); 1976 auf einem Parteitag der ↗SED eingeweiht, seitdem als Sitzungs- und Bürogebäude der ↗Volkskammer genutzt; gleichzeitig als „Haus des Volkes" auch mit einem Theater und Restaurants ausgestattet; nach der ↗Wiedervereinigung Streit um Abriß wegen asbesthaltiger Baumaterialien. *Ki*

Panther-Sprung nach Agadir Entsendung des deutschen Kanonenbootes „Panther" in den nordwestafrikanischen Hafen Agadir am 1.7.1911 aufgrund der französischen Besetzung von Fès; Auslöser der Zweiten ↗Marokkokrise. *br*

Papen, Franz von Politiker (Zentrum), *29.10. 1879 Werl (Westfalen), †2.5.1969 Obersasbach (Baden). 1.6.–17.11.1932 Reichskanzler; setzte am 20.6. die sozialdemokratische preußische Regierung ab (↗Preußenputsch); forderte Ernennung ↗Hitlers zum Reichskanzler; 1933/34 dessen Vizekanzler; löste am 17.6.1934 mit kritischer Marburger Rede (von Edgar Julius ↗Jung verfaßt) die Verfolgungen des ↗Röhm-Putsches aus; Mitte 1934 bis 1944 Botschafter; 1.2.1947 in Spruchkammerverfahren zu acht Jahren Arbeitslager verurteilt; 1949 freigelassen. *PS*

Pappenheim Fränkisch-schwäbisches Uradelsgeschlecht; 1193–1806 Reichserbmarschälle; 1628 Grafen, 1806 ↗Mediatisierung. Berühmtester Vertreter: Gottfried Heinrich Graf zu P. (1594–1632): kaiserlicher Reitergeneral im ↗Dreißigjährigen Krieg; ab 1623 eigenes Regiment („Pappenheimer"); besiegte 1626 die Aufständischen des ↗Bauernkrieges in Oberösterreich. *rh*

Papsttum Das P. sieht seine Funktion als Oberhaupt der ↗katholischen Kirche begründet in seiner Nachfolge des Apostels Petrus als Bischof von Rom.

Nach dem Niedergang der byzantinischen Macht im 6. und 7. Jh. entwickelte sich das P. mehr und

Palast der Republik in Berlin (Ost); re. der Fernsehturm

mehr zum religiösen und politischen Machtfaktor des Abendlandes. Aus dem anfänglichen Bündnis mit den fränkischen Königen und Kaisern ab dem 8. Jh. (Begründung des Kirchenstaates durch die ↗Pippinische Schenkung) und später dem Römisch-deutschen Kaisertum entwickelte sich ein über mehrere Jh.e andauernder Kampf um die Vormachtstellung zwischen geistlicher und weltlicher Macht.

Im Zeichen der ↗Gregorianischen Reform und durch den ↗Investiturstreit erreichte das P. unter Innozenz III. (1198–1216) den Höhepunkt seiner Macht, wurde jedoch in der Folgezeit durch Glaubenskriege und die ↗Kreuzzüge geschwächt. Die Auseinandersetzungen mit dem Kaisertum kulminierten im Machtkampf mit den ↗Staufern, bes. mit ↗Friedrich II. (1220–50). Das Avignonesische Exil (1309–77) führte das P. in die Abhängigkeit Frankreichs. Das ↗Abendländische Schisma (1378–1417) und das ↗Konstanzer Konzil verschärften die Legitimationskrise des P.s Nach ↗Reformation, ↗Gegenreformation und ↗Religionskriegen mußte das P. seinen Universalitätsanspruch in Deutschland und ganz Europa auf die katholisch gebliebenen Länder beschränken. Und auch hier fand es im 17. und 18. Jh. die Grenzen seiner Macht. Diese Entwicklung wurde auch durch den ↗Kulturkampf deutlich. Gegen den ↗Nationalsozialismus bezog das P. mahnend Stellung, verhielt sich aber neutral, was vielfach kritisch beurteilt wurde. In neuerer Zeit begründet das P. seine Autorität mehr durch sein Selbstverständnis als geistig-moralische Instanz in der modernen westlichen Zivilisation. *RB*

Paracelsus (eigentlich Philipp Aureolus Theophrast Bombast von Hohenheim) Arzt, Alchimist, * 10. oder 11.11.1493 Einsiedeln (Schweiz), † 24.9. 1541 Salzburg. Seit 1524 Arzt in Salzburg später in Straßburg sowie 1527 Professor in Basel, von wo er fliehen mußte, da er Naturbeobachtung und Experimente anstelle von Autoritätsglauben und spekulativen Lehren setzte, sich v.a. aber gegen die der antiken Lehre verhaftete Schulmedizin seiner Zeit wandte; führte ein Wanderleben bis er 1538 eine Anstellung in Salzburg erhielt; P. verwendete als erster chemische Heilmittel, entdeckte u.a. Zink und wendete Arsen in der Syphilis-Therapie an; verfaßte medizinische und philosophisch-mystische Schriften; starb an den Folgen eines Schädelbruchs. *nk*

Paris, Friede Zwei Friedensverträge zwischen Frankreich einerseits, ↗Österreich, ↗Preußen, Rußland und Großbritannien andererseits; beendeten die ↗Befreiungskriege.

1) 1. Friede von P. vom 30.5.1814: im wesentlichen Bestätigung Frankreichs als Großmacht auf der Grundlage der Grenzen von 1792.

2) 2. Friede von P. vom 20.11.1815 nach der kurzen Wiederaufnahme der Kampfhandlungen nach der Rückkehr ↗Napoleons I. aus dem Exil und seiner endgültigen Niederlage bei ↗Waterloo: beschränkte Frankreich auf sein Staatsgebiet von 1790. *vK*

Paris, Gipfelkonferenz (1960) Tagung der Staatschefs der USA und der Sowjetunion vom 16.–17.5.1960 über eine Entspannung des ↗kalten Krieges. Abbruch der Verhandlungen durch die Sowjetunion, da am 1.5.1960 ein US-amerikanisches U2-Aufklärungsflugzeug in den sowjetischen Luftraum eingedrungen war. Die ↗Bundesregierung begrüßte das Scheitern, da eine Einigung der Großmächte über einen Friedensvertrag und damit die Festschreibung der ↗deutschen Teilung befürchtet wurden. *kl*

Paris, Verträge (1954) Sammlung von Verträgen zwischen den westlichen ↗Besatzungsmächten und der ↗Bundesrepublik. Nach dem Scheitern der ↗Europäischen Verteidigungsgemeinschaft am 23.10.1954 aufgrund der ↗Londoner Neunmächtekonferenz unterzeichnet, zum 5.5.1955 in Kraft getreten; Modifikation des ↗Deutschland-Vertrages.

Die P.V. beinhalteten in einem Protokoll über die Beendigung des Besatzungsregimes die Aufhebung des ↗Besatzungsstatuts und damit, bei wenigen Vorbehaltsrechten der Alliierten, die Zuerkennung der staatlichen Souveränität, Regelungen zur Stationierung und Finanzierung alliierter Streitkräfte in Deutschland, Protokolle über den Beitritt zum Brüsseler Vertrag, zur ↗NATO und zur ↗Westeuropäischen Union sowie ein deutsch-französisches Abkommen über das ↗Saarland.

Mit ihrer Unterzeichnung war die ↗Westintegration der Bundesrepublik formal vollzogen; bis zum ↗Zwei-plus-Vier-Vertrag waren die P.V. die völkerrechtliche Grundlage bundesdeutscher Außenpolitik. *kl*

Parlamentarischer Rat Tagung von 65 Delegierten der elf Landtage der westdeutschen ↗Besatzungszonen, um auf der Grundlage der Empfehlungen des ↗Herrenchiemseer Verfassungskonvents eine Verfassung für die ↗Bundesrepublik auszuarbeiten. Erstes Treffen am 1.9.1948 in der Pädagogischen Akademie in Bonn, Wahl von ↗Adenauer zum Präsidenten und von ↗Schmid zum Vorsitzenden des Hauptausschusses; nach mehreren Lesungen am 8.5.1949 Beschluß eines ↗Grundgesetzes als vorläufiger Verfassung gegen die Stimmen von Abgeordneten der ↗Deutschen Partei, der ↗KPD und einigen Abgeordneten der ↗CSU. *kl*

Partei des Demokratischen Sozialismus (PDS) Nachfolgepartei der ↗SED; Vorsitzende: ↗Gysi (1990–92), Lothar Bisky (seit 1993). Die PDS versteht sich als linke Oppositionspartei. Bei der ersten gesamtdeutschen Wahl 1990 erhielt die PDS 2,4 % der Stimmen (11,1 % im Wahlgebiet Ost) und kam auf 17 Sitze, bei der ↗Bundestagswahl 1994 bundesweit nur 4,4 %, war aufgrund von vier Direktmandaten aus den neuen Ländern mit 30 Sitzen im Bundestag vertreten, bildete jedoch keine Fraktion; erreichte 1998 bei der Bundestagswahl 5,1 % der Stimmen (36 Mandate) und erhielt im Bundestag erstmals Fraktionsstatus. *sb*

Parteien Organisierte Vereinigung von Personen, die gemeinsame (politische) Ziele verfolgen. Politische P. im heutigen Sinne entwickelten sich erst im 19. Jh. Die Parlamentarisierung war dazu eine wesentliche Voraussetzung. Anfangs bildeten sich lediglich Honoratioren-P. In der Öffentlichkeit angesehene Personen schlossen sich vor und während der Wahlen in lockeren Verbindungen zusammen. Diese Verbindungen festigten sich in der ↗Deutschen Revolution von 1848/49. Zunächst benannten sich die einzelnen Gruppierungen nach ihren Versammlungsorten, doch schon bald ergab sich aus der Sitzordnung im Parlament die Einteilung der P. nach der Rechten, der Mitte bzw. des ↗Zentrums und der Linken. Damit waren zugleich die drei wichtigsten parteipolitischen Richtungen entstanden: der ↗Konservativismus, der ↗Liberalismus und der ↗Sozialismus. Neben den P. bildeten sich politische Organisationen des ↗Katholizismus und der ↗Arbeiterbewegung. Während Zentrum und ↗Sozialdemokratie schon bald damit begannen, einen Parteiapparat aufzubauen, entwickelten die übrigen P. erst nach 1918 festere Organisationsformen. Das ↗Deutsche Reich sah noch keine Volkssouveränität vor, die P. besaßen weder in der Verfassung noch in der Regierung einen festen Platz (↗P.-System, Kaiserreich). In der ↗Weimarer Republik blieb das P.-System des Kaiserreiches weitgehend erhalten. Weiterhin dominierten kurzfristige Einigungsformeln und prekäre Mehrheiten. Der Übergang vom Mehrheits- zum eingeschränkten Verhältniswahlrecht konnte die regionale Bindung der P. nicht beseitigen, sondern lediglich abschwächen. Am linken und am rechten Rand des P.-Systems entwickelten sich radikale P., welche gegen die demokratische Republik eingestellt waren. Nach der sog. ↗Machtergreifung Hitlers am 30.1.1933 wurden alle P. – außer der ↗NSDAP – bis zum 14.7. 1933 aufgelöst und Neugründungen verboten. Kleinere Gruppen der linken P. formierten sich im ↗Widerstand. Nach dem ↗Zweiten Weltkrieg setzte die Neugründung von P. bereits 1945 ein. Die ↗Besatzungsmächte reagierten unterschiedlich auf diese politischen Aktivitäten der Deutschen. Die USA und Großbritannien strebten ein Zwei-P.-System an, während die Sowjetunion ein Mehr-P.-System befürwortete. Frankreich dagegen hatte kein Interesse an einer raschen Entfaltung des politischen Lebens in Deutschland. Als 1949 die beiden deutschen Staaten gegründet wurden, besaßen sowohl die ↗Bundesrepublik Deutschland als auch die ↗DDR ein ausgebildetes ↗P.-System. Im ↗Grundgesetz wurde die Stellung der P. durch Artikel 21 festgelegt (am 24.7.1967 durch das P.-Gesetz ergänzt). Damit wurden die P. zu notwendigen Bestandteilen der freiheitlich-demokratischen Grundordnung erklärt. *br*

Parteiensystem, Bundesrepublik In den westlichen Besatzungszonen lizensierten die Besatzungsmächte zunächst die ↗CDU/CSU, ↗SPD, ↗LDPD/FDP und ↗KPD. Nach der ersten ↗Bundestagswahl zogen elf Parteien in den Bundestag ein (fragmentiertes Vielparteiensystem). In der ↗Ära Adenauer bildete sich eine Parteiendemokratie heraus, die charakterisiert war durch 1) die tragende Bedeutung der Parteien (Art. 21 GG). Die Parteien wurden zu wesentlichen Trägern der politischen Willensbildung in der deutschen Demokratie. 2) Konzentration auf wenige Parteien, 3) Integrationswirkung koalitionsfähiger Parteien, die erstmalig in der deutschen Geschichte ideologische, soziale und politische Differenzen überwanden, 4) größere Mobilität und Durchlässigkeit der Strukturen von Partei, Wählerschaft und Interessengruppen.

Durch die Einführung der ↗Fünf-Prozent-Klausel (1953) reduzierte sich die Zahl der im Bundestag vertretenen Parteien. Ende der fünfziger Jahre wandelte sich die SPD von einer Arbeiter- zu einer Volkspartei (↗Godesberger Programm). 1961–80 gab es ein Drei-P. von CDU/CSU, SPD und FDP. Die Parteienkonzentration kam zunächst der CDU zugute, die mit der Programmatik einer modernen Volkspartei die Wähler kleiner Parteien an sich band. Mit dem Einzug der ↗Grünen (1983) und der ↗PDS (1990) in den Bundestag veränderte sich die Parteienlandschaft zu einem sog. gemäßigten P. mit kleinen Parteien. *sb*

Parteiensystem, DDR Neben der ↗SED existierten nach dem Umbau des P.s zu einem „sozialistischen Mehrparteiensystem" zwischen 1945 und 1950 mit der ↗CDU, der ↗LDPD, der ↗NDPD und der ↗DBD weitere, zumeist bürgerliche Parteien. Sie waren jedoch keine Opposition, sondern bejahten im Rahmen der ↗Blockpolitik ausnahmslos den Herrschaftsanspruch der SED. Nur in einer Einheitsliste gemeinsam wählbar, hatten sie Anspruch auf jeweils 52 Sitze in der ↗Volkskammer, wobei der SED 127 Sitze zustanden.

Nach der ↗Wiedervereinigung zunächst umbenannt, vereinigten sich die Parteien mit westdeutschen Parteien. *kl*

Parteiensystem, Kaiserreich Die ↗Reichsverfassung von 1871 sah keine Regierungsverantwortung durch eine Parlamentsmehrheit oder das Aufrücken der Parteiführer in Regierungsämter vor. Der ↗Reichskanzler konnte mit wechselnden Mehrheiten regieren. Das Mehrheitswahlrecht begünstigte kleine, regionale Splitterparteien. Nach der ↗Reichsgründung 1871 bildete zunächst die ↗Nationalliberale Partei die stärkste Fraktion im ↗Reichstag, doch 1879 brach Otto von ↗Bismarck öffentlich mit ihr. Nun wurde das ↗Zentrum zur ausschlaggebenden Partei. Nach Aufhebung der ↗Sozialistengesetze gelang es der ↗SPD 1890 mit 1,5 Mio. Wählern stimmstärkste Partei zu werden. 1912 wurde sie auch mandatsstärkste Partei. *br*

Partei neuen Typs ↗Sozialistische Einheitspartei Deutschlands

Parteisäuberung, SED ↗Sozialistische Einheitspartei Deutschlands

Parteispendenaffäre Skandal um verdeckte finanzielle Zuwendungen von Wirtschaftsunternehmen an bundesrepublikanische ↗Parteien. Zur Umgehung der Steuerpflicht waren seit den siebziger Jahren erhebliche Beträge insbesondere vom ↗Flick-Konzern über gemeinnützige parteinahe Stiftungen an die Parteien geflossen. Die Ergebnisse eines 1985–89 tagenden Untersuchungsausschusses des ↗Bundestages zur P. führten zum Rücktritt des Bundestagspräsidenten ↗Barzel. Ein 1985–87 geführter Prozeß gegen die maßgeblich Beteiligten der P. führte u. a. zur Verurteilung des FDP-Politikers ↗Lambsdorff und des Flick-Managers Eberhard von ↗Brauchitsch. *bb*

Partisanen Bezeichnung für nichtregulär kämpfende Einheiten zumeist ohne offizielle Uniformierung und militärische Unterstellung. Im ↗Zweiten Weltkrieg propagandistisch gefärbte Bezeichnung für bewaffneten Widerstand Leistende in den besetzten Gebieten v. a. Ost- und Südosteuropas. Bes. für die Sowjetunion wurden bereits vor Beginn des ↗Unternehmens Barbarossa Maßnahmen zur Bekämpfung der P. erlassen, obwohl von einer nennenswerten P.-Bewegung erst ab 1943 gesprochen werden konnte. Unter dem Deckmantel der sog. Bandenbekämpfung begingen Sondereinheiten von ↗SD und ↗SS, v. a. die ↗Einsatzgruppen, Massaker an der Zivilbevölkerung, an denen z. T. auch Einheiten der ↗Wehrmacht beteiligt waren. Oft waren es gerade diese Übergriffe, die die Bevölkerung, v. a. aus ↗Ghettos geflohene Juden mit geringen Überlebenschancen, auf die Seite der P. trieb. Neben der Sowjetunion waren v. a. in Polen, Jugoslawien, Albanien und Griechenland sowie ab 1943 nach dem Frontwechsel in Italien P. tätig, wobei es insbesondere in Jugoslawien und Polen zu massiven Rivalitäten zwischen kommunistischen und nationalistischen P.-Bewegungen kam. *PS*

Partnerschaft für den Frieden Auf einem Treffen der 16 Staats- und Regierungschefs der Mitgliedstaaten der ↗NATO in Brüssel vom 10./11. 1. 1994 mit den osteuropäischen Mitgliedstaaten des ↗Nordatlantischen Kooperationsrates u. a. KSZE-Staaten beschlossenes Programm zur militärischen und sicherheitspolitischen Kooperation mit der Aussicht auf Aufnahme in die NATO (NATO-Osterweiterung). Daneben Einzelvereinbarungen mit mehreren Staaten Nord- und Osteuropas; erstes gemeinsames Manöver der Unterzeichnerstaaten der P.f.d.F. in Polen vom 12.–16. 9. 1994; im Juli 1997 Beitrittsverhandlungen mit Polen, Ungarn und der Tschechischen Republik. *kl*

Paß- und Visapflicht im Reise- und Transitverkehr Nach einem Beschluß der ↗Volkskammer der ↗DDR am 11. 6. 1968 eingeführt, war die P.u.V., nach der Erhöhung des ↗Zwangsumtausches, dem

1957 per Gesetz erfolgten Verbot, die DDR ohne gültigen Paß zu verlassen, dem Bau der ↗Berliner Mauer 1961 und der Einstellung der ↗Passierscheinabkommen 1966, ein weiteres Hindernis für die ↗innerdeutschen Beziehungen; am 17.6. 1968 Beschluß der ↗Bundesregierung zur Erstattung der anfallenden Gebühren; 1989 mit der ↗Maueröffnung entfallen. *kl*

Passierscheinabkommen (1963) Vereinbarung zwischen der Regierung der ↗DDR und dem Senat von Berlin (West) vom 17.12.1963, die es Bewohnern von Berlin (West) ermöglichte, in der Weihnachtszeit (bis zum 5.1.1964) für einen Tag Verwandte und Freunde in Berlin (Ost) zu besuchen. Bis zum Sommer 1966 dreimal erneuert und von über 1,2 Mio. Menschen genutzt, wurde das P. mit der Vereinbarung eines regelmäßigen Besucherverkehrs nach dem ↗Viermächte-Abkommen über Berlin 1971 überflüssig. *kl*

Patentschutz Das dem Erfinder nach Meldung an das Patentamt zugewiesene Recht auf alleinige gewerbliche Nutzung seiner (technischen) Erfindung bzw. auf Gewährung von Lizenzen; entwikkelte sich aus dem naturrechtlichen Denken der Neuzeit (aus der Vorstellung des „geistigen Eigentums"); im ↗Deutschen Reich erstmals 1877 gesetzlich geregelt, in der ↗Bundesrepublik durch das Patentgesetz (Neufassung) von 1979. *nk*

Patriotismus Starkes emotionales Verbundenheitsgefühl und persönliche Identifizierung mit dem Heimatland, die sich auf das staatliche System, dessen Geschichte sowie seine Repräsentanten erstrecken können.

Faßte in Deutschland als Erneuerungsbewegung seit dem 16. Jh. Fuß und fand seinen Ausdruck in den staatlichen Konzeptionen des 18. Jh.s, v.a. in ↗Österreich und ↗Preußen.

Im 19. Jh. bildete der P. eine wichtige Grundlage sowohl der ↗Romantik als auch des ↗Liberalismus und der nationalstaatlichen Bestrebungen (↗Märzrevolution, 1848). Spätestens zu diesem Zeitpunkt schwer zu trennen vom ↗Nationalismus, welcher den P. z.T. übersteigerte bzw. stärker das Interesse des Volkes in den Mittelpunkt stellte. *wj*

Patrizier Die ratsfähigen (adligen und bürgerlichen) Geschlechter der ↗Städte im ↗Mittelalter, bes. im 12. und 13. Jh.; gegen ihre politische Vorherrschaft setzten sich die Handwerkerzünfte (↗Zunftwesen) im 14. Jh. vielfach erfolgreich durch. *vK*

Paul, Wolfgang ↗Nobelpreis

Pauline Christine Wilhelmine Fürstin zur Lippe, *23.2.1769 Schloß Ballenstedt (Harz), †29.12. 1820 Detmold. Regierte 1802–20 für ihren Sohn Leopold; trat 1806 dem ↗Rheinbund bei; ab 1813 Nähe zu Preußen; 1809 Aufhebung der ↗Leibeigenschaft; richtete 1810 die erste Heilanstalt für geistig Kranke ein. *rh*

Paulskirche ↗Frankfurter Nationalversammlung

Paulskirchenbewegung Von den ↗Gewerkschaften, der ↗SPD und der ↗Evangelischen Kirche Deutschlands getragene Proteströmung in der ↗Bundesrepublik, Teil der ↗Friedensbewegung. Die P. sprach sich 1955 mit einem in der ↗Paulskirche in ↗Frankfurt angenommenen ↗Deutschen Manifest gegen die ↗Wiederbewaffnung aus, da mit dieser die ↗Wiedervereinigung gefährdet werde. *kl*

Paulus, Friedrich Generalfeldmarschall, *23.9. 1890 Breitenau (Hessen), †1.2.1957 Dresden. Leitete als Oberquartiermeister des Generalstabes des Heeres Ende 1940 die Vorbereitung des ↗Unternehmens Barbarossa. Seit Anfang 1942 Oberkommandierender der 6. Armee, befehligte er deren Vormarsch auf ↗Stalingrad. Ab dem 19.11. dort eingekesselt. Am 31.1. in Gefangenschaft geraten, schloß sich P. nach langem Werben im August 1944 dem ↗Bund Deutscher Offiziere an. Im Februar 1946 als Zeuge der Anklage im ↗Nürnberger Kriegsverbrecherprozeß aufgetreten, wurde P. im Herbst 1953 in die ↗DDR entlassen, wo er sich gegen die westdeutsche ↗Wiederbewaffnung wandte. *PS*

Pauperismus In den 40er Jahren des 19. Jh.s erstmals verwendete Bezeichnung für die vorindustrielle Massenarmut und -verelendung, die durch starkes Bevölkerungswachstum und Mangel an Arbeitsstellen enstand. *nk*

Pavia, Schlacht (1525) Die Schlacht bei P. am 24.2.1525, in der Kaiser ↗Karl V. (Feldherr ↗Frundsberg) im Kampf um die Vorherrschaft in Europa dank moderner Handfeuerwaffen über König Franz I. von Frankreich siegte, bedeutete das Ende der mittelalterlichen Kriegführung. Der gefangengenommene Franz gab im Frieden von Madrid (1526) seine italienischen Ansprüche auf, widerrief aber sofort nach seiner Freilassung. *rh*

Payer, Friedrich von Politiker, *12.6.1847 Tübingen, †14.7.1931 Stuttgart. 1877–87 und 1890–1917 Mitglied des ↗Reichstages, daneben 1893–1912 Mitglied des württembergischen Landtages; Vizekanzler in den Kabinetten ↗Hertling und Prinz ↗Max von Baden; 1919 für die ↗DDP im Reichstag. *bl*

Pazifismus ↗Friedensbewegung

PB ↗Politbüro des Zentralkomitees der SED

PDS ↗Partei des Demokratischen Sozialismus

Pechstein, Max Maler, *31.12.1881 Zwickau, †29.6.1955 Berlin (West). Studium an der Kunstakademie in Dresden 1902–06; ab 1906 Mitglied der Künstlervereinigung ↗„Brücke". 1933 als „entarteter" Maler verboten; 1945 Rehabilitierung als Professor an der Berliner Akademie. P. war Expressionist; in großflächigen, farbintensiven Werken stellte er v.a. Landschaften und Stilleben dar. *rm*

PEN Abkürzung für poets, essayists, novelists (Lyriker, Essayisten, Romanautoren). 1921 in London gegründete, internationale Schriftstellervereinigung, die für Presse- und Meinungsfreiheit und einen freien publizistischen Gedankenaustausch eintritt. Sowohl Schriftsteller als auch Übersetzer und Herausgeber können Mitglieder werden. Diese werden gewählt und unterschreiben bei ihrer Aufnahme die gegen Völker- und Rassenhaß gerichtete Charta.
Seit 1951 besteht das „PEN-Zentrum der Bundesrepublik" mit Sitz in Darmstadt. 1952 folgte das Ostberliner „PEN-Zentrum Ost und West", 1967 in „PEN-Zentrum der Deutschen Demokratischen Republik" und 1990 in „PEN-Zentrum Ost" umbenannt. 1998 Fusion von Ost- und West-PEN mit Sitz in Berlin. *rm*

Pentarchie der Großmächte Bezeichnung für ein Herrschaftsgefüge von fünf Mächten; im engeren Sinne die von ca. Mitte des 18. Jh.s (endgültig ab dem Kongreß von ↗Aachen 1818) bis zum Beginn des ↗Ersten Weltkrieges bestehende europäische Vorherrschaft der fünf Großmächte Großbritannien, Frankreich, Rußland, ↗Österreich und ↗Preußen bzw. ↗Deutsches Reich. *vK*

Persilschein Bezeichnung für diejenigen Bescheinigungen, die den Betroffenen der ↗Entnazifizierung eine oppositionelle Haltung oder aktiven Widerstand gegen den ↗Nationalsozialismus attestierten; unter den Deutschen begehrt und gehandelt. *kl*

Personenverbandsstaat Bezeichnung für den Staat im Früh- und Hochmittelalter, dessen Grundlage nicht in der Beherrschung von Territorien, sondern von Personen (-gruppen, im Frühmittelalter insbesondere von Stämmen) bestand. Auf dieser engen persönlichen Abhängigkeit fußte das mittelalterliche ↗Lehnswesen. *wj*

Pest (lat. pestis = Seuche; Pestilenz) Ansteckende Krankheit, die sich, durch Übertragung von Rattenflöhen auf Menschen, v.a. im 14. Jh., dann aber bis ins 18. Jh. in einzelnen, intensiven Epidemien ausbreitete. Unterscheiden lassen sich die heilbare Beulen-P. und die fast immer todbringende Lungen-P. Bes. in den Jahren 1347–52 fielen Mio. von Menschen (etwa ein Drittel der Bevölkerung) dem „Schwarzen Tod" zum Opfer, die Angaben beruhen aber nur auf Schätzwerten. U.a. durch die P. blieb die Bevölkerungszahl in Deutschland, die bis zum 13. Jh. stark angestiegen war, bis zum 15. Jh. relativ stabil; die von der P. ausgelösten Judenverfolgungen und Züge der ↗Geißler hatten schwerwiegende soziale Auswirkungen. Zahlreiche Schutzheilige und Volksbräuche stehen im Zusammenhang mit der P. *wj*

Peters, Carl Kolonist, Politiker, *27.9.1856 Neuhaus/Elbe, †10.9.1918 Woltorf (Peine). P. gründete 1884 die Gesellschaft für deutsche Kolonisation und erwarb ↗Deutsch-Ostafrika, das 1885 unter den Schutz des ↗Deutschen Reiches gestellt wurde. Als Reichskommissar wurde er wegen des Vorwurfs der unwürdigen Behandlung von Einheimischen 1897 entlassen. *dt*

Peters, Luise ↗Otto-Peters, Luise

Petersberg Bergspitze im Siebengebirge bei Königswinter. Das dort von 1912–14 erbaute gleichnamige Hotel war 1946–51 Sitz der ↗Alliierten Hohen Kommission. *Ki*

Petersberger Abkommen Vertrag zwischen der ↗Bundesrepublik und den westlichen ↗Besatzungsmächten, am 22.11.1949 im Hotel ↗Petersberg bei Bonn, dem Sitz der ↗Alliierten Hohen Kommission, geschlossen. Das P.A. gestattete der Bundesrepublik die Aufnahme von konsularischen und Handelsbeziehungen sowie den Beitritt zu internationalen Organisationen wie dem ↗Europarat, verfügte die teilweise Einstellung der ↗Demontagen und enthielt die Zusicherung der ↗Bundesregierung, der Internationalen ↗Ruhrbehörde beizutreten; trotz heftiger Proteste der ↗SPD ohne Ratifikation durch den ↗Bundestag in Kraft getreten; erster und entscheidender Schritt der ↗Westintegration der Bundesrepublik. *kl*

Petersberger Erklärung (1992) Am 19.6.1992 auf dem ↗Petersberg bei Bonn getroffene Vereinbarung der Außen- und Verteidigungsminister der ↗Westeuropäischen Union, ihre Truppen künftig für Einsätze der ↗Vereinten Nationen zur Verfügung zu stellen. *kl*

Peterspfennig Im Mittelalter in manchen Ländern erhobene Abgabe an den Heiligen Stuhl, heute freiwillige Gabe der Katholiken für die Weltkirche. *wj*

Peymann, Claus Theaterregisseur, Intendant, *7.6.1937 Bremen. Intendant in Stuttgart und Bochum; ab 1986 Intendant des Burgtheaters und Akademietheaters in Wien; v.a. bekannt durch mehrere Uraufführungen von Dramen des Autors Thomas Bernhard, die P. als einziger Regisseur in Österreich inszenieren durfte. *kp*

Pfahlbürger Bezeichnung des Mittelalters für außerhalb der ↗Stadt lebende Personen mit städtischem Bürgerrecht. Dies waren z.T. Adlige auf dem Land, z.T. Ausbürger, die zwischen ↗Stadtmauer und Außenwerk (meist Pfählen) lebten; die Landesherren verboten das P.-Recht, weil sie um ihren Einfluß (v.a. steuerliche und militärische Leistungen) fürchteten, dem sich die P. im Schutz der Stadt entziehen konnten. *wj*

Pfalz Der Herrschaftsbereich der ↗P.-Grafen von Lothringen lag ursprünglich am Niederrhein und verlagerte sich im 11./12. Jh. in den Rhein-Neckar-Raum mit ↗Heidelberg als Zentrum (13. Jh.). Die P.-Grafschaft bei Rhein ging 1214 an die ↗Wittelsbacher; nach internen Konflikten dieses Hauses 1329 durch ↗Ludwig IV. von ↗Bayern abgetrennt und unter ↗Ruprecht von der P. territorial erweitert; ab 1410 Bildung von Teilgrafschaften, die in der Folgezeit mehrfach aufgeteilt und wiedervereinigt wurden (↗Pfälzischer Krieg). Es entstand jedoch kein geschlossenes Territorium mehr. 1801 Abtretung des linksrheinischen Teils der P. an Frankreich, 1816 wurde hier der Bayrische Rheinkreis (die spätere Rheinpfalz) gebildet. Die rechtsrheinischen Gebiete gingen 1801 an verschiedene deutsche Länder. Seit 1946 gehört die P. zum Bundesland ↗Rheinland-P. *li*

Pfalz (Palatium) Im Mittelalter, bes. in fränkischer Zeit, königliche bzw. kaiserliche Hofburg. Diente dem ↗König bzw. ↗Kaiser als wechselnde Residenz und als Gerichtsstätte; umfaßte Wohn- bzw. Palastgebäude, Kapelle und einen Gutshof; oft waren dem P.-Bezirk noch weitere Siedlungselemente unterschiedlicher Funktion angegliedert. Häufig wurde von der P. aus auch verwaltet. *wj*

Pfalzgraf (Palatin) In der Merowingerzeit Beamter am königlichen Hofgericht, seit den ↗Karolingern z.T. auch dortiger Vertreter des Königs. Seit ↗Otto I., dem Großen, waren die P. das Gegengewicht der Krone zu den ↗Herzögen der einzelnen ↗Stammesherzogtümer und für Verwaltung und Rechtspflege verantwortlich. Bes. Bedeutung erlangte der lothringische P. als späterer ↗Kurfürst und „P. bei Rhein". *wj*

Pfälzischer Krieg (1688–97) 3. Annexionskrieg König Ludwigs XIV. von Frankreich; entstand aus den Ansprüchen, die Ludwig nach dem Herrschaftsantritt von Kurfürst ↗Philipp Wilhelm für seine Schwägerin ↗Liselotte von der Pfalz auf Teile der Kurpfalz erhob; begann mit der Verwüstung der Pfalz durch französische Truppen unter Ezéchiel Mélac; Ludwig scheiterte jedoch an der Großen Allianz aus Kaiser ↗Leopold I., dem ↗Heiligen Römischen Reich, England und den Niederlanden (beide unter König Wilhelm III. von Oranien), Spanien, Schweden und Savoyen; nach dem englisch-niederländischen Seesieg bei La Hogue (1692) beendet durch den Frieden von ↗Rijswijk (1697). *rh*

Pfennig (Abkürzung: Pf) Silbermünze von unterschiedlichem Wert. Bis ins 13. Jh. einzige deutsche Münze; danach auch höhere Werte (z.B. ↗Groschen). Sank seit dem Spätmittelalter unter die sog. Scheidemünzen herab und wurde zur Kupfermünze. Seit 1871 gilt die Einteilung: 1 Pf = 1/100 Mark. *wj*

Pfizer, Paul Achatius Kultusminister, *12.9.1801 Stuttgart, †30.07.1867 Tübingen. 1823–31 Jurist im württembergischen Staatsdienst; wurde 1831 wegen seines „Briefwechsels zweier Deutschen", in dem er als erster Süddeutscher die ↗großdeutsche Lösung befürwortete, entlassen; 1831–38 Führer der liberalen Opposition im Landtag; März bis August 1848 Kultusminister Württembergs und Abgeordneter der ↗Frankfurter Nationalversammlung; 1851–58 Oberjustizrat in Tübingen. *sa*

Pfleiderer, Karl-Georg Diplomat, *10.5.1899 Stuttgart, †8.10.1957 Bonn. Seit 1922 im auswärtigen Dienst u.a. in Mailand, Peking und Paris; 1943–45 Generalkonsul in Stockholm; 1948 Landrat des Kreises Waiblingen; seit 1949 Mitglied des ↗Bundestages (↗FDP) und stellvertretender Delegierter des ↗Europarates; 1955 Botschafter in Belgrad. *Ki*

Pfordten, Ludwig Freiherr von der Ministerpräsident, *11.9.1811 Ried (Innkreis), †18.8.1880 München. 1834–48 Juraprofessor; März 1848 bis

Februar 1849 Außen- und Kultusminister in Sachsen; nach seinem Rücktritt ab April 1849 Außenminister Bayerns, seit Dezember dort auch Ministerpräsident; setzte sich für ↗Bayern als dritte Macht neben ↗Österreich und ↗Preußen ein (↗Triaspolitik); 1866 gestürzt. *sa*

Pforr, Franz Maler, *5.4.1788 Frankfurt/Main, †16.6.1812 Albano Laziale. Studierte 1805–10 an der Wiener Akademie; gründete 1809 u.a. mit ↗Overbeck den „Lukasbund" (↗Nazarener), mit dessen Mitgliedern er ab 1810 in Italien lebte und arbeitete. P. zählt zu den Begründern der romantischen Malerei in Deutschland. *rm*

Pfründe Die Einnahmen aus einem kirchlichen (katholischen) Amt, z.B. auf der Basis von Landbesitz. *wj*

Pfuel, Ernst von Preußischer General, *3.11.1779 Jahnsfelde (Schlesien), †3.12.1866 Berlin. 1797–1803 und 1805/06 in der preußischen Armee. Ab 1809 Hauptmann im österreichischen Heer; ab 1812 im russischen und ab 1815 als Oberst wieder im preußischen Dienst. 1825 Generalmajor; 1832–49 Gouverneur des ↗Fürstentums Neuenburg (Schweiz). P. war als Gouverneur von Berlin 11.–24.3.1848 für das Versagen der Truppen in den Revolutionstagen mitverantwortlich. Preußischer Ministerpräsident und Kriegsminister 7.9.–1.11.1848. Rücktritt des liberalen Politikers aufgrund von Spannungen zwischen Nationalversammlung und deren Gegner. 1858–65 liberales Mitglied des preußischen ↗Abgeordnetenhauses. *rm*

Philantropismus Während des 18. Jh.s aus der ↗Aufklärung entstandene pädagogische Bewegung, die auf den Erziehungsidealen ↗Basedows und dessen 1774 gegründeten Erziehungsanstalt „Philantropin" fußte; deutsche Vertreter u.a. ↗Campe. *nk*

Philipp

Römisch-deutscher König:

Philipp von Schwaben *um 1178, †21.6.1208 Bamberg. Sohn Kaiser ↗Friedrichs I. und ↗Beatrix' von Burgund; seit 1196 Herzog von Schwaben; 1198 gegen den Willen von Papst Innozenz III., der den ↗Welfen ↗Otto IV. unterstützte, zum König gewählt; 1206 Sieg über Otto bei Wasserberg (nahe Köln). *RB*

Hessen:

Philipp der Großmütige Landgraf, *13.11.1504 Marburg, †31.3.1567 Kassel. 1509 Landgraf, bis 1518 unter Vormundschaft; auf Ausbau der landesherrlichen Gewalt bedacht; neben ↗Johann dem Beständigen von Sachsen Führer der evangelischen Fürsten; führte 1526 die ↗Reformation in Hessen ein; gründete 1527 die Universität Marburg; bemühte sich mit dem ↗Marburger Religionsgespräch (1529) um die Einigung der Protestanten gegen Kaiser ↗Karl V.; schwächte durch eine Doppelehe (1540) seinen Einfluß und die Position der Reformation; als Führer des ↗Schmalkaldischen Bundes nach dessen Niederlage 1547–52 Gefangener Karls V. *rh*

Österreich:

Philipp der Schöne Erzherzog von Österreich, König von Kastilien, *22.7.1478 Brügge, †25.9.1506 Burgos. Sohn Kaiser ↗Maximilians I. und Marias von Burgund, das er 1482 erbte; 1496 mit Johanna der Wahnsinnigen von Kastilien vermählt, Vater von Kaiser ↗Karl V. und Kaiser ↗Ferdinand I.; beanspruchte nach dem Tod seiner Schwiegermutter Isabella 1504 Kastilien, 1506 als König anerkannt. *rh*

Pfalz:

Philipp Wilhelm Kurfürst, *4.10.1615 Neuburg, †12.9.1690 Wien. Ab 1653 Herrscher in Pfalz-Neuburg; nach dem Aussterben der Linie Pfalz-Simmern 1685 katholischer Kurfürst in der größtenteils protestantischen Region; im ↗Pfälzischen Krieg (1688–97) gegen die Ansprüche ↗Liselottes von der Pfalz u.a. von seinem Schwiegersohn, Kaiser ↗Leopold I., unterstützt. Floh 1688 aus der Pfalz nach ↗Wien. *rh*

Philosophie (griechisch: Liebe zur Weisheit) Bezeichnung für eine Wissenschaft, die sich mit Grundfragen des Seins auseinandersetzt. Deutsche Theologen wirkten an der Ausbildung des mittelalterlichen Denkens, insbesondere der philosophischen Systeme der Hochscholastik mit. ↗Albert der Große trug wesentlich dazu bei, Aristoteles' P. mit der christlichen zu verbinden. Meister ↗Eckhart baute das christlich-mystische Denkgebäude aus und beeinflußte stark ↗Nikolaus von Kues, der mit seiner Unendlichkeitsspekulation und der Verwendung mathematischer Denkformen bereits wichtige Gedanken der Moderne vorwegnahm.

In der ↗Renaissance blühte die naturphilosophisch-mystische und theosophische Weltsicht eines ↗Paracelsus, Jakob ↗Böhme und ↗Agrippa von Nettesheim.

Der englische Bürgerkrieg und insbesondere der

↗Dreißigjährige Krieg ließen Staat und Recht zu den herausragenden Themen des 17. Jh.s werden. ↗Thomasius und ↗Pufendorf, die wichtigsten Vertreter der deutschen ↗Aufklärung, arbeiteten zu Problemen des Natur- und Völkerrechts, zum Vertragsgedanken und zur Legitimation von Herrschaft. Zu einer Synthese gelangte das Philosophieren in ↗Leibniz' Systementwürfen. Mechanistisches Denken (René Descartes) und organismisches (Aristoteles) suchte er in einem Weltbild zusammenzufügen.

Die weitere Entwicklung der deutschen P. wurde entscheidend durch die Einflußnahme des Empirismus David Humes und John Lockes sowie die Physik Isaac Newtons geprägt. Immanuel ↗Kant entwickelte einen erkenntniskritischen Idealismus. An ihn schlossen sich die großen idealistischen Systeme ↗Fichtes, Friedrich Wilhelm von ↗Schellings und ↗Hegels an. Nach Hegels Tod (1831) spaltete sich die Hegelsche Schule in die Links- bzw. Junghegelianer (Ludwig ↗Feuerbach, Moses ↗Hess, Max Stirner), die sich an konstitutionell-liberalen Ideen orientierten, und in die Rechts- bzw. Althegelianer, die konstitutionell-monarchische Ziele verfolgten.

In der Kritik an Hegels System und an den Alt- und Junghegelianern entwickelten Karl ↗Marx und ↗Engels ihre P. des Geschichtsmaterialismus und der Ökonomiekritik. ↗Schopenhauer verband Kants Transzendental-P. mit naturphilosophischen Gedanken Schellings und nahm mit seiner P. nach 1848 bedeutenden Einfluß auf die deutsche Geistesgeschichte.

Beherrscht wurde die zweite Hälfte des 19. Jh.s angesichts der schnellen Entwicklung der Wissenschaften und des Darwinismus von naturwissenschaftlich-materialistisch ausgerichteten P. (Ludwig Büchner, Jacob Moleschott, ↗Haeckel). Weitere philosophische Richtungen, die sich gegen Ende des 19. Jh.s und Anfang des 20. Jh.s entwickelten, waren Lebens-P. (↗Nietzsche, ↗Dilthey), Neuscholastik, induktive Metaphysik (Gustav Theodor ↗Fechner), Neukantianismus (Hermann Cohen, Ernst Cassirer, Heinrich Rikkert) und der Positivismus (↗Schlick, Rudolf Carnap).

Während der ↗Weimarer Republik dominierten Phänomenologie (↗Husserl, ↗Scheler, Hedwig Conrad-Martius), Existenz-P. (↗Heidegger, ↗Jaspers) und die ↗kritische Theorie.

Die P. nach dem ↗Zweiten Weltkrieg wird bes. von der an Ludwig Wittgenstein anknüpfenden Sprach-P. (Ernst Tugendhat), vom kritischen Rationalismus (Karl Popper, Paul Feyerabend), der kritischen Theorie (Positivismusstreit), der Systemtheorie (Niklas Luhmann), metaethischen Ansätzen (↗Jonas), der konstruktivistischen Wissenschaftstheorie (Paul Lorenzen) und von feministischer P.- und Wissenschaftskritik (u. a. Hannelore ↗Schröder) bestimmt. *bl*

Physiokratismus (Naturherrschaft) Wirtschafts- und Gesellschaftslehre des 18. Jh.s. Löste den ↗Merkantilismus ab; von François Quesnay in Frankreich entwickelt. Bedeutendster deutscher Physiokrat war Johann August Schlettwein. Dem P. zufolge wird die „natürliche Ordnung" der Gesellschaft erreicht, wenn jeder seinem Vorteil nachgehen und das Wirtschaftsleben unreglementiert ablaufen kann. Quelle des gesellschaftlichen Reichtums sind Grund und Boden sowie die als einziger Wirtschaftssektor Reinerträge abwerfende Landwirtschaft. Handel und Gewerbe hingegen seien unproduktiv. Wirtschaftspolitische Konsequenz ist die Forderung nach einer einzigen Steuer, die auf den landwirtschaftlichen Ertrag erhoben werden soll. *UK*

Piccolomini, Ottavio Herzog von Amalfi, kaiserlicher Heerführer, *11.11.1599 Florenz, †11.8.1656 Wien. 1627 Kapitän der Leibgarde ↗Wallensteins, dessen Vertrauter im ↗Dreißigjährigen Krieg (zeichnete sich 1632 in der Schlacht bei ↗Lützen und 1634 bei Nördlingen gegen die Schweden aus); zusammen mit ↗Gallas an Wallensteins Sturz 1634 beteiligt; 1634 Feldmarschall, 1654 ↗Reichsfürst. *rh*

Pickelhaube Seit 1842 ↗Helm der preußischen Infanterie aus Leder mit Metallbeschlag und Metallspitze (= Pickel); bis 1915 von der deutschen Infanterie getragen. *br*

Pieck, Wilhelm Präsident der DDR, *3.1.1876 Guben, †7.9.1960 Berlin (Ost). 1917 Mitbegründer des ↗Spartakusbundes, 1918/19 Mitbegründer der ↗KPD; 1928–33 Mitglied des ↗Reichstages; 1933–45 im ↗Exil in Paris und der Sowjetunion; 1938–43 Generalsekretär der Komintern und 1943 Mitbegründer des ↗NKFD; 1945 Vorsitzender der KPD und 1946 mit ↗Grotewohl der ↗SED; 1949–60 Präsident der ↗DDR. *Ki*

Pietismus Im 17. Jh. entstandene protestantische Erneuerungsbewegung, die auf eine Stärkung der praktischen Theologie (z. B. Nächstenliebe, Mission, Pädagogik) abzielte; zuerst durch Philipp Jakob Spener in Frankfurt verbreitet, dann durch August H. Francke in Halle („Hallescher P.“). Eine eigenständige Form bildete der von ↗Bengel in Württemberg begründete „Schwäbische P.“. Im Gefolge des P. entstanden zahlreiche schwärmerische, außerkirchliche Bewegungen, z.B. die ↗Herrnhuter Brüdergemeine. *nk*

Pike Spieß mit längerem Holzschaft und Eisenspitze; Mitte des 15. bis Mitte des 17. Jh.s Hauptwaffe des Fußvolks. *br*

Pilgerwesen (von lat. peregrinus „Fremder“) In zahlreichen Kulturen verbreitete, religiöse Wanderschaft, meist verbunden mit der Hoffnung auf Erleuchtung, Heilung von Krankheiten oder mit missionarischen Zielen; galt im Christentum als Sinnbild für den auf Erden fremden Menschen, der unterwegs in seine himmlische Heimat ist.

In Deutschland erreichte das P. seinen Höhepunkt im ↗Mittelalter; gereist wurde allein und in Gruppen. Es wurden auch entlohnte Stellvertreter auf Wallfahrt geschickt. Der Pilger war zur Askese angehalten und war an seiner braunen Kutte, dem breitkrempigen Pilgerhut, dem Pilgerstab und dem langen ↗Bart zu erkennen. Das Pilgerzeichen, aus Metall gegossen und auf Kleidung, Möbeln und Kirchenglocken angebracht, galt seit dem 13./14. Jh. als Zeugnis der verwirklichten Pilgerschaft. *sm*

Pillnitzer Deklaration (1791) In der zusammen mit den emigrierten Brüdern des französischen Königs in Pillnitz (südöstlich von Dresden) formulierten Erklärung vom 27.8.1791 drohten Kaiser ↗Leopold II. und König ↗Friedrich Wilhelm II. von Preußen dem revolutionären Frankreich mit einer Intervention in Frankreich zugunsten der Monarchie. *rh*

Pionierorganisation „Ernst Thälmann“ Kinderorganisation der ↗DDR, 1948 von der ↗FDJ in Berlin als „Verband der Jungen Pioniere“ gegründet, 1952 nach dem langjährigen Vorsitzenden des ↗Roten Frontkämpferbundes umbenannt. Die P. sollte Schüler im Alter von 6–14 Jahren auf eine Mitgliedschaft in der FDJ vorbereiten und war ein wichtiger Träger der ↗sozialistischen Wehrerziehung. In den Schulen organisiert, erreichte sie trotz freiwilliger Mitgliedschaft fast 100 % der Schüler der betroffenen Altersgruppe. *kl*

Piper, Reinhard Verleger, *31.10.1879 Penzlin (Mecklenburg), †21.10.1953 München. Gründete 1904 den R.P. & Co. Verlag in München (seit 1937 Alleininhaber), der mit Veröffentlichungen zu Kunst, ↗Philosophie und Belletristik Einfluß gewann. P. verlegte u.a. Fjodor M. Dostojewski, ↗Schopenhauer, die Reden Buddhas, den Almanach „Der blaue Reiter“ (1912) und Werke zur Kunsttheorie. P.s autobiographische Schriften wurden 1964 in dem Band „Mein Leben als Verleger“ zusammengefaßt. *ij*

Pippiniden ↗Karolinger

Pippinische Schenkung 754–56 trat Pippin III. von den Langobarden eroberte Gebiete in Mittelitalien an den Papst (↗Papsttum) ab als Gegenleistung für dessen Anerkennung der Herrschaft der ↗Karolinger im ↗Frankenreich. Die Gebiete, deren Umfang nicht klar ist, bildeten den Kern des mittelalterlichen Kirchenstaates. *RB*

Planck, Max Physiker, *23.4.1858 Kiel, †4.10. 1947 Göttingen. Professor in Kiel und Berlin; 1930–37 und 1945/46 Präsident der ↗Kaiser-Wilhelm-Gesellschaft (heute ↗Max-P.-Gesellschaft); beschäftigte sich v.a. mit thermodynamischen Problemen; formulierte 1900 das „Plancksche Strahlungsgesetz“ für den „schwarzen Strahler“, wobei er davon ausging, daß atomare Materie Energie in Portionen („Quanten“) absorbiert; Nobelpreis für Physik 1918. *bl*

Planwirtschaft (auch Zentralverwaltungswirtschaft) Als P. wird ein Wirtschaftssystem bezeichnet, in dem eine staatliche Zentralstelle die Volkswirtschaft nach einem integrierten Plan steuert, wie in der Wirtschaftsordnung der ↗DDR (Jahresvolkswirtschafts- bzw. Fünfjahrplan). Die Pläne wurden von der Staatlichen Plankommission entwickelt. Zur P. in der DDR gehörte die staatliche Fixierung von Preisen, das Kollektiveigentum an Produktionsmitteln (↗EB) sowie eine sozialistische Produktionsweise (genossenschaftliche Produktionsstätten). Die zentrale Planung wurde durch marktbezogene Elemente und das Prinzip der Eigenerwirtschaftung (Leistungsprinzip) ergänzt. *sb*

Pläswitz, Waffenstillstand (1813) Während der ↗Befreiungskriege in dem Dorf P. bei Striegau (Schlesien) am 4.6.1813 beschlossene Waffenruhe; dauerte bis zum 10.8.1813. Sowohl ↗Preußen und Rußland als auch Frankreich nutzten den Waffenstillstand zur Aufrüstung. *br*

Platen, August Graf von Dichter, *24.10.1796 Ansbach, †5.12.1835 Syrakus. Nach einer Offizierskarriere Philosophie-, Jura- und Naturwissenschaftsstudium (1818–26). Seine Lyrik wurde von

Friedrich von ↗Schiller, ↗Goethe und den Romantikern beeinflußt und ist durch einen freiheitlichen, politischen Anspruch gekennzeichnet (Polenlieder, 1831/32). *rm*

Platz an der Sonne Formulierung in der Rede des ↗Staatssekretärs des ↗Auswärtigen Amtes, Bernhard von ↗Bülows, vom 6.12.1897. Er forderte für das ↗Deutsche Reich einen „Platz an der Sonne" und forcierte damit die deutsche Weltmachtpolitik. *vK*

Plauen, E.O. (eigentlich Erich Ohser) Zeichner, Karikaturist, *18.3.1903 Untergettengrün, †6.4. 1944 Berlin. P. wurde durch unpolitische Zeichnungen („Vater und Sohn") in der „Berliner Illustrierten Zeitung" und im ↗„Vorwärts" bekannt und illustrierte Werke zeitgenössischer Schriftsteller (z.B. ↗Kästner). P. verübte Selbstmord während nationalsozialistischer Internierung. *rm*

Plessner, Helmuth Philosoph, *4.9.1892 Wiesbaden, †12.6.1985 Göttingen. 1933 Emigration in die Niederlande; ab 1951 Soziologieprofessur in Göttingen. Geistiger Vater der modernen, philosophischen Anthropologie, die die Personalität des Menschen in den Vordergrund stellt. Hauptwerke: Die wissenschaftliche Idee (1913), Diesseits der Utopie (1966). *rm*

Pleven-Plan Nach dem Ministerpräsidenten Frankreichs René Pleven benannter Vorschlag vom 16.10.1950 zur Schaffung einer integrierten Europaarmee aus nationalen Kontingenten; beabsichtigte Entschärfung der projektierten ↗Wiederbewaffnung der Bundesrepublik durch ausschließ-

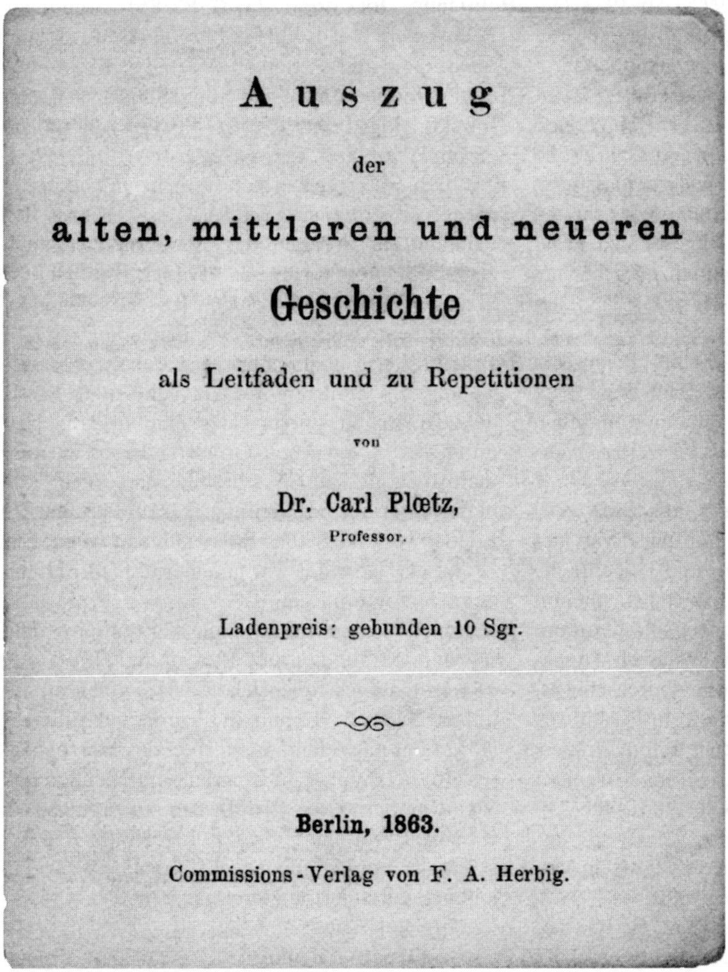

Auszug

der

alten, mittleren und neueren

Geschichte

als Leitfaden und zu Repetitionen

von

Dr. Carl Plœtz,

Professor.

Ladenpreis: gebunden 10 Sgr.

Berlin, 1863.

Commissions-Verlag von F. A. Herbig.

Auszug aus der Geschichte (Titelblatt, 1863)

liche Integration deutscher Einheiten auf unterer Ebene; Grundlage für die ↗Europäische Verteidigungsgemeinschaft. *kl*

Ploetz, Carl Lehrer, Autor, *8.7.1819 Berlin, †6.2.1881 Görlitz. Bis 1860 Französischlehrer in Lübeck bzw. Berlin. 1863 begründete P. mit dem „Auszug aus der alten, mittleren und neueren Geschichte“ die bewährte P.-Methode. 1880 durch Sohn Alfred Georg P. Verlagsgründung in Berlin, ab 1954 Sitz Würzburg, seit 1972 KG im Verlag ↗Herder Freiburg. 1998 erschien der stark erweiterte und verbesserte „Große Ploetz“ in 32. Auflage. (387) *ku*

Plötzensee Gefängnis in Berlin. Im ↗Dritten Reich Vollstreckungsort der vom ↗Volksgerichtshof gegen Regimegegner ausgesprochenen Todesurteile; heute Gedenkstätte. *PS*

Poelchau, Harald Evangelischer Theologe, *5.10.1903 Potsdam, †29.4.1972. Ab 1933 Gefängnispfarrer in Berlin-Tegel, später in den Hinrichtungsstätten ↗Plötzensee und Brandenburg-Görden, Mitglied des ↗Kreisauer Kreises. *PS*

Pöhl, Karl Otto Bankier, *1.12.1929 Hannover. 1961–67 Wirtschaftsjournalist für „Volkswirt“ und „Die ↗Zeit“; 1970 Mitarbeiter im Wirtschaftsministerium; 1971 Leiter der Abteilung Wirtschafts-, Finanz- und Sozialpolitik im Bundeskanzleramt; 1972 Staatssekretär im Bundesfinanzministerium; 1977–80 Vizepräsident, 1980–91 Präsident der ↗Deutschen Bundesbank. *Ki*

Polenfeldzug (1939) Überfall auf Polen am 1.9.1939 unter dem Tarnnamen „Fall Weiß“; am 6.10. mit der Kapitulation der letzten polnischen Einheiten beendet; Beginn des ↗Zweiten Weltkrieges. *PS*

Politbüro des Zentralkomitees der SED (PB) Seit dem 24.1.1949 oberstes Leitungsorgan des ↗Zentralkomitees der SED und eigentliche Führungsspitze der ↗DDR. Zunächst mit elf stimmberechtigten Mitgliedern und zwei stimmberechtigten Kandidaten, bis 1989 auf 21 Mitglieder und fünf Kandidaten erhöht; Durchschnittsalter 67 Jahre; bis 1989 waren insgesamt 69 Personen im P. vertreten, darunter fünf Frauen; nach dem Sturz Erich ↗Honeckers im November 1989 wesentlich verkleinert; Selbstauflösung Anfang Dezember. *kl*

Polizei Der Begriff P. bezeichnete bereits im Mittelalter alle öffentlichen (Verwaltungs-) Aufgaben. Der Augsburger Reichstag (1530) verabschiedete eine Reichspolizeiordnung, erst mit dem ↗Absolutismus gelang jedoch die Durchsetzung der polizeilichen Gewalt. Im P.-Staat des 17./18. Jh.s waren Bereiche wie Wirtschaft und Wohlfahrt dem Polizeiwesen untergeordnet; mit dem ↗Preußischen Allgemeinen Landrecht (1794) vollzog sich die Verengung des P.-Begriffs auf die mittels Zwang ausgeübte Staatstätigkeit, die auf die Wahrung von Sicherheit und Ordnung von Staat und Gemeinden abzielte. Seither wird unter P. die verengte Bedeutung der Gefahrenabwehr verstanden. *dt*

Polnischer Korridor Ergebnis des Friedens von ↗Versailles (1919). Bezeichnete einen polnisch gewordenen Teil ↗Westpreußens, der Ostpreußen vom übrigen Teil des deutschen Reichsgebietes trennte und auf einer Breite von bis zu 90 km den polnischen Zugang zur Ostsee zwischen Weichselmündung und Pommern bildete. *PS*

Polnische Teilungen (1772/93/95) Teilungen Polens zwischen Rußland, ↗Preußen und ↗Österreich, die in die Auseinandersetzungen zwischen dem polnischen Adel und König Stanislaus Poniatowski eingriffen. 1. P.T. (5.8.1772): Preußen gewann Ermland, den Netzedistrikt und ↗Westpreußen; Österreich erhielt Ostgalizien und Lodomerien (Rotrußland). 2. P.T. (23.1.1793) zwischen Rußland und Preußen, das „Südpreußen“, ↗Danzig und Thorn bekam. 3. P.T. (3.1., 24.10.1795): Preußen erhielt ↗Warschau, Neuschlesien, Neuostpreußen; Österreich Westgalizien. *rh*

Pommerellen Gebiet zwischen Leba und Weichsel mit dem Zentrum ↗Danzig; gehörte im 12. Jh. den slawischen Fürsten der Samboriden; 1308 durch den ↗Deutschen Orden in Besitz genommen; 1466 als Teil ↗Westpreußens an Polen; kam in der 1. ↗Polnischen Teilung 1772 an Preußen, im Frieden von ↗Versailles 1919 wieder an Polen. Der ↗Polnische Korridor war annähernd identisch mit dem Herzogtum P. *rh*

Pommern Ursprünglich von Slawen besiedelt, seit dem 12. Jh. deutsche Besiedlung. 1181 wurde es selbständiges Reichslehen, 1348 ↗reichsunmittelbar. Nach der Teilung in ↗Vor-P. und Hinter-P. (1532) fiel nach dem Aussterben des Herzoghauses (1637) Hinter-P. an Brandenburg-Preußen und Vor-P. an Schweden (1648). 1815 zur preußischen Provinz P. vereinigt. 1945 wurde Hinter-P. unter polnische Verwaltung gestellt, Vor-P. mit ↗Mecklenburg vereinigt; letzteres ging 1990 in ↗Mecklenburg-Vor-P. auf. *dt*

Ponto, Jürgen Bankier, *17.12.1923 Bad Nauheim, †30.7.1977 Oberursel (Taunus). Seit 1950 bei der ↗Dresdner Bank; zahlreiche Mandate in Aufsichtsräten; Vorstand des Bundesverbandes Deutscher Banken in ↗Köln, Vorsitzender des Ausschusses für Kreditpolitik; 1977 in seinem Haus von Terroristen der ↗RAF erschossen. *Ki*

Popitz, Johannes Politiker, *2.12.1884 Leipzig, †2.2.1945 Berlin. 1933–44 preußischer Finanzminister; Mitglied der konservativ-regimekritischen ↗Mittwochs-Gesellschaft und des ↗Kreisauer Kreises; 3.10.1944 zum Tode verurteilt, später hingerichtet. *PS*

Poppe, Ulrike Politikerin (Bündnis 90/Die Grünen), *26.1.1953 Rostock. Ab Mitte der 80er Jahre in der ↗Friedensbewegung der ↗DDR engagiert, u.a. 1985 in der Aktionsgruppe „Frieden und Menschenrecht"; 1989 Mitbegründerin von ↗Demokratie Jetzt (DJ); 1989–91 im Sprecherrat und Vertreterin der DJ am zentralen ↗Runden Tisch; seit 1990 Abgeordnete der Fraktion ↗Bündnis 90/Die Grünen. *Ki*

Porsche, Ferdinand Automobilkonstrukteur, Unternehmer, *3.9.1875 Maffersdorf (Böhmen), †30.1.1951 Stuttgart. Konstruierte in seinem 1931 in Stuttgart-Zuffenhausen gegründeten Betrieb (seit 1973 Porsche AG) für verschiedene Unternehmen Fahrzeuge; entwickelte 1934–37 den ersten ↗Volkswagen; leitete 1938–45 das Volkswagen-Werk in Wolfsburg. *UK*

Posadowsky-Wehner, Arthur Graf von Politiker, *3.6.1845 Glogau (Schlesien), †23.10.1932 Naumburg/Saale. 1882–85 Mitglied des preußischen ↗Abgeordnetenhauses; 1885–93 Landeshauptmann in Posen; 1893–97 Staatssekretär des Reichsschatzamtes. 1897–1907 Staatssekretär des Reichsamtes des Innern und preußischer Staatsminister (Durchführung von wirtschaftlichen und sozialen Reformen). 1912–18 Mitglied des ↗Reichstages, 1919/20 der Weimarer ↗Nationalversammlung (Fraktionsvorsitz der ↗DNVP), 1928–32 des preußischen ↗Landtages. *rm*

Posen Gebiet an der mittleren Warthe; nach der 2. ↗Polnischen Teilung (1793) bis zum Frieden von ↗Tilsit (1807) unter preußischer Verwaltung; ging auf dem ↗Wiener Kongreß 1815 an Preußen. Nach der Eingliederung in das ↗Deutsche Reich 1871 intensive Germanisierungspolitik gegen den Widerstand der polnischen Bevölkerung. Im Frieden von ↗Versailles 1919 größtenteils wieder an Polen. *rh*

Postmoderne Seit Ende der 60er Jahre in der Kulturtheorie gebräuchlicher Begriff für neue Entwicklungen in Architektur, bildenden Künsten, Musik, Tanz und ↗Literatur. Im Unterschied zur klassischen ↗Moderne ist die P. durch die Abkehr von der Forderung nach einer steten Progressivität und durch ein gesteigertes Interesse für Tradition und Geschichte gekennzeichnet. *ij*

Potsdam Erstmals 993 erwähnt, seit 1317 Stadt; vom Großen Kurfürsten ↗Friedrich Wilhelm zur zweiten Residenz neben ↗Berlin erwählt. Unter den preußischen Königen wurde P. erheblich ausgebaut und zur bedeutendsten Garnisonsstadt ↗Preußens. Schauplatz historischer Ereignisse: ↗Potsdamer Edikt, Tag von ↗Potsdam, ↗Potsdamer Konferenz; seit 1990 Hauptstadt des Bundeslandes ↗Brandenburg; Sitz wichtiger Forschungs- und Medieneinrichtungen. *RB*

Potsdam, Tag von (1933) Am 21.3.1933 besuchten Reichskanzler ↗Hitler und Reichspräsident von ↗Hindenburg einen Gottesdienst in der Potsdamer Garnisonskirche; von der nationalsozialistischen Propaganda mit großem Aufwand als demonstrativer Schulterschluß zwischen ↗Nationalsozialismus und bürgerlich-nationalkonservativen Kräften inszeniert. *PS*

Potsdamer Abkommen Von den USA, Großbritannien und der Sowjetunion auf der ↗Potsdamer Konferenz getroffene Vereinbarungen zur Besetzung Deutschlands. Am 2.8.1945 in größeren Teilen veröffentlicht, von Frankreich am 7.8.1945 unter Vorbehalten anerkannt.

Das P.A. machte Vorgaben für den Aufbau einer zentralen deutschen Verwaltung unter der Leitung eines zu bildenden ↗Alliierten Kontrollrates, enthielt Beschlüsse zur ↗Entmilitarisierung, ↗Entnazifizierung, Verfolgung der Kriegsverbrecher (↗Nürnberger Kriegsverbrecherprozesse) und für eine umfassende Demokratisierung Deutschlands, das als Wirtschaftseinheit erhalten werden sollte. Es sah jedoch die ↗Entflechtung und gemeinsame Kontrolle der Industrie vor und forderte den Aufbau einer landwirtschaftlich orientierten Nachkriegswirtschaft, in der die Industrieproduktion auf das Niveau von 1932 begrenzt werden sollte (↗Morgenthau-Plan); zu Zwecken der ↗Reparation sah das P.A. die ↗Demontage von Industriebetrieben vor.

Vorbehaltlich eines Friedensvertrages wurde die ↗Oder-Neiße-Linie als Westgrenze Polens festgelegt. Alle zukünftigen Fragen der Deutschlandpolitik sollte ein regelmäßig tagender Außenministerrat, dem auch Frankreich angehören sollte, klären. *kl*

Potsdamer Edikt (1685) Von Kurfürst ↗Friedrich Wilhelm von Brandenburg am 8.11.1685 erlassen; gewährte nach dem Verbot des ↗Protestantismus in Frankreich durch König Ludwig XIV. den geflüchteten ↗Hugenotten Glaubensfreiheit und wirtschaftliche Privilegien bei einer Ansiedlung in Brandenburg-Preußen. *rh*

Potsdamer Konferenz (1945) Tagung der Staats- und Regierungschefs der USA, Großbritanniens und der Sowjetunion vom 17.7.–2.8.1945. Absprachen über die politische Neuordnung Europas und über politische, militärische und wirtschaftliche Grundsätze einer zukünftigen gemeinsamen Deutschlandpolitik, festgehalten im ↗Potsdamer Abkommen. *kl*

Pour le mérite Preußischer Orden, 1740 von König ↗Friedrich II., dem Großen, für Verdienste in Krieg und Frieden gestiftet, bis 1918 (seit 1810 nur für Kriegsverdienste) verliehen.
1842 Stiftung einer bes. Friedensklasse für Wissenschaft und Künste durch König ↗Friedrich Wilhelm IV., die 1952 in der Bundesrepublik als freie Vereinigung von Gelehrten und Künstlern neu belebt wurde. *rh*

Präfekt (= Vorgesetzter) Im Mittelalter lat. Bezeichnung für ↗Graf, Burggraf, Hausmeier, Reichsvogt (↗Vogt). *wj*

Prag, Friede (1635) Beendete am 30.5.1635 den Schwedischen Krieg innerhalb des ↗Dreißigjährigen Krieges; mit konfessionspolitischen Bestimmungen abgeschlossen zwischen fast allen protestantischen ↗Reichsständen und Kaiser ↗Ferdinand II., der auf die im ↗Restitutionsedikt von 1629 verfügte Rückgabe geistlicher Güter verzichtete. Ferdinand erhielt den Oberbefehl über eine gemeinsame Reichsarmee, Sachsen die ↗Lausitzen und ↗Magdeburg. *rh*

Prag, Friede (1866) Friedensschluß vom 23.8.1866 zwischen ↗Preußen und ↗Österreich im ↗Deutschen Krieg. Österreich stimmte der Auflösung des ↗Deutschen Bundes, den von Preußen beabsichtigten Annexionen (mit Ausnahme von ↗Sachsen) und der geplanten Neugestaltung Deutschlands ohne Österreich (↗Norddeutscher Bund) zu. Österreichs Rechte an ↗Schleswig-Holstein gingen auf Preußen über. Finanzielle Kriegsentschädigung, jedoch keine Gebietsabtretungen Österreichs an Preußen. Diese maßvollen Friedensbedingungen ermöglichten eine baldige erneute Heranführung Österreichs an das zukünftige ↗Deutsche Reich. *wm*

Prag, Universität Karls-Universität, gegründet 1348 durch Kaiser ↗Karl IV. Älteste ↗Universität im ↗Heiligen Römischen Reich; 1882 in eine deutsche und eine tschechische Universität geteilt; Auflösung der deutschen Universität 1945. *rw*

Prager Fenstersturz (1618) Beginn des ↗Böhmischen Aufstandes der protestantischen ↗Stände und damit auch des ↗Dreißigjährigen Krieges (1618–48): aus Protest gegen die Rekatholisierungspolitik von Kaiser ↗Matthias und König ↗Ferdinand II. wurden die kaiserlichen Statthalter Jaroslaw von Martinitz und Wilhelm von Slavata am 23.5.1618 aus einem Fenster des Hradschin in Prag geworfen, dabei aber nicht getötet. *rh*

Prager Vertrag ↗deutsch-tschechoslowakischer Vertrag (1973)

Pragmatische Sanktion (1713) Von Kaiser ↗Karl VI. am 19.4.1713 erlassenes habsburgisches Erbfolgegesetz; bestimmte die Unteilbarkeit der habsburgischen Länder und die Thronfolge im Fall des Aussterbens der männlichen Habsburger: Karls Kinder, auch die Töchter, hatten den Vorrang vor den Nachfahren seines Bruders ↗Joseph I. Da Karls Sohn früh starb, galt die älteste Tochter, ↗Maria Theresia, als Erbin. Der Kaiser erreichte die Zustimmung in den ↗Erblanden, in Ungarn, im ↗Heiligen Römischen Reich und in Europa nach langen Verhandlungen und großen Zugeständnissen (Ostindienhandel für die britische Garantie 1731 eingestellt). Von Bayern und Sachsen nicht anerkannt, daher nach Karls Tod (1740) Beginn des ↗Österreichischen Erbfolgekrieges. *rh*

Pranger Vorrichtung, die den Delinquenten öffentlichem Schimpf und Spott auslieferte. Seit ca. 200 n.Chr. bekannt; Holzpfahl oder Schandbühne auf dem Marktplatz bzw. in Rathausnähe. Am P. wurden Strafen an ↗Haut und Haar vollstreckt.
In Deutschland wurde die Nutzung des P.s 1848/49 eingestellt. *ku*

Präsidialkabinette Die in der Endphase der ↗Weimarer Republik (1930–33) von den ↗Reichskanzlern ↗Brüning, ↗Papen und ↗Schleicher geführten Regierungen, die allein vom Willen ↗Hindenburgs getragen wurden; begründet in der Struktur der ↗Weimarer Verfassung, die, Elemente der präsidentiellen und parlamentarischen Regierungssysteme verknüpfend, zu einer starken

Stellung des ↗Reichspräsidenten führte: obwohl nicht selbst Regierungschef, bestellt und entläßt er den Reichskanzler und bestimmt dadurch die Richtlinien der Regierungspolitik entscheidend mit; er kann den ↗Reichstag auflösen und auf der Grundlage des Artikels 48 über ↗Notverordnungen ohne parlamentarische Mitwirkung regieren lassen. *bl*

Preßburg, Friede (1805) Vereinbart zwischen Österreich und Frankreich am 26.12.1805 nach der Dreikaiserschlacht von ↗Austerlitz zur Beendigung des 3. ↗Koalitionskrieges: Österreich trat Venetien an Italien, Tirol, Vorarlberg, Passau, Brixen und Trient an ↗Bayern ab und erhielt Salzburg. Bayern und ↗Württemberg wurden Königreiche. *rh*

Pressefreiheit Verfassungsmäßiges Grundrecht gemäß Artikel 5 Grundgesetz, schützt die freie Meinungsäußerung und Berichterstattung durch die Medien innerhalb der allg. gesetzlichen Schranken. *PS*

Pressewesen ↗Zeitungen und Zeitschriften

Preuß, Hugo Jurist, Politiker, *28.10.1860 Berlin, †9.10.1925 ebd. Professor in Berlin; 1918 Mitbegründer der ↗DDP; 1918/19 Staatssekretär des Inneren bzw. Reichsinnenminister; setzte sich für die kommunale Selbstverwaltung und die liberaldemokratische Gesellschafts- und Staatsreform ein; entwarf die ↗Weimarer Verfassung. *bl*

Preußen Der Name P. bezog sich ursprünglich auf die Besitzungen des ↗Deutschen Ordens (nach dem baltischen Volk der Prußen, das zwischen Memel und Weichsel lebte). 1525 wurde der Hochmeister des Ordens, der ↗Hohenzoller ↗Albrecht von Brandenburg, der das Ordensgebiet in ein weltliches, erbliches, evangelisches Territorium umwandelte, vom polnischen König Sigismund I. mit dem Herzogtum P. (dem späteren ↗Ostpreußen) belehnt. 1618 wurde P. mit ↗Brandenburg vereinigt. Nachdem Kurfürst ↗Friedrich Wilhelm 1656 die schwedische Lehnshoheit über P. anerkennen mußte, erreichte er in den Verträgen von ↗Labiau 1656 (mit Schweden) und Wehlau 1657 (mit Polen) die Souveränität Brandenburgs in P. (im Vertrag von Oliva 1660 endgültig festgeschrieben). Nach der Einigung mit Kaiser ↗Leopold I. im Krontraktat von ↗Wien (1700) gelang Friedrich III. am 18.1.1701 als ↗Friedrich I. die Krönung zum König in P., das im Gegensatz zu Brandenburg nicht innerhalb des ↗Heiligen Römischen Reiches lag, aber für den ganzen Staat namengebend wurde. Aus dem Erbe des Hauses Oranien errang Friedrich I. 1702 die Grafschaften Lingen und Moers sowie 1707 Neuenburg und Tecklenburg. Seit 1713 wurde P. durch ↗Friedrich Wilhelm I., der 1720 ↗Vorpommern bis zur Peene erwarb, zum Militär- und Beamtenstaat umgebaut.

Unter ↗Friedrich II., dem Großen, schaffte P., das 1744 nach dem Aussterben der ↗Cirksena ↗Ostfriesland erbte, den Aufstieg zur europäischen Großmacht – v.a. dank militärischer Erfolge in den ↗Schlesischen Kriegen (1740–63) und durch die 1772 in der 1. ↗Polnischen Teilung durchgesetzte Gewinnung ↗Westpreußens und des Netzedistrikts. In der 2. und 3. Polnischen Teilung (1793/95) erhielt P. noch Danzig, Thorn und Südpreußen hinzu. Im ↗Reichsdeputationshauptschluß (1803) erreichte P. für die Abtretung linksrheinischer Gebiete weitere große Gebietszuwächse in Nord- und Westdeutschland, die nach dem Erwerb des Königreiches ↗Hannover (1805/06) ein beinahe geschlossenes Herrschaftsgebiet in Norddeutschland entstehen ließen. Nach vorübergehender schwerer Krise in den ↗Koalitionskriegen (v.a. 1806/07) gelang durch die ↗preußischen Reformen unter Karl vom und zum ↗Stein und Karl August von ↗Hardenberg und durch die ↗Befreiungskriege (1813/14) ein erneuter Aufschwung. Im Kampf um die Vorherrschaft in Deutschland setzte sich P. mit der ↗Reichsgründung von 1867/71 endgültig gegen ↗Österreich durch (↗preußisch-österreichischer Dualismus). Nach dem ↗Ersten Weltkrieg kamen Teile Ostpreußens an Polen und Litauen, 1920 erhielt P. eine demokratische Verfassung. Mit dem ↗Preußenputsch (1932) und der Einsetzung eines ↗Reichsstatthalters (↗Göring) im Jahr 1934 war die Existenz P.s praktisch beendet. Nach dem ↗Zweiten Weltkrieg wurde das Land am 25.2.1947 vom ↗Alliierten Kontrollrat aufgelöst. (392) *rh*

Preußenausstellung (1981) Am 15.8.1981 in Berlin (West) unter dem Titel „Preußen – Versuch einer Bilanz“ eröffnete Ausstellung, die kritisch grundlegende Fragen an die preußische Geschichte stellte (z.B. Militarismus); innerhalb von drei Monaten ca. 500000 Besucher; in der ↗Bundesrepublik Erneuerung des öffentlichen Interesses und der Diskussion um die historische Bedeutung Preußens; in der Folge auch in der ↗DDR verstärkte Rezeption preußischer Geschichte. *kl*

Preußenputsch (1932) Am 20.7.1932 löste

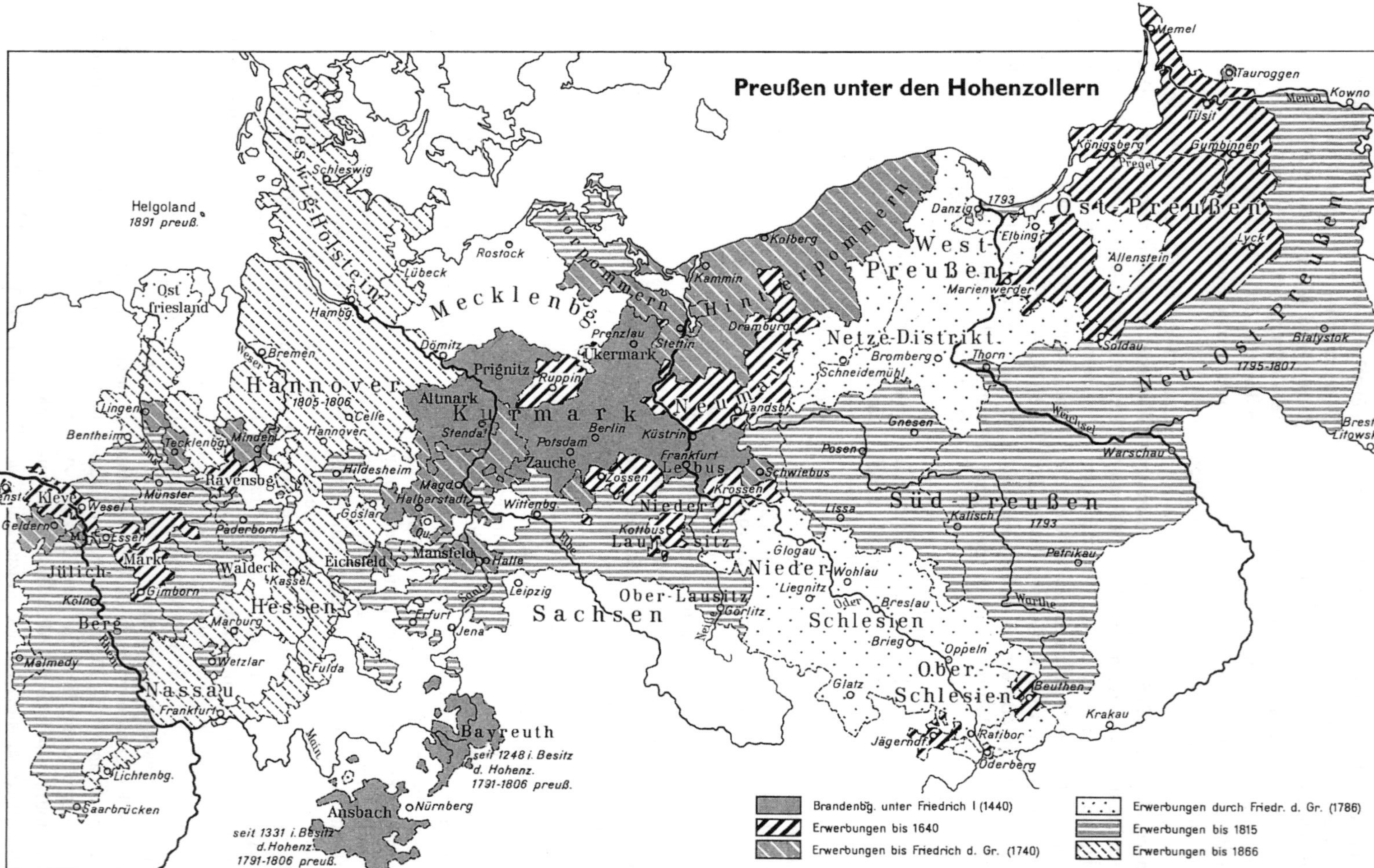
Preußen unter den Hohenzollern
Brandenbg. unter Friedrich I (1440)
Erwerbungen bis 1640
Erwerbungen bis Friedrich d. Gr. (1740)
Erwerbungen durch Friedr. d. Gr. (1786)
Erwerbungen bis 1815
Erwerbungen bis 1866
Helgoland
1891 preuß.
Memel
Tauroggen
Kowno
Tilsit
Königsberg
Pregel
Gumbinnen
Ost-Preußen
Lyck
Allenstein
Soldau
Bialystok
Neu-Ost-Preußen
1795-1807
Brest Litowsk
Danzig
1793
Elbing
West-Preußen
Marienwerder
Netze-Distrikt
Bromberg
Schneidemühl
Thorn
Weichsel
Warschau
Gnesen
Posen
Süd-Preußen
1793
Kalisch
Petrikau
Warthe
Lissa
Krakau
Kolberg
Hinterpommern
Kammin
Dramburg
Vorpommern
Stettin
Prenzlau
Ukermark
Neumark
Landsb.
Küstrin
Frankfurt
Lebus
Schwiebus
Krossen
Rostock
Mecklenbg.
Lübeck
Schleswig
Schleswig-Holstein
Hambg.
Dömitz
Prignitz
Ruppin
Altmark
Kurmark
Stendal
Berlin
Potsdam
Zauche
Zossen
Nieder-Lausitz
Kottbus
Glogau
Nieder-Schlesien
Wohlau
Liegnitz
Oder
Breslau
Schlesien
Brieg
Oppeln
Ober-Schlesien
Glatz
Beuthen
Jägerndf.
Ratibor
Oderberg
Ober-Lausitz
Görlitz
Neiße
Sachsen
Leipzig
Wittenbg.
Elbe
Halle
Saale
Mansfeld
Magd.
Halberstadt
Qu.
Erfurt
Jena
Eichsfeld
Goslar
Hildesheim
Hannover
1805-1806
Celle
Hannover
Bremen
Weser
Ost friesland
Lingen
Bentheim
Tecklenbg.
Minden
Ravensbg.
Münster
Ems
Paderborn
Waldeck
Kassel
Hessen
Marburg
Wetzlar
Fulda
Nassau
Frankfurt
Main
Kleve
Wesel
Ravenst.
Geldern
Mörs
Essen
Mark
Gimborn
Jülich-Berg
Köln
Rhein
Malmedy
Lichtenbg.
Saarbrücken
Bayreuth
seit 1248 i. Besitz
d. Hohenz.
1791-1806 preuß.
Ansbach
Nürnberg
seit 1331 i. Besitz
d. Hohenz.
1791-1806 preuß.

Reichskanzler von ↗Papen unter dem Vorwand der bürgerkriegsähnlichen Auseinandersetzungen des ↗Altonaer Blutsonntages vom 17.7. durch ↗Notverordnung die sozialdemokratische Regierung ↗Preußens auf und setzte einen ↗Reichskommissar an ihre Stelle. Damit war die letzte demokratisch legitimierte Regierung Preußens, des größten deutschen Landes, zerschlagen, die ↗Weimarer Republik entscheidend geschwächt. *PS*

Preußenschlag ↗Preußenputsch (1932)

preußische Heeresreform 1) Umfassende Reform des Heeres (1807–14) im Rahmen der ↗preußischen Reformen, realisiert von von ↗Scharnhorst, von ↗Gneisenau, von ↗Boyen u.a.: Bildung eines neuen Volksheeres bei Abschaffung adliger Standesprivilegien im Offizierskorps, Einführung der allg. Wehrpflicht, Schaffung von Landwehr und Landsturm.
2) Vom Prinzregenten und späteren preußischen König ↗Wilhelm I. und Kriegsminister von ↗Roon erstrebte Heeresverstärkung, verbunden mit Abdrängen der Landwehr in die Reserve und Wahrung des extrakonstitutionellen Charakters der Armee als Machtfaktor der Krone; als Gesetzesentwurf dem ↗Abgeordnetenhaus 1860 vorgelegt. Dieses lehnte mit liberaler Mehrheit die von der Regierung vorgesehenen Ausgaben ab und verlangte als Machtausgleich eine Verstärkung seines Budgetrechts sowie den Verzicht auf die dreijährige Dienstzeit; die begonnene Heeresumbildung wurde jeweils vorläufig für ein Jahr genehmigt (↗preußischer Verfassungskonflikt). *wm*

preußische Reformen Die in ↗Preußen durch das ↗Preußische Allgemeine Landrecht (1794) vorbereiteten, unter Karl vom und zum ↗Stein (1807/08) und Karl August von ↗Hardenberg (1810–12) durchgeführten staatlichen Reformen, nachdem Stagnation im Innern sowie militärische Niederlagen (v.a. die Doppelschlacht von ↗Jena und Auerstedt) einen stetigen Niedergang des Staats verursacht hatten. Die p.R. umfaßten die ↗Bauernbefreiung (1807, 1811, 1816), eine ↗Heeresreform (1807–14), eine ↗Städteordnung (1808), eine Reform der Verwaltungsstruktur, die Einführung der ↗Gewerbefreiheit (1810), eine Steuerreform (1810–12), die ↗Regulierungsedikte (1811, 1816), die staatsbürgerliche Gleichstellung der ↗Juden (1812) und schließlich eine Bildungsreform unter Wilhelm von ↗Humboldt. Das Reformwerk legte den Grund für den Wandel absolutistisch regierter vereinigter Länder mit adligen ↗Ständen zu einem bürgerlichen National-, Rechts- und Industriestaat, blieb jedoch wegen Widerstandes des ostelbischen Landadels (↗Junkertum) unvollständig. *nk*

Preußischer Taler Einheitsmünze in ↗Preußen. Eingeteilt in 24 Silbergroschen zu zwölf ↗Pfennigen, seit 1821 in 30 Silbergroschen zu zwölf Pfennigen. 1838 kam in Preußen, wie in den übrigen Mitgliedstaaten des ↗Deutschen Zollvereins, der ↗Vereinstaler (= Doppel-↗Taler) in Umlauf. *UK*

preußischer Verfassungskonflikt Über die ↗preußische Heeresreform ausgebrochener Konflikt (1862–66) zwischen ↗Abgeordnetenhaus einerseits sowie König ↗Wilhelm I. und Regierung andererseits: Nach Ausscheiden der liberalen Minister aus der Regierung (1862) wurde der Landtag aufgelöst und mit verstärkter liberaler Mehrheit neu gewählt. Kompromißvorschläge in der Heeresreform scheiterten daran, daß Wilhelm I. an der dreijährigen Dienstzeit festhielt. Die Abdankung des Königs wurde durch die Ernennung Otto von ↗Bismarcks zum Ministerpräsidenten verhindert, der die Regierung auch gegen die parlamentarische Mehrheit führte und vier Jahre lang ohne verfassungsmäßig bewilligtes Budget regierte. Beendigung des p.V.s durch die ↗Indemnitätsvorlage. Zu den Folgen des Konfliktes gehörte eine Stärkung obrigkeitsstaatlicher und sozialkonservativer Tendenzen. *wm*

Preußisches Allgemeines Landrecht Bis 1900 die Grundlage des privaten und öffentlichen Rechts in den preußischen Staaten. Unter der persönlichen Initiative ↗Friedrichs II., des Großen, von ↗Svarez 1780 beginnend geschaffen, jedoch erst 1794 in Kraft getreten; obrigkeitsstaatliche Regelung aller Lebensbereiche (über 19000 Paragraphen); in volkstümlicher Sprache verfaßt; wurde durch das ↗BGB abgelöst. *dt*

Preußisches Zollgesetz ↗Zollvereine

preußisch-österreichischer Dualismus Rivalität zwischen ↗Österreich und ↗Preußen in der 2. Hälfte des 18. Jh.s, im ↗Deutschen Bund und v.a. nach Ende der ↗Deutschen Revolution. Sie wurde durch den ↗Deutschen Krieg von 1866 zugunsten Preußens gelöst. *vK*

Preußisch-Österreichischer Krieg (1866) ↗Deutscher Krieg

Priebke, Erich SS-Hauptsturmführer, *29.7.1913 Henningsdorf (bei Berlin). Am 23.3.1944 an der Erschießung von 335 Geiseln in den Adreatinischen Höhlen bei Rom beteiligt. 1997 in Italien bei einem der letzten größeren Prozesse gegen nationalsozialistische Kriegsverbrecher zu Haftstrafe verurteilt. *PS*

Prien, Günther U-Boot-Kommandant, *16.1. 1908 Osterfeld (Thüringen), †7.3.1941 im Atlantik. Einer der populärsten U-Boot-Kommandanten im ↗Dritten Reich; drang am 14.10.1939 in den als sicher geltenden britischen Hafen ↗Scapa Flow auf den Orkney-Inseln ein und versenkte ein Schlachtschiff. Wurde mit seinem Boot U 47 im Atlantik versenkt. *PS*

Primogenitur 1) Erstgeburt
2) Erbfolge des Erstgeborenen, der das gesamte Hausgut erbte; seit dem 14. Jh. v.a. beim hohen ↗Adel üblich; wurde in der ↗Goldenen Bulle für die ↗Kurfürsten festgeschrieben. *wj*

Prinzregent Stellvertreter eines nicht regierungsfähigen Monarchen; z.B. ↗Wilhelm I. in Preußen 1858–61 und ↗Luitpold in Bayern 1886–1912. *br*

Prinz von Homburg ↗Friedrich II., Landgraf von Hessen-Homburg

Privileg Im Unterschied zum Mandat und Brief eine auf Dauer angelegte, eine Rechtshandlung beinhaltende mittelalterliche ↗Urkunde. Seit dem 12. Jh. wurde zwischen dem feierlichen P. (mit dem gesamten Formenapparat ausgestattet) und dem einfachen P. (leicht gekürzt) unterschieden. Meist wurde hierdurch eine vom allg. ↗Recht abweichende Sonderregelung getroffen. *vK*

Privilegium minus 1156 von Kaiser ↗Friedrich I. mit der Erhebung ↗Österreichs zum Herzogtum für ↗Heinrich II. Jasomirgott und dessen Nachkommen erlassenes Privileg: u.a. weibliche Erbfolge und volle Gerichtsbarkeit; von Herzog Rudolf IV. 1359 zum „Privilegium maius" (Erzherzogtum) verfälscht, 1442/53 vom Kaiser bestätigt. *RB*

Probst, Christoph Medizinstudent, *6.11.1919 München, †22.2.1943 ebd. Mitglied der ↗Weißen Rose; vom ↗Volksgerichtshof zum Tode verurteilt und mit den Geschwistern ↗Scholl hingerichtet. *PS*

Proletariat Eigentlich Bezeichnung für die unterste Gesellschaftsschicht im antiken Rom; von Theoretikern des ↗Sozialismus und ↗Marxismus eingeführte politische Bezeichnung für die besitzlose ↗Arbeiterklasse (↗Vierter Stand); auch polemische Bezeichnung. *nk*

Protektorat Böhmen und Mähren Ab 16.3. 1939 Bezeichnung für die seit dem 14.3. besetzte „Rest-Tschechei", die nach dem ↗Münchner Abkommen bei der Tschechoslowakei verbliebenen Gebiete. Formal wurde ein tschechischer Staatspräsident eingesetzt, der jedoch dem deutschen Reichsprotektor und dessen deutscher Verwaltung unterstand. *PS*

Protestantismus Der Begriff geht auf die Protestation von Speyer (1529) zurück. Vom Wesen des P. spricht man jedoch erst seit der ↗Aufklärung. Im 19. Jh. wurde der P. nicht nur als Kirchenreform, sondern als umfassende Kulturströmung gesehen. Heute ist unter P. die Gesamtheit der aus der ↗Reformation des 16. Jh.s entstandenen Kirchen und kirchlichen Gemeinschaften zu verstehen: Anglikanische Kirche, Baptisten, Evangelische Kirche der Union, ↗EKD, Freikirchen, ↗lutherische Kirchen, Mennoniten, Methodisten, Reformierte Kirche, Vereinigte Evangelisch-Lutherische Kirche Deutschlands. *rm*

Protokolle der Weisen von Zion Antisemitische Fälschung der russischen Geheimpolizei Ochrana. Entstanden Ende des 19. Jh.s; von russischen Flüchtlingen ab 1917 nach Deutschland gebracht, 1919 erstmals in deutscher Übersetzung erschienen. Die Schrift behauptete eine jüdische „Weltverschwörung" und wurde vom ↗Nationalsozialismus für dessen antisemitische Propaganda benutzt, zumal neben Alfred ↗Rosenberg auch ↗Hitler und ↗Himmler von ihrer Echtheit überzeugt waren. *PS*

Pückler-Muskau, Hermann Fürst von Schriftsteller, *30.10.1785 Muskau (Oberlausitz), †4.2. 1871 Schloß Branitz (bei Cottbus). Jurastudium in Leipzig; erbte 1811 den Herrensitz Muskau, wo P. die ersten deutschen Parks in englischem Stil kreierte. Seine anonymen oder pseudonymen Reiseberichte über Europa und den Mittelmeerraum wurden im 19. Jh. begeistert aufgenommen und viel diskutiert. *rm*

Pufendorf, Samuel Freiherr von Jurist, Historiker, *8.1.1632 Dorfchemnitz (Sachsen), †26.10. 1694 Berlin. Ab 1661 Professor für Naturrecht in Heidelberg. Hier verfaßte P. eine Streitschrift („Severinus de Monzambano ...", 1667) gegen die Idee der kaiserlichen Herrschaft des ↗Heiligen Römischen Reiches und gegen die Hausmacht der ↗Habsburger, eine Schrift, die von der kaiserlichen ↗Zensur verboten, jedoch europaweit rezipiert wurde. In Lund (Schweden) veröffentlichte P., hier Professor für Naturrecht 1668–88, sein Hauptwerk „Über Natur- und Völkerrecht"

(1672): In der Auseinandersetzung mit Thomas Hobbes' Vertrags- und Staatstheorie begründete P. ein individualistisches Naturrecht. Der Staat galt nicht mehr als selbstverständliche und natürliche Ordnung – die Legitimation des Staates durch das Gottesgnadentum verwarf P. –, sondern wurde, Produkt eines Vertrages, als Schöpfung der auf Gemeinschaft und Vernunft hin orientierten, sich frei entscheidenden Individuen begriffen. Zweck des Staates sei das gute Leben als Vollendung der menschlichen Natur. Jedes Individuum habe ein Recht auf Freiheit und Gleichheit; Sklaverei sei – hier wandte P. sich gegen Aristoteles – kein natürliches Phänomen, sondern eine menschliche Einrichtung. 1677 wurde P. königlicher Historiograph (↗Historiographie) in Stockholm und verfaßte eine Geschichte Schwedens, beginnend mit Gustav II. Adolf. 1687 veröffentlichte er „Über die Macht der christlichen Religion …“: P. verlangte die staatliche Aufsicht über die Kirche, verteidigte allerdings die Selbstbestimmung der Kirche in eigener Sache und die Gewissensfreiheit der Individuen. 1688 wurde P. Historiograph in Berlin. *bl*

Punktation von Olmütz ↗Olmützer Punktation

Purismus ↗Sprachreinigung

Puttkamer, Robert von Preußischer Minister, * 5. 5. 1828 Frankfurt/Oder, † 15. 3. 1900 Karzin (bei Stolp). Abkömmling des Uradelsgeschlechts P. aus ↗Pommerellen; 1879–81 Kultusminister, Vertrauter Otto von ↗Bismarcks; führte als konservativer Innenminister (1881–88) die ↗Sozialistengesetze durch. *rh*

Q

Quandt Unternehmerfamilie. Günter Q. († 1954) legte mit zahlreichen Unternehmensbeteiligungen in verschiedenen Wirtschaftsbranchen den Grundstein für den von Stuttgart aus verwalteten industriellen Besitz der Familie Q.; gab ihn an seine Söhne Herbert und Harald weiter. Heute Beteiligungen in der Automobil- und Elektroindustrie sowie in der Versicherungswirtschaft. *UK*

Quäker-Hilfe ↗Hoover-Speisung

Quedlinburg, Hoftag (973) Glänzender Hoftag an Ostern 973; Höhepunkt politischer Geltung Kaiser ↗Ottos I., des Großen. *vK*

Quedlinburg, Stiftskirche Die 1129 im Beisein Kaiser ↗Lothars III. von Supplinburg geweihte romanische Basilika St. Servatius (gotischer Chor von 1320) ist die dritte Kirche des 936/37 von ↗Mathilde, der Mutter Kaiser ↗Ottos I., gegründeten Kanonissenstiftes. Die Gebäude waren zuvor eine 922 erstmals erwähnte ↗Pfalz. Das Stift, das die Grabmale Mathildes und ihres Gatten Kaiser ↗Heinrich I. beherbergt, war bis in die Stauferzeit ein Zentrum des ↗Heiligen Römischen Reiches. Die Kirche wurde seit 1938 von der ↗SS als „Weihestätte“ mißbraucht und 1945 ihrer Schätze beraubt. *li*

Quellensammlungen In der Regel mehrbändige Publikationen von Geschichtsquellen, deren Veröffentlichung oft schon im 19. Jh. begann. Zu nennen sind v. a.: ↗MGH (erstmals 1826); Johann Friedrich Böhmer, Regesta imperii (1831); Chroniken der deutschen Städte (1862); Deutsche Reichstagsakten (1867); Acta Borussica (1892); Deutsche Geschichtsquellen des 19. und 20. Jh.s; Die große Politik der europäischen Kabinette (1922–27). *wj*

Quidde, Ludwig Historiker, Politiker, *23.3. 1858 Bremen, †5.3.1941 Genf. Leitete 1889–96 die Edition der deutschen Reichstagsakten; war 1893 Mitinitiator des Deutschen Historikertages; 1914–29 Vorsitzender der ↗Deutschen Friedensgesellschaft; erhielt 1927 zusammen mit dem Schweizer Ferdinand Buisson den Friedensnobelpreis. Emigrierte 1933 in die Schweiz. *ij*

R

Raabe, Wilhelm (auch Jakob Corvinus) Schriftsteller, *8.9.1831 Eschershausen (bei Braunschweig), †15.11.1910 ebd. Verfaßte historische und kriminalistische Romane, die sich kritisch mit dem Ende der „alten Zeit“ und der Erbarmungslosigkeit einer materialistisch orientierten Gesellschaft auseinandersetzen; war beeinflußt vom Denken ↗Schopenhauers und ↗Hegels; gilt als Vertreter des poetischen ↗Realismus. *sm*

Rabanus Maurus ↗Hrabanus Maurus

RAD ↗Reichsarbeitsdienst

Radbruch, Gustav Jurist, Politiker (SPD), *21.11.1878 Lübeck, †23.11.1949 Heidelberg. Professor in Königsberg und Kiel; 1920–24 für die ↗SPD im ↗Reichstag; 1921/22 und 1923 Reichsjustizminister; 1933 als erster deutscher Professor amtsenthoben; 1945–48 Professor in Heidelberg; erreichte die Zulassung von Frauen zum Richterberuf und setzte sich für ein neues Strafgesetz ein; arbeitete an einer Weiterentwicklung der sozialistischen Ideen unter Einbeziehung neukantianischer Rechtsphilosophie. Hauptwerk: Grundzüge der Rechtsphilosophie (1914). *bl*

Radek, Karl (eigentlich Karl Sobelsohn) Politiker, *1885 Lemberg, †1939? in der Sowjetunion. Jurastudium in Krakau 1902/03. R. lernte 1904 in der Schweiz Wladimir Iljitsch Lenin kennen. Ab 1908 als Journalist für die ↗SPD in Deutschland tätig; 1913 Ausschluß aus der SPD. Während des ↗Ersten Weltkrieges in der Schweiz; folgte Lenin 1917 nach Rußland. Ab 1918 Beteiligung am Aufbau der ↗KPD; Inhaftierung und Ausweisung aus Deutschland 1919. Rückkehr nach Rußland 1920; leitete von dort aus bis 1923 die KPD an. 1927 Ausschluß aus der Kommunistischen Partei der Sowjetunion; Wiederaufnahme 1930; 1937 wurde R. während der großen „Säuberung“ zu zehn Jahren Gefängnis verurteilt und gilt seitdem als verschollen. *rm*

Radford-Plan (1956) Am 13.7.1956 veröffentlichter Plan des US-amerikanischen Admirals Arthur William Radford zur Verkleinerung der US-amerikanischen Streitkräfte um 800000 Mann bis 1960 und zur Verkleinerung der ↗Bundeswehr, da mit den amerikanischen Atomwaffen ausreichend ↗Abschreckungspotential vorhanden sei; in der ↗Bundesrepublik Anlaß für erneute innenpolitische Kontroversen (↗Wiederbewaffnung, ↗Ohne-Mich-Bewegung); beförderte das Mißtrauen der ↗Bundesregierung gegenüber den USA; Scheitern des R.-P.s Ende 1956. *kl*

Radikalenbeschluß ↗Extremistenbeschluß

Radowitz, Joseph Maria von Preußischer General, Politiker, *6.2.1797 Blankenburg (Harz), †25.12.1853 Berlin. Ab 1823 in preußischem Dienst; ab 1836 Militärbevollmächtigter beim ↗Deutschen Bund; führender Vertreter der Rechten in der ↗Frankfurter Nationalversammlung. Als preußischer Außenminister setzte sich R. 1850 für die ↗kleindeutsche Lösung ein, scheiterte jedoch an der ↗Olmützer Punktation und wurde entlassen. *rm*

Raeder, Erich Großadmiral, *24.4.1876 Wandsbek (bei Hamburg), †6.11.1960 Kiel. Seit 1935 Oberbefehlshaber der Kriegsmarine; 31.3.1943 durch ↗Dönitz abgelöst. Im ↗Nürnberger Kriegsverbrecherprozeß zu lebenslänglicher Haft verurteilt; 1955 freigelassen. (365) *PS*

RAF ↗Rote Armee-Fraktion

Rahner, Karl Katholischer Theologe, Jesuit, *5.3.1904 Freiburg (Breisgau), †30.3.1984 Innsbruck. Professor u.a. in München (ab 1964) und Münster (ab 1967); arbeitete schwerpunktmäßig im Bereich der katholischen Dogmatik, die er auf der Basis eines modernen Anthropologiebegriffs betrachtete; Mitherausgeber des Lexikons für Theologie und Kirche; verfaßte u.a.: Schriften zur Theologie (1954–80). *rw*

Raiffeisen, Friedrich Wilhelm Sozialreformer, Genossenschaftsgründer, *30.3.1818 Hamm/Sieg, †11.3.1888 Neuwied. Seit 1845 Bürgermeister u.a. in Heddesdorf bei Neuwied; gründete ab 1848 landwirtschaftliche Genossenschaften – ländliche Darlehensvereine, die sich zu Spar- und Darlehenskassen mit Selbsthilfecharakter entwickelten. *UK*

Rainald von Dassel Erzbischof, *um 1120, †14.8.1167 bei Rom. 1156–59 ↗Reichskanzler, danach engster Berater Kaiser ↗Friedrichs I., ab 1159 Erzbischof von ↗Köln; als Verfechter des Kaisertums („Sacrum Imperium") und Gegner des ↗Papsttums betrieb R. den Sturz Alexanders III. 1164 brachte er die Dreikönigs-Reliquien von Mailand nach Köln. Auf einem Feldzug gegen Rom erlag er der ↗Pest. *RB*

Ramstein, Flugzeugunglück (1988) Gemeinde in Rheinland-Pfalz mit US-amerikanischem Luftwaffenstützpunkt. Bei einer Flugschau kam es am 28.8.1988 zum Absturz von drei Düsenjets einer italienischen Kunstflugstaffel. 70 Menschen starben und 450 Personen wurden verletzt. Die Opfer der Katastrophe wurden bislang (1998) mit ca. 32 Mio. DM entschädigt. *kl*

Ranke, Leopold von Historiker, *21.12.1795 Wiehe, †23.5.1886 Berlin. Studium der Theologie und Philosophie; wechselte nach Gymnasiallehrertätigkeit in Frankfurt/Oder (1818–25) an die Universität Berlin (dort bis 1871); 1832–36 Herausgeber der zweibändigen „Historisch-politischen Zeitschrift"; ab 1841 Historiograph des preußischen Staates; Werke u.a.: „Weltgeschichte" und „Sämtliche Werke" (54 Bände); Vertreter des Individualitätsprinzips („jede Epoche ist unmittelbar zu Gott") sowie des Objektivitätsanspruchs, d.h. der wertfreien Darstellung der Geschichte („zeigen wie es eigentlich gewesen"); galt als Autorität in der modernen quellenkritischen ↗Geschichtswissenschaft. *up*

Rapacki-Plan (1957) Vorschlag des polnischen Außenministers Adam Rapacki vom 2.10.1957, eine ↗atomwaffenfreie Zone aus Polen, der Tschechoslowakei und Deutschland zu schaffen; als Versuch zur Neutralisierung Deutschlands und zur Lockerung der ↗Westintegration von der ↗Bundesregierung abgelehnt und mit dem Votum für die ↗atomare Bewaffnung der Bundeswehr verworfen; am 28.3.1962 auf Europa erweitert, erneut nicht verwirklicht. *kl*

Rapallo, Vertrag (1922) Abkommen vom 16.4.1922 zwischen der Sowjetunion und dem ↗Deutschen Reich, das dadurch einer auf der Weltwirtschaftskonferenz zu Genua drohenden Isolierung gegenzusteuern suchte: beiderseitiger Verzicht auf Kriegsentschädigungen, Aufnahme diplomatischer Beziehungen, gegenseitige Meistbegünstigung im Handelsverkehr und in der Rechtsstellung der Staatsangehörigen; wurde 1926 im Vertrag von ↗Berlin fortgesetzt. *bl*

Raspe, Jan-Carl RAF-Mitglied, *1944, †18.10.1977 Stuttgart-Stammheim. Neben Andreas ↗Baader und ↗Meinhof Angehöriger der ersten Generation der Terrororganisation ↗RAF; am 1.6.1972 zusammen mit Baader festgenommen. Zu lebenslanger Haft verurteilt; beging Selbstmord (↗Lufthansa-Maschine Landshut). *Ki*

Rassenhygienische und bevölkerungsbiologische Forschungsstelle Seit 1937 Dienststelle des Reichsgesundheitsamtes. Diente v.a. der Erfassung von ↗Sinti und Roma; dort angelegtes „Landfahrer-Archiv" war wichtigstes Hilfsmittel bei der Erfassung dieser Volksgruppen zur Verschleppung in ↗Konzentrationslager. *PS*

Rassenkunde Durch Übertragung der Erkenntnisse des britischen Naturwissenschaftlers Charles Darwin (Selektionsprinzip usw.) auf menschliche Gemeinschaften geprägte Legitimationswissenschaft der rassistischen Auffassungen des ↗Nationalsozialismus. Bekanntester Vertreter der R. war Hans Friedrich Karl ↗Günther. *PS*

Rastatter Kongreß (1797–99) Auf dem R.K. (9.12.1797–23.4.1799) sollte als Abschluß des 1. ↗Koalitionskrieges nach dem Frieden von ↗Campo Formio mit ↗Österreich auch ein Friede mit dem ↗Heiligen Römischen Reich vereinbart werden: Abtretung des linken Rheinufers an Frankreich und Entschädigung der weltlichen deutschen Fürsten durch säkularisierte geistliche Besitztümer. Bei Ausbruch des 2. Koalitionskrieges brach man die Verhandlungen ab. Zwei französische Gesandte wurden bei ihrer Abreise am 28.4.1799 von ungarischen Husaren getötet („Rastatter Gesandtenmord"). *rh*

Rat der Volksbeauftragten Die nach dem Rücktritt des Prinzen ↗Max von Baden am 9.11.1918 gebildete provisorische Regierung (Vorsitz: ↗Ebert [*1871]), einer von den Berliner ↗Arbeiter- und Soldatenräten bestätigten Koalition aus ↗SPD und ↗USPD, die am 10.2.1919 die Macht an die ↗Nationalversammlung übergab. Suchte anfangs auf Verlangen der Parteibasis ein sozialistisches Programm zu verwirklichen (12.11.1918): u.a. Bildung einer Sozialisierungskommission mit ↗Hilferding, ↗Kautsky und Joseph Schumpeter; nach Rücktritt der USPD-Politiker am 29.12.1918 Orientierung auf die Errichtung einer parlamentarischen Demokratie. (399) *bl*

Räterepublik, Bayern Anläßlich einer Friedenskundgebung am 7.11.1918 in München gebildeter Arbeiter-, Soldaten- und Bauernrat (Vorsitz: ↗Eisner). Setzte eine provisorische Regierung aus ↗Mehrheitssozialisten, ↗USPD-Mitgliedern und Bürgerlichen unter Ministerpräsident Eisner ein;

Der Rat der Volksbeauftragten (zeitgenössische Postkarte); v. li.: Wilhelm ↗Dittmann (USPD), Otto Landsberg (SPD), Hugo ↗Haase (USPD), Friedrich ↗Ebert (SPD), E. Barth (USPD), Philipp ↗Scheidemann (SPD)

Beibehaltung der königlich-bayrischen Beamtenschaft. Eisner strebte eine Verbindung aus ↗Rätesystem und Parlamentarismus mit dem Ziel einer Rätedemokratie an: unmittelbare politische Mitarbeit des Volkes, Selbstverwaltung durch Räte, ↗Sozialisierung der Schlüsselindustrien, Enteignung des Großgrundbesitzes; Wahlniederlage der USPD im Januar 1919; Ermordung Eisners am 21.2.1919; Kabinett unter dem Mehrheitssozialisten Johannes ↗Hoffmann, zunehmende Polarisierung zwischen den parlamentarischen Parteien und den ↗Arbeiter- und Soldatenräten; Flucht der Regierung Hoffmann; Übernahme der Macht durch den Kommunisten Eugen Leviné-Nissen, legitimiert durch einen neugewählten Zentralausschuß der Arbeiter- und Soldatenräte; auf Bitten Hoffmanns Eroberung Münchens mit Hilfe von ↗Noskes Reichstruppen und ↗Freikorps (Oberst ↗Epp). *bl*

Rätesystem Politische Herrschafts- und Organisationsform direkter Demokratie. Gewählte Räte formen einen Gesamtwillen, sind an ein imperatives Mandat gebunden. Keine Gewaltenteilung, die Trennung von Gesellschaft und Politik ist aufgehoben. Vollversammlungen wählen Ortsräte, die über Bezirks- und Regionalräte einen Zentralrat auf staatlicher Ebene bestellen. Vollzugsräte (Exekutivräte und Volkskommissariate) dienen der Durchführung der Beschlüsse. Karl ↗Marx, ↗Engels und Lenin prägten die Idee des R.s Während der ↗Novemberrevolution wurden im ↗Deutschen Reich ↗Arbeiter- und Soldatenräte gebildet, in ↗Bayern entstand eine ↗Räterepublik (6.4.–1.5.1919). *sb*

Rat für gegenseitige Wirtschaftshilfe (RGW) Wirtschaftsverbund, von der Sowjetunion, Polen, Ungarn, Rumänien, der Tschechoslowakei und Bulgarien am 25.1.1949 in Moskau als Gegenstück zur ↗OEEC gegründet. Beitritt der ↗DDR 1950; machte die Sowjetunion für alle Mitgliedstaaten zum wichtigsten Handelspartner und zum Hauptlieferanten von Rohstoffen und Energie; aufgrund der ökonomischen Probleme der Mitgliedstaaten am 28.6.1991 aufgelöst. *kl*

Rath, Ernst vom Diplomat, *3.6.1909 Frankfurt/Main, †9.11.1938 Paris. Am 7.11.1938 von ↗Grynszpan angeschossen; an den Folgen des Attentates gestorben; sein Tod wurde vom nationalsozialistischen Regime zur Entfesselung der Pogrome der „Reichskristallnacht" genutzt (↗Novemberpogrome). *PS*

Rathaus Haus, in welchem die wichtigsten Verwaltungsorgane einer ↗Stadt untergebracht werden. Im ↗Mittelalter meist in exponierter Lage am Marktplatz zur Demonstration der ratsherrlichen Macht; mit Unterbringung von Gericht und Stadtgarnison. In Einzelfällen wurden mehrere Gebäude als Komplex zusammengefaßt und zum R. gemacht, so in ↗Lübeck, ↗Regensburg oder ↗Frankfurt am Main. *wj*

Rathenau, Emil Unternehmer, *11.12.1838 Berlin, †20.6.1915 ebd. Widmete sich bes. der Entwicklung der Elektrotechnik; gründete 1881 die Deutsche Edison-Gesellschaft für angewandte Elektrizität, aus der 1887 die Allg. Elektrizitäts-Gesellschaft (AEG) wurde; schuf 1903 mit Werner von ↗Siemens die Telefunken-Gesellschaft für drahtlose Telegraphie. *UK*

Rathenau, Walther Unternehmer, Reichsaußenminister, *29.9.1867 Berlin, †24.6.1922 ebd. 1914/15 Leiter der Kriegsrohstoffabteilung im preußischen Kriegsministerium; seit 1915 Aufsichtsratsvorsitzender der von seinem Vater Emil ↗Rathenau gegründeten AEG; Mai–Oktober 1921 Reichsminister für Wiederaufbau; schloß als Reichsaußenminister 1922 den ↗Rapallo-Vertrag; setzte sich für die ↗Erfüllungspolitik ein, um die Unerfüllbarkeit der Reparationsforderungen zu beweisen; deshalb und als Jude in nationalsozialistischen Kreisen verhaßt; Verfasser philosophischer, sozial- und wirtschaftspolitischer Schriften (Hauptwerk: Zur Mechanik des Geistes); von der ↗Organisation Consul ermordet. *UK*

Rau, Johannes Bundespräsident, *16.1.1931 Wuppertal. Seit 1958 Mitglied des nordrhein-westfälischen Landtages; 1970–78 Minister für Wissenschaft und Forschung; 1977–98 Landes-Vorsitzender der ↗SPD und 1978–98 Ministerpräsident in ↗Nordrhein-Westfalen; 1987 Kanzlerkandidat; 1994 Kandidat für das Amt des ↗Bundespräsidenten; 23.5.1999 zum Bundespräsidenten gewählt. *Ki*

Johannes Rau

Raubritter Im Spätmittelalter und zu Beginn der frühen Neuzeit jene ↗Ritter, die vor dem Hintergrund zunehmender Verarmung und Bedeutungslosigkeit den eigenen Status durch Raub und Erpressung retten wollten. Ursachen waren v.a. die neuentstandenen Söldnerheere, zunehmende Bedeutung von bürgerlichen Gelehrten und Kaufleuten sowie die Überflügelung der Natural- durch die Geldwirtschaft. *wj*

Rauch, Christian Daniel Bildhauer, *2.1.1777 Arolsen, †3.12.1857 Dresden. 1802 Studien bei ↗Schadow; mehrere Italienaufenthalte zwischen 1805 und 1818; arbeitete mit ↗Tieck und ↗Schinkel zusammen; schuf zahlreiche Denkmäler, u.a. das Reiterdenkmal ↗Friedrichs II., des Großen, (heute Schloß ↗Sanssouci, Potsdam) und Porträtbüsten, u.a. von ↗Goethe, mit dem er persönlich bekannt war; gilt als Vertreter des Berliner ↗Klassizismus. *sm*

Rauhes Haus Name des 1833 von ↗Wichern gegründeten Erziehungsheims für männliche Jugendliche, die, aufgeteilt in Familienhäusern, nach dem Prinzip der Selbstverantwortung erzogen wurden; Wiederaufbau nach dem ↗Zweiten Weltkrieg als Internat für schwererziehbare Jugendliche. *nk*

Raumer, Friedrich von Historiker, *14.5.1781 Wörlitz (bei Dessau), †14.6.1873 Berlin. Seit 1811 Professor der Staatswissenschaften in Breslau, 1819–59 der Staatswissenschaften und Geschichte in Berlin. Sein Hauptwerk, die sechsbändige „Geschichte der Hohenstaufen und ihrer Zeit" (1824), war von der Romantik beeinflußt und wirkte bes. auf die zeitgenössische Dichtung. 1848/49 war R. Mitglied des ↗Zentrums in der ↗Frankfurter Nationalversammlung. *rm*

Rauschning, Hermann NSDAP-Politiker, *7.8.1887 Thorn (Westpreußen), †8.2.1982 Portland (Oregon). 20.6.1933 Senatspräsident in Danzig, 1934 Rücktritt, später ↗Emigration in die Schweiz, dort antinationalsozialistische Propaganda. *PS*

Ravensbrück Seit Mai 1939 ↗Konzentrationslager für Frauen in Fürstenberg nördlich von Berlin. Die Häftlinge mußten v.a. für die Rüstungsindustrie ↗Zwangsarbeit leisten. In R. und seinen zahlreichen Außenlagern waren über 150000 Häftlinge, darunter auch ca. 20000 Männer, inhaftiert, von denen ein Fünftel bis zur Befreiung am 27./28.4.1945 an den Haftbedingungen starb oder ermordet wurde. Seit 1959 Nationale Mahn- und Gedenkstätte der ↗DDR. Nach deren Ende war der später gestoppte Bau eines Supermarktes auf dem ehemaligen Lagergelände geplant, für dessen Durchführung sich die Bevölkerung Fürstenbergs vehement einsetzte. *PS*

Ravensburger Handelsgesellschaft Größte oberdeutsche Handelsgesellschaft vor den ↗Fuggern (1380–1530) mit Filialen in ganz Europa; Sitz in Ravensburg (Oberschwaben). *wj*

Reaktion Als R. wird die Zeit zwischen dem Ende der ↗Deutschen Revolution (1849) und dem Beginn der ↗Neuen Ära (1858) in Preußen bezeichnet. Die Regierungen in den deutschen Staaten versuchten, durch eine bürokratisch-konservative Innenpolitik die ↗Märzerrungenschaften zurückzudrängen. Dem ↗Adel gelang es noch einmal, die führende Kraft in der Politik zu werden. Beamte, die die Revolution unterstützt hatten, wurden entlassen und verfolgt. Die neuen liberalen, demokratischen und sozialen ↗Parteien wurden unterdrückt. Die meist bürgerlichen Anhänger der deutschen Einigungsbestrebungen trafen sich unter dem Schutz kultureller Veranstaltungen (z.B. Sängerfeste, Schützenbruderschaft, ↗Turnerschaften). Außenpolitisch wurde die Zeit der R. von dem ↗preußisch-österreichischen Dualismus im ↗Deutschen Bund geprägt. *br*

Realismus (lat.: real, wirklich, sachlich) Gesamteuropäische literarische Epoche zwischen Idealismus und ↗Naturalismus (1830–80), die in Deutschland ab 1848 an Bedeutung gewann. Der R. ist durch die Abkehr von idealisierenden und spekulativen Darstellungsweisen in ↗Klassik und ↗Romantik zugunsten einer objektiv-sachlichen Beschreibung („Widerspiegelung") der bürgerlichen Wirklichkeit gekennzeichnet. Prägend für die konsequente Diesseitigkeit des R., der durch vergleichbare Strömungen in Frankreich, Rußland und England vorbereitet wurde, waren die industriell-technologische Revolution sowie die Entfaltung des naturwissenschaftlich orientierten Weltbildes im 19. Jh. Die wichtigsten Repräsentanten des deutschsprachigen R. waren im Bereich der Epik ↗Keller, ↗Raabe, Conrad Ferdinand ↗Meyer, ↗Storm, ↗Fontane, ↗Ebner-Eschenbach; im Drama traten ↗Büchner, ↗Grabbe und ↗Hebbel hervor. – In der bildenden Kunst trat der R. in der zweiten Hälfte des 19. Jh.s – von Frankreich, insbesondere von Gustave Courbet (Ausstellung „Le réalisme", 1855) ausgehend – als Gegenprogramm zur akademischen Kunst und zum Idealismus der Romantik auf. In Deutschland beeinflußte diese Richtung mit ihrem Engagement für die Freilichtmalerei und die Abbildungswürdigkeit unüblicher Motive (etwa aus Arbeitswelt und Industrie), u.a. Adolf von ↗Menzel, ↗Leibl und den frühen ↗Liebermann. *ij*

Recht, römisches/germanisches Ende des 11. Jh.s begann mit der Wiederentdeckung des ↗Corpus Iuris civilis die Rezeption des römischen R.s. Sie beeinflußte zunächst das Kirchen-R., ab dem 13. Jh. auch das weltliche R. R.s-Theorie und -praxis wurden verwissenschaftlicht und vereinheitlicht. Die zunehmende Verrechtlichung umfaßte das ganze Leben (↗Kleiderordnung). Diese Entwicklung vollzog sich in Oberdeutschland bis zum Ende des 15. Jh.s, während sie in Norddeutschland erst im 15. Jh. einsetzte und bis ins 16. Jh. dauerte. Vorrang vor dem römischen R. hatte das lokale R., d.h. meist das germanische R. Es wurde im Gegensatz zum römischen R. nie schriftlich aufgezeichnet und in der Hand einer staatlichen Zentralgewalt vereinheitlicht. Statt dessen wurde das R. von Fall zu Fall von der gesamten Gerichtsgenossenschaft (↗Ding) gesetzt. Das germanische R. war damit v.a. Überzeugungs-R., d.h. die gemeinsame Überzeugung von der gegenwärtigen Richtigkeit des R.s bestimmte das Urteil, nicht eine vom Staat gesetzte Norm. Durch das allmähliche Zusammenwachsen des römischen R.s, des germanischen R.s sowie des Kirchen-R.s entstand eine eigene europäische R.s-Tradition. *br*

Rechtsbücher Private Rechtsaufzeichnungen des ↗Mittelalters, die später Rechtsquellen mit Gesetzesregelung wurden, z.B. ↗Sachsenspiegel, ↗Schwabenspiegel. *vK*

Rechtschreibreform Bemühungen um den verbindlichen und einheitlichen Gebrauch der deutschen Schriftsprache. Trotz wiederholter Reformbemühungen blieben die von Konrad ↗Duden in seinem „Orthographischen Wörterbuch der deutschen Sprache" 1880 festgehaltenen Regeln im wesentlichen bis 1987 erhalten. Nach Vorlage von Reformvorschlägen durch das Mannheimer Institut für deutsche Sprache (1988), das vom Innenminister und der Kultusministerkonferenz zu einer R. beauftragt wurde, kam es zu heftigen Diskussionen und bis 1992 zu einer vorsichtigen Neufassung. Am 1.7.1996 wurde mit der Abschaffung von Ausnahmen eine Vereinfachung der Rechtschreibung beschlossen, die seit August 1998 für Schulen und staatliche Einrichtungen trotz wiederholter Rechtsstreitigkeiten mit einer Übergangsfrist bis zum Jahr 2005 verbindlich ist. Am 1.8.1999 stellen die Nachrichtenagenturen und Zeitungen auf Neue Rechtschreibung um. *Ki*

Rechtsradikalismus Sammelbegriff für vielfältige nationalistische, faschistische und völkische Denkmuster; antidemokratische Einstellungen (Antipluralismus und -parlamentarismus), Antikommunismus, autoritäre Ordnungsvorstellungen, ↗Fremdenfeindlichkeit. Zu den Vertretern des R. in der ↗Bundesrepublik gehören auf der Organisations- und Parteienebene die ↗NPD (Ende der sechziger Jahre in einigen Landesparlamenten vertreten, heute aber fast bedeutungslos), die ↗DVU, sowie die ↗Republikaner, die seit Ende der achtziger Jahre unter den rechten Parteien starke Resonanz fanden. Als dominierende Motive ihrer Wählerschaft wurden v. a. Fremdenfeindlichkeit und Sozialprotest ermittelt. Darüber hinaus gibt es zahlreiche explizit neonazistische militante Gruppen. *sb*

Rechtsstaatlichkeit Elementares Verfassungsprinzip der ↗freiheitlich-demokratischen Grundordnung der ↗Bundesrepublik. Die Wiederherstellung der R. war nach den Erfahrungen des ↗Nationalsozialismus ein zentrales Anliegen. Elemente der R. sind die Bindung aller Staatstätigkeit an Recht und Gesetz, Trennung und gegenseitige Kontrolle der Gewalten, Rechtssicherheit, Föderalismus. *sb*

Reclam, Anton Philipp Verleger, *28.6.1807 Leipzig, †5.1.1895 ebd. Gründete 1828 in Leipzig einen Verlag; rief 1867 mit seinem Sohn Hans Heinrich R. eine Sammlung preiswerter Ausgaben von Werken der Weltliteratur ins Leben, die sog. „Universal-Bibliothek“ (noch heute im Programm des von der Familie R. geleiteten Verlages). *UK*

Reformation Bezeichnung für den im ↗Heiligen Römischen Reich im 16. Jh. stattfindenden und auf weitere Länder übergreifenden religiösen und kirchlichen Wandlungsprozeß, der zur Entstehung der von der ↗katholischen Kirche getrennten evangelischen ↗Konfession führte. Voraussetzungen seit dem Spätmittelalter waren der Niedergang der Theologie, die Krise des ↗Papsttums (↗Abendländisches Schisma), der Fiskalismus und Zentralismus der Kurie, die zahlreichen kirchlichen Mißstände, bes. aber das Scheitern aller Reformversuche. Die R. wurde durch die ↗Ablaßthesen (1517) Martin ↗Luthers ausgelöst, die, mehr noch als seine Kritik an theologischen Positionen der Kirche, auf größte Resonanz stießen. Hatte Luther anfangs eine innere Kirchenreform geplant, so brachte die ↗Leipziger Disputation 1519 den offiziellen Bruch der römischen Kirche mit Luther, der den Widerruf seiner Lehren verweigerte, was 1521 zur päpstlichen Bannbulle gegen Luther führte und zu seiner Reichsacht (↗Wormser Edikt). Die weitere Ausbreitung der R. wurde durch die Unterstützung der Landesfürsten und die zahlreichen Reformatoren wie ↗Bugenhagen, ↗Bucer oder ↗Melanchthon ermöglicht. Das 1529 auf dem Reichstag von Speyer erreichte Verbot aller religiösen Neuerungen löste den nachhaltigen Protest der evangelischen ↗Reichsstände aus, die Kaiser ↗Karl V. 1530 die ↗Augsburger Konfession überreichten und sich zur weiteren Absicherung 1531 zum ↗Schmalkaldischen Bund zusammenschlossen. 1546/47 siegte der Kaiser im ↗Schmalkaldischen Krieg über die evangelischen Reichsstände und erzwang 1548 das ↗Augsburger Interim, das 1555 durch den von Karl V. nicht gebilligten ↗Augsburger Religionsfrieden ersetzt wurde. Damit wurde den Landesfürsten (bedingt) das Recht zur R. zugestanden, die reichsrechtliche Anerkennung des lutherischen Bekenntnisses neben dem katholischen erreicht und damit auch die religiöse Spaltung des ↗Heiligen Römischen Reiches. Die den Beginn der Neuzeit markierende

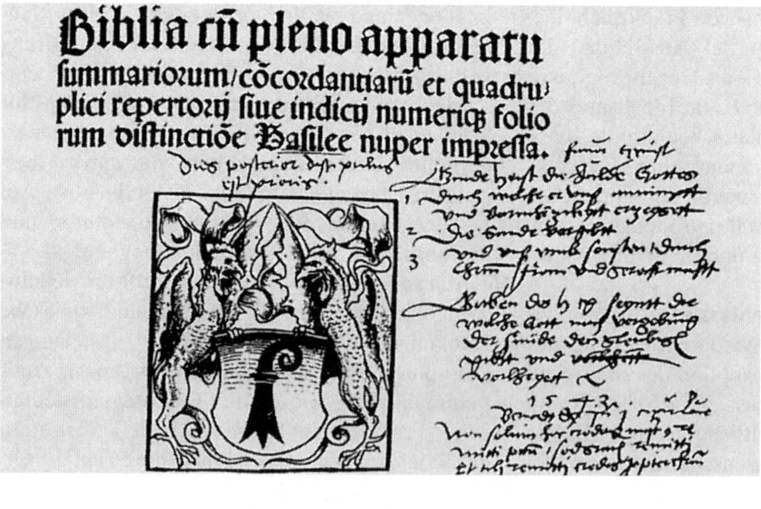

Lateinische Bibel von 1509 mit Randnotizen Martin ↗Luthers von 1542

R. zog die innere Reform der katholischen Kirche (↗Gegenreformation) nach sich, die mit dem Konzil von ↗Trient (1545–63) einsetzte. *nk*

Regalien Seit dem 11. Jh. Bezeichnung für dem ↗König vorbehaltene Befugnisse. Hierzu zählten als „höhere R." z. B. Gerichtsbarkeit und ↗Heerbann, als „niedere R." Rechte vorwiegend fiskalischen Charakters wie ↗Münz-, ↗Markt-, Zollrecht u. ä. Bes. die niederen R. wurden oft an ↗Fürsten, Kommunen oder Bischöfe als Lehen vergeben. Infolge der territorialstaatlichen Entwicklung gingen immer mehr R. ganz an die Fürsten über. Im 19. Jh. meist beseitigt, leben sie in den staatlichen Monopolen weiter. *wj*

Regensburg Bayrische Stadt an der Donau. Im 1. Jh. n. Chr. als römischer Militärstützpunkt gegründet, 179 von Marcus Aurelius als Castra Regina ausgebaut; im 6. Jh. Pfalz der ↗Agilolfinger; 739 Gründung eines Bistums durch ↗Bonifatius; im ↗Mittelalter bedeutende Handelsstadt; ab 1245 freie ↗Reichsstadt; 1663–1806 Tagungsort des ↗Immerwährenden Reichstages; 1803/04 Eingliederung der Stadt ins Fürstentum R; 1810 an ↗Bayern. *ep*

Regensburger Religionsgespräch (1541) Auf dem Reichstag von Regensburg 1541 durch Kaiser ↗Karl V. einberufene Disputation zwischen Vertretern der ↗katholischen Kirche (u. a. ↗Eck) und der ↗Reformation (u. a. ↗Bucer, ↗Melanchthon). Die darauffolgende Ablehnung der Gesprächsergebnisse durch die ↗Reichsstände beider ↗Konfessionen, die römische Kurie sowie Martin ↗Luther markierte das vorläufige Ende der theologischen Einigungsbemühungen. *nk*

Reger, Max Komponist, *19. 3. 1873 Brand (Oberpfalz), †11. 5. 1916 Leipzig. Ab 1907 Dozent am Leipziger Konservatorium (Komposition), zeitweilig Universitätsmusikdirektor; 1911–1914 außerdem Hofkapellmeister in Meiningen (Thüringen); sein Werk, v. a. Orgel- und Kammermusik, war traditionellen Formen verpflichtet, griff aber bis an die Grenzen der Tonalität vor. *LA*

Regulierungsedikte Im Rahmen der ↗Bauernbefreiung in ↗Preußen 1811, 1816 und 1850 erlassene staatliche Verordnungen zur Neuordnung des Verhältnisses zwischen Landadel und ↗Bauern. *nk*

Rehwinkel, Edmund Politiker, *28. 1. 1899 Westerzelle (Niedersachsen), †2. 2. 1977 Celle. Präsident des ↗Deutschen Bauernverbandes (1959–69), Vizepräsident des Europäischen Agrarbundes in Brugg (Schweiz). Vertrat eine einkommensorientierte und protektionistische Agrarpolitik. *sb*

Reich Größeres Herrschaftsgebiet, so z. B. im ↗Mittelalter das ↗Frankenreich.
Deutsches R.: 1) im eigentlichen Sinne: ↗Deutsches R., 2) im weiteren Sinne: das ↗Heilige Römische R. Deutscher Nation. *vK*

Reich, Jens Bürgerrechtler, *26. 3. 1939 Göttingen. 1956–62 Medizinstudium; 1974/75 und 1979/80 am Biophysischen Institut in Puschtschino (bei Moskau); Mitglied im Kreis „Ärzte in sozialer Verantwortung"; 1989 Mitinitiator des Aufrufs „Aufbruch 89 – ↗Neues Forum"; 1990 Abgeordneter des Neuen Forums in der Partei ↗Bündnis 90/Die Grünen; kandidierte 1994 für das Amt des ↗Bundespräsidenten. *Ki*

Reichenau, Kloster Reichskloster auf der Insel R. im Bodensee, gegründet 724 durch den heiligen Pirmin. War bes. zur Zeit der ↗Karolinger und ↗Ottonen wichtige kulturelle Wirkungsstätte; 1803 säkularisiert. *wj*

Reichenau, Walter von Generalfeldmarschall, *8. 10. 1884 Karlsruhe, †17. 1. 1942 Poltawa (Ukraine). Seit 30. 11. 1941 Oberbefehlshaber der Heeresgruppe Süd im Deutsch-Sowjetischen Krieg; trug den von ↗Hitler geforderten „Weltanschauungskrieg" durch entsprechende Befehle mit; nach Schlaganfall bei einem Flugzeugabsturz ums Leben gekommen. *PS*

Reichensperger, August Jurist, Politiker, *22. 3. 1808 Koblenz, †16. 7. 1895 Köln. Ab 1832 im preußischen Justizdienst. R. wurde im Laufe des ↗Kölner Kirchenstreits gläubiger Katholik. In der ↗Frankfurter Nationalversammlung und 1850 im Erfurter Unionsparlament vertrat er die ↗großdeutsche Lösung. R. galt als Führer des politischen Katholizismus und gründete mit seinem Bruder Peter ↗Reichensperger 1852 die Katholische Fraktion (1859 in ↗Zentrum umbenannt und 1870 neu gegründet). 1851–63, 1870–73 und 1879–85 Mitglied des preußischen ↗Abgeordnetenhauses; 1867–84 Mitglied des ↗Reichstages. *rm*

Reichensperger, Peter Franz Jurist, Politiker, *28. 5. 1810 Koblenz, †31. 12. 1892 Berlin. Jurastudium; danach im preußischen Justizdienst. Mitglied der preußischen Nationalversammlung 1848 und des Erfurter Unionsparlaments 1850. 1858–92 Mitglied des preußischen ↗Abgeordnetenhauses, 1867–92 auch des ↗Reichstages. R. gründete mit seinem Bruder August ↗Reichensperger 1852 die Katholische Fraktion. *rm*

Reich-Ranicki, Marcel Literaturkritiker, *20.6. 1920 Wloclawek (Polen). Wurde 1938 von Berlin nach Polen deportiert; lebte 1940–43 im Warschauer Ghetto; seit 1958 als einflußreicher Literaturkritiker in Deutschland tätig; verfaßte zahlreiche Essays und Anthologien; 1960–73 fester Mitarbeiter der ↗„Zeit", 1973–88 Leiter der Kulturredaktion der ↗FAZ, seither der ZDF-Sendung „Das literarische Quartett". *sm*

Reichsadler Wappenbild des ↗Deutschen Reiches bis 1945; wurde als schwarzer Doppeladler im goldenen Feld seit dem frühen 13. Jh. verwendet; im kaiserlichen ↗Wappen ab 1433; seit 1871 Darstellung als einköpfiger ↗Adler. *sm*

Reichsämter Oberste Ebene der Reichsverwaltung des ↗Deutschen Reiches; Leitung jeweils durch einen ↗Staatssekretär. 1871 gab es nur das Reichskanzleramt (1879 in Reichsamt des Innern umbenannt) und das ↗Auswärtige Amt. Ab 1873 wurden zunehmend mehr R. gebildet. 1919 (↗Weimarer Republik) wurden die R. in Reichsministerien umgewandelt. *br*

Reichsarbeitsdienst (RAD) Entstanden aus dem Freiwilligen Arbeitsdienst der ↗Weimarer Republik; seit dem Reichsarbeitsdienstgesetz vom 26.6. 1935 sechsmonatige Dienstpflicht für Jugendliche; für weibliche Jugendliche zunächst freiwillig; Einsatz in Land- und Forstwirtschaft sowie im Rahmen von Infrastrukturarbeiten; Institution zur ideologischen Indoktrination und paramilitärischen Ausbildung. *MH*

Reichsarmee Von den ↗Reichsständen nach den Bestimmungen der Wormser Reichsmatrikel (1521) fallweise aufgebotenes Heer des ↗Heiligen Römischen Reiches; nur in den ↗Türkenkriegen von größerer militärischer Bedeutung. *rh*

Reichsbank ↗Deutsche Reichsbank

Reichsbanner „Schwarz-Rot-Gold" Der Sozialdemokratie nahestehender ↗Kampfbund. 1924 zum Schutz von politischen Veranstaltungen gegründet; bestand als „Bund Republikanischer Kriegsteilnehmer" zunächst überwiegend aus ehemaligen Soldaten; 1933 verboten. *PS*

Reichsbischof ↗Müller, Ludwig

Reichsdeputation Als ordentliche R. war sie ein im ↗Heiligen Römischen Reich zwischen den ↗Reichstagen einberufener Ausschuß für bestimmte Angelegenheiten. Seitdem der Reichstag ständig tagte (1663, ↗Immerwährender Reichstag) wurden die Entscheidungen der nunmehr außerordentlichen R. versammelt im ↗Reichsdeputationshauptschluß. *rh*

Reichsdeputationshauptschluß (1803) Beschluß der letzten außerordentlichen Reichsdeputation vom 25.2.1803; verfügte unter dem Druck Frankreichs und Rußlands die ↗Säkularisation und den Beginn der ↗Mediatisierung, um die deutschen ↗Fürsten für den Verlust ihrer linksrheinischen Gebiete, die durch ↗Napoleon I. annektiert worden waren, zu entschädigen. Der R. zerstörte so die politischen und rechtlichen Grundlagen des ↗Heiligen Römischen Reiches Deutscher Nation. *vK*

Reichsfeinde Die von Otto von ↗Bismarck als Gegner des jungen ↗Deutschen Reiches bekämpften Gruppierungen: ↗Sozialdemokratie (↗Sozialistengesetze), ↗Zentrum (↗Kulturkampf), nationale Minderheiten (Polen, Dänen, Elsässer) sowie Welfen und Großdeutsche (↗großdeutsche Lösung). *vK*

Reichsfürst Im ↗Heiligen Römischen Reich bis 1180 Inhaber eines höheren Amtes, bes. des ↗Herzog-Amtes (älterer R.-Stand), danach nur noch ein unmittelbar vom ↗König belehntes Mitglied des hohen ↗Adels, ohne rechtliche Abgrenzung zu den übrigen ↗Fürsten. *wj*

Reichsfürstenrat ↗Fürstenbank

Reichsgaue Bezeichnung für die Verwaltungsbezirke, die in den seit 1938 angegliederten besetzten Gebieten Osteuropas geschaffen wurden. *PS*

Reichsgründung Bismarcks (1867–71) Phase des R.s-Prozesses, die mit Inkrafttreten der Verfassung des ↗Deutschen Reiches am 1.1.1871 und der ↗Kaiserproklamation am 18.1.1871 seinen Abschluß fand.

Nach dem Sieg ↗Preußens im ↗Deutschen Krieg (1866) und der Gründung des ↗Norddeutschen Bundes suchte Otto von ↗Bismarck die süddeutschen Staaten möglichst eng an diesen zu binden (Militärbündnisse, Neubildung des ↗Zollvereins 1867).

Die ↗kleindeutsche R. gelang schließlich mit Hilfe des ↗Deutsch-Französischen Krieges; im Oktober/November 1870 Zusammenschluß der süddeutschen Staaten mit dem Norddeutschen Bund zum Deutschen Reich. *wm*

Reichsgruppe Industrie (RGI) Im November 1934 gebildete Interessenvertretung der Industrie. Im ↗Zweiten Weltkrieg an der Ausarbeitung von

Plänen zur Übernahme von Unternehmen in den besetzten Gebieten beteiligt. *PS*

Reichsgut Das Krongut des ↗Heiligen Römischen Reiches, über das der deutsche ↗König für seine Herrschertätigkeit und für die Aufwendungen des Hofes verfügen konnte; bis ins 13. Jh. vom königlichen Hausgut nicht geschieden. *vK*

Reichshofgericht Im ↗Mittelalter das mit dem ↗König wandernde Gericht für ↗reichsunmittelbare, für das ↗Reichsgut betreffende Fälle und Verhängung der ↗Acht; die oberste Berufungsinstanz mit ständigem Reichshofrichter seit 1235; 1464 bzw. 1495 durch das ↗Reichskammergericht abgelöst. *vK*

Reichshofrat 1498 bzw. 1527 eingerichtete oberste Gerichtsbehörde der habsburgischen ↗Erblande und des ↗Heiligen Römischen Reiches (mit politischer Beraterfunktion); als Gegenstück zum ↗Reichskammergericht sollte er die kaiserliche Macht stärken (die Räte wurden vom Kaiser ernannt); behandelte v.a. Auseinandersetzungen um kaiserliche Privilegien sowie Straf- und Lehnssachen der ↗Reichsunmittelbaren. *rh*

Reichsinsignien ↗Reichskleinodien

Reichskammergericht Oberstes Gericht des ↗Heiligen Römischen Reiches, 1495 in Frankfurt/Main errichtet, 1526 nach Speyer verlegt, von 1693–1806 in Wetzlar. Den Präsidenten und die Beisitzer stellten die ↗Stände. U.a. für Landfriedensbruch und Fiskalsachen zuständig, verlor es wegen der lang andauernden Prozesse und der konfessionellen Spaltung des Heiligen Römischen Reiches an Bedeutung. *dt*

Reichskanzler 1) Hofkanzler, der Kanzler, der 868–1519 anstelle des ↗Erzkanzlers die Kanzlei des ↗Heiligen Römischen Reiches leitete. Seit Mitte 15. Jh. war der Kanzler meist zugleich R.

2) Im ↗Deutschen Reich 1871–1918 der einzige Reichsminister; Ernennung und Entlassung durch den ↗Kaiser. Aufgaben: Vorsitz im ↗Bundesrat, Instruktion der preußischen Stimmen im Bundesrat, Leiter der Geschäfte des Bundesrates und der allg. Reichsverwaltung. Der R. sollte im Verfassungsaufbau des Reiches dem ↗Reichstag einen beschränkten politischen Einfluß auf die allg. Reichsverwaltungsgeschäfte sichern; daher Gegenzeichnung des R.s für Anordnungen und Verfügungen des Kaisers in Ausübung seiner Präsidialbefugnisse und Rechtsbefugnis des Reichstages, den R. dafür politisch zur Verantwortung zu ziehen (ohne Einfluß auf Ernennung oder Entlassung).

3) In der ↗Weimarer Republik der gesamtverantwortliche leitende Minister; führte den Vorsitz in der Reichsregierung; bestimmte die Richtlinien der Politik; Verantwortung dafür gegenüber dem Reichstag; Ernennung und Entlassung durch den ↗Reichspräsidenten; Rücktrittspflicht bei Vertrauensentzug durch den Reichstag;

4) 1933–45 Titel ↗Hitlers innerhalb der Bezeichnung „Führer und R.". *vK*

Reichskirchensystem Im ↗Heiligen Römischen Reich band das R. die Bistümer und ↗Klöster eng an den ↗König (↗ottonische Kirchenpolitik). Sie erhielten Grundbesitz, ↗Immunität sowie staatliche Hoheitsrechte (Münze, Markt, Zoll, Forstbann usw.). Dafür hatte der König ein Mitspracherecht bei ihrer Besetzung (↗Investitur), Anspruch auf Gastung, Heerfolge und wirtschaftliche Leistungen. Die Hoheit des Königtums über die Reichskirche beruhte auf sakraltheoretischen Herrschaftsvorstellungen (↗Eigenkirche) sowie auf der Ausübung des ↗Königsschutzes. Das R. diente als Gegengewicht zu den Unabhängigkeitsbestrebungen der weltlichen ↗Fürsten. *br*

Reichskleinodien Herrschaftszeichen der deutschen ↗Könige und ↗Kaiser, deren Besitz als Voraussetzung der Herrschaft im ↗Heiligen Römischen Reich galt. *ku*

Die zur Krönung erforderlichen R.:
Reichskrone (wohl unter Otto I., dem Großen, angefertigt)
Reichsapfel (12. Jh.)
Reichszepter (14. Jh.)
Reichsschwert (11. Jh.)

Weitere R.:
Heilige Lanze
Krönungsornat
Zeremonienschwert
zahlreiche Reliquien und Heiligtümer

Aufbewahrungsorte:
unter Friedrich II. Waldburg (Schwaben)
seit 1246 Burg Trifels
seit 1273 Kiburg in Prag und auf Burg Karlstein
1424–1797 in Nürnberg
seit 1800 in der kaiserlichen Schatzkammer der Wiener Hofburg (1938–46 in Nürnberg)

Reichskommissar 1) In der ↗Weimarer Republik Inhaber einer vorübergehenden Amtsstelle auf Reichsebene für Zwecke, die nicht von regulären Behörden erfüllt werden konnten.
2) In der Weimarer Republik durch ↗Notverordnung eingesetzter Beauftragter der Reichsregierung mit Eingriffsrecht in die Länderverwaltung.
3) Im ↗Dritten Reich Bezeichnung für Verwaltungschef bestimmter besetzter oder sonst angeschlossener Gebiete (Saarland, Sudetenland, Österreich, Niederlande, Norwegen); aber auch für sonstige Zwecke (z.B. ↗Himmler: R. für die Festigung deutschen Volkstums). *PS*

Reichskommissariate Ostland und Ukraine Seit 17.7.1941 Bezeichnung für die unter deutscher Zivilverwaltung stehenden besetzten Gebiete Weißruthenien (westliches Weißrußland), Lettland, Litauen, später auch Estland (= Ostland) sowie die Ukraine und Teile Weißrußlands (= Ukraine). *PS*

Reichskonkordat Am 20.7.1933 mit dem Vatikan unterzeichnet; regelte die Ausübung des katholischen Glaubens im ↗Dritten Reich; vielfach als Aufwertung des nationalsozialistischen Regimes betrachtet; sicherte einen gewissen Schutz für katholische Interessen in Deutschland. *PS*

Reichskreise Ab 1500 sechs, seit 1512 zehn Gebiete, in die das ↗Heilige Römische Reich gegliedert war; u.a. mit der Wahrung des Landfriedens, der Truppenaushebung und der Erhebung von Reichssteuern betraut. *dt*

Die 10 Reichskreise (seit 1512):
Fränkischer Kreis
Bayrischer Kreis
Schwäbischer Kreis
Oberrheinischer Kreis
Westfälischer Kreis
Kurrheinischer Kreis
Obersächsischer Kreis
Niedersächsischer Kreis
Burgundischer Kreis
Österreichischer Kreis

Reichskristallnacht ↗Novemberpogrome

Reichskrone ↗Reichskleinodien

Reichskulturkammer Nationalsozialistische Pflicht-Organisation aller Kulturschaffenden; gegründet am 22.9.1933, Auflösung 1945; Präsident war der ↗Reichsminister für Volksaufklärung und Propaganda ↗Goebbels; war in Einzelkammern zur Kontrolle von ↗Theater, Musik, Schrifttum, Presse, Rundfunk und bildenden Künsten unterteilt. *sm*

Reichsmark ↗Deutsche Mark

Reichsminister 1) Von der provisorischen Regierung der ↗Frankfurter Nationalversammlung 1948/49 ernannte Minister.
2) In der ↗Weimarer Republik auf Vorschlag des ↗Reichskanzlers vom ↗Reichspräsidenten ernannte, vom Vertrauen des ↗Reichstages abhängige Mitglieder der ↗Reichsregierung; innerhalb der Regierungspolitik selbständige Leiter ihrer Fachressorts.
3) Im ↗Dritten Reich zumeist von ↗Hitler eingesetzte Minister in teilweise neu gebildeten, ideologisch ausgerichteten Reichsministerien. *PS*

Reichsnährstand Zur ↗Gleichschaltung der Landwirtschaft am 13.9.1933 gegründete Standesvertretung. Verfolgte neben ihren wirtschaftlichen Aufgaben auch die ideologische Ausrichtung ihrer Mitglieder im Sinne des ↗Nationalsozialismus. *PS*

Reichspartei des deutschen Mittelstandes ↗Wirtschaftspartei

Reichsparteitage Bezeichnung für die öffentlichen und propagandistisch ausgerichteten Parteitreffen der ↗NSDAP. Seit 1927 und im ↗Dritten Reich bis zum Beginn des ↗Zweiten Weltkrieges in ↗Nürnberg veranstaltet. Im Dritten Reich je unter einem einheitlichen Schlagwort stehend, wurden die R. durch den Propagandafilm ↗Riefenstahls, „Triumph des Willens", über den gleichnamigen R. von 1934 bekannt. (407) *PS*

Reichspogromnacht ↗Novemberpogrome

Reichspräsident Staatsoberhaupt des ↗Deutschen Reiches (1919–34); gemäß ↗Weimarer Verfassung für sieben Jahre unmittelbar durch das Volk gewählt. R. waren ↗Ebert (1919–25; * 1871); Wahl des R. durch die ↗Nationalversammlung, ↗Hindenburg (1925–34). Der R. war als oberstes Organ der vollziehenden Gewalt der ↗Reichsregierung gleichrangig. Zu seinen Aufgaben und Kompetenzen gehörten:
Ernennung und Entlassung des ↗Reichskanzlers und der ↗Reichsminister, Auflösung des ↗Reichstages, Ausnahmegewalt, Reichsexekution (Art. 48), Ernennung von Reichsbeamten, Ausfertigung und Verkündung von Reichsgesetzen, Oberbefehl über die ↗Reichswehr, völkerrecht-

liche Vertretung des Reiches, Begnadigungsrecht. *sb*

Reichsrat 1) Vertretung der Länder des ↗Deutschen Reiches (1919–34) bei der Reichsgesetzgebung und Verwaltung, nicht oberstes Reichsorgan wie der ↗Bundesrat im Kaiserreich: Der R. hatte nur das Vetorecht bei der Gesetzgebung, keinen Einfluß auf die ↗Reichsregierung. Von ↗Hitler am 14.2.1934 abgeschafft.

2) In ↗Bayern 1818–1918 die Erste Kammer des Landtages. *sb*

Reichsreform 1) Im 15. und 16. Jh. Bemühungen, die Verfassung des ↗Heiligen Römischen Reiches zugunsten der ↗Stände zu reformieren. Teilerfolge: 1495 Aufhebung des Fehderechtes (↗Ewiger Landfriede), Errichtung des ↗Reichskammergerichtes und Einführung einer Reichssteuer (↗Gemeiner Pfennig); 1500/12 Errichtung von ↗Reichskreisen.

2) In der ↗Weimarer Republik begonnene Neuorganisation der Länder: u. a. Bildung des Landes ↗Thüringen (1920), Vereinigung der beiden ↗Mecklenburg (1937). *RB*

Reichsregierung Oberstes Organ der vollziehenden Gewalt neben dem ↗Reichspräsidenten im ↗Deutschen Reich (1919–45). Der ↗Reichskanzler hatte den Vorsitz und bestimmte die Richtlinien, die ↗Reichsminister führten ihre Ressorts. Das ↗Ermächtigungsgesetz vom 24.3.1933 gab der R. die Möglichkeit zum Erlaß von einfachen und verfassungsändernden Gesetzen und beseitigte das Vetorecht des ↗Reichstages; ↗Hitler hatte die alleinige Entscheidungsgewalt, es gab keine Regierungsabstimmungen mehr; ab 1938 fanden keine Sitzungen der R. mehr statt. *sb*

Reichsregiment Im Zuge der ↗Reichsreform geforderte, noch über dem ↗Kaiser stehende, ständische Regierung; erstes R. 1500–02; zweites R. 1521–30. Beide R. scheiterten infolge ihrer Machtlosigkeit und ihres Geldmangels. *br*

Reichsritterschaft Im ↗Heiligen Römischen Reich (bis 1806) die Genossenschaft der ↗reichsunmittelbaren ↗Ritter. Gehörte zum niederen ↗Adel; seit 1577 in ↗Ritterbünden zusammengeschlossen. Mitglieder hatten beschränkte Gewalt in ihren Territorien, waren von Steuerzahlungen befreit und trugen den Titel „Freiherr“. *wj*

Reichssicherheits-Hauptamt (RSHA) Seit der organisatorischen Zusammenlegung mehrerer Polizeiämter (Sicherheitspolizei, Kriminalpolizei,

Parade der neuen Panzerwaffe auf dem Nürnberger NSDAP-Reichsparteitag 1935 als Demonstration des „nationalen Wiederaufstiegs“

↗SD) am 27.9.1939 oberste Polizeibehörde des ↗Dritten Reiches mit weitreichenden Befugnissen. Bis 1944 kontinuierlich ausgebaut; führendes Organ des nationalsozialistischen Verfolgungsapparates. *PS*

Reichsstädte Im ↗Mittelalter ↗Städte, die von den Königen oder auf deren Land gegründet wurden und deshalb ↗reichsunmittelbar waren. Später wie die Freien Städte, die sich im 13./14. Jh. von der Landes- oder Stadtherrschaft befreit hatten, als Freie R. bezeichnet. Die R. bildeten seit 1489 das dritte Kollegium auf den ↗Reichstagen; 1803–06 wurden alle Städte außer ↗Hamburg, ↗Bremen, ↗Lübeck und ↗Frankfurt/Main wieder einer Landesherrschaft unterstellt (↗Mediatisierung). *wj*

auf der Rheinischen Städtebank:

Köln	Bremen
Aachen	Hamburg
Lübeck	Mühlhausen (Thüringen)
Worms	Nordhausen
Speyer	Dortmund
Frankfurt/Main	Friedberg
Goslar	Wetzlar

auf der Schwäbischen Städtebank:

Regensburg	Windheim
Augsburg	Kaufbeuren
Nürnberg	Weil der Stadt
Ulm/Donau	Wangen (Allgäu)
Esslingen	Isny
Reutlingen	Pfullendorf
Nördlingen	Offenburg
Rothenburg/Tauber	Leutkirch
Schwäbisch Hall	Wimpfen
Rottweil/Neckar	Weißenburg (Bayern)
Überlingen	
Heilbronn	Giengen/Brenz
Schwäbisch Gmünd	Gengenbach
Memmingen	Zell/Harmersbach
Lindau	Buchhorn (bei Friedrichshafen)
Dinkelsbühl	
Biberach	Aalen
Ravensburg	Buchau/Federsee
Schweinfurt	Bopfingen
Kempten	

Reichsstände Im ↗Heiligen Römischen Reich die ↗reichsunmittelbaren Glieder, die „Reichsstandschaft" (Sitz und Stimme im ↗Reichstag) besaßen: 1) die geistlichen ↗Reichsfürsten, 2) die weltlichen ↗Kurfürsten, ↗Herzöge, ↗Fürsten, ↗Markgrafen, ↗Grafen und Freiherren, 3) die ↗Reichsstädte. *wj*

Reichsstatthalter Im ↗Dritten Reich Bezeichnung für das staatliche Amt eines Vertreters der ↗Reichsregierung bei den einzelnen Ländern. Zumeist in Personalunion vom jeweiligen ↗Gauleiter ausgeübt und so die Verknüpfung von Staat und Partei symbolisierend. *PS*

Reichstag 1) Im ↗Heiligen Römischen Reich (bis 1806): die Versammlung der ↗Kurfürsten, ↗Fürsten und ↗Reichsstädte, die seit dem 15. Jh. in drei Kollegien getrennt berieten, seit 1663 einen ständigen Gesandtenkongreß in ↗Regensburg formierten und deren einhelliger Beschluß, wenn der ↗Kaiser ihn ratifizierte, zum verbindlichen Reichsschluß oder Reichsabschied wurde.

2) Im ↗Norddeutschen Bund (1867–71) und im ↗Deutschen Reich (1871–1918): die nach allg., direktem und geheimem Wahlrecht auf drei, dann auf fünf Jahre (seit 1888) gewählte Volksvertretung, die zusammen mit dem ↗Bundesrat Gesetze erließ und die Regierung durch Interpellation kontrollierte.

3) In der ↗Weimarer Republik: auf vier Jahre durch allg. Wahl und Verhältniswahl gewählt und durch seine bes. Beschlußfähigkeit von entscheidendem Einfluß auf die Regierung.

4) Im ↗Dritten Reich: ohne jede Selbständigkeit und Bedeutung; die Abgeordneten wurden ernannt. *vK*

Reichstagsbrand Am Abend des 27.2.1933 zündete der später zum Tode verurteilte niederländische Rätekommunist van der ↗Lubbe das Reichstagsgebäude in Berlin an. Im Prozeß gegen van der Lubbe aufgestellte Behauptungen von einer kommunistischen Verschwörung entsprechen ebensowenig den Tatsachen wie die noch heute gelegentlich vorgetragene Ansicht von einer Brandstiftung durch das Regime selbst. ↗Hitler nutzte die Situation, um am 28.2. ↗Reichspräsident von ↗Hindenburg zum Erlaß einer ↗Notverordnung „zum Schutz von Volk und Staat" (R.-Verordnung), zu bewegen, die zahlreiche Grundrechte aussetzte und den Weg zur ↗Diktatur ebnete. *PS*

Reichstagswahlen (411–413).

Reichsteilung Allg. Bezeichnung für die machtpolitische oder erbrechtliche Teilung von ↗Reichen, z.B. die Teilung des ↗Frankenreiches im 9. Jh. aufgrund dreier Verträge (↗Verdun, ↗Meerssen und ↗Ribemont). *vK*

reichsunmittelbar Im ↗Heiligen Römischen Reich keinem Landesherrn, sondern unmittelbar dem ↗König unterstehende natürliche oder juristische Person. *vK*

Reichsverfassung (1871) Die Verfassung des ↗Deutschen Reiches trat am 16.4.1871 in Kraft und galt bis 1918. Sie glich weitgehend der Verfassung des ↗Norddeutschen Bundes von 1867. Wesentliche Merkmale waren die Bundesstaatlichkeit, die Souveränität der ↗Fürsten und ↗Freien Städte, eine parlamentarische Repräsentation (↗Reichstag) und das Fehlen eines Regierungskollegiums. Der König von ↗Preußen war zugleich erblicher Deutscher Kaiser. Ihm kamen die völkerrechtliche Vertretung, die Einberufung und Schließung des ↗Reichstages und des ↗Bundesrates, die Ernennung und Entlassung der Reichsbeamten, der Oberbefehl über das Heer sowie die Kriegserklärung (diese mit Zustimmung des Bundesrates) zu. Der ↗Reichskanzler, der fast immer mit dem preußischen Ministerpräsidenten identisch war, war allein dem Kaiser verantwortlich. Dem Reichskanzler unterstellt waren die ↗Staatssekretäre, d.h. die geschäftsführenden Leiter der ↗Reichsämter. Die Gesetzgebung erfolgte durch Zusammenarbeit von Reichstag und Bundesrat. Im Bundesrat, dessen Vorsitz der Reichskanzler führte, waren die Fürsten der 22 Einzelstaaten und die drei Freien Städte vertreten, Preußen besaß 17 von 58 Stimmen. Der Bundesrat konnte den Reichstag mit Zustimmung des Kaisers auflösen. Wahlberechtigt für den Reichstag war die männliche Bevölkerung über 25 Jahre. Der Reichshaushaltsetat wurde jährlich festgelegt und durch ein Gesetz vor Beginn des Etatjahres festgestellt. Ein Mangel der R. war die fehlende Finanzhoheit des Reiches. Dadurch war das Reich finanziell auf die Bundesstaaten angewiesen und verschuldete sich zunehmend. (410) *br*

Reichsverfassung (1919) ↗Weimarer Verfassung

Reichsvertretung der deutschen Juden September 1933 gegründete Gesamtorganisation der deutschen ↗Juden unter dem Vorsitz ↗Baecks. Später als „Reichsvertretung der Juden in Deutschland“ firmierend und Juni 1939 in „Reichsvereinigung der Juden in Deutschland“ umbenannt, bemühten sich die Vertreter der R., als Mittler zwischen den Behörden und den deutschen Juden zu fungieren. 1943 aufgelöst. *PS*

Reichsverweser 1) Der Reichsvikar; Stellvertreter des Königs im ↗Heiligen Römischen Reich bei Thronvakanz oder Abwesenheit.
2) Der am 29.6.1848 von der ↗Frankfurter Nationalversammlung bestellte Inhaber der provisorischen Zentralgewalt (↗Johann, österreichischer Erzherzog). *br*

Reichswehr In der ↗Weimarer Republik und bis zur Wiedereinführung der Wehrpflicht 1935 Bezeichnung der Streitkräfte. 1920 gemäß dem Frieden von ↗Versailles als Berufsarmee auf 100000

Reichstagsgebäude (1884-94 von ↗Wallot erbaut) nach der Renovierung mit der neuen Kuppel von Norman Foster

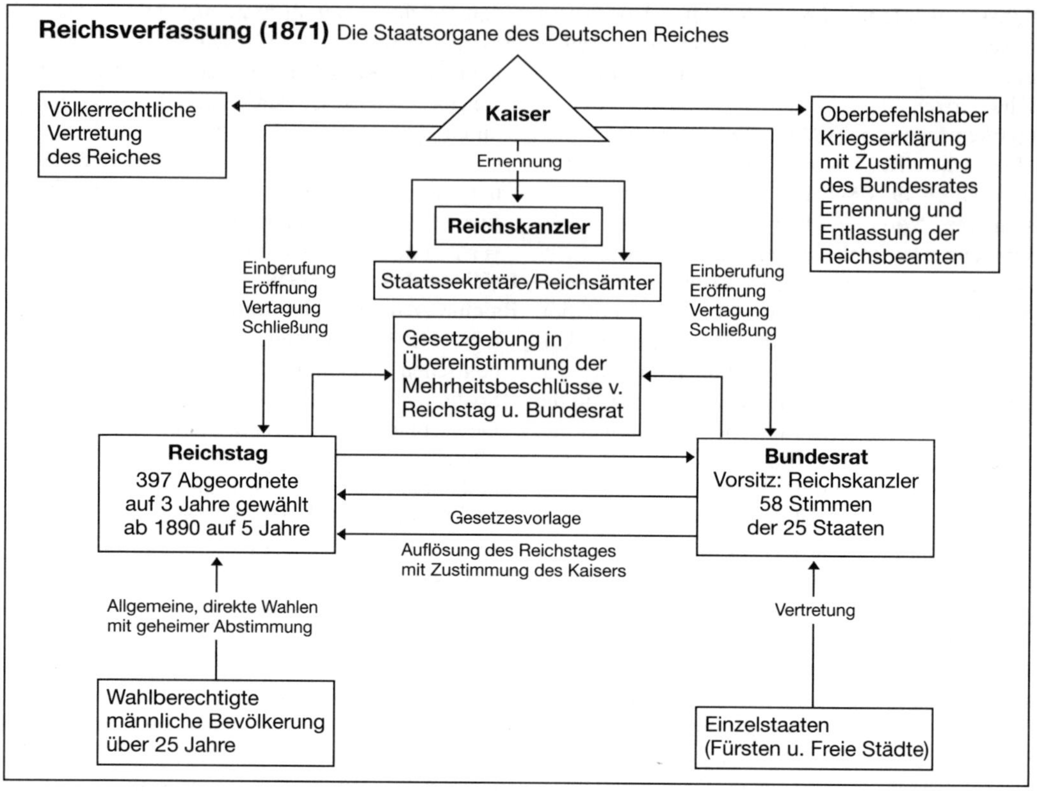

Mann des Heeres beschränkt, ohne Generalstab sowie ohne Luftwaffe, U-Boote, Panzer und schwere Waffen, vornehmlich zur Aufrechterhaltung der inneren Ordnung vorgesehen. *PS*

Reichswerke Hermann Göring Am 15.7.1937 als „Aktiengesellschaft für Erzbergbau und Eisenhütten Hermann Göring" auf ↗Görings Betreiben gegründet und mit dem Abbau von Erz und der Errichtung von Hochöfen zur Eisenverhüttung um Salzgitter beauftragt. Betrieb massive Expansionspolitik und gliederte sich zahlreiche Konzerne in den besetzten Gebieten ein; Einsatz zahlreicher zwangsarbeitender KZ-Häftlinge, Kriegsgefangener und ↗Fremdarbeiter. *PS*

Reichwein, Adolf Pädagoge, *3.10.1898 Bad Ems (Rheinland), †20.10.1944 Berlin. 1930–1933 Professur in Halle; ab Herbst 1933 Dorfschullehrer; seit 1939 am Volkskundemuseum in Berlin; Mitglied des ↗Kreisauer Kreises; Kontakte zum kommunistischen Widerstand; Anfang Juli 1944 verhaftet, gefoltert und nach Todesurteil hingerichtet. *PS*

Reimann, Max Politiker (KPD), *31.10.1898 Elbing, †18.1.1977 Düsseldorf. Seit 1919 ↗KPD-Mitglied, im Widerstand gegen den ↗Nationalsozialismus tätig; seit 1948 Vorsitzender der KPD der westlichen Besatzungszonen, Mitglied des Bundestages und Vorsitzender der KPD-Fraktion (1949–53); 1954–69 in der ↗DDR, Ehrenvorsitzender der ↗DKP ab 1971. *sb*

Reinhardt, Max (eigentlich Max Goldmann) Schauspieler, Regisseur, *9.9.1873 Baden (bei Wien), †30.10.1943 New York. Wurde bekannt als Berliner Charakterdarsteller; ab 1902 Leiter verschiedener Bühnen in Berlin und Wien; gilt als Schöpfer des modernen Regietheaters; 1938 Emigration in die USA. *sm*

Reinheitsgebot Brauregel für Bier. 1516 erließ Herzog Wilhelm IV. für ↗Bayern das R., wonach zur Herstellung von ↗Bier nur Gerste, Hopfen und Wasser verwendet werden durften. Erst 1906 wurde das R. für das gesamte ↗Deutsche Reich verbindlich. 1987 erzwang der Europäische Gerichtshof die Öffnung des deutschen Marktes für mit Zusätzen hergestellte Importbiere. 1996 wurde nach dem R. gebrautes Bier von der Europäischen Union als „Traditionelles Lebensmittel" und europaweit geschützt. *dt*

Reichstagswahlen 1871–1912

	1871		1874		1877		1878	
Wahlbeteiligung	50,7 %		60,8 %		60,3 %		63,1 %	
	Ergebnis		**Ergebnis**		**Ergebnis**		**Ergebnis**	
	%	Sitze	**%**	Sitze	**%**	Sitze	**%**	Sitze
Konservative	**14,1**	57	**6,9**	22	**9,7**	40	**13,0**	59
Reichspartei (Freikonserv.)	**8,9**	37	**7,2**	33	**7,9**	38	**13,6**	57
Nationalliberale	**30,1**	125	**29,7**	155	**27,2**	128	**23,1**	99
Liberale	**7,2**	30	**1,0**	3	**2,5**	13	**2,7**	10
Liberale Vereinigung (1)	–	–	–	–	–	–	–	–
Deutsche Fortschrittspartei (2)	**8,8**	46	**8,6**	49	**7,7**	35	**6,7**	26
Deutsche Volkspartei	**0,5**	1	**0,4**	1	**0,8**	4	**1,1**	3
Zentrum	**18,6**	63	**27,9**	91	**24,8**	93	**23,1**	94
Welfen	**1,6**	7	**1,8**	4	**1,6**	4	**1,7**	10
Sozialdemokraten	**3,2**	2	**6,8**	9	**9,1**	12	**7,6**	9
Polen	**4,5**	13	**3,8**	14	**4,0**	14	**3,6**	14
Dänen	**0,5**	1	**0,4**	1	**0,3**	1	**0,3**	1
Elsaß-Lothringer	–	–	**4,5**	15	**3,7**	15	**3,1**	15
Antisemiten (3)	–	–	–	–	–	–	–	–
Sonstige	**2,0**	–	**0,9**	–	**0,5**	–	**0,3**	–
Gesamt	**100**	382	**100**	397	**100**	397	**100**	397

	1881		1884		1887		1890	
Wahlbeteiligung	56,1 %		60,3 %		77,2 %		71,2 %	
	Ergebnis		**Ergebnis**		**Ergebnis**		**Ergebnis**	
	%	Sitze	**%**	Sitze	**%**	Sitze	**%**	Sitze
Konservative	**16,3**	50	**15,2**	78	**15,2**	80	**12,4**	73
Reichspartei (Freikonserv.)	**7,4**	28	**6,9**	28	**9,8**	41	**6,7**	20
Nationalliberale	**14,7**	47	**17,6**	51	**22,3**	99	**16,3**	42
Liberale	–	–	–	–	–	–	–	–
Liberale Vereinigung (1)	**8,4**	46	–	–	–	–	–	–
Deutsche Fortschrittspartei (2)	**12,7**	60	**17,6**	67	**12,9**	32	**16,0**	66
Deutsche Volkspartei	**2,0**	9	**1,7**	7	**1,2**	–	**2,0**	10
Zentrum	**23,2**	100	**22,6**	99	**20,1**	98	**18,6**	106
Welfen	**1,7**	10	**1,7**	11	**1,5**	4	**1,6**	11
Sozialdemokraten	**6,1**	12	**9,7**	24	**10,1**	11	**19,8**	35
Polen	**3,8**	18	**3,6**	16	**2,8**	13	**3,4**	16
Dänen	**0,3**	2	**0,3**	1	**0,2**	1	**0,2**	1
Elsaß-Lothringer	**3,0**	15	**2,9**	15	**3,1**	15	**1,4**	10
Antisemiten (3)	–	–	–	–	**0,2**	1	**0,7**	5
Sonstige	**0,3**	–	**0,2**	–	**0,6**	2	**1,0**	2
Gesamt	**100**	397	**100**	397	**100**	397	**100**	397

(1) Ab 1893 Freisinnige Vereinigung
(2) Ab 1884 nach der Fusion mit der Liberalen Vereinigung Deutsch-Freisinnige Partei, ab 1893, nach der Abspaltung der Freisinnigen Vereinigung, Freisinnige Volkspartei, ab 1910 nach dem Zusammenschluß der liberalen Gruppen Fortschrittliche Volkspartei.
(3) Antisemiten traten bei den Reichstagswahlen von 1887 bis 1903 als Splittergruppen unter dem Parteinamen Christlich-Soziale Partei, Deutsche Reformpartei, Deutsch-Soziale Reformpartei und Deutsch-Soziale Partei auf. Ab 1907 erscheint in dieser Rubrik auch die Wirtschaftliche Vereinigung, in der die Antisemiten als dominierende Gruppe aufgegangen sind.

	1893		1898		1903		1907		1912	
Wahlbeteiligung	72,2 %		67,7 %		75,3 %		84,3 %		84,5 %	
	Ergebnis		**Ergebnis**		**Ergebnis**		**Ergebnis**		**Ergebnis**	
	%	Sitze	**%**	Sitze	**%**	Sitze	**%**	Sitze	**%**	Sitze
Konservative	**13,5**	72	**11,1**	56	**10,0**	54	**9,4**	60	**9,2**	43
Reichspartei (Freikonserv.)	**5,7**	28	**4,4**	23	**3,5**	21	**4,2**	24	**3,0**	14
Nationalliberale	**13,0**	53	**12,5**	46	**13,9**	51	**14,5**	54	**13,6**	45
Liberale	–	–	–	–	–	–	–	–	–	–
Liberale Vereinigung (1)	**3,9**	13	**2,5**	12	**2,6**	9	**3,2**	14	–	–
Deutsche Fortschrittspartei (2)	**8,7**	24	**7,2**	29	**5,7**	21	**6,5**	28	**12,3**	42
Deutsche Volkspartei	**2,2**	11	**1,4**	8	**1,0**	6	**1,2**	7	–	–
Zentrum	**19,1**	96	**18,8**	102	**19,8**	100	**19,4**	105	**16,4**	91
Welfen	**1,3**	7	**1,4**	9	**1,0**	6	**0,7**	1	**0,7**	5
Sozialdemokraten	**23,3**	44	**27,2**	56	**31,7**	81	**28,9**	43	**34,8**	110
Polen	**3,0**	19	**3,1**	14	**3,7**	16	**4,0**	20	**3,6**	18
Dänen	**0,2**	1	**0,2**	1	**0,2**	1	**0,1**	1	**0,1**	1
Elsaß-Lothringer	**1,5**	8	**1,4**	10	**1,1**	9	**1,0**	7	**1,3**	9
Antisemiten (3)	**3,5**	16	**3,3**	13	**2,6**	11	**3,9**	16	**2,9**	13
Sonstige	**1,7**	5	**4,5**	18	**3,5**	11	**3,0**	17	**2,0**	6
Gesamt	**100**	397	**100**	397	**100**	397	**100**	397	**100**	397

(1) Ab 1893 Freisinnige Vereinigung

(2) Ab 1884 nach der Fusion mit der Liberalen Vereinigung Deutsch-Freisinnige Partei, ab 1893, nach der Abspaltung der Freisinnigen Vereinigung, Freisinnige Volkspartei, ab 1910 nach dem Zusammenschluß der liberalen Gruppen Fortschrittliche Volkspartei.

(3) Antisemiten traten bei den Reichstagswahlen von 1887 bis 1903 als Splittergruppen unter dem Parteinamen Christlich-Soziale Partei, Deutsche Reformpartei, Deutsch-Soziale Reformpartei und Deutsch-Soziale Partei auf. Ab 1907 erscheint in dieser Rubrik auch die Wirtschaftliche Vereinigung, in der die Antisemiten als dominierende Gruppe aufgegangen sind.

Reichstagswahlen 1919–1933

	19. 1. 1919		6. 6. 1920		4. 5. 1924		7. 12. 1924		20. 5. 1928	
Wahlbeteiligung in %	83,0		79,2		77,4		78,8		75,6	
	Ergebnis		Ergebnis		Ergebnis		Ergebnis		Ergebnis	
	%	Sitze	%	Sitze	%	Sitze	%	Sitze	%	Sitze
DNVP	**10,3**	44	**15,1**	71	**19,5**	95	**20,5**	103	**14,2**	73
NSDAP (1924: NS-Freiheitsbewegung)	–	–	–	–	**6,5**	32	**3,0**	14	**2,6**	12
Wirtschaftspartei / Bayerischer Bauernbund	**0,9**	4	**0,8**	4	**2,4**	10	**3,3**	17	**4,5**	23
Deutsch-Hannoversche Partei	0,2	1	**1,1**	5	**1,1**	5	**0,9**	4	**0,6**	3
Landbund	–	–	–	–	**2,0**	10	**1,6**	8	**0,6**	3
Deutsches Landvolk	–	–	–	–	–	–	–	–	**1,9**	10
Deutsche Bauernpartei	–	–	–	–	–	–	–	–	**1,6**	8
Christlich-Sozialer Volksdienst	–	–	–	–	–	–	–	–	–	–
DVP	**4,4**	19	**13,9**	65	**9,2**	45	**10,1**	51	**8,7**	45
Zentrum (1919: Christliche Volkspartei)	**19,7**	91	**13,6**	64	**13,4**	65	**13,6**	69	**12,1**	62
BVP	–	–	**4,4**	21	**3,2**	16	**3,7**	19	**3,1**	16
DDP (ab 1930: Deutsche Staatspartei)	**18,5**	75	**8,3**	39	**5,7**	28	**6,3**	32	**4,9**	25
SPD	**37,9**	163	**21,7**	102	**20,5**	100	**26,0**	131	**29,8**	153
USPD	**7,6**	22	**17,9**	84	**0,8**	–	**0,3**	–	**0,1**	–
KPD	–	–	**2,1**	4	**12,6**	62	**9,0**	45	**10,6**	54
Sonstige	**0,5**	2	**1,1**	–	**3,1**	4	**2,0**	–	**5,5**	4
Gesamt	**100**	421	**100**	459	**100**	472	**100**	493	**100**	491

	14. 9. 1930		31. 7. 1932		6. 11. 1932		5. 3. 1933	
Wahlbeteiligung in %	82,0		84,1		80,6		88,8	
	Ergebnis		Ergebnis		Ergebnis		Ergebnis	
	%	Sitze	%	Sitze	%	Sitze	%	Sitze
DNVP	**7,0**	41	**5,9**	37	**8,3**	52	**8,0**	52
NSDAP (1924: NS-Freiheitsbewegung)	**18,3**	107	**37,3**	230	**33,1**	196	**43,9**	288
Wirtschaftspartei / Bayerischer Bauernbund	**3,9**	23	**0,4**	2	**0,3**	1	–	–
Deutsch-Hannoversche Partei	**0,4**	3	**0,1**	–	**0,2**	1	**0,1**	–
Landbund	**0,6**	3	**0,3**	2	**0,3**	2	**0,2**	1
Deutsches Landvolk	**3,2**	19	**0,2**	1	**0,1**	–	–	–
Deutsche Bauernpartei	**1,0**	6	**0,4**	2	**0,4**	3	**0,3**	2
Christlich-Sozialer Volksdienst	**2,5**	14	**1,0**	3	**1,2**	5	**1,0**	4
DVP	**4,5**	30	**1,2**	7	**1,9**	11	**1,1**	2
Zentrum (1919: Christliche Volkspartei)	**11,8**	68	**12,5**	75	**11,9**	70	**11,2**	74
BVP	**3,0**	19	**3,2**	22	**3,1**	20	**2,7**	18
DDP (ab 1930: Deutsche Staatspartei)	**3,8**	20	**1,0**	4	**1,0**	2	**0,9**	5
SPD	**24,5**	143	**21,6**	133	**20,4**	121	**18,3**	120
USPD	–	–	–	–	–	–	–	–
KPD	**13,1**	77	**14,3**	89	**16,9**	100	**12,3**	81
Sonstige	**2,3**	4	**0,7**	1	**0,8**	–	–	–
Gesamt	**100**	577	**100**	608	**100**	584	**100**	647

Reis, Johann Philipp Physiker, * 7.1.1834 Gelnhausen (bei Hanau), † 14.1.1874 Friedrichsdorf (bei Homburg). Konstruierte 1861 ein Schallaufnahmegerät, mit dessen Hilfe erstmals Klänge und Sprache übertragen werden konnten; wurde damit zum Erfinder des Fernsprechers. *nk*

Reisefreiheit ↗Botschaftsflüchtlinge, ↗Maueröffnung

Reiske, Johann Jakob Arabist, * 25.9.1716 Zörbig, † 14.8.1774 Leipzig. Nach orientalistischen Studien an der Universität Leyden (Niederlande), beschäftigte sich R. seit 1746 in Leipzig mit der Geschichte des Vorderen Orients, die er als erster unabhängig von der christlichen Heilsgeschichte betrachtete; verteidigte dabei die im seinerzeit christozentrischen Europa revolutionäre Auffassung, die Geschichte des Orients stehe der abendländischen an Gehalt in nichts nach; 1758 zum Rektor der Nikolai-Schule ernannt; zählt zu den Begründern der wissenschaftlichen Islamkunde. *nk*

Reitsch, Hanna Pilotin, * 29.3.1912 Hirschberg (Schlesien), † 24.8.1979 Frankfurt/Main. Zahlreiche Flugrekorde; seit 1937 bei der Luftwaffe als Testpilotin für neue Flugzeugtypen eingesetzt; als einzige Frau mit dem ↗Eisernen Kreuz ausgezeichnet; Vertraute ↗Hitlers. *PS*

Reitzenstein, Sigismund von Badischer Staatsminister, * 3.2.1766 Nemmersdorf (bei Bayreuth), † 5.3.1847 Karlsruhe. Als Gesandter in Paris (1796–1803) erfolgreich für die Schaffung eines geschlossenen, vergrößerten Territoriums und die Erhebung ↗Badens zum ↗Großherzogtum (1806) tätig; 1809–10, 1813–18 und 1832–42 Staatsminister; wahrte auf dem ↗Wiener Kongreß die Integrität Badens; erließ 1818 eine liberale Verfassung. *rh*

Religionskriege (Glaubenskriege) Kriege des 16. und 17. Jh.s, in denen die religiösen Gegensätze zwischen Katholiken und Protestanten sowie zwischen Christen und Muslimen, zusammen mit direkten politischen Machtinteressen eine entscheidende Rolle spielten: in den ↗Türkenkriegen (ab 1526), im ↗Schmalkaldischen Krieg (1546–47), im ↗Dreißigjährigen Krieg (1618–48). *rh*

Reliquien (lat.: reliquiae = Überbleibsel) Asche, Gebeine oder auch Kleidung und Gebrauchsgegenstände von Heiligen als Objekte kultischer Verehrung. Berührung oder bloße Gegenwart der R. sollen die Macht auf den Gläubigen übertragen; Hochzeit des Kultes im Mittelalter; großer Bedarf an R. führte bald zu Fälschungen und dem R.-Handel; erste Kritik der R.-Verehrung in Deutschland zur Zeit der ↗Reformation durch Martin ↗Luther; Bestätigung des R.-Kultes durch die katholische Kirche durch das Konzil von Trient. *sm*

Remagen, Brückenkopf Stadt im Rheinland. Hier gelang die Bildung des ersten rechtsrheinischen Brückenkopfes der ↗Alliierten durch US-Einheiten ab 7.3.1945, da eine Eisenbahnbrücke über den Rhein unzerstört geblieben war. *PS*

Remarque, Erich Maria Schriftsteller, * 22.6.1898 Osnabrück, † 25.9.1970 Locarno. Bekannt durch seine antimilitaristischen Romane, v.a. seinen verfilmten Bestseller „Im Westen nichts Neues“, der 1929 veröffentlicht wurde; 1938 Aberkennung der deutschen Staatsbürgerschaft; lebte ab 1931 in der Schweiz bzw. in den USA. *sm*

Remer, Otto-Ernst Generalmajor, * 18.8.1912 Neubrandenburg. Als Kommandeur des Wachbataillons „Großdeutschland“ an der Niederschlagung des ↗Zwanzigsten Juli in Berlin beteiligt; Mitbegründer der später verbotenen ↗Sozialistischen Reichspartei (SRP); zahlreiche neonazistische Aktivitäten. *PS*

Renaissance Bezeichnung für die Zeit um 1420–1520, die durch Rückbesinnung auf die Antike, Naturbeobachtung und das Verlangen nach Bildung geprägt war. Die R. löste, von Italien (Florenz) ausgehend, die ↗Gotik ab. Den Begriff R. führte im 19. Jh. Jacob ↗Burckhardt ein.
In der Kunstgeschichte unterscheidet man drei Phasen der R.: Früh-R. (um 1420–1500), Hoch-R. (um 1500–20), Spät-R. (um 1520–1600). Zentrum der R.-Kunst nördlich der Alpen war Süddeutschland. In Skulptur und Malerei interessierte v.a. die Darstellung von Körper und Raum und ihre Beziehung zueinander (Entdeckung der Zentralperspektive). Anders als in Italien beruhte die Darstellung nicht auf Gesetzen, sondern auf Naturbeobachtungen, die idealisiert wurden. Beliebte Gattung war das Porträt. Bedeutende Künstler des 15. Jh.s waren Hans Multscher, Lucas Moser, Konrad Witz. Wichtigster Maler des 16. Jh.s war ↗Dürer, der zwei Italienreisen unternahm (1494/95, 1505–07); daneben ↗Cranach, Hans Holbein der Jüngere, Albrecht Altdorfer, Mathias Grünewald. Die Architektur der R. ist gekennzeichnet durch die Verwendung antikisierender Schmuckformen (z.B. Säulen, Kapitelle). Die deutsche Baukunst orientierte sich an Italien und den Niederlanden: u.a. die Fuggersche Grab-

kapelle (Augsburg 1509–18) sowie der Ottheinrichsbau des Heidelberger Schlosses (um 1556). Im ↗Klassizismus und ↗Historismus kam es zu einer Wiederbelebung der Renaissance.
Die Literatur der R. war in Deutschland zunächst lat. (↗Hutten, ↗Erasmus von Rotterdam, Willibald Pirkheimer); erst Martin ↗Luthers Bibelübersetzung (ab 1522) führte die volkssprachliche Literatur ein. Bevorzugte Gattungen waren Epos, Drama, Novelle, Schäferspiel und Satire.
Die Musik des 15./16. Jh.s war vorrangig geistliche Musik. Neben Vokalmusik stand bes. Orgelmusik (Jan Sweelinck) im Vordergrund. Im Zuge der ↗Reformation entwickelte sich die evangelische Kirchenmusik. *rw*

Renger, Annemarie Bundestagspräsidentin, *7.10.1919 Leipzig. 1945 im Zentralbüro der ↗SPD tätig; 1953–90 Abgeordnete des ↗Bundestages; 1959–66 Mitglied im ↗Europarat; 1970–73 Mitglied des Parteipräsidiums der SPD; 1966–73 Vorsitzende des Bundesfrauenausschusses; 1972–76 Präsidentin, 1976–90 Vizepräsidentin des ↗Bundestages. *Ki*

Renovatio Imperii Im ↗Mittelalter angestrebtes Ideal einer Erneuerung des Römischen Reiches unter christlichem Vorzeichen; v.a. unter Kaiser ↗Otto III.: Palasterrichtung auf dem Palatin in Rom; Ämter und Hofzeremoniell nach römischem Vorbild. In Rom als der Hauptstadt der Welt sollten der ↗Kaiser und der ihm unterstellte Papst friedlich nebeneinander wirken. *br*

Renten ↗Arbeits- und Sozialpolitik

Rentenmark Am 15.11.1923 zur Beseitigung der ↗Inflation eingeführte Währungseinheit. Durch eine teilweise fiktive Deckung aus Schulden der Landwirtschaft und Industrie an das ↗Deutsche Reich wurde die Rentenbank mit 3,2 Mrd. R. gegründet; eine R. entsprach einer Billion Papiermark. In den folgenden Monaten gelang es dank der R., zu einem ausgeglichenen Haushalt zu kommen. *PS*

REP ↗Republikaner, Die

Reparationen (vor 1945) Geld-, Sach- und Dienstleistungen, die dem Unterlegenen einer kriegerischen Auseinandersetzung zur ↗Wiedergutmachung entstandener Kriegsschäden auferlegt werden. R.s-Forderungen wurden erstmals im Frieden von ↗Versailles durch die ↗Alliierten erhoben, das ↗Deutsche Reich wurde aufgrund der völkerrechtswidrigen Kriegseröffnung zu R.s-Zahlungen verpflichtet, deren Höhe in der Konferenz von ↗Spa (1920) und in den Pariser Friedensverträgen (1921) auf 226 Mrd. Goldmark festgelegt wurde; von deutscher Seite abgelehnt. Die im Londoner Ultimatum festgesetzten 132 Mrd. wurden akzeptiert. Aufgrund der starken ↗Inflation in Deutschland wurden die R. im ↗Dawes-Plan 1924 und im ↗Young-Plan 1929 nochmals gesenkt. Nach der Stundung der R. für ein Jahr im ↗Hoover-Moratorium wurde in der Konferenz von ↗Lausanne 1932 die Abgabe von 3 Mrd. Reichsmark als endgültige Ablösung vereinbart, aber nicht erbracht. *sb*

Reparationen (seit 1945) Auf der Konferenz von ↗Jalta und der ↗Potsdamer Konferenz beschlossene, von den ↗Besatzungsmächten in der Konferenz von Paris 1946 festgelegte Leistungen zur Wiedergutmachung für Schäden des ↗Zweiten Weltkrieges; im Unterschied zu den ↗R. vor 1945 vorrangig aus Sachleistungen. Aus den westlichen ↗Besatzungszonen und der späteren ↗Bundesrepublik wurden bis zur endgültigen Einstellung der R. mit den ↗Pariser Verträgen 1954 Werte in Höhe von 517 Mio. US-Dollar durch die Beschlagnahme von Auslandsvermögen, der Handelsflotte sowie den ↗Demontagen entnommen; der ↗SBZ und der späteren ↗DDR wurden bis zum sowjetischen Reparationsverzicht 1954 mit Demontagen, Beschlagnahmen und Lieferungen aus der laufenden Produktion Werte in Höhe von 13 Mrd. US-Dollar entzogen. *kl*

Repgow, Eike von ↗Eike von Repgow

Reptilienfonds Geheime, unkontrollierte Mittel, die einer Regierung zu Zwecken der Geheimpolitik zur Verfügung standen. Die Bezeichnung geht auf Otto von ↗Bismarck zurück, der nach 1866 einen entsprechenden Fonds aus den beschlagnahmten Vermögen des abgesetzten Königs ↗Georg V. von Hannover (↗Welfenfonds) bzw. des Kurfürsten von Hessen bildete, um damit „bösartige Reptilien“ (d.h. Agenten der betreffenden Herrscher; Zitat aus einer Rede Otto von Bismarcks von 1869) zu verfolgen. *wm*

Republikaner, Die (REP) 1983 u.a. von ↗Schönhuber gegründete politische Partei, die in populistischer Form rechtsgerichtete Ansichten (↗Rechtsradikalismus) vertritt. Ist gegen einen europäischen Binnenmarkt; 1989/90 im Abgeordnetenhaus von Berlin; seit 1992 im Baden-Württembergischen ↗Landtag; 1989–94 im ↗Europäischen Parlament. *rw*

Republikflucht Bezeichnung für unerlaubte

Grenzübertritte aus der ↗DDR in den Westen, mit dem Paßgesetz 1957 als Reaktion auf die hohe Zahl der ↗Flüchtlinge eingeführt; nach Errichtung der ↗Berliner Mauer Erteilung des ↗Schießbefehls an die ↗Grenztruppen; nach 1968 als eigener Straftatbestand mit Freiheitsentzug von zwei bis acht Jahren geahndet; zum 1.7.1990 aufgehoben. *kl*

Republikschutzgesetz Das R. wurde anläßlich der Ermordung Walther ↗Rathenaus am 21.7.1922 erlassen, 1927 verlängert, 1932 außer Kraft gesetzt. Es diente dem Schutz der republikanisch-demokratischen Staatsform in Fällen der Bedrohung durch politischen Extremismus und bei politischen Morden. *sb*

Reservatrechte 1) Im ↗Heiligen Römischen Reich die vom ↗Kaiser ohne Mitwirkung des ↗Reichstages ausgeübten Hoheitsrechte.
2) Die im deutschen Kaiserreich von 1871–1918 den Hansestädten und den süddeutschen Staaten zugestandenen Sonderrechte. *br*

Résistance Im ↗Zweiten Weltkrieg die französische Widerstandsbewegung gegen die deutsche Besatzung. Gegen Ende des Krieges im Nationalen Befreiungskomitee zusammengeschlossen und militärisch in eigenen Einheiten, Forces Françaises de l'Intérieur, organisiert. *PS*

Restauration Allg. Restitution der vorrevolutionären Ordnung. Im engeren Sinne Bezeichnung für die Zeit zwischen ↗Wiener Kongreß (1814/15) und ↗Deutscher Revolution (1848), den ↗Vormärz; Wiederherstellung vorrevolutionärer Legitimität; Betonung des monarchischen Prinzips. Inbegriff der R. war die explizit antirevolutionäre ↗Heilige Allianz. *MH*

Restitution In der ↗Bundesrepublik bezeichnet R. die Rückgabe von oder Entschädigung für Vermögenswerte, die Menschen, die aus rassischen, politischen, religiösen oder weltanschaulichen Motiven im ↗Nationalsozialismus verfolgt wurden, geraubt oder enteignet wurden. Dies betrifft bes. durch ↗Arisierungen enteignete Vermögenswerte. R.s-Ansprüche wurden sowohl gegenüber der ↗Bundesrepublik (als Rechtsnachfolgerin des ↗Deutschen Reiches) als auch gegenüber den neuen Eigentümern der Vermögenswerte gestellt. Durch das Bundesrückerstattungsgesetz vom 19.7.1957 wurde die R. bundeseinheitlich geregelt (↗Wiedergutmachung). *sb*

Restitutionsedikt (1629) Von Kaiser ↗Ferdinand II. am 6.3.1629 auf dem Höhepunkt seiner Macht im ↗Dreißigjährigen Krieg verkündet. Es verfügte die Rückgabe aller seit dem Passauer Vertrag (1552) von den Protestanten eingezogenen geistlichen Güter an die Katholiken und erlaubte den katholischen ↗Reichsständen die Rekatholisierung ihrer Gebiete. *rh*

Rethel, Alfred Maler, Zeichner, *15.5.1816 Aachen, †1.12.1859 Düsseldorf. 1829–36 Schüler von ↗Schadow; R.s Frühwerk wurde durch ihn und die Schule der ↗Nazarener beeinflußt; schuf zahlreiche Historienbilder; u.a. eine Reihe von Totentanz-Holzschnitten, die zu den wichtigsten Graphiken des 19. Jh.s zählen; erhielt 1840 den Auftrag für die Karlsfresken in ↗Aachen, sein wichtigstes Werk, dessen Vollendung durch seine 1853 ausbrechende Geisteskrankheit verhindert wurde. *sm*

Reuchlin, Johannes (auch Capnio, Kapnion) Humanist, Philologe, *22.2.1455 Pforzheim, †30.6.1522 Stuttgart. Begründete mit seinem grammatikalisch-lexikalischen Werk „De Rudimentis hebraicis" (1506) die Hebräistik; führte wegen seines Gutachtens zur Bewahrung der jüdischen Überlieferung (1510) einen polemischen Briefwechsel mit dem getauften Juden Johannes Pfefferkorn, der Inspirationsquelle der ↗„Dunkelmännerbriefe" war; seit 1521 Professor in Tübingen. R. zählt zu den bedeutendsten deutschen Humanisten (↗Humanismus). *nk*

Réunionen Die vom französischen König Ludwig XIV. aufgrund der Entscheidungen der ↗Réunionskammern 1679–81 vorgenommenen Annexionen von Gebieten des ↗Heiligen Römischen Reiches (Elsaß, im Rheinland und in der Pfalz); mußten 1697 im Frieden von ↗Rijswijk außer ↗Straßburg und dem ↗Elsaß zurückgegeben werden. *rh*

Réunionskammern Vom französischen König Ludwig XIV. 1679 eingesetzte Sondergerichte in Metz, Besançon, Breisach und Tournai. Die R. beanspruchten Gebiete als französischen Besitz, die vor 1648 von Territorien abhängig gewesen waren, welche danach vom ↗Heiligen Römischen Reich an Frankreich gingen (↗Réunionen). *rh*

Reuß Thüringisches Adelsgeschlecht. Stammt von den Vögten von Weida ab, deren Nachkommenschaft sich 1244 in die Linien Gera und Plauen und 1564 in drei Linien der R. teilten; 1673 Reichsgrafen. Besaß bis 1918 zwei Fürstentümer. *rh*

Reuter, Edzard Manager, Jurist, *16.2.1928 Berlin. Sohn von Ernst ↗Reuter; 1957–62 Prokurist bei der ↗Universum-Film-Aktiengesellschaft in

Berlin; trat 1964 in die ↗Daimler-Benz AG ein, 1973–95 im Vorstand, 1987–95 Vorstandsvorsitzender. *UK*

Ernst Reuter (re.) im Gespräch mit Theodor ↗Heuss (1952)

Reuter, Ernst Politiker (SPD), *29.7.1889 Apenrade, †29.9.1953 Berlin. Ab 1912 Mitglied der ↗SPD; 1921 Generalsekretär der ↗KPD; seit 1922 wieder bei der SPD; 1931–33 Oberbürgermeister von Magdeburg; 1932/33 Mitglied des ↗Reichstages; emigrierte 1935 nach London, dann in die Türkei; 1950–53 Regierender Bürgermeister von ↗Berlin (West). *Ki*

Revisionismus 1) Von ↗Bernstein Ende des 19. Jh.s entwickelte Theorie („R. heißt Weiterbildung von Theorie und Praxis der Sozialdemokratie im evolutionistischen Sinn"). Da die von Karl ↗Marx vorhergesagte proletarische Revolution nicht stattgefunden habe, müsse der ↗Sozialismus auf der Basis des Bestehenden mit reformerischen Mitteln durchgesetzt werden. Der R. hatte in der ↗SPD sowie in den ↗Gewerkschaften einige Anhänger, wurde jedoch auch heftig kritisiert. *br*
2) Bestrebungen nach dem ↗Ersten Weltkrieg, die Bestimmungen der Pariser Friedensverträge und den Frieden von ↗Versailles abzuändern; Vertreter des R. z. B. ↗Stresemann. *sb*

Revolution (1848/49) ↗Deutsche Revolution

Revolution (1918/19) ↗Novemberrevolution

RFB ↗Roter Frontkämpferbund

RGI ↗Reichsgruppe Industrie

RGW ↗Rat für gegenseitige Wirtschaftshilfe

Rheinbund (1658) Vom Kurfürsten von Mainz, Johann Philipp von ↗Schönborn, initiiertes Bündnis deutscher Fürsten mit Kurköln, Trier, Pfalz-Neuburg, Hessen-Kassel, Braunschweig-Lüneburg, Schweden (für Bremen-Verden) und Brandenburg (ab 1665), das die Bestimmungen des ↗Westfälischen Friedens (1648) absichern wollte und sich gegen die ↗Habsburger mit Kaiser ↗Leopold I. richtete; wurde dabei aber v. a. zu einem Instrument der französischen Politik im ↗Heiligen Römischen Reich; 1668 aufgelöst. *rh*

Rheinbund (1806) 1806 von 16 süd- und westdeutschen ↗Fürsten (die sich vom ↗Heiligen Römischen Reich lossagten) unter dem Protektorat ↗Napoleons I. geschlossenes Bündnis, dem nach und nach alle deutschen Staaten (außer ↗Preußen, ↗Österreich, Braunschweig und Kurhessen) beitraten; zerfiel durch die ↗Befreiungskriege. *vK*

Rheinischer Merkur Politische Tageszeitung. 1814 von ↗Görres in Koblenz gegründet; wandte sich gegen die Herrschaft ↗Napoleons I.; erreichte eine Auflage von ca. 3000 Exemplaren; Mitarbeiter u. a. Achim von ↗Arnim und die Brüder Jakob und Wilhelm ↗Grimm; thematisierte v. a. die Frage der nationalen Einigung Deutschlands; wurde deswegen 1816 verboten. *UK*

Rheinischer Städtebund 1254 zum Schutz des ↗Landfriedens von den Städten Worms und ↗Mainz als „Rheinischer Bund" gegründet, dem sich innerhalb von zwei Jahren über 70 ↗Städte wie auch ↗Fürsten anschlossen; ging nach der Doppelwahl von 1257 auseinander; 1381 als R.S. gegen ↗Ritterbünde neu gebildet; 1388 entmachtet. *wj*

Rheinlandbesetzungen 1) Am 8.3.1921 erfolgte wegen Ablehnung eines Zahlungsmodus für die im Frieden von ↗Versailles festgelegten ↗Reparationen die alliierte Besetzung von Düsseldorf und Duisburg durch französische und belgische Truppen; am 11.5. wurde ein Ultimatum (Drohung mit Besetzung des ganzen ↗Ruhrgebietes) vom Kabinett (Joseph) ↗Wirth angenommen.
2) Am 7.3.1936 marschierten deutsche Truppen in das gemäß den Bestimmungen des Versailler Vertrages entmilitarisierte Rheinland ein und bezogen linksrheinisch Stellung. Der ↗Völkerbund protestierte, die Stationierung der Truppen aber hielt an. Dadurch weiterer Prestigegewinn ↗Hitlers. *PS*

Rheinland-Pfalz (Bundesland) 1946 aus Teilen der ehemaligen preußischen Provinzen Hessen-Nassau und ↗Rheinprovinz, Rheinhessen und der ehemals bayrischen ↗Pfalz gebildet. 1947–91 regierte die ↗CDU in Koalitionen mit ↗SPD (bis

1951) oder ↗FDP (1951–71, 1987–91) bzw. allein. Wichtige Ministerpräsidenten waren ↗Altmeier (1947–69), Helmut ↗Kohl (1969–76) und Bernhard ↗Vogel (1976–88). Seit 1991 regiert eine SPD/FDP-Koalition, an deren Spitze seit 1994 Kurt Beck steht. Wichtige Wirtschaftszweige sind die Baustoffindustrie, die chemische Industrie (Mainz, Ludwigshafen), die Lederverarbeitung, der Weinbau (Pfalz) und der Tourismus (am Mittelrhein). *li*

Rheinprovinz 1822 aus den Gebieten ↗Preußens entlang des Nieder- und Mittelrheins, sowie dem Mosel-Saar-Gebiet gebildet. Sie umfaßte die Regierungsbezirke Aachen, Düsseldorf, Köln, Koblenz und Trier, Hauptstadt war Koblenz. 1919 wurden Teile zugunsten des Saargebietes abgetrennt. Nach dem ↗Zweiten Weltkrieg entstanden auf dem Gebiet die Bundesländer ↗Nordrhein-Westfalen und ↗Rheinland-Pfalz. *RB*

Rheinschiffahrtsakte Von der Zentralkommission für Rheinschiffahrt am 16.5.1831 als „Mainzer R." erlassene Bestimmung zur Regelung der Befahrung des Rheins. In der Neufassung vom 17.10.1868 als „Mannheimer R." bis heute rechtliche Basis für die ungehinderte Schiffahrt aller Nationen zwischen Basel und der Nordsee. *nk*

Rias Berlin „Rundfunk im amerikanischen Sektor von Berlin"; 1946 von der US-amerikanischen Militärverwaltung eingerichtet; unterstand ab 1955 der United States Information Agency; richtete sich auch an ↗DDR-Bürger; 1992 als „r.s.2" privatisiert bzw. in das Deutschland Radio integriert. *Ki*

Ribbentrop, Joachim von Außenminister, *30.4.1893 Wesel, †16.10.1946 Nürnberg. Seit 1933 außenpolitischer Berater ↗Hitlers, 1936–38 Botschafter in London, 1938–45 Außenminister; unterzeichnete den ↗Hitler-Stalin-Pakt 1939; maßgebliche Beteiligung an der ↗Judenvernichtung; in den ↗Nürnberger Kriegsverbrecherprozessen zum Tode verurteilt und hingerichtet. (365) *sb*

Ribemont, Vertrag (880) Der ostfränkische König ↗Ludwig III. erhielt nach seinem Einmarsch in westfränkisches Gebiet im Vertrag von R. (bei Saint-Quentin an der Oise) die im Vertrag von ↗Meerssen beim Westreich verbliebene Westhälfte Lotharingiens von den westfränkischen Königen Ludwig und Karlmann. *br*

Richard von Cornwall Deutscher König, *5.1.1209 Winchester (England), †2.4.1272 Berkhampstead (bei London). Sohn des englischen Königs Johann ohne Land. 1257 nach dem Tod ↗Wilhelms von Holland gegen ↗Alfons von Kastilien zum deutschen König gewählt; hielt sich nur selten in Deutschland auf und konnte sich nicht durchsetzen. *RB*

Richter, Eugen Politiker, Jurist, *30.7.1838 Düsseldorf, †10.3.1906 Berlin. 1859–64 preußischer Staatsdienst; 1867–1906 als einer der ersten Berufspolitiker Mitglied im ↗Reichstag. Scharfer Kritiker Otto von ↗Bismarcks und gleichzeitig Gegner der ↗Sozialdemokratie. Führer der ↗Deutschen Fortschrittspartei, ab 1884 der ↗Deutschen Freisinnigen Partei. Nach einer Parteispaltung 1893 behielt R. die Führung der Freisinnigen Volkspartei. *rm*

Richter, Hans Werner Schriftsteller, *12.11.1908 Bansin (Usedom), †23.3.1993 München. Gab zusammen mit ↗Andersch die Zeitschrift „Der Ruf" heraus; Begründer und langjähriger Mittelpunkt der ↗Gruppe 47. Veröffentlichte von engagiertem Pazifismus geprägte Romane und autobiographische Schriften; Werke u.a.: Die Geschlagenen (1949), Sie fielen aus Gottes Hand (1951), Linus Fleck oder der Verlust der Würde (1959), Reisen durch meine Zeit (1989). *ij*

Richter, Ludwig Adrian Maler, *28.9.1803 Dresden, †19.6.1884 ebd. Gab mit seinem Vater Carl August R. 1820 eine Sammlung von Radierungen mit Dresdner Motiven heraus; arbeitete 1828–35 als Zeichenlehrer in der Porzellanmanufaktur in ↗Meißen; 1836–71 Professor an der Dresdner Akademie; malte italienische und deutsche Landschaften, u.a. „Rocca di Mezzo" und „Gefahr am Schreckenstein"; illustrierte außerdem ↗Märchen, u.a. von Ludwig Bechstein und Hans Christian Andersen. *sm*

Richthofen, Manfred Freiherr von Pilot, *2.5.1892 Breslau, †21.4.1918 Vaux-sur-Somme (Frankreich). Erfolgreichster und populärster Kampfflieger des ↗Ersten Weltkrieges mit 80 Luftsiegen; wegen der roten Lackierung seines Flugzeuges „Roter Baron" genannt; bei Luftkampf abgeschossen. *PS*

Riefenstahl, Leni Regisseurin, Schauspielerin, *22.8.1902 Berlin. Zunächst Darstellerin in Bergfilmen; drehte im Auftrag ↗Hitlers dokumentarische Propagandafilme: „Sieg des Glaubens" (1933), „Triumph des Willens" (1934), über die Reichsparteitage in Nürnberg sowie zwei Filme über die Olympischen Spiele 1936; Hauptdarstellerin, Regisseurin und Produzentin des Spielfilms

„Tiefland“ (nach 1945 gezeigt); nach 1945 Karriere als Fotografin. *sm*

Riehl, Wilhelm Heinrich von Kulturhistoriker, Schriftsteller, *6.5.1823 Biebrich (bei Wiesbaden), †16.11.1897 München. Ab 1885 Direktor des Deutschen Nationalmuseums in München; übernahm bereits 1856 die Redaktion der „Neuen Münchner Zeitung“; forschte auf dem Gebiet der Kultursoziologie und gilt als – heute sehr umstrittener – Begründer der wissenschaftlichen Volkskunde; veröffentlichte zahlreiche humorvolle Novellen. *sm*

Riemenschneider, Tilman Bildschnitzer, Bildhauer, *um 1460 Heiligenstadt, †7.7.1531 Würzburg. Bedeutender Bildschnitzer der ↗Gotik; schuf, geprägt durch die oberrheinische und schwäbische Kunst, unbemalte Holzfiguren und Schnitzaltäre (u. a. Marienaltar in Creglingen, um 1505) sowie Grabmäler aus Stein. Wegweisend für die Gotik war der verhaltene menschliche Ausdruck seiner Figuren. *rw*

Rietschel, Ernst Bildhauer, *15.12.1804 Pulsnitz, †21.2.1861 Dresden. War 1826–30 Gehilfe des klassizistischen Bildhauers ↗Rauch, dessen Stil er in zahlreichen Plastiken und Denkmälern realisierte; wurde 1832 Professor der Dresdner Akademie; zu seinen Hauptwerken zählen u. a. das Goethe-Schiller-Denkmal in Weimar (1852–57) und das Lessing-Denkmal in Braunschweig. *sm*

Rijswijk, Friede (1697) Beendete den ↗Pfälzischen Krieg (1688–97); von Frankreich abgeschlossen am 20.9. (mit England, den Niederlanden und Spanien) bzw. am 30.10.1697 (mit Kaiser ↗Leopold I. und dem ↗Heiligen Römischen Reich). Frankreich mußte alle im Krieg erworbenen Gebiete zurückgeben, behielt dafür Straßburg, sowie von den ↗Réunionen das ↗Elsaß. *rh*

Rilke, Rainer Maria Österreichischer Dichter, Lyriker, *4.12.1875 Prag, †29.12.1926 Val-Mont (bei Montreux). Studierte ab 1895 Kunst, Literaturgeschichte und Philosophie in Prag, Berlin und München; lernte dort Lou ↗Andreas-Salomé kennen, mit der er Reisen nach Rußland unternahm, die ihn später zu seinem „Stundenbuch“ (1905) inspirierten; war 1901–02 mit der Bildhauerin Clara Westhoff verheiratet; schrieb in dieser Zeit u. a. das „Buch der Bilder“ und den Prosaband „Die Letzten“; lebte ab 1902 in Paris, wo er u. a. seinen einzigen Roman „Die Aufzeichnungen des Malte Laurids Brigge“ (1910) verfaßte; siedelte 1919 in die Schweiz über, schrieb dort u. a. „Sonette an Orpheus“ (1923). Während sein Frühwerk vom ↗Jugendstil geprägt war, entwickelte er später einen plastisch-sachlichen, von der Bildhauerei beeinflußten Schreibstil; gilt als einer der ersten Vertreter der literarischen ↗Moderne. *sm*

Ringelnatz, Joachim (Pseudonym von Hans Bötticher) Schriftsteller, Maler, *7.8.1883 Wurzen, †16.11.1934 Berlin. Ab 1909 Kabarettist im Münchner ↗„Simplicissimus“; später an der Berliner Kleinkunstbühne „Schall und Rauch“ (1920); breite Palette seiner Lyrik, bes. zeitkritische Gedichte, im Moritaten- und Bänkelsängerton. *up*

Rinser, Luise Schriftstellerin, Lehrerin, *30.4.1911 Pitzling (Oberbayern). 1940 Berufsverbot; 1944/45 Internierung; 1953–59 Ehe mit dem Komponisten ↗Orff. Themenschwerpunkte der Romane und Erzählungen sind bes. Frauen; später zunehmend Werke mit katholisch geprägtem Inhalt. *up*

Ritter Im Mittelalter der adlige, vollgerüstete, zu Pferde kämpfende Krieger; war zum Kriegsdienst (v. a. in den ↗Kreuzzügen) verpflichtet und wurde durch ein Lehen entlohnt. Im 10./11. Jh. wurde das Rittertum zu einem erblichen Stand mit bes. Tugenden (Tapferkeit, Treue, Zucht, Frauendienst, Schutz für Arme und Schwache), Privilegien und einer höfischen Kultur nach französischem Vorbild.

R. wurde man nach einer Knappenzeit durch die Schwertleite, seit Ende des 12. Jh.s durch den R.-Schlag.

Aus Mangel an großen politischen Aufgaben, die Umstellung des Kriegswesens auf Feuerwaffen und wachsende wirtschaftliche Bedrängnis Zerfall und fast völliger Untergang des Rittertums im Spätmittelalter, teilweise Entartung zum Raubrittertum (↗Raubritter).

In einigen europäischen Ländern wurde die Bezeichnung R. zum Adelstitel. In Bayern bis zum Ende der Monarchie (1919) der unterste Adelstitel. *ku*

Ritter, Gerhard Historiker, *6.4.1888 Bad Sooden/Werra, †1.7.1967 Freiburg (Breisgau). 1925–56 Professur in Freiburg; Mitglied der regimekritischen Freiburger Kreise; November 1944 verhaftet; KZ-Haft. *PS*

Ritterakademien 16.–18. Jh. Schulen für junge Adlige. Verbindung von wissenschaftlicher und höfischer Erziehung für ein Amt in Politik und Militär; unterrichtete Fächer: Reiten, Fechten, Sprachen, Geschichte, Rechtslehre, Naturwissenschaften; erste Gründungen: Tübingen (1589), Kassel (1599); seit Mitte des 18. Jh.s umgewandelt in ↗Universitäten, Kadettenanstalten oder Gymnasien. *rh*

Ritterbünde Im 14./15. Jh. Zusammenschlüsse des Niederadels gegen die Fürsten (↗Landeshoheit) oder gegen die Städte. Im Kampf gegen die ↗Städtebünde unterlagen die R. 1382. Die meisten R. blieben unbedeutend, nur dem Bund mit St. Jörgenschild kam durch die Teilnahme am ↗Schwäbischen Bund 1488 politische Bedeutung zu. *br*

Ritterdichtung Hauptform der mittelalterlichen, höfischen Dichtung neben dem ↗Minnesang. Deutsche R. von Heinrich von Veldeke begründet; idealisierte Darstellung der ritterlichen Welt, meist in Reimpaaren; Stoffe wurden aus dem keltischen (Artus, Tristan), antiken (Äneas, Trojanischer Krieg) und orientalischen Sagenkreis geschöpft. Zu den wichtigsten deutschen Dichtern gehören Hartmann von Aue (Erec, um 1185; Iwein, um 1190) und ↗Wolfram von Eschenbach (Parzival, um 1200). *rw*

Ritterkrieg (1522–23) Krieg der kleinadligen, zwischen aufstrebendem ↗Bürgertum und sich zu Landesfürsten entwickelndem Hochadel gesellschaftlich funktionslos gewordenen Ritterschaft; angeführt von ↗Sickingen, unterstützt durch die Schriften ↗Huttens: Überfälle auf Städte (Worms, Metz) und Kaufleute; Krieg gegen das Kurfürstentum ↗Trier; mit Sickingens Tod 1523 beendet. *rh*

Ritterorden Mönchisch-ritterliche, bewaffnete Ordensgemeinschaften; entstanden während der Kreuzzüge des 11. und 12 Jh.s im Heiligen Land zur Bekämpfung der Feinde des Christentums. Die bedeutendsten R. waren ↗Johanniter, Templer, ↗Deutscher Orden. *RB*

Ritterorden ↗Eisernes Kreuz

Rittersturz ↗Koblenz, Konferenz

Robertson, Sir Brian Hubert Britischer General, *22.7.1896 Simla (Britisch-Indien), †29.4. 1974 London. 1947–50 Oberbefehlshaber der britischen Besatzungstruppen in Deutschland, 1949–50 britischer Hochkommissar in der ↗Bundesrepublik (↗Alliierte Hohe Kommission). *kl*

Röchling, Karl Unternehmer, *25.2.1827 Saarbrücken, †26.5.1910 Völklingen. Ging vom Kohlen-, Koks- und Eisenhandel (1822 von seinem Onkel Friedrich R. in Saarbrücken gegründet) zur Produktion über: erwarb 1881 das Hüttenwerk Völklingen, das – von ihm zum Hochofen- und Stahlwerk erweitert – zum Kern des R.-Konzerns wurde. *UK*

Rodenberg, Julius (eigentlich Julius Levy) Journalist, Schriftsteller, *26.6.1831 Rodenberg, †11.7.1914 Berlin. 1867–74 Mitherausgeber der belletristischen Zeitschrift „Der Salon"; gründete 1874 die „Deutsche Rundschau"; verfaßte bürgerliche Romane, Dramen und Reiseberichte; entwickelte sich vom romantischen Lyriker zum realistisch-lebendigen Erzähler. *sm*

Rodung Das Entfernen von Wald bzw. das dabei entstehende Land, insbesondere das so entstandene Siedlungsland der Karolingerzeit bzw. des Hochmittelalters (11. bis frühes 13. Jh.). Nach dem 12. Jh. entstanden R. v.a. im Rahmen der ↗Ostkolonisation. Den ↗Bauern wurden dabei bestimmte Vergünstigungen (wie Land in Erbleihe und geringe Zahlungen) gewährt. Infolge von Rückgang der ↗Bevölkerung Einstellung von R. seit dem 14. Jh. *wj*

Roeder, Manfred Rechtsextremist, *1929 Berlin. Protagonist der ↗Auschwitz-Lüge; zerstörte 1973 mit anderen Rechtsextremisten eine polnische Auschwitz-Ausstellung in Schöneberg; Veranstalter rechtsextremer Treffen und Gründer rechtsextremer Gruppierungen; 1976 wegen Volksverhetzung zu sechsmonatiger Haft verurteilt; Flucht ins Ausland, Rückkehr 1979; 1980 Gründer der „Deutschen Aktionsgruppen", die Bomben- und Brandanschläge auf Landratsämter und Ausländerwohnheime verübten; 1980 verhaftet und 1982 u. a. wegen Bildung einer terroristischen Vereinigung zu 13 Jahren Haft verurteilt. *kl*

Roggenbach, Franz Freiherr von Badischer Politiker, *23.3.1825 Mannheim, †24.5.1907 Freiburg (Breisgau). Jurastudium; 1848 Eintritt in den Staatsdienst; ab 1859 Ratgeber des badischen Großherzogs ↗Friedrich I.; 1860 Beteiligung am Sturz des Ministeriums ↗Meysenbug. 1861–65 badischer Außenminister. R. befürwortete die ↗kleindeutsche Lösung und trat 1865 zurück, als er sich gegen Otto von ↗Bismarck nicht durchsetzen konnte. 1868–74 Miglied des ↗Reichstages. *rm*

Rohlfes, Joachim Historiker, Erziehungswissenschaftler, *11.12.1929 Stendal. Seit 1968 Professor in Bielefeld; arbeitet v.a. über Möglichkeiten didaktischer Vermittlung von Geschichte (u. a. Umrisse einer Didaktik der Geschichte, 1971); seit 1976 Mitherausgeber der Zeitschrift „Geschichte in Wissenschaft und Unterricht". *ep*

Röhm, Ernst Stabschef der SA, *28.11.1887

München, † 1.7.1934 ebd. Teilnahme am ↗Hitler-Putsch; Militärberater in Bolivien; 1930 zur ↗SA zurück; nach 1933 ↗Reichsminister ohne Geschäftsbereich; zunehmend Rivalitäten zwischen SA und ↗Reichswehr; unter Vorwand mit anderen SA-Führern am 30.6.1934 festgenommen (↗Röhm-Affäre) und erschossen. *PS*

Röhm-Affäre Am 30.6.1934 wurden der Stabschef der ↗SA ↗Röhm u.a. SA-Führer unter dem Vorwand, einen Putsch gegen ↗Hitler geplant zu haben, verhaftet und erschossen. Hintergrund waren die Forderungen der SA-Führung nach einer „zweiten Revolution", ihre Bemühungen, die SA zu einem Volksheer auszubauen, wodurch sie in Konkurrenz zu der von Hitler als Träger der bewaffneten Gewalt favorisierten ↗Reichswehr trat, sowie die zunehmende Unzufriedenheit der nationalkonservativen Bündnispartner Hitlers, die sich zuletzt in von ↗Papens Marburger Rede am 17.6. geäußert hatte. Den Morden der R.-A. fielen mindestens 85 Menschen zum Opfer, wobei das Regime neben der SA-Spitze auch potentielle Regimegegner wie Edgar Julius ↗Jung, den Verfasser von Papens Rede, sowie von ↗Schleicher umbrachte. *PS*

Röhm-Putsch ↗Röhm-Affäre

Röhrenembargo Beschluß der ↗Bundesregierung von 1963, auf Empfehlung der ↗NATO eine vereinbarte Lieferung von Großröhren an die Sowjetunion nicht zu genehmigen; von der Öffentlichkeit stark kritisiert. *kl*

Rohwedder, Detlev Karsten Manager, Jurist, * 16.10.1932 Gotha, † 1.4.1991 Düsseldorf. Wurde 1965 Mitinhaber der Kontinentalen Treuhandgesellschaft in Düsseldorf; 1969–78 Staatssekretär im Bundeswirtschaftsministerium; wurde 1980 Vorstandsvorsitzender des Dortmunder Stahlkonzerns ↗Hoesch; 1990 Präsident der ↗Treuhandanstalt; von Mitgliedern der ↗RAF ermordet. *UK*

Rokoko Stilbezeichnung für die Zeit des ausgehenden ↗Barock und beginnenden ↗Klassizismus, deren wesentliche Merkmale, v.a. in Architektur (z.B. Schloß ↗Sanssouci) und Bildender Kunst, die Neigung zum Dekorativen und Gefälligen sind. Als Hauptvertreter der deutschen R.-Literatur gelten u.a. der junge ↗Goethe, Gotthold Ephraim ↗Lessing sowie ↗Wieland. *nk*

Roma ↗Sinti und Roma

Romanik Erste kulturgeschichtliche Epoche des abendländischen ↗Mittelalters um 950–1250, die auf die Epoche der karolingischen Kunst folgte und von der ↗Gotik abgelöst wurde. Der Begriff R. geht auf den französischen Kunsthistoriker de Gerville zurück, der dem Baustil aufgrund der Nähe zur Baukunst im alten Rom um 1820 seinen Namen gab.
Die Baukunst der Romanik kennzeichnet ein monumentaler, v.a. durch runde Bögen und massive Mauern geprägter Baustil. Die Kirchenbauten sind Basiliken, deren einzelne Bauteile deutlich voneinander abgesetzt sind. Charakteristisch sind doppeltürmige West-Fassaden sowie Türme im Osten (Dom zu ↗Speyer um 1030, Dom zu Worms um 1140/50). Um 1100 wurde die Flachdecke durch Wölbung abgelöst. Gründungsbau der R. war die Benediktinerabtei Cluny (gegründet 910, 981 ersetzt durch den Nachfolgebau Cluny II) im französischen Burgund.
Skulptur: Reliefs, Großplastiken, Kapitelle, Chorschranken, Taufsteine; bedeutende Goldschmiedearbeiten und Elfenbeinschnitzereien;
In der Malerei war die Wandmalerei vorherrschend, man gestaltete die Innenräume der Kirchen mit religiösen Szenen aus der Bibel und der Legenda Aurea (Heiligenlegenden). Buchmalerei: Höhepunkt im 11./12. Jh., von der Glasmalerei nur wenig erhalten (Augsburger Dom: Prophetenfenster 1. Hälfte 12. Jh.). *rw*

Romantik Gesamteuropäische kulturgeschichtliche Epoche 1789–1848 mit Höhepunkt in Deutschland. Grundlage war die ↗Französische Revolution mit ihren sozialen Auswirkungen. Die Folge waren innerlicher Rückzug des einzelnen, eine verklärte Vergangenheitssicht und ein neues Nationalgefühl. Charakteristisch waren intensiver Naturbezug, Rückbesinnung auf die Vergangenheit, Sentimentalität und Sehnsucht nach dem Unendlichen.
In der Literatur waren Kunstmärchen, ↗Volksbücher (↗Görres), -märchen (Wilhelm und Jakob ↗Grimm) und ↗Volkslieder (Achim von ↗Arnim, Clemens ↗Brentano) beliebte Gattungen. Die Hauptgattung war der (fragmentarische) Roman (u.a. ↗Tieck, ↗Novalis, Wilhelm Heinrich Wackenroder, ↗Eichendorff). Daneben entstanden Übersetzungen ausländischer Autoren und mittelalterlicher Dichtung (u.a. August Wilhelm von ↗Schlegel). Literarische Zirkel gab es u.a. in München, Heidelberg, Berlin, Jena und Dresden.
Die Musik (1820–1910) sollte subjektive Stimmungen und Gefühle ausdrücken. Komponisten der R. waren u.a. ↗Schubert, Robert ↗Schumann, Ri-

chard ↗Wagner, Carl Maria von ↗Weber, ↗Mendelssohn-Bartholdy.
In der Malerei wurde (1790–1830) die Landschaft bevorzugt (u. a. Philipp Otto ↗Runge, Caspar David ↗Friedrich, Josef Anton Koch). Daneben boten ↗Sagen und ↗Märchen Motive (u. a. Ludwig ↗Richter, ↗Schwind). Religiöse und historische Bilder schufen die ↗Nazarener (u. a. Julius Schnorr von Carolsfeld) und die Präraffaeliten. Die Architektur der R. kennzeichnete ein enger Bezug zur Natur und zur Gotik (↗Schinkel). Durch die Rückbesinnung auf historische Architektur schuf die R. die Grundlagen der ↗Denkmalpflege. Gleichzeitig entstanden ↗Geschichtswissenschaft und Philologie (u. a. ↗Germanistik). *rw*

Römer, Friedrich von Politiker, *4.6.1794 Erkenbrechtsweiler, †11.3.1864 Stuttgart. Theologie- und Jurastudium; 1831 Kriegsrat im württembergischen Militär. 1831–33 und 1845–48 württembergischer Landtagsabgeordneter; ab 9.3.1848 Justizminister im neu berufenen Märzkabinett. Mitglied der ↗Frankfurter Nationalversammlung. R. veranlaßte am 18.6.1849 die Auflösung des ↗Rumpfparlaments. Entlassung als Minister am 28.10.1849 aufgrund von Differenzen innerhalb der Regierung zum ↗Dreikönigsbündnis. Präsident der Abgeordnetenkammer des württembergischen ↗Landtages 1851–63. *rm*

Römer, Josef (Beppo) *5.3.1892 Altenkirchen (Bayern), †25.9.1944 Brandenburg. ↗Freikorps „Oberland“; April 1932 zur ↗KPD; 1934–39 KZ-Haft; Widerstandsgruppe um illegale Zeitschrift „Informationsdienst“; Zusammenarbeit mit der kommunistischen Widerstandsgruppe von ↗Uhrig in Berlin; 1942 verhaftet; am 19.6.1944 zum Tode verurteilt und später hingerichtet. *PS*

römisches Recht ↗Recht

Römische Verträge (1957) Am 25.3.1957 von den Mitgliedstaaten der ↗Europäischen Gemeinschaft für Kohle und Stahl (EGKS) in Rom unterzeichnete Verträge zum Ausbau der EGKS zur ↗Europäischen Wirtschaftsgemeinschaft und zur Schaffung der ↗Europäischen Atomgemeinschaft; neben der Liberalisierung der europäischen Handelsbeziehungen das Fernziel einer politischen Integration Europas. (143) *kl*

römisch-katholische Kirche ↗katholische Kirche

Rommel, Erwin Generalfeldmarschall, *15.11.1891 Heidenheim (Württemberg), †14.10.1944 Herrlingen (Württemberg). Seit 1941 Oberbefehlshaber des Afrikakorps im ↗Afrikafeldzug; wegen seiner anfänglichen Erfolge propagandistisch als „Wüstenfuchs“ gefeiert; ab August 1943 Befehlshaber Heeresgruppe B in Italien; Kontakte zum ↗Zwanzigsten Juli; zum Suizid gezwungen; aus Propagandagründen mit Staatsbegräbnis geehrt. *PS*

Roncaglia, Reichstag (1158) Reichstag im oberitalienischen R. während des 2. Italienzuges Kaiser ↗Friedrichs I. Barbarossa: Feststellung der Königsrechte in Italien; weitere Gesetze definierten das Kaisertum als Quelle aller Herrschafts- und Gerichtsgewalt, das Recht auf Pfalzenbau und Steuererhebung, regelten ↗Landfrieden und ↗Lehnswesen. Regaliennutzung (↗Regalien) und Reichssteuern sicherten der ↗Krone gewaltige Einkünfte. *wm*

Ronkalische Felder Oberitalienische Ebene nordwestlich von Piacenza, bei dem Ort Roncaglia. Im ↗Mittelalter Sammelplatz der deutschen Heere vor dem Zug nach Rom (mit Heerschau, ↗Reichstag und Gericht). *vK*

Röntgen, Wilhelm Conrad Physiker, *27.3.1845 Lennep (bei Remscheid), †10.2.1923 München. Seit 1875 Professor u. a. in Gießen und München. Als seine bedeutendste Leistung gilt die Entdeckung der nach ihm benannten Röntgen-Strahlen (X-Strahlen) am 8.11.1895, für die er 1901 als erster den Nobelpreis für Physik erhielt. *nk*

Roon, Albrecht Graf von Preußischer General, Ministerpräsident, *30.4.1803 Pleushagen (bei Kolberg), †23.2.1879 Berlin. 1859–73 preußischer Kriegsminister, 1861–71 auch Marineminister; setzte die ↗preußische Heeresreform durch und erreichte 1862 die Berufung Otto von ↗Bismarcks zum preußischen Ministerpräsidenten. Er selbst bekleidete dieses Amt von Januar bis November 1873. *sa*

Rosa Winkel Kennzeichnung auf der Häftlingsuniform für homosexuelle KZ-Häftlinge. Seit 1938 wurden diese systematisch inhaftiert und teilweise kastriert. Obgleich weibliche Homosexualität (↗Homosexuellenverfolgung) nicht strafbar war, wurden auch lesbische Frauen in Lagern inhaftiert, zumeist als ↗„Asoziale“. Mehr als 10000 Homosexuelle wurden in den Konzentrationslagern ermordet. *PS*

Rosenberg, Alfred NSDAP-Politiker, *12.1.1893 Reval (heute Tallin Estland), †16.10.1946 Nürnberg. 1919 zur ↗Deutschen Arbeiterpartei (später in ↗NSDAP umbenannt); 1921 Chefredakteur des „Völkischen Beobachters"; Teilnahme am ↗Hitler-Putsch; 1930 Mitglied des ↗Reichstages, veröffentlicht: „Der ↗Mythus des 20. Jh.s"; seit 1933 Leiter des Außenpolitischen Amtes der NSDAP; 1941 ↗Reichsminister für die besetzten Ostgebiete; im ↗Nürnberger Kriegsverbrecherprozeß zum Tode verurteilt und hingerichtet. (365) *PS*

Rosenberg, Arthur Historiker, Politiker (KPD), *19.12.1889 Berlin, †7.2.1943 New York. Studium in Berlin; Mitglied der ↗USPD (1918–20), dann der ↗KPD bis zu seinem Ausschluß aus der Partei (1927); 1924–28 Mitglied des ↗Reichstages; befaßte sich in seinem Hauptwerk mit der Geschichte der ↗Weimarer Republik (Die Entstehung der Republik 1871–1918, 1928); 1930–33 Professor in Berlin; emigrierte 1933 nach England, 1937 in die USA. *ep*

Rosenberg, Hans Historiker, *26.2.1904 Hannover, †26.6.1988 Kirchzarten (Schwarzwald). Emigrierte 1933 nach seinem Studium nach England, später in die USA; lehrte 1936–38 in Jacksonville (Illinois), in New York und ab 1959 in Berkeley (Kalifornien); beschäftigte sich v. a. mit den historischen Voraussetzungen der jüngsten deutschen Geschichte (u. a. Große Depression und Bismarckzeit, 1967); ab 1977 Honorarprofessor in Freiburg. *ep*

Rosenkreuzer Anhänger einer Geistesströmung sowie Geheimbünde, die sich auf die fiktive Gestalt des Christian Rosenkreutz beziehen. Die Bewegung nahm ihren Ausgang im 17. Jh. durch anonyme Schriften aus dem Kreis um den Tübinger Theologen Johann Valentin Andreae, die das Leben von Rosenkreutz (angeblich *1378, †1484), dem Gründer des R.-Bundes, beschrieben. Das mystisch-philosophische Gedankengut dieser Schriften entfaltete eine starke Resonanz und führte zur Gründung von R.-Bünden, die zeitweise großen Einfluß auf die ↗Freimaurer und die preußische Politik ausübten (so der Orden der Gold- und R. gegen Ende des 18. Jh.s). *nk*

Rosenzweig, Franz Religionsphilosoph, *25.12. 1886 Kassel, †10.12.1929 Frankfurt/Main. Mitbegründer und Dozent des „Freien Jüdischen Lehrhauses" in Frankfurt/Main; erarbeitete gemeinsam mit ↗Buber eine neue Übersetzung des Alten Testamentes; suchte, an ↗Hegel anknüpfend, in „Stern der Erlösung" (1921) nach einer Synthese von europäischer ↗Philosophie und jüdischer Tradition. *bl*

Rosinenbomber ↗Luftbrücke

Roßbach, Schlacht (1757) Bei R. (südlich von Halle) siegten am 5.11.1757 im ↗Siebenjährigen Krieg die preußischen Truppen unter ↗Friedrich II., dem Großen, und General ↗Seydlitz trotz großer zahlenmäßiger Unterlegenheit über ein französisches Heer und die ↗Reichsarmee unter Friedrich von Sachsen-Hildburghausen. *rh*

Rössler, Konstantin Publizist, Philosoph, *14.11.1820 Merseburg, †14.10.1896 Berlin. Ab 1857 außerordentlicher Philosophieprofessor in Jena; ab 1860 Publizist im Auftrag der preußischen Regierung; 1877–92 Leitung der Pressestelle der preußischen Regierung; 1892–94 Legationsrat im Auswärtigen Amt. R. war Hegelianer und wollte ↗Hegels Vorstellungen in die politische Realität umsetzen und Staat und Kirche beeinflussen. Ab 1859 verteidigte R. die Politik Otto von ↗Bismarcks in Flugschriften. Werke: System der Staatslehre (1857); Die liberalen Parteien angesichts der Zukunft Preußens (1862). *rm*

Roswitha von Gandersheim Dichterin, *um 935, †um 975 Gandersheim. Stammte aus sächsischem Adel, bildete sich im Kloster Gandersheim in Theologie und Literatur; verfaßte historische Gedichte, gereimte Heiligenlegenden und sechs Dramen als christliche Gegenstücke zu den weltlichen Komödien des Terenz. *rw*

Rote Armee Streitkräfte der Sowjetunion, 1918 als „Rote Arbeiter- und Bauern-Armee" gegründet; Gegner der ↗Wehrmacht im ↗Zweiten Weltkrieg; Machthaber in der ↗SBZ; 1946 in „Sowjetarmee" umbenannt; Teile der Streitkräfte waren bis 1994 als ↗Gruppe sowjetischer Streitkräfte in Deutschland auf dem Gebiet der ehemaligen ↗DDR stationiert. *kl*

Rote Armee-Fraktion (RAF) Linksextreme Terroristengruppe; zunächst nach ihren Gründungsmitgliedern als Baader-Meinhof-Gruppe bezeichnet; verübte seit 1970 Bombenanschläge und Banküberfälle, um die von ihr abgelehnte, als „faschistisch", „kapitalistisch" und „imperialistisch" bezeichnete Gesellschaft der ↗Bundesrepublik zu destabilisieren; 1972 Verhaftung etlicher Mitglieder; seit 1973 im ↗Stammheimer Terroristenprozeß angeklagt; RAF-Mitglieder der folgenden Generation führten mit der Ermordung von ↗Braunmühls, ↗Pontos, ↗Herrhausens u. a. kaltblütigere Attentate durch. In den 80er Jahren tauchten viele Aktivisten, unterstützt vom ↗Ministerium für Staatssicherheit, in der ↗DDR unter. U. a. durch ein staatliches Programm zum erleichterten Ausstieg (1985) verlor die RAF zunehmend an Bedeutung; nach zuletzt vereinzelten Anschlägen erfolgte offizielle 1998 der offizielle Verzicht auf den bewaffneten Kampf. *kl*

Rote Kapelle Berliner Widerstandsgruppen um Harro ↗Schulze-Boysen und Arvid ↗Harnack sowie deren Frauen; ursprünglich als Bezeichnung für westeuropäische Gruppen des sowjetischen Nachrichtendienstes.

Unter Männern und Frauen unterschiedlicher Einstellung und Herkunft bildeten sich allmählich Freundes- und Diskussionskreise heraus, die Informationen über nationalsozialistische Verbrechen sammelten und weitergaben, Flugblätter verfaßten u.a. illegale Aktionen unternahmen. Harnack und Schulze-Boysen hatten darüber hinaus Kontakt zum sowjetischen Nachrichtendienst. Von August 1942 bis März 1943 wurden 126 der ca. 150 Angehörigen der R.K. verhaftet, 57 wurden ermordet, hingerichtet oder begingen Suizid. *PS*

Roter Frontkämpferbund (RFB) Mai 1924 gegründeter ↗Kampfbund der ↗KPD; erster Bundesführer ↗Thälmann; nach den Zusammenstößen demonstrierender Arbeiter ab 1.5.1929 mit der Polizei in Berlin („Blutmai") am 6.5. verboten; illegal bis 1933 weitergeführt. *PS*

Rotes Kreuz ↗Deutsches Rotes Kreuz

rot-grüne Koalition Regierungsbündnis zwischen der ↗SPD und den ↗Grünen bzw. ↗Bündnis 90/Die Grünen. 1985 erstmals auf Landesebene in ↗Hessen geschlossen; danach auch in anderen Bundesländern. Nach der ↗Bundestagswahl 1998 kam es erstmals zu einer r.-g. K. auf Bundesebene. *Vö*

Rothschild Internationale, aus Deutschland stammende Bankiersfamilie. Gründer des Bankhauses R. in Frankfurt/Main, das seinen Aufstieg mit der finanziellen Unterstützung der Kriege gegen ↗Napoleon I. schaffte, war 1766 Meyer Amschel R. (1743–1812). Von seinen Söhnen (1815 geadelt) übernahm Amschel Meyer (1773–1855) das Stammhaus, das bis 1901 bestand, Salomon (1774–1855) die Niederlassung in Wien (geschlossen 1931), Nathan, Karl und James die in London, Neapel und Paris. Bes. durch die Einrichtung großer Staatsanleihen (u.a. für den ↗Eisenbahnbau) gewann das Haus R. bedeutenden Einfluß auf die europäische Politik des 19. Jh.s (ermöglichte u.a. 1871 die rasche Zahlung der französischen Kriegsentschädigungen an Deutschland). *rh*

Rotteck, Karl Wenzeslaus von Politiker, Historiker, * 18.7.1775 Freiburg (Breisgau), † 26.11.1840 ebd. 1798–1832 Professor in Freiburg; war 1831–40 als Mitglied des badischen Abgeordnetenhauses einer der Führer der liberalen Opposition; zusammen mit ↗Welcker Herausgeber des „Staatslexikons", das wie seine „Allgemeine Geschichte" weite Verbreitung fand. *sa*

Rotwelsch Jenisch, „Gaunersprache". 1250 erstmals belegt; aus verschiedenen Sprachen neugeschaffenes Kommunikationsmittel für gesellschaftlich ausgegrenzte Randgruppen. Das Vokabular ersetzte Alltagsbegriffe; viele R.-Ausdrücke sind umgangssprachlich erhalten (Henkelmann, schmusen). *ku*

Rowohlt, Ernst Verleger, * 23.6.1887 Bremen, † 1.12.1960 Hamburg. Gründete 1908 den R.-Verlag in Leipzig (Neugründung 1919 in Berlin); emigrierte 1938 nach Brasilien; 1945 erneute Verlagsneugründung, diesmal in Hamburg, Stuttgart, Berlin und Baden-Baden; war bes. mit den Taschenbuchreihen rororo („Rowohlts-Rotationsromane") erfolgreich. *UK*

RSHA ↗Reichssicherheits-Hauptamt

Rückert, Friedrich Dichter, Orientalist, * 16.5. 1788 Schweinfurt, † 31.1.1866 Neuses (bei Coburg). Der seit 1811 habilitierte Philologe erlernte unter Einfluß des österreichischen Orientalisten Joseph von Hammer-Purgstall orientalische Sprachen; ab 1826 Professor für orientalische Philologie in Erlangen, 1841–48 in Berlin. Als Dichter wurde R. durch seine unter dem Pseudonym Freimund Reimar erschienenen „Deutschen Gedichte" (1814) berühmt, doch verschwand sein Name nach 1848 aus dem öffentlichen Bewußtsein. Heute wird er meist in Verbindung mit den 1872 posthum veröffentlichten und von ↗Mahler (1901–04) vertonten „Kindertotenliedern", v.a. aber mit seinen bedeutenden Übertragungen und Übersetzungen von Werken aus zahlreichen orientalischen Sprachen (↗orientalisierende Dichtung) gebracht. Mit R. und seinem Wirken beschäftigt sich die R.-Gesellschaft in Würzburg. *nk*

Rückversicherungsvertrag (1887) Am 18.6. 1887 als Ersatz für den nicht mehr erneuerten ↗Dreikaiservertrag auf drei Jahre abgeschlossener deutsch-russischer Geheimvertrag, in dem sich Rußland und das ↗Deutsche Reich für den Fall eines Krieges mit einer dritten Großmacht (außer bei einem Angriff eines der Vertragspartner auf Österreich oder Frankreich) zu wohlwollender

Neutralität verpflichteten; 1890 von Deutschland nicht erneuert, was zum Abschluß des russisch-französischen Zweibundes (1892) führte. *vK*

Rudel, Hans-Ulrich Pilot, *2.7.1916 Konradswalden (Schlesien), †18.12.1982 Rosenheim. Kampfflieger mit zahlreichen Abschüssen; nach 1945 in Argentinien; Anfang bis Mitte der fünfziger Jahre in der ↗Bundesrepublik; Beteiligung an der ↗Sozialistischen Reichspartei; danach wieder in Südamerika. Idol der Rechtsextremen, löste R.s Beerdigung einen Skandal aus, da ihm Bundeswehrpiloten mit Düsenjägern die letzte Ehre erwiesen. *PS*

Rüdesheimer Ministerpräsidentenkonferenz Treffen der Ministerpräsidenten der drei westlichen ↗Besatzungszonen vom 15.–16.7.1948 auf Schloß Niederwald bei Rüdesheim; Bekräftigung der Beschlüsse der Konferenz von ↗Koblenz. *kl*

Rudhart, Ignaz von Bayrischer Politiker, Jurist, *11.3.1790 Weismain (Oberfranken), †11.5.1838 Triest. 1817–23 in der bayrischen Finanzverwaltung. Aufgrund seiner Opposition gegen die ↗Karlsbader Beschlüsse 1823 Versetzung nach Bayreuth, 1826 nach Regensburg. Ab 1825 Abgeordneter in der Ständeversammlung; veröffentlichte 1827 „Über den Zustand des Königreiches Baiern“. Ab 1831 niederbayrischer Regierungspräsident; 1836/37 Kanzler unter König Otto I. in Griechenland. *rm*

Rudolf

Deutsche Könige und Kaiser:

Rudolf von Rheinfelden †10.10.1080 bei Leipzig. Seit 1057 Herzog von Schwaben, 1077 als ↗Gegenkönig zu ↗Heinrich IV. gewählt. Fiel in der Schlacht von Hohenmölsen gegen diesen. *RB*

Rudolf I. von Habsburg *1.5.1218 Schloß Limburg (Breisgau), †15.7.1291 Speyer. Schuf sich durch Erbschaft, Heirat und Fehden eine territoriale Machtbasis im Oberrheingebiet sowie im Aar- und Zürichgau; mit seiner Wahl zum deutschen König 1273 ging das ↗Interregnum zu Ende. Im Machtkampf mit ↗Ottokar II. von Böhmen behielt er die Oberhand. Nach dessen Tod kamen ↗Österreich, die Steiermark und Kärnten-Krain an R.s Söhne. Er modernisierte die Verwaltung des ↗Heiligen Römischen Reiches und kooperierte mit dem ↗Papsttum, die Kaiserkrönung erlangte der Begründer der ↗Habsburger-Dynastie jedoch nicht. *RB*

Rudolf II. *18.7.1552 Wien, †20.1.1612 Prag. Habsburger, Sohn Kaiser ↗Maximilians II.; 1572 König von Ungarn, 1575 von ↗Böhmen, 1576 Nachfolger seines Vaters in den österreichischen ↗Erblanden und als ↗Kaiser; entschiedener Verfechter der ↗Gegenreformation, was zur Loslösung der Niederlande vom ↗Heiligen Römischen Reich und zu Aufständen in Ungarn führte.
Schloß sich in seiner Residenz in Prag von der Außenwelt ab, förderte Kunst und Wissenschaft (v. a. Astronomie: Brahe, ↗Kepler). Aufgrund seiner politischen Untätigkeit wurde R. 1608 gezwungen, Österreich, Ungarn und Mähren an seinen Bruder ↗Matthias abzutreten („Bruderzwist in Habsburg“); suchte 1609 durch Gewährung der Religionsfreiheit die protestantischen böhmischen Stände zu gewinnen, mußte aber 1611 Matthias auch Böhmen überlassen. *rh*

Ruge, Arnold Publizist, Politiker, *13.9.1803 Bergen (Rügen), †31.12.1880 Brighton. Gründete 1838 die „Hallischen Jahrbücher für deutsche Wissenschaft und Kunst“, das führende Organ der Junghegelianer; gab 1844 in Paris gemeinsam mit Karl ↗Marx die „Deutsch-Französischen Jahrbücher“ heraus; später Anhänger Otto von ↗Bismarcks; wird dem linksgerichteten Flügel der Hegelschen Schule (↗Hegel) zugeordnet. *sm*

Rühe, Volker Bundesverteidigungsminister (CDU), *25.9.1942 Hamburg. Seit 1963 ↗CDU-Mitglied; 1964 im Deutschlandrat der Jungen Union (JU); 1973–75 Mitglied des Bundesvorstandes der JU; 1976 Bundestagsmitglied; 1982 stellvertretender Fraktionsvorsitzender, zuständig für Deutschland- und Außenpolitik; 1989–92 Generalsekretär der CDU; 1992–98 Verteidigungsminister. *Ki*

Ruhrbehörde Die durch das ↗Ruhrstatut vom 28.4.1949 geschaffene Internationale R. kontrollierte die Kohle-, Koks- und Stahlproduktion im Ruhrgebiet, legte Exportmengen fest und verfügte über Entscheidungsbefugnisse über Verkehrstarife, Preise, Kontingente und Zölle. Die R. wurde mit der ↗Montanunion 1953 aufgelöst. *sb*

Ruhrbesetzung Am 11.1.1923 besetzten französische Truppen das ↗Ruhrgebiet wegen erneuten deutschen Rückstandes bei den Reparationszahlungen, zu denen die Bestimmungen des Friedens von ↗Versailles verpflichteten. Zwei Tage später Beginn des ↗Ruhrkampfes: Verkündung des passiven Widerstandes durch Reichskanzler ↗Cuno. *PS*

Ruhrgebiet Das R. umfaßt ein breites Städteband entlang der Ruhr und mehrere Landkreise zwischen Duisburg und Dortmund. Ab Mitte des 19. Jh.s wurde in größerem Umfang mit dem Abbau von Steinkohle begonnen. In der Folgezeit entwickelte es sich mit der Ansiedlung von Verhüttungsbetrieben zur Eisen- und Stahlerzeugung, sowie Maschinenbau und Energiewirtschaft zum größten Schwerindustrierevier Deutschlands mit der höchsten Bevölkerungsdichte Europas. Gleichzeitig wurde das R. ein wichtiges Zentrum der ↗Arbeiterbewegung.

1923 erfolgte die ↗Ruhrbesetzung durch Frankreich, die bis zur Beendigung des ↗Ruhrkampfes 1925 dauerte. Im ↗Zweiten Weltkrieg war das R. wichtigstes Zentrum der Rüstungsindustrie des ↗Dritten Reiches, 1949–53 wurde es der Kontrolle der ↗Internationalen Ruhrbehörde unterstellt.

In den 60er Jahren setzte der Strukturwandel der Schwerindustrie ein, mit der Folge der Schließung zahlreicher Zechen. Diese Entwicklung setzte sich in den 90er Jahren mit Fusionen der großen Stahlunternehmen und dem Anstieg der ↗Arbeitslosigkeit fort. *RB*

Ruhrkampf Nach der ↗Ruhrbesetzung durch französische Einheiten verkündete Reichskanzler ↗Cuno am 13.1.1923 den passiven Widerstand. Gegen gewerkschaftlich unterstützte Arbeitsverweigerung hartes Durchgreifen der französischen Besatzungsbehörden; achtmonatiger Widerstand verhinderte zwar die wirtschaftliche Ausbeutung des ↗Ruhrgebietes durch Frankreich, brachte aber auch den Zusammenbruch der deutschen Wirtschaft und wurde daher mit dem Rücktritt Cunos am 12.8. offiziell für beendet erklärt. Nach der Annahme des ↗Dawes-Plans 1924 wurde das Ruhrgebiet bis 1925 geräumt. *PS*

Ruhrproblem (seit 1945) Die Behandlung und Kontrolle des ↗Ruhrgebietes war zentrales Thema in den Konferenzen der ↗Alliierten (↗Jalta, ↗Teheran, ↗Morgenthau-Plan), da es ein Zentrum der Schwerindustrie im ↗Dritten Reich war. Weil der westeuropäische ↗Wiederaufbau wirtschaftlich auch vom Bergbau an der Ruhr abhängig war, war das Ruhrgebiet Gegenstand von ökonomischen und politischen Interessen der alliierten und deutschen Seite. Frankreich und die Sowjetunion forderten die Internationalisierung des Ruhrgebietes. Großbritannien und die USA entwarfen Pläne für eine Internationale ↗Ruhrbehörde, die mit dem ↗Ruhrstatut vereinbart wurde. *sb*

Ruhrstatut (1949) Abkommen der ↗Londoner Sechsmächtekonferenz vom 28.4.1949, infolgedessen eine ↗Internationale Ruhrbehörde geschaffen wurde, um die deutsche Schwerindustrie zu kontrollieren; Beitritt der ↗Bundesrepublik am 22.11.1949 (↗Petersberger Abkommen). Mit der ↗Montanunion 1952 wurde das R. aufgehoben. *sb*

Rumänienfeldzug (1916/17) September 1916 bis Januar 1917 Kämpfe der ↗Mittelmächte in Rumänien, nachdem dieses auf seiten der ↗Alliierten am 27.8.1916 in den ↗Ersten Weltkrieg eingetreten war. Letztlich siegreich für die Mittelmächte beendet; am 9.12.1917 schloß Rumänien einen Waffenstillstand, am 7.5.1918 den Frieden von ↗Bukarest. *PS*

Rumpfparlament (1849) Bezeichnung für die nach Abberufung der österreichischen (5.4.1849), dann auch der preußischen (14.5.1849) u.a. Abgeordneten durch die Regierung aus der ↗Frankfurter Nationalversammlung verbleibenden ca. 100 Abgeordneten des linken Flügels, die am 30.5.1849 eine Verlegung nach Stuttgart beschlossen. Das R. wählte am 6.6. eine provisorische Reichsregentschaft, wurde aber am 18.6. von der württembergischen Regierung gewaltsam aufgelöst. *wm*

Runder Tisch (1989) Informelle Gremien zur Neuordnung der ↗DDR aus Vertretern der ↗SED, der ↗Bürgerbewegung und der ↗Parteien; neben regionalen R.T. erstes Treffen eines zentralen R.T. auf Einladung der Kirchen am 7.12.1989 nach dem Rücktritt von ↗Krenz; plädierte nicht für die ↗Wiedervereinigung, sondern für eine Vertragsgemeinschaft zwischen der ↗Bundesrepublik und der DDR; entwarf als Verhandlungsgrundlage für die ↗Wirtschafts-, Währungs- und Sozialunion eine Sozialcharta; Wandel vom Instrument der öffentlichen Kontrolle zum Instrument der Regierung nach Eintritt von Oppositionellen des R.T. in diese am 5.2.1990; erreichte die Offenlegung des maroden Zustandes der Volkswirtschaft, eine freie ↗Volkskammerwahl und das Ende des ↗Ministeriums für Staatssicherheit; mit der politischen Weichenstellung zur Wiedervereinigung Bedeutungsverlust; der zentrale R.T. verabschiedete in seiner 16. und letzten Sitzung am 12.3.1990 einen modifizierten Verfassungsentwurf für die DDR. *kl*

Rundfunk 1923 wurde der deutsche R. mit dem ersten Mittelwellensender in Berlin offiziell eröffnet. 1924 existierten 15 Sender; 1926 lag die An-

zahl der Zuhörer bei rund 1 Mio. 1925 wurde die Reichsrundfunkgesellschaft (RRG) gegründet, die zu 51 % von der Deutschen Reichspost gehalten wurde. Über die „Aktiengesellschaft Drahtloser Dienst" (DRADAG) nahm das Reichsinnenministerium seit 1926 Einfluß auf den nachrichtlichen Bereich.
Die Nationalsozialisten verstaatlichten die RRG und unterstellten sie dem Propagandaministerium, ab 1940 führten sie ein reichseinheitliches Programm ein.
Nach 1945 richtete man in den westlichen Besatzungszonen zentrale Sender ein, die nach einer Übergangsphase von deutschen Mitarbeitern übernommen werden konnten. 1948/49 wurden Landesrundfunkanstalten gegründet, die sich ab 1950 zur ARD (Arbeitsgemeinschaft der öffentlich-rechtlichen R.-Anstalten der Bundesrepublik Deutschland) zusammenschlossen. Seit 1981 sind private Sender zugelassen.
In der ↗DDR waren R. und ↗Fernsehen als zentrale staatliche Einrichtungen dem ↗Ministerrat unterstellt und u. a. dem ↗Politbüro der SED gegenüber weisungsgebunden. Mit der ↗Wiedervereinigung wurde ein R.-Überleitungsgesetz auf der Grundlage des Einigungsvertrages notwendig. Im 1991 unterzeichneten Staatsvertrag über den R. im vereinten Deutschland wurde erstmals eine Gleichrangigkeit öffentlich-rechtlicher und privater R.-Veranstalter anerkannt.
Grundlage der Organisation des R.s ist die in Art. 5 GG formulierte Freiheit der Berichterstattung durch R. und ↗Film. Die öffentlich-rechtlichen Landesrundfunkanstalten verfügen über Programmautonomie. An ihrer Spitze steht jeweils ein vom R.-Rat gewählter Intendant. Die R.-Räte setzen sich je z. T. aus Vertretern gesellschaftlich relevanter Gruppen, von den ↗Landtagen gewählten sowie von den Landesregierungen entsendeten Personen zusammen.
Der öffentlich-rechtliche R. ist auf ein qualitativ hochwertiges und politisch ausgewogenes („binnenplurales") Programm verpflichtet. *ij*

Rundstedt, Gerd von Generalfeldmarschall, *12.12.1875 Aschersleben (Harz), †24.2.1953 Hannover. Seit März 1942 als Oberbefehlshaber Heeresgruppe D Oberbefehl über den gesamten Westen; nach dem ↗Zwanzigsten Juli Vorsitzender des „Ehrengerichtshofes" gegen die Verschwörer; befehligte die ↗Ardennenoffensive; in britischer Kriegsgefangenschaft bis 1949. *PS*

Runen Bei den ↗Germanen epigraphische Schriftzeichen, die seit dem 2./3. Jh. in verschiedener Ausformung benutzt wurden. Teilweise bestand die R.-↗Schrift neben der lat. *wj*

Runge, Friedlieb Ferdinand Chemiker, *8.2.1795 Billwärder (bei Hamburg), †25.3.1867 Oranienburg. 1828–31 Professor für Chemie in Breslau, danach Tätigkeit als Industriechemiker in Berlin und Oranienburg; entdeckte u. a. die Alkaloide Koffein und Atropin; forschte hauptsächlich über Teerfarbstoffe und spielte eine bedeutende Rolle bei der Entstehung der Farbenindustrie. *sm*

Runge, Philipp Otto Maler, *23.7.1777 Wolgast, †2.12.1810 Hamburg. 1799–1803 künstlerische Ausbildung in Kopenhagen und Dresden. R. zählt zu den Begründern der deutschen Malerei der ↗Romantik (Hauptwerk: Vier Zeiten, 1802/03–1808/09), die er v. a. durch seine kunsttheoretischen, meist in Briefen dargelegten Äußerungen beeinflußte. *nk*

Rupprecht Kronprinz, Generalfeldmarschall, *18.5.1869 München, †2.8.1955 Leutstetten (bei Starnberg). Der Kronprinz von Bayern war im ↗Ersten Weltkrieg Oberbefehlshaber einer Heeresgruppe an der Westfront, ab 1916 Generalfeldmarschall. Er verzichtete nie auf die bayrische Krone. *RB*

Ruprecht

Deutscher König:

Ruprecht von der Pfalz *5.5.1352 Amberg, †18.5.1410 Landskron (bei Oppenheim). Als Rupprecht III. seit 1398 Kurfürst von der Pfalz, 1400 zum König gewählt, aber nur in Teilen des ↗Heiligen Römischen Reiches anerkannt. *RB*

Pfalz:

Ruprecht I. Kurfürst, *9.6.1309 Wolfratshausen (bei München), †16.2.1390 Neustadt/Weinstraße. Von seinem Onkel, Kaiser ↗Ludwig IV., erlangte R. die Eigenständigkeit der Kurpfalz; seit 1353 Kurfürst, gründete er 1386 die Ruprecht-Karls-Universität in ↗Heidelberg. *RB*

Ruprecht Pfalzgraf, *14.5.1481 Heidelberg, †20.8.1504 Landshut. Von ↗Georg dem Reichen von Bayern-Landshut, der dabei Herzog Albrecht IV. von Bayern-München überging, als Erbe eingesetzt; 1499 mit Georgs Tochter Elisabeth verheiratet, die im Erbstreit nach Georgs Tod (1503) Landshut besetzte und so den ↗Landshuter Erbfolgekrieg (1504/05) auslöste. *rh*

Ruprecht (Rupert) Pfalzgraf, *27.12.1619 Prag,

†29.11.1682 London. Sohn ↗Friedrichs V. von der Pfalz; 1638 im ↗Dreißigjährigen Krieg als Befehlshaber protestantischer, pfälzisch-schwedischer Truppen besiegt und bis 1641 gefangengehalten; kämpfte ab 1644 in der Puritanischen Revolution für seinen Onkel König Karl I. von England; nach Wiedereinsetzung der Stuarts (1660) Gouverneur in Windsor. *rh*

Rußlanddeutsche 1764–74 Ansiedlung von Deutschen unter Katharina II. an der Wolga; 1846–70 und 1920 Entstehung weiterer Kolonien; unter Stalin ab 1941 (↗Zweiter Weltkrieg) Zwangsumsiedlung, v.a. Kasachstan; nach Volkszählungen 1970 und 1979 lebten über 2 Mio. Deutsche in der Sowjetunion; seit Ende der 80er Jahre Migration in die ↗Bundesrepublik als ↗Aussiedler. *Ki*

Rust, Bernhard NSDAP-Politiker, *30.9.1883 Hannover, †8.5.1945 Berne (Oldenburg). 1922 zur ↗NSDAP; bis 1930 Studienrat; seit 1933 Reichsminister für Wissenschaft, Erziehung und Volksbildung; Suizid bei Kriegsende. *PS*

Rüstung Schutzkleidung des Kriegers. Entwickelte sich aus der Schutzbekleidung einzelner Körperteile zu einer Schutzkleidung für den ganzen Körper; bestand aus ↗Helm, ↗Harnisch, Armschienen, Beinschienen, Eisenhandschuhen und ↗Schild; Entwicklung vom Panzer (8.–13. Jh.) zur Platten-R. (15. Jh.), die später jeweils der zeitlichen Mode angepaßt wurde; auch Pferde wurden durch R. geschützt; R. wurde seit dem 17. Jh. durch aufkommende Handfeuerwaffen nutzlos. *wj*

Rütlischwur 1291 angeblich geschlossener sog. ↗Ewiger Bund der drei Schweizer Urkantone Uri, Schwyz und Unterwalden gegen die ↗Habsburger; als historisches Ereignis nicht bezeugt; Begriff ist ab 1471/72 nachweisbar. *br*

S

SA ↗Sturmabteilung

Saarabstimmung (1935) Gemäß ↗Versailler Vertrag war das Gebiet an der Saar unter Mandat des ↗Völkerbundes gestellt und Frankreich zu Reparationszwecken die Nutzung des dortigen Bergbaus übertragen worden. Am 13.1.1935 fand vertragsgemäß eine Abstimmung der Saarbevölkerung statt, bei der sich 90,7 % für den Anschluß an das ↗Deutsche Reich aussprachen. Dem war eine „völkische" Propagandakampagne vorausgegangen, die zu diesem ersten größeren außenpolitischen Erfolg des nationalsozialistischen Regimes wesentlich beitrug. *PS*

Saarfrage (1956) Auch nach Abschluß des ↗Saarstatuts dauerten die deutsch-französischen Verhandlungen um das ↗Saarland an. Durch den deutsch-französischen Saarvertrag vom 27.10. 1956 wurde das Saarland der ↗Bundesrepublik als 10. Bundesland angegliedert, die wirtschaftliche Wiedereingliederung, unterstützt durch Bundeshilfen, erfolgte bis zum 6.7.1959. *sb*

Saarland (Bundesland) Der Status des S.es war nach dem Zweiten Weltkrieg zunächst ungeklärt. Frankreich erhob Ansprüche und gliederte es sich wirtschaftlich ein. Nachdem das ↗Saarstatut in der Volksabstimmung von 1955 scheiterte, wurde das S. 1957 deutsches ↗Bundesland, Saarbrücken Landeshauptstadt. 1956–85 stellte die ↗CDU den Ministerpräsidenten (u.a. Franz-Josef Röder, 1959–79). 1985–98 regierte Ministerpräsident ↗Lafontaine (SPD), seit dessen Wechsel nach Bonn führt Reinhard Klimmt die Landesregierung.
Die Wirtschaft wurde lange bestimmt von Kohleförderung sowie Eisen- und Stahlindustrie. Mit deren Niedergang siedelten sich verstärkt andere Branchen an. *li*

Saarstatut (1954) Vereinbarungen der Bundesregierung unter ↗Adenauer mit der französischen Regierung im Kontext der ↗Pariser Verträge, die die Europäisierung des Saarlandes vorsahen. Ziel Adenauers war die Lösung der ↗Saarfrage im Rahmen der europäischen Integrationspolitik. Schwere Belastung des Verhältnisses von Deutschland und Frankreich durch die ablehnende Haltung der Bevölkerung des Saarlandes gegen das S. (Volksabstimmung 1955); Zustimmung der französischen Nationalversammlung (24.12.1954) und des Bundestages (27.2.1955) nach heftigen Debatten. *sb*

Sacco di Roma (1527) Bezeichnung für die Eroberung Roms am 6.5.1527 und die monatelange Plünderung durch ↗Landsknechte Kaiser ↗Karls V. im Zuge des Krieges gegen König Franz I. von Frankreich und die Heilige Liga von ↗Cognac; versetzte die Zeitgenossen in ungeheuren Schrekken. *rh*

Sachs, Nelly Lyrikerin, *10.12.1891 Berlin, †12.5.1970 Stockholm. Entstammte einer assimilierten jüdischen Familie. 1940 gelang ihr mit Hilfe Selma Lagerlöfs die ↗Emigration nach Stockholm; erhielt 1965 den ↗Friedenspreis des Deutschen Buchhandels und 1966 den Nobelpreis für Literatur. Geprägt durch die Erfahrung der nationalsozialistischen ↗Judenvernichtung beschäftigte sich S. in ihrem Werk intensiv mit dem Schicksal des jüdischen Volkes. *nk*

Sachsen Das seit dem ↗Frankenreich existierende Stammesherzogtum S. (↗Sachsenaufstand) zerfiel mit dem Aussterben der ↗Askanier 1422 in das ursprüngliche Siedlungsgebiet (↗Niedersachsen) und das von den ↗Wettinern regierte ↗Meißen (Obersachsen). 1423 erwarb Meißen die sächsische Kurwürde, die Wettiner Gebiete wurden fortan als S. bezeichnet. S. erlebte im ↗Absolutismus eine staatliche und kulturelle Blüte (Barock in Dresden, ↗August II.). 1806 zum Königreich erhoben, mußte S. 1815 etwa die Hälfte seines Gebietes an ↗Preußen abtreten. Als Mitglied im ↗Deutschen Bund erhielt S. 1831 eine Verfassung; seit dem Beitritt zum ↗Deutschen Reich 1871 Entwicklung zum Industrieland. Am 10.11.1918 riefen ↗Arbeiter- und Soldatenräte die Republik aus, 1920 wurde der Freistaat S. gegründet, der bis 1933 bestand. *dt*

Sachsen, Freistaat (Bundesland) Nach 1945 zunächst als Land wieder konstituiert, wurde S. mit der Verwaltungsreform der ↗DDR 1952 in die Bezirke Leipzig, Dresden und Karl-Marx-Stadt aufgeteilt. 1990 wurde das Bundesland (Freistaat) S. gebildet, Dresden Landeshauptstadt. Seither ist eine ↗CDU-Regierung unter ↗Biedenkopf im Amt. Wirtschaftszweige u. a.: Elektrotechnik und Mikroelektronik in der Region Dresden; Braunkohle-, Textil- und Druckindustrie in der Region Leipzig, Maschinenbau um Chemnitz. *RB*

Sachsen, Stamm Seit dem 2. Jh. zwischen Nordseeküste und Niederrhein siedelnder, westgermanischer Stamm. Die S. wanderten z. T. ab dem 5. Jh. nach Britannien aus. Ausbreitung im 6./7. Jh. im gesamten Raum zwischen Elbe, Eider und Saale; besaßen Ständeordnung (↗Stand) und schriftlich aufgezeichnetes Stammesrecht (Lex Saxorum); wurden 804 von ↗Karl I., dem Großen, besiegt (↗Sachsenkriege) und mit Gewalt christianisiert. *ep*

Sachsen-Anhalt (Bundesland) Das Land S.-A. entstand 1945 auf dem Gebiet der ehemaligen preußischen Provinzen (↗Preußen) Halle-Merseburg und Magdeburg sowie des ehemaligen Herzogtums Anhalt. 1952 ging es in den ↗DDR-Bezirken Halle und Magdeburg auf; seit 1990 Land der ↗Bundesrepublik, Landeshauptstadt Magdeburg. Seit 1994 regiert die ↗SPD unter Reinhard Höppner, bis 1998 in einer Koalition mit ↗Bündnis 90/Die Grünen. Die Duldung dieser Minderheitsregierungen durch die ↗PDS brach ein Tabu im wiedervereinigten Deutschland. Die Wirtschaft wird trotz großer Umstrukturierungen noch immer von der chemischen Industrie im Dreieck Bitterfeld, Wolfen und Schkopau dominiert. *li*

Sachsenaufstand (1073) Erhebung der ↗Sachsen 1073 unter Führung ↗Ottos von Northeim und des Erzbischofs Werner von Magdeburg aufgrund von Versuchen Kaiser ↗Heinrichs I., im Harzbereich die territorialen Grundlagen des Königtums zu erneuern (Rückgewinnung des Königsgutes (↗Reichsgut), Burgenbau, Einsatz stammesfremder ↗Ministerialen). Im Friede von Gerstungen (2.2.1074) weitgehende Anerkennung der Forderungen der Sachsen, die dann jedoch 1075 bei Homburg an der Unstrut besiegt wurden. *wm*

Sachsen-Coburg-Gotha Adelsgeschlecht; Seitenlinie der Ernestiner (↗Wettiner); entstand neben anderen sächsischen Häusern durch wiederholte Erbteilungen seit 1572; stellte im 19. und 20. Jh. die Könige von Belgien, Großbritannien (seit 1917 unter dem Namen Windsor) und Portugal sowie die Fürsten bzw. Zaren von Bulgarien. *br*

Sachsenhausen Ortsteil von ↗Oranienburg. Ab 1936 wurde hier ein ↗Konzentrationslager errichtet, das auch architektonisch als „Musterlager“ eingerichtet wurde. Mit zunehmender Kriegsdauer wurde der Anteil der ausländischen Häftlinge immer größer, die schließlich beinahe neun Zehntel der Inhaftierten stellten. Von den ca. 200000 Häftlingen starb bis zur Befreiung durch die ↗Rote Armee und polnische Einheiten am 22.4.1945 nahezu die Hälfte an den Arbeits- und Lebensbedingungen oder fiel Mißhandlungen zum Opfer. Von 1945–50 war S. Internierungslager für ehemalige Nationalsozialisten, aber auch für Gegner des neuen SED-Regimes.
S. ist heute Gedenkstätte. *PS*

Sachsenkriege Die von ↗Karl dem Großen 772–804 gegen die Sachsen (↗Sachsen, Stamm) geführten Kriege; hatten die Unterwerfung der Sachsen zur Folge, ihre Eingliederung in das ↗Frankenreich und ihre Christianisierung. *vK*

Sachsenspiegel Ältestes umfassendes deutsches Rechtsbuch; in den 20er Jahren des 13. Jh.s von ↗Eike von Repgow aufgezeichnetes Land- und Lehnrecht des ostfälischen ↗Sachsen, gewann rasch gesetzmäßiges Ansehen und galt in Norddeutschland und Osteuropa. Als Sachsenrecht bis 1900 in Kraft. *ku*

Sachsen-Weimar-Eisenach 1741 durch die Vereinigung von Sachsen-Weimar mit Sachsen-Eisenach entstandenes Herzogtum. Während der Weimarer Klassik unter ↗Karl August kultureller Mittelpunkt des Heiligen Römischen Reiches. 1815 Großherzogtum; erhielt 1816 die erste Verfassung im ↗Deutschen Bund. 1871 schloß sich S.-W.-E. dem ↗Deutschen Reich, 1920 dem Land ↗Thüringen an. *dt*

sächsische Kaiser Die deutschen Herrscher aus dem sächsischen Herzogshaus (919–1024); ↗Ottonen, ↗Liudolfinger. *vK*

sächsische Weltchronik Erste Prosageschichte in niederdeutscher Sprache; wohl um 1230/31 von ↗Eike von Repgow verfaßt. *vK*

SDAP ↗Sozialdemokratische Arbeiterpartei

Saeculum (Jahrbuch für Universalgeschichte) Historische Zeitschrift, 1950 von Georg Stadtmüller gegründet; globale Betrachtung der Geschichte unter Berücksichtigung der Zusammenhänge zwischen Sozial- und Wirtschaftsgeschichte, Kultur- und politischer Geschichte. *Vö*

Saefkow, Anton Politiker (KPD), *22.7.1903 Berlin, †18.9.1944 Brandenburg. April 1933 bis

Juni 1939 Haft und ↗KZ-Inhaftierung; seit 1942 mit Franz Jacob Aufbau illegaler kommunistischer Gruppen (↗Saefkow-Jacob-Gruppe); Herbst 1943 Errichtung einer KPD-Inlandsleitung; 4.7.1944 verhaftet, zum Tode verurteilt und hingerichtet. *PS*

Saefkow-Jacob-Gruppe 1942/43 gebildete illegale kommunistische Gruppe um ↗Saefkow und den ehemaligen Hamburger KPD-Politiker Franz Jacob. Knüpften ein Netz von kommunistischen Zellen in Berliner Betrieben; Herbst 1943 mit anderen Bildung einer KPD-Inlandsleitung; Juli 1944 verhaftet; Saefkow und Jacob wurden nach Todesurteilen im September hingerichtet. *PS*

SAG ↗Sowjetische Aktiengesellschaft

Sage Literarische Gattung, deren Name durch die 1816 von den Brüdern Jakob und Wilhelm ↗Grimm herausgegebene Sagensammlung geprägt wurde. S. ist eine meist mündliche, anonyme Erzählung mit höherer Historizität als das poetischere ↗Märchen. S. schildern zumeist phantastische, unwirkliche Begebenheiten mit Dämonen oder anderen Bewohnern der jenseitigen Welt, haben dabei aber immer einen konkreten Zeit-Raum-Bezug. Andere S. wurden um historisch bedeutsame Persönlichkeiten gewoben (↗Kaisersage). Und noch im ausgehenden 20. Jh. kursieren die sog. modernen Stadt-S. *ku*

Sahs ↗Sax

Sailer, Johann Michael Katholischer Theologe, *17.11.1751 Aresing (Schrobenhausen), †20.5.1832 Regensburg. Priesterweihe 1775, seit 1780 Professor der Theologie in Ingolstadt, 1784–94 in Dillingen, seit 1799 wieder in Ingolstadt. S. wurde 1829 Bischof von ↗Regensburg. Er war als Universitätslehrer, in der Ausbildung des Klerus und als Verfasser theologischer Schriften tätig und der katholischen Aufklärung verpflichtet. *sb*

Sakmann, Bert ↗Nobelpreis

Säkularisation Einziehung von Kirchengut zu weltlichen Zwecken, Umwandlung von geistlichen Herrschaftsbereichen in weltliche; bes. im Zeitalter der ↗Reformation (S. der meisten mittel- und norddeutschen geistlichen Territorien), der ↗Aufklärung und der ↗Französischen Revolution. Durch den ↗Reichsdeputationshauptschluß 1803 wurden im ↗Heiligen Römischen Reich die geistlichen Territorien (vier Erzbistümer, 18 Bistümer, ca. 80 ↗reichsunmittelbare Abteien und reichsmittelbare Stifte sowie über 200 ↗Klöster) aufgehoben. *vK*

Salier Fränkische Dynastie mit Hauptbesitzungen am nördlichen Oberrhein (um Worms und Speyer). Erlangten als Nachfolger der ↗Liudolfinger ab 1024 mit ↗Konrad II. die Königsherrschaft über das ↗Heilige Römische Reich; stellten über vier Generationen die deutschen Könige und Kaiser. 1125 starb ↗Heinrich V. kinderlos; die ↗Staufer erbten die salischen Güter. (432) *ep*

salische Kaiser Die deutschen Kaiser aus dem Geschlecht der ↗Salier (1024–1125). *vK*

salisches Gesetz Das älteste der germanischen ↗Volksrechte; Erstfassung entstand wahrscheinlich zwischen 508 und 511 unter ↗Chlodwig I.; in zahlreichen Neubearbeitungen überliefert. Umstritten ist, ob in dem s.G. das im ↗Frankenreich geltende Recht aufgezeichnet wurde. *br*

Salomon, Alice Sozialpolitikerin, Frauenrechtlerin, *19.4.1872 Berlin, †30.8.1948 New York. 1908 Gründung und Leitung der Sozialen Frauenschule in Berlin; Begründerin der weiblichen Sozialberufe in Deutschland; 1937 ↗Emigration. *PS*

Salomon, Ernst von Schriftsteller, *25.9.1902 Kiel, †9.8.1972 Winsen/Luhe. Beteiligung am ↗Kapp-Lüttwitz-Putsch; fünfjährige Zuchthausstrafe wegen Beihilfe zu ↗Rathenaus Ermordung. S. verfaßte v.a. autobiographische Romane mit nationalistischer Prägung (Die Stadt, 1932; Die Kadetten, 1933), die während des ↗Dritten Reiches bekannt wurden. *rm*

Sand, Karl Ludwig Theologiestudent, *5.10.1795 Wunsiedel, †20.5.1820 Mannheim. Schloß sich nach dem ↗Wartburgfest dem radikalen Flügel der ↗Jenaischen Burschenschaft um Karl ↗Follen an; ermordete am 23.3.1819 ↗Kotzebue, den er für einen Spion Rußlands und Feind der Burschenschaften hielt; S. wurde dafür hingerichtet. Sein Attentat führte noch im selben Jahr zu den ↗Karlsbader Beschlüssen und schließlich zur ↗Demagogenverfolgung. *sa*

Sankt Gallen, Kloster Gegründet um 719 anstelle der Einsiedelei des heiligen Gallus, seit 747/48 ↗Kloster der ↗Benediktiner, wurde im 9. Jh. unabhängig und königliches Kloster; bis ins 11. Jh. kulturelle und wissenschaftliche Blüte (820 Entstehung des S.G. Klosterplans); danach Niedergang durch Einfluß des ↗Adels; seit dem 15. Jh. Gebietsauseinandersetzungen mit den umliegenden Kantonen der ↗Schweiz, die erst 1553 beigelegt werden konnten; 1805 Aufhebung des Klosters. *wj*

Sankt Galler Klosterplan ↗Kloster

Salisches (fränkisches) Geschlecht

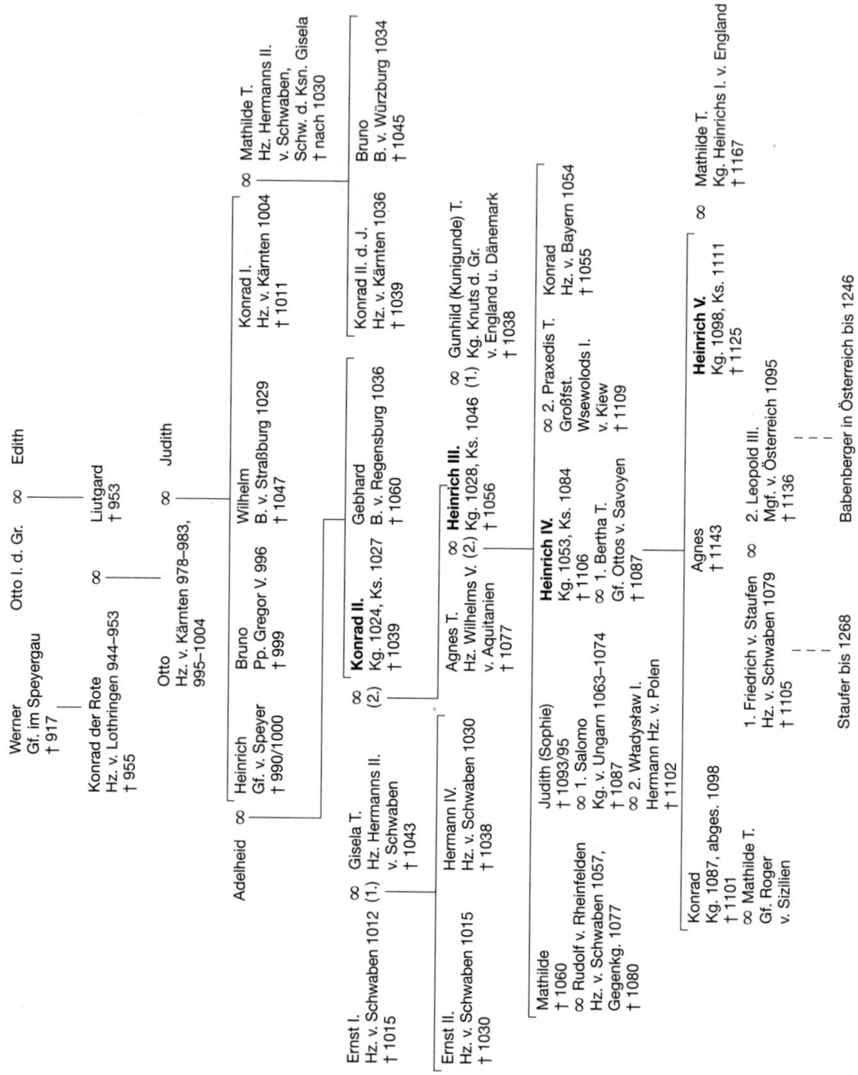

Sankt Gotthard Raab, Schlacht (1664) Am 1.8.1664 siegte bei S.G.R. (Mogersdorf) in der Steiermark die kaiserliche Armee unter ↗Montecuccoli und ↗Sporck mit Unterstützung des ↗Heiligen Römischen Reiches, des französischen Königs Ludwigs XIV. und des ↗Rheinbundes über die Türken. Durch den Frieden von Eisenburg wurde deren weiteres Vordringen für ca. 20 Jahre verhindert. *rh*

Sanssouci, Schloß Vom Architekten Georg Wenzeslaus von Knobelsdorff im Auftrag und z.T. nach Entwürfen Kaiser ↗Friedrichs II. 1745–47 in ↗Potsdam erbautes Sommerschloß; repräsentiert die Baukunst des deutschen ↗Rokoko. *nk*

SAP ↗Sozialistische Arbeiterpartei Deutschlands

Sauckel, Fritz NSDAP-Politiker, *27.10.1894 Haßfurt (Franken), †16.10.1946 Nürnberg. 1932 Ministerpräsident ↗Thüringens; 21.3.1942 Generalbevollmächtigter für den Arbeitseinsatz, verantwortlich für die Zwangsrekrutierung der ↗Fremdarbeiter in der zweiten Hälfte des ↗Zweiten Weltkrieges; in den ↗Nürnberger Kriegsverbrecherprozessen zum Tode verurteilt, hingerichtet. (365) *PS*

Sauerbruch, Ferdinand Chirurg, *3.7.1875 Barmen (Wuppertal), †2.7.1951 Berlin. Chefmediziner des Krankenhauses Charité in Berlin, Arzt führender Nationalsozialisten; Bekanntschaft mit Generaloberst ↗Beck; später Mitglied der regimekritischen ↗Mittwochs-Gesellschaft. *PS*

Savigny, Friedrich Carl von Jurist, *21.2.1779 Frankfurt/Main, †25.10.1861 Berlin. Lehrtätigkeiten an den Universitäten in Marburg und Landshut; 1810–42 Professor in Berlin; 1842–48 preußischer Minister für Gesetzgebung; Begründer der ↗Historischen Rechtsschule; Erforschung des Rechts als Ergebnis der Geschichte und des Volksgeistes; bes. quellenkritische Studien des römischen ↗Rechts. *up*

Sax Im Frühmittelalter (5.–9. Jh.) neben der ↗Spatha sehr gebräuchliches, einschneidiges Kurzschwert. Unterscheiden lassen sich Lang- und Breit-S. *wj*

Sayn und Wittgenstein Rheinisches Adelsgeschlecht mit der Burg Sayn (Bendorf bei Koblenz) als Stammsitz; verband sich 1247 mit dem Hause der Grafen von Sponheim. 1361 fielen ihm Grafschaft und Burg Wittgenstein durch Erbschaft zu; nach 1605 Spaltung in drei Linien. *RB*

SBZ ↗Sowjetische Besatzungszone

Scapa Flow Britischer Kriegshafen auf den Orkney-Inseln. Nach dem ↗Ersten Weltkrieg Schauplatz der Selbstversenkung der deutschen Hochseeflotte am 21.6.1919, um die im ↗Versailler Vertrag vorgesehene Übergabe der Schiffe an Großbritannien zu verhindern.
Im ↗Zweiten Weltkrieg gelang ↗Prien am 14.10. 1939 mit seinem U-Boot die Versenkung des britischen Schlachtschiffes Royal Oak in dem als sicher geltenden Hafen; von der nationalsozialistischen Propaganda als Husarenstück gefeiert. *PS*

Schabowski, Günter DDR-Politiker (SED), *4.1.1929 Anklam (Mecklenburg). Trat 1946 in den ↗FDGB, 1950 in die ↗FDJ und 1952 in die ↗SED ein; 1952–67 Redakteur von Gewerkschaftszeitungen; seit 1968 stellvertretender, 1978–85 Chefredakteur des „Neuen Deutschland"; 1981–89 Mitglied des ↗Zentralkomitees (ZK); 1984–89 Mitglied des ↗Politbüros. Während der ↗Wende 1989 zeigte er Gesprächsbereitschaft gegenüber der ↗Bürgerrechtsbewegung; am 9.11. 1989 gab er die ↗Maueröffnung bekannt. Am 21.1.1990 wurde er aus der ↗SED-PDS ausgeschlossen; übte harte Kritik an der SED-Diktatur; 1995 aufgrund der Schüsse an der Mauer wegen Totschlags angeklagt. *AM*

Schacht, Hjalmar Finanzfachmann, *22.1.1877 Tinglev (Nordschleswig), †3.6.1970 München. 1923–30 und 1933–39 Reichsbankpräsident; setzte sich für Ernennung ↗Hitlers zum Reichskanzler ein; betrieb als Reichswirtschaftsminister und Generalbevollmächtigter für die Kriegswirtschaft (bis 1937) die Aufrüstung; nach dem ↗Zwanzigsten Juli verhaftet. Nach dem Krieg Finanzberater für Entwicklungsländer. *PS*

Schadow, Johann Gottfried Bildhauer, *20.5. 1764 Berlin, †27.1.1850 ebd. Hofbildhauer seit 1788; Direktor der Berliner Akademie der Künste seit 1815. Führender Vertreter des ↗Klassizismus; zu seinen bedeutendsten Werken zählen die „Quadriga mit Viktoria" auf dem ↗Brandenburger Tor (entworfen 1789, entstanden 1794) und das „Lutherdenkmal" in Wittenberg (1821). *rm*

Schäfer, Hermann Historiker, *29.12.1942 Wittlich. Promovierte 1977 und habilitierte sich 1986 an der Universität Freiburg; veröffentlichte v.a. Arbeiten zur Wirtschafts- und ↗Sozialgeschichte (u.a. Wirtschafts-Ploetz, 1984); seit 1987 Direktor der Stiftung ↗Haus der Geschichte der Bundesrepublik Deutschland in Bonn. *ep*

Schäffer, Fritz Politiker (CSU), *12.5.1888 München, †29.3.1967 Berchtesgaden. 1929–33 Vorsitzender der ↗Bayrischen Volkspartei; 1933–45 Rechtsanwalt; Mitbegründer der ↗CSU; 1945 von der US-Militärregierung zum bayrischen Ministerpräsidenten ernannt, vier Monate später abgesetzt; 1949–57 Bundesfinanzminister; 1957–61 Bundesjustizminister. *AM*

Schalck-Golodkowski, Alexander Wirtschaftsfunktionär der DDR, *3.7.1932 Berlin. Seit 1955 Mitglied der ↗SED; seit 1966 Leiter des Bereiches ↗Kommerzielle Koordinierung (KoKo); 1967–89 Oberst des ↗Ministeriums für Staatssicherheit; seit 1975 Staatssekretär des Ministeriums für Außenhandel; Aufbau einer Vielzahl von Unternehmen außerhalb der DDR zur Devisenbeschaffung; als Delegationsleiter der DDR 1983 an der Vereinbarung des ↗deutsch-deutschen Kreditvertrages beteiligt; 1989 als Wirtschaftsberater nach Berlin (West); seit 1991 wurde wegen der KoKo-Tätigkeiten ermittelt, 1994 Anklage u.a. wegen Waffenhandels und Steuerhinterziehung. *AM*

Schandmasken Mittelalterliche, bis in die Aufklärungszeit gebräuchliche, zu den beweglichen Schandgeräten zählende eiserne Masken. Die in ihrer Gestalt ganz unterschiedlichen S. spiegelten das jeweilige Vergehen der an der Schandsäule zur Schau gestellten Person (↗Pranger). *ku*

Scharf, Kurt Evangelischer Theologe, *21.10. 1902 Landsberg/Warthe, †28.3.1990 Berlin. Leitendes Mitglied der ↗Bekennenden Kirche; im ↗Dritten Reich mehrmals verhaftet und mit Rede- und Schreibverbot belegt; 1961–67 Vorsitzender des Rates der ↗EKD; ab 1961 Einreiseverbot in die DDR; dennoch 1966–72 Bischof der Evangelischen Kirche in Berlin-Brandenburg; u.a. wegen seiner Haltung zur ↗RAF (besuchte ↗Meinhof im Gefängnis) auch in der Bundesrepublik scharf kritisiert. *MH*

Scharnhorst, Gerhard Johann von Preußischer General, *12.11.1755 Bordenau (Königreich Hannover), †28.6.1813 Prag. Ab 1801 in der preußischen Armee; Generalstabschef von ↗Karl Wilhelm Ferdinand bei ↗Jena und Auerstedt; 1807 Vorsitzender der Militärreorganisationskommission; 1808 Leiter des Kriegsministeriums; maßgeblich beteiligt an der ↗preußischen Heeresreform; in den ↗Befreiungskriegen tödlich verwundet. *MH*

Scharoun, Hans Architekt, *20.9.1893 Bremen, †25.11.1972 Berlin. Bedeutender Architekt des Neuen Bauens; Studium an der Technischen Universität Berlin-Charlottenburg; lehrte in Breslau und Berlin; bevorzugte funktionelle Bauweise (Wohnhaus in der „Weißenhofsiedlung" Stuttgart, 1927). *rw*

Scharping, Rudolf Bundesverteidigungsminister (SPD), *2.12.1947 Niederelbert (Westerwald). 1991–94 Ministerpräsident von ↗Rheinland-Pfalz; 1993–95 Vorsitzender der ↗SPD; 1994–98 Vorsitzender der SPD-Fraktion im Bundestag; seit 1998 Bundesverteidigungsminister, führte die ↗Bundeswehr im ↗Kosovokonflikt. *Vö*

Schärtlein von Burtenbach ↗Schertlin von Burtenbach

Schäuble, Wolfgang CDU/CSU-Fraktionsvorsitzender, *18.9.1942 Freiburg (Breisgau). Seit 1965 ↗CDU-Mitglied; seit 1972 Mitglied des Bundestages; 1984–89 Minister im Bundeskanzleramt; 1989–91 Innenminister, verantwortlich für den ↗Einigungsvertrag; seit einem Attentat am 12.10.1990 querschnittsgelähmt; seit 1991 Vorsitzender der CDU/CSU-Bundestagsfraktion, seit 1998 auch Vorsitzender der CDU. *AM*

Schauenburger Nach der Schauenburg (Schaumburg) bei Rinteln/Weser benanntes Grafengeschlecht. 1110/11 Belehnung Graf Adolfs I. mit Holstein. Seine Linie stellte von 1386 bis zu ihrem Aussterben 1459 auch die Herzöge von Schleswig. Die Linie Holstein-Schauenburg erhielt 1290 neben der Grafschaft Schaumburg auch Pinneberg. Nach ihrem Aussterben zerfiel ihr Besitz. *li*

Walter Scheel

Scheel, Walter Bundespräsident, *8.7.1919 Solingen. Nach Tätigkeit als Wirtschaftsberater 1953–74 Mitglied des Bundestages; 1961–66 Minister für wirtschaftliche Zusammenarbeit; 1967–69 Bundestagsvizepräsident; 1968–74 Bundesvorsitzender der ↗FDP; forcierte seitdem die Annäherung an die ↗SPD; nach Bildung der ↗sozial-liberalen Koalition (1969–74) unter ↗Brandt Außenminister, setzte dessen ↗Ostpolitik durch; 1974–79 ↗Bundespräsident; seit 1979 Ehrenvorsitzender der FDP. *AM*

Scheer, Reinhard Admiral, *30.9.1863 Obernkirchen (Bayern), †26.11.1928 Marktredwitz (Fichtelgebirge). 1916 Chef der Hochseeflotte; unter seinem Oberbefehl ↗Skagerrak-Schlacht; provozierte mit seinem Befehl zum Auslaufen der Hochseeflotte den Matrosenaufstand in Kiel 1918 (↗Novemberrevolution). *PS*

Scheffler, Johann ↗Angelus Silesius

Scheidemann, Philipp Ministerpräsident (SPD),*26.7.1865 Kassel, †29.11.1939 Kopenhagen. Seit 1903 Mitglied des Reichstages, seit 1913 Vorsitzender der Reichstagsfraktion. Wurde 1918 Staatssekretär in der Regierung ↗Max Prinz von Baden, rief nach Rücktritt aus diesem Amt am 9.11.1918 die Republik aus. S. hatte eine führende Position im ↗Rat der Volksbeauftragten, war Mitglied der ↗Weimarer Nationalversammlung; von Februar bis Juni 1919 Ministerpräsident der ↗Weimarer Koalition. Trat aus Ablehnung des Friedens von ↗Versailles zurück. 1933 Emigration nach Dänemark. (399) *sb*

Scheler, Max Philosoph, *22.8.1874 München, †19.5.1928 Frankfurt/Main. Professor in Köln, Frankfurt/Main; übertrug ↗Husserls Wesensschau als Werteschau auf die Ethik und gelangte zu einer der formalen Pflichtethik Immanuel ↗Kants entgegengesetzten „materialen Wertethik“, wonach sittliche Werte als unwandelbare Wesenheiten gelten, die der Mensch mittels eines Gefühls für Werte in Freiheit erfasse; legte mit „Die Stellung des Menschen im Kosmos“ (1928) die Grundrisse einer von Johann Gottfried ↗Herder beeinflußten Anthropologie vor. *bl*

Schele zu Schelenburg, Georg Viktor Friedrich Freiherr von Politiker, *8.11.1771 Osnabrück, †5.9.1844 Schelenburg (bei Osnabrück). 1807–10 in Diensten des Königs Jérôme (Bonaparte) von Westphalen; 1833 beteiligt an Abfassung des Hannoveraner Staatsgrundgesetzes sowie an dessen Aufhebung (1837). *nk*

Schelling, Friedrich Wilhelm von Philosoph, Privatgelehrter, *27.1.1775 Leonberg, †20.8.1854 Bad Ragaz (Schweiz). Studium mit ↗Hegel und ↗Hölderlin; 1798 auf Betreiben ↗Goethes Professor in Jena; Verheiratung mit Karoline Schlegel (Karoline ↗S.); Professor in München und Berlin; zunächst an ↗Fichtes „Philosophie des Ich“ orientiert; wendete sich der Naturphilosophie zu (Ideen zu einer Philosophie der Natur, 1797) und entwarf ein System, in dem er die Natur als beseelten Organismus dachte, der, von der anorganischen, schweren Materie („unreife Intelligenz“) ausgehend, über die Stufen des Lichts Leben bis zur menschlichen Vernunft entwickle, in der sich die Natur reflektiere und „sich selbst ganz Objekt“ werde; versuchte in seiner „Transzendentalphilosophie“ (1800) nachzuvollziehen, wie sich der Geist in einem Entwicklungsprozeß in der materiellen Welt objektiviere; synthetisierte beide Entwicklungsprozesse in seiner „Identitätsphilosophie“, in der er die Natur als sichtbaren Geist und den Geist als unsichtbare Natur dachte. *bl*

Schelling, Karoline Schriftstellerin, *2.9.1763 Göttingen, †7.9.1809 Maulbronn. Anhängerin der Ideen ↗Forsters; aufgrund ihrer Verbindungen zum revolutionären Mainzer Klub ab 1792 wurde sie 1793 gefangengenommen. S. heiratete 1796 August Wilhelm von ↗Schlegel; 1803 Scheidung und Heirat mit Friedrich Wilhelm von ↗Schelling. S. zählt zu den bedeutendsten Vertreterinnen der ↗Romantik. Sie bildete den Mittelpunkt des Jenaer Literaturkreises und ist v. a. als Verfasserin von Briefen bekannt. *rm*

Schelsky, Helmut Soziologe, *14.10.1912 Chemnitz, †24.2.1984 Münster (Westfalen). Ab 1948 Professor für Soziologie in Hamburg, Münster und Bielefeld; ab 1973 erneut in Münster. S. wurde durch seine Arbeiten zu Familie und Jugend in der Nachkriegszeit bekannt (Wandlungen der deutschen Familie in der Gegenwart, 1953); weitere Schwerpunkte lagen in der Analyse des deutschen Bildungs- und Betriebswesens. *rm*

Schengener Abkommen Vereinbarung zur Beseitigung von Grenzkontrollen; am 14.6.1985 zwischen Deutschland, Frankreich und den Benelux-Staaten getroffen; am 19.6.1990 in einer Durchführungsvereinbarung („Schengen II“) mit verstärkten Kontrollen an den Außengrenzen als Grundlage einer gemeinsamen Asyl- und Sicherheitspolitik versehen und um Griechenland, Italien, Österreich, Portugal und Spanien erweitert; zum 26.3.1995 in Deutschland, Frankreich, den Benelux-Staaten, Spanien und Portugal in Kraft getreten; Absprachen zur Schaffung eines gemeinsamen polizeilichen Informationssystems mit Sitz in Straßburg. (436) *kl*

Schertlin von Burtenbach, Sebastian Landsknechtführer, *12.2.1496 Schorndorf, †18.11. 1577 Augsburg. S. kämpfte im kaiserlichen Heer 1520 gegen ↗Ulrich von Württemberg, 1525 für den ↗Schwäbischen Bund gegen die aufständischen Bauern; 1527 am ↗Sacco di Roma beteiligt; führte im ↗Schmalkaldischen Krieg 1546 die oberdeutschen Städte gegen ↗Karl V. an; trat 1548 in französische Dienste; 1553 Aussöhnung mit dem Kaiser. *rh*

Schickedanz, Grete Unternehmerin, *20.10. 1911 Fürth (Bayern), †23.7.1994 ebd. Leitete den Einkauf des 1927 in Fürth geschaffenen Versandunternehmens „Quelle"; heiratete 1942 den Firmengründer Gustav S.; führte nach dessen Tod, 1977, den Konzern weiter. *UK*

Schieder, Theodor Historiker, *11.4.1908 Oettingen/Ries, †8.10.1984 Köln. Studium in München; 1942–45 Professor in Königsberg; erhielt 1948 Ordinariat in Köln und war dort 1962–64 Rektor der Universität; arbeitete insbesondere über Neuere und Neueste Geschichte (u.a. Staat und Gesellschaft im Wandel unserer Zeit, 1958); ab 1957 Herausgeber der ↗Historischen Zeitschrift. *ep*

Schießbefehl Nach dem Bau der ↗Berliner Mauer am 15.9.1961 auf Beschluß des ↗Nationalen Verteidigungsrates ausgegeben, um ↗Republikflucht zu verhindern; von Verteidigungsminister ↗Keßler am 12.11.1989 aufgehoben; nach der ↗Wiedervereinigung in zahlreichen ↗Mauerschützenprozessen aufgearbeitet (↗Maueropfer). *kl*

Schießerlaß Görings (1933) Nachdem im Zuge der ↗Machtergreifung am 11.2.1933 der preußischen Polizei Hilfspolizei aus ↗SA und ↗SS zur Seite gestellt worden war (die ihre neuen Machtbefugnisse zur blutigen Rache an politischen Gegnern ausnutzten), erweiterte ↗Göring am 17.2. die polizeilichen Befugnisse um diese Erlaubnis, die zu überzogenem Waffengebrauch ermunterte. *PS*

Schild 1) Älteste, urgeschichtliche Schutzwaffe gegen Hiebe, Stiche, Stöße und Pfeilschüsse; aus Metall, Holz oder Leder; in vielfältigen Formen (rund, eckig, oval); in Europa bis Ende des Mittelalters (Aufkommen der Feuerwaffen) gebräuchlich; *vK*

2) In der Heraldik trägt der Wappen-S. seit der Mitte des 12. Jh.s das ↗Wappen. *ku*

Schill, Ferdinand von Offizier, *6.1.1776 Wilmsdorf (bei Dresden), †31.5.1809 Stralsund. Wurde während der ↗Koalitionskriege 1806 bei ↗Auerstedt verwundet und trat 1807 bei der Verteidigung Kolbergs hervor; zog eigenmächtig am 28.4.1809 mit seinem Husarenheer gegen ↗Napoleon I.; fiel bei der Verteidigung Stralsunds im Straßenkampf. *nk*

Schiller, Friedrich von Schriftsteller, Dichter, *10.11.1759 Marbach/Neckar, †9.5.1805 Weimar. Studierte Jura und Medizin; war ab 1780 Regimentsarzt in Stuttgart; nach Uraufführung seines Schauspiels „Die Räuber" 1782 in Mannheim jahrelang auf der Flucht vor ↗Zensur und Arreststra-

Schengener Abkommen: Die Grenzkontrollen zwischen den beteiligten Staaten werden vollständig abgebaut.

fe; 1785 Zuflucht bei ↗Körner in Leipzig; 1787 in Weimar Kontakte zu Johann Gottfried ↗Herder und ↗Wieland; ab 1789 Professor für Geschichte in Jena; Beschäftigung mit Immanuel ↗Kants Schriften; Freundschaft zu Wilhelm von ↗Humboldt und ab 1794 bes. zu ↗Goethe (bedeutender Briefwechsel); Vertreter der Weimarer ↗Klassik in deutlicher Nähe zu idealistischen Strömungen der Zeit; Verfasser zahlreicher Dramen, Gedichte, ästhetischer und historischer Schriften; lebte ab 1799 in Weimar; 1802 geadelt. *LA*

Friedrich Schiller (Gipsbüste von J. H. Dannecker, 1794)

Schiller, Karl Bundeswirtschafts- und -finanzminister (SPD), *24.4.1911 Breslau, †26.12.1994 Hamburg. 1948–53 Senator für Wirtschaft und Verkehr in Hamburg, 1961–65 für Wirtschaft in Berlin; 1961–65 Mitglied des Vorstandes der ↗SPD (seit 1966 auch des Präsidiums); 1965–72 Mitglied des Bundestages; 1966–72 Wirtschafts-, 1971/72 auch Finanzminister; trug zur Überwindung der Konjunkturkrise von 1965 bei; 1967 Initiator der ↗Konzertierten Aktion und Beteiligung an der Ausarbeitung des ↗Stabilitätsgesetzes; trat 1972 wegen Kritik an seiner Wirtschaftspolitik zurück und verließ die SPD, in die er 1980 wieder eintrat. *AM*

Schily, Otto Bundesinnenminister (SPD), *20.7. 1932 Bochum. Seit 1963 Rechtsanwalt; Engagement im ↗SDS; vertrat 1975–77 ↗Ensslin im ↗Stammheimer Terroristenprozeß; 1980 Gründungsmitglied der ↗Grünen, 1983–86 und 1987–89 für diese Mitglied des Bundestages, 1989 Übertritt zur ↗SPD, seit 1990 wieder im Bundestag, 1993/94 Vorsitzender des Treuhand-Untersuchungsausschusses; seit 1998 Bundesinnenminister. *li*

Schinderhannes (eigentlich Johann Bückler) Räuberhauptmann, *25.5.1783 Miehlen (bei Bad Ems), †21.11.1803 Mainz. Anführer einer Räuberbande im (französisch besetzten) Rheinland, von der 19 Mitglieder zusammen mit ihm hingerichtet wurden; als patriotisch gesinnter Freund der Armen durch ↗Sagen romantisch verklärt. *rh*

Schindler, Oskar Unternehmer, *28.4.1908 Zwittau, †9.10.1974 Frankfurt/Main. Leitete einen Betrieb im ↗Generalgouvernement; rettete 1944 ca. 900 jüdische Häftlinge des KZ Krakau-Plaszów vor der Verlegung in ↗Vernichtungslager durch den Kommandanten ↗Göth; 1992 Gegenstand der erfolgreichen Hollywood-Verfilmung „Schindlers Liste". *PS*

Schinkel, Karl Friedrich Baumeister, Maler, *13.3.1781 Neuruppin, †9.10.1841 Berlin. Bedeutender Architekt des 19. Jh.s in Deutschland; ließ sich von romantischen und gotisierenden Strömungen inspirieren und schuf v.a. klare, auf antikem Vorbild basierende Bauten u.a. in Berlin: Neue Wache (1817/18), Schauspielhaus am Gendarmenmarkt (1818–21). *kp*

Schirach, Baldur von Reichsjugendführer, *9.5.1907 Berlin, †8.8.1974 Kröv/Mosel. Seit 1931 Reichsjugendführer, 1933–40 Jugendführer des Deutschen Reiches; 1940–45 Gauleiter und Reichsstatthalter in Wien; verantwortlich für die Deportation von 185000 österreichischen Juden, wurde deshalb in den ↗Nürnberger Kriegsverbrecherprozessen zu 20 Jahren Haft verurteilt; 1966 entlassen. (365) *sb*

Schirdewan, Karl DDR-Politiker (SED), *14.5.1907 Stettin. Seit 1925 KPD-Mitglied; 1934–45 inhaftiert; nach der Befreiung Wiederaufbau der ↗KPD; 1946 Mitglied der ↗SED; seit 1953 im ↗Zentralkomitee und im ↗Politbüro; seit 1956 in Opposition zu ↗Ulbricht; 1958 aus dem Zentralkomitee ausgeschlossen; am 20.1.1990 von der Zentralen Schiedskommission der SED-PDS rehabilitiert. *AM*

Schisma ↗Abendländisches Schisma

Schlabrendorff, Fabian von Ordonanzoffizier, Jurist, *1.7.1907 Halle/Saale, †3.9.1980 Wiesbaden. Mitwisser des ↗Zwanzigsten Juli; August 1944 verhaftet; ↗KZ-Haft; veröffentlichte 1946 mit „Offiziere gegen Hitler" eine der ersten Darstellungen über den militärischen ↗Widerstand im ↗Dritten Reich; 1967–75 Richter beim ↗Bundesverfassungsgericht. *PS*

Schlageter, Albert Leo Attentäter, *12.8.1894 Schönau (Baden), 26.5.1923 bei Düsseldorf.

↗Freikorps-Mitglied; 1922 zur ↗NSDAP; im ↗Ruhrkampf Anschläge auf Einrichtungen der Besatzungsbehörden; von französischem Militärgericht zum Tode verurteilt und hingerichtet; vom ↗Nationalsozialismus als „Märtyrer“ verklärt und propagandistisch genutzt. *PS*

Schlange-Schöningen, Hans Politiker (CDU), *17.11.1886 Schöningen, †20.7.1960 Bad Godesberg. 1924–32 Mitglied des Reichstages, zunächst für die ↗DNVP, ab 1930 für die Christlich-Nationale Landvolk- und Bauernpartei; 1931/32 Reichsminister ohne Geschäftsbereich; nach 1933 Kontakte zum ↗Widerstand; 1945 Mitbegründer der ↗CDU; 1947–49 Direktor für Ernährung und Landwirtschaft im ↗Vereinigten Wirtschaftsgebiet; 1949–50 im Bundestag; 1950–55 deutscher Gesandter in London (ab 1953 Botschafter). *AM*

Schlegel, August Wilhelm von Literatur- und Sprachwissenschaftler, *5.9.1767 Hannover, †12.5.1845 Bonn. Zunächst Theologie-, dann Philosophiestudium in Göttingen; 1796–1803 verheiratet mit Karoline ↗Schelling; ab 1798 Professur in Jena. Neben seinem Bruder Friedrich ↗Schlegel Herausgeber der Zeitschrift „Athenäum“ (1798–1800); von 1804 bis 1817 begleitete er Madame de Staël auf Reisen durch Frankreich, England, Italien und Skandinavien. Ab 1818 Professur für Literatur- und Kunstgeschichte in Bonn. Von bes. Bedeutung war S. als Theoretiker der romantischen Ästhetik und als Herausgeber der Fachzeitschrift „Indische Bibliothek“ (1823–30). Er übersetzte spanische, italienische und portugiesische Literatur und insgesamt 17 Shakespeare-Dramen ins Deutsche. Seine eigenen Gedichte und Dramen fanden im Gegensatz dazu wenig Anklang. *rm*

Schlegel, Dorothea von Schriftstellerin, *24.10.1763 Berlin, †3.8.1839 Frankfurt/Main. Tochter Moses ↗Mendelssohns; heiratete 1804 Friedrich ↗Schlegel, mit dem sie 1808 zum Katholizismus konvertierte. In Wien bildete sich um das Ehepaar S. ein lebendiger literarischer Zirkel. Ihr Schreiben war von ↗Goethe und der ↗Romantik beeinflußt; neben Briefen und Übersetzungen verfaßte S. einen unvollendeten Roman: Florentin (1801). *rm*

Schlegel, Friedrich von Philologe, Dichter, *10.3.1772 Hannover, †12.1.1829 Dresden. Ab 1790 Jura-, Philosophie-, Altphilologie- und Kunstgeschichtsstudium; 1804 heiratete S. Dorothea Mendelssohn (↗Schlegel), mit der er 1808 zum Katholizismus konvertierte. Mit seinem Bruder August Wilhelm ↗Schlegel Herausgeber der Zeitschrift „Athenäum“ (1798–1800); Herausgeber der Zeitschrift „Europa“ (1803–05) und der konservativen „Concordia“ (1820–23) in Wien. S. war ein bedeutender Literaturkritiker und Dichter und galt als intellektueller Führer der Frühromantik (Gespräch über die Poesie, 1800). Er verfaßte Gedichte und den unvollendeten Roman „Lucinde“ (1799), in dem er ein freies romantisches Liebesideal propagierte und damit einen Skandal auslöste. *rm*

Schlegel, Karoline ↗Schelling, Karoline

Schleicher, Kurt von General, Reichskanzler, *7.4.1882 Brandenburg/Havel, †30.6.1934 Neubabelsberg (bei Potsdam). Ab 1914 in der ↗Obersten Heeresleitung. Seit 1929 Chef der Wehrmachtsabteilung; seit 1932 Reichswehrminister, 3.12.1932–28.1.1933 Reichskanzler. S.s Konzept der „Zähmung“ der ↗NSDAP durch ihre Einbindung in die Regierungsverantwortung scheiterte ebenso wie sein Versuch, ein Bündnis zwischen Gewerkschaften, Reichswehr und dem NSDAP-Flügel um Gregor ↗Straßer herzustellen. Rücktritt nach Veto ↗Hindenburgs gegen S.s Notstandsplan. S. wurde im Zusammenhang mit der ↗Röhm-Affäre von der ↗SS erschossen. *sb*

Schleiermacher, Friedrich Daniel Evangelischer Theologe, Philosoph, *21.11.1768 Breslau, †12.2.1834 Berlin. 1787–90 Philosophie-, Theologie- und Sprachwissenschaftsstudium in Halle/Saale. Während seiner Tätigkeit als Hauslehrer und Prediger lernte er die Romantiker August Wilhelm und Friedrich ↗Schlegel kennen; ab 1804 Professur in Halle. Zusammen mit Wilhelm von ↗Humboldt rief er 1810 die Berliner Friedrich-Wilhelm-Universität ins Leben und war dort als erster Dekan der theologischen Fakultät tätig. S. beeinflußte mit seinen Werken (Über die Religion. Reden an die Gebildeten unter ihren Verächtern, 1799; Monologe, 1800) maßgeblich die Theologie des 19. und 20. Jh.s. *rm*

Schlemmer, Oskar Maler, Bildhauer, *4.9.1888 Stuttgart, †13.4.1943 Baden-Baden. Wurde 1921 ans Weimarer ↗Bauhaus berufen, wo er die Metall-, ab 1922 die Bildhauerwerkstatt leitete. Ab 1925 leitete S. in Dessau die „Bauhausbühne“. 1929–32 Professor in Breslau; den Antritt einer Professur in Berlin verhinderten 1933 die Nationalsozialisten, die ihn 1937 mit Ausstellungsverbot belegten. S.s vom Kubismus beeinflußtes Werk, das Malerei, Plastik, Bühnenbild und Tanz integriert, konzentriert sich auf die Spannungsverhältnisse zwischen menschlicher Figur und umgebendem Raum. Sein berühmtestes Gemälde ist die „Bauhaustreppe" von 1932. *ij*

Schlenke, Manfred Historiker, * 1.11.1927 Wuppertal, † 15.11.1997 Bad Nauheim. Erhielt nach seinem Studium in Marburg einen Lehrstuhl für Mittlere und Neuere Geschichte an der Universität Mannheim; arbeitete insbesondere zur Geschichte ↗Preußens (u.a. Herausgeber des „Preußen-Ploetz", 1983); Vorsitzender der Arbeitsgemeinschaft Preußische Geschichte (1974–89) und des Britisch-Deutschen Historikerkreises (1977–92). *ep*

Schlesien Kaiser ↗Otto III. errichtete im von Slawen besiedelten S. um 1000 das Bistum Breslau. Unter ↗Friedrich I. Barbarossa wurde das Herzogtum S. 1163 dem Kaiser tributpflichtig und die deutsche Ansiedlung gefördert (↗Ostkolonisation). Im 14. Jh. erlangte ↗Böhmen durch den Verzicht der polnischen Könige auf S. dessen Oberhoheit. 1527 ging S. in den Besitz der ↗Habsburger über. Diese drängten die sich ausbreitende ↗Reformation zurück. Durch die ↗Schlesischen Kriege verblieb nur etwa ein Sechstel S.s bei ↗Österreich, der Großteil wurde 1763 preußische Provinz. S. wurde im 19. Jh. zu einem der hochindustrialisiertesten Gebiete des ↗Deutschen Reiches. 1919 Teilung in Ober- und Nieder-S., der östliche Teil Ober-S. kam zu Polen, der bei Österreich verbliebene Teil an die Tschechoslowakei. 1945 wurden Ober- und Nieder-S. unter polnische Verwaltung gestellt, 1990 kamen die Gebiete endgültig an Polen. *dt*

Schlesische Kriege (1740–63) Die drei zwischen ↗Friedrich II., dem Großen, von Preußen und ↗Maria Theresia von Österreich um den Besitz ↗Schlesiens geführten Kriege. Die beiden ersten S.K. standen in engem Zusammenhang mit dem ↗Österreichischen Erbfolgekrieg.

Friedrich begann den 1. S.K. (1740–42) durch den Einmarsch in Schlesien, besetzte Breslau und siegte, verbündet mit Frankreich, Bayern und Sachsen, bei Mollwitz und Chotositz. Im Frieden von ↗Breslau verlor Österreich Schlesien.

Im 2. S.K. (1744–45) kam Friedrich durch eine Invasion in Böhmen einer österreichischen Rückeroberung zuvor. Preußen blieb nach Maria Theresias Erfolg im Österreichischen Erbfolgekrieg 1745 ohne Verbündete, entschied den Krieg aber durch Siege bei ↗Hohenfriedberg, ↗Soor und ↗Kesselsdorf. Beendet durch den Frieden von ↗Dresden.

3. S.K. (1756–63) ↗Siebenjähriger Krieg. *rh*

Schleswig Ehemaliges Herzogtum im Gebiet um Eider und Schlei. Seit 1025/35 Teil Dänemarks; seit dem 12. Jh. zunehmende Verselbständigung, bes. ab 1232 unter Herzog Abel; wurde nach dem Aussterben von dessen Geschlecht 1386 unter den ↗Schauenburgern mit ↗Holstein vereinigt, blieb aber dänisches Lehen. *ep*

Schleswig-Holstein 1386 wurden die ↗Schauenburger, die seit dem 12. Jh. in ↗Holstein regierten, mit dem Herzogtum Schleswig durch Dänemark belehnt. Nach ihrem Aussterben wurde 1460 Christian I. von Dänemark Landesherr von S.-H. Der so entstandene Zusammenhalt S.-H.s wurde durch die Einführung der ↗Reformation weiter gefestigt. Trotz mehrerer Landesteilungen behielten beide Herzogtümer einen gemeinsamen ↗Landtag. Seit 1773 war S.-H. wieder ganz unter der Herrschaft Dänemarks, das umfassende Reformen einführte (↗Bauernbefreiung 1805). 1815 wurde Holstein Mitglied im ↗Deutschen Bund. Die im Anschluß aufkommende S.-H.-Frage fand mit Dänemarks Besitzergreifung von Schleswig 1846 ihren vorläufigen Höhepunkt. Hiergegen gerichtete Unruhen (23./24.3.1848) in S.-H. und Etablierung einer provisorischen schleswig-holsteinischen Regierung in Kiel führten zu zwei ↗deutsch-dänischen Kriegen (1848–50 bzw. 1864); 1866 wurde S.-H. preußische Provinz. 1920 kam Nordschleswig durch Abstimmung an Dänemark. Aus der preußischen Provinz wurde 1946 das Land S.-H. gebildet. Die Regierungen waren bis zur ↗Barschel-Affäre 1987/88 meist von der ↗CDU bestimmt, seither regiert in S.-H. die ↗SPD mit ↗Engholm und seit 1993 mit ↗Simonis. Für den Südschleswigschen Wählerverband (SWV) als politische Vertretung der dänischen Minderheit in S.-H. gilt die ↗Fünf-Prozent-Klausel nicht. Der SWV ist seit 1962 mit einem Abgeordneten im Kieler Landtag vertreten. *dt*

Schleswig-Holstein-Frage ↗Schleswig-Holstein

Schleyer, Hanns Martin Manager, * 1.5.1915 Offenburg, † 18.10.1977. Wurde 1959 Vorstandsmitglied der ↗Daimler-Benz AG; war seit 1973 Präsident der ↗Bundesvereinigung der Deutschen Arbeitgeberverbände und 1977 des ↗Bundesverbandes der Deutschen Industrie; 1977 von Terroristen der ↗RAF entführt (5.9.) und ermordet. *UK*

Schlick, Moritz Physiker, Philosoph, * 14.4.1882

Berlin, †22.6.1936 Wien. Professor für Naturphilosophie in Wien; Begründer des neopositivistischen Wiener Kreises; sah die Aufgabe der Philosophie, gegen jede Metaphysik gewendet, in logischer und kritischer Begriffsklärung; Arbeiten u. a. zur Relativitäts- und Quantentheorie, zur Ästhetik und Ethik. S. wurde von einem geistesgestörten ehemaligen Hörer erschossen. *bl*

Schlieffen, Alfred Graf von Preußischer Generalfeldmarschall, *28.2.1833 Berlin, †4.1.1913 ebd. 1891–1905 Chef des Generalstabes der Armee; entwickelte den S.-Plan, dessen Ziel die schnelle Niederwerfung Frankreichs für den Fall eines Zweifrontenkrieges gegen Frankreich und Rußland war. Dieser sah eine Offensive gegen Frankreich durch das Gebiet der Benelux-Staaten mit dem Gros der deutschen Streitkräfte bei gleichzeitiger Defensive gegen Rußland vor, wurde aber im ↗Ersten Weltkrieg nur in modifizierter Form umgesetzt. *MH*

Schliemann, Heinrich Kaufmann, Archäologe, *6.1.1822 Neubukow (Mecklenburg), †26.12. 1890 Neapel. Kaufmann in Amsterdam; erlangte Wohlstand durch Gründung eines eigenen Handelskontors in St. Petersburg (1847); ab 1858 Forschungsreisen in den europäischen und asiatischen Raum; ab 1866 Studium der Archäologie in Paris; befaßte sich mit der Erforschung der griechischen Antike; entdeckte u. a. Troja (1868). *up*

Schlözer, August Ludwig von Historiker, Publizist, *5.7.1735 Gaggstadt (Hohenlohe-Kirchberg), †9.9.1809 Göttingen. Studierte in Wittenberg und Göttingen Theologie und Orientalistik; Rußlandaufenthalt in St. Petersburg (1761–69); dort ab 1765 Professor für russische Geschichte und Mitglied der Akademie der Wissenschaften; erhielt nach der Rückkehr eine Professur in Göttingen (1769–1804); entfaltete große Wirkung als Lehrer und Publizist. *ep*

Schmalkaldischer Bund (1531) Bündnis der meisten evangelischen Fürsten und Städte; gegründet unter Führung von ↗Johann dem Beständigen von Sachsen und ↗Philipp von Hessen am 27.2.1531 in Schmalkalden (Thüringen), um nach Verkündung der ↗Augsburger Konfession (1530) die evangelische Lehre zu verteidigen und sich gegen Angriffe Kaiser ↗Karls V. zu wehren; entwickelte sich 1534–41 zur bedeutendsten innerdeutschen Macht und erlaubte die Verbreitung der ↗Reformation; nach Niederlage im ↗Schmalkaldischen Krieg (1546/47) gegen Karl V. aufgelöst. *rh*

Schmalkaldischer Krieg (1546/47) Kampf Kaiser ↗Karls V. (verbündet mit Herzog ↗Moritz von Sachsen) gegen den protestantischen ↗Schmalkaldischen Bund; Karl siegte am 24.4.1547 in der entscheidenden Schlacht bei Mühlberg/Elbe. Die Anführer des Bundes, ↗Philipp von Hessen und ↗Johann Friedrich I. von Sachsen, wurden gefangengenommen und blieben bis 1552 in Haft. Moritz erhielt die sächsische Kurwürde, Karl konnte das ↗Augsburger Interim verkünden. *rh*

Schmid, Carlo Bundestagsvizepräsident (SPD), *3.12. 1896 Perpignan, †11.12.1979 Bonn. 1946–53 Professor für Völkerrecht in Tübingen, 1953–73 für Politik in Frankfurt/Main; 1947–50 Justizminister von Württemberg-Hohenzollern; 1947–73 im Parteivorstand der ↗SPD; u. a. maßgeblich beteiligt am ↗Godesberger Programm 1959; 1948/49 Vorsitzender des Hauptausschusses im ↗Parlamentarischen Rat; einer der „Väter" des ↗Grundgesetzes; 1949–66 und 1969–72 Bundestagsvizepräsident; 1963–66 Präsident der Parlamentarischen Versammlung der ↗Westeuropäischen Union; 1966–69 Bundesratsminister; rege schriftstellerische Tätigkeit; übersetzte u. a. Charles Baudelaire und Niccolò Machiavelli. (446) *AM*

Schmidel, Ulrich Landsknecht, *um 1510 Straubing (Bayern), †um 1579 Regensburg. Nahm zwischen 1534 und 1553 an mehreren, von deutschen Kaufleuten (↗Welser) finanzierten Kriegs- und Beutezügen in Brasilien teil. Sein Reisebericht (1567) beschreibt neben den Kämpfen auch die Lebensweise und die Herrschaftsordnung der Einheimischen. *rh*

Schmidt, Arno Schriftsteller; *18.1.1914 Hamburg, †3.6.1979 Celle. Mathematik- und Astronomiestudium; freier Schriftsteller ab 1947. Seine frühe Prosa war vom ↗Expressionismus geprägt; spätere Erzählungen und Romane (Leviathan, 1949; Rosen & Porree, 1959; Zettels Traum, 1970) verpflichten sich keiner Richtung mehr und sind durch eine bizarre Sprachwelt gekennzeichnet. S. war auch als Übersetzer tätig. *rm*

Schmidt, Auguste Frauenrechtlerin, *3.8.1833 Breslau, †10.6.1902 Leipzig. Ab 1855 Lehrerin, 1862–92 Leiterin (seit 1870 Besitzerin) der höheren Mädchenschule in Leipzig; 1865 Mitbegründerin des ↗Allgemeinen deutschen Frauenvereins, 1890 des Allg. deutschen Lehrerinnenvereins sowie 1894 des ↗Bundes deutscher Frauenvereine. *nk*

Schmidt, Helmut Bundeskanzler (SPD), *23.12. 1918 Hamburg. Ab 1946 Mitglied der ↗SPD; 1953–62 und 1965–87 Abgeordneter des Bundestages; seit 1958 im Parteivorstand; 1961–65 Innensenator von Hamburg; 1968–84 stellvertretender Parteivorsitzender; 1969–72 Verteidigungs-, 1972 Wirtschafts- und Finanz-, 1972–74 Finanzminister; setzte 1974–82 nach dem Rücktritt ↗Brandts als Bundeskanzler die ↗Ostpolitik seines Vorgängers fort; ging entschieden gegen den ↗Terrorismus vor; als Anhänger der Marktwirtschaft und als Verfechter des ↗NATO-Doppelbeschlusses häufige parteiinterne Auseinandersetzungen; nach dem Ende der ↗sozial-liberalen Koalition durch ein konstruktives Mißtrauensvotum 1982 gestürzt (Nachfolger Helmut ↗Kohl); seit 1983 Mitherausgeber, 1985–89 Verleger und Geschäftsführer der Wochenzeitung „Die ↗Zeit". *AM*

Helmut Schmidt

Schmidt-Rottluff, Karl Maler, Graphiker, *1.12. 1884 Rottluff (bei Chemnitz), †10.8.1976 Berlin (West). Bedeutender Künstler des deutschen ↗Expressionismus; Mitbegründer der ↗„Brücke"; ab 1947 Lehrtätigkeit in Berlin; malte in kräftigen Farben mit dunklen Konturierungen; bevorzugte Landschaften, Stilleben, Akte und Bildnisse; daneben Holzschnitte. *rw*

Schmitt, Carl Staatsrechtslehrer, Publizist, *11.7.1888 Plettenberg, †7.4.1985 ebd. 1933–45 Professor in Greifswald, Bonn, Köln und Berlin; trat seit dem Ersten Weltkrieg für einen autoritären ↗Obrigkeitsstaat ein; war an der juristischen Grundlegung des „Führerstaates" im ↗Dritten Reich beteiligt; umstrittener Kritiker des Parlamentarismus. *AM*

Schmoller, Gustav von Nationalökonom, *24.6.1838 Heilbronn, †27.6.1917 Bad Harzburg. Seit 1864 Professor für Nationalökonomie in Halle, 1872 in Straßburg und seit 1882 in Berlin. Ab 1884 im preußischen Staatsdienst, 1887 Mitglied der Preußischen Akademie der Wissenschaften, 1899 des preußischen ↗Herrenhauses; setzte sich neben seiner wissenschaftlichen Arbeit v.a. für eine aktive staatliche Sozialpolitik ein. *nk*

Schmorell, Alexander Medizinstudent, *16.9. 1917 Russisch-Orenburg, †13.7.1943 München. Bildete mit Hans ↗Scholl seit Sommer 1942 den Kern der ↗Weißen Rose; Februar 1943 verhaftet, im zweiten Prozeß gegen die Widerstandsgruppe am 19.4.1943 zum Tode verurteilt und später hingerichtet. *PS*

Schnabel, Franz Historiker, *18.12.1887 Mannheim, †25.2.1966 München. Schüler von ↗Oncken; Professor in Karlsruhe (1922–36) und München (1947–62); Präsident der Historischen Kommission der Bayerischen Akademie der Wissenschaften (1951–59); arbeitete v.a. über Geschichte der Neuzeit (u.a. Deutsche Geschichte im 19. Jh., 1929–37). *ep*

Schneider, Jürgen Unternehmer, *1935 Königstein (Taunus). Erhielt bis 1994 für seine Bauvorhaben (u.a. die Mädler-Passage in Leipzig) aufgrund manipulierter Angaben und gefälschter Gutachten Kredite in Milliardenhöhe; als die ↗Deutsche Bank, Hauptgläubigerin, am 13.4.1994 Strafanzeige erstattete und ein Teil seiner Firmengruppe am 15.4. Konkurs anmeldete, löste dies den größten Immobilienskandal Deutschlands aus; S. tauchte unter, wurde 1995 in Miami (USA) gefaßt und am 23.12.1997 in Frankfurt/Main wegen betrügerischen Bankrotts, Kreditbetruges und Urkundenfälschung zu sechs Jahren und neun Monaten Haft verurteilt. *AM*

Schnitzler, Karl-Eduard von Chefkommentator des DDR-Fernsehens, *28.4.1918 Berlin. 1947 in die ↗SBZ übergesiedelt; ab 1948 Mitarbeiter des Berliner Rundfunks und Mitglied der ↗SED; ab 1952 Fernsehkommentator; 1960–89 Moderator der Agitationssendung „Der schwarze Kanal". *AM*

Schnorr von Carolsfeld, Julius Maler, *26.3. 1794 Leipzig, †24.5.1872 Dresden. Ab 1817 in Italien; ab 1818 Anschluß an die Künstlergruppe ↗„Nazarener". Seit 1827 Professor an der Münchner Akademie, ab 1846 in Dresden. Seine Werke sind von religiösen Inhalten und romantischem Stil geprägt. Hauptwerke: „Nibelungenzyklus" (1831–67 entstandener Freskenzyklus in der Münchner Residenz); Bibelillustrationen (1852–60). *rm*

Schnur, Wolfgang Rechtsanwalt, *8.6.1944 Stettin. Vertrauensanwalt des ↗Bundes evangelischer Kirchen; 1989 Mitbegründer des ↗DA; auch nach der Fusion mit der bundesdeutschen ↗CDU 1990 politische Einflußnahme, bis 1990 seine langjährige Tätigkeit für das ↗Ministerium für Staatssicherheit bekannt wurde; Rücktritt vom Vorsitz des DA; 1993 Entzug der Zulassung als Rechtsanwalt. *AM*

Scholastik (von lat. scholasticus: zur Schule gehörig) Sammelbegriff für die im lat. Mittelalter gelehrten Wissenschaften, v.a. Theologie und ↗Philosophie betreffend. Von den theologischen Glaubenswahrheiten ausgehend, entwickelte sich eine philosophische Wissenschaft zur Erklärung des christlichen Menschenbildes; in der Früh-S. (9.–12. Jh.) starke Bindung an die christliche Heilslehre und die antike Philosophie. Die Hoch-S. (13. Jh.) bezog naturwissenschaftliche sowie Erkenntnisse arabischer und jüdischer Gelehrter in ihre Erkenntnistheorie mit ein (↗Albert der Große, Thomas von Aquin). Die Spät-S. (14./15. Jh.) spaltete sich in eine konservierende (Via antiqua) und eine naturphilosophisch-nominalistische Wissenschaft (Via moderna). *RB*

Scholl, Hans Medizinstudent, *22.9.1918 Ingersheim (Württemberg), †22.2.1943 München. Bildete seit Sommer 1942 mit ↗Schmorell den Kern der ↗Weißen Rose; mit seiner Schwester Sophie ↗Scholl am 18.2.1943 bei einer Flugblattaktion in der Münchner Universität nach Denunziation verhaftet; zum Tode verurteilt und hingerichtet. *PS*

Scholl, Sophie Biologie- und Philosophiestudentin, *9.5.1921 Forchtenberg (Württemberg), †22.2.1943 München. Seit Herbst 1942 Mitglied der ↗Weißen Rose; bewegte ihren Professor Kurt ↗Huber zur Mitarbeit; am 18.2.1943 mit ihrem Bruder Hans ↗Scholl bei einer Flugblattaktion in der Münchner Universität denunziert, festgenommen, zum Tode verurteilt und hingerichtet. *PS*

Scholtz-Klink, Gertrud NSDAP-Politikerin, *9.2.1902 Adelsheim (Baden). Seit 1930 Leitung der NS-Frauenschaft; seit November 1934 Reichsfrauenführerin; einzige Frau in der nationalsozialistischen Führung; 1950 von Spruchkammer als Hauptbelastete verurteilt. *PS*

Schön, Theodor Heinrich von Reformer, *20.1.1773 Schreitlaugken (Preußen), †23.7.1856 Arnau (bei Königsberg). Seit 1793 im preußischen Staatsdienst; 1802 Geheimer Finanzrat im Berliner Generaldirektorium; 1816 Oberpräsident Westpreußens, seit 1824 Preußens; 1842 wegen seiner liberalen Haltung entlassen. S. zählt, als Mitarbeiter Karls vom und zum ↗Stein, zu den wichtigen Protagonisten der ↗preußischen Reformen, v.a. der ↗Bauernbefreiung und der ↗Städteordnung. *nk*

Schönberg, Arnold Komponist, Maler, *13.9.1874 Wien, †13.7.1951 Los Angeles. Lehrer von Alban Berg und Anton Webern (erste Schülergeneration in Wien); entwickelte ab 1914 die Zwölftonmusik (Dodekaphonie); Dozent an der Berliner Akademie der Künste (1925–33); emigrierte 1933 in die USA und war 1936–44 Professor in Los Angeles; Begründer der Neuen Musik. *LA*

Schönborn Rheinisches Adelsgeschlecht, erstmals Ende des 12. Jh.s erwähnt; benannt nach dem Dorf S. bei Diez (Nassau). *sb*

Schönborn, Friedrich Karl Reichsvizekanzler, *3.3.1674 Mainz, †27.7.1746 Würzburg. Neffe von Lothar Franz ↗S.; 1705–34 Reichsvizekanzler; 1729 Fürstbischof von Bamberg und Würzburg. *sb*

Schönborn, Johann Philipp von Kurfürst, Erzbischof von Mainz , *6.8.1605 Eschbach, †12.2.1673 Würzburg. 1652 Erzbischof von Würzburg, 1647 auch Kurfürst-Erzbischof von Mainz und 1663 Bischof von Worms; war entscheidend an den Verhandlungen zum ↗Westfälischen Frieden beteiligt; gründete 1658 den ersten ↗Rheinbund. *nk*

Schönborn, Lothar Franz Kurfürst, Erzbischof von Mainz, *4.10.1655 Aschaffenburg, †30.1.1729 Mainz. Neffe von Johann Philipp von ↗S. Seit 1693 Fürstbischof von Bamberg; seit 1695 Reichserzkanzler; ließ die Bamberger Residenz und Schloß Pommersfelden erbauen. *sb*

Schönbrunn, Schloß Ab 1695/96 von ↗Fischer von Erlach erbautes, 1744–49 für Kaiserin ↗Maria Theresia vollendetes Schloß in Wien; nach weitgehender Zerstörung während des ↗Zweiten Weltkrieges 1947/48 wiederaufgebaut; 1997 zum Weltkulturerbe erklärt. *nk*

Schönhuber, Franz Politiker (Die Republikaner), *10.1.1923 Trostberg. Im ↗Zweiten Weltkrieg 1942 als Freiwilliger von der Luftwaffe zur ↗Waffen-SS gewechselt; seit 1953 als Journalist in München tätig; 1972–82 beim Bayerischen Rundfunk; 1983 Mitbegründer und 1988–1994 Vorsitzender der Partei Die ↗Republikaner. *AM*

Schopenhauer, Arthur Philosoph, *22.2.1788 Danzig, †21.9.1860 Frankfurt/Main. Studium u.a. bei ↗Fichte; Begegnung mit ↗Goethe; deutete, von Immanuel ↗Kant beeinflußt, die Welt als vom Subjekt abhängige Vorstellung, in der sich, der Erscheinungswelt zugrundeliegend, der Weltwille objektiviere, der dem menschlichen Selbstbewußtsein als innere, „unbewußte" Regung zugänglich werde; sah im Willen zum Leben den Ursprung des Leidens, das durch künstlerisches Schaffen und durch die Abtötung der Bedürfnisse in der Askese (hier Beeinflussung S.s durch Buddhismus und ↗Mystiker) aufgehoben werden könne. Nach anfänglicher Verweigerung der Anerkennung seiner Philosophie fand S.s Lehre nach dem Scheitern der Revolution von 1848, zu deren Gegnern er gehörte, wachsendes Interesse, u.a. bei Richard ↗Wagner und ↗Nietzsche. *bl*

Schorlemmer, Friedrich Politiker, Theologe, *16.5.1944 Wittenberg. Ab 1978 Dozent am Evangelischen Predigerseminar und Prediger an der Schloßkirche in Wittenberg; seit 1980 in oppositionellen Kirchengruppen tätig; 1989 Mitbegründer der Partei ↗DA, Eintreten für eine reformierte ↗DDR; 1990 der ↗SPD beigetreten. *AM*

Schörner, Ferdinand Generalfeldmarschall, *12.6.1892 München, †2.7.1973 ebd. Kommandant von Gebirgsjägereinheiten; März 1944 vorübergehend Chef des nationalsozialistischen Führungsstabes des Heeres, einer Schnittstelle zwischen ↗NSDAP und ↗Wehrmacht; danach Kommandos an der zurückweichenden Ostfront; seit 1945 Oberkommandierender Heeresgruppe Mitte (u.a. Schlesien); für zahlreiche Hinrichtungen von Wehrmachtssoldaten verantwortlich; flog am 9.5.1945 in die österreichischen Alpen, wo er angeblich mit der Errichtung der Alpenfront betraut war; Anfang 1955 Rückkehr aus sowjetischer Haft; 15.10.1957 von Münchner Gericht wegen Totschlags zu vier Jahren sechs Monaten Haft verurteilt; 1960 nach zwei Jahren freigelassen. *PS*

Schreber, Daniel Gottlob Moritz Pädagoge, Orthopäde, *15.10.1808 Leipzig, †10.11.1861 ebd. S. begründete die Einrichtung des Kleingartens als Nutz- und Erholungsraum, den späteren sog. „Schrebergarten". *nk*

Schrift Gefüge graphischer Zeichen als Mittel zur Kommunikation. Die erste europäische S. war die griechische S., aus der sich alle west- und osteuropäischen S. entwickelten. An der europaweiten Verbreitung der lat. S. war die ↗katholische Kirche maßgeblich beteiligt. Im frühen ↗Mittelalter bildeten sich verschiedene S.-Typen heraus, u.a. die ↗karolingische Minuskel (um 780). Die S.-Reform ↗Karls des Großen führte zu einer Vereinheitlichung der S. Im 12. Jh. entwickelte sich aus der karolingischen Minuskel die gotische Minuskel, die im 14. und 15. Jh. allg. gebräuchlich war. Im ↗Humanismus wurde die karolingische Minuskel wiederbelebt, daneben entstand die ↗Fraktur. Aus dieser entwickelte sich die ↗Sütterlin-S., die 1941 durch die lat. S. abgelöst wurde. *rw*

Schröder, Gerhard Bundesaußenminister (CDU), *11.9.1910 Saarbrücken, †31.12.1989 Kampen (Sylt). 1949–80 Bundestagsabgeordneter; 1953–61 Innen-, 1961–66 Außenminister; setzte das Verbot der ↗KPD durch; trat für die Erweiterung der ↗EWG und eine Neuorientierung der ↗Ostpolitik ein; 1966–69 Verteidigungsminister; 1969–80 Vorsitzender des Bundestagsausschusses für auswärtige Angelegenheiten. *AM*

Schröder, Gerhard Fritz Kurt Bundeskanzler (SPD), *7.4.1944 Mossenberg. Seit 1963 SPD-Mitglied; 1978–80 Vorsitzender der Jungsozialisten; 1980–86 Abgeordneter des Bundestages; 1990–98 Ministerpräsident von Niedersachsen; ab 1995 im Präsidium der ↗SPD; seit 1998 Bundeskanzler, seit April 1999 zusätzlich Parteivorsitzender. Verantwortete die deutsche Beteiligung und erfolgreiche Vermittlung im ↗Kosovokonflikt. (142, 444) *AM*

Schröder, Hannelore Philosophin, *14.10.1935 Halle/Saale. Lehraufträge u.a. in Frankfurt/Main, Göttingen, Amsterdam, hier Hungerstreiks, um beständiges Dienstverhältnis durchzusetzen; Mitarbeit u.a. im Frauen-Forum München, Frauenzentrum Göttingen; deutsche Erstveröffentlichung der „Deklaration der Rechte der Frau und Bürgerin" (1791) von Olympe de Gouges, Grundlage ihrer Kritik des patriarchalen „Rechtsstaates"; analysierte Philosophien (z.B. von Jean-Jacques Rousseau, Immanuel ↗Kant, ↗Fichte, ↗Hegel) aus feministischer Sicht. *bl*

Schröder, Rudolf Alexander Dichter, Architekt, *26.1.1878 Bremen, †22.8.1962 Bad Wiessee (Oberbayern). Architekturstudium; 1899 Mitbegründer der Zeitschrift „Die Insel", 1913 auch der „Bremer Presse". Seine Lyrik nimmt Anleihen aus der christlich-humanistischen ↗Klassik; v.a. Essays zu ↗Goethe, Friedrich von ↗Schiller, ↗Hesse u.a.; übersetzte Werke von Jean Racine, Molière und William Shakespeare. *rm*

Schubart, Christian Friedrich Daniel Dichter, Musiker, *24.3.1739 Obersontheim, †10.10.1791 Stuttgart. Gründete 1774 die Zeitschrift „Deutsche Chronik", die neben schöngeistigen auch politische und gesellschaftliche Themen behandelte; wegen seines provozierenden und freimütigen Stils auf Betreiben des württembergischen Herzogs ↗Karl Eugen 1777–87 ohne Prozeß inhaftiert; verfaßte ein lyrisches, dem ↗Sturm und Drang nahes Werk sowie Lieder und Klavierstücke. Berühmt wurde v.a. sein von ↗Schubert vertontes Gedicht „Die Forelle". *nk*

Schubert, Franz Komponist, *31.1.1797 Lichtental, †19.11.1828 Wien. Lebte ab 1818 als freier Künstler in Wien; war in den Sommermonaten 1818 und 1824 Hausmusiklehrer der Familie Esterházy in Ungarn; führte das klassisch-romantische Kunstlied (Die schöne Müllerin, 1823; Winterreise, 1827) zu vollendeter Geltung und beeinflußte so die Liedkomposition des 19. Jh.s maßgeblich. *LA*

Schukow, Georgij Konstantinowitsch Sowjetischer Marschall, *1.12.1896 Strelkowa (Rußland), †18.6.1974 Moskau. Stoppte 1941 als Kommandierender der ↗Roten Armee die deutschen Truppen vor ↗Moskau; nahm die deutsche Kapitulation 1945 entgegen; 1945/46 Oberbefehlshaber der sowjetischen Truppen in Deutschland, Leiter der ↗SMAD; 1955–57 Verteidigungsminister der Sowjetunion. (16) *AM*

Schulaufsichtsgesetz ↗Kulturkampf

Schuldfrage ↗Historikerstreit ↗Goldhagen-Debatte ↗Kriegsschuldfrage

Schule Institution zur Vermittlung von Kenntnissen und Fertigkeiten mit dem Ziel, Kinder und Jugendliche zu Selbständigkeit und Eigenverantwortung zu erziehen und sie auf das Berufsleben vorzubereiten.

Im Mittelalter begann unter ↗Karl dem Großen die Gründung geistlicher Kloster- und ↗Dom-S. Aus diesen entwickelten sich im 16. Jh. die Gymnasien. Im Zuge der ↗Reformation wurde der Ruf nach einer allg. Volksbildung laut; im Zeitalter der ↗Aufklärung Einführung der ersten Landesschulordnungen. Es entstanden erste allg. ↗Volks-S. (Real-S.; Mittel-S.).

Gerhard Schröder (re.) mit US-Präsident Bill Clinton in Bonn (Mai 1999)

Das Schulwesen wurde in Volks-S. und Gymnasien unterteilt; letzteren war seit Ende des 18. Jh.s die Vorbereitung auf das Universitätsstudium vorbehalten. Nach 1870 wurde dieses System erweitert; eine neue Einteilung in altsprachliche Gymnasien, neusprachliche Realgymnasien und mathematisch-naturwissenschaftliche Oberreal-S. erfolgte, die ab 1900 in „höheren S." zusammengefaßt wurden. Zu dieser Zeit erste Gründungen von Berufs-S.; daneben Verwirklichung von alternativen Schulkonzepten (↗Steiner).
Während des ↗Nationalsozialismus Vereinheitlichung und Zentralisierung des S.-Systems; ideologische Einflußnahme auf Unterrichtsinhalte; Reform der höheren S. mit Einführung der „Deutschen Ober-S.".
In der ↗Bundesrepublik wurde auf S.-Typen aus der Zeit vor dem ↗Nationalsozialismus zurückgegriffen. Es wird seitdem unterschieden zwischen allgemeinbildenden S. (Grund-S., Haupt-S., Real-S., Gymnasium, Sonder-S.) und berufsbildenden S. (Fach-S., Berufs-S., Berufsfach-S.). Schulträger können Staat, Kirche, Privatpersonen oder Stiftungen sein.
Ende der 60er Jahre setzte eine grundlegende S.-Reform ein. Neben einer Erhöhung der Zahl der S. und Hoch-S. wurden zusätzlich Gesamt-S. eingerichtet und die gymnasiale Oberstufe reformiert.
In den 90er Jahren wurde eine weitere Bildungsreform durchgeführt, die den wachsenden Andrang v.a. auf die Hoch-S. bewältigen, aber auch das gesamte S.-System umstrukturieren sollte. In der ↗DDR gab es die zehnjährige polytechnische Einheits-S. mit darauf aufbauender zweijähriger Ober-S. Seit der ↗Wiedervereinigung gilt das bundesdeutsche S.-Recht mit einer S.-Pflicht von neun Jahren und einer 13jährigen S.-Zeit für Abiturienten in West und Ost. *rm*

Schulenburg Altmärkisches Uradelsgeschlecht, 1237 erstmals erwähnt. Seit 1563 Reichsfreiherren, seit 1728 bzw. 1790 Reichsgrafen. Der Familie entstammten einige bedeutende preußische Feldherren und Politiker, wie z.B. Achaz von der S. (1669–1731), der 1730 das Kriegsgericht gegen den entflohenen preußischen Prinzen ↗Friedrich II., den Großen, und dessen Freund ↗Katte führte. *rh*

Schulenburg, Friedrich Werner Graf von der Diplomat, *20.11.1875 Kemberg (Sachsen), †10.11.1944 Berlin. 1934–41 Botschafter in Moskau; Kontakt zum ↗Goerdeler-Kreis; sollte nach den Plänen des ↗Zwanzigsten Juli neuer Außenminister werden; nach Scheitern des Attentates zum Tode verurteilt und hingerichtet. *PS*

Schulenburg, Fritz-Dietlof Graf von der Jurist, *5.9.1902 London, †10.8.1944 Berlin. 1932–40 Mitglied der ↗NSDAP; 1939/40 Stellvertreter des schlesischen Oberpräsidenten; Beteiligung am ↗Zwanzigsten Juli; zum Tode verurteilt und hingerichtet. *PS*

Schulpflicht Verpflichtung aller bildungsbefähigten Kinder zum Besuch einer Schule. Erstmals in der ↗Weimarer Verfassung im Grundschulgesetz von 1920 festgelegt, im ↗Dritten Reich durch das Reichsschulpflichtgesetz von 1938. Für die ↗Bundesrepublik gilt der im Hamburger Schulabkommen der Bundesländer (Fassung von 1971) niedergelegte, mit dem sechsten Lebensjahr des Kindes beginnende Mindestschulbesuch von neun, z.T. auch zehn Jahren. *nk*

Schulspeisung ↗Hoover-Speisung

Schultheiß Seit dem Frühmittelalter Beamter und Vertreter eines ↗Grafen; seit dem 12. Jh. Gemeindevorsteher bzw. Bürgermeister und auch Richter. *wj*

Schulze-Boysen, Harro Oberleutnant, *2.9.1902 Kiel, †22.12.1942 Berlin. 1933 verhaftet und gefoltert, später im Reichsluftfahrtministerium; sammelte mit seiner Frau Libertas ↗S.-B. seit Mitte der dreißiger Jahre weitere Regimegegner um sich; Zusammenarbeit mit Arvid ↗Harnack; mit diesem als ↗Rote Kapelle später auch Kontakt zum sowjetischen Geheimdienst; am 31.8.1942 verhaftet; zum Tode verurteilt und hingerichtet. *PS*

Schulze-Boysen, Libertas Angestellte, *20.11.1913 Paris, †22.12.1942 Berlin. 1936 Heirat mit Harro ↗Schulze-Boysen; Mitarbeit bei der ↗Roten Kapelle, September 1942 verhaftet, zum Tode verurteilt und hingerichtet. *PS*

Schulze-Delitzsch, Hermann Politiker, Jurist, *29.8.1808 Delitzsch, †29.4.1883 Potsdam. 1841–51 als Richter tätig; gründete 1850 seine erste Kredit-Genossenschaft (Volksbank); 1859 Mitbegründer des ↗Deutschen Nationalvereins, 1861 der ↗Deutschen Fortschrittspartei; 1867–74 Mitglied des Reichstages; übte großen Einfluß auf die liberale ↗Arbeiterbewegung aus. *nk*

Schumacher, Kurt SPD-Vorsitzender, *13.10.1895 Kulm (heute Chełmno), †20.8.1952 Bonn. 1924 Abgeordneter im württembergischen Landtag; 1930–33 Mitglied des Reichstages; 1933–45 fast ständig inhaftiert; entscheidend an der Neugründung der ↗SPD 1945 beteiligt, 1946–52 deren Vorsitzender; 1948/49 Mitglied des ↗Parlamentarischen Rates; 1949–52 Mitglied des Bundestages, Vorsitzender der SPD-Bundestagsfraktion; scharfer Gegner ↗Adenauers, da er mit der ↗Westintegration die ↗Wiedervereinigung gefährdet sah. *AM*

Schumann, Clara Pianistin, *13.9.1819 Leipzig, †20.5.1896 Frankfurt/Main. Schülerin ihres Vaters Friedrich Wieck; erfolgreiche Konzertreisen in der frühen Jugend; 1840 Vermählung mit dem Komponisten Robert ↗Schumann; etablierte sich als Interpretin der Werke ihres Mannes, Frédéric Chopins, ↗Beethovens und ↗Brahms'; lehrte 1878–92 am Hochschen Konservatorium in Frankfurt/Main. *up*

Schumann, Robert Komponist, *8.6.1810 Zwikkau, †29.7.1856 Endenich. Studierte 1826–30 Jura in Heidelberg bzw. Leipzig und wandte sich dann der Musik zu. Nachdem eine Solo-Karriere als Pianist gescheitert war, gründete er 1834 die „Neue Zeitschrift für Musik“, die er zu einem wichtigen Organ der romantischen Musikkritik machte (↗Romantik). S. wurde 1843 Lehrer am Konservatorium in Leipzig, kam 1844 nach Dresden und 1850 als Musikdirektor nach Düsseldorf. Leitend war für ihn schriftstellerisch wie kompositorisch die von August Wilhelm von ↗Schlegel angeregte Idee der Transzendierung der Welt durch das romantische Kunstwerk, das als Vermittler eines geistig Höheren auftrat. S. starb in geistiger Umnachtung. *LA*

Schurz, Carl Politiker, Journalist, *2.3.1829 Liblar (bei Köln), †14.5.1906 New York. Flüchtete 1848, nach Teilnahme am ↗Badischen Aufstand, in die Schweiz; emigrierte 1852 in die USA, wo er sich gegen Sklaverei einsetzte und für die Präsidentschaft Abraham Lincolns politisch aktiv wurde; 1869–75 Senator von Missouri; 1877–81 Innenminister. Zur Pflege der deutsch-amerikanischen Beziehungen wurde 1930 die Carl Schurz Memorial Foundation ins Leben gerufen. *nk*

Schütz, Heinrich Komponist, *14.10.1585 Köstritz (Thüringen), †6.11.1672 Dresden. Wurde in Italien ab 1609 zum Musiker ausgebildet und war seit 1613 Hoforganist und -kapellmeister in Kassel, Dresden, Braunschweig und Kopenhagen. Sein umfangreiches kirchenmusikalisches Werk trug maßgeblich zur Rezeption der italienischen ↗Renaissance in Deutschland bei. 1627 „Daphne“ (erste deutsche Oper). *LA*

Schutzhaft Im ↗Dritten Reich Tarnbegriff für die zeitlich unbegrenzte, ohne richterlichen Beschluß angeordnete Haft zumeist in ↗Konzentrationslagern; angewandt gegen dem nationalsozialistischen Regime mißliebige Personen; später von der ↗Gestapo oft im Anschluß an Zuchthaus- oder Gefängnisstrafen verhängt. *PS*

Schutzstaffel (SS) 1925 zunächst zu ↗Hitlers persönlichem Schutz gegründeter elitärer Verband der ↗NSDAP; 1926 der ↗SA unterstellt; seit 6.1.1929 unter der Leitung ↗Himmlers (Reichsführer SS), der aus der SS die Elitetruppe der Partei zu formen begann; nach der ↗Röhm-Affäre 1934, bei der sie maßgeblich an der Ausschaltung der SA-Führung beteiligt war, zur selbständigen

Kurt Schumacher mit Carlo ↗Schmid und Konrad ↗Adenauer (v. li.)

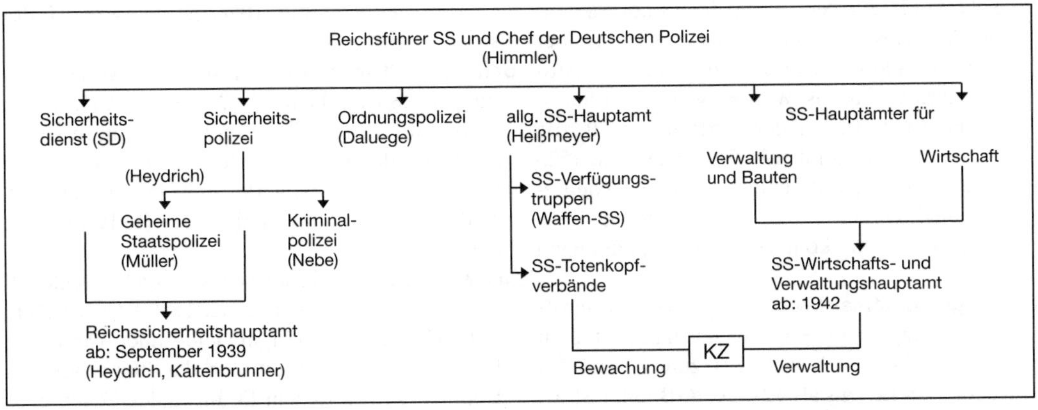

Parteigliederung erklärt; durch Beherrschung des gesamten Polizeiapparates bedeutende Machtstellung und Hauptträger des nationalsozialistischen Terrors. Wichtige Organisationen der SS waren der seit 1931 von ↗Heydrich aufgebaute ↗SD, das ↗RSHA (1939 als Zusammenschluß der obersten Polizeibehörden), die Verwaltung (Inspektion) der ↗Konzentrationslager seit 1934, deren Wachmannschaften (SS-Totenkopf-Verbände), die 1936 unterstellte ↗Gestapo, das Rasse- und Siedlungs-Hauptamt, das Wirtschafts-Verwaltungshauptamt, das seit 1942 zunehmend auch finanziell von der ↗Zwangsarbeit der KZ-Häftlinge und der Habe der in ↗Vernichtungslagern Ermordeten profitierte, sowie u.a. volks- und rassekundliche Einrichtungen. Aus der 1933 gebildeten ↗Leibstandarte-SS Adolf Hitler und den „Politischen Bereitschaften" entstand die SS-Verfügungstruppe, auf der im ↗Zweiten Weltkrieg die ↗Waffen-SS aufbaute, die im Rahmen des Heeres, aber nicht als Teil der ↗Wehrmacht, eingesetzt wurde. Die Mitglieder der ↗Einsatzgruppen stellte v.a. der SD.

In den ↗Nürnberger Kriegsverbrecherprozessen zur kriminellen Vereinigung erklärt. *PS*

Schutztruppe In den ↗Kolonien des Deutschen Reiches aufgestellte Einheiten, in denen Deutsche als Offiziere und Unteroffiziere dienten, die unteren Dienstgrade hingegen zumeist mit Einheimischen besetzt waren. In ↗Deutsch-Südwestafrika (↗Hererokrieg) gehörten nur Weiße der Schutztruppe an. *dt*

Schutz- und Trutzbündnisse (1866) Mitte August bis Anfang September 1866 mit den süddeutschen Staaten einzeln abgeschlossene, anfangs geheime Vereinbarungen ↗Preußens über gegenseitige Unterstützung im Kriegsfall unter preußischem Oberbefehl. Zusammen mit den neuen Zollvereinsverträgen (↗Zollvereine) banden die S.- u.T. Süddeutschland an den ↗Norddeutschen Bund. *br*

Schwabacher Artikel (1529) 1529 u.a. von Martin ↗Luther verfaßte, 17 Artikel enthaltende Bekenntnisschrift zur Einigung der Anhänger Luthers; wurde im September desselben Jahres auf dem Schwabacher Konvent den oberdeutschen Städten vorgelegt, aber abgelehnt; von ↗Melanchthon z.T. in die ↗Augsburger Konfession (1530) eingearbeitet. *nk*

Schwaben Im 6. Jh. gebildetes alemannisches Stammesherzogtum mit Kernland zwischen Bodensee, Baar, oberer Donau und oberem Neckar. Ab dem ↗Cannstatter Gerichtstag (746) eingegliedert ins ↗Frankenreich; ab 1079 im Besitz der ↗Staufer; nach dem Tod ↗Konradins (1268) Auflösung des Herzogtums. Das Gebiet ging über an die Grafen von ↗Württemberg und das Haus ↗Habsburg. *ep*

Schwabenkrieg (Schweizerkrieg) (1499) Krieg König ↗Maximilians I. und des ↗Schwäbischen Bundes gegen die Schweizer Eidgenossen, die die Reformen des ↗Wormser Reichstages 1495 (Reichssteuer, ↗Reichskammergericht) nicht anerkannten; führte nach Schweizer Siegen zur faktischen Unabhängigkeit der Eidgenossen vom ↗Heiligen Römischen Reich im Frieden von Basel (22.9.1499). *rh*

Schwabenspiegel Kaiserrecht. Umarbeitung (um 1275) des ↗Sachsenspiegels für süddeutsche Verhältnisse. *ku*

Schwäbischer Bund (1488) Am 14.2.1488 in Esslingen gegründeter Bund der schwäbischen

↗Reichsstände zur Sicherung des ↗Landfriedens sowie des habsburgischen Einflusses gegenüber Bayern in Südwestdeutschland. Großer politischer Einfluß, v.a. als Werkzeug der habsburgischen Politik (z.B. bei der Vertreibung Herzog ↗Ulrichs von Württemberg 1519); beendete 1523 den ↗Ritterkrieg, entscheidend an der Niederschlagung des ↗Bauernkrieges 1525 beteiligt; löste sich 1534 wegen konfessioneller Spannungen auf. *rh*

Schwangerschaftsabbruch Operativer Eingriff zur Beendung einer Schwangerschaft; seit dem Reichsstrafgesetzbuch von 1871 zum Schutz des ungeborenen Lebens als § 218 RStGB unter Strafandrohung; während der ↗Weimarer Republik heftige öffentliche Kontroversen, vermindertes Strafmaß 1926, Einführung der medizinischen Indikation als rechtfertigendem Notstand 1927; Erhöhung des Strafmaßes im ↗Dritten Reich bis zur Todesstrafe; nach 1945 mit Freiheitsstrafen von 5–10 Jahren bedroht; 1972 grundlegende Änderung mit einer 1974 für verfassungswidrig erklärten Fristenlösung; 1976 durch das Konzept medizinischer und sozialer Indikationen mit Beratungspflicht ersetzt.

Die 1973 in der ↗DDR eingeführte Fristenlösung bestand in den neuen Bundesländern laut ↗Einigungsvertrag für eine Übergangsfrist fort. Mit Überarbeitung des § 218 StGB wurde am 27.7.1992, von öffentlichen Protesten begleitet, eine von Frauen aller Parteien getragene gesamtdeutsche Fristenlösung mit Pflichtberatung eingeführt, die 1993 für teilweise verfassungswidrig erklärt wurde. Eine gemischte Fristen- und Indikationsregelung, die den S. nach einer „ergebnisoffenen" Beratung erlaubt, wurde am 21.8.1995 beschlossen und vom Bundesverfassungsgericht akzeptiert. *kl*

Schwanthaler, Ludwig von Bildhauer, *26.8.1802 München, †14.11.1848 ebd. Bedeutender Vertreter des Münchner ↗Klassizismus mit spätromantischer Prägung; schuf im Auftrag König Ludwigs I. von Bayern zahlreiche Denkmäler und Grabmäler sowie Bauplastiken. Eines seiner Hauptwerke ist die Statue der „Bavaria" in München (1837). *rw*

Schwartzkopff, Louis (Victor Robert) Unternehmer, *5.6.1825 Magdeburg, †7.3.1892 Berlin. War in Berlin als Maschinen- und Lokomotivfabrikant (Unternehmensgründung 1852) erfolgreich; Direktoriumsvorsitzender des 1876 gegründeten Centralverbandes deutscher Industrieller. *UK*

Schwarze Korps, Das Illustrierte Wochenzeitung der ↗SS, erschien 6.3.1935–12.4.1945. Neben antisemitischen Artikeln und Karikaturen veröffentlichte das Blatt v.a. Denunziationen aus der Leserschaft und prangerte Mißstände in der Verwaltung an. Zusammenarbeit der Redaktion mit dem ↗SD. *PS*

Schwarzenberg Fränkisches Adelsgeschlecht; seit 1429 Reichsfreiherrn, seit 1566 Reichsgrafen, seit 1671 Reichsfürsten; in viele Linien verzweigt; Besitzungen u.a. in Westfalen, der Steiermark und Böhmen; zählte ab dem 18. Jh. zu den bedeutendsten Familien des ↗Heiligen Römischen Reiches. *rh*

Schwarzenberg, Felix zu Österreichischer Ministerpräsident, *2.10.1800 Krumau, †5.4.1852 Wien. Ab 1824 in diplomatischem Dienst; seit November 1848 nach Niederschlagung der Revolution Ministerpräsident; plädierte gegen den Verfassungsentwurf der ↗Frankfurter Nationalversammlung für die staatliche Einheit Österreichs (auch mit den nichtdeutschen Ländern); setzte die Inthronisation ↗Franz Josephs I. und eine neoabsolutistische Politik durch; oktroyierte 1849 eine Verfassung für Österreich (1851 wieder aufgehoben) und löste am 7.3.1849 den nach Kremsier verlegten österreichischen Reichstag auf; forderte vergeblich die Aufnahme des österreichischen Gesamtstaates in den ↗Deutschen Bund und den ↗Deutschen Zollverein; zwang Preußen in der ↗Olmützer Punktation (1850) zum Verzicht auf seine deutsche Unionspolitik. *rh*

Schwarzenberg, Johann von Humanist, kaiserlicher Statthalter, *26.12.1465 Burg Schwarzenberg, †21.10.1528 Nürnberg. 1501 in Diensten des Bischofs von Bamberg; verfaßte die ↗Bambergische Halsgerichtsordnung (1507); Anhänger Martin ↗Luthers; blockierte die Umsetzung des ↗Wormser Edikts; ab 1524 für den Markgrafen von Brandenburg-Ansbach tätig. *rh*

Schwarzenberg, Karl Philipp zu Österreichischer Feldmarschall, *15.4.1771 Wien, †15.10.1820 Leipzig. 1809–13 Botschafter in Paris, vermittelte die Heirat ↗Napoleons I. mit der Erzherzogin Marie Louise; 1812 im Rußlandfeldzug Kommandant des österreichischen Hilfskorps der Napoleonischen Armee; 1813–15 Oberbefehlshaber der alliierten Armeen in den ↗Befreiungskriegen; ab 1815 Präsident des ↗Hofkriegsrates. *rh*

Schwarzer, Alice Publizistin, *3.12.1942 Wuppertal. 1969 Reporterin der Zeitschrift „Pardon“; 1970–74 Korrespondentin in Paris, wo sie sich in der ↗Frauenbewegung engagierte; gründete die erstmals 1977 erschienene feministische Frauenzeitschrift EMMA und ist Mitbegründerin des Hamburger Instituts für Sozialforschung. *AM*

Schwarze Reichswehr Unter Verstoß gegen die Bestimmungen des ↗Versailler Vertrages Anfang der zwanziger Jahre in der Festung Küstrin illegal aufgestellte Einheiten der ↗Reichswehr, meist aus Angehörigen der ↗Freikorps rekrutiert; Beteiligung an Fememorden; plante am 1.10.1923 einen Staatsstreich und wurde anschließend offiziell für aufgelöst erklärt. *PS*

Schwarzer Tod ↗Pest

Schwarze Schar 1) ↗Freikorps des Herzogs ↗Friedrich Wilhelm von Braunschweig nach Waffenstillstand 1809.

2) Freikorps von Adolf Freiherr von Lützow; am 17.6.1813 geschlagen.

3) Seit 1934 illegale Berliner Jugendgruppe aus ehemaligen Mitgliedern von bündischen und sozialistischen Jugendgruppen. *PS*

Schwarzer Tag des deutschen Heeres Geflügeltes Wort ↗Ludendorffs; bezeichnet den die Kriegswende symbolisierenden britischen Durchbruch durch die deutschen Linien an der Westfront im ↗Ersten Weltkrieg am 8.8.1918. *PS*

Schwarzhaupt, Elisabeth Bundesgesundheitsministerin (CDU), *7.1.1901 Frankfurt/Main, †29.10.1986 ebd. Seit 1945 Mitarbeit in evangelischen Frauenorganisationen; 1953–69 Bundestagsabgeordnete, seit 1957 im Vorstand der ↗CDU; als erste Frau auf einem Ministerposten 1961–66 Ministerin für Gesundheitswesen; 1970–72 Erste Vorsitzende des Deutschen Frauenrates. *AM*

Schwarzmarkt Markt, auf dem rationierte Waren illegal verkauft werden. Aufgrund hoher Preise sind für die Händler (Schieber) erhebliche Gewinne möglich. Ein S. entsteht 1) durch kriegswirtschaftliche Rationierungen (im ↗Ersten und ↗Zweiten Weltkrieg), 2) bei inflationärer Geldvermehrung. Nach der ↗Währungsreform am 21.6.1948 in den westlichen ↗Besatzungszonen und am 23.6.1948 in der ↗SBZ stieg das Angebot an Konsumgütern, dadurch Auflösung des S. *sb*

Schweitzer, Albert Theologe, Arzt, *14.1.1875 Kaysersberg (Elsaß), †4.9.1965 Lambaréné (Gabun). 1902–05 Dozent für Neues Testament in Straßburg; Missionsarzt in Lambaréné; bedeutende Beiträge zur Leben-Jesu-Forschung (1906), in denen S. davon ausging, daß der historische Jesus das Kommen des Gottesreiches noch zu seinen Lebzeiten erwartet hatte; gab das Orgelwerk ↗Bachs heraus und interpretierte es neu; finanzierte sein Spital in Lambaréné u. a. mit Orgelkonzerten; Friedensnobelpreis 1952. *bl*

Schweiz Im Mittelalter gehörten die Gebiete der deutschsprachigen S. zum ↗Heiligen Römischen Reich. Die ↗Staufer und die Herzöge von Zährin-

Schwarzmarkt in Berlin

gen (1098–1218; ↗Zähringer) stützten ihre Macht z. T. auf Territorien der S. Ihre politische und wirtschaftliche Bedeutung stieg durch die Öffnung des Weges über den St. Gotthard im frühen 13. Jh., der nunmehr kürzesten Verbindung zwischen dem Reich und Italien. Nach dem Aussterben der Zähringer 1218 versuchten die ↗Habsburger u. a. territoriale Landesherren (↗Landeshoheit), die Gebiete der S. zu erobern. Sie stießen auf den Widerstand der ↗Reichsstädte, die sich in ↗Städtebünden zusammenschlossen. Bes. bedeutend wurde der ↗Ewige Bund von 1291 (↗Rütlischwur) der drei Urkantone Uri, Schwyz und Unterwalden. Er stellte den Beginn der Schweizer Eidgenossenschaft dar. Den Urkantonen gelang es mit der Unterstützung nichthabsburgischer Könige, die Eroberungsversuche der Habsburger erfolgreich abzuwehren (1315 Schlacht am ↗Morgarten, 1386 Schlacht von Sempach). 1495 widersetzten sich die Eidgenossen den auf dem ↗Wormser Reichstag beschlossenen Maßnahmen zur ↗Reichsreform. Mit militärischen Erfolgen im ↗Schwabenkrieg verteidigte die Eidgenossenschaft ihre ↗Privilegien. 1499 trat die S. de facto aus dem Reich aus. 1648 erhielt sie im ↗Westfälischen Frieden die volle ↗Souveränität. Auf dem ↗Wiener Kongreß 1814/15 wurden die Unabhängigkeit und die Neutralität der S. bestätigt. *br*

Schweizer Eidgenossenschaft ↗Schweiz

Schweizerkrieg (1499) ↗Schwabenkrieg

Schwenckfeld, Kaspar von Reformator, Mystiker, *1489 Ossig (Schlesien), †10.12.1561 Ulm. Nach Studienjahren ab 1511 im Dienst des Herzogs von Liegnitz; führte ab 1522 die ↗Reformation im Herzogtum Liegnitz ein; entzweite sich 1525 mit Martin ↗Luther in Fragen des Abendmahls und geriet unter Verdacht des Täufertums. Seine mystisch und gnostisch geprägte Lehre, die auf den späteren ↗Pietismus wirkte, wurde von lutherischen Theologen verurteilt, seine Schriften z. T. verbrannt. Ab 1539 bildeten seine Anhänger (Schwenckfeldianer) Gemeinden in Schlesien. *nk*

Schwerin, Kurt Christoph von Preußischer Generalfeldmarschall, *26.10.1684 Löwitz, †6.5. 1757 bei Prag (gefallen). Nahm in verschiedenen Diensten am ↗Spanischen Erbfolgekrieg (1701–14) und am 2. ↗Nordischen Krieg (1700–21) teil; seit 1720 in der preußischen Armee; Berater ↗Friedrichs II., des Großen; errang 1741 im 1. ↗Schlesischen Krieg den preußischen Sieg bei Mollwitz. *rh*

Schwerin von Krosigk, Johann Ludwig (Lutz) Reichsfinanzminister (parteilos), *22.8. 1887 Rathmannsdorf (Staßfurt), †4.3.1977 Essen. 1932–45 Finanzminister in den Regierungen von ↗Papen, von ↗Schleicher, ↗Hitler. S.v.K. wurde in den Nürnberger Nachfolgeprozessen 1949 (↗Nürnberger Kriegsverbrecherprozesse) zu zehn Jahren Haft verurteilt, 1951 entlassen. *sb*

Schwert Meist Hieb-, weniger Stichwaffe, besteht aus Griff, Parierstange und meist doppelseitig geschärfter Klinge. Wahrscheinlich in der frühen Bronzezeit aus dem Dolch entwickelt; im Mittelalter in veränderter Form Hauptwaffe der ↗Ritter; als Richt-S. Sinnbild von Recht und Gerechtigkeit. *vK*

Schwind, Moritz von Maler, Graphiker, *21.1. 1804 Wien, †8.2.1871 Niederpöcking (bei Starnberg). Bedeutender Vertreter der deutschen Spätromantik; studierte in Wien, ab 1828 in München bei Peter von Cornelius; schuf v. a. Fresken, Illustrationen zu ↗Märchen und Sagen, zeichnete für die „Münchner Bilderbogen". *rw*

Schwitters, Kurt Schriftsteller, Maler, *20.6. 1887 Hannover, †8.1.1948 Ambleside (Großbritannien). Kunststudium in Dresden; 1923–27 gab S. die dadaistische Zeitschrift „Merz" heraus. Ab 1935 Exil in Norwegen und ab 1940 in Großbritannien. Sein Werk ist vom ↗Expressionismus geprägt; in der Malerei spezialisierte er sich auf das Stilmittel der Collage; in der Literatur zählt er zu den Wegbereitern der konkreten Poesie. S. war einer der Hauptvertreter des Dadaismus (↗Dada). *rm*

SD ↗Sicherheitsdienst

SDP ↗Sozialdemokratische Partei der DDR

SDS ↗Sozialistischer Deutscher Studentenbund

Sechsstädtebund 1346 geschlossenes Bündnis von sechs Städten der Oberlausitz zur Wahrung des ↗Landfriedens (↗Städtebünde). Verlor im ↗Schmalkaldischen Krieg 1547 seine Macht; hatte dem Namen nach Bestand bis 1815. *wj*

Seckendorff, Friedrich Heinrich von Kaiserlicher Feldmarschall, Diplomat, *16.7.1673 Königsberg (Franken), †23.11.1763 Meuselwitz (Sachsen). Seit 1717 in kaiserlichen Diensten; 1726–31 österreichischer Gesandter in Berlin, dort von großem Einfluß auf König ↗Friedrich Wilhelm I.; nach militärischen Mißerfolgen im ↗Türkenkrieg (1737–39) Wechsel zu Kaiser ↗Karl VII. Albrecht. 1745–58 Berater von ↗Maria Theresia. *rh*

Seckendorff, Veit Ludwig von Sächsischer Politiker, Staatstheoretiker, *20.12.1626 Herzogenaurach, †18.12.1692 Halle/Saale. 1663 Kanzler Herzog ↗Ernsts I. von Sachsen-Gotha, 1664–80 Moritz-Wilhelms von Sachsen-Zeitz; 1691 Kanzler der neugegründeten Universität Halle; mit dem Handbuch „Teutscher Fürstenstaat" (1655) einflußreicher Theoretiker des frühneuzeitlichen Territorialstaates. *rh*

SED ↗Sozialistische Einheitspartei Deutschlands

Sedan, Schlacht (1870) Stadt und Festung in Frankreich. Im ↗Deutsch-Französischen Krieg am 1.9.1870 Schauplatz einer Schlacht zwischen dort eingeschlossener französischer Armee und deutschen Truppen; französische Niederlage führte in der Folge zur Ausrufung der III. Republik Frankreichs. Der 1. September wurde als „Sedantag" patriotischer Feiertag im Deutschen Reich. *PS*

Seebohm, Hans-Christoph Bundesverkehrsminister (CDU), *4.8.1903 Emanuelsegen (Kattowitz), †17.9.1967 Bonn. 1945–55 zweiter Vorsitzender der ↗DP; 1948/49 Mitglied des ↗Parlamentarischen Rates; 1949–67 Mitglied des Bundestages; 1949–66 Verkehrsminister; seit 1959 Sprecher der Sudetendeutschen Landsmannschaft (↗Sudetendeutsche); seit 1960 Mitglied der ↗CDU. *AM*

Seeckt, Hans von Generaloberst, *22.4.1866 Schleswig, †27.12.1936 Berlin. Im ↗Ersten Weltkrieg Stabsoffizier, zuletzt als Generalstabschef der türkischen Armee; Mitglied der deutschen Delegation bei den Friedensverhandlungen 1919; bis 8.10.1926 Heeresleitung der ↗Reichswehr; verhielt sich während des ↗Kapp-Lüttwitz-Putsches neutral; nach ↗Hitler-Putsch 9.11.1923 bis 1.3.1924 von Reichsregierung als vollziehende Gewalt eingesetzt; 1930–32 Mitglied des Reichstages für die ↗DVP; zuletzt Militärberater in China. *PS*

Seehofer, Horst Bundesgesundheitsminister (CSU), *4.7.1949 Ingolstadt. Seit 1971 Mitglied der ↗CSU; seit 1980 im Bundestag; 1989–92 Parlamentarischer Staatssekretär im Bundesministerium für Arbeit und Soziales; 1992–98 Gesundheitsminister; seit 1994 stellvertretender Vorsitzender der CSU. *AM*

Seelöwe, Unternehmen Tarnbezeichnung für von ↗Hitler am 16.7.1940 befohlene Vorbereitungen zur Besetzung Großbritanniens; nach den sich abzeichnenden hohen eigenen Verlusten bei der „Luftschlacht um England" seit August am 17.9. von Hitler, der mittlerweile die Entscheidung zum Krieg gegen die Sowjetunion getroffen hatte, aufgeschoben. *PS*

Seghers, Anna Schriftstellerin, *19.11.1900 Mainz, †1.6.1983 Berlin (Ost). Geschichts-, Kunstgeschichts- und Sinologiestudium; 1928 Beitritt zur ↗KPD. S. emigrierte 1933 über Frankreich und Spanien nach Mexiko; 1947 Rückkehr nach Berlin (Ost); ab 1952 Präsidentin des Schriftstellerverbandes der ↗DDR. Ihr Schreiben war zunächst von der ↗Neuen Sachlichkeit, später vom ↗sozialistischen Realismus geprägt. Hauptwerke sind: Das siebte Kreuz (1942), Transit (1948). *rm*

Sekten Gruppen, die sich mit abweichender Lehre von einem größeren religiösen Verband (Kirche) abspalten. Bedeutsam für die deutsche Geschichte wurden u.a. die ↗Katharer, ↗Waldenser, ↗Hussiten, ↗Herrnhuter Brüdergemeine, ↗Zeugen Jehovas. *nk*

Selbert, Elisabeth Rechtsanwältin, Politikerin, *22.9.1896 Kassel, †9.6.1986 ebd. Seit 1918 ↗SPD-Mitglied; wurde 1945 in den Parteivorstand gewählt und 1948 in den ↗Parlamentarischen Rat. Aufgrund ihres hartnäckigen Engagements wurde der Gleichheitsgrundsatz nach zweimaliger Ablehnung ins ↗Grundgesetz aufgenommen (↗Gleichberechtigung). *nk*

Selbmann, Fritz Wirtschaftsminister der DDR, *29.9.1899 Lauterbach (Hessen), †26.1.1975. 1946 Mitglied der ↗SED; 1949 im Deutschen Volksrat; 1949/50 Minister für Industrie; ab 1950/51 für Schwerindustrie; 1949–63 Abgeordneter der ↗Volkskammer; 1954–58 im ↗Zentralkomitee der SED; 1955–58 stellvertretender Vorsitzender des ↗Ministerrats; ab 1964 Schriftsteller. *AM*

Selbstbestimmungsrecht Im 19. Jh. aufgekommenes Recht von Völkern oder Teilen einer Bevölkerung, selbst über die Zugehörigkeit zu einem bestimmten Staat zu entscheiden; als Ergänzung zu den ↗Vierzehn Punkten Wilsons 1918 gefordert; im ↗Versailler Vertrag 1919 aufgenommen, aber nur teilweise umgesetzt; 1935 bei der ↗Saarabstimmung angewandt. *br*

Selbstschußanlagen ↗deutsch-deutsche Grenze

Seldte, Franz SA-Obergruppenführer, *29.6.1882 Magdeburg, †1.4.1947 Fürth. Bis zu dessen Auflösung durch Überführung in die ↗SA 1935 Führer des ↗Stahlhelm; seit 1933 ↗NSDAP; im ↗Dritten Reich Reichsarbeitsminister; in US-Haft gestorben. *PS*

Selektion Lehnwort aus der Biologie. Im ↗Nationalsozialismus Bezeichnung für die „Aussonderung" der zu unerwünschten Menschen Erklärten; v. a. verwendet für die Einteilung der in den ↗Vernichtungslagern Ankommenden in die umgehend zu Ermordenden und in die zunächst zu ↗Zwangsarbeit Heranzuziehenden. *PS*

Semper, Gottfried Baumeister, *29.11.1803 Hamburg, †15.5.1879 Rom. Neben ↗Schinkel der bedeutendste Architekt des 19. Jh.s in Deutschland. Etablierte als einer der ersten einen von der Renaissance inspirierten Baustil; verfaßte einflußreiche theoretische Schriften. Als sein bedeutendstes Bauwerk gilt das Opernhaus in Dresden (1837–41). *kp*

Senat (Bayern) Der Freistaat ↗Bayern besitzt als einziges Bundesland der ↗Bundesrepublik im S. eine berufsständische Vertretung mit beratender Funktion. Der S. konstituierte sich am 4.12.1947. Im Februar 1998 sprach sich in einem Volksentscheid eine große Mehrheit für die Abschaffung des S.s aus. Er soll im Jahr 2000 aufgelöst werden. *br*

Senefelder, Alois Erfinder, *6.11.1771 Prag, †26.2.1834 München. Entwickelte 1797/98 die Reproduktions-Technik der „Steindruckerei" (seit ca. 1803 Lithographie; bedeutend für den Druck von Landkarten u. a.) mit Schieferstein, Fettkreide und Gummiarabicum-Lösung; baute 1817 eine Handpresse zum Bilddruck aus Metall. *nk*

Separatismus Bestrebungen zur Loslösung des Rheinlandes von der ↗Weimarer Republik 1919–24; unterstützt von der französischen und belgischen Besatzungsmacht (↗Ruhrbesetzung); angeführt von dem Staatsanwalt Dorten, dem Chemiker Haas, dem Journalisten Matthes und dem ehemaligen SPD-Politiker Smeets; 1923 in mehreren Städten Ausrufung einer rheinischen bzw. pfälzischen Republik, beide scheiterten 1924 am Widerstand der Bevölkerung. Der Versuch Frankreichs, eine rheinische Währungsbank zu errichten, scheiterte ebenfalls. Die Bemühungen des Fünfzehnerausschusses unter ↗Adenauer um einen Sonderstatus für das Rheinland wurden durch den wirtschaftlichen Aufschwung (↗Rentenmark) hinfällig. *br*

Septemberprogramm Am 9.9.1914 (↗Marne, Schlacht) genehmigte ↗Bethmann Hollweg eine von Kurt Riezler zusammengestellte Sammlung diverser, z. T. in sich widersprüchlicher Kriegszielvorstellungen, die ausdrücklich als vorläufig bezeichnet wurden. Grundlegend war die Idee der Sicherung einer hegemonialen Stellung Deutschlands in Europa. *br*

Sethe, Paul Publizist, *12.12.1901 Bochum, †21.6.1967 Hamburg. 1934–43 Redakteur bei der Frankfurter Zeitung; 1949–55 Mitherausgeber der ↗Frankfurter Allgemeinen Zeitung; danach war er als Redakteur bei der ↗Welt und der ↗Zeit tätig. *rm*

Seuchen, Epidemien Krankheiten mit hohem Ansteckungsgrad, die sehr große Opfer in der Bevölkerung forderten, bes. ↗Pest und ↗Lepra; für andere S. (z. B. Syphilis, Typhus, Pocken) gibt es nur sehr unsichere Schätzwerte; Folgen von Seuchen waren sowohl die Ausgrenzung der Kranken wie auch die Gründung von ↗Hospitälern; seit dem Spätmittelalter und bes. nach dem ↗Dreißigjährigen Krieg stärkere Eindämmung von S. durch verbesserte Hygieneverhältnisse. *wj*

Severing, Carl Reichsinnenminister, *1.6.1875 Herford, †23.7.1952 Bielefeld. Seit 1893 Mitglied der ↗SPD; 1907–12 und 1919–33 Mitglied des Reichstages; 1919 Mitglied der ↗Nationalversammlung; 1920–26 und 1930–32 preußischer Innenminister; 1928–30 Reichsinnenminister; setzte sich entschieden gegen rechts- und linksradikale Bestrebungen ein und stabilisierte den Staat vorübergehend durch die Einstellung demokratisch gesinnter Beamter in Verwaltung und Polizei; am 20.7.1932 (↗Preußenputsch) abgesetzt; 1947–49 Mitglied des Landtages in ↗Nordrhein-Westfalen. *br*

Seydlitz, Friedrich Wilhelm von Preußischer Reitergeneral, *3.2.1721 Kalkar, †8.11.1773 Ohlau. Verlieh der Kavallerie durch eine neue gemeinschaftliche Ausbildung ungewohnte Schlagkraft; entschied im ↗Siebenjährigen Krieg die Schlachten bei ↗Roßbach (1757) und Zorndorf (1758) für Preußen. *rh*

Seydlitz (-Kurzbach), Walther von General, *22.8.1888 Hamburg, †28.4.1972 Bremen. Kommandierte Armeekorps in ↗Stalingrad; 31.1.1943 in sowjetische Gefangenschaft; Präsident des 1943 gegründeten ↗Bundes Deutscher Offiziere; weigerte sich nach dem Krieg, nach Ostdeutschland zu gehen; unter Vorwand zu 25 Jahren Haft verurteilt; 1955 repatriiert. *PS*

Seyß-Inquart, Arthur Österreichischer Politiker, *22.7.1892 Stannern (Mähren), †16.10.1946 Nürnberg. 1938 auf Druck ↗Hitlers Innenminister und nach Kurt Schuschniggs Rücktritt Bundeskanzler; führte den ↗Anschluß Österreichs an das ↗Deutsche Reich durch; bis 1939 ↗Reichsstatthalter von Österreich („Ostmark"); 1940–45 ↗Reichskommissar der besetzten Niederlande; in den ↗Nürnberger Kriegsverbrecherprozessen verurteilt und hingerichtet. *br*

Sezession (lat. Abspaltung) Bezeichnung für Künstlergruppierungen, die sich von einem etablierten Künstlerverband losgelöst haben, um neue Ziele und Methoden zu verfolgen. In Deutschland umfaßt der Begriff einerseits verschiedenartige avantgardistische Zusammenschlüsse seit der Jahrhundertwende, die sich gegen akademische Traditionen wandten, andererseits wurde „Sezessionskunst" zum Stilbegriff (synonym für ↗Jugendstil). Die S. spalteten Kunstkritik und Publikum in ein der ↗Moderne gegenüber aufgeschlossenes, stärker international ausgerichtetes und ein konservatives Spektrum, das an akademischen, vom Staat geförderten Traditionen festhielt. Die erste deutsche S., die dem ↗Impressionismus nahestand, wurde 1892 in München von Franz von Stuck und Wilhelm Trübner gegründet.

Ausstellungsplakat der Berliner Secession (um 1900)

In Berlin kam es im selben Jahr anläßlich der Schließung der Edvard-Munch-Ausstellung zu einem Skandal, aufgrund dessen die Freie Künstlervereinigung, die 1898 in der Berliner Sezession aufging (Vorsitz: ↗Liebermann) ins Leben gerufen wurde. Von dieser spaltete sich 1910 die Neue S. ab, zu der einige ↗Brücke-Mitglieder zählten; 1914 die Freie S. mit u. a. ↗Barlach und ↗Beckmann. Auch in Dresden, Karlsruhe und Stuttgart entstanden analoge Gruppierungen. Bes. einflußreich war die 1897 unter Leitung von Gustav Klimt gegründete Wiener Sezession, die Ideen des ↗Jugendstils verbreitete. Die 1919–23 bestehende Darmstädter Sezession trat für den ↗Expressionismus ein. *ij*

Shoa ↗Judenvernichtung

Sicherheitsdienst (SD) 1931 von ↗Heydrich aufgebauter, zunächst gegen politische Gegner der ↗NSDAP gerichteter Nachrichtenapparat der ↗SS. Im ↗Dritten Reich u. a. verstärkt zur Beobachtung der Bevölkerungsstimmung herangezogen (↗Meldungen aus dem Reich); stellte im ↗Zweiten Weltkrieg das Personal der ↗Einsatzgruppen. *PS*

Sicherheitspolizei (Sipo) Im ↗Dritten Reich Zusammenschluß der Kriminalpolizei und der Politischen Polizei (↗Gestapo) unter Einordnung in die ↗SS; befehligt von ↗Himmler als Reichsführer SS und Chef der Deutschen Polizei (Ernennung 17. 6. 1936). *PS*

Sickingen, Franz von Reichsritter, * 2. 3. 1481 Ebernburg (bei Bad Kreuznach), † 7. 5. 1523 Burg Landstuhl (bei Kaiserslautern). Durch Eroberung erlangte S. eine Machtstellung am Mittelrhein; ab 1515 auf der Seite Frankreichs, ab 1518 in den Diensten Kaiser ↗Maximilians I., dann ↗Karls V., dessen Wahl zum Kaiser er 1519 gegen den Widerstand der Kurfürsten mit durchsetzte; unterstützte die ↗Reformation und führte 1522 schwäbische und fränkische ↗Ritter in die „Sickingensche Fehde" gegen die Fürsten, mußte sich aber 1523 ergeben. *RB*

Siebenbürgen Ehemaliges Großfürstentum im heutigen Rumänien. Im 12. Jh. ließen sich Sachsen in dem von Rumänen und Magyaren besiedelten S. nieder. Vom 16.–17. Jh. unter osmanischer Herrschaft, kam S. 1691 an ↗Österreich, das eine Magyarisierungspolitik gegen den Widerstand der Rumänen und S.er Sachsen durchführte. 1867 wurde S. Ungarn zugesprochen, seit 1920 rumänisch. *dt*

Siebener-Ausschuß Aus einer Versammlung

südwestdeutscher Liberaler und Demokraten in Heidelberg am 5.3.1848 hervorgegangener Ausschuß, der ein ↗Vorparlament nach Frankfurt einberief (↗Deutsche Revolution). *vK*

Siebenjähriger Krieg (1756–63) 3. ↗Schlesischer Krieg zwischen Preußen und Großbritannien einerseits (seit der Konvention von ↗Westminster 1756 verbündet) sowie Österreich, Rußland, Frankreich, Schweden und der Mehrzahl der Reichsfürsten andererseits; zugleich Kolonialkrieg zwischen Großbritannien und Frankreich in Indien und Nordamerika.

Veranlaßt durch ↗Maria Theresias Ziel, ↗Schlesien zurückzuerwerben; ausgelöst durch den Einmarsch ↗Friedrichs II., des Großen, in Sachsen, der Österreich in einem raschen Präventivkrieg schlagen wollte. Preußen siegte 1757 bei ↗Roßbach und ↗Leuthen, 1758 bei Zorndorf, wurde aber bei Kolin (1757) und v.a. bei ↗Kunersdorf (1759) schwer geschlagen und befand sich seither (auch weil Großbritannien 1760 seine finanzielle Unterstützung einstellte) am Rande der Niederlage. Den Umschwung brachte nach dem Tod der Zarin Elisabeth der Sonderfriede mit Rußland am 5.5.1762. Nach weiteren Siegen in Burkersdorf und Freiberg (1762) behielt Preußen im Frieden von ↗Hubertusberg (1763) endgültig Schlesien und Glatz und behauptete damit seine Stellung als Großmacht. *rh*

Sieburg, Friedrich Publizist, Schriftsteller, *18.5.1893 Altena (Sauerland), †19.7.1964 Gärtringen (bei Böblingen). 1924–42 Korrespondent der „Frankfurter Zeitung"; 1945 von der französischen Militärregierung wegen Nähe zum ↗Nationalsozialismus mit Schreibverbot belegt; 1948–55 Mitherausgeber der Zeitung „Die Gegenwart"; ab 1956 für die Literaturbeilage der ↗FAZ verantwortlich. *AM*

Siebzehner-Ausschuß Anfang März 1848 eingerichteter, dem ↗Bundestag beigeordneter Ausschuß, bestehend aus 17 von den Einzelstaaten des ↗Deutschen Bundes entsandten Politikern; arbeitete vor der Tagung der ↗Frankfurter Nationalversammlung eine erbkaiserlich-föderativ-konstitutionelle Verfassung mit Zwei-Kammersystem, Grundrechtskatalog (↗Grundrechte) und Verfassungsgewähr aus, deren Grundmuster für die weitere deutsche Verfassungsgeschichte beispielgebend war, obgleich die Verfassung nicht Realität wurde. *wm*

Siebzehnter Juni (1953) Datum der größten spontanen Massendemonstrationen in der ↗DDR vor der ↗Wende. Nach einer Erhöhung der Arbeitsnormen in Industriebetrieben um 10 % vom 28.5.1953, dem Beschluß des ↗Neuen Kurses und der Aufrechterhaltung der Normenerhöhung kam es am 16.6.1953 zu ersten Streiks und Demonstrationen von Bauarbeitern an der Stalinallee in Berlin (Ost), die sich bis zum 17.6.1953 auf über 250 Städte der DDR ausweiteten; rasches Aufkommen von politischen Forderungen z.B. nach freien Wahlen und dem Rücktritt der Regierung; durch

Sowjetische Panzer auf dem Potsdamer Platz zur Niederschlagung des Aufstandes

Einheiten der ↗Gruppe sowjetischer Streitkräfte in Deutschland unterdrückt, über 50 Tote und mehr als 6000 Verhaftungen. In der ↗Bundesrepublik war der 17. Juni als ↗„Tag der Deutschen Einheit" bis einschließlich 1990 gesetzlicher Feiertag. *kl*

Siegel (Sigillum) Stempelabdruck, bei den ↗Karolingern ursprünglich zur Beglaubigung von ↗Urkunden (statt der Namensunterschrift), später auch Verschlußmittel für Briefe u. ä.; im Mittelalter (zunächst auf Königs- und Papsturkunden, dann für ↗Adel, ↗Städte, Bürger und schließlich auch ↗Bauern) wichtigstes Beglaubigungsmittel mit zunehmender Nutzung seit Ende des Mittelalters; Gültigkeit vor Gericht („mit Brief und S."); folgende Typen: Schrift-, Porträt-, Architektur- und Wappen-S. *ku*

Siegfried III. von Eppstein Erzbischof von Mainz, †9.3.1249 Bingen. Seit 1230 Erzbischof; als ehemaliger Verbündeter Kaiser ↗Friedrichs II. betrieb er ab 1241 dessen Sturz; trug wesentlich zur Wahl der ↗Gegenkönige ↗Heinrich Raspe und ↗Wilhelm von Holland bei. *RB*

Siegmund ↗Sigismund

Siemens Erfinder- und Unternehmerfamilie sowie Unternehmen der Elektroindustrie mit Sitz in Berlin und München. Der Physiker und Chemiker Werner von ↗S. gründete 1847 in Berlin mit ↗Halske die „Telegraphen-Bauanstalt S. & Halske"; entwickelte u. a. die elektrische Dynamokraftmaschine (1866); übergab 1890 die Firmenleitung an seinen Sohn Wilhelm von S. (*30.7.1855 Berlin, †14.10.1919 Arosa [Schweiz]). Nach dessen Tod übernahm sein Halbbruder Carl Friedrich von S. die Leitung des Unternehmens. Führte durch Erweiterungen, Übernahmen und Neugründungen die eingeleitete Entwicklung der Firma zu einem bedeutenden Elektrokonzern fort. Nach 1945 bestimmten v. a. Ernst von S. (*9.4.1903 Kingston [England], †31.12.1990 Starnberg) und seit 1971 Peter von S. (*29.11.1911 Berlin, Urenkel des Firmengründers) die Geschicke des Konzerns (seit 1966 S. AG). *UK*

Siemens, Werner von Techniker, Unternehmer, *13.12.1816 Lenthe (bei Hannover), †6.12.1892 Berlin. 1845–49 Artillerieoffizier in Berlin; gründete 1847 mit ↗Halske die Telegraphen-Bauanstalt S. & Halske in Berlin; war maßgeblich an der Verlegung unterseeischer Kabel beteiligt; erfand zahlreiche Apparate und Verfahren, u. a. den Induktions-Schreibtelegraphen; entdeckte 1866 das dynamoelektrische Prinzip; baute 1879 die erste E-Lok. *bl*

Sigismund

Deutsche Könige und Kaiser:

Sigismund (Siegmund) *15.2.1368 Nürnberg, †9.12.1437 Znaim (Mähren). Sohn Kaiser ↗Karls IV., 1378–88 Markgraf von Brandenburg, seit 1387 durch Heirat König von Ungarn; 1396 Niederlage bei Nikopolis gegen die Türken (↗Türkenkriege); setzte sich 1410 bei der Königswahl gegen Jobst von Mähren durch; übertrug 1415 die Markgrafschaft ↗Brandenburg den ↗Hohenzollern; auf dem ↗Konstanzer Konzil 1415 gelang ihm die Überwindung des ↗Abendländischen Schismas; 1419–21 und seit 1436 König von ↗Böhmen; 1433 in Rom zum Kaiser gekrönt. *RB*

Silber ↗Bergbau

Simmel, Georg Soziologe, Philosoph, *1.3.1858 Berlin, †26.9.1918 Straßburg. 1901 Professur in Berlin; ab 1914 in Straßburg. S. zählte zu den Begründern der formalen Soziologie und setzte Akzente in der Betrachtung von Stadt und Moderne. Hauptwerke: Über soziale Differenzierung (1890); Soziologie. Untersuchungen über die Formen der Vergesellschaftung (1908). *rm*

Simonis, Heide Ministerpräsidentin (Schleswig-Holstein; SPD), *4.7.1943 Bonn. Studium der Soziologie und Volkswirtschaft; 1969 Eintritt in die ↗SPD, dann in der Kommunalpolitik tätig; 1976–88 Mitglied des Bundestages; 1988–93 Finanzministerin in ↗Schleswig-Holstein, seit 1993 Ministerpräsidentin. *AM*

Simplicissimus Satirisch-politische Zeitschrift; in München 1896 von Albert Langen und Thomas Theodor Heine ins Leben gerufen; der S. erschien bis zu seiner Einstellung 1944 wöchentlich und wurde von 1954–67 erneut aufgelegt. Bedeutende Mitarbeiter waren Thomas ↗Mann, Ludwig Thoma, ↗Wedekind und ↗Arnold u. a. *rm*

Simson, Eduard von Reichstagspräsident, *10.11.1810 Königsberg, †2.5.1899 Berlin. Juraprofessor seit 1833; 1848 in die ↗Frankfurter Nationalversammlung gewählt, wo er im Dezember Präsident wurde; Leiter der ↗Kaiserdeputation; 1867 Mitbegründer der ↗Nationalliberalen Partei; 1871–74 Präsident des Reichstages; seit 1879 Präsident des Reichsgerichts in Leipzig. *sa*

Sindermann, Horst Präsident der Volkskammer der DDR, *5.9.1915 Dresden, †20.4.1990 Berlin. Seit 1929 Mitglied der kommunistischen Jugend;

1933–45 mehrfach in Haft; 1945/46 Mitglied der ↗KPD/↗SED; 1963–89 Mitglied im ↗Zentralkomitee; 1973–76 Vorsitzender des ↗Ministerrates; 1976–89 Mitglied im ↗Politbüro der SED und Präsident der ↗Volkskammer; 1989 aus der SED ausgeschlossen, in Untersuchungshaft genommen, 1990 aus gesundheitlichen Gründen entlassen. *AM*

Singer, Paul Sozialist, Unternehmer, *16.1.1844 Berlin, †31.1.1911 ebd. Bekannte sich nach Aufhebung der ↗Sozialistengesetze offen zur ↗Sozialdemokratie; seit 1884 Mitglied des Reichstages, ab 1885 im Parteivorstand, ab 1900 neben ↗Bebel ↗SPD-Vorsitzender. *nk*

Sinti und Roma Ursprünglich aus Indien stammend, seit dem 15. Jh. in Süd-, Mittel- und Osteuropa; wegen ihrer meist nichtseßhaften Lebensweise als „Zigeuner" oder „Landfahrer" Verfolgungen und Diskriminierungen ausgesetzt.

Im ↗Dritten Reich entrechtet und unter dem Deckmantel der ↗Rassenkunde durch Einrichtungen wie die ↗Rassenhygienische und bevölkerungsbiologische Forschungsstelle erfaßt, wurden den S.u.R. zunächst bestimmte Aufenthaltsorte zugewiesen, bevor Mitte 1938 die Deportationen in ↗Konzentrationslager begannen. In den besetzten Gebieten Ost- und Südosteuropas fielen Zehntausende den ↗Einsatzgruppen zum Opfer. Ende 1942, nachdem die noch bei der ↗Wehrmacht dienenden S.u.R. entlassen worden waren, wurde in ↗Auschwitz-Birkenau ein „Zigeunerlager" eingerichtet, in das die S.u.R. deportiert und ca. 17000 ermordet wurden. Die Gesamtzahl der Opfer liegt bei mehreren Hunderttausend. *PS*

Sipo ↗Sicherheitspolizei

Skagerrak, Schlacht (1916) Am 31.5./1.6.1916 in der Nordsee ausgetragene Seeschlacht zwischen der deutschen Hochseeflotte mit über zwanzig und der britischen Flotte mit knapp vierzig Großkampfschiffen. Trotz der Übermacht versenkte die deutsche Flotte drei, die britische nur einen Schlachtkreuzer. Wegen des deutschen Rückzugs auch von britischer Seite als Sieg betrachtet. *PS*

SKK ↗Sowjetische Kontrollkommission

Skorzeny, Otto Obersturmbannführer, *12.6.1908 Wien, †6.7.1975 Madrid. Kommandoführer bei Sonderoperationen; befreite am 12.9.1943 den gefangenen Benito Mussolini; an der Niederschlagung des ↗Zwanzigsten Juli beteiligt; während der ↗Ardennenoffensive Führer einer deutschen Einheit in US-Uniformen; 1947 von US-amerikanischem Gericht freigesprochen; später aus deutscher Haft geflohen. *PS*

Slevogt, Max Maler, Graphiker, *8.10.1868 Landshut, †20.9.1932 Neukastel (Pfalz). Bedeutendster Vertreter des deutschen ↗Impressionismus neben ↗Corinth und ↗Liebermann; im dunkeltonigen Frühwerk von ↗Leibl und Wilhelm Trübner beeinflußt; ab 1901 helle, lichte Farben; malte Stilleben, Porträts, Landschaften, Illustrationen, Fresken. *rw*

Sloterdijk, Peter Philosoph, Schriftsteller, *26.6.1947 Karlsruhe. Zuerst 1983 mit der „Kritik der zynischen Vernunft" (Aufklärungskritik in der Nachfolge von ↗Horkheimer und ↗Adorno) hervorgetreten, gehört er mit zahlreichen Publikationen (Eurotaoismus, 1989; Weltfremdheit, 1992) seither zu den eigenwilligsten Denkern des späten 20. Jh.s. *LA*

SMAD ↗Sowjetische Militäradministration in Deutschland

Smidt, Johann Bürgermeister, *5.11.1773 Bremen, †7.5.1857 ebd. Seit 1800 Bremer Senator; erreichte 1813 die politische Selbständigkeit der drei Hansestädte ↗Bremen, ↗Hamburg und ↗Lübeck; Vertreter Bremens auf dem ↗Wiener Kongreß; 1821–49 und 1852–57 Bremer Bürgermeister; gründete 1827 Bremerhaven und verschaffte so der Wirtschaft Bremens großen Aufschwung. *sa*

Sobibór Im Osten des ↗Generalgouvernements (Bezirk Lublin) gelegenes ↗Vernichtungslager. Im Rahmen der ↗Aktion Reinhardt ab März 1942 erbaut. Von Mai 1942 bis Mitte 1943 wurden hier ca. 250000 Juden ermordet, zumeist umgehend nach ihrer Ankunft. Nach einem niedergeschlagenen Aufstand der zunächst von der Ermordung ausgenommenen und in Arbeitskommandos zusammengefaßten Juden am 14.10.1943, bei dem einige fliehen konnten, wurde S. aufgelöst und zerstört. *PS*

Sohn-Rethel, Alfred Sozialwissenschaftler, Philosoph, *4.1.1899 Paris, †6.4.1990 Bremen. Ab 1978 Professor in Bremen; unternahm, an Karl ↗Marx und Immanuel ↗Kant anknüpfend, den Versuch einer sozioökonomischen Ableitung naturwissenschaftlicher Grundbegriffe (wie absoluter Raum, absolute Zeit, Kausalität, Trägheitsgesetz) aus der Tauschhandlung und dem geldvermittelten Warentausch; analysierte die Entstehungsgründe des ↗Nationalsozialismus; beeinflußte die Theoriebildung während der ↗Studentenproteste. *bl*

Sokolowski, Wassili Danilowitsch Sowjetischer Marschall, *21.7.1897 Koźliki (Grodno, heute Bezirk Białystok), †10.5.1968 Moskau. Im ↗Zweiten Weltkrieg Oberbefehlshaber der ↗Roten Armee an der Westfront; 1946–49 Oberbefehlshaber in der ↗SBZ; 1955–60 stellvertretender Verteidigungsminister der Sowjetunion. *AM*

Soldatenhandel Im Spätmittelalter in der ↗Schweiz Anwerbung einzelner Söldner durch ausländische Herrscher. Mit dem Aufbau ↗stehender Heere im 17. Jh. begannen deutsche Fürsten, ganze Regimenter für den Kriegseinsatz gegen Bezahlung abzutreten (v.a. an Frankreich, später an Großbritannien). Bes. im 18. Jh. wurden von kleineren Fürstentümern wie ↗Hessen-Kassel, Brandenburg-Ansbach und ↗Württemberg unerwünschte Personen verkauft, um Staatsschulden zu decken. *rh*

Soldatenräte ↗Arbeiter- und Soldatenräte

Solf, Wilhelm Diplomat, *5.10.1862 Berlin, †6.2.1936 ebd. 1911–18 Staatssekretär im Reichskolonialamt; strebte Erweiterung deutscher ↗Kolonien v.a. in Afrika in Absprache mit Großbritannien an; 1920–28 Botschafter in Tokyo; kritische Haltung zum ↗Nationalsozialismus. Seine Witwe führte seinen Freundeskreis als ↗Solf-Kreis fort. *PS*

Solf-Kreis Von der Witwe des 1936 gestorbenen Diplomaten Wilhelm ↗Solf, Hanna, als Teegesellschaft fortgeführter regimekritischer Kreis vorwiegend von Diplomaten, u.a. Albrecht Graf von ↗Bernstorff. Durch einen Spitzel denunziert, wurden 1943/44 die meisten Teilnehmer verhaftet und teils zum Tode verurteilt, teils in ↗Konzentrationslagern inhaftiert. *PS*

Solidarpakt Vereinbarungen der ↗Bundesregierung, der ↗Bundesländer und der Parteiführungen der ↗christlich-liberalen Koalition und der ↗SPD vom 13.3.1993 zur Finanzierung der deutschen Einheit; neuer Bund-Länder-Finanzausgleich zugunsten der neuen Bundesländer, Aufstockung des ↗Fonds Deutsche Einheit, Budgeterhöhung für die ↗Treuhandanstalt, Erweiterung der ostdeutschen Wohnungsbauprogramme, Absatzförderung ostdeutscher Produkte; finanziert durch Ausgabenkürzungen, eine vom 1.7.1991–30.6.1992 und seit dem 1.1.1995 als „Solidaritätszuschlag“ erhobene Ergänzungsabgabe sowie die Privatisierung von Bundesbahn und Bundespost. *kl*

Sölle, Dorothee Literaturwissenschaftlerin, evangelische Theologin, *30.9.1929 Köln. Seit 1975 Theologieprofessorin in New York; ihre kirchenkritischen Betrachtungen sind von der feministischen Theologie und der Befreiungstheologie beeinflußt. S. vertritt eine politische Theologie und engagiert sich außerdem in der ↗Friedens- und ↗Frauenbewegung. *rm*

Somalia-Einsatz der Bundeswehr Beteiligung eines Nachschub- und Transportbataillons der ↗Bundeswehr an einem humanitären Hilfseinsatz der ↗Vereinten Nationen in Somalia vom 16.5.1993 bis zum 28.2.1994; Übernahme von Versorgungs- und Unterstützungsaufgaben. *kl*

Sombart, Werner Soziologe, Ökonom, *19.1.1863 Ermsleben, †18.5.1941 Berlin. Verfaßte eine umfassende kritische Darstellung der ökonomischen Entwicklung des Kapitalismus unter Berücksichtigung der Lehren von Karl ↗Marx, von denen er sich 1924 wieder abwandte; zunächst Verfechter des ↗Nationalsozialismus, später Distanzierung; Hauptwerk: Der moderne Kapitalismus (1902–27). *AM*

Somme, Schlacht (1916) Fluß in Nordfrankreich. Im ↗Ersten Weltkrieg Schauplatz einer französisch-britischen Offensive gegen deutsche Stellungen ab 24.6.1916; brachte Geländegewinne; im November allmählich eingestellt; größte ↗Materialschlacht des gesamten Krieges mit hohen Verlusten (je eine halbe Million gefallene Briten und Deutsche, 200000 gefallene Franzosen). *PS*

Sommerfeld, Arnold Physiker, Mathematiker, *5.12.1868 Königsberg, †26.4.1951 München. Professor für Mathematik in Clausthal-Zellerfeld und Aachen, für Physik in München; Lehrer bedeutender Physiker wie ↗Heisenberg, Wolfgang Pauli, Peter Debye; ergänzte das Bohrsche Atommodell durch die Annahme elliptischer Elektronenbahnen, wodurch sich die Feinstruktur des Wasserstoffspektrums erklären ließ; entwickelte 1916 die Theorie des „normalen Zeeman-Effekts“; einflußreiches Werk: Atombau und Spektrallinien (1919). *bl*

Sonderbehandlung Tarnbezeichnung im ↗Nationalsozialismus für die Ermordung von Einzelpersonen oder ganzen Menschengruppen. *PS*

Sonnenburg Ort in Brandenburg. Hier befand sich vom 3.4.1933–22.4.1934 ein ↗Konzentrationslager v.a. für politische Gegner (↗Ossietzky, ↗Mühsam u.a.). Wurde in der NS-Propaganda als vermeintliches Musterlager dargestellt. *PS*

Sonnenfels, Joseph von Österreichischer Jurist, Ökonom, *1733 Nikolsburg (Mähren), †25.4.1817 Wien. 1763 Professor für ↗Kameralistik in Wien; Vertreter des aufgeklärten ↗Absolutismus; bereitete durch seine Schriften die Wirtschafts- und Verwaltungsreformen des ↗Josephinismus und die Abschaffung der ↗Folter (1776) vor; publizistisch an der Neubelebung des Schauspiels durch Gründung des Wiener Burgtheaters beteiligt; seit 1797 Reichsfreiherr. *rh*

Sontheimer, Kurt Politologe, *31.7.1928 Gernsbach (Baden). Professor in Osnabrück, Berlin, München; untersucht, liberale Positionen vertretend, konservative und linke Denkweisen und Theorien, v.a. in seinem Hauptwerk: Antidemokratisches Denken in der Weimarer Republik (1962). *bl*

Soor, Schlacht (1745) Bei S. (Nordböhmen) siegte am 30.9.1745 im 2. ↗Schlesischen Krieg (1744–45) ↗Friedrich II., der Große, von Preußen gegen die österreichischen Truppen unter Karl von Lothringen, verlor dabei aber seine Kriegskasse an die Österreicher. *rh*

Sophie

Hannover:

Sophie von der Pfalz Kurfürstin, *14.10.1630 Den Haag, †8.6.1714 Herrenhausen. Tochter ↗Friedrichs V. von der Pfalz; 1658 mit ↗Ernst August I. (1692 Kurfürst von Hannover) vermählt; 1701 als Enkelin Jakobs I. von England zur Erbin der britischen Krone erklärt, die sie 1714 auf ihren Sohn ↗Georg Ludwig I. übertrug. *rh*

Sophie Dorothea, Prinzessin von *15.9.1666 Celle, †23.11.1726 Ahlden. 1682 mit ↗Georg Ludwig I. von Hannover vermählt; ab 1690 Briefwechsel mit ihrem Liebhaber, dem hannoverschen Offizier ↗Königsmarck, der 1694 nach Entdeckung des Verhältnisses ermordet wurde; S.D. wurde geschieden und bis zu ihrem Tode in das abgelegene Amtshaus Ahlden verbannt. Vorbildfigur für viele literarische Bearbeitungen. *rh*

Preussen:

Sophie Charlotte Königin, *30.10.1668 Iburg, †1.2.1705 Hannover. Tochter von ↗Ernst August I. und ↗Sophie von der Pfalz; 1684 mit dem späteren König ↗Friedrich I. von Preußen vermählt; Förderin von Kunst und Wissenschaft: regte unter dem Einfluß von ↗Leibniz die Gründung der Akademie der Wissenschaften in Berlin (1700) an. *rh*

Sophie Dorothea Königin, *27.3.1687 Hannover, †28.6.1757 Berlin. Tochter von ↗Georg (Ludwig) I. von Hannover und Großbritannien und ↗Sophie Dorothea von Hannover; 1706 mit ↗Friedrich Wilhelm I. von Preußen vermählt; Mutter ↗Friedrichs II., des Großen, der die kunstbegeisterte S.D. sehr verehrte. *rh*

Sorge, Richard Spion, *4.10.1895 Sabunči (Aserbaidschan), †7.11.1944 Tokyo. 1919 ↗KPD; 1924–29 Sowjetunion; 1933 als deutscher Korrespondent nach Japan; Aufbau eines prosowjetischen Spionagenetzes (Warnung vor deutschem Überfall Juni 1941); zum Schein Zusammenarbeit mit deutscher Botschaft; Herbst 1941 verhaftet, später hingerichtet. *PS*

Souveränität Höchste Gewalt eines Staates oder Herrschers auf seinem Territorium; umfaßt die freie Festlegung der Innen- und Außenpolitik sowie der Gesellschafts-, Staats- und Rechtsordnung. Die S. war im ↗Heiligen Römischen Reich auf ↗Kaiser und ↗Reichsstände verteilt, alle waren an Reichsverfassung, Beschlüsse des ↗Reichstages und Lehnsrecht gebunden. Der die Rechtsauffassung der ↗Französischen Revolution bestimmende Begriff der Volks-S. wurde 1919 in die ↗Weimarer Verfassung aufgenommen. *rh*

Sowjetische Aktiengesellschaft (SAG) In der ↗SBZ nach dem 5.6.1946 aus ca. 200 enteigneten Großbetrieben entstandene Industriebetriebe; Übergang in sowjetisches Staatseigentum, keine ↗Demontage; zu Zwecken der ↗Reparation Entnahmen aus laufender Produktion; primär Produktion für den sowjetischen Bedarf, zeitweise 25 % der Gesamtproduktion in der SBZ durch SAG; zum 1.1.1954 an die ↗DDR übergeben. *kl*

Sowjetische Besatzungszone (SBZ) Nach Vereinbarungen der Siegermächte des ↗Zweiten Weltkrieges Besetzung der Länder Mecklenburg, Vorpommern, Sachsen, Sachsen-Anhalt und Thüringen durch die ↗Rote Armee bis zum Juli 1945, verbunden mit Racheakten gegen die Bevölkerung (u.a. Vergewaltigungen); Umbau der staatlichen, wirtschaftlichen und gesellschaftlichen Ordnung nach sowjetischem Vorbild sofort durch Mitglieder der ↗Gruppe Ulbricht begonnen; oberste Regierungsgewalt ab Juni 1945 in den Händen der ↗Sowjetischen Militäradministration in Deutschland. Aus dem Gebiet der SBZ entstand 1949 die ↗DDR. *kl*

Sowjetische Kontrollkommission (SKK) Seit dem 10.10.1949 Interessenvertretung der Sowjetunion in der ↗DDR, Nachfolgerin der ↗SMAD;

am 29.5.1953 aufgelöst und durch das Amt des ↗Hohen Kommissars der Sowjetunion ersetzt. *kl*

Sowjetische Militäradministration in Deutschland (SMAD) Nach der ↗Berliner Deklaration der vier Mächte am 9.6.1945 entstandenes Kontrollgremium und oberstes Regierungsorgan der ↗SBZ mit Sitz in Berlin-Karlshorst; Aufbau regionaler Militärverwaltungen; mit bis zu 60000 Mitarbeitern u.a. Abwicklung der ↗Entnazifizierung, Internierung und Deportierung von 200000 Deutschen als Kriegsverbrecher nach Sibirien; daneben Aufbau und Überwachung des politischen Lebens; nach Gründung der ↗DDR am 10.10.1949 von der ↗SKK abgelöst. *kl*

Sozialdemokratie Politische Richtung, die nach der Verbindung von ↗Sozialismus und Demokratie strebt und deren Ursprung in der ↗Arbeiterbewegung liegt. Die parteipolitische Geschichte der in ihren Anfängen marxistisch ausgerichteten deutschen S. begann mit der Gründung des ↗ADAV 1863 und der ↗SDAP 1869, die sich 1875 zur ↗SAP zusammenschlossen. Nach Durchsetzung der ↗Sozialistengesetze 1878 (bis 1890 in Kraft) zur Unterdrückung der S. arbeiteten ihre Anhänger im Untergrund weiter und formierten sich 1891 neu zur ↗SPD. Unter dem Einfluß ↗Bernsteins (↗Revisionismus) ab den 1890er Jahren setzte sich gegen den orthodox-marxistischen Flügel allmählich eine Richtung durch, die eine pragmatische Reformpolitik anstrebte. Nach dem Ersten Weltkrieg vollzog sich die deutliche Spaltung zwischen S. und marxistisch-leninistisch orientiertem ↗Sozialismus. *nk*

Sozialdemokratische Arbeiterpartei (SDAP) 1869 in Eisenach gegründete marxistische Partei unter Führung von ↗Bebel und Wilhelm ↗Liebknecht; schloß sich 1875 in Gotha mit dem ↗ADAV zur ↗SAP zusammen. *nk*

Sozialdemokratische Partei der DDR (SDP) Illegale Neugründung der ↗SPD in der ↗DDR am 7.10.1989 als SDP, seit der Landeskonferenz 1990 wieder SPD. Vorsitzende: Ibrahim Böhme, Johannes Markus ↗Meckel, Wolfgang Thierse, Ehrenvorsitzender war ↗Brandt. Bei den Volkskammerwahlen 1990 erhielt die SPD 21,8 %, Regierungsbeteiligung an der ↗Allianz für Deutschland; im September 1990 Zusammenschluß der ost- und westdeutschen Sozialdemokraten. *sb*

Sozialdemokratische Partei Deutschlands (SPD) Älteste bestehende Massenpartei in Deutschland (↗Sozialdemokratie). Nachdem die ↗Sozialistengesetze 1890 nicht mehr verlängert wurden, wurde die ↗Sozialistische Arbeiterpartei Deutschlands als SPD neu gegründet. Schon 1890 wurde sie bei den Reichstagswahlen (↗Reichstag) mit 1,5 Mio. Wählerstimmen zur ersten Massenpartei Deutschlands. Durch die zwölf Jahre der Illegalität hatte der ↗Marxismus in der Partei viele Anhänger gefunden, was 1891 im ↗Erfurter Programm deutlich wurde. Trotz innerparteilicher Auseinandersetzungen über ↗Bernsteins Theorie des ↗Revisionismus konnte die SPD 1912 die meisten Mandate im Reichstag stellen. Zu Beginn des ↗Ersten Weltkrieges unterstützte sie die Bewilligung der ↗Kriegskredite, was 1917 zur Abspaltung des ↗Spartakusbundes und der ↗USPD führte. Nach der ↗Novemberrevolution 1918 stellten die übriggebliebenen sog. ↗Mehrheitssozialisten (MSPD) zusammen mit der USPD im ↗Rat der Volksbeauftragten die provisorische Regierung. In der ↗Weimarer Republik stellte die MSPD mit ↗Ebert den ersten ↗Reichspräsidenten und blieb bis 1923 maßgebend an den Regierungen beteiligt. 1922 schloß sich die USPD wieder mit der MSPD zusammen. Mit dem ↗Heidelberger Programm von 1925 versuchte die SPD, auf reformistischem Wege die Ideen des ↗Sozialismus durchzusetzen. 1928–30 war sie nochmals an der Regierung beteiligt, doch gelang es ihr nicht, die Folgen der ↗Weltwirtschaftskrise 1929 aufzufangen. 1933 widersetzte sich die SPD als einzige Partei dem ↗Ermächtigungsgesetz und wurde am 22.6.1933 verboten. Der Vorstand der SPD versuchte, aus dem Exil in Prag (1933–37), Paris (1938–40) und London (1941–45) den Kontakt mit den SPD-Gruppen des ↗Widerstandes zu erhalten, doch gelang dies nur ansatzweise. 1945 wurde die SPD in allen vier ↗Besatzungszonen neugegründet. ↗Schumacher führte sie in den drei Westzonen und Berlin zu einer einheitlichen Partei zusammen, während sie in der ↗SBZ mit der ↗KPD zur ↗SED zwangsvereinigt wurde. Nach der Gründung der ↗Bundesrepublik ging die SPD in die Opposition. 1959 bekannte sie sich mit dem ↗Godesberger Programm zu einem demokratischen Sozialismus und wurde damit als Volkspartei betrachtet. Zusammen mit der ↗CDU bildete sie 1966–69 eine ↗große Koalition. 1969–82 stellte die SPD zusammen mit der ↗FDP eine Koalitionsregierung (↗sozial-liberale Koalition). 1969–74 war ↗Brandt Bundeskanzler, dann löste Helmut ↗Schmidt ihn ab. Ab 1982 befand sich die SPD auf Bundesebene wieder in der Opposition. 1990 schloß sie sich mit der ↗Sozialdemokratischen Partei der DDR zusammen. Bei der Bundestagswahl 1998 wurde sie stärkste Partei und stellt seitdem zusammen mit ↗Bündnis 90/Die Grünen die Bundesregierung. *br*

soziale Frage In der zweiten Hälfte des 19. Jh.s geprägter Begriff, der im engeren Sinn die soziopolitischen Spannungen und strukturellen Mängel innerhalb der Gesellschaft bezeichnet. Die s.F. wurde bes. durch die im Zuge der ↗Industrialisierung verursachten tiefgreifenden sozialen Mißstände (↗Pauperismus) des 19. Jh.s akut und bekam die Qualität eines Schlagworts. Sie löste letztlich die ↗Arbeiterbewegung aus und führte zu einem Bewußtseinswandel auch im bürgerlichen Lager. Folge waren vielfältige Reformversuche, die darauf zielten, die Verelendung der Massen abzuwenden und soziale Gerechtigkeit herzustellen. Schließlich führte die Diskussion der s.F. zur Verankerung staatlicher Sozialpolitik in der ↗Weimarer und der bundesdeutschen ↗Verfassung. *nk*

soziale Marktwirtschaft Von dem Neoliberalisten Alfred ↗Müller-Armack entwickeltes Wirtschaftskonzept, das die unerwünschten Auswirkungen der freien Marktwirtschaft durch staatliche Eingriffe korrigieren soll; gefordert wird u.a. die Sicherung des Rahmens für einen freien Wettbewerb, eine antizyklische Konjunkturpolitik und eine aktive ↗Arbeits- und Sozialpolitik; sie wurde nach der ↗Währungsreform durch ↗Erhard in Westdeutschland umgesetzt. Der durch die s.M. ermöglichte soziale Ausgleich führte als Teil der Nachkriegsprosperität (↗Wiederaufbau) zur Stabilisierung der Gesellschaft der ↗Bundesrepublik und sicherte die werdende Demokratie gegen inneren Unfrieden ab; ihr Erfolg machte sie weltweit zum Vorbild. *kl*

sozialer Wohnungsbau Mit öffentlichen Geldern unterstützter Bau von Wohnungen für Personengruppen mit geringem Einkommen wie kinderreichen Familien und Alleinerziehenden; erstmals 1950 im Wohnungsbaugesetz, das den ↗Wiederaufbau kriegszerstörten Wohnraums regelte, festgeschrieben; durch das zweite Wohnungsbaugesetz 1956 ergänzt. *AM*

Sozialgeschichte Disziplin und methodisches Verfahren der ↗Geschichtswissenschaft, entstanden im 19. Jh. Verfolgt einen Forschungsansatz, der weniger an der politischen Geschichte, als an der Analyse sozialer Strukturen, Klassen und Institutionen orientiert ist. In Verknüpfung mit der Wirtschaftsgeschichte wurde die S. aller Epochen zum Gegenstand historischer Forschung. *ep*

Sozialgesetzgebung Rechtliche Maßnahmen des Gesetzgebers zur Herstellung sozialer Gerechtigkeit. Als Ausgangspunkt einer deutschen S. gilt das preußische Arbeitsschutz-Gesetz von 1839, dem eine Vielzahl weiterer Gesetze zur Verbesserung der wirtschaftlichen und gesellschaftlichen Lage der ↗Arbeiterklasse folgten (↗soziale Frage); bes. hervorzuheben dabei die Bismarckschen Gesetze zur Kranken-, Unfall- sowie Invaliditäts- und Altersversicherung (1883–89). Galt die S. in ihren Anfängen der gesellschaftlichen Integration der Arbeiter, so weitete die staatliche Sozialpolitik ihren Wirkungsbereich im Laufe des 20. Jh.s auf die Gesamtgesellschaft aus. *nk*

Sozialisierung Verstaatlichung privater Eigentumsrechte vornehmlich an Produktionsmitteln im Interesse des Allgemeinwohls; aus dem ↗Sozialismus entstanden; Pläne einer weitgehenden S. fanden in Deutschland in den ersten Jahren nach dem Ende des Zweiten Weltkrieges parteiübergreifend zum beschleunigten ↗Wiederaufbau Zustimmung; sie scheiterten in den westlichen ↗Besatzungszonen jedoch am Widerstand der ↗Besatzungsmächte; zudem hatte sich die ↗CDU in ihren ↗Düsseldorfer Leitsätzen 1949 von Forderungen nach S. weitgehend abgewandt; für den sozialistischen Weg der ↗SPD fand sich 1949 bei der Bundestagswahl keine Mehrheit mehr.
In der ↗SBZ kam es 1945–48 mit der ↗Industriereform zu einer umfassenden S., um nach sowjetischem Vorbild eine zentrale ↗Planwirtschaft aufzubauen. *AM*

Sozialismus Gegen den ↗Kapitalismus entworfene politische Lehre, deren politische Organisationen sowie eine nach ihren Prinzipien errichtete Gesellschaftsordnung. Basis ist das Streben nach Veränderung der bestehenden (kapitalistischen) Eigentumsverhältnisse zur Etablierung sozialer Gleichheit und Gerechtigkeit. Im Rahmen der ↗Industrialisierung, die mit der damit einhergehenden freien Entfaltung des kapitalistischen Wirtschaftssystems im 19. Jh. zu schweren sozialen Mißständen führte (↗soziale Frage), entwickelten Theoretiker wie ↗Weitling oder Moses ↗Hess, angeregt durch britische und französische Schriften, erste Ansätze eines frühen oder „utopischen“ S. (d.h. vor der ↗Deutschen Revolution

1848), der v. a. idealistische Gesellschaftsmodelle lieferte. Karl ↗Marx und ↗Engels entwickelten aus dem frühen S. den wissenschaftlichen S. (↗Marxismus, ↗Marxismus-Leninismus), der von entscheidendem Einfluß auf die ↗Arbeiterbewegung war. Aus dem S. entstand die ↗Sozialdemokratie (↗Revisionismus). *nk*

Sozialistengesetz Auf Betreiben Otto von ↗Bismarcks 1878 zur Unterdrückung der sozialistischen ↗Arbeiterbewegung erlassenes Ausnahmegesetz; verbot alle sozialdemokratischen, sozialistischen oder kommunistischen Vereine, Versammlungen und Druckschriften und ermöglichte die Ausweisung von Parteiführern und Agitatoren; bis 1890 mehrmals verlängert. *vK*

Sozialistische Arbeiterpartei Deutschlands 1875 durch Zusammenschluß des ↗ADAV und der ↗SDAP unter Annahme des ↗Gothaer Programms gegründet; ab 1878 durch die ↗Sozialistengesetze in die Illegalität gedrängt; 1890 neugegründet als ↗SPD. *br*

Sozialistische Arbeiterpartei Deutschlands (SAP) 1931 gegründete linke Abspaltung der ↗SPD; propagierte „Einheitsfront" der Arbeiterparteien gegen den erstarkenden ↗Nationalsozialismus; nach 1933 bis Kriegsbeginn eine der führenden Organisationen des ↗Arbeiterwiderstandes; später prominentestes Mitglied: ↗Brandt. *PS*

Sozialistische Einheitspartei Deutschlands (SED) 1946–89 Am 22.4.1946 in der ↗SBZ trotz teilweise erbittertem Widerstand aus den Reihen der ↗SPD durch Vereinigung mit der ↗KPD hervorgegangene Partei. Die SED entwickelte sich durch die Ausschaltung jeder nationalen und innerparteilichen Opposition mittels ↗Blockpolitik und „Parteisäuberungen" bis 1955 zu einer dem Prinzip des ↗demokratischen Zentralismus gehorchenden Kaderpartei und beherrschte zunehmend alle Bereiche der ↗DDR. Der aus den ausbleibenden ökonomischen Erfolgen erwachsenen Unzufriedenheit der Bevölkerung begegnete sie mit dem Ausbau staatlicher Überwachungsorgane wie dem ↗Ministerium für Staatssicherheit, den Massendemonstrationen vom ↗Siebzehnten Juni 1953 mit Waffengewalt; innerparteiliche Hoffnungen auf Demokratisierung während der ↗Entstalinisierung beantwortete sie mit erneuten „Parteisäuberungen".

Als oberstes Organ tagte ein seit 1971 alle fünf Jahre zusammenkommender Parteitag, der jedoch nur formal Einfluß auf das eigentliche Machtzentrum ↗Zentralkomitee mit dessen ständigen Organen ↗Politbüro und Sekretariat ausüben konnte. Die SED verweigerte sich, trotz des in Staaten des ↗Warschauer Paktes aufkeimenden Reformkommunismus, nicht zuletzt aufgrund der überalterten Führung, immer mehr politischen Reformen, um die alleinige Herrschaft nicht zu gefährden; ↗Interventionspläne wie im Falle Polens erschienen ihr als das geeignete Mittel zum Machterhalt. Mit den im Sommer und Herbst 1989 steigenden Flüchtlingszahlen (↗Botschaftsflüchtlinge) zerfiel ihre Herrschaft; nach der ↗Maueröffnung strich die ↗Volkskammer 1989 ihren Führungsanspruch aus der ↗Verfassung der DDR, Zentralkomitee und Politbüro traten geschlossen zurück.

Nach Veränderungen auf außerordentlichen Parteitagen gab sie sich am 17.12.1989 den Zusatz ↗Partei des demokratischen Sozialismus (SED-PDS); im Februar 1990 wurde das Kürzel SED aus dem Parteinamen gestrichen (↗PDS). *kl*

Sozialistischer Deutscher Studentenbund (SDS) 1946 als Hochschulorganisation der ↗SPD gegründet, wandte sich der SDS nach dem ↗Godesberger Programm zunehmend von der Partei ab und wurde in den sechziger Jahren zum Zentrum der sich radikalisierenden ↗Studentenproteste. 1970 zerfiel der SDS nach internen Streitigkeiten in verschiedene marxistische und sozialistische Gruppen. *AM*

Sozialistische Reichspartei (SRP) Größte rechtsextremistische Partei der frühen ↗Bundesrepublik, im Oktober 1949 nach Abspaltung aus der ↗DRP von Fritz Dorls, ↗Remer u. a. gegründet. Programm und Organisation bezogen sich auf die ↗NSDAP; erhielt bei den niedersächsischen Landtagswahlen 1951 11 %, in Bremen 7,7 %; 1952 vom Bundesverfassungsgericht verboten. Die Mitglieder waren weiter in zahlreichen Nachfolgeorganisationen aktiv. *sb*

sozialistischer Realismus Zuerst 1932 in der Sowjetunion beschlossene, bis in die 60er Jahre in den kommunistischen Ländern geltende Doktrin, derzufolge die Literatur (später erweitert um andere Kunstgattungen) folgende Kriterien zu erfüllen habe: Parteilichkeit für die Interessen der revolutionären Arbeiterklasse, Volksnähe, Identifikationsfähigkeit durch positive Helden und konstruktive Perspektive.

Moderne, disharmonisierende Verfahren wie Montage und Verfremdung wurden als „formalistisch“ abgewertet, wohingegen man sich auf die humanistischen Traditionen in ↗Aufklärung, ↗Klassik, ↗Vormärz und ↗Realismus berief. Diese Maximen wurden nach dem Tod Josef Stalins weithin in Frage gestellt. Die künstlerischen Mittel konnten in der DDR-Literatur der 70er Jahre unter Beibehaltung der grundsätzlichen Parteilichkeit freier gehandhabt werden. *ij*

Sozialistischer Wettbewerb Komplexes System zur Leistungssteigerung der erwerbstätigen Bevölkerung durch Vergabe von Orden und Titeln wie dem ↗Held der Arbeit, nach sowjetischem Vorbild in der ↗SBZ eingeführt, von der ↗DDR übernommen, durch den ↗FDGB organisiert (↗Hennecke-Bewegung, ↗Hockauf-Bewegung). Die strukturellen Defizite der ↗Planwirtschaft zu beheben, gelang dem S.W. jedoch nicht. *kl*

sozialistische Wehrerziehung Seit 1955 verwendeter Begriff der Bildungs- und Erziehungspolitik der ↗DDR, der neben Bemühungen um eine gesteigerte Verteidigungsbereitschaft der Bevölkerung primär die Vorbereitung der Jugendlichen auf den Wehrdienst umfaßte; wehrsportliche Arbeitsgemeinschaften der ↗FDJ, die ↗Pionierorganisation „Ernst Thälmann“, die ↗Gesellschaft für Sport und Technik, aber auch die Öffentlichkeitsarbeit der ↗NVA einschließlich der Militärmuseen der DDR waren Träger der s.W. *kl*

sozial-liberale Koalition (1969–1982) Koalition von ↗SPD und ↗FDP. Nach der Bundestagswahl am 29.9.1969 (CDU/CSU 41,6 %, SPD 42,7 %, FDP 5,8 %) bildete sich die s.-l.K. unter ↗Brandt (SPD) und Vizekanzler und Außenminister ↗Scheel (FDP). Der Schwerpunkt der s.-l.K. lag auf der ↗Ostpolitik (↗Warschauer Vertrag, Ostverträge) und europäischen Integrationspolitik; 1973 wurde der ↗Grundlagenvertrag mit der ↗DDR geschlossen. Brandt trat am 6.5.1974 aufgrund der ↗Guillaume-Affäre zurück; Helmut ↗Schmidt (SPD) wurde am 16.5.1974 Bundeskanzler, ↗Genscher Vizekanzler und Außenminister. Angesichts der Energiekrise verlagerte sich das Schwergewicht der s.-l.K. auf die Wirtschafts- und Finanzpolitik. Am 17.9.1982 zerbrach die s.-l.K. an der Haushaltskrise (↗Lambsdorff-Papiere), am 1.10. 1982 führte ein konstruktives Mißtrauensvotum gegen Schmidt zu dessen Rücktritt. *sb*

Sozialstaat Staatskonzeption, die das Ziel der sozialen Gerechtigkeit innerhalb der Gesellschaft verfassungsmäßig garantiert und rechtsstaatliche Mittel für ihren Schutz einsetzt; die ↗Bundesrepublik hat das Prinzip des S.es in Artikel 20 des ↗Grundgesetzes festgelegt, der allerdings die genaue Auslegung offenläßt. *AM*

Spa, Konferenz (1920) Vom 5.–16.7.1920 fand in dem belgischen Heilbad S. in den Ardennen eine Konferenz der europäischen Siegermächte des ↗Ersten Weltkrieges zur Frage der ↗Reparationen erstmals mit deutschen Vertretern statt. Festlegung des Verteilerschlüssels der Reparationen sowie der Höhe der deutschen Kohlelieferungen und Verbot der Einwohnerwehren. *br*

Spanischer Erbfolgekrieg (1701–14) Krieg um die Nachfolge König Karls II. von Spanien, des letzten spanischen ↗Habsburgers. Nach dessen Tod (1700) bestieg der Enkel des französischen Königs Ludwig XIV., der Bourbone Philipp von Anjou, als Philipp V. den spanischen Thron. Darauf kam es zwischen Kaiser ↗Leopold I., der für seinen zweiten Sohn Karl (III. als spanischer Gegenkönig ab 1703, ↗Karl VI. als Kaiser) Ansprüche erhob, und Ludwig XIV. zum Krieg. Leopold schloß sich 1701 mit Großbritannien und den Niederlanden in der Großen Haager Allianz zusammen, der Preußen, das Heilige Römische Reich, später auch Portugal und Savoyen beitraten; Ludwig verbündete sich mit ↗Bayern und Kurköln. Die von Prinz ↗Eugen und dem Herzog von Marlborough geführten alliierten Truppen errangen anfangs mehrere Siege: 1704 ↗Höchstädt, 1706 Ramillies und Turin, 1708 Oudenaarde und 1709 Malplaquet.

Als jedoch 1711 Leopolds erster Sohn, Kaiser ↗Joseph I., starb und Karl ihm als Kaiser folgte, befürchteten Großbritannien und die Niederlande eine Vereinigung der spanischen und österreichischen habsburgischen Länder, verließen die Allianz und beendeten den Krieg durch den Frieden von ↗Utrecht (1713); vom Kaiser erst am 6.3.1714 zu Rastatt für Österreich und am 7.9.1714 zu Baden (Schweiz) für das Reich akzeptiert. *rh*

Spartakusaufstand (1919) ↗Spartakusbund

Spartakusbund Am 1.1.1916 konstituierte, radikale marxistische Gruppe Intellektueller um Karl ↗Liebknecht und Rosa ↗Luxemburg innerhalb der ↗SPD; Benannt nach Liebknechts illegal erschienenen Spartakusbriefen; 1917/18 in der ↗USPD tätig; trug ab 11.11.1918 offiziell den Namen S.; forderte die Weiterführung der ↗Novemberrevolution und organisierte Massenversammlungen; ging am 30.12.1918 in die ↗KPD über; veranlaßte zusammen mit der USPD und den Revolutionären Obleuten vom 6.–15.1.1919 den sog. Spartakusaufstand. Die Unruhen und Straßenkämpfe in Berlin wurden durch Waffengewalt der ↗Freikorps beendet, Karl Liebknecht und Rosa Luxemburg ermordet. *br*

Späth, Lothar Ministerpräsident (Baden-Württemberg; CDU), Wirtschaftsmanager, *16.11. 1937 Sigmaringen. 1972 Vorsitzender der CDU-Landtagsfraktion; Wahl zum Regierungschef (30.8.1978); Rücktritt am 13.1.1991 wegen Verdachts der Vorteilsnahme. Engagement in den Bereichen Technologie, Medien, Kulturpolitik; seit 1991 Vorsitzender der Geschäftsführung der Jenoptik GmbH, Jena. *sb*

Spatha Zweischneidiges Langschwert mit abgerundeter Spitze, sowohl von Römern wie von ↗Germanen benutzt. Im Frühmittelalter wichtige Waffe bei verschiedenen Stämmen; häufig auch Zeichen des sozialen Prestiges ihres Trägers (z.B. Goldgriff-S.). *wj*

SPD ↗Sozialdemokratische Partei Deutschlands

Spee, Maximilian Graf von Vizeadmiral, *22.6. 1861 Kopenhagen, †8.12.1914 Südatlantik. Seit 1912 Kommandant des ↗Kreuzergeschwaders in ostasiatischen Gewässern; mit diesem im ↗Ersten Weltkrieg im Pazifik vor der südamerikanischen Küste Sieg in der Seeschlacht bei ↗Coronel; in der Schlacht bei den ↗Falklandinseln mit seinem Schiff versenkt. *PS*

Speer, Albert Architekt, Politiker, *19.3.1905 Mannheim, †1.9.1981 London. Seit 1931 Mitglied der ↗NSDAP; plante und baute ab 1933 z.T. mit ↗Hitler riesenhafte Repräsentationsanlagen in Berlin, Nürnberg und München. 1937 Generalbauinspektor für die Reichshauptstadt, 1942–45 Reichsminister für Bewaffnung und Munition (seit 1943 für Rüstung und Kriegsproduktion); widersetzte sich seit 1944 den Zerstörungsbefehlen Hitlers; 1946 in den ↗Nürnberger Kriegsverbrecher-Prozessen zu 20 Jahren Gefängnis verurteilt; schrieb: Erinnerungen (1969); Der Sklavenstaat (1981). *ij*

Spee von Langenfeld, Friedrich Theologe, Dichter, *25.2.1591 Kaiserswerth, †7.8.1635 Trier. Wurde 1610 Jesuit und empfing 1621 die Priesterweihe; 1627/28 Beichtvater vieler als Hexen zum Tode verurteilter Frauen; wandte sich 1631 mit einer anonymen Schrift (Cautio Criminalis) gegen die ↗Hexenprozesse. Seine Lyrik erschien posthum unter dem Titel „Trutz-Nachtigall“ (1649). S. starb an der ↗Pest. *nk*

Speidel, Hans Generalleutnant, *28.10.1897 Metzingen (Württemberg), †28.11.1984 Bad Honnef. Kontakte zum ↗Zwanzigsten Juli; versuchte als ↗Rommels Stabschef diesen zu werben; September 1944 inhaftiert; Militärberater ↗Adenauers; seit 1955 im Bundesverteidigungsministerium; 1957–63 zur ↗NATO. *PS*

Spemann, Hans ↗Nobelpreis

Spengler, Oswald Schriftsteller, Kulturphilosoph, *29.5.1880 Blankenburg (Harz), †8.5.1936 München.
Sein Werk „Der Untergang des Abendlandes“ (1918–22) beschreibt menschliche Kulturen in einem organismischen Modell mit zyklisch ablaufenden Entwicklungsstadien von Blüte, Reife und Verfall. Seine Prognose einer bevorstehenden Katastrophe der abendländischen Kultur fand in Deutschland nach dem verlorenen ↗Ersten Weltkrieg weithin Beachtung. *ij*

Sperrgesetz (Brotkorbgesetz) 1875 im Zuge des ↗Kulturkampfes erhobene Sperrung staatlicher Zuschüsse an die ↗katholische Kirche. *nk*

Speyer, Dom Im 11. und 12. Jh. im Stil der Hochromanik erbaute dreischiffige Basilika; neben ↗Worms und ↗Mainz der dritte Kaiserdom am Rhein; in der Krypta die Kaisergräber u.a. von ↗Heinrich III., ↗Heinrich IV. und ↗Rudolf von Habsburg; zum Weltkulturerbe erklärt. *RB*

Speyer, Reichstag (1526) Abgehalten vom 25.6.–27.8.1526; Kaiser ↗Karl V. konnte sich während des Krieges gegen die Heilige Liga von ↗Cognac (Frankreich, Papst) kein weiteres Vorgehen gegen die Lutheraner leisten und mußte die Entscheidung über die Umsetzung des ↗Wormser Ediktes (1521) und damit der ↗Reformation den Ständen (↗Stand) überlassen. *rh*

Spiegel, Der Nachrichtenmagazin mit Sitz in Hamburg. Ursprung: die 1946 von britischen Offizieren gegründete Wochenschrift „Diese Woche“ ging 1947 in deutsche Leitung über, als „Der Spiegel“ von ↗Augstein verlegt; deckte politische Skandale auf (u.a. die ↗Barschel-Affäre). Eine Polizeiaktion gegen den S. löste 1962 die ↗Spiegel-Affäre aus. *UK*

Spiegel-Affäre Nach Veröffentlichung eines Artikels über die ↗Bundeswehr bei der ↗NATO-Stabsübung „Fallex 61“ („Bedingt abwehrbereit“) im Nachrichtenmagazin „Der ↗Spiegel“ am 10.10.1962 wurden der Herausgeber ↗Augstein u.a. Redakteure des Landesverrats beschuldigt und verhaftet, Druckfahnen beschlagnahmt, die Redaktion polizeilich überwacht. Heftige Kritik der Öffentlichkeit im In- und Ausland, die die Aktionen als einen Verstoß gegen die ↗Rechtsstaatlichkeit und ↗Pressefreiheit wertete. Verteidigungsminister Franz Josef ↗Strauß trat daraufhin zurück. Die S. löste eine schwere Regierungskrise aus. *sb*

Spielmann Im ↗Mittelalter der fahrende Sänger und Musikant, der keiner ↗Zunft angehörte und verschiedenen Standes sein konnte. An seiner mit Schellen und Glöckchen besetzten bunten Kleidung erkannte man ihn schon von weitem als Nichtbürger der jeweiligen ↗Stadt. Die ↗Romantik bezeichnete ihn als den Erben des germanischen Barden und als Dichter der Volkspoesie schlechthin. *ku*

Spießrutenlaufen (Gassenlaufen) Militärstrafe des 17. und 18. Jh.s: Der Verurteilte mußte durch eine von Soldaten gebildete Gasse laufen und wurde dabei mit Ruten auf den bloßen Rücken geschlagen. *rh*

Spiritualien ↗Temporalien und Spiritualien

Spital ↗Hospital

Spitzweg, Carl Apotheker, Maler, *5.2.1808 München, †23.9.1885 ebd. Bes. in Frühwerken Hervorhebung des Anekdotischen (Der arme Poet, 1839); nach Parisaufenthalt impressionistische Einflüsse von Eugène Delacroix u. a.; Darstellung des deutschen Kleinbürgertums in der Art des ↗Biedermeier; daneben Landschaftsbilder, Zeichnungen; ab 1844 Illustrator für satirische Zeitschriften, u. a. Fliegende Blätter. *up*

Sporck, Johann von Kaiserlicher Feldherr, *1601 Westerlohe (bei Paderborn), †6.8.1679 Hermanmestetz (Böhmen). Im ↗Dreißigjährigen Krieg von Kaiser ↗Ferdinand III. 1647 zum Reichsfreiherrn ernannt. Sorgte zusammen mit ↗Montecuccoli 1664 bei ↗St. Gotthard durch geschickten Einsatz der Reiterei für den Sieg über die Türken; im selben Jahr Reichsgraf. *rh*

Sportpalastrede Nach der Niederlage von ↗Stalingrad hielt ↗Goebbels am 18.2.1943 im Berliner Sportpalast eine Rede vor ausgesuchten Zuhörern, wobei die Propaganda den Anschein erweckte, als handele es sich bei deren Zustimmung um spontane Äußerungen des „Volkswillens". Gipfelte in der Beschwörung des ↗Totalen Krieges. *PS*

Sprache ↗Althochdeutsch ↗Mittelhochdeutsch ↗Mundarten

Sitzstreik vor der Hauptwache in Frankfurt: Studenten demonstrieren für Pressefreiheit (1962).

Sprachreinigung Aktivitäten zur „Reinhaltung" bzw. „Säuberung" einer Nationalsprache von Fremdwörtern (Purismus). Im ↗Heiligen Römischen Reich entstanden v.a. im 17. Jh. zahlreiche Sprachgesellschaften (als erste die ↗Fruchtbringende Gesellschaft), die sich der S. widmeten. Das Streben nach S., das seit dem 19. Jh. an Bedeutung verlor, war meist nicht nur kulturell und literarisch, sondern auch politisch motiviert. *nk*

Springer, Axel Caesar Verleger, *2.5.1912 Altona, †22.9.1985 Berlin. Begann nach dem Zweiten Weltkrieg seine Karriere als Verleger v.a. mit der Veröffentlichung der Familienillustrierten „HÖRZU"; gab seit 1948 das „Hamburger Abendblatt" und seit 1952 die „BILD-Zeitung" (↗Bild) heraus; übernahm 1953 den Welt-Verlag mit der Tageszeitung „Die ↗Welt"; verlegte 1967 seinen Unternehmenssitz von Hamburg nach Berlin; baute den ↗S.-Verlag zu einem großen Pressekonzern aus. *UK*

Springer-Verlag Als Buchverlag 1945 von Axel C. Springer in Hamburg gegründet, jetzt Sitz in Berlin; Herausgeber regionaler und überregionaler Tages- und Wochenzeitungen, Programmzeitschriften (↗Bild, Die ↗Welt, HÖRZU usw.); Anteile an privaten Hörfunksendern und Privatfernsehgesellschaften, an Filmproduktion und -vertrieb. *sb*

SRP ↗Sozialistische Reichspartei

SS ↗Schutzstaffel

Staatliche Handelsorganisation (HO) Staatliche Einzelhandelsorganisation, von der ↗Deutschen Wirtschaftskommission am 3.11.1948 zum Verkauf von rationierten und Mangelwaren zu überhöhten Preisen gegründet, nach Gründung der ↗DDR mit Monopolstellung; nach dem Ende der Rationierung von Lebensmitteln 1958 durch steuerliche Begünstigungen ersetzt; führte mit den Konsumgenossenschaften (↗Konsumvereine) zur Entprivatisierung des Einzelhandels; 1990 aufgelöst. *kl*

Staatliche Plankommission Oberste wirtschaftliche Planungsbehörde der ↗DDR, am 15.10.1950 aus dem Ministerium für Planung entstanden; formal oberstes Organ des ↗Ministerrates mit Weisungsbefugnis, de facto ausführende Behörde des Sekretariats für Wirtschaft des ↗Zentralkomitees der SED; 1961–65 vorübergehend dem ↗Volkswirtschaftsrat unterstellt; Hauptaufgabe war die Verfassung der zentralen Wirtschaftspläne; 1990 durch die Regierung ↗Modrow in ein „Wirtschaftskomitee" umgewandelt. *kl*

Staatsbank der DDR Notenbank der ↗DDR mit Sitz in Berlin (Ost), am 1.12.1967 als Nachfolgerin der „Deutschen Notenbank" gegründet; 1990 in „Staatsbank Berlin" umbenannt, 1994 in die ↗Kreditanstalt für Wiederaufbau integriert. *kl*

Staatsbürgerschaftsrecht Aus der deutschen Staatsangehörigkeit ergeben sich staatsbürgerliche Rechte (z.B. Wahlrecht) und Pflichten (z.B. Steuerpflicht). Während es in der ↗DDR eine eigene Staatsbürgerschaft gab, ging die Bundesrepublik immer von einer einzigen gesamtdeutschen aus, die auf das geringfügig modifizierte Reichs- und Staatsangehörigkeitsgesetz von 1913 mit Abstammungsprinzip zurückgeht. Nach jahrelanger Diskussion um die Reform des S. beschloß der Bundestag am 11.3.1999 das sog. „Optionsmodell", das in Deutschland geborenen Kindern ausländischer Eltern die Möglichkeit der Beibehaltung einer nichtdeutschen Staatsbürgerschaft bis zum 23. Lebensjahr zusammen mit der deutschen einräumt und das Abstammungsprinzip durch das Territorialprinzip ersetzt. *sb*

Staatsorgane, DDR Durch die erste ↗Verfassung der DDR bestimmtes Regierungssystem mit zunächst formaler Gewaltenteilung; Etablierung der ↗Volkskammer als höchstem S. zur Ausübung der legislativen Gewalt, einer ↗Länderkammer, einer Regierung als Ausschuß der Volkskammer und einem durch Volks- und Länderkammer zu wählenden Präsidenten; nach einer Verfassungsreform 1968 strikt nach den Grundsätzen der Gewaltenvereinigung reorganisiert, machte es den ↗Staatsrat und den ihm unterstellten ↗Ministerrat zu den eigentlichen Machtzentren; Auflösung aller S. mit dem ↗Einigungsvertrag. (466) *kl*

Staatspartei (Deutsche) ↗Deutsche Demokratische Partei

Staatsrat; DDR Organ der ↗Volkskammer der DDR, nach dem Tod ↗Piecks am 12.9.1960 als kollektives Staatsoberhaupt nach sowjetischem Vorbild gebildet; unter dem Vorsitz der ↗SED, mit acht Stellvertretern aller Parteien sowie 20 Mitgliedern aus dem ↗FDGB, dem ↗Politbüro und dem ↗Zentralkomitee auf fünf Jahre gewählt; völkerrechtliche Vertretung der DDR durch den Vorsitzenden des S.s; bis zum Ende der ↗Ära Ulbricht als höchstes Kontrollorgan mit dem Recht zur Berufung der Mitglieder des ↗Nationalen Verteidigungsrates, dann auf repräsentative Aufgaben beschränkt; am 5.4.1990 abgeschafft. *kl*

Staatsrat, Preußen 1) 1817–48 oberste Behörde

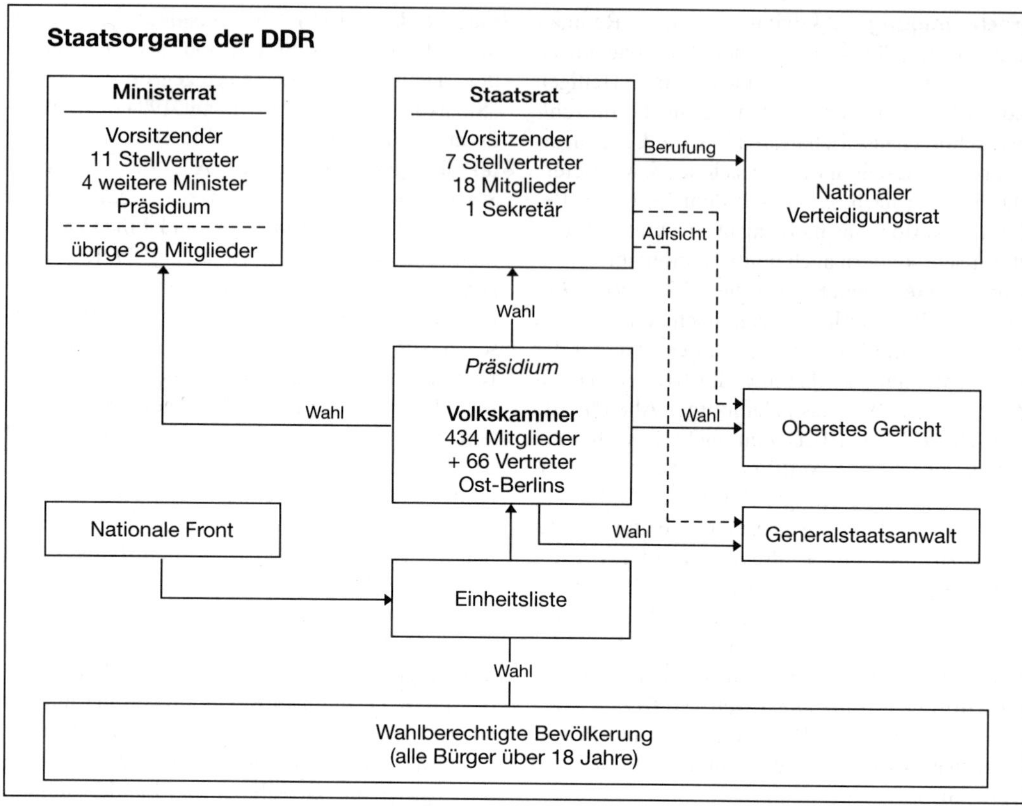

↗Preußens; Mitwirkung bei der Gesetzgebung und Vetorecht gegen Landesbeschlüsse; bestand aus hohen Beamten, Generälen und Prinzen; nach 1848 nur noch beratende Funktion.
2) 1920–33 Vertretung der preußischen Provinzen; Mitwirkung bei der Gesetzgebung; begrenztes Vetorecht. *br*

Staatssekretär 1) 1871–1918 Leiter der ↗Reichsämter.
2) Seit 1919 der den Minister in allen Amtsbereichen außer in Regierungsgeschäften vertretende oberste Beamte eines Ministeriums. *br*

Staatsvertrag ↗Währungs-, Wirtschafts- und Sozialunion

Staat und Kirche Die ↗Reformation beendete das ↗Reichskirchensystem des Mittelalters. Die Glaubensspaltung führte auf protestantischer Seite zu einer Übertragung kirchlicher Gewalt auf den jeweiligen Landesherrn (bis 1918, ↗Episkopalsystem), das ↗Papsttum konnte das ↗Dictatus Papae nicht mehr aufrechterhalten, bewahrte sich aber mit der ↗Gegenreformation seine Freiheit gegenüber dem Staat. Im 19. Jh. kam es gegen den ↗Liberalismus zum Bündnis zwischen „Thron und Altar“, die Durchsetzung liberaler Positionen mündete in der zweiten Hälfte des 19. Jh.s in den ↗Kulturkampf.
Im 20. Jh. gelang es der ↗katholischen Kirche, mit ↗Konkordaten das Verhältnis Staat und Kirche festzuschreiben (Bayern 1924, Preußen 1929, Baden 1932, Deutsches Reich 1933 (↗Reichskonkordat), Niedersachsen 1965, Rheinland-Pfalz 1973). *dt*

Stabilitätsgesetz, Bundesrepublik (1967) Gesetz zur Förderung der Stabilität und des Wachstums der Wirtschaft vom 8.6.1967; verpflichtete die ↗Bundesregierung zu einer antizyklischen Konjunkturpolitik, um die Zielvorgaben des „magischen Vierecks“ zu erfüllen (hoher Beschäftigungsgrad, Geldwertstabilität und Leistungsbilanzgleichgewicht bei „angemessenem“ Wirtschaftswachstum); bei Gefährdung eines der Ziele waren Orientierungsdaten für die ↗Konzertierte Aktion zur Verfügung zu stellen; mit der zunehmenden Kritik an der keynesianischen Theorie nach kurzer Zeit aus der Diskussion verschwunden; seine Instrumente werden kaum noch angewendet. *kl*

Staden, Hans Landsknecht, *um 1525 Homberg (Hessen), †1579 Wolfhagen. Nahm 1547/48 und 1549–55 als Soldat an zwei Handelsreisen nach Brasilien teil; dort neun Monate lang Gefangener bei einem Tupinambá-Stamm. Sein im 16. und 17. Jh. häufig wiederaufgelegter Reisebericht (1557) erzählt ausführlich über Wohnverhältnisse, Religion und Gesellschaftsstruktur der Ureinwohner. *rh*

Stadion, Johann Philipp von Österreichischer Minister, *18.6.1763 Mainz, †15.5.1824 Baden (bei Wien). Ab 1787 Gesandter an verschiedenen Höfen Europas; 1805–09 Außenminister; bemühte sich um innere Reformen (Heer, Erziehungswesen); rief 1809 zur Erhebung gegen ↗Napoleon I. auf; nach deren Scheitern von ↗Metternich abgelöst; gründete als Finanzminister die Österreichische Nationalbank (1816). *rh*

Städte (zu Statt, stehen) Große, engbebaute Siedlungen mit zentralen Funktionen für Handel, Gewerbe, Kultur und Verwaltung. Erste S. auf deutschem Boden wurden seit der Zeitenwende durch die Römer gegründet (↗Regensburg, ↗Straßburg). Die größte dieser S. war lange Zeit ↗Trier mit bis zu 70000 Einwohnern. Die antike Stadtkultur zerfiel mit Ende des Römischen Reiches.

Im Mittelalter entwickelten sich erstmals S. auch in den nördlichen und östlichen Teilen des Heiligen Römischen Reiches. Ausgangspunkte waren Kaufmannsniederlassungen und Märkte, ↗Burgen und Königspfalzen, ↗Klöster und Bischofssitze. Seit dem 11. Jh., bes. aber im 13./14. Jh. kam es auch zu zahlreichen S.-Gründungen der Territorialherren. Mit Ummauerung und Verleihung bes. ↗Stadtrechte wurde der Prozeß der S.-Werdung abgeschlossen. Die mittelalterlichen S. hatten meist weniger als 2000, nur ganz wenige mehr als 10000 Einwohner. Trotzdem spielten sie eine wichtige Rolle als Zentren für (Fern-) Handel, Gewerbe (↗Zunftwesen) und Kultur, als Schutzräume für die Landbevölkerung sowie durch ihre wachsende Finanzkraft. Das wachsende Selbstbewußtsein der Bürger führte zum Ausbau der ↗städtischen Selbstverwaltung oder zur Befreiung vom Stadtherrn (Freie ↗Reichs-S.). ↗S.-Bünde verstärkten den Einfluß der S.

In der frühen Neuzeit verloren die S. viel von ihrer Selbständigkeit, wurden in die modernen Staaten eingegliedert und bekamen Verwaltungsfunktionen. Sie wuchsen über die nutzlos gewordenen ↗Stadtmauern hinaus. Es entwickelten sich unterschiedliche S.-Typen wie Hafen-, Bergbau-, Garnisons-, Universitäts- und Residenz-S. Seit dem 19. Jh. wuchsen die Industrie- und Groß-S. (↗Industrialisierung) in raschem Tempo und unter Zuzug großer Menschenmassen ins ehemalige Umland (↗Berlin: 1800 172000, 1880 1,3 Mio. und 1920 4 Mio. Einwohner). Sie sind heute geprägt durch die Trennung von Wohn-, Arbeits- und Freizeitgebieten sowie durch den expandierenden Autoverkehr. *li*

Städtebünde Zusammenschlüsse von ↗Städten im späten ↗Mittelalter zur gemeinsamen Interessenwahrung gegenüber ↗Rittern und Landesherren. Neben der ↗Hanse erlangten bes. der ↗Rheinische S. (1381) wie auch der Schwäbische S. (1376) Bedeutung; S. wurden im Landfrieden von Eger 1389 verboten. *wj*

Städtekollegium Seit 1489 die Vertretung der ↗Reichsstädte auf dem ↗Reichstag. *dt*

Städteordnung (1808) Als Teil der ↗preußischen Reformen 1808 durch von Karl vom und zum ↗Stein eingeführte ↗städtische Selbstverwaltung. Während Finanz-, Schul- und Fürsorgewesen der städtischen Kompetenz zugeteilt wurden, fielen Gerichtsbarkeit und ↗Polizei an den Staat. Die S. schuf die Grundstruktur der im wesentlichen noch heute geltenden deutschen Kommunalverfassung. *nk*

städtische Selbstverwaltung Mit der wachsenden Bedeutung der ↗Städte im Mittelalter emanzipierten sich ihre Bürger gegenüber den kirchlichen oder weltlichen Stadtherren. Die s.S. wurde zunächst noch von den ↗Ministerialen der Stadtherren und von reichen Kaufleuten beherrscht, später auch von den ↗Zünften. Die daraus entstehenden Konflikte mit den Stadtherren führten seit dem 13. Jh. zu städtefeindlicher Gesetzgebung im Reich. Während des ↗Absolutismus erfuhr die s.S. weitere Einschränkungen, die in der napoleonischen Munizipalverfassung beseitigt, 1808 jedoch in ↗Preußen wieder eingeführt wurden. Seit 1849 – unterbrochen durch den ↗Nationalsozialismus – ist die s.S. in der ↗Verfassung festgeschrieben. *li*

Stadtluft macht frei Im Mittelalter Rechtssatz, der, als Teil des ↗Stadtrechts, einem Unfreien nach ↗Jahr und Tag des Aufenthaltes in der ↗Stadt das Recht der persönlichen Freiheit zugestand. *up*

Stadtmauer Umfassung bzw. Bewehrung der mittelalterlichen ↗Stadt zum Schutz gegen Angriffe, zugleich auch Abgrenzung der Gültigkeit des jeweiligen ↗Stadtrechtes; die Errichtung der S. war Gemeinschaftsaufgabe der Bürger, die z.T. für einzelne Teilbereiche verantwortlich waren; zunächst oft Holz-Erde-Konstruktionen, später „versteinert"; wo vorhanden, auch Rückgriff auf römische Mauern. *wj*

Stadtrechte Entstanden mit der Verselbständigung der Städte im Hochmittelalter (im Gegensatz zum ↗Landrecht); innerhalb einer ↗Stadt geltendes Gewohnheitsrecht; Privilegien und Marktrechte wurden schriftlich aufgezeichnet; wichtiger Grundsatz war die bürgerliche Freiheit (↗Stadtluft macht frei); durch Übertragung der S. auf jüngere Städte bildeten sich (bes. im Rahmen der ↗Ostkolonisation) sog. S.-Familien. *li*

Staël-Holstein, Anne Louise Germaine de (Madame de Staël) Schriftstellerin, Philosophin, *22.4.1766 Paris, †14.7.1817 ebd. Tochter des Schweizer Großbankiers und französischen Finanzministers Jacques Necker und der Schriftstellerin Suzanne Necker-Curchod; war eng mit Vertretern der deutschen ↗Literatur und ↗Philosophie (u.a. ↗Goethe, Friedrich von ↗Schiller und August Wilhelm von ↗Schlegel) verbunden. Ihr Werk „De l'Allemagne" (Über Deutschland, 1810) lieferte eine deutsche Kultur- und Literaturgeschichte ihrer Zeit, führte zu einem geistigen Austausch zwischen deutscher und französischer ↗Romantik und prägte nicht zuletzt für lange Zeit das Bild der Franzosen von den Deutschen als politisch passive Dichter, Denker und Träumer. *nk*

Stahl, Friedrich Julius Staatsrechtler, Politiker, *16.1.1802 München, †10.8.1861 Bad Brückenau. Von jüdischer Herkunft, konvertierte S. 1819 zum Protestantismus. Seit 1832 Professor für Rechtsphilosophie; 1849 in der Ersten Preußischen Kammer, 1850 Mitglied des Erfurter Unionsparlamentes; Verfasser von „Das monarchische Prinzip" (1845), einer der theoretischen Grundlagen des preußischen Konservatismus, und Mitbegründer der ↗Kreuzzeitung (1848); übte als Konservativer großen Einfluß auf die Politik ↗Friedrich Wilhelms IV. aus. *nk*

Stahlecker, Walter SS-Brigadeführer, *10.10. 1900 Sternenfels, †23.3.1942 Sowjetunion. Beim ↗SD in Wien, im ↗Protektorat Böhmen und Mähren sowie in Norwegen; seit Juni 1941 Leiter ↗Einsatzgruppe A bei der Heeresgruppe Nord; bei Gefecht mit ↗Partisanen getötet. *PS*

Stahlhelm (Bund der Frontsoldaten) Ende 1918 von ↗Seldte gegründeter und 1935 aufgelöster ↗Kampfbund. Antirepublikanische Organisation mit bis zu einer halben Million Mitgliedern; allmähliche Annäherung an den ↗Nationalsozialismus; im ↗Dritten Reich zunächst als NS-Frontkämpferbund weitergeführt. *PS*

Stahlpakt (1939) Bezeichnung für den am 22.5. 1939 zwischen dem faschistischen Italien und dem nationalsozialistischen Regime geschlossenen Beistandspakt, der insbesondere militärische Beihilfe einschloß. Veranlaßte u.a. deutsches Eingreifen auf dem Balkan (↗Balkanfeldzug) und Einsatz italienischer Einheiten in Osteuropa; mit dem Frontwechsel Italiens 1943 hinfällig. *PS*

Stalingrad, Schlacht (1942/43) Stadt an der unteren Wolga (heute Wolgograd). Der in Richtung S. angreifenden 6. Armee unter ↗Paulus gelang es ab September 1942 trotz verbissener Häuserkämpfe nicht, die Stadt vollständig zu erobern, ehe am 19.11. eine sowjetische Gegenoffensive begann, die bis zum 22.11. zur Einkesselung des Großteils der 6. Armee führte. Bereits getroffene Ausbruchsvorbereitungen wurden abgebrochen, nachdem ↗Hitler den Befehl zum „Einigeln" gegeben hatte. Die von ↗Göring zugesagte Versorgung des Kessels aus der Luft erwies sich schon anfangs als unzureichend. Eine vom 12.–23.12. laufende Entsatzoffensive kam nur bis auf ca. 40 km an den Kessel heran, in dem man sich wiederum nicht zum Ausbruch entschließen konnte. Nach abgelehntem Kapitulationsangebot vom 8.1.1943 begann die ↗Rote Armee mit der systematischen Zerschlagung des Kessels. Kaum noch mit Nachschub versorgt, waren die Soldaten der 6. Armee, halb verhungert und schlecht bewaffnet, dem Dauerfeuer der Roten Armee zuletzt nahezu schutzlos ausgesetzt, ehe am 31.1. der Südteil des Kessels unter Paulus, am 2.2. schließlich der Nordteil den Kampf einstellte. Von den ca. 300000 Eingeschlossenen waren 30000–45000 Verwundete ausgeflogen worden, 108000 gerieten in teilweise bedenklichem Zustand in Gefangenschaft, die nur ca. 6000 überlebten.

Der Untergang der 6. Armee wurde vom nationalsozialistischen Regime umgehend propagandistisch zum „Heldenkampf" stilisiert und insbesondere von ↗Goebbels in seiner ↗Sportpalast-

rede zur Ausrufung des ↗„Totalen Krieges“ instrumentalisiert.
Zugleich stellte die deutsche Niederlage die psychologische Wende des Krieges zugunsten der Sowjetunion dar. *PS*

Stalin-Note (1952) Angebot des sowjetischen Präsidenten Josef Stalin vom 10.3.1952 an die westlichen ↗Besatzungsmächte, gegen den Abzug der alliierten Streitkräfte und bei militärischer Neutralität Deutschlands einen Friedensvertrag zur Wiedervereinigung auf der Basis „freier gesamtdeutscher Wahlen“ abzuschließen, in einer zweiten Note vom 9.4.1952 leicht verändert erneuert; von den Westmächten und der ↗Bundesregierung unter Kritik an den vorgeschlagenen Wahlmodalitäten abgelehnt, da so die ↗Westintegration der Bundesrepublik verhindert, die politische Einigung Europas aufgehalten und die USA aus Europa verdrängt worden wären; auch angesichts weiterer, Verhandlungsbereitschaft zeigender Noten vom 24.5. und 23.8.1952 in der westdeutschen Öffentlichkeit z.T. heftig als vertane Chance kritisiert. *kl*

Stammesherzogtum ↗Herzog

Stammheimer Terroristenprozeß (1975–77) Prozeß gegen die Anführer der ersten Generation der ↗RAF, ↗Meinhof, Andreas ↗Baader, ↗Ensslin und ↗Raspe, 1975–77 in einem eigens für den S.T. errichteten Gerichtsgebäude auf dem Gelände der Strafvollzugsanstalt in Stuttgart-Stammheim; mehrfache Verfahrens- und Strafvollzugsänderungen während des Prozesses, die rechtspolitische Diskussionen auslösten (Fortsetzung der Verfahren in Abwesenheit der Angeklagten, Verbot von Mehrfachverteidigung, Abhören von Gesprächen der Angeklagten mit den Anwälten); mehrere Befangenheitsanträge seitens der Verteidigung, zeitweiser Prozeßboykott. Vor der Urteilsverkündung am 25.4.1977 hatte Meinhof Selbstmord verübt; Ensslin, Raspe und Baader erhielten lebenslange Haftstrafen; letztere begingen nach dem Scheitern der Entführung der ↗Lufthansa-Maschine Landshut im Oktober 1977 ebenfalls Selbstmord. *AM*

Stand Klar abgegrenzte Gruppe eines hierarchisch gegliederten Gesellschaftssystems mit gemeinsamen Lebensformen, Sitten, Rechten und Pflichten. Das Ständewesen des ↗Mittelalters umfaßte ↗Adel, ↗Klerus und das Volk. Die im 19. Jh. als ↗Vierter S. bezeichnete Arbeiterschaft ging über die überlieferte Standesordnung hinaus. Später auch Bezeichnung für bestimmte Berufsgruppen, z.B. Offiziers-S., Ärzte-S. u.a. *wj*

Standesherren Die Mitglieder der 1803–06 mediatisierten, zuvor ↗reichsunmittelbaren Fürsten- und Grafenhäuser; erhielten in der ↗Bundesakte von 1815 u.a. das Privileg der Mitgliedschaft zum hohen ↗Adel und des eigenen Gerichtsstandes (zwischen 1848 und 1919 beseitigt). *dt*

Ständestaat Bezeichnung für den Staat des Mittelalters und der Frühen Neuzeit, in dem die Stellung des Monarchen nur aus einer Reihe von Machtbefugnissen (persönlichen Rechten) bestand und die ↗Stände (grundbesitzender Adel, hohe Geistlichkeit, ↗Städte) an der Ausübung hoheitlicher Gewalt beteiligt waren. *dt*

Standgerichte Im ↗Zweiten Weltkrieg Bezeichnung für Schnellgerichte, die meist nur zwischen Todesurteil und Freispruch entschieden. Zunächst u.a. gegen ↗Widerstandsbewegungen in besetzten Gebieten angewandt; mit zunehmender Kriegsdauer überwiegend Instrument der Militärjustiz zur Aburteilung v.a. von ↗Wehrkraftzersetzung und Desertion (↗Deserteure). *PS*

Ständige Vertretungen Interessenvertretungen der ↗DDR und der ↗Bundesrepublik im jeweils anderen Staat, nach mehrjährigem diplomatischen Ringen am 2.5.1974 in Bonn und Berlin (Ost) anstelle von Botschaften eröffnet, da sich die ↗Bundesregierung auch mit Abschluß des ↗Grundlagenvertrages weigerte, die DDR als Ausland anzuerkennen, eine Entsendung von Botschaftern somit formal unmöglich war; die S.V. wurden mit der ↗Wiedervereinigung aufgelöst. *kl*

Stangl, Franz Kommandant von ↗Vernichtungslagern, *26.3.1908 Altmünster, †28.6.1978 Düsseldorf. Kriminalpolizist; Beteiligung an ↗Euthanasie; erster Lagerkommandant von ↗Sobibór; September 1942 bis August 1943 von ↗Treblinka; 1948 aus Haft nach Syrien, später nach Brasilien geflohen; 1967 ausgeliefert, 1970 zu lebenslanger Haft verurteilt. *PS*

Stapelrecht Privileg vieler ↗Städte im Mittelalter zu bestimmen, daß durch die Stadt beförderte Waren für eine gewisse Zeit in sog. Stapelhäusern gelagert und feilgeboten werden mußten; dieser Zwang war durch eine Geldzahlung ablösbar. *wj*

Starhemberg, Ernst Rüdiger von Österreichischer Feldmarschall, *12.1.1638 Graz, †4.1.1701 Wösendorf (Niederösterreich). Leitete 1683 die Verteidigung bei der Belagerung ↗Wiens durch die Türken; seit 1691 Präsident des ↗Hofkriegsrates. *rh*

Stark, Johannes ↗Nobelpreis

Startbahn West Seit 1965 geplante Erweiterung des Flughafens Frankfurt/Main; Proteste der entstehenden ↗Ökologiebewegung, die sich über regionale Aktionen in der betroffenen Gemeinde Mörfelden-Walldorf zu einer überregionalen Protestbewegung ausweiteten; Großdemonstrationen zu Beginn des ersten Bauabschnittes mit gewalttätigen Zusammenstößen zwischen Polizei und Demonstranten 1980. 1987 wurden bei Demonstrationen anläßlich des sechsten Jahrestages der Räumung eines Hüttendorfes im Flörsheimer Wald zwei Polizeibeamte erschossen; danach verebbte der Protest endgültig. *AM*

Stasi ↗Ministerium für Staatssicherheit

Stationierungsvertrag (1990) Zwischen der ↗Bundesrepublik und der Sowjetunion am 12.10.1990 geschlossener und zum 6.10.1991 in Kraft getretener Vertrag über die Bedingungen des befristeten Aufenthalts der ↗Gruppe Sowjetischer Streitkräfte in Deutschland; Ergänzung des ↗Überleitungsvertrages. *kl*

Statutum in favorem principum (1231) (Constitutio in favorem principum) Von den hier erstmals als Landesherren bezeichneten deutschen ↗Fürsten am 1.5.1231 König ↗Heinrich (VII.) abgenötigtes Reichsgesetz, in dem er ihnen wichtige königliche Hoheitsrechte sowie eine Beschränkung der königlichen Territorial- und Städtepolitik gegenüber ihren Herrschaftsbereichen zugestand; im Mai 1232 von Kaiser ↗Friedrich II. bestätigt; wichtig für die Ausbildung der ↗Landeshoheit. *vK*

Staudinger, Hermann ↗Nobelpreis

Staufer (Hohenstaufen) Schwäbisches Herrschergeschlecht mit der Stammburg Hohenstaufen zwischen Göppingen und Schwäbisch Gmünd. Erster beglaubigter Ahnherr war Friedrich von Büren, dessen Sohn ↗Friedrich I. 1079 von Kaiser ↗Heinrich IV. mit dem Herzogtum ↗Schwaben belehnt wurde. Zusätzlich Ausbau der staufischen Herrschaft bis nach Mitteldeutschland bzw. über die Alpen. Nach dem Aussterben der ↗Salier (1125) erbten die S. die salischen Hausgüter; sie konnten sich aber mit ihrem Anspruch auf die deutsche Krone noch nicht durchsetzen. Durch die Wahl des mit den ↗Welfen verwandten ↗Lothar III. wurde die Grundlage für den Gegensatz Welfen – S. gelegt. Nach dessen Tod gelang 1138 die Übernahme des Königstitels durch die S. doch noch: Unter ↗Konrad III., bes. aber unter ↗Friedrich I. Barbarossa und ↗Heinrich VI. größte Machtfülle (Könige und Kaiser bis 1254) und Blüte der ritterlichen Kultur; unter Friedrich I. vorübergehende Beilegung des Konfliktes mit den Welfen. 1198 flammte dieser wieder auf; der Erwerb Siziliens unter Heinrich VI. führte bes. unter ↗Friedrich II. zum Entscheidungskampf mit dem ↗Papsttum, in dem die S. unterlagen. Letzter legitimer S. war ↗Konradin (1268 in Neapel enthauptet). (166, 167, 471) *wj*

Stauffenberg, Claus Schenk Graf von Oberst, *15.11.1907 Jettingen (Schwaben), †20.7.1944 Berlin. 7.4.1943 in Tunesien schwer verletzt; seit 1.10.1943 Stabschef in Berlin; sammelte den militärischen ↗Widerstand um sich; plante für den 2. und 15.7.1944 Attentate auf ↗Hitler; hinterließ am ↗Zwanzigsten Juli bei einer Besprechung im Führerhauptquartier eine Zeitzünderbombe, deren Explosion Hitler aber überlebte. Mittlerweile nach Berlin zurückgeflogen, um dort den Umsturz in die Wege zu leiten, wurde S. festgenommen und mit anderen Verschwörern erschossen. (523) *PS*

Stegerwald, Adam Reichsminister, *14.12.1874 Greußenheim (bei Würzburg), †3.12.1945 Würzburg. Schreiner; 1919–29 Vorsitzender des Gesamtverbandes christlicher Gewerkschaften und des ↗DGB; 1920–33 Mitglied des Reichstages im ↗Zentrum, 1929/30 Reichsverkehrsminister; 1930–32 Reichsarbeitsminister; beteiligte sich 1945 an der Gründung der ↗CSU. *sa*

stehendes Heer In Friedenszeiten unterhaltener Teil des Heeres, bei Kriegseintritt durch Reservisten ergänzt. Erstmals eingerichtet im 17. Jh. in ↗Hessen-Kassel, ↗Hannover und v.a. unter Kurfürst ↗Friedrich Wilhelm von Brandenburg, der ab 1660 ein ständiges Truppenkontingent von ca. 30000 Mann hielt. Die dadurch entstehenden hohen Kosten wurden von manchen Fürsten u.a. durch ↗Soldatenhandel aufgebracht. *rh*

Stein, Edith Philosophin, *12.10.1891 Breslau, †9.8.1942 Auschwitz. Die promovierte Philosophin aus jüdisch-orthodoxer Familie folgte ihrem Lehrer ↗Husserl als Assistentin nach Freiburg (1916); 1922 konvertierte sie zum Katholizismus. Da sie als Frau zur Habilitation nicht zugelassen war, arbeitete sie als Lehrerin in Speyer und Münster bis ihr nach der ↗Machtergreifung 1933 Berufsverbot auferlegt wurde und sie Karmeliterin unter dem Ordensnamen Teresia Benedicta a

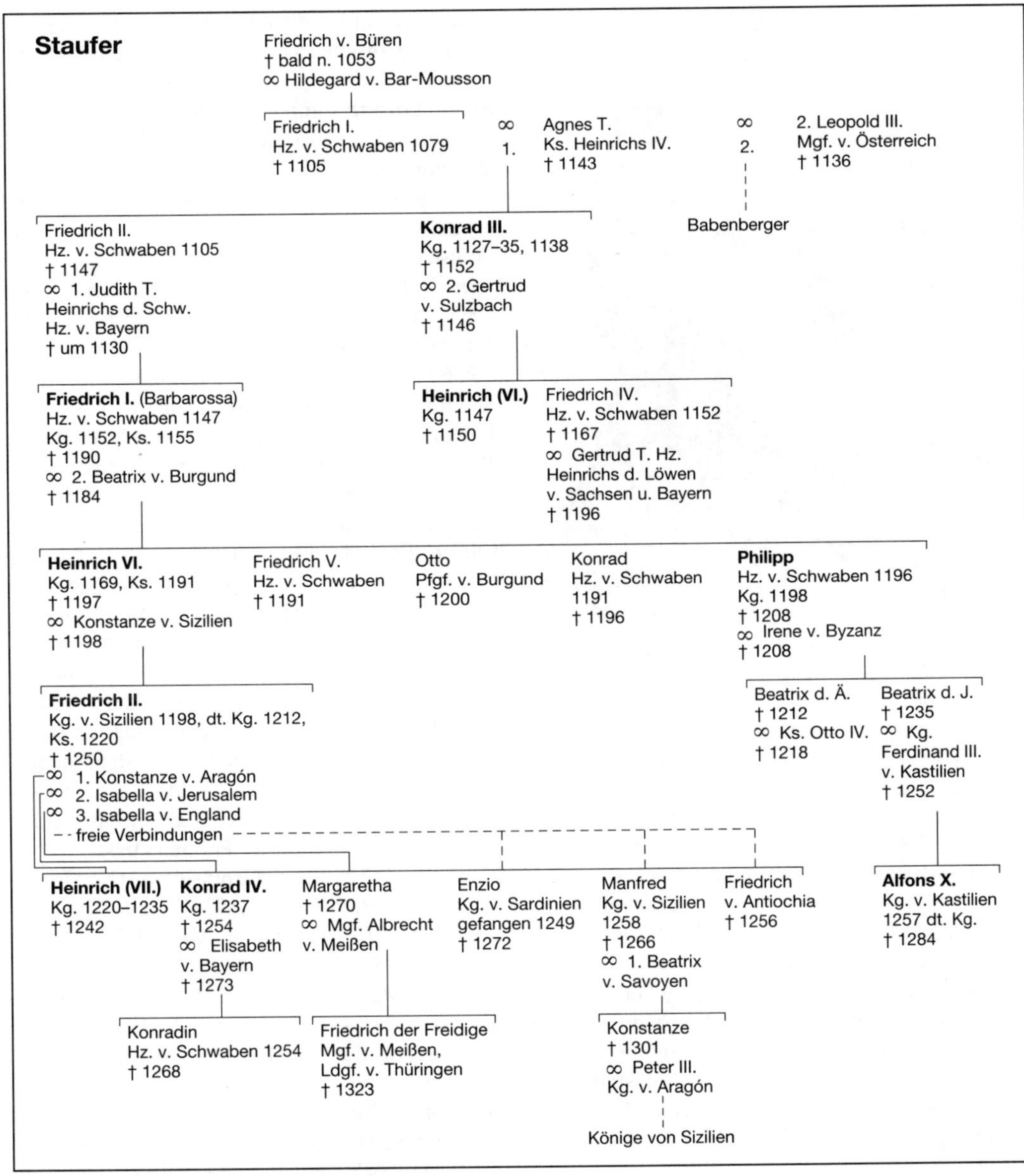

Cruce wurde; 1938 Flucht nach Holland. 1942 wurde S. von den Nationalsozialisten nach ↗Auschwitz deportiert und dort ermordet. Heiligsprechung 1998. *nk*

Stein, Karl vom und zum Preußischer Politiker, *25.10.1757 Nassau, †29.6.1831 Cappenberg (Westfalen). Seit 1780 in preußischem Staatsdienst; 1796 Oberpräsident aller Kammern der rheinisch-westfälischen Gebiete Preußens (seit 1803 einschließlich der neugewonnenen ehemaligen geistlichen Territorien); 1804 Minister für Handel, Wirtschaft und Finanzen: Aufhebung der preußischen Binnenzölle; u.a. wegen des Versuchs, die königliche Kabinettsregierung durch ein verantwortliches Ministerium zu ersetzen, nach der Niederlage von ↗Jena und Auerstedt im Januar 1807 entlassen.

S. legte in der „Nassauer Denkschrift“ (Juni 1807) seine Pläne zur Staatserneuerung vor, nach denen die Bürger an den Aufgaben des Staates stärker

Karl Reichsfreiherr vom und zum Stein (nach einer Zeichnung von Julius Schnorr von Carolsfeld, 1822)

beteiligt, das Untertanentum des absolutistischen ↗Obrigkeitsstaates überwunden werden sollte; nach dem Frieden von ↗Tilsit auf Empfehlung ↗Hardenbergs und ↗Napoleons I. Oktober 1807 als Leitender Minister an die Spitze des preußischen Staates berufen; führte die von Hardenberg vorbereiteten ↗preußischen Reformen durch: ↗Bauernbefreiung (1807); Städteordnung (1808): Selbstverwaltung für die Städte (↗städtische Selbstverwaltung); Edikt vom 24.11.1808, das die Grundlage für ein modernes Staatsministerium schuf.

November 1808 auf Veranlassung Napoleons entlassen (weil S. die Erhebung gegen ihn vorbereitete), von diesem geächtet, floh S. nach Österreich; seit 1812 Berater Zar Alexanders I. von Rußland; veranlaßte diesen zur Fortsetzung des Kampfes gegen Napoleon; organisierte 1813 die Erhebung der ostpreußischen Stände und vermittelte das im Vertrag von Kalisch (1813) festgehaltene russisch-preußische Bündnis in den ↗Befreiungskriegen; bekämpfte auf dem ↗Wiener Kongreß 1814/15 als russischer Vertrauensmann die Politik ↗Metternichs und trat für die deutsche Einheit und einen starken deutschen ↗Bundestag ein; seit 1815 Privatmann. *rh*

Stein, Lorenz von Nationalökonom, Jurist, *15.11.1815 Borby (bei Eckernförde), †23.9.1890 Weidlingau (bei Wien). 1846–52 Professor in Kiel; widmete sich v.a. sozialpolitischen Themen und erkannte die Wichtigkeit der ↗sozialen Frage für industrialisierte Gesellschaften. *nk*

Stein, Peter Regisseur, *1.10.1937 Berlin. War 1964–65 Regie- und Dramaturgieassistent an den Münchner Kammerspielen; engagierte sich Ende der 60er Jahre für eine am Kollektiv orientierte Spielpraxis. Ab 1970 Regisseur und 1970–85 künstlerischer Leiter der Berliner Schaubühne. 1992–96 Schauspieldirektor der Salzburger Festspiele; seit 1996 Lektor für Schauspiel an der Berliner Hochschule der Künste. *ij*

Steiner, Rudolf Österreichischer Schriftsteller, Philosoph, *27.2.1861 Kraljevica (Kroatien), †30.3.1925 Dornach (bei Basel). Studierte Mathematik und Naturwissenschaften in Wien; gab ↗Goethes naturwissenschaftliche Schriften heraus. S. begründete die Weltanschauung der ↗Anthroposophie. V.a. im pädagogischen Bereich haben S.s Ideen von einer ganzheitlichen Menschenbildung, umgesetzt u.a. in Waldorfschulen (seit 1919), bis heute weitreichenden Einfluß. Hauptwerk: Die Philosophie der Freiheit (1894). *ij*

Steinhoff, Fritz Ministerpräsident (Nordrhein-Westfalen; SPD), *23.11.1897 Wickede (bei Dortmund), †22.10.1969 Hagen. Ab 1928 Parteisekretär der ↗SPD; von den Nationalsozialisten mehrere Male inhaftiert; 1945–61 Mitglied des Landtages von ↗Nordrhein-Westfalen; 1956–58 Ministerpräsident; ab 1961 Mitglied des Bundestages. *Vö*

Steinhoff, Karl Innenminister der DDR, *23.11.1892 Herford (Westfalen), †19.7.1981 Berlin (Ost). 1945 Eintritt in die ↗SPD, 1946 in die ↗SED; 1946–49 Ministerpräsident von Brandenburg; 1948/49 Mitglied des Deutschen Volksrates, 1949–54 der ↗Volkskammer; 1949–52 Innenminister; 1950–54 Mitglied des ↗Zentralkomitees der SED. *AM*

Stellungskrieg Bezeichnung für Kriegführung mit erstarrten Fronten ohne nennenswerte Gebietsgewinne auf beiden Seiten. Oft gekennzeichnet durch ↗Materialschlachten, um dennoch Durchbruch zu erzwingen.

Im ↗Ersten Weltkrieg an der Westfront ab Herbst

1914; bis Kriegsende nicht mehr in Bewegungskrieg übergegangen. *PS*

Stephan, Heinrich von Staatsminister, *7.1.1831 Stolp, †8.4.1897 Berlin. 1870 Generalpostdirektor des ↗Norddeutschen Bundes; 1876 Generalpostmeister des Deutschen Reiches; vereinheitlichte das Post- und Gebührenwesen, unterstellte der Post das Fernsprech- und Telegraphenwesen; führte Postkarte und Postanweisung ein; gründete 1874 den Weltpostverein. *sa*

Stéphanie de Beauharnais Großherzogin von Baden, *28.8.1789 Paris, †29.1.1860 Nizza. Verwandte der französischen Kaiserin Joséphine de Beauharnais; wurde 1806 von ↗Napoleon I. adoptiert und mit ↗Karl (Ludwig Friedrich) von Baden verheiratet. Es wurde lange fälschlich angenommen, daß der eine ihrer beiden im Säuglingsalter verstorbenen Söhne ↗Hauser gewesen sei. *sa*

Stephansdom ↗Wien, Stephansdom

Stern Illustrierte. Von ↗Nannen aus der Jugendzeitschrift Zickzack entwickelt (1. Ausgabe 1.8.1948); politisch engagiertes, wöchentlich zunächst im S.-Verlag Henri Nannen, gegenwärtig im Verlag Gruner + Jahr in Hamburg erscheinendes Unterhaltungsmagazin; löste 1983 durch Veröffentlichung der gefälschten ↗Hitler-Tagebücher einen Skandal aus. *UK*

Stern, Otto ↗Otto-Peters, Luise

Sternheim, Carl Dramatiker, Erzähler, *1.4.1878 Leipzig, †3.11.1942 Basel. Expressionist; schrieb satirisch-groteske Aufsteiger-Komödien, (Trilogie „Die Hose“, „Der Snob“, beide 1914; „1913“, 1915). In „Tabula rasa“ (1916) wird der Drang nach unumschränkter Selbstverwirklichung positiv gezeichnet. Schrieb auch Erzählungen, Romane und Essays. *ij*

Sternheim, Thea Schriftstellerin, *26.11.1883 Neuss, †5.7.1971 Basel. Heiratete 1901 gegen den Willen ihrer antisemitischen Eltern den Anwalt Arthur Löwenstein; nach Scheidung 1907 Hochzeit mit dem satirischen Dramatiker Carl ↗Sternheim; 1927 Scheidung; 1932–63 in Paris; danach in Basel. Ihre „Erinnerungen“ geben Zeugnis vom Literatenmilieu des frühen 20. Jh.s. *ku*

Steuben, Friedrich Wilhelm von Deutsch-amerikanischer General, *17.9.1730 Magdeburg, †28.11.1794 Oneida County (New York). Nahm als preußischer Offizier am ↗Siebenjährigen Krieg teil; 1775 Oberst in der badischen Armee; kam 1777 nach Nordamerika, seit 1778 als Generalinspekteur Organisator des amerikanischen Bundesheeres im Unabhängigkeitskrieg (1775–83); trug wesentlich zum Sieg über die Briten bei. *rh*

Steuern (Mittelalter) Abgaben, die ein Staat oder ein Gemeinwesen zur Erfüllung seiner Aufgaben von den Bewohnern fordert.
Zuerst von den mittelalterlichen ↗Städten entwickelt, wurden S. auf Reichsebene nur wenig erhoben: ↗Zölle und ↗Kopf-S. (↗Gemeiner Pfennig). Die ↗Reichsstände verhinderten weitergehende Besteuerung; im Spätmittelalter kamen erste Verbrauchs-S. (↗Akzisen) auf. *wj*

Stiftung Preußischer Kulturbesitz 1957 gegründete Stiftung des öffentlichen Rechts mit Sitz in Berlin und der Aufgabe, den ehemaligen preußischen Kulturbesitz zu verwalten und fortzuführen. Zu ihr gehörten bis zur ↗Wiedervereinigung u.a. die 14 staatlichen Berliner Museen und die Staatsbibliothek Preußischer Kulturbesitz; seitdem wird auch der preußische Kulturbesitz des Ostteils Berlins, darunter 14 weitere Museen, durch die S.P.K. verwaltet. *AM*

Stinnes, Hugo Unternehmer, *12.2.1870 Mülheim/Ruhr, †10.4.1924 Berlin. Baute auf der Grundlage der großväterlichen und väterlichen Betriebe (Kohlenbergbau, -handel und -transport) durch umfangreiche Neugründungen, Aufkäufe und Beteiligungen einen Konzern aus vorübergehend über 1500 Unternehmen auf (Schwerpunkt: ↗Bergbau, Schwerindustrie und Reederei). *UK*

Stinnes-Legien-Abkommen (1918) Am 15.11.1918 als Gegenmaßnahme zur weitertreibenden Revolution geschlossenes Abkommen zwischen Unternehmern (Hugo ↗Stinnes) und Gewerkschaften (↗Legien) mit Zugeständnissen an die Arbeiterschaft (↗Achtstundentag, kollektive Arbeitsverträge). *PS*

Stockhausen, Karlheinz Komponist, Theologe, *22.8.1928 Mödrath (Kerpen). Punktuelle („Kontra-Punkte“ für 10 Instrumente, 1952/53) und statistisch-serielle Kompositionsverfahren („Gruppen“ für 3 Orchester, 1955–57); in den späten 50er Jahren Hinwendung zur Aleatorik (Einbezug von Zufallselementen) und zur Kreativität des Interpreten. Seit den 60er Jahren zunehmend mystizistische Konzeptionen mit szenisch-räumlichen Gestaltungen. Leitete seit 1963 das Studio des Westdeutschen Rundfunks für elektronische Musik. 1971–77 Professor an der Kölner Musikhochschule. S. gilt als bedeutendster Komponist seiner Generation, der für die Musik nach 1950 neue ästhetische Maßstäbe gesetzt hat. *ij*

Stoecker, Adolf Theologe, Politiker, *11.12.1835 Halberstadt, †7.12.1909 Gries (bei Bozen). 1874–89 Hof- und Domprediger in Berlin; gründete 1878 die gegen ↗Juden und ↗Sozialdemokratie gerichtete ↗Christlichsoziale Partei; 1881–93 sowie 1898–1908 Mitglied des Reichstages. *nk*

Stoecker, Helene Philosophin, *13.11.1869 Elberfeld, †24.2.1943 New York. Nach Ausbildung zur Lehrerin ab 1896 Studium der Philosophie, 1901 Promotion, bis 1905 Dozentin in Berlin; gründete 1905 den „Bund für Mutterschutz"; 1919–29 im Vorstand der ↗Deutschen Friedensgesellschaft; engagierte sich bes. mit ihren Schriften in der bürgerlichen ↗Frauenbewegung; verließ Deutschland 1933. *nk*

Stöhr, Hermann Staatswissenschaftler, Pazifist, *4.1.1898 Stettin, †21.6.1940 Berlin. Im ↗Ersten Weltkrieg Marinezahlmeister; 1923 Sekretär der deutschen Sektion des Internationalen Versöhnungsbundes; verweigerte bei seiner Einberufung zur ↗Wehrmacht den Kriegsdienst; 16.3.1940 zum Tode verurteilt; später hingerichtet. *PS*

Stoiber, Edmund Ministerpräsident (Bayern; CSU), *28.9.1941 Oberaudorf (Oberbayern). Seit 1974 Mitglied des Bayrischen Landtages (↗CSU); 1978–83 Generalsekretär der Partei unter Franz Josef ↗Strauß; 1982–88 Leiter der Bayrischen Staatskanzlei, 1988–93 Innenminister, seit 1989 stellvertretender CSU-Vorsitzender, seit 1993 Ministerpräsident; profilierte sich u.a. in der Innen- und Ausländerpolitik sowie als Gegner des ↗Euro; seit Januar 1999 CSU-Vorsitzender. *li*

Stolpe, Manfred Ministerpräsident (Brandenburg; SPD), *16.5.1936 Stettin. Seit 1959 in der Evangelischen Kirche Berlin-Brandenburg; 1982–90 Konsistorialpräsident; wirkte als Vermittler zwischen der Kirche und der Staatsführung der ↗DDR; seit 1990 Mitglied der ↗SPD und Ministerpräsident; Kritik wegen früherer Kontakte zum ↗Ministerium für Staatssicherheit konnte seine Position bisher nicht gefährden. *AM*

Stoltenberg, Gerhard Bundesverteidigungsminister (CDU), *29.9.1928 Kiel. 1954–57 und 1971–82 Mitglied des schleswig-holsteinischen Landtages; 1957–71 Mitglied des Bundestages (erneut seit 1983); 1965–69 Bundesforschungsminister; 1971–82 Ministerpräsident von Schleswig-Holstein; 1971–89 Vorsitzender der ↗CDU in Schleswig-Holstein; 1982–89 Bundesfinanzminister; 1989–92 Verteidigungsminister. *AM*

Stoph, Willi Staatsratsvorsitzender der DDR, *9.7.1914 Berlin, †13.4.1999 ebd. 1950–89 Mitglied des ↗Zentralkomitees der SED, 1953–89 des ↗Politbüros; 1952–55 Innenminister; 1956–60 Verteidigungsminister; 1964–73 und 1976–89 Ministerpräsident; 1973–76 Vorsitzender des ↗Staatsrates der DDR; traf 1970 mit Bundeskanzler ↗Brandt zum ersten ↗deutsch-deutschen Gipfeltreffen in Erfurt zusammen; 1989 entmachtet und aus der ↗SED ausgeschlossen; 1991 wegen der ↗Maueropfer an der ↗deutsch-deutschen Grenze angeklagt; 1993 Einstellung des Verfahrens wegen Verhandlungsunfähigkeit. *AM*

Storch, Anton Politiker (CDU), *1.4.1892 Fulda, †26.11.1975 ebd. 1947–49 Mitglied im ↗Wirtschaftsrat; 1948/49 Direktor der Arbeitsverwaltung; 1949–65 Mitglied des Bundestages; 1949–57 Bundesarbeitsminister; 1958–65 Abgeordneter im Europäischen Parlament. *AM*

Storm, Theodor Lyriker, Erzähler, *14.9.1817 Husum, †4.7.1888 Hademarschen (Landkreis Rendsburg-Eckernförde). Rechtsanwalt und Richter in Husum. In Lyrik und Erzählwerk herausragender Vertreter des poetischen ↗Realismus; thematisch facettenreiche, schwermütig-stimmungsvolle Novellen: Immensee (1849), Aquis submersus (1876), Der Schimmelreiter (1888). *ij*

Störtebeker, Klaus Freibeuter, *Wismar, †1402 Hamburg. Anführer der ↗Vitalienbrüder im Ost- und Nordseeraum; Gegenspieler der ↗Hanse; hingerichtet. In Dichtung und ↗Sage Verklärung zum Volkshelden. *ku*

Stosch, Albrecht von General, Admiral, *20.4.1818 Koblenz, †29.2.1896 Oestrich (Rheingau). 1872–83 als Chef der Admiralität an der Spitze der Marine des Deutschen Reiches; Gegner Otto von ↗Bismarcks. *nk*

Stoß, Veit Bildhauer, Kupferstecher, *um 1447/48 Horb/Neckar (?), †22.9.1533 Nürnberg. Bedeutender Bildhauer der ↗Gotik; beeinflußt von oberrheinischer Kunst, v.a. Nicolaus Gerhaert; detaillierter Naturalismus und barocke Dynamik der Gewänder kennzeichnen seine Holzfiguren und Schnitzaltäre; prägte v.a. die Kunst Ostdeutschlands und Osteuropas. *rw*

Strafen im Mittelalter ↗Folter ↗Galgen ↗Gefängnis ↗Pranger ↗Schandmasken

Stralsund, Friede (1370) Friedensschluß zwischen einem Bündnis von Hansestädten und König Waldemar IV. von Dänemark nach der Niederlage des dänischen Königs im Krieg mit der ↗Hanse. Dem Städtebündnis wurden u.a. frühere

Vorrechte wieder zugestanden; somit hatte es fortan Handelsfreiheit in Dänemark. Der Friede von S. markierte den politischen Höhepunkt der Stellung der Hanse im niederdeutsch-nordeuropäischen Raum. *wm*

Stramm, August Lyriker, Dramatiker, *29.7. 1874 Münster, †1.9.1915 bei Gorodec (Rußland). S., der im bürgerlichen Beruf höherer Beamter im Reichspostministerium war, entwickelte seit 1914 in ↗Waldens Zeitschrift „Sturm" seine expressionistische Wortkunsttheorie. S. vollzog als erster den Schritt zu einer Satz- und Wortform aufbrechenden Lyrik und beeinflußte dadurch spätere Entwicklungen wie die konkrete Poesie. Werke u.a.: Du. Liebesgedichte (1915), Die Menschheit (herausgegeben 1917). S. fiel im ↗Ersten Weltkrieg. *ij*

Straßburg Ehemalige ↗Reichsstadt, heute Verwaltungssitz der französischen Region Elsaß und des Départements Bas-Rhin. Bereits römischer Legionsstandort (Argentoratum) mit starker Befestigung; fiel 498 an die ↗Franken, im Rahmen der ↗Reichsteilungen zunächst an Lothar I. (843), dann an das Ostfränkische Reich (870); 974–1262 von Bischöfen beherrscht; danach Reichsstadt und in der Folge Anstieg der wirtschaftlichen Bedeutung S.s; bes. im 15./16. Jh. Zentrum der ↗Mystik und des ↗Humanismus, 1529 Einführung der ↗Reformation, 1531 Mitglied des ↗Schmalkaldischen Bundes; im ↗Dreißigjährigen Krieg Annäherung an Frankreich, das S. 1681 gewaltsam eingliederte; im 18. Jh. große Bedeutung der ↗Universität; 1871–1918 Hauptstadt des deutschen Landes ↗Elsaß-Lothringen, heute Sitz des ↗Europarates und des ↗Europäischen Parlamentes. *wj*

Straßburger Eide Am 14.2.842 zwischen ↗Karl dem Kahlen und ↗Ludwig II., dem Deutschen, geschlossenes Bündnis gegen Kaiser Lothar I.; um sich dem jeweils anderen Heer verständlich zu machen, sprach Karl ↗althochdeutsch, Ludwig altfranzösisch; erstes Dokument der unterschiedlichen Sprachentwicklung im Ost- und Westfrankenreich. *wj*

Straßer, Gregor NSDAP-Politiker, *31.5.1892 Geisenfeld (Bayern), †30.6.1934 Berlin. Bruder von Otto ↗S.; 1921 zur ↗NSDAP; 1924–32 Mitglied des Reichstages; „Reichspropagandaleiter"; Dezember 1932 Parteiausschluß; im Zuge der ↗Röhm-Affäre ermordet. *PS*

Straßer, Otto NSDAP-Politiker, *10.9.1897 Windsheim (Franken), †27.8.1974 München. Bruder von Gregor ↗S.; 1925–30 ↗NSDAP; 1931 Gründung der „Kampfgemeinschaft Revolutionärer Nationalsozialisten"; Organisator der „Schwarzen Front" (Zusammenschluß von nationalistischen und nationalbolschewistischen Gruppen); 1933 ↗Emigration. *PS*

Strauß, Botho Schriftsteller, *2.12.1944 Naumburg/Saale. 1971–75 Dramaturg an der Berliner Schaubühne; seither freier Schriftsteller und einer der meistaufgeführten deutschsprachigen Theaterautoren der Gegenwart. Für sein dramatisches Werk erhielt er zahlreiche Auszeichnungen, u.a. 1989 den ↗Büchner-Preis. Dramen: u.a. Trilogie des Wiedersehens (1976); Kalldewey, Farce (1981); Der Park (1983). Prosa: Die Widmung (1977); Paare, Passanten (1981); Der junge Mann (1984). *ij*

Strauss, David Friedrich Evangelischer Theologe, Schriftsteller, *27.1.1808 Ludwigsburg, †8.2. 1874 ebd. Leistete einen grundlegenden quellenkritischen Beitrag zur Leben-Jesu-Forschung; vertrat später in seinem Buch „Der alte und der neue Glaube" (1872) Ideen einer zivilen, nationalen Humanitätsreligion, welche auf bürgerlich-freireligiöse Bewegungen, die Arbeiterkulturbewegung und die – von ihm bekämpfte – ↗Sozialdemokratie Einfluß hatte. *ij*

Franz Josef Strauß

Strauß, Franz Josef Ministerpräsident (Bayern; CSU), *6.9.1915 München, †3.10.1988 Regensburg. 1945 Mitbegründer der ↗CSU; 1949–78 Bundestagsabgeordneter; 1953–55 Bundesminister für bes. Aufgaben, 1955/56 für Atomfragen. Als Verteidigungsminister forderte er 1958 eine ↗atomare Bewaffnung der Bundeswehr, deren Aufrüstung er forcierte; mußte 1962 wegen der ↗Spiegel-Affäre zurücktreten; 1966–69 Bundesfinanzminister;

nach der Bildung der ↗sozial-liberalen Koalition scharfer Kritiker der ↗Ostpolitik der Regierung ↗Brandt; betonte als CSU-Vorsitzender (1961–88) und als bayrischer Ministerpräsident (1978–88) die bes. politische Rolle ↗Bayerns; 1980 Kanzlerkandidat der CDU/CSU; 1983 am ↗deutsch-deutschen Kreditvertrag beteiligt. (196, 464) *AM*

Strauss, Richard Komponist, Dirigent, *11.6. 1864 München, †8.9.1949 Garmisch-Partenkirchen. Ab 1898 Kapellmeister an der Berliner Oper; 1919–24 in der Leitung der Wiener Staatsoper. Seit 1925 Konzertdirigent und freischaffender Komponist, der die klassisch-romantische Tradition zu Ende führte. Schrieb u.a. sinfonische Programmusik (u.a. „Aus Italien", 1886, „Also sprach Zarathustra", 1896, „Eine Alpensinfonie", 1915) und 15 Opern (u.a. „Der Rosenkavalier", 1911, „Ariadne auf Naxos", 1912); bahnbrechend wirkten die Einakter „Salome" (1905) und „Elektra" (1909). *ij*

Streicher, Julius NSDAP-Politiker, Verleger, *12.2.1885 Fleinshausen (bei Augsburg), †16.10. 1946 Nürnberg. 1923 am ↗Hitler-Putsch beteiligt; hetzte durch das von ihm 1923 begründete Wochenblatt „Der ↗Stürmer" hemmungslos gegen die Juden; 1928–40 Gauleiter der ↗NSDAP von Franken; Initiator und Organisator der ↗Judenverfolgung; forderte seit 1938 völlige Ausrottung der Juden (↗Judenvernichtung); 1940 aufgrund vieler Skandale offiziell von allen Parteiämtern beurlaubt; bei den ↗Nürnberger Kriegsverbrecherprozessen 1946 zum Tod verurteilt und hingerichtet. *br*

Stresemann, Gustav Reichskanzler, Außenminister, *10.5.1878 Berlin, †3.10.1929 ebd. Mitglied der ↗Nationalversammlung. 1923 Reichskanzler und Außenminister (1923–29), vertrat eine revisionistische Außenpolitik. S. erreichte die Regelung der Reparationsfrage (↗Reparationen, ↗Dawes-Plan 1924, ↗Young-Plan 1929) und die wirtschaftliche Stabilisierung Deutschlands, die Räumung des Ruhrgebietes, die frühzeitige Beendigung der Besetzung des Rheinlandes (Frieden von ↗Locarno 1925; Young-Plan), die Aufhebung der alliierten Militärkontrolle. Er betrieb die Aufnahme Deutschlands in den ↗Völkerbund und den ↗Briand-Kellogg-Pakt 1928. S. erhielt für seine Verständigungspolitik zusammen mit Aristide Briand 1926 den Friedensnobelpreis. *sb*

Strittmatter, Erwin Schriftsteller, *14.6.1912 Spremberg, †31.1.1994 Dollgow (Kreis Gransee). ↗SED-Mitglied seit 1947, engagierte sich für die Bildung landwirtschaftlicher Genossenschaften; war einer der populärsten DDR-Autoren mit Dorfgeschichten und Entwicklungsromanen: Ochsenkutscher (1950), Der Wundertäter (1957–80), Ole Bienkopp (1960), Der Laden (1983/87). *ij*

Strobel, Käte Bundesministerin (SPD), *23.7. 1907 Nürnberg, †26.3.1996 ebd. Seit 1945 in der Frauenarbeit der fränkischen ↗SPD; 1947 deren Vorsitzende; 1949–72 Mitglied des Bundestages; 1958–66 des ↗Europäischen Parlamentes; 1966

Gustav Stresemann mit dem britischen Außenminister Joseph Austen Chamberlain und dem französischen Amtskollegen Aristide Briand (v.li.) 1926 in Genf

Gesundheitsministerin; seit 1969 Ministerin für Jugend, Familie und Gesundheit; 1971 Rückzug aus der Bundespolitik. *AM*

Stroop, Jürgen SS-Gruppenführer, *26.9.1895 Detmold, †6.3.1952 Warschau. 1943 Kommandant bei der Niederschlagung des ↗Warschauer Aufstandes; ließ den ↗Stroop-Bericht über diese Kämpfe anfertigen; am 21.3.1947 von US-Gericht zum Tode verurteilt, an Polen ausgeliefert und nach dortigem Todesurteil von 1951 hingerichtet. *PS*

Stroop-Bericht Auf Veranlassung des Kommandanten der bei der Niederschlagung des ↗Warschauer Aufstandes 1943 eingesetzten Einheiten verfaßter Bericht über diese Kämpfe. Enthält Aufstellung der eingesetzten Einheiten und deren Gefallener, die militärischen Tagesmeldungen sowie Fotos. Diente als Beweismittel in den ↗Nürnberger Kriegsverbrecherprozessen. *PS*

Strousberg, Bethel Henry (ursprünglich Baruch Hirsch Strausberg) Unternehmer, *20.11.1823 Neidenberg (Ostpreußen), †31.5.1884 Berlin. Sohn eines jüdischen Kaufmanns; 1835 getauft; Pionier des ↗Eisenbahnbaus: übernahm seit 1861 Bahnbauten in Preußen, Österreich, Frankreich und Rumänien; erwarb Lokomotivfabriken, Stahlwerke und Kohlengruben; starb völlig verarmt. *UK*

Struthof ↗Natzweiler/Struthof

Struve, Gustav von Politiker, *11.10.1805 München, †21.8.1870 Wien. Mitgestalter des ↗Offenburger Programms (1847); scheiterte mit seinem radikalen Verfassungsentwurf im ↗Vorparlament; entfachte mit ↗Hecker zusammen 1848 den Aufstand in Südbaden (↗Badischer Aufstand, ↗Heckerputsch); lebte 1849 in der Schweiz, 1851–63 in den USA im Exil, wo er für die Nordstaaten im Bürgerkrieg (1861–65) kämpfte. *sa*

Struwwelpeter Titel eines Kinderbuches. 1847 von dem Arzt Heinrich Hoffmann aus Frankfurt/Main verfaßt. Unter Pseudonym Reimerich Kinderlieb erste Fassung „Lustige Geschichten und drollige Bilder mit 15 colorierten Tafeln für Kinder von 3–6 Jahren“ (1845); enthält charakteristische, bebilderte Geschichten, die die restriktiven pädagogischen Methoden und Vorstellungen des 19. Jh.s spiegeln. Erfuhr zahlreiche Nachdichtungen und Parodien, z.B. den Anti-S. von F.K. Waechter. *ku*

Stuck, Franz von Maler, Graphiker, *23.2.1863 Tettenweis (Niederbayern), †30.8.1928 München. Mitbegründer der Münchner ↗Sezession 1892; Vertreter des Münchner ↗Jugendstils (Villa Stuck, 1898); Lehrer von ↗Klee und ↗Kandinsky; malte allegorische, symbolistische Bilder unter dem Einfluß von Arnold Böcklin (Die Sünde, 1893). *rw*

Stücklen, Richard Bundestagspräsident, *20.8.1916 Heideck (Mittelfranken). 1949–90 Mitglied des Bundestages (CSU); 1957–66 Minister für Post- und Fernmeldewesen; 1953–57 und 1967–76 stellvertretender Vorsitzender der Fraktion von ↗CDU und ↗CSU; seit 1967 Vorsitzender der CSU-Landesgruppe; 1979–83 Präsident des Bundestages. *AM*

Studentenproteste, Bundesrepublik In Anlehnung an die US-amerikanische Bürgerrechtsbewegung und S. in den USA und Frankreich begannen Mitte der 60er Jahre in der ↗Bundesrepublik Proteste und Unruhen an den ↗Universitäten. Sie richteten sich zunächst, mit einem Zentrum in Berlin (West), gegen Mißstände an den Hochschulen; nach der Bildung der ↗großen Koalition 1966 und zusammen mit der sich formierenden ↗APO unter der Führung des ↗SDS wurden die S. zum Politikum (↗Neue Linke). Nach dem Tod des Studenten ↗Ohnesorg bei einer Demonstration gegen den Schah-Besuch in Berlin radikalisierten sich die S. und griffen auf fast alle Universitätsstädte über. Im Zentrum der S. standen der Vietnamkrieg der USA und die 1968 verabschiedeten ↗Notstandsgesetze, aber auch eine grundsätzliche System- und Kapitalismuskritik (↗Friedensbewegung, ↗Ökologiebewegung); verstärkt nach dem Attentat auf den Studentenführer ↗Dutschke drückte sich der Protest auch in gewalttätiger Form mit Straßenblockaden und Brandanschlägen auf Kaufhäuser aus.

Außer bei kleinen Gruppen der APO trafen die S. bei der Bevölkerung kaum auf Resonanz; die angestrebte Solidarisierung mit der Arbeitnehmerschaft kam nicht zustande. Anfang der 70er Jahre verebbte der Protest, eine kleine Gruppe wurde zur Keimzelle des ↗Linksradikalismus (↗RAF). Außer einer Hochschulreform hatten die S. keine konkreten Ergebnisse erreicht; allerdings veränderten sie die politische Kultur in der Bundesrepublik nachhaltig. *AM*

Stülpnagel, Carl-Heinrich von General, *16.6.1878 Darmstadt, †30.8.1944 Berlin. Seit 13.2.1942 Militärbefehlshaber Frankreich; am ↗Zwanzigsten Juli beteiligt; verhaftete in Paris weisungsgemäß ↗SS- und ↗SD-Führer; nach Scheitern der Verschwörung nach Berlin beordert; Suizidversuch auf der Fahrt; dabei erblindet; vom ↗Volksgerichtshof zum Tode verurteilt und hingerichtet. *PS*

Stumm, Karl Ferdinand Unternehmer, Politiker, *30.3.1836 Saarbrücken, †8.3.1901 Schloß Halberg (bei Saarbrücken). Baute das von seinem Vater 1806 erworbene Neunkirchener Eisenwerk seit 1858 zum führenden Unternehmen der saarländischen Eisenindustrie aus (S.-Konzern); seit 1889 Mitglied des Reichstages (↗Freikonservative Partei); besaß Einfluß auf die Sozialpolitik Otto von ↗Bismarcks und Kaiser ↗Wilhelms II. *UK*

Stunde Null Formel für das Ende des ↗Zweiten Weltkrieges und den Beginn des ↗Wiederaufbaus; in der Verkürzung auf den Moment der deutschen ↗Kapitulation symbolhafte Verkörperung eines radikalen Kontinuitätsbruchs mit dem ↗Deutschen Reich; durch vielfältige gesellschaftliche und persönliche Kontinuitätslinien real, aber auch völkerrechtlich nicht existent. *kl*

Sturm, Der 1910–32 von ↗Walden herausgegebene Zeitschrift für Kunst und Kultur; neben Franz Pfempferts „Aktion“ das wichtigste Sprachrohr des ↗Expressionismus zwischen 1910 und 1920. Der S.-Kreis, eine der Zeitschrift nahestehende Künstler- und Dichtergruppierung, nahm Einflüsse des italienischen Futurismus auf. Mit Waldens Hinwendung zum Sozialismus wandelte sich der S. in den 20er Jahren zu einem hauptsächlich an politischen Themen orientierten Organ. *ij*

Sturmabteilung (SA) 1920 als Saalschutzverband der ↗NSDAP zur handgreiflichen Auseinandersetzung mit politischen Gegnern aufgestellt. Seit 1921 mit Unterstützung der ↗Freikorps zum paramilitärischen Verband ausgebaut; 1923 unter der Führung ↗Görings am ↗Hitler-Putsch beteiligt; seit der zweiten Hälfte der zwanziger Jahre neben der Beteiligung an bürgerkriegsähnlichen Auseinandersetzungen mit Polizei und ↗Kampfbünden der politischen Gegner zunehmend als Propagandainstrument der Partei eingesetzt (Propagandamärsche, Einrichtung von „Sturmlokalen“ etc.); seit 1931 unter der Führung des Stabschefs ↗Röhm; nach der Ernennung ↗Hitlers zum ↗Reichskanzler Träger des Terrors gegen politisch Andersdenkende; am 22.2.1933 durch Ernennung zur Hilfspolizei mit staatlichen Vollmachten ausgestattet, die zu grausamen Übergriffen ermunterten (z.B. ↗Köpenicker Blutwoche) und zur Einrichtung sog. wilder ↗Konzentrationslager führten. Da sie durch ihre Bemühungen, den Kern eines zukünftigen Milizheeres zu bilden, zunehmend in Konkurrenz zur Reichswehr gelangte, wurde die SA-Führung während der ↗Röhm-Affäre Mitte 1934 ausgeschaltet. Danach Bedeutungsverlust; Träger der vormilitärischen Erziehung und von Propagandaaktionen; 1938 nochmals durch Inszenierung der Verfolgungen während der ↗Novemberpogrome hervorgetreten. *PS*

Stürmer, Der Von ↗Streicher seit 1923 herausgegebene Wochenzeitung stark antisemitischen Inhalts, Inbegriff der nationalsozialistischen Hetzpropaganda. Druckte u.a. Denunziationen der Leser v.a. gegen „Rassenschänder“ ab; durch öffentlichen Aushang in sog. Stürmer-Kästen weit verbreitet. *PS*

Stürmer, Michael Historiker, *29.9.1938 Kassel. Studierte in London, Berlin und Marburg; seit 1973 Professor für Mittlere und Neuere Geschichte an der Universität Erlangen-Nürnberg; lehrte u.a. in Harvard, Princeton (USA) und an der Pariser Sorbonne; außerdem publizistische Tätigkeit bei der ↗FAZ; seit 1987 Direktor der Stiftung „Wissenschaft und Politik“. *ep*

Sturm und Drang (auch „Geniezeit“ oder „Genieperiode“) Nach ↗Klingers gleichnamigem Schauspiel benannte geistige, bes. literarische Strömung, die 1767/68 mit Johann Gottfried ↗Herders „Fragmenten über die neuere deutsche Literatur“ begann und 1785 mit der Abkehr ihrer literarischen Hauptvertreter Friedrich von ↗Schiller und ↗Goethe endete. Der S.u.D. strebte nach einer „natürlichen“ Gesellschaftsordnung und setzte dem Verstand (↗Aufklärung) Gefühl und Sinnlichkeit entgegen. Als eines der wichtigsten S.u.D.-Werke gilt Goethes „Die Leiden des jungen Werthers“ (1774). *nk*

Stuttgarter Rede (1946) Rede des US-amerikanischen Außenministers James F. Byrnes vom 6.9.1946, die den wirtschaftlichen und politischen Wiederaufbau und die Bildung einer deutschen Regierung zur Konsolidierung des US-amerikanischen Einflusses in Deutschland ankündigte; Wendepunkt der amerikanischen Deutschlandpolitik; Beginn der ↗Westintegration. *kl*

Stuttgarter Schuldbekenntnis (1945) Bekenntnis der 1945 neugebildeten ↗Evangelischen Kirche in Deutschland vom 19.10.1945 zur Mitverantwortung am ↗Nationalsozialismus, den sie nicht ausreichend bekämpft habe. *AM*

Stutthof Seit 1942 an der Weichselmündung bei

Danzig gelegenes ↗Konzentrationslager, ab 1944 auch teilweise als ↗Vernichtungslager genutzt. Im Januar 1945 wurden die meisten verbliebenen Häftlinge auf ↗Todesmärsche geschickt. Von den insgesamt ca. 115 000 Häftlingen kamen bis zur Befreiung am 1. 5. 1945 65 000 in S. ums Leben. *PS*

Stüve, Johann Karl Bertram Politiker, *4.3. 1798 Osnabrück, †16.2.1872 ebd. 1824 wurde der Jurist und Burschenschaftler S. Mitglied der Zweiten Kammer; beteiligt an Ausarbeitung des Staatsgrundgesetzes (seit 1830) und der Gesetzgebung zur ↗Bauernbefreiung (1831–33) in Hannover; 1848 Innenminister des Hannoveraner Märzministeriums; 1850 im Zuge der ↗Reaktion entlassen. *nk*

Suarez ↗Svarez

Süddeutsche Zeitung In München erscheinende Tageszeitung. Gegründet 1945 mit überregionaler Bedeutung; steht in der Tradition der liberalen „Münchner Neuesten Nachrichten"; erscheint in einer Bundes- und einer Bayernausgabe. *UK*

Südekum, Albrecht Sozialdemokrat, *25.1. 1871 Wolfenbüttel, †18.2.1944 Berlin. 1896–1903 Redakteur verschiedener Zeitungen, u. a. „Sächsische Arbeiterzeitung"; 1900–18 Mitglied des Reichstages; Vertreter des ↗Revisionismus; Leiter des preußischen Finanzministeriums nach der ↗Novemberrevolution; bis 1920 preußischer Finanzminister. *nk*

Sudetendeutsche Bezeichnung für die deutschsprachige Bevölkerung in Böhmen und Mähren (ca. 3,3 Mio. 1919). Auf der Grundlage der ↗Pariser Friedensverträge 1919 wurden die S. zu Bürgern der neuentstandenen Tschechoslowakischen Republik. ↗Hitler erzwang in der ↗Sudetenkrise 1938 (↗Münchner Abkommen) die Abtrennung des Siedlungsgebietes der S. und richtete den Reichsgau ↗Sudetenland ein. Nach dem Zweiten Weltkrieg blieben trotz der Vertreibung der S. ca. 100 000 in dem Gebiet. *sb*

Sudetenkrise (1938) Von ↗Hitler bewußt heraufbeschworener außenpolitischer Konflikt mit der Tschechoslowakei um das ↗Sudetenland. Der vom nationalsozialistischen Regime unterstützte Vorsitzende der Sudetendeutschen Partei Konrad ↗Henlein forderte seit Frühjahr 1938 die Revision des tschechoslowakischen Staatsgebietes. Zur Abwendung der so entstandenen Kriegsgefahr kam es zur Unterzeichnung des ↗Münchner Abkommens, das die Angliederung des Sudetenlandes an das Deutsche Reich und somit nach dem geglückten ↗Anschluß Österreichs einen weiteren außenpolitischen Erfolg für das nationalsozialistische Regime brachte. *PS*

Sudetenland Nach dem Ersten Weltkrieg Bezeichnung für die ehemals österreichisch-ungarischen deutschsprachigen Gebiete, die an die Tschechoslowakei fielen. Durch das ↗Münchner Abkommen 1938 an das Deutsche Reich; 1945–47 ↗Flucht und Vertreibung der Sudetendeutschen. *PS*

Südtirol Der nach dem Ersten Weltkrieg an Italien gekommene überwiegend deutschsprachige österreichisch-ungarische Teil Tirols südlich des Brenners. Unter Benito Mussolini Italienisierungspolitik; bis in die neunziger Jahre Separationsbestrebungen von Teilen der deutschsprachigen Bevölkerung. *PS*

Südweststaat ↗Baden-Württemberg

Suhrkamp, Peter Verleger, *28.3.1891 Kirchhatten (bei Oldenburg), †31.3.1959 Frankfurt/ Main. Nach der Vertreibung der jüdischen Eigentümer durch die Nationalsozialisten übernahm S. 1936 die Leitung des Berliner S. Fischer Verlages; gründete nach der Wiedereinsetzung der rechtmäßigen Besitzer 1950 den Suhrkamp Verlag in Frankfurt (seit 1959 unter Leitung von ↗Unseld). S. brachte u. a. Werke von im ↗Nationalsozialismus verfolgten Autoren wie ↗Benjamin und ↗Adorno heraus und leistete so einen wichtigen Beitrag zur kulturtheoretischen Diskussion der Nachkriegszeit. *ij*

Suidger ↗Clemens II.

Süssmuth, Rita Bundestagspräsidentin, *17.2. 1937 Wuppertal. Seit 1981 Mitglied der ↗CDU; 1986–88 Bundesministerin für Jugend, Familie, Frauen und Gesundheit; seit 1986 Vorsitzende der CDU-Frauenvereinigung; seit 1987 Mitglied des Bundestages; 1988–98 Bundestagspräsidentin. Geriet v. a. in frauenpolitischen Fragen, nicht zuletzt in Fragen des ↗Schwangerschaftsabbruchs, in Gegensatz zur CDU/CSU-Fraktion. *AM*

Süß-Oppenheimer, Joseph (genannt Jud Süß) Finanzmann, *1692 oder 1698/99 Heidelberg, †4.2.1738 Stuttgart. Dehnte seinen 1717 aufgenommenen Warenhandel seit 1733 zu einem umfangreichen Geld-, Münz-, Juwelen-, Rüstungs- und Truppenversorgungsgeschäft aus und erwirtschaftete sich ein großes Vermögen; wurde 1736 Geheimer Finanzrat Herzog Karl Alexanders von Württemberg und unterstützte dessen absolutistische Politik gegen die Landstände, die S.-O.

nach dem Tod des Landesherrn hinrichten ließen; Rezeption der Person S.-O. als Jude unter antisemitischen Vorzeichen u.a. in Dichtungen, im ↗Dritten Reich auch im Film „Jud Süß“ von Veit ↗Harlan (1940) nach Vorlage von ↗Feuchtwanger. *UK*

Sutri, Synode 1046 nach Sutri bei Rom einberufen; setzte unter starkem Einfluß von König ↗Heinrich III. drei Päpste ab und wählte in Rom ↗Clemens II. zum Papst. Beschluß von Reformen und Befreiung des ↗Papsttums aus der Abhängigkeit vom römischen Adel. *RB*

Sütterlin Normierte Schrift, als kursive Minuskelschrift aus Groß- und Kleinbuchstaben mit Ober- und Unterlängen bestehend. 1912 von dem Graphiker Ludwig S. im Auftrag Preußens entwickelt; ab 1917 verwendet; 1935 als Deutsche Schreibschrift leicht abgewandelt; 1941 durch die Deutsche Normalschrift mit lat. Buchstaben ersetzt. *ku*

Suttner, Bertha von Schriftstellerin, Pazifistin, *9.6.1843 Prag, †21.6.1914 Wien. 1889 erschien ihr in fast 30 Sprachen übersetzter Roman „Die Waffen nieder!“. 1892–99 Herausgeberin der gleichnamigen Zeitschrift; 1891 gründete sie die „Österreichische Gesellschaft der Friedensfreunde“; S. beeinflußte die Gründung der ↗Deutschen Friedensgesellschaft. 1905 Trägerin des von ihr angeregten Friedensnobelpreises. *ku*

Svarez (Schwartz), Karl Gottlieb Preußischer Jurist, *27.2.1746 Schweidnitz, †14.5.1798 Berlin. Ab 1768 Mitarbeit an der Reform der schlesischen Verwaltung; seit 1780 in Berlin; schuf zusammen mit Großkanzler ↗Carmer die preußische Allg. Gerichtsordnung (1781, revidiert 1793) und das ↗Preußische Allgemeine Landrecht (1794). *rh*

Swing-Regelung Vereinbarungen über kurzfristige, meist zinslose Kreditlinien in bilateralen Wirtschaftsverträgen, im ↗innerdeutschen Handel 1960 eingeführt, nur von der ↗DDR in Anspruch genommen; faktisch Wirkung als zinsloser Dauerkredit. *kl*

Sybel, Heinrich von Historiker, *2.12.1817 Düsseldorf, †1.8.1895 Marburg. Professor in Bonn, Marburg und München; 1862–64 Mitglied des preußischen Abgeordnetenhauses, erneut 1874–80; als Mitglied des Reichstages (1867) Gegner Otto von ↗Bismarcks; als Nationalliberaler Aussöhnung mit dessen Politik; trat für die ↗kleindeutsche Lösung ein; bedeutendster Vertreter der deutschen ↗Geschichtsschreibung; begründete die ↗„Historische Zeitschrift“ (1859). *up*

Sybel-Ficker-Kontroverse ↗Ficker-Sybel Kontroverse

Syllabus errorum („Verzeichnis der Irrtümer“) Am 8.12.1864 von Papst Pius IX. mit der Enzyklika „Quanta cura“ veröffentlichte Aufstellung von 80 zu verwerfenden „Zeitirrtümern“ insbesondere aus den Gebieten Politik und Wissenschaft (darunter z.B. die Forderung nach ↗Pressefreiheit), die den Konflikt zwischen Staat und Kirche im 19. Jh. weiter polarisierte. *ij*

T

Tabakskollegium Abendgesellschaft von König ↗Friedrich Wilhelm I. in Preußen, die fast täglich in zwangloser Atmosphäre in Potsdam, Berlin oder Wusterhausen stattfand. Von ausländischen, vor allem von österreichischen Agenten wurde das T. zur Beeinflussung des ↗Königs genutzt. *rh*

Taboriten ↗Hussiten

Tag der Arbeit (1. Mai) Gesetzlicher Feiertag, als „Kampftag der Arbeit" von der II. Internationalen 1889 begründet, seit 1890 Demonstrationstag von ↗Arbeiterbewegung und ↗Gewerkschaften. *sb*

Tag der deutschen Einheit Nach den Massendemonstrationen in der ↗DDR vom ↗Siebzehnten Juni 1953 in der ↗Bundesrepublik eingeführter gesetzlicher Feiertag; alljährlich am 17.6. begangen; seit der ↗Wiedervereinigung auf den 3.10. verlegt. *kl*

tageszeitung (taz) Seit 2.4.1979 in Berlin erscheinende, überregionale Tageszeitung. Ging aus der grünalternativen, antiautoritären, linken Bewegung hervor; beschäftigt sich schwerpunktmäßig u.a. mit Ökologiefragen und der Dritten Welt; wird in einem selbstverwalteten Betrieb hergestellt und vertrieben (Genossenschaftsgründung 1992). *UK*

Tagliacozzo, Schlacht (1268) In der Schlacht bei T. (Ort in der mittelitalienischen Provinz Aquila) Niederlage des letzten ↗Staufers ↗Konradin gegen Karl von Anjou am 23.8.1268 Hinrichtung Konradins in Neapel. *vK*

Taler Gebräuchlichste ehemalige Silbermünze, seit 1518 als Joachimsthaler Silbergroschen (daher der Name T.) geprägt. Seit 1566 als Reichs-T. amtliche Währungsmünze des Heiligen Römischen Reiches. Der T. setzte sich im 19. Jh. als gängige Münze im ↗Deutschen Zollverein (↗Vereinstaler) und im Deutschen Reich durch, 1908 durch das Dreimarkstück ersetzt. *dt*

Tamm, Peter Manager, *12.5.1928 Hamburg. Wurde 1960 Geschäftsführer des zu diesem Zeitpunkt vom ↗Springer-Verlag erworbenen Ullstein-Verlages; Aufstieg bis zum Vorstandsvorsitzender des Springer-Konzerns (1970–91); widmet sich seit seinem Ausscheiden v.a. der Marinegeschichte. *UK*

Tannenberg, Schlacht 1) Schwere Niederlage des ↗Deutschen Ordens gegen König Władysław II. Jagiełło von Polen und Großfürst Witold von Litauen am 15.7.1410 bei T. (westliches Masurengebiet) (↗Thorner Frieden).
2) Im ↗Ersten Weltkrieg vom 26.–30.8.1914 unter Befehl ↗Hindenburgs geführte Schlacht gegen die russische Armee in ↗Ostpreußen. Trotz zahlenmäßiger Unterlegenheit gelang den deutschen Einheiten die Umkesselung und Gefangennahme eines Großteiles der russischen Truppen. Obwohl militärisch nicht von allzu großer Bedeutung, begründete T. den Ruhm Hindenburgs als Feldherr und hatte wesentlichen Anteil an der Aufrechterhaltung der Kriegsbegeisterung in der Bevölkerung der ↗Mittelmächte. *PS*

Tannhäuser Liedautor, *nach 1200, †nach 1268. Teilnahme am fünften ↗Kreuzzug 1228/29; bis 1246 am Hof Kaiser ↗Friedrichs II., ab 1247 an Höfen in Deutschland und Italien. Von diesseitig erfüllter Liebe singend, geriet er, zumal als Anhänger der ↗Staufer, in Gegensatz zum ↗Papsttum. Volksdichtung vom bußbereiten T. seit dem 14. Jh.; Opernstoff bei Richard ↗Wagner. *ku*

Tann-Rathsamhausen, Ludwig Samson Freiherr von und zu der Bayrischer General, *18.6.1815 Darmstadt, †26.4.1881 Meran. Ab 1864 Generaladjutant König ↗Ludwigs II. von ↗Bayern; im ↗Deutschen Krieg (1866) Generalstabschef des bayrischen Prinzen Karl; 1869–81 Kommandierender General des I. bayrischen Armeekorps; befehligte dieses im ↗Deutsch-Französischen Krieg. *UK*

Tarifvertragswesen Verfahren zum Interessenausgleich zwischen Arbeitnehmern und Arbeitgebern durch ihre jeweiligen Verbände; seit 1949 durch das Tarifvertragsgesetz der ↗Bundesrepublik geregelt; Neufassung 1969; mit der ↗Währungs-, Wirtschafts- und Sozialunion 1990 auf Gesamtdeutschland ausgedehnt; neben der allg. ↗Arbeits- und Sozialpolitik entscheidendes sozialintegratives Element zur Stabilisierung der Demokratie. *kl*

Tassigny, Jean de Lattre de Französischer General, *2.2.1889 Mouilleron-en-Pareds, †11.1. 1952 Paris. Kommandierte 1944/45 die in Deutschland einmarschierenden französischen Truppen; als Vertreter Frankreichs Unterzeichner der deutschen ↗Kapitulation am 8.5.1945; 1948 Oberbefehlshaber der Landstreitkräfte der ↗WEU. *Ki*

Tassilo III. Herzog von Bayern, *um 741, †nach 794 Lorsch (bei Mannheim). Aus dem Geschlecht der ↗Agilolfinger, seit 748/49 ↗Herzog; betrieb eine expansive Politik; nach einem mißlungenen Aufstand gegen Kaiser ↗Karl I., den Großen, (787) zu lebenslanger Klosterhaft verurteilt. *RB*

Täuferbewegung (auch Wiedertäufer, Anabaptisten) Richtung innerhalb der ↗Reformation, die Erwachsenentaufe praktizierte und nach Wiederbelebung von Lebensformen aus der älteren Kirchengeschichte strebte; z.T. auch mit sozialrevolutionärem Anspruch; entstand um 1525 in Zürich unter ehemaligen Schülern Ulrich Zwinglis und gelangte von dort ins ↗Heilige Römische Reich. Seit ihren Anfängen strikt verfolgt, wurde 1529 auf die Zugehörigkeit zur T. die Todesstrafe erhoben; zeigte sich im ↗„Täuferreich von Münster" in bes. radikaler Form. Aus der T. entstanden die Baptisten und die Mennoniten. *nk*

Täuferreich von Münster (1534/35) 1534 in Münster (reformiert seit 1531) durch den Täufer ↗Bockelson errichtete und durch den Bürgermeister und Scharfrichter von Münster, ↗Knipperdolling, aufrechterhaltene Terrorherrschaft. Die Belagerung der Stadt durch Truppen unter Bischof Franz von Waldeck führte erst im Juni 1535 zu ihrem Fall, der Hinrichtung der Aufrührer und der Wiederherstellung des Katholizismus. *nk*

Tauroggen, Konvention (1812) Am 30.12.1812 getroffene Vereinbarung zwischen dem preußischen General Hans David Ludwig ↗Yorck von Wartenburg und dem russischen General von Diebitsch, die ohne Ermächtigung und Billigung des preußischen Königs ↗Friedrich Wilhelm III. die Lösung der preußischen Truppen aus dem französischen Heeresverband vollzog. Dieser Bruch mit ↗Napoleon I. nach dem gescheiterten Rußlandfeldzug gab das Signal zu den ↗Befreiungskriegen. *vK*

Tauwetter-Periode ↗Entstalinisierung

taz ↗tageszeitung

Teheran, Konferenz (1943) Zusammentreffen der Staatschefs von Großbritannien, den USA und der Sowjetunion vom 28.11.–1.12.1943, erste der großen Kriegskonferenzen der ↗Alliierten. Vorbereitet durch die Außenministerkonferenz von ↗Moskau, wurde hier das gemeinsame militärische Vorgehen festgelegt: Errichtung einer zweiten Front in Westeuropa durch ↗Invasion in Frankreich und sowjetische Großoffensive an der Ostfront. *PS*

Tell, Wilhelm Schweizer Nationalheld. In der erstmals im „Tellenlied" (14. Jh.) erzählten ↗Sage muß der Jäger T. auf Befehl des habsburgischen Landvogts seinem eigenen Sohn einen Apfel vom Kopf schießen. Der Schuß gelingt und bald darauf tötet T. den Tyrannen. Die Episode gilt als Auftakt für Volksaufstände in der Urschweiz seit dem 13. Jh. (↗Rütlischwur) und wurde literarisch oft bearbeitet (u.a. von ↗Schiller). *RB*

Temporalien und Spiritualien Zwei wesentliche Elemente, die das Amt des hochmittelalterlichen Bischofs auszeichneten. Die Unterscheidung zwischen temporalia (weltlicher Besitz und Hoheitsrechte) und spiritualia (geistliches Amt und Amtsgewalt), welche Bischof Ivo von Chartres 1097 entwickelte, war der Durchbruch zur Überwindung des ↗Investiturstreites. Dem weltlichen Herrscher verblieb die Investitur mit den Temporalien, ↗Regalien genannt. *dh*

Territorialstaat Im ↗Heiligen Römischen Reich seit dem 13. Jh. der auf der ↗Landeshoheit beruhende Fürstenstaat. *br*

Terrorismus Gewalttätige und kriminelle Aktivitäten, die politisch linksextrem bzw. rechtsextrem motiviert sind. Ihr Ziel ist es, die bestehende Staats- und Gesellschaftsordnung auszuhöhlen und umzustürzen. In der ↗Bundesrepublik entfalteten die Baader-Meinhof-Gruppe, später ↗RAF, und die ↗Bewegung 2. Juni als linksterroristische Gruppen die größte kriminelle Aktivität. Rechtsextremistisch motiviert war z.B. der Anschlag beim Oktoberfest 1980 (↗Wehrsportgruppe Hoffmann). Zu den Gegenmaßnahmen des Staates gegen den T. gehörten der Extremistenbeschluß (1972), Einsätze der ↗GSG 9 gegen die RAF, die Verabschiedung des Anti-Terror-Gesetzes (1976) und die Einführung der Rasterfahndung. *sb*

Teschen, Friede (1779) Der Friede von T. (Nordmähren) beendete am 13.5.1779 den ↗Bayerischen Erbfolgekrieg. Preußen erhielt im Krieg nicht die von Rußland erhoffte Hilfe und ging auf das von Frankreich vermittelte Friedensangebot ↗Maria Theresias ein. Österreich erhielt das Innviertel und bestätigte Preußens Ansprüche auf ↗Ansbach-Bayreuth und ↗Sachsen. *rh*

Tetzel, Johann Dominikaner, *um 1465 Pirna, †11.8.1519 Leipzig. Seit 1504 Ablaßprediger, seit 1509 Inquisitor für Polen; wurde 1517 vom Mainzer Erzbischof ↗Albrecht von Brandenburg zum Verkauf des Ablasses (für die Peterskirche in Rom) in ↗Magdeburg bestimmt. Seine vom Gelderlös dominierten Ablaßpredigten veranlaßten Martin ↗Luther zu den ↗Ablaßthesen. *nk*

Teutoburger Wald, Schlacht (9 n. Chr.) (Hermannsschlacht, Varusschlacht) Dreitägige Schlacht im Herbst 9 n. Chr., die mit einem überwältigenden Sieg der ↗Germanen unter Cheruskerfürst ↗Arminius über drei römische Legionen unter Varus endete. Die Römer gaben daraufhin ihren Plan der Eroberung des rechtsrheinischen Gebietes auf; Bau des ↗Limes. Der Ort der Schlacht ist ungeklärt. *vK*

Thaer, Albrecht Daniel Arzt, Landwirt, *14.5.1752 Celle, †26.10.1828 Gut Möglin (bei Wriezen/Oder). Hofarzt des Kurfürsten von ↗Hannover; trat 1804 in preußische Dienste; richtete 1806 das Gut Möglin als erstes deutsches landwirtschaftliches Lehr- und Forschungsinstitut ein; seit 1809 Einfluß auf die preußische Agrargesetzgebung; 1810–19 in Berlin Professor für Kameralwissenschaften (↗Kameralismus). *UK*

Thälmann, Ernst Politiker (KPD), *16.4.1886 Hamburg, †18.8.1944 Buchenwald. 1903 zur ↗SPD; seit 1920 ↗KPD, ab 1923 in deren Führung, 1924–33 Mitglied des ↗Reichstages, mehrmals Kandidat bei der Wahl zum ↗Reichspräsidenten; am 3.3.1933 festgenommen, Zuchthaus- und KZ-Haft; in ↗Buchenwald erschossen. *PS*

Thälmann-Pioniere ↗Pionierorganisation „Ernst Thälmann"

Theater Szenische Bühnendarstellung, in der menschliches Handeln und Fühlen mit künstlerischen Darstellungsweisen (Schauspiel, ↗Literatur, Musik, bildende Kunst) einem Publikum vorgeführt werden. Die Ursprünge des T.s liegen in der Antike. Im Mittelalter war T. zunächst religiös geprägt, im Laufe der Zeit kamen Possen, Scherzspiele und, von der italienischen Commedia dell'Arte des 16. Jh.s beeinflußt, Schwänke und Hanswurstiaden hinzu. Gespielt wurde in Kirchen oder auf Marktplätzen von Laien. Berufsschauspieler kamen im 17. Jh. auf. Feststehende T. verbreiteten sich im 18. Jh. von Italien aus zunächst als Hof-T. (Opernaufführungen), dann als National-T. (1767 Hamburg, 1775 Gotha, 1776 Burg-T. Wien, 1779 National-T. Mannheim). Diese thematisierten und diskutierten innerhalb der Stücke gesellschaftliche Entwicklungen und wurden so zu einem zentralen Ort gesellschaftlicher Selbstverständigung. Sie besaßen fest engagierte Ensembles und versuchten, insbesondere mit literarischen Sprechdramen eine einheitliche Bühnensprache zu etablieren (nach dem Vorbild des Weimarer Hof-T.s unter der Leitung ↗Goethes, 1791–1817) sowie Dramentheorien (u. a. ↗Gottsched, Gotthold Ephraim ↗Lessing) umzusetzen. Im 19. Jh. wurde die Regelpoetik zunehmend aufgelöst, die dramatischen Inhalte wurden politisiert (↗Naturalismus, ↗Büchner). Anfang des 20. Jh.s Innovationen durch neue technische Möglichkeiten, die die Nutzung des T.-Raumes im Sinne eines Gesamtkunstwerkes erlaubten. Mitte der zwanziger Jahre entwickelte ↗Brecht das Konzept des „epischen T.s", das dem Publikum einen gesellschaftskritischen Blick auf das Geschehen vermitteln wollte. Im ↗Nationalsozialismus diente das T. (wie der ↗Film) v. a. der Propaganda und der Ablenkung vom Kriegsgeschehen.

Nach 1945 waren in der ↗Bundesrepublik v. a. die Stücke der französischen Existentialisten (z. B. Jean Paul Sartre) und des absurden T.s (z. B. Samuel Beckett) erfolgreich.

Das T. der ↗DDR war geprägt von der Arbeit Brechts. In den sechziger Jahren entstanden in der Bundesrepublik neue, stark politisierte T.-Formen (Dokumentar-T., Straßen-T.). Heute dominiert das T. v. a. das Regie-T., bei dem die Inszenierung im Vordergrund steht. Als wichtigste deutschsprachige Bühnen gelten neben anderen das Wiener Burg-T. und die „Schaubühne" in Berlin. *ep*

Theophano (Theophanu) Kaiserin, *um 955, †15.6.991 Nimwegen. Die byzantinische Prinzessin heiratete 972 Kaiser ↗Otto II., dessen Politik sie stark beeinflußte. Nach seinem Tod (983) führte sie erfolgreich die Regentschaft für ihren Sohn ↗Otto III. *RB*

Theresienstadt (tschechisch Terezín) Garnisonsstadt und Festung in Böhmen, seit Sommer 1942 „Altersghetto" für deportierte Juden v. a. aus dem ↗Deutschen Reich (insbesondere Prominente und Alte), seit Herbst 1942 von T. Deportationen v. a. nach ↗Auschwitz. Bis zur Befreiung durch die ↗Rote Armee am 8.5.1945 wurden von den ca. 150 000 Bewohnern des ↗Ghettos 118 000 in ↗Vernichtungslagern ermordet oder kamen in T. ums Leben. *PS*

Thiel, Fritz Funker, *1916, †13.5.1943 Berlin. 1935 zur Luftwaffe; 1936/37 inhaftiert; 1939 Teilnahme am ↗Polenfeldzug; Mitglied der ↗Roten Kapelle, versuchte Funkkontakt nach Moskau herzustellen; September 1942 verhaftet, zum Tode verurteilt und hingerichtet. *PS*

Thierack, Otto Georg Jurist, NSDAP-Politiker, *19.4.1889 Wurzen (Sachsen), †22.11.1946 Sennelager (bei Paderborn). Wurde 1935 Vizepräsident des Reichsgerichts; 1936–42 Präsident des ↗Volksgerichtshofs, 1942–45 Reichsjustizminister; versuchte das Rechtswesen dem nationalsozialistischen System zu unterwerfen; wurde 1945 verhaftet; beging Selbstmord. *UK*

Thierse, Wolfgang Bundestagspräsident, Germanist, *22.10.1943 Breslau. Schriftsetzerlehre und Studium; ab 1977 am Zentralinstitut für Literaturgeschichte der Akademie der Wissenschaften der ↗DDR; 1989 Mitglied des ↗Neuen Forums, 1990 Beitritt zur ↗SDP und für diese in die ↗Volkskammer gewählt, im Juni deren Vorsitzender, im September stellvertretender Vorsitzender der vereinigten Bundes-SPD; leitete ab 1991 deren Grundwertekommission; seit 1998 Bundestagspräsident. *li*

Thietmar von Merseburg Bischof, Chronist, *25.7.975, †1.12.1018. Seit 1009 Bischof von Merseburg; seine „Chronik" (vornehmlich über Kaiser ↗Heinrich II.) ist eine der reichsten Quellen aus ottonischer Zeit. *RB*

Thil, Karl Wilhelm Heinrich Freiherr du Bos du Hessischer Politiker, *22.4.1777 Braunfels (bei Wetzlar), †17.5.1859 Darmstadt. Seit 1802 im Verwaltungsdienst des Großherzogtums ↗Hessen-Darmstadt; 1820 Gesandter am ↗Bundestag des ↗Deutschen Bundes; 1821–29 Außen- und Finanzminister; 1829–48 leitender Staatsminister; befürwortete das ↗Metternichsche System. *UK*

Thing ↗Ding

Thoma, Hans Maler, Graphiker, *2.10.1839 Bernau (Schwarzwald), †7.11.1924 Karlsruhe. 1899–1919 Direktor der Gemäldegalerie Karlsruhe, Lehrer an der Akademie ebd. Beeinflußt von Arnold Böcklin, Gustav Courbet und Anselm ↗Feuerbach, schuf T. Landschaften, Porträts, Stilleben und bäuerliche Szenen. Er gehörte zu ↗Hitlers Lieblingsmalern. *rw*

Thomasius, Christian Jurist, Philosoph, *1.1.1655 Leipzig, †23.9.1728 Halle/Saale. Seit 1688 Herausgeber der ersten in deutscher Sprache erscheinenden wissenschaftlichen ↗Zeitung; lehrte seit 1690 an der Akademie (seit 1694 Universität) in Halle; trat durch seine Schriften zum Naturrecht hervor und zählt zu den maßgeblichen Vertretern der deutschen ↗Aufklärung. *nk*

Thorner Blutgericht (1724) Am 7.12.1724 ließ das vom sächsisch-polnischen König ↗August II. einberufene Gericht 14 Thorner Bürger hinrichten, nachdem es im Juli 1724 zu Auseinandersetzungen zwischen den evangelischen Einwohnern der polnischen Stadt und den ↗Jesuiten gekommen war, deren Kolleg dabei geplündert wurde. Die um Vermittlung bemühte Konfessionspolitik Kaiser ↗Karls VI. wurde hierdurch geschwächt, Polen in internationalen Protesten zur Hochburg der religiösen Intoleranz erklärt. *rh*

Thorner Friede (1411, 1466) Zwei in Thorn (an der unteren Weichsel) zwischen dem ↗Deutschen Orden und Polen abgeschlossene Friedensverträge. Im ersten T.F. am 1.2.1411 konnte der Deutsche Orden trotz der gegen Polen verlorenen Schlacht bei ↗Tannenberg seine Gebiete weitgehend behalten, mußte aber hohe Ablösesummen für die Gefangenen zahlen. Im zweiten T.F. am 19.10.1466 mußte der Deutsche Orden ganz ↗Pommerellen und etwa die Westhälfte ↗Preußens an Polen abgeben. *br*

Three Essentials ↗Berlin-Krise (1961)

Thronfolge (Sukzession) Eintritt des Regierungsnachfolgers in die Herrschaftsstellung des bisherigen Monarchen durch ↗Erbrecht oder Wahl (↗Königswahl). *br*

Thüngen, Hans Karl Freiherr von *15.2.1648, †8.10.1709, Generalfeldmarschall. Aufstieg in den ↗Türkenkriegen vom Heerführer (Teilnahme 1683 beim Entsatz von Wien, 1686 bei der Belagerung und Eroberung von Ofen, 1688 beim Vorstoß bis nach Bosnien) bis zum Generalfeldmarschall der Reichsarmee (1696) und zum Reichsgrafen (1708). *vK*

Thüringen Landschaft bzw. Land in der Mitte Deutschlands. Schon früh germanisch, seit dem 5. Jh. durch die namengebenden ↗Thüringer besiedelt. Seit 531 unter fränkischem Einfluß, fand im 8. Jh. seine ↗Missionierung statt. Seit der ↗Ostkolonisation gehörte T. zum Kerngebiet des ↗Heiligen Römischen Reiches. 1130 wurden die fränkischen Ludowinger Landgrafen von T. Sie förderten die höfische Kultur und den Ausbau der Kirche, starben 1247 mit ↗Heinrich Raspe aus.

Neben anderen ↗Fürsten konnten sich danach v.a. die ↗Wettiner behaupten, unter denen T. seit 1485 in zahlreiche Kleinstaaten zerfiel. Im 16. Jh. war T. ein Kernland der ↗Reformation, im 18./19. Jh. ein Zentrum deutscher Kultur und Aufklärung. Während der nördliche (albertinische) Teil T.s 1815 an ↗Preußen fiel, bestanden 1826–1918 noch vier ernestinische Herzogtümer sowie die Fürstentümer Schwarzenburg und ↗Reuß. Diese wurden 1921 zum Freistaat T. vereint (Hauptstadt Weimar), der bis 1934 bestand. *wj*

Thüringen (Bundesland) 1946 als Land wiederhergestellt, wurde T. 1952 in die ↗DDR-Bezirke Gera, Suhl und Erfurt aufgeteilt; seit 1990 Land der ↗Bundesrepublik, Hauptstadt Erfurt. Seit 1992 wird T. von der ↗CDU (bis 1994 in Koalition mit der ↗FDP, seither mit der ↗SPD) unter Ministerpräsident Bernhard ↗Vogel regiert. Wichtigste Wirtschaftszentren sind Eisenach (Fahrzeugbau) und Jena (Optoelektronik). *RB*

Thüringer Westgermanischer Stamm mit Siedlungsgebiet zwischen T. Wald und Harz. Um 400 erstmals erwähnt, gründeten die T. im 5. Jh. ein Königreich; wurden 531 von den Franken geschlagen und standen seitdem unter deren Oberhoheit; konnten sich rechtliche und kulturelle Eigenständigkeit bewahren. *wj*

Thurn und Taxis Deutsches Fürstengeschlecht; aus der ursprünglich italienischen Familie Taxis (1117 erstmals in der Lombardei bezeugt) hervorgegangen; erhielt 1518 von Kaiser ↗Karl V. das Postmonopol in Spanien, 1595 das Generalpostmeisteramt im ↗Heiligen Römischen Reich, das ab 1615 als erbliches Lehen der Familie großen Reichtum bescherte; 1624 Reichsgrafen, 1695 ↗Reichsfürsten; siedelte 1702 von Brüssel nach Frankfurt/Main, 1748 nach Regensburg über; 1806 mediatisiert (↗Mediatisierung); verlor 1867 gegen Abfindungen die letzten Postorganisationen in den deutschen Ländern. *rh*

Thyssen Auf Gründungen August ↗Thyssens zurückgehendes Unternehmen. Entwickelte sich bis 1914 zu einem bedeutenden Eisen- und Stahlproduzenten; gehörte 1926–45 den ↗Vereinigten Stahlwerken an; Neuaufbau seit 1953; in die Bereiche Stahl, Investitionsgüter und Verarbeitung sowie Handel und Dienstleistungen gegliedert. *UK*

Thyssen, August Unternehmer, *17.5.1842 Eschweiler, †4.4.1926 Schloß Landsberg (bei Essen). Gründete 1867 ein Eisenwalzwerk in Duisburg und 1871 ein Band- und Stabeisenwalzwerk in Styrum bei Mülheim/Ruhr; baute sein Unternehmen z.B. durch den Erwerb von Maschinenfabriken, Eisenhüttenwerken und Steinkohlenfeldern aus (Kern: die 1890 in Duisburg gegründete August T.-Hütte AG); betrieb den Aufbau der ↗Vereinigten Stahlwerke. *UK*

Thyssen, Fritz Unternehmer, *9.11.1873 Styrum (bei Mülheim/Ruhr), †8.2.1951 Martinez (Argentinien). Sohn von August ↗T.; leitete 1926–39 den ↗T.-Konzern; Aufsichtsratsvorsitzender der ↗Vereinigten Stahlwerke; vermittelte ↗Hitler Kontakte zur Montanindustrie; nach Meinungsverschiedenheiten mit den Machthabern des ↗Dritten Reichs 1939 Emigration in die Schweiz; wurde 1941 in Frankreich verhaftet, bis 1945 in ↗Konzentrationslagern gefangengehalten. Nach seinem Tod errichtete seine Familie in Köln die Fritz-T.-Stiftung.

Thyssen, Heinrich Unternehmer, Kunstsammler, *31.10.1875 Mülheim/Ruhr, †26.6.1947 Castagnola (bei Lugano [Schweiz]). Sohn August ↗T.s; heiratete 1906 in Ungarn die Baronin Margareta Bornemisza; nannte sich nach Adoption durch seinen Schwiegervater Baron T.-Bornemisza (1907); baute eine bedeutende Sammlung europäischer Malerei und Plastik des 12.–20. Jh.s auf. *UK*

Thyssen-Bornemisza, Hans Heinrich („Heini") Unternehmer, Kunstsammler, *13.4.1921 Den Haag (Niederlande). Enkel August ↗T.s; erbte 1947 große Teile der Kunstsammlung seines Vaters Heinrich ↗Thyssen (-Bornemisza) und erweiterte diese; erwarb 1950 das Schweizer Bürgerrecht und verzichtete auf seinen Adelstitel. *UK*

Tieck, Ludwig Dichter, *31.5.1773 Berlin, †28.4.1853 ebd. Theologie-, Literatur- und Geschichtsstudium 1792–95; bedeutender Vertreter der ↗Romantik. T. schuf neue Gattungen wie Märchennovelle, satirische Komödie (Der gestiefelte Kater, 1797) oder moderne Sozialsatire (Straußfedern, 1795–98). 1799–1801 stand er zusammen mit Friedrich und August Wilhelm ↗Schlegel im Mittelpunkt des Jenaer Literaturkreises. Zu Beginn des 19. Jh.s wandte T. sich von der Romantik ab, reiste durch Italien, Frankreich und Großbritannien und schrieb in frührealistischem Stil (Liebeszauber, 1811). 1819 zog T. nach Dresden, konzentrierte sich auf Theaterarbeit und verfaßte den Bildungsroman „Der junge Tischlermeister" (1836) im Stil des ↗Biedermeier. 1842 wurde er von ↗Friedrich Wilhelm IV. nach Berlin an die Hofbühne berufen und leitete mit der Aufführung des „Sommernachtstraums" eine Shakespeare-Renaissance in Deutschland ein. *rm*

Tierschutz In Vereinen ausgedrücktes Engagement zum Schutz von Tieren vor Qualen und für deren artgerechtes Leben; in Deutschland erstmals 1937; 1981 Zusammenschluß aller Vereine im Deutschen T.-Bund, der in jedem ↗Bundesland durch einen Landesverband repräsentiert ist; u. a. Direkthilfe für Tiere (Tierheime), aber auch Aufklärungsarbeit und Protestaktionen. Seit dem 17.2.1993 ist der T. gesetzlich verbindlich geregelt. *Ki*

Tietmeyer, Hans Präsident der Bundesbank, *18.8.1931 Metelen (Westfalen). 1967 Ministerialrat im Wirtschaftsministerium; 1982–89 Staatssekretär im Bundesfinanzministerium; 1990 Vorbereitung der ↗Währungs-, Wirtschafts- und Sozialunion; seit 1990 im Direktorium der ↗Deutschen Bundesbank; seit 1991 Vizepräsident, 1993–31.8.1999 Präsident der Bundesbank. *Ki*

Tilly, Johann von Feldherr, *Februar 1559 Schloß Tilly (Brabant), †30.4.1632 Ingolstadt. Ursprünglich in spanischen und kaiserlichen, seit 1610 in bayrischen Diensten; gleichzeitig Feldherr der katholischen ↗Liga; besiegte im ↗Dreißigjährigen Krieg 1620 am ↗Weißen Berg ↗Friedrich V. von der Pfalz; eroberte 1621–23 Ober- und Rheinpfalz, dann Nordwestdeutschland; schlug 1626 bei Lutter König Christian IV. von Dänemark; nach ↗Wallensteins Entlassung 1630 auch Führer der kaiserlichen Truppen; eroberte 1631 Magdeburg; von Gustav II. Adolf 1631 bei ↗Breitenfeld und 1632 bei Rain/Lech besiegt und tödlich verwundet. *rh*

Tilsit, Friede (1807) Bei T. (Stadt in Ostpreußen) zwischen Frankreich und Rußland (7.7.1807) sowie Frankreich und ↗Preußen (9.7.1807) geschlossener Friedensvertrag; beendete den 4. ↗Koalitionskrieg. Preußen trat seine Besitzungen westlich der Elbe ab und verlor die meisten nach 1772 von Polen gewonnenen Gebiete an das neugeschaffene Herzogtum Warschau. ↗Danzig wurde ↗Freie Stadt. *wm*

Tirpitz, Alfred von Großadmiral, *19.3.1849 Küstrin, †6.3.1930 Ebenhausen (Oberbayern). Seit 1865 in der preußischen Marine; betreute 1877–88 die Entwicklung der Torpedowaffe; wurde 1892 Stabschef des Oberkommandos der Marine; 1897–1916 Staatssekretär des Reichsmarineamtes, ab 1898 zugleich preußischer Staatsminister; baute zwischen 1898 und 1912 die deutsche Flotte zur zweitgrößten nach der britischen aus; sie sollte Großbritannien von einem Angriff abschrecken; T. befürwortete nach Ausbruch des ↗Ersten Weltkrieges den sofortigen Einsatz der Flotte sowie den uneingeschränkten U-Boot-Krieg; trat 1916 zurück, weil er diese Ziele nicht durchsetzen konnte; 1917 Gründungsmitglied der ↗Deutschen Vaterlands-Partei; 1924–28 Mitglied des Reichstages (↗DNVP). *sa*

Tirpitz, Schiff Schlachtschiff mit 2500 Mann Besatzung. 1939 vom Stapel gelaufen, seit 1942 gegen britische Schiffe im Eismeer eingesetzt; 22.9.1943 bei Norwegen beschädigt, 12.11.1944 versenkt. *PS*

Tisch, Harry DDR-Politiker (SED), *28.3.1927 Heinrichswald, †18.6.1995 Berlin. Seit 1945 Mitglied der ↗KPD, 1946 der ↗SED und 1948–50 im ↗FDGB; 1948–53 Funktionär der IG Metall; 1950–52 Landtagsabgeordneter in Mecklenburg; ab 1963 Abgeordneter der ↗Volkskammer der ↗DDR; 1975–89 Vorsitzender des Bundesvorstandes des FDGB; 1975 Mitglied des ↗Politbüros; nach der ↗Wiedervereinigung wegen Untreue zu 18 Monaten Haft verurteilt; in Anrechnung der Untersuchungshaft 1991 freigelassen. *Ki*

Alfred von Tirpitz (Mitte) mit ↗Wilhelm II. und Henning von ↗Holtzendorff (v. li.)

Tischbein, Johann Heinrich Wilhelm Maler, Radierer, *15.2.1751 Haina, †26.6.1829 Eutin. „Goethe-T." genannt; 1787 Reise mit ↗Goethe nach Neapel; schuf, beeinflußt von antiker und niederländischer Kunst, Porträts, Stilleben, Historienbilder und Tierbilder; bekanntestes Werk: Goethe in der römischen Campagna (1787). *rw*

Tobruk, Schlacht (1941/42) Hafenstadt in Libyen, im ↗Afrikafeldzug Schauplatz von Versuchen deutsch-italienischer Einheiten, die britisch besetzte Festung im April 1941 zu erobern; November 1941 erfolgreiche britische Offensive zur Beendigung der Belagerung; im Juni 1942 Kapitulation der Besatzung vor deutschen Truppen unter ↗Rommel; November 1942 wieder britisch besetzt. *PS*

Todesmärsche Bezeichnung für seit Mitte 1944, verstärkt seit Januar 1945 durchgeführte Evakuierungen von ↗Konzentrationslagern v.a. vor der vorrückenden ↗Roten Armee durch strapaziöse Fußmärsche von Häftlingskolonnen mit dem Ziel, als weniger bedroht angesehene Lager zu erreichen. Gekennzeichnet durch Mißhandlungen und massenhafte Ermordung der oft nicht mehr gehfähigen Häftlinge durch die Wachmannschaften. Zehntausende kamen dabei noch in den letzten Kriegsmonaten ums Leben. *PS*

Todt, Fritz Ingenieur, *4.9.1891 Pforzheim, †8.2.1942 bei Rastenburg (Ostpreußen). 1922 zur ↗NSDAP; 1933 Leiter beim Bau der ↗Autobahnen; 1938 Generalbevollmächtigter für das Bauwesen; seit 1940 Reichsminister für Bewaffnung und Munition; realisierte u.a. mit seiner ↗Organisation Todt den Bau des ↗Atlantik-Walls; starb bei Flugzeugabsturz. *PS*

Togo, Kolonie 1884 nahm ↗Nachtigal zunächst einen Küstenstreifen T.s als Schutzgebiet in deutschen Besitz, dessen Grenzen bis 1897 vertraglich festgelegt wurden. T. wurde zum Musterbeispiel für andere ↗Kolonien, weil ab 1900 keine Reichszuschüsse mehr gezahlt werden mußten. 1914 besetzt, wurde T. 1919 in das britische West-T. und das französische Ost-T. geteilt. *dt*

Toleranzpatent (1781) Am 13.10.1781 von Kaiser ↗Joseph II. im Zuge seiner aufklärerischen, von wirtschaftlichen Überlegungen getragenen Kirchenpolitik für ↗Österreich erlassenes Gesetz; gewährte Protestanten (↗Protestantismus) und Griechisch-Orthodoxen die freie Religionsausübung, den Bau von Gotteshäusern (ohne Glokkenturm und Sakralfenster) und sicherte ihnen die vollen bürgerlichen Rechte zu. 1782 auch auf die ↗Juden ausgedehnt. *rh*

Toller, Ernst Schriftsteller, *1.12.1893 Samotschin (Posen), †22.5.1939 New York. Kriegsfreiwilliger im ↗Ersten Weltkrieg, danach Pazifist; Vertreter der ↗Münchner Räterepublik, fünf Jahre Haft; veröffentlichte u.a. in der ↗Weltbühne; 1933 ↗Emigration; Suizid. *PS*

Tönnies, Ferdinand Philosoph, Soziologe, *26.7.1855 Ties (Nordfriesland), †11.4.1936 Kiel. 1909 bis zu seiner Entlassung 1933 Professor in Kiel; gehörte 1909 zu den Gründungsmitgliedern der Deutschen Gesellschaft für Soziologie, deren Präsident er 1922–33 war. T. wirkte maßgeblich an der Entwicklung der Soziologie als eigenständiger Wissenschaft mit. *nk*

Töpfer, Klaus Bundesumweltminister (CDU), *29.7.1938 Waldenburg (Schlesien, heute Wałbrzych). Seit 1972 Mitglied der ↗CDU; 1978 Staatssekretär, 1985–87 Umwelt- und Gesundheitsminister in Rheinland-Pfalz; 1987–94 Bundesumweltminister; 1994–97 Bundesbauminister; seit 1998 Leiter des Umweltprogrammes der ↗Vereinten Nationen in Nairobi. *Ki*

Torgau Stadt in Sachsen, im ↗Zweiten Weltkrieg Sitz des größten Wehrmachtsgefängnisses und Zentrale des Wehrmachtsstrafvollzuges, 1943–45 auch des Reichskriegsgerichtes. Nach dem Krieg Speziallager der sowjetischen Militärverwaltung; ab 1950 als DDR-Strafvollzugsanstalt genutzt.
25.4.1945 Schauplatz des ersten Zusammentreffens von US-amerikanischen Einheiten mit Rotarmisten auf gesprengter Elbbrücke. (488) *PS*

Totaler Krieg Schlagwort der NS-Propaganda, geprägt von ↗Goebbels in seiner ↗Sportpalastrede am 18.2.1943 nach der Niederlage von ↗Stalingrad. Bezeichnete Maßnahmen zur weiteren Einbindung der deutschen Zivilbevölkerung in das Kriegsgeschehen durch Arbeitspflicht, Aufstellung des ↗Volkssturmes, drakonische Strafen gegen ↗Wehrkraftzersetzung u.a. *PS*

Trabant Viersitziger Kleinwagen, seit 1958 vom Sachsenring Automobilwerk Zwickau hergestellt, umgangssprachlich „Trabbi"; Zweitakt-Ottomotor, Duroplastkarosserie mit Stahlblechgerippe. Produktion (insgesamt 3,69 Mio.) wurde 1991 eingestellt. *sb*

Trakl, Georg Österreichischer Dichter, *3.2.1887 Salzburg, †3.11.1914 Krakau. Sein Frühwerk ist vom französischen Symbolismus beeinflußt. Später verlieh T. seiner pessimistischen

Weltsicht in expressionistischem Stil Ausdruck (Gesang des Abgeschiedenen, herausgegeben 1933). T. wurde zu Beginn des ↗Ersten Weltkrieges als Sanitätsfähnrich einberufen und starb kurz darauf nach einem Zusammenbruch angesichts der Grauen des Krieges durch eine Überdosis Kokain. *rm*

Transitabkommen (1971) Am 17.12.1971 unterzeichnete und am 3.6.1972 in Kraft getretene Vereinbarung zwischen der ↗Bundesrepublik und der ↗DDR, die den zivilen Durchreiseverkehr von Westdeutschland nach Berlin (West) regelte; Ergänzung zum ↗Viermächte-Abkommen über Berlin. *kl*

Translatio Imperii (lat. für Übertragung der Herrschaft) Bezeichnung für die mittelalterliche Vorstellung von der Weitergabe der Vorherrschaft von einem Volk an ein anderes. Nach der 1198 erfolgten Wahl zweier ↗Könige entschied Papst Innozenz III. zugunsten des ↗Welfen ↗Otto IV. unter Berufung auf die kuriale Translationstheorie. Diese leitete von der päpstlichen Krönung ↗Karls des Großen (Übertragung der Kaiserwürde von Byzanz auf die ↗Franken) eine Verfügungsmacht des ↗Papsttums über das Kaisertum ab. *wm*

Treblinka Im Rahmen der ↗Aktion Reinhardt Sommer 1942 eingerichtetes drittes ↗Vernichtungslager im ↗Generalgouvernement nordöstlich von Warschau. Seit Juli 1942 wurden in T. ca. 870000 Juden sowie ↗Sinti und Roma ermordet, meist gleich nach ihrer Ankunft. Nach einem Aufstand der zunächst von der Ermordung ausgenommenen und in Arbeitskommandos zusammengefaßten Juden am 2.8.1943, bei dem Teile des Lagers niedergebrannt wurden und einigen die Flucht gelang, wurde T. aufgelöst.
Einer der letzten Überlebenden des Aufstandes, Richard Glazar, der später einen Bericht über das Lager T. schrieb, beging Anfang 1998 in Prag Suizid. *PS*

Treidelpfad ↗Leinpfad

Treitschke, Heinrich von Historiker, *15.9.1834 Dresden, †28.4.1896 Berlin. Professor für Staatswissenschaften in Freiburg; ab 1866 Professor für Geschichte in Kiel, ab 1867 in Heidelberg; wurde 1874 an die Berliner Universität berufen; 1871–84 Mitglied des ↗Reichstages; 1886 als Nachfolger ↗Rankes Ernennung zum Historiographen des preußischen Staates. T.s wissenschaftliche Arbeiten waren stark geprägt von seinem politischen Engagement. Er war Gegner des ↗Sozialismus und Antisemit (↗Antisemitismus); verfocht die Idee eines starken, ethisch fundierten, preußischen Nationalstaates. Seine „Deutsche Geschichte im 19. Jh." (1879–94) wurde bestimmend für das Geschichtsbild des Bildungsbürgertums im 19. Jh. und fand großen Widerhall in der ↗Geschichtswissenschaft vor 1945. *ep*

Trenck, Franz von der Österreichischer Offizier, *1.1.1711 Reggio di Calabria, †4.10.1749 Spielberg (bei Brünn); zeichnete sich als Führer eines Panduren-Reiterkorps im 1. und 2. ↗Schlesischen

Bei Torgau/Elbe treffen US-Soldaten mit Sowjetsoldaten zusammen.

Krieg (1740–42; 1744–45) aus; 1746 wegen Plünderungen seiner Truppe zum Tod verurteilt, dann zu lebenslänglicher Haft begnadigt. *rh*

Tresckow, Henning von Generalmajor, *10.1. 1901 Magdeburg, †21.7.1944 bei Białystok (Weißrußland). Plante am 13.3.1943 Attentat auf ↗Hitler, das durch Zündversagen der in dessen Flugzeug versteckten Bombe scheiterte; seit Herbst 1943 mit ↗Stauffenberg Ausarbeitung eines Staatsstreichplans; nach Scheitern des Attentates des ↗Zwanzigsten Juli Suizid. *PS*

Treuhandanstalt Am 1.3.1990 in der ↗DDR gegründete „Anstalt zur treuhänderischen Verwaltung des Volkseigentums" mit Sitz in Berlin; nach der ↗Wiedervereinigung in eine Bundesanstalt umgewandelt; bis 1993 weitgehende Privatisierung aller ehemals staatlichen Betriebe, deren Eigentümerin die T. nach dem 1.7.1990 war, durch Verkauf an nationale und internationale Investoren; Privatisierung von ca. 40000 Unternehmen und Handelsgeschäften, Verkauf von über 45000 Liegenschaften und über 60000 ha land- und forstwirtschaftlicher Nutzfläche, Abschluß aller Tätigkeiten zum 31.12.1994, Bezahlung der angefallenen Schulden in Höhe von 205 Mrd. DM über den ↗Erblastentilgungsfonds; Abwicklung der verbliebenen Unternehmen und Überwachung abgeschlossener Privatisierungsverträge durch die Beteiligungs-Management-Gesellschaft (BMG); Übertragung verbliebener hoheitlicher Aufgaben auf das „Bundesamt zur Regelung offener Vermögensfragen" zum 1.1.1997. *kl*

Triaspolitik Allg. Bezeichnung für eine Politik, die einen Dualismus zwischen zwei Staaten durch Schaffung einer dritten, neutralisierenden Macht auszugleichen versucht; im ↗Deutschen Bund 1854/60 Bemühungen der Regierungen der deutschen Mittelstaaten um die Bildung einer dritten Kraft zwischen ↗Preußen und ↗Österreich (↗preußisch-österreichischer Dualismus). *vK*

Tridentinum ↗Trient, Konzil

Trient, Konzil (1545–63) (lat. Tridentinum) In drei Sitzungsperioden, 1545–47, 1551/52, 1562/63, in Trient tagendes Konzil (↗Gegenreformation) zur Festlegung des kirchlichen Dogmas, v.a. als Abgrenzung gegenüber der ↗Reformation und zur inneren Reform der ↗katholischen Kirche (↗katholische Reform). Zu den wichtigsten Beschlüssen zählten Gleichrangigkeit von Tradition und Heiliger Schrift, Rechtfertigungslehre, Siebenzahl der Sakramente (Tridentinisches Glaubensbekenntnis) sowie die Residenzpflicht der Bischöfe und Priester, die Einrichtung von Priesterseminaren, Dekrete über Ehe, Ablaß usw. 1564 bestätigte Papst Pius IV. die Konzilbeschlüsse, die, nach der Erschütterung durch die Reformation, für die Regeneration des Katholizismus als zeitgemäßem Glauben überragende Bedeutung besaßen. *nk*

Trier Das von Augustus gegründete Augusta Treverorum war ein wichtiges Zentrum der Römer und lange größte ↗Stadt diesseits der Alpen. Seit dem 3. Jh. Bistum, seit dem 6. Jh. Erzbistum, dem unter ↗Karl I., dem Großen, lothringische Bistümer untergeordnet wurden. Im 11. Jh. Ausdehnung des Herrschaftsgebietes, v.a. durch das vom Kaiser geschenkte Koblenz; größter Einfluß und Gebietserweiterungen unter Erzbischof ↗Balduin von Luxemburg (1307–54); 1308 Aufnahme in das Kurfürstenkollegium mit der ↗Erzkanzler-Würde für Burgund; im 15. Jh. freie ↗Reichsstadt; die ↗Reformation konnte in T. nicht Fuß fassen. 1801 kamen die linksrheinischen Teile des Erzbistums an Frankreich; 1802 Rückstufung zum Bistum und 1803 Aufhebung der Kurwürde; seit 1815 preußisch (↗Rheinprovinz). *wj*

Trimborn, Carl Politiker, *2.12.1854 Köln, †25.7.1921 Bonn. 1896–1921 Reichstagsabgeordneter des ↗Zentrums; seit 1914 Vorsitzender des ↗Volksvereins für das katholische Deutschland; bedeutender Vertreter der katholischen Sozialpolitik; Mitglied der ↗Weimarer Nationalversammlung; seit 1919 Fraktionsvorsitzender des Zentrums im ↗Reichstag; seit 1920 Parteivorsitzender. *UK*

Trittin, Jürgen Bundesumweltminister (Bündnis 90/Die Grünen), Sozialwissenschaftler, *25.7. 1954 Bremen. 1980 Gründungsmitglied der ↗Grünen; 1985–90 und 1994 Mitglied des Landtages in ↗Niedersachsen, 1985/86 und 1988–90 Fraktionsvorsitzender, 1990–94 Minister für Bundes- und Europaangelegenheiten; 1994–98 Bundesvorstandssprecher von ↗Bündnis 90/Die Grünen; seit 1998 Bundesumweltminister. *li*

Trizone Bezeichnung für den durch den Beitritt der französischen ↗Besatzungszone zum ↗Vereinigten Wirtschaftsgebiet am 8.4.1949 entstandenen, einheitlichen westdeutschen Wirtschaftsraum; Vorstufe zu der aus der T. entstandenen ↗Bundesrepublik. *kl*

Troeltsch, Ernst Philosoph, evangelischer Theologe, *17.2.1865 Haunstetten (bei Augsburg),

†1.2.1923 Berlin. Ab 1892 Professur für systematische Theologie in Bonn bzw. Heidelberg, ab 1915 auch für Philosophie in Berlin. T. wandte sich gegen den Absolutheitsanspruch des Christentums und forderte eine Abkehr vom historischen Denken insbesondere in der Theologie: Der Historismus und seine Probleme, 1922. *rm*

Trott zu Solz, Adam von Diplomat, *9.8.1909 Potsdam, †26.9.1944 Berlin. Mitglied des ↗Kreisauer Kreises; seit 1940 im ↗Auswärtigen Amt; Versuche, auf Auslandsreisen Unterstützung für den ↗Widerstand zu erhalten; zum Tode verurteilt und hingerichtet. *PS*

Truchseß (Seneschall) Seit der Merowingerzeit wichtiges Amt am königlichen ↗Hof; zuständig für Hausverwaltung und Tafel; Erz-T. seit dem 12. Jh. eines der vier Erzämter (↗Hofämter), die seit der ↗Goldenen Bulle (1356) endgültig bei den ↗Kurfürsten lagen (Erz-T. zunächst der pfälzische, seit 1623 der bayrische Kurfürst). *wj*

Trümmerfrauen Bezeichnung für Frauen, die nach dem ↗Zweiten Weltkrieg mit Aufräumarbeiten und der Beseitigung von Schutt der durch den Krieg zerstörten Gebäude direkt am ↗Wiederaufbau beteiligt waren. Seit 1987 gewährt die ↗Bundesrepublik den T. durch einen zusätzlichen Rentenbetrag pro Kind eine Entschädigung für die Doppelbelastung der Kindererziehung und des gemeinnützigen Dienstes. *Ki*

Trümmerliteratur Literaturrichtung nach 1945, deren Vertreter einen „Null-Punkt" in der ↗Literatur – auf den Trümmern Deutschlands – propagierten, um nicht unmittelbar an die kulturelle Tradition vor der ↗Machtergreifung anzuknüpfen. Zu den wichtigsten Autoren, die sich z.T. in der ↗Gruppe 47 zusammenschlossen, gehörte z.B. ↗Borchert. *kp*

Tschernobyl Stadt im Gebiet Kiew (Ukraine) und Standort eines Atomkraftwerks, in dem sich am 26.4.1986 ein schwerer Reaktorunfall ereignete; erhöhte radioaktive Belastung in den folgenden Jahren, u.a. in Süddeutschland, führte zu verstärkter Diskussion um die Sicherheit der Atomenergie; starker Schub für die ↗Ökologiebewegung, u.a. Demonstrationen gegen die geplanten Wiederaufbereitungsanlagen ↗Gorleben und ↗Wackersdorf; keine einheitlichen Reaktionen der Parteien. Während einige ↗Bundesländer wie

Berliner Trümmerfrauen bei Aufräumarbeiten (1945)

↗Hessen, ↗Schleswig-Holstein und ↗Niedersachsen verstärkt auf alternative Wege der Stromerzeugung (Solarenergie oder Windräder) setzen, hielt die ↗Bundesregierung bis 1998 am Ausbau der Atomenergie fest. *Ki*

Tucholsky, Kurt Schriftsteller, Journalist, *9.1. 1890 Berlin, †21.12.1935 Hindås (bei Göteborg). Ab 1913 Mitarbeit an der Zeitschrift „Schaubühne" (1918 in ↗„Weltbühne" umbenannt). T. vertrat in seinen satirisch-ironischen Artikeln und Gedichten einen linksorientierten Pazifismus; seine Zeitgeistkritik wandte sich gegen den aufkommenden ↗Nationalismus und Militarismus in der ↗Weimarer Republik. T. veröffentlichte v.a. unter den Pseudonymen Theobald Tiger, Ignaz Wrobel, Peter Panter oder Kaspar Hauser. Ab 1924 lebte er in Paris, ab 1929 in Schweden, wo er 1935 Selbstmord beging. Hauptwerke: Fromme Gesänge (1919), Deutschland, Deutschland über alles! Ein Bilderbuch (1929), Schloß Gripsholm (1931). *rm*

Tulla, Johann Gottfried Ingenieur, *20.3.1770 Karlsruhe, †27.3.1828 Paris. 1807 Gründer der Karlsruher Ingenieurschule (heute Technische Universität); begann 1817 mit dem Ausbau des Oberrheins zur Großschiffahrtsstraße („Regulierung"). *nk*

Türkenkriege Die Kriege der christlichen Staaten Europas gegen die osmanischen Türken, bes. vom 17.–19. Jh., bis Ende des 18. Jh.s unter Führung Österreichs, dann Rußlands.

1) Nach der Schlacht von ↗Mohács (1526) fielen Ungarn und ↗Böhmen an Österreich, das von nun an in die T. verwickelt wurde. Die Belagerung von ↗Wien 1529 durch Sultan Sulaiman II. scheiterte.

2) 1663/64: brach wegen der Unterstützung ↗Siebenbürgens durch Kaiser ↗Leopold I. aus; schloß nach dem Sieg unter ↗Montecuccoli bei ↗St. Gotthard/Raab (1664) mit dem Frieden von Eisenburg (10.8.1664), der zwar das weitere Vordringen der Türken nach Westen verhinderte, ihnen aber Siebenbürgen überließ.

3) 1683–99: auf den Vorstoß der Osmanen unter Großwesir Kara Mustafa nach ↗Wien 1683 folgten die Siege der europäischen Mächte durch König Johann III. von Polen am ↗Kahlenberg (1683), durch Karl von Lothringen (1686 Eroberung Ofens), ↗Ludwig Wilhelm I. von Baden, den „Türkenlouis" (1689 bei Nisch) und Prinz ↗Eugen (1697 bei Zenta); abgeschlossen durch den Frieden von Karlowitz (26.1.1699), in dem die Türkei den größten Teil Ungarns und Siebenbürgens an Österreich, Kamenez an Polen und Morea an Venedig verlor.

4) 1714–18: ausgelöst durch den Angriff der Türken auf Morea und Korfu. Das von Venedig 1716 zu Hilfe gerufene Österreich erzwang durch die Siege Prinz Eugens bei Peterwardein (1716) und Belgrad (16.8.1717 erobert) den Frieden von Passarowitz (21.7.1718) und erhielt Nordserbien mit Belgrad, Teile Bosniens, das Banat und die Kleine Walachei.

5) 1736–39: Österreichisch-Russischer Krieg, abgeschlossen durch den Frieden von Belgrad (18.9.1739). Österreich verlor alle 1718 errungenen Gebiete außer dem Banat. *rh*

Türkenlouis ↗Ludwig Wilhelm I. von Baden

Turmair ↗Aventinus

Turnerschaften Farbentragende Studentenverbindungen, die Leibesertüchtigung und sportliche Leistung in akademischen Gruppen zum Leitziel erklären. 1872 wurde der „Cartell-Verband der Akademischen Turnvereine" (ATV) gegründet, von dem sich nicht farbentragende Turnvereine abspalteten. Aus dem ATV ging 1885 der „Vertreter-Convent" (VC) hervor, der sich ab 1897 „Turnerschaft" und ab 1933 „Verband der Turnerschaften auf deutschen Hochschulen" nannte und die Entwicklung des Hochschulsports förderte (1935: 91 Turnerschaften mit mehr als 6000 studentischen Mitgliedern). 1935 aufgelöst, konstituierte sich der VC nach dem ↗Zweiten Weltkrieg erneut und schloß sich 1951 mit den Akademischen Landsmannschaften zum „Coburger Convent" zusammen. *rm*

Turnier Mittelalterliches, im 11. Jh. von Frankreich aus in ganz Europa verbreitetes Reiterkampfspiel mit ↗Schild und Lanze. Man unterschied Buhurt (Kampf zweier Scharen) und Tjost (Zweikampf). Das Ziel des oft tödlich endenden Wettkampfes war das zur Schau stellen von Gewandtheit im Umgang mit Pferd und Waffe. *ku*

T 4-Aktion ↗Euthanasie

U

Überleitungsvertrag Erster Vertrag der ↗Bundesrepublik nach der ↗Wiedervereinigung, am 9.10.1990 zwischen der Bundesrepublik und der Sowjetunion geschlossen; vereinbarter Abzug der ↗Gruppe sowjetischer Streitkräfte in Deutschland bis 1994; Finanzierung ihres befristeten Aufenthaltes in Deutschland, ihres Abzugs und ihrer Wiederansiedelung in der Sowjetunion (↗Stationierungsvertrag) mit 12 Mrd. DM. *kl*

Ubiquitätslehre Von Martin ↗Luther gegen ↗Karlstadt und Ulrich Zwingli entwickelte Lehre von der „Allgegenwart" der menschlichen Natur des auferstandenen Christus, mit der seine leibliche Präsenz beim Abendmahl begründet wird. *nk*

U-Boot-Krieg Obwohl die Marine zu Beginn des ↗Ersten Weltkrieges wegen des durch von ↗Tirpitz vertretenen ↗Flottenbauprogrammes nur wenige einsatzbereite Untersee-Boote zur Verfügung hatte, wurden diese seit Anfang 1915 im Seekrieg gegen Großbritannien verwendet, um v. a. den britischen Seehandel zu stören. Nach dem ↗Lusitania-Zwischenfall wurde der U-B.-K. seit Herbst 1915 weitgehend ausgesetzt, 1917 als uneingeschränkter U-B.-K. aber wieder aufgenommen; in der Folge als Reaktion Kriegseintritt der USA am 6.4.1917. – Im ↗Zweiten Weltkrieg ↗Atlantikschlacht. *PS*

Udet, Ernst Generaloberst, *26.4.1896 Frankfurt/Main, †18.11.1941 Berlin. Im ↗Ersten Weltkrieg Jagdflieger; 1939 Generalluftzeugmeister der Luftwaffe; Sündenbock für Mißerfolge bei den Luftangriffen auf Großbritannien 1940/41; nach Vorwürfen wegen der Luftwaffenführung während des ↗Unternehmens Barbarossa Suizid. *PS*

Ufa ↗Universum-Film-Aktiengesellschaft

Deutsches U-Boot, Innenansicht

Uhland, Ludwig Lyriker, *26.4.1787 Tübingen, †13.11.1862 ebd. Rechtsanwalt, 1819 Abgeordneter im württembergischen Landtag; 1829–32 Germanistikprofessor in Tübingen; 1848 liberaler Abgeordneter in der ↗Frankfurter Nationalversammlung. Wichtigster Vertreter der „schwäbischen Romantik". Schrieb volkstümliche Natur- und Liebeslyrik, Romanzen und Balladen, u.a. „Des Sängers Fluch" (1804). *ij*

Uhrig, Robert Dreher, *8.3.1903 Leipzig, †21.8. 1944 Brandenburg. 1920 zur ↗KPD; Juni 1934 bis März 1936 Zuchthaus; seit 1940 Leiter einer kommunistischen Widerstandsgruppe in Berlin, Zusammenarbeit mit der Münchner Widerstandsgruppe von Beppo ↗Römer; 4.2.1942 verhaftet, am 7.6.1944 zum Tode verurteilt und hingerichtet. *PS*

Ukraine ↗Reichskommissariate Ostland und Ukraine

Ulbricht, Walter Staatsratsvorsitzender der DDR, *30.6.1893 Leipzig, †1.8.1973 Berlin. 1912 Mitglied der ↗SPD, 1919 Mitbegründer der ↗KPD; 1928–33 Mitglied des ↗Reichstages, Emigration 1933; Politkommissar im Spanischen Bürgerkrieg 1936–38; 1938–45 in der Sowjetunion, dort Mitbegründer des ↗Nationalkomitees „Freies Deutschland"; kehrte 1945 als Leiter der ↗Gruppe Ulbricht nach Deutschland zurück und war in der ↗SBZ maßgeblich an der Bildung der ↗SED beteiligt; 1949–60 stellvertretender Ministerpräsident der ↗DDR; seit 1950 Generalsekretär, ab 1953 Erster Sekretär der SED; schaltete nach dem Aufstand vom ↗Siebzehnten Juni 1953 und während der ↗Entstalinisierung viele politische Konkurrenten aus und baute durch das Amt des Vorsitzenden im ↗Staatsrat sowie dem ↗Nationalen Verteidigungsrat seine Machtposition aus; folgte zunächst dogmatisch den Vorgaben der Sowjetunion; war nach dem Bau der ↗Berliner Mauer 1961 um größere Unabhängigkeit der DDR bemüht; erreichte durch einen effizienteren Ausbau der Volkswirtschaft eine Stabilisierung der DDR; trat aufgrund des Drucks von Erich ↗Honecker 1971 zurück. *AM*

Walter Ulbricht mit Otto ↗Grotewohl (v. li.; 1950)

Ulbricht-Doktrin Nach dem Vorsitzenden des ↗Staatsrates der ↗DDR ↗Ulbricht benannter außenpolitischer Grundsatz, der als Pendant zur ↗Hallstein-Doktrin die Anerkennung der DDR zur Vorbedingung für die Aufnahme diplomatischer Beziehungen mit der ↗Bundesrepublik machte; von den Mitgliedstaaten des ↗Warschauer Paktes auf einer Tagung vom 8.–10.2.1967 als verbindlich anerkannt; blockierte bis zum Abschluß der Ostverträge 1970 jede aktive ↗Ostpolitik. *kl*

Ulm, Münster Die größte gotische Kirche (↗Gotik) Deutschlands wurde 1377–1529 als fünfschiffige Basilika erbaut; 1844–90 wurde der Kirchturm (mit 161 m der höchste der Welt) fertiggestellt. *RB*

Ulrich

Augsburg:

Ulrich (Udalrich) Bischof, *890 Augsburg, †4.7.973 ebd. Seit 923 Bischof von Augsburg; Förderer von Bildung und Kirchenbau; befestigte die Stadt und verteidigte sie beim ↗Ungarneinfall (955); hatte Anteil am Sieg auf dem ↗Lechfeld; wurde 993 heiliggesprochen. *RB*

Deutscher Orden:

Ulrich von Jungingen Hochmeister, *um 1360, †15.7.1410 Tannenberg. Nach dem Tod seines Bruders ↗Konrad von Jungingen 1407 ↗Hochmeister. Unter seiner Führung kam es 1409 zur Auseinandersetzung zwischen dem ↗Deutschen Orden und Polen, die in der Schlacht von ↗Tannenberg gipfelte. *dh*

Württemberg:

Ulrich Herzog, *8.2.1487 Reichenweier (Elsaß), †6.11.1550 Tübingen. Seit 1498 Herzog, bis 1503 unter Vormundschaft; erweiterte im ↗Landshuter Erbfolgekrieg 1504 sein Gebiet; warf den Bauernaufstand des ↗Armen Konrad 1514 mit Hilfe der ↗Landstände nieder, denen er im Tübinger Vertrag von 1514 Zugeständnisse machen mußte; 1516 nach Ermordung seines Stallmeisters und Mißhandlung seiner Frau geächtet; 1519 wegen Eroberung der Reichsstadt Reutlingen vom ↗Schwäbischen Bund vertrieben; schloß sich der ↗Reformation an und gewann 1534 durch die Unterstützung Frankreichs und ↗Philipps von Hessen sein Land als österreichisches Afterlehen zurück; führte im Herzogtum die Reformation ein; mußte sich im ↗Schmalkaldischen Krieg 1547 Kaiser ↗Karl V. unterwerfen und 1548 das ↗Augsburger Interim annehmen. *rh*

Ultramontanismus (zu lat.: ultra montes, „jenseits der Berge" = der Alpen). Im 18. Jh. in Frankreich entstandene, später im ↗Kulturkampf polemisch verwendete Bezeichnung für eine Strömung des politischen Katholizismus, welche den Primat des Papstes vertrat und aufklärerische, protestantische, liberale und nationalstaatliche Ideen bekämpfte. *ij*

Umerziehung Maßnahmen zur Demokratisierung der deutschen Bevölkerung nach dem Ende des ↗Zweiten Weltkrieges, v.a. in den westlichen ↗Besatzungszonen angewandt; v.a. erzieherische Maßnahmen im Bereich der Schul- und Erwachsenenbildung zur Unterstützung der ↗Entnazifizierung; allerdings kaum Einigkeit unter den ↗Besatzungsmächten über Art und Umfang der U. *AM*

Umerziehungslager ↗Internierungslager

Umsiedler Gemäß dem Bundesvertriebenengesetz vom 19.5.1953 gelten als U. bzw. Aussiedler Personen deutscher Staatsangehörigkeit oder Volkszugehörigkeit, die nach dem ↗Zweiten Weltkrieg als ↗Vertriebene aus den deutschen ↗Ostgebieten kamen oder aus Ländern Ost- und Südosteuropas sowie aus China emigriert sind. Als U. galten auch Übersiedler aus der ↗DDR und DDR-Flüchtlinge. *sb*

Umweltschutz Alle Maßnahmen, die die Erhaltung und Verbesserung der natürlichen Lebensgrundlagen von Menschen, Tieren und Pflanzen betreffen. Gesetzliche Grundlage des U.es ist das Umweltrecht. U.-Politik ist seit Ende der 60er Jahre im Kontext der Medienberichterstattung über Umweltkatastrophen, Atomenergie und die Ölkrise 1973/74 ein eigenständiger Politikbereich. 1974 wurde das Umweltbundesamt geschaffen, 1986 das Bundesumweltministerium. Die ↗Ökologiebewegung, aus der 1980 die Partei Die ↗Grünen hervorging, formulierte neue politische Zielvorstellungen. Seit den 70er/80er Jahren zahlreiche neue Umweltgesetze. Die 90er Jahre sind durch Globalisierung des U. gekennzeichnet. *sb*

UN ↗Vereinte Nationen

Unabhängige Sozialdemokratische Partei Deutschlands (USPD) Politische Partei. Gegründet am 8.4.1917 aus der 1916 von der ↗SPD ausgeschlossenen Oppositionsgruppe, die die ↗Kriegskredite abgelehnt hatte; vertrat im ↗Rat der Volksbeauftragten und in der Weimarer ↗Nationalversammlung radikale Forderungen (↗Rätesystem); spaltete sich 1920. Der sich nicht mit der ↗KPD vereinigende Teil der USPD schloß sich 1922 wieder der SPD an. *UK*

unehrliche Leute Gewerbeausübende, die in der mittelalterlichen Gesellschaft einen ehrlosen Ruf hatten (Abdecker, Bader, ↗Fahrendes Volk, Gaukler, Gerber, Henker, Leineweber, Müller, Schinder, Totengräber u.a.). Als u.L. galten alle, die außerhalb der Ortschaft arbeiteten, mit geruchsintensiven Stoffen zu tun hatten oder mit dem Tod in Berührung kamen. Die u.L. hatten eingeschränkte bürgerliche Rechte und blieben bis ins 19. Jh. hinein bedingt rechtsfähig. *ku*

Ungarneinfall In der ersten Hälfte des 10. Jh.s war Deutschland wiederholt Ziel von Raubzügen der Ungarn. In entscheidenden Schlachten wurden diese 933 bei Riade (Thüringen) von König ↗Heinrich I. und 955 von Kaiser ↗Otto I. auf dem ↗Lechfeld bei Augsburg geschlagen. *RB*

Union, protestantische (1608) Am 14.5.1608 gegründetes protestantisches, antihabsburgisches Bündnis süd- und westdeutscher Fürsten und Städte unter Führung der Kurpfalz (Vorsitzender des Kriegsrates: ↗Christian I. von Anhalt-Bernburg); hatte die Gründung der katholischen ↗Liga (1609) zur Folge; dauernder Geldmangel und Streit zwischen Lutheranern und Calvinisten; der Kampf ihres Hauptes, ↗Friedrichs V. von der Pfalz, um die böhmische Krone 1619/20 fand bei der U. keine Unterstützung; löste sich 1621 nach den militärischen Erfolgen des Kaisers und der Liga auf. *rh*

Universität (von lat. universitas: Gesamtheit) Selbstverwaltete staatliche, private oder kirchliche Institution zur Pflege der Wissenschaften, von Forschung, Lehre und Ausbildung. Die U. entstanden aus Gelehrtenschulen, als Kloster- und ↗Domschulen dem wachsenden Bedürfnis nach wissenschaftlicher Forschung nicht mehr nachkommen konnten. Erste U.s-Gründungen im 11. und 12. Jh. v.a. in Italien; im Heiligen Römischen Reich: ↗Prag (1348), ↗Wien (1365) und ↗Heidelberg (1386); mit päpstlichen und kaiserlichen Privilegien (Selbstverwaltung) ausgestattet. Forschung und Lehre lehnten sich zunächst stark an die religiösen Glaubensgrundsätze an.

Unter dem Einfluß von Humanismus, Reformation und Aufklärung entwickelte sich im 17./18. Jh. der Typ der neuzeitlichen U. (in Deutschland: Halle, Göttingen), die als erste die akademische Lehrfreiheit für sich beanspruchten. Im 19. Jh. gewannen die ↗Akademien für die wissenschaftliche Forschung zunehmend an Bedeutung. Gleichzeitig kam mit der Gründung von Technischen Hochschulen ein neuer Typus der naturwissenschaftlich ausgerichteten U. auf. Nach 1919 entwickelten sich die ersten Pädagogischen Hochschulen.

Im ↗Nationalsozialismus wurden die U. für die Kriegsziele instrumentalisiert, viele Wissenschaftler emigrierten. Während sie in der ↗DDR in die zentralistische Bedarfsplanung der sozialistischen Wirtschaft einbezogen wurden, entwickelten sich die U. in Westdeutschland ab den 60er Jahren mehr und mehr zu Massen-U. Nach den ↗Studentenprotesten wurden die U.s-Strukturen weiter demokratisiert. In den 70er Jahren kam es zu einigen U.s-Neugründungen. Die Reformbemühungen der 90er Jahre konzentrieren sich v.a. auf die berufsbezogene Spezialisierung und die praxisbezogene Forschung und Lehre. *RB*

Universum-Film-Aktiengesellschaft (Ufa) 1917 auf Veranlassung Erich ↗Ludendorffs gegründete deutsche Filmgesellschaft mit Sitz in Potsdam/Babelsberg. 1936/37 wurden die Filmunternehmen verstaatlicht, indem die Regierung die Ufa-Aktien anonym aufkaufte. 1942 wurde die Ufa-Film GmbH (Ufi) gegründet; nach 1945 Einstellung der Filmproduktion. 1955/56 Neugründung als Universum-Theater AG und Universum-Film AG. In der ↗DDR wurde 1946 die ↗DEFA als staatliche Filmgesellschaft eingerichtet. *ij*

UNO-Kampfeinsätze der Bundeswehr ↗Out-of-area-Urteil

Unseld, Siegfried Verleger, *28.9.1924 Ulm. Seit 1959 Geschäftsführer des Suhrkamp Verlages. Unter U.s Leitung, der im Bereich der Belletristik Autoren wie ↗Handke und ↗Johnson aufbaute, wurden gesellschaftspolitisch und philosophisch einflußreiche Reihen (seit 1963: „edition suhrkamp") ins Leben gerufen, welche das intellektuelle Klima in der ↗Bundesrepublik seit den 60er Jahren maßgeblich prägten. *ij*

Unternehmen Barbarossa Militärische Tarnbezeichnung für den seit Sommer 1940 geplanten, am 18.12.1940 von ↗Hitler in die Wege geleiteten und am 22.6.1941 nach mehreren Terminverschiebungen begonnenen Angriff auf die Sowjetunion. Sollte nach den optimistischen Planungen bis Ende 1941 mit der Besetzung Moskaus und der Unterwerfung der Sowjetunion abgeschlossen sein, im Angriff auf ↗Moskau Winter 1941/42 aber gescheitert; Übergang zum deutsch-sowjetischen Krieg bis 1945. Durch entsprechende Befehle, die sog. Verbrecherischen Befehle, bereits im Vorfeld (↗Kriegsgerichtsbarkeitserlaß Mai, ↗Kommissarbefehl Juni 1941) bzw. in der Anfangsphase des U.B. erlassen, wurde der Angriff als rasseideologisch motivierter Weltanschauungs- und Vernichtungskrieg geführt, in dem die systematische Ermordung der jüdischen Bevölkerung sowie kommunistischer Funktionsträger von Sondereinheiten wie den ↗Einsatzgruppen bei teilweiser Beteiligung und mit Unterstützung der ↗Wehrmacht und ↗Waffen-SS durchgeführt wurde. *PS*

Unternehmen Merkur ↗Kreta, Luftlandeunternehmen (1941)

Urfehde Im ↗Mittelalter ursprünglich der von den Parteien nach Beendigung einer ↗Fehde zur Friedenssicherung geleistete Eid; später Eid eines Haftentlassenen oder Freigesprochenen, sich nicht zu rächen; erhielt sich teilweise bis ins 19. Jh. *vK*

Urkantone ↗Ewiger Bund

Urkunde In der Geschichtswissenschaft schriftliches Zeugnis über einen Rechtsakt; beglaubigt durch bestimmte Formeln, seit dem Hochmittelalter hauptsächlich durch ↗Siegel. Wichtige Geschichtsquellen für die Erforschung des ↗Mittelalters sind die Kaiser-, Königs- und Papst- sowie die Privaturkunden (von geistigen und weltlichen Fürsten, Städten, u.a.). *vK*

USPD ↗Unabhängige Sozialdemokratische Partei Deutschlands

Ustascha (serbokroatisch für Aufständische)

Seit den zwanziger Jahren des 20. Jh.s kroatische Faschistenbewegung mit separatistischen Zielen, vom italienischen ↗Faschismus unterstützt. Nach dem ↗Balkanfeldzug durch deutsche Protektion am 10.4.1941 Gründung des U.-Staates Kroatien und Etablierung eines Regimes unter dem U.-Führer Ante Pavelić, gekennzeichnet durch systematische Vernichtungspolitik gegen Juden, ↗Roma, Serben sowie politische Gegner; Errichtung eines Systems von ↗Konzentrationslagern nach deutschem Muster (↗Jasenovac); im Gegenzug für deutsche Unterstützung Waffenbrüderschaft v.a. durch Freiwilligenverbände innerhalb der ↗Waffen-SS. *PS*

Utrecht, Friede (1713/15) Ende des ↗Spanischen Erbfolgekrieges (1701–14). Abgeschlossen am 11.4. und 13.7.1713 zwischen Frankreich sowie Spanien mit Großbritannien, den Niederlanden, Preußen, Savoyen, 1715 Portugal; von Kaiser ↗Karl VI. erst 1714 akzeptiert. Der Bourbone Philipp V. blieb spanischer König; eine Vereinigung von Frankreich und Spanien wurde verboten. Österreich erhielt die spanischen Nebenlande in Italien (Neapel, Sardinien, Mailand) und den Niederlanden (bis 1792/97 „Österreichische Niederlande“). *rh*

Utrecht, Union (1579) Am 23.1.1579 Zusammenschluß der sieben nördlichen (evangelischen) Provinzen der Niederlande (während sich die südlichen Provinzen in der Union von Arras zusammenfanden); sagte sich 1581 von Spanien los und bildete seit 1588 die Republik der Vereinigten Niederlande, die im ↗Westfälischen Frieden 1648 aus dem ↗Heiligen Römischen Reich ausschied. *rh*

V

Vaganten Im Hoch- und Spätmittelalter umherziehende Studenten und Schüler, aber auch Arbeitssuchende sowie Abenteurer, die durch den Vortrag von V.-Liedern und -Dichtung ihren Unterhalt verdienten (↗fahrendes Volk). *ku*

Valentin, Karl (eigentlich Valentin Ludwig Fey) Kabarettist, Schriftsteller, *4.6.1882 München, †9.2.1948 ebd. Leitete seit 1915 das Kabarett „Wien-München"; seit 1922 Programme an den Münchner Kammerspielen. Schrieb groteske Sketche und Kurzkomödien, in denen er bis 1939 mit seiner Partnerin Liesl Karstadt auftrat; erhielt 1940 von den Nationalsozialisten Aufführungsverbot. Erfolgreichste Stücke (auch verfilmt): Die Orchesterprobe (1921), Die verflixten Notenständer (1922). *ij*

Valmy, Schlacht (1792) Im 1. ↗Koalitionskrieg (1792–97) von der Artillerie bestimmte S. („Kanonade") bei V. (Dorf in der Champagne) am 20.9.1792 zwischen den nach Frankreich vorgedrungenen österreichisch-preußischen Truppen der Koalition und der schlecht ausgerüsteten französischen Revolutionsarmee. Der Rückzug des Koalitionsheeres ermöglichte den Vormarsch der Franzosen zum Rhein. *li*

Varnbüler, Friedrich Gottlob Karl Freiherr von Württembergischer Politiker, *13.5.1809 Hemmingen (bei Stuttgart), †26.3.1889 Berlin. Seit 1855 Mitglied der württembergischen 2. Kammer; 1864–70 Außenminister ↗Württembergs; 1873–81 Reichstagsabgeordneter der ↗Deutschen Reichspartei; Einfluß auf die Zoll- und Steuerreform Otto von ↗Bismarcks. *UK*

Varnhagen von Ense, Rahel (geb. Levin) Schriftstellerin, *26.5.1771 Berlin, †7.3.1833 ebd. Verfaßte literarische Tagebücher, Briefe und Kritiken, welche sie seit 1812 anonym veröffentlichte. Führte in Berlin einen Salon, in dem Persönlichkeiten des öffentlichen Lebens, Künstler und Literaten (u.a. ↗Schleiermacher, Brüder ↗Schlegel, ↗Jean Paul, Clemens ↗Brentano) zusammentrafen. Seit 1814 (nach Konversion vom Judentum zum Protestantismus) mit dem Diplomaten und Schriftsteller Karl August Varnhagen von Ense verheiratet. Ihre Wirkung auf das ↗Junge Deutschland war beträchtlich; als Vorkämpferin weiblicher Emanzipation war sie in der ↗Frauenbewegung um 1900 populär. *ij*

Vasallen Im mittelalterlichen ↗Lehnswesen die Gefolgsleute des Lehnsherrn, die sich diesem in einem gegenseitigen Treueverhältnis anschlossen. Der ↗Herr bot Schutz, der Vasall stand ihm für Heer- und Hofdienst zur Verfügung. *wj*

VEB ↗Volkseigener Betrieb

VEG ↗Volkseigene Güter

V 1 (Vergeltungswaffe) ↗V-Waffen

Verbrannte-Erde-Befehl ↗Nero-Befehl

Verden an der Aller, Strafgericht (782) Tötung von 4500 Sachsen bei V. im Oktober 782 auf Befehl ↗Karls des Großen als Vergeltung für den zuvor niedergeschlagenen Aufstand der Anhänger des ↗Widukind. *vK*

Verdun, Schlacht (1916) Ort und Festung in Frankreich, im ↗Ersten Weltkrieg Schauplatz einer deutschen Großoffensive gegen die französischen Stellungen ab 21.2.1916. Am 25.2. wurde das zur Festung gehörende Fort Douaumont besetzt, im Juni zwei weitere Forts; eine französische Gegenoffensive ab August brachte bis Ende des Jahres den Verlust der deutschen Geländegewinne. Die mit großem Aufwand geführte ↗Materialschlacht führte zu ungeheuren Menschenverlusten: ca. 364000 Franzosen und ca. 338000 Deutsche fielen.

Obgleich Symbol des sinnlosen Massensterbens im Ersten Weltkrieg, wurde V. bis ins ↗Dritte Reich hinein als „Opfergang des Frontsoldaten" verklärt. *PS*

Verdun, Vertrag (843) Teilung des ↗Frankenreiches unter Kaiser ↗Lothar I., ↗Ludwig dem Deutschen und ↗Karl II. (dem Kahlen). Die im Vertrag von V. gezogene Westgrenze des Mittelreiches blieb im wesentlichen das ganze Mittelalter hindurch die Grenze zwischen Frankreich und dem ↗Heiligen Römischen Reich. *br*

Vereinigte Stahlwerke Größter Konzern der europäischen Montanindustrie; 1926 durch Zusammenschluß mehrerer Unternehmen (Phoenix-Gruppe, ↗Thyssen-Konzern, Gelsenkirchener Bergwerks AG, Deutsch-Luxemburgische Bergwerks- und Hütten-AG, Bochumer Verein für Bergbau- und Gußstahlfabrikation und Rheinische Stahlwerke) entstandene AG; nach 1945 in Einzelunternehmen aufgelöst. *UK*

Vereinigtes Wirtschaftsgebiet (Bizone) Fusion der englischen und US-amerikanischen ↗Besatzungszone zu einem gemeinsamen Wirtschaftsraum, um die wirtschaftlichen Hilfsquellen zusammenzufassen und den Außenhandel neu zu ordnen; nach dem Scheitern der Außenministerkonferenz in Paris vom Sommer 1946 Schaffung eines gemeinsamen Wirtschaftsrates in Minden mit einer vorläufigen Vereinbarung über eine deutsche Wirtschaftsverwaltung am 5.9.1946; Auslöser für die ↗Stuttgarter Rede des US-amerikanischen Außenministers James F. Byrnes; Fusion in New York am 2.12.1946 zum 1.1.1947 formell vereinbart; Entstehen erster Verwaltungsämter; nach einem Abkommen Großbritanniens und der USA vom 29.5.1947 Bildung einer zentralen Verwaltung in Frankfurt/Main mit einem ↗Wirtschaftsrat, einem Exekutivrat und einem Direktorium; im Februar 1948 nach der gescheiterten ↗Londoner Außenministerkonferenz vom Dezember 1947 erneute Reorganisation: Vergrößerung und Kompetenzerweiterung des Wirtschaftsrates sowie Bildung des ↗Länderrates; damit war der innere Aufbau der sich aus dem V.W. entwickelnden ↗Bundesrepublik in seinen Grundzügen vorgezeichnet. *kl*

Vereinigungen Volkseigener Betriebe (VVB) (1948) Dachorganisationen und Leitungsinstanzen der ↗VEB, 1948 in der ↗SBZ entstanden; 1952 nach der Herauslösung und Unterstellung der größeren Betriebe unter den ↗Ministerrat der DDR in „Verwaltungen Volkseigener Betriebe" umbenannt; stufenweiser Kompetenzverlust, zuletzt 1958 zugunsten der ↗Staatlichen Plankommission; 1961 Überführung wesentlicher Teile in den ↗Volkswirtschaftsrat; mit dem ↗Neuen Ökonomischen System der Planung und Leitung erneut Leitungsfunktionen; ab 1968 Auflösung eines Großteils, bis 1989 aller 85 V.V.B. *kl*

Vereinigungskriminalität Wirtschaftsstraftaten im Zusammenhang mit der ↗Wiedervereinigung; aus Betrug während der Währungsumstellung im Rahmen der ↗Wirtschafts-, Währungs- und Sozialunion, aus Unterschlagungen im Zusammenhang mit Ausrüstungs- und Versorgungsgütern der ehemaligen ↗NVA und durch Untreue im ehemaligen ↗Ministerium für Staatssicherheit geschätzter Schaden in Höhe von 25 Mrd. DM zu Lasten des Steuerzahlers. *kl*

Vereinigungsparteitag der KPD und SPD Auf dem V. der Ost-↗SPD und der ↗KPD am 21./22.4.1946 stimmten die Delegierten für ihren Zusammenschluß zur ↗SED in der ↗SBZ. Programm und Statut der neuen Partei waren seit Dezember 1945 von einer Studienkommission vorbereitet worden. Vorausgegangen waren die Spaltung der SPD in eine westliche und eine östliche Organisation und zwei „Sechziger-Konferenzen" (je 30 Vertreter von KPD und Ost-SPD) im Dezember 1945 und Februar 1946. *sb*

Vereinstaler Silbermünze. Seit 1838 in den Mitgliedstaaten des ↗Deutschen Zollvereins nach dem Vierzehntalerfuß geprägter Doppel-↗Taler; auch Bezeichnung für die von 1857 an im Dreißigtalerfuß geprägte Silbermünze; 1871–75 offiziell Reichstaler genannt, 1908 durch das Dreimarkstück ersetzt. *UK*

Vereinte Nationen (engl.: United Nations Organization [UNO]) 1945 als Nachfolgerin des ↗Völkerbundes gegründete zwischenstaatliche Organisation; zunächst Zusammenschluß von 50 Staaten zur Wahrung, Entwicklung und Förderung des Weltfriedens und zur Sicherung der Menschenrechte; Beitritt von ↗Bundesrepublik und ↗DDR nach Abschluß des ↗Grundlagenvertrages 1973; Erlöschen der DDR-Mitgliedschaft mit der ↗Wiedervereinigung. Seit dem ↗Out-of-Area-Urteil 1994 können auch Einheiten der ↗Bundeswehr zu Kampfeinsätzen im Rahmen einer Mission der UNO eingesetzt werden. 1996 gehörten der UNO insgesamt 185 Staaten an. *Ki*

Verfassung, Bundesrepublik ↗Grundgesetz (GG)

Verfassung, DDR Rechtsgrundlage der ↗Staatsorgane der DDR; fortlaufend durch staatsrechtliche Gesetze ergänzt; Gründungsverfassung von 1949 mit parlamentarisch-demokratischem System ohne Gewaltenteilung, aber mit einem gesamtdeutschen Anspruch; durch Reformen und Rechtspraxis Festschreibung der Suprematie der ↗SED; Verankerung des ↗demokratischen Zentralismus; strikte Reorganisation des Regierungssystems nach den Grundsätzen der Gewaltenvereinigung 1968; deutliche Kompetenzerweiterung für den ↗Staatsrat und den ↗Ministerrat; 1974 Proklamation einer eigenen Nationalstaatlichkeit als „Sozialistischer Staat deutscher Nation"; nach der ↗Maueröffnung stufenweise reformiert, u. a. Streichung des Führungsanspruches der SED am

1.12.1989; in den Grundsätzen des ↗Runden Tisches vom 17.6.1990 auch Streichung der sozialistischen Phraseologie und Festschreibung eines freiheitlichen, demokratischen, föderativen, sozialen und ökologischen Rechtsstaates; mit dem ↗Einigungsvertrag zum 3.10.1990 erloschen. *kl*

Verfassung, Heiliges Römisches Reich Das ↗Heilige Römische Reich besaß keine schriftlich festgelegte V. Staatstragende Institutionen sowie deren Aufgaben entwickelten sich erst im Laufe seines Bestehens. Wichtige Elemente waren das ↗Kaisertum und das ↗Reichskirchensystem einerseits sowie die territorialen ↗Landeshoheiten und die ↗Reichsstände andererseits. Als Grundgesetze des Heiligen Römischen Reiches galten die ↗Goldene Bulle von 1356, der ↗Ewige Landfriede von 1495, die ↗Wahlkapitulationen seit 1519, der ↗Augsburger Religionsfriede von 1555, der ↗Westfälische Friede von 1648 sowie der ↗Reichsdeputationshauptschluß von 1803. *br*

Verfassung, Kaiserreich ↗Reichsverfassung (1871)

Verfassung, Weimarer Republik ↗Weimarer Verfassung

Verfassungskonflikt ↗preußischer Verfassungskonflikt

Verfassungskonvent ↗Herrenchiemsee, Verfassungskonvent

Vergangenheitsbewältigung Der Begriff V. bezeichnet einen komplexen, uneinheitlichen Prozeß, der die politische, juristische, wissenschaftliche, die kollektive und individuelle Auseinandersetzung mit der Zeit des ↗Nationalsozialismus und der ↗Judenvernichtung, aber auch ihre politische Instrumentalisierung umfaßt. Hinter dem Begriff stehen normative Konzepte, welche die Auseinandersetzung und das Erinnern als notwendige Voraussetzung für das Gelingen der deutschen Demokratie und als historische Verantwortlichkeit beurteilen. In der ↗DDR blieb V. lange auf den heroisierten kommunistischen Widerstand fixiert, der den ↗Holocaust marginalisierte und v.a. der Attacke gegen den Systemgegner ↗Bundesrepublik diente. Die Frage nach Schuld (↗Kollektivschuldthese) und Verantwortung verband sich in der westdeutschen Nachkriegsgesellschaft der fünfziger Jahre mit dem Bedürfnis nach Vergessen und Verdrängen ebenso wie mit der verbreiteten Forderung, einen Schlußstrich unter die Ereignisse zu ziehen. Die juristische Verfolgung von Kriegsverbrechern begann unter alliierter Besatzung mit den ↗Nürnberger Kriegsverbrecherprozessen und den Nachfolgeprozessen (1945–48) und setzte sich durch die Schaffung der ↗Zentralstelle der Landesjustizverwaltungen zur Aufklärung nationalsozialistischer Verbrechen, mit dem Ulmer Einsatzgruppenprozeß (1958), den ↗Auschwitz-Prozessen (1963–65) und dem ↗Majdanek-Prozeß (1975–81) fort. Doch blieben die ↗Entnazifizierung der Bevölkerung und die juristische Ahndung der nationalsozialistischen Verbrechen unvollständig (↗Amnestie). Die Zeitgeschichtsforschung leistet einen entscheidenden Beitrag zur V., v.a. durch die Einrichtung des ↗Instituts für Zeitgeschichte, München (1950) und die Forschungsstelle für die Geschichte des Nationalsozialismus, Hamburg. Die öffentliche Auseinandersetzung mit dem Holocaust wurde seit den achtziger Jahren verstärkt durch Dokumentationen und Spielfilme angeregt. Die Erinnerung an Nationalsozialismus und Holocaust, manifestiert in Museen, Gedenkstätten und Gedenktagen, ist ein wesentlicher Bestandteil der politischen Kultur Deutschlands. *sb*

Verlagswesen Grundlage der Entstehung des Verlagswesens war die durch den Buchdruck (↗Gutenberg, um 1450) ermöglichte Massenproduktion von Büchern. Die ersten sog. Druckerverleger übernahmen den Vertrieb selbst; wichtigste Handelsplätze und Messeorte wurden Frankfurt/Main und Leipzig.

Der Gedanke des geistigen Eigentums und der wirtschaftlichen Nutzung des Autorenrechts entwickelte sich erst seit dem 18. Jh. Zuvor versuchte man, den aus wirtschaftlichen Gründen unerwünschten Nachdruck mittels Privilegien (die nur im Herrschaftsgebiet des erteilenden Landesherren galten) einzudämmen. Im 19. Jh. setzte sich allmählich, von Preußen ausgehend, der Urheberschutz durch, der nach 1870 Reichsgesetz wurde. Die seit dem 18. Jh. aufgrund verbesserter Bildungsvoraussetzungen kontinuierlich angestiegene Buchproduktion nahm im letzten Drittel des 19. Jh.s nochmals erheblich zu.

Bedeutende Verleger, die am Durchbruch wichtiger literarischer Strömungen Anteil hatten, waren u.a. ↗Cotta (↗Klassik), Georg Andreas Reimer (↗Romantik), Samuel ↗Fischer (↗Naturalismus und ↗Realismus), Kurt ↗Wolff (↗Expressionismus). An der Wende vom 19. zum 20. Jh. traten als einflußreiche Verlagsgründer u.a. ↗Diederichs, ↗Piper, ↗Kippenberg und ↗Rowohlt hervor. *ij*

Verlies ↗Gefängnis

Vernichtungslager Bezeichnung für jene Lager im nationalsozialistischen Herrschaftsbereich, die, obgleich als ↗Konzentrationslager geführt, nicht der dort vorherrschenden Ausbeutung der Arbeitskraft der Häftlinge durch ↗Zwangsarbeit dienten, sondern in denen die sofortige Ermordung der Häftlinge, v. a. ↗Juden sowie ↗Sinti und Roma, durchgeführt wurde. V. im engeren Sinne bezeichnet die drei während der ↗Aktion Reinhardt 1941/42 errichteten Lager ↗Belzec, ↗Sobibór und ↗Treblinka, die Lager ↗Chelmno und ↗Majdanek sowie Auschwitz-Birkenau als Teil des KZ ↗Auschwitz; auch ↗Stutthof gilt als V.
Die V. waren im Rahmen des nationalsozialistischen Völkermordes die Mordstätten mit den höchsten Opferzahlen: ca. 3 Mio. Menschen wurden dort umgebracht. *PS*

Versailles, Friede (1919) In den Pariser Friedenskonferenzen 1919 abgeschlossener Friedensvertrag, in dem die 27 Siegerstaaten des ↗Ersten Weltkrieges die Nachkriegsordnung festlegten. Das Deutsche Reich und Österreich wurden von der Teilnahme ausgeschlossen, die Sowjetunion war nicht vertreten. Am 7. 5. 1919 wurden die Friedensbedingungen der deutschen Delegation übergeben und ein Ultimatum für die Unterzeichnung gesetzt. Am 28. 6. 1919 unterschrieb Außenminister Hermann ↗Müller im Spiegelsaal des Schlosses von V. den Friedensvertrag. Vorgesehen wurde 1) die Abtrennung von 1/7 des Gebietes und 1/10 der Bevölkerung des Deutschen Reiches (↗Elsaß-Lothringen ging an Frankreich, Teile ↗Posens und ↗Westpreußens an Polen, das Memelgebiet wurde 1923 litauisch, ↗Danzig wurde „Freie Stadt"); Volksabstimmungen sollten in ↗Eupen-Malmédy, in Nordschleswig, in Oberschlesien und in Teilen Ost- und Westpreußens stattfinden (↗Abstimmungsgebiete). Der Vertrag bestimmte 2) die Aufgabe der deutschen ↗Kolonien, 3) die militärische Besetzung der linksrheinischen Gebiete, 4) das Verbot des ↗Anschlusses Deutsch-Österreichs an Deutschland, 5) die Schaffung einer internationalen Militärkontrollkommission zur Umsetzung von Entwaffnungsbestimmungen für Reichsheer und Flotte,
6) die Aufhebung der von Deutschland mit Rumänien, Rußland und Finnland geschlossenen Friedensverträge, 7) ↗Reparationen an die alliierten Staaten. Rechtsgrundlage der Zahlungen war der sog. Kriegsschuldparagraph 231. Die deutsche Öffentlichkeit, die auf einen Verständigungsfrieden gehofft hatte, lehnte den Vertrag von V. ab; der sog. „Schmachfrieden" stand im Zentrum der nationalistischen Agitation. Trotz harter Bedingungen bot der Versailler Vertrag Deutschland langfristig politischen und wirtschaftlichen Handlungsspielraum in Europa. Die USA und China ratifizierten den Friedensvertrag nicht, sondern schlossen eigene Verträge mit Deutschland. *sb*

Versailles, Vertrag (1756) Nach dem preußisch-britischen Bündnis in der Konvention von ↗Westminster (1756) vom österreichischen Kanzler ↗Kaunitz am 1. 5. 1756 mit dem französischen König Ludwig XV. zustande gebracht; vereinbarte die Unterstützung Österreichs gegen Preußen bei der Rückgewinnung ↗Schlesiens und die Abtretung der österreichischen Niederlande an Frankreich. ↗Friedrich II., der Große, eröffnete daraufhin den ↗Siebenjährigen Krieg. *rh*

Versailles, Vertrag (1919) ↗Versailles, Friede (1919)

Vertrag über die abschließende Regelung in bezug auf Deutschland (1990) ↗Zwei-plus-Vier-Vertrag

Vertrag über Freundschaft, Zusammenarbeit und gegenseitigen Beistand (1955) ↗Warschauer Pakt

Vertreibung ↗Flucht und Vertreibung (1944–47)

Vertriebene Deutsche Staatsangehörige oder Deutschstämmige aus den ehemaligen deutschen ↗Ostgebieten oder aus den Gebieten außerhalb der 1937 bestehenden deutschen Reichsgrenzen, die ihren Wohnsitz nach dem Ende des Zweiten Weltkrieges verlassen mußten. Grundlage der Migration (↗Flucht und Vertreibung) waren die Beschlüsse der Konferenzen von ↗Teheran 1943 und ↗Jalta 1945 über die Westverschiebung Polens sowie das ↗Potsdamer Abkommen über die Umsiedlung der ↗Sudetendeutschen und Deutschstämmigen in Ungarn. Die politische und kulturelle Eingliederung der V. wurde durch das ↗Bundesvertriebenengesetz und den wirtschaftlichen Aufschwung in der Bundesrepublik begünstigt. Selbstorganisation in V.-Verbänden (↗BHE, ↗Bund der Vertriebenen), 1950 „Charta der Vertriebenen", Zusammenarbeit mit ↗Landsmannschaften. (153) *sb*

Vicari, Hermann von Erzbischof, * 13. 5. 1773 Aulendorf (bei Ravensburg), † 14. 4. 1868 Freiburg (Breisgau). Seit 1797 Priester; 1836 zum Erzbischof von Freiburg gewählt (staatliche und päpstliche Anerkennung 1842/43); trat bes. während des badischen Kirchenstreits (1852–59) für größere Unabhängigkeit der ↗katholischen Kirche von staatlicher Aufsicht ein. *UK*

Viermächte-Abkommen über Berlin (1971) Rahmenabkommen zwischen den USA, der Sowjetunion, Großbritannien und Frankreich, am 3.9.1971 geschlossen und am 3.6.1972 in Kraft getreten; durch die bundesdeutsche ↗Ostpolitk ermöglicht; schrieb die politische und verkehrstechnische Bindung von Berlin (West) an die ↗Bundesrepublik fest; mit bilateralen Verträgen zwischen der Bundesrepublik und der ↗DDR wie dem ↗Transitabkommen präzisiert; seit der ↗Wiedervereinigung gegenstandslos. *kl*

Vierteljahreshefte für Zeitgeschichte Wissenschaftliche Zeitschrift des ↗Instituts für Zeitgeschichte; erscheint seit 1953. *ep*

Vierter Stand In Anlehnung an die drei Stände (↗Stand) ↗Adel, ↗Klerus, Volk entwickelte Bezeichnung für die im 19. Jh. im Zuge der ↗Industrialisierung entstandene ↗Arbeiterklasse. *nk*

Vierzehn Punkte Wilsons Von US-Präsident Woodrow Wilson am 8.1.1918 verkündetes Programm für einen gerechten Frieden nach dem ↗Ersten Weltkrieg. Forderten eine liberale Wirtschaftsordnung, die Schaffung eines ↗Völkerbundes und die Verwirklichung des Selbstbestimmungsrechts der Völker; wurden im ↗Versailler Vertrag als Gesamtkonzept nicht berücksichtigt. Das ↗Deutsche Reich versuchte vor ihrem Hintergrund 1918 günstige Waffenstillstands- und Friedensbedingungen zu erhalten. Wurden außerdem zur Propaganda des ↗Nationalsozialismus gegen den Versailler Vertrag verwendet. *UK*

Vietnam-Krieg ↗Friedensbewegung, Bundesrepublik ↗Studentenproteste ↗Neue Linke

Viktor II. Papst, †28.7.1057 Arezzo (Toskana). Aus dem Grafengeschlecht von Eichstätt; seit 1042 Bischof von Eichstätt; 1054 von Kaiser ↗Heinrich III., dessen Vertrauter er war, zum Papst berufen; Kirchenreformer; Vormund ↗Heinrichs IV. *RB*

Viktoria Adelheid Marie Luise Kaiserin, Königin von Preußen, *21.11.1840 London, †5.8.1901 Schloß Friedrichshof (Taunus). Älteste Tochter der britischen Königin Viktoria; heiratete 1858 den späteren Kaiser ↗Friedrich (III.); Mutter ↗Wilhelms II.; kritisierte dessen Regierungsstil und die Politik Otto von ↗Bismarcks; stand dem ↗Liberalismus nahe. *UK*

Vincke, Friedrich Ludwig Preußischer Beamter, *23.12.1774 Minden, †2.12.1844 Münster. 1804–06 Präsident der Kammern in Münster und Hamm; von Einfluß auf Karl vom und zum ↗Stein; seit 1816 Oberpräsident der Provinz Westfalen; seit 1817 preußischer Staatsrat; setzte sich für die Industrialisierung Westfalens und das Bauerntum ein. *rh*

Vincke, Georg Ernst Friedrich Freiherr von Preußischer Politiker, *15.5.1811 Gut Haus Busch (bei Hagen), †3.6.1875 Bad Oeynhausen. Sohn von Friedrich Ludwig von ↗Vincke; gehörte 1848/49 der ↗Frankfurter Nationalversammlung an; Befürworter einer konstitutionellen Monarchie; 1849–55 und 1858–66 Mitglied des preußischen Abgeordnetenhauses; als gemäßigter Liberaler Gegner der Politik ↗Manteuffels; 1867–69 Abgeordneter im Reichstag des ↗Norddeutschen Bundes. *UK*

Virchow, Rudolf Mediziner, Politiker, *13.10.1821 Schivelbein (Pommern), †5.9.1902 Berlin. Begründete in den 1850er Jahren die Zellularpathologie und schuf die Grundlagen der modernen Anthropologie und Ethnologie in Deutschland; 1861 Mitbegründer der ↗Deutschen Fortschrittspartei; V. prägte den Begriff ↗Kulturkampf; 1880–93 Mitglied des Reichstages; übte auf Hygienegesetzgebung und soziale Fürsorge großen Einfluß aus. *sa*

Vitalienbrüder (niederdeutsch Likendeeler = mit gleichem Beuteanteil) Seeräuber in der Nord- und Ostsee um 1400; versorgten im Auftrag König Albrechts von Schweden das von Dänemark belagerte Stockholm mit Lebensmitteln (Vitalien); entwickelten daraus Piraterie, v.a. gegen die ↗Hanse; Stützpunkt war von 1392–98 Gotland; unter ihren Anführern ↗Störtebeker und Michels 1401 von der Hanse besiegt. *wj*

VkD ↗Volksverein für das katholische Deutschland

VKSE-Abkommen (1990) Vereinbarung zur Verringerung der konventionellen Streitkräfte in Europa zwischen ↗NATO und ↗Warschauer Pakt; erste Verhandlungsrunde in Wien am 9.3.1989; am 19.11.1990 in Paris unterzeichnet; wegen der Auflösung des Warschauer Paktes erst zum 9.11.1992 in Kraft getreten; aufgrund der übernommenen Waffenbestände der ↗NVA zweithöchste Verpflichtung der Bundesrepublik zur Abrüstung nach der Sowjetunion; vom 3.8.1992 bis zum 23.5.1995 durch Verschrottung erfüllt. *kl*

Vogel, Hans-Jochen SPD-Vorsitzender, *3.2.1926 Göttingen. 1960–72 Münchner Oberbürgermeister; 1972–77 Vorsitzender der bayrischen ↗SPD; 1972–94 Bundestagsabgeordneter; 1972–74 Bundesminister für Raumordnung, Städtebau und Bauwesen, 1974–81 für Justiz; 1981 Regierender Bürgermeister von Berlin (West); 1983 Kanzlerkandidat der SPD; 1983–91 Vorsitzender der SPD-Bundestagsfraktion; 1987–91 Vorsitzender der SPD; wirkte zusammen mit ↗Lafontaine auf die Ausarbeitung einheitlicher Positionen seiner Partei v.a. in wirtschafts- und sozialpolitischen Fragen sowie in der Außenpolitik hin. *AM*

Vogel, Wolfgang Rechtsanwalt in der DDR, *30.10.1925 Wilhelmsthal (Schlesien). Seit 1962 mit der Lösung humanitärer Fragen im Ost-West-Konflikt beschäftigt; seit 1963 Beauftragter zum Austausch und Freikauf politischer Häftlinge; seit 1969 Bevollmächtigter der DDR für humanitäre Fragen; 1984 und 1989 Vermittler zwischen der Regierung der DDR und den ↗Botschaftsflüchtlingen; 1989 wegen Erpressung im Zusammenhang mit seinen Funktionen angeklagt, am 17.8.1998 freigesprochen. *Ki*

Vögler, Albert Unternehmer, Politiker, *8.2. 1877 Borbeck, †13.4.1945 Dortmund. Wurde 1915 Generaldirektor der Deutsch-Luxemburgischen Bergwerks- und Hütten-AG; Mitbegründer der ↗DVP; für diese 1920–24 im Reichstag; leitete 1926–35 die ↗Vereinigten Stahlwerke; beging Selbstmord. *UK*

Vogt (von lat. advocatus = Sachwalter)

1) Kirchen-V.: Im Mittelalter zunächst Vertreter von Kirchen und ↗Klöstern im Rechtsverkehr mit der Außenwelt; später Übernahme der Gerichtsbarkeit; Vogteien wurden im Spätmittelalter häufig von Fürsten wegen der Einnahmen aus der Gerichtsbarkeit und zum Ausbau ihrer Herrschaft übernommen. Führte zu Konflikten, die z.B. die Begründung der klösterlichen V.-Freiheit im Hirsauer Formular (1075) zur Folge hatte. So wurden die weltlichen Edel-V. zunehmend durch die bischöfliche Gerichtsbarkeit sowie den Rückkauf der Vogteien ausgeschaltet.

2) Richter und Verwaltungsbeamter eines Gebietes.

3) Reichs-V.: Im Auftrag des Königs Gerichtsherr und Verwalter von ↗Reichsgut (auch von Reichsabteien). *wj*

Vogtei ↗Vogt

Voigt, Schuster ↗Köpenick, Hauptmann von

Völkerbund (Liga der Nationen) Nach dem Ersten Weltkrieg auf Anregung von US-Präsident Woodrow Wilson geschaffene, in Genf ansässige internationale Organisation zur Friedenssicherung und zu wirtschaftlicher und kultureller Zusammenarbeit. Begründet durch die in die Pariser Friedensverträge (1919/20) aufgenommene V.-Satzung; zählte zunächst 45 Mitglieder (bis 1942 21 Neuaufnahmen und 20 Austritte). Die Aufnahme des ↗Deutschen Reiches (1926; Austritt 1933) war Ergebnis der Verständigungspolitik von Außenminister ↗Stresemann und u.a. möglich geworden durch den Vertrag von ↗Locarno (1925). Der Völkerbund erreichte sein Hauptziel, die Friedenssicherung, nicht und wurde am 18.4.1946 aufgelöst. An seine Stelle traten die ↗Vereinten Nationen. *UK*

Völkerschlacht ↗Leipzig, Schlacht

Völkerwanderung Die Wanderung ost- und westgermanischer Stämme im 4.–6. Jh. nach Süd- und Westeuropa; verursacht u.a. durch Klimawechsel, Bevölkerungsvermehrung, Abenteuerlust und Druck der Hunnen. Die V. führte zum Untergang des Weströmischen Reiches. Im späteren Gebiet des Heiligen Römischen Reiches waren dabei von bes. Bedeutung die Wanderungen der ↗Burgunder und Langobarden, in erster Linie aber die der ↗Franken. Letztere waren die einzigen, deren Reichsbildung Bestand hatte, die übrigen Reiche wurden vernichtet oder gingen im ↗Frankenreich auf. *wj*

völkische Bewegung Seit Ende des 19. Jh.s entstandene politische Bewegung, organisiert in verschiedenen Parteien (u.a. ↗Deutsch-Völkische Freiheitspartei, ↗Deutschnationale Volkspartei) und Verbänden (u.a. ↗Schutz- und Trutzbund, ↗Alldeutscher Verband, ↗Deutschnationaler Handlungsgehilfenverband). Der gemeinsame Nenner völkischer Gruppierungen bestand in der Verbindung von sozialdarwinistischem Ideengut mit der Forderung nach ↗Lebensraum im Osten und einem aggressiven ↗Antisemitismus. Im ↗Ersten Weltkrieg gegen jede Form von Verständigungspolitik; propagandistische und militante Bekämpfung der ↗Weimarer Republik; ging nahezu vollständig in der 1925 wiedergegründeten ↗NSDAP auf. *JH*

Völkischer Beobachter Ende 1920 von der ↗NSDAP aufgekaufte Zeitung, vormals Münchner Beobachter. Seit 8.2.1923 täglich erscheinend, mit der NSDAP nach dem ↗Hitler-Putsch verboten und 1925 neugegründet. Im ↗Dritten Reich mit zahlreichen Regionalausgaben in Millionenauflage quasi regierungsamtliches Blatt; 30.4.1945 letztmals erschienen. *PS*

Volksbeauftragte ↗Rat der Volksbeauftragten

Volksbücher Prosaromane nach z.T. älteren epischen Vorlagen (Griseldis, Melusine usw.). ↗Görres nannte die, anfangs für den ↗Adel erdachte, später vom ↗Bürgertum gelesene Unterhaltungsliteratur des 16. Jh.s V. Hinzu kam die belehrende Hausväterliteratur für mittlere bzw. untere soziale Schichten der Bevölkerung. Im 19. Jh. Neubearbeitungen der V. durch Karl Simrock, Gustav Schwab u.a. (↗Romantik). *ku*

Volksdemokratie Von Georgi Michailowitsch Dimitrow in den Grundzügen entwickelte Regierungsform als Variante der im ↗Marxismus-Leninismus geforderten Diktatur des Proletariats, die ↗Sozialisierung und die Vorherrschaft der kommunistischen Partei forderte. In der ↗DDR garantierte die V. bei formaler Parteienpluralität über die ↗Blockpolitik den uneingeschränkten Herrschaftsanspruch der ↗SED bis zu dessen Streichung aus der ↗Verfassung der DDR am 1.12. 1989. *kl*

Volksdeutsche Zunächst Bezeichnung für außerhalb Deutschlands ansässige Deutsche; im ↗Dritten Reich Amtsausdruck für Deutschstämmige zunächst ohne deutsche Staatsangehörigkeit. *PS*

Volkseigene Güter (VEG) Während der ↗Bodenreform 1945 auf dem Gebiet der ↗SBZ entstandene staatliche Landwirtschaftsbetriebe; oftmals Versuchsbetriebe mit Beispielfunktion für die ↗Landwirtschaft in der ↗DDR, u.a. für den Aufbau der ↗LPG; Mitte der achtziger Jahre existierten noch ca. 500 VEG; nach der ↗Wiedervereinigung durch die ↗Treuhandanstalt abgewickelt. *kl*

Volkseigener Betrieb (VEB) Staatliche Betriebe im Industrie- und Dienstleistungssektor der ↗DDR, bis 1951 der ↗VVB unterstellt, bis zur Einführung des ↗Neuen Ökonomischen Systems der Planung und Leitung 1963 rechtlich selbständig, dann erneut unter Führung der VVB; nach der Einstellung der betriebswirtschaftlichen Experimente Ende der sechziger Jahre verstärkt in ↗Kombinaten zusammengefaßt; nach der ↗Wiedervereinigung Abwicklung der ca. 8000 VEB mit ihren 4 Mio. Beschäftigten durch die ↗Treuhandanstalt. *kl*

Volksempfänger Einfaches Mittelwellen-Radiogerät, das in Deutschland ab 1933 auf Veranlassung des Propagandaministeriums von verschiedenen Herstellern baugleich und kostengünstig produziert wurde. Der V. wurde zu einem wichtigen Medium der nationalsozialisitschen Propaganda und bewirkte einen raschen Anstieg der Zuhörerzahlen (von 2 Mio. 1928 auf 5 Mio. 1934; 1943: 16,1 Mio. Zuhörer). *ij*

Volksfront V.a. in den dreißiger Jahren des 20. Jh.s Bezeichnung für politische Zusammenarbeit von Kommunisten mit Sozialisten unter Einbeziehung bürgerlicher Kräfte. In Frankreich und Spanien durch Regierungsübernahme verwirklicht; im ↗Widerstand 1933–45 ebenso wie in der ↗Emigration angestrebt, aber nur selten erreicht. *PS*

Volksgemeinschaft Einer der zentralen innenpolitischen ideologischen Begriffe des ↗Nationalsozialismus. Anknüpfend u.a. an Gemeinschaftsvorstellungen der ↗Jugendbewegung bezeichnete die V. eine als organisch betrachtete und rassisch begründete egalitäre Zusammenfassung der Deutschen, von denen ein gemeinsames „Wollen" als konstituierendes Element behauptet wurde. Propagandistisch umgesetzt im sog. Feierjahr, einem Kanon festgelegter Gedenk- u.ä. Veranstaltungen sowie in Spendenaktionen wie dem „Eintopfsonntag" und Sammelaktionen für das ↗Winterhilfswerk. *PS*

Volksgericht ↗Ding

Volksgerichtshof Im ↗Dritten Reich seit 1934 zunächst Sondergericht, seit 18.4.1936 ordentliches Gericht für politische Delikte (als Landes- oder Hochverrat oder Vorbereitung hierzu bezeichnet) mit Sitz in Berlin. Gegen Urteile des V.es war Angeklagten keine Revision möglich, Urteile erfolgten in erster und letzter Instanz. Von 1936–42 unter Präsident ↗Thierack, dann unter ↗Freisler wurden vor dem V. zunehmend „Wehrverbrechen" wie ↗Wehrkraftzersetzung verhandelt, wobei immer mehr Todesurteile verhängt wurden (nach 1942 in beinahe der Hälfte aller Fälle) sowie v.a. nach dem ↗Zwanzigsten Juli gegen zahlreiche Mitglieder des ↗Widerstandes. Mit ca. 5200 gefällten Todesurteilen war der V. entscheidendes Instrument der nationalsozialistischen Terrorherrschaft. *PS*

Volkskammer der DDR Gemäß ↗Verfassung der DDR das höchste Interessenvertretungsorgan des Volkes mit formaler Parteienpluralität; am 7.10. 1949 aus dem ↗Volksrat als „Provisorische V.", nach den ersten Wahlen am 8.11.1950 als V. konstituiert; Ausschluß jeder Pluralität über die ↗Blockpolitik: Vergabe der Sitze nach fest vorgegebenem Schlüssel, Organisation der Wahlen durch die ↗Nationale Front; Recht zur Wahl des ↗Staatsrates, des Vorsitzenden des ↗Ministerrates und des ↗Nationalen Verteidigungsrates, des Präsidenten, des Generalstaatsanwalts und der Richter des „Obersten Gerichts der DDR"; erste freie ↗Volkskammerwahl nach der ↗Maueröffnung und dem Ende der ↗SED 1990; letzter Beschluß mit der Billigung des ↗Einigungsvertrages am 20.9. 1990. *kl*

Volkskammerwahl der DDR (1990) Als Ergebnis des ↗Runden Tisches mit einer Wahlbeteiligung von 93,4 % erste freie V. am 18.3.1990; überraschend hoher Sieg der ↗Allianz für Deutschland mit 48,2 %, lediglich 21,9 % für die ↗SPD, 16,4 % für die ↗PDS, 5,3 % für das liberale Bündnis für Deutschland, 2,9 % für das ↗Bündnis 90 und 5,3 % für kleinere Splitterparteien; damit deutliches Votum der DDR-Bevölkerung für eine ↗Wiedervereinigung; am 5.4.1990 in der ersten Sitzung der neuen ↗Volkskammer erfolgten die Wahl von ↗Bergmann-Pohl zur Präsidentin sowie die Beauftragung de ↗Maizières, eine Regierung zu bilden. *kl*

Volkskongreß „Deutscher Volkskongreß für Einheit und gerechten Frieden", von der ↗SED am 26.11.1947 im Vorfeld der ↗Londoner Außenministerkonferenz angeregtes gesamtdeutsches Parlament; erste Tagung am 6./7.12.1947 in Berlin; vorwiegend aus der ↗SBZ Entsendung von 2200 Vertretern von Parteien, Verbänden und Massenorganisationen; Fernbleiben der ostdeutschen ↗CDU; aus Westdeutschland lediglich Teilnahme von Vertretern der ↗KPD; Forderung eines Friedensvertrages auf der Basis der Konferenzen von ↗Jalta und ↗Potsdam; im März 1948 mit der Einberufung des ↗Volksrates Vorstufe zur Gründung der ↗DDR; nach dem 7.10.1949 in der ↗Nationalen Front aufgegangen. *kl*

Volkslieder Variantenreiche Lieder aus meist mündlicher Überlieferung mit einfachen, prägnanten Melodien und Texten, deren Verfasser nicht bekannt sind. Der Begriff wurde 1773 von Johann Gottfried von ↗Herder geprägt. Die Volksliedforschung unterteilt V., deren Überlieferung z.T. bis ins 15. Jh. zurückreicht, in verschiedene thematisch zusammengehörende Gruppen wie z.B. Balladen, Stände- und Berufslieder, Liebes- und Hochzeitslieder, historisch-politische Lieder, Spott- und Scherzlieder, Trinklieder, Kunstlieder im Volksmund usw. *ku*

Volksmedizin Seit dem 19. Jh. Bezeichnung für medizinische Praktiken und Heilmethoden, die auf Erfahrungswissen sowie überlieferten religiösen und abergläubischen Vorstellungen beruhten. Sie standen in Teilen der wissenschaftlichen Medizin entgegen, befruchteten diese aber auch. Wichtige Mittel der V. wurden aus Pflanzen und Mineralen gewonnen; Heilmagie wie die ↗Merseburger Zaubersprüche wurde eingesetzt. Ausführende waren oft Hebammen, Barbiere und Zigeuner, aber auch Schäfer und Schmiede; letztere waren auf die Heilung von Tieren spezialisiert. *wj*

Volkspolizei (VPO) Nach dem Ende des Zweiten Weltkrieges auf Anordnung der ↗SMAD Aufbau polizeilicher Sicherheitskräfte auf dem Gebiet der ↗SBZ; rückwirkend per Dekret auf den 1.7.1945 festgelegt; erste gesetzliche Regelung erst am 11.6.1968; 1952 Ausgliederung und Zusammenfassung von Teilen der VPO zur ↗Kasernierten Volkspolizei; nach dem Bau der ↗Berliner Mauer Bildung der ↗Grenztruppen der DDR aus Teilen der VPO; verbleibende Reste fortan mit rein polizeilichen Aufgaben zur Sicherung der öffentlichen Ordnung; nach der ↗Wende 1989 Ablösung der alten Führung, mit der ↗Wiedervereinigung Übergang aller polizeilichen Befugnisse auf die neuen Bundesländer. *kl*

Volksrat Am 17./18.3.1948 vom zweiten ↗Volkskongreß gewähltes Parlament mit 400 Mitgliedern (75 % aus der ↗SBZ). In allen Gremien verfügte die ↗SED über die absolute Mehrheit. Der V. zog Länderkompetenzen an sich und verstärkte somit Zentralisierungseffekte. Der Ende Mai 1949 gewählte zweite V., der u.a. den Entwurf einer ↗Verfassung der DDR annahm, war der Vorläufer der ↗Volkskammer. Er beschloß am 7.10.1949 die Gründung der ↗DDR. *Ki*

Volksrechte 1) Die im 5.–9. Jh. auf Veranlassung der ↗Könige in Latein niedergeschriebenen Rechte der germanischen Stämme (Lex Alamannorum, Lex Salica u.a.); gingen vom Gewohnheitsrecht der Stämme aus; bestanden im ↗Frankenreich fort, trotz Versuchen der Vereinheitlichung durch das Königtum.
2) Im Sinne der ↗Historischen Rechtsschule das aus der Rechtsüberzeugung des Volkes kommende Recht. *wj*

Volksschule Seit dem 19. Jh. Bezeichnung für die öffentliche Pflichtschule im deutschsprachigen Raum. Vorläufer der V. waren die Pfarrschulen des Mittelalters, aus denen sich sog. realistische

Muttersprachschulen als eine allen Kindern offene Bildungsanstalt entwickelten (17. Jh.). Die schichtenspezifischen V. (auch Armenschulen) wurden schließlich, als Ergebnis der Pädagogik der ↗Aufklärung und der demokratischen Bewegungen seit dem 19. Jh., in der ↗Weimarer Verfassung von 1920 zur obligatorischen, insgesamt achtjährigen Grundschule (↗Schule, ↗Schulpflicht) mit Oberstufe. In der ↗Bundesrepublik wurde vorerst die Weimarer V. fortgeführt. Seit dem Hamburger Schulabkommen von 1971 gilt V. jedoch nur als allg. Bezeichnung für die vierklassige Grund- und die fünfklassige Hauptschule. In der ↗DDR wurde die V. durch die zehnklassige polytechnische Oberschule ersetzt. *nk*

Volkssturm Seit 25.9.1944 aufgestellte militärische Einheiten aus nicht Einberufenen zwischen 16 und 60 Jahren, in der Regel nur aus Jugendlichen und Alten bestehend. Unter der Verantwortung ↗Bormanns und dem Befehl ↗Himmlers wurde der V., propagandistisch aufgewertet, als letzte entscheidende Reserve gegen die vorrückenden ↗Alliierten bezeichnet. Militärisch wenig effektiv, erlitten die ungenügend ausgebildeten und schlecht ausgerüsteten V.-Männer bei ihren Einsätzen hohe Verluste. *PS*

Volkstumspolitik Politik der Erhaltung der Einheitlichkeit eines Volkes v.a. in kultureller Hinsicht mit bes. Bemühungen um die außerhalb des eigenen Nationalstaates lebenden Angehörigen. Im ↗Nationalsozialismus durch Unterstützung deutscher Bevölkerungsgruppen v.a. in Ost- und Südosteuropa zunächst propagandistisch, dann mit außenpolitischen Revisionsforderungen gegen die betroffenen Nationalstaaten gerichtet. *PS*

Volksverein für das katholische Deutschland (VkD) Gegründet am 24.10.1890 in Köln von ↗Windthorst, Franz Hitze und Carl Trimborn (alle drei Mitglieder des ↗Zentrums). Erklärtes Ziel war zunächst, den Aufstieg der ↗Sozialdemokratie zu verhindern, doch setzte sich der VkD später selbst für soziale Reformen unter Anerkennung des bestehenden Staates ein. Als größte Organisation des politischen Katholizismus bildete er die Basis der Zentrumspartei. Sein Einsatz für katholische Arbeitervereine und ↗Gewerkschaften rief innerkatholische Spannungen hervor. 1928 wurde er in die Katholische Aktion eingegliedert. Am 1.7.1933 wurde der VkD von der ↗Gestapo verboten und am 24.1.1934 offiziell aufgelöst. *br*

Volkswagen Von ↗Porsche geplantes Automobil, seit 1938 als KdF-Wagen (↗Kraft durch Freude) im heutigen Wolfsburg produziert. Wegen der Rüstungsproduktion des ↗Zweiten Weltkrieges keine Auslieferung an private Nutzer, gleichwohl sie ihren V. meist bereits angezahlt hatten.
Seit den fünfziger Jahren als „Käfer" wesentlicher Beitrag zur Motorisierung der ↗Bundesrepublik. *PS*

Volkswirtschaftsrat (VWR) Im Juli 1961 beschlossenes, am 24.5.1962 errichtetes zentrales Organ des ↗Ministerrates der DDR zur Planung und Leitung der Volkswirtschaft; Nachfolger der ↗Staatlichen Plankommission; wegen Ineffizienz am 22.12.1965 wieder aufgelöst. *kl*

Vollmar, Georg von Politiker, *7.3.1850 Veltheim (bei München), †30.6.1922 Urfeld/Walchensee. Bayrischer Offizier und Beamter; wandte sich nach dem ↗Deutsch-Französischen Krieg der ↗Sozialdemokratie zu; 1877/78 Redakteur des sozialdemokratischen „Dresdner Volksboten", nach Gefängnisstrafe und Ausweisung wegen ↗Majestätsbeleidigung (1878) 1879/80 Schriftleiter des „Sozialdemokrat" in Zürich; 1881–87 und 1890–1918 Mitglied des Reichstages (SPD); wandelte sich vom radikalen Linken zum einflußreichen Reformer innerhalb der ↗SPD, der eine konstruktive und verantwortliche Mitarbeit seiner Partei im Parlament vertrat. *sa*

Vorderösterreich Habsburgische Gebiete des ehemaligen Herzogtums ↗Schwaben (1268 erloschen) am Oberrhein sowie im Elsaß und in der Schweiz. 1648 erhielt Frankreich die elsässischen Gebiete. Seit 1752 wurde V. (außer Vorarlberg) von Freiburg (Breisgau) verwaltet. Bis 1805 fielen die nichtschweizerischen Gebiete V.s an ↗Baden, ↗Württemberg und ↗Bayern. *dt*

Vormärz (1815–48) Bezeichnung für die Zeit zwischen dem ↗Wiener Kongreß und der ↗Märzrevolution von 1848 (1815–48), mitunter auch eingeschränkt auf die Zeit 1830–1848; gekennzeichnet durch die Politik der ↗Restauration, mit der der ↗Deutsche Bund der aufstrebenden nationalen und liberalen Bewegung begegnete. Nur ansatzweise Herausbildung von Formen modernen politischen Lebens (Wahlen, ↗Parteien) im Rahmen des Frühkonstitutionalismus; im wirtschaftlichen Bereich allmähliches Einsetzen der ↗Industrialisierung, Hungerkrisen und, v.a. ab ca. 1830, Massenelend (↗Pauperismus). *vK*

Vorparlament Im März 1848 einberufenes, aus 574 Mitgliedern von ↗Landtagen gebildetes

Gremium, das die Berufung einer Nationalversammlung zur Feststellung der deutschen Reichsverfassung beschloß. Das V. setzte den ↗Fünfzigerausschuß ein. *vK*

Vorpommern Nach der Teilung ↗Pommerns (1532) wurde V. 1630 von Schweden besetzt und diesem 1648 zugesprochen. Die Teile östlich der Oder wurden 1679, der Süden 1720 an ↗Preußen abgetreten, das restliche Gebiet fiel 1815 an Preußen und gehörte fortan zur Provinz Pommern. V. wurde 1945 mit ↗Mecklenburg vereinigt. *dt*

Vorwärts Zentrales Presseorgan der ↗SPD; 1876 unter Leitung von Wilhelm ↗Liebknecht und Wilhelm Hasenclever gegründet; 1878 verboten (↗Sozialistengesetze); 1891 wiedergegründet; am 28.2.1933 von der ↗NSDAP verboten; 1948 als Neuer V. erneut gegründet; 1955 umbenannt in V. *br*

2. Extraausgabe Sonnabend, den 9. November 1918.

Vorwärts

Berliner Volksblatt.

Zentralorgan der sozialdemokratischen Partei Deutschlands.

Der Kaiser hat abgedankt!

Der Reichskanzler hat folgenden Erlaß herausgegeben:

Seine Majestät der Kaiser und König haben sich entschlossen, dem Throne zu entsagen.

Der Reichskanzler bleibt noch so lange im Amte, bis die mit der Abdankung Seiner Majestät, dem Thronverzichte Seiner Kaiserlichen und Königlichen Hoheit des Kronprinzen des Deutschen Reichs und von Preußen und der Einsetzung der Regentschaft verbundenen Fragen geregelt sind. Er beabsichtigt, dem Regenten die Ernennung des Abgeordneten Ebert zum Reichskanzler und die Vorlage eines Gesetzentwurfs wegen der Ausschreibung allgemeiner Wahlen für eine verfassungsgebende deutsche Nationalversammlung vorzuschlagen, der es obliegen würde, die künftige Staatsform des deutschen Volk, einschließlich der Volksteile, die ihren Eintritt in die Reichsgrenzen wünschen sollten, endgültig festzustellen.

Berlin, den 9. November 1918. Der Reichskanzler.
Prinz Max von Baden.

Es wird nicht geschossen!

Der Reichskanzler hat angeordnet, daß seitens des Militärs von der Waffe kein Gebrauch gemacht werde.

Parteigenossen! Arbeiter! Soldaten!

Soeben sind das Alexanderregiment und die vierten Jäger geschlossen zum Volke übergegangen. Der sozialdemokratische Reichstagsabgeordnete Wels u. a. haben zu den Truppen gesprochen. Offiziere haben sich den Soldaten angeschlossen.

Der sozialdemokratische Arbeiter- und Soldatenrat.

„Vorwärts" (Titelseite, 1918)

Vorwärts, Armeesportvereinigung ↗Armeesportvereinigung „Vorwärts"

Voß, Johann Heinrich Dichter, Übersetzer, *20.2.1751 Sommerstorf (Landkreis Waren), †29.3.1826 Heidelberg. Mitbegründer des ↗Göttinger Hainbundes; lebte ab 1805 in Heidelberg. Wurde v.a. durch seine Idyllen bekannt; übersetzte Homer; Nachdichtungen zahlreicher antiker Autoren. *ij*

VPO ↗Volkspolizei

VVB ↗Vereinigungen Volkseigener Betriebe

V-Waffen Abkürzung für „Vergeltungswaffen". Seit Mitte 1944 eingesetzte, propagandistisch herausgestellte Raketengeschosse, mit denen der alliierten Luftüberlegenheit entgegengetreten werden sollte. Entwickelt in der Raketenversuchsanstalt Peenemünde unter Wernher von ↗Braun, wurden die V-W. v.a. von KZ-Häftlingen in ↗Dora-Mittelbau hergestellt. *PS*

VWR ↗Volkswirtschaftsrat

W

Wackersdorf, Wiederaufbereitungsanlage Gemeinde im Kreis Schwandorf (Oberpfalz), die von der „Deutschen Gesellschaft für Wiederaufbereitung von Kernbrennstoffen“ am 4.2.1985 als Standort für eine Wiederaufbereitungsanlage bestimmt wurde; Großdemonstrationen der ↗Ökologiebewegung; Einstellung des bereits begonnenen Baus im Juni 1989; Umbau des Areals zu einem Industriegebiet. *Ki*

Waffen-SS Seit 14.12.1934 Zusammenschluß von SS-Sondereinheiten (u.a. ↗Leibstandarte-SS Adolf Hitler) zur SS-Verfügungstruppe als waffentragender Teil der ↗SS, seit Herbst 1939 unter der Bezeichnung W.-SS. Zunächst nur aus bes. ausgesuchten Freiwilligen rekrutiert (seit 1943 teilweise auch mit Eingezogenen), die seit Kriegsbeginn als Elitekampfverbände galten und häufig als „Feuerwehr“ beim Heer eingesetzt wurden, teilweise (z.B. die Reiterdivisionen) aber von ↗Himmler auch von allzu gefährlichen Einsätzen abgehalten wurden. Die W.-SS zeichnete sich durch eine bes. brutale Kriegführung bei teilweise hohen eigenen Verlusten aus und beging zahlreiche Kriegsverbrechen (↗Oradour-sur-Glane). In den Reihen der W.-SS kämpften zahlreiche Freiwillige aus anderen europäischen Ländern sowie ↗Volksdeutsche, teils, wie z.B. muslimische Bosnier, in eigenen Divisionen.
In den ↗Nürnberger Kriegsverbrecherprozessen zur verbrecherischen Organisation erklärt. *PS*

Waffenstillstand (1918) ↗Compiègne, Waffenstillstand (1918)

Wagner, Adolf Nationalökonom, *25.3.1835 Erlangen, †8.11.1917 Berlin. 1858 Professor in Wien, 1868 in Freiburg, ab 1870 in Berlin; setzte sich als einer der bekanntesten „Kathedersozialisten“ für umfassende Verstaatlichung und gerechtere Einkommensverteilung ein; für die ↗Christlichsoziale Partei 1882–85 Mitglied des preußischen Abgeordnetenhauses; förderte die Anfänge der deutschen Sozialpolitik. Hauptwerke: Grundlegung der politischen Ökonomie (1876); Finanzwissenschaft (1877–1901). *rh*

Wagner, Richard Komponist, *22.5.1813 Leipzig, †13.2.1883 Venedig. 1833–39 zunächst Chor- und Musikdirektor an verschiedenen kleineren Theaterhäusern (zuletzt in Riga); nach Aufenthalten in London und Paris ab 1842 in Dresden; 1843 Hofkapellmeister; in den Opern „Tannhäuser“ (1845) und „Lohengrin“ (1848) erstmals Rückgriff auf Stoffe mittelalterlicher Epen und Ausbau der Leitmotivtechnik; nach der Beteiligung an revolutionären Unruhen 1849 Verfolgung und Flucht in die Schweiz; entwickelte dort das Projekt des „Gesamtkunstwerks“; 1864 von König ↗Ludwig II. von Bayern nach München berufen; lebte ab 1866 in Tribschen bei Luzern (Kontakte zu ↗Nietzsche) und ab 1872 in Bayreuth, wo 1876 „Der Ring des Nibelungen“ und 1882 der „Parsifal“ im Rahmen der Bayreuther Festspiele uraufgeführt wurden. *LA*

Wagner-Festspiele Seit 1876 im eigens erbauten Festspielhaus Bayreuth veranstaltete Opernfestspiele, die ganz dem Werk Richard ↗Wagners verpflichtet sind; 1930–44 unter Leitung Winifred Wagners (musikalische Leitung: Wilhelm Furtwängler) stark von der Kulturpolitik des ↗Nationalsozialismus vereinnahmt; Relativierung der bis dahin kultisch betriebenen Wagner-Verehrung erst seit der Wiedereröffnung 1951. *LA*

Wahlkapitulation Vertrag, in dem ein weltlicher oder geistlicher Fürst dem Wahlgremium Versprechungen und Zugeständnisse für den Fall seiner Wahl macht. Bei Bischofs- und Abtswahlen erstmals im 13. Jh., 1695 von Papst Innozenz XII. verboten; bei der Papstwahl gab es W. seit 1352, fast regelmäßig 1431–1730, doch hielten sich die Päpste fast nie daran. Die erste W. eines Kaisers, die als eine Art Reichsgrundgesetz galt, war die ↗Karls V. 1519. Seit 1711 diente stets die „Capitulatio perpetua“ als Vorbild. *rh*

Wahlstatt, Schlacht (1241) Niederlage Herzog ↗Heinrichs II. von Schlesien gegen die Mongolen am 9.4.1241 bei Liegnitz (Niederschlesien). Die Mongolen nutzten den Sieg jedoch nicht aus und zogen sich nach dem Tod ihres Groß-Khans Ögädäi wieder nach Osten zurück. *vK*

Wahlvertrag (1990) Am 3.8.1990 von den Delegationsleitern der ↗Bundesrepublik und der ↗DDR für den ↗Einheitsvertrag unterzeichneter

Vertrag, der das Bundeswahlrecht auf die Länder der DDR ausdehnte; wegen des Verstoßes gegen den Grundsatz der Wahlgleichheit am 29.9.1990 vom ↗Bundesverfassungsgericht für teilweise verfassungswidrig erklärt; die Richter sahen in der einheitlichen ↗Fünf-Prozent-Klausel eine Benachteiligung der ↗PDS. *kl*

Währungs-, Wirtschafts- und Sozialunion (1990) Geschaffen durch Staatsvertrag zwischen der ↗DDR und der ↗Bundesrepublik, von den Finanzministern beider Länder am 18.5.1990 unterzeichnet und am 1.7.1990 in Kraft getreten; erster Schritt zur ↗Wiedervereinigung.

Im Rahmen der Währungsunion wurde vereinbart, Löhne und Gehälter, Renten, Mieten und Pachten sowie Stipendien im Verhältnis 1:1 umzustellen sowie nach Alter und Guthaben gestaffelt bis zu 6000 ↗Mark der DDR in ↗DM umzutauschen; höhere Beträge und alle anderen Forderungen und Verbindlichkeiten wurden im Verhältnis 2:1 umgestellt.

Die Wirtschaftsunion führte die ↗soziale Marktwirtschaft auch auf dem Gebiet der DDR ein, der ↗innerdeutsche Handel wurde auf DM umgestellt, für Handelsverpflichtungen gegenüber den Ländern des ↗RGW bestand Vertrauensschutz. Mit der Sozialunion wurde das Arbeits- und Sozialrecht der Bundesrepublik auf die DDR übertra-

RHEIN-NECKAR-ZEITUNG

ZONEN AUSGABE

4. Jahrgang / Nr. 70 · Heidelberg, Samstag, 19. Juni 1948 · Einzelpreis 0.25 RM

Westdeutsche Währungsreform proklamiert

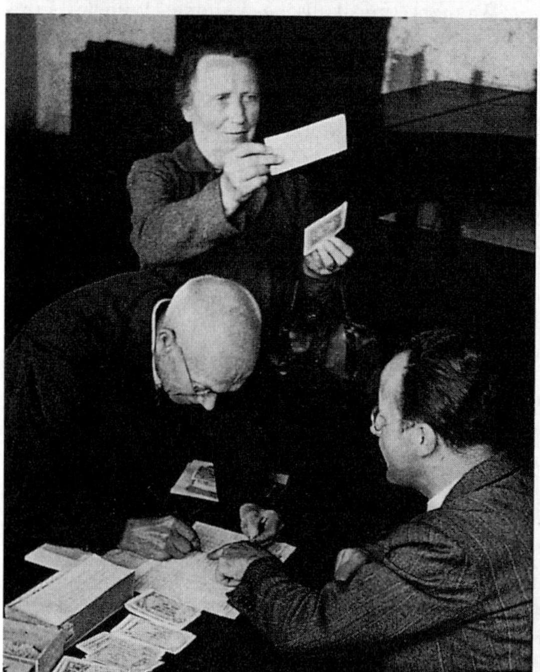

Das Anliegen der Reformer

„Jeder weiß, wie trostlos das deutsche Leben bis zu den Reformen in tiefer Agonie darniederlag und nur noch wenige darauf vertrauten, daß uns noch einmal Rettung zuteil werden könnte. Wohl basierte die Währungsreform – wenn auch nicht ohne deutsche Einflußnahme – auf alliierten Gesetzen, aber um so mehr war die Wirtschaftsreform rein deutschen Ursprungs, und es kann nicht als billiges Selbstlob gelten, wenn ich mir den entscheidenden Anteil zuspreche.

Immer wieder habe ich wie auch ... Wilhelm Röpke darauf hingewiesen, daß sich das System der Marktwirtschaft nicht in einem technischen Vollzug erschöpfen dürfe, sondern daß ihr innerstes Wesen auf einer moralisch freiheitlichen Gesinnung und Ordnung beruhe ...“

Ludwig Erhard im Juni 1968 zum 20. Jahrestag der Währungsreform

Einer der entscheidenden Schritte auf dem Weg zur Bundesrepublik Deutschland war die Währungsreform vom 20. Juni 1948. Hier wurde die Deutsche Mark eingeführt, die bald zum Symbol des westdeutschen Wiederaufbaus und wirtschaftlichen Erfolgs wurde. Zugleich war der Währungsschnitt durch die damit verbundene liberale Wirtschaftsreform eine der Voraussetzungen für das Auseinanderleben der beiden Teile Deutschlands. Bild links: Kritisch werden die neuen Scheine geprüft.

Währungsreform: Titelseite der Rhein-Neckar-Zeitung

gen. Die W. verursachte erhebliche ökonomische und soziale Anpassungsprobleme mit dem Zusammenbruch ganzer Industriezweige und stark angestiegenen Arbeitslosenzahlen; sie belastete den Bundeshaushalt erheblich, auch durch die ↗Vereinigungskriminalität. *kl*

Währungsreform (1948) Neuordnung des Geldwesens in Deutschland nach dem Ende des Zweiten Weltkrieges; am 20./21.6.1948 Einführung der ↗DM als Ersatz für die Reichsmark (RM) (↗Deutsche Mark) in den westlichen ↗Besatzungszonen, in Berlin (West) am 25.6.; sofortige Auszahlung von DM 40, im August weiterer DM 20; Umstellung von Gehältern und Renten im Verhältnis 1:1; Abwertung aller Guthaben im Verhältnis 10:1; weitere Abwertung aller blockierten Guthaben am 4.10.1948, damit im Mittel eine Abwertung von 100:6,50; keine Belastung von Sachwertbesitzern; mit dem ↗Lastenausgleich korrigiert; durch Abbau der zurückgestauten Inflation Finanzierung des Zweiten Weltkrieges; endgültige Teilung Deutschlands in zwei Wirtschaftsräume; Vorbedingung für den Erfolg der ↗sozialen Marktwirtschaft; symbolhafte Verdichtung der Erfahrung des ↗Wirtschaftswunders mit den am Folgetag schlagartig gefüllten Schaufenstern.
In der ↗SBZ fand vom 24.–28.6.1948 als Reaktion ebenfalls eine W. statt; pauschale Abwertung von 1:10, einmaliges Kopfgeld in Höhe von 70 Mark durch Ausgabe alter, mit Kupons beklebter Geldnoten, gestaffelte Abwertung der Sparguthaben (bis 100 RM 2:1, bis 1000 RM 5:1, bis 5000 RM 10:1), Umwandlung in eine Zwangsanleihe; jedoch im Unterschied zu den Westzonen kein Verschwinden des ↗Schwarzmarktes oder Verbesserung der Lebensbedingungen; zur Behebung der Versorgungsdefizite erfolgte wenige Monate später die Gründung der ↗Staatlichen Handelsorganisation. (508) *kl*

Waigel, Theodor Bundesfinanzminister (CSU), *22.4.1939 Oberrohr (Schwaben). Seit 1960 Mitglied der ↗CSU; 1967–71 Bezirksvorsitzender der Jungen Union (JU) Schwaben; seit 1971 Landesvorsitzender der JU Bayern; seit 1972 Abgeordneter des ↗Bundestages; 1980 wirtschaftspolitischer Sprecher der Unionsfraktion; 1988–99 CSU-Vorsitzender; 1989–98 Bundesfinanzminister. *Ki*

Waitz, Georg Historiker, *9.10.1813 Flensburg, †24.5.1886 Berlin. Schüler ↗Rankes; Forschungsschwerpunkt: Rechtsgeschichte des deutschen ↗Mittelalters; 1836–42 Mitarbeit an den ↗Monumenta Germaniae historica; seit 1842 Professor in Kiel, 1849–75 in Göttingen; leitete 1875–86 in Berlin die „Monumenta"; erstellte mit ↗Dahlmann 1869–83 die 3.–5. Auflage der „Quellenkunde zur deutschen Geschichte"; 1848/49 Abgeordneter der ↗Frankfurter Nationalversammlung. *rh*

Waldburg, Georg Feldhauptmann, *25.1.1488 Waldsee, †29.5.1531 ebd. Als Befehlshaber des ↗Schwäbischen Bundes 1525 maßgeblich an der blutigen Niederschlagung des ↗Bauernkrieges in Südwestdeutschland beteiligt (daher der Beiname „Bauernjörg"); erhielt von Kaiser ↗Karl V. im selben Jahr den Titel Reichserbtruchseß (höchster Hofbeamter). *rh*

Waldeck, Franz Leo Benedikt Preußischer Politiker, *31.7.1802 Münster, †12.5.1870 Berlin. Seit 1846 gehörte der Jurist dem höchsten preußischen Gericht an; in der preußischen Nationalversammlung 1848 an der Spitze der demokratischen Linken; arbeitete entscheidend an der Ausarbeitung der Verfassung („Charte W.") mit; 1861–69 als Mitglied der ↗Deutschen Fortschrittspartei Gegner Otto von ↗Bismarcks im preußischen Landtag; 1867–69 Abgeordneter im Reichstag des ↗Norddeutschen Bundes. *rh*

Waldeck, Georg Friedrich von Fürst, *31.1.1620 Arolsen, †19.11.1692 ebd. 1651–58 als Geheimer Rat und Generalmajor für Kurfürst ↗Friedrich Wilhelm von Brandenburg Vertreter einer antiständischen Innen- und einer antihabsburgischen Außenpolitik. Danach Feldherr u.a. in schwedischen, oranischen und kaiserlichen (Organisation des Widerstandes gegen den französischen König Ludwig XIV.) Diensten. *rh*

Waldemar (Woldemar) Markgraf von Brandenburg, *1281 oder früher, †14.8.1319 Bärwalde (Pommern), Seit 1308 Markgraf von ↗Brandenburg; vereinigte die Besitztümer der ↗Askanier in der Mark Brandenburg; nach deren Aussterben (1320) übernahmen die ↗Wittelsbacher die Mark. 1348–50 machte ihnen ein Mann, der vorgab, W. zu sein (der falsche W.) die Herrschaft streitig. *RB*

Walden, Herwarth (eigentlich Georg Levin) Schriftsteller, Kritiker, *16.9.1878 Berlin, †31.10.1941 Saratow (Rußland). 1901–11 verheiratet mit ↗Lasker-Schüler; gab 1910–32 die dem ↗Expressionismus nahestehende avantgardistische Zeitschrift „Der ↗Sturm" heraus; weitere Projekte: 1912 Sturm-Galerie, 1917 Sturm-Bühne. Wandte sich in den 20er Jahren dem ↗Sozialismus zu; ging

1932 nach Moskau, wo er für Exilzeitschriften schrieb; wurde 1941 verhaftet und starb im Gefängnis. Werke u.a.: Einblicke in die Kunst. Expressionismus, Futurismus, Kubismus (1917); Die neue Malerei (1919). Schrieb außerdem Dramen und Romane. *ij*

Waldenser Von dem Wanderprediger Petrus Waldes um 1175 in Lyon gegründete Buß- und Armengenossenschaft. Die W. mißachteten päpstliche Einschränkungen und wurden 1184 exkommuniziert. Immer mehr verwarfen sie kirchliche Lehrautorität, Hierarchie, Tradition, Sakramente (nur Buße, Erwachsenentaufe und Abendmahl blieben). Die W. gliederten sich wie die ↗Katharer in zwei Klassen: die Gläubigen (credentes) und die Vollkommenen (perfecti). Auch in Deutschland wurden die W. z.T. blutig verfolgt, z.T. schlossen sie sich ↗Hussiten, ↗Böhmischen Brüdern und ↗Calvinismus, zuletzt 1823 der lutherischen Landeskirche an. *ku*

Waldersee, Alfred von Preußischer Generalfeldmarschall, *8.4.1832 Potsdam, †5.3.1904 Hannover. 1882 Generalquartiermeister; 1889 Nachfolger Helmuth Karl Bernhard von ↗Moltkes als Generalstabschef der Armee; auf die Stärkung der Armee gegenüber der Politik bedacht. Als Mitglied des preußischen ↗Herrenhauses und des Staatsrats entscheidend am Sturz Otto von ↗Bismarcks 1890 beteiligt. Erhielt 1900 im ↗Boxeraufstand den Oberbefehl über die europäischen Truppen, traf jedoch zu spät in Peking ein. *rh*

Waldheimer Prozesse (1950, DDR) Spektakulärster Fall politischer Justiz in der ↗DDR bis zum ↗Neuen Kurs; von April bis Juni 1950 im Zuchthaus von Waldheim Verurteilung von ca. 3400 Personen durch politisch zuverlässige Richter unter Anleitung der ↗SED wegen angeblicher Kriegsverbrechen; zumeist Verhängung von Freiheitsstrafen über fünf Jahren, auch 32 Todesurteile, davon 24 vollstreckt; nach der ↗Wiedervereinigung Rehabilitierung der Betroffenen, Strafverfahren gegen Richter und Staatsanwälte der W.P. *kl*

Waldseemüller, Martin (auch Waltzemüller, Walzenmüller) Karthograph, *um 1470 Radolfzell, †um 1518 St. Dié (Lothringen). Fertigte die ersten Globus- und Weltkarten (1507) an, auf denen die Neue Welt, d.h. das von Europa neu entdeckte Südamerika unter dem Namen „Amerika" (nach Amerigo Vespucci) verzeichnet war; schuf die erste gedruckte Seekarte sowie zahlreiche Karten für die 1513 von ihm redigierte „Geographie" des Klaudios Ptolemaios. *nk*

Wallenstein, Albrecht von Herzog, kaiserlicher Feldherr, *24.9.1583 Hermanitz (Ostböhmen), †25.2.1634 Eger. Stammte aus einer Familie von Utraquisten (gemäßigte ↗Hussiten); trat 1606 zum Katholizismus über, blieb jedoch religiös indifferent. Durch Heirat (1609) einer der größten Grundbesitzer in ↗Mähren; nach Unterstützung im Krieg gegen Venedig 1617 vertrauensvolles Verhältnis zu Kaiser ↗Ferdinand II. W. erwarb nach 1620, u.a. mit Hilfe geschickter Finanzspekulationen, böhmische Ländereien, die von protestantischen Adligen nach Niederschlagung des ↗Böhmischen Aufstandes eingezogen worden waren, und schuf ein geschlossenes Territorium, das spätere Herzogtum Friedland (W. 1625 Herzog). Stellte im ↗Dreißigjährigen Krieg 1625 aus eigenen Mitteln ein Heer für den Kaiser auf (erhalten u.a. durch ↗Kontributionen); schlug als Generaloberst 1626 an der Dessauer Brücke die protestantischen Truppen unter Ernst von ↗Mansfeld und eroberte zusammen mit der katholischen ↗Liga unter ↗Tilly Norddeutschland (1627 Vertreibung König Christians IV. von Dänemark aus dem ↗Heiligen Römischen Reich); ebnete den Weg zur Durchsetzung eines kaiserlichen ↗Absolutismus im Reich und wurde daher, auch wegen seiner eigenen allzu großen Macht, 1630 auf Veranlassung der Kurfürsten entlassen; 1632 nach dem Tod Tillys als kaiserlicher Befehlshaber mit ungewöhnlichen Vollmachten wiederberufen; verhandelte nach der Schlacht von ↗Lützen (1632) eigenmächtig mit Schweden, Brandenburg und Sachsen; versicherte sich 1634 in den „Pilsener Reversen" der bedingungslosen Treue seiner Offiziere; durch ein kaiserliches Patent als „Hochverräter" abgesetzt, worauf die Armee von ihm abfiel; mit seinen Anhängern Christian von Ilow, Adam von Terzka und Wilhelm von Kinsky von kaisertreuen Offizieren ermordet. Die Motive W.s (Ehrgeiz, Streben nach der böhmischen Krone, Rachsucht, Friedensbemühungen oder Toleranzideen) sind umstritten. *rh*

Wallfahrt ↗Pilgerwesen

Wallmann, Walter Ministerpräsident (Hessen; CDU), *24.5.1932 Uelzen. Seit 1966 Landtagsabgeordneter der ↗CDU in Hessen; 1970 Oberbürgermeister von Marburg; 1972–77 Abgeordneter des Bundestages; 1977–86 Oberbürgermeister von Frankfurt/Main; 1986/87 erster Bundesminister für Umwelt, Naturschutz und Reaktorsicherheit; 1987–91 hessischer Ministerpräsident. *Ki*

Wallot, Paul Architekt, * 26.6.1841 Oppenheim, † 10.8.1912 Langenschwalbach (bei Bad Schwalbach). 1896–1911 Professor an der Akademie in Dresden; schuf unter Verwendung von Formen der italienischen Renaissance und des ↗Barock gründerzeitliche Bauten in Dresden und Berlin. Sein bekanntestes Werk ist das Reichstagsgebäude in Berlin (1884–94). (409) *rw*

Wallraff, Günter Publizist, * 1.10.1942 Burscheid (bei Köln). Verfaßte kritische Erfahrungsberichte aus der Arbeitswelt, wobei er mit wachsender Bekanntheit dazu überging, unter Pseudonym zu recherchieren („spielte“ u.a. einen Reporter der „Bild-Zeitung“ und einen türkischen Arbeiter). Schrieb u.a.: 13 unerwünschte Reportagen (1969), Ihr da oben, wir da unten (1973, mit Bernt Engelmann), Ganz unten (1985). *ij*

Walther von der Vogelweide Dichter, *um 1170, † um 1230. Herkunft und Stand sind unbekannt. W. bildete sich am Hof der ↗Babenberger in Wien aus, lernte u.a. bei Reinmar von Hagenau; lebte nach dem Tod Herzog Friedrichs von Österreich (1198) als fahrender Dichter unter verschiedenen Dienstherren; erhielt um 1220 von Kaiser ↗Friedrich II. ein Lehen. W.s Grab soll sich im Kreuzgang der Neumünsterkirche in Würzburg befinden. Er schuf politische Spruchdichtung, Minnelyrik und religiöse Dichtung; zahlreiche Texte sind erhalten in der Manessischen ↗Handschrift, der Kleinen Heidelberger Liederhandschrift und der Weingartner Handschrift. *rw*

Walther von der Vogelweide (Weingartner Liederhandschrift, 13. Jh.)

Wandervogel 1895/96 unter ↗Hoffmann-Fölkersamb entstandene, ab 1901 von dem Studenten Karl Fischer organisierte ↗Jugendbewegung, die eine von der älteren Generation unabhängige, jugendspezifische Lebensform forderte, in der Wandern, Volksmusik, -tanz usw. eine wesentliche Rolle spielten. Die ab 1904 gebildeten verschiedenen Gruppen vereinigten sich 1912/13 im W. (e.V.). Teile des W.s zogen als „Feldwandervogel“ in den ↗Ersten Weltkrieg; 1933 in die ↗HJ überführt; vereinzelte Neugründungen ab 1946. *nk*

Wangenheim, Karl August von Württembergischer Politiker, * 14.3.1773 Gotha, † 19.7.1850 Coburg. Unter König ↗Friedrich I. von Württemberg seit 1811 Leiter des Obertribunals und Kurator der Universität Tübingen. 1816/17 Kultusminister; unter Wilhelm I. ab 1817 württembergischer Gesandter in der ↗Bundesversammlung; dort Anhänger der ↗Triaspolitik; 1823 auf preußische und österreichische Initiative zurückgetreten. *rh*

Wannsee-Konferenz (1942) Am 20.1.1942 Treffen von hochrangigen SS-Mitgliedern und Ministerialbürokraten unter dem Vorsitz ↗Heydrichs in einer Villa am Berliner Wannsee zur Besprechung organisatorischer Einzelheiten bei der Durchführung der bereits begonnenen ↗Judenvernichtung.

Das unter der Verantwortung des anwesenden ↗Eichmann angefertigte Protokoll der ca. anderthalbstündigen Besprechung diente in den ↗Nürnberger Kriegsverbrecherprozessen als Beweismittel der Anklage. *PS*

Wappen (niederdeutsch für Waffen) Abzeichen von Personen, Sippen und Körperschaften; gebildet aus dem ↗Schild mit Schildbild und dem ↗Helm mit Helmkleinod (Helmzier); entstanden im 12. Jh. beim ritterlichen ↗Adel als Feld- und Erkennungszeichen; verbreiteten sich mit dem Turnierwesen (↗Turnier), wo die W. durch ↗Herolde festgelegt und in Regeln gefaßt wurden. Auf den

Schilden befinden sich Figuren (gegenständliche Bilder) oder Heroldsbilder (durch Schildteilungen entstehende Bilder) in vier (fünf) Grundfarben (rot, blau, grün, schwarz, selten auch purpur); Blütezeit der W. im 14./15. Jh.; wurden in W.-Büchern beschrieben. Nach Verbreitung des ↗Siegels und nach Verfall des Rittertums (↗Ritter, ↗Raubritter) wurden W. auch von niederem Adel, Frauen, Geistlichkeit und Bürgerschaft benutzt. Seit dem 14. Jh. wurden W.-Briefe (↗Urkunden, die die Führung eines bestimmten W.s gestatten) verkauft und verliehen. Später Einführung von Staats- und Amts-W. Das W. genießt Rechtsschutz durch das W.-Recht. *ku*

Warburg, Otto Heinrich ↗Nobelpreis

Warlimont, Walter General, *3.10.1894 Osnabrück, †9.10.1976. 1939–44 im Wehrmachtführungsstab als Vertreter ↗Jodls; beteiligt an der Ausarbeitung der „Verbrecherischen Befehle" 1941, die die völkerrechtswidrige Kriegführung in Osteuropa forderten. Am 27.10.1948 zu lebenslänglicher, später zu 18 Jahren Haft verurteilt, 1957 freigelassen. *PS*

Warschau Polnische Hauptstadt, ab 16.10.1939 Hauptstadt des ↗Generalgouvernements und Dienstsitz des ↗Generalgouverneurs Hans ↗Frank. Am 15.11.1940 Errichtung eines der größten ↗Ghettos mit bis zu einer halben Mio. Bewohnern. Nach der Zunahme von Deportationen in die ↗Vernichtungslager und dem Beginn der Auflösung des Ghettos ab 19.4.1943 bewaffneter Aufstand (↗Warschau, Aufstände); nach dessen Niederschlagung wurde am 15.8.1943 ein ↗KZ errichtet, dessen Insassen die Ruinen des Ghettos beseitigen mußten.
Ab dem 1.8.1944 versuchten polnische Aufständische die Befreiung der Stadt noch vor dem Einmarsch der ↗Roten Armee, am 2.10. Kapitulation. *PS*

Warschau, Aufstände 1) Mit Beginn der Auflösung des Warschauer Ghettos am 19.4.1943 gingen die von Deportation in die ↗Vernichtungslager bedrohten Juden zum bewaffneten Aufstand über; nach mehrtägigen Straßenkämpfen begannen die deutschen Einheiten unter ↗Stroop mit dem Niederbrennen des Ghettos; die verzweifelt kämpfenden jüdischen Aufständischen verschanzten sich in Kellern und Bunkern, ehe ihr Widerstand am 16.5. gebrochen wurde.
2) Am 1.8.1944 begonnene Kämpfe der polnischen Widerstandsbewegung zur Befreiung ↗Warschaus noch vor dem Einmarsch der ↗Roten Armee auf Weisung der Exilregierung in London. Nach Eroberung von Teilen der Stadt gingen deutsche Einheiten unter ↗Bach-Zelewski zum Gegenangriff über, ehe die Aufständischen am 2.10. kapitulierten. Mehrere tausend Aufständische und ca. 150000 Zivilisten starben auf polnischer Seite; auch die deutschen Truppen verzeichneten mehrere tausend Gefallene. Die Zivilbevölkerung wurde teilweise in ↗Konzentrationslager deportiert, die Stadt größtenteils zerstört. *PS*

Warschau, Vertrag (1733) Am 19.8.1733 abgeschlossener Vertrag zwischen Kaiser ↗Karl VI., Zarin Anna von Rußland und Kurfürst Friedrich August II. von Sachsen, der die Nachfolge seines Vaters ↗August II., des Starken, als König von Polen antreten sollte. Der Widerstand Frankreichs (mit seinem Kandidaten Stanislaus Leszczynski) führte zum Polnischen Thronfolgekrieg (1733–35). Friedrich August wurde als ↗August III. 1735 polnischer König. *rh*

Warschau, Vertrag (1970) ↗deutsch-polnischer Vertrag (1970)

Warschauer Pakt Am 14.5.1955 von den Staaten Osteuropas in Warschau geschlossener Vertrag über Freundschaft, Zusammenarbeit und gegenseitigen Beistand; als Militärbündnis osteuropäisches Pendant zur ↗NATO, sofortiger Beitritt der ↗DDR; mit dem ↗RGW wichtigstes Instrument der Sowjetunion zur Konsolidierung des eigenen Machtbereiches; nach dem Zerfall der Sowjetunion Selbstauflösung zum 30.6.1991. *kl*

Wartburg 1080 erstmals erwähnte Burg bei Eisenach; kulturelles Zentrum unter Landgraf ↗Hermann I. von Thüringen; 1521/22 übersetzte Martin ↗Luther hier die Bibel; 1817 ↗Wartburgfest; um den spätgotischen Pallas gruppieren sich heute viele Gebäude, die im 19. Jh. errichtet oder restauriert wurden. *RB*

Wartburgfest (1817) Erstes öffentliches Fest der deutschen ↗Burschenschaften am 18./19.10.1817 auf der ↗Wartburg zum Gedenken an die ↗Reformation 1517 und an die Völkerschlacht bei ↗Leipzig. In Ansprachen vor ca. 500 Studenten von insgesamt elf deutschen Universitäten wurden die Einheit und Freiheit Deutschlands gefordert. Am Abend des 18.10. verbrannte eine Minderheit ca. 30 als reaktionär geltende Bücher und Schriften u.a. von ↗Kotzebue sowie den ↗Code Napoléon. Das W. und die folgende Ermordung Kotzebues gaben den Auslöser für die ↗Karlsbader Beschlüsse. *vK*

Warthegau Seit 1940 Bezeichnung für den ↗Reichsgau Wartheland (Herbst 1939 errichtet) in Posen. Umfaßte in etwa die Regierungsbezirke Posen, Hohensalza und Kalisch; Errichtung von ↗Chelmno, dem ersten ↗Vernichtungslager. *PS*

Wassermann, Jakob Schriftsteller, *10.3.1873 Fürth, †1.1.1934 Altaussee (Steiermark). W.s in der ersten Hälfte des 20. Jh.s sehr populäres erzählerisches Werk, welches sich u. a. mit jüdischer und deutscher Identität beschäftigt und (in dem Roman „Christian Wahnschaffe", 1919) thematische und sprachliche Affinitäten zum ↗Expressionismus aufweist, wurde von den Nationalsozialisten verboten. Schrieb u. a.: Die Juden von Zirndorf (1897), Das Gänsemännchen (1915), Der Fall Maurizius (1928). *ij*

Wasserprobe ↗Gottesurteil

Waterloo, Schlacht (1815) Endgültige Niederlage ↗Napoleons I. gegen eine preußische und eine britisch-niederländisch-deutsche Armee unter Arthur Wellesley, Herzog von Wellington und Gebhard Leberecht von ↗Blücher am 18.6.1815 bei W. (Belle-Alliance). Napoleon wurde auf die Insel St. Helena verbannt; es kam zum Zweiten Frieden von ↗Paris. *vK*

Wattenbach, Wilhelm Historiker, *22.9.1819 Rantzau, †20.9.1897 Frankfurt/Main. Professor zunächst in Heidelberg, dann in Berlin; 1886–88 Vorsitzender der Zentraldirektion der ↗Monumenta Germaniae historica; bedeutender Herausgeber deutscher Geschichtsquellen, u. a.: Deutschlands Geschichtsquellen im Mittelalter bis zur Mitte des 13. Jh.s (1858). *Vö*

Weber, Carl Maria von Komponist, *18. oder 19.11.1786 Eutin, †5.6.1826 London. Studierte u. a. bei ↗Haydn; ging als Konzertpianist auf Tournee; 1813 Operndirektor in Prag, 1817 in Dresden. W.s wichtigstes Werk ist die als „deutsche Nationaloper" berühmt gewordene Oper „Der Freischütz" (1821 uraufgeführt), in der die romantische Tradition um verschiedene moderne Elemente (dramaturgische Einheit szenischer und musikalischer Effekte, Leitmotivik, kühne Harmonik) erweitert wird. Neben Opern schrieb W. Sinfonien, Klarinetten- und Klavierkonzerte; Kammermusik, geistliche und Bühnenmusik. *ij*

Weber, Helene Politikerin, Frauenrechtlerin, *17.3.1881 Elberfeld (Wuppertal), †25.7.1962 Bonn. Führende Persönlichkeit der katholischen Frauenbewegung; 1919/20 Mitglied der Weimarer ↗Nationalversammlung (Zentrum); 1921–24 preußische Landtagsabgeordnete; 1924–33 Mitglied des Reichstages. Ab 1949 Mitglied des Bundestages (CDU); 1952–61 Vorsitzende des Deutschen Müttergenesungswerks. *ij*

Weber, Marianne Frauenrechtlerin, *2.8.1870 Oerlinghausen/Lippe, †12.3.1954 Heidelberg. Gattin von Max ↗Weber; seit 1898 in der ↗Frauenbewegung aktiv; 1919–23 Vorsitzende des ↗Bundes deutscher Frauenvereine; in vielen Veröffentlichungen (z. B. „Frauenfrage und Frauengedanken", 1919) entschiedene Vertreterin der Frauenemanzipation. Memoiren: Erfülltes Leben (1946). *rh*

Weber, Max Nationalökonom, Soziologe, *21.4. 1864 Erfurt, †14.6.1920 München. Seit 1893 Professor für Jura in Berlin, seit 1894 für Nationalökonomie in Freiburg (Breisgau), Heidelberg, Wien und München. Nach anfänglichen rechts- und wirtschaftshistorischen Studien beschäftigte W. bes. der Zusammenhang zwischen Religion und Wirtschaft. Er bewies in Einzeluntersuchungen zu verschiedenen Weltreligionen (u. a. Protestantische Ethik und der Geist des Kapitalismus, 1920) den Einfluß ideeller Gegebenheiten auf das wirtschaftliche Handeln; entwickelte die „verstehende Soziologie" und die „idealtypische Methode" als Hilfsmittel zur geschichtlichen Erkenntnis; forderte werturteilsfreie Wissenschaft (Wissenschaft als Beruf, 1919); engagierte sich politisch (Mitbegründer der ↗DDP). W. gilt als Begründer der Religions- und Wissenschaftssoziologie. *nk*

Weberaufstand (1844) Gewaltsam niedergeschlagene Aufstände der schlesischen Weber in Peterswaldau und Langenbielau (4.–6.6.1844) gegen ihre dramatisch verschlechterten Lebensbedingungen als Folge der beginnenden ↗Industrialisierung. Direkte Ursache war die Lohnkürzung bei Verlängerung der Arbeitszeit, um den durch Einsatz von Maschinen entstandenen britischen Konkurrenzdruck in der Textilindustrie auszugleichen; von ↗Hauptmann als Vorlage für sein Drama „Die Weber" (1892) verwendet. *nk*

Weddigen, Otto Kapitänleutnant, U-Boot-Kommandant, *15.9.1882 Herford, †18.3.1915 Pentland Firth. Ab 1901 Mitglied der Marine; mitverantwortlich für die Entwicklung deutscher U-Boote; versenkte im ↗Ersten Weltkrieg am 22.9.1914 als Kommandant von U 9 drei britische Panzerkreuzer, was die öffentliche Begeisterung für die U-Boot-Flotte enorm verstärkte. Bei einem Angriff von einem britischen Schlachtschiff gerammt und mit der gesamten Bootsbesatzung ertrunken. *rh*

Wedekind, Frank Schriftsteller, * 24. 7. 1864 Hannover, † 9. 3. 1918 München. Schrieb für die Satirezeitschrift „Simplicissimus"; wegen ↗Majestätsbeleidigung 1899/1900 in Haft. Dramaturg und Schauspieler in München; seit 1901 maßgeblich am Kabarett „Die elf Scharfrichter" beteiligt. Seit 1906 überwog die Arbeit an seinen dem ↗Expressionismus vorgreifenden grotesk-tragischen Theaterstücken, die – stets von ↗Zensur bedroht – die destruktiven Auswirkungen einer lebensfernen wilhelminischen Sexualmoral aufzeigen. Stücke u. a.: Frühlings Erwachen (1891), Der Erdgeist (1895), Der Marquis von Keith (1901), Die Büchse der Pandora (1904). *ij*

Wehler, Hans-Ulrich Historiker, * 11. 9. 1931 Freudenberg. Studierte in Köln und Bonn; 1970/71 Professor in Berlin, seit 1972 in Bielefeld; beschäftigt sich v. a. mit der Sozial- und Wirtschaftsgeschichte des 19. und 20. Jh.s (u. a. Deutsche Gesellschaftsgeschichte, 1987–92); beteiligte sich am ↗Historikerstreit (u. a. Entsorgung der deutschen Vergangenheit?, 1987). *ep*

Herbert Wehner (1980)

Wehner, Herbert Politiker (SPD), * 11. 7. 1906 Dresden, † 19. 1. 1990 Bonn. 1927–42 Mitglied der ↗KPD; 1937 bei der Kommunistischen Internationalen in Moskau tätig; 1941–46 in Schweden, anschließend Rückkehr nach Deutschland; seit 1946 Mitglied der ↗SPD; 1949–83 Abgeordneter des Bundestages; 1958–73 stellvertretender Vorsitzender der SPD; maßgeblich am ↗Godesberger Programm und dem Umbau der SPD zur Volkspartei beteiligt; betrieb erfolgreich die Bildung einer ↗großen Koalition, in der er 1966–69 Bundesminister für gesamtdeutsche Fragen war; trat als Fraktionsvorsitzender der SPD (1969–83) für eine Normalisierung der ↗innerdeutschen Beziehungen ein. *Ki*

Wehrbeauftragter Vom ↗Bundestag für fünf Jahre gewählte Person zur Kontrolle der ↗Bundeswehr, bes. der Grundrechte der Soldaten; das Amt des W. wurde mit der zweiten Wehrergänzung zum ↗Grundgesetz am 19. 3. 1956 geschaffen; Kompetenzregelung per Gesetz am 26. 6. 1957; Berufung des ersten W. 1959. *kl*

Wehrbeitrag Am 3. 7. 1913 erhobene, einmalige Vermögensabgabe zur Deckung der Kosten, die durch die bis 1916 geplante Verstärkung des deutschen Heeres entstanden; Höhe knapp 1 Mrd. Mark. *br*

Wehrerziehung, sozialistische ↗sozialistische Wehrerziehung

Wehrkraftzersetzung Begriff der nationalsozialistischen Militärjustiz, bezeichnete nach dem Kriegssonderstrafrecht neben Versuchen zur Entziehung des Wehrdienstes (Fahnenflucht, Selbstverstümmelung etc.) mit zunehmender Kriegsdauer bei verschärfter Rechtsprechung v. a. kritische Äußerungen zu Krieg und Kriegslage; häufig als Defätismus mit Todesurteilen geahndet. *PS*

Wehrmacht Bezeichnung der Streitkräfte 1935–45 nach Wiedereinführung der Wehrpflicht. Gegliedert in die drei Wehrmachtsteile Heer, Kriegsmarine und Luftwaffe; ab 1938 mit ↗OKW als oberster Kommando- und Verwaltungsebene und ↗Hitler als Oberbefehlshaber über alle drei Waffengattungen. (407, 515, 542) *PS*

Wehrmachtsausstellung Wanderausstellung des Hamburger Instituts für Sozialforschung über die Verbrechen der ↗Wehrmacht 1941–44; seit 1995 als Gegenimpuls zur bundesdeutschen „Erinnerungskultur" im deutschsprachigen Raum gezeigt, begleitet von heftigen öffentlichen Kontroversen; bis zum Sommer 1998 ca. 600 000 Besucher in 28 Städten; Ausweitung der öffentlichen Diskussion v. a. um die Beteiligung der Wehrmacht an der ↗Judenvernichtung. *kl*

Wehrsportgruppe Hoffmann Paramilitärische Gruppierung um Karl-Heinz Hoffmann, 1973 gegründet; Verbindungen zur ↗NPD und ↗DVU, bei deren Parteiveranstaltungen Mitglieder der W.H. als Ordner eingesetzt wurden; Verbot 1980; im selben Jahr terroristische Aktivitäten (↗Terrorismus) von Mitgliedern der W.H. im Libanon und

Attentat auf das Oktoberfest in München mit 13 Toten. *sb*

Weidig, Friedrich Ludwig Revolutionär, *15.2. 1791 Oberkleen (bei Wetzlar), †23.2.1837 Darmstadt. Seit 1819 wegen sozialrevolutionärer politischer Aktivitäten gegen die Fürstenherrschaft verfolgt; 1834 auf eine Landpfarrstelle bei Alsfeld strafversetzt; trat in ↗Flugschriften (v. a. im zusammen mit Georg ↗Büchner verfaßten „Hessischen Landboten") energisch für einen einheitlichen Staat mit Verfassung und ↗Pressefreiheit ein; April 1835 verhaftet und in Darmstadt unter Arrest gestellt, wo er sich nach der Behandlung durch ein geheimes Strafverfahren das Leben nahm. *rh*

Weill, Kurt Komponist, *2.3.1900 Dessau, †3.4. 1950 New York. Erarbeitete zusammen mit ↗Brecht die Musik des „epischen Theaters" mit Elementen aus zeitgenössischer Unterhaltungsmusik, Chanson, Choral, Moritat und Song. Emigrierte 1933 zunächst nach Paris (dort letzte Zusammenarbeit mit Brecht am Ballett „Die sieben Todsünden"); ab 1935 in den USA, wo er für den Broadway schrieb. Werke u. a.: Die Dreigroschenoper (1928), Aufstieg und Fall der Stadt Mahagonny (1930), Der Ja-Sager (1930). *ij*

Weimarer Koalition Links-liberales Bündnis von ↗SPD, ↗Zentrum und ↗DDP; entstand nach den Wahlen zur ↗Nationalversammlung am 19.1.1919, vereinte 76 % der Stimmen auf sich; bildete die Kabinette ↗Scheidemann, Gustav Adolf ↗Bauer, Hermann ↗Müller und das erste Kabinett Joseph ↗Wirth. Seit ihren großen Verlusten bei den Reichstagswahlen am 6.6.1920 (nur noch 46 %) zugunsten der Flügelparteien erlangte die W.K. nicht mehr die Mehrheit. *sb*

Weimarer Nationalversammlung ↗Nationalversammlung (1919)

Weimarer Republik Epoche der deutschen Geschichte 1918–33, benannt nach dem Ort der ersten Zusammenkunft der ↗Nationalversammlung am 6.2.1919, die mit der ↗Weimarer Verfassung die erste deutsche parlamentarische Demokratie verankerte. Der Matrosenaufstand in Kiel bildete den Auftakt der ↗Novemberrevolution: ↗Arbeiter- und Soldatenräte forderten die Beendigung des ↗Ersten Weltkrieges und die Beseitigung der alten politischen Ordnung. Am 9.11.1918 gab Reichskanzler ↗Max, Prinz von Baden, die Abdankung Kaiser ↗Wilhelms II. bekannt und übergab ↗Ebert die Kanzlerschaft, ↗Scheidemann rief die Republik aus. Die Jahre 1919–23 waren durch 1) die Zerschlagung der Rätebewegung, 2) die Bedrohung der Republik von rechten (↗Kapp-Lüttwitz-Putsch 1920, Ermordung ↗Erzbergers 1921 und Walther ↗Rathenaus 1922, ↗Hitlerputsch 1923) und linken Kräften, 3) innenpolitische Debatten um die im Frieden von ↗Versailles geforderten ↗Reparationen und 4) hohe Inflationsraten gekennzeichnet. Die Konsolidierung der Außenpolitik 1924–28 erfolgte mit der Anerkennung der Reparationsverpflichtungen, dem ↗Dawes-Plan 1924, dem Vertrag von ↗Locarno 1925 und der Aufnahme Deutschlands in den ↗Völkerbund 1926. Dem Ausbau des Sozialstaates (Sozial- und Arbeits-

Erschöpfte deutsche Soldaten nach dem Kampf in einer russischen Stadt losenversicherung) und der politischen wie wirtschaftlichen Stabilisierung standen die Selbstblokkade des Parlamentarismus und der Zerfall der bürgerlichen Mitte gegenüber. Restaurative Tendenzen spiegelten sich in der Wahl ↗Hindenburgs zum Reichspräsidenten 1925. Die Endphase der Republik war gekennzeichnet durch den Ausbau der Stellung des Reichspräsidenten, der unter Ausschaltung des Parlamentes und häufiger Anwendung von ↗Notverordnungen regierte: Mit dem Übergang zur sog. Präsidialregierung verloren die Parteien ihre politische Macht, die Bedeutung der ↗Reichswehr und der Ministerialbürokratie wuchs. Die ↗Weltwirtschaftskrise 1930 wirkte als Katalysator für die Zerstörung der W.R. Die ↗NSDAP entwickelte sich mit Hilfe alter Eliten von einer radikalen Außenseiterpartei zu einer einflußreichen Bewegung, die 1930 ihren Durchbruch erzielte und nach den Wahlen 1932 mit 37,4 % stärkste Fraktion im Reichstag wurde. Am 30.1.1933 ernannte Hindenburg ↗Hitler zum Reichskanzler, der Zerstörung der W.R. folgte das ↗Dritte Reich. *sb*

Weimarer Verfassung Von der ↗Nationalversammlung beschlossene, am 14.8.1919 in Kraft getretene Verfassungs- und Grundgesetzgebung der ↗Weimarer Republik: Sie legte 1) die föderale Struktur der politischen Ordnung (↗Reichsrat), 2) die gegenüber dem Kaiserreich gestärkte Stellung des ↗Reichstages fest. Diesem wurde 3) der mit zahlreichen Kompetenzen ausgestattete ↗Reichspräsident gegenübergestellt. Er konnte u.a. die ↗Reichsregierung ernennen, bzw. entlassen, den Reichstag auflösen und besaß das Notverordnungsrecht (Art. 48). 4) wurden das Verhältniswahlrecht und 5) der Volksentscheid eingeführt. 6) wurden in den Grundrechten die Inhalte des demokratischen und sozialen Rechtsstaates inhaltlich gefaßt. Die W.V. war das Ergebnis der instabilen Kräfteverhältnisse der Nationalversammlung und somit das Produkt zahlreicher Kompromisse. *sb*

Weinbau Die Gewinnung von Wein durch den Anbau von Reben und deren Verarbeitung. Mit den Römern gelangte der W. im 2. Jh. ins Elsaß sowie an Rhein und Mosel. Verbreitete sich zunächst ausschließlich über die ↗Klöster (Zweck: Meßwein); größte Verbreitung im 14./15. Jh. (bis nach Ostpreußen); durch Auflösung von Klöstern und als Folge des ↗Dreißigjährigen Krieges drastischer Rückgang des W.s und Rückzug auf die heutigen Anbaugebiete (v.a. Rheingau, Mosel, Pfalz,

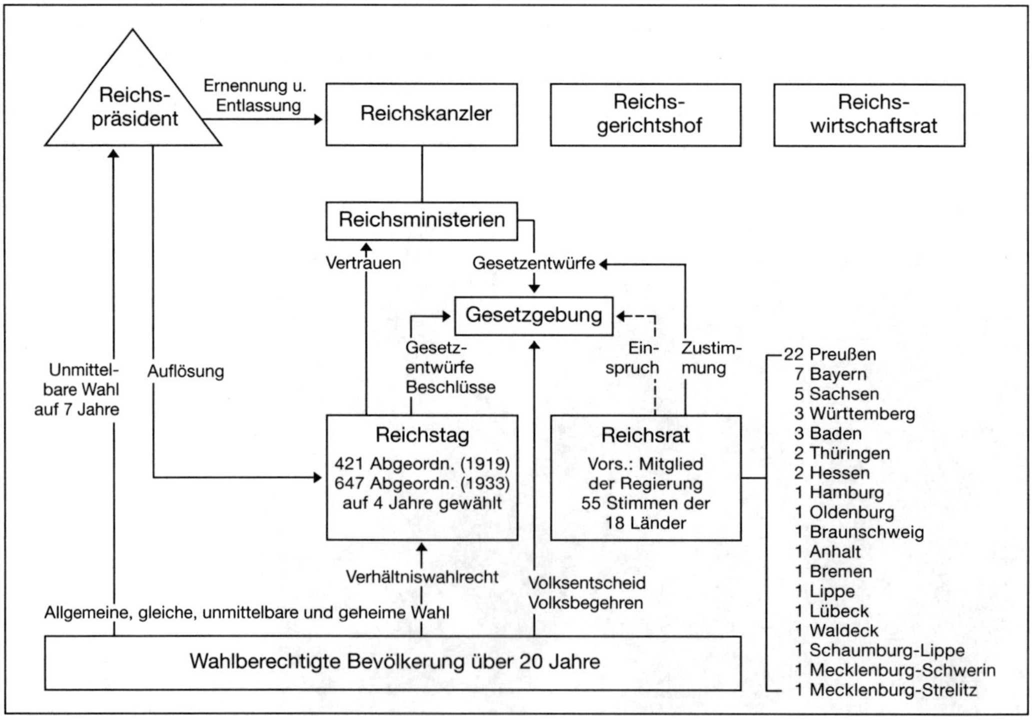

Ortenau, Kaiserstuhl); Mitte des 19. Jh.s große Schäden durch (aus Amerika eingeführte) Rebschädlinge. *wj*

Weinbrenner, Friedrich Baumeister, *24.11. 1766 Karlsruhe, †1.3.1826 ebd. Gestaltete als Baudirektor der Stadt Karlsruhe ab 1800 ein geschlossen klassizistisch-hochbarockes Stadtbild. *ij*

Weinhold, Werner Flüchtling, *8.8.1949 Dresden. Nach mehreren Jugendstraftaten in der DDR zu sechseinhalb Jahren Haft verurteilt, 1972 vorzeitig entlassen; entzog sich erneuten Ermittlungen 1975 durch ↗Republikflucht, erschoß dabei zwei Grenzsoldaten; Auslieferungsersuche der DDR an die Bundesrepublik wurden abgelehnt; 1978 in Hagen zu fünfeinhalb Jahren Haft wegen Totschlages verurteilt, 1982 vorzeitig entlassen. *Ki*

Weisenborn, Günther Schriftsteller, *10.7.1902 Velbert (Rheinland), †26.3.1969 Berlin (West). 1935 ↗Emigration in die USA, 1937 Rückkehr; Mitglied der ↗Roten Kapelle, 1942–45 inhaftiert; später Dramaturg in Berlin und Hamburg; veröffentlichte 1953 mit „Der lautlose Aufstand" eine der ersten Würdigungen des gesamten ↗Widerstandes gegen das nationalsozialistische Regime. *PS*

Weiss, Peter Schriftsteller, *18.11.1916 Nowawes (bei Potsdam), †10.5.1982 Stockholm. Emigrierte 1934 nach Prag, später nach Schweden; errang internationalen Erfolg mit dem Schauspiel „Die Verfolgung und Ermordung Jean Paul Marats, dargestellt durch die Schauspieltruppe des Hospizes zu Charenton unter Anleitung des Herrn de Sade" (1964), ab Mitte der sechziger Jahre zunehmende Politisierung seiner Arbeiten. Charakteristisch ist seine betont kritische Auseinandersetzung mit Vergangenheit und Gegenwart, v.a. unter sozialpolitischen Aspekten. Werke u.a.: Die Ermittlung (1965); Die Ästhetik des Widerstands (1975–81). *kp*

Weißer Berg, Schlacht (1620) Im ↗Dreißigjährigen Krieg schlugen am 8.11.1620 die Truppen der katholischen ↗Liga unter ↗Tilly und ↗Maximilian I. von Bayern zusammen mit dem kaiserlichen Heer die böhmisch-protestantische Armee unter ↗Christian von Anhalt vernichtend in der Schlacht am W.B. (bei Prag). ↗Friedrich V. von der Pfalz, der „Winterkönig", floh in die Niederlande, die Anführer des ↗Böhmischen Aufstandes wurden hingerichtet. *rh*

Weiße Rose Name einer studentischen Gruppe des ↗Widerstandes in München 1942/43 um Hans ↗Scholl und ↗Schmorell. Seit Sommer 1942 Erstellen und Verschicken regimefeindlicher Flugblätter; Festnahme der Scholls am 18.2.1943; in drei Münchner Prozessen vor dem ↗Volksgerichtshof wurden sechs Todesurteile gefällt. *PS*

Weistum Seit dem 13. Jh. überlieferte Darlegungen des Gewohnheitsrechtes durch rechtskundige Männer. Die meist bäuerlichen, aber auch kirchlichen und städtischen W. waren Grundlage von Rechtsentscheidungen, den germanischen ↗Volksrechten und von Reichsgesetzen. Sie wurden im 15./16. Jh. schriftlich aufgezeichnet. *wj*

Weitling, Wilhelm Sozialist, *5.10.1808 Magdeburg, †22.1.1871 New York. Trat 1836 in Paris dem ↗Bund der Geächteten bzw. ↗Bund der Gerechten bei; 1843 wegen kommunistischer Aktivitäten in der Schweiz verhaftet; 1844 zum preußischen Militär gezwungen, dann des Landes verwiesen; 1850–55 Herausgeber der Zeitschrift „Die Republik der Arbeiter" in New York; verfaßte zahlreiche politische Schriften (u.a. Garantien der Harmonie und Freiheit, 1842) und gilt als erster deutscher Theoretiker des ↗Kommunismus. *nk*

Weizsäcker, Carl-Friedrich von Physiker, Philosoph, *28.6.1912 Kiel. Bruder von Richard von ↗W.; seit 1947 Professor für Physik; internationale Anerkennung als Atomphysiker durch die nach ihm benannte „W.-Formel" für Energiesubstanz und Forschungen auf dem Gebiet der Kernschmelzung; 1970–80 Direktor des Max-Planck-Instituts in Sternberg; einer der ersten Befürworter der friedlichen Nutzung von Kernenergie. *Ki*

Weizsäcker, Ernst von Diplomat, *25.5.1882 Stuttgart, †5.8.1951 Lindau/Bodensee. Vater von Carl-Friedrich und Richard von ↗W.; war von 1920 an als Diplomat tätig: 1938–43 Staatssekretär im ↗Auswärtigen Amt, 1943–45 Botschafter beim Vatikan; versuchte einerseits den Ausbruch des ↗Zweiten Weltkrieges zu verhindern und Friedensverhandlungen einzuleiten, war andererseits in die Politik des ↗Nationalsozialismus verstrickt; 1949 in Nürnberg von einem US-amerikanischen Militärgericht zu einer siebenjährigen Haftstrafe verurteilt; 1950 vorzeitig entlassen. *UK*

Weizsäcker, Richard von Bundespräsident, *15.4.1920 Stuttgart. Bruder von Carl-Friedrich von ↗W.; seit 1950 Mitglied der ↗CDU; 1964–70 und 1979–81 Präsident des Deutschen Evangelischen Kirchentages; 1969–81 Mitglied des Bundestages; 1979–81 Bundestagsvizepräsident;

Richard von Weizsäcker

1981–84 Regierender Bürgermeister von Berlin (West); 1984–94 Bundespräsident. *Ki*

Welcker, Karl Theodor Politiker, Jurist, *29.3.1790 Ober-Ofleiden (Hessen), †10.3.1869 Neuenheim (bei Heidelberg). Seit 1814 Professor, ab 1823 in Freiburg (Breisgau); 1831 Mitglied der Zweiten Badischen Kammer. Gemeinsam mit ↗Rotteck, mit dem er auch das „Staatslexikon" herausgab, führte er die liberale Opposition; wurde 1848 in die ↗Frankfurter Nationalversammlung gewählt. *nk*

Welfen Fränkisches Adelsgeschlecht, ursprünglich aus dem Moselgebiet stammend. Gelangten durch Ehen der Töchter Welfs I. mit den ↗Karolingern 888 zur Herrschaft in Hochburgund (bis 1032) und zu großem Grundbesitz in ↗Schwaben. Die schwäbische oder ältere deutsche Linie starb 1055 mit Welf III. aus; dessen Neffe Welf IV. aus dem Haus Este begründete die jüngere deutsche Linie (Haus Welf-Este); er erhielt 1070 als Welf I. das Herzogtum ↗Bayern; sein Sohn ↗Heinrich X., der Stolze, wurde 1137 auch Herzog von ↗Sachsen, unterlag aber bei der Königswahl 1138 ↗Konrad I. Unter ↗Heinrich dem Löwen erreichte der Gegensatz W. – ↗Staufer einen Höhepunkt. 1180 wurde Heinrich von ↗Friedrich I. Barbarossa geächtet und abgesetzt. Der Thronstreit von 1198 fand sein Ende bei ↗Bouvines, wo der W.-Kaiser ↗Otto IV. gegen ↗Friedrich II. unterlag. Den W. verblieben nur die sächsischen Eigengüter, die allerdings 1235 zum Herzogtum Braunschweig-Lüneburg erhoben wurden. Nach Zerfall in zahlreiche Linien spielte nur noch das Haus Calenberg als ↗Kurfürsten (seit 1692) bzw. Könige (1814–66) von ↗Hannover und als Könige von Großbritannien (1714–1901) eine wichtige Rolle. *wj*

Welfenfonds Die aus dem Vermögen des welfischen Hauses (↗Welfen) gebildete Abfindungssumme, die der preußische Staat dem 1866 abgesetzten König ↗Georg V. von Hannover 1867 zuwies, wegen dessen unversöhnlicher Haltung 1868 aber wieder beschlagnahmte. Die Erträge des W. wurden von Otto von ↗Bismarck dem ↗Reptilienfonds zugeführt. Seit 1892 wurde der W. dem Welfischen Haus zur Zinsnutzung freigegeben. *wm*

Wels, Otto Politiker, *15.9.1873 Berlin, †16.9.1939 Paris. Der gelernte Tapezierer trat 1891 der ↗SPD bei; 1907–1918 Parteisekretär von Brandenburg; ab 1913 Mitglied des Parteivorstands; 1912–33 Mitglied des Reichstages (1919/20 der ↗Weimarer Nationalversammlung); unterstützte beim ↗Kapp-Lüttwitz-Putsch 1920 den Generalstreik und erzwang den Rücktritt von Reichswehrminister ↗Noske; setzte sich in der Außenpolitik 1925 für den Vertrag von ↗Locarno ein; sorgte für die SPD-Tolerierung des Kabinetts ↗Brüning 1930–32. W. lehnte als SPD-Parteivorsitzender im März 1933 das ↗Ermächtigungsgesetz ab; ab Mai 1933 mitbeteiligt am Aufbau der Partei-Auslandslei-

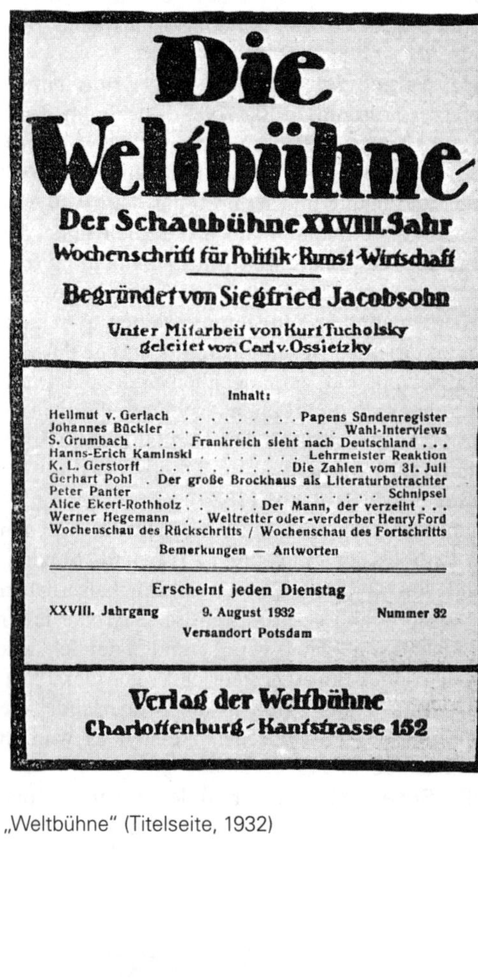

Die Weltbühne

Der Schaubühne XXVIII. Jahr

Wochenschrift für Politik·Kunst·Wirtschaft

Begründet von Siegfried Jacobsohn

Unter Mitarbeit von Kurt Tucholsky
geleitet von Carl v. Ossietzky

Inhalt:

Hellmut v. Gerlach . . . . Papens Sündenregister
Johannes Bückler . . . . Wahl-Interviews
S. Grumbach . . . . Frankreich sieht nach Deutschland . . .
Hanns-Erich Kaminski . . . . Lehrmeister Reaktion
K. L. Gerstorff . . . . Die Zahlen vom 31. Juli
Gerhart Pohl . Der große Brockhaus als Literaturbetrachter
Peter Panter . . . . Schnipsel
Alice Ekert-Rothholz . . . . . Der Mann, der verzeiht . . .
Werner Hegemann . . Weltretter oder -verderber Henry Ford
Wochenschau des Rückschritts / Wochenschau des Fortschritts

Bemerkungen — Antworten

Erscheint jeden Dienstag

XXVIII. Jahrgang 9. August 1932 Nummer 32

Versandort Potsdam

Verlag der Weltbühne
Charlottenburg·Kantstrasse 152

„Weltbühne" (Titelseite, 1932)

tung in Prag und Paris; im August 1933 ausgebürgert. *rh*

Welser Seit dem 13. Jh. nachweisbares Augsburger Patriziergeschlecht. Im 15. und 16. Jh. einflußreiches Bank- und Handelshaus; Beziehungen nach Italien, Frankreich und Übersee (bes. Levante- und Indienhandel); 1614 Bankrott. *UK*

Welser, Bartholomäus Bankier, Kaufmann, *25.6.1488 Memmingen, †28.3.1561 Amberg (Allgäu). Bankier Kaiser ↗Karls V.; wurde 1528 mit Venezuela belehnt, 1532 geadelt. *UK*

Welt, Die Überregionale und international verbreitete Tageszeitung. „Die Welt" wurde 1946 von der britischen Militärregierung in Hamburg ins Leben gerufen und bis 1950 kontrolliert. 1948 Gründung der Sonntagszeitung „W. am Sonntag"; 1953 Übernahme des W.-Verlages durch den ↗Springer-Verlag; Sitz der Chefredaktion: Berlin (1975–93 Bonn). *UK*

Weltbühne, Die 1905 in Berlin als Theaterzeitschrift „Die Schaubühne" gegründet, ab 1918 als wöchentlich erscheinende Zeitschrift über Kunst und Politik, mit dem Titel W. herausgegeben. Zu den Herausgebern gehörten u.a. ↗Tucholsky (1926) und ↗Ossietzky (1927–33); 1933–39 unter dem Titel „Neue Weltbühne" in Prag, Zürich und Paris herausgegeben; 1946 in Berlin (Ost) neu gegründet; erschien bis 1993. *kp*

Weltkriege Die beiden großen Kriege des 20. Jh.s, ↗Erster (1914–18) und ↗Zweiter Weltkrieg (1939–45); jeweils mit maßgeblicher deutscher Beteiligung. Gekennzeichnet durch zahlreiche, weit auseinanderliegende Kriegsschauplätze und hohe Menschenverluste. *PS*

Weltpostverein 1874 auf dem Berner Postkongreß durch von ↗Stephan, dem Staatssekretär des deutschen Reichspostamtes, gegründeter Zusammenschluß von 21 Ländern zur Vereinheitlichung des Postverkehrs im Vereinsgebiet; nach Abschluß des Weltpostvertrages 1878, auf den die Beseitigung politischer Grenzen im Postverkehr zurückging, als W. bezeichnet; seit 1948 Sonderorganisation (UPU) der ↗Vereinten Nationen. *nk*

Weltwirtschaftskrise Schwere Krise des gesamten Welthandels nach Schließung der New Yorker Börse am 25.10.1929 (Schwarzer Freitag); bis 1932/33. In Deutschland bis zu 6 Mio. Arbeitslose und weitere Verschärfung der Wirtschaftslage durch Bankenkrach im Sommer 1931 (↗Danat-Bank); wesentliche Schwächung der ↗Weimarer Republik. *PS*

Wende Ursprünglich im politischen Diskurs der ↗Bundesrepublik Bezeichnung für den Wechsel von der ↗sozial-liberalen zur ↗christlich-liberalen Koalition 1982; seit dem Herbst 1989 Bezeichnung für den Sturz der ↗SED durch die „friedliche Revolution" der Bevölkerung der ↗DDR (↗Montagsdemonstrationen, ↗Maueröffnung, ↗Wiedervereinigung). *kl*

Wenzel

Römischer König:

Wenzel *26.2.1361 Nürnberg, †16.8.1419 Schloß Wenzelstein (Böhmen). Sohn Kaiser ↗Karls IV., seit 1363 als W. IV. böhmischer König; 1376 zum deutschen König gewählt; scheiterte bei seinen Versuchen, zwischen Fürsten und Städten zu vermitteln sowie das ↗Abendländische Schisma aufzuheben; 1400 durch die rheinischen Kurfürsten abgesetzt. *RB*

Böhmen:

Wenzel I. der Heilige Herzog, *um 903, †28.9.935 Altbunzlau (Böhmen). Seit 921/22 Herzog; förderte die Christianisierung ↗Böhmens und lehnte sich an das deutsche Königtum an; wurde von seinem Bruder Boleslaw I. im Kampf um die Macht ermordet; böhmischer Nationalheiliger. *RB*

Wenzel I. König, *1205, †23.9.1253 bei Beraun (Böhmen). Schwiegersohn ↗Philipps von Schwaben, seit 1230 König; betrieb den Erwerb ↗Österreichs; förderte die deutsche Ansiedlung in ↗Böhmen und den ↗Minnesang. *RB*

Werfel, Franz Österreichischer Schriftsteller, *10.9.1890 Prag, †26.10.1945 Beverly Hills (Kalifornien). Veröffentlichte hymnische expressionistische Gedichte („Der Weltfreund", 1912); 1913 Mitbegründer der expressionistischen Schriftenreihe „Der jüngste Tag". Emigrierte 1938 aus Österreich nach Frankreich; gelangte 1940 in die USA. Schrieb u.a. Ideen- und Zukunftsromane von zunehmend pazifistischer Grundhaltung. Werke u.a.: Nicht der Mörder, der Ermordete ist schuldig (Novellen, 1920), Die vierzig Tage des Musa Dagh (Roman, 1933), Stern der Ungeborenen (Roman, 1944). *ij*

Wergeld Im germanischen ↗Recht die Buße, die ein Mörder der Sippe des Getöteten zu zahlen hatte. Die Höhe war vom gesellschaftlichen Rang des Opfers abhängig. Der Sinn des W.s lag im Versuch der Zurückdrängung von Blutrache. Seit dem 12. Jh. hatte es nur noch den Charakter einer

Geldstrafe und wurde im 13. Jh. vollständig aufgegeben. *vK*

Werkbund, Deutscher Organisation von Architekten, Künstlern und Vertretern aus Industrie und Handwerk. 1907 von Hermann Muthesius u. a. in München gegründet; Ziel war die Veredelung und zweckmäßige, materialgerechte Gestaltung von Gebrauchsgegenständen, Möbeln und Bauten; wirkte aktiv durch Wohnberatung, Veröffentlichungen und Ausstellungen; 1933 aufgelöst, 1947 neugegründet. *rw*

Werwolf Seit Herbst 1944 Aufstellung kleinerer Guerillagruppen (Ermordung des von den ↗Alliierten eingesetzten Aachener Bürgermeisters Franz Oppenhoff März 1945), daraufhin Propagandaaufrufe ↗Goebbels zu W.-Aktionen der gesamten Bevölkerung; führte mancherorts zu sinnlosen Verteidigungsversuchen und Übergriffen gegen Kapitulationswillige. *PS*

Wessel, Helene Politikerin (Zentrum, SPD), *6.7.1898 Dortmund, †13.10.1969 Bonn. 1925 in den Parteivorstand des ↗Zentrums gewählt; 1928–33 Abgeordnete im preußischen Landtag; gehörte 1948/49 mit ↗Selbert u. a. zu den vier weiblichen Mitgliedern des ↗Parlamentarischen Rates; 1949–52 Vorsitzende der ↗Zentrumspartei; gründete 1952 mit ↗Heinemann die ↗Gesamtdeutsche Volkspartei; 1957 Übertritt zur ↗SPD und Mitglied des Bundestages. W. engagierte sich bes. gegen Aufrüstung und den Einsatz von Atomtechnologie. *nk*

Wessel, Horst SA-Sturmführer, *10.1.1907 Bielefeld, †23.2.1930 Berlin. 1926 zur ↗NSDAP; Führer eines ↗SA-Sturmes in Berlin; bei privater Auseinandersetzung getötet; von der NS-Propaganda zum Märtyrer im Kampf gegen Kommunisten umgedeutet; ein von W. verfaßtes Lied (↗Horst-Wessel-Lied) wurde im ↗Dritten Reich neben dem ↗Deutschlandlied als Nationalhymne gesungen. *PS*

Wessenberg, Ignaz Heinrich von Katholischer Theologe, Kirchenpolitiker, *4.11.1774 Dresden, †9.8.1860 Konstanz. Reformierte seit 1802 als Generalvikar von Dalberg das Bistum Konstanz: Deutsch wurde Sprache der Liturgie und des Kirchengesangs, die Predigt aufgewertet, die ↗Volksschulen verbessert. W. setzte sich für eine deutsche Nationalkirche ein; deswegen vom Papst 1822 als gewählter Erzbischof von Freiburg (Breisgau) nicht bestätigt; 1819–33 Abgeordneter in der Ersten Badischen Kammer. *rh*

Wessobrunner Gebet Zweiteilige Dichtung in ↗althochdeutscher Sprache, überliefert in einer ↗Handschrift des 9. Jh.s aus dem Kloster Wessobrunn (Oberbayern). Enthält den Anfang der Schöpfungsgeschichte in Stabreimen; frühes Zeugnis der althochdeutschen Sprachentwicklung. *wj*

Westarp, Kuno von Politiker, *12.8.1864 Ludom (bei Pila, Polen), †30.7.1945 Berlin. Jurist; 1908–18 im Reichstag Abgeordneter der ↗Deutschkonservativen Partei, ab 1913 Fraktionsvorsitzender; im ↗Ersten Weltkrieg 1917 gegen einen Verständigungsfrieden; für das preußische ↗Dreiklassenwahlrecht. 1920–30 Abgeordneter für die ↗DNVP, von 1926–28 Parteivorsitzender; trat im Juli 1930 wegen ↗Hugenbergs unkonstruktiver Oppositionspolitik aus der Partei aus. Mitbegründer der Konservativen Volkspartei (Abgeordneter bis Juli 1932); dann Rückzug aus der Politik. *rh*

Westerbork Seit Juli 1942 sog. Durchgangslager in der niederländischen Provinz Drenthe. Diente der zeitweiligen Inhaftierung v. a. niederländischer und aus Deutschland geflohener Juden, ehe diese zumeist in die ↗Vernichtungslager des Ostens deportiert wurden. *PS*

Westeuropäische Union (WEU) Aus dem Brüsseler Vertrag entstandener Beistandspakt im Rahmen der ↗NATO; durch die ↗Pariser Verträge vom 23.10.1954 gegründet; seit 1993 verfügt die WEU mit dem ↗Eurokorps über eigenständige militärische Verbände. *kl*

Westfalen Herzogtum und preußische Provinz. Entstand 1180 als Herzogtum der Erzbischöfe von ↗Köln aus dem westlichen Teil des zerschlagenen ↗Sachsen. Das Kurfürstentum Köln teilte sich W. im Spätmittelalter mit weiteren geistlichen und weltlichen Herren; wurde zu einer wichtigen Grundlage wirtschaftlicher und politischer Macht Kölns; 1803 fiel sein Gebiet an ↗Hessen-Darmstadt; 1807 gründete ↗Napoleon I. das Königreich W. aus ↗Hessen-Kassel, hannoverschen, sächsischen sowie preußischen Gebieten. Hauptstadt war Kassel; 1813 fiel es auseinander; 1815 wurde W. Provinz von ↗Preußen, 1946 Teil von ↗Nordrhein-Westfalen. *wj*

Westfälischer Friede (1648) Friedensvereinbarungen von Kaiser und ↗Reichsständen mit Frankreich (Friede von Münster) und Schweden (Friede von Osnabrück), die am 24.10.1648 den ↗Dreißigjährigen Krieg beendeten.

1) Territoriale Veränderungen:
a) Schweden erhielt ↗Vorpommern mit Stettin, Wismar und die ehemaligen Bistümer Bremen und Verden und wurde deutscher Reichsstand.
b) Frankreich gewann die habsburgischen Hoheitsrechte im Elsaß, Besatzungsrecht in Philippsburg und die Bestätigung des Besitzes von Metz, Toul und Verdun.
c) Brandenburg erhielt Hinterpommern, die Bistümer Kammin, Minden, Halberstadt und die Anwartschaft auf Magdeburg. d) ↗Bayern erhielt die Oberpfalz (und die Kurwürde).
e) Die ↗Schweiz und die Niederlande schieden formell aus dem Reichsverband aus.
2) Reichsreligionsrecht:
a) Wiederherstellung des ↗Augsburger Religionsfriedens (1555).
b) Für den kirchlichen Besitz- und Bekenntnisstand Festlegung eines ↗Normaljahres (1624).
c) Der ↗Calvinismus wurde reichsrechtlich anerkannte Konfession.
3) Reichsverfassung:
a) Die Reichsstände erhielten in allen Reichsangelegenheiten Mitbestimmung, die volle Landeshoheit und das Recht zu (nur nicht gegen Kaiser und Reich gerichteten) Bündnissen untereinander und mit ausländischen Staaten.
b) Errichtung einer 8. Kur für die Pfalz.
c) Regelung von Religionsfragen durch Übereinkunft von Corpus catholicorum und Corpus evangelicorum (konfessionell getrennte Gremien auf den ↗Reichstagen).
Der W.F. sorgte für die weitgehende Entmachtung des Kaisers, die Aufsplitterung des ↗Heiligen Römischen Reiches in viele souveräne Territorialstaaten, die selbst die Möglichkeit bekamen, zu europäischen Mittel- oder Großmächten aufzusteigen. Die europäischen Mächte (bes. Frankreich) gewannen in der Folgezeit starken Einfluß auf die deutsche Geschichte. *rh*

Westfeldzug (Zweiter Weltkrieg) Die Besetzung der Benelux-Staaten und Frankreichs 1940. Ab 10.5. Angriff auf die Niederlande und Belgien, am 15.5. kapitulierten die Niederlande, am 28.5. Belgien; zuvor hatten Panzertruppen bereits die Kanalküste erreicht und das britische vom französischen Hauptkontingent abgeschnitten (↗Dünkirchen), ehe ab 5.6. massive Angriffe auf Frankreich erfolgten, wo der neue Ministerpräsident Philippe Pétain um Waffenstillstand bat (↗Compiègne, 22.6.). *PS*

Westfront (Zweiter Weltkrieg) 1944/45 nach der Landung der ↗Alliierten in der Normandie (↗Invasion) zunächst Versuche, deren Vormarsch in Frankreich durch von der Ostfront abgezogene Truppen aufzuhalten; Ende 1944 Versuch des Gegenstoßes durch die gescheiterte ↗Ardennenoffensive; seit März 1945 Vorrücken der Alliierten über den Rhein. *PS*

Westintegration Politische, militärische und wirtschaftliche Verankerung der ↗Bundesrepublik in Westeuropa als Positionierung innerhalb des ↗kalten Krieges; mit der Aufnahme Westdeutschlands in das ↗European Recovery Program begonnen, mit der ↗Währungsreform, dem ↗Petersberger Abkommen, dem ↗Deutschland-Vertrag, dem ↗Londoner Schuldenabkommen und der ↗Wiederbewaffnung fortgesetzt, mit den ↗Pariser Verträgen und den ↗Römischen Verträgen im wesentlichen abgeschlossen; Garantie für die erfolgreiche Entwicklung der Bundesrepublik zu einer stabilen Demokratie; ihre Durchsetzung war ein wichtiger Erfolg ↗Adenauers. *kl*

Westminster, Konventionen (1756/58) König ↗Georg II. von Großbritannien fürchtete im Zuge des Kolonialkampfes mit Frankreich um das Hannoveraner Stammland und schloß am 16.1.1756 mit dem preußischen König ↗Friedrich II., dem Großen, der die Konsolidierung seiner Grenzen und finanzielle Unterstützung erwartete, die 1. Konvention von W. Die Partner sicherten zu, sich gegenseitig nicht anzugreifen und jede ins ↗Heilige Römische Reich eindringende Macht zu bekämpfen. Das bisher mit Preußen verbündete Frankreich schloß sich nun mit Österreich zusammen, das sich zudem mit Rußland einigte. Friedrich begann daraufhin im August 1756 den ↗Siebenjährigen Krieg. In der 2. Konvention von W. vom 11.4.1758 erhielt Preußen für seinen Kampf gegen das inzwischen von Frankreich besetzte Hannover große finanzielle Unterstützung. *rh*

Westpreußen Die Gebietsabtretungen des ↗Deutschen Ordens an Polen im Zweiten ↗Thorner Frieden 1466 wurden als W. bezeichnet. In der Ersten und Zweiten ↗Polnischen Teilung (1772/93) wurde W. von ↗Preußen annektiert und 1829 mit ↗Ostpreußen zur Provinz Preußen vereinigt. Ab 1878 eigenständig, kamen große Teile W.s 1919 an Polen. Nach dem deutschen Überfall auf Polen wurde 1939 der ↗Reichsgau Danzig-W. gegründet. 1945 kam (Rest-) W. unter polnische Verwaltung, 1990 endgültig an Polen. *dt*

Westwall Befestigungsanlage mit Bunkern und Panzersperren an der deutschen Westgrenze von Aachen bis Basel. 1938/39 vom ↗Reichsarbeitsdienst und der ↗Organisation Todt zur Abwehr einer französischen Offensive erbaut; Gegenstück zur französischen Maginotlinie; von begrenztem militärischem Wert; 1944/45 von den ↗Alliierten überrollt; nach Kriegsende weitgehend zerstört. *MH*

Wettbewerbsgesetz ↗Gesetz gegen Wettbewerbsbeschränkungen

Wettiner Adelsgeschlecht aus dem Gebiet der sächsisch-thüringischen Grenze, benannt nach der Burg Wettin an der Saale. Erhielt 1123 die Mark ↗Meißen, 1247 die Landgrafschaft ↗Thüringen und 1423 das Herzogtum Sachsen-Wittenberg mit der Kurwürde; spaltete sich 1485 in die Ernestiner, die Kursachsen und den Hauptteil Thüringens erhielten, und die Albertiner, denen Meißen und Nordthüringen zugesprochen wurden. Im ↗Schmalkaldischen Krieg verloren die Ernestiner 1547 die Kurwürde sowie einen Teil ihres Besitzes an die Albertiner. Durch Erbteilungen entstanden seit 1572 elf ernestinische Linien, u. a. ↗Sachsen-Coburg-Gotha; diesem Haus entstammten im 19. und 20. Jh. viele europäische Könige, u. a. die britischen Windsors. Die Albertiner waren 1697–1763 Könige von Polen, 1806–1918 Könige von ↗Sachsen. *wj*

Wettlauf zum Meer Bezeichnung für jene Phase im ↗Ersten Weltkrieg an der Westfront, als von September bis November 1914 in Flandern Gefechte zur Verhinderung des deutschen Vormarsches an die Küste geführt wurden. Nach der ersten Schlacht von ↗Ypern weitgehend Erstarren der Front, Übergang zum ↗Stellungskrieg. *PS*

WEU ↗Westeuropäische Union

Wichern, Johann Hinrich Evangelischer Theologe, *21.4.1808 Hamburg, †7.4.1881 ebd. Gründete 1833 in Hamburg ein Heim für verwahrloste Kinder, das sog. ↗„Rauhe Haus"; engagierte sich stark für die evangelische Sozialarbeit (↗Innere Mission), zu deren Entwicklung er maßgeblich beitrug. *nk*

Widerstand (1933–45) Aktive Bemühungen von Gruppen, seltener von Einzelpersonen, zur Abwehr von Maßnahmen des nationalsozialistischen Regimes sowie zur Vorbereitung der Beseitigung desselben. Unterschieden nach der sozialen oder politischen Herkunft der Träger des W.: ↗Arbeiter-W. (v. a. von Kommunisten und Sozialisten), christlicher W., liberaler und konservativer bürgerlicher W. sowie der militärische W. Später durch den Begriff der Resistenz ergänzt, um so auch aus Ablehnung des Regimes oder seiner Maßnahmen motiviertes passives Verhalten zu berücksichtigen. *PS*

Widerstandsbewegungen In den während des ↗Zweiten Weltkrieges deutsch besetzten Gebieten richteten sich die W. gegen die bewaffneten Einheiten und ihre Logistik, gegen die zivile und militärische Verwaltung und deren Maßnahmen sowie gegen die ↗Kollaboration. Gewannen teilweise für das jeweilige nationale Bewußtsein und die Entwicklung der Nachkriegspolitik entscheidendes Gewicht; insbesondere in den besetzten Gebieten Ost- und Südosteuropas sowie in Italien (ab 1943) konkurrierendes Nebeneinander von nationalen und kommunistischen W. In Polen, der Sowjetunion, auch in Frankreich schlossen sich den W. von Verfolgung und Vernichtung bedrohte Juden an, insbesondere in der Sowjetunion gelang es aus ↗Ghettos und Lagern geflohenen Juden zuweilen, sich den ↗Partisanen anzuschließen. Die W. der Juden in ↗Vernichtungslagern und Ghettos kulminierten in den Aufständen in ↗Sobibór und ↗Treblinka sowie im Ghettoaufstand von ↗Warschau. *PS*

Widukind von Corvey Chronist, *vor 927, † nach 973 Corvey (Westfalen). Seit ca. 940 Mönch des Klosters Corvey; beschrieb 967/68 in seiner „Sachsengeschichte" die Entwicklung dieses Volksstammes bis zur Zeit Kaiser ↗Ottos I. *RB*

Widukind (Wittekind) Sächsischer Adliger, † um 807. Seit 778 Führer des Sachsenwiderstan-

Widerstandskämpfer im ↗Dritten Reich

des gegen ↗Karl I., den Großen; gab 785 den Kampf auf und ließ sich taufen. *RB*

Wiederaufbau Überwindung der Kriegsschäden und Rekonstruktion der Wirtschaftsstruktur und -beziehungen nach dem Zweiten Weltkrieg, die zur Überwindung der Zusammenbruchserfahrung und, mit deutlichen Unterschieden zwischen West- und Ostdeutschland, zur innenpolitischen Stabilisierung der ↗Bundesrepublik und der ↗DDR führte.

Die ersten Jahre waren geprägt von der Beseitigung der durch die flächendeckenden Luftangriffe der ↗Alliierten v.a. auf Westdeutschland hervorgerufenen Kriegsschäden: 1,9 Mio. Wohnungen waren ganz zerstört, 3,6 Mio. schwer beschädigt. Aufgrund der hohen Investitionen zwischen 1941 und 1945 gingen bis Kriegsende jedoch weniger als 20 % des Bruttoanlagevermögens von 1936 verloren; die Knappheit an Lebensmitteln und Versorgungsgütern jeder Art wurde in Westdeutschland mit Hilfslieferungen (↗GARIOA) teilweise kompensiert.

Mit dem ↗European Recovery Program war der erste und entscheidende Schritt zum W. in Westdeutschland vollzogen; mit der ↗Währungsreform, der ↗sozialen Marktwirtschaft und der Aufnahme in die ↗OEEC konnte die Bundesrepublik nach Überwindung einer Zahlungsbilanzkrise 1950/51 durch den ↗Korea-Boom enorme Wachstumsraten verbuchen und bis zur Mitte der fünfziger Jahre erneut zum europäischen Wirtschaftszentrum werden.

Dagegen war Ostdeutschland durch den Umbau nach sowjetischem Vorbild mit der ↗Bodenreform und der ↗Industriereform, spätestens mit der Ostintegration der DDR von dem Rekonstruktionsgeschehen partiell abgekoppelt. Zwar kam es auch hier zu Aufholeffekten, aber durch die Entnahmen der Sowjetunion zu Zwecken der ↗Reparation, die Abschottung von den lukrativen westlichen Märkten und die systembedingten Defizite der ↗Planwirtschaft verzögerte sich der W. um etwa zehn Jahre; die Rationierung von Lebensmitteln wurde erst 1958 abgeschafft. *kl*

Wiederbewaffnung Nachdem die Siegermächte des ↗Zweiten Weltkrieges die ↗Entmilitarisierung Deutschlands beschlossen hatten, kam es kurz nach Gründung der ↗Bundesrepublik angesichts des ↗kalten Krieges zu ersten Diskussionen um eine W., die für ↗Adenauer als Mittel zur Erlangung der ↗Souveränität politische Priorität genoß. Er forderte angesichts der bewaffneten ↗Polizei in der ↗DDR zunächst, die westdeutsche Polizei zu verstärken und zu bewaffnen; in zwei Sicherheitsmemoranden bat Adenauer um weitere Sicherheitsgarantien und bot einen westdeutschen Verteidigungsbeitrag an.

Nachdem sich die Westalliierten im Mai 1950 auf ein gesamteuropäisches Sicherheitskonzept mit einem westdeutschen Beitrag verständigt hatten, beschleunigte der Ausbruch des Koreakrieges im Juni 1950 die Entwicklung. Auf der ↗New Yorker Außenministerkonferenz im Herbst 1950 wurde die Entmilitarisierung beendet. Hatte der ↗Europarat bereits am 11.8.1950 einer europäischen Armee mit deutschen Kontingenten zugestimmt, entbrannte nun die Diskussion um die Art der W. Mit dem ↗Pleven-Plan legte Frankreich ein erstes Konzept vor, in der Bundesrepublik begannen erste Vorbereitungen (↗Dienststelle Schwerin für Sicherheitsfragen, Himmeroder Denkschrift).

Eine Außenministerkonferenz beschloß im Dezember 1951, eine europäische Armee zum 30.6.1954 aufzustellen; der ↗Bundestag stimmte gegen die ↗SPD am 8.2.1952 einem Verteidigungsbeitrag zu; in Paris wurde nach dem ↗Deutschland-Vertrag der ↗EVG-Vertrag unterzeichnet. Nach dessen Scheitern beschloß die ↗Londoner Neunmächtekonferenz den Beitritt der Bundesrepublik zum Brüsseler Pakt und zur ↗NATO, die ↗Pariser Verträge gestatteten ihr eine 500 000 Mann starke Armee. Mit der Einberufung der ersten 1000 Freiwilligen am 2.1.1956 war die innenpolitisch äußerst umstrittene Gründung der ↗Bundeswehr vollzogen (↗Ohne-mich-Bewegung, ↗Friedensbewegung). *kl*

Wiedergutmachung W. bezeichnet die Gesamtheit der staatlichen Leistungen der ↗Bundesrepublik an Menschen, die im ↗Nationalsozialismus Opfer von rassisch, politisch, religiös oder weltanschaulich motivierten Verfolgungsmaßnahmen wurden. Bei der ↗Außenministerkonferenz in Paris 1946 wurden Juden als bes. Gruppe mit Recht auf Entschädigung anerkannt. W. bezieht sich auf materielle Schäden der Verfolgung und ihre Folgewirkungen. In der Bundesrepublik umfaßt W. gemäß Bundesentschädigungsgesetz (BEG, 1956) und Bundesrückerstattungsgesetz (BRüG, 1957) den individuellen Schadensausgleich. Hierzu gehört 1) die Rückerstattung, (↗Restitution) geraubter und enteigneter Vermögenswerte, 2) die Entschädigung, d.h. materielle Ausgleichszahlungen für dem Menschen (seinem Körper, seiner Gesundheit oder beruflichen Existenz) zugefügte Schäden. In der ↗DDR gab es keine diesen Regelungen entsprechende W., einen Ansatz bildete das Thüringer W.s-Gesetz von 1945. Meist wurde das arisierte Eigentum zu Volkseigentum oder blieb in Privatbesitz. Die von den ↗Bundesländern erbrachte W. wurde durch bilaterale Abkommen mit elf europäischen Staaten ergänzt (globale W.). Zahlungen in Höhe von 3,5 Mrd. DM wurden an den Staat Israel und die Conference of Jewish Claims against Germany geleistet. Viele verfolgte und geschädigte Gruppen wie ↗Sinti und Roma, Homosexuelle, Opfer von ↗Zwangssterilisationen, ausländische KZ-Häftlinge und ↗Fremdarbeiter blieben von W.s-Leistungen ausgeschlossen. Der Begriff W. wird von Kritikern als unverhältnismäßiger Versuch der Schuldbefreiung eingeschätzt. *sb*

Wiedergutmachungsvertrag mit Israel (1952) Am 10.9.1952 unterzeichneter Vertrag zwischen der ↗Bundesrepublik und dem Staat Israel, der die Bundesrepublik zu Warenlieferungen und Dienstleistungen in Höhe von 3 Mrd. DM an den Staat Israel und zur Zahlung von 450 Mio. DM an jüdische Hilfsorganisationen verpflichtete; diente als ↗Wiedergutmachung für die Verfolgung während des ↗Dritten Reiches, v.a. zur erleichterten Integration der Überlebenden der ↗Judenvernichtung in Israel; zusammen mit dem ↗Londoner Schuldenabkommen maßgeblicher Anteil an der außenpolitischen Glaubwürdigkeit der jungen Bundesrepublik. *kl*

Wiedertäufer ↗Täuferbewegung

Wiedervereinigung Aufhebung der ↗deutschen Teilung; seit der Gründung der ↗Bundesrepublik als politisches Ziel im ↗Grundgesetz festgeschrieben, mit der Normalisierung der ↗innerdeutschen Beziehungen jedoch in den Hintergrund gerückt. Ausgelöst durch den politischen Umbruch in den Staaten des ↗Warschauer Paktes gegen Ende der achtziger Jahre und durch wirtschaftliche und innenpolitische Probleme verstärkt, entwickelte sich in der ↗DDR eine Protesthaltung gegen die Herrschaft der ↗SED, die 1989 mit der Massenflucht über Grenzen verbündeter Staaten und durch Protestkundgebungen politische Kraft gewann (↗Botschaftsflüchtlinge, ↗Montagsdemonstrationen) und am 9.11.1989 zur ↗Maueröffnung führte.

Öffnung des Grenzübergangs am ↗Brandenburger Tor 1989

Vorstellungen, beide deutsche Staaten zu erhalten und zunächst näher miteinander zu assoziieren (↗Aufruf „Für unser Land!“, ↗Zehn-Punkte-Plan zur Überwindung der deutschen Teilung), wurden zu Beginn des Jahres 1990 auf Druck der Bevölkerung der DDR jedoch rasch zugunsten einer W. aufgegeben.

Die ↗Währungs-, Wirtschafts- und Sozialunion war der erste Schritt zur W.; mit Inkrafttreten des ↗Einigungsvertrages trat das Gebiet der DDR zum 3.10.1990 der Bundesrepublik bei, die DDR löste sich auf. Als ↗Tag der deutschen Einheit ist der 3.10. seitdem gesetzlicher Feiertag. *kl*

Wieland, Christoph Martin Dichter, *5.9.1733 Oberholzheim (bei Biberach), †20.1.1813 Weimar. Wurde aufgrund seines Staatsromans „Der goldene Spiegel“ (1772) zum Erzieher der Söhne Herzogin Anna ↗Amalias nach Weimar berufen; gab dort 1773–96 die bedeutende literarische Monatsschrift „Teutscher Merkur“ heraus. W.s wichtigstes Werk war der Entwicklungsroman „Geschichte des Agathon“ (Erstfassung 1766/67; endgültige Fassung 1794). W. strebte als ethisches Modell einen Ausgleich zwischen Sinnlichkeit und Vernunft an. Schrieb u.a. Verserzählungen und -märchen, übersetzte Shakespeare, Lukian, Horaz und Xenophon. Weitere Werke: Oberon (Versepos, 1780), Musarion oder Die Philosophie der Grazien (Versidylle, 1768), Die Abderiten (Roman, 1774). *ij*

Wien Auf dem Boden der keltischen Siedlung Vindobona erbauten die Römer als Teil ihrer Grenzbefestigungen um ca. 100 n.Chr. ein Militärlager gleichen Namens. Nach dessen Vernichtung durch die Goten um das Jahr 400 blieb auch in den folgenden Jh.en eine Restsiedlung bestehen. Im 11. Jh. entstand aus der Handelsniederlassung an der Donau und einer Burganlage die 1137 in einem Vertrag erstmals erwähnte „civitas“ (Stadt). Um 1135 wurde W. unter ↗Heinrich II. Jasomirgott zum Sitz der ↗Babenberger, die bis 1246 die Herrschaft über den wichtigen Handelsplatz innehatten und ihn als Residenzstadt ihres 1156 errichteten Herzogtums ↗Österreich ausbauten.

Mit ↗Rudolf I. kam W. 1278 an die ↗Habsburger, mit deren zunehmender Macht auch die Bedeutung W.s wuchs. 1363 wurde die Universität (↗Wien, Universität) gegründet, 1469 der Bischofssitz eingerichtet. Seit dem 15. Jh. geriet W. durch das Vordringen der Türken und veränderte Handelsrouten in wirtschaftliche Schwierigkeiten, gewann aber als kaiserliche Residenz des ↗Heiligen Römischen Reiches (ab 1438/39 zeitweilig, seit 1611 ständig) neues Gewicht. Seit 1520 breitete sich auch in W. die ↗Reformation aus. V.a. durch das Wirken der ↗Jesuiten, die 1551 in die Stadt gerufen wurden, und die Aktivitäten Kardinal ↗Klesls verwandelte sich W. aber zu einem Zentrum der katholischen ↗Gegenreformation. 1526 nach der Schlacht von ↗Mohács wurde W. auch zur Hauptstadt von ↗Böhmen und Ungarn. Nach der ersten ↗Belagerung durch die Türken 1529 erhielt W. 1532–1672 eine starke Befestigungsanlage, die sich 1683 bei deren nächstem Ansturm bewährte.

Ende des 17. Jh.s begann, nachdem die Bedrohung durch die Türken entscheidend nachgelassen hatte, unter Kaiser ↗Leopold I. der Aufstieg der Stadt zu einer europäischen Metropole, deren Bild seitdem (neben gotischen Bauten wie dem Stephansdom und den Ringstraßenbauten des 19. Jh.s) von barocken Kirchen, Adelshäusern und Schlössern geprägt wird und die v.a. als Kulturzentrum (seit Mitte des 18. Jh.s v.a. in der Musik) Bedeutung gewann. 1804 wurde W. zur Hauptstadt des Kaisertums Österreich, 1806 endete mit dem Heiligen Römischen Reich seine Rolle als dessen Residenzstadt. *rh*

Wien, Belagerung (1529) Ende September 1529 setzte ein großes türkisches Heer unter Sultan Suleiman II. zur Erstürmung W.s an. Der spätere Kaiser, Erzherzog ↗Ferdinand I., ernannte Niklas von Salm zum obersten Feldherrn und erhielt Unterstützung durch Truppen des ↗Heiligen Römischen Reiches unter Graf Friedrich II. von der Pfalz. Nach einigen erfolglosen Angriffen zogen sich die Türken ab dem 14.10. zurück. *rh*

Wien, Belagerung (1683) Im Juli 1683 marschierte ein etwa 200000 Mann starkes osmanisches Heer unter Großwesir Kara Mustafa auf W., dessen Verteidigung von ↗Starhemberg organisiert wurde. Nach zweimonatiger Belagerung wurde W. am 12.9. durch die Schlacht am ↗Kahlenberg befreit; die Stadt und ihre Verteidiger wurden anschließend in Europa als Retter der abendländischen Kultur bejubelt. *rh*

Wien, Hofburg ↗Hofburg, Wien

Wien, Krontraktat (1700) Mit dem am 16.11. 1700 geschlossenen Vertrag erkannte Kaiser ↗Leopold I. Kurfürst Friedrich III. von Brandenburg als König ↗Friedrich I. in Preußen an. Da zwar Brandenburg, nicht aber ↗Preußen (das spätere Ostpreußen) zum ↗Heiligen Römischen Reich gehörte, war die Zustimmung des Kaisers nicht aus lehensrechtlichen, sondern nur aus machtpolitischen Gründen erforderlich. Friedrich I. verpflichtete sich dafür zur Unterstützung der ↗Habsburger bei Kaiserwahlen und im sich abzeichnenden ↗Spanischen Erbfolgekrieg. *rh*

Wien, Stephansdom Erbaut im 13.–16. Jh. ist der S. Österreichs bedeutendste gotische Kirche (↗Gotik), seit 1469 Kathedrale. Mit seinem spitzen Turm (136 m hoch) und dem hohen, bunten Ziegeldach ist der S. das Wahrzeichen Wiens. Im Inneren u. a. der gotische „Wiener Neustädter Altar" und das Grabmal Kaiser ↗Friedrichs III. *RB*

Wien, Universität 1365 durch Herzog Rudolf IV. gegründet; zweitälteste ↗Universität des ↗Heiligen Römischen Reiches nach ↗Prag; um 1500 größte deutsche Universität; 1554 durch ↗Ferdinand I. reformiert und verstaatlicht. *rw*

Wienbarg, Ludolf Schriftsteller, * 25.12.1802 Altona (Hamburg-Altona), † 2.1.1872 Schleswig. Gab als einer der maßgeblichen Programmatiker in seiner Schrift „Ästhetische Feldzüge" (1834) der politisch-literarischen Bewegung des ↗Jungen Deutschland ihren Namen. *ij*

Wiener Kongreß (1814/15) Versammlung der führenden europäischen Herrscher und Staatsmänner unter Leitung ↗Metternichs vom November 1814 bis 8.6.1815 in Wien zur Neuordnung Europas nach dem Sturz ↗Napoleons I.; fand vor dem Hintergrund zahlreicher Feste statt; wurde abgeschlossen durch die ↗Wiener Kongreßakte. Der W.K. restaurierte im wesentlichen die alte Staatengesellschaft, respektierte jedoch in weiten Teilen die seit der napoleonischen Zeit eingetretenen Veränderungen (z. B. keine Erneuerung des ↗Heiligen Römischen Reiches und der geistlichen ↗Fürstentümer); Friedenssicherung sollte durch Gleichgewichtspolitik und monarchische Solidarität erreicht werden. Der W.K. bereitete die ↗Heilige Allianz vor und begründete anstelle eines einheitlichen deutschen Reiches den ↗Deutschen Bund. In den territorialen Entscheidungen (u. a.: Gebietsverluste wie auch -gewinne ↗Preußens und ↗Österreichs) stark vom Prinzip des Mächtegleichgewichts beeinflußt; schuf eine Friedensordnung, die in ihren Hauptmerkmalen bis zum Beginn des Ersten Weltkrieges Bestand hatte. *vK*

Wiener Kongreßakte (1815) Zusammenfassung der einzelnen Verträge des ↗Wiener Kongresses vom 8.6.1815 in 121 Artikeln. Wichtiger Bestandteil waren die ersten elf Artikel der ↗Bundesakte (↗Deutscher Bund). *vK*

Wiener Schlußakte (1820) Ergänzung der ↗Bundesakte von 1815 (15.5.1820); bestätigte ↗Souveränität auch der Klein- und Mittelstaaten; proklamierte das monarchische Prinzip (des Frühkonstitutionalismus). *wm*

Wiking Jugend Im Dezember 1952 gegründete rechtsextreme, völkische Jugendorganisation, ihrem Vorbild ↗HJ ähnlich in ↗Gauen und Horsten organisiert; politische Verbindungen zur ↗NPD, internationale Kontakte zu neofaschistischen Gruppen; nach Verbot 1994 dezentral organisiert und z. T. ins Ausland verlagert. *sb*

Wilhelm

Deutsche Könige und Kaiser:

Wilhelm von Holland König, * um 1227, † 28.1.1256 bei Alkmaar (Nordholland). Aus holländischem Grafengeschlecht; 1247 auf päpstliches Betreiben zum Gegenkönig zu ↗Friedrich II. gewählt; verschwägerte sich mit den ↗Askaniern und ↗Welfen; nach dem Tode ↗Konrads IV. (1254) allg. als König anerkannt; ab 1255 an der Spitze des ↗Rheinischen Bundes; fiel im Kampf gegen die Friesen. *RB*

Wilhelm I. * 22.3.1797 Berlin, † 9.3.1888 ebd. Zweiter Sohn König ↗Friedrich Wilhelms III. von Preußen; nahm an den Befreiungskriegen teil; wollte die Märzrevolution 1848 in Berlin mit Gewalt niederschlagen (Kartätschenprinz) und mußte für drei Monate nach Großbritannien fliehen; ab Juni 1848 Abgeordneter der preußischen Nationalversammlung; leitete die Niederschlagung der Aufstände in Baden und der Pfalz im Sommer 1849; 1849–57 Generalgouverneur vom Rheinland und von Westfalen, seit 1854 zugleich Gouverneur der Festung Mainz; näherte sich zunehmend der Wochenblatt-Partei und stand somit in starkem Gegensatz zur Politik seines Bruders, König ↗Friedrich Wilhelms IV.; 1957 Stellvertreter, ab 1858 Regent für seinen geisteskranken Bruder; leitete die Politik der ↗Neuen Ära ein; 1861 König von Preußen; berief 1862 Otto von ↗Bismarck zum Ministerpräsidenten, als er wegen des preußischen ↗Verfassungskonflikt an Abdankung dachte; folgte dessen deutscher Politik, jedoch oft erst nach harten Auseinandersetzungen; 1867 Präsident des ↗Norddeutschen Bundes; 1871 Kaiser des neuen Deutschen Reiches; W. war eine volkstümliche Persönlichkeit, von allen Seiten geachtet, liebevoll

„der alte Kaiser" genannt, der den Einigungsprozeß im neuen Deutschen Reich entscheidend mitbestimmte. (261) *sa*

Wilhelm II. *27.1.1859 Berlin, †4.6.1941 Utrecht. Ältester Sohn Kaiser ↗Friedrichs III.; 1888 Deutscher Kaiser und König von Preußen; auf sein Amt ungenügend vorbereitet; geriet mit Otto von ↗Bismarck, dem er sich zunächst eng anschloß, bald in Konflikt und entließ ihn 1890; versuchte dann eine Politik des persönlichen Regiments zu betreiben; verfolgte weder in der Innen- noch in der Außenpolitik (Schwanken zwischen England und Rußland) eine klare Linie; unstet, impulsiv und von großem Geltungsbedürfnis; in seinen großsprecherischen Reden kriegerischer als in seinem Wollen (z. B. ↗Daily-Telegraph-Affäre); übte im ↗Ersten Weltkrieg bei den Auseinandersetzungen zwischen militärischer und ziviler Gewalt Zurückhaltung; floh nach Ausbruch der ↗Novemberrevolution 1918 in die Niederlande und dankte dann als Deutscher Kaiser (nicht als König von Preußen) ab. (59, 486) *sa*

Kaiser Wilhelm II. (Staatsporträt von Max Koner, 1890)

Bayern:

Wilhelm IV. Herzog, *13.11.1493 München, †6.3.1550 ebd. Ab 1508 Herzog; regierte seit 1511 selbständig, 1514–45 zusammen mit seinem Bruder Ludwig X.; Gegner der ↗Reformation; brachte 1542 die ↗Jesuiten nach Bayern; verlor 1526 die Wahl zum böhmischen König gegen ↗Ferdinand I.; unterstützte Kaiser ↗Karl V. im ↗Schmalkaldischen Krieg (1546/47), versuchte jedoch, die Macht der ↗Habsburger einzudämmen. *rh*

Hessen:

Wilhelm I. Kurfürst, *3.6.1743 Kassel, †27.2.1821 ebd. Als Wilhelm IX. seit 1785 Landgraf; stellte ein großes ↗stehendes Heer auf und betrieb intensiven ↗Soldatenhandel; seit 1803 Kurfürst; 1807 in den ↗Koalitionskriegen von den Franzosen aus seinem Land vertrieben, das an das Königreich Westfalen angeschlossen wurde; 1813 wieder eingesetzt; widersetzte sich nach dem ↗Wiener Kongreß (1814/15) der Einführung einer Verfassung. *rh*

Hessen-Kassel:

Wilhelm V. Landgraf, *14.2.1602 Kassel, †21.9.1637 Leer (Ostfriesland). Seit 1627 Landgraf; verbündete sich im ↗Dreißigjährigen Krieg 1631 mit dem schwedischen König Gustav II. Adolf. W. schloß sich zwar 1635 dem Frieden von ↗Prag an, versuchte aber 1636 durch eine Allianz mit Frankreich, in ↗Hessen die Religionsfreiheit durchzusetzen; darauf als Reichsfeind geächtet und aus seinem Land vertrieben. Die Regentschaft übernahm seine Frau ↗Amalie Elisabeth. *rh*

Niederlande:

Wilhelm I. von Oranien Prinz, *24.4.1533 Dillenburg, †10.7.1584 Delft. 1544 Prinz von Oranien; katholisch erzogen; 1559 spanischer Statthalter von Holland, Seeland, Utrecht und der Franche-Comté; führte seit 1561 mit ↗Egmond und Philipp von Horne die antispanische Opposition in den Niederlanden an; floh vor dem vom spanischen König Philipp II. 1568 eingesetzten Statthalter Herzog Alba; 1572 nach Kampf mit Alba Statthalter von Holland und Seeland; 1573 Übertritt zum ↗Calvinismus. Die 1576 in der Genter Pazifikation unter W. erfolgte Vereinigung aller Provinzen der Niederlande (auch der südlichen katholischen) scheiterte; darauf bildete W. 1579 die Union von ↗Utrecht und leitete damit das endgültige Ausscheiden der Vereinigten Niederlande aus dem spanischen Königreich und dem ↗Heiligen Römischen Reich im ↗Westfälischen

Frieden 1648 ein. W. wurde von einem katholischen Attentäter ermordet. *rh*

Württemberg:

Wilhelm I. König, *27.9.1781 Lübben (Brandenburg), †25.6.1864 Stuttgart. Sohn König ↗Friedrichs I.; stand in offenem Gegensatz zur ↗Rheinbund-Politik seines Vaters; 1812 Befehlshaber im Rußlandfeldzug ↗Napoleons I., 1814 auf seiten der Alliierten in Frankreich; ab 1816 König; erließ 1819 eine Verfassung, die altständische und moderne konstitutionelle Vorstellungen verband; stärkte die Volkswirtschaft durch Förderung von Landwirtschaft, Handel und Gewerbe; im ↗Deutschen Bund Verfechter der ↗Triaspolitik. *sa*

Wilhelm II. König, *25.2.1848 Stuttgart, †2.10.1921 Bebenhausen. Wurde am 6.10.1891 Nachfolger König Karls, seines Onkels; traf politische Entscheidungen stets im durch die Verfassung vorgegebenen Rahmen und in Übereinstimmung mit der Mehrheit des Landtages; entspannte das schwierige Verhältnis Württembergs zum Reich; wurde nach der ↗Novemberrevolution zur Abdankung gezwungen und erklärte am 30.11.1918 seinen Thronverzicht. *sa*

Wilhelm Kronprinz des Deutschen Reiches und Preußens, *6.5.1882 Potsdam, †20.7.1951 Hechingen. Sohn Kaiser ↗Wilhelms II.; im ↗Ersten Weltkrieg Kommandant der 5. Armee, seit 1916 der Heeresgruppe „Deutscher Kronprinz"; ging 1918 in der ↗Novemberrevolution ins Exil in die Niederlande und verzichtete auf die Thronfolge; durfte 1923 nach Deutschland zurückkehren; unterstützte 1932 ↗Hitlers Kandidatur als ↗Reichspräsident. *rh*

Wilhelmine Markgräfin von Brandenburg-Bayreuth, *3.7.1709 Berlin, †14.10.1758 Bayreuth. Lieblingsschwester ↗Friedrichs II., des Großen; war in dessen Fluchtversuch (1730) eingeweiht und wurde dafür gefangengenommen; 1731 gegen ihren Willen mit dem späteren Markgrafen Friedrich von Brandenburg-Bayreuth vermählt; ging in ihren „Mémoires" hart mit ihrem Vater König ↗Friedrich Wilhelm I. ins Gericht. *rh*

Wilhelm von Hirsau Benediktinerabt, *um 1030 in Bayern, †5.7.1091 Hirsau (Württemberg). Seit 1071 Abt des Klosters Hirsau; im ↗Investiturstreit auf seiten des Papstes; Begründer der ↗Hirsauer Reform. *RB*

Willibrord Missionar, *um 658 Nordengland, †7.11.739 Kloster Echternach (Luxemburg). 692 von Papst Sergius mit der Missionierung der Friesen beauftragt; seit 695 Erzbischof von Utrecht, 697/98 Gründer des Klosters Echternach; Schutzpatron von Holland und Belgien. *RB*

Willigis (Willegis) Erzbischof, ↗Erzkanzler, †23.2.1011. Seit 971 ↗Reichskanzler, seit 975 Erzbischof von ↗Mainz und ↗Erzkanzler; Ratgeber der Kaiserin ↗Theophano und ↗Ottos III.; hatte bedeutenden Einfluß auf die Reichspolitik; Klosterbauherr; Gründer des ↗Mainzer Doms. *RB*

Willstätter, Richard ↗Nobelpreis

Wilsons Vierzehn Punkte ↗Vierzehn Punkte Wilsons

Wimpfeling, Jakob Humanist, *27.7.1450 Schlettstadt (Elsaß), †17.11.1528 ebd. Studierte Philosophie, Theologie und Kirchenrecht; lebte ab 1501 in Straßburg, seit 1515 als Schriftsteller in Schlettstadt. Neben pädagogischen Schriften und einer Komödie (Stylpho, 1470) verfaßte er v.a. historische Werke (z.B. Germania, 1500). W. gehört zu den Begründern der deutschen ↗Geschichtsschreibung. *nk*

Winckelmann, Johann Joachim Kunsthistoriker, Archäologe, *9.12.1717 Stendal, †8.6.1768 Triest. 1748–54 Bibliothekar in Dresden, ab 1755 in Rom; ab 1763 Generalkustos der Altertümer und Scriptor der Vatikanischen Bibliothek. Seine Forschungen zur antiken Kunst prägten wesentlich das Antikenbild seiner Zeit. W., der als Begründer der modernen Archäologie und Kunstgeschichte gilt, wurde Opfer eines Raubmordes. *nk*

Windthorst, Ludwig Politiker, *17.1.1812 Kaldenhof (bei Osnabrück), †14.3.1891 Berlin. 1867–91 Mitglied des preußischen Abgeordnetenhauses und des Reichstages; wurde nach Gründung des ↗Zentrums dessen führender Politiker; wichtigster parlamentarischer Widersacher Otto von ↗Bismarcks im ↗Kulturkampf. Seine Unterredung mit Bismarck 1890 über eine mögliche Zusammenarbeit trug zu dessen Entlassung bei. *MH*

Winrich von Kniprode Hochmeister des ↗Deutschen Ordens, *um 1310, †24.6.1382 Marienburg. Seit 1351 ↗Hochmeister, führte er den Orden auf die Höhe seiner Macht; gründete zahlreiche Städte (u.a. Allenstein). *dh*

Winter, Ludwig Georg von Badischer Politiker, *18.1.1778 Prechtal, †27.3.1838 Karlsruhe. Seit 1815 Ministerialrat; 1830–38 Leiter des Innenministeriums; führte 1822 die ↗Gewerbefreiheit, 1831 die ↗Pressefreiheit ein; verbesserte die Infrastruktur des Landes: Ausbau von Straßen und Häfen (Mannheim) und Errichtung der ersten staatlichen Eisenbahn Mannheim-Basel. *rh*

Winterhilfswerk (WHW) Seit Winter 1933/34 von der ↗NS-Volkswohlfahrt getragene Bemühungen zunächst zur Linderung der durch Arbeitslosigkeit hervorgerufenen materiellen Not. Neben obligaten Lohnabzügen wurden v.a. durch Haus- und Straßensammlungen sowie durch Sonderaktionen wie dem „Eintopfsonntag" beträchtliche Spendengelder zusammengetragen, die ausgewählten Bevölkerungsgruppen zugute kamen und den fehlenden Ausbau regulärer Sozialleistungen kaschierten sowie ein stark integratives Moment darstellten. Mit zunehmender Kriegsdauer kriegswirtschaftlich ausgenutzt u.a. durch Spendenaktionen für die Frontsoldaten. *PS*

Winzer, Otto Außenminister der DDR, *3.4. 1902 Reinickendorf (bei Berlin), †3.3.1975 Berlin (Ost). 1945/46 Mitglied des ↗Zentralkomitees der ↗KPD; seit 1947 im Zentralkomitee der ↗SED; ab 1950 Abgeordneter der ↗Volkskammer; 1956 stellvertretender Außenminister; 1965–75 Außenminister. *Ki*

Wirth, Johann Georg August Schriftsteller, Jurist, *20.11.1798 Hof, †26.7.1848 Frankfurt/Main. Unternahm bis 1831 mehrere Anläufe, in Bayreuth eine liberale Zeitschrift herauszugeben; scheiterte an der ↗Zensur; wegen Teilnahme am ↗Hambacher Fest (1832) verhaftet und unter Polizeiaufsicht gestellt; emigrierte 1837 nach Frankreich, 1839 in die Schweiz, wo er sich als Schriftsteller verdingte; kehrte 1847 nach Deutschland zurück und war bis zu seinem Tod Mitglied der ↗Frankfurter Nationalversammlung. *nk*

Wirth, Joseph Reichskanzler (Zentrum), *6.9. 1879 Freiburg (Breisgau), †3.1.1956 ebd. War 1914–18 und 1920–33 Mitglied des Reichstages, 1920/21 Reichsfinanzminister, 1921/22 Reichskanzler; Befürworter der ↗Erfüllungspolitik; nach 1922 Führer des linken Flügels der Deutschen Zentrumspartei; war 1930/31 Reichsinnenminister; lebte 1933–48 in der Schweiz im Exil; gründete 1948 die Partei „Union der Mitte"; trat als Mitgründer (1953) und Vorsitzender des „Bundes der Deutschen für Einheit, Frieden und Freiheit" für die Verständigung mit der Sowjetunion ein. *UK*

Wirtschaftspartei 1920 gegründete ↗Partei; hieß seit 1925 „Reichspartei des deutschen Mittelstandes"; v.a. Interessenvertretung des selbständigen Mittelstandes (u.a. Handwerker und Gewerbetreibende); gewann jeweils 23 Mandate bei den Reichstagswahlen 1928 und 1930; löste sich 1933 auf. *UK*

Wirtschafts- und Währungsunion (WWU) Im ↗Maastricht-Vertrag 1992 vereinbartes dreistufiges Programm zur fortgeschrittenen europäischen Integration im Rahmen der ↗EU; Schaffung eines gemeinsamen europäischen Binnenmarktes zum 1.1.1993 mit freiem Waren-, Personen-, Kapital- und Zahlungsverkehr; zum 1.1.1994 Beginn der zweiten Phase, in der die EU-Staaten zur Konsolidierung ihrer Volkswirtschaften und öffentlichen Haushalte angehalten sind; Gründung des Europäischen Währungsinstituts als Vorläufer einer mit Beginn der dritten Stufe zum 1.1.1999 zu gründenden Europäischen Zentralbank als Trägerin einer gemeinsamen Geldpolitik; Einführung des ↗Euro als einheitlicher Geldeinheit. *kl*

Wirtschaftsrat Im ↗Vereinigten Wirtschaftsgebiet am 29.5.1947 gegründete Institution aus 52 gewählten Ländervertretern mit Sitz in Frankfurt/Main; Aufgabe, in deutscher Verantwortlichkeit als oberstes Organ den wirtschaftlichen Wiederaufbau zu fördern; am 9.2.1948 Verdoppelung der Zahl der Mitglieder, Erweiterung der Kompetenzen um das Recht, selbständig Gesetze zu erlassen; u.a. nach der ↗Währungsreform mit dem ↗Leitsätzegesetz maßgeblicher Anteil am ökonomischen ↗Wiederaufbau Westdeutschlands; nach der Gründung der ↗Bundesrepublik durch den ↗Bundestag ersetzt. *kl*

Wirtschaftswunder Bezeichnung für den ökonomischen ↗Wiederaufbau Westdeutschlands nach dem Zweiten Weltkrieg, die in der zeitgenössischen Wahrnehmung die außerordentlich schnelle Überwindung der Desintegrations- und Zerstörungserfahrung durch den enormen Wirtschaftsaufschwung bis zur Mitte der fünfziger Jahre umfaßte; symbolhaft wurde der Begriff auf den Tag nach der ↗Währungsreform verkürzt, an dem die Schaufenster wieder voller ehemaliger „Mangelware" waren. *kl*

Wischnewski, Hans-Jürgen Politiker (SPD), *24.7.1922 Allenstein (Ostpreußen). Seit 1946 Mitglied der ↗SPD und der IG-Metall; 1953–59 Gewerkschaftssekretär; 1957–90 Mitglied des Bundestages; 1959–61 Bundesvorsitzender der Jungsozialisten; 1961–65 Sitz im ↗Europäischen Parlament; 1968–71 Bundesgeschäftsführer der SPD; 1974–76 Staatsminister des ↗Auswärtigen Amtes; 1976–79 und 1982 Staatsminister im Kanzleramt; im Herbst 1977 Leiter des Krisenstabes zur Geiselbefreiung aus der ↗Lufthansa-Maschine Landshut; 1984/85 Schatzmeister der SPD; 1979–82 stellvertretender Vorsitzender seiner Partei. *Ki*

wissenschaftlicher Sozialismus ↗Marxismus

Wissmann, Hermann von Afrikaforscher, *4.9. 1853 Frankfurt/Oder, †15.6.1905 Weißenbach (Steiermark). Nach mehreren Expeditionen (seit 1880) schlug W. 1888–90 als Reichskommissar für ↗Deutsch-Ostafrika den dortigen Araberaufstand nieder. 1895/96 als Gouverneur in Deutsch-Ostafrika. *dt*

Wittelsbacher Herrschergeschlecht, seit 1115 benannt nach der Stammburg Wittelsbach (bei Augsburg). Zunächst Grafen von Scheyen, seit 1120 ↗Pfalzgrafen, seit 1180 Herzöge von ↗Bayern und ab 1214 Pfalzgrafen bei Rhein. Seit 1255 wiederholte Teilungen; 1329 entstanden die bayrische und die pfälzische Hauptlinie. Herzog Ludwig IV. war als ↗Ludwig der Bayer 1314–47 deutscher König und Kaiser. Die von ihm für die W. erworbenen Außenländer (u.a. Tirol und ↗Brandenburg) gingen nach seinem Tod verloren. Die Kurwürde der W. kam 1356 (durch die ↗Goldene Bulle) an die ↗Pfalz und ging 1623 an Bayern über, für die Pfalz wurde 1648 eine achte Kurwürde geschaffen. 1777 erlosch die bayrische Hauptlinie, sie wurde von der Linie Pfalz-Zweibrücken beerbt. Die W. waren von 1806–1918 Könige von Bayern. *wj*

Witzleben, Erwin von Generalfeldmarschall, *4.12.1881 Breslau, †8.8.1944 Berlin. Kontakte zum militärischen ↗Widerstand, von den Beteiligten des ↗Zwanzigsten Juli als neuer Oberbefehlshaber der ↗Wehrmacht vorgesehen; nach dem Scheitern des Staatstreiches verhaftet, zum Tode verurteilt und hingerichtet. *PS*

Wlassow-Armee Nach dem ehemaligen General der ↗Roten Armee Andrej Andrejewitsch Wlassow benannte, Ende 1944 auf deutscher Seite aufgestellte Einheiten aus sowjetischen Kriegsgefangenen und Zwangsarbeitern; militärisch weitgehend bedeutungslos. Der Sommer 1942 in Gefangenschaft geratene Wlassow wurde zunächst zur antisowjetischen Propaganda eingesetzt, plante aber bereits die Aufstellung von eigenen Truppen; von ↗Hitler zunächst immer wieder abgelehnt.
Nach dem Krieg wurden die Angehörigen der W.-A. wie ihr Kommandant in der Sowjetunion zum Tode verurteilt oder zu jahrelanger Haft in Arbeitslagern verurteilt. *PS*

Woermann, Adolf Reeder, Unternehmer, *10.12.1847 Hamburg, †4.5.1911 ebd. Leitete seit 1880 die von seinem Vater Carl W. gegründete, u.a. eine Reederei umfassende Handelsfirma; hatte Einfluß auf den Erwerb der deutschen Kolonien ↗Togo und ↗Kamerun; richtete 1882 den Linienverkehr nach West- und 1890 nach Ostafrika ein. *UK*

Wohleb, Leo Politiker, *2.9.1888 Freiburg (Breisgau), †12.3.1955 Frankfurt/Main. 1947–52 Staatspräsident von ↗Baden; setzte sich gegen die Bildung des Landes ↗Baden-Württemberg ein. *Vö*

Wöhler, Friedrich Chemiker, *31.7.1800 Eschersheim (bei Frankfurt/Main), †23.9.1882 Göttingen. Studium zunächst der Medizin, dann der Chemie; seit 1828 Professor in Berlin, Göttingen; synthetisierte 1828 erstmals den organischen Harnstoff aus anorganischen Ausgangsstoffen; initiierte die chemische Untersuchung des Stoffwechsels; stellte die Ähnlichkeit von Silicium- und Kohlenstoffverbindungen fest. *bl*

Wohngemeinschaft (WG) Mit der ↗Studentenbewegung in der ↗Bundesrepublik aufgekommene alternative Wohnform; Nutzung einer Wohnung durch in der Regel nicht miteinander verwandte Personen; bekannteste WG in Deutschland war die ↗Kommune 1 in Berlin (West). *kl*

Wolf, Christa (geb. Ihlenfeld) Schriftstellerin, *18.3.1929 Landsberg/Warthe. 1949–89 Mitglied der ↗SED; seit 1962 freie Autorin. W. gehört zu den international anerkannten deutschen Gegenwartsautoren. Sie erhielt 1980 den ↗Büchner-Preis. Ihr sprachlich komplexes erzählerisches Werk fragt nach der Vereinbarkeit von Individualität und gesellschaftlichen Forderungen. Den literarischen Durchbruch brachte der Roman „Der geteilte Himmel" (1963), in dem die deutsche Teilung thematisiert wird. Nach der ↗Wiedervereinigung wurde W.s Position als staatstreue DDR-Autorin kontrovers diskutiert. Romane u.a.: Nachdenken über Christa T. (1968), Kindheitsmuster (1976); Erzählungen u.a.: Kein Ort. Nirgends (1979), Kassandra (1983), Was bleibt (1990), Medea (1996). *ij*

Wolf, Markus Stellvertretender Minister für Staatssicherheit der DDR, *19.1.1923 Hechingen (Württemberg). Seit 1952 Leiter des außenpolitischen Nachrichtendienstes der ↗DDR; 1956–86 Verwaltungsleiter im ↗Ministerium für Staatssicherheit, ab 1980 im Rang eines Generaloberst; 1991 wegen Landesverrats angeklagt; 1993 zu sechs Jahren Haft verurteilt; Aufhebung der Haftstrafe 1995; 1997 zu zwei Jahren Haft auf Bewährung wegen Körperverletzung und Freiheitsberaubung verurteilt. *Ki*

Wolfenbüttel (Fürstentum, Herzogtum) W. ging 1267 aus der Teilung Braunschweig-Lüneburgs hervor. Heinrich der Ältere begründete 1495 das Fürstentum Braunschweig-W., dessen Residenz W. wurde. 1568 erfolgte nach dem Tod ↗Heinrich des Jüngeren die Einführung der ↗Reformation. Nach dem Aussterben der W.er Linie 1635 kam W. zu Lüneburg-Dannenberg, ab 1735 der Linie Braunschweig-Bevern zugeschlagen. 1753 wurde die Residenz nach Braunschweig verlegt. *dt*

Wolff, Christian Philosoph, *24.1.1679 Breslau, †9.4.1754 Halle/Saale. 1707 Professor für Mathematik, ab 1709 auch für Philosophie in Halle; wurde 1723 von pietistischen Gegnern denunziert und des Landes verwiesen, lehrte bis zu seinem Rückruf durch ↗Friedrich II., dem Großen, 1740 in Marburg. W. entwickelte eine rationalistische Philosophie, die mit ihrer Systematisierung von ↗Leibniz' Ideen („Leibniz-Wolffsche Philosophie") Immanuel ↗Kants Kritik der reinen Vernunft den Boden bereitete. Bes. Verdienste erwarb sich W. um eine deutsche philosophische Terminologie. Seine Schriften, die einen auf Vernunftprinzipien basierenden Rechtsstaat favorisieren, beeinflußten die Staatslehre der ↗Aufklärung. Schriften u. a.: Vernünftige Gedancken von dem gesellschaftlichen Leben der Menschen (1721), Philosophia moralis sive ethica (1750–53). *ij*

Wolff, Kurt Verleger, *3.3.1887 Bonn, †21.10. 1963 Ludwigshafen. Führte 1913 den von ↗Rowohlt gegründeten Verlag in Leipzig weiter (seither K.W.-Verlag; wurde 1917 nach Darmstadt, 1919 nach München verlegt). Zu den von W. verlegten Autoren zählen ↗Kafka, Max Brod, ↗Werfel und Heinrich ↗Mann. W. ging 1933 ins Exil; gründete in New York den Verlag Pantheon Books, Inc. (1942). *ij*

Wolffs Telegraphen-Bureau (WTB) Erste deutsche Nachrichtenagentur, am 27.11.1849 von Bernhard Wolff in Berlin gegründet. Zunächst zuständig für die Verbreitung von Börsennachrichten, dann für Nachrichten der preußischen Regierung. WTB wurde 1933 mit der Telegraphen-Union ↗Hugenbergs zum Deutschen Nachrichtenbüro GmbH vereinigt. *sb*

Wolff von Amerongen, Otto Unternehmer, *6.8.1918 Köln. Übernahm 1940 das väterliche Eisenunternehmen in ↗Köln; wurde 1957 Vorsitzender des Ost-Ausschusses der Deutschen Wirtschaft; an der Vorbereitung der ersten Handelsverträge der ↗Bundesrepublik mit der Sowjetunion und der Volksrepublik China beteiligt; 1969–88 Präsident des Deutschen Industrie- und Handelstages. *UK*

Wolfgang Fürst zu Anhalt-Köthen, *1.8.1492 Köthen, †23.3.1566 Zerbst. Regierte seit 1508; vertrat die politischen Interessen der sächsischen Kurfürsten; seit 1522 Anhänger der ↗Reformation; unterzeichnete 1530 die ↗Augsburger Konfession; trat 1531 dem ↗Schmalkaldischen Bund bei; verlor im ↗Schmalkaldischen Krieg gegen Kaiser ↗Karl V. (1546/47) sein Land, das er erst mit der Begnadigung im Passauer Vertrag 1552 zurückerhielt. *rh*

Wolfram von Eschenbach Dichter, *um 1170/80 Eschenbach (bei Ansbach; Wolframs-Eschenbach), †1220 ebd. Zu W.s Lebensverhältnissen geben lediglich die in seinem Werk gemachten Angaben Auskunft. W., der vermutlich einem bayrischen Ministerialengeschlecht entstammt, gilt als einflußreichster deutscher Dichter des Mittelalters. Sein wichtigstes Werk ist der Entwicklungsroman „Parzival" (um 1200–10). W. vertrat eine für das ritterliche Selbstverständnis grundlegende Synthese von höfischer und auf den Willen Gottes bezogener Lebensgestaltung. Die Verserzählung „Willehalm" und die Minneerzählung „Titurel" blieben Fragment. *ij*

Wolfsschanze Tarnnahme des „Führerhauptquartiers" bei Rastenburg (Ostpreußen). Von ↗Hitler mit Unterbrechungen von Mitte 1941 bis Ende 1944 genutzt; Schauplatz des mißglückten Bombenattentates von ↗Stauffenberg am ↗Zwanzigsten Juli 1944. *PS*

Wollenberger, Vera ↗Lengsfeld, Vera

Wollweber, Ernst Minister für Staatssicherheit der DDR, *28.10.1898 Hannoversch-Münden, †3.5.1967 Berlin (Ost). Seit 1946 ↗SED-Mitglied; 1950–53 Staatssekretär im Ministerium für Verkehrswesen; 1955–57 Minister für ↗Staatssicherheit; 1954–58 Mitglied des ↗Zentralkomitees der SED und Abgeordneter der ↗Volkskammer; 1958 als Kritiker ↗Ulbrichts aller Ämter enthoben. *Ki*

Worms, Reichstag (1495) Zusammenkunft der

↗Reichsstände auf Betreiben ↗Bertholds von Henneberg zu einem ↗Reichstag in Worms unter Leitung Kaiser ↗Maximilians I. Der W.er Reichstag erreichte die Verkündigung des ↗Ewigen Landfriedens, die Errichtung eines ständig tagenden ↗Reichskammergerichtes, die Erhebung des ↗Gemeinen Pfennigs und die Formulierung einer „Handhabung Friedens und Rechts". Die Reformbeschlüsse schufen die Voraussetzung für die Ausbildung des ↗Heiligen Römischen Reiches als eines einheitlichen Friedens- und Rechtsraumes. Auf dem Gebiet des Reichsfinanzwesens schlug die Reform jedoch fehl, da sich die Territorien mit ihren Verwaltungsapparaten der neuen ↗Steuer versagten. Am Widerstand Maximilians scheiterte die Errichtung einer ständischen Reichsregierung. *vK*

Worms, Reichstag (1521) Auf dem W.er Reichstag wurde der von der Ächtung als Ketzer bedrohte Martin ↗Luther am 17./18.4.1521 in Anwesenheit des neuen Kaisers, ↗Karls V., über seine Lehren befragt. Luther lehnte einen Widerruf ab, ein Vermittlungsversuch der ↗Reichsstände unter ↗Joachim I. von Brandenburg scheiterte. Nachdem einige Fürsten bereits abgereist waren, wurde das ↗Wormser Edikt beschlossen, das Luther ächtete und die Vernichtung seiner Schriften anordnete. *rh*

Wormser Edikt 1521 auf dem ↗Wormser Reichstag von Kaiser ↗Karl V. unterzeichnetes Edikt, das die Reichsacht über Martin ↗Luther aussprach sowie die Lektüre und Verbreitung seiner Schriften verbot. *nk*

Wormser Konkordat (1122) Vertrag vom 23.9.1122 zwischen Kaiser ↗Heinrich V. und Papst Kalixt II. (abgefaßt in zwei ↗Urkunden: Calixtinum und Heinricianum), der den ↗Investiturstreit beendete. Das W.K. enthielt den Verzicht des Kaisers auf die ↗Investitur der geistlichen ↗Fürsten mit Ring und Stab, beließ ihm aber seinen Einfluß bei der Bischofswahl und die Regalieninvestitur (Zepterverleihung) vor der Bischofsweihe (in Burgund und Reichsitalien erst nach der Weihe). *vK*

Wörner, Manfred Bundesverteidigungsminister (CDU), NATO-Generalsekretär, *24.9.1934 Stuttgart, †13.8.1994 Brüssel. 1965–88 Mitglied des Bundestages für die ↗CDU; 1976 Vorsitzender im Verteidigungsausschuß des Bundestages; 1982–88 Verteidigungsminister; 1988–94 Generalsekretär der ↗NATO. *Ki*

Worpswede Künstlerkolonie, gegründet 1889 in der gleichnamigen Gemeinde in der Nähe von Bremen. Gründungsmitglieder waren u.a. Fritz Mackensen, Otto Modersohn; später traten ihr Heinrich Vogeler und ↗Modersohn-Becker bei. *ij*

Worringen, Schlacht (1288) Entscheidende Schlacht des Limburgischen Erbfolgekrieges (seit 1280) zwischen Brabant einerseits und Luxemburg sowie dem Erzbischof von Köln andererseits. Der Sieg Brabants verhinderte die territorialstaatliche Entwicklung des Erzbistums ↗Köln. Umstritten ist die Bedeutung der mit Brabant verbündeten bergischen Bauern und stadtkölnischen Fußtruppen für den Ausgang der Schlacht. *MH*

Wrangel, Friedrich Heinrich von Preußischer Generalfeldmarschall, *13.4.1784 Stettin, †1.11. 1877. Seit 1796 im preußischen Heer; zeichnete sich in den ↗Befreiungskriegen aus; erhielt 1848 im Krieg gegen Dänemark den Oberbefehl über die Bundestruppen; durch Einsatz seiner Truppen in Berlin maßgeblich am Ende der Märzrevolution in ↗Preußen beteiligt; zum Oberbefehlshaber im Zweiten ↗Deutsch-Dänischen Krieg ernannt, wurde er 1864 nach dem Mißerfolg an den ↗Düppeler Schanzen entlassen; volkstümlicher General, auch „Papa W." genannt. *sa*

Wrede, Karl Philipp von Bayrischer Feldherr, Politiker, *29.4.1767 Heidelberg, †12.12.1838 Ellingen. 1799 Oberst; 1809 in Tirol Kommandant bayrischer, mit Frankreich verbündeter Truppen; im 5. ↗Koalitionskrieg (1809) maßgeblich am Sieg ↗Napoleons I. gegen Erzherzog ↗Karl in der Schlacht bei Wagram beteiligt; führte jedoch ↗Bayern 1813 in die Koalition gegen Napoleon; auf dem ↗Wiener Kongreß 1814/15 als Diplomat ohne großen Erfolg; 1818 Staatsminister; 1822–29 verfassungstreuer Oberbefehlshaber des bayrischen Heeres. *rh*

Wuermeling, Franz-Josef Bundesfamilienminister (CDU), *8.11.1900 Berlin, †7.3.1986 Münster (Westfalen). Seit 1926–39 im preußischen Innenministerium tätig; 1947–51 Mitglied des Landtages von Rheinland-Pfalz; 1947–49 dort Staatssekretär im Innenministerium; 1949–69 Mitglied des Bundestages; 1953–63 Familienminister. *Ki*

Wullenwewer, Jürgen Bürgermeister von Lübeck, *um 1492 Hamburg, †29.9.1537 Wolfenbüttel. Seit 1533 als Führer der lutherisch-demokratischen Partei Bürgermeister von ↗Lübeck; wollte die Vormacht der ↗Hanse über die skandinavischen Länder wiederherstellen, wurde jedoch 1535 von König Christian III. von Dänemark besiegt und als Bürgermeister gestürzt; vom Erzbischof von Bremen gefangengenommen, von Herzog ↗Heinrich dem Jüngeren von Braunschweig-Wolfenbüttel hingerichtet. *rh*

Wurm, Theophil Evangelischer Bischof, *7.12. 1868 Basel, †28.1.1953 Stuttgart. 1933 Landesbischof in Württemberg; leitendes Mitglied der ↗Bekennenden Kirche; Engagement im ↗Kirchenkampf; Stellungnahmen gegen ↗Euthanasie und ↗Judenverfolgung; 1941 Gründung des kirchlichen Einigungswerkes; 1945–49 Vorsitzender des Rates der ↗EKD. *MH*

Württemberg Das Land ging aus den Besitzungen der Herren von Wirtemberg hervor, die ihren Namen von der Stammburg bei Untertürckheim bezogen und 1081 erstmals bezeugt sind. Seit 1135 Grafen, hatten sie ihre Stammgüter im mittleren Neckar- und Remstal. Nach dem Niedergang der ↗Staufer im 13. Jh. erwarben sie weite Gebiete und setzten sich im heutigen Südwestdeutschland gegen die ↗Habsburger in ↗Vorderösterreich und die ↗Pfalz durch. Nach der Teilung in die Linien Stuttgart und Urach (1442) vereinigte ↗Eberhard I. im Bart das Land wieder, machte Stuttgart 1482 zur Hauptstadt und W. 1495 zum Herzogtum. Seit 1535 wurde unter ↗Ulrich I. und seinem Sohn Christoph die ↗Reformation eingeführt. Herzog Friedrich II. gewann durch ↗Napoleon I. 1803 die Kurfürsten- sowie 1806 die Königswürde (seither ↗Friedrich I.) und vergrößerte den Umfang des Landes beträchtlich. Seit 1871 war W. Teil des ↗Deutschen Reiches, nach der Abdankung König Wilhelms II. 1918 ein Freistaat. Nach dem Zweiten Weltkrieg wurde W. zuerst in eine südliche französische und eine nördliche amerikanische Besatzungszone geteilt, 1951/52 mit ↗Baden zum neuen Land ↗Baden-Württemberg vereinigt. *rh*

Wüstung Aufgegebene Siedlung oder landwirtschaftliche Fläche. Die meisten W. entstanden im Spätmittelalter und im ↗Dreißigjährigen Krieg; Ursachen waren u.a. Erschöpfung des Bodens, die ↗Pest, Kriegszerstörungen oder Vertreibungen. *wj*

WWU ↗Wirtschafts- und Währungsunion

Y

Yorck von Wartenburg, Hans David Ludwig Preußischer Feldmarschall, *26.9.1759 Potsdam, †4.10.1830 Klein-Oels (bei Breslau). Als konservativer Militär Gegner der ↗preußischen Reformen; kommandierte während ↗Napoleons Rußlandfeldzug das preußische Hilfskorps; schloß am 30.12.1812 die Konvention von ↗Tauroggen; erkämpfte 1813 bei Wartenburg den Übergang über die Elbe. *MH*

Yorck von Wartenburg, Peter Graf Jurist, *13.11.1904 Klein Oels (Schlesien), †8.8.1944 Berlin. Mit Helmuth James Graf von ↗Moltke Gründer des ↗Kreisauer Kreises; nach Moltkes Verhaftung mit seinem Vetter Claus Schenk Graf von ↗Stauffenberg Planung des Staatsstreichversuches des ↗20. Juli; vom ↗Volksgerichtshof zum Tode verurteilt und hingerichtet. *PS*

Young-Plan 1929 durch die Pariser Konferenz unter Vorsitz des US-Amerikaners Owen D. Young aufgestellter Plan zur Regelung der deutschen ↗Reparationen. Setzte diese für eine Gesamtlaufzeit von 59 Jahren auf 34,5 Mrd. ↗Reichsmark fest. Der Y.-P. wurde 1932 durch das auf der Konferenz in ↗Lausanne geschlossene Abkommen aufgehoben. *UK*

Ypern, Schlacht (1914–18) Stadt in Flandern, im ↗Ersten Weltkrieg Schauplatz von wechselvollen Kämpfen. Während des ↗Wettlaufes zum Meer November 1914 Gefechte, danach Übergang zum ↗Stellungskrieg auch hier; 22.4.–2.5.1915 deutsche Offensive, hierbei erstmals Giftgaseinsatz; 1917 Gegenoffensive, April 1918 erneute deutsche Offensive. *PS*

Z

Zabern-Affäre (1913) Rechtswidrige, durch ein Kriegsgerichtsurteil gedeckte Verhaftung von Demonstranten in der unterelsässischen Garnisonsstadt Zabern durch das deutsche Militär. Das erfolglose Bemühen des Reichskanzlers von ↗Bethmann Hollweg, den Rechtsstandpunkt durchzusetzen, führte zu einem Mißbilligungsbeschluß des ↗Reichstages. Die Z. schädigte das Verhältnis des ↗Deutschen Reiches zu den Elsässern und machte das ungleiche Kräfteverhältnis zwischen militärischer und ziviler Gewalt im wilhelminischen Deutschland deutlich. *vK*

Zadek, Peter Regisseur, *19.5.1926 Berlin. Ging 1933 mit seinen Eltern ins Exil nach Großbritannien; arbeitete seit 1958 in der ↗Bundesrepublik; 1962–67 Schauspieldirektor in Bremen, 1972–77 Intendant in Bochum; 1985–88 in Hamburg (Deutsches Schauspielhaus); 1993–95 Regisseur und in der Leitung des Berliner Ensembles; zahlreiche Film- und Fernsehinszenierungen. *ij*

Zahlensymbolik Zahlen haben neben ihrer Funktion zur Berechnung von Zeit und Raum in Kunst und Religion bes. des christlichen ↗Mittelalters symbolhaften Charakter. Zahlen repräsentieren die kosmische Ordnung. Die Eins gilt als Symbol der göttlichen Einheit; die Drei steht z. B. für die Dreifaltigkeit und spielt im ↗Märchen eine wichtige Rolle. Neun („Ach, du grüne Neune!") und Dreizehn gelten als Unglücksbringer.

Eine bestimmte Zahl konnte für einen oder mehrere z. T. ganz unterschiedliche Symbolträger stehen; die Bedeutung von Zahlen auf Bildern oder in Geschichten wurde allg. verstanden. Persönliche Glücks- und Unglückszahlen werden gerade im Bereich des Glücksspiels gewählt und individuell bedeutsam. *ku*

Zähringer Schwäbisches Adelsgeschlecht, benannt nach der Burg Zähringen bei Freiburg (Breisgau). Bereits im 10. Jh. Grafen des Breisgaus; Bertold I. war 1061–77 Herzog von Kärnten. Die von ↗Berthold II. begründete herzogliche Linie erwarb Besitz im Schwarzwald und in der ↗Schweiz, erhielt 1127 das Rektorat in Burgund; die Z. gaben ihrem Territorium v. a. durch Städtegründungen (u. a. Freiburg, Villingen) staatliches Gepräge; 1218 ausgestorben; eine Nebenlinie stellte seit 1112 die ↗Markgrafen von ↗Baden. *wj*

Zaisser, Wilhelm Minister für Staatssicherheit der DDR, *20.6.1893 Rotthausen, †3.3.1958 Berlin. Seit 1919 Mitglied der ↗KPD; 1936–38 Teilnahme am Spanischen Bürgerkrieg; 1938 ↗Emigration in die Sowjetunion; 1950–53 Minister für Staatssicherheit, Mitglied des Parteivorstandes und des ↗Zentralkomitees der SED; als Gegner ↗Ulbrichts 1953 aus allen politischen Ämtern und 1954 aus der Partei ausgeschlossen. *AM*

Zasius, Ulrich (eigentlich Zäsi) Jurist, *1461 Konstanz, †24.11.1535 Freiburg (Breisgau). 1502 Gerichtsschreiber, 1503 Rechtskonsulent und ab 1506 Professor für Recht in Freiburg; war mit dem Humanisten ↗Erasmus befreundet. Z., der 1520 das Freiburger Stadtrecht neu verfaßte, bemühte sich um die Einführung von wissenschaftlicher Methodik in die Jurisprudenz und bes. um die historisch-kritische Bearbeitung der römischen Rechtstexte. *nk*

Zehn-Punkte-Plan zur Überwindung der Teilung Deutschlands Am 28.10.1989 von Bundeskanzler Helmut ↗Kohl im ↗Bundestag vorgelegter Plan zur schrittweisen ↗Wiedervereinigung; Vereinigung nur im europäischen Rahmen und zunächst, wie von Regierungspräsident ↗Modrow am 17.11.1989 vorgeschlagen, als Vertragsgemeinschaft beider deutscher Staaten; Unterstützung der Assoziation der ↗DDR mit der ↗EG, wirtschaftliche und humanitäre Soforthilfen für die DDR; von der ↗CDU/CSU, der ↗FDP und der ↗SPD begrüßt. *kl*

Zehnt Seit dem 5. Jh. Naturalabgabe in Höhe des zehnten Teils des jährlichen landwirtschaftlichen Ertrages; war an den ↗Klerus zu dessen Unterhalt zu entrichten; seit 818/19 im Rahmen des ↗Eigenkirchenwesens aber auch an weltliche Zehntherren; man unterschied Feld-Z. (Getreide, Früchte u. a.) und Blut-Z. (Tiere und deren Produkte); seit dem 13. Jh. auch Geldzahlungen; erst im 19. Jh. mit der ↗Bauernbefreiung endgültig aufgehoben. *wj*

Zehrer, Hans Publizist, *22.6.1899 Berlin, †23.8.1966 Berlin (West). 1923–31 Redakteur der linksliberalen „Vossischen Zeitung"; 1929–33 Herausgeber der konservativen Kulturzeitschrift „Die Tat"; Wortführer des „Tat-Kreises"; 1932/33 Herausgeber der „Täglichen Rundschau"; war nach erzwungenem Rücktritt 1933 u. a. als freier Schriftsteller tätig; baute 1945/46 die Tageszeitung „Die ↗Welt" auf; 1948–53 Chefredakteur des „Sonntagsblatts"; 1953–66 Chefredakteur der „Welt". *ij*

Zeiss, Carl Mechaniker, Unternehmer, *11.9. 1816 Weimar, †3.12.1888 Jena. Errichtete 1846 in Jena einen Betrieb für feinmechanische und optische Präzisionsinstrumente, bes. Mikroskope; baute das Unternehmen mit ↗Abbe aus, der nach dem Tod des Firmengründers Alleininhaber der Carl-Z.-Werke wurde. *UK*

Zeit, Die Politische Wochenzeitung. 1946 u. a. von ↗Bucerius in ↗Hamburg ins Leben gerufen. Entwickelte sich von einer eher konservativen zu einer liberalen Zeitung; wird seit 1979 von einem Kollegium (u. a. Gräfin Dönhoff, Helmut ↗Schmidt) herausgegeben. Eigentümerin ist seit 1996 die Holtzbrinck-Verlagsgruppe. *UK*

Zeitrechnung ↗Datierung

Zeitungen und Zeitschriften Voraussetzung für die Entstehung der Presse war die Erfindung des Buchdrucks mit beweglichen Metalllettern um 1450. Eine frühe Form der Zeitung bildeten die sog. Meßrelationen, Nachrichtenblätter, die seit Ende des 16. Jh.s anläßlich von Verkaufsmessen herausgegeben wurden. Die frühesten Funde von Wochenzeitungen gehen auf das Jahr 1609 zurück; die erste Tageszeitung („Einkommende Nachrichten") erschien 1650 in Leipzig. Die erste wissenschaftliche Universalzeitschrift in Deutschland war die Leipziger Acta Eruditorum von 1682. Zu einer klaren Trennung zwischen Tages- und Wochenzeitung, verbunden mit thematischer Differenzierung, kam es erst im 18. Jh. 1713/14 verbreiteten sich die sog. moralischen Wochenschriften, welche aufklärerische Ideen vertraten, nach englischem Vorbild auch in Deutschland. Aus ihnen entwickelten sich die verschiedenen Formen der unterhaltenden Publikumszeitschrift.
Bis zum Reichspressegesetz 1874 unterlagen Zeitungen in Deutschland einer Vorzensur. Im Gefolge der ↗Deutschen Revolution 1848/49 kam es zu zahlreichen Neugründungen und zur Herausbildung politisch-ideologisch bestimmter „Pressen" von Parteien, Gewerkschaften und Kirchen. Gegen Ende des 19. Jh.s wurden Zeitungen und Zeitschriften für breitere Bevölkerungskreise erschwinglich. Mit der Massenpresse entstanden Pressekonzerne, welche während der ↗Weimarer Republik, deren Verfassung erstmals Pressefreiheit gewährte, einen Konzentrationsprozeß durchliefen.
1945–49 setzten die Alliierten eine Presselizenzierung durch, um die Meinungsvielfalt zu gewährleisten. Nach deren Aufhebung kam es zu erneuten Konzentrationsbewegungen.
1994 wurden in Deutschland 423 Zeitungen (Gesamtauflage: 32,9 Mio. Exemplare) und 5901 Publikumszeitschriften (Gesamtauflage: 254,8 Mio. Exemplare) verlegt. Die zehn größten Verlagsgruppen, an der Spitze die Axel-↗Springer-Gruppe, beherrschen rund 60 % des Zeitungsmarktes. *ij*

Zeitzler, Kurt Generaloberst, *9.6.1895 Loßmar (Brandenburg), †25.9.1963 Hohenaschau (Bayern). 1942–44 Chef des Generalstabes des Heeres; bat wegen strategischer Meinungsverschiedenheiten mit ↗Hitler (u. a. wegen ↗Stalingrad) um Abschied; bis 1947 in britischer Kriegsgefangenschaft. *PS*

Zensur Staatliche Prüfung und gegebenenfalls Einschränkung von Publikationen; hauptsächlich im Bereich Presse und Buch, aber auch bei anderen Medien und im Kulturbereich angewandt, um im Sinne der Machthaber auf die öffentliche Meinung einzuwirken. Weit verbreitet im Zeitalter des ↗Absolutismus; 1819 in den ↗Karlsbader Beschlüssen für ganz Deutschland eingeführt; 1848 im Zuge der ↗Märzrevolution aufgehoben; bestand bis 1919 über finanzielle Druckmittel indirekt weiter; in der ↗Weimarer Verfassung fast völlig aufgehoben; am 28.2.1933 (↗Notverordnungen) durch Einschränkung der Meinungsfreiheit de facto wieder eingeführt und bis zum Ende des ↗Dritten Reiches praktiziert; im ↗Grundgesetz allg. Z.-Verbot. *br*

Zensuswahlrecht Wahlrecht, welches an Besitz und Steuerleistung des Wählenden geknüpft war; bestand im 17.–19. Jh. u. a. in ↗Preußen (↗Dreiklassenwahlrecht bis 1918). *wj*

Zentner, Georg Friedrich von Bayrischer Politiker, *27.8.1752 Straßheim (bei Heppenheim), †20.10.1835 München. Seit 1779 Professor für Staatsrecht und Reichsgeschichte in Heidelberg. Hatte ab 1799 als Mitarbeiter von ↗Montgelas bei der ↗Säkularisation und der Reform des Schulwesens maßgeblichen Anteil an der Modernisierung

↗Bayerns; 1810 Leiter des Innenministeriums; wirkte entscheidend am Sturz Montgelas und der Verfassung von 1818 mit; 1823 Justizminister. *rh*

Zentrale Erfassungsstelle der Länderjustizverwaltungen Beweismittel- und Dokumentationsstelle über staatliche Gewaltakte in der ↗DDR; am 24.11.1961 auf Beschluß der Justizminister der Bundesländer in Salzgitter eingerichtet. Die Z.E. dokumentierte bis zur ↗Wiedervereinigung versuchte oder vollendete Tötung (in Zusammenhang mit ↗Republikflucht und ↗Maueropfern), politische Verfolgung und Urteile, Verschleppung und Mißhandlungen im Strafvollzug. Mit dem Umzug nach Braunschweig 1990 Umstrukturierung und Umbenennung in Zentrale Beweis- und Dokumentationsstelle; bedeutsam für die Rehabilitierung von Opfern der DDR-Justiz. *sb*

Zentrale Stelle der Landesjustizverwaltung zur Aufklärung nationalsozialistischer Verbrechen Mit Richtern und Staatsanwälten besetzte Behörde in Ludwigsburg zur systematischen Dokumentation und Aufklärung von Gewaltverbrechen, die primär aus nationalsozialistischer Gesinnung heraus verübt wurden. Ihre Gründung 1958 markierte einen Wendepunkt in der ↗Vergangenheitsbewältigung. Ihr Aktenbestand ist eine wichtige Quelle für die Erforschung des ↗Nationalsozialismus. *bb*

Zentralkomitee (ZK) Führungsgremium kommunistischer Parteien zwischen den Parteitagen; in der ↗DDR im Juni 1950 auf dem Dritten Parteitag der ↗SED aus dem ehemaligen Parteivorstand gebildet; verkörperte mit seinem umfangreichen bürokratischen Apparat und zuletzt 164 Mitgliedern bei nur zwei Sitzungen pro Jahr die politische Elite der DDR; das eigentliche Machtzentrum war neben dem Sekretariat der SED v. a. das ↗Politbüro; der Generalsekretär des ZK (1953–76: 1. Sekretär) war als mächtigster Mann der DDR regelmäßig auch Vorsitzender von Sekretariat und Politbüro, nach 1960 zudem Vorsitzender des ↗Nationalen Verteidigungsrates und des ↗Staatsrates; letzte Sitzung des ZK am 3.12.1989, danach geschlossener Rücktritt. *kl*

Zentralrat der Juden in Deutschland Dachorganisation der jüdischen Gemeinden der ↗Bundesrepublik, gegründet 1950 in Hamburg. Seit 1952 Sitz in Düsseldorf; seine Hauptaufgabe ist die Förderung des religiösen und kulturellen jüdischen Lebens in Deutschland und die politische Durchsetzung von Wiedergutmachungsforderungen der Opfer des ↗Nationalsozialismus; Vorsitzender ist seit 1992 ↗Bubis. *ep*

Zentralstelle für Heimatdienst Tarnbezeichnung für die ↗Dienststelle Schwerin für Sicherheitsfragen im Bundeskanzleramt. *kl*

Zentraluntersuchungskommission ↗Demagogenverfolgung

Zentralverband Deutscher Industrieller ↗Centralverband Deutscher Industrieller

Zentrum (Deutsche Zentrumspartei) Politische ↗Partei, 1870 von katholischen Honoratioren gegründet, nachdem die 1852 im preußischen ↗Abgeordnetenhaus gebildete Katholische Fraktion (seit 1859 Zentrum) ab 1862 auseinandergegangen war; blieb trotz seiner interkonfessionellen Ausrichtung die parlamentarische Vertretung der Katholiken. Das Z. bekannte sich zum föderalistischen Reichsaufbau (↗Föderalismus), trat für den Schutz kirchlicher Rechte und staatsbürgerlicher Freiheiten sowie für soziale Fürsorge ein. Im ↗Kulturkampf stand das Z. unter Führung von ↗Windthorst in Gegnerschaft zur Politik Otto von ↗Bismarcks; wuchs seit 1879, bes. unter ↗Lieber (1891–1902) in die politische Mitverantwortung hinein; erhielt erst 1911 eine feste Parteiorganisation; trat nach dem ↗Ersten Weltkrieg für die ↗Weimarer Republik ein und wurde hier zur eigentlichen Regierungspartei: Bis 1932 war es an allen Kabinetten des Reiches wie auch ↗Preußens beteiligt und stellte mehrere ↗Reichskanzler (↗Fehrenbach, Joseph ↗Wirth, Wilhelm ↗Marx und ↗Brüning) in den verschiedensten politischen Kombinationen. Löste sich 1933 unter dem Druck der neuen Machthaber selbst auf; 1945 neu gegründet, seit 1957 nicht mehr im ↗Bundestag. *vK*

Zeppelin, Ferdinand Graf von Württembergischer Generalleutnant, Luftschiffkonstrukteur, *8.7.1837 Konstanz, †8.3.1917 Berlin. 1870/71 Teilnahme am ↗Deutsch-Französischen Krieg; 1885–91 Württembergischer Militärbevollmächtigter und Gesandter in Berlin; widmete sich danach der Konstruktion eines Starrluftschiffes, das v.a. zur militärischen Aufklärung dienen sollte; sein erstes auf eigene Kosten erbautes und nach ihm benanntes Luftschiff (LZ 1) startete am 2.7.1900 auf dem Bodensee. Es gab über 100 Nachfolgemodelle, die u.a. im ↗Ersten Weltkrieg eingesetzt wurden. *sa*

Zepter (Szepter) ↗Reichskleinodien

Zetkin, Klara Sozialistin, *5.7.1857 Wiederau (Sachsen), †20.6.1933 Archangelskoje (bei Moskau). Seit 1878 der ↗Sozialdemokratie zugehörig, begründete Z. die sozialistische ↗Frauenbewegung, deren internationale Vertreterin sie wurde; gab 1891–1917 die Arbeiterinnenzeitschrift „Die Gleichheit" heraus; Mitbegründerin des ↗Spartakusbundes; wechselte 1917 von der ↗SPD zur ↗USPD und 1919 zur ↗KPD; 1920–33 Mitglied des ↗Reichstages; lebte seit 1924 überwiegend in der Sowjetunion. *nk*

Zeugen Jehovas Christliche Religionsgemeinschaft, als Ernste Bibelforscher Ende des 19. Jh.s in den USA entstanden; bis zu ihrem Verbot 1933 in Deutschland ca. 25000 Mitglieder. Mehrere tausend Mitglieder führten ihre Missionstätigkeit weiterhin fort; insbesondere ihre glaubensmäßig begründete Ablehnung staatlicher Dienste, v.a. des Kriegsdienstes, brachte die Z.J. regelmäßig in Konflikt zum nationalsozialistischen Regime, das zunehmend zur Internierung der Z.J. in ↗Konzentrationslagern überging (ca. 2000), in denen diese wegen ihrer konsequenten Verweigerungshaltung den Respekt anderer Häftlinge erlangten. Die Z.J. hatten im ↗Dritten Reich ca. 1200 Tote zu beklagen, ein Fünftel aufgrund von Todesurteilen v.a. durch die Militärjustiz. *PS*

Zeughaus (Arsenal) Gebäude zur Waffenaufbewahrung. Im ↗Mittelalter Zweckbauten („Rüstkammer"), wurden Z. seit der Renaissance aufwendig ausgestaltet. Bedeutendes Beispiel: das barocke Z. in ↗Berlin. *wj*

Ziegler, Karl Waldemar ↗Nobelpreis

Zieten, Hans Joachim von Preußischer General, *24.5.1699 Wustrau (bei Ruppin), †26.1.1786 Berlin. Seit 1714 in preußischen Diensten; ab 1741 Oberstleutnant der Leibhusaren ↗Friedrichs II., des Großen; in vielen Gefechten des ↗Siebenjährigen Krieges (1756–63) erfolgreich; entschied 1760 die Schlachten bei Liegnitz und bei Torgau. *rh*

Zille, Heinrich Zeichner, Photograph, *10.1.1858 Radeburg, †9.8.1929 Berlin. Lithographenlehre; arbeitete ab 1900 u.a. für den „Simplicissimus"; zeichnete humorvoll-ironische Momentaufnahmen aus dem Berliner Arbeitermilieu, wobei er mit satirisch-scharfen Bildunterschriften

Zille-Zeichnung „Der späte Schlafbursche"

menschenunwürdige Lebensbedingungen anprangerte. *ij*

Zimmermann, Friedrich Bundesinnenminister (CSU), * 18.7.1925 München. 1956–63 Generalsekretär der ↗CSU; 1957–91 Bundestagsabgeordneter; 1976–82 Landesgruppenvorsitzender der CSU; 1982–89 Bundesinnenminister; setzte u.a. eine Verschärfung des Strafrechts für Demonstrationen durch; 1989–91 Bundesverkehrsminister. *AM*

Zinsleute (Censuales oder Censuarii) Im ↗Mittelalter ↗Hintersassen oder Hörige, die ihrem Grundherren zinspflichtig waren. *wj*

Zinzendorf, Nikolaus Ludwig Graf von Protestantischer Theologe, Dichter, * 26.5.1700 Dresden, † 9.5.1760 Herrnhut. Studierte Theologie und Jura in Wittenberg; ab 1721 in sächsischen Diensten; begründete 1728 mit den seit 1721 auf seinem Besitz angesiedelten Exulanten (↗Böhmische Brüder) die ↗Herrnhuter Brüdergemeine, zu deren Bischof er 1738 geweiht wurde; verfaßte zahlreiche vom ↗Pietismus geprägte Lieder. *nk*

Zisterzienser Nach dem Stammkloster Citeaux benannter benediktinischer Reformorden, 1098 begründet; Ausbau zum eigentlichen Orden durch Stephan Harding mit seiner um 1118 verfaßten Charta Caritatis; im 12. Jh. bes. durch Bernhard von Clairvaux gefördert (daher auch Bernhardiner genannt); 1123 erstes deutsches ↗Kloster in Kamp (Niederrhein); im 13./14. Jh. Ausbreitung im ganzen christlichen Abendland;
Aufgaben: Pflege von Liturgie und Choral sowie Landwirtschaft; bedeutend in: ostdeutscher Kolonisationsarbeit, Mission und ↗Geschichtsschreibung; Reformbewegungen seit dem 15. Jh.; Verfall durch den 100jährigen Krieg, ↗Reformation und ↗Säkularisation; seit Ende 19. Jh. Wiedererstarken. Der Z.-Orden erhielt 1934 neue Konstitutionen. *ku*

Zivildienst Wehrpflichtige, die nach Art. 4 Abs. 3 ↗GG aus Gewissensgründen den Dienst mit der Waffe verweigern, leisten einen zivilen Ersatzdienst gemäß Art. 12a Abs. 2 GG und dem novellierten Z.-Gesetz vom 28.9.1994. Der Z. umfaßt Tätigkeiten in gemeinnützigen Organisationen (meist im Kranken- und Pflegebereich, z.T. auch im Umweltschutz). *sb*

Zivilverteidigung der DDR (ZV) Militärisch organisierte und geschulte Formationen des Katastrophenschutzes der ↗DDR; 1956 zunächst aus Einheiten der Feuerwehr unter Führung des Ministeriums für Nationale Verteidigung aufgebaut; 1970 mit allen Einheiten des Luftschutzes, des Katastrophenschutzes und Sanitätsdienstes vereinigt; im Frühjahr 1990 dem ↗Bundeswehr-Kommando Ost unterstellt und zum 30.6.1991 aufgelöst. *kl*

Zoll Besteuerung von Waren bei der Überschreitung von Grenzen; entstanden aus den Wege- und Brückenzöllen des ↗Mittelalters. Das königliche Z.-Regal (↗Regalien) ging im Spätmittelalter vielfach an ↗Fürsten und ↗Städte über. Die Bemühungen zur Abschaffung der zahlreichen innerdeutschen Z. führten 1834 zur Gründung des ↗Deutschen Zollvereins. *wj*

Zollern ↗Hohenzollern

Zollvereine Wirtschaftspolitische Vereinigungen deutscher Staaten im 19. Jh., die v.a. das Ziel des Abbaus von Zöllen u.a. Handelshemmnissen zwischen den Teilnehmerländern verfolgten: am 28.1.1828 Gründung des Süddeutschen Zollvereins durch Abschluß eines Zollvereinsvertrages zwischen ↗Bayern und ↗Württemberg; am 14.2. 1828 Schaffung eines Zollvertrages zwischen ↗Preußen und ↗Hessen-Darmstadt; am 22.8.1828 Gründung des Mitteldeutschen Handelsvereins (Mitglieder: ↗Sachsen, ↗Hannover, Kurhessen und thüringische Kleinstaaten). Diese Bemühungen um eine wirtschaftliche Einigung mündeten 1834 in den ↗Deutschen Zollverein. *UK*

Zonenbeirat Von der britischen Militärregierung am 25.2.1946 geschaffenes Beratungsgremium für die britische ↗Besatzungszone; nach dem Vorbild des ↗Länderrates der US-amerikanischen Besatzungszone ebenfalls mit Deutschen besetzt, jedoch mit deutlich geringeren Kompetenzen. *kl*

Zsigmondy, Richard ↗Nobelpreis

Zuchthausvorlage 1899 im ↗Reichstag vorgelegter Gesetzesentwurf, nach dem die Nötigung zum Arbeitsstreik oder zum Eintritt in ↗Gewerkschaften mit ↗Gefängnis oder Zuchthaus bestraft werden sollte. Das Gesetz wurde von allen Fraktionen, mit Ausnahme der Konservativen, abgelehnt. *nk*

Zuckmayer, Carl Schriftsteller, * 27.12.1896 Nakkenheim/Rhein, † 18.1.1977 Visp (Schweiz). Der Büchner-Preisträger (1929) emigrierte 1938 über Umwege in die USA; ab 1958 in Saas-Fee (Wallis), schrieb zunächst volkstümliche Burlesken mit größtenteils derbem Humor, im späteren Werk literarische Auseinandersetzung mit dem ↗Nationalsozialismus; erlangte internationalen Erfolg mit dem Schauspiel „Des Teufels General" (1946);

weitere Werke u.a.: Der fröhliche Weinberg (1925), Der Hauptmann von Köpenick (1930). *kp*

Zünfte ↗Zunftwesen

Zunftwesen Seit dem 12. Jh. entstandene Organisationsform des ↗Handwerks und des Handels (↗Gilden) in Gewerbegenossenschaften; früheste Zünfte z. B. 1106 in Worms; übten Zunftzwang aus: Nur Mitglieder durften das jeweilige Handwerk oder Gewerbe betreiben (Monopolstellung); Zunftordnungen schrieben Qualität der Waren, Arbeitszeit, Ausbildung der Lehrlinge und Gesellen sowie deren Rechte und Pflichten vor; Zentrum einer Zunft war das Zunfthaus; trotz Versuchen der Unterdrückung zunehmende Kompetenzerweiterung (militärische Funktion und eigene Gesetzgebung); seit dem 14. Jh. auch politische Ambitionen, die bis zur Übernahme der Stadtherrschaft von den ↗Patriziern führten; seit dem Spätmittelalter Verkrustung des Z.s, führte schließlich zu dessen Auflösung (1810/11 in ↗Preußen). *wj*

Zuse, Konrad Ernst Otto Ingenieur, Unternehmer, *22.6.1910 Berlin, †18.12.1995 Hünfeld (bei Fulda). Die wichtigste von zahlreichen Erfindungen Z.s war der erste Computer (1941), ein binäres, durch Lochstreifen gesteuertes Rechenwerk (Z 3). Z. gründete 1949 die Z. KG. Ab 1966 Honorarprofessor in Göttingen. *sb*

ZV ↗Zivilverteidigung der DDR

Zwangsarbeit Ausnutzung der Arbeitskraft bestimmter Gruppen, die durch (staatliche) Zwangsmaßnahmen oder deren Androhung zur Aufnahme meist kaum oder gar nicht bezahlter, oft körperlicher Arbeit gebracht werden.

Im ↗Dritten Reich System staatlicher Z. in der (Rüstungs-)Industrie sowie in Land- und Bauwirtschaft, von dem sog. ↗Fremdarbeiter, Kriegsgefangene, Häftlinge in ↗Konzentrationslagern und Strafanstalten sowie die jüdische Bevölkerung betroffen waren. Die Z. der Juden, KZ-Häftlinge und der sowjetischen Kriegsgefangenen zielte durch extrem harte Arbeitsbedingungen bei entsprechend unzureichender Ernährung, Unterbringung und medizinischer Versorgung auf deren Tod. *PS*

Zwangssterilisation Im ↗Dritten Reich im Rahmen der sog. Ausmerze Versuch zur Verhinderung der Fortpflanzung von als unerwünscht betrachteten Bevölkerungsteilen. Gesetzliche Grundlage bildete das „Gesetz zur Verhütung erbkranken Nachwuchses" (14.7.1933); betroffen von der staatlich angeordneten Z. waren v.a. Behinderte, aber auch sog. ↗Asoziale. *PS*

Zwangsumtausch (1964–89) Verpflichtung aller Besucher der ↗DDR und ↗Berlins (Ost) aus dem nichtsozialistischen Ausland, ab dem 1.12.1964 pro Tag und Person mindestens 3 DM im Verhältnis 1:1 in ↗Mark der deutschen Notenbank zu tauschen; nach der Einführung des ↗Paß- und Visapflicht mehrmals erhöht; mit dem ↗deutsch-deutschen Kreditvertrag zum 1.7.1983 erste Erleichterungen; am 24.12.1989 aufgehoben. *kl*

Zwanzigster Juli 1944 Datum des mißglückten Bombenanschlages auf ↗Hitler durch Claus Schenk Graf von ↗Stauffenberg im Führerhauptquartier ↗Wolfsschanze, Bezeichnung für den gesamten damit verbundenen Staatsstreichversuch und die Teilnehmer an dieser Verschwörung, getragen v.a. von nationalkonservativen Kreisen des Militärs und ↗Bürgertums.

Nach Explosion der Bombe, die Hitler nur leicht verletzte, flog Stauffenberg im Glauben an dessen Tod als Kopf der Verschwörung nach Berlin, um die vorbereiteten Maßnahmen zur Übernahme der Regierungsgewalt einzuleiten, was angesichts der Gegenmaßnahmen des nationalsozialistischen Regimes und der zögernden Haltung vermeintlicher Verbündeter nur in Ansätzen gelang, ehe am selben Abend die Anführer des Staatsstreichversuches festgenommen und erschossen wurden. In den folgenden Tagen und Wochen rollte eine Verhaftungswelle gegen Teilnehmer, Mitwisser und deren Angehörige durch das deutsche Herrschaftsgebiet. Der ↗Volksgerichtshof verhängte in der Folge knapp 200 Todesurteile. *PS*

Zweibund (1879) Am 7.10.1879 zwischen dem ↗Deutschen Reich und Österreich-Ungarn abgeschlossenes geheimes Defensivbündnis; verpflichtete die Vertragspartner bei einem Angriff Rußlands oder bei Unterstützung eines Angreifers durch Rußland zu gegenseitigem militärischem Beistand; 1882 zum ↗Dreibund erweitert. *vK*

Zweifrontenkrieg Gleichzeitige Kampfhandlungen an zwei geographisch gegenüberliegenden Fronten; z.B.: deutsche Frontstellung im ↗Ersten und im ↗Zweiten Weltkrieg. *br*

Zweig, Arnold Schriftsteller, *10.11.1887 Glogau (Polen), †26.11.1968 Berlin (Ost). Emigrierte 1933 nach Palästina; 1948 Rückkehr nach Berlin (Ost). Sein Werk ist durch das Erlebnis des ↗Ersten Weltkriegs und eine entschieden humanistisch-pazifistische Haltung geprägt. Der weltweit bekanntgewordene Roman „Der Streit um den Sergeanten Grischa“ (1927) steht im Mittelpunkt eines unvollendeten Romanzyklus über die Kriegszeit. Schrieb auch Dramen und Essays. *ij*

Zweig, Stefan Österreichischer Schriftsteller, *28.11.1881 Wien, †23.2.1942 Rio de Janeiro. Z., der als Kriegsberichterstatter im ↗Ersten Weltkrieg zum Pazifisten wurde, emigrierte 1938 nach Großbritannien; ging 1941 nach Brasilien. Schrieb von der Psychoanalyse ↗Freuds beeinflußte Novellen, Biographien, biographische Skizzen und dichterische Essays zu Wendepunkten der Geschichte (Sternstunden der Menschheit, 1927). Z. nahm sich gemeinsam mit seiner Frau das Leben. *ij*

Zwei-plus-Vier-Vertrag Vertrag über die abschließende Regelung in bezug auf Deutschland, am 12.9.1990 in Moskau zwischen der ↗Bundesrepublik, der ↗DDR und den vier Siegermächten des ↗Zweiten Weltkrieges geschlossen (↗Besatzungsmächte); außenpolitische Absicherung der ↗Wiedervereinigung; formaler Endpunkt der ↗Besatzungszeit; volle Souveränität Deutschlands im Sinne einer Identität mit dem ehemaligen ↗Deutschen Reich; im Gegenzug endgültiger Verzicht auf die Gebietsansprüche jenseits der ↗Oder-Neiße-Linie und auf den Besitz atomarer, biologischer und chemischer Waffen; Begrenzung der ↗Bundeswehr auf 370000 Mann; im November 1997 als Ersatz-Friedensvertrag anerkannt. *kl*

Zweischwertertheorie (auch: Zweigewaltenlehre) Mittelalterliche symbolische Lehre vom Verhältnis zwischen Kirche und weltlicher Herrschaft; unter Bezug auf Lukas 22, 35–38 von Papst Gelasius I. (492–96) erstmals formuliert; später mehrere Versionen (nach der kurialistischen Z. Vorrang der geistlichen vor der weltlichen Gewalt, nach der imperialen Z.Ranggleichheit beider Gewalten). *vK*

Zwei-Staaten-Theorie Erstmals anläßlich einer Gipfelkonferenz in Genf vom 18.–23.7.1955 durch das sowjetische Staatsoberhaupt Nikita Sergejewitsch Chruschtschow bei einer Zwischenlandung in Berlin (Ost) als Antwort auf die ↗Westintegration der ↗Bundesrepublik vertretene These, die die Existenz zweier „souveräner“ deutscher Staaten behauptete; damit Festigung der ↗deutschen Teilung; in der Folge von der ↗DDR aufgegriffen. *kl*

Zweiter Weltkrieg Ursachen: Der spätestens Ende 1937 gefaßte Entschluß ↗Hitlers (↗Hoßbach-Niederschrift), die Forderung des ↗Nationalsozialismus nach ↗„Lebensraum“ und damit die

Unterzeichnung des Zwei-plus-Vier-Vertrages durch die Außenminister Baker, Hurd, Schewardnadse, Dumas, de ↗Maizière und ↗Genscher (v. li.)

Vorherrschaft zumindest in Europa auf rasseideologischer Basis militärisch durchzusetzen.
Äußerer Anlaß und Kriegsbeginn: Nach außenpolitischen Erfolgen wie dem ↗Anschluß Österreichs und dem Einmarsch in das Sudetenland 1938 sowie nach der Annexion der Tschechoslowakei 1939 und dem deutsch-sowjetischen Nichtangriffspakt (↗Hitler-Stalin-Pakt) vom 23.8.1939 erfolgte unter Vorwand (Überfall auf den Sender ↗Gleiwitz) am 1.9.1939 der Angriff auf Polen; daraufhin Kriegserklärung Frankreichs und Großbritanniens an das Deutsche Reich (3.9.).
Verlauf: Der durch Hitlers Expansionspolitik ausgelöste Z.W. begann 1939/40 mit einer Reihe von deutschen Erfolgen in ↗Blitzkriegen gegen überraschte oder unterlegene Gegner (Polen, Dänemark, Norwegen, die Niederlande, Belgien, Frankreich). Angesichts der französischen Niederlage italienischer Kriegseintritt auf deutscher Seite, dadurch wegen deutsch-italienischen Beistandspaktes (↗Stahlpakt) 1941 deutsches Eingreifen in Nordafrika im ↗Afrikafeldzug und im ↗Balkanfeldzug in Jugoslawien und Griechenland. Pläne zur Invasion Großbritanniens wurden nach den Mißerfolgen der zur Vorbereitung dienenden „Luftschlacht um England" von 1940/41 zugunsten des Angriffs auf die Sowjetunion (22.6.1941) zurückgestellt. Der als ↗Unternehmen Barbarossa geplante Feldzug gegen die Sowjetunion sollte deren Niederwerfung bis Ende 1941 bringen und war durch entsprechende Befehle (z.B. ↗Kommissarbefehl, ↗Kriegsgerichtsbarkeitserlaß) als weltanschaulicher Vernichtungskrieg gegen das „jüdisch-bolschewistische Untermenschentum" geplant und wurde so unter fortgesetzten Völkerrechtsverletzungen geführt. Das Scheitern des Unternehmens Barbarossa Ende 1941 bei der Schlacht um ↗Moskau sowie der Kriegseintritt der USA auf seiten der ↗Alliierten (neben dem militärisch für die deutsche Seite kaum Hilfe bringenden Kriegseintritt des verbündeten Japan) Dezember 1941 brachten trotz Erfolgen v.a. in der ersten Jahreshälfte 1942 die eigentliche militärische Wende zuungunsten des Deutschen Reiches, die durch die Kapitulation deutscher Truppen in ↗Stalingrad Anfang 1943 auch zur psychologischen Wende wurde. Nach der Kapitulation der deutsch-italienischen Truppen Mitte 1943 in Nordafrika, der Landung der Alliierten auf Sizilien und dem Frontwechsel Italiens im selben Jahr sowie der Landung der Alliierten Mitte 1944 in der Norman-

Verluste der deutschen Wehrmacht

Kriegsjahr	Tote	Vermißte/ Kriegsgefangene
1939/1940	88353	5420
1940/1941	160171	14228
1941/1942	485000	65844
1942/1943	464524	389967
1943/1944	573238	974249
bis 30. 11. 1944	139713	264346
Summe:	1911300	1714054

Einschließlich der aus der Wehrmacht Entlassenen
Summe aller Ausfälle bis 30. 11. 1944: 4774148

Dresden nach britisch-amerikanischen Luftangriffen im Februar 1945

die (↗Invasion) bei stetigem Vorrücken der ↗Roten Armee waren die deutschen Truppen an allen Fronten zum Rückzug gezwungen. Am 7. und 9.5.1945 erfolgte die ↗bedingungslose Kapitulation. Das seit 1942 aus eroberten Gebieten zurückgedrängte Japan kapitulierte am 2.9.1945 nach dem Abwurf zweier US-amerikanischer Atombomben. (153, 488, 490, 515, 542) *PS*

Zwölf Artikel (1525) Programmatische Schrift der Bauern im ↗Bauernkrieg 1524/25 in Südwest- und Mitteldeutschland; Ende Februar 1525 von Sebastian Lotzer und Christoph Schappeler unter Berufung auf die Heilige Schrift verfaßt; forderte u.a. die freie Pfarrerwahl, die Aufhebung der ↗Leibeigenschaft, die Verringerung der ↗Frondienste und die freie Jagd. Die Abweisung dieser Forderungen durch die Fürsten und den ↗Schwäbischen Bund führte zur Radikalisierung des Krieges. *rh*

Zyklon B Gasförmige Blausäureverbindung, seit 1942 nach einem ersten Versuch am 3.9.1941 in ↗Auschwitz-Birkenau zur Ermordung von überwiegend jüdischen Häftlingen eingesetzt; teilweise auch in anderen ↗Vernichtungs- und ↗Konzentrationslagern verwendet. *PS*